HISTOIRE

DE LA VILLE ET DE TOUT LE DIOCÈSE

DE PARIS

HISTOIRE

DE LA VILLE ET DE TOUT LE DIOCÈSE

DE PARIS

PAR

L'Abbé LEBEUF

DE L'ACADÉMIE DES INSCRIPTIONS ET BELLES-LETTRES

TOME QUATRIÈME

PARIS

LIBRAIRIE DE FÉCHOZ ET LETOUZEY

RUE DES SAINTS-PÈRES, 5

1883

DOYENNÉ

DE

MONTLHERY

DOYENNÉ
DE
MONTLHERY

GENTILLY

Dans le voisinage de Paris il n'y a gueres de Villages qui puissent se vanter d'une aussi haute antiquité que Gentilly, à la réserve de ceux dont Fortunat a fait mention en sa vie de S. Germain. Nous apprenons de Saint-Ouen en celle qu'il a écrite de S. Eloy, que Gentilly étoit une Terre habitée, un Village cultivé dès le septiéme siécle. Comme c'étoit un des lieux où étoient situées les terres que Saint Eloy avoit données au Monastere qu'il avoit fondé dans la Cité de Paris, il y alloit quelquefois pour voir l'état des biens. Son Histoire rapporte la visite qu'il rendit un jour qu'il en revenoit, à un ami qu'il avoit, demeurant au Fauxbourg assez près de l'Eglise de Saint-Pierre, dite depuis Sainte-Geneviéve : *à Gentiliaco jam digressus,* sont les termes de Saint Ouen. M. de Valois est bien fondé à assurer que le nom de ce lieu vient d'un possesseur ancien qui s'appelloit *Gentilis;* ce nom pouvoit être le troisiéme nom d'un Romain, comme celui de *Civilis,* d'où est dérivé le nom de Chevilly ; à moins qu'on n'aime mieux dire que ce nom lui vient de ce que ce lieu auroit été un des postes des Gentils Sarmates, dont parle la notice de l'Empire, dressée vers le temps de l'Empereur Honorius ; car on y lit parmi les Dignités

Militaires, celle-ci: *Præfectus Gentilium Sarmatarum à Chora Parisios usque.* Ces troupes devoient avoir un camp ou un quartier proche Paris. Le lieu appellé *Chora* où commençoient leurs quartiers étoit un peu au-dessus d'Auxerre. L'Auteur du Supplément à Du Breul, s'est contenté de dire que Gentilly est bien nommé ainsi parce *qu'il est gentil et agréable.*

<small>D. Bouquet, Hist. des Gaules, T. I, p. 128, col. 2.
Malingre, Suppl. de 1639, p. 91.</small>

Si ce Livre n'étoit fait que pour les Parisiens, il ne conviendroit pas de rien dire sur la situation de Gentilly. La distance n'étant que d'une petite lieue de Paris, aucun n'ignore ce qui en est. C'est *la promenade ordinaire des Parisiens,* selon le même supplément, *pour être environné de beaux lieux, de prairies, jardins, et de la riviere de Bievre;* il auroit pu ajouter qu'il y a aussi des vignes, et que le Village est dans un vallon un peu resserré.

Il étoit composé de 101 feux en 1709 : le sieur Doisy en son dénombrement imprimé en 1745, y en compte 114. Le Dictionnaire Universel de la France publié en 1726, y marque 514 habitans. C'est en y comprenant le petit Gentilly que l'on trouve au sortir de Paris, et où il y a bien quinze maisons, tout ce qui est contigu en étant excepté, la premiere maison du côté de Paris étant de la Paroisse de Saint-Hippolyte.

<small>Dénombr. de l'Election 1709.</small>

L'Eglise Paroissiale est un peu petite pour un lieu si considérable; c'est un édifice à la façon gothique, et qui cependant ne paroît avoir que deux siécles d'antiquité. Le Patron est Saint Saturnin, premier Evêque de Toulouse et Martyr, dont il y eut des Reliques considérables apportées à l'Abbaye de Saint-Denis (quelques-uns disent le corps) sous le regne de Dagobert, ce qui a pu occasionner la Dédicace de plusieurs autres Eglises en son honneur au Diocése de Paris. Celle de l'Eglise de Gentilly telle qu'on la voit aujourd'hui a été faite le Dimanche 9 Juillet 1536 par René du Bellay, Evêque du Mans, Vicaire Général de l'Evêque de Paris. Les Evêques de Paris se sont toujours conservé la collation pleine et entiere de cette Eglise. Elle est nommée la troisiéme du Doyenné de Linas parmi celles de l'Evêque dans le Pouillé du XIII siécle, où Arcueil ne paroît aucunement, ce qui laisse à penser que la Chapelle d'Arcueil n'étoit pas encore érigée en Paroisse et que c'est un démembrement de Gentilly, d'autant plus que Gentilly, dans un Diplôme de Louis-le-Begue de l'an 878, est dit avoir une Eglise, et non pas simplement un autel. [Le 2 Décembre 1683 les Officiers de la Justice de Gentilly furent maintenus en la préséance sur les Marguilliers et aux honneurs de l'Eglise.]

<small>Reg. Ep. Paris.</small>

<small>Fremainville, Pratiq. des Droits Seign. T. II, p. 81, et Code des Curés, T. II, p. 274.</small>

Peut-être que si M. de Valois avoit fait attention à la nouveauté de la Paroisse d'Arcueil, il ne se seroit pas fait l'objection qu'il se propose. En voici l'occasion. Le Roi Pépin vint passer l'hiver

<small>Notit. Gall. p. 409.</small>

de l'an 762 à Gentilly : il y célébra la fête de Noël et celle de Pâques qui suivit. En 766 il vint encore célébrer la fête de Pâques à Gentilly, et il y fit tenir un Concile National au sujet du respect dû aux Images, à l'occasion de la dispute entre l'Eglise d'Orient et celle d'Occident. Cette résidence du Roi et de sa Cour à Gentilly suppose nécessairement qu'il y avoit un Palais, et même que c'étoit une des Terres Royales, *Villa Dominica*. Comment donc ce lieu a-t-il pu appartenir au Roi Pépin, s'il avoit été donné par Dagobert à Saint Eloy pour fonder l'Abbaye de Saint-Martial dans Paris, et que cette même Abbaye, plus de cent ans après la mort de Pépin, possédât encore en propre le village de Gentilly, comme il se prouve par la Charte de Louis-le-Begue, ci-dessus alléguée ? Cette objection est forte, et M. de Valois n'y a point trouvé de solution. Mais elle devient aisée à résoudre, lorsqu'on envisage aux septiéme, huitiéme et neuviéme siécles Gentilly comme une Paroisse dont le territoire renfermoit celui qu'on appelle Cachant et Arcueil. On y est obligé, puisque vers la fin du regne de Saint Louis il n'y avoit pas encore d'Eglise Paroissiale à Arcueil, ainsi que j'ai déjà dit. Pour lors la portion qui appartenoit à l'Abbaye de Saint-Eloy étoit Gentilly strictement pris ; et ce qui appartenoit au Roi, et qui étoit censé de la Paroisse de Gentilly, étoit le hameau de Cachant, qui resta toujours au Domaine, excepté ce que les Rois en avoient donné dès le IX siécle à l'Abbaye de Saint-Germain-des-Prez.

Annal. Metens. Duchêne, T. III, p. 278. *Eginardus in Annal.*

Les Pouillés modernes de Paris nous avertissent qu'il y a à Gentilly une Chapelle du titre de Notre-Dame. Elle est imposée au Rôle des décimes. Mais elle existoit dès le XV siécle, puisqu'on trouve des titres qui en parlent en 1422. Son revenu consistoit en une redevance de bled moûture sur le moulin du Village.

En l'an 878 Ingelwin, Evêque de Paris, se faisant attribuer, et à ses successeurs, par une Charte de Louis-le-Begue, la propriété de l'Abbaye de Saint-Eloy, obtint du même Prince que le revenu de Gentilly qui appartenoit à cette Abbaye, et qu'il qualifie de *Villula*, fût destiné avec son Eglise et les dépendances du petit Village, pour la fourniture du luminaire dans l'Eglise de Paris. Il paroît que c'est ainsi que les Evêques de Paris devinrent Seigneurs dans Gentilly, d'où il arriva que par la suite plusieurs Chevaliers y tinrent deux des fiefs sujets à hommage, et à des redevances de cierges. Ferric de Branay, par exemple, devoit à l'Evêque du temps de Saint Louis un cierge de vingt sols et deux hommes de guerre que l'Evêque devoit soudoyer. En 1268 Ferric de Gentilly fit foi et hommage à l'Evêque de Paris de tout ce qu'il avoit au village de Gentilly. En 1271 Marguerite de Gentilly et Geoffroy de Gehenni rendirent aussi le leur à l'Evêque Etienne

Hist. Eccl. Du Bois, T. I, p. 499.

Chart. Ep. Par. circa initium.

Ibid., fol. 117.

Ibid., fol. 135.

Tempier. Il est spécifié dans celui de Marguerite, que c'étoit de Philippe de Brunoy, Ecuyer, qu'elle tenoit ce qu'elle avoit à Gentilly, sçavoir, la Tour ronde de ce Village, et vingt-huit septiers dans les moulins du même lieu. Mais on ne peut disconvenir qu'il n'y ait eu des aliénations : l'intervalle de plus de trois siécles avoit été capable d'amener bien des changemens, et les Evêques de Paris n'y eurent par la suite des biens et des droits de différente nature, que par l'achat qu'ils en firent. L'Evêque Etienne Tempier acquit du même Philippe de Brunoy le fief de Gentilly et une rente sur une maison dite *la Pie*, mouvante de ce Fief. Ranulphe de Homblonieres qui lui succéda en 1280, ayant eu de lui la somme de mille trois cent trente-trois livres, acheta en 1283 de Geoffroy de Jaigny, Ecuyer, le manoir qu'il y avoit, avec les prés, les vignes, terres, cens, le four, le pressoir, une redevance de pains à la Saint-Etienne d'hiver, et d'œufs à Pâques. Durant les trois ans qu'il siégea, il fit faire à ses frais tous les bâtimens du manoir Episcopal de ce lieu, entoura le tout de murailles à creneaux, et fit construire le pressoir Episcopal. Gilles d'Acys, Chevalier, s'étoit aussi défait en faveur de l'Evêque de Paris, dès l'an 1280, de la troisiéme partie du Fief.

Simon de Bussy qui entra sur le siége en 1289, acheta à Gentilly la propriété de la Tour ronde, avec le Fief et ses dépendances montant à plus de cinquante livrées de terre; plus quantité de piéces de terre de différents particuliers, entr'autres du sieur Denis, Curé de Saint-Benoît. Le même Prélat y fit bâtir dans son Hôtel plusieurs appartemens, une grande cave et une maison dessus. Tous ces édifices souffrirent beaucoup dans les guerres du XIV et XV siécle, jusqu'à ce que Guillaume Chartier, qui siégea sous Louis XI, les remît en bon état.

La maison Episcopale de Gentilly ayant été rendue fort commode avec le temps, plusieurs Evêques s'y retirerent souvent. Simon de Bussy y mourut le 22 Juin de l'an 1304. Guillaume Baufet, qui l'augmenta de quelques acquisitions, y confirma, le Vendredi d'après la Saint-Marc 1309, un traité fait entre l'Abbé de Saint-Magloire et le Curé de Brics. C'est aussi de Gentilly qu'est datée l'Ordonnance de l'an 1324, le Jeudi avant les Cendres, par laquelle Etienne de Bourret, sur les avis de l'Université de Paris, déclara légitime la Doctrine de Saint Thomas d'Aquin. On a des lettres de l'Evêque Foulques de Chanac, de l'an 1345, 10 Octobre, concernant l'Abbaye de Longchamp, qui en sont datées. En 1371, il survint à l'Evêque de Paris un nouvel attrait pour Gentilly; le Roi Charles V qui lui devoit l'amortissement des biens sis à Tournan et à Torcy, employés pour la fondation du Chapitre du Vivier en Brie, lui donna pour cela l'Hôtel de

Valois, sis à Gentilly et ses dépendances. Encore au commencement de l'avant-dernier siècle Etienne Poncher y résidoit fréquemment, comme l'indiquent les provisions de plusieurs bénéfices. *Reg. Ep. Par. an. 1500 et seq.*

On a vu ci-dessus qu'il y avoit à Gentilly une Tour qu'on appelloit *la Tour ronde*, qui étoit un Fief des sieurs de Brunoy, et que l'Evêque de Paris acheta. Il y en avoit aussi un autre appellé *la Tour quarrée*; il appartenoit en 1390 à Jean de Beauvais, qui en donna le dénombrement au Roi à cause de Guillemette de Seez, sa femme. Cette Tour subsiste encore dans le clos de M. de Beauvais. En 1458, elle étoit possédée par Dreux Budé, Garde des Chartes du Roi, et Seigneur d'Hierre. Sur la fin du siècle suivant, il appartenoit à Nicolas Fumée, Evêque de Beauvais, qui plaidoit en 1581 contre Pierre de Gondi, Evêque de Paris, pour avoir pris la cause de quelques Habitans de Gentilly qui avoient enlevé le poteau de ce Fief, dont le possesseur prétendoit avoir droit de haute, moyenne et basse justice. Le procès étoit encore pendant en 1614, le Président Chevalier étant aux droits de l'Evêque de Beauvais. Thomas de Lognes, Prêtre-Chanoine de Saint-Jean-le-Rond, à Paris, avoit tenu dès la fin du XIII siècle un autre Fief de Matthieu de Saint-Denis, sçavoir, une portion dans la prairie de Gentilly, qu'il donna au Chapitre de Notre-Dame. Le Continuateur de la Chronique de Nangis rapporte à l'an 1327 un fait par lequel nous apprenons que le Comte de Savoye avoit une maison à Gentilly. Il écrit qu'Alphonse d'Espagne, qui de Chanoine et Archidiacre de Paris étoit devenu Chevalier ou homme de guerre à son retour de Gascogne, où le Roi Charles-le-Bel, son parent, l'avoit envoyé contre certains séditieux, mourut à son retour en cette maison de Gentilly, et qu'il fut inhumé chez les Freres Prêcheurs de Paris. Nous sommes informés d'ailleurs que cet hôtel de Savoye avoit des dépendances dont les détenteurs payoient des cens à l'Evêque de Paris en 1336. Je ne parle point ici de celle de l'Evêque de Vincestre ou du Duc de Berry, située sur la Paroisse de Gentilly ; j'en traiterai séparément à la fin de cet article. *Tab. Ep. Sauval, T. III, p. 358. Tab. Ep. Paris. Necrol. Paris. 11 Jan. Hist. Eccl. Par. T. II, p. 598. Tab. Ep. Paris. de Gent.*

Outre l'Evêque de Paris et l'Eglise de Notre-Dame, d'autres Communautés ont eu du bien à Gentilly. Thibaud, Evêque de Paris, confirmant vers l'an 1150 tous les biens que possédoit l'Eglise de Saint-Martin-des-Champs, met une dixme à Gentilly. On trouve dans l'état des biens de la Commanderie de Saint-Jean-de-Latran, des prés situés à Gentilly. Lorsque Saint Louis voulut établir les Chartreux proche Paris, il acheta des enfans de Pierre le Queux une maison située près de Gentilly, avec les terres adjacentes qu'il leur donna en 1250 pour les loger ; c'étoit aux environs de ce qu'on appelle aujourd'hui Bicêtre, mais ils n'y restèrent *Hist. S. Mart. à Campis. Sauval, T. I, p. 613. Necr.Carl. Par. et Du Bois, T. II, p. 435.*

que quinze mois. Au reste on lit dans leur Nécrologe, le 21 Décembre, l'obit d'une Dame de Gentilly qu'ils font encore, et qui leur donna dix livres de rente. Ils ne la connoissent que sous le nom de *Domina de Gentiliaco.* L'Abbaye de Saint-Antoine avoit à Gentilly un tiers de dixme de bled et de vin sur lequel le Curé avoit une redevance de grain, lorsque Guillaume de Baufet céda au Monastere une rente de 25 sols pour avoir cette dixme. Ce fut aussi dans le XIII siécle au plus tard qu'une Dame nommée Haïlde la Riche, dont le mari s'appelloit Hugues, assigna à l'Hôpital de Notre-Dame, du consentement de ses deux fils Ansel et Frédéric, un sextier de froment sur le moulin de ce village, voulant que le jour auquel le Chapitre feroit sa station qui devoit être *quatuor Ferculorum,* on donnât aux pauvres du pain et du vin avec la graisse et les intestins des quadrupedes mangés à cette station. Les Filles-Dieu de Paris se trouvent aussi avoir eu en 1309 des vignes à Gentilly en la censive de la Tournelle, et dans le même temps, Saint-Denis de la Chartre y avoit une censive contiguë à celle de l'Evêque.

Chart. min. Ep.
f. 201 et 150.
Necr. Eccl. Par.
25 Jan.

Chart. min. Ep.
f. 206 et 204.

Depuis l'établissement des Chartreux, on n'en avoit point vu se faire à Gentilly jusqu'à celui des Religieuses de la Miséricorde de Jésus, fondées en 1648 par Claude Sonnius. Dans le livre sur les sépultures de Saint-Benoît de Paris, il est dit que le Libraire Claude Sonnius a fondé les Religieuses de l'Hôpital de Gentilly en 1629. Les Lettres Patentes qui confirmoient cette nouvelle Maison ne furent registrées en Parlement que le 3 Septembre 1682 ; mais dès le 29 Février 1656, on leur avoit permis de s'établir à Paris, au Faubourg Saint-Marceau, où elles sont connues depuis l'an 1657, sous le nom de Religieuses de l'Hôpital Saint-Julien et Sainte-Basilisse, pour recevoir les pauvres femmes et filles malades ; et en 1705, il fut permis à celles qui étoient restées à Gentilly, d'aller s'établir à Saint-Mandé, dans un air plus sain, à la charge de laisser à l'Hôtel-Dieu de Paris leurs héritages et maison de Gentilly. Le Cardinal de Noailles avoit permis cette translation dès le 7 Juillet 1704.

Reg. du Parl.

Sauval,
T. I, p. 596.

Reg. du Parlem.
29 Janv. 1705.

Reg. Arch.

Les Seigneurs laïques de Gentilly dont je puis parler ici d'après les titres, se réduisent à un petit nombre. Il paroît que les sieurs de Brunoy y furent fieffés dès le XII siécle, car long-temps avant Ferric de Brunoy, Ferric de Gentilly, Marguerite de Gentilly, Geoffroi de Jaigny et Philippe de Brunoy, qui tous vivoient après le milieu du treiziéme siécle, ainsi qu'on a vu par les époques marquées plus haut, il y eut un Ferric de Gentilly qui avoit pour frere Ansel de Brunoy. Ce Ferric est connu par une Charte de Maurice de Sully, Evêque de Paris, de l'an 1171, dont voici la substance. Un Chanoine Régulier de Saint-Victor, nommé Ferric,

Duchêne,
T. IV. p 761.

avoit fait présent à cette Abbaye d'une rente ou cens qu'il avoit au Faubourg Saint-Marcel et à Ivry, en sorte que la Maison en avoit joui long-temps. Ferric de Gentilly s'en empara, prétendant qu'il étoit de son Fief. L'Abbaye le cita à la Cour de l'Evêque, où, pour le bien de la paix, il fut convenu qu'elle lui payeroit quatre livres de deniers, moyennant quoi il se désista de ses prétentions ; ce qui fut approuvé par Ansel de Brunoy, frere du même Ferric de Gentilly. L'Auteur du Nécrologe historique de la Chartreuse de Paris, parlant d'un Jean de Bagneux qui vivoit vers l'an 1250, le dit Seigneur de Gentilly. Auroit-il été le mari de la Dame de Gentilly, dont ils eurent au même siécle dix livres de rente ? (Voir ci-dessus.) Je trouve aussi au XIII siécle une Agnès de Gentilly, bienfaitrice de l'Abbaye du Val-Notre-Dame, Diocése de Paris ; elle lui donna une terre dite Pomereth, du prix de 18 livres. En 1245, paroît un Gui de Gentilly et Isabeau, sa femme, qui vendirent à Saint Louis les cent sols qu'ils avoient dans la Prévôté du Monceau-Saint-Gervais. Vers 1510, Nicolas Viole, Général des ponts et chaussées, prenoit le titre de Seigneur de Gentilly. C'est à peu près le temps où l'Evêque de Paris exigea de Gilles d'Acys, Chevalier, le tiers d'un fief qu'il avoit à Gentilly. Necrol. Franc. au 14 Nov.

Tabul. Vallis.
Trés. des Chart. Reg. 27, f. 190.

Reg. Ep. Paris. 10 Déc.

La suite des Seigneurs de Gentilly cessa à mesure que les Evêques de Paris rentrerent en cette Terre ; et leur possession ayant duré trois cents ans, Henri de Gondi, Cardinal de Retz, la vendit l'an 1616 à Nicolas Chevalier, premier Président de la Cour des Aides, à condition qu'elle releveroit de lui en fief. La Maison Episcopale avoit été brûlée et démolie durant les guerres de la Religion ; mais elle avoit été depuis réparée. A M. Chevalier succéderent Messieurs de Beauvais, au moins dès 1648. Un Journal de 1679 fait mention de M. de Beauvais, alors Baron de Gentilly, fils de Pierre de Beauvais et de Dame Henriette de Belier, premiere femme de chambre de la Reine mere ; et cela à l'occasion de son mariage avec Mademoiselle Bertelot, fille du Secrétaire du Roi. Le onziéme Avril 1687, furent enregistrées au Parlement des Lettres-Patentes en faveur de la Dame de Beauvais, portant don de la Terre et Seigneurie de Gentilly acquise au nom du Roi par contrat du 11 Septembre 1684. En l'année 1734, le Seigneur de Gentilly étoit désigné sous les noms et qualités suivantes : Michel-Gabriel-Raphaël de Beauvais, Capitaine des Gardes de la Porte [de] feu M. le Duc de Berry. Mercure, Juin 1679, 303.
Arrêt sur les Offices 1683.
Reg. du Parlem.

Factum impr. en 1734.

Pour ce qui est d'hommes célebres nés à Gentilly, je n'en ai trouvé qu'un seul, sçavoir Simon Colines, l'un des plus distingués Graveurs d'imprimerie. Il fut le premier qui grava vers l'an 1480, avec succès, des caracteres romains, tels que ceux d'aujourd'hui. Mais quelques Ecrivains assez connus s'y sont retirés Moreri, sup. V *Imprim.*

quelquefois et y avoient leur maison de campagne. De ce nombre est M. Naudé, Bibliothéquaire du Cardinal Mazarin ; Gui Patin en parle dans ses Lettres, et dit qu'il y alla quelquefois. Isaac Benserade, de l'Académie Françoise, eut aussi une maison de campagne à Gentilly. Ménage dit qu'elle étoit jolie, et qu'au-dessus de la porte il avoit fait mettre des armes qu'il s'étoit données avec une couronne de Comte ; ce qui fut cause qu'un de ses amis le voyant, lui dit un jour : *C'est aux Poëtes à en faire.* Il y fut tourmenté de la pierre sur la fin de sa vie, et y mourut en 1691.

<small>Ep. xxii, Tom. I, 27 Août 1647.
Niceron, T. XIV.
Menagiana, T. III.</small>

Un ouvrage qui peut passer pour une production de Gentilly, est une méthode de Géographie dédiée à Mademoiselle Crozet, qui est de M. le François, Curé de ce lieu. Avant lui Gilles le Hays en avoit été Curé dès l'an 1666, et il y mourut le 9 Août 1679. M. Huet, ancien Evêque d'Avranches, qui en parle dans ses origines de Caen, parce qu'il étoit natif des environs, dit qu'il avoit eu un grand talent pour la poësie latine. Le voisinage de Paris avoit procuré anciennement à ce lieu des Curés d'un rang illustre, tel qu'un Artus d'Aunoy, Protonotaire en 1500 ; un Matthieu Pascal, Conseiller en l'Echiquier de Rouen en 1507. Nicolas-Augustin Tixier étoit Curé de Gentilly en 1710. Il y a de lui des poësies latines parmi les œuvres posthumes de Santeuil.

<small>Observ. sur les nouveaux écrits. Lettr. du 14 Nov. 1742.
Reg. Ep. Paris.
Bibl. Beng. T. II, p. 322.</small>

M. de Tournefort faisant ses herborisations autour de Paris, assure qu'il trouva à Gentilly au fond d'un pré l'alsine la plus haute, et sur les murailles, celle à petites feuilles. Il ajoute qu'étant sur la côte vers Bicêtre, il y trouva le *Sium arvense.*

<small>Herboris. IV, T. II, p. 6, 7.</small>

Il y a autour de Paris plusieurs terres argileuses, mais la plus fine se prend à Gentilly, dans un endroit où l'on trouve beaucoup de marcassite sulphurée, qui font que les Potiers ne veulent pas se servir de cette terre, si ce n'est pour faire de la brique ou des tuilles, parce qu'en cuisant leurs ouvrages, ces marcassites rendent une vapeur noire et puante qui les noircit.

<small>Piganiol T. I, p. 52.</small>

Gentilly est l'un des trois Villages voisins de l'Université, où les Ecoliers alloient se promener il y a deux cents ans, ce qu'on appelloit *ire ad campos.*

<small>Du Boulay, de Patr. Nation.</small>

Voici la description que fit en 1639 l'auteur du Supplément à Du Breul de la maison du Président Chevalier, Seigneur de Gentilly : « Elle est, dit-il, le séjour le plus agréable qui soit
« dans les environs de Paris, et qui contient en son pourpris les
« deux tiers du Village, enfermée dans un long tour de murailles
« garnies de plusieurs pavillons. Le jardin a de grandes allées
« couvertes, d'autres nues ; quantité de cabinets, fontaines, sta-
« tues, carreaux, bordures, arbres fruitiers, glacieres, canaux,
« couches de fleurs et un agréable bocage de haute-futaye. Ce
« beau lieu est à présent aux Peres Jésuites du Collége, qui

« l'ont acheté pour envoyer leurs Ecoliers se divertir en temps
« d'Eté. »

Gentilly est mentionné dans l'Histoire du Regne de Charles IX. Le Prince de Condé, au retour de Corbeil, qu'il ne put prendre l'an 1562, s'avança vers Paris, et logea ses troupes en ce Village et dans les autres voisins. La Reine Catherine de Medicis se transporta à Gentilly pour parlementer avec le Prince, et procurer la tranquillité publique. Leurs conférences durerent depuis le 2 Décembre jusqu'au septiéme, mais ils se séparerent sans rien conclure.

Il est fait mention d'un autre Gentilly dans la vie du Pape Clément VI qui siégeoit en 1342. On y lit que ce Pape le bâtit proche Avignon, sur le pont de la Sergue. Baluze, Hist. Pap. Aven col. 257.

Je trouve, ainsi que j'ai déjà dit, dans les archives de l'Archevêché, un Gilles d'Acys, Chevalier, comme possédant le tiers d'un fief sis à Gentilly. On ne nomme pas ce fief.

BICESTRE

SUR LA PAROISSE DE GENTILLY

On ne peut remonter pour l'origine du Château Royal de Bicêtre plus haut que le regne de S. Louis. Ce Saint Roi ayant le dessein d'établir les Chartreux proche sa Capitale, les plaça aux environs de l'endroit où est ce Château, sur un terrain qu'il avoit acheté des enfans d'un nommé Pierre le Queux. De-là vient que dans quelques titres du siécle suivant, où il est fait mention de leur ancienne demeure, elle est dite, *la Grange aux Queux*. On ne sçait pas par quelle voie une partie de ce terrain étoit échu au commencement du regne de Philippe-le-Bel, à Jean, Evêque de Vincestre en Angleterre ; mais il est sûr que le Château ou maison de campagne que ce Prélat y avoit, fut confisqué par ce Prince en 1294, avec plusieurs autres maisons, terres, rentes et vignes qu'il avoit aux villages d'Arcueil et de Vitry, et que le Roi en fit un don à Hugues de Bouille, Seigneur de Milly, son Chambellan, par Lettres datées à Crevecœur. Cependant on ajoute qu'en 1301, ce Prince fit donner main-levée à l'Evêque de Vincestre, et quelques titres des Chartreux de Paris, parlant de la Grange aux Queux, y placent une maison de l'Evêque de Paris. Il y a aussi quelque apparence que ce que le Comte de Savoye Amédée possédoit à Gentilly en manoir et en vignes, et au sujet de quoi il y eut contestation avec l'Abbaye de Sainte-Geneviéve en 1315, étoit dans le même canton, puisque ce Comte alléguoit que ces biens lui étoient advenus par l'Evêque de Vincestre. Mais il faut croire Godefroy. Hist. de Ch. VI. p. 659.

Ibid.

Gall. Chr. nova, T. VII, Instr. col. 246.

qu'il n'avoit pas été confondu dans la confiscation. Au reste, la maison de l'Evêque de Vincestre étoit si peu de défense sous le Roi Jean, que Robert Kanolle, Chef des Anglois, venant de Champagne, s'y logea, faisant semblant de vouloir donner bataille. Quelques années après, le Duc de Berry, fils de ce Roi, et frere de Charles V, fit l'acquisition de ce lieu, et y fit bâtir un Château; et une preuve que ce bien venoit de l'ancienne Seigneurie de Gentilly, est que l'Evêque de Paris s'opposa à ce qu'il y fît des fossez et des ponts-levis, disant que ce terrain étoit roturier et dans la Jurisdiction Episcopale.

<small>Belleforêt, Hist. des neuf Charles.</small>

<small>Regist. du Parl. 1 Mars 1519.</small>

Mais si le lieu n'étoit pas fortifié par le dehors, les dedans en étoient magnifiques. Un Historien contemporain de Charles VI, après avoir marqué à l'an 1411 comment la faction de Le Gois, Boucher de Paris, vint y mettre le feu, ajoute que l'embrasement fut si grand qu'il ne resta d'entier que deux petites chambres qui étoient enrichies d'un parfaitement bel ouvrage à la mosaïque; que les gens d'honneur furent d'autant plus offensés de cette insolence, que la perte en fut irréparable, sur-tout celle des peintures exquises de la grande salle également précieuses par l'art et par la richesse des dorures et des couleurs.

<small>Le Laboureur, p. 786.</small>

On y voyoit, dit-il, les portraits originaux de Clément VII et des Cardinaux de son Collége, les tableaux des Rois et Princes de France, ceux des Empereurs d'Orient et d'Occident.

Cinq ans après Jean, Duc de Berry, oncle du Roi Charles VI, alors régnant, étant atteint de maladie dans son Hôtel de Nesle, à Paris, donna au Chapitre de Notre-Dame ce même Hôtel avec ses dépendances jusqu'à la valeur de huit vingt livres parisis de rente, demandant que les Chanoines continuassent de porter le chef de S. Philippe qu'il leur avoit donné, comme ils avoient fait jusqu'à présent en procession le premier jour de Mai, tous en chapes de soie, tenant chacun en main un rameau de bois vert, et l'Eglise semée d'herbe verte; et de même le jour de la Toussaint le saint Tableau des Reliques, sans rameaux cependant et sans herbes. Cette donation faite au mois de Juin 1416, fut confirmée par le Roi Charles VII en 1441, et par Louis XI en 1464. On peut voir fort au long dans Sauval les formalités de la Chambre des Comptes au sujet de cette donation qu'elle prétendit tendre à la diminution du Domaine du Roi, alléguant que l'Hôtel de Vincestre n'étoit pas un acquêt du Duc de Berry; les conditions de l'entérinement, sçavoir: que le Chapitre ne pourroit aliéner, ni échanger cet Hôtel, ni son circuit et pourpris, non plus que les faire démolir; et que toutes les fois qu'il plairoit au Roi le reprendre, il le pourroit; la prise de possession par les Députés du Chapitre, accompagnée de la défense faite aux Fermiers du

<small>Antiq. de Paris, T. III, p. 379.</small>

<small>Ibid., p. 386.</small>

<small>Ibid., p. 382.</small>

Roi en ce qui regardoit cet Hôtel et ses appartenances situées à Gentilly, Arcueil, Vitry et Yvry, de ne porter aucun trouble au Chapitre en la jouissance de ces mêmes biens. Tous ces actes sont des mois de Mai et Juin 1465.

Les Registres du Parlement nous apprennent que le Procureur du Roi fit saisir cet Hôtel en 1519. Alors le Chapitre réclama, et dit que c'étoit un acquêt dont le Duc avoit pu disposer, et que la Chambre des Comptes avoit passé ses pouvoirs.

Cet Hôtel ou ancien Château subsistoit encore au commencement du dernier siècle. Claude Châtillon l'a représenté dans sa Topographie Françoise publiée vers l'an 1610. Mais en 1632 il fut entièrement rasé jusqu'aux fondemens. Louis XIII le fit rebâtir à neuf pour y recevoir et loger les Soldats blessés à la guerre, que nous appellons Invalides. Il y eut à cette occasion en 1633 un Edit portant établissement en ce lieu d'une Communauté en forme d'Ordre de Chevalerie du titre de S. Louis, pour l'entretien de ces Soldats, avec Réglement d'une levée pour la construction de l'édifice. Il étoit déjà assez avancé en 1634, pour que Jean-François de Gondi, Archevêque de Paris, permit le 24 Août d'y célébrer l'Office divin ; il n'étoit pas encore fini en 1639, lorsque l'Auteur du Supplément à Du Breul écrivoit. La Chapelle de cet Hôtel est sous l'invocation de Saint-Jean-Baptiste. Chacun sçait que depuis que Louis XIV eut bâti au bout du Fauxbourg Saint-Germain l'Hôtel Royal qu'on y voit, les Soldats invalides y furent transférés ; de sorte que l'Hôtel ou Château de Bicêtre n'est plus qu'une décharge de l'Hôpital Général de Paris. Quelqu'un pourroit dire que cette place est redevenue à sa premiere origine, supposant qu'au treiziéme siécle on l'appelloit véritablement la Grange aux Gueux, comme Ménage semble l'avoir cru ; mais il se tromperoit, parce que c'étoit la Grange aux Queux qu'on disoit alors, comme étant des dépendances de plusieurs héritages qu'un nommé *Petrus Coquus*, Pierre le Queux, et peut-être Queux du Roi, avoit possédés dans ce canton de la Paroisse de Gentilly.

C'est dès le commencement du quinziéme siécle et apparement vers le temps auquel ce Château fut ravagé et pillé par les séditieux de Paris attachés au Duc de Bourgogne, que l'usage de dire et écrire Bicêtre fut usité. Au moins il est écrit ainsi dans un compte de la Prévôté de Paris d'environ l'an 1423. Il y est fait mention d'une *vigne qui fut à Maistre Raimond Raguier sise au terroir de Gentilly, près de Bicêtre, au lieu dit le Mont Sinaï* Pour ce qui est de ce dernier lieu, je soupçonne qu'il y a une faute de copiste, et qu'il faut dire *Mont Siuri*, qui est un canton existant encore à présent, derriere Bicêtre, en tirant vers Ville-Juy.

Cl. Chastll. fol. 10.

Sauval, T. III, p. 186.
Gall. Chr. nova T. VII, col. 175
Suppl. de Du Breul, p. 87

Sauval, T. III, p. 328.

ARCUEIL

On ne doute point que ce lieu n'ait tiré son nom des arcs ou arcades que les Romains y firent construire pour conduire l'eau de la montagne (qui est au-delà) dans Paris ou aux environs, et principalement au Palais des Thermes. On peut juger de l'antiquité de cet ouvrage des Romains, par ce qui en a subsisté jusqu'au dernier siécle, et par le peu qui subsiste encore, dont la composition est de petites pierres et de briques plates couchées, dans le goût de celui des Thermes ou anciens bains de Paris. J'en parlerai ci-après plus au long.

Mais quoique l'ancien aqueduc fût du troisiéme ou du quatriéme siécle, il n'en faut point conclure qu'il y eût dès ces siécles-là sur la colline (qui est au bout occidental de cet aqueduc), un Village à qui il eût communiqué son nom. On ne trouve aucune preuve qu'il soit si ancien. Il est bien vrai que Cachant étoit un lieu habité dès le neuviéme siécle, mais il ne paroît aucun titre où Arcueil soit nommé avant le douziéme. On a deux titres de l'an 1119, dans lesquels le nom latin d'Arcueil se trouve. L'un consiste dans la donation que Girbert, Evêque de Paris, fit à Adam, Abbé de Saint-Denis, et à son Monastere de l'Autel du Village (*altare in villa Archeilus*), du consentement d'Henri, Archidiacre, et du Chapitre de Paris ; l'autre est une Bulle du Pape Calixte II, confirmative des biens du Prieuré de Saint-Martin-des-Champs, parmi lesquels est exprimé *molendinum de Arcoïlo* ; ce qui est en mêmes termes dans celle d'Innocent II de l'an 1142.

Gall Chr. vetus et nova in Girberto.

Hist. S. Mart. à camp. 158 et 171.

Ce Village est situé au milieu de Paris, à la distance d'une lieue et demie, sur une colline exposée au Levant et en face de Cachant. En 1298, le nombre des Paroissiens étoit de cent. Selon le dénombrement de l'an 1709, il y avoit alors 154 feux, et suivant le Dictionnaire Universel de la France, on y comptoit 622 habitans l'an 1726. Le sieur Doisy, dans son dénombrement imprimé en 1745, y compte 135 feux. Comme il y a beaucoup de vignes en ce lieu, un grand nombre des Habitans sont occupés à les cultiver, et c'est le principal labeur du pays.

Visit. Steph. Archid.

Comme l'Eglise d'Arcueil n'est nullement dans le Pouillé Parisien rédigé au XIII siécle, et que dans la Charte de l'Evêque Girbert en faveur de l'Abbaye de Saint-Denis, il n'y a pas le mot *Ecclesia*, mais seulement *Altare in villa Archeilus*, je ne sçais si l'on ne pourroit pas en inférer qu'il n'y avoit point encore alors de Paroisse érigée en ce lieu, et dire que le tout avec Cachant dépendoit vraisemblablement de l'ancienne Eglise de Gentilly.

Au reste, cette érection n'a pas dû être beaucoup postérieure au regne de Saint Louis. Le bâtiment de l'Eglise Paroissiale, auquel on donna le titre de Saint Denis, sans doute à cause des Reliques que les Religieux y déposerent, paroît être de la fin du XIII siécle ou du commencement du suivant. Le portail gothique est délicatement travaillé; les aîles ont des vitrages en forme d'œil-de-bœuf, comme étoit l'ancien Réfectoire de l'Abbaye. Les galeries dont l'édifice est orné, surtout celles du Chœur qui sont vitrées, le mettent au-dessus du commun des Eglises de la campagne ; cette Eglise a cependant deux petits défauts qui peuvent provenir de sa situation: on descend beaucoup pour y entrer, et le sanctuaire n'est point terminé en demi-cercle, mais en pignon. La tour ou clocher a été refaite à neuf du côté du Midi, sans toucher à l'Eglise [1]. Saint Jean Chrysostome y est regardé comme second Patron et on y en chante l'Office. Il n'y a d'épitaphes anciennes que celle qu'on voit en lettres gothiques dans l'aîle méridionale. Elle est d'un Jacques de Montigny, Maître-ès-Arts, Licentié-ès-Loix et Avocat en Parlement, décédé le jour [de] Sainte Marguerite M. CCCC. quatre-vingt et six. Les Pouillés de Paris déposent diversement sur la nomination à la Cure d'Arcueil. Celui du XV siécle la donnoit à l'Eglise de Saint-Denis, sans rien déterminer. Celui de 1626 la dit appartenir à l'Abbé de Saint-Denis, et d'anciennes provisions du 6 Mai 1547 remarquerent la même chose ; celui de 1648 dit que c'est au Prieur de Saint-Denis-de-l'Etrée, dans la ville de Saint-Denis, ce qui a été suivi par le Pelletier dans son édition de l'an 1692. La difficulté a été levée en 1726, et il fut convenu alors à l'occasion de l'union du Prieuré de Saint-Denis au Chapitre de Saint-Paul dans Saint-Denis, que le Prieur ne présenteroit plus à la Cure d'Arcueil, et que désormais l'Archevêque y nommeroit de plein droit.

Reg. Arch. Par. 26 Déc. 1726.

Vers l'an 1298, cette Eglise avoit quelques vignes. Le Curé en avoit aussi et des terres, et une redevance de bled sur les moulins de la Saussaye, du vin au pressoir du Village ; dans la même dixme une oye, un porc, un agneau.

Visit. Steph. Archid.

Il n'y a gueres de titres, concernant Arcueil, qui ne fassent mention de vignes ou de vin ; et comme Julien l'Apostat connoissoit ce lieu par rapport à l'aqueduc, peut-être est-ce des vignes d'Arcueil qu'il veut parler, lorsqu'il dit un mot du vin de Paris, quoique d'ailleurs on soit sûr aussi qu'il y avoit des vignes à Paris même, proche les Thermes où l'eau venant d'Arcueil aboutissoit. En 1264, une Dame nommée *Sanctissima* de

---

1. Un Habitant de ce Village qui étoit revenu en 1601 du voyage de Saint-Jacques, a fait creuser dans le mur du vestibule de cette Eglise le contour de la cloche de l'Eglise de Compostelle.

Vaumoise, veuve de Jean Bazin, Chevalier, reconnut, comme de l'Abbaye de Saint-Denis, qu'elle possédoit une maison et des vignes à Arcueil. En 1294, les vignes que Jean, Evêque de Vincestre en Angleterre, y avoit, furent confisquées par le Roi Philippe-le-Bel, et données par Lettres expédiées à Crevecœur à Hugues de Bruille, son Chambellan. En 1298, Pierre de Condé, Archidiacre de Soissons et Clerc du Roi, reconnut tenir de l'Abbaye de Saint-Magloire un tonneau de vin par chaque année, lequel provenoit du droit de *Tensement* ou *Taxement* dû à Arcueil, et qu'on appelloit *le vin du Roi*. Cet Ecclésiastique avoit eu ce bienfait du Roi en fief l'an 1294, et devoit pour cela en forme d'hommage un stylet de fer à l'usage de la Chambre des Comptes. En 1310, Jean de Condé, Clerc du Roi et Trésorier de Charles, Prince de France, avoit une censive à Arcueil, en même temps que Guillaume en étoit Damoiseau. Jean le Duc, Conseiller au Parlement, qui décéda l'an 1442 ou 1443, avoit des vignes à Arcueil, dont il légua aux Chartreux de Paris deux arpens, situés au lieu dit la Croix bouissée, tenans aux vignes de Jean Huguenin et de Maître Pierre de Villiers, qui étoient aussi des personnes de considération. L'un des Chapelains du titre de Saint Eustache dans l'Eglise de Notre-Dame de Paris, fut autrefois doté d'une vigne au territoire d'Arcueil qu'on appelle la vigne de Notre-Dame. L'Abbaye de Moutier-Ramé, au Diocése de Troyes, possédoit à Arcueil trois arpens de vigne vers l'an 1423.

Les autres Eglises qui, outre celle de ci-dessus, ont eu du bien à Arcueil, sont Saint-Martin-des-Champs qui y jouissoit du moulin, dont j'ai parlé au commencement. L'Abbaye de Sainte-Geneviéve y avoit aussi le droit de moûture sur un moulin tenu par les Sœurs du Prieuré de la Saussaie, vers l'an 1250. Le Prieur de Saint-Eloy de Paris avoit à Arcueil en 1256 une demi-mine de bled de ceux qui jouissoient d'une terre dite *Terra Wucelli*. Il y avoit aussi une censive mentionnée dans le Cartulaire de Sorbonne environ le même temps, et dans les titres du Prieuré à l'an 1426. C'est à cette occasion qu'il y est parlé du Clos-Mignon, de Vaudenoir et de la rue des Arcs. Il faut croire qu'il y avoit beaucoup de noyers sur le même territoire. Les héritages qu'y possédoit, vers l'an 1423, Bernard Lemire, étoient chargés envers Notre-Dame de Paris, de seize ou dix-huit septiers d'huile. Sauval, chez qui je puise ce fait, ajoute que les biens qu'Hemonet Raguier y avoit eus, étoient possédés alors par la Reine, et que la maison de Pierre Ferron avoit été donnée par le Roi à Philippe de Morvilliers. Il faut sçavoir qu'il s'agit du temps auquel le Roi d'Angleterre se disoit maître de Paris.

Au mois de Mai 1752 les Créanciers de la succession de M. le

Prince de Guise ont fait afficher la démolition du Château et la vente de la Terre. Cette Seigneurie a haute, moyenne et basse justice, à la charge de 1605 livres de rente au Chapitre de la ville de Saint-Denis, et de quelques redevances envers le Prieuré de la Saussaie et de la Sainte-Chapelle.

Si les travaux des Romains pour l'écoulement des eaux de ce lieu à Paris y ont donné le nom [1], ceux des François y ont donné la réputation. Ménage en son Dictionnaire pense qu'*Arcus Juliani* est le nom latin de ce lieu. On ne parloit plus des eaux des fontaines d'Arcueil en 1612; mais la découverte qui fut faite alors des eaux de Rungy occasionna la construction de l'admirable aqueduc dont Louis XIII posa la premiere pierre le 17 Juillet 1613, et que Marie de Médicis fit élever ensuite sous la conduite de Jacques [de] Brosse : en sorte que les anciennes eaux jointes aux nouvelles furent conduites à Paris où elles se partagent en différens endroits. Cet édifice qui fut achevé en 1724, a environ 200 toises de long sur douze de haut dans son plus bas. Il est composé de vingt arcades qui ont près de vingt-quatre pieds de diamètre. Ce sont probablement ces arcades qui ont donné leur nom au fief des Arcs. Il y en a seulement neuf à jour pour le passage et pour l'écoulement de la riviere la Bievre qui passe sous deux. Ce bâtiment est soutenu de chaque côté par des piliers et de grands contreforts qui montent jusqu'à la corniche, laquelle est aussi soutenue par de grands modillons qui font un très bel effet. Dans le canal où coulent les eaux, sont de chaque côté deux banquettes d'un bout à l'autre, pour y pouvoir marcher à pied sec : et entre les contreforts sont des ouvertures pour donner du jour. Cet ouvrage est voûté et couvert de grandes pierres de taille. Il faut convenir que si ce bâtiment est comparable aux travaux des Romains, la commodité de la pierre y a beaucoup contribué, les carrieres étant très communes à Arcueil, même celles de la plus belle pierre à grain fin très propre à layer et à polir, qu'on appelle pierre de liais, dure de sa nature, et sur laquelle on grave les inscriptions. M. de la Hire le fils a fait en 1710 une expérience sur les eaux d'Arcueil dont il est parlé dans les Mémoires de l'Académie des Sciences ; c'étoit sur du fil introduit dans une bouteille pleine de cette eau : observation différente de celles qui prouvent que l'eau d'Arcueil produit une croûte pierreuse. On peut voir ce que j'en dis à l'article de Rungy, dont ce sont les eaux qui leur communiquent ce prétendu défaut. Dict de Trevoux au mot *Liais*.

Mémoire de l'an 1711, p. 17.

A l'endroit où l'Aqueduc d'Arcueil reçoit les eaux de Rungy et

1. C'est donner dans l'illusion que de croire que ce lieu tire son nom d'Hercule, et qu'on a dû dire *Hercueil*. Il n'y a de sûr dans l'étymologie que le commencement du mot : les trois dernieres lettres du nom françois ne

de quelques sources des environs, est une fort belle maison de plaisance qui a appartenu au Prince de Guise, Anne-Marie-Joseph de Lorraine. La riviere de Bievre en parcourt le jardin dans toute sa longueur. Piganiol de la Force fait remarquer un défaut dans les terrasses qui sont les unes sur les autres, en ce que les arbres y sont tellement distribués, que contre l'ordinaire des lieux élevés, plus l'on monte, moins la vue est étendue. Le Mercure du mois de Juillet 1691 marque qu'au commencement du mois de Juin, Monsieur, frere du Roi, accompagné de Madame et Mademoiselle, se transporterent à Arcueil chez M. Gendron, Officier de la grande Ecurie du Roi, et y visiterent cette maison où l'aqueduc prend son commencement.

<small>Descript. de Par. T. VIII, p. 190.</small>

La description et état ou revenu de cette maison et de la Terre avant été rendue publique les années dernieres, on a appris que cette Seigneurie a haute, moyenne et basse Justice, droit de Greffe, Voirie, etc.; que le parc est d'environ 30 arpens ; que la Seigneurie s'étend sur 55 arpens enfermés dans le parc de Mont-rouge, et sur les terres le long de ce parc; que le Seigneur a droit de faire construire un moulin sur la riviere de Biévre, à l'endroit où il y en avoit eu un ; et qu'il lui a été fait concession de neuf lignes de diamétre d'eau des eaux de Rungy; que les charges sont de payer au Chapitre de Saint-Paul à Saint-Denis, étant aux droits du Prieuré de l'Etrée, 705 livres par an ; sept livres dix sols au Prieuré de la Saussaye, cinq livres à l'Abbaye de Sainte-Geneviéve ; et 15 livres 15 sols à la Sainte-Chapelle de Paris. On sent assez que c'est pour des biens de ces Eglises ou des droits réunis ou inféodés à cette Seigneurie ; car dès l'an 1459, la haute Justice à Arcueil fut attribuée aux Religieux de Saint-Denis, à cause de leur Prieuré de Saint-Denis de l'Etrée par Arrêt du Parlement ; et à l'égard des dixmes, une Sentence du Prévôt de Paris du 31 Janvier 1412 réitérée en 1419 leur adjugea pour la même raison, deux septiers et demi de vin pour la dixme de chaque queue dans tout le territoire d'Arcueil.

<small>Affiche de l'an 1745.</small>

<small>Doublet, p 1106.</small>

<small>Ibid., p. 1065.</small>

Il paroît que M. Thoinard, Fermier Général, est en partie Seigneur à Arcueil, puisqu'il y a dans un endroit du village un poteau avec ses armes. Il succéde apparemment à ceux qui l'ont été après Claude Vise, Ecuyer, qui s'y disoit Haut-Justicier en 1647.

<small>Testam. ejus in Reg. Archiep. 24 Jan.</small>

Le voisinage de Paris et la visite de l'aqueduc ont souvent attiré les Etrangers, et même les Parisiens en ce lieu. Ce qui n'a pu se faire sans qu'on n'y ait été témoin de quelques événemens [1]. En

---

peuvent pas venir de *Julianus*, comme Pasquier semble l'avoir cru. (Livre IX, de ses Recherches, chap. II.)

1. Voyez une piece de Vers intitulée *l'Homme de parole*, dans le Mercure de Février 1694. Elle est adressée à un particulier retiré à Arcueil.

voici un concernant Etienne Jodelle, Poëte, qui a eu assez de réputation au XVI siécle. Il étoit allé vers l'an 1560 passer le carnaval à Arcueil avec les autres Poëtes de la Pléiade Françoise, dont étoit Ronsard, qui tous s'amuserent à faire des vers à l'imitation des Bacchanales des anciens. Un jour, en passant dans le Village, ils rencontrerent un bouc : cet animal leur donna occasion de badiner, tant parce qu'il étoit celui qu'on offroit à Bacchus, que parce qu'il leur vint en pensée de le présenter à Jodelle comme une récompense qui lui étoit due suivant l'usage des anciens. L'animal orné de fleurs fut effectivement amené à Jodelle pendant qu'ils étoient à table. Cela leur donna à rire pendant quelque temps : après quoi on le renvoya. Sur cela, quelques ennemis de Ronsard firent courir le bruit qu'on avoit sacrifié ce bouc à Bacchus, et que c'étoit Ronsard qui avoit été le Sacrificateur, et l'on traita d'impies ceux qui avoient assisté à cette cérémonie. Mais Ronsard n'eut pas de peine à réfuter la calomnie dans une piéce de vers qu'il fit à ce sujet.

_{Niceron, T. XXVIII, p. 249.}

J'ai promis de m'étendre un peu sur ce qui reste de l'aqueduc antique d'Arcueil. Il consiste en deux arcades qui n'ont pas plus de la moitié de la largeur de la grande arcade du nouvel aqueduc. Le reste est de la même fabrique que les Thermes qui sont à Paris, même qualité de pierre, de ciment et de brique, et même arrangement; sçavoir, dix assises de pierres quarrées de quatre ou cinq pouces de large et de six de long. Ensuite quatre assises de grandes briques de l'épaisseur de deux pouces. Entre les deux arcades sont deux arcs-boutans de même structure que le corps de l'aqueduc, de sorte que le tout forme une même masse d'une solidité extrême. Les assises de pierre sont d'un côté onze l'une sur l'autre, et celles de briques ne sont que de trois, au lieu que de l'autre côté elles sont de quatre, et les assises de pierre de dix en dehors du côté du chemin qui mene au Château.

Il y a un autre genre d'antiquité observé par ceux qui ont voulu bâtir auprès de ce vieil aqueduc depuis qu'il étoit devenu inutile. Les deux ordres d'Architecture l'un sur l'autre, que l'on voit proche ces deux anciennes arcades, ne doivent pas être jugés aussi anciens que cet aqueduc ; je ne croirois tout cet ouvrage fait après coup que de la fin du XV siécle au plus haut, notamment ce linteau de pierre de taille qui traverse l'arcade, et qui forme le dessus de la porte de M. Doujat, ancien Conseiller du Grand Conseil. Tout ceci peut avoir été pris de quelque portail d'une maison notable de Paris construite, ou dans le temps que je viens de marquer, ou sous le regne de François I, auquel temps les Architectes voulurent se piquer d'imiter les Italiens. Au milieu de ce linteau est un écusson des armes fascée de dix piéces au chef chargé de trois soleils, ce qui en désigne la nouveauté. On y voit des pilastres d'ordre rustique avec deux figures d'un goût médiocre, hautes de cinq pieds, dont l'une représente Janus à deux visages de profil, l'autre une femme ayant les bras croisés sur l'estomac; une autre, le Dieu Terme ou le *Jupiter Terminalis* avec une barbe épaisse et des cheveux touffus; les draperies en sont assez bien entendues; la figure va en rétrécissant jusques sur les pieds en forme de gaîne. Les deux figures soutiennent l'extrémité d'une longue corniche ou entablement, lequel supporte un second corps d'architecture d'ordre Ionique qui va jusqu'à l'endroit où avoit été l'ancien conduit des eaux.

CACHANT

J'ai déjà déclaré ci-dessus que ce lieu paroît avoir été habité avant qu'il y eût un Village formé à Arcueil. L'étymologie de son nom qui est *Caticantus* dans les Chartes du IX siécle, n'a nullement embarrassé M. de Valois qui écrit que ce nom vient *à Cantu felis*, c'est-à-dire du chat, de même que Chanteloup, *à Cantu lupi*, Larchant *Liricentus, à Cantu Gliris vel Liri*. Il s'agit de sçavoir ce qu'il a entendu par *Cantus*; car quoiqu'on en ait formé le mot *chant*, il y a bien plus d'apparence que *Cantus* signifie *Canton* dans ces trois mots, et qu'il faut entendre ici par *Catus*, autre chose qu'un animal domestique. Ceux qui ont pensé que Cachant doit être pris comme dérivé du verbe cacher, ont dit du neuf, sans déférer au témoignage des Chartes. J'aimerois mieux dire qu'il l'est du mot *chacer* que nous écrivons *chasser*. En effet, on sçait que le certain gibier ne doit pas être indifférent sur les côtes où la vigne se plaît, telles que sont celles d'Arcueil et de Cachant qui sont censées ne faire qu'un même pays. Quoi qu'il en soit, dès le temps de Louis-le-Débonnaire, l'Abbaye de Saint-Germain-des-Prez avoit un revenu considérable à Cachant, et Hilduin, Abbé de ce Monastere, en fit la destination pour avoir des vêtemens aux Religieux, c'est-à-dire que l'emploi de la Terre étoit pour le revestiaire. Charles-le-Chauve confirma au même Monastere, l'an 872, la possession de ce bien (*Villulam Caticantum*). Thomas de Mauléon qui en étoit Abbé sous le regne de S. Louis, donna au Couvent, l'an 1255, quatre arpens de vigne *apud Caticantum*, pour la fondation de son propre anniversaire.

Mais ce lieu devint plus célébre par un autre endroit. Plusieurs titres depuis le commencement du XIV siécle prouvent que nos Rois y avoient une maison. J'ai vu un titre de 1308 qui prouve qu'en cette année Philippe-le-Bel vint à Cachant. C'étoit un reste de l'ancien Palais que Pépin y avoit eu, et qu'on appelloit alors

Gentilly, du nom général de la Paroisse. Quoique Dom Michel Germain ne l'ait point mise dans le rang des Palais, les Editeurs du nouveau glossaire l'ont comprise dans ce nombre, et ont remarqué que dans les titres latins de ces bas siécles elle est quelquefois appellée *Cachentum* [1]; dans d'autres aussi expédiés en ce Palais ou Manoir en 1726 [2], ce nom est écrit *Caticampus*; et dans celles de 1356, Cachant. On trouve un Mandement de Philippe-le-Bel au Bailly de Chaumont qui en est daté le 25 Mai 1305, et plusieurs autres actes du même Prince au mois de Juin suivant; plus, des Lettres du même données à Cachant à l'heure de Vêpres, le 14 Avril. Le Prince y autorisa aussi un Arrêt sur le Périgord, les Comtés de Foix et d'Armagnac, le samedi d'après la Saint Georges. Comme ce Roi y alloit souvent, et que les Religieuses de la Saussaye avoient coutume, par la donation de ses prédécesseurs, de recevoir la dixiéme partie de tous les vins qui seroient amenés pour la bouche du Roi dans les Palais situés à Paris ou dans la banlieue, elles demanderent que Cachant, quoique non compris dans la banlieue, fût dans le même cas : Philippe-le-Bel le leur accorda par lettres expédiées à Paris au mois de Janvier suivant : ce qui fut confirmé par Philippe-le-Long au mois de Février 1316. Le Roi Charles-le-Bel étoit à Cachant lorsqu'il accorda une Charte en faveur de l'Eglise de Saint-Jean-en Greve au mois de Juin 1326. On y lit *Actum apud Karoli Campum*, apparemment par inadvertance du Secrétaire ou du copiste. Le Roi Jean songea à aggrandir son manoir de Cachant : il acquit pour cela, en 1353, la maison qu'y avoit Jeanne de Trie, veuve de Charles de Chambly, chargée de la garde de ses enfants, laquelle en eut la somme de quatre mille écus d'or. Mais l'année d'après, il pensa à s'en défaire. Un article des mémoriaux de la Chambre des Comptes du 10 Novembre 1354 contient un pouvoir à Martin de Mellou, Concierge, de donner à ferme *Manerium de Cachant* pour un temps ou pour toujours. Le Duc de Berry posséda ensuite ce Château, puis il le donna à Bertrand du Guesclin qui le céda depuis au Duc d'Anjou par acte signé à Angers le 8 Juillet 1377.

De-là vient que l'on trouve un testament de Louis, fils du Roi de France, de l'an 1383, par lequel il donne à Louis, son fils aîné, ses Hôtels de Vincestre et de Cachant.

Nonobstant tous ces changemens, ce lieu s'appelloit encore en 1424 ou environ, l'Hôtel du Roi.

Ordonn. des Rois, T. I.

Du Breul, p. 1007. Gall. Chr. nova, T. VII, col. 636.

Du Breul, p. 605.

Invent. des Chartes de 1482, fol. 93, in Bibl. Reg.

Mém. de la Chambre des Comptes.

Choisy Vie de Ch. V p. 360. Godfr. Vie de Ch. VI, Notes, p. 768. Sauval, T. III, p. 332.

---

1. L'Auteur du Necrologe de Notre-Dame de Paris du XIII siécle, parlant du legs d'une vigne qu'y fit Hilduin, Diacre et Chancelier, met en françois : *vineam apud Cachant*. (*Necr.* 22 *Déc.*)

2. Il y a ici une erreur évidente que le Recueil des Ordonnances ne nous a pas permis de rectifier. (Note de l'éditeur.)

Cette Terre est dite appartenir à l'Abbaye de Saint-Germain-des-Prés dans la Coûtume de Paris de l'an 1580. Les Religieux y ont une belle maison dans le bas, et un jardin que la rivière de Biévre traverse, et dont elle sort par sept ou huit petites arcades grillées.

<small>Reg. Ep. 25 Jan.</small>
En 1552, Anne Noblet, veuve de Guerin de la Coustardiere, obtint la permission d'avoir une Chapelle à Cachant, à cause de son grand âge.

Les eaux de Cachant ne se perdent plus, comme autrefois, dans la rivière de Biévre : elles viennent se rendre dans l'aqueduc d'Arcueil, depuis que le Prévôt des Marchands et Echevins de Paris ont obtenu du Roi la permission de les y faire entrer par Arrêt du Conseil du 25 Juillet 1671. Ces eaux proviennent des sources qui sont dans les vignes situées sur un côteau qui est au-dessus du parc du Château de Cachant. Ces vignes étant, selon l'Historien de Saint-Germain-des-Prés, dans le territoire qui dépend de cette Abbaye, il fut réservé un pouce d'eau de ces sources pour être pris par préférence dans toutes les saisons de l'année, et porté par le conduit ordinaire dans l'ancien réservoir de Cachant.

<small>Sauval, T. I, p. 211.</small>

<small>Bouillard, p. 264.</small>

<small>Merc. Déc. II Volume.</small>
Il est fait mention de Cachant dans le Mercure de Décembre 1725. On y marque que M. Boffrand, Architecte du Roi, y a fait en sa maison une machine qui, par l'opération du feu, élève une très-grande quantité d'eau.

LA BANLIEUE qui est aujourd'hui une auberge située à un carrefour, sur le grand chemin qui conduit à Bourg-la-Reine, à main gauche, à la distance d'une lieue et demie ou de cinq quarts de lieue, étoit autrefois une des plus anciennes Léproseries du Diocèse de Paris, et en même temps une des plus riches. Elle a pris son nom de sa situation, presque à l'extrémité de la Banlieue, et elle étoit comprise dans le territoire d'Arcueil. Il en est parlé sous le nom de *Leprosia de Bannaleuca* dans l'ancien Nécrologe de Paris, en un article du 16 Juin, qui paroît avoir été écrit vers l'an 1290, à l'occasion du legs de 9 arpens de labourages situés vis-à-vis et donnés par Ansel du Mesnil, Chanoine. Lors de la visite générale des Hôpitaux, faite en 1351, par ordre de l'Evêque de Paris, on y trouva plusieurs Freres qui la desservoient. Le Visiteur remarqua qu'on étoit tenu d'y recevoir les malades d'Arcueil *Arcolium*; ensuite y avoient droit *omnes de villis S. Marcelli, et S. Mariæ de Campis : Yssiacum et vallis Girardi, Vanve, Castellio, Balneoli, Fontanetum juxta Balneol., Cellæ magnæ et parvæ, Burgum Reginæ, Antogniacum, Castanetum, Plesseyum.* Le principal bien consistoit en cinquante-trois arpens de terre et quinze arpens de vigne. Le Roi étoit tenu d'y fournir aux Brandons dix livres : *duos modios grani*, un millier de harengs, *quatuor vigenti mod. lignorum, unum pannum de burello, et unum lardum.*

Comme il fallait beaucoup de bien pour subvenir aux malades de treize ou quatorze Paroisses, l'Evêque leur permettoit de temps en temps de faire quêter dans Paris, avec publication d'Indulgences à ceux qui leur feroient du bien. C'étoit aussi l'Evêque qui nommoit le Maître ou Administrateur de cette Léproserie dite la Banlieue.

Reg. Ep. Par. 17 Apr. 1645.
Ibid. 29 Aug. 1625 13 Ap. 1551.

Mais ce qui est plus remarquable au sujet de cette Maladerie, est qu'elle fut choisie sous le Roi Jean, pour le lieu où l'on devoit tenir une célèbre assemblée dans laquelle il seroit traité des moyens de faire la paix entre l'Angleterre et la France : et de fait, elle y fut tenue en 1360, le Vendredi, dixième Avril, après Pâques. Les Chroniques de Saint-Denis qui nous ont transmis ce fait, disent que la *Banlieue* étoit une Maladerie au-delà de la Bannisoire. Peut-être faut-il lire au-delà de la Tombisoire.

Il n'y a point, en France, d'autre Paroisse que celle-ci du nom d'Arcueil; mais il y en a quelques-unes d'un nom approchant, qui est Arguel.

Dict. Univ.

MANIERE DONT LES ARCHIDIACRES FAISOIENT LEURS VISITES AU TREIZIÉME SIÉCLE, AU DIOCÉSE DE PARIS

Anno Domini M CC XCVIII fuimus apud Arcolium die Martis ante Circumcisionem Domini, visitavimus ibidem veniendo inde apud Beingneus in domum nostram in qua pernoctavimus cum sumptibus Presbyteri de Arcolio, pro quibus sumptibus solvit XVI solidos Parisienses.

Tab. Ep. Paris.

Nomen Presbyteri Herbertus.

Ecclesia fundata in honore S. Dionysii quæ habet tria quarteria terræ arabilis : Item tria arpenta vinearum, unum quartenum minus. Item tres solidos census annui et unum denarium; sed debet XXVI solidos annui census.

Numerus parochianorum centum.

Presbyter primo habet quatuor arpenta terræ arabilis. Item IV arpenta vinearum. Terra valet V sextaria bladi annui redditus, vineæ valent quadraginta solidos turon. Item habet sex sextaria mistiolii, item octo sextaria ordei. Item unum minam bladi super molendinis de Salceya. Item tria modia vini ad torcular villæ. Item in minuta decima unum anserem, unum porcum, unum agnum. Plus non habet in decima. Item octo solidos cum duobus denariis census, pro annis tres solidos vel circiter.

Nomina Juratorum. 1º Henricus de Fonte.

Matricularii Joannes Agnelli et Joannes Bobart, qui dixerunt omnia se bene habere.

Acta fuerunt hæc in domo dicti Domini Archiepiscopi, sita in claustro Capituli Paris..

Le Notaire dit ensuite qu'il a été trouver Jean, Abbé de Saint Denis, nouvellement élu, lequel lui a fait voir *antiquum Cartuarium* dans lequel est le petit acte suivant :

Stephanus Archid. Paris. Universis pres. litteras inspecturis salutem in Domino. Notum facimus quod nos ad Ecclesiam de Arcolio ad donationem beati Dionysii spectantem ven. viri D. Petri Abbatis beati Dyonisii recepimus Almaricum quondam presbyterum de Meriaco. Actum anno Dni M CC XVII mense Novembri. Acta fuerunt hæc in domo Abbatiali S. Dionysii sita Parisicis satis prope Ecclesiam Augustinensium 1 Januarii 1298.

TERRE ET SEIGNEURIE D'ARCUEIL *ci-devant appartenante au Prince de Guise et à la Princesse de Beauvau, son épouse. Affichée 1745, Décembre, pour payer la créance avec le Marquisat de Maubre en Dauphiné, et la Baronie de Bourgin.*

Trois corps de Châteaux entourés de jardins, bois et prés; le tout enfermé de murs.

Haute, moyenne et basse-Justice, droits de greffe, voirie et autres énoncés dans les Lettres de terrier de 1683.

LES REVENUS. Le parc d'environ 30 arpens où il y a prés et Terres labourables, des plants d'arbres fruitiers, des allées d'ormes ou tilleuls d'Hollande, et les Terres du Domaine de la Seigneurie qui peut produire au moins 600 livres. Quelques maisons et terres labourables, 4 arpens de prés au Bourg-la-Reine affermés 150 livres ; 7 quartiers de terres au coin du parc de Mont-rouge. Plusieurs autres terres et rentes. Le Seigneur a le droit de faire construire un moulin sur la riviere de Bievre où il y en avoit un ci-devant qui étoit affermé 450 livres.

La maison du Meunier subsiste. La Seigneurie d'Arcueil s'étend sur 55 arpens affermés dans le parc de Mont-rouge et sur les terres le long de ce parc. Les lots et ventes forment un casuel qui peut aller à 5 ou 600 livres.

Il a été fait au Seigneur d'Arcueil une concession de neuf lignes de diamétre d'eau qui apporte une grande utilité à la Terre.

LES CHARGES DE LA TERRE. Une rente fonciere de 705 livres 17 sols, ci-devant due au Prieuré de Saint-Denis de l'Estrées, et à présent au Chapitre de Saint-Paul à Saint-Denis, laquelle rente est rachetable à toujours, en faisant un fonds de pareille somme.

Une autre rente de 7 livres 10 sols due à l'Abbaye de la Saussaye.

Une rente de 5 livres due à l'Abbaye de Sainte-Geneviéve.

Une rente de 15 livres 15 sols due à la Sainte-Chapelle de Paris.

Les différentes parties qui composent le corps de la Terre et

Seigneurie dans l'état qu'elle est à présent, forment, suivant les contrats d'acquisition, un capital de 119700 livres. (Cent dix-neuf mille sept cents livres.)

Indépendamment de cette valeur originaire, feu M. le Prince de Guise y a fait des augmentations.

VILLEJUY

L'usage a fait ajouter le mot *ville* à quantités de noms de lieu, non dans le sens qu'il signifie aujourd'hui (un lieu considérable et fermé) ; mais dans le sens que le mot *villa* signifie en latin : c'est ainsi qu'on dit *Romainville, Combs-la-ville*. Mais aussi très souvent ce mot de ville, au lieu d'être à la fin de la diction, se trouve au commencement du nom, ainsi qu'il se voit dans Ville Parisis, Villemomble, Villepreux, Villedavré, Villebon, etc. On auroit pu dire Juyville au lieu de dire Villejuy : mais l'usage a déterminé à ce dernier arrangement, et il n'y a pas de raison à en donner.

Si l'on a été fort partagé sur la maniere d'écrire ce nom en françois, en sorte qu'on le trouve dans les titres depuis trois à quatre cents ans écrit Villejuye, comme en 1310, et depuis Villejuif, Villejuive, Villejuit, c'est qu'on l'a été sur l'origine latine de la dénomination de ce lieu. On peut prouver que depuis cinq cents ans on a dit tantôt *Villa Judæa* ou *Villa Jude*, tantôt *Villa Julittæ*. Il y a des titres du Chapitre de Paris des années 1236 et 1238 qui portent *Villa Julittæ*, et le Pouillé les a suivis, et d'autres du même Chapitre de l'année 1243 qui ont *Villa Judæa*, tandis qu'une Bulle d'Eugene III de l'an 1151, concernant le Prieuré de Longpont, met *Villa Jude*. M. de Valois a été tenté, par rapport à cela, de croire que c'étoient deux lieux différens, ne pouvant s'imaginer qu'en si peu de temps on eût varié. Mais il se trompe, parce que souvent les Scribes ou les notaires ne s'accordoient pas sur les Chronologies, l'un étant d'un sentiment, l'autre d'un autre, ainsi que je m'en suis apperçu. *Chart. Maj. Ep*

Notit. Gall.

Pour moi, je suis persuadé que les uns et les autres n'ont pas transmis l'étymologie de Villejuy dans sa pureté. En remontant dans un siécle plus reculé, je veux dire jusqu'au douziéme, j'ai observé que le Chanoine de Notre-Dame de Paris qui inscrivit alors dans le Nécrologe le nom du Doyen Barbedor, contemporain de Louis VII, avec ses donations, après avoir marqué en latin plusieurs noms où étoient situés les biens qu'il légua, sçavoir Ivry, Montcivry, Civilly, Lay, ajoute tout de suite, *et tres solidos de censu apud Villegie.* Villejuy étant entouré de tous ces lieux, il est hors de doute que c'est cette Paroisse qu'il faut entendre par Villegie : et le premier écrivain du Nécrologe ayant préféré de l'écrire en françois, c'est une marque que l'on en avoit déjà perdu de vue l'origine latine ; mais comme en même temps il a écrit *gie*, et non *Juive*, ni *Juisve*, non plus que *Juit* ou *Julite*, cela nous conduit tout naturellement au mot *gesedum* qui dès le temps de Frodoard au milieu du dixiéme siécle désignoit une Paroisse du Diocése de Paris. Je rapporterai vers la fin de l'article que je traite ce que cet Historien dit de ce lieu.

Au reste, je pense que son véritable nom latin est *Villa gesedum*, ou bien *Villa Iosedum*, et que c'est pour cela que dans la Bulle d'Eugene III de l'an 1151, pour la confirmation des biens du Prieuré de Longpont, on lit *in villis Jude et Fretnis*. Aussi est-il écrit Ville-Guis, dans un manuscrit de la vie de Saint Leocade conservé à Saint-Germain-des-Prez.

Villejuy [est] situé à une grande lieue ou une lieue et demie du centre de Paris, sur le haut de la colline où commence la longue plaine de Longboyau [1]. C'est un pays de vignes et de labourages. Il est certain que lorsque César, Capitaine des Romains, vit qu'il ne pouvoit approcher de l'Isle de Lutece à cause des marais formés par la riviere de Bievre, ce fut par la montagne sur laquelle est Villejuy qu'il repassa pour remonter vers Essone et vers Melun. Raoul de Presles qui écrivit sous Charles V, parlant de l'antiquité de Paris, et de son siége par César, s'étoit apperçu qu'on ne pouvoit pas entendre autrement ses commentaires. Mais bien loin de penser que ce lieu étoit ainsi nommé comme étant à l'entrée du pays de *Iosedum* ou *Gesedum* dont l'on a fait le pays de Josais, et duquel les mêmes Commentaires ont allongé le nom en celui de *Met Iosedum*, il a suivi ceux qui croyoient qu'il falloit écrire Ville Julite, *à cause*, dit-il, *de cette Sainte qui y repose :* ce qui étoit cependant faux dès son temps. Il n'est pas davantage certain que les Juifs aient demeuré en ce lieu, qu'ils l'aient presque entierement acquis par leurs immenses usures, et qu'il y en eut qui y furent brûlés. C'est la dénomination latine de *villa Judæa*, *villa Judaica* qui a fait supposer ces choses, que Du Breul a cru véritables, et plusieurs après lui.

Ce lieu que plusieurs modernes qualifient de Bourg, étoit en 1709 composé de 270 feux que le Dictionnaire Universel de

Traduc. de la Cité de Dieu, l. V, cap. xxv.

Du Breul, p. 1009, Sup. à Du Breul, p. 98.

Dénombr. de l'Election impr. alors.

---

1. Ce nom peut avoir la même origine que celle que Dom Duplessis marque dans sa description du Vexin, pages 240, 245, où on lit qu'une forêt de ce pays-là est appellée *Longum Bothel* dans les titres de Sainte-Catherine de Rouen, et qu'on la nomme encore Long-boel. Il ajoute qu'en langage Teuton, *Botle* signifie maison. En la Paroisse de la Broste en Brie, il y a un lieu ou prairie nommé *Longum Boellum* dans un titre de 1220.

la France évalua en 1726 à 980 habitans. Le sieur Doisy, dans son dénombrement imprimé en 1745, n'y marque que 216 feux. Le chemin de Fontainebleau ou de Lyon passe à travers ce Bourg.

L'Eglise est assez vaste et est accompagnée d'une grosse tour qui s'apperçoit de loin. On y lit au bas que la premiere pierre a été posée aux dépens des habitans en 1539. Quant au corps de l'Eglise, les deux dernieres arcades du devant, c'est-à-dire les plus voisines de la tour, paroissent être de ce temps-là. Le reste semble être un peu plus ancien, et comme de l'an 1500, ou de vers 1490. Il n'y a rien de gothique dans toute la structure de ce bâtiment. Elle n'est que lambrissée en apparence de voute. Saint Cyr et Sainte Julitte, Martyrs, y sont regardés comme Patrons. Voici une inscription de deux cents ans qui confirme ce qu'en avoit écrit Raoul de Presles au XIV siécle. Elle est à côté droit du Chœur.

Les Marguilliers de l'Œuvre et Fabrique de l'Eglise de céans sont tenus faire dire et *chanter par chacun Dimanche toujours à haulte voix à l'élévation du* Corpus Domini *à la Messe Dominicale de l'Eglise de céans,* O salutaris hostia. *Et ledit jour après Vêpres et Complies,* Salve Regina, *ou autre Antienne convenable, et* De profundis *pour l'âme de feu honorable homme Messire Guillaume Le Vavasseur, en son vivant Chirurgien et Valet-de-Chambre ordinaire du Roi notre Sire, et pour la santé et prospérité de Jeanne Bruneau sa femme. Et pour ce faire ont donné à icelle Eglise aucuns ossemens des corps de Monsieur Saint Cyr et Sainte Julite dont cette Eglise est fondée ; et aussi du corps de Monsieur Saint Roch qui ont été présentées en icelle Eglise à grande solemnité et révérence le premier Dimanche de Mai 1535, auquel jour il y a par chacun an plusieurs grands pardons et Indulgences données par Notre Saint Pere le Pape et Reverend Pere en Dieu Monseigneur l'Evêque de Paris, ainsi qu'il appert par Lettres faites et passées entre eux pardevant deux Notaires au Chastelet de Paris 1537 le quatriéme jour de Février.*

C'étoit dès long-temps auparavant qu'il y avoit en cette Eglise un concours et une Confrérie en l'honneur de Saint Cyr et de Sainte Julitte. Dès l'an 1476 Louis de Beaumont, Evêque de Paris, avoit accordé des Indulgences à ceux qui visiteroient l'Eglise de Villejuy, et en 1480 il avoit permis aux Curé et Marguilliers de faire publier à Paris et dans tout le Diocèse la Confrérie ; mais depuis que le sieur Le Vavasseur, en vertu des Lettres du Pape Clément VII, données à Marseille le 5 Novembre 1533, et des Lettres du Roi du 10 du même mois, eut obtenu des Trinitaires d'Arles un os de la jambe de Saint Cyr, et une

Du Breul, p. 1009 et suiv

partie de la machoire de Sainte Julitte, qui furent accompagnés d'une vertebre du col de Saint Roch, et que toutes ces reliques eurent été reçues à Villejuy, la dévotion augmenta considérablement. Jean du Bellay, Evêque de Paris, permit la solemnité de la Translation qui fut faite le premier Dimanche de Mai, et la publication des Indulgences accordées par le même Pape, dans les Eglises de toutes les Paroisses voisines. Enfin Pierre de Gondi, aussi Evêque de Paris, donna en 1574 quarante jours de pardon à ceux qui visiteroient l'Eglise de Villejuy le premier Dimanche du mois de Mai. Depuis ce temps Grégoire XIII avoit renouvellé les Indulgences, et la permission de l'Evêque pour leur publication s'affichoit encore tous les ans à Paris, lorsque Du Breul écrivoit. Celui qui a donné un supplément à son Histoire en 1639, ajoute que le jour de la solemnité de la réception, la coutume étoit de porter ces reliques en procession jusqu'à la Croix hors du Bourg, sur le chemin de Paris, où l'on faisoit une station. La Relique de Sainte Julitte est renfermée au-dessous de son buste d'argent; celle de Saint Cyr est sous la figure aussi d'argent, qui le représente avec sa mere; celle de Saint Roch est seulement sous une statue d'argent, du même Saint. Tous ces ossemens sont de couleur blanche, contre l'ordinaire de ceux qui ont toujours été enfermés dans des tombeaux, ou dans des châsses à l'abri des injures de l'air. L'extrême dévotion du peuple de Villejuy envers Saint Cyr et Sainte Julitte, avoit fait introduire un usage qui étoit autrefois fort commun, surtout aux fêtes des Martyrs. C'étoit d'y lire publiquement dans l'Eglise la vie du Saint en vieilles rimes françoises. Jacques Girard, Curé du lieu, trouvant que ces rimes étoient ridicules, les dénonça à M. de Gondi, Archevêque de Paris, qui défendit sous peine d'excommunication, le 3 Septembre 1632, de continuer cet usage, et ordonna de lire en place de cette mauvaise versification la vie de Saint Cyr en prose françoise que le Curé avoit fait imprimer (chez Pierre Charpentier) l'année précédente, la dédiant à la Reine, et qui étoit approuvée des deux Docteurs Charton et Coqueret. Il fut aussi défendu par la même Ordonnance de chanter d'autre grande Messe à Villejuy que celle que le même Curé avoit apportée de la Cathédrale de Nevers, dont Saint Cyr est patron.

On voit aussi sur le mur de l'Eglise de Villejuy dans le même côté droit une inscription latine en mémoire de plusieurs morts: 1° De Pascal Barré, Officier chez la Reine Mere de Louis XIV. Il y est dit qu'il décéda en 1660. Il avoit épousé Louise Dupuis. 2° De Melchior Grandhofer, *qui custodia Regiæ cohortibus Helveticis instructor præfuit*, mort en 1666. Il avoit épousé Marie Cretté, veuve de Jean Charpentier. 3° De Pierre Barré,

Officier chez la Reine, mort en 1677, âgé de 29 ans. Sa femme Denise Charpentier décéda en 1680. Melchior Barré qui a fait poser ces inscriptions, est qualifié *Eques, Regis fratris Chlamydophorus*.

Ou il y a eu autrefois deux Eglises à Villejuy, de même qu'il y en a encore deux à Vitry, Paroisse contiguë, ou il faut dire que le Patron de la Paroisse a été changé, et qu'après y avoir reconnu anciennement Saint Pierre, on a pris pour Patrons Saint Cyr et Sainte Julitte. La preuve que Saint Pierre a eu autrefois à Villejuy une Eglise de son nom, qui pourroit bien être sur le fief de l'Abbaye de Sainte-Geneviéve, se tire de Frodoard, Prêtre de Reims au dixiéme siécle, lequel dans sa chronique à l'an 922, parle des miracles ou guérisons innombrables qui avoient été opérées depuis quatre ans dans cette Eglise de Saint Pierre de Villejuy, depuis qu'on y avoit apporté des reliques du saint Apôtre : *In pago quoque Parisiaco in Villa quæ dicitur Gesedis* multa miracula in Ecclesia S. Petri à quarto superiore anno, ex quo scilicet reliquiæ de barba ipsius Apostoli illuc sunt relatæ, facta memorantur : ita ut inter cæcos et claudos vel contractos, amplius quam centum septuaginta sanitate donati referantur. Dæmoniaci vero quotquot illo abierunt, sano sensu, pulsis dæmonibus redierunt, præter alia innumerabilia quæ ibidem sunt acta.* J'ai cherché toutes les Eglises du Diocése de Paris qui ont Saint Pierre pour Patron, et je n'en ai trouvé aucune qui pût avoir été appellée *Villa Jesedis* : ce nom ne m'a paru pouvoir convenir qu'à Villejuy. Il n'y a aucune impossibilité que l'Abbaye de Sainte-Geneviéve anciennement titrée de Saint Pierre ait donné à celle des Eglises de Villejuy qui étoit bâtie sur son fond, des reliques du saint Apôtre telles qu'elle les avoit.

Duchêne, T. II, p. 594.

La Cure de ce lieu est à la collation de l'Archevêque de Paris *pleno jure* : tous les Pouillés du Diocése sont uniformes là-dessus, tant ceux qui l'appellent *Villa Julitta,* comme fait celui du XIII siécle, que ceux qui lui donnent le nom de *Villa Judæa,* sçavoir, les modernes.

Le Vicariat de cette Paroisse est devenu dans le siécle dernier le sujet d'un point historique. Je ne sçaurois mieux en donner une idée, qu'en me servant des termes mêmes de l'Historien de la vie de M. Bourdoise, imprimée depuis quelques années. « M. Robert, « ancien Paroissien de Saint-Nicolas du Chardonnet, qui avoit « une estime particuliere pour les Prêtres de la Communauté de « Saint-Nicolas, n'eut pas plûtôt acquis la Terre et Seigneurie de

Vie de M. Bourdoise, p. 328.

---

* Un autre manuscrit que Duchêne a vu met *Jesedis,* ce qui donne encore plus visiblement le mot *Juid* ou *Juy*.

« Lahy, que voulant les approcher de lui, il leur offrit une maison
« fort commode qu'il avoit à Villejuive, s'ils vouloient s'y établir.
« La maison fut achetée en 1638 sous le nom de M. Compain, qui
« en fit quelques années après la donation à la Communauté, soit
« parce qu'elle n'avoit pas d'abord le pouvoir de posséder des
« fonds, ou que M. Robert le voulut peut-être ainsi, afin qu'on
« s'apperçût moins de la charité qu'il faisoit. On y établit donc
« une Communauté pour servir la Paroisse sous M. le Curé, à
« qui on fournit gratuitement un Vicaire et un autre Prêtre pour
« confesser : on se chargea de faire l'école, et on prit des jeunes
« gens en pension pour leur apprendre la langue latine. M. Robert
« y mit ses enfans, ce qui fut suivi par d'autres personnes de
« condition. On y fit depuis un Séminaire, dont la solitude
« augmenta la régularité. Enfin la maison de Saint-Nicolas étant
« bâtie, celle de Villejuive revint à sa premiere institution, qui
« étoit de servir la Paroisse sous M. le Curé. » On lit plus bas que
M. Bourdoise ayant quitté la supériorité, se retira à la maison de
Villejuive en 1640 : qu'il songea en 1642 à y établir une nouvelle
Communauté, à condition qu'elle serviroit de maison de campagne pour ceux de Paris.

Comme il n'y a gueres de Paroisses de la proximité dont Villejuy est de Paris, où l'Eglise Cathédrale de cette Ville n'ait du bien, celle-ci est dans le cas. J'ai déjà insinué ci-dessus, en parlant de la maniere ancienne d'écrire Villegie, une partie de ce que le Doyen Barbedor y possédoit au XII siécle, et qu'il donna à cette Eglise. Il faut ajouter des vignes qu'il avoit à Montcivry, canton de la Paroisse, qu'il légua afin qu'on augmentât le luminaire de la Fête de Saint Denis. Le Nécrologe de cette Eglise d'où je tire ces faits est rempli de semblables donations de vignes ou de terres situées au même lieu de Montcivry. On y voit entre autres celle d'Albert qui fut fait Chantre de Paris en 1146 ; celle de Maître Odon de Gallende, Archidiacre, qui produisoient par an XLV sols, somme alors considérable ; celle de Jean, Soudiacre et Doyen, qui y donna 7 arpens de vignes et un pressoir ; celle de Baudoin, Soudiacre. En un mot, cette Eglise y avoit hérité de tant de biens, que pour augmenter la fondation d'un repas commun que le Chancelier Hilduin, Diacre, avoit institué pour le jour de Saint Etienne, lendemain de Noël, le Chapitre jugea à propos d'y ajouter le revenu des terres et vignes de ce canton qui avoit été du précaire de Maître Odon de Champeaux. Il y avoit à Villejuy comme en d'autres lieux des Nobles qui s'étoient fait payer par les habitans des redevances annuelles de grain pour le droit de protection, et qui quelquefois revendoient ce droit appelé *Tensement* ou *Taxement*. Le Chapitre de Notre-Dame acheta ce droit à Villejuy au plus tard dans le XIII siècle. De plus le même Chapitre avoit au canton de Montcivry, ci-dessus nommé, une maison qu'il louoit à vie à ceux du corps qui aimoient ce lieu pour sa situation agréable et sa belle vue. Elle fut ainsi cédée en 1351 à Raymond de Salgues, Doyen. *Collectanea ex Reg. Cap.*

Les autres Eglises dont les archives font mention de Villéjuy, sont : 1º Saint-Martin-des-Champs. La Bulle d'Innocent II confirmative des biens de ce Prieuré marque qu'il a *apud Villam Judæam hospites, terram et censum* : et dans la premiere Bulle du Prieuré de Longpont, du même ordre, il y a *Villa Judis*. *Hist. S. Mart. p. 171.*
2º L'Abbaye de Sainte-Geneviéve qu'une Bulle d'Alexandre III dit avoir eu *apud Villam Judæorum terras, decimas et campipartes*. Ces biens s'appelloient le fief de Sainte-Geneviéve. *Gallia Christ. nova, in Instr. p. 243. Felibien,*
3º Le Chapitre de Saint-Marcel. Une Bulle d'Adrien IV qui en confirme les biens en 1158, met *quicquid habetis in Villa Judæa*. Un Mémoire imprimé marque que du Fief et Seigneurie de Saint-Marcel à Villejuy, dépend la maison du Colombier, suivant des Arrêts de 1580 et 1587; mais aussi il y est dit que les Chanoines de cette Collégiale ayant voulu prendre la qualité de Seigneurs de Villejuy, ils en furent déboutés le 10 Mars 1629. Ce même Mémoire observe que les Mathurins de Paris sont Seigneurs en partie de Villejuy : qu'il y a les Fiefs du Prieur de Saint-Julien-le-Pauvre qui est une censive et une dixme que l'Hôtel-Dieu de Paris donna au Prieuré de Longpont lorsque le Prieuré lui céda l'Eglise et les biens de Saint-Julien-le-Pauvre : celui des Marguilliers Lays de Notre-Dame de Paris, et un autre fief appellé *Sacatum*. Le Nécrologe de l'Abbaye d'Hiere parle de deux legs considérables faits à cette maison sur la terre de Ville-juy, l'un par une Dame nommée Milesinde, laquelle donna aux Religieuses une demi-mesure (*dimidium modium*) de froment à y lever sur son revenu; l'autre par Hugues Guerre qui leur donna à prendre sur le pressoir de Villejuy cinq muids de vin. Les Célestins de Paris ont sur la Paroisse de Villejuy entre le Bourg et Yvry à moitié chemin une ferme appellée Gournay avec une Chapelle : mais je ne puis dire d'où elle leur vient. Ce lieu termine la Paroisse de Villejuy de ce côté-là. On peut encore compter parmi les fiefs de Villejuy, celui dont il est fait mention en ces termes dans le Cartulaire de Saint-Denis... *De Tiverniaco miles habet in feodum apud Villam Judaicam Parisiensis Diocesis XII sol. super pluribus terris*. Dans le titre françois, ce lieu est écrit *Ville juie*, et le canton est dit le *terroir de la couture*, dont *Renauz Barbou Bailli de Rouen paye six sols*. Le tout en 1287. Enfin il se trouve qu'en 1453 un canton de Villejui dit Verbeure, et en 1493 Verbeuse étoit pré-

Hist. de Paris, T. III, p. 13. Factum pour J. B. de Courlay, Trés. de Fr. à Orl. étant aux dr. de fief et censive de S. Marcel, vers l'an 1636.

Chartul. Reg S. Dion.

tendu situé dans la censive de la grande Confrérie des Bourgeois de Paris.

Pour ce qui est des Seigneurs Haut-Justiciers de Villejuy, je n'ai pu en découvrir que quelques-uns. Ce lieu relève du Roi, à cause de son Comté de Montlhery. La Haute-Justice en fut accordée par le Roi à un Seigneur appellé Raguier, en 1483. Cent ans après, Jean de Bragelonne en étoit Seigneur Haut-Justicier en 1574. L'Auteur du Supplément à Du Breul qui a écrit en 1639, parlant de la belle maison de M. de Bragelonne à Villejuy, ne le qualifie que de Seigneur en partie de ce Bourg. On voit dans les Registres du Parlement à l'an 1638 l'enregistrement du don que le Roi fit sur le consentement de M. le Duc d'Orléans à Messire André Potier de Novion, Président en la Cour, de toute justice haute, moyenne et basse qu'il y a, à cause de son Comté de Montlhery en la Paroisse de Villejuy. A l'an 1640 la confirmation de la même Justice par le Roi à Jacques Cottereau, et celle qui fut accordée pareillement pour la Haute-Justice en 1659 à M. Pinon, Conseiller au Parlement.

Ce n'est pas, au reste, la seule occasion où les Registres du Parlement font mention de Villejuy. Cette Paroisse y est nommée la premiere des cinq du même quartier qui vinrent toutes ensemble en procession à Notre-Dame de Paris le Vendredi 11 Juin 1428 : « pauvres Laboureurs et Habitans, femmes et petits enfans, por- « tant reliques, croix et bannieres ; les autres portant arcs, arba- « lestes, » ce qui, pour continuer à me servir des termes du Greffier, « induisoit à lacrymation. »

Sauval rapporte une autre chose qui peut terminer ce que j'avois à dire sur Villejuy. Il écrit qu'en 1492 le 4 Mai on vit entre Paris et cette Paroisse plus de quatre cents corbeaux s'entrebattre avec tant de furie, et croassant si effroyablement, que le lieu rougit de leur sang. Après quoi, sur les neuf heures du soir, il commença à pleuvoir si fort et si long-temps que l'eau entroit dans les maisons et jusques dans les Eglises.

CHEVILLY

Ce que nous avons de plus ancien où le village de Chevilly soit spécifié, est une Charte du IX siécle du temps d'Incade, Evêque de Paris, dans laquelle, parmi les terres de son Eglise qu'il donne aux Chanoines en 829, *Civiliacum* est nommé ; après quoi il en est parlé dans une autre de l'Evêque Erchenrad au même siécle ; puis, dans un diplôme des Rois Lothaire et Louis de l'an 985 ou environ, dans lequel est compris au rang des biens de l'Eglise de Paris *Civiliacum cum Ecclesiâ et Altare.*

Ce Village est l'un de ceux qui paroissent tirer leur nom du possesseur ou du fondateur. C'est au moins le sentiment de M. de Valois, auquel je n'ai rien à opposer ; car il est certain que *Civilis* étoit un nom d'homme chez les Romains, et qu'il a été naturel qu'une Terre qui appartenoit à un Citoyen appellé Civilis, fût nommée *Civiliacum.* Le même Sçavant a raison de conclure de là, que ce n'est que par corruption que dans le Pouillé du XIII siècle elle est nommée *Civiliacum.*

<small>Notit. Gali p. 414.</small>

La situation de cette Paroisse est entre les routes d'Orléans et de Fontainebleau, mais beaucoup plus près de cette derniere, puisque le Prieuré de la Saussaye qui y est situé est de la Paroisse. La plaine de ce côté-là s'appelle de Longboyau : elle s'étend depuis Villejuy jusques proche Juvisy. On compte de Paris à Chevilly deux petites lieues. Le territoire est pour la plus grande partie en labourages : cependant il y a aussi des vignes au vallon vers Frêne.

Sainte Colombe, Vierge, qui fut martyrisée à Sens au III siécle, est Patronne de l'Eglise de Chevilly. C'est ce qui a fait conjecturer par M. l'Abbé Chastelain, sçavant Chanoine de Notre-Dame de Paris, que l'Eglise de Sainte-Colombe, dont il est parlé dans la vie de S. Eloy par S. Ouen, comme d'une Eglise de Paris ou voisine de cette Ville, pouvoit bien être celle-là. Mais il suffit de lire le texte de Saint Ouen pour juger que l'Eglise de Sainte-Colombe dont il parle, devoit être tout proche la Cité de Paris, et non pas à deux lieues de distance ; ce qu'il y a de probable, est que lorsque S. Eloy apporta à Paris des Reliques de Sainte Colombe dont il avoit orné le tombeau à Sens, on put en tirer quelques parcelles pour les deux Eglises qui furent érigées sous son invocation dans le Diocése de Paris, sçavoir : Chevilly et Servon. M. Baillet se contente de dire qu'on a institué un célèbre pélerinage de Sainte Colombe dans le village de Chevilly. L'Eglise de ce lieu est très-petite. Le Sanctuaire est un gothique du XIII siécle grossierement fabriqué. On y voit au vitrage du fond des restes de vitrage rouge de ce temps-là. La tour à côté a été rabaissée et refaite en partie. Sainte Geneviéve est regardée comme seconde Patronne. La dédicace de cette Eglise fut faite le Dimanche du mois d'Août 1546, par Charles Boucher, Evêque de Mégare, qui, outre le grand Autel, y en bénit trois autres, l'un en l'honneur de la Vierge, le second, du titre de S. Pierre, et le troisiéme sous le nom de Saint Nicolas.

<small>Voyages manuscrits.</small>

<small>Vie Ste Colombe, 21 Décembre.</small>

<small>Reg. Ep. Paris.</small>

Il y a dans la même Eglise une Chapelle sous le titre de Saint

Michel, qui est à la collation du Chapitre de Paris *in magno turno*, comme disent les Mémoires du dernier siècle. J'en ai vu des collations du 28 Juin 1532, et du 2 Juin 1574.

<small>Coll. mss. du P. Du Bois, T. V, ad calcem. Magn. Past. Inv. Epis. sec. xv.</small>

Le testament d'un Clerc du XIII siécle, nommé Matthieu de Chevilly, nous apprend qu'il y avoit alors dans cette Eglise de Sainte-Colombe une Confrérie de Saint-Jacques, à laquelle, selon la coutume du temps, il fit un legs de cinq sols. L'Eglise de Chevilly fut une des six sur lesquelles Etienne de Senlis, Evêque de Paris, régla, l'an 1124, que les Chanoines de sa Cathédrale pourroient tirer un muid de froment chaque année, pour la distribution du pain de Carême à ceux qui demeureroient au cloître, se réservant aussi à lui-même là-dessus un pain chaque jour. Dans un Registre de l'Officialité du XIV siécle, il est parlé d'un Jean des Granges, Curé de Chevilly, successeur de Pierre de Saint-Médard. Le Pouillé du XIII siécle assure que dès lors la nomination à la Cure appartenoit au Chapitre de Paris : depuis les partitions, elle est dévolue à la vingt-sixiéme prébende.

<small>Du Bois, T. II, p. 435.</small>

M. l'Archevêque de Paris est Seigneur de ce lieu sans y avoir de Château. J'ai trouvé quelque mention de la censive de l'Evêque de Paris entre Chevilly et Frêne : c'est dans un bail fait par lui en 1253 au Prêtre de cette Paroisse d'un arpent de vigne en ce canton. Il falloit que certains droits Seigneuriaux de la terre de Chevilly en eussent été démembrés par la suite des temps. Cela est sûr quant au droit qu'on appelloit *Tensamentum*. C'étoit une redevance de la part des Vassaux à leur Seigneur, à raison de la protection qu'il leur accordoit, ou qui se payoit par les gens d'un village à tel ou tel Chevalier qui prenoit leur défense. Ce droit étoit levé à Chevilly sous le regne de S. Louis par Simon de Poissy, Chevalier ; Nicolas de Chartres, Chantre de Notre-Dame de Paris, employa l'an 1233 une somme de 65 livres, pour acheter la moitié de ce droit de Simon et de son fils ; ce qui rendit les gens de Chevilly redevables chaque année au Chapitre de Paris le lendemain de la Saint-André de la somme de sept livres parisis. Le reste de ce droit fut acquis par le même Chapitre des deniers de Hugues de Navarre, Soudiacre, qui en désigna l'emploi. M. Joly, Chantre de Paris, a voulu parler de ce droit dans son Traité des Ecoles, à l'occasion de Nicolas de Chartres, l'un de ses prédécesseurs (il met sa mort à l'an 1247), mais il s'est trompé en traduisant *tensamentum* par *censive*.

<small>Chart. min. Ep. fol. 245.</small>

<small>Magn. Pastor. fol. 26, et Necrol. Par. ad 21 Sept.</small>

<small>Ibid. ad 20 Januar.</small>

<small>Joly, Traité des Ecoles, p. 576.</small>

La fertilité du territoire de Chevilly fut cause que la plupart de ceux qui vouloient obtenir d'être mis dans le Nécrologe de l'Eglise de Paris faisoient ensorte d'y avoir des terres pour les léguer à cette Eglise. Robert de Bessencourt, Doyen de Bayeux au XIII siécle, fut celui qui donna la plus grande quantité d'arpens.

Ils étoient situés dans la censive du Chapitre *quæ dicitur census quartarum*. Hugues de Viry, Chanoine de Paris, donna ses Terres de Chevilly et de Lay. Radulf de Reims, aussi Chanoine, en fit de même aussi-bien que Hugues de Chevreuse, Diacre, et Jean de Meudon, Clerc. Pierre le Jeune, Chanoine-Diacre, donna cinq muids de méteil de rente annuelle tant à Chevilly qu'à Lay. Tous ces legs sont du XIII siécle. Les Chanoines qui avoient à Chevilly des vignes, des prés, ou des maisons, en firent tout autant dès le XIII siécle. Par exemple, le Doyen Barbedor légua des vignes, outre la maison et la grange qu'il y avoit bâties pour le Chapitre. Jodoyn d'Orléans donna une masure et des vignes au lieu dit Closel. Geoffroy de Gien, Chanoine et Pénitencier de Paris, légua en 1297 deux arpens au lieu dit *la voye de la chevre*, chargés du droit qu'on appelloit la quarte et la taille. Le Chapitre aussi de son côté employa les sommes qui lui vinrent de Gautier Cornut, Archevêque de Sens, ci-devant Doyen de Paris, et de Gui de Palaiseau, Official de Philippe, Evêque de Châlons, qui avoit aussi été Doyen de Paris, à l'achat du champart, du cens, et de ce qu'on appelloit *obliæ*, que Jean du Buisson, Chevalier, dit de Saint-Michel, lui vendit. Seroit-ce de ce droit dont il seroit parlé dans les Registres du Conseil du Parlement, où j'ai lu à l'article du 19 Février 1409, que la taille de 48 livres que le Chapitre de Paris a droit de prendre sur les tenans héritages ès territoires de Lay et Chevilly, sera cueillie par la main du Roi?

Necrol. Paris. 5 Januarii.
Ibid., 27 Sept. 17 Oct. 2 Aug. 19 Apr. 21 Martii.

20 Decem.
12 Mart.
31 Julii.

20 April.
8 Apr.
15 Aug.

Quelques fondations furent aussi assises à Chevilly dès ces temps-là. Dreux de la Charité instituant dans Notre-Dame de Paris une Chapellenie à l'Autel de la Décollation de Saint Jean, donna 24 arpens de terre à Chevilly. La Reine Marguerite, veuve de S. Louis, en établissant un dans la même Eglise à l'autel de S. Pierre et S. Paul, y destina 17 arpens de terres aussi situés sur le même territoire.

Du Bois, Coll. mss. T. V. ad calcem.

Ibid.

Il y avoit 60 feux à Chevilly l'an 1700, selon le dénombrement imprimé alors : ce que le Dictionnaire Universel de la France publié en 1727 évalua à 210 habitans ou communians. Le dénombrement imprimé en 1745 n'y compte plus que 47 feux. Pour contribuer à peupler ce lieu, Louis VII y avoit aboli dès l'an 1155 les droits de corvée et de gîte qu'il pouvoit exiger : et Charles VI, sur l'exposé que lui firent les habitans qu'ils payoient beaucoup de droits au Chapitre de Paris, les exempta de toutes fournitures et prises pour le service de la Cour, moyennant qu'ils ameneroient par chaque année à son Hôtel douze chartées de feurre, c'est-à-dire de paille. Les Lettres en furent expédiées à Paris le 5 Mars 1398. Je n'ai point trouvé l'époque de leur affranchissement ; mais il doit être postérieur à l'an 1267. Il se passa cette

Du Bois, T. II. p. 117.

Reg. des Chart. 54, piéce 98.

année-là un fait qui suppose que la servitude avoit encore lieu à Chevilly. Un nommé P. le Roy, natif de Lay, alla demeurer à Chevilly, et y épousa une veuve qui étoit serve de l'Eglise de Paris, autrement femme de corps. L'Official de Paris lui fit promettre qu'il déclareroit un certain jour dans l'Eglise de Civilly, après l'Evangile de la grand-Messe, qu'il étoit homme de corps de l'Eglise de Paris, c'est-à-dire serf. Ce trait nous marque l'exactitude dont on étoit alors sur l'article de la servitude.

<small>Sauval, T. III, p. 10, à l'année 1267.</small>

On trouve dès le douzième siècle quelques donations faites à l'Abbaye de Saint-Victor de Paris sur le territoire de Chevilly. Le Chapitre de Notre-Dame voulant contribuer à la fondation de cette maison, lui donna du terrain sur Chevilly et sur Orly, autant qu'une charrue pouvoit en labourer, à condition qu'on employeroit pour la culture de ces terres d'autres gens que ceux de ces deux Villages. L'acte de concession est de l'an 1122, et porte à la tête le nom de Bernier, Doyen. Dans le siècle suivant, au commencement du regne de Saint Louis, Guillaume de Poissy, Chevalier, donna aussi à la même Communauté quelques cens assis à Chevilly et dans le voisinage, du consentement de Matthieu de Marly, Chevalier.

<small>Du Bois, T. II, p. 56.</small>

<small>Histoire de Montmor. Preuv. p. 403.</small>

Il existoit dans les mêmes temps encore des Chevaliers qui se surnommoient de Chevilly. Le Nécrologe de Notre-Dame de Paris écrit au XIII siècle fait mention d'un *Petrus de Civiliaco miles*, et de son gendre qui vivoit alors.

<small>Necrol. Paris. 4 Nov.</small>

Dans aucune carte des environs de Paris on ne voit aucun écart dépendant ou voisin de Chevilly, sinon la Saussaye. Cependant je trouve que le 9 Novembre 1645, l'Archevêque de Paris permit à Antoine Dreux, Chanoine de la Métropolitaine, qualifié Seigneur de Beaulieu, Navoire et l'Hermitage, de faire célébrer en l'Oratoire de sa maison de Beaulieu, Paroisse de Chevilly : ce qui fut renouvellé le 5 Août 1697 à M. Dreux, Chevalier, Seigneur de Creuilly. Voilà un lieu du nom de Beaulieu bien désigné sur la Paroisse de Chevilly.

<small>Reg. Arch. Par.</small>

Claude-Nicolas Hatte, Conseiller en la Cour des Aides, est qualifié Seigneur de Chevilly, dans l'endroit du Mercure où sa mort est marquée en 1738. Il n'y a dans le Dictionnaire Universel des Paroisses de la France aucune autre qui porte le nom de Chevilly.

<small>Mercure, Janvier 1738, p. 170.</small>

LA SAUSSAYE est une Communauté située à droite du grand chemin de Villejui à Fontainebleau, à une légère distance de Villejui, et néanmoins sur le territoire de la Paroisse de Chevilly. Ce lieu a tiré son nom des saules qui y étoient plantés.

Cette maison, qui est mal nommée Abbaye dans le Dictionnaire Universel de la France, a été dans son origine une Léproserie pour les femmes seulement qui étoient de la Maison du Roi, et qui devoient être soignées par d'autres femmes saines dont le nombre ne devoit pas excéder celui de treize. La fondation paroît avoir été commencée par le Roi Louis VII, un peu après le milieu du XII siècle, temps auquel il fut établi une infinité de ces Maladeries dans le Royaume. Quelques personnes tenterent cent ans après de faire servir cet Hôpital aux hommes comme aux femmes, mais les Religieuses obtinrent en 1265 une Bulle de Clément IV, qui éloigna cette entreprise. Cette Maison étoit exempte de la visite de l'Ordinaire, et la Prieure n'avoit pas même besoin d'être confirmée de lui, ni du Pape.

L'Eglise est sous le titre de la Sainte Vierge. Il paroît qu'elle avoit été rebâtie avant qu'il se fût écoulé deux siècles depuis la fondation de la Maison, car il reste une Bulle de Clément V de l'an 1305, qui accorde cent jours d'Indulgence à ceux qui assisteront cette Eglise le jour même que la dédicace devoit en être faite, et ce qui y paroît d'ancien, ressent assez ce temps-là, hors quelques tombes qui peuvent être un peu plus vieilles. Du Breul assure que cette dédicace fut faite le 10 de Mai, mais ce ne fut qu'en 1349, par une rencontre assez singuliere. Jean de Troyes, Evêque d'un Siége appellé *Dragorianum*, et Vicaire Général de Foulques de Chanac, Evêque de Paris, s'étant présenté pour entrer dans ce Couvent, la Prieure Isabelle s'y opposa. Il fut obligé de dire qu'il n'y venoit ni en sa qualité d'Evêque, ni en celle de Vicaire-Général, mais seulement en celle d'humble frere de l'Ordre des Hermites de Saint-Augustin, par pure dévotion et pélerinage ; et pour marque qu'en y demandant l'hospitalité il n'avoit aucun dessein de préjudicier à l'exemption de la Maison, il tira son anneau de son doigt et le donna en garde à la Prieure. Sur cela il fut admis dans la Maison ; et ayant appris dans la conversation que l'Eglise n'étoit pas dédiée, il proposa d'en faire la cérémonie, ce qui fut accepté. Le titre porte qu'outre la Sainte Vierge, principale Patronne, Saint Justin, Martyr, et Saint Louis, furent assignés pour Patrons. Cet Evêque Vicaire-Général, plaça apparemment dans l'Autel des Reliques du jeune enfant Justin, Martyr de Louvre, dont le corps est à Notre-Dame. Le même jour 10 de Mai, la cérémonie étant finie, la Prieure toujours sur ses gardes, invita cet Evêque à venir dîner avec elle à sa maison *de Cellis*, située à Vitry, où fut dressé acte du tout par un Notaire Apostolique. Nicole de Lantilly, Prieure en 1515, répara depuis cette Eglise. On y voit la tombe d'un Conseiller nommé Dolu, habillé militairement.

Gall. Chr. T.VII, col. 638.

Ex Archiv. Sale.

La Prieure de ce lieu est de nomination Royale, mais encore pour sa prise de possession, elle n'a affaire ni à l'Archevêque, ni à l'Archidiacre ; c'est un Conseiller nommé par le Roi, qui la met en place. On remarque même dans le *Gallia Christiana* que leur Chapelain jouit des droits curiaux, et confere aux domestiques et fermiers tous les Sacremens, excepté le Baptême et le Mariage, pour lesquels ils recourent au Curé de Chevilly, suivant quelques Arrêts dont il y en a un du Grand-Conseil donné à Tours l'an 1652, lorsque Julien Regnault étoit Curé, lequel Arrêt fait défense à la Prieure et aux Religieuses d'empêcher l'entrée de leur Eglise à ce Curé le jour de la Procession du Saint-Sacrement, y devant être reçu comme un autre Curé. On y conserve aussi une Bulle de Clément VII, de l'an 1382, en faveur de cette exemption, laquelle, dit-on, fut reconnue par Jean Simon, Evêque de Paris, l'an 1501. Tout cela n'empêcha pas qu'environ l'an 1675, ces Religieuses ne présentassent requête à M. de Harlay, Archevêque de Paris, pour pouvoir être transférées dans le hameau de Saint-Mandé, sur la Paroisse de Charenton-Saint-Maurice, comme dans un lieu plus commode et plus sûr. J'ai lu que l'Archevêque le leur accorda à condition qu'elles seroient soumises à sa Jurisdiction, et qu'elles obtinrent même là-dessus des Lettres-Patentes. L'homologation de cette translation ne fut faite à l'Archevêché qu'en 1689, et il ne paroît pas qu'elle ait eu lieu long-temps. Le *Gallia Christiana* n'en dit rien, mais on a une époque de leur résidence en ce lieu qui est la réception qui y fut faite d'un corps des Cimetieres de Rome. Le Pelletier qui fit imprimer le Pouillé de Paris en 1692, y marque à la page 42, que la Saussaye étoit transférée alors au village de Conflans à une lieue de Paris.

Reg. Arch. Par.

Quoique cette Maison ait été établie vers le milieu du douziéme siécle, on ne connoît quelques-unes de ses Prieures que depuis l'an 1300. Les Religieuses avoient été primitivement de l'Ordre de Saint Augustin, et elles en observoient encore la Regle en 1533 ; mais onze ans après, on trouve une Prieure que François I nomma, qualifiée *Ordinis S. Benedicti*. Cette Prieure pouvoit en être, et avoir été tirée, comme la suivante, de l'Ordre de Fontevrauld, où les Religieuses étant habillées de blanc ne différoient gueres (quoique Bénédictines) des Religieuses Augustines. Il doit passer pour constant que Barbe de Reilhac, faite Prieure en 1557, étoit Fontevraudine, puisqu'elle étoit professe du Prieuré du Charme au Diocèse de Soissons, qui est de cet Ordre. Elle avoit été nommée par le Roi Henri II ; et l'Evêque donna des Lettres pour la mettre en possession, de même qu'en eut en 1576 Marie le Pigeart, sur la nomination d'Henri III. Au reste, comme ces Dames de la Saussaye étoient indépendantes de l'Evêque de Paris, c'est pour cela qu'on ne trouve rien dans les Registres sur le changement de regle et d'habit. Cependant sur ce que ce Monas-

Reg. Ep.
5 Juill. 1557 et
10 Mars 1576.

tere eut besoin de réforme vers l'an 1500 relativement à un article *Hist. Eccl.* dont il est parlé dans de Beze, le Parlement de Paris avoit ordonné, *T. II, l. XVI,* en 1503, que l'Official de Paris y mettroit la réforme, appellés avec *p. 194.* lui le Prieur des Chartreux et celui des Célestins. Reg. du Parlem.

Quant au revenu qui a été assigné à cette Maison par nos Rois, ce fut d'abord la dixième partie du vin qui entreroit à Paris pour la Provision du Roi et de la Reine ; une rente de trois livres dix-huit sols sur le péage du petit Pont à Paris, et la dixième partie du pain et du vin qui seroient portés à la Ferté-Alais pour le Roi et la Reine ; ensuite les chevaux de charge de la Cour qui seroient recrus. Philippe-Auguste ajouta à tout cela ses sceaux d'or qui devoient leur être remis après sa mort. Saint Louis leur donna cent livres de rente sur la Prévôté de Paris. Elles avoient aussi dès lors droit de prendre tout le vieux linge des chambres du Roi, de la Reine et de leurs enfans, le reste des chandelles de la chambre du Roi, les vieux coffres de la même chambre de l'Hôtel de la Reine. Saint Louis ajouta à cela le reste des chandelles de la chambre des fils aînés de Rois, la dixme du vin qui étoit à Vincennes pour l'Hôtel de la Reine. Philippe-le-Bel y joignit la dixme du vin que lui et la Reine et leurs successeurs feroient venir pour eux à Saint-Marcel et autres endroits de la Banlieue. Louis-le-Hutin ajouta les sceaux d'argent à ceux d'or, tout le linge royal, tous les chevaux que le Roi auroit à sa mort. Philippe de Valois voulut de plus que ces Religieuses pussent mettre cent porcs dans la forêt de Biere, où il leur donna aussi une certaine quantité de bois à prendre. L'article des chevaux étoit le plus considérable, puisqu'à la mort du Roi Jean, pour le rachat des chevaux elles eurent huit cents livres, et à la mort de Charles V, deux mille cinq cents livres. Mais la perception de tous les autres droits ci-dessus énoncés, étoit sujette à beaucoup d'embarras et à des procès ; le tout fut évalué en 1681 à neuf cents livres de rente, ce que les Rois confirmerent en 1585, 1599 et 1644. Cette Léproserie avoit aussi eu dès le second siécle de sa fondation quelques autres biens, comme des maisons à Paris, au sujet desquelles il y eut acte de l'an 1223 de la part de H..., Abbé de Sainte-Geneviève, où elles *Chart. S. Gen.* sont appellées *Sorores de Salceis*. *p. 106.*

LAY ou LAHY

Au-dessus du Bourg-la-Reine, du côté de l'Orient, la riviere de Biévre entre deux, est situé sur la montagne le village de Lay. Ce nom se prononce en deux syllabes et non pas comme celui de Saint-Germain-en-Laye. Dans tous les titres les plus anciens, il est écrit en latin *Laiacum;* mais comme il y a peu de différence entre *Laiacum* et *Loiacum,* et que *Loia* ou *Logia* signifioient anciennement des chaumieres situées dans les bois, on peut conjecturer que le nom de Lay vient delà. Mais je croirois plus probable (admettant toujours que dans les premiers temps la montagne de Lay et Chevilly étoit toute une forêt) que l'on a dit primitivement *Lachiacum* en latin, puis *Lahiacum* d'où ensuite on a retranché l'aspiration : or, *Lach* ou *Lachen* signifioit dans l'ancienne langue barbare, teutonique ou franque, une incision d'arbres et un partage d'héritages marqué par ces incisions ou entailles. Voilà tout ce qu'on peut dire sur l'étymologie de Lay.

<small>Gloss. Cangii voce Lachus.</small>

Le territoire de Lay est composé de terres labourables, de vignes et de prés. La vue de ce lieu est fort agréable, d'autant qu'il fait face à la terre de Sceaux, et que delà on apperçoit toute la vallée d'Antony par laquelle passe le chemin d'Orléans.

Les plus anciens monumens qui parlent de Lay sont la charte du IX siécle, où sont dénommées toutes les principales terres du Chapitre de Paris, qui lui viennent de l'Evêque Incade; et celle du X, qui est des Rois Lothaire et Louis, dans laquelle les noms de ces mêmes Terres sont représentés. *Laiacum* y est toujours à la suite de *Civiliacum.* C'est de même dans le Pouillé de la fin du du XIII siécle, où cependant *Laiaco* fait un article différent de *Civiliaco.*

<small>Hist. Eccl. Par. T. I, p. 329.</small>
<small>Ibid. T. II, p. 553.</small>

L'Eglise de ce Village est fort large, quoiqu'elle manque d'une aile vers le midi et qu'il n'y ait que l'endroit du chœur qui soit accompagné d'une grande Chapelle de ce côté-là. Il n'y a uniquement que l'aîle qui est au côté du septentrion qui soit voûtée, le reste est un simple lambris. S. Léonard du pays Limosin y est regardé comme Patron. Cette Eglise paroit avoir été rebâtie vers l'an 1500 ou 1510 telle qu'elle est. Le 17 Mai 1523, jour de Dimanche, François de Poncher, Evêque de Paris, y bénit quatre Autels; le premier sous le titre de la Trinité, le second sous le titre de la Sainte Vierge, le troisième en l'honneur de S. Léonard, Patron de l'Eglise; et le quatriéme du titre de S. Michel. Dans le côté Septentrional est une inscription qui porte que Jean Bar... Capitaine à Paris, et Geneviéve Bourlier sa femme, ont fondé vers

<small>Reg. Ep. Paris.</small>

l'an 1627 ou 1637, en présence du Chapitre de Paris, un Vicaire en ce lieu pour y tenir les écoles. Dans le même côté est l'épitaphe d'un Curé vivant vers 1550; et dans la Nef se voit la tombe de Pierre Marteau, Commissaire d'Artillerie de France, décédé le 1 Janvier 1611. Saint Léonard est un des Saints auxquels le peuple a la dévotion de faire des neuvaines. Il s'étoit introduit au commencement de ce siècle un abus à Lay. Les Laïques de cette Paroisse s'étoient mis sur le pied d'acquitter de ces sortes de neuvaines que l'on venoit demander pour ce Saint, et ils en recevoient la rétribution. M. le Cardinal de Noailles leur fit défense, le 10 Septembre 1702, de s'attribuer ce droit, et arrêta ainsi cette entreprise.

Cette Cure ne se trouve point dans les Pouillés d'Alliot de 1626 et 1648 au dénombrement par Doyennés, ni même dans les Pouillés manuscrits du XV et XVI siècle; mais seulement à l'article de la vingt-sixième partition des Prébendes de Notre-Dame de Paris où elle est mal nommée Lacy. On la voit aussi dès le treizième siècle dans le rang des Eglises Paroissiales appartenantes au Chapitre de Paris, et j'en ai vu des provisions du 24 Janvier 1473. *Reg. Ep. Paris.*

On comptoit à Lay vers 1709, la quantité de 76 feux. Le Dictionnaire Universel de la France y marquoit en 1726, 284 habitans. Le dénombrement imprimé en 1745, assure qu'il n'y a plus que 63 feux. Dénombr. de l'Election 1709. *Royaume de France, 1745, in-4°.*

Il y a plusieurs siècles que les côteaux de Lay sont défrichés et plantés en vignes. Thibault, Archidiacre de Paris au XII siècle, y possédoit cinq arpens qu'il donna au Chapitre *ad stationem quatuor ferculorum*, selon la disposition fort usitée alors. Le Doyen connu sous le nom de Barbedor, lequel étoit en même temps Clerc du Roi Louis-le-Jeune, légua à même fin pour l'Anniversaire de ce Prince, une vigne au Chapitre de Paris, située dans le même lieu. Giraud, Doyen de la même Eglise de Paris, ayant acquis, en 1228, des vignes à Lay, de Gilles de Roissy, Chevalier, en disposa depuis en faveur de cette Eglise. Car, étant Evêque d'Agen quatre ans après, il les lui légua pareillement après la mort d'Haimeric et Jean ses neveux, qui en auroient la jouissance leur vie durant. La prairie de Lay fut aussi dans le XIII siècle l'objet des donations de quelques Chanoines de Paris à leur Eglise; elle est nommée dans son Nécrologe au 21 Avril, à l'occasion du legs de Guillaume de Varzy; au 31 Juillet, à cause de celui de Geoffroy de Gien, Pénitencier, assigné en 1297; au 2 Août, pour celui de Hugues de Chevreuse, Diacre; et au 8 Septembre pour celui de Nicolas, Cardinal de Saint-Laurent *in Damaso*, fait vers l'an 1300, et au 22 Décembre à raison d'un autre.

Nécrol. Par. 23 Sept.
Ibid., 22 Sept.
Magn. Pastor.
Ibid.
Necr. 8 Jul.
Gall. Chr. nova,
T. II, col. 915.

Je puis encore ajouter Jean, Archidiacre de Paris, surnommé d'Orillac, dont le legs fut d'une simple terre, proche le moulin de Lay; et Pierre le Jeune qui y assigna en mourant trois mesures de bled, l'an 1258.

Necrol. Paris. 14 Avril.
Magn. Past.

C'est ainsi que le Chapitre de Paris rentra dans plusieurs biens de sa Seigneurie. Cette Terre avoit été dès le Regne de Louis VII une de celles que ce Prince avoit exemptées de corvées et de gîte, afin de n'en pas grever les habitans. J'ai indiqué sur Chevilly un endroit des Registres du Parlement qui fait mention d'une taille que le Chapitre levoit en 1409 sur ceux qui possédoient des héritages à Lay. Dès l'an 1157 la Prévôté de ce lieu avoit été déclarée appartenir à la Communauté des Chanoines pour certains besoins; Thibaud, Evêque de Paris, certifia que tous les Freres, sans exception, s'étoient contentés de ce revenu et de celui de la Prévôté d'Epone, pour cette destination, et qu'on avoit marqué qu'on ne donneroit rien à personne au-delà.

Du Bois, T. II, p. 117.

Magn. Past.

Il paroît au reste qu'il y avoit eu quelque distraction de parties de la Seigneurie de Lay avant le XII siécle. Sous S. Louis, le Chapitre de Saint-Marcel de Paris y avoit des serfs qu'il affranchit l'an 1238. Matthieu de Marly deuxiéme du nom est qualifié Seigneur de Lay dans des actes qui concernent la fondation de l'Abbaye de Port-Royal, et dans d'autres de 1225. On lit aussi que Guillaume de Lay, Chevalier, cessa en 1226 ses poursuites contre le Chapitre de Paris, au sujet de la dixme des Plâtrieres.

Félibien, Hist. de Paris, T. III, p. 117.

Necr. Por. Reg. 2 Mart. ad an. 1249. Hist. de Montmor. p. 664.

On voit par des titres de Sainte-Geneviéve, que le territoire de Bofier ou Borfier dans Lay étoit en 1235 sur le fief du même Matthieu. Cette Abbaye y acquit alors de Guillaume de Poissy, Chevalier, quatre arpens et demi de terre, pour lequel achat il fut besoin de la confirmation de Matthieu et d'Alix *de Logia,* sa femme. Dès l'an 1225, ce Seigneur de Marly avoit fait une action qui marquoit son autorité en ce lieu. Il avoit retiré de Guillaume de Lay, Chevalier, son vassal, trois arpens de terre aliénés par lui sans son consentement, et il en avoit fait présent à l'Abbaye de Saint-Victor. Il est dit dans un autre titre, que quatorze arpens que la même Abbaye avoit achetés sur la Paroisse de Lay de Guillaume de Poissy, étoient aussi tenus en fief de Matthieu de Marly. C'est sans doute de ce fief de Saint-Victor qu'il est fait mention dans le Procès-verbal de la Coûtume de Paris de l'an 1580. Il y est dit sis à Lay, avoir le nom de Saint-Victor, et être possédé par Robert de Hongrie.

Magn. Pastor. fol. 26.
Chart. S. Gen. p. 246, 247 et 316. Gall. Chr. T. VII, col. 737. Hist. de Montmor. Preuv. p. 400.

Le Château à l'antique que l'on voit à Lay est le Manoir Seigneurial de ceux qui ont eu part dans la Seigneurie de ce lieu. On croit qu'une des Reines de France y a fait sa demeure, et que ses équipages étant logés dans le bas de l'autre côté, c'est la raison pour laquelle ce lieu a été nommé le Bourg-la-Reine. Mais cette tradition n'est bonne que dans la bouche du peuple qui n'est pas obligé de sçavoir depuis combien de siécles on dit *le Bourg-la-Reine*. Ce qui peut avoir donné occasion à ce mauvais mélange d'histoires, est que dans le temps que les Anglois essayoient de faire régner leur Roi sur toute la France, les héritages de Lay qui appartenoient à Jean le Blanc attaché au Roi Charles VII, furent donnés à la Reine avec tous ses autres biens. Il n'est point dit quelle Reine, ni si c'étoit à Isabeau de Baviere, veuve de Charles VI, ou à Catherine de France, veuve de Henri V, Roi d'Angleterre. Ainsi il peut être vrai que l'une de ces deux Reines ait logé à Lay, et que ce Château appellé la Tournelle de Lay lui fût venu de ce côté-là; mais le Bourg-la-Reine portoit ce nom 300 ans auparavant. La tour ou donjon quarré dont je parle, est un édifice du XIV ou du XV siécle. Elle est bâtie dans le haut du Village, et entierement de pierre de taille ; quatre tourelles terminées en cul de lampe, et surmontées par une couverture d'ardoise en cône, flanquent cette tour ; au bas de la couverture des quatre côtés est une lucarne pratiquée en plomb. L'escalier est construit par le dehors du côté méridional. Cette tour n'étoit pas indigne de loger une Reine dans les temps que j'ai marqués ci-dessus. On ne bâtissoit point autrement alors. Les corps de logis qui environnent ce donjon ne sont point d'un temps si reculé. On voit sur la porte qui conduisoit dans l'ancien jardin un écu à croix nue. L'Auteur de la vie de M. Bourdoise a appris au Public que M. Robert, ancien Paroissien de Saint-Nicolas-du-Chardonnet, acquit vers l'an 1635 la Terre et Seigneurie de Lay. Cela s'accorde assez avec ce qui se lit ailleurs, que le 27 Août 1637 il fut permis à Nicolas Robert, Chevalier, Seigneur de la Tournelle de Lay, de faire célébrer en sa Maison.

<small>Sauval, Compte de la Prévôté de Par T. III, p. 328.</small>

<small>Vie de M. Bourdoise, p. 328.</small>

Aujourd'hui cet ancien Château appartient à M. Sanguin, Marquis de Livry. Il est représenté (fol. 10) dans la Topographie Françoise de Claude Châtillon, gravée vers l'an 1610, sous le nom de Maison platte.

Outre ce que j'ai marqué ci-dessus au sujet des fonds de Lay appartenans à l'Eglise, j'ai trouvé encore dans les Collections du P. Du Bois et ailleurs, que c'est à Lay que sont situées les terres que Herbert de Goussainville assigna autrefois pour une Chapellenie à l'Autel de Sainte Anne dans Notre-Dame ; et Guillaume de Limoges pour une qui est à l'Autel de Saint Julien et de Sainte Marie Egyptienne. On dit la même chose de la Chapellenie de Saint Laurent située dans la même Eglise.

FRESNES-LEZ-RUNGY

Les Etymologistes conviennent que les lieux qui portent le nom de Fresne, Fresnoy, Fresnay, le tirent de ce que l'arbre qu'on appelle Fresne étoit commun en ces lieux, ou au moins de ce qu'il y avoit en quelques-uns un Fresne considérable. On peut choisir l'une de ces deux origines pour le Village de Fresnes, situé à deux lieues et demie de Paris, du côté de Midi, et qui, pour le distinguer des autres lieux du même nom, est surnommé Frênes-lez-Rungy, c'est-à-dire Frênes latéral à Rungy. Les titres les plus anciens qui en parlent le nomment en françois, quoique les actes soient latins, tantôt Frênes, comme dans le Cartulaire du Prieuré de Longpont, et tantôt Frêne ou Fresne. Cependant il y en a aussi du XIII siécle qui mettent en latin *de Fraxinis*.

Cette Paroisse est placée sur la pente de la colline au bas de laquelle la riviere de Biévre qui vient d'Antony et d'Amblainvilliers, se recourbe pour couler du midi au septentrion, et gagner Paris. Ce voisinage de la riviere fait que non-seulement Frênes est un pays de terres labourables et vignes, mais qu'il y a aussi des prés. Ce lieu contenoit 80 feux en 1709, suivant le dénombrement publié en ce temps-là ; et le Dictionnaire Universel de l'an 1726, lui donnoit 271 habitans ou communians ; mais il y a eu faute dans ce dernier compte, on n'y comptoit en 1720 que 160 communians. Le dénombrement qui vient d'être imprimé en 1755, n'y met que 60 feux. Il n'y a d'écart que le Château de Berny et la maison dite Tourvoy ou Trevoy.

Saint Eloy, Evêque de Noyon, est Patron de la Paroisse. Le Sanctuaire de l'Eglise a quelques piliers du XIII siécle et même approchans du XII ; le reste est moderne. La tour qui de loin ne se présente pas bien par le dessus est dans le bas d'une structure Erriciastique : aussi y lit-on que la premiere pierre fut posée en 1538. Il y a dans le chœur de cette Eglise au côté droit l'épitaphe latine du sieur Philippe de Cannaye *Fraxineus*, c'est-à-dire Seigneur du lieu, et fils de Jacques Cannaye. On y marque de Philippe, qu'il a été Ambassadeur en Italie dans des temps dangereux, et qu'il est mort en 1610 sur la fin du mois de Février. Elle est de la composition du célebre Casaubon. Jacques Cannaye est qualifié Avocat et Seigneur de Frênes près le pont d'Antony au procès-verbal de la Coûtume de Paris de l'an 1680. La vie de Philippe se trouve imprimée à la tête des volumes de ses Lettres publiées in-folio en.... Il y est dit natif de Paris, et son épitaphe y est rapportée en entier.

Dans l'aîle septentrionale se voit une inscription en lettres gothiques qui nous apprend seulement qu'un Curé d'Esternay au Diocèse de Troyes, et de Saint-Germain de Chesnay au Diocèse de Paris, y a fait une fondation. Le Chancelier Brulard qui étoit Seigneur de Berny sur cette Paroisse, est apparemment celui qui songea à ériger un Chapitre. L'Archevêque de Paris l'avoit déja approuvé, et Simon Coullard, Curé, avoit consenti que la Cure y fût unie, comme il se voit dans les Registres au 3 Avril 1623. Peut-être que ce fut la mort de ce Chancelier, arrivée l'année suivante, qui fit évanouir le projet. La Cure a toujours été à la pleine collation de l'Evêque de Paris, ainsi qu'en fait foi le Pouillé latin du XIII siécle où elle est nommée *Fresne,* et tous les suivans. Le Pelletier l'a confondue dans le sien avec Fresne du Diocèse de Meaux, lorsqu'il l'a mise dans le Doyenné de Lagny.

Le Nécrologe de l'Eglise de Paris marque au 14 Octobre l'origine en partie de la dixme qu'elle y posséde, disant qu'elle a été achetée de l'argent donné par un Cardinal fils de Renaud et d'Ermentrude, qu'il qualifie en outre Clerc de l'Eglise de Paris, *Clericus Ecclesiæ nostræ.* Ce fut apparemment d'Etienne de Fresne que fut faite cette acquisition : car on lit au grand Pastoral, qu'il vendit au Chapitre de Notre-Dame une portion de la dixme de Fresne, et qu'il en donna une autre portion à l'Eglise de Saint-Honoré. Cette distribution à deux différentes Eglises ne manqua pas de former de la difficulté pour le bornage. Les deux Parties s'en remirent là-dessus à Pierre de Nemours, Evêque de Paris. *Gall. Chr. T. VII, p. 200.* Le Réglement est de l'année 1211. Ce fut aussi la même année que cet Evêque, pour marquer son affection au Chapitre de sa Cathédrale, obtint des Chanoines de Sainte-Geneviéve la cinquième partie de la dixme de Frênes dont ils jouissoient, et la lui donna. Je n'ose pas assurer qu'il faille entendre de ce Frênes l'article de la Bulle d'Eugene III qui confirme au Prieuré de Longpont la possession de ses biens, et dans lequel on lit : *In villis Judæ et Fretnes tertiam partem decimarum et tractum tertio anno.* Cependant je le conjecture à cause du voisinage de Villa Jude qui doit être Villejui. Il fut jugé au Grand Conseil le 21 Février 1715 que le Chapitre de Notre-Dame de Paris a droit de percevoir les novales de Frênes à proportion des grosses dixmes ainsi que les Ordres privilégiés, et que le Curé ne seroit payé de son gros qu'à raison de 21 boisseaux, au lieu de 24 qu'il prétendoit.

Grand Pastoral.

Chart. Longip. initio.

Dictionnaire des Arrêts, V. Novales.

Il y avoit autrefois à Frênes un Fief appellé Chamos, qui relevoit de l'Evêque de Paris. On lit dans le Cartulaire de l'Evêché, cette observation écrite en latin vers le milieu du XIII siécle ; en voici la traduction : « Ansbert, Chevalier de Vitry

« est homme lige de l'Evêque, et tient de lui la Terre de Chamos « qui est à Frênes... » Ce Fief doit un roncin pour redevance, c'est-à-dire un cheval.

<small>Chart. Ep. Par. in Bibl. Reg. fol. 20.</small>

Tourvoye que d'autres écrivent Trevoy, est une Maison sur la même Paroisse qui a eu ses Seigneurs. Etienne Charles, Président aux Enquêtes, la possédoit en 1680, suivant le Procès-verbal de la Coûtume de Paris. Sa situation proche l'endroit où le chemin tourne et tortille, peut lui avoir fait donner ce nom. Il y a en Champagne un Village de même nom qui est dit en latin dans les titres *Torta via*.

<small>Titre d'une Chapelle de S. Benoît à Paris.</small>

Mais le lieu le plus digne d'attention, sur la Paroisse de Frênes, est Berny à cause de son Château. Le Journal dans lequel on marqua en 1676 que les Ambassadeurs de Siam y furent logés jusqu'à leur entrée publique, assure qu'il a été bâti par M. Mansart ; et que ce Château étoit autrefois à la maison de Puysieux qui l'a fait bâtir, qu'ensuite il a appartenu à M. de Lyonne, Secrétaire d'Etat. Piganiol marque que c'étoit au Chancelier de Bellievre qu'il appartint avant que d'être à M. de Lyonne. Ce Chancelier mourut en 1607, et M. Hugues de Lyonne fut reçu Secrétaire d'Etat en 1663. Il étoit en même temps Marquis de Frênes, et Seigneur de Berny. Avant tous ces Messieurs, s'il est vrai qu'ils ayent joui de Berny, ce lieu avoit appartenu à Messieurs Brulart. Pierre Brulart, Conseiller, en étoit Seigneur en 1535, et l'avoit eu par son mariage avec Ambroise Renaud. Il mourut en 1541, et son épouse dix ans après. Pierre son fils, Président aux Enquêtes, en jouit jusqu'en 1544, année de sa mort. Son cinquième fils, appellé Matthieu, est dit Seigneur de Berny dans la Généalogie de Brulart ; cependant je trouve qu'en 1621 c'étoit Nicolas Baillard, Marquis de Sillery, Seigneur de Puisieux et Chancelier de France, qui possédoit cette Terre. Ces époques sont constatées par les permissions que ces Seigneurs obtinrent de faire célébrer dans un Oratoire domestique, attendu les débordemens de la riviere de Bievre, qui les empêchoit de venir à la Paroisse.

<small>Mercure Galant</small>

<small>Reg. Arch. Par.</small>

<small>Bouillard, p. 63.</small>

L'Historien de l'Abbaye de Saint-Germain-des-Prés écrit que cette Terre de Frêne étant à vendre en décret vers l'an 1686, l'Abbaye employa à cette acquisition aussi bien qu'à celle du Château de Berny, ce qui lui étoit revenu nouvellement des bois d'Amblainvilliers, Verrieres, Monteclin et de la Celle, cédés au Roi pour l'aggrandissement du parc de Versailles. La Marquise de Palaiseau prétendit que cette Terre relevoit d'elle ; mais le Château de Berny se trouva être sur la directe d'Antony, ancienne Terre de l'Abbaye. Ce Château appartient depuis ce temps-là aux Abbés de Saint-Germain. Il est distingué tant par ses ornemens, que par les beautés de ses canaux. La façade est remarquable en ce qu'elle présente un corps avancé plus élevé d'un étage que le reste. Les deux côtés sont occupés par quatre pavillons quarrés. Je ne sçais si la riviere de Bievre qui passe aujourd'hui entre le Château et la montagne de Frênes, n'auroit pas eu autrefois son cours entre le grand chemin d'Orléans et le Château. La représentation de l'ancien Château du temps du Chancelier de Bellievre se trouve dans la Topographie françoise de Claude Châtillon gravée vers l'an 1610, et celle du nouveau dans la Topographie de Zeiller de l'an 1655. C'est dans la Chapelle de ce Château que fut mariée en 1722 Magdeleine Fouquet de Belle-Isle avec le Marquis de la Vieuville. Topogr. in-folio, fol. 86. Zeiller, Top. de France, T. I. Suppl. de Moreri au mot Fouquet.

Le 25 Janvier 1745 a été fait par la veuve Lauval une donation pour deux Sœurs de Charité, et Mlle le Duc, Dame de Tourvois, a donné pour loger lesdites deux Sœurs une maison qui a été acceptée par la Paroisse, en vertu de Lettres-Patentes accordées le 20 Juillet 1745 ; le tout homologué au Parlement le 4 Septembre de la même année, et une somme de 1600 livres pour contribuer à la reconstruction de ladite maison. Cet établissement a été fait par les soins de M. Fresneau, Curé de cette Paroisse.

RUNGY

Ce seroit en vain qu'on chercheroit l'origine du nom de ce lieu, M. de Valois, ni aucun autre que je sçache, n'ayant osé en rien dire. Les plus anciens titres qui en font mention l'appellent *Rungiacum,* et ces titres ne remontent point au-delà du XII siècle. Ils se trouvent dans les archives de l'Abbaye de Sainte-Geneviéve.

La situation de ce Village est à deux lieues et demie de Paris, du côté du midi, entre la route de Fontainebleau et celle d'Orléans, mais plus [près] de la premiere ; le terrain est plus en labourages qu'autrement, la vigne n'y commençant que vers la pente de la montagne du côté par où les eaux de ce lieu s'écoulent. Sauval écrit qu'autrefois ces eaux se rendoient dans la riviere de Biévre au moulin de Lay, et qu'on étoit surpris que ces deux eaux ne se mélassent point et qu'elles coulassent à part. Il nous apprend que la recherche de ces eaux fut faite d'abord en 1612 ; que la dépense se prit sur la Ferme des entrées du vin à Paris, et que ces eaux provenoient de la plaine de Longboyau. Il auroit pu faire aussi mention des deux visites que Louis XIII y fit au mois de Juillet 1613, où il trouva 600 ouvriers qui y travailloient. La seconde fois, qui fut le Mercredi 17 du mois, Sa Majesté, après avoir dîné Antiq. de Paris, T. I, p. 201 et 211.

au Château de Cachant, comme elle avoit fait le Samedi 13, vint poser la premiere pierre du grand regard avec des médailles frappées en mémoire de cet événement. C'est ce qui se trouve récité fort au long dans l'Histoire de Paris (Tome V, page 517). Mais les eaux de la seconde recherche qui fut faite en 1655, aux frais communs de la Ville et du Sieur Francini, provenoient de la source des Maillets qui est une piéce de Terre proche l'Eglise de Rungis et de celle de la Pirouette. On commença dès le temps de la premiere recherche à travailler aux aqueducs ou canaux qui devoient les conduire à Paris par Arcueil. De là viennent tous ces réservoirs ou regards qui sont sur la route. A quelque distance de l'Eglise Paroissiale est construit le premier dont je viens de parler, au-dedans duquel étoient autrefois trois inscriptions sur le marbre qu'on a ôté sous Louis XIV. Il y a sept ou huit autres regards ou réservoirs de là jusqu'à Lay ; de sorte qu'on peut dire que si Rungy ne fournit point de vin à Paris, il y envoie au moins d'excellentes eaux par l'aqueduc d'Arcueil: Je dis excellentes, quoiqu'elles passent pour apporter beaucoup de sable dans celle d'Arcueil ; je suppose qu'on est revenu de l'erreur de croire que les eaux sablonneuses puissent causer la pierre dans le corps humain.

Voyez les Mém. de l'Acad. des Sciences sur ces eaux, p. 576, 578 et 581.

L'antiquité de ce village ne paroît que depuis l'an 1124. On lit qu'en cette année Louis VI donna à Etienne, Doyen du Chapitre de Sainte-Geneviève de Paris, la Voierie *de Rungi villa*, que Pierre de Maule et autres de Montlhery avoient quittée, et cela sous la charge de dix sols payables à la Saint-Remy. Le Pape Alexandre accorda à la même Eglise l'an 1163, une Bulle confirmative de ces biens, dont le premier article est conçu en ces termes : *Rungiacum cum omni justitia*. En 1184, le Prieuré de Saint-Eloy de Paris avoit des hommes ou hôtes à Rungy. Le Prieur Isembard en fit échange en faveur de l'Abbaye de Sainte-Geneviève. En 1241, l'Abbé Robert donna la Mairie ; les lettres marquent qu'il y joignoit ce qu'on appelloit alors *investituræ*, *Bonagia, Districta, Messagium terrarum pro segetibus nostris servandis*. En d'autres provisions de la même charge, datées de l'année suivante, il marqua parmi les revenus cinq sols de taille toutes les fois qu'on la levoit pour le Roi dans le même Village. En 1243 il étoit dû du bled dans Rungy à la même Abbaye pour la Terre du Fief de Mauretour *de Malo redditu*. On lit dans le Censier de Sainte-Geneviève qu'en 1244, il y avoit à Rungy une fontaine appellée de la *défunte Agnès (defunctæ Agnetis)*. En 1249, quelques-uns des habitans du Village acheterent leur affranchissement en accommodant l'Abbaye de certaines Terres. Le livre censier de la même Maison marque que vers le milieu du siécle elle y possédoit des prés dans le canton dit *Ad punctam*, et que dans toutes les Terres du climat appellé *les vignes*, l'Eglise de Sainte-Geneviéve avoit la dixme. Ce dernier trait nous apprend qu'il y avoit eu précédemment des vignes en ce canton ; mais l'expérience avoit apparemment fait connoître que le terrain n'y étoit pas propre. A l'égard de la note ci-dessus touchant la taille, c'étoit alors l'usage que lorsque le Roi demandoit une subvention, les Seigneurs Ecclésiastiques arrêtoient la somme à laquelle les habitans de leur Terre seroient imposés en corps. Ainsi Rungy, par exemple, l'étoit à soixante sols en ces cas-là, et on en fit la levée l'an 1272, lorsque Philippe-le-Hardi alla à la guerre contre le Comte de Foix. *Chart. S. Gen. fol. 30 et 100.*

L'Abbaye de Sainte-Geneviéve ne fut pas la seule qui eut du revenu à Rungy ; on trouve que celle de Saint-Victor de Paris y en avoit aussi en 1200. Trois arbitres, sçavoir, Guillaume de Vaux de Sarnay, A., Abbé de Chartes, et W., Prieur de Saint-Martin-des-Champs, lui adjugerent en 1201 la possession de la sixiéme partie des dixmes de la grange de Rungy, suivant la maniere dont cette dixme étoit levée avant la construction de la grange de Conciz. *Ibid. p. 227 et 228.*

L'Historien moderne de l'Abbaye de Saint-Germain-des-Prez fait mention de Rungy en passant. C'est lorsqu'il dit que Philippe-Auguste confirma la vente que le Comte de Dreux avoit faite à Robert, Abbé de Saint-Germain, de la Voirie du Paray de Rungy. *Bouillard, Hist. S. Ger. p. 109.*

Le Chapitre de Notre-Dame de Paris eut aussi autrefois une portion considérable de terres à Rungy par le legs d'un Chanoine Diacre nommé Simon de Saint-Denis. Il donna vers l'an 1200 la Ferme qu'il y avoit (on se servoit alors du nom de *grange*), avec toutes les terres qui en dépendoient. Jean de Blois, qui de Prévôt du Chapitre de Saint-Omer étoit devenu Chanoine de Paris, prit à bail cette maison ou métairie de Rungy, et s'en servit comme d'une maison de campagne ; il y éleva de si magnifiques bâtimens, que ses Confreres, en considération de cette dépense, établirent pour lui une Messe haute de la Sainte Vierge pendant sa vie un certain jour d'après l'Epiphanie, et son Anniversaire après sa mort. L'acte en fut dressé vers l'an 1300. Le Manoir ou Hôtel de cette Ferme étoit appellé la Salle de Rungy en 1570, suivant le bail qui fut fait du tout pour neuf ans, moyennant 20 muids et un sextier de grain. *Necr. Eccl. Par 20 Sept.* *Ibid. ad 11 Januar.* *Tab. Ep. Paris.*

C'est aussi à Rungy et aux environs que quelques Chapellenies de Notre-Dame de Paris ont eu, où ont encore leur revenu. On lit que Matthieu de Civilly, Clerc, y en fonda une par testament de l'an 1269, et légua pour cela une maison située à Rungy. *Grand Past.*

L'Hôtel-Dieu de Paris avoit anciennement Terre et Seigneurie à Rungy, consistant en maison, droit de Justice, haute, moyenne et basse, et censives; en outre quarante-deux arpens de terre ou environ, une rente annuelle et perpétuelle de dix-huit septiers, mesure de Paris, dont douze de bled méteil et six d'avoine, due par le Chapitre de Paris, à cause de ses dixmes de Rungy et Frêne; et de plus vingt-sept septiers de bled méteil payables chacun an par le Receveur de ladite Terre pour cet Hôtel-Dieu. On ne pouvoit point dire d'où lui provenoit ce bien, sinon qu'il le possédoit de temps immémorial. Les Maîtres, Gouverneurs et Administrateurs, en conséquence de Lettres-patentes du mois d'Avril 1690, firent publier et afficher la vente de cette Terre, laquelle fut acquise par adjudication, la même année, par Messire Louis-Marie de Maulnorry, Conseiller de Grande-Chambre. Ensuite Claude de Maulnorry, Conseiller en la Cour des Aides, en a joui à titre d'usufruitier; puis Louis-Marie de Maulnorry, Conseiller au Parlement, à titre de substitution. Enfin cette Terre est revenue à titre de substitution à Marie-Marguerite de Maulnorry, qui a épousé en 1748 M. de Laurès, Conseiller au Parlement, et Commissaire aux Requêtes.

Affiche du mois Juill. 1690.

La pureté de l'air et l'étendue de la vue faisoient alors rechercher les logemens en ce lieu. J'ai appris par deux actes du commencement du XIV siècle, que Gilles Ayscelin, Archevêque de Rouen, s'y retiroit souvent. La confirmation qu'il donna au changement que Philippe-le-Bel fit faire en 1314 de la présentation à la Cure de Saint-Léger près Saint-Germain-en-Laye en place de celle de Limay près Mantes, au Diocèse de Rouen, qui fut donnée aux Moines de Saint-Magloire de Paris, est datée de Rungy au mois de Mars suivant que l'on comptoit encore 1314. Ce fut aussi de Rungy que le même Archevêque écrivit au mois de Juillet 1316 au Roi Louis-le-Hutin, pour s'excuser de ce qu'il n'avoit pu assister au Concile de Senlis.

Chart. S. Magl. f° 63.

Spicil. T. III, p. 708.

La Sainte Vierge est Patronne de l'Eglise Paroissiale de ce lieu, qui est très-petite, et dont on ne peut juger du temps. La nomination à la Cure fut accordée au Chapitre de Paris par l'Evêque Guillaume (apparemment d'Auvergne) aux instances de l'Archidiacre Etienne, ainsi qu'il se lit au Pouillé du XIII siècle : elle y est restée, et depuis les partitions elle appartient au Chanoine de la vingt-troisième partition. Il est étonnant de voir le peu d'exactitude qu'on a eu à écrire le nom de Rungy dans les différens catalogues. Dans ceux de Du Breul, cette Cure est dite *de Romigiaco*, de Romigny. Dans le Pouillé de 1626 *de Remigiaco*, de Rimgiac. Dans celui de 1648, il y a *Cure de Rougy*. On verra par l'article de Viccous, qu'il paroît avoir été démembré de Rungy. En 1608 cette Terre fut saisie et mise ès mains de Claude Amilleau, Receveur du Domaine de Paris, afin de lever la somme de 1200 livres sur le revenu pour être employée en acquisition de Terres et prés audit Village.

Selon le dénombrement de l'Election fait en 1709, il n'y avoit alors à Rungy que 27 feux, et le Dictionnaire Universel de la France, imprimé seize ans après, y comptoit 131 habitans (ou communians) : mais le dénombrement imprimé en 1735 y met 52 feux. Ce dernier livre aussi-bien que le Dictionnaire, parlant de ce Village, commencent l'article par ces mots *Rungis et Villeras* : mais c'est une faute d'avoir joint à Rungy le lieu de Villeras qui est à près de trois lieues de là sur la Paroisse de Saclé. Elle vient de l'inadvertance d'un copiste qui, voyant dans le rôle de l'Election des Tailles, immédiatement après Rungis, Saclé et Villeras, aura joint le premier lieu avec le troisiéme. On a vu par ce qui est dit ci-dessus que les Terres de Rungis sont Terres à méteil.

M. de Valois n'est entré dans aucun détail sur Rungy.

Le Cardinal de Richelieu avoit une maison à Rungis, où il en avoit donné une à Guillaume Colletet.

<small>L'Abbé Goujet, *Bibl. Fr.* T. XVI. p 267.</small>

Un Curé de Rungy dont on peut parler, attendu les différens personnages qu'il a faits, est Seraphin de la Noue, ci-devant Ermite au Mont-Valérien, dont l'Histoire de cette montagne parle au long.

VICEOURS
DIT AUJOURD'HUI VISSOUS

S'il est un lieu sur l'étymologie duquel on se soit trompé au XIII siécle, lorsque l'on entreprit de raffiner, c'est le village de Viceours. On ne se contenta plus de la maniere de le latiniser usitée dans le siécle précédent, qui étoit *Viceorium;* comme on vit que dans les titres il étoit écrit plus souvent en langage vulgaire qu'en latin, à cause du scrupule que fit naître le mot *Viceorium,* on s'avisa sur ce mot vulgaire Viceor, de fabriquer le terme latin *Villa Cereris.* On se vit d'autant plus autorisé à donner cette étymologie, que le territoire de ce lieu est reconnu pour fertile en froment. M. de Valois qui n'approfondissoit point également tous les articles de sa notice des Gaules, a écrit en conséquence, que le Village dont il s'agit a été nommé *Villa Cereris* parce qu'on y a honoré Cérès dans le temple qu'elle y avoit. M. l'Abbé Chastelain, Chanoine de Notre-Dame de

<small>*Notit. Gall.* p. 435.</small>

Paris, supposant que ce temple avoit réellement existé, et que *Villa Cereris* étoit le nom véritable de ce lieu, s'est contenté de faire la généalogie de ce nom jusqu'à la manière ridicule de l'écrire Huissous ou Huit-Sous, ainsi qu'elle avoit lieu dès le temps de M. de Valois en certaines cartes. De *Villa Cereris*, dit-il, on aura fait *Villeceors*, puis *Vilceors*, ensuite *Vilceols*, *Villeçous*, *Vilçous*, *Vissous* et *Huissous*. Ces Sçavans ne connois-

Chart. Longip. fol. 24.

soient que les titres de Notre-Dame de Paris dans quelques-uns desquels ce lieu est véritablement nommé *Villa Cereris;* mais dans ceux du Prieuré de Longpont qui sont plus anciens, il y a *Vizeorium.* Il sembleroit d'abord que ce nom seroit celui de *Visorium* un peu altéré : mais il n'y a eu aucune raison de donner au Village dont il s'agit un nom qui ne convient qu'à des lieux élevés, puisqu'il est dans une situation commune et qui n'a rien d'extraordinaire. Revenons à la manière dont on s'exprimoit en françois au douzième siècle, avant lequel nous ne trouvons rien.

Necr. Longip. fol. 39.

Vizoor et *Viceor*, ainsi qu'on l'écrivoit alors, vient naturellement de *Vicorium*, expression qui signifioit un petit Village, un hameau, et comme le disent les auteurs de la nouvelle édition du Glossaire de Du Cange, *Vicus minor, mansionum vel ædium collectio à majori Vico dependens.* L'exemple qu'ils en apportent est du même siècle que je viens de nommer ; il est tiré de deux titres de la basse Normandie. Ce terme *Vicorium* employé pour signifier un hameau, détruit non-seulement l'étymologie de *Villa Cereris* venue après coup, mais encore la pensée qu'a eue l'Historien de la Haute-Normandie, que Vissou, du Diocèse de Paris, et Issou, du Diocèse de Rouen, Election de Mantes, pourroient avoir la même origine et venir du mot ancien *Vehols*, qui signifioit haut, élevé. Cette discussion étymologique paroîtra un peu trop longue : mais j'ai cru la devoir donner à la tête de cet article à cause des trois Sçavans dont le sentiment y est combattu. Je pouvois leur opposer M. Du Cange, lequel dans son glossaire

Gloss. latin. voci Foris mari- *tagium.*

paroît avoir si peu connu Wissous, ou avoir été si éloigné de croire que de *Villa Cereris* on ait pu faire Wissous, qu'il a rendu en françois ce mot de *Villa Cereris* par Villarceaux.

Ce n'est que par la recherche de l'origine de chaque Paroisse du Diocèse de Paris, que j'ai appris que Viceour n'étoit pas une des plus anciennes. Elle n'existoit pas encore à la fin du XIII siècle lorsque le Pouillé fut rédigé, puisqu'elle ne s'y trouve pas comprise. M. de Valois ne l'y a point apperçue, ni moi non plus. Ce n'étoit qu'un simple hameau, *Viculus* ou *Vicorium*, qui dépendoit d'une Paroisse voisine. Et comme en l'érigeant en Paroisse, la nomination à la Cure a été dévolue au Chapitre de Paris, c'est une conséquence nécessaire que ce lieu a été démembré d'une

Cure du même Chapitre. Or la Cure la plus proche qui se trouve dans ce cas étant celle de Rungy qui n'en est éloignée que d'une demi-lieue, j'en conclus que Viceours est un détachement de Rungy, à moins qu'on aime mieux dire que c'est de Chevilly qu'il a été détaché; à quoi il y a moins d'apparence, parce que de là à Chevilly il y a une grande lieue, et qu'il faut traverser Rungy pour s'y rendre. Les archives de l'Evêché de Paris auroient pu fournir la décision de cette difficulté, si elles avoient été conservées exactement.

Ce Village est à trois lieues de Paris ou un peu plus, un peu à côté du grand chemin d'Orléans, à la main gauche et dans la plaine. Il n'est presque composé que d'une rue qui est assez longue. Le territoire est en bled. Ville-Milan touche à cette Paroisse, et en fait partie. Mont-Jean qui est une maison bourgeoise, voisine de Rungis, est aussi de Viceours. En 1709, du temps de l'impression du dénombrement des Elections, on comptoit 160 feux dans cette Paroisse. L'état du Royaume imprimé en cette présente année 1745, y en marque encore 159 : ce qui s'accorde avec le Dictionnaire Universel qui y comptoit en 1727 le nombre de 716 habitans ou communians. Les habitans de ce lieu furent des premiers que le Roi exempta de prises. Ils avoient des lettres là-dessus avant l'an 1374, auquel temps ceux d'Yvry les citerent pour exemple afin d'obtenir la même grace. *Ordonn. des Rois, T. VI.*

L'Eglise de ce lieu reconnoît S. Denis pour son patron. Les piliers du Chœur désignent un édifice du treizième siècle, mais raccommodé depuis. Il reste dans ce même chœur une tombe dont les caracteres presque effacés dénotent le même temps. C'est celle d'un Diacre ou d'un Soudiacre, à en juger par le livre qu'il tient. Cette Eglise n'a point d'aîle du côté du septentrion. On y voit les tombes de deux Curés de Rungis du seizième siècle. Sur celle qui est dans l'aîle du Chœur du côté méridional, le défunt est qualifié Curé de Rungy et Vicaire de Vissous. C'est ainsi qu'on voit quelquefois par des exemples, que les Curés des Eglises matrices sont devenus inférieurs à ceux des Eglises qui en ont été démembrées. Alors un Curé sans occupation se constituoit Vicaire dans un lieu voisin plus peuplé[1]. (Telle est encore la condition du Curé de Nonneville proche Bondies.) La Cure de Viceours est à la présentation du Chanoine de Notre-Dame de Paris auquel est échue la vingt-deuxième partition; et cela depuis l'échange de cette nomination à la place de celle de

---

[1]. D'autant que quelquefois les Curés titulaires ne résidoient pas. C'est ce qu'on peut juger de François Clément qui, étant Curé de Viceours, gouvernoit la recette du temporel de l'Evêque de Paris en 1493, selon ce qui se voit dans Sauval, Tome III, page 505.

Creteil. On ne sçait pas au vrai en quelle année fut faite l'érection de cette Cure. Odon, Prêtre de Viccour, paroît comme témoin à Paris dans un acte de l'Evêque Eudes de Sully, de l'an 1202 : mais la question est de sçavoir si, par le mot *Prêtre*, il faut toujours entendre un Curé. On trouve même un Nicolas, Doyen de *Viceoris* ou *de Viceorio* dès l'an 1196 ; mais il s'agit là d'une charge séculiere[1]. Il y eut dès l'an 1284 un Chapelain fondé dans l'Eglise de ce lieu par Nicolas, Chanoine, Prêtre de Saint-Honoré, sous le titre de S. Nicolas, et cette Chapellenie subsiste encore. Elle est à la pleine collation de l'Ordinaire. J'en ai vu des provisions du 23 Mars 1479 et du 8 Février 1484.

On apprend par deux titres d'environ l'an 1220 l'emploi d'une partie des dixmes de Viccours. Nicolas de Chartres, alors Chantre de Notre-Dame, acheta la dixme du canton dit Collerie sur le territoire de Viccours et la donna aux Chanoines ses Confreres[2]. Landulfe ou Radulfe Paquet, Bourgeois de Paris, qui avoit aussi à Viccours une dixme qui produisoit un muid de bled, et qui y possédoit quatre arpens de terre, donna le tout au même Chapitre pour la fondation d'un Chapelain à la volonté des Chanoines. La Ferme est devant l'Eglise du lieu, et empêche qu'on n'y entre par le devant.

Les Evêques de Paris jouissoient de la Terre de Viccours, à la réserve de quelques Fiefs dont on faisoit hommage tel que celui de Morvillier (*Mortuo Villari*) qu'ils acheterent dès l'an 1235 et 1236. Ils y possédoient des Fiefs sous le regne de S. Louis. Odeline, fille de Raoul Gaudin de ce lieu, ne put obtenir de l'Evêque Guillaume la faculté d'épouser un homme serf du village de Verrieres, l'an 1244, qu'à condition que la moitié des enfans qui proviendroient de ce mariage appartiendroient à ce Prélat. En 1255, l'Evêque Renaud, après avoir acheté une censive dans ce lieu, dite de Broc, affranchit ces mêmes habitans du droit de servitude, sous la condition du redoublement du cens : et en 1273 l'Evêque Etienne Tempier les abonna pour la taille, se réservant le pouvoir de l'augmenter lorsqu'il iroit à la guerre pour le Roi. Il est quelquefois parlé dans le Nécrologe du Chapitre de la maison que les Evêques de Paris avoient à Viccours : Ranulphe de Homblonieres qui monta sur le Siége Episcopal l'an 1280 fit

---

1. Le Doyen séculier d'Orly est nommé avec sa femme au Nécrologe de Notre-Dame de Paris 26 Juin. Ils vivoient vers l'an 1200. L'Evêque avoit Prévôt et Doyen à Vissous, suivant des lettres de 1275. *Chart. min. fol. 150.*

2. Je ne sçais si ce Collerie du territoire de Viccours ne seroit point le *Colridum* mentionné dans le *Codex Irminonis* de l'Abbaye de Saint-Germain-des-Prés sous Charlemagne. On y lit au feuillet 94 que cette Abbaye *habet in Colrido mensum dominicatum, terræ arabilis bunnuaria LX, de vinea arp. XIII. prat. arp. X. silvæ bunnuaria XXV.*

réparer cette maison, et l'augmenta d'une acquisition qu'il fit de Pierre d'Igny, Prêtre, et fit entourer le manoir de murs à creneaux sans parler de trois sextiers de bled qu'il acheta d'un nommé Renaud Blondel, qui avoit droit de les prendre dans la grange Episcopale de ce lieu. Simon de Bucy, dont l'Episcopat commença l'an 1289, y bâtit de grands greniers, et y fit une enceinte plus étendue avec des redoutes et des tournelles. Ce fut entre 1540 et 1550 que l'Evêque de Paris cessa d'avoir du bien à Vuissous, le cédant au Chapitre de la Cathédrale pour celui que les Chanoines avoient à Creteil. La nomination de la Cure entra aussi dans l'échange, et le Chapitre nomma pour la premiere fois le Curé de Wissous en 1550. On lit que Jean du Drac, ci-devant Doyen de Paris, proposa en 1547 de se démettre de la Cure de Wissous, afin que, du revenu, on entretînt six enfans de chœur à Notre-Dame, outre les anciens.

<small>Du Bois, T. II, p. 512, ex Necrol.</small>

<small>Necrol. Par. X Cal. Julii.</small>

<small>Reg. Ep. Paris. 3 Aug.</small>

Je ne parlerai pas ici de quelques sols de cens assis à Vizoor que donna au Prieuré de Longpont un particulier, s'y faisant Religieux dans le cours du XII siécle. L'Abbaye de Sainte-Geneviéve comptoit en 1250 parmi ses revenus trois mines de froment *pro terra de Chemino de Viceoz* : mais elle n'avoit aucuns droits Seigneuriaux en ce lieu, et même une Dame lui ayant légué depuis quelques arpens de terre qui y étoient situés, le Monastere les vendit parce qu'ils n'étoient pas dans son domaine. En 1452 Pierre de Tuillieres, Conseiller au Parlement, étoit Seigneur de Vissouls en partie. Il en rendit l'aveu le 27 Août de cette année. On lit dans Du Breul qu'en l'an 1499 Nicolas le Fevre et sa femme donnerent au College de Montaigu partie d'une ferme située à Viceours.

<small>Chart. Longip. fol. 39.</small>

<small>Lib. Cens. S. Gen. fol. 43.</small>

<small>Necrol. S. Gen. Id. Novembr.</small>

<small>Du Breul, p. 509.</small>

En 1520 les Célestins de Marcouci prétendoient avoir deux fiefs à Viceours qu'ils appelloient Bievre et Bonneuil; et le Chapitre de Linas y avoit une petite rente par traité fait avec l'Evêque.

La mention que j'ai faite ci-dessus d'un canton de la Paroisse de Viceours appellé Collerie, m'a remis à la mémoire un Poëte qui vivoit sous le regne de François I, dont le nom étoit Roger de Collerie. Comme je ne connois aucun endroit dans le Royaume qui soit appellé de ce nom, je pense que ce Maître Roger étoit natif de ce lieu.

On lit dans la collection des Chartes des Notaires du Châtelet une Sentence du 11 Juillet 1556 contre Childeric le Roi, Greffier de Viceour, qui avoit reçu à Paris un codicille.

<small>Chartes des Not. p. 763.</small>

Un livre imprimé nouvellement fait mention de Wissous à l'occasion d'un Arrêt donné au Grand Conseil le 23 Janvier 1738. Il y est dit que le sieur Pomonier, Secrétaire du Roi et Trésorier de France de la Généralité d'Alençon, a été maintenu en l'une et

<small>Freminville, Pratique des droits Seig. 1748, T. II, p. 52.</small>

l'autre qualité, d'avoir le pain béni par morceau de distinction avant tous les Officiers des Justices Seigneuriales de Wissous et de Ville-Milan en l'Eglise de Wissous, et de les précéder tant à l'offrande qu'aux assemblées publiques et particulieres.

PARAY

Quoique le nom de cette Paroisse ne soit pas rare, il n'est pas cependant facile d'en découvrir l'origine. Paray est une Terre qui de temps immémorial appartient à l'Abbaye de Saint-Germain-des-Prez. On ne trouve point de qui elle vient. Mais il est probable qu'elle avoit été donnée pour fournir de pain cette maison, et que dès les premiers temps de cette donation, la Communauté y envoya une colonie de gens qui lui appartenoient par leur naissance étant nés sur leurs Terres, ce qu'on appelloit Gens de Parée ; ou bien le nom peut venir plus naturellement de ce que cette Terre aura été regardée comme noble ; car dans la langue des Lombards voisins des Gaules les mots *Paradum* et *Paradegium* signifioient *feudum nobile*.

Ce lieu est situé dans une plaine fertile en bled située du côté du midi par rapport à Paris, à trois lieues de cette Ville, entre le chemin d'Orléans et celui de Fontainebleau. Les deux Villages les plus voisins sont Wiceous et Louans dit Morangis. Il y a plusieurs manieres de l'écrire : les uns mettent Paré ou Paray, d'autres Parey ou Paret : mais tout cela revient au même et ne s'éloigne point de l'étymologie.

L'Eglise est sous l'invocation de Saint Vincent, Martyr d'Espagne, le même qui est l'un des Patrons du Monastere de Saint-Germain dont sans doute les Religieux y mirent quelques morceaux, de celles que Childebert leur avoit confiées en les fondant. Cette Eglise est petite et proportionnée au nombre des habitans. Le Chœur est très-propre et d'un gothique qui ressent le XIII siécle. On voit dans la Nef une représentation de la Naissance de Notre-Seigneur en marbre blanc. La Dédicace de cette Eglise fut faite en 1541 par l'Evêque de Sebastianople auquel *Reg. Ep. Paris.* l'Evêque de Paris permit aussi le 13 Août de bénir une portion de terre qui en étoit voisine. Dès le treiziéme siécle la présentation à cette Cure appartenoit à l'Abbaye de Saint-Germain, suivant le Pouillé de ce temps-là, où elle est dite en latin *Paretum*, et de même dans tous les suivans jusques dans celui de 1648, où elle est mal nommée en françois *Parel*.

Le dénombrement de l'Election en 1709 y mettoit 15 feux, ce qui ne paroît diminué que de fort peu en 1745, suivant la description du Royaume qui vient de paroître. Le Dictionnaire Universel de la France évalua en 1727 le nombre des communians à 64.

Les titres de l'Abbaye de Saint-Germain fournissent peu de chose sur ce lieu. Voici ce que j'ai pu tirer de la nouvelle Histoire de ce Monastere.

Etienne de Macy, Chevalier, dont la Terre n'étoit séparée de celle-ci que par le village de Viceous, fit quelques entreprises sur cette Seigneurie vers l'an 1150 : mais Geoffroy, Abbé de Saint-Germain, sçut le réduire ; et deux ans après, cet usurpateur fut fait prisonnier à Paris. Le Comte de Dreux avoit vendu à l'Abbé Robert la voirie de Paray vers l'an 1200. Le Roi Philippe-Auguste donna ses Lettres pour confirmer cette acquisition. En 1233, Jean, Comte de Mâcon et Alix, sa femme, céderent à l'Abbaye le droit qu'ils avoient de prendre à Paray quarante-quatre setiers d'avoine, quarante-quatre poules, quarante-quatre pains et quarante-quatre deniers parisis, pour une maison située à Paris près Saint-André. C'est apparemment de l'Hôtel que ce Comte eut depuis en ce quartier-là que fut formé le nom de la rue Mâcon. Enfin l'Historien de l'Abbaye nous apprend que ce fut en l'an 1248 que les habitans de Paris furent affranchis, avec les conditions du tribut ordinaire en ce temps-là. *Bouillard, p. 89. Ibid., p. 109. Ibid., p. 122. Ibid., p. 128.*

Ce fut sur ce village et sur Cachant que Thomas de Mauléon, Abbé de Saint-Germain-des-Prez, assigna la fondation de son obit l'an 1255 ; sçavoir, une certaine quantité de froment avec deux sols de rente. Le titre contre l'ordinaire appelle ce lieu *Pyrodium*. *Gall. Chr. nova, T. VII, col. 452.*

Il ne faut point confondre ce lieu avec un canton de la Paroisse de Bagneux que d'anciens titres du même siécle disent être appellé Paroi. *Necr. Eccl. Par. ad 31 Julii.*

L'Abbaye de Sainte-Geneviéve a dans le voisinage de Paré une Ferme appellée Contain, écrit autrement Contin, peu éloignée du grand chemin de Fontainebleau. Le Cardinal de Noailles permit le XI Avril 1697 qu'il y eût une Chapelle domestique, et c'est dans l'exposé qu'il est dit qu'elle est sur la Paroisse de Paré. J'en parle plus au long à l'article de Louans ou Morangis, ayant eu une preuve plus ancienne qu'elle étoit de cette derniere Paroisse *Reg. Archiep.*

LOUANS

et depuis MORANGIS

Nous n'avons rien sur cette Paroisse de plus ancien qu'un titre de l'an 1230 conservé à l'Abbaye de Sainte-Geneviéve. Sans les archives de cette maison, ce qui se présenteroit d'abord touchant ce lieu seroit le Pouillé de Paris rédigé vers le même temps, où on le trouve nommé parmi les Paroisses sous le nom vulgaire *Loand*. Cette maniere de désigner en françois une Paroisse, pendant que presque toutes les autres le font en latin, fait voir que l'on ignoroit comment il auroit fallu le mettre en latin ; et c'est une preuve qu'il y avoit fort longtemps que ce nom, peut-être formé de quelque ancien terme latin de plusieurs syllabes, étoit réduit presqu'à une seule. Soit donc que son origine vienne d'un possesseur appellé *Lupus* ou *Lupentius*, ou qu'elle vienne de ce que ç'auroit été long-temps un terrain de Landes, un territoire non cultivé ; ou enfin, soit que ce nom soit celui du torrent qui coule de ce lieu, ainsi que c'l'est des ruisseaux proche Etampes ; le titre latin ci-dessus cité en 1230 appelle toujours ce lieu *Loànz*, et ne le latinise point. Un autre de 1250 l'écrit de même : un troisième titre de l'an 1263 écrit *Lóanz*, ce qui ne fait pas une différence importante. L'auteur du Pouillé qui écrivoit quelques années après, est le premier qui ait introduit un *d* à la fin de ce mot à la place du *z* ; d'où M. de Valois a fait *Loandum*. Quoiqu'il en soit des remarques que je viens de proposer, M. l'Abbé Chastelain dans la Table des noms de lieu de son Martyrologe universel, prétend que Louans, au Diocése de Paris, doit être dit en latin *Loci aquarum*, apparemment en conséquence de ce qu'il dit en un autre endroit que certaines terminaisons de mots en *ains* ou *ans* viennent de *amnis*. Et ce qui peut appuyer ce sentiment, est que l'on assure que pour peu que l'on creuse en ce Village on y trouve de l'eau.

Notit. Gall. p. 422.

La Paroisse est sur le bout de la grande plaine qui commence à Villejuy, et qui se termine en quelques endroits proche la riviere d'Ivette. Comme il y a peu de côteaux, la plus grande partie du territoire est en grain.

L'Eglise de ce lieu est sous le titre de Saint Michel, et c'est ce qui en rend encore l'origine plus obscure. Le bâtiment qu'on voit aujourd'hui ne paroît pas avoir plus de deux cents ans ; mais la tour est plus ancienne. Le Chœur est voûté et boisé à neuf. Les Fonts Baptismaux de marbre ont été pratiqués dans une

Chapelle ovale bâtie l'an 1736 par M. Angouillant, Curé. Il fut permis en 1551 à Charles, Evêque de Mégare, de bénir trois Autels compris dans l'augmentation de cette Eglise. La plus ancienne tombe de cette Eglise est celle d'un Curé du XIV siécle, autour de laquelle on lit en lettres capitales gothiques : *Hic jacet Odo de Cuciaco Suessionensis Dyocesis, quondam Curatus de .....ncio, qui obiit anno Domini M. CCC. XLI*. Une autre tombe qu'on a ôtée portoit ces mots : *Cy gisent Guillaume de Baillon, Ecuyer, Seigneur Chastelain de Louans, y demeurant; qui décéda le 1 Janvier 1591; et Damoiselle Charlotte Briçonnet sa femme, qui décéda le 9 Mars 1610*. La plus nouvelle épitaphe est conçue en ces termes : *Cy gist haute et puissante Dame Catherine Boucherat, veuve de haut et puissant Seigneur Messire Antoine de Barillon, Chevalier, Seigneur de Morangis, Montigny, etc. Conseiller du Roi en ses Conseils, Maître des Requêtes ordinaires de son Hôtel, décédée au Château de Morangis, le 15 Mars 1733.* Reg. Ep. Paris 21 Jul.

La Cure est à la pure et pleine collation de l'Archevêque de Paris, suivant qu'il est déclaré par le Pouillé du XIII siécle et par les suivans. Dès l'an 1346, il y avoit eu deux Chapellenies fondées dans le Château des Fossés-de-Louans par Yon, Seigneur de Garancieres et de Maule, sous le titre de Notre-Dame et de Saint Eutrope; l'une au moins des deux devoit être desservie par un des Religieux de l'Hôtel-Dieu de Paris. Et comme il les dota considérablement, ils devoient rendre chaque année à l'Evêque de Paris une certaine quantité de bled. Marie Poignant, veuve d'Adam Boucher, Seigneur de Louans, y nomma dans le mois d'Octobre 1504. Elle tenoit apparemment cette Terre du Sieur Poignant, Conseiller au Parlement, Seigneur de Louans et d'Athis en 1460. Jean le Charron y présenta le 1er Avril 1574. La Chapelle ayant été rebâtie au milieu du XVI siécle, il fut permis à l'Evêque de Mégare de la bénir, aussi-bien que trois Autels. Cette Chapelle se trouve marquée dans les Pouillés depuis le XV siécle. Minus Chart. Par. fol. 110.
Reg. Ep. Paris.
Morin, Hist. du Gâtin. p. 467.
Ibid.

Je n'ai pu, faute de titres, faire remonter bien haut le catalogue des Seigneurs de Louans, ou du moins en dresser une suite bien remplie. Depuis Gautier de Loans, Chevalier, qui vivoit en 1230, et Pierre de Meudon, aussi Chevalier, qui y avoit des mouvances, il ne s'est trouvé que Adam Boucher, Secrétaire du Roi, sur la fin du XV siécle, puis Raymond Boucher, son fils, qui mourut dans son Château le 3 Décembre 1537, dont l'épitaphe est aux Célestins de Paris, en la Chapelle de Saint Denis. Raymond donna la terre de Louans à son frere Philippe. Jean Boucher en étoit Seigneur l'an 1566. Jean le Charron, Président en la Cour des Aydes, et Prévôt des Marchands, la possédoit en 1574. Il fit cette année-là le 11 Décembre une échange avec le Couvent de la Saussaye. Il Hist. des Maîtres des Req. p. 118. Légende de Jean Boisle, p. 47.

<small>*Reg. Ep. Paris.*</small> obtint aussi du Roi des lettres datées de Lyon par lesquelles cette Terre fut érigée en Châtellenie. Le Parlement ordonna qu'il seroit
<small>*Reg. Parl.*</small> informé de la diminution du Domaine du Roi qui résulteroit de
<small>*23 Déc. 1574, et 4 Fév.*</small> cette érection ; et l'information faite par un Conseiller avec les anciens Officiers de Montlhery ; ces lettres furent enregistrées le 14 Février 1575. En vertu de cela, la Châtellenie de Louans fut déclarée dans le Procès-verbal de la Coûtume de Paris de
<small>*Cout. édit. de 1678, p. 66.*</small> l'an 1575 (Jean le Charron y est dit Seigneur), n'être en rien sujette à celle de Montlhery. On a vu par l'épitaphe ci-dessus rapportée, que peu de temps après cette érection, Guillaume de Baillon en étoit Seigneur-Châtelain et qu'il y faisoit sa demeure ; sa veuve y resta jusqu'à l'an 1610, ayant survécu dix-neuf ans à son mari.

Le changement du nom de Louans en celui de Morangis ne se fit qu'en l'année 1693 à la prière de Jean-Jacques de Barillon qui en étoit Seigneur. L'enregistrement des Lettres-Patentes fait le 26 Mai porte que ce sera à la charge que les aveux et dénombremens faits sous le nom de Louans demeureront en leur force et vertu. Alors cette Terre fut aussi érigée en titre et dignité de Comté, quoique le nombre des Terres titrées pour le composer n'y fût pas. Les Lettres du Roi en dispenserent et donnerent pouvoir d'y faire exercer la Justice conjointement sous ledit titre de Comte de Louans par un seul Juge. Antoine de Barillon, Maître des Requêtes, étoit Seigneur de Morangis en 1733, lorsque Cathe-
<small>*Epit. ci-dessus.*</small> rine Boucherat, son épouse, y décéda le 15 Mars.

Il y avoit à Louans au XIV siécle un Fief mouvant du Prieuré de Saint-Eloy proche Longjumeau. Nous le connoissons par le
<small>*Gall. chr. nova, T. VII, col. 866.*</small> moyen d'un compromis passé à son sujet en 1372, devant Hugues Aubriot, Prévôt de Paris, par Robert l'Allemand, Prieur.

La Terre dite Contein, que l'Abbaye de Sainte-Geneviéve possédoit vers l'an 1230 au moins, ne paroît avoir été qu'une ferme bâtie sur le Fief d'un Chevalier nommé Pierre de Meudon. C'est ce que nous apprenons d'une contestation qui s'éleva alors sur la dixme de vingt-six arpens de terre de cette Abbaye situés *apud*
<small>*Chart. S. Genov.*</small> *Marmas inter tres vias*, et dix autres situés sur le chemin de Juvisy.

Gautier de Loanz, Chevalier, soutenoit qu'elle lui avoit été engagée pour un an, à commencer au mois de Mars ; Pierre de Meudon, dont cette dixme mouvoit, le prétendoit pareillement et assuroit qu'il s'en étoit rendu le garant. Maître Odon de Garlande, Chanoine de Paris, soutenoit au contraire que c'étoit une vraie dixme qui n'étoit nullement engagée : ce qui fut confirmé par le Curé de Loanz dans la Paroisse duquel elle étoit. On ne voit pas ce qui fut prononcé par l'Official. En ce temps-là on écrivoit bien des minutes, et on laissoit des choses importantes à deviner. La même Abbaye de Sainte-Geneviéve payoit en 1250 une modique redevance au sieur Philippe de Chailly pour la terre *de Marleriis*, voisine de la ferme de Contein, et aux Moines de Longpont pour quelque morceau de terre proche Loenz. Comme elle n'avoit pas droit de justice, il fut observé qu'un voleur qui avoit été arrêté en 1263 entre Contein et Loans, avoit été justicié à Montlhery.

Ce même lieu de Contein est nommé dans le procès-verbal de la Coûtume de Paris en 1580 parmi les appartenances de Sainte-Geneviéve, mais sous le nom altéré de Cratin.

On comptoit en 1709, lors de la premiere impression des Dénombremens, 45 feux à Morangis-Louans; celui de 1745 n'y en compte que 35. Le Dictionnaire Universel de la France en 1726 marquoit le nombre des habitans ou communians à 159. D'autres un peu auparavant ne faisoient monter les communians qu'à 120.

Le village de Louans, quoique peu renommé, passe pour avoir produit vers l'an 1390 un Dominicain qui se distingua par ses poësies dans le même cours du quatorziéme siécle. On le connoît sous le nom de Renaud de Louens. Il mit en vers françois l'ouvrage de Boëce de la consolation de la Philosophie. Dans le siécle précédent, vers l'an 1270, une Aveline de Louans avoit été faite Prieure de la Saussaye, Communauté bâtie dans le voisinage. Vers l'an 1370, une Marguerite de Louans épousa Pierre de Dormans, famille illustre.

<small>Mémoir. de l'Acad. des Belles-Lettr. T. II, p. 683 et T. VII, p. 294. *Gall. Chr. nova*, T. VII, c. 1756. Moreri au mot *Conflans* p. 995.</small>

CHILLY ou CHAILLY

Il est vrai que plusieurs lieux en France portent le nom de Chilly et de Chailly, et comme ils ne doivent avoir qu'une origine commune, si l'on est bien assuré de celle de quelqu'un d'entre eux, il paroît que l'on pourra inférer que les autres ont dû être appellés à peu près de même. J'ignore si les mêmes lieux appellés Chailly ont été aussi nommés indifféremment Chilly : je n'en suis sûr qu'à l'égard de celui-ci. Il a été appellé Chailly en françois au XIII siécle et dans les siécles suivans : ce n'est gueres que depuis deux à trois cents ans que l'on a commencé à écrire Chilly, en s'éloignant du latin de plus en plus ; je dis *de plus en plus*, car quoique les titres du XII et du XIII siécle, qui sont les plus anciens que nous ayons, rendent en latin le nom de ce Village par *Calliacum* ou

Challiacum, je ne crois pas qu'on puisse s'en tenir à ce latin, qui semble n'être formé que sur le françois. Il est plus sûr de remonter au nom des premiers possesseurs Romains de ce lieu, qui auront été d'une famille dite *Calidia* ou *Callidia* ; ou bien de celle qui se nommoit *Catulia* ou *Catilia*. Ces noms sont sûrement Romains, et se trouvent dans le recueil d'Inscriptions de Gruter. En sorte que, selon ce principe, le nom latin de Chailly dans sa premiere pureté aura été *Callidiacum*, ou bien *Catulliacum*. Il n'y a rien en cela que de conforme aux regles de l'analogie. M. de Valois ne viendra point ici à notre secours ; il s'est contenté de nommer *Calliacum*, Chailli, sans en dire davantage.

Ce Village est à quatre petites lieues de Paris, et à deux de Montlhery, à la gauche du grand chemin de Paris à Orléans : il est bâti à l'extrémité de la plaine qui commence vers Villejuy. C'est un pays de labourages avec quelques vignes et quelques prairies. S'il n'y a point de faute d'imprimerie dans le dénombrement de 1709 à l'article de Chilly, il y avoit alors en ce lieu 124 feux, ce que le Dictionnaire Universel de la France, publié en 1726 évaluoit à 263 habitans. Le dénombrement qui vient d'être imprimé en 1745 par le sieur Doisy, n'y marque que 59 feux. Plusieurs modernes ne font mention de Chilly que par rapport au beau Château que le Maréchal d'Effiat y fit bâtir, sans rien dire du Village, ni de ses anciens Seigneurs. J'espere y suppléer, en n'oubliant rien de ce que j'ai trouvé touchant ce lieu. Comme il a appartenu presque dans tous les temps à des Princes, ou à des personnes de grande considération, delà viennent quelques vestiges de distinction qu'on y apperçoit encore ; les rues, par exemple, qui y sont droites et alignées contre l'ordinaire des Villages, et aussi pavées, quoique ce ne soit point un passage de voitures publiques. Dans une de ces rues se voyent cinq bâtimens dont l'entrée de chacun est terminée par une lanterne couverte d'ardoise. On dit dans le pays que c'étoient les logemens que le Maréchal d'Effiat avoit assignés à cinq de ses Officiers.

L'Eglise Paroissiale du titre de Saint Etienne, premier Martyr, est tout auprès du Château dont elle est couverte du côté du midi. Elle manque d'une aile du même côté, et le principal corps de l'édifice est sans vitrages ; il y manque aussi le tour derriere le Chœur. Au reste, elle se ressent de la richesse des anciens Seigneurs, étant couverte d'ardoise ; mais elle est fort basse, aussi-bien que le clocher placé au nord à côté du grand autel, le plus loin qu'il a été possible du Château, pour épargner l'incommodité de la sonnerie à ceux qui y logeroient. Ce n'est point une Eglise rebâtie à neuf. On y voit dans le Chœur quatre piliers fort anciens, et que je croirois avoir supporté le vieux clocher. Le reste du Chœur et le Sanctuaire sont d'un travail du treiziéme siécle, ou tout au plus tard vers l'an 1300, avec des ornemens de petites colomnes posées l'une sur l'autre dans le goût et la délicatesse du regne de Saint Louis. On a détruit une partie de cette architecture en élevant les Mausolées des Seigneurs du siécle dernier, dans le côté droit; je veux dire ceux de Messieurs d'Effiat, dont le dernier est mort en 1719, âgé de 80 ans. Leurs tombes de marbre noir remplissent aussi presque tout le Chœur. Comme ils sont assez connus, je n'ai pas cru devoir les insérer ici. Il y repose aussi une partie des dépouilles de M. de Fourcy, Abbé de Trois-Fontaines et Prieur de Longjumeau.

Il y en a aussi une d'un Seigneur de Chilly d'environ le quinziéme siécle; son épouse est représentée à côté de lui, vêtue selon l'usage de ce temps-là, comme les Religieuses d'aujourd'hui. Dans le côté gauche du chœur se voit une épitaphe du dernier siécle où le Village est appellé Chailly, qui est l'ancien nom. Cette Paroisse est l'une de celles où les restes des anciennes agapes de Pâques ont subsisté le plus long-temps. Maurice de Sully, Evêque de Paris, confirmant les revenus que l'Abbaye de Sainte-Geneviéve avoit à Chailly *apud Challiacum* en terres et dixmes, etc., déclara que pour cela cette Abbaye étoit tenue de fournir chaque année un muid de vin, dont les habitans devoient user le jour de Pâques après la communion, et défendit aux habitans d'en exiger davantage. Les témoins de cet acte solemnel furent Gaultier Prêchantre, Ascelin, Doyen de Notre-Dame, Simon de Saint-Denis, Chanoine de Paris, et Maître Hilduin, son frere, Maître Mainier de Sarclé. De nos jours l'exécution de cette Charte consistoit à distribuer à chaque habitant aux Fêtes de Pâques une pinte de vin et trois au Curé. Il n'y a plus que le Maître d'Ecole qui en profite, la distribution lui ayant été cédée pour ses salaires. Dans le Pouillé Parisien du treiziéme siécle, où cette Cure est nommée *Challiacum*, elle est dite être à la pleine collation Episcopale. Tous les Pouillés suivans tant du seiziéme siécle que ceux de 1626 et 1648, s'accordent dans le même point, se servant toujours du nom de Chailly. Celui du sieur Le Pelletier, imprimé en 1692, est le premier qui l'ait appellée Chilly, et par une erreur grossiere il la met sous le Doyenné de Montmorency, au lieu de celui de Montlhery. Il y avoit autrefois sur le territoire de cette Paroisse une Léproserie du titre de Saint Laurent, qui étoit à la nomination de René, Roi de Sicile et Duc d'Anjou, Seigneur de Chailly; mais elle fut réunie par lui vers l'an 1475 au Prieuré de Saint-Eloi, situé sur le même territoire, et duquel je parlerai en particulier à la fin de l'article de Chilly.

Chart. S. Gen. p. 105.

Gall. Chr. nova, in Prior. S. Elig. T. VII. col. 866.

Les Seigneurs de Chilly sont connus depuis le douziéme siécle, à quelques lacunes près. Je n'ai point de preuves qu'il faille mettre dans ce rang un Radulfe de Chally, dénommé au Cartulaire de Longpont, non plus que Burchard *de Calliaco*, fils d'Hugues, qui possédoit la terre de Nozay, selon le même Livre, ni même Ansold *de Challiaco*, bienfaiteur de l'Abbaye de Saint-Victor, quoique je sois assuré que cet Ansold avoit une partie de la Seigneurie de Longjumeau. Mais je suis certain que le Catalogue de ces Seigneurs peut commencer à Robert, Comte de Dreux, fils de Louis-le-Gros et frere du Roi Louis VII. Ce fut en cette qualité que l'an 1171 il exempta l'Hôpital de Saint-Germain-des-Prés de payer aucun cens pour ce qu'il possédoit à Chilly, qu'il bâtit en 1185 une Chapelle dans son Château ; que pour l'entretien des quatre Prêtres Chanoines de Saint-Thomas du Louvre, vers l'an 1187, il accorda quelque chose sur les dixmes du même lieu, qui à cette occasion est appellé *Calliacum*. Robert, son fils, lui succéda et demeuroit assez souvent à Chilly. Il reste de lui trois actes qui ont été expédiés en ce lieu. 1º Celui par lequel avec Iolende de Coucy, son épouse, il donne à l'Abbaye de Sainte-Geneviève tout ce qu'il a à Conteyn, avec la dixme et tous autres droits ; en place de quoi l'Abbaye lui cede tout le terrain qu'elle a à Chilly, *apud Calliacum*. Cet acte finit ainsi : *Datum apud Calliacum per manum Hugonis Clerici nostri anno gratie M. C. XCV.* 2º Un acte de modification de l'établissement des Chanoines de Saint-Thomas du Louvre finissant pareillement. *Actum apud Calliacum anno gratie M. C. XCVIII.* 3º La ratification d'une vente faite au Chapitre de Paris de certains droits à Vitry-sur-Seine : *Actum apud Chailli anno MCC.* Il mourut le 28 Décembre 1219. On trouve à la Chambre des Comptes, à Paris, que lorsque Pierre, Duc de Bretagne, remit à Saint Louis, l'an 1234, le Château de Beuvron avec d'autres terres des pays d'Anjou et du Maine qu'il avoit eues de lui précédemment, ce Roi lui donna au lieu de cela les terres de Chailly et de Longjumeau. Sa postérité en jouit quelque temps. Iolende, sa fille, porta en 1238 ces deux terres en mariage à Hugues le Brun, Sire de Lusignan, Comte de la Marche et d'Angoulême. Mais elles revinrent ou du moins il fut projetté de les faire revenir l'an 1300 au Roi Philippe-le-Bel. Par l'acte que l'on en a vu, Hugues le Brun, Comte de la Marche et d'Angoulême, déclaroit qu'il cédoit à ce Prince *Castellaniam Castrum seu Domum fortem villas et terras Chailliaci et Longijumelli tam citra quam ultra pontem, unà cum Parco juxta Chailliacum*, et cela pour d'autres biens que le Roi lui donnoit dans les Diocèses d'Angoulême et de Xaintes, lesquels provenoient d'Amaulry de Montfort. Au reste, le Roi ne devoit en jouir qu'après la mort de ce Comte, et il y a apparence que le projet n'eut pas lieu.

Beraud de Mercœur, Connétable de Champagne, se qualifie Seigneur de Chailly dans le don qu'il fit en 1305 aux Chanoines du Prieuré de Saint-Eloi de la Chapelle du Château. Le même Connétable eut par la suite seulement une rente de 700 livres que Philippe-le-Bel lui assigna sur cette terre, et dont il fit cession à Enguerrand de Marigny. On trouve seulement dès l'an 1317, au mois de Mars, un don fait par Philippe-le-Long de partie de Longjumeau et de toute juridiction à Pierre de la Voie, Chevalier, neveu du Pape Jean XXII ; acquisition de ces deux mêmes terres en 1319 ou 1320 par Philippe-le-Long de ce même Pierre de la Vie ou de la Voye en échange de Villemur près Toulouse. Philippe de Valois, dès l'année 1328, la premiere de son regne, donna à Jeanne de Bourgogne la terre de Chailly sa vie durant, mais elle n'en jouit que quelques mois, étant morte en 1329. En 1331, au mois d'Août, le même Roi donna les deux terres ci-dessus au Duc de Bretagne Jean III, en échange du Château de Saint-James de Beuvron. Puis sa femme, Jeanne de Savoye, les eut de lui en douaire par titre du mois de Mai 1334, qui se trouve au Trésor des Chartes dans le Registre du Roi Philippe de Valois de l'an 1339.

Lib. rub. Cam. Comp. p. 536.

Reg. des Chart. de Ph. le Long.

Reg. de la Chambre des Comptes, qui es in cœlis. Coffre de Bretagne, n. 33.

En 1360 Charles de Blois et Jeanne, Duchesse de Bretagne, mariant leur fille Marie à Louis I, Duc d'Anjou et Roi de Sicile, lui donnerent entre autres Chilly et Longjumeau : et par un Traité fait le 12 Avril 1364 entre la même Jeanne, alors veuve, et Jean, Comte de Montfort, se voit que ce Comte demeura Duc de Bretagne et céda à cette Dame le droit qu'il avoit aux mêmes Chatellenies ; ensorte que le Duc d'Anjou en resta possesseur. Il reste de lui un ordre daté de son Château de Chailly au mois de Juillet 1371, par lequel il veut que l'on paye quatre mille francs d'or à son cousin Talerand de Perigord pour les services rendus au Roi.

Ibid., n. 45

Hist. de Languedoc, T. IV, p. 349.

La terre de Chilly demeura long-temps dans la Maison d'Anjou, puisque, René d'Anjou, Roi de Sicile, arriere-petit-fils de Louis qui vient d'être nommé, la possédoit encore avec Longjumeau, vers la fin du siècle suivant. J'ai déja observé ci-dessus qu'en sa qualité de Seigneur de Chailly il unit en 1475 la Léproserie de ce lieu au Prieuré de Saint-Eloi. Etant mort le 10 Juillet 1480, son cousin, Charles d'Anjou, lui succéda et fit le Roi Louis XI son héritier par testament du 10 Décembre 1481, par le moyen de quoi les terres de Chailly et Longjumeau revinrent à la Couronne. Au mois de Février suivant, le Roi en gratifia pour récompense de services Guillaume Picard d'Estellan, Bailly de Rouen, lequel n'en jouit pas longtemps ; car Charles VIII, en Mars 1483, sept mois après la mort de Louis XI, rendit à Jean et Louis d'Armagnac, enfans de Jacques d'Armagnac, les terres tenues par Charles

Mém. de la Chambre des Comptes.

Reg. du Parlem.

d'Anjou, Comte du Maine, leur oncle maternel, non tenues en Pairie et appanage, ni venues de son domaine, entre autres Chilly et Longjumeau. Les Registres dont ces derniers faits sont tirés, ajoutent à l'an 1492 au huitième jour de Mai, que ces deux terres venoient d'être données par le même Roi au sieur de Nemours, et que les Lettres de concession ayant été lues en Parlement, le sieur Gaillard s'y opposa. Ce dernier est apparemment le même que Michel Gaillard, Pannetier du Roi François I, lequel devint entièrement Seigneur de Chilly et de Longjumeau, par sa femme, Souveraine d'Angoulême, sœur naturelle de François I, fille du Comte d'Angoulême. Il en avoit acheté la moitié en 1499 de Louis d'Armagnac, Comte de Guise. Son mariage, en 1512, lui procura le reste. Il décéda le 4 Juillet 1531. Sa veuve vécut jusqu'au 23 Février 1551. Ils sont tous les deux inhumés dans le chœur de

Hist. des Gr. Off. p. 211. l'Eglise Paroissiale de Chilly, où se voit leur tombe au bas des marches du sanctuaire; c'est sans doute celle dont j'ai parlé en faisant ci-dessus la description de cette Eglise. La postérité de Michel Gaillard continua de jouir de Chailly. Cette Terre est nommée au Procès-verbal de la Coûtume de l'an 1500 comme possédée par un autre Michel Gaillard, Chevalier. Un Factum imprimé environ l'an 1605 pour Louis Gaillard, Sieur du Fayet, nous apprend que ce fut Michel, son pere, qui vendit en 1596 Chailly et Longjumeau pour la somme de quarante mille écus, à Martin Ruzé, Secrétaire des Finances, puis Secrétaire d'Etat sous le regne d'Henri III et qu'Henri IV avoit fait Trésorier de ses Ordres et Grand-Maître des mines de France. Il la posséda jusqu'à sa mort arrivée le 16 Novembre 1613. Son corps fut enterré dans l'église du lieu, où l'on voit sa figure de marbre blanc et son épitaphe. N'ayant point eu d'enfans de Geneviéve Arabi, son épouse, il institua son héritier Antoine Coiffier, dont il étoit grand-oncle maternel, à condition qu'il porteroit son nom et ses armes. Ce fut ainsi que les Messieurs Coiffier d'Effiat entrerent dans les terres de Martin Ruzé. Antoine Coiffier, dit Ruzé, fut fait Chevalier du Saint-Esprit en 1620, Surintendant des Finances en 1626, la même année que Chilly fut érigé en Marquisat, Maréchal de France en 1631, et mourut l'année suivante. Dans la suite,

Ibid.
Guyot,
Traité des fiefs,
T. II, p. 115.
Charles de la Porte, premier Duc de la Meilleraye, devint Seigneur de Chilly par sa femme Marie Ruzé, fille d'Antoine, dont je viens de parler. Il mourut en 1664. Quelques-uns lui donnoient aussi le nom de Duc de Mazarin. Enfin Antoine Ruzé, Marquis d'Effiat, premier Ecuyer des Ducs d'Orléans, Conseiller d'Etat, a joui de la terre de Chilly et autres qui en dépendent jusqu'à sa mort, arrivée le 3 Juin 1719, à la 81e année de son âge: depuis lequel temps M. le Duc de Mazarin en devint propriétaire. Il est

fait mention deux fois de lui en cette qualité dans les Registres du   Reg. du Parl.
Parlement à l'année 1725. Au 10 Mars la Cour ordonne que lui et
les Exécuteurs du testament d'Antoine Ruzé d'Effiat, nouvellement
décédé, donneront leurs avis sur l'emploi de trente mille livres
léguées par ledit Ruzé pour l'établissement d'un Hôpital au bourg
de Chilly. Au 17 Décembre, la même Cour ordonne que l'Archevêque de Paris donnera son avis à ce sujet et touchant la suppression des Messes proposées par le Duc de Mazarin. Ce Duc, dernier
mâle de sa Maison, nommé Gui-Paul-Jules de la Porte Mazarin,
Marquis de Chilly et Longjumeau, est décédé à Paris le 30 Janvier 1738.

Le Château de Chilly a toujours été en grande réputation. L'ancien est représenté dans la Topographie de France de Claude   Top. de Fr.
Châtillon qui fut gravée en 1610. Le nouveau a été bâti sous le   in-fol. 1610,
regne de Louis XIII par le Maréchal d'Effiat, avec beaucoup de   fol. 25.
soins et de grandes dépenses. Cependant il n'a que deux étages.
Sa forme est quarrée : quatre pavillons pareillement quarrés en   Piganiol.
occupent les angles, et se terminent en terrasses revêtues d'une
balustrade de pierre, dont les vues s'étendent dans la vaste plaine
des environs ; au milieu s'élève un campanile quarré : la porte du
Château est ornée de deux colomnes et de deux niches, dans
chacune desquelles il y a une statue. La construction de ce Château a été conduite par Jacques Le Mercier, Architecte du Roi,   Sauval,
inhumé à Saint-Germain l'Auxerrois. Les appartemens sont fort   T. I, p. 330.
décorés de dorures, et les plafonds ont été peints par Simon Voüet   Brice,
qui étoit en grande réputation de son temps. On trouve dans la   T. IV, p. 392.
Topographie de France donnée par Zeiller en 1655 la représen-   Zeiller,
tation de ce Château.   Top. de Fr. 1655, T. I.

On ne peut pas dire depuis quel temps l'Eglise de Sainte-Geneviève de Paris possédoit du bien à Chilly. Mais il est certain que
dès le douzième siècle elle y avoit des revenus. Ces biens sont
nommés en général avec ceux de Palaiseau dans la Bulle de confirmation donnée l'an 1163 par Alexandre III : *Apud Palatiolum et
Charliacum, terras et Capitalia et decimas ob Campipartes.*
C'étoit en conséquence de ces revenus que cette Abbaye s'étoit
engagée à fournir aux habitans le vin d'après la communion Pas-   Lib. Cens.
cale, qui devoit n'être ni du meilleur ni du moins bon, mais tenir   S. Gen. p. 35.
le milieu. L'Abbaye d'Hieres ayant remis ce qu'elle avoit dans le
lieu nommé *Pratellum Hilduini,* au Roi Louis-le-Gros qui vou-   Annal. Bened.
loit doter la nouvelle Abbaye de Montmartre, ce Prince donna à   Tom. VI,
ces Dames d'Hieres pour dédommagement une rente de 18 sextiers   Prob. p. 676.
de grain [1], à prendre sur son moulin de Chailly, *de Calliaco.* Ces   Gall. Chr. T. VII, col. 597 et 603.

1. L'un des deux Imprimés cités en marge a mis *sextaria avenæ* ; l'autre a
mis *annonæ.*

mêmes Religieuses transportèrent cette donation aux Dames de Gif, lorsque ce Couvent fut établi par une colonie venue d'Hieres. C'est ce qu'on apprend d'un Diplôme de Philippe-Auguste de l'an 1190. Le Prieuré de Longpont sous Montlhery ne reçut point de Louis VII une gratification si considérable. Ce Prince remit en 1144 aux Religieux les trois sols de cens et toute autre coûtume qu'ils lui devoient pour les vignes qu'ils possédoient à Chailly *apud Calliacum* et par reconnoissance ils conclurent de célébrer son anniversaire. Les premiers biens que posséda l'Hôpital de Saint-Gervais de Paris furent des rentes assises à Chailly, dont Robert de Dreux, Seigneur, accorda l'amortissement en l'an 1171. Si c'est de ce Chailly-ci qu'il faut entendre ce qu'on lit dans le Grand Pastoral de l'Eglise de Paris, il faudra aussi avouer que dès le treiziéme siécle le Chapitre de Notre-Dame eut du revenu dans le Village dont il s'agit. Il y est marqué qu'Amaulry de Chailly, Chevalier *de Chailliaco*, surnommé de Meudon, vendit à ce Chapitre l'an 1235 pour une somme de deux cent trente livres, quatre muids de bled sur le total de sa dixme de Chailly, *de Chailliaco*, et que cette vente fut approuvée par Jean, Comte de Mâcon et par Alix, sa femme. Le voisinage de Viceous, Terre de l'Eglise de Paris, décide assez qu'il s'agit là de notre Chilly, dont le nom latin admettoit constamment la lettre *a* dans la premiere syllabe.

La résidence de nos Rois dans les lieux de la campagne peu connus peut servir à les illustrer. On vient de voir que la Terre de Chailly a appartenu à ces Monarques en différens temps : il y en a eu quelques-uns qui y sont venus loger en passant. Chailly et Longjumeau venoient d'être cédés à Philippe-le-Bel par le Comte de la Marche, lorsqu'il vint faire une station à Chailly, *apud Challiacum*, avec la Reine en allant de Saint-Germain-en-Laye à Fontainebleau, le Mardi 5 Décembre 1301. On a des Lettres-Patentes de François I touchant la ville de Paris, qui prouvent que le 6 Juillet 1537 ce Prince logea à Chailly en revenant de Fontainebleau. Un Carme de Paris nommé Jean de Venette, qui a été l'un des Continuateurs de la Chronique de Nangis sous le Roi Jean, et qui a aussi écrit en vers françois une Histoire des trois Maries, nous apprend dans ce dernier Ouvrage qu'en 1357 Pierre de Nantes, Evêque de Saint-Paul de Léon, resta long-temps détenu de maladie à Chailly près de Longjumeau ; il en parle à l'occasion de la guérison que cet Evêque obtint par l'intercession de ces Saintes femmes. Jean de Venette assure y avoir été souvent, et avoir mangé en ce lieu à la table de ce Prélat, où il but du vin qui lui rappella celui des noces de Cana : il y a lieu de douter qu'il fût du pays.

Mais si le vin produit par les vignes de Chailly n'a rien eu de recommandable au-dessus des vignobles ordinaires d'autour de Paris, quoiqu'il soit ancien, il semble qu'on n'en doit pas dire autant du pain qui s'y faisoit. Car, soit que les eaux ou le grain y contribuassent, ou que ce fût une maniere particuliere de le façonner qui eût été trouvée par quelques habitans du lieu, le pain de Chailly fut en grande réputation dans le quatorzième siécle. Dans une Ordonnance du Roi de l'an 1350, il est fait mention de trois sortes de pains : *Pain de Chailly, pain coquillé et pain bis.* Un Arrêt du Parlement de l'an 1372 au mois de Juillet sur le prix du pain qui se débitoit à Paris selon les différens prix du bled, marque le pain blanc le premier, et l'appelle *Pain de Chailly.* Le pain qui suivoit s'appelloit le *pain bourgeois* : en troisiéme lieu étoit le *pain de bordre,* par où je crois qu'il faut entendre le pain des pauvres gens, logés dans les bordes, ou chaumines couvertes de jonc qui étoient appellées alors *des bordes.* Le Registre ajoute qu'on pesa le pain ; et qu'il fut trouvé que le pain de Chailly nouveau fait pesoit deux onces et demie plus que le pain de Chailly exposé en vente aux fenêtres. Un Reglement du 21 Septembre 1396 fait encore mention de ce pain. On y lit cette note : « Quand le bled vaut vingt-quatre sols le septier, le « pain de Chailly pese en pâte dix onces, et tout cuit huit onces et « demie, et vaudra deux deniers. » Il y a apparence que le pain dit de Chailly devoit son origine à la façon de le faire qu'on avoit trouvée dans ce Village, et que les Boulangers de Paris se mirent sur le pied de l'imiter, de même qu'ils ont fait de nos jours le pain de Gonnesse.

<small>Ord. T. V, p. 500 et 531.</small>

<small>Livre rouge anc. du Châtelet fol. 114.</small>

Il est encore parlé de Chailly dans les Registres des Tribunaux de la Justice pour un sujet bien différent. On avoit enterré du temps des guerres de la Religion sous Charles IX, dans le jardin des Seigneurs de ce lieu jouissant aussi de Longjumeau, cinq piéces de campagne et quatre arquebuses à crocq. On disoit que le tout avoit été amené de l'Hôtel-de-Ville de Paris. Le Prévôt des Marchands et les Echevins en demanderent la restitution : les habitans de Montlhery présenterent requête au Parlement, disant que ces armes venoient de leur Ville et en avoient été enlevées par les Huguenots. Mais comme ils ne le prouverent pas suffisamment, le Parlement ordonna le 27 Février 1562 qu'on les rendroit à la Ville de Paris, non compris celles qui venoient de Gilles le Maître premier Président, qu'on disoit avoir été prises en sa maison Saint-Cheel.

<small>Reg. Cons. Parl. 1562.</small>

Les Mémoires de Vigneul-Marville font incidemment quelque mention de Chilly à l'occasion des Maisons de plaisance qu'on bâtissoit autour. Costar, dit l'Auteur, conseilloit aux beaux esprits

<small>Vigneul-Marv. T. I, p. 400.</small>

de son temps de bâtir autour du Château de Balzac, comme les Partisans bâtissoient autour de Chilly. On ne dira cependant pas que Chapelle, notre fameux Poëte François, fût animé de l'esprit des Partisans, lorsqu'il bâtit à Chilly une Maison dans laquelle il passa une partie des dernieres années de sa vie, c'est-à-dire de l'année 1680 et des suivantes.

<small>Parnasse François, p. 416.</small>

Ce lieu si célébre d'ailleurs n'a point fourni d'hommes dans l'antiquité qui aient fait gloire d'en porter le nom, si ce n'est peut-être Guillaume de Chailly qui fut Sergent du Roi Saint Louis en 1258; Pierre de Chailly (*de Challiaco*) dont Archambaud, Souchantre de Paris au même siécle, fonde l'Obit, aussi-bien que celui d'Eremburge son épouse ; Adam *de Challiaco* qui donna vers ce temps-là au Chapitre de Paris la dixme d'un lieu dit *Biisseium* ou *Busseium*.

<small>Grand Pastoral. Necr. Eccl. Par. April.</small>

<small>Ibid., 18 Jul.</small>

PRIEURÉ DE SAINT-ÉLOI ou DU VAL-SAINT-ÉLOI

<small>Gallia Christ. nova, T. VII, col. 863 et seq.</small>

Jean de Dreux, surnommé de Brenne, et Alix, sa femme, Comtesse de Mâcon, n'ayant point d'enfans, se proposerent de rendre Dieu héritier d'une partie de leurs biens. La Terre de Chailly étant dans leur famille, ils choisirent le vallon qui est au bas du côté du midi pour y construire, vers l'an 1234, une Maison Reguliere, et le Fondateur donna au Curé du lieu en dédommagement un demi-arpent de pré. Il tira de l'avis de Guillaume, Evêque de Paris, les Religieux qu'il y mit, du Prieuré de Sainte-Catherine du Val-des-Ecoliers. Plusieurs Seigneurs de la Maison de Dreux et de celle de Bretagne firent du bien à cette nouvelle Maison quelque temps après sa fondation ; ce qui fut imité par les Seigneurs de Chailly et Longjumeau dans les siécles suivans, avec d'autant plus de facilité, qu'ils étoient presque toujours Princes ou Princesses. Un Mémorial de la Chambre des Comptes d'environ l'an 1335, marque que ce Couvent avoit le droit de prendre dans la Forêt de Biere (ancien nom de celle de Fontainebleau) huit vingt mille buches. Ce Prieuré est le premier des huit qui reconnoissent Sainte-Catherine de Paris pour leur Mere. Les Chanoines Réguliers de la Congrégation de France y furent introduits en 1662 par les soins de Jean d'Effiat, Prieur Commendataire, et en ont rebâti les lieux claustraux, pendant que M. l'Abbé d'Effiat s'est attaché à embellir et orner l'Eglise.

Cette Eglise est un bâtiment gothique qui est (quant aux parties qui n'ont pas été retouchées) de la délicatesse dont on bâtissoit sous Saint Louis et ses successeurs. Le sanctuaire a trois rangs de vitrages l'un sur l'autre ; au second rang est la galerie. On remarque sur le vitrage du fond des armoiries chargées de trois écus. Le premier des deux inférieurs porte deux chevrons brisés sur un fond de gueule : l'autre est étiqueté d'or et d'azur. On voit dans le côté droit du chœur des restes de colomnes du treizième siécle qui supportoient des vitrages qu'on a bouchés. La nef qui étoit aussi délicate que le chœur, a été abattue en 1606. Ce qu'on y apperçoit encore de reste des anciennes galeries est du treizième siécle. On conserve dans cette Eglise un bras couvert de feuilles de bas argent qui semble être un ouvrage de trois ou quatre cents ans : et l'on tient qu'il renferme quelques reliques de Saint Eloi, Patron de l'Eglise. Le crucifix de marbre blanc qui est au grand autel passe pour être d'un seul bloc avec la croix. Il est de l'an 1690 avec les statues qui l'accompagnent. Le Saint-Sacrement est conservé sous une suspense que l'Abbé Chastelain trouvoit trop élevée. On assure que les orgues qu'on y voit avoient été faites pour Versailles. Il existoit dans cette Eglise encore au sei- *Reg. Ep. Par.* ziémé siécle une Chapellenie des trois Sœurs, qui étoit un titre *21 Aug. 1503.* bénéficial.

On y conserve le souvenir d'un nommé Raoul de Chevry, Archidiacre de Paris, mort Evêque d'Evreux en 1269, lequel donna à cette Maison quatre-vingt-dix arpens de terre avec d'autres biens, et y fut inhumé. Pierre de Nantes, Evêque de Saint-Pol de Léon en Bretagne, étant guéri en 1357 par l'interces- *Contin. chron.* sion des trois Maries, de la maladie dont il avoit été détenu *Naugii.* à Chailly, fonda dans la même Eglise un autel en leur honneur. *Mém. de l'Acad. des Inscr.*

Par un arrêté du 2 Novembre 1599, l'Evêque de Paris permit T. XIII, p. 528 aux Ecclésiastiques du Prieuré de Saint-Eloi, d'ériger une Con- *Reg. Ep. Par* frérie de Notre-Dame de Lorette à la Chapelle qui lui est dédiée, sans cependant porter le bâton.

La Maison des Religieux a été bâtie en brique aussi-bien que le cloître, du côté méridional de l'Eglise, par Jacques de Caumartin, petit-neveu du Garde des Sceaux de ce nom, et Prieur claustral.

Le Catalogue des Prieurs en fournit trente et un depuis la fondation jusqu'au temps présent. Il faut y en ajouter un que j'ai découvert, c'est Jean qui ayant acquis une maison à Paris rue de la Harpe, traita en 1315 avec l'Evêque pour le droit de censive. *Chart. maj. Ep.* On y a marqué d'Antoine de la Vernade, qui fut le premier *fol. 260.* Prieur Commendataire en 1523, qu'il avoit assujetti tous ceux qui tenoient du bien du Prieuré, à reconnoître l'Eglise de Saint-Eloi en offrant chaque année aux deux Fêtes de ce Saint, tant celle du premier Décembre que celle du 25 Juin, un cierge orné de fleurs, et assistant à ces deux Fêtes aux premieres et secondes Vêpres, à la Messe et à la Procession, tenant une baguette blanche à la main. Le fameux Theodore de Beze de Vezelai possédoit en 1546, ce Prieuré. On dit qu'il le vendit au fils de Michel Gaillard

Seigneur de Chilly; mais le traité n'eut pas lieu. L'Epitaphe qui se voit sur la tombe de l'antépénultième Prieur Commendataire, Jean d'Effiat, décédé en 1698, apprend à la postérité qu'il avoit augmenté de six le nombre des Religieux; mais comme les fonds sur lesquels les revenus étoient assignés ont souffert des diminutions notables, ces Chanoines Réguliers sont réduits à trois en tout.

LONGJUMEAU

Dans les temps que les débris de la langue Latine usitée autrefois dans les Gaules donnerent origine à la langue françoise, ce lieu fut appellé Noniumeau, et même plus simplement Noiumeau, comme qui voudroit dire un diminutif de Noium ou de Nouion *Noviomellum*. C'est un fait suffisamment prouvé par le Cartulaire ou Prieuré de Longpont, qui contient des actes du onziéme et du douziéme siécle, dans lesquels ce lieu est nommé *Nongemellum*, *Nogemellum* et *Nugemellum*. On a d'ailleurs beaucoup d'exemples, comme la lettre *i* voyelle a été changée en *j* consonne, et la lettre *j* consonne changée en *g*. Ainsi *Nuimellum* et *Noiemellum* peuvent être regardés comme le nom qu'on donnoit en latin à Longjumeau dans l'onziéme siécle; de sorte que si *Noiomellum* ne peut pas être considéré comme un diminutif de *Noimum*, on peut l'envisager comme formé de deux racines barbares : sçavoir de *Noio* ou *Novio*, et de celle de *Mellum* qui vient du *Mael* des Germains ou des Saxons, et qui signifie *congregatio, conventus*. Du Cange dit que dans la Belgique plusieurs noms de lieu sont terminés par *Mall*, parce que c'étoient des lieux d'assemblées. Il y a assez d'apparence, vu la situation de Longjumeau, que nos Rois de la premiere race y auroient tenu quelquefois leurs Plaits publics, et qu'en mémoire de cela Longjumeau et Chilly auroient resté même sous la troisiéme race dans le rang des terres du Domaine, ainsi que je le prouve en parlant de Chilly, et qu'on le verra ci-après. Maintenant, pour appuyer de quelques exemples le changement de la lettre *N* en *L*, nous avons *Marna* dont on a fait Marle, d'où *Albamarna* Aumale; nous avons *Graveningua* qui a fait Gravelingues; *Castrum Nantonis*, Château-Landon; *Bononia*, Boulogne; *Unicornis*, Licorne; *Donnincum* Doullens; *Neomadia* Loumaye; *Nampreda*, Lamproye. M. de Valois avoue que Longjumeau est un nom corrompu, mais il le dit mis en place de Montjumeau comme s'il y avoit en ce lieu deux montagnes toutes semblables qui eussent pu donner ce nom. Il est vrai que le Pouillé

Notit. Gall. col. 424.

de Paris écrit vers l'an 1270, met une ou deux fois *Montgimel* pour exprimer la Paroisse dont il s'agit. Mais le Livre qui le contient renferme des titres du même temps où il y a en latin *de Longo jumello*. Ainsi cela fait voir seulement qu'en quittant l'usage d'employer la lettre *N* pour la première du nom de ce lieu, on employa indifféremment la lettre *L* ou la lettre *M*. Après tout il n'y a nul empêchement que *Noiomaellum* n'ait été le nom qui fut donné à un lieu de prairies où la convocation des Plaits Publics de nos Rois fut quelquefois fixée. Chart. Ep. Par

Ce Bourg est situé à quatre lieues de Paris, au rivage droit de la petite riviere d'Ivette. Il n'est composé que d'une rue qui commence dans la plaine et finit au milieu ou environ de la montagne qui est vers le midi, auquel lieu est située l'Eglise Paroissiale presqu'à l'extrémité du Bourg. C'est du même côté que son territoire s'étend dans la campagne vers Balenvilliers, Balizy, etc., où sont les labourages et quelques vignes. Il y avoit, il y a quelques années, une porte pour sortir de Longjumeau du côté de Montlhery ; il ne reste plus que celle qui se voit du côté de Paris, laquelle est assez nouvelle. L'endroit où elle est construite à la descente de la montagne est l'extrémité du territoire de Chilly qui atteint jusques-là et continue jusqu'à la riviere ; ensorte que toutes les maisons qui sont à gauche en entrant dans Longjumeau sont de la Paroisse de Chilly, et celles qui sont à la main droite aussibien que la place du Marché ou Halle, sont de la Paroisse de Champlant. Le Dictionnaire Universel de la France, imprimé en 1726, compte douze cents habitans à Longjumeau, non compris Balizy qui est de la Paroisse, où il en met 104. Le Dénombrement de l'Election de Paris par feux, imprimé en 1709, en marquoit 207 à Longjumeau et 30 à Balizy. Un autre Dénombrement bien plus récent, que le sieur Doisy a publié en 1745, n'en met que 24 à Balizy et 330 à Longjumeau. Il y a apparence qu'il y comprend les feux situés entre la porte du côté de Paris et la riviere des deux côtés de la rue, quoiqu'ils ne soient pas de la Paroisse de Longjumeau.

L'Eglise Paroissiale est sous l'invocation de Saint Martin. C'est un bâtiment presque quarré, qui a une aîle de chaque côté, sans qu'on puisse tourner derriere le chœur. L'édifice paroit être nouveau à ceux qui ne l'examinent pas de près ; les voûtes ne sont que du dernier ou de l'avant-dernier siécle, mais les piliers qui les supportent sont du treiziéme par le bas, ensorte que c'est une Eglise neuve entée sur une vieille. Le chœur est embelli nouvellement de grillages et de stalles ; la sacristie placée derriere le grand-autel est très-proprement boisée. Le portail, quoique bâti à la gothique, n'est point ancien. La tour est de pierre de gray, ce qui empêche de pouvoir en dire le temps. L'Abbé Chastelain passant, il y a soixante ans, en ce lieu, remarqua qu'il y avoit devant cette Eglise une fontaine à plusieurs jets d'eau. Ce que j'ai observé plus haut, touchant l'étendue de Chilly jusques dans Longjumeau, se vérifie dans une Epitaphe qui est dans l'aile septentrionale, où il est dit d'un Hôtelier qu'il demeuroit à Longjumeau, Paroisse de Chailly. Je ne parle pas des trois ou quatre ossemens blancs des Cimetieres de Rome qu'on m'a dit avoir été donnés à cette Eglise par un Capucin, et qui sont renfermés dans deux immenses châsses. Le nom qu'on leur a imposé et le jour qu'on a choisi pour en célébrer la Fête, se lisent dans une estampe gravée en 1697, aux dépens d'une Confrérie érigée à cette occasion. La Cure de Longjumeau est marquée dans le Pouillé de Paris du treiziéme siécle être à la collation pleine et entiere de l'Evêque Diocésain, sous le nom de Mongimel. Les autres Pouillés plus nouveaux y sont conformes. Dès-lors il n'y avoit point d'uniformité pour écrire le nom de cette Cure en françois. Le Cartulaire de Saint-Maur-des-Fossés marque à l'an 1211 que le Prêtre *de Longemel* prit de cette Abbaye une vigne à rente. Le même Livre, à l'an 1226, fait mention de R., Doyen *de Lonjumello*. La Paroisse de Longjumeau souffrit un démembrement l'an 1265. Les Seigneurs de Balenvilliers firent ériger une Paroisse dans leur Terre. Guillaume qui étoit alors *Presbyter Longijumelli*, c'est-à-dire Curé, demanda qu'on lui réservât les grosses dixmes, et qu'on lui payât chaque année douze livres, ce qui seroit évalué aujourd'hui plus de cinquante écus. En 1398, Jean de Sarrepont, Curé, et l'Evêque de Paris, étoient en procès contre Garnier Gueroude, Archidiacre de Josaye, sur les fruits du dépôt de la Cure de ce lieu. Le Curé eut la récréance. Le Doyen de Longjumeau dont il vient d'être parlé, n'étoit pas l'un des six Doyens ruraux du Diocése. Il étoit l'un des Doyens des cantons par la division Monastique Diocésaine. C'est dans ce sens qu'on lit dans le Pouillé du treiziéme siécle : *In Decanatu Montis Gemelli S. Ionius, S. Clemens de Castris, S. Petrus de Monte Letherico, Longuspons, Givisiacum, Athie, S. Guinailus, Corbol. S. Johannes Corbol. Essona...*

Reg. Parl. 11 Apr.

En 1567, les habitans de Longjumeau furent condamnés par Arrêt du Parlement à rétablir le presbytere; on obligea aussi par un Arrêt ceux qui avoient été Marguilliers depuis trente ans à rendre leurs comptes.

Mém. du Clergé, T. III, p. 231. Dict. des Arrêts, art. Marguillers.

Les Pouillés de Paris font mention d'une Maladerie de Longjumeau; et même elle est encore au Rôle des décimes. Elle fut visitée en 1351 comme les autres, et l'on y trouva un reliquaire qui contenoit une dent de Saint Laurent. Il sera parlé ci-après de l'Assemblée d'Etat qui s'y est tenue au XV siécle.

Reg. Visit. Lepr. 1351, f. 36.

Dans le Registre des Rôles du Parlement il est parlé, sous l'an 1347, d'un accord passé entre les Hospitalieres de Saint-Jean de Jérusalem d'une part, le Prévôt de Longjumeau et le Châtelain de Chailly de l'autre.

Presque dans tous les temps Longjumeau et Chilly ont appartenu aux mêmes Seigneurs. Les plus anciens que l'on connoisse sont les Comtes de Dreux, issus de sang Royal, puisque le premier, appellé Robert, étoit fils du Roi Louis-le-Gros. Saint Louis fit ensuite passer ces deux Terres dans la Maison des Ducs de Bretagne, dont une des filles les porta dans celle des Comtes de la Marche et d'Angoulême; le Roi Philippe-le-Bel y rentra vers l'an 1300 pour d'autres biens. Philippe-le-Long donna en 1317 une partie de Longjumeau à Pierre de la Voie ou de la Vie, neveu du Pape Jean XXII, duquel il la reprit pour d'autres Terres. En 1331, le Roi Philippe de Valois céda les deux Terres ci-dessus à Jean III, Duc de Bretagne, en échange de Saint-James de Beuvron. Ce Duc la donna en douaire à Jeanne de Savoye, son épouse. De la Maison de Bretagne Longjumeau passa en 1360 avec Chilly à celle d'Anjou, par le mariage de Marie, fille de Charles de Blois et de Jeanne de Bretagne, avec Louis, Duc d'Anjou, Roi de Sicile. René d'Anjou, son arriere-petit-fils, aussi Roi de Sicile, la possédoit en 1475. Son cousin Charles d'Anjou en jouit après sa mort et les légua par son testament de l'an 1481 au Roi Louis XI, qui en gratifia le Bailly de Rouen pour ses services. Le Roi Charles VIII les rendit à Jean et Louis d'Armagnac, neveux de Charles d'Anjou du côté maternel. Louis d'Armagnac vendit sa moitié en 1499 à Michel Gaillard, auquel le reste advint par son mariage avec Souveraine, fille du Comte d'Angoulême, sœur naturelle du Roi François I, à laquelle apparemment ce Prince en fit présent. Leur fils en jouit jusqu'en 1596, qu'il les vendit à Martin Ruzé, que le Roi Henri IV avoit fait Trésorier de ses Ordres et Grand-Maître des Mines de France. On lit dans les Registres du Parlement à l'an 1564, que le Seigneur de Longjumeau, qui n'étoit autre que Michel Gaillard second du nom, fit emprisonner Jean Tancha, Lieutenant de Robe courte en la Prévôté de Paris, qui avoit fait piller sa maison; mais la Cour de Parlement l'élargit. Sa fille Anne Gaillard épousa vers l'an 1590 Thomas de Balzac, Seigneur de Châtres. Martin Ruzé, successeur de Michel Gaillard dans la Terre de Longjumeau, la légua avec celle de Chailly à Antoine Coyfier, plus connu sous le nom d'Effiat, lequel prit aussi celui de Ruzé, suivant la condition apposée dans le testament de Martin Ruzé. Ses descendans en ont joui jusqu'à l'an 1719; ensuite M. le Duc de Mazarin en devint propriétaire. Ce fut lui qui, pour avoir le Marché de Long-

Voyez les citations à l'art. de Chailly.

Du Breul, Antiq. p. 959.

jumeau sur sa propre Terre, eut par échange pour un moulin la place à l'entrée de Longjumeau où le marché se tient, laquelle place est sur la Paroisse de Champlant, appartenante à la Dame de Palaiseau. C'est aujourd'hui Mademoiselle de Durfort, Duchesse de Mazarin, qui est Dame de Longjumeau.

Il est beaucoup parlé du Seigneur de Longjumeau dans l'Histoire des guerres de Religion. Ce Seigneur étoit Huguenot et avoit une maison à Paris, près le Pré-aux-Clercs, où il tenoit des assemblées.

Il est peu de Paroisses considérables autour de Paris dont le territoire ne fournisse quelques revenus à des Eglises, Monasteres ou Communautés. La plus ancienne donation entre celles qui sont assises à Longjumeau, est celle qu'un nommé Guillaume, fils d'Ebrard, fit au Prieuré de Longpont, vers le regne de Louis-le-Gros. Il lui légua deux sols dans la part qu'il avoit au Marché de Longjumeau, *in parte sua in foro Mongemelli;* ce qui fut accordé par Ansold de Chailly, du fief duquel cela étoit. Aymo de Donjon se rendant Religieux vers ce temps-là dans cette même Maison, donna outre son domaine de la forêt de Sequigny, *altare Nongemelli Ecclesiæ.* Ce présent fut revêtu de l'une des cérémonies des investitures observées alors, sçavoir de la position d'une petite cueillere d'airain sur l'autel de Notre-Dame; mais il y a apparence que l'Evêque de Paris revendiqua l'autel de Longjumeau. En effet, Longjumeau ne se trouve point dans le nombre des Eglises dont le Pape Eugene III confirma la possession à ce Prieuré, l'an 1151.

Chart. Longip. fol. 40.

Ibid., fol. 11.

Après Longpont vient le Chapitre de Paris qui acheta vers le commencement du regne de Saint Louis une dixme à Longjumeau. Comme il y employa entre autres sommes celle qui provenoit des Exécuteurs du testament d'Isemburge, Reine de France, épouse de Philippe-Auguste, décédée seulement l'an 1236, cette acquisition ne peut être plus ancienne[1]. L'année suivante 1237, Pierre de Bassigny, Chevalier, ayant vendu à l'Eglise de Saint-Thomas du Louvre le tiers des dixmes de Longjumeau et de Ballenvillier pour la somme de 415 livres, du consentement de Jean de Ville Escopbleu, Ecuyer, et de Guiard de la Tour, du fief desquels elle mouvoit en premier, et de celui de Matthieu de Marly, Seigneur en second, le Chapitre de Paris prétendit devoir avoir la préférence en qualité d'Eglise matrice suivant la coutume, et l'eut en effet. Nicolas, Doyen de Saint-Thomas et ses Confreres s'en déporterent moyennant le déboursé qui leur fut rendu avec

Necr. Eccl. Par. ad 29 Julii.

Magn. Past. fol. 49.

---

1. Il y en eut aussi de léguées par Jean, Chantre d'Orléans, Chanoine de Paris, et par Robert Pullus, Chanoine de Chartres, différent du Cardinal de même nom. *Necrol. Eccl. Paris. 27 April. et 19 Julii.*

vingt livres de frais. Les actes sont de 1237 et 1238. Mathilde, Dame de Marly, voulut forcer quelques années après le Chapitre de Paris à vendre à quelqu'un hors de main-morte la dixme qu'il avoit à Longjumeau et à Ballenvillier, disant qu'elle étoit de son fief, et qu'elle représentoit le troisiéme Seigneur. L'affaire fut mise en compromis l'an 1244. Pierre, Prêtre de Marly, et Herbert, Chanoine de Paris, déciderent que sa demande étoit sans aucun fondement, dès là que le premier et le second Seigneur avoient approuvé la vente. La dixme de Longjumeau étoit au reste chargée de payer dix livres par an à l'Eglise de Saint-Etienne-des-Grès, pour une fondation qui avoit été faite dès l'an 1222 par les mains de Nicolas, Chanoine de Paris, au nom d'un de ses amis. L'Abbaye de Saint-Maur-des-Fossés avoit du bien à Longjumeau dans le même siécle. Dans l'acte de l'établissement du Cellerier de ce Monastere fait en 1256, il fut dit qu'il auroit la jouissance de tout ce que le Couvent avoit *apud Brociam et Longum gemellum*. On lit aussi dans Sauval que la Commenderie de Saint-Jean-de-Latran y possede des prés. Jean de Vernon, Secrétaire du Roi, décédé en 1376, en donna aux Chartreux de Paris cinq arpens pareillement assis à Longjumeau. J'ai lu dans le Catalogue des Illustres de la Touraine, à l'article de Guillaume de Sainte-Maure, Chancelier de France, qu'en rédigeant son testament l'an 1334 au mois de Janvier, il destina son Hôtel de Paris qu'il avoit acheté de l'Evêque de Lisieux pour y établir un College avec vingt Boursiers, et qu'il légua à cet effet sa maison nommée Le Saussiel, près Longjumeau, avec les domaines et rentes qui en dépendoient. Mais, ajoute l'Auteur, il ne paroît pas que cette fondation ait été exécutée. D'ailleurs, il est assez visible qu'il s'agit là de ce que les Cartes appellent Saussieres, tout proche Saux, et qui n'est pas compris dans le territoire de Longjumeau.

Magn. Pastor. fol. 48.

Hist. de Montm. Preuv. p. 402.

Hist. de Paris, T. III, p. 43.

Gall. Chr. nova, T. VII, Instr. col. 110

Antiq. de Paris, T. I, p. 612.

Necr. Cart. Par. 10 Oct.

Carreau. Hist. MS. de Touraine

Pour ne pas sortir des limites de la Paroisse, il reste à parler de ce qui y est sûrement compris.

L'Auteur de l'Anastase de Marcoucies avoit vu des titres qui prouvoient que le fief de Bellejambe, qui est aujourd'hui proche Linas, étoit originairement près l'Eglise de Saint-Martin de Longjumeau.

Anast. de Marcoucies, p. 105.

BALISY est un hameau considérable de Longjumeau du côté de l'orient d'hiver. Les Cartes le divisent en grand Balisy et petit Balisy. Le Dénombrement de 1709, ainsi que j'ai dit ci-dessus, y marque 30 feux. Le sieur Doisy, dans le sien de 1745, les réduit à 24. Il y a une Chapelle du titre de Saint Jean dans la Commenderie, où l'on célebre la Messe les Dimanches et Fêtes. On y voit quelques restes de pilastres du XIII siécle, mais il n'y a point de tombes ni cimetiere. C'est celui d'entre les biens du Grand-Prieur de l'Ordre de Malte, que Sauval fait connoître sous le nom de Ferme de Bailaisis, près Longjumeau, qui consiste en maison, jardins et vignes dans l'enclos ; domaine tant labourages que prés, moyenne et basse Justice, cens et rentes : et dont il ajoute que le tout peut valoir treize cents livres. C'est aussi à raison de quoi, dans le Procès-verbal de la Coûtume de Paris de 1580, le Grand-Prieur est qualifié Seigneur de Balizy. Des Seigneurs de Balizy étoient connus dès le regne de Louis-le-Gros. Le Cartulaire de Longpont met parmi les bienfaiteurs de cette Maison Thibaud de Balizy, qui, du consentement de Baudoin, son frere, donna au Prieur Landry une dixme située au-dessous de Montlhery ; plus Gilbert de Balizy qui donna des terres ailleurs. D'autres firent présent à ce Monastere de quelques biens situés à Balizy même, tels que Dame Emeline qui donna quatre arpens de terre qu'elle y avoit ; et un nommé Bertrand, lequel s'y faisant Moine, céda entre autres choses un demi-hôte à Balisy, appelé Rascicot, qui étoit chargé de payer toute la dixme de la Chievre. On trouve aussi le nom de Balisy, quoiqu'un peu défiguré, dans le Rôle des Fiefs dépendans de Montlhery sous Philippe-Auguste. En voici trois lignes : *Theobaldus Rufus est homo ligius Regis de hoc quod habet apud Gravegni et apud Basiliacum... et debet custodiam duorum mensium ad Montem Lehertcum.* En 1269 un Guillaume de Balizy, Chevalier, fit hommage à l'Evêque de Paris pour une vigne qu'il avoit à Saint-Cloud ; il étoit décédé peu de temps après, puisque sa veuve le réitéra en 1273. Il y eut en 1481 un hommage rendu pour la Terre de Balisy à la Chambre des Comptes, par Guillaume le Tinquetier à qui elle étoit avenue du côté de Perrette de Roolet, sa femme.

GRAVIGNY est un petit hameau de la Paroisse de Longjumeau qu'on dit seulement composé de quatre maisons. On ne peut douter de son ancienneté, puisqu'il vient d'être nommé dans le Rôle de Philippe-Auguste comme relevant de Montlhery.

En 1518 le Roi François I. fut supplié par **Michel Gaillard**, son Panetier ordinaire, Seigneur de Longjumeau, d'y établir deux Foires. Les Lettres-Patentes expédiées à Paris en assignent les jours au lendemain de la Saint Jean-Baptiste, et au 21 Décembre, Fête de Saint Thomas. Maintenant elles se tiennent le Lundi d'après la Saint Jean, et le jour de Saint André. Cette derniere dure huit jours.

Les Chroniques de Saint-Denis renferment un trait historique où il est parlé de Longjumeau. Le Roi d'Angleterre, Edouard III, au retour de son excursion dans la Bourgogne, le Nivernois et le Gâtinois, l'an 1359, vint loger le 31 Mars avant Pâques entre Châtres et Montlhery, et faisoit commettre du dégât dans le voisinage. Simon de Langres, Dominicain, obtint de lui qu'il y eût une Conférence de paix entre la France et lui. La Maladerie de Longjumeau fut choisie pour le lieu de l'Assemblée. Edouard s'y rendit le 3 Avril, jour du Vendredi-Saint. Le Connétable de Fresnes, le Maréchal Boucicaut, s'y trouverent pareillement du côté de la France. Les Envoyés du Pape y conférerent avec le Duc de Lancastre : mais avec tout cela il n'y fut rien conclu. Hist. des Illustr. Dominicains, artic. *Simon de Longip.*

Deux hommes illustres sont sortis de Longjumeau. Le premier est André de Longjumeau, Dominicain, qui fut célèbre du temps de Saint Louis. Comme il possédoit les Langues Orientales, il fut envoyé par le Pape aux Tartares pour travailler à leur conversion. Depuis, il accompagna Saint Louis dans le voyage de la Terre-Sainte en 1248. Etant en Chypre, il traduisit en latin les Lettres qu'un Prince Tartare avoit écrites à ce saint Roi en Langue Persanne et lettres Arabes touchant sa conversion. C'étoit lui qui, étant à Constantinople l'an 1239, y avoit reçu la Couronne d'Epines, l'avoit apportée à Venise et de-là en France. Le second fut appellé Philippe de Longjumeau. Les Chanoines Réguliers de Saint-Victor de Paris le comptent parmi leurs célèbres Souprieurs. Il mourut le 20 Novembre 1380.

Vita S. Ludov. per Nangium. Duchêne, T. V, p. 347.

Ibid., p. 489.

Hist. MS. de S. Victor.

En 1370 mourut Jacques Cossart, Chanoine de Paris, Chartres et Tournay, et Président au Parlement, le 21 Janvier. Il fut inhumé en l'Eglise de Notre-Dame de Paris. Son épitaphe est conçue en ces termes : *Hic jacet vir magnæ conceptionis et prudentiæ Magister Jacobus Cossart, oriundus de Longojumelle Diœcesis Parisiensis.*

En 1536, Robert de la Marche, Maréchal de France, revenant de Fontainebleau pour y rendre compte au Roi François I d'une victoire qu'il avoit remportée, tomba malade à Longjumeau et y mourut dans l'Hôtellerie des trois Rois. Ses entrailles furent inhumées à la Paroisse, et son corps fut porté à l'Abbaye de Saint-Ived de Braine.

Généal. de la Maison de Dreux manuscrite à la Bibl. du Roi. Cod. Brienne 9680. Ecriture de 1567, par Matth. Herbelin Prémontré.

BALLENVILLIERS

Le nom de ce lieu est écrit de bien des manieres dans les titres du douziéme et du treiziéme siécle. *Berlenviller, Bellenviller, Bulanviller, Ballenviller.* C'est cette derniere dénomination qui l'a emporté, quoiqu'elle soit encore quelquefois diversement écrite. Le mot *Viller* ou *Villier* qui termine ce nom, fait que l'étymologie est facile à donner. Un nommé Bellenus avoit du bien en ce lieu, son domaine, sa maison de campagne ; *Villare* et *Villa* étant deux noms anciennement synonymes, c'est ce qui a formé tout naturellement le Villier de Bellen, et par un effet de l'usage de la construction latine qui renverse l'ordre des mots, Bellenvilliers. On ne trouve aucune mention de ce lieu avant le douzième siècle. Il n'étoit encore alors qu'un simple hameau de Longjumeau, qui avoit ses Seigneurs particuliers, et où quelques Monasteres possé-

Chart. Longip. fol. 35.

doient du bien. Le Prieuré de Longpont, qui en est très voisin, y avoit trois sols de cens du don d'un Chevalier appellé Thomas, et

Ibid., fol. 43.

deux hôtes du don de Doda, femme de Hugues. L'Abbaye de Saint-Germain-des-Prés y possédoit aussi quelque bien qui lui venoit de

Gall. Chr. nova, T. VII, col. 84.

Milon, fils de Thibaud Cocherel. En 1206 la dixme dont le Prieur de Bruyeres jouissoit en ce lieu, souffrit quelque contestation, qui

Hist. MS. S. Flor. Salmur. fol. 264. Magn. Pastor. fol. 49.

fut réglée par Ham... Abbé de Vendôme, délégué du Pape. En 1238, le Chapitre de Paris y acquit une autre dixme de Pierre de Bassigny, qui lui fut vainement contestée en 1244 par Mathilde, Dame de Marly. On y avoit vu, outre le Chevalier Thomas nommé

Hist. de Montm. p. 402. Chart. Longip. fol. 27. Rotul. Feud. Mont. Lehcrici.

ci-dessus, Ansel de Chetenville posséder un fief dans lequel il permettoit aux Moines de Longpont de recevoir toutes les donations qui leur seroient offertes : Gautier Nanters, déclaré homme lige du Roi Philippe-Auguste, pour ce qu'il y tenoit en fief, et comme tel obligé à la garde du Château de Montlhery pendant deux mois.

Les choses étoient en cet état lorsqu'on pensa à l'ériger en Paroisse. Pierre et Ansel de Ballenviller, Chevaliers, Pierre de Villeneuve et autres prierent en 1265 l'Evêque de Paris, qui étoit Renaud de Corbeil, de détacher Ballenviller de Longjumeau et d'y établir une Cure, dont dépendroient le Plessis-Saint-Pierre et *Ville Boissen* (c'est ainsi qu'il est écrit). Guillaume, Curé de Longjumeau, demanda que pour le dédommager on lui payât chaque année douze livres, et que l'on réservât les grosses dixmes.

Hist. Eccl. Par. T. II, p. 456. Chart. maj. Ep. Paris.

La Sentence de l'Official de Paris fut pour le démembrement ; et à l'égard du dédommagement, il déclara qu'il seroit arbitré par l'Evêque ou par un homme équitable. Le même acte ou approchant se trouve dans le Cartulaire de la Maison de Sorbonne par la raison que voici. Il y eut véritablement un droit annuel réservé

Chart. Sorbon. fol. 11.

pour le Curé de Longjumeau : mais on ajouta qu'au cas que la nouvelle Cure de Ballenviller fût éteinte et réunie un jour à Longjumeau, le revenu de ce Curé qui étoit assis sur des fiefs d'Anselme et Pierre, et qui consistoit en dix livres, seroit payé aux Maîtres en Théologie du Collége de Maître Sorbon.

Le village de Ballenvilliers n'est éloigné de Longjumeau du côté du midi que d'une demi-lieue ; et par conséquent sa distance de Paris est de quatre lieues et demie. Il se trouva à la gauche du chemin d'Orléans. C'est un pays de plaine où l'on voit des labourages et des vignes. Le Dénombrement de l'Election de Paris n'y marquoit en 1709 que quarante feux. Celui qui a paru en 1745 de l'édition du sieur Doisy y en marque 55. Le Dictionnaire Universel de la France publié en 1726 y comptoit 275 habitans.

L'Eglise, qui est sous le titre de Saint Jacques et Saint Philippe, n'a presque rien qui la distingue d'une grande Chapelle, sinon qu'elle a une aile d'un côté. L'architecture ne démontre rien d'ancien : on y voit seulement dans le fond un reste de vitrage qui peut avoir trois cents ans, et dans le chœur des restes de la tombe d'une Dame représentée vêtue d'une robe fourrée, telle que les graveurs figuroient les Dames de qualité vers l'an 1300. Cette tombe a été remuée et changée de situation. Au Sanctuaire du côté du Septentrion se voit l'épitaphe de M...... Maître des Comptes, Seigneur de Fontenay, et premier Baron de Balainvilliers. Ce fut en 1661 que cette Terre fut érigée en Baronnie par Lettres-Patentes du 22 Février. La Dédicace de cette Eglise se solemnise au mois de Juin ou Juillet. Elle fut faite l'an 1539 sous le titre de Saint Philippe et Saint Jacques par l'Evêque d'Ebron, qui en avoit la permission, le 12 Mai de la même année. Auparavant elle étoit sous le titre de Saint Jacques et Saint Christophe, comme il est marqué dans des provisions du 12 Février 1473, du 9 Décembre 1523, et autres. *Table de Blanchard.*

Dans le temps que Balleinvilliers fut érigé en Paroisse, vivoit à Paris un Chanoine de Notre-Dame appellé Philippe de Bretigny, lequel [influa peut-être à faire choisir Saint Philippe et Saint Jacques pour Patrons de la nouvelle Eglise, et] contribua apparemment à la construction. Il possédoit sur le territoire de ce Village plusieurs labourages et deux fiefs. Il fit présent de tout à l'Eglise de Notre-Dame. L'un des deux fiefs étoit tenu alors par Philippe de Coudray, Chevalier ; l'Eglise est peut-être sur celui-là : l'autre étoit en la possession d'Ansel de Balleinvillier, Chevalier, dont il est parlé ci-dessus. *Necr. Eccl. Par. 13 Jan.*

La nomination de la Cure de Balleinvilliers a suivi le sort de celle de Longjumeau, son Eglise matrice : aussi est-elle marquée à la pleine collation de l'Evêque de Paris dans le Pouillé écrit au douzième siécle ; elle y est ajoutée d'une main un peu plus nouvelle, en ces termes : *Ecclesia de Balenvillier quæ fuit decisa ab Ecclesia de Mongimel.* Les Pouillés des deux derniers siécles marquent pareillement la même nomination. Une copie du Pouillé de Pari écrite au seizième siécle a altéré le nom de la Cure de Balleinvillier en *Cura de Valle millari.* Cette Cure a été quelquefois unie à celle de Longjumeau pour la vie de certains Curés que les Evêques vouloient favoriser. C'est ainsi qu'elle fut conférée le 7 Juillet 1482, à Jean Mauger, Curé de Longjumeau. L'ancien *Cod. Reg. 5218* *Reg. Ep. Paris.*

revenu de celle-ci étoit de quarante livres, et celui de la Cure de Balcinvilliers étoit de vingt livres.

Au défaut de titres sur les anciens Seigneurs, je me contenterai de remarquer ce qu'on lit au Procès-verbal de la Coûtume de Paris de l'an 1580, que pour *la grande Maison de Balainvilliers qui est le second nom du fief des Boursiers*, comparut *Louis Galoppe, Avocat*.

C'est aujourd'hui M. Bernard, Payeur des rentes de l'Hôtel-de-Ville, qui est Seigneur de Balleinvilliers. Dans le Mercure de France 27 Novembre 1747, il est appelé Charles Bernard et qualifié Secrétaire du Roi : c'est à l'occasion du mariage de sa fille avec le Vicomte de Thianges.

VILLEBOUZIN qu'on écrivoit il y a cinq et six cents ans, Villebosein et Ville Boissein, est un hameau qui est presque entièrement de la Paroisse de Balleinvilliers. Les plus anciens Seigneurs connus de ce lieu s'appelloient Cocherel. Au douziéme siécle Holdearde, femme de Burchard Cocherel, donna au Sacristain du Prieuré de Longpont un muid de vin à prendre chaque année dans son clos de Villebosein. Au commencement du siécle suivant, Thibaud Cocherel se trouve nommé dans le Rôle des fiefs de Montlhery ; au moins Garin de Ver y est déclaré homme lige de Philippe-Auguste, à cause de la Terre de Thibaud Cocherel, appellée Ville Bousain. Voyez le reste à l'article de Longpont.

LE PLESSIS-SAINT-PERE n'étoit probablement en 1265 autre chose qu'un simple Château, puisqu'il fut assigné avec Villebouzin pour former la Paroisse de Balleinvilliers, sous le nom de *Plesseium Sancti Petri*. C'est à tort que dans les Cartes des environs de Paris il est écrit *le Plessis-Saint-Pair*, puisqu'il ne vient ni de *Plesseium Sancti Patris* ni de *Plesseium Sancti Paterni*. On doit sçavoir qu'il y a à Paris une rue dite de *Saint Pere*, à cause qu'il y a une ancienne Chapelle de Saint Pierre. Depuis qu'on a redressé au sortir de Longjumeau le grand chemin d'Orléans, il n'approche plus si près qu'autrefois de ce Plessis-Saint-Pere. La Croix qui a été plantée sur ce nouveau chemin vis-à-vis ce Château, s'appellant vulgairement la Croix-Saint-Jacques, fait que le peuple appelle souvent à présent ce Château rebâti à neuf le Château de la Croix-Saint-Jacques. Il appartient à Madame de Lambert. Cette Terre étoit en 1657 à Charles Brossamain.

Chart. Longip. fol. 55.

Rôle de Montlhery sous Philippe-Aug.

Chart. maj. Ep. Paris.

Perm. de Ch. domest. 19 Avr.

EPINAY-SUR-ORGE

Chacun des Archidiacres de Paris a dans son district un Village au moins du nom d'Epinay. Celui-ci est l'unique de ce nom dans l'Archidiaconné de Josais, et il est situé dans l'ancien Doyenné de Linais dit aujourd'hui de Montlhery. Je ne m'arrête point à l'origine de son nom qui lui est commune avec les autres Epinay de tout le Royaume, soit qu'on les ait dits *Spinoilum* en latin, ou *Spinetum*. La dénomination vient de ce que c'étoit un pays couvert d'épines et de broussailles avant qu'on l'ait cultivé. Les plus anciens titres où il est parlé d'Epinay-sur-Orge, l'appellent *Spinogilum*. Ils sont du huitième et du neuvième siècle. On en a formé *Spinoïlum* par le retranchement du *g*, et ensuite *Spinolium* par la transposition de deux lettres. Au douzième siècle les titres latins mettoient *Espinolium*. Ce qui fait voir que dans le langage vulgaire on a d'abord dit Espineuil ; d'où en retranchant la lettre *u* on a fait Espineil et ensuite Espinci, qui dans le treizième siècle fut rendu par *Spinetum*, au moins par le Pouillé.

Cette Paroisse est à quatre lieues et demie ou environ de Paris, sur le rivage gauche de la riviere d'Orge qui vient de Châtres, et sur le rivage droit de celle d'Ivette qui vient de Longjumeau ; ce qui fait qu'elle est presque tout entourée de vallons formés par la jonction de ces deux petites rivieres, et que les côteaux qui se sont trouvés dans une exposition favorable ont été plantés en vignes, malgré les rochers qu'on a rompus le plus qu'on a pu. Le Dénombrement de l'Election imprimé en 1709 y marquoit 80 feux. Le sieur Doisy, dans le sien imprimé en 1745, y en met vingt-quatre de plus en y comprenant peut-être la partie de Villiers-sur-Orge qui est de cette Paroisse. Le Dictionnaire Universel de la France, publié en 1726, marque à Epinay-sur-Orge 469 habitans, et à Villiers 90. Il fait un article séparé de ce lieu qui n'est point Paroisse, et qui n'est qu'un hameau, parce qu'il se conforme ordinairement aux Rôles de l'Election de Paris qui font aussi un article particulier du même Villiers et qui y comptent 25 feux. Mais il faut remarquer qu'il n'y a que la partie supérieure de ce hameau qui est de la Paroisse d'Epinay, le restant étant de celle de Longpont.

Voici ce que l'Abbaye de Saint-Germain-des-Prés possédoit à Epinay-sur-Orge au siècle de Charlemagne. Le Livre Censier qu'on croit rédigé sous l'Abbé Irminon, en fait une description qui apprend l'antiquité du vignoble, et qui semble insinuer que ce n'étoit qu'un pays de vignes, labourages, prés et bois. L'Auteur de ce Livre dit « que le Monastere y a une Maison Seigneuriale, « cent arpens de vigne qui pouvoient produire 850 muids de vin, « trente arpens de prés qui fournissoient cinquante charretées de « foin, un bois d'une lieue et demie de circuit, où l'on pouvoit « engraisser deux cents porcs : un moulin, et en autre revenu « soixante muids de bled. » Il ajoute qu'un nommé Ricbert en possédoit l'Eglise par forme de bénéfice; que cette Eglise étoit bien bâtie et fournie de tout, et qu'il y avoit une maison qui en dépendoit; et qu'enfin il y avoit au même lieu trente-deux maisons libres : *Mansi ingenuiles XXXII.*

<small>Cod. Irminon, fol. 25.</small>

L'Eglise dont il est parlé dans ce monument étoit peut-être la Paroisse de ce temps-là, qui auroit été sous le titre de Saint Leu ou Loup, Evêque de Sens, comme elle en est encore. Car il suffisoit alors pour la consécration d'un autel sous l'invocation d'un saint Evêque, d'avoir quelques morceaux de ses vêtemens. Depuis ce temps-là l'Eglise d'Epinay a été enrichie d'un doigt de Saint Loup son Patron, que l'on y conserve dans un reliquaire moderne. S. Gilles, Abbé, y est aussi honoré à cause que sa fête arrive le même jour que celle de Saint-Loup. Ce n'est point le même édifice que du temps de Charlemagne. Le chœur et l'aîle qui l'accompagne du côté du septentrion sont d'une bâtisse du treiziéme siécle, et d'égale élévation. La tour est du même côté. L'aîle méridionale qui accompagne la nef aussi-bien que le chœur est plus basse, et cependant est du même temps ou approchant. On voit dans le chœur la tombe d'un Prêtre, Curé du lieu, vers l'an 1450 ou 1500. Son nom est effacé; on y lit cependant encore ces mots : *oriundus de Monte acuto Laudunensis Diocesis.* Le Cartulaire du Prieuré de Longpont fournit le nom d'un autre Curé plus ancien de trois cents ans. Quelques possesseurs de dixmes en ayant gratifié ce Monastere vers l'an 1136, leurs femmes étant *apud Espinolium* approuverent ce don : *Testis, Victor Sacerdos de Espinolio.* Il est au reste un peu extraordinaire, s'il n'y avoit pas une Eglise et une Chapelle sous Charlemagne sur le territoire d'Epinay, que sous son successeur, l'Eglise que l'Abbaye de Saint-Germain y possédoit ne soit qualifiée que de Chapelle; car dans la Charte où sont marquées les terres que Hilduin, Abbé de ce Monastere, assigna pour les habits des Religieux, on lit *Spinogilum cum Capella,* et non pas *cum Ecclesia.* Au reste, des six exemplaires connus du Pouillé de Paris, celui du treiziéme siécle marque que la Cure d'Epinay au Doyenné de Linais est à la pleine collation Episcopale. On lit la même chose dans les Pouillés manuscrits du quinziéme et du seiziéme siécle. Ceux qui ont été imprimés en 1626 et 1648 y sont conformes. Le seul Pouillé de Le Pelletier imprimé avec une infinité de fautes en 1692, en attribue la nomi-

<small>Chart. Longip. fol. 5.</small>

<small>Hist. de S. Germ. Preuv. xv.</small>

nation à l'Abbé de Saint-Germain-des-Prés. Le même Village est nommé dans une Charte de Charles-le-Chauve de l'an 872 parmi les terres de cette même Abbaye. L'Ecrivain moderne qui en a donné l'Histoire, nous apprend au sujet des dixmes, qu'un Gentilhomme nommé Feric d'Oison en donna la cinquième partie à cette Maison, et lui en vendit les quatre autres pour le prix de cent quarante livres, en l'an.... On peut voir dans Du Breul la requête que cette même Abbaye présenta au Parlement vers l'an 1610, dans laquelle sont énoncées toutes les terres où elle a haute, moyenne et basse-Justice, entre lesquelles est nommé Espinoy-sur-Orge. Bouillard, Hist. S. Germ. p. 111. Du Breul, p. 249.

Mais l'Abbaye de Saint-Germain ne possédoit pas toute la terre d'Epinay-sur-Orge. Barnabé Brisson, Avocat-Général sous le regne d'Henri III, est qualifié Seigneur de ce lieu dans le Procès-verbal de la Coûtume de Paris de l'an 1580 (page 628). On lui donne la même qualité dans son épitaphe à Sainte-Croix de la Bretonnerie, près la porte du chœur qui conduit à la Sacristie. Chacun sçait qu'il étoit Président à mortier lorsqu'il fut arrêté par les plus opiniâtres de la faction des Seize de la Ville de Paris, qui le firent pendre le 15 Novembre 1591 à une des poutres d'une salle du Châtelet. Il avoit composé plusieurs ouvrages de Droit qui sont estimés.

L'Historien de l'Université de Paris a eu occasion de faire mention d'Epinay-sur-Orge au commencement du quatorzième siècle. Un Professeur nommé Simon de Messene avoit été tué en 1298. Sur les plaintes de l'Université, le Roi Philippe-le-Bel condamna les auteurs du meurtre à une amende considérable, et voulut que de la somme qui fut payée on achetât un fond pour l'entretien de quatre Chapelains qui prieroient Dieu pour le repos de l'âme du Professeur. L'Université acheta à cet effet de Guillaume de l'Orme, Ecuyer, un manoir, un moulin, des terres et d'autres revenus situés dans la partie du hameau de Vaux qui étoit de la Paroisse d'Epinay-sur-Orge, et sur un terrain relevant du Roi à cause de Montlhery, le tout pour la somme de mille livres, qui reviendroit aujourd'hui à celle de dix-sept mille livres. Mais comme il eût été embarrassant à l'Université de faire valoir ces biens de campagne, elle en fit la cession au Roi, qui, réduisant ces Chapelains à trois, ordonna par ses Lettres du mois de Mars 1301 que chacun d'eux recevroit vingt livres par an sur le Châtelet de Paris. On voit par-là qu'alors vingt livres de rente suffisoient pour l'entretien d'un Prêtre durant un an. Hist. Univ. Par. T. III, p. 542. Lib. rub. Cam. comput.

PETIT-VAUX. Le lieu de Vaux nommé ci-dessus s'appelle aujourd'hui le Petit-Vaux, à la différence du Grand-Vaux qui est de la Paroisse de Savigny. Ils sont séparés l'un de l'autre par la riviere d'Ivette, proche l'endroit où elle se jette dans l'Orge.

BREUIL. Les autres lieux dépendans d'Epinay-sur-Orge sont Breuil, qui signifie petit bois. C'est apparemment en cet endroit qu'étoit au huitième siécle le bois de l'Abbaye de Saint-Germain dont j'ai parlé plus haut. C'est en ce lieu qu'étoit la Maison de M. le Président Brisson, et où Denise de Vigny, sa veuve, demeuroit encore en l'an 1605. Une partie de ce hameau de Breuil est désignée dans les Registres de l'Archevêché de 1653 sous le nom de la Gilquiere ou Gilquiniere, lorsqu'il est dit que René Davy, Seigneur de la Faustriere, fils du Maître des Requêtes, et Renée Davy, femme de Jean le Maître, Conseiller au Parlement, y étoient retirés. On trouve dans les Affiches de Septembre 1756, que la Terre de la Gilquiniere étoit alors à vendre.

Une partie de VILLIERS-SUR-ORGE. J'ai déjà observé que ce dernier hameau est de deux Paroisses : c'est apparemment ce qui a été cause qu'il fait une Communauté en particulier pour la levée des tailles. Deux ou trois Messieurs le Picart, Auditeurs des Comptes, y ont eu successivement leur maison de campagne dans le dernier siécle.

Regist. du Parl. En 1690, le 9 Janvier, furent enregistrées en Parlement les Lettres-Patentes en faveur de Jean Quentin, premier Barbier et Valet de Chambre du Roi, par lesquelles le Roi lui donne les droits de haute-Justice en cette Terre de Villiers-sur-Orge, qui releve de la Tour et Prévôté de Montlhery.

Reg. Ep. Paris. CHARENTRU ou Chalentru est un hameau d'Epinay où François du Jardin, Secrétaire du Roi, avoit sa maison en 1609.

Hist. de la Chancell. p. 333. L'Histoire de la Chancellerie en a fait mention à l'an 1621 à l'occasion des droits d'exemption pour son vin dans lesquels on avoit voulu le troubler.

Le PETIT BALISY dépend aussi de la Paroisse d'Epinay.

A l'égard de ce qui n'appartient point à l'Abbaye de Saint-Germain dans Epinay, c'est M. le Comte du Luc qui en est Seigneur.

Il y a un Pont au bas de ce Village sur la riviere d'Orge, vis-à-vis la Paroisse de Ville-Moisson. Il est partagé par plusieurs isles.

S'il faut trouver quelque Illustre qui ait honoré la Paroisse d'Epinay-sur-Orge par sa demeure, il n'y a qu'à faire attention au Président Brisson si connu dans l'Histoire de France, lequel avoit choisi Breuil sur cette Paroisse pour le lieu de son délassement, s'il est vrai qu'il n'y ait point composé d'ouvrages.

En fait d'Ecrivain ou d'Auteur on n'en peut gueres trouver de plus laborieux que M. Dandré, actuellement Curé de cette Paroisse, qui a composé une Concorde de l'Ancien et du Nouveau Testament en latin, laquelle forme un volume *in-folio*.

LONGPONT

Il existoit un Bourg du nom de Longpont dans le Diocése de Paris, avant qu'on eût introduit des Religieux dans ce lieu. C'est de quoi on ne peut douter lorsqu'on fait attention que Geoffroy, Evêque de Paris, commence ainsi la Charte en vertu de laquelle ils y sont venus : « Nous voulons, dit-il, qu'il soit sçu qu'un de « nos Chevaliers, nommé Guy, nous est venu trouver pour nous « prier de donner l'Eglise située dans le Bourg appellé Longpont, « fondée et dédiée en l'honneur de la Sainte Vierge, à des Moines « qui y serviroient Dieu selon la Regle de Saint Benoît, et cela « pour le repos de son ame, et des ames de ses prédécesseurs et des « nôtres. » Quoique donc nous n'ayons point d'autre monument qui indique l'antiquité du Village de Longpont, ces Lettres Episcopales ne peuvent être contredites. Elles sont d'environ l'an 1061.

Ce titre sert aussi à nous rendre certains que le Bourg étoit situé à l'endroit où est le Prieuré avec les maisons adjacentes, sçavoir à l'orient d'été de Montlhery et à demi-lieue de la Ville. Il faut chercher ailleurs pourquoi il portoit le nom de Longpont, et l'étendue dont étoit le territoire qui formoit la Paroisse, soit qu'on l'eût d'abord appellée de ce nom-là ou d'un autre.

Quant au nom de Longpont, il vient sans doute d'une longue chaussée qui y a été, et sur les arcades de laquelle on passoit la riviere d'Orge ; ou peut-être même vient-il de celle qu'on y passe encore aujourd'hui en arrivant du côté de Launay. L'Abbaye de Longpont proche Soissons a eu depuis ce temps-là une étymologie fondée sur une raison à peu près semblable.

Pour ce qui est de l'étendue du territoire de la Paroisse, rien n'empêche de croire qu'il étoit primitivement aussi grand qu'il est de nos jours, c'est-à-dire qu'il comprenoit tout le terrain où se trouvent Guéperreux, l'Ormoy, Groteau qui étoit autrefois un hameau, avec le moulin Basset, le village de Longpont, le Mesnil, le Château de Villebousin et la moitié de Villiers, étendue qui va du midi au septentrion : mais il faut observer une chose importante sur Guéperreux ; sçavoir que ce Village avoit été donné dès l'an 997 par le Roi Robert, encore tout jeune, à l'Abbaye de Saint-Barthelemi et de Saint-Magloire située à Paris proche le Palais : et comme d'ordinaire les Abbayes entrant en possession d'une nouvelle Terre y érigeoient une Chapelle du titre patronal de l'Abbaye, ce fut vraisemblablement cette Chapelle de Saint Barthelemi de Guéperreux qui servoit de Paroisse aux habitans de ce vallon sur le rivage gauche de la riviere d'Orge. Mais depuis

Hist. Eccl. Par. T. I, p. 636.

la construction d'un Prieuré à Longpont, et surtout depuis qu'on y eut bâti une vaste Eglise, le collatéral septentrional du chœur fut destiné à servir de Paroisse sous le titre de Saint Barthelemi, non-seulement aux paysans de Longpont et à ceux de Guéperreux qui étoient déjà sous la protection du saint Apôtre, mais encore aux habitans des autres lieux ci-dessus nommés. Telle est, selon moi, l'origine du titre Paroissial dans l'Eglise Priorale de Longpont ; je le crois emprunté de l'Oratoire de Saint Barthelemi de Guéperreux, lequel cessa de subsister lorsque l'Abbaye de Saint-Barthelemi et Saint-Magloire échangea ou vendit Guéperreux. La possession de cette Terre lui avoit été confirmée par le Roi Henri nouvellement monté sur le Trône vers l'an 1032, en la personne de l'Abbé Renaud, et par des Lettres de Louis VII de l'an 1152. Mais ou ce Monastere s'en défit sous Philippe-Auguste, ou bien ce Prince voulut y rentrer en donnant d'autres biens, afin d'en disposer en faveur de quelques Chevaliers. Ce qui est certain, c'est que sur la fin de son regne, lorsqu'on dressa un Registre des vassaux de Montlhery, on y inscrivit un nommé Thomas *Bibens* en qualité d'homme lige du Roi pour Guéperreux et Boisluisant (*De Vado petroso et de Nemore lucenti*). Le Monastere de Longpont avoit aussi eu dès la fin du XV siécle quelques biens à Guéperreux (*Apud Guadum petrosum*), mais rien de domanial ; Foulques, Seigneur *de Buno,* lui avoit légué en mourant deux hôtes ; et une Dame, appellée Aveline, lui avoit donné des prés. Lorsque l'Abbé Chastelain, Chanoine de Notre-Dame, vint à Longpont l'an 1694, on lui assura que proche la fontaine Dame-Hodierne il y avoit eu du temps de Charlemagne un Monastere de Filles dont il reste encore des ruines sous terre. Mais j'entrevois de l'erreur de deux côtés dans ce sentiment. On a mis Dame Hodierne pour une Religieuse, tandis que c'étoit la femme de Guy de Montlhery au milieu du XI siécle. Et c'est ce qui a déterminé à croire que l'Oratoire ou la petite Celle des Moines de Saint-Barthelemi de Paris assez voisine de cette fontaine, et qui tout au plus tôt fut bâtie à la fin du X siécle, avoit été un Monastere de Filles dès le commencement du neuviéme.

On ne connoît plus aujourd'hui GROTEAU que comme un moulin situé sur la riviere d'Orge à l'Orient de Longpont, lequel fut donné au Prieuré par Guy, Seigneur de Montlhery, lorsqu'il s'y fit Religieux, et donné de nouveau par Milon de Montlhery lorsqu'il partit pour la Terre-Sainte, à quoi il faut joindre le legs que fit pareillement Aymon *de Donione* lorsqu'il se rendit Moine, de ce qu'il pouvoit y avoir de droit. Mais il est prouvé d'ailleurs que c'étoit au XIII siécle un hameau. Hugues Basset y avoit deux hôtes, c'est-à-dire deux feux ou ménages, qu'il céda au Prieuré, en même temps que sa Terre de Ménil de la Paroisse de Saint-Filbert de Bretigny. Groteau formoit un territoire, et c'étoit par rapport aux biens que Robert de Varennes y possédoit vers l'an 1230, qu'il fut déclaré homme lige du Roi. On disoit alors en latin *Groëtellum*, et on écrivoit en françois Grotel.

MÉNIL, différent du précédent, étoit aussi un hameau dès le XII siécle, puisqu'il y avoit plusieurs feux ou ménages, ainsi qu'aujourd'hui ; c'est ce que nous apprenons par le Cartulaire de Longpont, qui marque qu'une nommée Doda, femme de Hugues, donna au Prieuré deux hôtes de ce lieu *Duos hospites apud Ménil*. Il appartient aujourd'hui à ce même Prieuré par échange contre la Terre de Ver. Un ancien Registre de l'Evêché dit que Ménil est de la Paroisse de Longjumeau. Il en est très-voisin. Le Ménil est aujourd'hui de la Paroisse de Saint-Philibert. Il y a dans la dépendance de Longpont un autre hameau appellé le Ménil. *Chart. Longip. fol. 23.*
Reg. Ep. 1531. 3 Jul.

En 1593 vivoit Robert Pislon, Seigneur du Ménil et Villebouzin. Il fit échange en cette année avec le College des Bons-Enfans, rue St-Victor, et celui de St-Nicolas du Louvre, de tout ce qu'ils possédoient au Ménil, Boulay et Fontenelles, pour d'autres héritages. *Reg. Ep. Paris.*

VILLIERS-SUR-ORGE est un hameau plus considérable que bien des Villages, puisqu'il renferme 25 feux, suivant les Dénombremens de l'Election de Paris ; mais il n'y a que la moitié de ce nombre qui soit de la Paroisse de Longpont, l'autre est de celle d'Epinay. C'est dans la partie dépendante de la Paroisse de Longpont que se trouve une Chapelle du titre de Saint Claude. Il y a dans la nef de l'Eglise du Prieuré de Longpont la tombe d'une Dame appellée Tiphaine de Villiers, que les caracteres gothiques capitaux indiquent être morte vers l'an 1300. Au commencement du siécle dernier Jean-Jacques le Maître, Auditeur des Comptes, avoit sa maison en ce lieu ; et sur la fin du même siécle le Comte de Bagliani, Envoyé extraordinaire de Mantoue, y résidoit avec son épouse. La maison de ce dernier appartient aujourd'hui à M. Verdelin ; il y a de très-belles eaux. On assure que la Seigneurie a appartenu au Lieutenant Civil d'Aubray, et ensuite à la Marquise de Brinvilliers, sa fille. On ajoute même que c'étoit là qu'elle composoit ses poisons. *Ibid. 14 Oct. 1611.*
Ibid. 19 Jul. 1698.

Une partie du hameau de VILLEBOUSAIN est aussi comprise dans l'étendue de la Paroisse de Longpont, le Château principalement qui est neuf et accompagné d'un paysage très-verdoyant. Il y a un vignoble assez considérable. Holdearde, femme de Burchard Cocherel, donna dans le XII siécle au Sacristain du Prieuré de Longpont un muid de vin par an *in clauso suo apud Villebosein*. Jean Griffon, Maître d'Hôtel du Roi, en étoit Seigneur en 1625, auquel Charles de Balzac, Evêque de Noyon, le nomma pour l'un *Chart. Longip. fol. 55.*
Reg. Arch. Par. 9 Febr. 1698.

des exécuteurs de son testament. A la fin du même siècle le Château appartenoit au Comte de Montgomery; depuis à un M. Labbé, intéressé dans les Fermes du Roi, et maintenant à M. Bernard, Sousfermier, du chef de sa femme.

Il faut aussi comprendre parmi les anciens lieux de la Paroisse de Longpont, ce qu'on appelle aujourd'hui L'ORMOY et qui appartient à M. l'Abbé Pajot, Conseiller en Parlement, car ce lieu ne peut être que ce qui est désigné dans le Cartulaire de Longpont sous le nom de *Petra Ormessa*, aussi-bien que dans le Registre de Philippe-Auguste. Vers l'an 1140, Geoffroy de Chevanville donna à ce Prieuré quelques arpens de terre en la personne du Prieur Henri; ils sont dits situés *juxta Petram Ormesiam*, et Robert de Varennes fut déclaré être homme lige du Roi pour ce qu'il avoit *apud Grotel et apud Petram Ormesiam*. Dans le dernier siècle, M. le Gendre, Procureur Général du Parlement de Metz et ensuite Maître des Requêtes, y a fait sa résidence.

Chart. Longip. fol. 12.

Reg. Ph. Aug. de Monte Leheri.

Reg. Arch. Par. 12 Ap. 1664, 26 Mart. 1697.

BASSET a aussi été le nom d'un certain espace de terrain sur la Paroisse de Longpont, lequel s'est conservé dans un moulin. Ce nom étoit celui des anciens possesseurs. L'un des plus remarquables a été, au XII siècle, un Seigneur appellé *Milo Bassetus*, du fief duquel relevoient les terres situées ci-dessus *juxta Petram Ormesiam*. On tient aussi plus haut que Hugues Basset donna dans le même siècle à l'Eglise de Longpont deux hôtes à Groteau. Selon un titre chez Sauval, le moulin Basset appartenoit vers l'an 1430 à Thomas de Bretigny, Chevalier. En 1706, l'Abbé Pajot, Conseiller au Parlement, Seigneur de Saint-Michel-sur-Orge, obtint de la Gruerie de Montlhery la permission de faire construire un pont de pierre sur l'Orge entre ces deux moulins de Basset et Groteau, pour faciliter le moyen d'aller de Montlhery à Saint-Michel, attendu que le pont de bois étoit rompu et n'avoit pu servir qu'aux gens de pied.

Chart. Longip. fol. 15.

Ibid., fol. 26.

Sauval, T. III, p. 566.

Factum de 1730 sur la Pêche de l'Orge, chez La Tour.

LYSIU étoit au douziéme siècle un canton de terrain sur la Paroisse de Longpont qui relevoit du fief de Baudoin de Clacy. Ce que les Religieux du Prieuré y ont possédé leur fut donné au même siècle par Hugues de Champigny, lorsqu'il prit leur habit, et par Amaulry, fils de Thibaud *de Mura*. Le Pere Du Bois a changé le nom de Lysiu en *Lisinium*.

Chart. Longip. fol. 22.

Ibid. fol. 21 et 22.

Hist. Eccl. Par. T. I, p. 688.

Ce qu'on appelle proprement LONGPONT, est ce qui diffère de tous les écarts ci-dessus nommés, et qui se trouve environ dans le centre. Les maisons qui y sont bâties conjointement avec celles des hameaux et autres écarts, formoient en 1709, lors de l'édition du Dénombrement de l'Election de Paris, 120 feux. Le Dénombrement du Royaume imprimé en 1745, y en marque 109. Le Dictionnaire Universel Géographique de la France faisoit monter en 1726 le nombre des habitans de toute la Paroisse de Longpont, à 496. Longpont strictement pris pour le canton de l'ancien Bourg de ce nom, n'a point de Justice particuliere, il est de la Prévôté Royale de Montlhery. Louis VII y établit en 1142 une Foire qui devoit durer depuis la veille de la Nativité de la Vierge jusqu'à l'Octave ; et même il ordonne que le marché de Montlhery qui arriveroit durant cette Octave y fût transféré et fût tenu comme un jour de Foire. En 1334, on examina en Parlement si ce droit appartenoit aux Religieux de Longpont. *Gall. Chr. nova, T. VII, col. 556. Reg. Parl.*

Dans un Mémoire imprimé en 1730, l'Auteur, après avoir avancé que les Religieux n'ont aucune Justice à Longpont, mais qu'elle est exercée par les Officiers de Montlhery, ajoute que c'est de ces Officiers que les Religieux prennent même la permission de louer leur jeu de quilles le jour de leur Fête ; que le Prieuré de Longpont n'est pas de fondation Royale, mais qu'il a été fondé par Guillaume, Evêque de Paris, simple propriétaire de Longpont. Cet Auteur peut avoir dit la vérité dans ce qui est moderne, mais il paroît s'être trompé sur le fondateur du Monastere. C'est ce dont on pourra juger par ce qui va être dit. *Factum ci-dess.*

PRIEURÉ DE LONGPONT

Geoffroy, Evêque de Paris, est celui dont une Charte nous apprend ce que nous sçavons sur les origines du Prieuré de Longpont. Ce Prélat y dit que Guy, l'un de ses Chevaliers, est venu le trouver, le requérant humblement qu'il voulût bien donner à des Religieux de l'Ordre de Saint Benoît l'Eglise fondée et dédiée sous le titre de la Sainte Vierge dans le Bourg de Longpont, à condition que tous les droits et devoirs à acquitter envers lui et envers l'Eglise de Paris resteroient dans leur premiere vigueur ; qu'il accorda en effet à Guy sa demande, et que les Moines de Cluny y furent appellés et introduits du consentement de l'Archidiacre Joscelin, à la visite duquel cette Eglise appartenoit comme étant dans son district, et aussi de l'avis des Clercs et Laïques que cela pouvoit intéresser. Il finit en confirmant les dons que ce Chevalier pouvoit avoir déja faits à cette Eglise, ou qu'il y feroit par la suite. Voilà toute la part que l'Evêque de Paris a eue à la fondation du Prieuré de Longpont ; mais sûrement ce Prélat s'appelloit Geoffroy, et non pas Guillaume, c'est le nom de celui qui fut son successeur. Le Chevalier Guy étoit fils de Thibaud File-Etoupes, fondateur du Château de Montlhery. Son épouse Hodierne, n'est nommée que dans des Chartes par lesquelles ils accordent conjointement quelques biens ou quelques avantages aux Religieux ou à leurs hommes, et dans un Mémoire *Hist. Eccl. Par. T. I, p. 687.*

Gall. Chr. nova, du temps ou environ qui marque qu'elle alla elle-même à Cluny
T. VII, col. 553. pour obtenir de l'Abbé certain nombre de Moines, et qu'elle fit
présent à l'Abbaye d'un calice d'or de trente onces et d'une chasuble précieuse. Ce fondateur est appellé ordinairement Guy de Montlhery pour le distinguer de Guy Troussel, son petit-fils. La femme de ce Guy Ier, passe aussi communément pour fondatrice du Prieuré, comme ayant approuvé tout ce que son mari avoit ordonné là-dessus.

On dit que suivant l'institution il devoit y avoir en ce Monastere vingt-deux Religieux ; le nombre a même depuis été au-delà et a monté jusqu'à trente. Ils devoient célébrer chaque jour trois Messes hautes et une Messe basse, et faire des aumônes trois fois la semaine, mais par la suite du temps ces fondations ont été réduites. Les Chanoines de Montlhery, sous le titre de Saint Pierre, lesquels paroissent avoir été fondés avant le Prieuré de Longpont, y furent réunis dès le milieu du douziéme siécle, ce qui augmenta le revenu du Monastere. Avant cette réunion, ces Chanoines fraternisoient avec les Moines, et venoient assister à leur Office le jour de la Notre-Dame de la mi-Août (*Mediante Augusto*) ; ce qui fut une semence de procès, ainsi qu'on a vu ci-dessus.

L'Eglise de ce Prieuré est fort grande et bâtie de structure carlovingiaque, ainsi que parloit M. l'Abbé Chastelain [1], mais sans galleries. On y descend du côté de la grande porte un grand nombre de degrés pris au dedans de l'Eglise, n'y ayant au-delà qu'une augive, et à côté gauche de l'entrée une grosse tour basse. Le chœur est au milieu de la croisée. Hodierne, femme du fondateur, fut inhumée d'abord dans le cimetiere devant la grande porte. Dans le siécle dernier, Michel le Masle, Seigneur des Roches,
Reg. Arch. Par. Prieur Commendataire, à qui il fut permis de transporter les
4 Juin 1641. tombes effigiées de la nef et de démolir les autels pour la décoration du chœur, fit transférer son corps devant le grand-autel ; on lit ce qui suit sur la tombe qui le couvre : *Audiernæ inclytæ Comitissæ Herici montis Sacrarum harum ædium fundatricis ossa sub dio jacentia ab anno millesimo, pro Michaelis le Masle Domini des Roches hujusce domus Prioris studio huc translata fuere anno 1651 die ultima mensis Augusti*. On doit regarder dans cette inscription *Audiernæ* comme une faute du graveur qui auroit dû écrire *Hodiernæ* comme le portent les titres. Le peuple des environs a une telle dévotion pour cette Sainte Dame, qu'il ne la connoît que sous le nom de Sainte Hodierne. On m'a assuré

---

1. Il appelloit ainsi un genre de bâtisse qu'il disoit avoir commencé sur le déclin de la seconde race de nos Rois, et avoit duré jusqu'au douziéme siécle ou environ.

qu'on y demandoit des Messes en son honneur. J'ai parlé ci-dessus de la fontaine qui porte son nom. Il faut croire que ce fut elle qui avoit demandé d'être enterrée hors l'Eglise. Guy de Montlhery, son époux, se fit Religieux de Longpont après sa mort, et fut inhumé dans l'aîle droite de la nef. On y voit encore sa tombe qui formoit il n'y a pas long-temps une espece de sépulture isolée et élevée d'environ deux pieds ; elle est maintenant au niveau des carreaux de terre dont l'Eglise est carrelée. Les autres tombes sont en divers lieux. Dans la nef s'en voit une sur laquelle est figuré un Diacre dont le nom gravé en gothique capital est *Guido de Carolico*. Cette inscription est du quatorziéme siécle. On y voit pareillement sur une autre du même siécle, le nom de Tiphaine de Villiers, Dame; plus, la tombe de *Jehan Laumonier, Docteur en Décret, Curé de céans*, et celle de sa mere. Ces tombes sont beaucoup plus nouvelles et sont gravées en gothique minuscule. Au fond de l'aîle gauche ou septentrionale, autour d'une tombe qui représente un Prêtre en habits sacerdotaux, se lisent encore ces mots gravés en gothique capital : *Hic jacet Frater Odo de Brecis Monachus Cluniac.... M. CCX. cujus anima requiescat in pace.* Il y a eu dans le douziéme siécle quantité de Seigneurs, Chevaliers ou Ecuyers bienfaiteurs, qui ont eu leur sépulture à Longpont, ainsi qu'il paroît par le Cartulaire de ce temps-là ; mais on n'en voit plus rien, et apparemment que la plupart furent inhumés dans le Chapitre des Moines ou dans le côté du cloître qui y conduisoit, et le mauvais état où les guerres avoient réduit ces édifices en ont fait perdre les vestiges. Il faut mettre dans ce nombre Burchard de Savigny qui est qualifié *Famosissimæ indolis Miles*, et Evrard, dit *Miles de Plessiaco*, qui fut inhumé le 27 Mars. Mais l'un des plus célébres fut incontestablement Milon, troisiéme fils de Milon, le grand Seigneur de Montlhery, et par conséquent petit-fils de Guy, fondateur de Longpont. La Chronique de Morigny, écrite au douziéme siécle, a marqué qu'après que son cousin Hugues de Crecy l'eut fait étrangler en prison et jetter par la fenêtre, il fut transporté au Monastere de Longpont, où il reçut la sépulture dans le cloître très-honorablement, en présence du Roi Louis VI qui étoit accouru de Paris à l'endroit du meurtre [1], pour voir le cadavre. L'Auteur l'appelle *Milonem de Monte Liherico optimæ indolis et strenuissimum in armis juvenem.* Comme il y a d'autres circonstances sur cet enterrement dans le Cartulaire du Prieuré, j'en rapporterai ici la teneur, d'autant plus qu'on s'y exprime à peu près comme on feroit de nos jours dans

Chart. Longip. fol. 5 et 29.

Chr. Maurin. Duchêne, T. IV, p. 365 et 366.

---

1. Le Chroniqueur de Morigny n'avoit point de terme latin pour exprimer le genre de cette mort, et se contente de dire *abominabili genere mortis quod vulgo* murt *vocatur.*

un Registre mortuaire, ou bien dans un Nécrologe où l'on marque les bienfaiteurs. En voici les termes : *Milo Milonis filius, Guidonis Trosselli frater, ab Hugone de Crecio malè captus apud Castellumforte dat in præsentia Henrici Prioris quod habebat apud Longumpontem, et medietatem culturarum suarum, seipsum etiam si moreretur. Post aliquantulum vero temporis idem Milo tam crudeli inauditáque morte apud Castellumforte occisus, et à Priore Henrico apud Longipontem allatus in præsentia Ludovici Regis et Girberti Parisiensis Episcopi et Bernerii Decani et Stephani Archidiaconi et aliorum honorificè sepultus est. Quo audito Rainaldus frater ejus tristis mœstusque à Trecastina civitate cum nepotibus suis, et Manasse Vicecomite Senonensi, venit ad Longumpontem videre fratris sui sepulturam, ibique fusis lachrymis ad altare S. Petri pro ejus anima Missam cantari fecit. Eodem die rediens ad Castrum Montis Letherici in domum Duranni Præpositi, donum quod fecerat Milo concessit..... Testes Manasse de Villamor, Symon de Breis, Guido de Dampetra, Tevinus de Forgiis, Thomas de Bruerûs, Rogerius qui vocatur Paganus de Sancto Ionio, Buchardus de Vallegrinosa, Thomas de Castroforti.* Duchêne qui parle de ce meurtre et de cet enterrement dans l'Histoire de la Maison de Montmorency, a marqué plus de présens à l'inhumation de Milon qu'il n'y en avoit. Il a mis dans ce nombre ceux qui ne vinrent de Troyes et de la Champagne que plusieurs jours après les funérailles, et même les Chevaliers du voisinage, que l'acte ci-dessus déclare simplement témoins de la ratification que Rainaud, après son arrivée, fit chez Duran, Prévôt de Montlhery, de biens légués aux Religieux par défunt son frere.

La desserte de la Paroisse de Longpont se fait dans une Chapelle de la même Eglise située dans le croison septentrional à côté du chœur. Cette Paroisse, qui est sous le titre de Saint Barthelemi, ainsi que je l'ai déja dit, a sa chaise particuliere pour le Curé qui y chante la grande Messe, y fait le Prône, etc. Mais on m'a assuré qu'on n'y chante point de Vêpres, celles du chœur servent pour les Paroissiens. Les anciens Prieurs y nommoient autrefois pour Curé un Prêtre séculier qu'on qualifioit de Chapelain. Le Cartulaire fait mention au douziéme siécle d'un nommé Hardouin, qui fut témoin dans un accord sur une vigne proche Guéperreux sous la qualité de *Capellanus S. Mariæ de Longoponte*. Jean Laumonier qualifié ci-dessus Curé de la même Eglise, paroît avoir été dans le même cas, mais beaucoup plus tard. Maintenant les fonctions de Curé sont acquittées par un Religieux choisi par le Chapitre de la Maison et approuvé par l'Archevêque.

L'Eglise de Longpont n'est point renommée par ses reliques. Le corps de la pieuse Dame Hodierne en eût été une insigne, si elle avoit été reconnue sainte par l'Ordinaire et canonisée. On apprend par le Cartulaire que, vers l'an 1093, il y avoit deux petits reliquaires qu'on appelloit *les phylacteres de la sainte Vierge Marie*. Ils servirent en ce temps-là à la cérémonie de la donation qui fut faite au Monastere, de l'Eglise Paroissiale de Saint-Denis de Bondoufle. Une autre espece de reliques étoient la coupe ou tasse de Saint Macaire, appellée dans le Cartulaire *Scifus S. Macarii*. Ce vase conservé autrefois à la Sacristie, servit trois fois à la cérémonie de l'investiture de différens biens donnés au Prieuré vers le commencement du douziéme siécle. On lit, par exemple, qu'après que Dame Hersende eut cédé ce qu'elle avoit dans l'Eglise et dans les dixmes de Saint-Michel-sur-Orge, Vulgrain son mari et Gud de Lynais son frere, en investirent le Monastere de Longpont en plaçant sur l'autel la coupe de Saint Macaire, dans laquelle apparemment étoit l'acte de la donation : *Istam donationem per scifum sancti Macarii super altare S. Mariæ posuerunt*. L'investiture des terres de Lysiu, voisines du Monastere et de celle de Bractel, fut faite pareillement *per scifum sancti Macarii*. A la simple lecture du catalogue des Prieurs de Longpont contenu dans le nouveau *Gallia Christiana*, on pourroit croire que cette coupe ne porteroit le nom de Saint Macaire que parce qu'elle avoit servi à un Prieur du lieu nommé Macaire, qui gouverna l'an 1141 ou 1142, qui fut ensuite Abbé de Morigny, puis de Fleury-sur-Loire, et mourut en 1162. Mais ce qui s'oppose à cela, est 1°, que cet Abbé ou Prieur Macaire n'a jamais été regardé comme Saint ; 2° que les trois investitures mentionnées ci-dessus, ont été faites dans des temps où Macaire étoit très-jeune, et bien avant qu'il fût fait Prieur. Comme donc on lit constamment partout *per scifum sancti Macarii*, il faut croire que quelques-uns des Chevaliers croisés du temps de Godefroy de Bouillon avoient apporté de la Palestine ou de l'Egypte cette coupe de Saint Macaire-le-Grand ou l'Egyptien, qui auroit été donnée à l'Eglise de Longpont, de même que ce qui a été apporté de ses ossemens en France a été remis à l'Eglise Métropolitaine de Sens où on les conserve. Comme l'Eglise de Longpont étoit l'objet d'un pélerinage au-treiziéme siécle, il y a apparence que son trésor n'étoit pas dépourvu de reliquaires. On lit dans les Miracles de Saint Louis un petit trait qui suppose l'existence de ce pélerinage. Un homme d'Athies perclus d'une jambe fit vœu à Notre-Dame de Longpont, éloignée de deux lieues de son domicile d'Athies, et y fut mené pour demander sa guérison. Ne l'obtenant point, on lui suggéra de se faire porter à Saint-Denis, au tombeau de Saint Louis mort depuis peu. Il y fut mené et il fut guéri. Les Bollandistes qui ont traduit en latin ce Recueil de miracles qu'un

Cordelier du temps de Philippe-le-Hardi avoit écrit en françois, font une note à cette occasion, pour dire que ce Longpont est une Abbaye du Diocése de Soissons ; et qu'il faut conclure de-là qu'il doit y avoir un Village du nom d'Athies au bout du Diocése de Paris, du côté qui mene au Soissonnois, où cependant ils avouent qu'ils n'en trouvent point. Voilà une de ces erreurs topographiques que cause le défaut de Description des Diocéses. Le Pere Stilling a pris l'Abbaye de Longpont à trois lieues de Soissons, Ordre de Citeaux, pour le Prieuré du Diocése de Paris.

On ne peut mieux donner à connoître à quoi se montoient les biens, tant Eglises que dixmes et autres revenus que le Monastere de Longpont posséda avant que le premier siécle depuis sa fondation fût révolu, qu'en rapportant ici l'état des possessions que les Religieux se firent confirmer par le Pape Eugene III en 1151. Je ne ferai que traduire le latin de la Bulle sans ajouter d'où lui venoient ces biens, parce que je le dis sur chaque Paroisse : dans l'Evêché de Paris, le village de Longpont avec la dixme et l'*atrium*; la Chapelle (*Capellam*) de Saint-Julien située à Paris proche le petit Pont avec la sépulture ; l'Eglise de Forges avec la dixme et l'*atrium*; l'Eglise d'Orcey de même; l'Eglise de Pequeuse de même; l'Eglise de Champlant avec l'*atrium*, le tiers de la dixme et un demi-muid; l'Eglise de Bondoufle avec la dixme et l'*atrium*; l'Eglise d'Orengi de même ; l'Eglise de Nozay avec la dixme ; les dixmes de Montlhery ; la moitié de la dixme de Viry ; les dixmes de Jouy; la moitié des dixmes de Mont-Clin; la moitié des dixmes de Savigny; le quart de la dixme de Saint-Merry, (s'entend de Linois) les dixmes de Savigny et du Plessis ; le quart des dixmes de Villabé; le village de Savigny ; le village de Ver et la sixiéme partie des dixmes ; la moitié du village dit *Soliniacum* [1] avec la moitié des dixmes; la moitié du village de Champlant ; dans les villages de Vide et de Fresnes le tiers des dixmes et le trait toutes les troisiémes années. Selon l'un des Cartulaires du Prieuré, l'Eglise de Saint-Julien de Paris, dite de Saint-Julien-le-Pauvre, étoit du nombre des huit qui avoient été demandées par les Religieux à l'Evêque de Paris et qui leur furent accordées en l'an 1125 par l'Evêque Etienne dit de Senlis : et Du Breul dit d'après un Papier Terrier, que c'étoit Etienne de Vitry, Chevalier, qui leur en avoit donné la moitié en conséquence d'un vœu qu'il avoit fait sur mer. La Bulle ci-dessus ajoute d'autres biens situés aux Diocéses de Sens, de Chartres.

Terre de Longp. chez Du Breul p. 220.

Outre la dixme et censive à Longpont, le Monastere y a encore le droit de pressoir bannal.

1. J'ignore quel est ce *Soliniacum*, à moins que ce ne soit Marolles qui est à deux lieues de Longpont du côté du midi, et où le Prieuré a une dixme.

Presque dans tous les temps, ce Prieuré a été possédé par de grands Personnages. Plusieurs Prieurs Réguliers sont devenus Evêques, tels que Guillaume de Chanac, qui après l'avoir été sous le regne du Roi Jean et ensuite Abbé de Vezelay et autres Monasteres, fut fait Evêque de Chartres, puis de Mende, et enfin Cardinal; Foulques de Chanac, son frere, lequel lui succéda et fut élevé au siége d'Orléans vers l'an 1383. L'imprimeur du *Gallia Christiana* a désigné leurs noms dans le Catalogue des Prieurs de Longpont, en les appellant *Guillelmus de Chamaïo, Fulco de Chamaïo*. Ils étoient parens des deux Chanac, qui dans le même siécle ont gouverné l'Eglise de Paris. Du Tillet dit que le Prieur de Longpont fut présent à l'Arrêt donné pour Mafrede de Vinzelle contre Jean de Chambly, au Parlement de la Saint Martin 1318; et il est nommé après quelques Evêques et Abbés, avant le Chancelier. Selon le Catalogue imprimé des Prieurs, cela doit tomber sur Guillaume de Chamurets. Ce fut l'année suivante, le Samedi 19 Mai, que mourut dans ce Monastere à l'entrée de la nuit, Louis de France, fils puiné du Roi Philippe-le-Hardi, Comte d'Evreux, de Gien, etc. Depuis que ce Prieuré est en Commende, il a été tenu par... M. Claude de Saint-Bonnet de Thoiras, Evêque de Nismes, M. Du Cambout de Coislin, Evêque d'Orléans; le Prince Fréderic Constantin de la Tour d'Auvergne, neveu du Cardinal de Bouillon; par M. l'Abbé Bignon, Conseiller d'Etat, jusqu'à l'an 1735. M. Brunet d'Ivry, son neveu, en est actuellement titulaire. Il est le cinquante-septiéme Prieur depuis Robert qui fut le premier.

Gall.Chr.nova, T.VII, c. 1177.

Ibid., col.1476.

Ibid. T.VII, col.557.

Recueil des rangs des Grands de France, p. 12.

Cal. Paris. MS. Voyages Litt. de Martenne, T. I, L. I, p. 77.

Les anciens Religieux de Cluny ont été en possession de cette Maison jusqu'en l'an 1700 que les Réformés y furent introduits. Trois Cardinaux concourrurent à cet établissement: le Cardinal de Bouillon comme Abbé Général de l'Ordre de Cluny, le Cardinal de Coislin comme Prieur du lieu, et le Cardinal de Noailles comme Prélat Diocésain. Ces Réformés sont au nombre de six, dont il y a le Prieur Claustral, le Sousprieur, l'Aumônier, le Camérier, le Sacristain et le Chantre.

Les armes de ce Monastere sont une Notre-Dame assise sur un pont.

Le mauvais état où l'on a vu le cloître et quelques autres lieux réguliers de cette Maison jusqu'en ce siécle, auquel on a commencé à les refaire à neuf, venoit entre autres causes des guerres de l'avant-dernier siécle. On voit dans les Registres du Parlement, au 20 Novembre 1562, la requête de Guillaume Finel, Religieux et Vicaire du Prieuré de Longpont, de Frere Germain Gouge et autres du Couvent, par laquelle ils exposent qu'ils ont été contraints de fuir et se retirer à Paris, à cause des Huguenots qui rava-

Regist. du Conseil du Parl.

geoient les Monasteres ; la Cour leur permit de se loger au Prieuré de Saint-Julien-le-Pauvre et d'y faire l'Office divin, « nonobstant « le bail à ferme fait par le prédécesseur, ou nagueres Prieur « d'icelui Prieuré, ajoutant qu'ils s'entretiendroient du revenu. »

Le Monastere qui est maintenant achevé de rebâtir, forme un édifice en quarré avec une cour au milieu et un cloître autour. La façade du côté de la prairie ou de l'orient est la plus considérable. Elle est composée d'un corps avancé, de deux ailes et de deux pavillons. L'Infirmerie est dans l'aile du midi, le tout est en grés et en briques. Le grand escalier est d'un trait fort hardi. On descend présentement de dix ou douze marches dans l'Eglise. On prétend qu'autrefois il y en avoit autant pour y monter, et que ce sont les ravines qui ont exhaussé le terrain ; en effet le portail est enterré jusqu'au pied des statues.

Le Roi Philippe-le-Bel est venu plusieurs fois au Prieuré de Longpont. Il y étoit au mois de Décembre 1304, suivant des Lettres qui sont datées de ce lieu. Il y logea encore le Mardi 24 Septembre 1308, suivant qu'il est marqué dans les Tables de cire où sont les voyages qu'il fit cette année-là.

MONTLHERY

Le nom de Montlhery est si célébre à Paris et aux environs, qu'une Notice de ce lieu un peu plus détaillée que celles qui ont paru jusqu'ici, ne peut que faire plaisir à beaucoup de Lecteurs.

Ce lieu a occasionné certaines fables de l'espece dont on en a débité sur d'autres montagnes où il reste d'anciennes tours. Un Ecrivain de l'année 1642 ne s'est pas contenté de dire qu'on y voit les vestiges de l'ancien Château de Gannes ; il ajoute qu'il a été de la Seigneurie de Geoffroy que nos Chroniques, anciennes selon lui, qualifient de Roi, lequel obtint la vie de son fils mort, par les vœux qu'il offrit à l'autel consacré par les Druides à la Vierge qui devoit enfanter. Morin avoit écrit avant lui qu'on disoit que ce Château avoit été bâti par Gannes, et que c'étoit une des forteresses où il se retiroit.

Challine, Panég. de Charr. 1642, in-4º p. 30.

Hist. du Gatinois p. 478.

Après avoir rejetté toutes ces fables qui ne méritent pas plus d'être réfutées que le sentiment de ceux qui donnent à Montlhery pour fondateur un certain Lederic qu'ils supposent avoir été premier Forestier de la forêt Charbonniere au sixiéme siécle, il seroit bon d'examiner si l'on peut faire un grand fond sur le nom latin que lui donnent les premiers Ecrivains qui en ont parlé. Car on n'en connoit aucun plus ancien que le douziéme siécle[1] ; sçavoir les Moines de Morigny en leur Chronique et l'Abbé Suger. L'un l'appelle *Mons Lihericus*, l'autre *Mons Leherii*, et tous se bornent à rapporter des faits de leur temps.

On lit dans le Préliminaire de la Chronique de Fontenelle, que le lieu où le Roi Carloman fut tué à la chasse par un cerf ou par un sanglier en 884, faisoit partie de la forêt d'Iveline, et s'appelloit *Mons Aericus*, ce qui auroit pu désigner le lieu de Mont-l'airy : mais par malheur la phrase où cela se trouve y a été insérée après coup, et n'a jamais été dans le Manuscrit de Fontenelle, ensorte que ce fait ne peut se trouver appuyé que sur des Ecrivains trop postérieurs à l'événement pour être crus, tels que Hariulf et Alberic. Aussi place-t-on avec plus de certitude la mort de ce Prince dans la forêt de Baisieu, Diocése d'Amiens, après un Auteur contemporain. Au défaut de ce témoignage, on peut apporter un titre encore plus ancien où Montlhery sera mentionné. C'est la Charte par laquelle le Roi Pépin donnant l'an 798 au Monastere de Saint-Denis plusieurs portions de forêts, plusieurs fermes et terres en divers lieux de la forêt d'Iveline, il s'explique ainsi, *et Aetrico Monte cum integritate*, car dans le langage vulgaire qui avoit déja quelque cours alors, il aura été facile par le moyen de l'article, de dire *Mont Li Airy*, et ensuite *Mont l'Airy*, puis *Mont l'Hairy*, et enfin *Montlhery*. Au reste cette Charte ne dit point que ce Mont fût habité, et la Chronique de Fontenelle le représente comme une suite de la forêt d'Iveline, et un lieu de chasse.

Chron. Fonten. Spicil. in-fol. T. II, p. 264. Chron. Cent. ibid., p. 322. Chron. Allutici, p. 216.

Chron. de gest. Norm. ex Ann. Vedastin.

Les Abbés de Saint-Denis ne garderent pas tous les biens dispersés que Pépin leur avoit donnés. Il y eut des échanges. L'Evêque de Paris s'accommoda du *Mons Aericus* : mais vers la fin de la seconde race il céda cette montagne à des Chevaliers qui se rendirent ses feudataires, et qui peu à peu la firent essarter. Ce ne peut être qu'en conséquence d'une pareille cession que fut établie la redevance annuelle du cierge de vingt-cinq sols envers l'Evêque de Paris, et le droit que le même Prélat avoit de se faire porter à son intronisation par le Seigneur de Montlhery, redevances regardées au treiziéme siécle comme déja très-anciennes, sur-tout celle du cierge, et marquées comme telles dans la copie qui fut faite

---

1. Je regarde comme trop nouveaux certains Mémoires françois du Château de Marcoucies, où l'Auteur de l'Anastase dit [p. 110] qu'en 851 les Normans étant venus à Paris, « exilierent » Montlhery et l'Abbaye de Sainte-Geneviéve ; ce même Auteur croit en conséquence que ce fut alors que ce Mont fut fortifié. Mais il n'a pas fait attention que ces Mémoires ont été pris sur quelque Chronique latine, où il y avoit que les Normans arrivant à Paris y ravagerent *Montem Locutitium*, qui est l'ancien nom de la montagne Sainte-Geneviéve, et que c'est une erreur d'avoir lu *Montem Lethericum*.

<small>Du Breul, p. 33, ex Parvo Pastor. Paris.</small> alors du Cartulaire de l'Evêché, et dont le Roi Philippe-Auguste avoit passé reconnoissance [1]. Or il n'est pas probable que nos Rois se fussent soumis à cette redevance, sinon parce qu'ils succédoient aux anciens Seigneurs de Montlhery, qui ne l'avoient fait qu'en mémoire de ce qu'ils avoient eu de l'Eglise de Paris une partie au moins de leur territoire, sur-tout celle qui avoisinoit le plus à Linas où l'Eglise de Saint-Merry, dépendante de la Cathédrale de Paris, avoit des biens considérablement, selon des actes du dixiéme siécle.

Au reste, étant certain que Linais étoit un lieu habité avant qu'on trouve aucune mention de Montlhery dans les titres ou dans les Historiens, et Montlhery n'ayant commencé à être bien connu que vers l'an 1015, à l'occasion du Château qui fut bâti alors sur la montagne, au bas de laquelle Linais est bâti du côté du midi, il seroit injuste de dire que Linas doit son origine à Montlhery. C'est un Bourg séparé dont je ferai un article particulier, et qui a une Paroisse d'un territoire étendu dans la campagne, au lieu que la Paroisse de Montlhery est entierement renfermée dans l'enceinte de la Ville et anciennement dans celle du Château; car je pense que c'est la construction du Château qui a donné origine à la Ville: c'est la richesse des Seigneurs et la sûreté dans le voisinage de leur Forteresse qui y a formé une peuplade dont l'Eglise étoit dans l'intérieur de cette Forteresse: et ce n'est que long-temps après que la Ville étant augmentée il a été besoin de bâtir au-dedans une seconde Paroisse.

<small>Aimoin, L. V, cap. XLVI.</small>
<small>Hist. de la Mais. de Montm. p. 687.</small>
Pour nous tenir précisément aux termes du Continuateur d'Aimoin, un nommé Thibaud dont on ne fait venir l'origine des Montmorency que par pure conjecture, selon Duchêne même, mais qui étoit revêtu de la Charge de Forestier du Roi Robert, construisit la Forteresse dite *Mons Lethericus*. Peut-être fit-il aussi bâtir la Collégiale de Saint-Pierre. Ce Thibaud étoit surnommé en latin *Filans stupas*, que l'on rend en françois par File-étouppes, sobriquet qui lui fut donné suivant l'usage de ce temps-là, à cause de ses blonds cheveux. Guy, son fils, posséda après lui la Forteresse et Terre de Montlhery et en jouit sous le regne d'Henri I. Ce second Seigneur, conjointement avec Hodierne son épouse, fonda au bas de son Château à la distance d'une petite demi-lieue vers l'orient d'été le Prieuré de Longpont : ce qui porte à croire que si son pere n'avoit pas fait bâtir d'Eglise, c'étoit lui pareillement qui avoit fondé dans le Château de Montlhery la

---

1. On lit dans le Cartulaire de l'Evêché, fol. 106, que le Roi fit porter l'Evêque Guillaume pour les Terres de Corbeil et de Montlhery, par Baudoin de Corbeil. Ce doit être Guillaume de Seignelay ou Guillaume d'Auvergne qui ont vécu avant le milieu du treiziéme siécle.

Collégiale du titre de Saint Pierre, qu'une Charte de Louis VII dit avoir existé dès le temps des Seigneurs de Montlhery, aussi-bien qu'une Eglise de Notre-Dame qui étoit dans le même Château, étant très-vraisemblable que la piété leur dicta de laisser des monumens de leur piété dans l'intérieur du Château avant que d'en faire élever dans le dehors. Des deux fils et quatre filles qu'eut Guy, Seigneur de Montlhery, celui à qui la Seigneurie échut fut Milon son aîné, dit Milon-le-Grand, lequel eut quatre fils, sçavoir Guy dit Troussel ou Trousseau, Thibaud La Bofe, Milon, depuis Vicomte de Troyes, Rainaud, Evêque de Troyes, et cinq filles qui furent toutes mariées. Guy Trousseau, que quelques-uns ont nommé le Roux ou Rousseau, étant devenu Seigneur de Montlhery, après Milon son pere, qui avoit excité bien des troubles dans le Royaume à cause de son grand pouvoir, présenta au Roi Philippe I, qui se disoit vieilli des inquiétudes et maux que lui avoit causés le Château de Montlhery, une occasion de les calmer. Il avoit eu de Mabille sa femme, une fille unique nommée Elisabeth ; il trouva le moyen de lui faire épouser Philippe, Comte de Mante, que le Roi avoit eu de Bertrade de Montfort. De cette façon la haye qui empêchoit depuis tant de temps le libre commerce d'Orléans avec Paris, et qui ôtoit même au Roi la liberté d'aller à Etampes, fut rompue, ainsi que dit Suger ; la garde du Château fut confiée au fils du Roi, gendre de Guy Trousseau : et même le Roi Philippe y fit quelque résidence à Montlhery, avec les Grands du Royaume la premiere année du mariage de son fils. Mais la paix qui en résulta ne fut pas de durée ; les Garlandes s'étant brouillés avec le Roi Philippe, attirerent Milon, Vicomte de Troyes, frere cadet de Guy Trousseau, qui s'étant présenté devant le Château de Montlhery avec un grand nombre de troupes, y rentra en possession. La femme du Sénéchal de France, Guy de Rochefort et sa fille, fiancée au jeune Louis-le-Gros, étoient dans la Tour. Ce même Sénéchal accourut à la défense du Château, et pendant que les soldats de Milon assiégeoient cette Tour, il engagea les Garlandes à se départir de l'entreprise, ce qui découragea Milon, lequel fut obligé de se retirer fort désolé de n'avoir pu la reprendre. Louis-le-Gros s'étant rendu très-promptement dans le Château de Montlhery au secours du Sénéchal, fut fâché de n'avoir pu y faire arrêter les factieux : car il étoit disposé à les condamner à la potence. Mais pour empêcher que les parens de Guy Trousseau ne revinssent désormais à la charge, il fit abbattre toutes les bretêches, fortifications et murailles du Château, ne réservant uniquement que la Tour. Il paroît par le récit de Suger, que tout ceci se passa avant la mort du Roi Philippe.

Suger. Vita Lud. Gros.

Duchêne, T. IV, p. 287 et 332 et vet. MS.

Chart. Longip. fol. 33.

Louis-le-Gros informé de la justice des prétentions que Milon avoit sur le Château de Montlhery, le lui rendit et le retira par ce moyen de la faction des Confédérés: mais Hugues de Crecy, qui persistoit dans ce parti, ayant trouvé le moyen de l'arrêter, le fit mourir. C'est ainsi que le Roi devint maître absolu de la Tour et du Château de Montlhery tel qu'il étoit, aussi-bien que de ses dépendances.

Il s'étoit formé un Bourg à côté du Château vers le couchant: il étoit naturel que plusieurs vassaux des Seigneurs de Montlhery cherchassent de la protection en s'approchant d'eux le plus qu'il étoit possible. Ce Bourg avoit au moins deux portes du temps de Milon le Grand; l'une s'appelloit la Porte de Paris, et l'autre la Porte de Baudry. La réunion de cette Terre au Domaine le fit peu à peu devenir considérable, et donna lieu d'y établir des Prévôts et Gardes du Château. Un nommé Duran en étoit Prévôt en l'an 1140. Nos Rois vinrent aussi quelquefois y faire leur résidence. Louis VII dit le Jeune y donna l'an 1144 une Charte en faveur de l'Abbaye de Saint-Denis. Philippe-Auguste, son fils, y étoit si souvent, que la dixième partie du pain et du vin qui s'y consommoit pendant le séjour qu'il y faisoit, devint l'objet d'une aumône dont il gratifia l'Abbaye de Malnoüe. Sous son regne, au moins l'an 1202, la recette de la Sénéchaussée de Montlhery produisoit dix-neuf livres. Il y avoit de plus une redevance d'avoine, une autre de cent huit sols, et pour Madame Alix, sœur du Roi, mariée à Guillaume, Comte de Ponthieu, la somme de sept livres. En un mot, cette Terre rendoit un peu plus de deux cents livres de revenu. Ce fut aussi de son temps qu'il fut dressé un Registre des Fiefs de cette Châtellenie où se trouvent tous les noms des possesseurs avec les devoirs auxquel ils étoient tenus. Cent ans auparavant ils étoient déja un certain nombre. Ils sont appellés *Milites de Fisco Montis Letherici* dans l'acte de la séance que le Roi Philippe I y tint avec les Grands du Royaume, où il approuva la coutume qu'ils avoient prise de donner de leurs terres aux Eglises, pourvu qu'ils continuassent le service auquel ces terres étoient tenues envers lui. Et même quelques-uns de ces Chevaliers étoient simplement dits Chevaliers de Montlhery [1]. La plupart y devoient la garde pendant deux mois de chaque année, d'autres des chevauchées pour la recherche des dettes des Juifs. Quelques-uns de ces vassaux demeuroient à Montlhery, et pour cette raison ils étoient tenus pareillement à la garde. On y en voit un nommé Thescelin de Bunou, qui est dit homme du Roi, à

---

1. Un Acte du Cartulaire de Longpont de l'an 1146 commence ainsi: *Ego Guillelmus Cochuus Miles de Monteletherici*, fol. 3.

cause de la moitié des fours de Montlhery dont il jouissoit, avec le quart du droit de péage. On y lit au commencement sous le titre : *Feoda Castellaniæ Montis Leherici*, les noms suivans : *Guido* de Valgrinose. *Balduin* de Corbol 1 *feod. IX. de Guillervilla. Henricus de Vallibus. Benedictus de Lunvilla. Hugo* de Valgrinose. *Guido* de Varennes. *Thomas* de Brueres. *Paganus de Sancto Ionio, Petrus de Castris. Johannes Briardus 1 feod. pro firmitate. Galberius* de Isne. *Ansellus de Cheteinvilla. Robertus* des Loges. On y marque à la fin les noms des Chevaliers sur le serment desquels cet Ecrit avoit été rédigé, sçavoir : *Renaudus Carnifex. Azo Gauter. Ric. de Casteneio. Arnulphus de Solario. Simon Theboldi. Stephanus* le Gastelier. *Jocelinus de Porta. Bertrannus* le Grier. *Guillelmus de Trapis. Johannes* de Bretigni. *Milo de Caprosa. Guido* le Ferron. *Guillelmus* de Villabon. *Herbertus* Goez. Tous ces Nobles certifierent que du temps que Hugues de Gravelle (*de Gravella*) avoit joui de la Terre de Montlhery (apparemment comme Engagiste), la Châtellenie avoit perdu un certain nombre de Villages du côté d'Etampes, comme Mauchamp, la Briche, Favieres, une partie de Bosnes et de Lardi, que le Prévôt d'Etampes s'étoit attribués. Du côté de Corbeil, Grigny et le Plessis le Comte Raoul[1] ; et du côté de Paris, Palaiseau et Champlant. En finissant la rédaction des Droits féodaux de Montlhery, ils y joignirent trois sujets de plaintes qui nous apprennent les usages d'alors. Ils se plaignirent d'abord de ce que au lieu que quand les hommes de Montlhery cuisoient aux fours de Guy de Vaugrigneuse, la coutume étoit de prendre pour la cuisson d'un sextier deux tourteaux (*tortellos*) qui se faisoient d'un seul pain, maintenant ses héritiers vouloient avoir deux pains pour la cuisson de chaque sextier, et empêchoient qu'on ne fit d'un sextier plus de trente pains. En second lieu, ils se plaignirent de ce qu'au lieu que ci-devant c'étoit ledit de Vaugrigneuse et ses héritiers qui fournissoient le bois pour chauffer le four, ils vouloient obliger les Talemeriers (*Talamerarios*), c'est-à-dire les Boulangers, à le fournir. La dernière plainte fut que les chemins pour aborder à Montlhery étoient devenus moins larges que de coutume du côté de Saint-Lazare.

C'est ici la place d'une seconde liste que j'ai trouvée des Chevaliers de la Châtellenie de Montlhery ; elle est en deux Classes : la première comprend ceux qui tenoient leur fief du Roi ; on y trouve plusieurs de ceux qui sont déja nommés ci-dessus ; ce qui découvre qu'elle a été écrite vers le même temps ou sous le regne

Cod. Putean. 635, circa med. ex caract. XIV seculi.

---

1. Ils avoient été perdus sous Jean de Corbeil, qui vivoit en 1130, suivant le Cartulaire de Longpont, fol. 8.

de Louis VIII. La seconde classe est de ceux de la même Châtellenie qui tenoient leur fief d'autre que du Roi.

Isti sunt de Castellania Montis Letherici tenentes de Rege.

Paganus de Sancto Ionio. Thomas de Brugeriis. Petrus de Castris. Guido de Vallegrinosa. Johannes Bebart [apparemment Briard]. *Guido de Lanorvilla. Hugo de Sancto Verano. Henricus de Vallibus. Ansellus de Chetenvilla. Robertus de Logiis. Robertus sine mappis. Guillelmus de Guillervilla. Guido Bossellus per dotem.*

Isti sunt de eadem Castellania, sed non tenent de Rege.

Amauricus de Pissiaco. Amorranus de Separa. Guillelmus de Aneto. Petrus de Moldonio. Guillelmus Marmerel. *Ansellus de Ambale. Evrardus de Cheniaco. Renaudus de Campis. Guillelmus Rufus de Campis. Guillelmus de Monte Firmali. Guido de Torota. Radulfus de Puisell. Guido de Aunvilla. Petrus de* Riche-borc. *Ansellus* de Tornen. *Guillelmus de Britiniaco. Johannes* de Bries. *Ansellus de Gornaio. Ph. de Sancto Yonio. Fulco* de Lers. Ce détail m'a paru important, parce qu'il fait voir le grand nombre de feudataires que les premiers Seigneurs de Montlhery s'étoient attachés.

Il auroit fallu transcrire ici le cahier ou Registre entier de Philippe-Auguste sur l'obligation de faire la garde au Château, mais les différens morceaux en seront placés à l'article des Villages dont étoient Seigneurs ces sortes de vassaux. J'ajouterai seulement à ceux qui sont nommés ci-dessus, le Fief de la Motte de Montlhery qui est mouvant du Roi, et que le Seigneur du Plessis-Pâté possede aujourd'hui. Dans les anciens aveux il est dit situé devant la Barriere du Château ; on ne le reconnoît maintenant que dans une motte de terres rapportées, qui est entre le Château et l'Eglise de la Trinité.

Du Puy, Droits du Roi, p. 582. Ex Cod. Reg. 6765, n. antiq.

Au mois de Décembre 1205, Baudoin de Paris et sa femme vendirent à ce même Roi un droit de péage qu'ils avoient à Montlhery ; ce qui fut confirmé par Frideric de Palaiseau, duquel ce droit relevoit en fief, et par Hesselin de Linas, duquel il relevoit en arriere-fief. De là vient que dans les Livres du Châtelet de Paris il est fait mention à l'an 1255, du rôle dressé alors pour le péage dû à Montlhery, suivant la déposition de ceux qui avoient tenu la Prévôté de ce lieu. Saint Louis régnoit alors. Ce fut vers le commencement de son regne que le Château de Montlhery lui servit de retraite. Dans le temps de la conspiration des Princes contre lui et sa mere la Reine Blanche, s'étant mis en chemin pour aller à Vendôme, où le Duc de Bretagne et le Comte de la Marche avoient promis de lui faire satisfaction, il apprit que ces rebelles faisoient avancer secrétement des troupes jusqu'à Etampes et à Corbeil pour tâcher de l'envelopper. Il étoit déja à Châtres par-

Livre bleu du Châtelet, fol. 30.

Vita S. Ludov. ad an. 1227.

de-là Montlhery lorsqu'il en fut averti ; cela l'engagea à revenir sur ses pas, et à se retirer dans le Château. La tradition du pays est qu'il se mit dans un souterrain dont l'entrée est à quelques pas de la Tour, mais maintenant bouchée. Les Parisiens qui étoient attachés à leur Roi, coururent à son secours pendant que les Barons étoient assemblés à Corbeil, et le renfermant dans le centre de leurs bataillons, ils le ramenerent en sûreté à Paris. Joinville dit que depuis Montlhery les chemins étoient pleins de gens qui crioient à haute voix à Notre-Seigneur qu'il lui donnât bonne vie. Le même Auteur écrit un peu plus haut, que Guillaume, Evêque de Paris, regardoit le Château de Montlhery comme situé *au fin cœur* du Royaume. Dans ce qui regarde la Police de Montlhery sous le regne de ce Prince, il reste une preuve de l'équité de son Parlement. Barthelemi Tristan, Sergent du Roi, prétendit que l'amende des fausses mesures de bled qui se trouveroient à Montlhery lui appartenoit. Le Bailli d'Orléans soutenoit qu'elle appartenoit au Roi. Le Parlement de la Chandeleur 1264 adjugea ce droit au Sergent.

Joinville, p. 15 et 16, et p. 10.

Reg. Parl.

Le Comte de Hainaut s'étant révolté contre le Roi Philippe-le-Bel, ce Roi le fit enfermer dans la Tour de Montlhery où il fut en 1292 et 1293.

Reg. du Trésor des Chartes.

Si l'on est curieux de sçavoir ce que la Châtellenie de Montlhery pouvoit payer de contribution extraordinaire au commencement du quatorziéme siécle, il suffit de faire attention que sur la somme de mille huit cents tant de livres que la Prévôté de Paris hors la Ville faisoit en 1304 au Roi Philippe-le-Bel pour la subvention de l'armée de Flandres, cette Châtellenie paya 1220 livres. On a vu ci-dessus que la Tour subsistoit toujours. En 1311 Louis, fils aîné de Robert, Comte de Flandres, y fut mis en prison par ordre du même Roi Philippe-le-Bel. En 1316, le 13 Juin, Philippe le Convers, Chanoine de Paris, donna son manoir de Montlhery et tous les jardins à Philippe, Comte de Poitiers, qui fut depuis Roi sous le nom de Philippe-le-Long.

Extrait des Reg. des Compt.

Mém. des Pairs de Fr. Preuv. p. 196.

Dupuy, Droits du Roi, p. 582.

Les Continuateurs de la Chronique de Nangis observent que sous les successeurs de Philippe-le-Bel on soupçonna les Lépreux d'avoir jetté du poison dans les puits. De là vient qu'on trouve une Ordonnance du 2 Septembre 1321 à Guillaume de Gienville, Receveur de la Vicomté de Paris, de faire nettoyer le puits du Château de Montlhery, pour le doute qu'avoit Pierre Guillart, Garde du Roi en ce Château, que *les Mesiaux* ne l'eussent empoisonné. C'est ainsi qu'on appelloit alors les Lépreux. Cette Ordonnance nous apprend incidemment le nom d'un des plus anciens Gardes Royaux de Montlhery. Quelquefois les Prévôts du lieu furent qualifiés Gardes, étant d'abord établis pour la garde;

Extr. de la Chambre des Comptes.

ensuite leurs Charges furent données à ferme ou redevance annuelle, et enfin à titre d'Office. Ils ont été dits quelquefois Gardes du Chastel, Chastellenie et Comté de Montlhery. Philippe de Saint-Yon l'étoit en 1350. Six ans après on trouve un Jacques d'Hangest, prêtant serment à la Chambre des Comptes comme Capitaine et Garde de Montlhery. La même année 1356, le Duc de Normandie Charles V, Régent du Royaume pour le Roi Jean, son père, ayant rompu l'Assemblée des Etats le 2 Novembre, alla le lendemain à Montlhery. Ce fut dans ce lieu-là qu'il donna une Ordonnance concernant les immunités de la ville de Tournay, datée du même mois. Les Anglois qui faisoient des courses dans le Royaume en 1358, vinrent aussi alors à Montlhery. En 1362, Hugues du Boulay étoit Châtelain du Château de Montlhery. Mais vingt ans après il fut confié à un homme d'une plus grande importance. La garde en fut donnée à Olivier de Clisson, Connétable de France, qui prêta serment le 14 Mars 1482, à la Chambre des Comptes de le restituer au Roi lorsqu'il en seroit requis. On y tint depuis diverses Conférences avec la Reine Isabeau de Baviere pour la pacification des Maisons d'Orléans et de Bourgogne.

En 1412, Georges de Calleville fut fait Capitaine de Montlhery. Jean Roterf l'étoit en 1418. Jean Le Baveux, Ecuyer, l'étoit pour le Roi d'Angleterre en 1425. Simon Morhier, Chevalier, Prévôt de Paris, étoit en même temps Capitaine de Montlhery en l'an 1434. On lit ensuite à l'an 1461, au 7 Septembre, des Lettres du Roi qui accordoient à Jean Drouin, Ecuyer, tous les revenus de la Terre de Montlhery.

A l'an 1474, [on lit] d'autres Lettres du Prince du 21 Janvier qui accordent la haute-Justice de ce lieu au sieur de Grammont. Sur la fin du regne de Louis XI, c'est-à-dire vers l'an 1480, Louis de Halwin, Chevalier, Seigneur de Brienne, fut pourvu par ce Roi de la Capitainerie du Château. Mais ce qui se passa de plus mémorable à Montlhery durant le quinziéme siécle, est rapporté par les Historiens du regne de Charles VI et Louis XI. Jean Le Fevre de Saint-Remi qui vivoit sous Charles VI, écrit que Jean, Duc de Bourgogne, qui à son retour de Picardie en 1417 avoit pris plusieurs Villes, voyant qu'il ne pourroit pas se rendre maître de Paris, quitta ce lieu : il étoit campé à une lieue de la Ville. Il vint assiéger Montlhery au commencement d'Octobre. Il est resté une Lettre de lui datée du 8 de ce mois du Camp de Montlhery. Les habitans promirent de lui rendre la place dans la huitaine, parce qu'ils espéroient du secours de la part du Roi : mais comme il n'en vint point, ils se donnerent en effet à ce Prince. Le Duc de Bourgogne ne jouit pas long-temps de Montlhery. Tannegui du Chastel, Prévôt de Paris, envoyé par le Connétable, ayant mis le siége devant cette Ville au mois de Janvier, la reprit sur les Bourguignons : les uns disent que ce fut *par traité d'argent;* d'autres marquent simplement que ce fut par composition. Le Duc de Bourgogne étant entré dans Paris en 1418, se servit de l'occasion d'une émeute populaire pour envoyer de nouveau six mille habitans reprendre Montlhery et Marcoucis, sous la conduite du Seigneur de Cohen avec du canon. Montlhery fut encore plus célebre par la bataille qui s'y donna le Mardi 16 Juillet 1465, dans le temps de la guerre du Bien Public qu'entreprit contre le Roi Louis XI, Charles, Duc de Berry, son frere, aidé du Duc de Bourgogne et de plusieurs autres Princes. Le Comte de Charolois leva des troupes, et ayant pris le titre de Lieutenant Général du Duc de Berry, il s'avança vers le Pont de Saint-Cloud, puis se plaça à Longjumeau pendant qu'il avoit envoyé le Comte de Saint-Pol à Montlhery. L'armée du Roi qui étoit du côté de Châtres, rencontra celle du Comte de Charolois d'abord sans dessein de se battre, parce qu'ils attendoient du renfort de part et d'autre. Une très-petite partie des troupes du Roi venue par le chemin de Châtres arrivoit déjà dans Linas, lorsqu'ils furent repoussés par les Bourguignons qui avoient en outre rempli de gens de trait une maison à l'entrée de Montlhery, et qui mirent le feu à une maison afin que la fumée poussée sur les François les décourageât. Les troupes des Bourguignons placées à Longjumeau s'avançant ensuite, les François revinrent une seconde fois et se camperent du côté du Château dont la garnison tenoit pour eux, pendant que les Bourguignons étoient retranchés dans Montlhery. Il y avoit entre les deux armées un long fossé bordé d'une haye épaisse. Les François arrêtés par cet obstacle allerent aux ennemis par les deux bouts du fossé et de la haye : les Bourguignons se partagerent aussi en deux pour les repousser; et enfin les troupes des deux partis étant à portée, la bataille fut donnée, selon quelques-uns, dans une petite plaine qui est entre Montlhery et Longpont, et qui est encore appellée dans les Terriers et Titres du pays, le Chantier du Champ de bataille; et selon d'autres, dans la plaine vers le grand chemin de Paris. Le Comte de Charolois manqua trois fois d'être tué. Les François qui l'avoient arrêté furent obligés de quitter prise. Le Roi étoit demeuré en sûreté derriere le fossé et la haye, de sorte que les Bourguignons n'ayant plus d'Archers n'oserent l'attaquer. Cependant il crut devoir à la faveur de la nuit se retirer à Corbeil, pendant que ses ennemis appréhendoient qu'il n'eût reçu du secours de Paris. Le Comte de Charolois se regarda comme victorieux, parce que le champ de bataille lui étoit demeuré. Les François y perdirent plus de Noblesse que les Bourguignons, mais aussi ils firent les

Journal de Charles VI, p. 35.
Hist. Chron. de Ch. VI, p. 434.
Monstrelet, chap. cxcviii.

prisonniers les plus considérables. Il y eut deux ou trois mille hommes tués à cette bataille, tant de part que d'autre. Gaguin écrit que les morts étoient en plus grand nombre parmi les Bourguignons. Ils les enterrerent sur le bord du grand chemin, dans un champ qui depuis est demeuré inculte, jusques vers l'an 1740, et est appellé le Cimetiere des Bourguignons. Il est situé au bout du cimetiere de la Ville. Morin a cru que les François furent inhumés dans ce dernier. Le Comte de Charolois resta encore un jour dans Montlhery sans y permettre aucun désordre. Il ne somma pas même de se rendre la garnison du Château.

<small>Hist. du Gâtin. p. 479.</small>

Dans le siécle suivant, l'an 1514, Jean de la Rochette avoit le titre de Capitaine de Montlhery. Mais en 1529 le Roi cessa d'y nommer un Capitaine : cette Terre fut une de celles que François Ier donna cette année-là au mois d'Avril à François d'Escars, Seigneur de la Vauguyon, en récompense des terres qui lui appartenoient et qui avoient été cédées à l'Empereur par le Traité du 5 Août précédent. En 1540 les habitans de Montlhery obtinrent du même Roi des Lettres datées d'Anet au mois de Juillet, qui leur permettoient de clore de murs leur Bourg. Ils avoient exposé dans leur requête qu'il s'y tenoit des Foires outre deux Marchés par semaine ; que le Prévôt de Paris et les Conseillers du Châtelet y venoient souvent tenir leurs Assises. Vers ces temps-là le titre de Prévôt de Montlhery étoit possédé par Geoffroy le Maître, qui mourut le 30 Juillet 1545, et qui est inhumé à Paris en l'Eglise de Saint-André. En 1540 il y eut plusieurs Lettres accordées à François Olivier, Chancelier de France, par le Roi Henri II concernant Montlhery. Par celles datées de Moulins au mois d'Octobre, il lui est permis d'acheter tous membres et portions aliénées de la Châtellenie de Montlhery, Justice et Jurisdiction d'icelle. Par les autres qui furent données à Châtillon-sur-Loire le 3 Novembre, il lui est accordé de pourvoir à tous les Offices de la Châtellenie par lui acquise du Roi sous faculté de rachat, et aussi aux Bénéfices du Château. Il y a à la Bibliotheque du Roi une espece de Cartulaire ou papier Censier dressé en vertu de Lettres-Patentes de la même année 1548. C'est un recueil de reconnoissances de cens sur des Maisons de la ville de Montlhery, pour le Roi comme Seigneur du lieu. Quelques-uns (Lancelot) écrivent que François de Balzac, Seigneur d'Entragues, étoit Comte de Montlhery, Baron de Boissy vers les années 1550 ou 1560.

<small>Sauval, T. III, p. 592.</small>

<small>Tables de Blanchard, T. I, p. 482.</small>

<small>Bann. du Chât. Vol. III, f. 212.</small>

<small>Bann. du Chât. Vol. V, fol. 41.</small>

<small>Ibid., fol. 33.</small>

Pendant les guerres des Religionnaires en 1562, Montlhery fut pris par le Prince de Condé qui étoit à leur tête. Quelque temps après ces troubles, cette Ville rentra sous la domination de nos Rois, et elle y est toujours demeurée depuis. Il y a seulement eu en divers temps des Seigneurs Engagistes. Vers l'an 16.... le

<small>Du Puy, Droits du Roi.</small>

Cardinal de Richelieu s'en étoit rendu adjudicataire comme d'une Seigneurie Domaniale. Mais Louis XIII la retira de ses mains en 1629, en lui faisant donner pour son remboursement la somme de quatre-vingt-quatre mille trois cent quatre-vingt-sept livres seize sols, et joignit cette Terre à l'appanage de Gaston-Jean-Baptiste, Duc d'Orléans, son Frere, sous le titre de Comté, ou, selon Du Puy, Sa Majesté l'unit et incorpora au Duché de Chartres, pour être tenu par ce même Duc aux mêmes titres et charges de son appanage. La Seigneurie de Montlhery étoit revenue au Domaine par la mort de ce Duc arrivée sans hoirs mâles le 2 Février 1660 : mais Marguerite de Lorraine, sa veuve, obtint le 19 Juin 1662 des Lettres-Patentes qui lui en accordoient l'usufruit. Quelques Mémoires portent que Guillaume de Lamoignon, Premier Président au Parlement de Paris, mort en 1677, avoit été Seigneur Engagiste de Montlhery sur le pied que l'avoient été quelques Seigneurs de Marcoucies. Enfin ce Domaine a été en dernier lieu engagé à Jean Phelipeaux, Conseiller d'Etat, moyennant la somme de soixante mille livres, par contrat du 18 Juillet 1696. M. Jean-Louis Phelipeaux son fils, surnommé le Comte de Montlhery, en est aujourd'hui Seigneur Engagiste. Ce Domaine vaut environ quatre mille livres de rente, sur quoi il y a des aumônes à acquitter [1]. Lancelot, Mém. MS. Extr. de l'Anast. de Marcoucies.

Le Comté de Montlhery releve en plein fief de la grosse tour du Louvre.

Je trouve en divers titres les Prévôts suivans : Michel *Gauteru* Tab. S. Maglor. en 1313. Etienne Guepin en 1406. Geoffroi le Maître en 1580.

Il y a aujourd'hui dans Montlhery sept [dix] Seigneurs Censiers, qui sont :

M. Phelipeaux, Seigneur, Haut-Justicier et Engagiste pour le Roi.
Les Chanoines de Linois.
Les Religieux Célestins de Marcoucies.
Les Religieux Bénédictins de Longpont.
Le Seigneur de Villebouzin, Cessionnaire de l'Abbaye des Vaux-de-Cernay.
Le Commandeur du Déluge.
Le Seigneur du Plessis-Sebeville.
Le Prieur de Saint-Pierre et Saint-Laurent de Montlhery.
Le Seigneur du fief de Fromont-près-Ris.
Et le Seigneur du fief de Guillerville.

Tous ces Seigneurs sont fieffés censitaires dans Montlhery et y ayant censive.

---

1. On lisoit autrefois dans le Livre rouge de la Chambre des Comptes, qui contenoit [des titres] depuis 1290 jusqu'en 1336, une confirmation de treize livres parisis de rente due sur la Terre de Montlhery aux Religieuses de l'Abbaye de Villiers, proche la Ferté-Alais. (*Memor. Cam. Comput.*)

Je crois que cela vient des maisons que nos Rois avoient données à tels ou tels, ou le fonds pour y bâtir, les fours, etc. J'en trouve onze dans le Cayer de Philippe-Auguste. Les Vaugrigneuse sont ceux qui en avoient le plus. Guillaume de Guillerville y avoit une maison.

<small>Tables 12 Févr.</small> Je trouve en 1750 un Pommereux ou Pommiers, fief au-dessous de Montlhery, dont en 1533 fut pourvue Jeanne de Bertlon, veuve Mathurin Bohier, qui rendit hommage à l'Evêque de Paris.

Il y a dans la Ville 251 feux, suivant le Dénombrement de l'Election de Paris fait en 1709. Celui que le Sieur Doisy a publié en 1745 n'en marque que 242. Le Dictionnaire universel de la France imprimé en 1726 y marque 1092 habitans, et le Mémoire <small>Merc. 1737,</small> Historique donné dans le Mercure de France en 1737 dit qu'il y <small>Juillet et Août.</small> en a environ 1100. Ce Mémoire de M. Boucher d'Argis, Avocat en Parlement, m'a beaucoup servi dans cette présente Description pour ce qui regarde le Temporel.

L'article des dixmes de Montlhery fait un cas particulier et ne doit point être joint à ce que je dirai de la Cure. Les Religieux du Prieuré de Longpont, quoique non Curés primitifs, obtinrent en 1719 au Parlement un Arrêt qui condamne les habitans de Montlhery à leur payer les dixmes, outre les cinq sols par arpent qu'ils payoient à ce Prieuré. Le Dictionnaire des Arrêts observe <small>Dict. des Arr.</small> à ce sujet que M. le Maître, Conseiller au Parlement, partage avec <small>au mot *Novales*,</small> ce Prieuré la dixme sur Montlhery, à cause de sa Seigneurie de <small>p. 6251.</small> Bellejame.

DES ÉGLISES ET CHAPELLES DE MONTLHERY

Quoique depuis plusieurs siécles Montlhery donne son nom à l'un des deux Doyennés ruraux de l'Archidiaconné de Josais, au Diocése de Paris, les choses n'ont point été ainsi dans les commencemens. Au treiziéme siécle et auparavant on disoit *le Doyenné de Linais;* les deux Eglises de Montlhery qui subsistoient alors dans l'enceinte du Château y étoient comprises. Ces deux Eglises étoient Saint-Pierre et Notre-Dame. Je les nomme suivant l'ordre qu'elles ont dans une Charte de Louis VII de l'an 1154. Ce Diplome est le fondement de presque toute l'Histoire Ecclésiastique de Montlhery. On y apprend que dans le temps des anciens Seigneurs du Château, il avoit existé dans ce Château une Eglise de Saint-Pierre, qui étoit une Collégiale de Chanoines séculiers, lesquels avoient un Abbé à leur tête; que Thibaud, Prieur de Longpont, ayant fait quelques instances près du Roi, obtint que ce Chapitre avec l'Eglise de Notre-Dame du même lieu fût réuni à sa Communauté aussi-bien que les revenus qui en dépendoient, ce qui se fit du consentement de Jean de la *Annal. Bened.* Chaine, *De Catena*, qui en étoit alors Abbé, et de tous les Cha- *T. VI, p. 725.* noines généralement en pleine liberté, *cunctis assentientibus Canonicis libere*. Ces Lettres du Roi furent suivies de la confir- *Ibid.* mation du Pape Anastase IV, dans laquelle il est spécifié que Thibaud, Evêque de Paris, avoit donné son consentement à cette union. On sçait au reste très-peu de chose de cette Collégiale qui ne subsista gueres plus de cent ans, en lui donnant même pour fondateur le même Thibaud File-étoupe qui fit construire ce Château. Il est certain que ce Chapitre étoit sur pied dès le temps de Guy, son fils. En voici la preuve : pendant que Milon, son fils aîné, dit Milon le Grand, étoit Seigneur de Montlhery, il s'éleva une contestation entre ces Chanoines et les Moines de Long-pont. L'usage étoit que le jour de l'Assomption les Chanoines se rendoient processionnellement au Prieuré, où ils chantoient la Grand'Messe avec les Moines, ensuite de quoi ils mangeoient tous ensemble au réfectoire. Les Chanoines prétendirent que ce repas étoit de coutume et non de pure grace. Pour terminer ce différend, Milon pria les Religieux de commuer cela en une somme de six sols qui leur seroient payés à la Saint Remi, outre cinq sols à prendre sur le village de Romenar, et douze deniers à lever au Couldray sur une vigne. Une difficulté en suscite une autre. Les Moines de leur côté réclamerent le droit de sépulture dans le Bourg, mais le Seigneur Milon statua comme Guy, son pere, l'avoit déjà fait autrefois, que les Chanoines auroient ce droit dans tout le Bourg, depuis la Porte Baudry *A Porta Baudrici* jusqu'à la Porte de Paris seulement, y comprenant les remparts, à moins que ce ne fût un Clerc, un Chevalier ou un Sergent qui fût mort, et que les Religieux continueroient d'avoir les sépultures de tout le Château comme ci-devant, mais qu'ils enterreroient de plus tous ceux qui feroient leur demeure au-delà des remparts. Ce reglement qui fut fait en présence de deux Che-valiers, sçavoir Guy de Linais et Burchard de Vaugrigneuse, prouve, comme on voit, l'antiquité du Chapitre de Montlhery également comme celle du Bourg, de ses portes et ses fortifica-tions. Il survint sur la fin du même siècle une autre difficulté, sur le Cimetiere de Montlhery, entre les Chanoines qui le deman-doient et les Moines qui le refusoient. Ce fut à cette occasion que Guillaume, Evêque de Paris, donna des Lettres de réglement. Ce *Ibid., fol. 12.* Prélat tint le siége depuis l'an 1095 jusqu'à l'an 1103. Il n'est plus fait mention par la suite du Chapitre de Montlhery, sinon dans la Charte par laquelle le Roi Louis-le-Gros établit que dans toutes les Collégiales fondées par les Rois ses prédécesseurs ou par des Seigneurs auxquels ils ont succédé, l'acquit de l'Annuel de chaque Chanoine nouvellement mort appartiendra à l'Abbaye de Saint-Victor de Paris. Ce Diplôme fut donné à Paris, l'an 1125, et parmi les sceaux des Abbés de ces différents Chapitres, Etienne, Abbé de Montlhery, y mit le sien. Lorsque le Chapitre de Montlhery eut été régularisé, c'est-à-dire uni au Prieuré de Longpont, ainsi qu'on a vu ci-dessus, Gilduin, premier Abbé de Saint-Victor, qui vivoit encore en 1154, lors de cette union, demanda d'être dédommagé de l'extinction de la Prébende que sa Communauté y avoit, et de la perte du droit des Annuels ; comme il avoit consenti à la réunion, il obtint par l'entremise de Thibaud, Evêque de Paris, que les Moines de Longpont lui abandonnassent des biens et des revenus à Athies et à Monteclein. J'ai appris par le Nécrologe de l'Abbaye de Saint-Victor, que la Prébende de Montlhery ne lui venoit pas des Seigneurs, ni du Roi Louis-le-Gros, mais de l'Abbé Jean de la Chaîne, qui l'avoit donnée pour le repos de l'ame d'Erchembald, son père. Apparemment que les Seigneurs avoient laissé à l'Abbé de Montlhery de pourvoir aux Prébendes. Il résulte de là que l'Abbaye de Saint-Victor ne jouit que fort peu d'années de cette Prébende Canoniale.

Hist. Eccl. Par. T. II, p. 80.

Duchêne, T. IV, p. 761.

Necrol. antiq. S. Vict. ad V. Cal. Junii.

Depuis ce temps-là on ne trouve presque plus rien sur cette Eglise de Saint-Pierre. A l'égard de celle de Notre-Dame de Montlhery, elle tomba dans un total oubli, à moins qu'on ne dise que c'est celle de la Trinité qui la représenta. Mais on vit paroître le nom de Saint Laurent, lequel servit quelquefois à qualifier le Chapitre de Montlhery devenu Prieuré. D'autres croient que c'étoit un titre différent, et que c'étoit simplement une Chapelle située dans l'Eglise Priorale de Saint-Pierre. Tous les enseignemens que j'ai pu trouver sur ces deux titres, consistent dans le Pouillé Parisien du XIII siècle, qui nous apprend que Saint-Pierre et Notre-Dame étoient alors deux Paroisses de Montlhery auxquelles le Prieur de Longpont nommoit. Celle de Notre-Dame est dans le Pouillé du XV siècle, et l'autre aussi, mais sans désignation de Saint. A la Chambre des Comptes il y a eu l'acte d'amortissement d'une Messe par chaque semaine, fondée dans Saint-Pierre, pour l'ame de Jean de Corbeil. Cet acte est du mois d'Août 1380. On sçait aussi qu'en l'an 1420 l'Abbé de Cluny unit le revenu de Saint-Laurent de Montlhery au Prieuré du même lieu. Aujourd'hui Saint-Pierre et Saint-Laurent ne forment qu'un seul bâtiment, n'y ayant qu'un mur commun qui les sépare. Saint-Laurent qu'on appelle le Prieuré, est du côté septentrional ; c'est une espece de grande Chapelle où il n'y a rien d'ancien que le portail, qui est du XII ou du XIII siècle, et dont le Sanctuaire seulement est voûté. Saint-Pierre est comme un reste d'aîle méridionale de l'ancien Prieuré. Cette petite Eglise est toute voûtée à

Mém. de la Chambre des Comptes.

Bibl. Cluniac. col. 1726.

l'antique; on y voit aux vitrages des sculptures de la fin du XIII siècle comme du temps de Philippe-le-Bel en forme de trefles. Il y a au frontispice une tour très-basse. Entre plusieurs tombes qui restent dans cette Eglise, voici celles qui sont les moins effacées.

Au chœur est gravé en lettres gothiques minuscules :
Ici gist Noble homme Mess. Hue de Bouloy, Chevalier, lequel ala de vie au trépassement le XX. . . . . . . Si prions à Notre-Seigneur qu'il ait merci de l'ame de lui. Amen.

Ce Chevalier est représenté armé avec une levrette à ses pieds. Son bouclier ou écu est chargé d'un lion grimpant semé de billettes.

Dans la nef devant l'entrée du chœur est écrit sur une tombe en caractères également gothiques minuscules : *Cy gist Demoiselle Jehanne jadis femme Galeran de Grannecay, Escuier* (la suite est couverte par un banc),... *passa l'an M CCCC XXVI le Samedi iij jour du mois d'Aoust.* On apperçoit deux figures sur cette tombe. Celle qui a la droite est coëffée en pointe rabaissée et a aux deux côtés de la tête l'écusson.

L'autre figure est coëffée en carré et en beguin.

On n'apperçoit d'une autre tombe couverte par les chaises du chœur que ces mots : *laquelle trepassa l'an M CCC LXIIII le V en May. Dieu leur fasse merci et à tous trépassez.*

Au côté gauche du chœur de la même Eglise, est attachée une inscription de l'an M. CCCC LXVII, par laquelle il conste qu'Ivonet Du Mas, Maçon, et Charlotte, sa femme, ont donné à la Fabrique de Saint-Pierre de Montlhery la somme de xvj sols de rente annuelle et perpétuelle à percevoir à Noël sur une maison en laquelle demeure Jehan Aboilant, à la charge de quatre Messes basses les quatre Mercredis des Quatre-Temps, et en outre xvj deniers parisis de rente sur une maison séante au bout de la Ville de Montlcheri tenant d'une part au chemin du Roi.

On voit par cette dernière inscription que c'est depuis plusieurs siécles que ce collatéral de l'Eglise servoit à faire l'Office de la Paroisse de Saint-Pierre ; mais comme elle n'étoit composée que de douze feux ou environ, à l'occasion de la mort de l'un des Curés, ce peu d'habitans a été réuni en 1738 ou 1739 à la Paroisse de la Trinité bâtie dans la Ville et ils ont commencé à y rendre le pain béni le Dimanche 23 Août 1739, demandant seulement d'être inhumés dans leur ancienne Paroisse du Château.

Il y a apparence que ce fut dans cette Eglise que les Evêques de Paris faisoient l'Ordination lorsqu'ils vouloient la faire à Montlhery. Guillaume de Baufet, Evêque, y ordonna Prêtre le 21 Décembre 1309, Pierre de Grez, qui fut sacré quinze jours après Evêque d'Auxerre.

Gall. Chr. T.VII, col. 123.

Le Prieuré de Montlhery est donc maintenant l'unique Eglise renfermée dans les vestiges du vieux Château, où l'Office divin est quelquefois célébré. Dans la division des Doyennés du Diocése de Paris faite relativement aux Abbayes, Prieurés et Chapitres, et écrite au treiziéme siécle, ce Prieuré est dit situé *in Decanatu Montis Gemelli*, c'est le nom que l'on donnoit quelquefois alors au bourg de Longjumeau, et il est inscrit en ces termes : *S. Petrus de Monte Letherico*, sans aucune mention de Saint-Laurent. Le Titulaire de ce Bénéfice est seul Décimateur dans le territoire de Montlhery et de quelques Paroisses. Son fief s'étend sur une partie de la Ville et de plusieurs Paroisses. Il a le droit double du mesurage des grains du marché et le droit de plaçage, toutes les onziémes semaines. Son revenu peut monter à 550 livres. Ce Prieur fit dans le siécle dernier une échange avec Louis le Maître, Seigneur de Bellejame, qui fut ratifiée par le Cardinal de Mazarin, et confirmée par Lettres-Patentes registrées le 21 Mars 1661. Il est Curé primitif de la Paroisse de la Trinité, de laquelle il me reste à parler.

<small>Dict. Univ. Géogr. T. III, col. 1396, d'après le Mém. de M. Humblot.

Merc. de France, Août 1737, p. 1700.

Regist. du Parl.</small>

Cette Eglise, située dans la Ville, ne fournit aucuns monumens anciens, ni tombes ni inscriptions. Ce qui doit cependant faire juger qu'elle a quelque antiquité, est que les piliers du chœur et du sanctuaire du côté du nord et ceux de l'aîle septentrionale du même chœur paroissent être d'une structure d'environ l'an 1300 au plus tard. Le reste, sçavoir la nef, la tour, a été rebâti en pierres de gray et bien plus nouvellement. Dans des Provisions du 22 Mai 1480 elle est dite *Ecclesia Parochialis sanctæ Trinitatis B. Mariæ*. Dans d'autres du 11 Août 1490, il y a *Ecclesia B. Mariæ alias de Trinitate*, et dans celle du 11 Novembre 1525 la Cure est appellée *Cura B. Mariæ antiquitus, nunc vero sanctæ Trinitatis*. C'est depuis l'année 1739 la seule et unique Paroisse de Montlhery. Il y a dans cette Eglise un Bénéfice de Chapelain sous le titre de Saint Nicolas et de Sainte Catherine de Jambeuse, qui est à la nomination de l'Archevêque de Paris. Il peut avoir trois cents ans d'antiquité. On en trouve des Provisions dès la fin du quinziéme siécle. Elle a pour fondateur un nommé Jean Beuze, suivant le Registre de l'an 1496, où on lit *Capellania dicta Johannis Beuze in Ecclesia Parochiali S. Trinitatis*.

<small>Lib. Præs. Arch. Josaico ad an. 1720.

Reg. Ep. Paris, 17 Apr.</small>

Nous sommes plus instruits sur l'Eglise ou Chapelle de Notre-Dame située au bas de la Ville proche la Porte de Paris. On voit par l'inscription du frontispice qu'elle a été bâtie en 1708. Elle est sous le titre de l'Assomption. Cette Chapelle qui a assez d'apparence, qui est bien orientée et dont le portail est accompagné d'une tour quarrée, a fait revivre l'ancienne Eglise de la Sainte Vierge qui étoit dans le Château au douziéme siécle aussi-bien que celle de Saint-Pierre. Le fondateur est Jean-Baptiste Bodin, Sieur des Perriers, Procureur du Roi de Montlhery, qui avoit acheté de M. le Gendre, Maître des Requêtes, le terrain où elle est. Il eut permission de Louis XIV d'employer à sa construction les pierres du Château qui venoient des débris de sept petites tours. Elle fut bénite par M. d'Orsanne, Archidiacre de Josas, le 20 Octobre 1709. Le fondateur laissa de quoi y entretenir deux Chapelains; l'un à la nomination du Roi pour y célébrer la Messe pour Sa Majesté et la famille Royale, et un autre à la nomination de M. l'Archevêque de Paris, après le décès de sa seconde femme, excepté la premiere fois, pour célébrer la Messe à perpétuité chaque jour à l'intention du fondateur et pour sa famille. Il y fut inhumé en 1712. Sur sa tombe il est qualifié Vague-Mestre. Dans l'enregistrement des Lettres-Patentes de cette fondation, qui fut fait le 1ᵉʳ Août 1710, le sieur Bodin des Perriers est dit Substitut du Procureur Général de Montlhery, Lieutenant de Police et Subdélégué de l'Intendant. Ces Lettres qui marquent que la fondation sera appellée Royale et regardée comme telle, portent la concession des amortissemens dus au Roi pour la fondation des deux Chapellenies. Celle de ces deux Chapellenies qui est à la nomination Archiépiscopale est qualifiée Chapellenie de Saint Jean-Baptiste et de Saint Clément, desservie en la Chapelle Royale de l'Assomption de Montlhery. Elle a le titre des deux mêmes Saints au Rôle des Décimes. Sa dévotion envers Saint Clément venoit de ce que les deux femmes qu'il avoit épousées avoient le nom de Clémence; la premiere étoit Clémence Rousseau, la seconde Clémence de Vigny. Il fut aussi convenu dans la fondation que les Prêtres natifs de Montlhery requérant dans les deux mois cette derniere Chapelle, seroient préférés. *Lib. Præsent. Arch. Josaicæ ad an. 1734.* *Reg. Arch. Par. 2 Nov. 1709.*

Les Pouillés de Paris de 1626 et de 1648 (pages 86 et 52), et le Rôle des Décimes font aussi mention d'une Chapelle de Saint Louis, fondée à Montlhery. Celui de l'an 1648 la dit située au Château, et ajoute qu'elle est à la nomination du Roi.

On lit dans Bacquet, que le tiers du Droit de minage duquel deux Chapelains de Montlhery avoient joui long espace de temps, fut déclaré autrefois appartenir au Roi et réuni à son Domaine par Sentence des Conseillers du Trésor. Je ne vois pas à quelles Chapelles il faut rapporter ce fait, si ce n'est peut-être à celles dites ci-dessus *de Jambeuse*. *Traité des droits de Justice, ch. xxvii, p. 383.*

Dans l'une des Notes faites sur le Lutrin de Boileau, il est parlé d'une Chapelle ruinée des environs de Montlhery dite *Pourgues* ou *Pourges*.

Il y a dans Montlhery un Hôtel-Dieu où sont huit lits. Par Arrêt du Conseil d'Etat du 31 Août 1697 et Lettres-Patentes, les biens et les revenus de la Maladerie de Linas ont été unis à l'Hôpital de Montlhery, et il a été ordonné que ces revenus et ceux de cet Hôpital seroient employés à la nourriture et entretien des pauvres malades qui seront reçus dans cet Hôpital.

OFFICES TEMPORELS DE MONTLHERY ET AUTRES REMARQUES QUANT A L'HISTOIRE CIVILE

Entre les Jurisdictions de Montlhery, la Prévôté est la plus ancienne. Elle étoit déjà érigée sous le titre de Châtellenie en 1330, et avoit le titre de Prévôté en 1379. Elle est composée d'un Prévôt, de deux Lieutenans de Police, un Commissaire de Police, un Procureur du Roi, un Greffier, quatre Notaires, autant de Procureurs et plusieurs Huissiers. Il y a aussi dans le même lieu une Gruerie.

Il y avoit autrefois une Capitainerie des Chasses qui a été supprimée par un des articles d'une Déclaration de Louis XIV du 12 Octobre 1699.

Tables de Blanchard. Blanchard cite à l'an 1579 des Lettres de Henri III du mois de Mars touchant les Boucheries de Montlhery et de Linas.

Il y a à Montlhery cinq portes flanquées de tours rondes en partie ruinées. Toute la Ville est encore entourée de murailles; mais ce ne sont pas partout les anciens murs. Il y a quelques endroits où les murs des jardins particuliers ont été continués au-delà de l'ancienne enceinte. Un ancien compte imprimé dans *Sauval,* Sauval fait mention d'une rue des Juifs qui étoit à Montlhery *T. III, p. 544.* en 1508.

On tient dans cette Ville un Marché le Lundi et Vendredi. Celui du Lundi est très-considérable pour les grains qu'on y apporte d'Etampes et de Dourdan, et c'est un des entrepôts d'où l'on tire le plus de bleds pour Paris.

Necr. Eccl. Par. ad 3 Jan. Il est parlé des vignes de Montlhery au moins dès le douzième siècle ; Raymond de Figeac, Chanoine Soudiacre de Notre-Dame de Paris, y en avoit une piece au territoire dit Luisant qu'il légua *Chart. Longip. fol. 14.* à son Eglise : et Rimbert de Chevanville, qui en possédoit pareillement, les donna au Prieuré de Longpont. Pour ce qui est d'Hermengarde de Saint-Verain, laquelle vécut aussi au douzième *Ibid., fol. 54.* siècle, elle ne donna à ce Prieuré que la dixme qu'elle avoit dans le petit Luisant.

Theatr. Urbium, T. III, ann. 1582. Montlhery vu du côté de la grande route, a été représenté par Georges Braun en son Théâtre des Villes, gravé en 1582. Il est *Topogr. Cl. Chastillon, fol. 12 et 22.* aussi figuré dans la Topographie de Claude Chastillon gravée en 1610. Ce n'est que dans le temps des guerres civiles sous Henri IV qu'on a achevé de démolir l'ancien Château, ensorte qu'il ne reste presque plus que la fameuse Tour avec une partie de son escalier. C'est de cette Tour que Boileau a feint qu'étoit sorti le hibou qui à la faveur de la nuit vint se cacher dans le Lutrin de la Sainte-Chapelle. Morin. Hist. du Gâtin. p. 478. Lutrin, Ch. III.

Montlhery est l'un des quatre lieux qui peuvent fournir un jeune garçon qui sera présenté par le Curé aux Célestins de Marcoucies, pour recevoir d'eux pendant trois ans la somme de cent livres afin de l'aider à étudier au Collége. Suivant le testament de Charles de Balzac, Evêque de Noyon, de l'an 1627, la fondation est aussi pour fournir la même somme à une fille du lieu afin de la marier. Testam. de Ch. de Balzac.

Quelques illustres Personnages de l'antiquité ont été surnommés de Montlhery, parce qu'ils en étoient natifs. Geoffroy de Montlhery, Chanoine de Saint-Etienne de Troyes, étoit en 1269 Clerc du Roi de Navarre et son Procureur. Un Jean de Montlhery, Dominicain, fut célèbre par ses Sermons vers l'an 1270. Un autre Jean de Montlhery fut fait Maître des Requêtes sous le Roi Jean en 1358. Sous Charles V, son successeur à la Couronne, fut fameux à la Cour un nommé Bernard de Montlhery, que Christine de Pisan qualifie de l'un des Trésoriers Généraux de ce Prince. Reg. Parl. Omn. SS. 1269. Script. Ord. prædict. T. I, p. 268. Mém. de la Chambre des Comptes. Vie françoise de Ch. V. de l'an 1743, p. 133.

Il est fait mention dans le Procès-verbal de la Coûtume de Paris, d'un fief de Montlhery situé en la Paroisse de Prêles, proche Tournan en Brie. Je remets à en parler à l'article de Prêles.

LINAS ou LINOIS

La véritable connoissance de l'antiquité de Linas dépend de l'intelligence d'une Charte du Roi Louis-d'Outremer, datée de la ville de Laon en l'année 936 lorsqu'il alla se faire couronner Archevêque de Reims. Il y est dit que Hugues, Comte de Paris, Gautier, Evêque de la même Ville, et Teudon, Vicomte, se sont présentés devant ce Prince pour obtenir de lui une nouvelle confirmation des biens que le Comte Adelard et Abbon vassal, avoient assurés à l'Eglise de Saint-Pierre dans laquelle repose le corps de Saint Merry, et que les Rois Carloman et Eudes avoient déja confirmés. Sur quoi Louis-d'Outremer ordonna en faveur d'un nommé Jean et de sa mere Alberade et de son fils Gautier, qu'ils possédassent pour l'entretien de cette Eglise et pour leur propre utilité, sans payer aucun tribut ni péage, une petite Abbaye (*Abbatiolam*) appartenante à cette Eglise de Saint-Pierre et Saint- Gall.Chr. vetus, T. I, et nova, T. VII, col. 18 in Instrum.

Merry, de laquelle dépendoient vingt ménages au village de Linais, autant à Viviers, trois à Villiers, et quelques-uns à Ivry. Voilà le premier titre où l'on trouve le nom de Linas : il y a en latin *in villa Linaias manselli* XX. Il est vrai qu'il n'y est pas dit formellement que la petite Abbaye dépendante de Saint-Pierre et Saint-Merry de Paris fût située à Linais, mais seulement que le premier bien qu'elle avoit consistoit en vingt ménages situés dans cette Terre. Cependant il est à présumer que cette *Abbatiole* étoit à la campagne et à Linais même, et que c'étoit là que la Dame Alberade avec son fils Jean et son petit-fils Gautier devoient entretenir un certain nombre d'Ecclésiastiques : ce qui par la suite aura donné origine à la Collégiale, et voici comment les choses se seront faites. Cette petite Abbaye étoit un ancien bien attaché à l'Eglise de Saint-Pierre et Saint-Merry de Paris, puisque le Roi Carloman qui régnoit en 880 en confirma les biens, ainsi qu'on vient de voir. Ce fut dans la derniere année de son regne, c'est-à-dire en 884, que Gozlin, Evêque de Paris, fit lever du tombeau par ses Archidiacres le corps de Saint-Merry, pour le placer dans une châsse. Il y a toute apparence que suivant l'usage assez commun alors, les Ecclésiastiques de l'Eglise de Saint-Pierre et Saint-Merry mirent à part les esquilles d'ossemens restées au fond du cercueil de pierre, et qu'ils en réserverent pour l'Eglise de Saint-Etienne de Linas, qui étoit la Paroisse des paysans par les mains desquels étoient cultivées les terres attachées à l'Abbatiole dépendante de cette Eglise de Saint-Pierre et Saint-Merry ; et qu'il arriva à Linas par la suite la même chose qu'à Paris : que comme l'Eglise de Saint-Pierre au nord de Paris perdit son ancien nom pour prendre celui de Saint Merry, à cause du concours à ses reliques, de même celui de ce Saint Abbé fut substitué dans Linais à celui de Saint Etienne, qui n'est plus d'usage que pour désigner le Saint Patron de la Paroisse [1]. Ce changement étoit fait avant le douziéme siécle, puisque dans un Traité que Guy de Linais, Chevalier, fit passer vers l'an 1100 ou 1110 au sujet des échanges à faire entre l'Eglise de Longpont et celle de Linas, l'une est dite *Ecclesia sancti Mederici*, comme l'autre *Ecclesia sanctæ Mariæ*, et plus bas ceux qui desservoient Longpont sont appellés *Fratres de supradicto loco*, et ceux qui desservoient l'Eglise de Linas, sont dits *Monachi S. Mederici*. La Bulle du Pape Eugene III qui confirme au même Prieuré de Longpont en 1151 la possession de tous ses biens, se sert aussi du simple terme *de Saint-Merry*, pour signifier le territoire de

---

1. J'ai vu des Provisions du Doyenné datées du 1er Avril 1533. L'Eglise est dite *Collegialis SS. Vincentii et Mederici.* (Reg. Ep. Par.)

Linas : *Quartam partem decimæ sancti Mederici.* Et le Pouillé
du Diocèse de Paris écrit vers la fin du règne de Saint Louis, ne
désigne point autrement l'Eglise de ce lieu que par ces deux mots
Sancti Mederici, laissant à sous-entendre qu'il s'agit de Linas.

On ne sçait pas au juste l'année dans laquelle les Chanoines
succéderent aux Moines. Le Pouillé dont je viens de parler ne fait
aucune mention de la Collégiale à l'endroit où il nomme les autres
Chapitres du Diocèse. C'est ce qui fait croire que son érection ne
seroit que d'après le milieu du treiziéme siécle. L'épitaphe d'un
Chantre de cette Eglise rapportée ci-après rend ce sentiment
presque certain, puisqu'il y est dit qu'il mourut en 1280. Du
Breul a inséré dans ses Antiquités un Mémoire latin qui lui avoit *Antiq. du*
été fourni par quelque Chanoine de Linas, mais qui ne paroît *Dioc. de Paris,*
pas être fort instructif. On se contente d'y dire que le Chapitre a *p. 890.*
été fondé par plusieurs Nobles du pays, pour y entretenir, suivant
les Statuts de l'Evêque Diocésain, un Supérieur (lequel a d'abord
été qualifié d'Abbé et ensuite de Doyen), un Chantre, neuf Chanoines et six Chapelains; que le Doyen est éligible par le Chapitre,
et que l'Evêque confere la Chantrerie, les Canonicats et les Cha- *Reg. Ep. Paris.*
pellenies. Il auroit fallu dire que primitivement il y avoit eu douze
Chanoines qui furent réduits en 1628. Malingre n'en dit pas plus
que Du Breul : et c'est ce qui a été suivi par les Auteurs du nou- *Antiq. de Paris,*
veau *Gallia Christiana* au Catalogue des Abbayes éteintes. C'est *L. IV, p. 67.*
un fait constant par le petit Cartulaire de l'Evêque de Paris, que *Gall. Chr. nova,*
T. VII, c. 331.
l'Evêque Etienne Tempier établit en 1378 dans cette Eglise deux *Chart. Ep. Par.*
Marguilliers du consentement du Chapitre. Les Chapellenies dont *Bibl. Reg. f. 8.*
Reg. Ep. Paris.
il vient d'être parlé étoient fondées au grand Autel et à la présen- *1528.*
tation du Chapitre. Antoine Sanguin, Protonotaire, depuis Archevêque et Cardinal, en eut une dont il se démit en 1528.

Véritablement la plus grande partie de l'Eglise de Saint-Merry,
qui est Collégiale et qui sert de Paroisse, paroît être d'une structure de la fin du treiziéme siécle ou du commencement du
suivant, c'est-à-dire le fond qui est orné de galeries et où l'on voit
des vitres d'un blanc épaissi en forme de grisaille et d'un rouge
gothique. La tour, quoique fort défigurée par différentes réparations, conserve encore quelque chose qui dénote le treiziéme siécle :
mais les bas côtés de cette Eglise ne paroissent gueres avoir que
six vingt ou cent cinquante ans. Entre le Sanctuaire et le chœur
est une tombe plus étroite aux pieds que vers la tête, ce qui
désigne aussi le treiziéme siécle. Elle représente un Prêtre revêtu
des habits Sacerdotaux et tenant un calice. Il reste dessus écrit en
lettres gothiques capitales : *Magister Villermus de sancto Marcello
quondam Decanus sancti Mederici de Linais, cujus anima requiescat
in pace.* Il y a environ quarante ans qu'en faisant la fosse pour

inhumer Jean Fauvel, Chanoine, on trouva le cercueil de ce Doyen qui étoit de plâtre, et des restes du couvercle de sa bière, on vit à côté de sa tête de petits pots de terre dans l'un desquels étoit du charbon et quelques restes d'encens étouffés faute d'air. Voici les noms de quelques autres Doyens découverts sur différents monuments :

Guillaume de Saint-Marcel dont la tombe est du XIII siècle. Hugues Melin, Doyen en 1409, qui fonda quelques Messes à Saint-Eloi de Paris. Pierre de Boquet, décédé vers le mois d'Août 1490. Robert Grandguilliet, mort en 1576. Guillaume Chartier, élu par le Chapitre et confirmé le 8 Juin de cette année. Nicolas Pilleur lui succéda en 1585, et à celui-ci Hugues le Maire. Enfin Jean Vallien fut élu le 23 Mars 1604.

<small>Tab. S. El. Par.
Reg. Ep. Paris.</small>

A l'entrée du chœur est la tombe du Chantre Geoffroy dit la Roüe représenté en habit long et capuchon, avec cette inscription en lettres gothiques capitales, dont les vers indiquent l'an 1280 pour celui de son décès :

> *Cantor Gaufridus jacet intus nobile sidus*
> *Dictus deque Rota ; fleat illum concio tota.*
> *Vis obitum scire : Christi Natale require*
> *Anni milleni C. bis simul octuageni.*
> *Tuque misertus ei da Christe locum requiei*
> *Dimissique gregis esto defensor....*

On voit dans la même Eglise plusieurs autres tombes de Chanoines représentés le livre à la main. Il y en a sous la lampe une de l'an M. CCC. XXIII. Elle est quarrée oblongue et en gothique capital.

Autre de même forme et mêmes caracteres :

Hic jacet Philippus Paté Canonicus istius Ecclesiæ, qui decessit anno Domini M. CCC. LV.

Autre en gothique minuscule d'un Chantre qui tient un bâton cantoral terminé d'une figure de Saint Merry :

....Magister.... Coirette Presbyter, Cantor et Canonicus istius Ecclesiæ, et Curatus Parochialis S. Petri de Monte Letherico, qui obiit anno Domini millesimo quadringentesimo primo, XI die mensis Octobris.

Autre en gothique minuscule d'un Prêtre qui a les mains jointes :

Cy gist vénérable et discrete Personne... Eglises Parochiales saint Pierre de Senluyeres, Diocèse de Chartres, et saint Cyr,

Diocèse de Seez, Doyen et Chanoine de l'Eglise de ceans ; lequel trespassa le Dimanche XXVI jour de Septembre.....

Autre en gothique minuscule, sous le banc des Choristes :

Cy-dessous gist vénérable et discrete Personne Messire Gaulvin Trover, Prêtre, en son vivant Doyen et Chanoine de l'Eglise Collégiale Monsieur saint Merry de Lynois, natif de Marcoussis ; lequel trépassa en 15...

Autre dans l'aîle du chœur du côté septentrional :

Cy-devant gisent les os et cendres de François Reverdy Sieur du Verger, natif de Bourbon l'Archambault en Bourbonnois près Moulins, qui ayant fidelement servi le Roy en qualité de Secretaire ordinaire de sa Chambre, et M. de Gié, Gentilhomme ordinaire en icelle, mourut en ce lieu de Lynois âgé de trente-deux ans ou environ, le Vendredi 25 Juin 1604.

Ce n'est point par pure conjecture que j'ai avancé ci-dessus qu'on avoit autrefois transféré de Paris à Linas quelques ossemens de Saint Merry. M. Baillet assure que ces ossemens y sont encore. Je trouve que le 22 Juin 1669 il fut permis par l'Archevêque de Paris aux Chanoines de transférer dans une châsse d'argent doré les reliques de la vieille châsse, et d'en faire la Fête le second Dimanche après Pâques. Le Mémoire latin imprimé dans Du Breul dit qu'il est étonnant de voir combien grand est le concours des pélerins qui viennent des pays les plus éloignés réclamer l'intercession de ce Saint, parce que l'expérience a appris qu'un grand nombre de gens attaqués de la colique ou douleur d'entrailles ont été guéris en l'invoquant. Il ajoute que Vincent le Fevre, issu d'une noble et ancienne famille de ce lieu, et qui avoit visité les Lieux Saints, y a fondé par son testament une Messe en mémoire des cinq plaies de Notre-Seigneur pour chaque premier Vendredi du mois ; et une autre Messe tous les Dimanches, laquelle se dit après le second coup de Matines pour la commodité des voyageurs.

Linas étoit aux XII et XIII siécles le siége du Doyenné rural de ces cantons-là, lequel Doyenné comprenoit les mêmes Paroisses qui sont attribuées au Doyenné de Montlhery depuis le quatorziéme siécle. On disoit encore sous le regne de Saint Louis : *Decanatus de Linais* ; mais dans le Rôle des Procurations épiscopales rédigé en 1384, au lieu de ce Doyenné on lit : *Decanatus de Monte Leherico*, et l'article de Linas est conçu en ces termes : *Capitulum sancti Mederici de Lynax X libr. X sol.* Ce Chapitre n'a jamais passé pour être fort opulent. Le seul de ses biens du

Vie des Saints au 29 Août.

Reg. Arch. Par.

Antiq. de Paris, p. 891.

moyen âge que mes recherches m'aient fait connoitre, sont les bois de Corberon dont l'Evêque de Paris accorda l'amortissement vers l'an 1316. Ces Chanoines sont Seigneurs en partie de Linas. Ils ont en face de leur Eglise une Maison Seigneuriale où plusieurs d'entre eux demeurent.

<small>Tab. Ep. Paris.</small>

Dans le temps qu'il y avoit des Moines en l'Eglise de Saint-Merry, le Curé qui desservoit la Paroisse étoit appellé simplement *Presbyter de Linais* [1], et sa nomination appartenoit de plein droit à l'Evêque de Paris, ainsi qu'il se prouve par le Pouillé du treiziéme siécle écrit en dernier lieu vers l'an 1260. Depuis l'établissement des Chanoines, l'Evêque accorda qu'ils lui présenteroient un d'entre eux pour la desserte de la Cure ; et c'est pour cette raison que dans les Pouillés imprimés en 1626, 1648 et 1692, la nomination est dite appartenir au Chapitre du lieu. Ce fut peut-être lors de ce changement sur la maniere de pourvoir à la Cure de Linas, que le Doyenné rural fut transféré à Montlhery, environ deux cents ans après que cette célebre Terre fut unie au Domaine. L'autel Paroissial de Linas est dans la Collégiale. La Fête de Saint Etienne du 26 Décembre y est regardée comme la Fête patronale. J'ai vu des Provisions de la Cure du 30 Avril 1533 qui lui donnent le titre de Notre-Dame.

Quiconque sçait la distance de Paris à Montlhery, qui est de six lieues, connoit celle de Linas, puisqu'il est situé au bas de la montagne, du côté du midi qui est celui de la pente la plus roide. Ainsi, c'est par inadvertance qu'on a laissé imprimer dans les Siécles Bénédictins que Linas est à une lieue et demie de Paris ; c'est ce qui a trompé M. Baillet à la fin de la vie de Saint Merry, et depuis lui le Pere Jean Stiltinck, Jésuite, lorsqu'il a redonné la vie latine de ce Saint Abbé. Voici ce qu'il en dit : *Lynais ubi colitur S. Medericus est oppidum tertio milliari prope ab urbe Parisiaca* [2]. En un mot, Linas est si voisin de Montlhery, que quelques Ecrivains l'ont marqué comme fauxbourg de cette Ville, ce qui est cependant faux, parce qu'il a eu ses murs particuliers et ses portes dont il en subsiste encore quelques-unes. Ce lieu est aussi le passage des voitures publiques de Paris à Orléans, lesquelles évitent avec soin la descente de Montlhery où elles ne passent plus. La terre est cultivée de toutes les manieres, excepté en lin qu'on n'y voit point croitre, quoiqu'il semble que ce soit ce qui

<small>Sæc. III, Bened. Baillet 29 Août.

Boll. T. ultimo Augusti, p. 518, col. 2.</small>

---

1. *Olgrinus Presbyter de Linais*, est témoin dans un acte du Cartulaire de Longpont au XII siécle. Je trouve dans les Registres de l'Officialité, qu'en 1486, cette Paroisse avoit pour Curé Pierre de Don.

2. Ceux qui se servent de chiffres romains ont quelquefois fait prendre six pour trois, et trois pour six, en liant ou séparant mal-à-propos les trois jambages III. D'ailleurs en ces derniers temps quelques Ecrivains latins ont employé *milliare* pour *Leuca*.

a donné le nom au pays. Il y passe une petite rivière nommée Salmouille qui vient des étangs qu'on voit entre Marcoucies et Beauregard, et qui se jette une demi-lieue plus bas dans la rivière d'Orge, entre le moulin de Carouge et la chaussée de Guéperreux, après avoir fait tourner deux moulins sur le territoire de la Paroisse, l'un dit le Moulin de l'Etang appartenant aux Chanoines du lieu, l'autre dit le Moulin de Biron appartenant à M. Labbé, Seigneur de Villebousain. Il y a aussi à Linas, dans la grande rue, une fontaine publique d'où l'on tire de l'eau pour la fourniture de Montlhery. Il est marqué dans le Dénombrement de l'Election de Paris imprimé en 1709, qu'il y a à Linas 206 feux. Celui que le Sieur Doisy a publié en 1745 y en marque 218. Le Dictionnaire Universel de la France a oublié totalement cette Paroisse, tant sous le nom de Linas que sous celui de Linois ; mais il fait mention d'un Linas situé au Diocèse de Cahors.

On ignore depuis quel temps l'usage a fait retrancher la seconde [syllabe] du nom de Linais. Le Diplôme de Louis-d'Outremer de l'an 936, exprime ce territoire par *Linaiæ* dont l'accusatif faisoit *Linaias*. Depuis ce temps-là les titres du Prieuré de Longpont, qui sont tous latins, mettent *de Linais*, sans qu'on puisse dire si ce nom étoit prononcé en deux syllabes plutôt qu'en trois. C'est dans le Cartulaire de cette Maison qu'on trouve plus souvent les anciens Seigneurs ou Chevaliers de Linais. Dans un acte d'environ l'an 1065, sous Robert, le premier Prieur : *Testes Adam Vicecomes, Hecelinus de Linais*. Il est répété dans un acte un peu plus nouveau sur Bondoufle. Dans le siècle suivant vers les années 1110, 1120, 1130, Guy de Linais est témoin de la part des Moines dans une Lettre par laquelle Guy Troussel, Seigneur de Montlhery, recommande au Roi Louis les Moines et les habitans de Longpont, et dans l'accord des Chanoines de Montlhery avec les Moines de Longpont sur les sépultures. Ce fut lui qui dressa le Traité fait entre les mêmes Religieux de Longpont et les Moines de Saint-Merry de Linais. Il ratifia comme frere de Hersende, femme de Vulgrin, le don qu'elle avoit fait à la Communauté de Longpont de ce qu'elle avoit à Saint-Michel-sur-Orge ; et luimême étant tombé malade, donna à cette Maison la dixme qu'il avoit à Fontenelles. Milon de Linais est marqué au même Cartulaire comme donateur du quart de la dixme qu'il avoit à Linais ou Saint-Merry ; il avoit fait ce don avant l'an 1151, puisqu'il est mentionné dans la Bulle d'Eugene III qui est de ce temps-là. Je pense que s'il ne donna que le quart, c'est qu'il ne pouvoit disposer que de cela, et qu'ils étoient quatre freres qui avoient partagé entre eux les dixmes de ces cantons. Hugues de Linas voulant se mettre au rang des bienfaiteurs de Longpont, s'ex-

Chart. Longip. fol. 9 et 32.

Ibid., fol. 9.

Ibid., fol. 10.

Ibid., fol. 21.

Ibid., fol. 15.

Ibid., fol. 25.

primoit alors en ces termes : *Ego Hugo de Linais dono sepulturam hospitum terræ meæ de Fontenella pro anima.... et Lancelini fratris mei qui in hoc loco Monachus est defunctus.* Voilà quatre personnes du nom de Linais vivans à peu près dans le même temps : Guy, Milon, Hugues et Lancelin, qui tous quatre étoient apparemment fils de Hescelin de Linais nommé ci-dessus. Ce nom de Hescelin reparut parmi les Seigneurs de Linais sous le regne de Philippe-Auguste. On lit dans le Registre de ce Prince sur les redevances de Montlhery l'article suivant : *Hescelinus de Linaiis est homo ligius Regis de hoc quod habet apud Linaias; et debet custodiam duorum mensium apud Montem Lehericum pro terra quam Renaldus de Corbolio tenet de eo ad Montem Lehericum.* Mais il falloit que ce Hescelin de Linais eût eu pour con-

<small>Chart. Hederac.</small> temporain un Guy de Linais, parce qu'on trouve dans le Cartulaire de l'Abbaye d'Hieres que Philippe de Linois, *Armiger*, reconnut en 1245 que défunt son pere, Guy de Linois, avoit donné à l'Eglise de ce Monastere de Filles dix sols à lever dans ses cens et rentes de Linois.

Depuis la fin du treiziéme siécle on ne voit plus paroître de <small>Reg. Ep. Paris.</small> Seigneurs de Linas précisément. Je n'ai trouvé que Jacques Sanguin, époux de Barbe de Thou, qui en prend la qualité en 1547. Il semble que ceux qui porterent le nom de La Roüe leur succederent.

LA ROUE est un fief et une maison Seigneuriale qui occupe une partie considérable de Linas du côté du couchant. Toute cette partie, à commencer depuis le pont jusqu'au bout du Bourg, est appellée *Linas la Pelerine*, à la différence du reste de Linais dont le Chapitre est Seigneur Censier. Il y a dans la grande rue de ce quartier, à main droite en montant, une belle Chapelle en forme de croix qui porte le même nom de La Roüe, et qui est dédiée sous le titre de l'Annonciation de la Sainte Vierge. Dans une addition au Pouillé du treiziéme siécle faite dans le quinziéme, il est dit qu'elle a été fondée par *H. de Rota* pour deux Chapelains. Quoique cette Chapelle soit bâtie vers l'an 1300, ce n'est pas cependant le plus ancien monument du nom de La Roüe. Celui qui fut le premier Chantre de l'Eglise de Saint-Merry, lorsqu'elle fut érigée en Collégiale vers l'an 1260, s'appelloit Geoffroy de La Roüe, comme on lit dans son épitaphe de l'an 1280, rapportée ci-dessus. Les tombes qui restent dans la même Chapelle en indiquent l'origine. Une qui est au chœur est gravée en gothiques minuscules :

Icy gist Madame Asceline de Tourtebraie, fondatresse de cette Chapelle, qui trépassa l'an M. CCC et XXIII.

Icy gist Monsieur Henry de Vienne, Sire . . . .

billebault . . . . qui trépassa l'an M. CCC et XXIV, le xxij jour d'Août. Priez pour li.

Sur les morceaux qui restent d'une autre tombe, on lit encore ce qui suit, et qui est en mêmes caracteres que ci-dessus :

Icy gist Regnaud de Trie . . . .
Icy gist Marguerite, fille des Fondeurs . . . .

Comme je n'ai point trouvé ce Henri de Vienne dans la généalogie de cette Maison, je n'ai pu suppléer à ce qui a été enlevé de la première tombe, ni décider s'il étoit mari de la fondatrice, quoiqu'il y ait assez de sujet de le croire. A l'égard de Renaud de Trie, il est plus connu ; les Généalogistes disent que son surnom étoit Lohier, qu'il étoit Seigneur de Serifontaine, qu'il servit le Roi en la guerre de Flandres l'an 1328, sous le Comte de Dammartin, et qu'il épousa Marguerite de la Roüe, veuve de Guillaume de Marcilly, de laquelle il eut entre autres enfans Matthieu de Trie, qui servit sous le Connétable Du Guesclin. Ainsi la seconde tombe est du mari et de la femme, et il faut conclure de la teneur des deux tombes ensemble, que Marguerite de la Roüe étoit sûrement fille d'Asceline de Tourtebraie ; le mot *fondeurs* se disoit alors pour fondateurs. Selon le plus nouveau Pouillé, il y a deux Chapellenies en la Chapelle de la Roüe, mais elles y sont dites situées à Montlhery ; ce qui ne paroît pas exact [1]. Pouillé manuscrit du temps de M. de Noailles. Rôle des Décimes.

La Seigneurie de la Roüe en Linois, ainsi qu'on l'appelloit au quinziéme siécle, sortit de la Maison de Trie, au plus tard sous le regne de Louis XI. En 1466, Noble homme Charles d'Alonville, Ecuyer, Seigneur d'Oisonville, en paya le droit de relief pour la mouvance de la Châtellenie de Montlhery. Douze ou treize ans après, lui et Bertranne de Richebourg, sa femme, la vendirent à Amanyon de Garlande, qui en fit hommage entre les mains du Chancelier de France, et qui dès l'année 1478, nomma à l'une des Chapelles de la Seigneurie. Leur fille, Jeanne de Garlande, épousa depuis Louis Malet de Graville, Amiral de France, et lui porta cette Terre. Ce Seigneur joignit ce fief au domaine de Marcoucis qui lui appartenoit pareillement. François le Clerc, Bailli et Capitaine de Sens, Seigneur de Fleurigny, le fut aussi de la Roüe, et nomma en cette qualité à l'une des Chapelles dite de Saint Côme, le 10 Novembre 1533, et le 3 Août 1535. Le 21 Novembre 1533 est une présentation à la Chapelle Notre-Dame par Jeanne de Graville, et le 2 Juin 1538, une autre par le susdit Sauval, T. III, p. 384. Compte de la Prévôté de Paris 1479. Ibid., p. 436. Reg. Ep. Paris. Ordin. de Paris 1588. Sauval, ibid., p. 547.

---

1. Ce plus nouveau Pouillé semble confondre les Chapellenies dites de Guiberville.

Anast. de Marc. p. 123. Leclerc. Ce fief de la Roüe fut ensuite donné en partage aux Seigneurs de Châtres, à un cadet de cette Maison, nommé Thomas de Balzac, Seigneur de Montaigu. Il présenta à l'une des deux
Reg. Ep. Paris. Chapellenies le 3 Décembre 1550, et il est qualifié Seigneur de la Roüe dans le Procès-verbal de la Coûtume de Paris de l'an 1580. Ses héritiers jouissoient encore de cette Terre dans le temps que vivoit l'Auteur de l'Anastase de Marcoucies, qui m'a fourni une partie de ces derniers faits. Dans le milieu du siécle dernier cette
Reg. Arch. Par. Seigneurie étoit possédée par François de l'Isle, sieur de Marivault, qui fit homologuer au Secrétariat de l'Archevêché de Paris, le 3 Octobre 1657, le Concordat passé avec les deux Chapelains sur les Messes et sur la résidence. Au commencement du siécle où nous sommes, le Seigneur de ce lieu étoit Messire Hardoin de l'Isle, Chevalier de Marivault. Sa veuve, Dame Isabelle-Alphonsine de Guénegaud, qui n'est morte qu'en 1737, et qui a été inhumée à Saint-Sulpice de Paris, a fait mettre son cénotaphe en marbre noir dans la Chapelle de la Roüe à Linas, afin qu'on se souvienne de prier pour elle. Aujourd'hui cette Seigneurie appartient à M. Tourniere de la Cossiere, ancien Secrétaire du Roi et ancien Receveur Général des Finances de la Généralité de la Rochelle. Le salon de son Château est remarquable par le grand nombre de ses croisées ou fenêtres.

Dans l'enceinte du même Château est une fontaine qui fournit tant d'eau qu'au bout de quelques pas elle fait aller deux moulins, dont l'un s'appelle le moulin de la Roüe, et dépend du Château ; l'autre se nomme le moulin des Sureaux et appartient à M. de la Chasteigneraie, Chevalier de Saint Louis et ancien Exempt des Cent Suisses.

Il y avoit eu à Linas un droit de péage établi par M. le Comte de Montlhery, mais un Arrêt du Conseil a décidé qu'il ne pouvoit le percevoir qu'à Montlhery, et le Bureau de Linas a été supprimé.

Au sortir du Bourg, du côté qui conduit à Châtres, se voient à main droite les restes d'une Chapelle de Saint Lazare et d'une Maladerie ou Léproserie. Cet établissement n'avoit gueres moins d'antiquité que la Chapelle de la Roue, puisqu'on lit dans les Mémoriaux de la Chambre des Comptes, qu'au mois de Janvier 1351, les Foires de cette Léproserie furent confirmées telles qu'elles étoient, et qu'en outre on confirma à la même Maison le droit de bois mort qu'elle avoit dans la forêt d'Iveline. Le Registre des visites des Léproseries du Diocèse, faites la même année 1351, marque parmi les biens une ferme appellée Blanchart, une maison et six arpens d'héritages à Guéperreux : mais aussi étoit-elle pour seize Paroisses des environs outre celle de Linais ; sçavoir Montlhery, Longpont, Saint-Michel, Sainte-Geneviéve,

Lyciæ, Escharcon, *Ver magnum, Ver parvum,* Saint-Pierre et Saint-Philbert de Bretigny, Boys, Marcoucies, Molieres, Lymous, Janveries et Forges. Cette Maladerie est encore au Rôle des Décimes : mais il y a quelques années qu'en élargissant le chemin de Châtres on fut obligé d'en abattre les restes, et depuis ce temps-là les voitures passent par-dessus.

On m'a assuré dans le pays que la Paroisse de Linas n'a d'autre écart qu'un lieu qui est nommé LE FAY dans toutes les cartes, et qui est situé au couchant d'hiver vers le bout de la forêt d'Iveline.

Je trouve dans plusieurs titres que la Chapelle de Sainte Catherine de Guillerville étoit autrefois située près Linas; depuis ce temps les fondations de cette Chapelle ont été transférées dans l'Eglise de Saint-Merry, comme l'apprennent les Registres de l'Archevêché. Reg. Ep. Par. 15 Apr. 1491. 12 Dec. 1543.

Dans l'Histoire des troubles de la Religion, on lit qu'Henri IV voyant que l'armée de la Ligue ne venoit pas l'attaquer à Bagneux où il étoit en 1589 à la Toussaint, se retira de-là, et alla camper à Linas où il l'attendit encore un jour entier, avant que de continuer sa marche vers la Loire.

Le célèbre Auteur Nicolas Le Fevre, né en 1544, que le Roi Henri IV donna en 1596 pour Précepteur au Prince de Condé, et qui mourut en 1612, étoit originaire de Linas, étant fils de Vincent le Fevre, riche habitant de ce lieu qui s'étoit retiré à Paris.

Charles de Balzac, Evêque de Noyon, mort en 1627, a marqué *Linais la Pélerine* pour l'une des quatre Paroisses dont il veut par son testament que les Curés élisent tous les trois ans un jeune enfant pour être élevé dans un Collége à cent francs par an, que les Célestins de Marcoucies paieront, aussi-bien que cent francs chaque année pour marier une pauvre fille, et il y a eu depuis peu un Arrêt du Parlement qui ordonne l'exécution de cette fondation. On ne voit pas d'où lui est venu ce surnom de *la Pélerine.* Au reste ce surnom n'est donné, comme j'ai dit ci-dessus, qu'à la partie de Linais qui n'est pas sur la censive du Chapitre de la Collégiale. Test. de Charles de Balzac du 5 Oct. 1625.

LEUVILLE

Ce n'est point sur l'antiquité de cette Paroisse qu'il y a à s'étendre, puisqu'elle est une de celles qui n'ont que trois cents ans ou un peu plus : mais cependant on trouve quelque chose sur ce lieu avant qu'il fût érigé en Paroisse. Les Archives du Prieuré de

Longpont sous Montlhery nous donnent les noms de quelques Seigneurs du XII siècle, aussi-bien que le Rôle des Feudataires de Montlhery. Dans ces monumens, ce lieu est appellé en latin le plus souvent *Lunvilla*, une fois *Lugvilla*, et une autre fois *Lunavilla*. Il restera toujours à deviner l'étymologie de la premiere syllabe, laquelle constamment ne peut pas être tirée de *Lupus* (quoiqu'à Paris et en Picardie de *Lupus* on ait fait Leu) : puisque la plupart des anciens manuscrits mettoient *Lunvilla*, et que jamais la lettre *n* n'a été employée pour le *p*.

On pensera ce qu'on voudra sur l'origine du nom de ce lieu, qui peut-être lui est commune avec celle de Lunéville en Lorraine. A l'égard de sa distance de Paris, elle est de six lieues et demie ou environ. Sa situation est presque sur le bord du grand chemin de Paris à Etampes et Orléans, un peu sur la main gauche, à une petite demi-lieue de Linas et de Montlhery, et à une lieue de Châtres dit Arpajon. C'est un pays de labourages, vignes et prairies, lequel a à son levant, du côté de la pente de la colline, la riviere d'Orge qui vient de Châtres et va passer au-dessous de Longpont, Savigny, Juvisy et Athies. Dans les Rôles de l'Election on connoît cette Paroisse sous le nom de Saint-Jean de Leuville, et on ne la trouveroit point au mot Leuville.

Elle est dite comprendre 174 habitans dans le Dictionnaire Universel des Paroisses de France imprimé en 1726. Le Dénombrement des feux du même Royaume publié en 1745 par le Sieur Doisy en marque 38 en cette Paroisse. Je ne parle point de celui de l'an 1709, parce qu'il y a une faute d'impression.

La raison pour laquelle on dit *Saint-Jean de Leuville* dans le langage des Livres de l'Election de Paris, est que l'Eglise de ce lieu est sous le titre du saint Précurseur de JESUS-CHRIST. Ce n'est pas un édifice fort ancien. Les dehors ne peuvent rien fixer sur le temps qu'il a été bâti, parce qu'il est construit de grès : quelques pilastres du dedans semblent indiquer le quatorziéme siécle, quoique les voûtes soient plus nouvelles. Cette Eglise a une croisée, à l'un des bouts de laquelle est une Chapelle couronnée par une lanterne ou petit clocher différent de celui de la Paroisse. La Cure n'étoit pas encore érigée au treiziéme siécle, puisqu'elle ne se trouve point au Pouillé de Paris écrit alors. On ne la connoît que par celui du quinziéme et par les suivans. Tous assurent que la collation en appartient à l'Evêque ou Archevêque de Paris *pleno jure*. J'en ai vu une collation du 30 Juin 1476 *pleno jure*. C'est ce qui insinue que le territoire de Leuville appartenoit auparavant à une Paroisse dont la nomination de la Cure étoit réservée à l'Evêque Diocésain, et que la Chapelle de Saint-Jean-Baptiste en étoit comme la Succursale. C'est pourquoi je pense que c'est de Saint-Germain de Châtres que Leuville a été détaché, et qu'auparavant il en étoit Succursale à cause de l'éloignement d'environ une lieue, plutôt que de croire qu'il ait été Succursale de Linas dont il est si voisin. On sent aisément que si le Chapitre de Linas avoit été Curé du territoire de Leuville lorsqu'il n'y avoit qu'une Chapelle, il n'auroit pas souffert que l'Evêque de Paris lui eût ôté cette administration en y créant une Cure, et que les Chanoines eussent demandé à y nommer comme ils font à celle de Linas. Cela ne doit pas empêcher au reste qu'il ne soit vrai que plusieurs Doyens de Linas ont été Curés de Leuville depuis que cette Cure fut érigée, ou plutôt que plusieurs de ceux que les Evêques de Paris avoient nommés Curés de Leuville ont été aussi faits par eux Doyens de Linas. Le voisinage favorisoit cette alliance de deux bénéfices qu'on ne croyoit pas alors incompatibles.

On trouve quelques Seigneurs de Leuville dès la fin de l'onziéme siècle. Pierre *de Lunvilla* vivoit alors : il est témoin avec Guy Troussel ou Trousseau issu des premiers Seigneurs de Montlhery, dans un acte touchant le Prieuré de Longpont. Il est nommé dans un autre acte comme ayant fait don à ce même Monastere, lui et ses freres, d'un arpent de terre situé *apud Romenor*, par les mains du Prieur Henri pour l'âme de Dame Rence, surnommée la Comtesse. Henri étoit Prieur dès l'an 1086. Enfin le même *Petrus de Lugvilla* prit l'habit monastique à Longpont ; et en se faisant Moine, il donna aux Religieux *unum modium vini apud eamdem villam Lugvillam de proprio vasculo quod dolium vocatur*, et il leur céda le droit qu'il avoit sur le pressurage des vignes que le Monastere possédoit au même village de Leuville.

Chart. Longip fol. 45.

Ibid., fol. 22.

Ibid., fol. 24.

Par d'autres Chartes des mêmes Archives et d'environ l'an 1100, il paroît que ce Prieuré avoit eu d'un seul bienfaiteur sept arpens *apud Lunville*, et que Hugues, fils d'Ansold Harpin, qui avoit un droit de Coutume sur ces vignes, leur en fit généreusement la remise. On lit pareillement que Milon *de Alneto*, c'est-à-dire de Launay ou d'Aunay, donna à ces mêmes Moines vers l'an 1198 un muid de vin dans son clos *de Lunavilla*, pour être employé aux Messes qu'on devoit dire pendant l'année pour l'âme de son pere décédé au voyage de la Terre-Sainte. Il en investit le Monastere en posant sur l'autel un livre que lui présenta Guillaume de Milly, Prieur du lieu, en présence de Simon *de Lunavilla* et d'un Evêque appellé Arnoul.

Ibid., fol. 13.

Gall. Chr. T. VII, col. 356.

Je n'ose pas affirmer que ce Simon fût Seigneur de Leuville, quoiqu'il y en ait toute apparence : mais sûrement sous le regne de Philippe-Auguste un nommé Bencelin possédoit cette Seigneurie. On trouve à la tête du Catalogue des Fiefs principaux

<small>*Cart. Phil. Aug. initio rotuli qui est ad calc.*</small> de la Châtellenie de Montlhery pour sixième Fief ou sixième Feudataire, *Bencelinus de Lunvilla*.

Depuis ce temps-là les monumens ne fournissent aucuns Seigneurs de Leuville, jusques sous le regne de Charles VII. <small>Comptes de la Prévôté de Paris. Reliefs de 1466. Sauval, T. III, p. 390. Hist. des Gr. Off. article des Chanceliers. Sauval, ibid. Le P. Anselme.</small> Alors Jean Alart de Court-Alari, Ecuyer, et Jeanne de Germigny, sa femme, possédoient cette Terre. Ils en firent don l'an 1466 à Jacques Olivier, natif de Bourgneuf près la Rochelle, qui étoit venu s'établir à Paris où il fut Procureur au Parlement, et épousa Jeanne de Noviant, fille d'Etienne, Procureur du Roi en la Chambre des Comptes. Ils leur avoient aussi donné les fiefs de Mons et de la Poitevine. D'autres le qualifient Seigneur de Leuville et du Coudray près Châtres. Il mourut au plus tard en 1488.

Jacques Olivier succéda à son pere dans la Terre de Leuville. Louis XII le fit Avocat Général au Parlement, puis l'un des Présidens de la même Cour en 1507. Il obtint de ce Prince en <small>Bann. du Chât. Vol. I, fol. 407.</small> 1508 l'établissement d'une Foire à Leuville le jour de Sainte Catherine, et d'une autre le troisième jour d'après la Pentecôte. Il fut fait Premier Président du Parlement par François Ier en 1517, et mourut le 20 Novembre 1519 [1].

François Olivier, son fils, jouit après lui de la même Terre. Après avoir été Conseiller au Parlement, Maître des Requêtes, puis Président à mortier, il fut nommé Chancelier de France par François Ier en 1545. Il obtint de ce Prince par Lettres données à <small>Ibid. Vol. IV, f. 237.</small> Fontainebleau au mois de Septembre 1547, l'établissement de trois Foires à Leuville ; sçavoir le jour de Saint Matthias, le jour de la Saint Jean en Juin, et le jour de Sainte Catherine. Il mourut le 30 Mars 1560.

Jean Olivier, fils aîné du Chancelier, posséda ensuite la Terre de Leuville. Il épousa en 1667 Susanne de Chabannes. Il mourut Gentilhomme de la Chambre du Roi en 1597. De son temps son Château fut pris avec la ville de Châtres en 1592 le 6 Janvier par <small>Hist. de Corbeil, p. 267.</small> les Royalistes qui étoient maîtres de Corbeil et de Savigny. Son fils aîné aussi appellé Jean, et Gentilhomme ordinaire de la Chambre du Roi, hérita de la Terre de Leuville, etc., et mourut le 15 Septembre 1641. Il avoit épousé en 1598 Magdeleine de l'Aubespine, dont il avoit eu en 1601 celui qui suit.

Louis Olivier fut qualifié Marquis de Leuville, parce que ce fut

---

1. Je n'ai pu découvrir sur quel fondement on a mis dans l'Histoire des Présidens du Parlement de Paris, page 96, un François Briçonnet, Conseiller au Parlement, avec la qualité de Seigneur de Leuville vers 1550, ni la raison pour laquelle on lit dans l'Histoire des Grands Officiers, Tome III, page 898, que Leuville appartenoit aux Gondi vers l'an 1625. Il n'y a en France qu'une seule Paroisse du nom de Leuville, si l'on s'en rapporte au Dictionnaire Universel du Royaume de l'an 1726.

lui qui fit ériger cette Terre en Marquisat. Il obtint aussi des Lettres du Duc d'Orléans qui lui permettoient de faire dresser en cette même Terre de Leuville et Valorge qui relevent du Comté de Montlhery, une haute-Justice pour la joindre à la moyenne et basse avec ressort des appellations pour le Civil au Châtelet de Paris, et pour le Criminel au Parlement, et autre permission de tenir à Leuville un marché toutes les semaines. Ces Lettres furent enregistrées en Parlement le 9 Juillet 1650. Il fut Lieutenant Général des Armées du Roi, et mourut le 5 Août 1663. Il avoit épousé en 1636 Anne Morand. De son temps mourut dans le Château de Leuville Charles de l'Aubespine, son oncle maternel, le 26 Septembre 1653, deux ans après qu'il eut rendu les Sceaux pour la seconde fois.

Louis-Thomas Olivier de Fiennes, Marquis de Leuville, Bailli de Touraine, premier Capitaine du Régiment Dauphin de Cavalerie, obtint en 1700 des Lettres de confirmation de l'érection de Leuville et Valorge en Marquisat, qui furent enregistrées le 25 Juin. Dans le Mercure du mois de Mai 1742 où est annoncée sa mort arrivée le 3 Avril de la même année au Camp devant Egra en Bohème où il commandoit, il est appellé Louis-Thomas du Bois de Fiennes Olivier, Marquis de Leuville, de Givry, etc. Bailli de Touraine, Lieutenant Général des Armées du Roi.

Son fils a joui depuis lui de cette Terre, jusqu'aux dernieres guerres d'Italie, durant lesquelles il a été tué par les Barbets.

Cette Seigneurie appartient présentement à M. le Marquis de Poyane, héritier de M. de Leuville.

CHASTRES

NOUVELLEMENT APPELLÉ ARPAJON

Il faut qu'il y ait eu autrefois dans le lieu où est Châtres, ou aux environs, quelque Village considérable ou quelque canton distingué, pour que l'Auteur de la vie de Saint Vandrille qui écrivoit au septième siécle, en ait fait mention d'une certaine maniere. Cet Ecrivain marque que ce saint Abbé de Fontenelle au pays de Caux, Diocèse de Rouen, étant venu à la Cour du Roi Clotaire II pour avoir la confirmation de la donation du terrain où cette Abbaye étoit fondée, obtint ce qu'il souhaitoit *in territorio Castrinse in eo palatio quod diminutivo vocabulo censetur Palatiolum*. Cette expression d'un auteur de mille ans prouve clairement qu'il y avoit proche Paris un territoire appellé *Castrinse* par ceux qui écrivoient en latin, et que le lieu que nous nommons aujourdhui Palaiseau y étoit compris, aussi-bien que le petit Palais que nos Rois y avoient. Mais que ce territoire ait été ainsi nommé parce qu'il dépendoit d'un chef-lieu dans lequel il y auroit eu un camp des Romains, ou à cause de plusieurs Châteaux qui y étoient compris, ou bien parce qu'il renfermoit plusieurs petites rivieres, lesquelles dans une langue barbare connue des Francs auroit fourni le nom de Watre, c'est-à-dire pays de riviere, c'est sur quoi je n'ose décider. M. de Valois qui écrivoit très-souvent sans avoir vu les lieux, a cru que *Castra* est le véritable nom latin de la ville de Châtres, et paroît le comparer à différens camps des Romains appellés *Castra Lælia, Castra Cornelia, Castra Ulpia*. Mais j'incline plus volontiers à croire que ce n'est point la langue latine qui a fourni le nom de Châtres, et que c'est plutôt l'une des langues du septentrion qui a fait nommer le territoire dont il s'agit d'un nom qui signifie territoire aquatique, et cela par rapport aux rivieres d'Ivette, de Marde et d'Orge qui l'engraissent. Ces deux dernieres se réunissent un peu au-dessus du Pont de Châtres, et l'Orge seul conserve son nom. On peut voir dans le Glossaire le nombre des noms que le mot Watre ou Water a formés, et qu'il a pour dérivés *Watris capum, Watris chafum*, et autres. Gatres et Catres ont conservé le fond de l'étymologie, à laquelle on aura apporté un adoucissement lorsqu'on a voulu latiniser ce nom. Je suis d'ailleurs assez persuadé que s'il y avoit eu dans le temps que les Romains étoient maîtres des Gaules un camp de troupes Romaines dans le lieu où Châtres est bâti ou bien dans les environs, ce lieu auroit dû être mentionné dans l'Itinéraire d'Antonin comme un lieu de station pour les troupes qui de la Loire venoient gagner la Seine. Mais Aribon de Frisinge, Auteur latin de près de mille ans, éloigne l'idée de *Castrum* et de *Castra*, et appelle ce lieu *Castrus;* et l'Abbé Suger qui écrivoit il y a six cents ans et qui auroit pu encore mieux que nous y appercevoir les vestiges des campemens Romains, s'il y en avoit eu, l'appelle en latin du nom féminin pluriel, *Castræ, Castrarum*. Le Cartulaire de Philippe-Auguste le féminise de la même maniere. Il est vrai que Nithard, parlant de divers pays des Gaules, appelle *pagus Castrensis* celui qui étoit situé entre l'Etampois et le Parisien; et que dans les Capitulaires de Charles-le-Chauve il est fait mention, sous le nom de *Pagus Castrisus,* d'un pays situé entre le même pays d'Etampes et celui de Pincerais, ce qui ne peut convenir qu'à celui de Châtres. Mais comme ces deux monumens, quoique du neuvième siécle, ne déterminent que la situation du *Pagus*, on ne peut en conclure rien contre le nom du chef-lieu du canton: seulement ce qui en résulte est que dès l'an 838 Louis-le-Débonnaire mit le pays de Châtres au nombre de ceux qui devoient être compris dans le Royaume de Charles-le-Chauve, son fils, et que ce pays figurant avec l'Etampois, le Parisis, le Pincerais, devoit être considérable. Aussi M. de Valois y place-t-il entre autres lieux Palaiseau, Orcé, Marcoucies, Montlhery, Linas, Torfou, Ville-Just, Gomez-le-Châtel et Gomez-la-Ville, Fontenay-sous-Bries, Brieres, Limours, Forges, et même Saint-Arnoul en Iveline : et puisque de très-anciens Martyrologes déterminent le lieu de la mort de Saint Arnoul *in Silva Aquilina in pago Castrensi*, il paroit s'ensuivre que tout ce qui est placé depuis Châtres jusqu'à Saint-Arnoul étoit incontestablement du pays de Châtres, ce qui fait sept lieues au moins d'étendue d'orient à l'occident. A l'égard de l'étendue du midi au septentrion, elle n'étoit pas tout-à-fait si grande. Ce pays commençoit vers le midi aux limites de l'Etampois, et finissoit aux environs de Longjumeau ; car on ne peut gueres entendre par le domaine appellé *Butio*, qui y étoit compris au septième siécle, que Ville-Bousin, dont je parle sur l'article de Longpont.

Add. ad Usuard 18 Julii.

Pour se figurer Châtres tel qu'il étoit dans les temps les plus reculés, il est besoin de faire abstraction de tout ce qu'il est devenu par la suite. Il ne faut point se l'imaginer fermé de murs, ni l'Eglise de Saint-Germain hors ces murailles : il étoit composé, comme la plupart des autres lieux de la campagne, de maisons éparses de côté et d'autre, et ces maisons n'avoient pour unique Eglise qu'une Basilique dédiée sous l'invocation de S. Germain, Evêque d'Auxerre [1]. Pour me faire comprendre, il est besoin que je donne ici l'abrégé de la vie de S. Corbinien qui naquit en ce lieu au septiéme siécle. Corbinien, fils d'un habitant de cette Paroisse, nommé Waldechise, profitant de la solitude où il trouvoit cette Eglise, fit construire tout auprès sur le devant de l'édifice une maison où il vécut en espece de reclus, n'ayant avec lui que quelques serviteurs pour ses besoins et une espece de petite communauté qu'il forma aux exercices du Christianisme, et avec laquelle il célébroit l'Office Canonial. On accouroit à lui de tous les environs pour profiter de ses avis, et les présens qu'on lui faisoit étoient tous pour les pauvres. Son Historien fait mention en cet endroit du vignoble voisin, comme aussi d'une forêt qui étoit peu éloignée de Châtres. Le saint homme s'appercevant que les grands Seigneurs venoient aussi lui rendre visite, et que Pépin même, qui étoit Maire du

---

1. Dom Mabillon s'est trompé en marquant qu'elle est sous le titre de Saint Germain, Evêque de Paris. (*Sæc. III Bened. P. I, p. 501,*) aussi bien qu'en ajoutant que ce lieu n'est qu'à quatre milles ou quatre lieues de Paris, *quarto milliari*. La premiére faute est repétée dans les Annales, (*Tom. II, p. 37.*)

Palais, avoit envoyé vers lui pour se recommander à ses prières, fut fâché de ne pouvoir plus rester inconnu. Il y avoit quatorze ans qu'il demeuroit ainsi à côté du portail de l'Eglise de Saint-Germain, lorsqu'il prit le parti d'aller à Rome. Il y fut ordonné Evêque et il revint ensuite en France, où Pépin le retint quelque temps à la Cour. Après cela il retourna en son ancienne demeure proche l'Eglise Saint-Germain de Châtres, espérant toujours que sous la protection de ce saint Prélat il pourroit y reprendre son premier genre de vie de solitaire, content d'y former à la Cléricature quelques Ecclésiastiques. Comme l'idée de sa sainteté y attira un nouveau concours, il résolut de quitter la France pour toujours et de retourner à Rome. Cette fois-ci il y alla par l'Allemagne; mais étant arrivé dans le pays des Noriques, il fut inspiré d'y prêcher la foi de Jésus-Christ; ensorte qu'il devint l'Apôtre de ce pays-là, et y mourut en odeur de sainteté après avoir fondé l'Eglise de Frisenge. Aribon, Ecrivain de la vie de ce Saint et son troisième successeur, y dit que l'Eglise de Saint-Germain étoit dans le lieu qu'il a nommé plus haut *Castrus : in eodem Castro constructam ;* et néanmoins il la représente comme dans un lieu solitaire; ce qui fait voir que *Castrum* ne veut point dire là un Château, dans le sens qu'il signifie un lieu fortifié dans lequel les habitans se seroient réfugiés. Ce même Ecrivain marque que ce *Castrus* étoit situé *in pago Melitonense,* pour signifier apparemment *in Comitatu Melodunense ;* ce qui peut venir de ce qu'il auroit ouï dire à Saint Corbinien que la Ville considérable la plus voisine de Châtres étoit Melun, qui en effet n'en est qu'à sept lieues, tandis que Paris en est éloigné de huit.

Les habitations qui constituoient la Paroisse de Châtres étoient dès-lors sans doute répandues dans les cantons où nous voyons la Bretonnière, Saint-Eutrope, Chantelou, la Folie, et sur le terrain qui a été depuis fermé de murs, et qui a formé la petite ville du même nom de Châtres. Nous ne sçavons point le temps auquel cette distraction fut faite, non plus que celui de l'érection de la Paroisse de cette Ville. Ce que je crois pouvoir en dire de plus probable, est qu'il y avoit une seconde Eglise à Châtres, et même une seconde Paroisse, avant qu'on y eût séparé un certain terrain pour être entouré de murs : la preuve en paroît assez évidente en ce que dans cette enceinte un côté de la rue qui depuis la Paroisse s'étend jusqu'à la porte vers l'orient, il n'y a qu'un côté des maisons qui est de cette Paroisse, et l'autre côté de la rue est de l'ancienne Paroisse de Saint-Germain, ce qui continue hors les murs, où les deux Eglises ont chacune leurs Paroissiens suivant le côté de la rue. Cette division ne paroît bizarre que depuis que par le moyen des murs on a formé d'abord un bourg et ensuite une ville à Châtres. Il existoit sûrement à Châtres une Eglise du nom de Saint Clément au moins dès le commencement du onzième siècle, puisqu'on lit que l'an 1006, Rainaud, Evêque de Paris, la donna en plein Synode aux Moines de Saint-Maur-des-Fossés. La plupart des anciens monumens de cette Abbaye ayant été perdus, je n'ai pu tirer de lumiere sur l'origine de cette Eglise que par un Martyrologe et par les Calendriers d'un Prieuré où l'on suivoit les usages, coutumes et livres de Saint-Maur. Dans ces manuscrits, qui sont du treizième et du quatorzième siècle, on trouve parmi les Fêtes propres à l'Abbaye et à ses dépendances, celle des SS. Clément, Clémentin et Clémentien, Martyrs, laquelle se célébroit le 20 Juillet. Il est sûr d'un côté qu'un saint Clémentin a été martyrisé dans le Poitou; d'un autre côté il est certain par des titres du neuvième siècle qu'Ebroin, Evêque de Poitiers, fut Abbé de Saint-Maur-sur-Loire, et que ce fut de son temps que les Reliques de cette Abbaye furent portées à Saint-Pierre-des-Fossés, au Diocèse de Paris, à cause des courses des Normans. Les conjectures que je puis ajouter à ces faits constants, sont de dire que parmi les Reliques transportées de Saint-Maur-sur-Loire, il y en eut de quelqu'un de ces trois Martyrs Poitevins dont les porteurs purent faire part au Seigneur de Châtres qui les avoit réfugiées chez lui dans la route : et que cette distribution aura occasionné l'érection d'une Eglise de Saint-Clément au bord méridional de la riviere d'Orge, laquelle Eglise ayant été demandée par les Moines de Saint-Maur-des-Fossés, possesseurs des autres Reliques venues de Saint-Maur-sur-Loire, leur aura été accordée sous le Roi Robert, par l'Evêque de Paris. Le reste est facile à inférer de ces faits; sçavoir, que les Moines de Saint-Maur-des-Fossés auront rebâti depuis l'Eglise et le Prieuré à l'autre bord, que Saint Clément, Martyr du Poitou, aura commencé alors à être oublié; et la nouvelle Eglise aura été dédiée sous le titre de Saint Clément, Pape et Martyr; mais cependant que pour ne pas perdre totalement le souvenir du premier Saint Clément, les Religieux du Prieuré auront établi la coutume d'y aller en procession le 20 Juillet, jour de sa Fête; ce qui ayant été remis au 22 dans le temps que la Magdeleine étoit fête chommée, afin que le peuple pût y assister, a fait croire faussement que cette vieille Eglise avoit porté le nom de cette Sainte. La place où étoit cette Eglise est encore reconnoissable près le Marché; la procession qui se fait encore à pareil jour en cette place aide à en conserver le souvenir [1].

Martyrol. MS. et veter lib Liturg. Prior. S. Elig. Paris.

---

1. On dit que l'on voit encore un reste de muraille de cette Eglise dans la cour d'une maison sise sur la place du Marché.

Les Religieux de Saint-Maur, faisant confirmer en 1136 par le Pape Innocent II ce qu'ils possédoient en divers Diocèses, comprirent dans le nombre *in Episcopatu Parisiensi in burgo Castrensi Prioratum S. Clementis et Ecclesiam ejus.* Cette Bulle est le premier monument où Châtres soit qualifié de Bourg. En effet il étoit alors fermé. On verra ci-après l'endroit de la vie du Roi Louis-le-Gros où Suger fait mention de ses murailles. L'Evêque de Paris, Maurice de Sully, donnant de nouveau cette Eglise à l'Abbaye de Saint-Maur en l'an 1195 du consentement de ses Archidiacres, s'exprima ainsi : *Ecclesiam S. Clementis de Castris cum atrio, medietatem tam majoris decimæ quàm minoris.* Le Pouillé de Paris rédigé avant la fin du treizième siècle, distinguant deux Eglises à Châtres, et après, marquant la premiere en ces termes *S. Germani de Castris,* comme à la pleine collation épiscopale, met sous le titre *Abbatis Fossatensis,* la seconde *S. Clementis de Castris.* Cela a été suivi selon le même ordre par les éditions du Pouillé de 1626 et 1648; mais le Pelletier, dans le sien de l'an 1692, marque d'abord l'Eglise *S. Clementis,* puis celle qu'il appelle *S. Gratiani,* tant cet Auteur est peu exact et pour le fond et pour la forme. On peut voir par ce détail des Pouillés au sujet des deux Cures de Châtres, que la Cure de Sainte Magdeleine a été inconnue à toute l'antiquité, puisque celle du Bourg a toujours été appellée *Cura S. Clementis ;* et comme c'est chose constante qu'encore au seizième siécle les Moines du Prieuré la desservoient, et que l'un d'entre eux étoit Curé, il est tout naturel de croire que l'Office Paroissial se célébroit dans la nef de Saint-Clément, et celui du Prieuré dans le chœur, selon la coutume des Eglises qui sont Priorales et Paroissiales.

Quoique cette Eglise, selon l'Histoire, ne soit pas la premiere où les Chrétiens de Châtres ont honoré Dieu dans ses Saints, néanmoins j'en ferai ici la description. C'est un édifice assez considérable dont la plus grande partie ne paroît avoir gueres qu'environ trois cents ans d'antiquité. On y voit plusieurs fois à la voûte les armes de Montaigu et de Graville. Le chœur et la nef ne sont ornés ni de vitrages ni de galeries : mais il y a de chaque côté une aile de la longueur du bâtiment, et fort éclairée, avec un contour derriere le grand-autel. Le portail et la tour sont des restes d'édifice du douzième ou du treiziéme siécle, à en juger par les petites figures qu'on y voit et par certaines colomnes et chapiteaux qui y ont été conservés. Il y eut en 1568 le 10 Janvier un Arrêt rendu en Parlement pour les réparations de l'Eglise de Châtres. On m'a assuré que la Dédicace s'y célébre le 30 Avril, et qu'on va ce jour-là en procession à Saint-Eutrope dont la fête arrive le même jour. Cette Eglise contient des tombes anciennes dont les inscriptions renferment certaines particularités ; mais il faut observer que ces tombes ont été déplacées et qu'elles ne sont plus même tournées d'occident en orient, comme elles ont dû être primitivement. Je n'en rapporterai que deux. La premiere, qui est mise de travers au bout de la nef devant l'entrée du chœur, représente une Dame ayant dans la tête une espece de capuchon finissant en pointe; et autour de la tombe sont gravés en lettres capitales gothiques les vers qui suivent :

> *Cy-dessous gist Dame Marie*
> *La Butardie, qui en sa vie*
> *Fut de Révérend en Dieu Pere*
> *L'Abbé Gui de Saint-Denis mere.*
> *Priez vous qui passez par ci*
> *Dieu qu'il ait de l'ame merci.*
> *L'an mil CCC XIIII trespassa.*

Cette tombe nous apprend que l'Abbé de Saint-Denis, qui succéda en 1325 à Gilles de Pontoise, et qui est nommé en latin *Guido de Castris*, étoit natif de Châtres, et fils apparemment du Seigneur de cette Paroisse : qu'ainsi on ne doit pas l'appeller en françois Guy de Castres, comme s'il eût été natif de Castres en Languedoc, mais Guy de Châtres.

La seconde tombe est sous le marche-pied de l'autel de Saint Michel. On y voit l'effigie d'un Moine assis dans une chaire, tenant de la main gauche un livre, et de la droite une poignée de verges, et ayant auprès de lui deux petits enfans : l'un les mains jointes, l'autre lisant dans un livre qu'il tient entre ses mains. Autour de cette tombe sont gravés ces vers pareillement en lettres gothiques :

> *Hec dicunt metra: Petrum tegit arida petra,*
> *Cui requies æthra separata voragine tota ;*
> *Choris Angelicis jungetur sed et amicis*
> *Lumine qui reficis animas et benedicis*
> *Sanctorum cunei vobiscum pars requiei*
> *Hec lux detur ei regna videndo Dei.*

Cette tombe couvroit apparemment le corps d'un Ecolâtre de l'Abbaye de Saint-Maur, qui se seroit retiré à Châtres dans sa vieillesse et y seroit mort.

Je ne dis rien des Epitaphes d'une famille ancienne du nom d'Arras. La plus nouvelle est d'un Pierre d'Arras, premier Président en l'Election d'Etampes, mort vers l'an 1600.

Les Reliques conservées dans cette Eglise sont infiniment plus dignes d'attention. On y voit sous le grand-autel étant descendu par derriere, une grande châsse couverte d'argent qui n'est pas ancienne, dans laquelle est renfermée une partie considérable du corps de Saint Ion, Prêtre, compagnon du disciple de Saint Denis, premier Evêque de Paris, et martyrisé dans cette contrée-là, avec un vase rompu qu'on dit avoir été son calice, que les uns disent être de terre rouge, et les autres d'une espece de grès, et qui paroit être d'une grande capacité. Du nombre des ossemens du Saint sont un des gros os de la jambe, un omoplate, et différens fragmens. On assure que Maurice de Sully et Eudes de Sully les ont visitées, et qu'outre cela la châsse contient un authentique de l'an 1243. M. Chastelain, Chanoine de Paris, donne à entendre dans son Martyrologe Universel, au 5 Août, que la plus grande partie qui reste du corps de ce Saint est conservée à Châtres. Mais ce Sçavant n'avoit pas connoissance des actes qui sont en faveur de Notre-Dame de Corbeil, et qui prouvent que c'est là que la plus grande partie du corps de ce Saint est conservée. On tire sa châsse deux fois l'an de dessous l'autel : sçavoir le Dimanche de *Quasimodo,* et le 5 Août, jour de sa Fête, où on l'expose à la vénération des fideles et où elle est portée processionnellement dans les rues de la Ville par les Confreres revêtus d'aubes et couronnés de fleurs [1]. On ne sçait rien de certain sur le temps auquel ces reliques de Saint Ion furent déposées à Châtres. Peut-être que ce fut lors de la démolition du Château et bourg de Saint-Ion, que les reliques du Saint ne pouvant plus y rester en sûreté, le Seigneur de Châtres et celui de Corbeil s'offrirent à les garder chacun dans leur Château ou dans leur Terre, et que ce seroit là la véritable raison du partage des reliques de ce Saint entre deux Eglises éloignées de trois lieues et demie. Les Bourgeois de Châtres ont là-dessus une autre tradition que je me dispense de rapporter. Le chef de Saint Ion est dans un reliquaire particulier d'argent doré aussi conservé sous le grand-autel selon l'usage primitif. La grande châsse de ce Saint n'a pas été ouverte depuis que M. Jean-Marie de Villerval, Curé du lieu, en vertu d'une commission à lui adressée par M. l'Archevêque de Paris, le 30 Juin 1738, en tira un petit ossement qu'il donna aux Freres des Ecoles Chrétiennes établis à Rouen au fauxbourg Saint-Sever, pour leur Eglise de Saint-Ion. On les appelle aussi du nom de Freres de Saint-Ion à Rouen et ailleurs.

Outre les reliques de Saint Ion, on montre dans la même Eglise le chef de Saint Jean-Baptiste dans une tête d'argent doré attachée dans un bassin soutenu par deux Anges sur un pied d'estal ; de

Voyez l'art. de Corbeil.

---

1. On pourroit apporter pour une preuve que la dévotion des habitans de Châtres envers Saint Ion est plus grande que celle de ceux de Corbeil, la Dédicace qu'Henri le Maire, Curé de Saint-Sulpice de Paris, fit à eux comme à Antoine Petit, leur Curé, vers l'an 1615 d'une Vie latine de ce Saint qui fut imprimée in-12 chez Huby.

plus quelques petits ossemens de Saint Clément et des Saints Crespin et Crespinien ; mais à l'égard de ces deux derniers, je soupçonne par la raison que j'ai alléguée ci-dessus, qu'on aura mal lu autrefois les anciennes étiquettes, et qu'il y avoit dessus *Clementini* et *Clementiani*, et non pas *Crispini* et *Crispiniani*. Il n'est pas étonnant qu'on y en conserve aussi de Saint Maur, Abbé, ni qu'il y en ait de Sainte Magdeleine, parce qu'il y en a eu considérablement de cette Sainte dans le Trésor de l'Abbaye de Saint-Maur ; mais il est plus extraordinaire d'y en voir de Saint Bonaventure. On assure que les authentiques de toutes ces Reliques sont renfermés dans la grande châsse de Saint Ion.

<small>Catalogue des Reliq. de l'Abb. de S. Maur, en la vie de ce S. impr. en 1640, p. 445 et 457. Procès-verbal du 15 Mai 1738.</small>

Les fonts Baptismaux de cette Eglise, qui sont de marbre rouge, ont été donnés en 1697 par Louis Du Fossé, Gouverneur de la Samaritaine à Paris.

<small>Tiré de l'inscription</small>

Le chœur est orné de six grands tableaux, trois de chaque côté ; dans trois desquels sont représentés des Apôtres ou de leurs Disciples, et sans doute Saint Clément, Pape. Les trois autres représentent Saint Ion, Saint Corbinien, natif de l'ancienne Paroisse de Châtres, et sainte Julienne envers laquelle ceux de la contrée de Châtres ont grande dévotion, le Val-de-Saint-Germain où se fait le concours, étant dans l'ancien district du pays de Châtres vers le couchant sur la petite riviere de Marde.

On lit dans le Pouillé Parisien du treiziéme siécle, une addition faite au quatorziéme ainsi conçue : *In Ecclesia S. Clementis de Castris est una Capellania de novo fundata*. Il paroit que cela peut s'entendre d'une Chapelle du titre de Saint Louis, que la collation faite par l'Evêque de Paris le 20 Février 1488, marque être située dans cette Eglise. Cette Chapelle de Saint Louis avoit été fondée vers l'an 1300 par Petronelle de Chalot, sur des biens tenus en fief du Roi et amortis en 1305.

<small>Tab. Ep. Paris. in Spir.</small>

La plupart des faits que je viens de rapporter concernant l'Eglise de Saint-Clément de Châtres, regardent également le Prieuré où les Religieux de Saint-Maur célébroient l'Office. Ils avoient pour territoire deux rues voisines appellées les rues du Prieuré. La Prévôté de ce Prieuré étoit un corps de Seigneurie distinct et séparé du gros de la Ville, qui consistoit en censives, droits de lots et ventes, saisines, défauts, amendes, droits de forage et rouage, et tous autres droits, qui s'étendoit sur cette partie de la Ville et aussi dehors, comme on peut le voir par un terrier de l'an 1559 ; plus, haute, moyenne et basse-Justice sous la dénomination de Prévôté. Le droit d'émolument que le Prieur avoit à Châtres fut reconnu en Parlement l'an 1312. Ce droit avoit lieu depuis le Samedi à une heure jusqu'à neuf ou None du Jeudi, et le Roi le reste du temps. Cette Seigneurie avoit été donnée aux Religieux

<small>Reg. Parl. Feb.</small>

de Saint-Maur en l'an 1107, par Simon, Comte d'Evreux. Les Chanoines de Saint-Maur en firent échange avec Jean Camus de Saint-Bonnet, Seigneur de Châtres, par contrat du 6 Février 1612, et en contre-échange, ce Seigneur leur donna sept arpens de prés en la prairie de Châtres contigus à la chaussée avec seize cents livres en argent, et s'obligea pour lui et ses successeurs de leur payer quarante livres de rente foncière non rachetable. Les Chanoines se réservèrent toutefois les droits de Justice dans la Maison du Prieuré même, avec pouvoir de nommer telles personnes qu'ils jugeroient à propos pour l'y exercer.

Chart. Latina.

Vers l'an 1625 les Religieux de ce Prieuré ou plutôt les Chanoines cédèrent entièrement l'Eglise de Saint-Clément au Curé séculier, se réservant le droit de venir faire l'Office le jour de Pâques, Pentecôte, Toussaint, Noël, Saint Clément et Saint Ion, gardant les biens de la grange au Prieur, situés dans la Paroisse d'Avrainville et les arpens de prés mentionnés ci-dessus. Ils avoient promis de fournir un Prêtre qu'ils appelloient Sousprieur, et qui avoit le premier pas au chœur après le Curé, officiant en son absence quoique le Vicaire fût présent, et pour lequel ils avoient bâti la maison qu'on appelle le Prieuré. Il y eut le 2 Novembre de la même année une Sentence du Bailliage qui régla les droits de Messieurs de Saint-Maur avec le Sieur Gilles Bosdelle, Curé. Des contestations survenues au sujet des offrandes et de la cire, firent obtenir les 4 Mai et 23 Août 1629, des Sentences du Châtelet de Paris qui adjugèrent la moitié de la cire et des offrandes à chacune des Parties. Il y en eut une autre le 16 Juillet 1631, pour régler les droits honorifiques et la portion congrue. Le 14 Août 1643 un Arrêt du Parlement déclara que le Sieur Curé auroit la première place à gauche, et les Chanoines à droite les jours qu'ils officieroient, la moitié des offrandes et 300 livres de portion congrue et 150 livres pour le Vicaire : et que le Prêtre qui dira la Messe les Dimanches et les Fêtes pour les Chanoines de Saint-Maur, à cause du Prieuré, et qui sera appellé Souprieur, aura la place au-dessus du Vicaire dans le chœur. Comme ce Souprieur voulut officier les Fêtes solemnelles à la place des Chanoines qui n'étoient pas présens, il y eut opposition de la part du Sieur Dupuy Curé, et Arrêt du Parlement le 15 Mai 1638 en faveur de ce Curé, et qui obligea les Chanoines à lui payer la portion congrue. Cependant le Chapitre ne se rendant pas, il se fit un accommodement le 20 Juillet 1691, par lequel les Chanoines cédèrent aux Curés tous les droits honorifiques, dans l'Eglise, de faire l'Office les jours solemnels, et de lever la dixme à condition qu'ils seront déchargés de payer la portion congrue; depuis lequel temps les choses ont été en paix. L'acte de visite de cette Paroisse

Code des Curés, T. II, p. 308.

par l'Archidiacre en 1298, marque que le Prêtre avoit une certaine quantité de terres en vignes. Tab. Ep.

Sur le territoire de la Paroisse de Saint-Clément étoit située une Léproserie du titre de Saint Blaise, à quelque distance de la Ville au-delà de la porte d'Etampes. Le grand chemin qui passoit autrefois derriere la Chapelle, a été transporté un peu plus loin sur le devant. Il ne reste plus de cette Chapelle que le fond du sanctuaire et une petite maison auprès : les biens ont été réunis à l'Hôtel-Dieu de la Ville en vertu de Lettres-Patentes du mois de Juillet 1701. Elle est toutefois comprise au Rôle des Décimes sous le titre de Maladerie Saint-Blaise-lez-Châtres. C'est sans doute de cette Chapelle qu'a été transportée dans l'Eglise de Saint-Clément une ancienne tombe sur laquelle on lit : *Cy gist Monseigneur Jean Bonirace, Prêtre, Maître de la Maladerie des Ladres de Châtres sous Montlhery, qui trespassa l'an de grace mil....* Le Cardinal de Noailles avoit permis le 17 Juillet 1709 à un Hermite de s'établir en ce lieu. Reg. Archiep.

Il y a dans la Ville un Hôtel-Dieu administré par des Sœurs habillées de noir, simplement associées et qui ne sont liées à aucun Ordre. C'est de nos jours qu'il a été rebâti et doté de nouveau, avec fondation d'un titre pour le Prêtre qui doit y dire la Messe quatre fois par semaine. (L'érection est du 27 Octobre 1717). M. le Marquis d'Arpajon y donna en 1721 la somme de trois mille livres selon l'acte du 15 Janvier. Aussi les Lettres-Patentes du mois de Mai suivant, après avoir parlé de la jurisdiction spirituelle de l'Archevêque de Paris, marquent-elles que ce Seigneur, en qualité de fondateur et bienfaiteur, sera seul Administrateur honoraire et ses successeurs après lui ; elles ajoutent que le Bailli, le Lieutenant, le Procureur Fiscal et le Curé seront toujours les principaux Administrateurs, et qu'il sera par eux nommé trois Administrateurs parmi les principaux habitans, lesquels seront trois ans en exercice ; et qu'à l'égard des Filles ou Veuves qui auront soin des malades, elles seront choisies par les Administrateurs du premier rang, qui pourront les changer s'il est nécessaire. La Fête Patronale de la Chapelle et du titre est la Visitation de la Sainte Vierge : et ensuite celle de Saint Louis ; puisque dans le Rôle des Décimes du Diocèse elle est imposée sous le titre de Chapelle de la Sainte Vierge et de Saint Louis. On assura il y a soixante ans à M. l'Abbé Chastelain lorsqu'il passa à Châtres, que cet Hôtel ou Hôtel-Dieu étoit sous l'invocation de Saint Eustache. L'ancien Hôpital-Dieu existoit il y a au moins quatre cents ans, si la tombe qu'on voit aujourd'hui dans la Chapelle provient de l'ancienne ou de son cimetiere ; en voici la teneur et l'époque : Reg. Archiep.

Ibid.
27 Oct. 1717.

Voyages manuscrits de M. Chastel.

Ici gist Pierre Bigot, Tainturier, qui trespassa le Mardi

premier jour de Juing l'an mil CCC XXXIX. Et Parin son fuis trespassa le Lundi avant la Saint Lucas, l'an Mil CCC et XL. Pe. pour eus.

<small>Reg. Ep. Paris.</small> Le 27 Octobre 1717 on érigea en l'Hôtel-Dieu de Châtres la Chapellenie de Notre-Dame et de Saint-Louis. On lui assigna 300 livres de revenu.

Il y avoit autrefois à Châtres un Couvent de Filles de Sainte Catherine. On en voit quelques restes dans une maison qui fait l'angle de la grande rue et de la rue du Clos; elles quitterent cette Ville dans le même temps que les Bénédictins. On tient aussi par tradition qu'il y avoit dans la rue Fontaine un autre Couvent de Filles qui sortirent de Châtres dans le temps des guerres civiles. Leur Maison est entierement détruite et changée, partie en jardin, partie en prés.

<small>Trés. des Chart. Reg. 40, Piece 149.</small> Le Prieuré de Sainte Catherine de la Couture de Paris, Ordre du Val des Ecoliers, fut gratifié en 1308 par le Roi Philippe-le-Bel d'un bien qu'il avoit à Châtres ; sçavoir du four et du fourneau <small>Gall. Chr. T. VII, col. 898.</small> qui étoit sur le bord de la riviere. En 1363 Thomas de Châtres étoit Prieur de Sainte-Catherine de la Couture.

Les Ecrivains varient fort sur le nombre des habitans de la Paroisse de Saint-Clément de Châtres, c'est-à-dire de ceux qui sont renfermés dans les murs, lesquels en sont presque tous. Dans le Dénombrement de l'Election de Paris imprimé en 1709, on y compte 430 feux. Celui que le Sieur Doisy a donné au Public en 1745 n'y en marque que 318. Le Dictionnaire Géographique Universel de la France publié en 1726 y compte 1800 habitans, en y comprenant apparemment les enfans. Il y a trente ans on n'y comptoit que mille communians, maintenant cela va à 1500. Dans une visite d'Archidiacre de l'an 1298 le nombre des habitans fut déclaré être de 465.

La Léproserie ou Hermitage de Saint Blaise n'est point le seul écart de la Paroisse de Saint-Clément, si l'on ne s'est point trompé dans les Registres de l'Archevêché lorsqu'en permettant le 19 Juillet 1597 au Sieur du Mouceau, Docteur et Conseiller au Parlement, et à ses freres, de faire célébrer dans leur Château d'Olainville, on a marqué qu'il étoit sur la Paroisse de Châtres.

SEIGNEURS ET SEIGNEURIE. Le plus ancien Seigneur de Châtres dont nous ayons connoissance par les Historiens et par les titres, sont les Milon de Bray, pere et fils. Le pere vivoit au commen- <small>Suger in vita Ludov. VI.</small> cement du douziéme siécle sous le Roi Philippe I, et Milon de Bray le fils, sous Louis-le-Gros[1]. J'en parlerai plus au long en

---

[1]. Peut-être est-il le même que Milon de Châtres nommé dans un titre du Prieuré de Longpont. On connoit aussi par le Cartulaire du même Prieuré, un Burchard de Châtres et son épouse Odeline, de qui relevoient des fiefs ;

rapporting les événemens remarquables arrivés à Châtres. Il y eut dans le cours du même siècle un Gautier ou Gaucher de Châtres, dont une Boissière est nommée au Cartulaire de Longpont. Il eut pour fils Guillaume de Châtres, lequel ayant des dixmes à Athies-sur-Orge, en fit part à l'Eglise du Prieuré de Châtres. Ce même Guillaume avant que d'aller à Jérusalem donne au Prieuré de Longpont la moitié d'un clos qu'il avoit au fauxbourg de Châtres. Pierre, Seigneur de Châtres, est mentionné dans le Catalogue des Nobles de la Châtellenie de Montlhery qui tenoient leur fief du Roi, et cela dans le treiziéme siècle. La même chose se trouve dans le Cartulaire de Philippe-Auguste. Il y est encore dit que ce Pierre de Châtres avoit eu par rachat ou par échange d'Anselme de Cheteinville le tiers de la Justice, voirie de Châtres qui est du fief du Roi. De plus il y est observé qu'il recevoit à Châtres un péage que son pere n'avoit jamais reçu, et qui appartenoit au Roi. Ce fut au sujet du même Pierre, Seigneur à Châtres, qu'il fut jugé en Parlement l'an 1269, que le Bailli du lieu le laisseroit jouir du droit d'exploiter en haute-Justice comme il avoit fait, quoique sa charte d'association avec le Roi ne parlât que de voirie. On lit aussi au même manuscrit, que Thomas Chairmaige étoit un homme lige du Roi pour ce qu'il avoit à Châtres de la succession de son pere, et pour un fief que Jean de Châtres tenoit de lui : et qu'enfin Foulques de Leirs étoit un homme du Roi à cause des moulins de Châtres, et devoit la garde à Montlhery. Sur la fin du siècle suivant les Damoiselles de Varennes, Louis d'Attilly et Jacques Leclerc n'étoient Seigneurs que de la moitié de Châtres, le Roi l'étant du reste. Ces trois Seigneurs vendirent leur moitié à Jean, Seigneur de Montaigu, Vidame de Laon, moyennant trois mille écus d'or à la Couronne par contrat du 13 Décembre 1397. Jean Malet le Graville succéda au Sieur de Montaigu vers le milieu du siècle suivant. Louis XI donna en 1471 à Louis Malet, Seigneur de Graville et de Marcouci, ce qu'il avoit de droit à Châtres, Justice, voirie, etc.[1], moyennant qu'il déchargeroit le domaine de Montlhery de pareille valeur. Les marques d'estime que ce Roi avoit pour lui se voient dans le contrat d'échange qui est du mois de Septembre. Ce fut par ce contrat qu'il devint Seigneur de la totalité de la Ville. Cette échange fut confirmée par Charles VIII dans les commencemens de son regne en faveur du même Louis de Graville, son Cham-

Duchêne, T. IV.

Chart. Longip. fol. 23 et 40.

Ibid., fol. 53.

Cod. Putean. MS. n. 635.

Reg. Parl. Om. SS. et Candel.

Mem. Cam. Comput.

Hist. des Gr. Off. T. VII, p. 865.

Mem. Cam. Comput.

---

un Hinger de Châtres et sa femme Heremburge. Ce Cartulaire ne fixe point les années ; mais ces Seigneurs sont sûrement du XI ou du XII siècle. *Voyez* le fol. 811. 25.

1. Les Comptes du Domaine de 1424, page 1434, prouvent que les droits qu'on appelloit *Les trois droitures de Chastres*, appartenoient au Roi.

bellan, qu'il fit depuis Amiral. Il est qualifié Seigneur de Châtres dans la Coutume de Paris de 1510. En 1514 le Roi adressa au Parlement des Lettres datées de Châtres, le 5 Septembre, pour sa prorogation. Ce fut par le mariage avec Marie de Balzac, que la ville de Châtres passa dans la Maison d'Entragues. Le 2 Septembre 1564 un Arrêt du Parlement donna main-levée au Sieur Balzac de la moitié des droits de hallage et minage sur les grains et sur le sel comme dépendant de la haute, moyenne et basse-Justice de Châtres à lui adjugée l'année précédente. Le 12 Avril 1575 Pierre de Balzac fit aveu au Roi de Châtres et de la Roüe, Seigneurie voisine de Montlhery et de Linas. En 1580, lors de la rédaction de la Coutume de Paris, le Procureur de Jean de Balzac, Seigneur de Châtres, remontra que la Châtellenie et Ville de Châtres n'est tenue ni sujette à la Châtellenie de Montlhery. Enfin Robert de Balzac, héritier pur et simple de Thomas de Balzac, la vendit au Sieur Camus de Saint-Bonnet le 2 Avril 1606, moyennant 35000 livres. Ce fut lui qui acheta le 6 Février 1612 des Chanoines de Saint-Maur, ce qui leur restoit de l'ancienne Seigneurie du Prieuré, tels qu'étoient des droits considérables dans le Marché. Il fut en difficulté quelques années après avec les habitans. Il fut maintenu par une Sentence des Requêtes du Palais du 4 Mars 1613, dans la possession et jouissance de se dire Seigneur Châtelain de Châtres avec tout droit de voirie, et même droit de travers par chaque charrette chargée qui passera, et non sur celles qui amèneroient des marchandises pour être consommées et débitées à la Ville et au fauxbourg, ce qui fut confirmé par un Arrêt du Parlement de Bretagne en conséquence d'un renvoi du Conseil privé. Les héritiers de ce Seigneur vendirent la Terre de Châtres au Sieur Brodeau Du Candé, la somme de 72000 livres par contrat du 19 Septembre 1656. De son temps les Fermiers Généraux demanderent que tous les droits fussent réunis au Domaine. La Terre fut depuis saisie réellement sur lui et adjugée avec le droit de travers ou péage par Décret de la Cour du 18 Mai 1691 à M. Jean-Baptiste du Defend, Marquis de la Lande, moyennant 68000 [livres]. Le Marquis et son fils en firent la vente par contrat du 15 Avril 1720 [à] M. Louis, Marquis d'Arpajon, Lieutenant Général des Armées du Roi, Chevalier de la Toison d'Or et de l'Ordre Militaire de Saint Louis, moyennant 347000 livres en principal et 5000 livres de pot de vin.

Châtres qui n'avoit d'abord eu que le titre de Seigneurie, et ensuite celui de Châtellenie, commença à être qualifié de Marquisat sous M. De la Lande, ce qui ne pouvoit venir que de ce que M. Du Defend portoit le titre de Marquis; mais le nom fut converti en réalité sous M. le Marquis d'Arpajon. Après avoir rendu les foi et hommage au Roi le 26 Avril 1720, il obtint au mois d'Octobre suivant des Lettres-Patentes par lesquelles le Roi réunissoit les Terres et Seigneuries de Châtres, La Bretonniere, Saint-Germain et tous leurs fiefs, droits et revenus, et les érigeoit en Marquisat, sous le titre de Marquisat d'Arpajon, que la ville de Châtres porteroit à l'avenir. Et ces Lettres furent registrées le 12 Décembre suivant par le Parlement séant à Pontoise, et à la Chambre des Comptes le 19.

En 1741, M. le Comte de Noailles ayant épousé Mademoiselle Anne-Claude-Louise d'Arpajon, seule et unique héritiere du Marquis d'Arpajon, en est devenu Seigneur ; et les mêmes droits et prérogatives qu'avoit la Maison d'Arpajon lui ont été accordés en vertu de son mariage. Cette Dame a été faite depuis quelques années Chevaliere de Malte.

Les droits de cette Terre consistent dans la haute, moyenne et basse-Justice, Greffe, Tabellionage, Geole et Prisons, hallage, planage, mesurage, pied fourché, travers, péage dont le Roi jouit, poids, mesures, quilles, droits de censives, lots et ventes et amendes, Marché le Vendredi de chaque semaine, suivant les anciens Dénombremens ; trois Foires qui sont le 1er Mai, le 24 Août, et le 2 Octobre. Cette derniere n'existe plus : le dénombrement de M. le Marquis d'Arpajon met nommément le Jeudi absolu. Il y avoit eu en 1312, le Lundi avant la Chaire de Saint Pierre, un Arrêt qui portoit que le jour du marché de Châtres se remettroit du Vendredi au Jeudi s'il arrivoit une Fête solemnelle ; et que néanmoins le droit de Coûtume à ce jour de Jeudi appartiendroit au Roi et non au Prieur, quoique tout le profit appartienne à ce Prieur depuis l'heure de Prime au Samedi jusqu'aux Nones du Jeudi de chaque semaine et au Roi le surplus. Mais que dans le cas de l'anticipation du Marché du Vendredi au Jeudi, le Prieur prendroit l'émolument à commencer de l'heure de Prime du Vendredi. Quant aux Foires, je n'en ai rien trouvé, sinon qu'il y eut une Foire franche établie à Châtres vers 1470 en faveur du Sieur de Graville alors Seigneur, et qu'en 1570 les Lettres-Patentes portant permission d'achever la clôture de cette Ville, disent que c'est en considération des trois Foires qui s'y tiennent et du Marché.

Au reste, pour voir plus en détail les droits, privileges et prérogatives du Marquisat d'Arpajon, on peut consulter l'Arrêt du Parlement de Bretagne ci-dessus cité, qui fut rendu le 22 Décembre 1616 entre le Seigneur d'alors et les habitans.

On m'a fait observer qu'il y a cependant encore au dedans de la ville de Châtres quelques petits fiefs appartenans au Seigneur de la Norville. Sur quoi je puis faire remarquer qu'en effet dès le douzième siècle la Dame de la Norville jointe à Robert de Repenti

Petit Livre blanc du Châtel. fol. 261.

Mém. de la Chambre des Comptes.

Chr. Maur. Ep. Par. in Chart. S. Mauri.

et Gaucher des Granges plaidoit contre le Prieur de Saint-Clément sur les droits de la Boucherie de Châtres.

La ville de Châtres, dite Arpajon, et sa Justice ayant toujours été administrée par un Bailli, et la Prévôté du Prieuré par un Prieur, ces deux Justices ayant été réunies, il paroîtroit qu'il devroit y avoir en cette Ville un Bailli et un Prévôt. Mais l'Arrêt du 9 Juin 1563 a applani cette difficulté en ordonnant qu'il n'y auroit qu'un Bailli, un Lieutenant et un Procureur Fiscal pour l'administration du Baillage et de la Prévôté ; ce qui s'est toujours exécuté depuis, les Juges prenant le titre de Bailli et Prévôt dans tous les actes et sur les Registres. Les appellations du Bailliage ressortissent immédiatement au Bailliage et Siége Présidial du Châtelet. Celles de la Prévôté du Prieuré ressortissoient à la Prévôté de Montlhery. Mais le Sieur Brodeau du Candé, Seigneur de Châtres, obtint le 30 Juin 1673 des Lettres-Patentes par lesquelles, pour le soulagement des sujets du Roi et éviter la multiplicité des Tribunaux, il fut ordonné que les Appellations de la Prévôté du Prieuré iroient nuement au Châtelet, sauf l'indemnité des Officiers de Montlhery qui seroit réglée par le Parlement.

Quoiqu'il semble qu'il y eût eu à Châtres une clôture dès le XII siècle, néanmoins ce qui pourroit en faire douter, est que les habitans demandèrent au Roi en 1530 permission de faire clore leur Bourg, ce qui leur fut accordé par Lettres de François I, expédiées à Angoulême au mois de Mai, et qui furent lues et publiées au Châtelet. Cette clôture n'avoit été faite qu'en partie. Les habitans désirant l'achever, obtinrent de Charles IX, au mois d'Avril 1570, des Lettres-Patentes par lesquelles, en considération des trois Foires de l'année et du Marché de chaque semaine, il leur étoit permis d'imposer pour cela sur eux-mêmes une levée jusqu'à la concurrence de 120 livres.

ÉVÉNEMENS. La situation de Châtres sur un grand passage a pu occasionner bien des événemens que les Historiens ne nous ont pas conservés. En voici seulement quelques-uns que j'ai tirés des Ouvrages qui sont parvenus jusqu'à nous. L'Abbé Suger raconte en sa Vie de Louis-le-Gros, que Philippe, frère de ce Roi, qui avoit eu de lui Montlhery et Mante, entreprit de lui tourner le dos, et qu'il fit alliance avec Amaury de Montfort pour barrer le Roi depuis la Normandie jusqu'à Châtres, qui étoit de la Seigneurie de Montlhery, et l'empêcher par ce moyen d'aller à Dreux. Pour ce faire, on maria la fille d'Amaury avec Hugues de Crecy et on lui donna Montlhery. Hugues venoit pour en prendre possession, et étoit déja à Châtres, ville de cette Seigneurie, *præfati honoris oppidum*, lorsque le Roi en approcha et l'empêcha d'y entrer. Là Milon de Bray, fils du grand Milon, s'avisa de se jetter aux genoux du Roi pour lui demander Châtres comme une Terre venant de ses ancêtres et lui appartenant par succession. Le Roi fit venir les bourgeois de Châtres et offrit de leur donner ce nouveau Seigneur. Ils en furent aussi réjouis, dit Suger, que si ce Prince avoit fait descendre les astres du Ciel pour les secourir. Aussi-tôt ils commanderent à Hugues de sortir, marquant qu'il y alloit de sa vie s'il restoit, ajoutant qu'ils étoient pour leur Seigneur naturel et le plus fort. Ainsi Hugues de Crecy fut obligé de s'enfuir honteusement.

Environ cent ans après, dans le temps de la conspiration des Princes contre Saint Louis et la Reine Blanche encore jeune, c'est-à-dire en 1227, le Roi se mit en chemin pour aller à Vendôme où le Duc de Bretagne et le Comte de la Marche avoient promis de lui faire satisfaction. Il vint jusqu'à Châtres ; mais ayant appris que les rebelles faisoient avancer des troupes pour l'envelopper, il se retira à Montlhery.

La premiere semaine de Septembre 1358, le Roi de Navarre étant abandonné des Parisiens, brûla, en allant à Melun, Châtres-sous-Montlhery et autres lieux. En 1360, Edouard, Roi d'Angleterre, après avoir ravagé le Nivernois à son retour de Bourgogne, s'arrêta à cause de la Fête de Pâques entre Montlhery et Châtres, et se logea à Chantelou. Pendant la semaine de Pâques les habitans de Châtres avoient rempli de provisions l'Eglise de Saint-Clément, et y avoient retiré tous leurs effets ; s'y étant munis de balistes, de frondes et autres instrumens, pour tenir bon contre les Anglois, ils en avoient muré les portes et les fenêtres, avoient fait tout autour un grand et large fossé, et s'y étoient retirés avec leurs femmes et leurs enfans ; mais tous ces préparatifs leur furent inutiles et même très-funestes ; les Anglois qui étoient placés au-dessus de la montagne, sur le chemin de Paris, avoient l'avantage de la supériorité et se préparoient à lancer des pierres sur cette Eglise avec leurs machines. Ce que voyant le Capitaine et quelques-uns des riches bourgeois, qui craignoient d'ailleurs pour eux, par rapport à l'usage des machines que le peuple avoit apportées dans l'Eglise et mises dans les guerites qui environnoient la Tour, ils se placerent dans une autre Tour plus forte et d'une plus grande résistance. Alors la Bourgeoisie se croyant en danger, et voyant que les autres les quittoient pour se mettre en plus grande sûreté, commença à les quereller et à les menacer qu'ils alloient se rendre aux Anglois. Le Capitaine et les premiers qui étoient avec lui craignant en effet que la Bourgeoisie ne se rendît, ce qui les auroit fait prendre, firent mettre le feu à l'Eglise par le dehors. La flamme gagna bien vite le dedans, et s'étendit jusqu'au lieu où ce Capitaine étoit avec les siens, de sorte qu'en

Chron. S. Dion.

Continuatio chron. de Nang. T. III. Spicileg. in-fol. p. 126.

peu de temps toute l'Eglise fut brûlée avec les cloches et la fleche de la tour couverte de plomb; et ce qui étoit plus déplorable, de douze cents personnes qui y étoient retirées tant hommes que femmes et enfans, il n'en échappa que trois cents qui se sauverent en sautant ou en se coulant par des cordes, le reste ayant été étouffé. Encore ceux qui échapperent au feu trouvoient-ils autour de l'Eglise les Anglois qui se moquoient d'eux et leur disoient de ne s'en prendre qu'à eux-mêmes si tous leurs effets étoient brûlés, puis les tuoient inhumainement. Le Capitaine cependant qui étoit Gentilhomme, s'étant rendu aux Anglois, fut épargné. L'Historien ajoute que cette Eglise étoit un bon Prieuré claustral, et qu'avec cela c'étoit la Paroisse de la Ville. Ce triste événement avoit été raconté en ces termes à cet Historien par un particulier de Châtres, de ceux qui s'étoient renfermés dans l'Eglise et qui heureusement pour lui s'étoit sauvé à Paris. Cet Ecrivain étoit un Carme de la Place Maubert, appellé Jean de Venette.

Mém. de l'Acad. des Belles-Lett. T. XIII p. 520. Très. des Chart. Reg. 89, Piece 458.

Cette histoire se trouve confirmée à quelques circonstances près dans l'exposé juridique que fit alors au Roi Jean le Sieur Philippe de Villebon, Ecuyer, présent à ce siége et l'un des défenseurs de la Forteresse, qui n'étoit autre que l'Eglise Priorale et Paroissiale. Il dit qu'au bout de sept jours d'attaque faite par le moyen des pierres lancées par les machines, les habitans offrirent de composer avec un Chambellan du Roi d'Angleterre soit en argent, soit en vivres, et que le Chambellan répondit que le Roi n'avoit besoin ni de l'un ni de l'autre, mais seulement de la Place. Le Capitaine fit les mêmes offres qui furent également refusées. Les habitans, lassés, dirent au Sieur de Villebon qu'ils ne monteroient plus aux guérites pour défendre la Forteresse. Lui prétendant qu'elle n'étoit pas assez endommagée pour ne pouvoir pas tenir encore, dit qu'il y mettroit plutôt le feu que de la rendre. Les gens du lieu qui étoient dans le bas, démolirent alors la clôture d'une porte à son insçu, ce qui fit que les Anglois y entrerent, tuant tous ceux qu'ils pouvoient rencontrer. Le Sieur de Villebon ne voulant pas que les ennemis profitassent des munitions de vivres et se servissent de la Place pour inquiéter tout le voisinage, mit le feu à la couverture, ce qui fut cause que le plus grand nombre des habitans périrent par le feu ou par la fumée ou de la main des Anglois. Le Sieur de Villebon après être resté sur les voutes de la Tour jusqu'à minuit, à cause des ennemis qui l'attendoient, descendit et déboucha une porte qui donnoit sur les fossés qui environnoient l'Eglise, où ayant trouvé un homme qu'il prit pour un des Anglois, il le blessa à mort, tandis que c'étoit un des siens. Tel est le gros de l'exposé qu'il fit au Roi Jean pour obtenir sa grace, qui est datée de Paris, au mois de Février 1360.

Lors de la fameuse bataille de Montlhery qui se donna le 16 Juillet 1465, entre l'armée du Roi Louis XI et celle du Duc de Bourgogne commandée par le Comte de Charolles, le Roi vint d'abord camper à Châtres, d'où il marcha avec son armée à Montlhery pour aller livrer bataille.

Six-vingt ans après, c'est-à-dire en 1592, la ville de Châtres fut surprise le jour de l'Epiphanie par les Royalistes qui avoient pris depuis peu Corbeil sur les Ligueurs. La vue du parti d'Henri IV, en s'emparant de Châtres, étoit uniquement d'en enlever les provisions pour servir à nourrir la garnison qu'il avoit mise dans Corbeil. La Barre, Hist. de Corbeil, p. 267.

Dans le temps des guerres sur la fin de la minorité de Louis XIV en 1652, l'armée de ce Roi revenant de Bleneau par la Ferté-Alais campa à Châtres. Hist. d'Etamp. p. 269.

SAINT-GERMAIN. Ce n'est que depuis qu'il y a eu des murs à Châtres, que la Paroisse de Saint-Germain a commencé à passer pour fauxbourg, c'est-à-dire bourg de dehors, bourg extérieur, *Forisburgum*, ainsi que s'expriment les anciens titres des grosses Villes où il y en a. On a vu plus haut que l'Eglise de Saint-Germain est la plus ancienne du lieu. Je ne répéterai point ce que j'ai dit de Saint-Corbinien. Il est vrai que le bâtiment qui subsiste aujourd'hui n'est pas celui que ce Saint fit construire : cependant on peut accorder à sa structure l'époque du dixième ou onzième siècle, excepté le portail qui n'est que du douzième ou du treizième.

Il y a dans cette Eglise plusieurs inscriptions sur des tombes du treizième siècle, mais presque toutes effacées. Il reste sur l'une d'entre elles qui est étroite vers les pieds ces mots assez lisibles : ANDRI JADIS CURE DE IGNI. En voici deux autres du quatorzième siècle, en petites lettres gothiques :

Cy gist Damoiselle Jehanne Johannis. . . . . . . Ville, Escuier, Seigneur de Noroy, qui trespassa de ce siécle en l'autre le jour de la Saint George l'an M. CCC cinquante-cinq. Priez pour li que Dieu mercy lui face. Elle est représentée avec un capuchon ou coëffure qui se termine un peu en pointe.

Cy gist noble homme Jehan de la Bretonniere, dict le Breton; et est celui qui fortifia l'Oustel de la Bretonniere et trespassa l'an M. CCC IIIIxx et XIII le Merquedi VI jour de Mai. Dieu en ait l'ame. Amen. Il est figuré en cotte de maille avec un chien sous ses pieds.

Dans la même Eglise est inhumé le cœur de Henri Chabot, Duc de Rohan, mort en 1655, le reste de son corps étant aux Célestins de Paris.

La Dédicace de l'édifice tel qu'il est aujourd'hui, quoiqu'ancien, n'a été faite que le 24 Août 1503, par Jean, Evêque de Megare, commis par l'Archevêque de Paris.

Quoiqu'il soit sûr que la premiere Eglise n'a pu être dédiée sous l'invocation de Saint Germain, Evêque d'Auxerre, sans quelques reliques de ce Saint, on n'y en montre aucune aujourd'hui. Il faut se souvenir de ce que j'ai écrit ailleurs, que l'on conservoit à Notre-Dame de Paris, dans le trésor, des Eulogies *Sæc. III, Bened.* qu'il avoit envoyées à Sainte Genevieve, et que les Evêques de Paris en tiroient des portions suivant le besoin et selon leur dévotion. D'ailleurs, comme Saint Germain a passé au moins une fois par Orléans en s'en retournant dans son Diocèse, après l'un de ses voyages dans la Grande-Bretagne, il est très probable que c'est de Paris qu'il y vint. Or il étoit en si grande vénération parmi tout le peuple, que dans tous les lieux où il s'étoit arrêté pour donner quelque instruction ou faire quelque miracle, on plantoit une croix en mémoire du fait, et à la place de ces croix furent construits, après sa mort, des oratoires sous son invocation. Les habitans de Châtres, étant sur la grande route d'Orléans, en érigerent un, de même que ceux d'Etampes, et ensuite ceux de Saclas. En ces sortes de cas, on se contentoit d'avoir pour reliques des linges qui eussent été étendus pendant une nuit sur le tombeau du Saint. Au défaut des reliques de Saint Germain que l'éloignement des temps a fait perdre, Jacques Lesguillon, Curé de cette Paroisse[1], et le Seigneur temporel ayant demandé en 1711, à l'Evêque et au Chapitre de Frisinge des reliques de Saint Corbinien, en considération de ce qu'il étoit natif de la Paroisse même, en obtinrent la même année le 25 Août une vertebre du dos, une côte entiere, et une non entiere. M. le Cardinal de Noailles, Archevêque de Paris, en ayant fait la reconnoissance le 16 Août 1712 et permis de les exposer, elles furent mises quelque temps en dépôt au Monastere de Saint-Eutrope situé sur cette Paroisse; où ayant été enfermées par M. Dorsanne, Archidiacre de Josay et Chanoine de Paris, dans une châsse de bois doré, le 5 Novembre suivant elles furent transférées en l'Eglise de Saint-Germain, où, le Dimanche d'après, la grand'Messe fut célébrée par le même Archidiacre et la prédication sur le Saint faite par Dom Jerôme, Feuillant. La dévotion des peuples envers Saint Corbinien devint alors si grande, qu'en 1713, le 4 Août, M. de

---

1. Dans les pieces fournies de Frisinge aux Bollandistes, le Curé à qui l'Evêque de cette Ville s'étoit adressé pour sçavoir ce qu'on pensoit à Châtres du lieu natal de Saint Corbinien, est appellé Bertrand Robiac de Callemont, et il est dit que ce fut lui qui dès l'an 1720, obtint du même Evêque des reliques de Saint Corbinien, et les reçut en effet. *(Bol. T. III, Sept. p. 280.)*

Noailles permit l'établissement d'une Confrérie de son nom en la même Eglise de Saint-Germain. Tous ces actes, à commencer par la concession faite par Jean-François, Evêque de Frisinge, sont imprimés in-16. La châsse est conservée dans le mur derriere le grand autel, de même que celle de Saint-Marcel à Notre-Dame de Paris. L'Evêque de Frisinge, non content d'avoir donné des reliques à l'Eglise de Saint-Germain de Châtres, établit aussi le Curé Chanoine Honoraire de la Cathédrale de Frisinge. On assure que les premiers Curés ainsi nommés, portoient à leur Eglise l'habit des Chanoines de cette Cathédrale, et qu'encore tous les ans on envoie de Frisinge au Curé de Saint-Germain de Châtres un Almanach où sont les armoiries de chaque Chanoine et celles du Curé. Cette Cure, au reste, est à la nomination pure et simple de l'Archevêque de Paris, et Dom Mabillon s'est trompé lorsqu'il a écrit que l'Eglise est une dépendance de l'Abbaye de Saint-Germain-des-Prés. Pouillé du XIII siécle et autres. *Annal Bened.* T. II, p. 37.

Le nombre des feux de cette Paroisse est fixé à 94 dans le Dénombrement de l'Election de Paris imprimé en 1709, et à 63 seulement dans celui que le Sieur Doisy a publié en 1745. Le Dictionnaire Universel de la France, imprimé entre ces deux temps, y marque 288 habitans. Dict. Géogr. de la Fr. de l'an 1725.

VOLANT est un lieu près Châtres où l'on tient une Foire le Dimanche d'après la Saint-Fiacre.

Les écarts de la Paroisse de Saint-Germain sont CHANTELOUP, Seigneurie, et un petit hameau de sept ou huit maisons nommé LA FOLIE, situé sur le chemin de Châtres à Montlhery, à main gauche. LA BRETONNIERE, autre Seigneurie; les moulins de LA BOSSELLE, de FALCON, et la Ferme des COCHETS; de toutes ces dépendances il n'y a que Chanteloup et La Bretonniere qui soient mémorables. Je n'ai pu rien trouver sur Chanteloup avant le regne de Philippe-le-Long, mais il paroit que ce lieu étoit une des maisons de campagne du Roi Philippe-le-Bel, son pere. L'indice que j'en ai est l'établissement d'une maladerie dans ce même lieu sous le titre de Saint Eutrope, premier Evêque de Saintes, et Martyr. La preuve de la grande dévotion de ce Roi et de Jeanne de Navarre, son épouse, envers ce Saint, a passé du Nécrologe de l'Eglise de Paris jusques dans le Bréviaire au 30 Avril. Necr. Eccl. Par. XIII Sæc. in add. ad 5 Nov.
Quoiqu'il en soit de l'origine de cette Chapelle, la terre et manoir de Chanteloup près Châtres fut donnée par Philippe-le-Long en vertu de Lettres datées de Vincennes le 20 Décembre 1316, à la Reine Jeanne de Bourgogne, outre son douaire, sans pouvoir révoquer ce don par ingratitude et avec garantie en cas d'évocation. Il reste quelques Ordonnances de Philippe de Valois qui sont datées de cette Maison de Chanteloup, entre autres celle du 5 Octobre 1343, Ordonn. des Rois, T. I, Part. I, fol. 81.

concernant les changeurs et ouvriers placés sur le grand Pont de Paris. Il y en a aussi du Roi Jean, donnée par le Chapitre de Saint-Vulfran d'Abbeville, le 24 Novembre 1350. Ce Prince, n'étant plus en état d'y venir pendant sa prison d'Angleterre, le Roi Edouard revenant en 1360 de Bourgogne et du pays de Nivernois qu'il avoit ravagé, se retira dans ce Château avec son fils aîné, le Prince de Galle, et le Duc de Lancastre, pour y passer les Fêtes de Pâques, dans lequel temps ses troupes qui étoient campées aux environs désolerent plusieurs Bourgs et Villages, entre autres Orly, Montlhery et Longjumeau, ainsi que je le rapporte sur chacun de ces lieux.

Ordon. des Rois, T. IV, p. 7.

Ce Château étoit passé à la Comtesse de Flandres, sans que nous sachions de quelle maniere. Dans les Registres du Parlement il est fait mention d'un accord entre le Prieur de Corbeil et le Concierge du Château et Fort de Chanteloup pour la Comtesse de Flandres. Celui-ci s'obligea à 6 livres de rentes à prendre sur le moulin de Juvisi. Cet accord est du 11 Août 1362. Mais il est certain qu'en 1365, elle en fit la vente au Roi Charles V. Il est encore sûr qu'il fut possédé par Jean, Duc de Berry. Ce qui est certain, c'est qu'en 1401, par Lettres datées de Paris au mois de Mai, Charles VI, vu les bons services de Jean, Seigneur de Montaigu et de Marcoussis, Vidame de Laonnois, lui en donna la Garde et la Conciergerie, ainsi que Jean de Chante-Prime, Maître des Comptes, les tenoit auparavant, marquant expressément que de grace ce fief seroit joint à celui de Marcoussis. Et par d'autres titres des mêmes mois et an, le même Roi, sur la remise que son oncle, le Duc de Berry, lui en a faite à cause du peu de revenu, aussi-bien que du Moulin Foulcon qui est tombé en ruine, donne le tout à ce même Jean de Montaigu, unissant l'un et l'autre à sa Seigneurie de Marcoucies. Après la disgrace de ce Seigneur, Chanteloup alla en décadence. Le Roi Louis XI le donna en cet état à Louis de Graville, son Chambellan, Sieur de Montaigu, avec le Parc, cens et rentes et la présentation à la Maladerie ou Aumône de Saint-Eutrope, sans en rien retenir que la foi et hommage, ressort et souveraineté, à la charge que le Sire de Montaigu et ses successeurs seroient tenus de nourrir pour le Roi une levriere et de la lui amener ou à ses successeurs, avec les levrons qu'elle aura faits quand il en sera requis. Les Lettres de ce don sont datées du Montil-lez-Tours au mois d'Avril 1472.

Inv. de la Chambre des Comptes.

Trés. des Chart. Volume CLVI, Pieces 99 et 148.

Reg. Cam. Comput. Bann. du Chât. Vol. I, f. 133.

Cette Terre étoit revenue à la Couronne dès avant l'an 1520, et elle servit au Roi François Ier à avoir à Paris la Maison des Tuileries. On s'étoit apperçu que l'air de cette Maison des Tuileries étoit bon, en ce que Madame Louise de Savoye, qui étoit malade au Palais des Tournelles, proche Saint-Paul, à cause de l'infec-

Sauval, Antiq. de Paris, T. I, p. 79 et 601.

tion de l'air procuré par les égouts, se porta mieux lorsqu'elle fut venue en cette Maison ; François Ier l'eut de Nicolas de Neuville, Chevalier, Seigneur de Villeroy, Secrétaire des Finances, et il lui donna en échange le 12 Février 1518, la Terre et Hôtel de Chanteloup. On trouve depuis ce temps-là que, quoique cet Hôtel ne fût plus à la Couronne, le Roi Charles IX y fit quelque résidence au mois de Novembre 1568. Il reste un Édit qui est daté de ce lieu. Cinq ans après il y eut un acte de foi et hommage prêté à ce même Prince en sa Chambre des Comptes, par Nicolas de Neuville pour la même Terre, relevant du Roi à cause du Château de Montlhery. L'acte est du 6 Décembre 1563. J'appréhende qu'on n'ait voulu dire Jean de Neuville, fils de Nicolas. Je trouve pourtant ailleurs que Nicolas de Neuville échangea sa Maison des Tuileries à Paris pour Chanteloup. Ce Jean de Neuville mourut en 1597, âgé de 70 ans, et est inhumé à Saint-Eutrope, étant apparemment décédé en son Hôtel de Chanteloup. Au moins il est certain qu'Henri Chabot, Duc de Rohan, Gouverneur du pays d'Anjou, y mourut le 27 Février 1655. Son cœur resta dans le lieu, et son corps fut porté aux Célestins de Paris. Peut-être que ce Château et cette Terre appartenoient encore alors à Cosme Savary, Marquis de Maulevrier, que je trouve en avoir été Seigneur en 1638.

Tables de Blanchard, col. 918.

Bann. du Chât. Vol. VIII, f. 203.

Reg. du Dom. mém. des Comp.

Livre de la Sacristie des Célestins.

Perm. de Chap. dom. 30 Sept.

La Seigneurie de Chanteloup étoit possédée en 1663 par M. le Marquis de Breves. Après lui elle passa au Sieur Amelon, qui en jouissoit en 1693. M. Mallet, Conseiller au Parlement, l'acquit de lui, et maintenant elle est entre les mains de M. son fils, Jacques-François Mallet, Président en la Chambre des Comptes. Il y a eu en 1738, un Mémoire imprimé au sujet des droits de chasse qui étoient un litige entre lui et les Religieuses Dames du Fief de Saint-Eutrope, et Arrêt en conséquence donné le 2 Septembre.

Factum in-folio, Paris, Le Mercier 1738.

La dévotion particuliere du Roi Philippe-le-Bel et de la Reine son épouse envers Saint Eutrope, m'a fait conjecturer ci-dessus que la Chapelle sous son nom qui est à Chanteloup, a été fondée par eux et peut-être en même temps que le Château ou Manoir qu'ils y avoient. On a vu aussi ci-dessus qu'au quinziéme siécle c'étoit une Maladerie ou Aumône, c'est-à-dire Hôpital, dont la présentation étoit attachée au Seigneur de la Terre de Chanteloup. Je n'ai point trouvé par quelles personnes l'Hôpital étoit administré avant le regne de Louis XII. Ce Prince le donna par Lettres du 14 Avril 1504 aux Sœurs Grises Hospitalieres du Tiers-Ordre, à condition que le nombre des Religieuses qui doivent y demeurer seroit limité par l'Evêque de Paris. On en tira depuis quelques-unes pour le Monastere de Saint-Nicolas de Melun. Il est sûr que la même année 1504, le 2 Juin, l'Evêque de Paris nomma un Ad-

Pouillé manusc. de Sens.

Reg. Ep. Paris.

ministrateur de cet Hôpital de Saint-Eutrope. Quelques-uns assurent que cet Hôpital avoit été rétabli par les soins de l'Amiral de Graville, qui y introduisit les Religieuses Sœurettes pour le secours des Malades, et qu'il fut accru et augmenté par les libéralités de M. de Neuville, devenu en 1518 Seigneur de Chanteloup. Il est certain que pour supplément de fondation il leur donna 200 livres de rente.

Factum de 1738.

Dans certains Registres du Parlement on lit que les bois de Gaillon et de la Baguette furent cédés au Roi pour les Religieuses de Saint-Eutrope-lez-Chatres en échange des bois brûlés, par contrat ratifié au mois de Février 1580. En 1597 le Seigneur de Chanteloup fut inhumé dans l'Eglise de ce petit Monastere, où il est représenté avec sa femme en marbre blanc à genoux ; on y lit cette épitaphe :

Reg. Cons. Parl. T. XLI, p. 3, fol. 307 ad 8 Jan. 1581.

Cy gist Messire Jehan de Neuville, Chevalier, Seigneur de Chanteloup, Bouconvillier, Hardeville, Cresnes, La Grange sur Villeconin, et Villarceau, Conseiller Maître-d'Hôtel du Roi, Bailli de Chaumont et Magny ; qui trépassa le 22 Décembre 1397 le 70 de son âge.

Et Dame Geneviéve Allard sa femme qui trépassa le.....

Il paroit que les Religieuses qui occupoient cette Maison étoient en grande réputation sous le regne de Louis XIII, puisque l'Archevêque de Sens en demanda pour mettre à Saint-Nicolas de Melun. Un Arrêt du Conseil Privé de l'an 1638 lui permit d'y en faire transférer trois. Les Religieuses Annonciades ont été depuis introduites dans ce Monastere de Saint-Eutrope. L'Abbé Chastelain les appelle les Religieuses des dix Vertus, et dit qu'on leur donne aussi le nom d'Ancelles. Le Cardinal de Noailles leur permit le 9 Juin 1700 de porter au col un ruban bleu céleste qui supporte une médaille pendante sur la poitrine.

Pouillé MS. de Sens.

Voyag. manusc. de l'an 1690.

Dans la basse-cour il y a un Hôpital pour les hydropiques de l'un et de l'autre sexe qui y sont sustentés pendant leur neuvaine, et un cimetiere pour enterrer ceux qui y meurent.

J'avois cru pendant un temps, que cette Eglise de Saint-Eutrope de Chanteloup étoit ce qui avoit fait naître dans l'esprit de ceux qui ont rédigé le Pouillé de Paris au dernier siécle une erreur de nom et de lieu, et que le mot de Chanteloup leur a fait croire qu'il falloit lire Château de Louan ; ensorte qu'ils auroient placé en conséquence une Chapelle de Saint-Eutrope dans ce Château de Louan : mais j'ai trouvé depuis, que véritablement il ne faut pas confondre Saint-Eutrope du Château de Louan avec Saint-Eutrope de Chanteloup.

Voyez Louan.

L'Abbé de Marolles a fait entrer (page 16) dans ses Mémoires imprimés en 1656 une petite description du jardin de Chanteloup, tel qu'il étoit en 1611.

Schroterus dont on a une espece d'Itineraire imprimé en 1626 in-8º, n'a pas oublié Chanteloup. Il dit que les jardins de ce Château étoient les plus beaux du monde ; qu'on y voyoit des figures de toutes sortes représentées par les arbres et les arbrisseaux ; que sur une grande piece d'eau on avoit représenté par l'arrangement des terres et la distribution des eaux, le Golfe de Venise, et Venise même.

Un inconnu du dernier siécle qui ne s'est désigné que par ces cinq lettres initiales L. B. L. S. M. avoit fait imprimer dès l'an 1587 une piece latine de plus de six cents vers hexametres intitulée *Cantilupum*, pour célébrer pareillement les beautés de ce lieu ; elle débute ainsi :

> *Quæ fortunatos Dryadesque et Naïades agros.*
> *Cantilupi colitis gratari sæpe cupivi*
> *Deliciis vestris.*

Dans la nouvelle édition du Glossaire de Du Cange, il est fait mention de Chanteloup du Diocése de Paris, parmi les Maisons Royales : mais on s'est trompé en croyant que c'est le petit village de Chanteloup situé entre Lagny et Tournan.

La Terre de Chanteloup est possédée maintenant par M. Jacques-François Mallet, Président en la Chambre des Comptes : les Religieuses en ont aussi une partie.

Il ne me reste plus qu'à parler de LA BRETONNIERE, hameau de la Paroisse de Saint-Germain de Châtres, qui fait si bien partie aujourd'hui du Marquisat d'Arpajon, qu'on l'appelle Arpajon-le-Château. Il y a effectivement en ce lieu un ancien Château enfermé dans un parc. La tradition du pays est qu'il fut bâti par les ordres de la Reine Blanche, mere de Saint Louis, et l'on tient qu'elle fit construire la Tour et le Donjon pour y faire enfermer les blasphémateurs. On y voit un cachot qui paroît être en forme d'oubliettes, en ce qu'il est fermé par-dessus par une grosse pierre, et l'on dit qu'auprès de ce lieu est une cave dont on voit en effet les soupiraux, mais dont on ignore l'entrée. Toutes observations qui servent à prouver que l'on a eu intention de fortifier cette Maison et d'en faire une espece de Fort. Ainsi ce qui se lit sur une tombe de l'Eglise de Saint-Germain doit servir à détromper ceux qui attribuent ces bâtimens à la Reine Blanche. Les fortifications n'ont été faites que par Jean le Breton qui en étoit Seigneur, et qui après avoir donné son nom à cet Hôtel de la même maniere qu'il y en a une infinité dans l'Anjou, est mort en 1393. Je le crois être le même que cet Ecuyer dit Bréton de la Bretonniere à l'an 1378, à l'occasion des bois qu'il avoit, situés sur Marcoucies en tirant vers Montlhery, et qui y touchoient, qui furent donnés pour fondation au Prieuré de Sainte-Catherine-du-Val à Paris. Il est vrai cependant qu'avant ce Jean le Breton il existoit déjà un Hôtel dans ce lieu ; il n'en est point le premier auteur, il ne fit que le fortifier. Le Pere Basile Fleureau, en son Histoire d'Etampes, dit qu'il a vu au Chapitre de l'Abbaye de Morigny la tombe d'un Seigneur de la Bretonniere près Châtres, qui est figuré dessus armé, l'épée au côté, l'écusson de ses armes sur sa cuisse qui est burellé de dix pieces, et une autre de Madame Blanche sa femme, qui mourut en 1333 la veille de Saint-Martin d'hiver. J'ai vu ce Chapitre encore subsistant en 1744, mais sans y trouver qu'une seule tombe sur laquelle même il n'y a jamais rien eu d'écrit. Ce Seigneur inhumé en ce lieu doit être un le Breton, pere de celui qui est inhumé à Saint-Germain de Châtres, et ce qu'on a dit de la Reine Blanche est l'effet de la confusion qu'on a faite de Blanche, Dame du hameau de Saint-Germain, avec cette pieuse Reine.

La Chapelle qui est dans l'avant-cour du Château de la Bretonniere, est une annexe ou dépendance de Saint-Germain. On la croit aussi ancienne que le Château. Cependant, telle que je l'ai vue, elle n'a que deux à trois cents ans. Le Curé y fait dire la Messe pour les habitans tous les Dimanches et Fêtes (celle de Pâques exceptée). Elle est sous le titre de Saint Louis. Elle fut dédiée en effet le jour de la Fête de ce Saint l'an 1503, par Jean, Evêque de Mégare, qui y donna la tonsure ; le tout de la permission du Vicaire-Général de l'Evêque de Paris. Il y a aussi un cimetiere. Pierre le Prince, Contrôleur de la Chambre aux deniers [1] devint Seigneur de ce lieu vers l'an 1475. Le Roi Louis XI accorda la haute, moyenne et basse-Justice en ses Terres de la Bretonniere, de la Norville, Mondonville, La Brische et Guillerville, moyennant qu'il le quittoit de 60 liv. parisis qu'il avoit sur la recette de Montlhery. Il est inhumé dans cette Chapelle. Voici ce qu'on lit sur sa tombe :

Cy gist Noble homme Mre Pierre Le Prince, en son vivant Escuier, Maistre-d'Hôtel du Roi ..... et Seigneur de la Brethonniere, Mondonville, La Noirville, La Briche et Guillerville, qui trépassa le XXV jour d'Avril Mil V c et V.

Cy gist Noble Damoiselle Petronille Brichanteau, femme dudit Escuier, laquelle trépassa l'an Mil Vc le X Juillet. Priez pour eux.

Le Château de la Bretonniere a été entierement démoli en 1750. Cette Terre produit au Seigneur 1800 livres de rente.

1. Sauval produit le compte de Recette de reliefs qui le qualifie ainsi, et où il est dit que les fiefs de la Bretonniere, Norville et le Couldray-Liziard qu'il acquit, mouvoient de Montlhery. *Antiq. de Paris*, T. III, p. 422.

Le Sieur Doisy dans sa description du Royaume de France, marque à Arpajon-le-Château, ci-devant la Bretonniere, une Foire de bestiaux le 14 Septembre. On trouve en effet dans les Mémoriaux de la Chambre des Comptes depuis 1473 jusqu'à 1478 que Louis XI accorda à Pierre le Prince, Contrôleur de la Chambre aux deniers, un Marché par semaine et une Foire par an à la Bretonniere.

^{Royaume de France, in-4°, an. 1745 p. 188.}

Depuis l'érection de Châtres en Marquisat d'Arpajon, il y a eu un plan de cette Ville gravé séparément avec ses environs, dans lequel on y apperçoit cinq Portes, qui sont la Porte de Paris, celle de Saint-Germain, celle de Saint-Denis qui mene à la Norville, celle de Corbeil, celle d'Etampes et celle de Maurant qui conduit à Olinville : le nom de cette derniere auroit-il quelque rapport avec les anciens Moines de Saint-Maur, possesseurs du Prieuré ? Je n'ai rien apperçu dans ce plan dont je n'aie parlé ci-dessus, si ce n'est un clos situé entre la riviere d'Orge et le chemin d'Uly, appellé Mancarpie, au couchant de la Ville.

Nous ne connoissons que trois Auteurs que Châtres puisse revendiquer : un pour en être natif, et les deux autres pour avoir été Curés de l'une des deux Cures. Le premier est Guy de Châtres, qui se fit Religieux de Saint-Denis vers le commencement du quatorziéme siécle. Il entreprit un Ouvrage sous le nom de *Sanctilogium*, qu'il acheva pendant qu'il gouverna le Monastere en qualité d'Abbé : c'est un Recueil d'Actes de Saints avec un Martyrologe. Il y en a une copie à l'Abbaye de Saint-Victor de Paris. Ce Recueil antérieur aux guerres des Anglois et Navarrois, et à celles des Huguenots, nous a transmis certaines légendes curieuses et instructives. Après avoir été Abbé durant dix-huit ans, il se démit de sa dignité en 1343 et mourut en 1350. Son épitaphe étoit ainsi à Saint-Denis :

^{Hist. de l'Abb de S. Denis.}

^{Hist. de S. Denis p. 574.}

Flos regimen morum, fons, regula, forma bonorum
Religiosorum decus et speculum Monachorum
Sub lamina tegitur presenti qua sepelitur
Guydo de Castris Abbas qui vivat in astris.

L'autre Ecrivain est M. Duduel, Prêtre de l'Oratoire et Curé de Saint-Clément, qui fut ensuite Grand-Pénitencier d'Arras. On a de lui la Conversion du Pécheur, imprimée chez Desprez en 1680, et les Entretiens de l'Abbé Jean avec le Prêtre Eusebe, imprimés à Lyon en 1727. Le troisiéme, aussi Prêtre de l'Oratoire et Curé de Saint-Clément, est Germain Dupuy, grand Prédicateur, qui fut depuis Archidiacre et Théologal de Luçon. On a de lui plusieurs Opuscules, principalement en poésie. On peut en voir le détail dans le Supplément de Moreri. Il mourut en 1713 plus que septuagénaire.

Il doit y avoir près Châtres un lieu appellé LE COUDRAY-LISIARD. En 1460 Jacques Olivier étoit Seigneur de ce lieu, Pierre le Prince en 1475, Simon Allegrin en 1480.

<small>Sauval, T. III, p. 422 et 439.</small>

SAINT-ION ou SAINT-YON

C'est ici l'un de ces lieux bâtis sur des éminences, et dont les origines sont enveloppées de traditions fabuleuses qu'il faut tâcher de démêler d'avec la vérité. On débite assez communément, que l'ancien nom de ce lieu avant qu'il s'appelât *Saint-Ion* étoit *Haute-Feuille*, et que c'étoit une Ville[1]. Le premier se dit sans fondement : à l'égard du second il y a maniere de l'entendre.

<small>Baillet, vie de S. Ion, 5 Août.</small>

Premierement aucuns titres, aucunes inscriptions n'ont donné à la montagne de Saint-Ion le nom d'*Altifolium*, qui n'auroit pas manqué de se trouver dans quelqu'une des vies du Saint Martyr Ion, s'il avoit été connu lorsqu'on les a composées. Il y a d'autant plus lieu de s'en défier que, selon les apparences, cette tradition ne peut venir que de ceux qui ont trouvé dans nos vieux Romanciers quelque mention du Château d'un Seigneur de Hautefeuille, Chef de la famille de Ganelon, dont ces Ecrivains fabuleux font d'horribles peintures et sur lequel ils débitent des contes extravagants.

Secondement, qu'il y ait eu une Ville sur cette montagne ; si, pour le prouver, on se contentoit d'alléguer que ce lieu est qualifié de *Ville* dans des titres françois de deux ou trois cents ans ou davantage, cela seroit inutile, parce qu'alors par *Ville* on entendoit *Village* comme dérivé de *Villa* ; mais l'indice le plus assuré seroient les portes qu'on y voit encore, les vestiges des rues qui subsistent, avec l'amas de ruines des maisons. Encore peut-on répondre à cela que c'étoit seulement une forteresse dans laquelle

---

1. Baillet a parlé d'après le Poëte qui offrit vers l'an 1669 à M. Guillaume de Lamoignon une piece imprimée sur le Mont-Couronne, où on lit une strophe qui commence ainsi :

En la ville de Hautefeuille
Un Saint Gregeois de nation,
Le nom duquel fut Yon
Opéra pour un Dieu merveille, etc.

Je soupçonne que les rimeurs d'il y a cinq ou six cents ans voyant Torfou qui est contigu à Saint-Ion, quelquefois nommé *Tolfolium*, auront inventé un Hautefeuille pour rimer avec Torfeuille. Je crois aussi que tout ce qu'on a débité sur les Gannes ou Ganelon, relativement à la Montagne de Saint-Yon, a été imaginé sur ce que plusieurs Seigneurs de cette Forteresse ont eu le nom de *Paganus*, dont par apocope on a fait Gane.

il y avoit plusieurs logemens. Le Royaume est plein de restes de ces anciens Châteaux situés sur des montagnes, dans lesquels il y avoit plusieurs logis et maisons pour réfugier les effets des vassaux des Seigneurs en temps de guerre, et même pour les y loger ordinairement afin qu'ils eussent soin d'apporter et d'entretenir toutes sortes de provisions dans ces lieux élevés pour l'utilité des Seigneurs et des gens de leur suite, du Clergé même, s'il y en avoit d'établi dans ces lieux comme cela arrivoit souvent.

Ainsi, en nous bornant à ce qui est de plus certain, contentons-nous de sçavoir que la montagne de Saint-Ion n'est devenue célèbre que depuis le martyre d'un des Ouvriers Evangéliques nommé Æonius, qui vivoit au troisiéme siécle de Jésus-Christ : que comme c'est le lieu où il fut inhumé, la dévotion des premiers Fideles du pays de Châtres y éleva un monument au vrai Dieu, où par la suite, il se fit un concours qui donna naissance à un Village aux endroits les plus commodes de la montagne ; que ces habitations éparses ayant appartenu à quelque riche Chevalier, elles furent réunies par la suite sur le haut du mont, afin que ses vassaux fussent à l'abri des courses des Barbares. Les Auteurs du Martyrologe de Paris, imprimé en 1727, assurent que l'ancien nom de cette montagne étoit *Ceber*, dont on avoit fait *Ciabre* en langage vulgaire ; et ils ont mis nettement le natalice de ce Saint *In Monte Cebro* qu'ils ont traduit par le Mont Ciabre dans leur Table [1]. Ce fut le concours au tombeau du Saint avant que ses reliques en fussent enlevées et portées ailleurs, qui donna à la montagne le nom du Saint qui lui est resté. M. Baillet raconte les choses un peu autrement qu'elles ne sont ci-dessus ; mais comme il a reconnu le peu de fond qu'il y a à faire sur le détail des actes qu'on produit de ce Saint, le parti le plus assuré paroit être de dire qu'il avoit été martyrisé dans le voisinage du chef-lieu du pays de Châtres, lequel constamment étoit sur la route militaire d'Orléans à Lutece, et que son corps fut inhumé plus probablement sur la montagne qui étoit vers le couchant, puisque c'est là que commença son culte et non à Châtres, c'est-à-dire dans un lieu du territoire de Châtres, et non dans le chef-lieu même.

Martyr. Paris. 5 August.

1. Henri le Maire, Docteur, fit imprimer in-16 une vie de ce Saint qui est appellée le lieu du martyre de Saint Yon, *Castrolium in monte valdè celebri et eminenti*. Cependant sur la fin on y lit que *Castrolium* est Châtres. Le P. Giry, Minime, confondant *Castrolium* avec *Christolium*, dit que ce fut à Creteil que le Saint fut mis à mort. M. de Valois, *Notit. Gall.*, pag. 420, voudroit nous insinuer qu'Usuard, dans son Martyrologe, le fait mourir à Corbeil : mais ce qu'on lit dans l'édition de ce Martyrologe par Molanus n'est pas d'Usuard ; c'est d'une des additions qui y ont été faites. Ainsi M. Baillet a eu raison de dire qu'Usuard, quoiqu'écrivant à Paris, n'a point parlé de ce Saint. On sera bien aise d'apprendre ici en passant que Saint Yon est aussi Patron de l'Eglise de Lezigny en Brie, Diocése de Paris.

Ce lieu particulier est, comme j'ai déjà dit, une montagne assez élevée, à une lieue et demie de distance de Châtres, vers le couchant et à huit ou neuf de Paris, sur la droite du chemin qui conduit à Orléans. Cette montagne est escarpée presque également de tous les côtés, ce qui rendoit les approches du dessus plus difficiles que ceux du Château de Montlhery. Etant sablonneuse, elle n'est pas des mieux cultivées ; on y voit seulement quelques petits bois et beaucoup de broussailles. La Forteresse bâtie par les anciens Seigneurs étoit tout au haut de la montagne ; on y apperçoit encore quelques traces de fossés. Les trois Portes sont aussi assez visibles : l'une qui regarde le nord et s'appelle la Porte de Paris ; celle qui est du côté du sud-est, la Porte de la Folie ; la troisième qui est vers l'occident et qui regarde le village du Breuil, se nomme la Porte de Bordeaux, à cause des maisonnettes de jonc ou des joncs même que la petite rivière arrosoit dans le bas. De toutes les maisons qui étoient autrefois renfermées dans cette Forteresse, il ne reste plus que le presbytere avec l'Eglise Paroissiale. Les habitans de la Paroisse sont répandus dans les différens hameaux, qui sont Feugeres, Les Conardieres, Dampierre, Launay, la Maison de la Magdeleine, et la Ferme de Moret. Le tout formoit en 1709 le nombre de 42 feux suivant le Dénombrement publié alors, et maintenant 46 selon celui que le Sieur Doisy a mis au jour en 1745. Le Dictionnaire Universel de la France imprimé en 1726 comptoit 219 habitans.

Les anciens Seigneurs de ce lieu ne se contentant point de l'Oratoire bâti sur le tombeau de Saint-Ion, qui servoit de Paroisse, firent construire dans le même endroit un Prieuré où ils placerent des Religieux de la Charité-sur-Loire, de l'Ordre de Cluny. On ne sçait pas positivement en quel temps ils firent cette fondation ; elle ne peut pas être plus ancienne que celle du Prieuré de la Charité qui fut fondé au Diocése d'Auxerre, vers l'an 1060, environ dans le même temps que celui de Longpont-sous-Montlhery. Elle ne peut pas non plus être postérieure au regne de Louis-le-Gros, parce qu'on est sûr que sous ce regne il s'éleva un différend entre les Moines de Morigny-lez-Etampes et ceux de Saint-Ion, sur ce que les premiers ayant enlevé à ceux de Morigny une rente de sept sols, pour la restitution de laquelle il fut besoin de la médiation d'Henri, Prieur de Longpont, et de celle de Payen, Seigneur de Saint-Ion.

<small>Chron. Maurin. Duchêne, T. IV, p. 363.</small>

L'Eglise que l'on voit aujourd'hui à Saint-Ion et dont ce Saint Martyr est le titulaire, n'est ni l'ancienne Eglise Priorale ni l'ancienne Paroissiale. C'est un bâtiment du dernier siécle, construit des débris des anciens, et de fort petite étendue. Dans le temps que Du Breul écrivoit on y voyoit encore au chœur deux tombes, dont l'une étoit effacée de vétusté; sur l'autre étoit figuré un homme armé à l'antique, tenant de la droite une épée et de la gauche son bouclier, et à l'entour de cette tombe se lisoit cette épitaphe qui étoit en gothique majuscule: *Cy gist Philippes Sire de Sainct-Yon jadis Sire de ceste Ville, qui trespassa l'an de grace M CC IIII xx et XIII le Mercredi après la Sainct Barthelemi au mois d'Aoust. Priez pour ....* Il restoit aussi alors dans une petite Chapelle ruineuse à droite du chœur une tombe fort ancienne, sur laquelle on voyoit des têtes de gros clous; ce qui avoit fait croire au peuple qu'elle couvroit le corps d'une Dame issue des Seigneurs de Saint-Yon, épouse du Sire de Gannes, que son mari auroit fait enfermer dans un tonneau plein de clous, puis jetter du haut de la montagne. Du Breul se mocque avec raison de cette fable, et croit que ces clous étoient pour la conservation de l'écriture en empêchant qu'on ne marchât dessus, mais c'est plutôt parce que sur la tombe de pierre il y avoit une autre tombe de cuivre attachée à la pierre par le moyen de ces clous. Le cuivre a été enlevé du temps des guerres, et les clous sont restés; c'est dont on a une infinité d'exemples. L'Abbé Chastelain écrit qu'il vit en 1703 dans la même Eglise l'épitaphe d'un Curé nommé Robert d'Etrechy, mort âgé de 81 ans en 1686. On dit qu'il avoit été Substitut du Procureur Général.

<small>Antiq. de Paris, édit. de 1639, p. 867.</small>

Il ne reste donc plus dans cette Eglise que les tombes des deux Prieurs du lieu, et la maniere dont elles sont placées fait voir qu'elles ont été remuées et transposées. On lit sur l'une cette inscription gravée en lettres gothiques capitales: *Anno Domini M. CC LXXII .... tis Virginis Marie Obiit Guido de Brueria qui Prioratum istum tenuit honesté XXVI annis. Ejus anima cum Christo requiescat in pace. Amen.*

Au milieu de la tombe est une grande croix composée de quatre croix.

Sur une autre tombe qui est gravée de mêmes caracteres, il ne reste de lisibles que ces mots-ci:

Anno Domini M. CCC decimo.....

Prior istius loci qui tenuit Prioratum....

Anima....

On voit dans cette Eglise une Chapelle de la Sainte Vierge qui passe pour la Chapelle Priorale. C'est tout ce qu'il y a en mémoire du Monastere qui y a existé, n'y restant aucune marque des anciens lieux réguliers. J'ai trouvé à l'an 1505, dans les Registres de l'Evêché *Collatio SS. Trinitatis de Sancto Ionio de presentatione Prioris*, sans qu'il soit spécifié si c'est le titre de la Cure ou d'une simple Chapelle. La nef de cette Eglise a été rebâtie l'an 1693, aux dépens de la Fabrique.

<small>Reg. Ep. Paris. 6 Aug.</small>

Du temps que l'ancienne Eglise subsistoit, on y conservoit au-dessus du grand-autel, dans une niche, une châsse où l'on croyoit que le corps de Saint Ion étoit renfermé. Comme on avoit à Corbeil la même prétention dans l'Eglise de Notre-Dame, l'Evêque de Paris, Foulques de Chanac, voulut voir le contenu de ces deux châsses. Il commença par celle de ce Prieuré le Mercredi veille de l'Ascension 1343, et lorsqu'elle eut été descendue et ouverte en présence de Frere Guillaume, Prieur du lieu, et de Noble Guy de Richebourg, Damoiseau de la Terre en partie, des Marguilliers et du peuple, l'Evêque n'y trouva qu'un peu de reliques de Saint Ion et beaucoup d'autres de divers Saints et Saintes avec des authentiques de ses prédécesseurs, et autres personnes illustres. On voit par-là qu'il y avoit déja fort long-temps que le gros de ces reliques avoit été réfugié ailleurs, comme à Châtres et à Corbeil. Il faut voir ce que j'en dis en parlant de ces lieux. Au reste, cette châsse a disparu dans les guerres arrivées depuis l'an 1343, et il n'est revenu à cette Eglise de reliques de Saint Ion qu'un petit fragment dont lui a fait présent l'an 1745 un Prêtre qui l'avoit eu de l'Eglise de Saint-Clément de Châtres, et que M. Collin de Murcy, Conseiller Honoraire de la Cour des Monnoies, a fait enchâsser.

Proche la Maison de la Magdeleine au bas de Saint-Ion, est une piece de terre couverte d'arbres, appellée le Cimetiere, parce que c'étoit celui de la Paroisse avant la destruction de la Forteresse et du Bourg. Au moins étoit-ce celui de la Léproserie de la Magdeleine marquée dans les Pouillés du quinziéme et seiziéme siécle de 1626 et 1648. Le dernier Pouillé assure de même que celui du quinziéme siécle, que la Chapelle de cette Léproserie étoit à la nomination du Prieur du lieu. J'en ai vu une nomination en date du 16 Juillet 1472. Le Registre des Visites des Léproseries faites en 1351, nous apprend que trois Villages du Diocése de Paris avoient droit d'y mettre leurs malades ; sçavoir Boissy-sous-Saint-Ion, Saint-Ion, et Saint-Sulpice de Favieres. Les dix autres lieux étoient du Diocése de Chartres et dans le voisinage. Cet Hôpital avoit des prés à Villerette, et dans un canton appellé Orgette.

Reg. Visit. fol. 48.

Le Pouillé de Paris écrit au treiziéme siécle, dit que la Cure de Saint-Ion est à la nomination de la Charité *De Caritate,* par où apparemment il faut entendre le Prieur du lieu qui étoit Moine de la Charité. On ne sçait pas de quel Evêque de Paris les Religieux avoient obtenu cette Cure. Les Pouillés du quinziéme et du seiziéme siécle, ceux de 1626 et 1648 s'accordent tous à dire qu'elle est à la présentation du Prieur du lieu. Le Prieuré est aussi mentionné au même Pouillé également sous le nom de *Sanctus Ionius,* mais il est mis avec les autres sous le Doyenné de Longjumeau, qui étoit alors Doyenné pour les Communautés.

Il seroit facile de former une suite des Seigneurs de Saint-Ion depuis leur origine, si tous les siécles fournissoient comme le douzième et le treizième. Le plus ancien que nous trouvons est *Hugo Miles de Sancto Ionio* au Cartulaire de Notre-Dame des Champs ; Aymon de Saint-Yon. Il est nommé au Cartulaire de Longpont dans un acte passé sous le Prieur Henri entre les années 1086 et 1135. Ce fut apparemment lui qui fonda le Prieuré. *Chart. Longip. fol. 9.*
Le second est appellé dans plusieurs titres *Paganus de S. Ionio*[1]. Il est certain par un titre du même Cartulaire que l'un des *Paganus* de Saint-Ion avoit pour son vrai nom Roger. On lit fol. 35 : *Rogerius cognomento Paganus de Sancto Ionio*. Il est nommé dans le Cartulaire de Longpont dans des titres sous Louis-le-Gros : par exemple comme témoin aux funérailles de Milon de Montlhery *Ibid., fol. 17.* qui avoit été étranglé par un de ses parens : dans une autre occasion sous le même Roi, il fut le médiateur entre les Moines de son Prieuré et ceux de Morigny, pour une petite rente qui *Chron. Maurin.* appartenoit à ces derniers, comme aussi dans un autre titre passé *lib. II.* entre les années 1139 et 1170 où il est nommé avec Rotrou, *Duchêne, T. IV, p. 363.* Evêque d'Evreux. Son fils appellé comme lui *Paganus de Sancto Chart. Longip. Ionio*, est au rang des feudataires de Montlhery sous Philippe- *fol. 41.* Auguste, comme tenant des terres du Roi. En même temps que *Chart. Ph. Aug. It. Cod. Putean.* vivoit le second Payen de Saint-Ion, il y avoit aussi un Philippe *634.* de Saint-Ion, également qualifié Chevalier, et compris dans la *Ibid.* Châtellenie de Montlhery, mais sans tenir du Roi aucunes terres. Il étoit apparemment frere de *Paganus* aussi-bien qu'Adam de Saint-Ion. On trouve les deux derniers, Philippe et Adam, comme témoins dans une transaction passée l'an 1192. Hugues de Saint- *Hist. d'Etamp.* Ion posséda après le second *Paganus* la Terre et la Forteresse de *p. 519.* Saint-Ion : et pour cela il étoit homme lige du Roi et devoit deux *Chart. Ph. Aug.* mois de garde à Montlhery. Il vivoit sous la fin du regne de Philippe-Auguste vers l'an 1220 : *Hugo de Sancto Ionio est homoligius Regis, de Sancto Ionio : et debet custodiam duorum mensium ad Montem Lehericum pro Fortitudine Sancti Ionii*. Cet endroit du Registre ou Cartulaire prouve évidemment que la Forteresse du bourg de Saint-Ion subsistoit encore alors. Il n'y a aucun sujet de croire qu'elle ait été détruite sous le regne de Saint Louis. On trouve sous Philippe-le-Hardi, fils de ce Saint Roi, un autre *De la Roque,* Seigneur de Saint-Ion nommé Philippe, qui paroissoit être dans *Traité de la* les intérêts de son Prince, puisqu'en 1272 on le voit comparoître *Noblesse, p. 79.*

---

1. Ce nom *Paganus* n'est point un nom de Saint. Lorsque la coutume étoit de différer le baptême des enfans on les appelloit Payens, en attendant qu'ils fussent baptisés, et ce nom leur restoit quelquefois même après leur baptême.

au Rôle des Ban et arriere-ban pour lui-même, et déclarer que Pierre de Beu iroit à l'armée pour lui, Philippe, et pour lui-même. Enfin les dernieres années de ce siécle vécut Madame Jehanne, Dame de Saint-Yon, ainsi qu'on apprend par son épitaphe dans le cloître de l'Abbaye de Barbeau. L'écriture est d'environ l'an 1300. Mais depuis ce temps-là jusqu'au regne de Louis XI il s'écoula plus de cent cinquante ans, pendant lesquels les guerres des Anglois sous le Roi Jehan, celles des Grandes Compagnies sous Charles V, celles des Anglois de nouveau sous Charles VI et sous Charles VII amenerent du changement. Il faut se souvenir des troubles que les Bouchers causerent dans Paris vers l'an 1416 : or ces gens-là étoient soumis aux Sieurs de Saint-Ion descendus des anciens Seigneurs, parce que c'étoient ces Sieurs de Saint-Yon, à qui appartenoient les Boucheries : peut-être fut-ce alors que le Roi ordonna de détruire la Forteresse qui appartenoit à ces mêmes Saint-Yon attachés au Duc de Bourgogne, son ennemi. Nous voyons aussi quelques années après un Garnier de Saint-Yon, Echevin de Paris, et Garde de la Bibliothéque du Louvre pendant que le Roi d'Angleterre se disoit Roi de France et occupoit la ville de Paris. Rien de tout cela ne fait auguren favorablement pour le maintien de la forteresse et du Bourg de Saint-Yon. C'est pourquoi l'on peut vraisemblablement en fixer la destruction dans ce siécle-là. Quoiqu'il en soit, un nommé De Behene jouissoit d'une partie de la Seigneurie de Saint-Yon sur la fin du regne de Charles VII. Il mourut vers l'an 1470, et Louis, son fils, lui succéda dans cette portion et dans la Seigneurie de Bruyeres-le-Châtel.

En 1511 l'Amiral de Graville jouissoit de cette Terre.

Antoine du Moulin est dit en être Seigneur vers l'an 1554.

Et cent ans après cette Terre vint à MM. de Lamoignon.

En 1650 Guillaume de Lamoignon, Premier Président, étoit Baron de Saint-Ion, ainsi que Chrétien-François de Lamoignon en 1666.

La MAGDELEINE est le lieu le plus remarquable de la Paroisse de Saint-Ion ; il a pris le nom de l'Hôpital qui y étoit situé et dont j'ai parlé ci-dessus. La Maison appartenoit sur la fin du dernier siécle à M. de Bragelogne, Colonel des Dragons. Maintenant elle est à M. Collin de Murcy, Conseiller Honoraire de la Cour des Monnoies. Le jardin a été planté par la nature et est si bien disposé et percé, qu'il paroît beaucoup plus grand qu'il n'est en effet.

Ce que les Bollandistes ont rapporté de plus nouveau sur la personne de Saint Ion, est l'annonce du Martyrologe de Paris de 1727 : ils n'entrent dans aucun détail sur Corbeil, ne paroissant pas seulement connoître de la Barre qu'ils ne citent point sur ce Saint.

BOISSY-SOUS-SAINT-ION et EGLIES

J'aurois cru ne pas rendre justice au village d'Eglies, que nous écrivons aujourd'hui Egly, si je ne l'avois pas compris dans le titre de cet article, puisque, nonobstant qu'il soit regardé aujourd'hui comme hameau ou dépendance de Boissy-sous-Saint-Ion, il étoit anciennement Paroisse, et vraisemblablement celle dont Boissy dépendoit. C'est ainsi que la succession des temps amene des changemens dont peu de personnes sont instruites. Ces deux lieux sont anciens ; mais la premiere Eglise qu'il y a eu à Boissy ne peut pas être plus ancienne que la canonisation de Saint Thomas de Cantorbery, puisqu'elle fut consacrée sous son invocation. Ce sont au reste presque les mêmes titres qui font mention d'Eglies et de Boissy conjointement ; ils ne passent point le douziéme siécle, ou tout au plus remontent-ils jusqu'à la fin de l'onziéme. Ils sont tous tirés du Cartulaire des Religieux de Longpont. On y voit que Lucienne, sœur de Hugues de Crecy, ce Seigneur qui fit étrangler inhumainement Milon de Montlhery, fils du célebre Guy Troussel, que Lucienne, dis-je, donna à ce Prieuré la portion de ses terres qu'elle avoit à Eglies et à Boissy, *apud Agglias et Buxiacum,* et que le Roi Louis VII confirma cette donation, parce que ses biens relevoient de lui, *quia ex ejus feodo,* dont fut témoin Etienne, Evêque de Paris, et Hugues de Crécy, Radulfe, Comte (apparemment de Vermandois), et Manassès de Tournan. Il fut même besoin de la ratification de Béatrix, femme de ce Manassès, résidante à Crecy-en-Brie ; et le titre ajoute que pour marque de son approbation, elle prit un morceau de bois qu'elle mit entre les mains de Jean, Prieur de Longpont, en présence de témoins spécifiés dans l'acte. Telles étoient les solemnités de ces temps-là. *Chart. Longip. fol. 46.*

Par une déclaration postérieure de quelques années, mais toujours du même siécle, il paroît que ce que ce Monastere possédoit en ces deux lieux *apud Buxiacum et Egleias,* consistoit dans la sixiéme partie du tout, tant des terres que des prés, bois et autres revenus. *Ibid., fol. 5.*

Comme Boissy est devenu le plus fameux et le plus considérable de ces deux lieux, il sera le premier dont je parlerai. Son étymologie lui est commune avec plusieurs autres lieux. Les actes du treiziéme siécle le nomment *Buxiacum, Buxcium* et *Bussiacum,* termes dérivés ou du mot *Buxus,* ou de celui de *Boscum.* Dans le cas donc que sa dénomination ne vienne pas des arbres de buis qui y auroient été plus abondamment qu'ailleurs, on ne peut au moins refuser d'avouer qu'elle viendroit du substantif *Boscus*, Bois. Il est éloigné de Paris de neuf lieues, et de Châtres seulement d'une lieue. Sa situation est marquée dans le surnom qu'on lui donne pour le distinguer de Boissy-Saint-Leger, autre Paroisse du Diocèse de Paris en Brie, et de quelques Boissy qui sont aux environs d'Etampes et de Dourdan. Il est bâti au bas de la montagne de Saint-Ion, qui le met un peu à couvert du vent du sud-ouest, et au bout de la plaine qui commence un peu au-dessus de Châtres. Quoique ce territoire soit uni et bas, on y voit des vignes entre le grand chemin de Paris à Orléans et le Village; mais le principal bien sont les labourages. Le Village est pavé, à la faveur des grès qui se trouvent sur la montagne voisine sur laquelle passe le grand chemin. On y comptoit 172 feux l'an 1709 suivant le Dénombrement qu'on imprima alors : mais il y en a seulement 152 selon celui que le Sieur Doisy a publié l'an 1745. Dans le Dictionnaire Universel de l'an 1726 les habitans sont comptés être au nombre de 708. Il n'y a cependant, dit-on, que 500 communians.

Les premiers Chevaliers qu'on trouve avoir eu des domaines ou fiefs sur la Terre de Boissy, sont les Chevaliers de Vaugrigneuse. Burchard de Vaugrigneuse avoit légué vers l'an 1100 à l'Eglise Collégiale de Saint-Pierre de Montlhery un muid de grain d'hiver appellé *ivernagium*, à prendre sur son revenu de Boissy pour l'entretien du luminaire de cette Eglise; Guy, son petit-fils, au lieu de fournir ce muid, avoit préféré d'entretenir lui-même le luminaire; mais lorsque ce Chapitre eut été réuni au Prieuré de Longpont, il promit de payer désormais le muid de grain. Ce fut après l'an 1154. Ce Guy étoit fils d'un second Burchard de Vaugrigneuse, duquel il est encore marqué qu'il étoit redevable envers le même Monastère de certain nombre de sextiers pour des échanges qu'il avoit faites de la Terre d'Eglies et de Boissy. Le domaine que Guy de Vaugrigneuse avoit à Boissy, est qualifié de *Terra communis*, dans le Cahier des redevances de Montlhery sous Philippe-Auguste, dont pour cette raison et autres il étoit homme lige. Ce même Guy y est encore déclaré tenir à Boissy du bien de Guillaume *Pastillus*, que je crois qu'il faut traduire Pasté. On trouve aussi que sous le même regne Odeline de Norcy étoit vassalle du Prince ou femme-lige pour le fief situé à Boissy, que Philippe de Moressart tenoit d'elle. Enfin dans ces temps reculés paroit un Hugues *de Buxi* parmi les Chevaliers qui déposerent sur les enlévemens faits à la Châtellenie de Montlhery, lorsque Hugues de Gravelle entreprit d'aggrandir l'étendue de la Prévôté d'Etampes.

Vers l'an 1200 Iolande [de Coucy] étoit non-seulement Dame

de Chilly et de Longjumeau, mais aussi d'Egly et de Boissy ; elle donna à chacun de ces deux derniers Villages plusieurs arpens de Communes, et pour ce bienfait on célèbre encore son Obit.

En 1368 étoit récemment décédé un Thomas de Boissy, qui paroît avoir été Seigneur de ce lieu, et être celui qui bâtit la Chapelle de Saint-Thomas qui devint Paroisse au siècle suivant. Il est mentionné dans le testament de Louis, Comte d'Etampes, de l'année ci-dessus dite. Hist. d'Etamp. p. 318.

Depuis le commencement du seizième siècle, voici les Seigneurs de Boissy-sous-Saint-Ion que j'ai pu découvrir : Louis de Graville, Amiral de France, est qualifié tel dans la Coûtume de Paris de l'an 1510. François de Ferrieres, Chevalier, Seigneur de Maligny, le fut ensuite, comme aussi d'Egly. Sa veuve, Louise de Vendôme, en prêta foi et hommage à la Chambre des Comptes le 22 Octobre 1543, comme de terres qui relevoient de Montlhery. Bann. du Chât. Vol. IV, f. 36.

Assez avant dans le siècle suivant, je trouve Marie-Charlote de Bassac, Dame de Bassompierre, qualifiée aussi Dame de Boissy-Saint-Ion ; c'est à l'an 1646, au 16 Juin. Elle fit commencer un bâtiment pour le Seigneur de ce lieu sur le modèle du Luxembourg en petit ; mais l'ouvrage ne fut conduit que jusqu'à trois pieds hors de terre. Cette Maison avec une avenue est du côté de Saint-Ion ; on l'appelle *la Seigneurie*. Ce qui y est de l'ancien bâtiment appartient présentement à M. de Montausan qui l'a acheté en roture du Seigneur actuel. Perm. de Chap. dom.

Après Madame de Bassompierre, Guillaume de Lamoignon, premier Président au Parlement de Paris, devint Seigneur de Boissy. Ce fut lui qui obtint, l'an 1660, des Lettres-Patentes pour l'établissement de deux Foires en ce lieu par chaque année, et d'un Marché toutes les semaines. Table de Blanchard.

L'Eglise Paroissiale qu'on voit à Boissy ne paroît pas être fort ancienne. Sa structure n'annonce que deux siècles ou un peu plus. Mais il y a apparence qu'avant cet édifice il y avoit un Oratoire, Chapelle ou Eglise du titre de Saint Thomas de Cantorbery ; car on ne pensoit gueres, il y a deux cents ans, à ériger de nouvelles Eglises sous l'invocation de ce Saint ; mais aussi-tôt qu'il fut canonisé, le bruit éclatant de ses miracles fit qu'il y eut plusieurs Eglises et Chapelles construites en son honneur. Ainsi le bâtiment qui subsiste aujourd'hui est le second, le premier ayant été abattu vers l'an 1500. Je n'y ai rien vu d'ancien que l'épitaphe d'un nommé Pecquet qui a fondé deux pintes d'huile pour cette Eglise. Le lieu y est dit simplement Boissy ; il y est fait mention du Curé et de ses Vicaires. Cette inscription est de l'an 1541, en lettres gothiques ; elle fait voir qu'alors Boissy étoit une Cure. Mais il y avoit déja cent ans au moins qu'elle étoit érigée, puisqu'on la trouve dans le Pouillé de Paris écrit vers l'an 1450. Eglies s'y trouve aussi en qualité de Cure, mais en 1473 il y eut des Provisions accordées à un même Curé pour Eglies et Boissy; de même le 25 Septembre 1478. Au 3 Juin 1488 est une résignation des deux Cures *S. Petri de Egliis* et *S. Thomæ de Boissiaco* unies. Au 17 Mars suivant il fut marqué dans les Provisions qu'Eglies et Boissy n'étoient unis que pour la vie de Jean du Puy, Curé. Les deux Cures faisoient encore un article séparé dans le Pouillé du seiziéme siécle; mais vers l'an 1550, Boissy commença à l'emporter, et Egly se vit qualifié seulement de Succursale. Les trois autels de cette Eglise sont creux en forme d'urne ou de tombeau. Sous le grand-autel est cette sentence des Psaumes *Deus noster refugium et virtus*, avec une croix et une crosse relatives à ce passage. Sous l'autel de la Chapelle tournée au septentrion, laquelle est titrée de Saint Jacques le Majeur, sont des bourdons croisés. On lit sur le mur l'acte de la fondation de cette Chapelle en 1735, par J. Peneti, Secrétaire du Grand Duc de Toscane à la Cour de France. Il la dota en effet de 300 livres de rente, à condition que M. Orsini et sa famille en auroient l'entrée. L'autre autel du côté du midi a été construit aux dépens du même Abbé Peneti, en l'honneur de la Sainte Vierge qui y est représentée tenant son fils, Jésus-Christ; et sous l'autel on lit simplement *Ora pro nobis*. Dans la même Chapelle méridionale a été travaillé sur le marbre une espece de volume ouvert et marqué du signet en cet endroit, et là se lit le reste de la fondation. Les charges attachées aux 300 livres sont trois Messes hautes par an et une Messe basse par chaque semaine; plus une distribution de vingt-quatre chemises et douze camisolles à trente-six pauvres, et de cinquante livres au Maître d'Ecole. Les bans des Marguilliers représentent un palmier et un cedre en relief sur pierre blanche avec ce verset des Psaumes: *Justus ut palma florebit: sicut cedrus Libani multiplicabitur*. Entre les deux est encadré dans le marbre un tableau représentant le massacre de Saint Thomas de Cantorbery. A l'entrée de l'Eglise, à main gauche, sont les Fonts travaillés en marbre, et la figure d'un désert où Saint Jean-Baptiste prêche, le tout en pierres blanches sculptées fort proprement l'an 1738. On assure que c'est M. l'Abbé Peneti, qui étant venu à Boissy, fit faire tous ces embellissemens à cette Eglise.

Boissy n'a point d'écart qu'une seule maison bâtie depuis peu au bas de la montagne, sur le bord du grand chemin, et dont le nom n'est point encore fixé.

EGLY, qu'on écrivoit anciennement Aiglies et ensuite Eglies, ne peut être séparé de Boissy-sous-Saint-Yon dans mon narré, puisque c'est le Curé de Boissy qui en reçoit aujourd'hui le revenu

Curial et qui en conséquence pourvoit à la desserte de cette ancienne Paroisse. Je dis Paroisse, parce que j'ai pour garant le Pouillé Parisien du treiziéme siécle, conservé à la Bibliotheque du Roi, dans lequel, parmi les Paroisses dont les Cures sont à la collation pure et simple de l'Evêque de Paris, il y a Eglies dans le Doyenné de Linais, pendant que le nom de Boissy ne s'y trouve pas. Eglies est aussi dans le rang des Cures du Diocése dans les Pouillés du quinziéme et du seiziéme siécle, et même dans celui de l'an 1648.

On a vu ci-dessus par les extraits de titres du Cartulaire de Longpont, que ce lieu étoit appellé en latin dans le courant du douziéme siécle *Agliæ*, quelquefois *Agdiæ*, et d'autres fois *Egleiæ*; la premiere dénomination est celle qui peut mieux nous conduire à l'origine du nom, parce qu'elle approche le plus des termes usités dans les titres des autres Provinces de France. On lit dans quelques-uns le terme *Aglati* quelquefois défiguré en *Oglati*, pour signifier un terrain propre au labourage entouré de haies. Sans examiner si cette expression est dérivée de quelque racine latine, la ressemblance qui est entre *Agliæ* et *Aglati*, suffit pour s'en tenir à cette étymologie, d'autant plus qu'Eglies est un pays dont les terres ont dû être défrichées des premieres, et par conséquent être entourées de haies pour leur conservation. *Gloss. Cangii voce Aglata.*

Il n'est pas besoin de répéter ici ce que je viens dire en parlant de Boissy, que les Moines de Longpont sont des premiers Gens d'Eglise qui y ont eu du bien par donation de Lucienne de la Maison de Crecy-en-Brie, ni que les Chevaliers de Vaugrigneuse y avoient aussi eu leur part et portion. Je remarquerai seulement de nouveau que sous le regne de Philippe-Auguste un laïque, nommé *Paganus Malus-filiaster*, jouissoit de la dixme d'Eglies, et qu'à raison de cela il étoit homme du Roi et devoit fournir la garde pendant deux mois chaque année au Château de Montlhery. *Chart. Ph. Aug.*

Dans le Dénombrement de l'Election de Paris, Egly n'est point confondu avec Boissy; il forme un article séparé, et on lui joint Villelouvette, qui est un hameau de Boissy. Egly donc et Villelouvette ensemble contiennent 72 feux selon que l'on comptoit en 1709; mais en 1745, le Sieur Doisy a marqué dans le sien qu'il n'y en a que 62. Le Dictionnaire Universel imprimé en 1726 réduit le tout à 275 habitans. Le pays est entierement en plaines au rivage droit des deux petites rivieres qui viennent de Dourdan et de Souzy.

L'Eglise qu'on voit à Egly marque une plus haute antiquité que celle de Boissy en plusieurs manieres; sçavoir, par le saint Patron qui est Saint Pierre, et par la nature de l'édifice : le chœur est un petit quarré fort étroit, dont la voûte paroît être tombée autrefois ou n'avoir jamais été faite : la nef est aussi fort étroite et très-dénuée. La tour qui est au frontispice désigne suffisamment la bâtisse du treiziéme siécle, non pas dans le massif de l'ouvrage qui est d'une pierre du pays, de l'espece de celles dont sont les meules, et qui ne sont susceptibles d'aucune sculpture, mais dans les pierres blanches employées à la formation des fenêtres. Il y a dans cette Eglise une inscription sur le marbre qui fait mention de M. de Maillot en Normandie, et où il est aussi parlé du Curé d'Egly : elle est d'environ l'an 1670. Mais le souvenir du Vicaire d'Egly ne peut point non plus se perdre de long-temps, d'autant que dans ce fameux Noël où l'on fait paroître à la crèche de Bethléem les habitans de Châtres et ceux de Montlhery avec les paysans des Villages voisins, Noël qui a plus de cent ans, ce Vicaire y est mentionné.

M. de Marillac, et depuis lui Messieurs de Monhenault de Paris, ont eu autrefois la Terre d'Egly. Ces derniers la vendirent au Seigneur de Châtres et de Boissy. Charles du Mouceau de Nolan, Chevalier, l'a possédée depuis eux : ensuite Madame la Duchesse de Lauzun. Aujourd'hui elle est à M. Boucaud, Receveur de la Ville de Paris.

M. de Valois n'a pas dit un seul mot de cette ancienne Paroisse en son *Notitia Galliarum*.

VILLE-LOUVETTE ou Ville-Louvet a un Seigneur particulier qui relève de Saint-Sulpice de Favieres. Il y avoit autrefois un petit hameau du même nom proche Saint-Germain du Vieux-Corbeil.

Jean des Mures, Docteur ès Loix, et Guillemette sa femme, fondant au quatorziéme siécle une Messe quotidienne à Sainte-Catherine du Val-des-Ecoliers à Paris, dite autrement Sainte-Catherine de la Couture, donnerent en 1378, entre autres biens, des prés situés à Egly sur la rivière d'Orge en Monchue, tenant aux Prés Dame Alips et à l'Eguillon. Le Fondateur m'a paru mériter que je fisse mention de ce legs, d'autant qu'il doit être le même que ce célèbre Jean des Murs *de Muris* qui fut si fameux alors par sa connoissance dans la Musique.

Trés. des Chart.
Reg. 141,
Piece 138.

SAINT-SULPICE DE FAVIERES

On ne peut nier que M. de Valois n'ait rencontré juste dans l'étymologie qu'il donne des deux lieux qui s'appellent Favieres au Diocése de Paris. Il y en a un dans la Brie proche Tournan, lequel quoiqu'ancien n'est pas si célèbre que celui-ci. Il dit de tous les deux que leur nom vient *à copiâ fabarum ibi provenientium*, de ce qu'il croissoit beaucoup de feves en ces lieux, de la même maniere que les lieux appellés Chenevieres tirent leur dénomination de la quantité de chanvre qui y venoit, et les lieux dits Bruyeres, des bruyeres qui y étoient. On pourroit ajouter encore plusieurs autres exemples. Mais quoique les feves soient un légume fort commun dans la campagne, on ne trouve en France, en y comprenant même la Lorraine, que six Paroisses qui portent le nom de Favieres. On a donné à celui-ci le surnom de Saint-Sulpice pour le distinguer des autres, principalement à cause du fameux pélerinage en l'Eglise de ce lieu occasionné par les miracles que ce Saint y a opérés. Il y a néanmoins encore un autre Favieres au Diocése de Toul, dont l'Eglise est pareillement sous l'invocation de Saint Sulpice. Dict. Univ. de la France.

Au douziéme siécle, le Village dont je traite ici portoit simplement le nom de Favieres, sans même qu'on ajoutât rien qui le distinguât de Favieres proche Tournan. Le premier titre qui en parle ainsi est dans les Archives du Prieuré de Longpont sous Montlhery. On y lit qu'Arnoul, fils d'Adrald d'Etampes, donna à ce Monastere un labourage de deux bœufs situés à Favieres *apud Faverias,* avec trois hôtes et un quatriéme hôte que Geoffroy, Prêtre de l'Eglise du lieu, c'est-à-dire Curé, posséderoit sa vie durant, et qui après sa mort appartiendroit au Couvent, et en outre deux arpens de prés. Ce qui dans cet acte désigne Favieres de l'Archidiaconné de Josas, est le voisinage d'Etampes et de Longpont. Chart. Longip. fol. 51.

Cette Paroisse est à dix lieues ou environ de Paris, à l'extrémité du Diocése, du côté qu'il touche à celui de Chartres, c'est-à-dire vers le sud tirant un peu à l'ouest, à demi-lieue ou environ du grand chemin qui conduit à Orléans à la main droite. La Ville la plus voisine est Châtres ou Arpajon qui n'en est qu'à deux lieues du côté de Paris. Sa situation est dans un fond derriere la montagne de Saint-Ion, fond assez resserré qui ne paroît point être fertile, n'étant que terrain de sablons et de grés, sans riviere ni ruisseau. Les labourages y sont néanmoins anciens, suivant le titre qui vient d'être rapporté : mais ils sont dans la plaine au-dessus du Village. Le Dénombrement de l'Election de Paris imprimé en 1709, marque dans cette Paroisse 62 feux. Celui que le Sieur Doisy a donné au Public en 1745 n'en marque que 49. Le Dictionnaire Universel des Villages de France imprimé en 1726 y compte 222 habitans, ce qui paroît avoir été diminué à proportion des feux. Il y avoit autrefois six ou sept rues dans ce Village ou Bourg, une entre autres qu'on appelloit la rue des Orfévres : peut-être qu'il s'y en étoit établi à l'occasion du fameux pélerinage, ou que la famille de MM. l'Orfévre de Paris y avoit eu un manoir.

Je rapporterai ce que j'ai pu apprendre sur les Seigneurs, après que j'aurai parlé de l'Eglise Paroissiale qui fournit une assez ample matiere, et que M. l'Abbé Chastelain, grand voyageur et bon connoisseur, appelloit la plus belle Eglise de Village de tout le Royaume.

Journal de sa vie à l'an 1683.

Le bâtiment de cette Eglise mérite une attention particuliere pour sa beauté. C'est un gothique du treiziéme siécle très-large, très-élevé et très-délicat. Le chœur est à trois rangs de vitrages dont on a fermé ceux d'en-haut en ces derniers temps. Il est embelli de galeries à appuis de pierre, comme aussi les deux ailes ou collatéraux. La nef est aussi du même goût, mais un peu plus basse et sans aucunes vitres, parce que celles des collatéraux éclairent suffisamment cette Eglise, qui d'ailleurs est blanche, compris même les cintres des voûtes, et dont les seules vitres peintes sont celles du fond du rondpoint et du bout des ailes. Cet édifice est supporté du côté du septentrion par une tour également gothique. Les vitrages du fond du Sanctuaire sont de ces anciennes peintures semblables à celles de la Sainte-Chapelle de Paris : on y voit la Passion de Notre-Seigneur représentée ; la mort et l'enterrement de Saint Sulpice. Au grand portail est représenté en sculpture la Résurrection générale et le Jugement dernier, suivant l'usage du douziéme et du treiziéme siécle, de même qu'au portail de Notre-Dame de Paris et autres. On y voit, comme là, Saint Michel tenant des balances qui décident du mérite de chacun. Du côté droit sont les hommes destinés pour le Paradis, derriere lesquels est un Ange qui joue du violon ; et à la main gauche de Jésus-Christ sont les damnés suivis d'un diable noir qui les pousse en Enfer. Au centre de ce portail sont huit Anges jouant des instrumens et huit autres tenant des couronnes : les instrumens sont la flûte de deux façons, un jeu d'orgue que l'Ange tient d'une main pendant qu'il joue de l'autre, un tuorbe, un tympanon, une trompette, une guitare, un violon. A l'image de Saint Sulpice qui est représenté au même portail se voit dans un des plis de sa chappe cette inscription en lettres capitales gothiques : *Adam Haste jadis Mestre de ceans a donné cette image*. La face occidentale de cette Eglise a trois portiques, c'est-à-dire deux petits aux côtés de celui dont je viens de faire la description. Les murs des collatéraux sont embellis de ces petites colomnes qu'on prend pour des pierres jettées en moule ; et tout du long sont des siéges de pierre comme dans les Cathédrales ou autres anciennes Eglises. Ce qu'il y a de défectueux dans cet édifice est que l'on ne peut tourner derriere le Sanctuaire : il y manque aussi un peu d'élévation à la tour, laquelle ne surpasse point le chœur en hauteur. Au reste il sera toujours étonnant que dans un pays si peu fourni de pierres propres à faire quelque chose de délicat, on ait pu bâtir une Eglise de si belle pierre, et que le feu qui fut mis au dedans de cet édifice dans le temps que le presbytere fut brûlé, n'ait point fait de tort aux murs.

Au fond de l'aile méridionale est la Chapelle de MM. de la Briche, Village voisin, mais du Diocése de Chartres : au moins ils disent qu'elle est à eux. MM. de Saint-Pol Mailloc y ont des épitaphes nouvelles travaillées en marbre. Il y en a sur le mur une en lettres gothiques minuscules à demi effacées où l'on peut lire encore le nom d'une Damoiselle Baille, fille d'un Varlet de Chambre du Roi, décédée à Genvries. Au fond de l'aile septentrionale est une Chapelle de la Sainte Vierge où l'on voit plusieurs potences de malades attachées. La moitié de cette Chapelle est réduite en Sacristie. On ne souffre aucuns bancs dans cetteEglise. On n'y voit que celui de l'Œuvre qui est comme ceux des Paroisses de Paris. Il y a double rang de stalles dans le chœur, un grillage neuf et une nouvelle boiserie au Sanctuaire. Le Clergé est composé du Curé, de deux Chapelains et de six Enfans de chœur, deux Choristes et trois Chantres habillés et revêtus de soutanes et surplis, et au lieu de deux Chapelains il y a un Maître d'Ecole. Les fonds légués à ladite Eglise ont été diminués de près de 1500 livres par an par la perte des remboursemens en Billets de Banque, joint à la réduction des rentes de l'Hôtel-de-Ville de Paris en l'an 1720 et 1723. Les Chapelains ont été fondés par M. Bouvier, Curé, le même apparemment qui a fait faire tous les nouveaux embellissemens qu'on assura en 1703 à M. l'Abbé Chastelain lui avoir coûté quarante mille livres. Ce curieux et sçavant Chanoine de Notre-Dame ajoute qu'il vit aussi en cette Eglise un buste d'argent de Saint Sulpice. *Voyage MS. de M. Chastelain.*

Cette Eglise si remarquable par sa beauté pour une Eglise de campagne, a aussi été enrichie sur la fin du siécle dernier de reliques de son Patron. Baillet qui écrivoit la Vie des Saints en 1700, marque dans celle de Saint Sulpice « que depuis quel- *Baillet, 17 Janv.* « ques années l'Abbé Régulier de Saint-Sulpice de Bourges, de la « participation de l'Archevêque du lieu, envoya une relique de « Saint Sulpice à M. le Président de Lamoignon, pour une de ses « Paroisses appellée *Saint-Sulpice de Favieres*, aux extrémités du « Diocése de Paris, où le concours des peuples a formé un pélerinage de dévotion. » Mais il y a lieu de croire que cette nouvelle relique ne fut que pour suppléer aux anciennes qui avoient occasionné le pélerinage, et qui sans doute avoient été perdues dans le temps des guerres. Car ce pélerinage étoit célebre dès le treiziéme siécle, comme on lit dans le Livre des Miracles de Saint Louis écrit par Guillaume, Cordelier, Confesseur de la Reine, veuve de ce Saint Roi. Cet Auteur observe positivement que plusieurs malades étoient guéris à Saint-Sulpice, et ailleurs il fait mention de ceux qui alloient en pélerinage au même Saint-Sulpice, ou à Saint-Léonard du même pays (c'est-à-dire Saint-Léonard de Croissy-sur-Seine) et qui n'ayant point été exaucés en ces deux lieux, l'étoient au tombeau de Saint Louis dans l'Eglise de Saint-Denis. Le concours ayant toujours été en augmentant, on obtint autrefois de l'Ordinaire qu'on pût recevoir les offrandes et vœux des Pélerins les trois Dimanches d'après le 27 Août, jour de la Fête du Saint ; ensorte que la solemnité dure jusqu'au milieu du mois de Septembre. Quoiqu'on n'ait conservé de Registres de la Confrérie que depuis deux cents ans, on est en état de prouver qu'il n'y a gueres de Confréries dans le Royaume plus nombreuses que celle de Saint Sulpice de Favieres. Il y a plus de cinq cents Paroisses qui s'y sont fait aggréger : ce qui forme plus de vingt-huit mille personnes. La célebre Paroisse de Saint-Sulpice de Paris députe chaque année les anciens Marguilliers qui y viennent avec un Prêtre dans le temps qu'ils vont au Val-Saint-Germain, dit Sainte-Julienne, qui est une Paroisse du voisinage dans le Diocèse de Chartres. On remarque après Saint-Sulpice de Paris les habitans de Clamart en plus grand nombre que ceux des autres Villages dans cette Confrérie, sans doute parce que depuis trente ans il y a eu quatre malades de cette Paroisse qui ont obtenu leur guérison en ce lieu.

On a vu ci-dessus que dès le douzième siécle Favieres étoit une Cure, que le Curé nommé Geoffroy y tenoit quelques biens d'un particulier d'Etampes. Cette Cure a toujours été du nombre de celles dont l'Evêque de Paris s'est retenu la nomination. Elle est en ce rang au Pouillé du treizième siécle dans le Doyenné de Linais, sous le simple nom *De Faveriis*. Il en est de même du Pouillé du quinzième siécle, dans lequel son ancien revenu est marqué aller à 200 livres, ce qui étoit plus que le triple des autres. Elle est aussi dans le Pouillé imprimé en 1626. Mais on ne la trouve aucunement dans celui de l'an 1648, non plus que dans celui du Sieur Le Pelletier qui fut imprimé en 1692. Cette Cure étoit au quatorzième siécle parmi les principales ; l'Evêque en tiroit en 1384 dix livres dix sols de procuration de même que des Prieurés. Je ne sçais pourquoi, dans les Mémoriaux de la Chambre des Comptes d'environ l'an 1355, on lit cette ligne : *Remise de xxij livres à Helin de Dury, Curé de S. Sulpice de Favieres* [1]. Cela lui

---

1 On connoît trois Curés du seizième siécle, Jean du Broc, qui permuta

étoit-il personnel, ou si c'étoit une redevance de son bénéfice ? Il est sûr qu'aux treiziéme, quatorziéme et quinziéme siécles, c'étoit la Cure de Campagne de tout le Diocése de Paris dont le revenu étoit le plus considérable. Aussi lit-on qu'en 1499, Jean Parent, qui en étoit pourvu, trouva un Canonicat de Chaalons, un de Laon, et une Cure de Saint-Paterne d'Orléans par permutation.

Reg. Ep. Paris. 31 Aug.

L'Auteur anonyme qui vers l'an 1660 offrit à M. Guillaume de Lamoignon une Ode françoise imprimée, dans laquelle étoit une Description de l'Hermitage du Mont de Couronne, voisin de Baville, après avoir employé une strophe sur le lieu de Saint-Yon dont ce Premier Président du Parlement étoit Baron, en emploie une autre sur le village de Saint-Sulpice dont il parle en ces termes :

> *Là près du lieu de son supplice*
> *Est un Prélat plein de bonté,*
> *L'ennemi de la vanité,*
> *Qui porte le nom de Sulpice,*
> *Qui dans Mascon reprit les mœurs*
> *Des Evesques, et leurs erreurs :*
> *Et son éminente personne*
> *Est un très-fidele miroir*
> *Dans lequel se mire, et va voir*
> *L'Hermite du Mont-Couronne.*

On croit qu'il y a eu autrefois un Hôtel-Dieu à Saint-Sulpice [ce qui ne seroit pas surprenant, puisqu'il y en avoit dans tous les lieux un peu considérables, et que Saint-Sulpice l'étoit autrefois plus qu'il n'est], mais les biens en ont été perdus. Il n'est resté de souvenir de cet Hôtel-Dieu dans le Village, que par le moyen d'un vieux autel, qu'on a vu anciennement dans une Maison du Village appellée encore aujourd'hui l'Hôtel-Dieu. Les Registres des années 1483 et 1487 constatent son existence; j'y ai vu des Provisions de la Chapelle de Sainte Madeleine, située *in Domo Dei Sancti Sulpitii Faveriarum*. Mais il n'y avoit point de Léproserie. Les Lépreux de ce lieu étoient reçus dans la Léproserie de Saint-Ion.

Ibid. 9 Déc. 1483 et 27 Feb. 1487.

On voit aussi dans un autre endroit de cette Paroisse les masures d'un ancien Couvent, dont le bien a été réuni au Prieuré de la Saussaye, Paroisse de Chevilly, proche Paris, lequel bien consiste en cent trente arpens de terre, dix arpens de bois, et environ autant de prés [ce peut avoir été autrefois une Léproserie]. Il ne faut point confondre ces biens de Communauté avec quelque peu de terres que l'Abbaye de Saint-Denis possede en ce lieu, les-

---

pour un Canonicat d'Auxerre en 1535, Jacques Prevoust, Chanoine qui lui succéda, puis Abraham Picard.

quelles terres paroissent être du nombre de celles que cette Abbaye acheta vers l'an 1643 avec la métairie de Torfou, pour l'emploi de la somme provenante de la fondation des Messes de Louis XIII.

<small>Hist. de S. Denis, p. 472.</small>

Favieres avoit été primitivement de la Châtellenie de Montlhery, mais depuis le temps d'un Officier d'Etampes, nommé Hugues de Gravelle, qui vivoit vers l'an 1190, les Prévôts d'Etampes se l'adjugerent avec Torfou, Mauchamp, etc. L'Historien d'Etampes a cru que ce n'étoit que du temps que Hugues de Graville jouissoit de la Terre de Montlhery; mais il a confondu en cet endroit Graville avec Gravelle, sans se souvenir qu'ailleurs il nomme ce même Hugues de Gravelle parmi les Commissaires du Roi pour rendre la Justice à Etampes en 1192, et que selon lui-même, Gravelle est une Seigneurie considérable proche Etampes. Vers l'an 1200, Arraud du Chesnay étoit Seigneur de Favieres, et devoit pour cette raison la garde ou guet à Montlhery pendant deux mois. On ne connoît point les Seigneurs durant le reste du siécle ni pendant le suivant, si ce n'est Juan de Montaigu qu'on prétend l'avoir été. On sçait seulement qu'en l'an 1536, François I fit présent au Chancelier Antoine du Bourg d'une Maison sise à Saint-Sulpice de Favieres, et que cela fut occasion à son fils Antoine d'en avoir la Seigneurie; que vers l'an 1548, la Chambre des Comptes lui accorda un délai de deux ans pour en faire le Terrier, et qu'il est qualifié Seigneur dans la Coûtume d'Etampes de l'an 1556 où son nom est défiguré en celui d'Antoine du Bois. Claude Daubray, Chevalier, qui mourut le 31 Mai 1609, âgé de 83 ans, avoit été Seigneur de Saint-Sulpice de Favieres et de Mauchamp. Son épitaphe à Saint-André-des-Arcs marque qu'il étoit très-dévot au Saint-Sacrement.

<small>Hist. d'Etampes, p. 50.</small>
<small>Ibid., p. 519.</small>
<small>Ibid., p. 36.</small>
<small>Chart. Ph. Aug. de Montelher.</small>

<small>Ibid., p. 62.</small>

On lit dans l'Historien d'Etampes, qui écrivoit il y a 70 ans, « que M. de Lamoignon a haute, moyenne et basse-Justice en ce « lieu en titre de Prévôté à laquelle répondent les hameaux d'Es- « cury et de Segrée. » Les lieux dont cet Auteur fait deux hameaux n'en sont plus aujourd'hui. Escury n'est qu'un moulin. A l'égard de Segrée, il est entierement changé de face; ce n'est plus qu'un Château avec une Ferme, dite Rochefontaine, qui en dépend. M. Haudry a fait bâtir cette Maison, dont le jardin contient plusieurs pieces d'eau avec des cascades, et un bois auprès en forme d'étoile. On y a trouvé en remuant les terres l'an 1744, un sépulcre de plâtre. C'étoit autrefois un fief qui mouvoit de Baville, mais vers l'an 1680 un M. Seguier, qui en étoit proprié- taire, vendit le fief à M. de Lamoignon. J'ai trouvé qu'en 1635 ce lieu de Segrée ou Segrets étoit habité par Barbe de Senicourt, veuve de Philippe de Luzenay, Lieutenant de Roi à Calais.

<small>Reg. Arch. Par. 29 Jul.</small>

« GUILLERVILLE, continue le même Pere Fleureau, autre
« hameau de la même Paroisse de Saint-Sulpice, reconnoît pour
« Seigneur Louis de Saint-Paul, Ecuyer, sous le nom duquel toute
« Justice, haute, moyenne et basse, y est exercée par un Prévôt.
« Cette Justice est de la concession de Louis XI par Lettres-Patentes
« données au Plessis-lez-Tours l'an 1467 au mois de Novembre. »
Ce hameau consiste maintenant en un fief et une ferme. Il appartient toujours à MM. de Saint-Pol qui possèdent aussi sur cette Paroisse le moulin d'Escury et le moulin de La Briche. Peut-être que ce Guillerville est celui dont Thomas, Abbé de Morigny-lez-Etampes depuis 1112 jusqu'à 1140, fit acquisition pour son Abbaye. Il y a plus d'apparence qu'il est celui dont étoit propriétaire sous Philippe-Auguste un Chevalier dit *Guillelmus de Guillervilla* dans le Cartulaire de ce Prince, lequel étoit homme lige du Roi et tenu au guet à Montlhery pour des biens qu'il avoit auprès. François de Champgirault est qualifié Ecuyer, Seigneur de Guillerville, Paroisse Saint-Sulpice, dans la Coutume d'Etampes de l'an 1556.

Hist. d'Etampes, p. 63.

Ibid., p. 502.

MAUCHAMP

Il est sans difficulté que le mot françois Mauchamp vient du latin *Malus Campus;* mais il n'est pas également évident pourquoi ce nom a été donné au lieu dont il s'agit ici, ni pourquoi il n'y a que cette Paroisse dans tout le Royaume qui soit ainsi nommée. M. de Valois se contente de dire qu'un des Pouillés nouveaux l'appelle Manchamp par corruption pour Mauchamp, et qu'elle est située sur les confins du Diocèse de Paris et de Sens à une légère distance d'Etampes.

L'antiquité du lieu, dont il ne fournit aucun monument, se tire du Registre de Philippe-Auguste touchant les droits dus à Montlhery, et par conséquent on ne peut lui refuser cinq cent cinquante ans d'antiquité au moins. Il y est marqué que *Malus-campus est de Castellania Montis Leherici*, et que quoiqu'il fût de la Châtellenie de Montlhery, les Prévôts d'Etampes se l'étoient attribué; que c'étoit du temps de Hugues de Gravelle, qui vivoit en 1192, que cette Châtellenie avoit perdu beaucoup de ses dépendances; et parmi celles qui lui avoient été enlevées du côté d'Etampes est nommée *Villa Mali campi*.

Ce Village est à dix lieues de Paris et trois d'Etampes, à droite du grand chemin qui conduit à Orléans dans la même vaste plaine où est Torfou, au bout de laquelle on descend vers le nord à Boissy, vers le couchant à Saint-Sulpice de Favieres, vers le midi à Etrichy, et vers l'orient à Bonne dit Chamarante. De sorte que ce lieu est plus élevé que tous ces Villages. C'est un pays de labourages, où les Seigneurs n'ont point fait construire de Château, peut-être à cause du défaut d'eau. Les dénombremens de l'Election de Paris depuis trente ans n'y comptent qu'une trentaine de feux ou environ, tous rassemblés proche l'Eglise, excepté un ou deux qui ont été bâtis sur le bord du grand chemin lorsqu'on l'a éloigné de Torfou et qu'on l'a rapproché du côté de Mauchamp, vers l'année 1730. Le Dictionnaire Universel de la France publié en 1726 y reconnoît 146 habitans. Ils sont régis par la Coutume d'Etampes et sont de la Justice de Chamarante.

L'Eglise est sous le titre de S. Jean-Baptiste et n'a rien d'ancien, parce qu'elle a été rebâtie dans le dernier siécle. Elle est en forme de Chapelle avec une simple tour fort basse sans y construire d'aîles, et sans qu'on ait conservé ni tombes ni épitaphes. Quelques-uns croient que les anciens Chevaliers du Temple ont eu cette Eglise, et que c'étoit celle de la Ferme qu'ils avoient en ce lieu, mais que ce bien auroit depuis été échangé par eux avec les Religieux de Morigny, lesquels dans le temps que les aliénations furent permises, le vendirent à des séculiers. Le titre de Saint Jean-Baptiste que cette Eglise conserve encore peut autoriser le sentiment qui reconnoît les Templiers pour anciens possesseurs de ce lieu. On ne sçait pas quand cette Cure fut érigée. Elle n'existoit pas encore lors du Pouillé rédigé vers l'an 1270 : mais elle est marquée dans celui qui fut écrit vers l'an 1450. La Cure a au moins trois cents ans d'érection ; et vraisemblablement les peuples qui y furent attribués, furent détachés de Torfou dont on est sûr que le Curé commettoit un Ecclésiastique pour célébrer la Messe en la Chapelle qui étoit bâtie dans un hameau dont on a perdu le nom, et où l'on ne voit plus ni Chapelle ni maisons. Ce hameau étoit à un demi-quart de lieue de l'endroit où est le village de Mauchamp ; il est connu en latin sous le nom de *Villa Computata* et placé après le territoire de Lardy et avant la Paroisse de Saint-Sulpice de Favieres dans l'énumération des lieux que les Officiers de Montlhery avoient laissé prendre vers l'an 1190 par ceux d'Etampes. La Chapelle étoit sous le titre de Saint Eloi. Depuis qu'il y eut une Cure établie à Mauchamp, le Curé commit un Vicaire pour cette Chapelle : au moins on en trouve des vestiges en 1560 ; et par un Compte de la Fabrique de Mauchamp de l'an 1624, il paroît qu'il y avoit encore alors des maisons autour de cette Chapelle. C'est en mémoire de cette seconde Eglise qui pouvoit avoir été plus ancienne que celle de Saint-Jean, que Saint Eloi est représenté à côté de Saint Jean au grand-autel de Mauchamp. Au reste, peu de temps après que la Cure de Mauchamp fut érigée, l'Eglise de Saint-Jean qui pouvoit être déja ancienne menaça ruine : ce qui fut cause que les habitans prierent en 1475 l'Evêque de Paris de réunir leur Paroisse à celle de Torfou : ce qui fut accordé, et qui continuoit encore en 1477, mais non en 1525. *Reg. Ep. Par. 24 Mart. 1473*

Les Seigneurs de ce lieu depuis environ cent cinquante ans, sont Claude Daubray, lequel mourut en 1609, Madame de Bassompierre, M. Merault, Secrétaire du Roi, M. d'Ornaison, et M. le Marquis de Chalmazel qui demeure à Chamarande ou Bonnes. *Hist. d'Etampes p. 42.*

BONNES

NOUVELLEMENT DIT CHAMARANTE

Il ne seroit pas extraordinaire que ce Village eût tiré son nom de sa situation qui est sur les limites du Diocèse de Paris, du côté qu'il confine avec celui de Sens. C'est le sentiment de M. de Valois, fondé sur ce qu'autrefois on appelloit Bonnes ou Bounes, ce que nous nommons aujourd'hui Bornes, ainsi que Glaber le fait remarquer Livre II, Chapitre x. Si plusieurs lieux situés pareillement sur les limites des deux Peuples, en ont reçu le nom de Fins, *Fines*, il a pu se faire que quelques-uns ayent eu pour la même raison le nom de Bonnes. Le Dictionnaire Universel de la France en indique trois dans le Royaume, sans y comprendre celui-ci. Cependant, ce qui arrête un peu M. de Valois, est que dans la Chronique de Morigny qui est du XII siécle, ce lieu-ci n'est pas appellé *Bonnæ*, mais *Bona*. Et ce qui me fait suspendre mon jugement est que dans un titre du Prieuré de Longpont, dont on remonte jusqu'à l'onziéme siécle, ce lieu est appellé *Butnæ*. On y lit : *Terra de Butnis; Apud Butnas*, et c'est sûrement de ce lieu qu'il s'agit, comme on le verra ci-après. On ne connoît point de monumens plus anciens qui fassent mention de Bonnes que ce titre et la Chronique de Morigny. La premiere syllabe du mot *Butnæ* signifioit chez les anciens deux choses fort différentes, tantôt mare ou marais, et tantôt éminence ou extrémité, et de-là pourroit venir le mot *bout*, par le moyen de quoi *Butnæ* auroit signifié le bout du territoire. *Duchêne, T. IV, p. 360.*

Cette Paroisse est à dix lieues de Paris et à trois d'Etampes : son territoire s'étend jusqu'auprès du grand chemin de Paris à Orléans. Le Village est sur le rivage gauche de la riviere de Juine qui vient d'Etampes, et situé par conséquent dans la vallée. En quittant ce lieu du côté de l'Occident on trouve une montagne plantée en vignes dont le vin blanc a du feu. On l'appelle la Côte Cocatrix, du nom d'un ancien Seigneur. Le reste du terrain de la Paroisse sont des labourages et des prairies. Ce Village est de la Coûtume d'Etampes.

Saint Quentin, Martyr de la Province Belgique, est Patron de la Paroisse de ce lieu. Le Chœur de l'Eglise, qui est voûté, est de la fin du XII ou du commencement du XIII siécle, aussi-bien que le portail. La Nef qui est plus basse, n'a rien de remarquable; on croit qu'elle a été brûlée par les Calvinistes. Cet édifice est couvert du côté du Midi par une aîle et par une grosse tour de grais. Au milieu du Chœur qui a été boisé depuis peu fort proprement, se voit une tombe de marbre blanc qui couvre la sépulture de Messire Gilbert d'Ornaison, Comte de Chamarante, Capitaine des Citadelles de Phalsbourg et Sarbourg, premier Ecuyer (*Primi Dapiferi*) de Madame la Dauphine, décédé le 25 Janvier 1699, âgé de 78 ans, ainsi que porte l'épitaphe latine gravée sur cette tombe. Au grand Autel dans la boiserie est représenté Saint Laurent à côté de S. Quentin. Ce n'est cependant ni S. Quentin qui est le jour de l'Assemblée du Clergé en cette Paroisse, à cause que la Fête arrive la veille de la Toussaint, ni S. Laurent, parce qu'il est chommé dans tout le Diocése, mais à la S. Côme. Le Moine de Morigny, proche Etampes, qui écrivit au XII siécle la chronique de ce Monastere qui est estimée, dit que l'Eglise de Bonnes avoit été donnée à cette Abbaye par Milon, fils de Rainard, sans autre explication. Le Roi Louis-le-Gros étant en 1120 à Yevre-le-Château, confirma par une charte particuliere tous les biens du même Monastere, parmi lesquels se trouve exprimée *Ecclesia de Bonnis*. En effet, il est marqué dans le Pouillé Parisien du XIII siécle, que l'Eglise de Bonnes (elle n'est point autrement appellée) appartient à l'Abbé de Morigny pour la présentation à la Cure. Ceux du XV et XVI siécle, aussi-bien que celui qui fut imprimé en 1648, et celui de le Pelletier de l'an 1692, lui donnent aussi cette nomination. Dans l'édition de 1626, on a mis que la Cure de Bonnes est à la présentation de l'Abbé du lieu, ce qui est une faute évidente, puisqu'il y a plus de deux lieues de distance de Bonnes à Morigny qui est de la Paroisse de Saint-Germain proche Etampes. Le Curé est seul décimateur. M. Couturier, dernier Curé de cette Paroisse, s'est acquis de la réputation par ses Sermons. Il est aujourd'hui Chanoine de Saint-Quentin.

Le sieur Doisy dans le dénombrement des feux de tout le Royaume qu'il a fait imprimer en 1745, en marque 72 en cette

Chr. Maurin. Lib. I. Duchêne, T. IV.

Cod. Reg. Colb. 372.

Paroisse, où celui qui parut en 1709, n'en mettoit que 40. Le Dictionnaire Universel de la France, publié en 1726, observe qu'il y a 321 habitans : mais vers le même temps on n'y comptoit que 170 communians, et aujourd'hui environ 200. Ceux qui voudroient vérifier ce que j'avance sur ces calculs, ne le trouveront point au mot Bonnes où ce Village n'est pas, mais au mot Chamarante qui est le nom nouveau, lequel commença à avoir cours il y a soixante ans.

Il n'y a d'écarts dans cette Paroisse qu'une Tuillerie qui est en allant à Lardy vers le septentrion : et ce qu'on appelle la porte de Bonnes qui est vers le couchant dans la plaine sur la montagne de Torfou. On continue de l'appeler ainsi, quoique le grand chemin de Paris à Orléans n'y passe plus, mais plus loin en approchant de Mauchamp.

L'Historien d'Etampes, qui parle de cette Paroisse à cause qu'elle étoit du Baillage d'Etampes, dit que la Justice moyenne et basse, et le Domaine de la Seigneurie sont tenus en Fief du Grand Boinville assis en la Paroisse de Challo-Saint-Mard : et la haute Justice tenue du Château d'Etampes à la charge de foi et hommage, rachat, quatre deniers, cheval de service et marc d'argent. Il y a eu du changement depuis l'édition de cet Ouvrage. *Hist. d'Etampes, p. 42.*

Mes recherches ne m'ont point fourni de Seigneurs de Bonnes avant le regne de Philippe-Auguste. Alors cette terre étoit possédée par un nommé *Ursio de Bonnis,* lequel, à cause de cela, étoit homme lige du Roi (*De Terra de Bonnis*) et devoit la garde du Château de Montlhery chaque année pendant deux mois. Car Bonnes étoit de la Châtellenie de Montlhery dans ces temps-là, quoique le Prévôt d'Etampes tâchât de se l'attribuer, et que dès le temps de Hugues de Gravelle, cette même Châtellenie eût déja perdu ce que Ferric de Duison y possédoit. Le Cartulaire de Philippe-Auguste sur Montlhery où tous ces faits sont marqués, ajoute que Robert de Varennes étoit aussi homme lige du Roi pour ce que Garin, son oncle, possédoit à Bonnes, *apud Bonnas.* Bernard d'Estrichy y jouissoit un peu auparavant d'un franc-aleu dont il donna au Prieuré de Longpont une partie qui devoit procurer aux Religieux par chaque année deux pains, deux chapons, vingt-deux deniers et une obole, et en outre deux septiers d'avoine. En 1358 Jean Coquatrix étoit Seigneur de Bonnes. C'est de lui que le chantier ou canton de vignes au-dessus du Village en montant à la poste, a tiré son nom. Il fut Echevin de Paris et commis avec Philippe de Guiencourt, Chevalier, pour recevoir les montres de gens de guerre. Il vivoit encore en 1361. Depuis-là, cette terre appartint à Jean de Montaigu, Seigneur de Marcoucis, qui la donna à Pierre de Mareschot, Ecuyer, son neveu. Vers le milieu *Chart. Ph. Aug.*

Ibid.
Ibid.

Chart. Longip. fol. 52. MSS. de Clairembault. Necrol. Chart. Gallicum mss. ad 1 Sept.

Hist. d'Etampes, p. 42.

du siècle suivant, cette terre fut possédée par Jacques de Châtillon qui l'avoit eue en partage. Il vivoit encore en 1495. Cent ans après elle étoit entre les mains de François Hurault, fils de Robert Hurault et de Magdelene de l'Hôpital, fille du Chancelier de ce nom. En 1515, le Seigneur de Bonnes, qualifié de Maître d'Hôtel du Roi, porta au Parlement des Lettres du Roi sur le fait des Armagnacs, datées de Chambord le 29 Avril. Il vivoit encore en 1528. Sous le regne de Louis XIV, elle appartenoit à Pierre Merault, Secrétaire du Roi ; ensuite MM. d'Ornaison en devinrent Seigneurs. Ce furent eux qui donnerent plus d'éclat à cette Seigneurie. Le 5 Avril 1686, le Parlement registra les Lettres-Patentes accordées au sieur Clair, Gilbert d'Ornaison de Chamarante, Seigneur de Bonnes et autres lieux, portant union de la Terre et Seigneurie de Bonnes et autres Terres et Seigneuries du ressort du Bailliage d'Etampes pour ne composer qu'une seule Terre sous le nom de Chamarante, et Erection de la même Terre en Comté, pour être distraite de la mouvance de la Seigneurie du grand Boinville, et être tenue du Roi à cause de sa grosse Tour d'Etampes, ensorte que les appellations revinrent en Parlement. MM. de Chalmaiselle qui descendent des d'Ornaison jouissent aujourd'hui de cette Seigneurie et de celle de Mauchamps.

Les Registres de l'Archevêché font mention plusieurs fois du Château de Bonnes ou Chamarante, à l'occasion des fondations qui y ont été faites depuis soixante ans. M. d'Ornaison, Comte de Chamarante, ayant acquis vers l'an 1688 la Terre du Roussay, Paroisse d'Etrechy, dans le Château de laquelle il y avoit une Chapelle et des Messes fondées, après avoir représenté qu'il devoit détruire ce Château, obtint de l'Archevêque de Sens, que la célébration de ces Messes fût transférée dans la Chapelle du Château de Chamarante qu'il assura être dans un beau pavillon. L'Archevêque de Paris fixa les Messes pour l'acquit de la fondation du Roussay à quatre par semaine, ordonnant que cela fût gravé sur le marbre. Le sieur Merault avoit fondé par son Testament du 31 Janvier 1668, un Chapelain pour la Chapelle du même Château de Bonnes dont il étoit Seigneur ; M. d'Ornaison son successeur en ayant poursuivi l'exécution, obtint le premier Mars 1700 que les deux fondations réunies servissent à l'entretien d'un Vicaire qui feroit l'école aux garçons de la Paroisse, diroit quelques Messes pour le sieur Merault, et les autres au Château pour l'acquit de la fondation du Château du Roussay.

Il falloit que le Prieuré de Longpont eût eu dès le temps de sa fondation, c'est-à-dire vers l'an 1060, un domaine ou labourage à Bonnes. On lit dans un de ses titres que ce bien qui lui avoit été ôté peu de temps après, lui fut restitué en la personne du

Prieur Henry qui siégea depuis l'an 1086 jusques vers 1130, et cela avec beaucoup de solemnité dans le Préau du Cloitre de Saint-Clément de Châtres, en présence de Milon de Montlhéri, fils du Fondateur. La moitié du Port de Borray y étoit pareillement comprise : *dimidium portum de Bosrei, et terram de Butnis*. Le Chapitre de Saint-Marcel de Paris possédoit aussi vers le même temps un petit bien à Bonnes. Mais par acte de l'an 1112, Gilbert, Doyen de cette Collégiale, le vendit du consentement du Chapitre à un Chevalier nommé Polin pour le prix de soixante sols.

Factum sur l'Abbé de S. Spire de Corbeil.

LARDY

Comme l'on a une certitude entiere que Lardy se nommoit primitivement en latin *Larziacum,* et cela par le moyen d'un titre de l'Abbaye de Saint-Maur du onziéme siécle, touchant le Prieuré de Saint-Vrain qui n'en est qu'à une lieue et demie, il résulte de cette certitude que Lardy est le lieu dont il est fait mention dans une Charte de l'Empereur Lothaire et de Louis, son fils, d'environ l'an 980, laquelle concerne les biens de Notre-Dame de Paris. Elle avoit été imprimée déja deux fois, sçavoir, par MM. de Sainte-Marthe, et ensuite par le Pere du Bois, mais très-inexactement dans l'endroit même où il s'agit de Lardy, en ce que, de trois mots n'en faisant qu'un, ils donnoient comme un nom de lieu *Resinlarziacum,* ensorte qu'on lisoit, d'après eux, *Sulciacum cum Ecclesia et altare et Resinlarziaco et in Lotueo Villa*. La nouvelle édition du *Gallia Christiana* a corrigé cette faute ; on y lit conformément au sens du Diplome, *et res in Larziaco et in Lotueo Villa*. Mais quoique nous soyons certains que *Larziacum* est le premier nom que Lardy ait porté, nous ne sommes pas mieux instruit sur l'étymologie de ce nom, et il vaut mieux garder le silence là-dessus que de rien produire. Il est seulement bon d'observer que l'on ne manque pas d'exemples de mots latins dont la lettre *z* est changée en *d* dans le françois ; de *S. Lazarus*, par exemple, on a fait à Autun *S. Ladre*.

Voyez l'art. de S. Vrain.

Gall. Chr. T. I, p. 415.

Hist. Eccl. Par. T. I, p. 553.

Gall. Chr. T. VII, in Instr. col. 20.

Lardy est à neuf lieues de Paris vers le Sud-Ouest, c'est-à-dire en tirant un peu du Midi vers le Couchant. Le grand chemin de Paris à Orléans n'en est éloigné que d'une lieue et laisse ce Village à main gauche. Il est situé dans un fond sur le bord de la riviere d'Etampes qui s'y sépare en deux bras et y forme une Isle qui a un quart de lieue de longueur. Cette Paroisse ainsi arrosée contient des prairies, des moulins et beaucoup de bocages, qui en font un pays assez couvert durant la moitié de l'année. Les côtes voisines qui sont dans la partie septentrionale et qui regardent le Midi sont pour les grains et même pour la vigne (autant qu'elle peut y venir). Cette Paroisse est la derniere du Diocése de Paris en cet endroit-là. La riviere fait la séparation au bout du jardin du Château.

L'Eglise est sous le titre de Saint Pierre, et n'a rien de remarquable, sinon une suspense pour le Saint-Sacrement, laquelle paroit soutenue par des branches de palmier. C'est un ouvrage moderne. Le Chœur seulement est voûté. La nef, quoique large, est accompagnée de deux ailes. Aucune marque de haute antiquité dans tout l'édifice, ni même dans la tour basse qui est au côté septentrional du chœur. Il n'y a qu'au grand portail qu'on croit appercevoir un reste de travail du treiziéme siécle ; le surplus n'a gueres que deux à trois cents ans. Comme l'Eglise a été entierement recarrelée à neuf, on n'y voit plus aucune tombe de l'ancien temps, sinon peut-être celle d'Ivon de Carnazet que l'Histoire des grands Officiers de la Couronne assure y avoir été inhumé, aussi-bien que Marguerite Bureau, son épouse, l'un en 1462, l'autre en 1499.

<small>Hist. des Gr.Off. T. VIII, p. 136.</small>

Il s'est formé depuis quelques années en cette Eglise une dévotion envers un corps apporté des cimetieres de Rome, dont je n'ai point retenu le nom, parce qu'il est arbitraire. La Cure est du nombre de celles dont les Evêques de Paris se sont conservé la pleine et entiere collation. Elle est dans ce rang au Pouillé Parisien du XIII siécle, *Ecclesia de Lardiaco, de donatione Episcopi.* Les Pouillés subséquens y sont conformes. Son ancien revenu au quinziéme siécle étoit de trente livres.

On comptoit à Lardy 105 feux l'an 1709, lorsqu'on imprima le dénombrement de l'Election. Ce nombre s'est soutenu, puisque celui que le sieur Doisy a publié en 1745 y en marque encore 104. A l'égard du Dictionnaire Universel de l'an 1726, où l'on compte par habitans, il y est spécifié qu'il y en a 466.

Le plus ancien des Seigneurs de ce lieu qui nous soit connu, est *Galterus Miles de Lardi*. On lit de ce Gautier, Chevalier, dans le Cartulaire de Philippe-Auguste sur Montlhery, qu'il est homme lige du Roi pour ce qu'il possede à Lardy et pour la moitié de deux moulins, à raison de quoi il doit la garde à Montlhery durant deux mois. Il avoit déclaré aux Officiers du Roi qu'il tenoit toutes ces choses de Guillaume des Barres. Le même livre ajoute au même rang des hommes liges du Roi, Henry de Dolcinville, pour les biens qu'Arnoul Gascogne tenoit de lui à Lardy ; de plus, que Bores de Lardy doit à Montlhery la garde pendant deux mois à raison de ce qu'il tient de Renaud Escharras, et outre cela qu'il est obligé à la chevauchée et à suivre le Roi à l'Armée. Un autre Chevalier qui avoit encore alors un Fief à Lardy, est Gautier Olivier ; mais les Gentilshommes sur la foi desquels ce cahier fut rédigé, certifierent que ce Fief avoit été soustrait de Montlhery du temps de Hugues de Gravelle. L'Ecrivain employe à cette occasion le mot de Larzy en françois, *apud Larzy*, dit-il.

La feuille de la Généalogie de la Maison de Carnazet servira pour continuer les Seigneurs de Lardy après une interruption de deux siécles. Yves ou Yvon de Carnazet ayant été du nombre des Seigneurs Bretons qui accompagnerent le Duc du Maine l'an 1418 à son voyage pour la Paix et pour l'union de la France avec la Bretagne, s'arrêta à Paris et aux environs, et épousa par la suite Marguerite Bureau, fille de Gaspard, Grand Maitre de l'Artillerie de France. Il étoit Gouverneur de Vincennes l'an 1440, Ecuyer du Roi Charles VII, et Capitaine des Archers que ce Prince créa de la Ville, Prévôté et Vicomté de Paris. Il eut, sans que nous sçachions comment, la Seigneurie de Lardy dont il fit hommage au Roi l'an 1446. La feuille Généalogique ajoute qu'il fut fondateur de la Paroisse, qu'il la fit bâtir, et la fonda de gros revenus ; qu'étant mort le 13 Octobre 1462, il y fut enterré ; et enfin qu'on y voit son épitaphe et celle de sa femme, morte en 1499. Ceci a besoin d'explication. Car on ne peut pas dire qu'il n'y ait pas eu de Paroisse à Lardy avant le temps d'Yvon de Carnazet, ni qu'il en soit le Fondateur à la lettre, puisque dès la fin du regne de Saint Louis, le Pouillé de Paris ci-dessus cité, met Lardy dans le rang des Cures du Diocèse. Ce qu'il faut entendre ici par Fondateur, est que l'Eglise de Lardy aura extrêmement souffert comme plusieurs autres voisines des grandes routes dans les guerres des Anglois, tant au XIV siécle qu'au XV, et que les biens en étant perdus, Yvon de Carnazet l'aura non-seulement rebâtie, mais encore dotée. Sa veuve épousa en secondes noces Charles du Buz, Ecuyer, Seigneur de Ville-Mareuil. Il jouit de la Terre de Lardy jusqu'environ la fin du siécle. Il en est qualifié Seigneur dans les comptes de la Prévôté de Paris 1487 et 1498. C'est cette veuve d'Yvon de Carnazet qui sur la fin de ses jours, conjointement avec René de Carnazet, son fils aîné et Charles, son autre fils, donna au Curé une portion de dixme à certaines charges, ce qui fut confirmé par l'Evêque de Paris le 22 Décembre 1498. René de Carnazet qui étoit venu au monde en 1450, jouit après le décès de sa mere de la Terre de Lardy et autres. Il avoit été mis hors de tutelle en 1478 [1468?], et avoit épousé Marie de Mornay. Il étoit mort avant l'an 1523. Son fils Guillaume lui succéda et posséda un nombre de terres encore plus grand, entre autres il est dit Seigneur de Janville, hameau que l'Historien d'Etampes dit être en

Sauval, T. III, p. 478 et suiv.

Reg. Ep. Paris.

Feuilles Généalogiques.

partie de la Paroisse de Lardy et en partie de celle d'Auvers, Diocèse de Sens. Il étoit mort également comme son père avant l'an 1523. Il avoit eu quatre filles dont l'aînée nommée Jeanne, fut Dame de Lardy. Elle épousa Nicolas de Champgirauld, Seigneur de Germonville, dont la postérité est restée inconnue.

<small>Hist. d'Etampes, p. 586.</small>

Dans le XVII siècle la Seigneurie de Lardy passa à une Maison du nom de Cornuel : et de-là vint le nom de Mesnil-Cornuel donné à un Château que les Cartes figurent au rivage gauche de la rivière. Ensuite la terre étant possédée par M. Voisin, Conseiller d'Etat, on l'appella le Mesnil-Voisin; cependant on continua de dire le Pont Cornuel pour désigner le Pont qui est à Lardy sur la rivière. On enregistra en Parlement le 4 Janvier 1702 des Lettres-Patentes en faveur du M. Voisin ci-dessus nommé, portant don de Haute-Justice appartenante au Roi en la Paroisse de Lardy pour être attachée à la Terre de Mesnil-Voisin, laquelle ressortiroit au Châtelet de Paris. Le 9 Mai 1715 on en enregistra d'autres en faveur de François-Daniel Voisin, Chancelier de France, Seigneur du même Mesnil-Voisin, qui portoient don de tout droit du ressort de moyenne et basse Justice des Fiefs de Lardy et autres, à charge de relever du Roi à cause du Comté de Montlhery, ensemble de tous droits de Tabellionnage et Notariat aux mêmes lieux. Depuis ce temps-là la Terre de Lardy a passé à M. de Broglie qui en est actuellement Seigneur; ensorte que dans une Carte du Diocèse de Sens, laquelle comprend une partie de celui de Paris, et qui n'est que de l'année 1741, on voit à Lardy ces mots gravés à côté d'un Château : *Menil Broglie*.

On est très assuré par le Diplôme de l'Empereur Lothaire et du Roi Louis, son fils, d'environ l'an 980, que le Chapitre de Paris avoit du bien à Lardy dans ce temps-là : mais on ignore en quoi il consistoit. Ce qui pourroit suppléer à ce défaut de connoissance, est que la seconde des quatre Chapellenies établies à Notre-Dame de Paris à l'Autel Saint Pierre et Saint Paul, a pour dot la moitié d'une dixme de bled à Lardy, mais peut-être faut-il lire Lahy. On la dit fondée par la Reine Marguerite. Quoiqu'il en soit, le Chapitre du Vivier en Brie aujourd'hui réuni à celui de la Sainte-Chapelle de Vincennes, prenoit en 1580 le titre de Seigneur de Lardy en partie, suivant le Procès verbal de la Coûtume de Paris de cette même année.

<small>Collect. ms. Dubois, T. V, ad calcem.</small>

<small>Cout. de Paris, édit. in-12, an. 1667, p. 622.</small>

Le Prieuré de Longpont-sous-Montlhery a hérité dès le XII siècle de quelques labourages sis à Lardy. Il est marqué dans son Cartulaire que Serlon, surnommé *Paganus*, neveu du Prieur Henri qui gouverna depuis l'an 1086 jusque vers l'an 1130, donna en mourant à ce Monastere un labourage de deux bœufs, et que sa femme, pour confirmation de ce legs, mit sur l'Autel de Longpont

<small>Chart. Longip. fol. 52.</small>

librum collectaneum. Godefroy Olivier de Fercade avoit donné aussi à la même Maison un labourage de pareille continence avec des prés. Ses deux freres ratifierent semblablement ce don. Dans ces deux titres qui précedent l'an 1150, Lardy est nommé *Larziacum*. *Chart. Longip. fol. 52.*

Le Collége de Sorbonne à Paris a possédé à Lardy un bien assez considérable, dont il ne s'est défait qu'en l'an 1720.

COCHET est un Hameau de cette Paroisse, à la distance d'une petite demi-lieue vers le levant. Il y a apparence que ce lieu tire son nom des Chevaliers Cochet du douzième siécle, de la famille desquels étoit Ermengarde, mentionnée au Cartulaire de Longpont. Voyez ce que j'en ai dit à l'article de Bretigny où il y a aussi un lieu appellé *les Cochets*.

Je ne répéterai pas ici ce que j'ai dit plus haut sur Janville, autre Hameau.

LAHONVILLE qui n'est plus qu'un Château, a été autrefois un Hameau ; je conjecture qu'il est ce Hameau marqué dans un Diplôme de Charles-le-Chauve sous le nom de *Laom*, et qu'il appartenoit alors à l'Abbaye de Saint-Vandrille au Diocèse de Rouen, et que c'est par la suite que le mot de *ville* a été ajouté : ce qui a été cause que ce mot a été écrit depuis comme si *La* étoit un article, *La Honville*, et dans les titres latins *Aovilla, Aunvilla*. Parmi les Chevaliers de la Châtellenie de Montlhery qui ne tenoient pas leur Fief du Roi vers les années 1210, 1220 ou 1230, est nommé *Guido de Aunvilla*. Une tombe du XIII siécle qui se voit dans le Chœur de l'Eglise de Fontenay-le-Vicomte à deux lieues ou environ de Lahonville, porte le nom d'Alis *de Aovilla*, femme de Bernard, qui est qualifié Chevalier. Vers l'an 1500 Antoine Sanguin, pere du Cardinal, jouissoit de la Seigneurie de Lahonville outre celle de Meudon. Sous le regne de Louis XIV, un célebre joaillier nommé Alvarez bâtit en ce lieu le Château superbe qu'on y voit, lequel est dans le goût Italien. On admire surtout le Sallon pour la quantité de marbre qui y est employée. Maintenant cette Maison est en la possession du sieur Boivin, Marchand de dentelle de la Reine, rue Saint-Denis. Le Fief de Lahonville releve de Marcilly. Voyez l'art. de Marcoucies au commencement.

Cod. Putean, 635.

M. de Valois dans sa Notice du Diocèse de Paris, n'a mis qu'une ligne et demie sur Lardy.

TORFOU

De la même manière qu'il est arrivé que les ormes, les chênes, les châteigniers, les noyers ont donné le nom d'Ormoy, de Chesnay, de Noyers, à plusieurs lieux, aussi l'ancien nom du Hêtre qui étoit *Foug* dérivé du latin *Fagus,* a quelquefois été communiqué aux lieux où il se trouvoit d'une manière singulière. C'est pourquoi, s'il y a un Bourg dans l'Anjou appelé Torfou et un Village de même nom dans le Diocèse de Paris, cela vient de ce qu'il y avoit eu en ces lieux un hêtre de quelque élévation extraordinaire, dont le tronc avoit été tordu dès le temps de sa jeunesse. M. de Valois le pense ainsi, et son sentiment n'a rien d'improbable. Aussi le Pouillé Parisien du XIII siècle appelle-t-il cette Cure *Ecclesia de Tortafago*.

<small>Notit. Gall. p. 432.</small>

Nous avons cependant un titre plus ancien de cent ans, où ce Village est nommé *Tolfolium ;* mais une preuve que dès le temps de Philippe-Auguste on conservoit dans le françois l'étymologie venant de *Tortafagus,* c'est que dans le Cartulaire de ce Prince sur les Feudataires de Montlhery, on lit Torfol : le titre est en latin, et cependant Torfou n'y a point été latinisé; ce qui laisse à penser que le Scribe ignoroit comment on le disoit en cette langue.

Cette Paroisse est à dix lieues ou environ de Paris, à une lieue et demie par delà Arpajon ou Châtres, à la gauche du chemin qui conduit à Etampes et Orléans. Elle est située dans la grande plaine que l'on trouve après avoir monté un côteau à une lieue d'Arpajon. C'est un pays de labourages. Le Village n'a aucuns écarts. Il y avoit autrefois une forêt dont Martin Franc, poëte François sous Charles VII, fait mention lorsqu'il parle du concours aux Fêtes des Pays-Bas :

<small>Biblioth. Franç. T. IX, p. 217.</small>

> Là tu verras des gens dix milles
> Plus qu'en la Forest de Torfolz,
> Qui servent par Sales, par Villes
> A ton Dieu le Prince des Folz.

Le Livre qui fut imprimé en 1709 pour le dénombrement des feux de l'Election, paroit s'être trompé au sujet de Torfou ; mais celui de 1745, que le sieur Doisy vient de publier, y marque quarante feux, et le Dictionnaire Universel des Villages de la France, qui parut en 1726, y reconnoît 189 habitans, ce qui peut comprendre cent ou six-vingt communians.

L'Eglise n'a rien de remarquable pour son antiquité, sinon l'endroit où est le grand Autel qui est une voûte en forme de demicalotte et anse de panier fort basse, et qui peut être du onzième siècle ou du commencement du suivant. Le corps de cette Eglise est soutenu du côté du Septentrion par une aile et par une tour de pierre de grais fort élancée et qu'on apperçoit de loin, et c'est un des points dont M. Cassini a tiré des triangles pour sa Carte de France, mais il a jugé à propos d'appeller ce lieu Tréfou au lieu de Torfou (page 63). Cette Eglise a pour Patrone la Sainte Vierge. On y regarde pour la seconde Patrone Sainte Avoye, dont on y célèbre la Fête au commencement du mois de Mai, quoiqu'on n'en ait aucunes reliques. Si ce culte est ancien, il peut être émané du Monastere des Religieuses de Montmartre, lesquelles, dans le temps qu'elles possédoient ce Village et que leur Abbesse présentoit à la Cure (comme il est sûr qu'elle jouissoit de ce droit au XII et XIII siécle, suivant le Pouillé), ont pu y faire présent de quelques Reliques de cette Sainte, qu'il leur aura été facile d'obtenir de Pologne; mais non pas de Cologne, comme l'insinueroit l'opinion du peuple qui la prend pour une des Compagnes de Sainte Ursule. Au reste, il est peut-être plus probable que ces reliques venoient de Cologne où l'on a été toujours assez facile à en distribuer; je croirois qu'elles ne furent reçues à Torfou qu'en l'an 1473, parce que ce fut dans ce temps-là que l'Evêque de Paris accorda des Indulgences de quarante jours pour cette Eglise, ce qui suppose une exposition de reliques. Au reste, depuis ce temps-là, ces reliques, quelles qu'elles fussent, ont été perdues. On sçait d'ailleurs que ce pays fut ruiné par les guerres de la Religion, et qu'il fallut engager un Jacobin en 1578 à en desservir la Cure, *Reg. Ep. Paris.* personne ne voulant y être Curé. Les Pouillés Parisiens du XV et *19 Nov.* XVI siécle, et ceux de 1626 et 1648 attribuent à l'Evêque ou Archevêque la collation de la Cure de Torfou de plein droit. Il y a eu un temps auquel la Cure de Mauchamp y fut réunie à cause de *Ibid.* la chûte de l'Eglise de Mauchamp; mais cela ne dura guere que *24 Mart. 1475* depuis 1475 jusqu'en 1480. *et seq.*

Ce fut l'an 1134 que le Roi Louis-le-Gros, voulant doter l'Abbaye de Montmartre où il avoit mis des Filles en place des Religieux qui furent transférés à Saint-Denis de la Chartre, donna entre autres biens à cette Maison *villam quæ Tolfolium dicitur* *Hist. S. Mart.* *cum omnibus appenditis.* Ce Village est déclaré dans le Diplôme *Camp. p. 330.* de ce Prince situé *in pago Stampensi.* Il est vrai qu'il est beaucoup plus voisin d'Etampes que de Paris; mais dans la Description des dépendances de la Châtellenie de Montlhery faite sous le regne de Philippe-Auguste, Torfol, Mauchamp, Favieres et même Bonnes, sont déclarés être de cette Châtellenie, en observant que ce n'est que depuis peu que le Prévôt d'Etampes s'adjuge ces Terres. En l'an 1364, il y eut un accord en Parlement fait entre les habitans de Torfou et le Couvent de Montmartre. Il y a vis-à-vis l'Eglise de Torfou une Maison qui porte le nom de Seigneurie, qu'on dit avoir été l'ancien Château ou demeure des Seigneurs ou de ceux qui les représentoient. On y voit encore une petite Tourelle et une prison.

<small>Félibien, Hist. S. Denis, p. 472.</small>

Ce fut sur cette Paroisse que l'Abbaye de Saint-Denis fit, vers l'an 1643, l'acquisition d'une Ferme ou Métairie pour l'emploi de la somme provenante de la fondation des Messes de Louis XIII.

Je n'ai pu connoître d'autres Seigneurs de cette Terre depuis qu'elle n'appartient plus aux Dames de Montmartre, que Madame la Maréchale de Bassompierre qui en jouissoit en même temps que de celle de Boissy sous Saint-Yon et de Mauchamp. Ce fut de son

<small>Mém. du Temps.</small>

temps que la Vallée de Torfou devint célèbre par les meurtres et les vols que deux de ses Gardes de Chasse y commirent. Alors la grande route approchoit tout-à-fait de Torfou, et jusqu'à l'endroit où il est resté un grand chemin vert sur le bord du Village. Le chemin dans la Vallée, avant que l'on apperçût le Village, étoit aussi plus étroit qu'aujourd'hui. Les deux Gardes avoient pratiqué sous une roche une espece de cave qui leur servoit de retraite et de garde-robe. Là ils avoient des habits de différens Ordres Religieux, et aussi des livrées les plus distinguées. Par ce moyen, ils changeoient de formes et de figure à toutes les heures du jour, et à la faveur de ces déguisements répétés plusieurs fois, ils se répandoient le long du grand chemin, et ne faisoient point de quartier à ceux qui tomboient entre leurs mains. Etant enfin découverts et arrêtés, ils furent condamnés à être rompus vifs : ce qui fut exécuté, dit-on, au bas de la vallée ; au moins, leurs corps y furent exposés longtemps sur la roue.

<small>Mémoire de M. Laignel, Curé de Torfou.</small>

Torfou, comme plusieurs autres lieux voisins d'Etampes, eut fort à souffrir en 1652, du temps des guerres civiles, lorsque l'armée des Princes, au retour de Bleneau, surprit la Ville d'Etampes. L'armée du Roi qui de la Ferté-Alais se rendit à Châtres, ayant cotoyé de fort près Torfou, les habitans et Thomas le Franc, Curé, prirent la fuite. Une partie se retira aux Bois-blancs, Ferme de la Paroisse d'Avrainville très-voisine de Torfou ; les autres subirent des sorts différens, puisque quand le Curé fut de retour avec ses Paroissiens, il se trouva trente-sept personnes de moins qu'on ne revit plus depuis, dont il dressa dans ses Registres un acte en date du 30 Mars 1635.

En 1671, le 8 Janvier, on enregistra en Parlement, Grand' Chambre et Tournelle assemblées, les Lettres-Patentes en faveur de Messire Guillaume de Lamoignon, Chevalier, Premier Président en la Cour, portant union des Terres et Seigneuries de Saint-Chéron et autres avec leurs Justices, pour ne faire qu'une seule terre sous le nom de Baville, et Erection de cette Terre en titre de Marquisat. Il y étoit aussi marqué que les appellations des Sentences de ces Justices et de celles de Torfou, Saint-Yon, Boissy et Saint-Sulpice, quoique non réunies à ce Marquisat, ressortiroient nuement au Parlement, à charge de dédommager les Officiers des Jurisdictions supérieures et les Fermiers. *Reg. Parlem. T. LXV.* *Oger T. CXVII, f. 197*

Le Président de Lamoignon en est encore aujourd'hui seul Seigneur.

AVRINVILLE ou AVRAINVILLE

Ce qui m'a porté à proposer l'alternative sur la maniere d'écrire le nom de ce lieu, est que je soupçonne que celui à l'occasion duquel il a été donné, s'appelloit *Aprinus* ou *Evrinus*, de même que le Seigneur à qui a appartenu Mont-Evrin se nommoit *Evrinus*. Le mot *Aprinus* n'est qu'une inflexion du nom *Aper* qui a été porté par des familles Romaines au quatrième siécle de Jesus-Christ, et que des familles Françoises du troisième portoient encore transformé en celui de Sanglier. Avrinville vient donc naturellement du latin *Aprini-villa*. Mais si c'est abusivement que l'on prononce Avrinville et qu'il faille dire Evrinville, il faudra aussi revenir à l'expression latine *Evrini-villa*, qui est celle que l'on trouve dans le plus ancien titre où ce Village soit mentionné. Au reste *Evrinus* pourroit n'être qu'une altération d'*Aprinus*; de même que Evre est une altération du nom *Aper*. C'est au Diocèse de Toul dont Saint Eyre étoit Evêque, que ce nom est plus connu. On y trouve pareillement, et dans celui de Langres qui est contigu, un Village du même nom d'Avrinville.

Le Village d'Avrinville a donc été connu, comme on vient de voir, sous le nom latin *Evrini-villa*, et cela dès l'onzième siècle, dans le temps que l'Evêque de Paris et l'Abbé de Saint-Germain firent un échange vers l'an 1070.

Il est situé à environ huit à neuf lieues de Paris, dans la plaine qu'on trouve au-delà de Châtres ou Arpajon ; de sorte qu'en allant à Etampes par la grande route, on le laisse à la gauche à une distance très légere. Mais le territoire s'étend jusques sur la montagne qui est sur le chemin de Torfou, et c'est sur son côteau que sont les vignes de la Paroisse, le reste étant en labourages. Le dénombrement de l'Election de Paris imprimé en 1709, marque 50 feux à Avrinville. Le Dictionnaire Universel qui comptoit par habitans en 1726, y en marque 277. Enfin le sieur Doisy dans le dénombrement qu'il a donné en 1745 y trouve 60 feux.

L'Eglise est sous l'invocation de la Sainte Vierge ; elle a été bâtie à différentes reprises. Le sanctuaire qui est bas et terminé en calotte, est au moins du douzième siècle, aussi bien que le portail qui est dans le côté méridional. La voûte du chœur n'a été faite que vers l'an 1600. Cette Eglise, quoique manquant d'un collatéral vers le Septentrion, ne laisse pas de plaire, parce qu'elle a été réparée depuis peu et reblanchie. L'anniversaire de la Dédicace s'y célèbre le second Dimanche du mois de Juillet.

Les Abbés de Saint-Germain-des-Prés possédoient la Terre d'Avrinville dès l'onzième siècle au moins, sans que nous sçachions d'où elle leur étoit venue. Ils souhaitèrent aussi avoir la jouissance de l'Eglise. Pour en venir à bout, l'Abbé Robert qui vivoit au commencement du regne de Philippe I, proposa à Geoffroy, Evêque de Paris, de lui céder la moitié de la Terre de Guerches proche Saint-Cloud, avec un moulin sur le ruisseau de Sevre. Ce fut ainsi qu'il parvint à avoir l'Autel d'Avrinville et celui de Surêne, desquels l'Evêque se réserva toutefois le droit de Synode et celui de visite. Delà vient que dans le Pouillé Parisien du XIII siècle, la Cure de ce lieu qui est appellé *Aurenvilla,* est marquée être à la nomination de l'Abbé de Saint-Germain, ce qui a été suivi depuis dans tous les autres. Celui qui fut imprimé en 1626, marque à Avrinville une Chapelle de Saint Thomas : mais cela ne se trouve point ailleurs, et vraisemblablement c'est une faute : à moins que ce n'ait été le titre d'un petit Prieuré qui auroit pu être sur cette même Paroisse : car on lit dans l'ancien Nécrologe de Saint-Germain-des-Prés au III des Calendes de Mai : *obiit Luciana mater Reginaldi Prioris Avrinvillæ.*

<small>Hist. de S.Germ. p. 79. Gall. Chr. T.VII, col. 70 et 437.</small>

<small>Hist. de S. Germain-des-Prés à la fin.</small>

Les Abbés de Saint-Germain s'apperçurent au onzième siècle que leur Terre d'Avrinville devenoit déserte à cause des exactions que les Officiers du Roi y faisoient. Pierre de Loiseleves qui avoit été Chancelier de France, ne fut pas plutôt élevé au Siége Abbatial vers l'an 1073, qu'il fit à ce sujet ses remontrances au Roi Philippe. Ce Prince étant à Etampes la même année, y fit expédier une charte par laquelle il lui faisoit la remise du droit de Vicairie ou Voirie, et de toutes autres Coûtumes. Il faut cependant qu'il s'agisse en cet endroit d'un autre droit que celui de Voirie, puisque la Voirie de ce lieu n'appartient que plus de cent ans après à l'Abbaye de Saint-Germain par la cession que lui en fit à la fin du douzième siècle Geoffroy Pooz, du consentement de Voisine, sa femme, et de ses enfans : ce qui fut confirmé par le Roi Philippe-Auguste en 1200. Ce même Geoffroy Pooz est nommé dans le Rolle des Feudataires de Montlhery, pour des biens qu'il avoit à Evranville *Evranvilla,* différens de ceux qu'il tenoit de l'Abbé de Saint-Germain, et pour cette raison il est dit homme

<small>Hist.de S.Germ. p. 79. Gall. Chr. T.VII, col.437.</small>

<small>Hist.de S.Germ. p. 109.</small>

<small>Chart. Ph. Aug. ad calcem.</small>

lige du Roi, et être obligé à fournir la garde durant deux mois à Montlhery.

En 1342 il y avoit un Procès entre les habitans de ce lieu et les Moines de Saint-Germain-des-Prés de Paris. *Reg. Parl.*

La Terre d'Avrinville n'est point oubliée dans la Requête que l'Abbaye présenta en 1611 au Parlement, dans laquelle sont les noms des autres lieux où elle a Justice. Il y a une singularité remarquable dans l'exercice qui s'en fait à Avrinville. Les Religieux n'y ont point de Château, mais seulement une Ferme. La Justice qu'ils ont sur le territoire entier d'Avrinville s'exerce aussi sur une maison située à Châtres dit Arpajon proche l'Eglise Saint-Clément, où pend pour enseigne le Singe verd, connue depuis long-temps sous le nom d'Hôtellerie du Singe verd. Ils sont en possession de temps immémorial d'aller le jour de la Saint-Martin d'hiver, eux, leur Prévôt et autres Officiers de leur Justice, y tenir une assise. Ils s'y assemblent dans une Salle. Et là on appelle tous les Justiciables de la Justice d'Avrinville chacun par leur nom. Ils sont obligés de comparoir en personne, de faire proposer leur excuse, et il faut que le chef de chaque feu ou famille s'y trouve ou quelqu'un pour lui. Si ceux qui ne s'y trouvent pas n'ont pas d'excuse légitime, le Prévôt les condamne à une amende de trois livres. Cet appel étant fini, le Greffier fait en présence des habitans la lecture de quelques Réglemens de Police comme l'Ordonnance d'Henry II contre les femmes qui celent leur grossesse ; les Réglemens concernant les bestiaux et pâturages. Ensuite le Prévôt fait appeler, et juge les causes qui se trouvent en état ; et après l'Audience celui à qui est l'Hôtellerie donne à dîner en maigre aux Députés des Bénédictins, à leurs Compagnons et aux Officiers de la Justice d'Avrinville, suivant d'anciens titres qui imposent cette charge au propriétaire de cette Maison, laquelle en outre paye encore dix sols de redevance à la Seigneurie d'Avrinville. *Du Breul. p. 249, éd. 1630.*

On ne connoît que deux ou trois écarts sur cette Paroisse : le premier est une Ferme dite la Grange au Prieur. Comme elle est située en tirant vers Châtres qui n'est qu'à une lieue d'Avrinville, elle a appartenu au Prieuré de Saint-Clément de cette Ville, et aujourd'hui elle appartient à l'Abbaye ou Chapitre de Saint-Maur-des-Fossés, dont ce Prieuré est un membre. On parle aussi d'une autre Ferme dite la Motte, qui pourroit bien avoir été ce Fief *de Mota* relevant de Montlhery au XII siécle, suivant le Rolle des anciens Feudataires de ce Château. Enfin il y a les Bois-blancs qui est une Ferme voisine de Torfou, située au-dessus de la Montagne par delà les vignes, et accompagnée d'un petit bois.

CHETAINVILLE

La maniere d'écrire le nom de ce Village est assez variée : les uns l'écrivent Cheptainville, d'autres Chetainville ou Chettainville, d'autres enfin Stainville ; il y en a même qui ont écrit Chatainville. On peut compter presqu'autant de variétés dans les anciens titres latins du XII et XIII siécle : on y trouve plus communément *Chetenvilla* ou *Chetoinvilla* ; quelquefois *Chatenvilla* ou *Catenvilla*, mais jamais *Captiva villa*, que dans un Nécrologe de cette Paroisse écrit en lettres gothiques, et qui ne paroît pas avoir deux cents ans. Celui qui a inventé le dernier nom *Captiva villa* auroit fait plaisir à la postérité, s'il lui avoit appris quelque trait d'Histoire où Chatainville parut comme un lieu gémissant sous l'esclavage des ennemis. Mais il n'a pas sçu apparemment que *Captivus* du latin n'a jamais produit en françois que le mot *Captif* ou *Chetif*, et jamais *Chetain* ni *Cheptain*. Quoique cette Paroisse se trouve marquée dans le Pouillé de Paris que M. de Valois appelle *Vetus polyptichon*, qu'il avoit sous les yeux, et qui est du XIII siécle, et qu'ainsi il n'ait pu prétendre cause d'ignorance de son antiquité, il a évité d'en rien dire. Je ne puis croire qu'il ait été embarrassé de son étymologie qui paroit si aisée à découvrir, vu qu'il n'ignoroit pas que l'ancien terme latin *Capitaneus* qui signifioit un Chef, un Premier, un Capitaine, étoit abrégé en *Cataneus* dès le siécle d'Ives de Chartres, d'où l'on avoit formé dans le langage vulgaire les mots Chataine, Chetaine, Chetain, Capitain, Chataine, Chataingne. C'est pourquoi je ne fais aucun doute que le Village de Chetainville ne soit ainsi appellé parce qu'il a appartenu originairement à quelque illustre Chataine ou Capitaine, *Catanei villa*, par abrégé de *Capitanei-villa*, de même que certains Villages appartenans à des Maires, soit du Palais, soit autres, ont été appellés dans ces temps reculés *Majoris-villa*, d'où le langage françois qui tend toujours à l'abréviation, a fait Maire-ville qu'on est venu à écrire Merville.

La Paroisse de Chatainville est éloignée de Paris d'environ huit à neuf lieues entre le Levant d'hiver et le Midi, mais plus proche du Midi. Elle n'est qu'à une lieue et demie de Châtres ou Arpajon, qui est la Ville la plus voisine. On laisse ce Village à gauche à environ demi-lieue en suivant la route pour aller à Orléans. Sa situation est dans une grande plaine qui comprend Avrainville, Marolles, Leudeville : c'est un pays de labourages avec des vignes. On comptoit dans Chatainville 108 feux en 1709, au rapport du Dénombrement imprimé alors, ce qui formoit en 1726, suivant le Dictionnaire de la France, 466 habitans. Le sieur Doisy qui a publié en 1745 un nouveau dénombrement de feux de tout le Royaume, en marque 104 en ce lieu. Je doute que ce nombre soit si grand.

L'Eglise est sous le titre de S. Martin. Le Chœur en paroît assez ancien et comme du XII ou du XIII siècle. Il est accompagné de deux ailes, et voûté. On voit dans un de ses côtés une tombe qui est certainement du XIII siècle au plus tard, à en juger par sa retrécissure considérable vers les pieds et par la croix en bosse qui y est figurée. La Tour qui est au Midi ne peut rien dénoter, parce qu'elle est construite de grès. L'anniversaire de la Dédicace s'y célèbre le Dimanche après la Saint-Martin d'hiver. Le corps de Notre-Seigneur y est conservé à une suspense sur le grand autel comme dans les grandes Eglises.

La nomination de la Cure est de plein droit à l'Evêque de Paris, ainsi que l'atteste le Pouillé Parisien du XIII siècle, qui la nomme *Ecclesia de Chetenvilla*. Tous les Pouillés postérieurs confirment la même chose.

Parmi les anciens Seigneurs, il n'y en a que deux ou trois de connus, sçavoir : *Guido Gibbosus de Chatenvilla,* qu'on peut rendre en françois par Guy le Bossu, lequel vendit aux Religieux de Longpont dans le douzième siècle une dixme qu'il avoit à Fontaines au territoire de Bretigny. Il y eut ensuite deux Ansel *de Chetenvilla*. Le premier eut pour femme Alix, avec laquelle il vendit au Chapitre de Paris la dixme qu'il avoit à Châtenay, tant sur les terres labourables que sur celles qui étoient à essarter, ainsi que le témoigna l'Evêque Maurice de Sully par des lettres sur ce sujet. Le même Ansel *de Chatenvilla* consentit en faveur du Prieuré de Longpont qu'on pût lui léguer des biens situés sur ses Fiefs de Savigny et de Berlenviller, sauf les devoirs féodaux. Il se trouve aussi nommé dans le rolle de ceux qui étoient feudataires de Montlhery, sous le regne de Philippe-Auguste. On voit par ce même rolle qu'il avoit un droit dans la Voirie de Châtres, et que celui qui en jouissoit sous lui étoit homme lige du Roi et tenu à la garde du Château de Montlhery durant deux mois. On lit encore dans ce rolle, que les Chevaliers assemblés pour le rédiger, firent observer que cet Ansel *de Chetenvilla* avoit échangé ou vendu à Pierre de Châtres le tiers de la Justice-Voirie de Châtres, lequel étoit du Fief du Roi. C'étoit sans doute pour ce droit ou pour Chetenville même, que l'on avoit mis dans un autre rolle que j'ai vu Ansel *de Chetenvilla* au rang des Chevaliers de la Châtellenie de Montlhery tenant leur Fief du Roi. Mais il faut qu'il y ait eu deux Ansel de Chetainville successivement, ou que cet Ansel ait été marié deux fois, d'autant que l'on trouve une

Chart. Longip. fol. 7.

Magn. Pastor. Eccl. Par.

Cod. Putean 635.

<small>Chart. Longip. fol. 39.</small> Dame, nommée Ermengarde, femme d'Ansel, qui donne aux Moines de Longpont deux arpens de terre *apud Catenvillam*.
<small>Chart. Maj. Ep. fol. 49.</small> Vers l'an 1200 vécut Jean de Chetainville, Chevalier, dont le fils de même nom vendit en 1238 à l'Evêque de Paris plusieurs biens qu'il avoit en divers quartiers de Paris.

Plus de deux cents ans après ces anciens Seigneurs, la Terre de Chetainville se trouva dans la Maison de Villiers. Charles de Vil‑
<small>Hist. des Gr. Off. T. VII, p. 12.</small> liers, fils de Jean de Villiers, Maréchal de France, en fit hommage l'an 1483. Environ trente ans après, on lit que la Haute-Maison
<small>Comptes de Prévôté de Paris 1411, 1412. Sauval, T. III, p. 556. Hist. des Prem. Présid.</small> de Chetainville fut acquise par décret du Châtelet, par Roger Barme, Avocat du Roi au Parlement. Il est marqué à cette occasion qu'elle étoit mouvante de Montlhery. Par la suite Marie Barme, fille du Président à mortier de ce nom, porta cette Terre en mariage à Guillaume de Vaudetar, Conseiller au Parlement, avec celle de Charonne, ensorte que vers l'an 1560, elle étoit possédée par Roger de Vaudetar, son fils.

Dans le siècle dernier cette Terre a appartenu à M. Genoux.

Dans le siècle présent les Seigneurs de Chetainville ont été : M. le Chancelier Voisin. On enregistra en Parlement le 9 Mai 1715, des Lettres-Patentes en faveur de François-Daniel Voisin, Chancelier de France, Seigneur du Mesnil-Voisin, portant don du Droit de Justice qui appartient au Roi en toute l'étendue de la Paroisse de Chetainville, et de tous droits du ressort des moyenne et basse Justice des Fiefs de Lardy, Chetainville et autres Fiefs situés dans l'étendue de cette Paroisse, à charge de relever du Roi à cause du Comté de Montlhery, ensemble de tous droits de Tabellionat et Notariat aux mêmes lieux.

Depuis ce temps-là cette Terre a appartenu à la Dame de Guibeville, ensuite à M. l'Abbé Genoux, Conseiller au Parlement.

Aujourd'hui elle est possédée par M. François-Marie Veydeau de Grandmont.

Guibeville étoit autrefois un Ecart ou Hameau de la Paroisse de Chetainville, mais il en a été détaché dans les derniers temps et érigé en Paroisse. Voyez son article.

SAINT-VRAIN ou VEREIN
ANCIENNEMENT ESCORCHY ou ESCORCY

Pour suivre l'ordre des temps, je parlerai de cette Paroisse d'abord sous son ancien nom; mais je ne puis le faire qu'en disant aussi quelque chose sur les origines du Prieuré qui y est construit, parce que ce sont les titres de cette Maison Religieuse qui nous fournissent ce qu'il y a de plus ancien à dire sur Escorchy. Cette Paroisse qu'on appelloit en latin *Scortiacum*, sans qu'on puisse en dire la véritable raison, comprenoit une forêt qu'on nommoit en latin *Bratellus*, et dont la place s'appelle encore aujourd'hui Brateau. Un Chevalier nommé Odon ou Eudes, qui vivoit sous le Roi Henri I, donna à Saint-Pierre-des-Fossés, autrement dit Saint-Maur, une petite Eglise abandonnée, renfermée dans cette Forêt, avec des fonds et de quoi y bâtir une autre Eglise et un Couvent. C'est ce qui sera ci-après plus amplement développé. Mauger, fils d'Odon, donna à ce nouveau Monastere un Main-ferme dans la Paroisse dite Escorchy : ***Manum firmam in Parochia quæ dicitur Scorciacus***. Un Chevalier appellé Ansculfe voulant se faire moine à Saint-Maur, quelque temps après exprima en ces termes une partie de sa donation : ***Confero et culturam meam quæ est inter Scorciacum et Sanctum Veranum***. Enfin, un autre Chevalier du nom de Buchard, déclara par un acte qu'il donnoit à la même Abbaye de Saint-Maur *in pago Parisiensi in Parochia Scortiensi ad municipium Bratellum, unum accolam vestitum cum omni terra*. En voilà plus qu'il n'en faut pour assurer l'antiquité de la Paroisse d'Escorchy, et pour prouver que le nom de Saint-Vrain qu'elle porte aujourd'hui est celui qu'avoit le petit Couvent de la Forêt de Brateau, lequel ayant été détruit, les charges en furent acquittées dans l'Eglise Paroissiale à laquelle il communiqua son nom. Il faut se souvenir ici que le regne du Roi Henri sous lequel ces titres furent rédigés, dura depuis l'an 1030 ou environ, jusqu'à l'an 1060. La qualité de *municipium* qui est donnée dans le dernier titre au Hameau de Brateau, peut faire penser qu'il y auroit eu autrefois beaucoup de troupes en ces cantons, et que *Scortiacum* seroit dérivé du mot Escorte, à moins qu'on n'aime mieux dire que c'étoit un lieu où l'on faisoit beaucoup d'amas d'écorces des bois voisins.

Cette Paroisse est à neuf lieues de Paris, dans un vallon fort ouvert et peu éloigné de la riviere d'Etampes qui en borde les prairies. Les principaux biens sont des terres labourables, les plaines étant assez étendues. Le Seigneur la fit ériger en Marquisat l'an 1658, et obtint lettres qui y établissoient un marché par semaine et deux foires par an, lesquels furent enregistrés ensemble le 8 Juin de la même année. La Vallée et Brateau sont les Ecarts avec la Ferme de la Boissiere. Le tout, en 1709, formoit 120 feux selon le dénombrement imprimé alors : celui que le sieur Doisy a donné au public en 1745, n'en marque que cent. Le Dictionnaire Universel du Royaume imprimé en 1726, compte que sur l'ancien pied cela pouvoit former 455 habitans. *Reg. du Parl.*

Saint Caprais qui fut martyrisé à Agen avec Sainte Foy, est le Patron de l'Eglise Paroissiale, et l'on possede quelques petits ossemens de son corps. Il y a long-temps qu'ils y sont, puisqu'en 1543, le respect qu'on leur portoit fit qu'on les cacha en terre dans une boëte d'argent, pour les mettre à couvert des mains des Calvinistes, avec cette inscription que l'on eut soin d'y joindre : *Hæ sunt reliquiæ S. Caprasii Martyris hic positæ, ne ab impietate Calvinistarum profanentur, et ne ab infidelitate eorum contaminentur; anno Domini* 1543. On les retrouva par hasard le 6 Octobre 1659, sous un Autel de cette Eglise que l'on démolissoit. Il fut dressé procès-verbal de cette découverte, et l'Archevêque de Paris en permit l'exposition le 15 Avril 1669. Ce qui fait juger que cette Eglise avoit été enrichie depuis bien des siècles des reliques de ce Saint, est que l'Eglise de Paris et tout le Diocèse faisoit commémoration de ce Saint le 20 Octobre, dès le XIII siècle, suivant les Antiphoniers de ce temps-là. Ce bâtiment de l'Eglise qui étoit autrefois tourné à l'Orient selon l'usage de l'Antiquité, se trouve depuis ces derniers temps retourné à l'Occident sans qu'il ait été détruit. Comme la rue étoit derrière l'autel, on a mis la grande porte d'entrée à l'endroit où étoit cet Autel : du chœur, on en a fait la nef, et on a rebâti au bout un nouveau Chœur, en ajoutant trois arcades de chaque côté, à la place où étoit le bout occidental de l'ancienne nef. Le peu qui a été conservé de l'ancien édifice de la nef, montre qu'elle étoit du XIII siècle, par les petites colonnes réunies qui en font l'ornement. La structure de l'ancien chœur qui sert aujourd'hui de nef, paroit être du même temps, mais l'édifice est un peu plus bas. Le tout est voûté dans le goût ancien, comme aussi les deux ailes de cette Eglise. Il y a beaucoup de tombes et bien conservées. Comme les morts qui sont dessous ont été enterrés dans cette Eglise avant le transport de l'Autel, il ne doit pas paroître extraordinaire que la tête des personnes qui y sont figurées, soit du côté de l'Autel contre l'usage ancien. Les défunts y sont représentés dans la situation où ils sont dans terre.

La tombe qui m'a paru être la plus ancienne et qui est dans la partie occidentale de l'Eglise, porte en lettres capitales gothiques : *Cy gist Madame Jacqueline de la Bretonn.... Monseigneur Pierre de Richerville...* C'étoit apparemment la femme de ce M. de Richerville. Elle est représentée seule sur cette tombe, dont le reste de l'écriture n'est pas lisible. Elle doit être du siècle de S. Louis. A l'entrée du chœur, tel qu'il est aujourd'hui, se voit écrit sur une tombe en lettres gothiques minuscules :

*Cy gist Messire Anthoine de Karnazet, Chevalier, Sieur de Brazeulx, S. Vrain, Maistre d'Hostel du Roy François qui trespassa le XXIX jour de Décembre l'an Mil V. C. L ij. Et noble Damoiselle Marguerite de Brilhac, feme dudit Seigneur, laquelle trespassa le viij de Décembre M. V. C. IIII*xx *et IV.*

Le mari est représenté avec des habits militaires qui sont chargés de ses armoiries, avec un lion à ses pieds. La femme est aussi représentée avec ses armoiries.

Sous le pupitre est une tombe chargée d'une croix en bosse sans inscription; et entre ce pupitre et l'autel s'en voit une autre avec ses armoiries (elles sont en 4 bandes), sans autre indice. Il faut se souvenir que tout cela étoit anciennement compris dans la nef. Dans la Chapelle Seigneuriale qui est au fond du collatéral méridional, sont des tombes dont on a tourné les pieds vers l'Occident où est l'Autel.

Sur l'une où sont figurés deux personnes, on voit en lettres gothiques minuscules :

Cy gist noble Seigneur François de Carnazet, en son vivant Chevalier, Sieur de Brazeux, de S. Vrain, Maistre-d'Hostel de Mons. le Duc d'Anjou, lequel décéda le XII de May 1568. Et noble Dame Jacqueline de Prunelay sa femme, laquelle décéda le XV jour de Juillet l'an Mil V^c LXII.

Les armes de la femme sont six besans ou tourteaux posés en orle [1].

Sur une autre est gravé en caracteres romains minuscules :

Cy gist noble Sieur Messire Loys de Carnazet, Chevalier de l'Ordre du Roy, Gentilhomme de la Maison de sa Majesté, Sieur de Montaubert, Grigny et Chignoles, lequel décéda le ...... On n'a pas achevé.

Sur la troisième on lit :

Cy gist noble sieur Messire Adam de Carnazet, Chevalier de l'Ordre du Roy, Lieutenant de cinquante hommes d'armes sous Mons. de Torcy, Sieur de S. Vrain, de Lusieres ; qui décéda le XX Décembre 1584. Et Dame Françoise de Moutiers sa femme, Dame de la Folie-Herbaut et Rosoy en Beausse, qui décéda le XII Février 1578.

Les armes de cette derniere sont 2 bandes.

En cette même Chapelle se voyent d'autres inscriptions qui portent qu'on y a déposé le cœur de Jean Levasseur, Chevalier, Seigneur et Baron de Saint-Vrain, Conseiller-Secrétaire du Roi, mort au mois de Mai 1655.

Plus, le cœur d'Hélene de Pleurre, fille de Messire Pierre de Pleurre, Chevalier, Seigneur de Saint-Quentin, Maître de la Chambre des Comptes, et femme de Messire François Daguesseau, Maître des Requêtes, morte le 14 Septembre 1659.

Item, le cœur de Nicolas Levasseur, Chevalier, Marquis de Saint-

---

[1]. De Prunelé : de Gueules à six annelets d'or posés 3, 2 et 1 (*La Chesnaye des Bois*) (Note de l'Editeur).

Vrain, Conseiller au Parlement, mort le 6 Mai 1692, âgé de 68 ans.

Item, le cœur de Marie Bourgoin, femme de Nicolas Levasseur, Président en la Cour des Aides, Seigneur, Marquis de Saint-Vrain, morte le 2 Mai 1699, âgée de 38 ans.

Enfin on voit dans la nef d'aujourd'hui une sépulture caractérisée par cette épitaphe : *Ici gist Jean-Baptiste Rouelfin, Conseiller, Secrétaire du Roy, Seigneur de Fontenailles sur Mas, etc. décédé en sa maison de la Boissiere le 6 Novembre 1693, âgé de 68 ans.*

La nomination à la Cure de cette Paroisse a toujours été faite *pleno jure* par l'Evêque de Paris. Dans le Pouillé Parisien du XIII siècle, parmi celles qui sont *de donatione Episcopi*, est marquée *Ecclesia de Escorciaco*, et de même dans celui du XV siècle, où son revenu est dit être considérable, et dans celui du XVI. Le Pouillé imprimé en 1626 se sert du même terme latin, et marque le même nominateur. Celui de 1648 y est conforme, sinon qu'en françois il met *Cure d'Estourcy*. Le Sieur Le Pelletier qui fit imprimer le sien en 1692, lui donne le nom de Cure de Saint-Vrain ; mais il se trompe en marquant qu'elle est à la nomination de la vingt-deuxieme portion du Chapitre de Notre-Dame de Paris. Dans le Cahier imprimé du Département des Vicaires Généraux du Diocèse, cette Cure est appellée *Saint-Vrain des Corcheries*, ce qui est une altération de l'ancien mot, lequel dans le Rolle imprimé des Décimes, est écrit plus exactement *Saint-Vrain d'Escorcy*. Dans les Registres de l'Evêché de Paris, au 29 Novembre 1497, elle est appellée *Cura S. Caprasii de Escorciaco*, et au 27 Mai 1573, *Eccl. Paroch. S. Caprasii alias S. Verani de Escorciaco*. Par tout cela il est visible que ce n'est que depuis le siècle dernier que le nom de Saint-Vrain a prévalu pour désigner la Paroisse, quoiqu'il n'en soit que le second Patron, et dont la Fête n'est pas chommée. Cette dénomination pouvoit avoir commencé dès le temps que la desserte du Prieuré avoit été transférée dans l'Eglise Paroissiale de Saint-Caprais, et que les Reliques de Saint Vrain y furent portées du même Prieuré. Elle fut trouvée encore mieux appuyée à la fin du dernier siècle, lorsque les revenus mêmes de ce Prieuré ont été réunis à la Cure, ce qu'on assure avoir été fait vers l'an 1693. Il faut voir maintenant ce qu'étoit ce Prieuré dans son origine, et ce qui y a donné naissance ; et combien les Curés d'Escorcy furent attentifs à empêcher que le Religieux qui le desservoit n'empiétât sur leurs droits.

Il y avoit dans l'onzième siècle, sur le territoire d'Escorcy ou d'Escorchy, une forêt dite Brateau. Dans cette forêt restoit une petite Eglise abandonnée [1], dans laquelle on trouva alors des

---

1. L'Imprimeur du nouveau *Gallia Christiana* n'avoit pas une copie exacte de

Reliques des Saints Serge et Bache, Martyrs. Odon, Chevalier *Ex Chartulari*
dans ces cantons, la donna à Tezson [1], Abbé de Saint-Maur-des- *S. Mauri*
Fossés, afin que dans cette Abbaye on priât Dieu pour Eve, sa *Chartaus seu recentiore,*
femme, et pour ses fils Mauger, Tebaud, Bouchard, Rainard et sa *fol. 123 et seq.*
fille Rencie. Il ajouta beaucoup d'autres dons, sçavoir, une espace
de terre et de bois pour bâtir une nouvelle Eglise et un Monastere,
et quatre arpens de prés. De plus, dans la Forêt de Luat, tous les
jours la charge de deux ânes de bois pour la cuisine, et si on ne
pouvoit pas y aller, il permettoit de prendre ce qu'il falloit dans
celle de Brateau. Outre cela une place pour bâtir un moulin sur
la riviere d'Etampes, entre le Farinoir de la Bouverie et le Moulin
d'Anscoulph. Enfin, pour avoir droit de sépulture, lui et sa femme,
parmi eux, il leur donnoit son bien situé à Andresel dans la Brie.
Le tout du consentement du Roi Henri et d'Imbert, Evêque de
Paris, de Milon de Montlhery, qu'il appelle son Seigneur et de
Guy, son fils, ce qui désigne que l'acte fut fait au plus tard
l'an 1060, auquel le Roi et l'Evêque moururent. Ce qui est remar-
quable au commencement de ce titre, est que le Chevalier dit qu'il
donne ces biens à la Sainte Vierge, Saint Pierre et Saint Paul,
aux Martyrs Saint Serge et Saint Bache, et aux Confesseurs Saint
Maur et Saint Vrain, par où il paroît que quoique ce fussent des
Reliques des Saints Serge et Bache qui furent trouvées dans la
Chapelle déserte, elle portoit néanmoins dès-lors le nom de Saint
Verain. Ce n'est que par tradition qu'on sçait que c'est Saint
Verain (*Veranus*), Evêque de Cavaillon, qu'on y a honoré de tout
temps, le même dont une partie du corps fut portée de Cavaillon
dans le Diocèse d'Auxerre, et depuis à Gergeau [2] dans celui d'Or-
léans; c'est pour cela qu'il se trouve dans le Martyrologe de Saint-
Maur du XIII siécle, au 19 Octobre, jour de sa Translation dans *Martyrol. Foss.*
l'un des lieux susdits, et dans le Martyrologe de Notre-Dame de *Eccl.*
Paris du même temps au 10 Novembre, jour de son décès. Le *S. Eleg. Par. Bibl. Reg. cod.*
Bréviaire de Paris assure qu'il y a aujourd'hui dans ce Village de
ses Reliques, mais sans dire depuis quand. Il n'est pas probable
que la petite Eglise de la Forêt de Brateau eût pris le titre de
Saint Verain préférablement à celui de Saint Serge, sans avoir de
ses reliques. Mauger, fils aîné du Chevalier Odon, donna à tous

ce titre, car au lieu de mettre *Ecclesiolam desertam*, il a imprimé *Ecclesiam de Sercam*. (T. VII, col. 289.) On n'a jamais vu en ce canton aucun lieu nommé *Sercam*.

1. Ce Tezson, Abbé de Saint-Maur, ne doit pas être confondu avec Teuton, qui gouvernoit cette Abbaye en 998. Outre ce titre, il y a encore celui de la donation de l'autel d'Evry-sur-Seine, que lui fit Imbert, Evêque de Paris, qui siégea depuis 1030 jusqu'en 1060. Un Catalogue des Abbés de cette Maison fait vivre l'Abbé Tezson en 1039. Il étoit dans l'ancien *Gallia Christiana* sous le nom altéré de *Testio*.
2. Ou Jargeau (l'abbé d'Expilly).

les mêmes Saints ci-dessus nommés une ferme dans la Paroisse d'Escorcy, avec deux arpens de prés jusqu'au grand chemin qui conduit à Lardy. Tous ces biens furent depuis ôtés aux Religieux par Herlan, troisième Successeur d'Odon dans la Seigneurie de Brateau.

Un nommé Ansculf se faisant Moine à Saint-Maur sous l'Abbé Robert, donna *sepulturam, baptisterium atque decimam de loco et de atrio et de omni terra quæ ad sanctum Veranum pertinere videtur*, laquelle donation ne devoit avoir lieu que dans quelques mois, parce qu'il avoit engagé tous ces droits à Bouchard, son Seigneur. Ce don fut aussi revêtu du consentement d'Imbert, Evêque de Paris, de celui de Begon de Corbeil et de son fils Valderic. Le même Ansculf ajouta qu'il faisoit encore présent à Saint-Maur de son labourage sis entre Escorcy et Saint-Verain, et en outre de la terre et du bois qu'il avoit à Nahumville, *Nahum villam*. Cet acte finit ainsi : *Actum in atrio SS. Sergii et Bachi, et S. Verani anno Incarnati Verbi 1056. Indictione VIII; anno regni Henrici Regis Franc. XXVI*.

Un Chevalier appellé Bouchard, donnant l'année suivante au même Monastere de Saint-Maur la Terre d'Huître au Diocése d'Orléans, avec l'Eglise, ajouta à ce don celui d'un labourage garni de son Laboureur, c'est-à-dire une Ferme dans la Paroisse de Scorcy au Diocése de Paris, et au-delà de la forêt dite de Saint-Vrain, un arpent de bois situé dans le bout de celle de Brateau. Judith, son épouse, ratifia cette donation. Il semble que ce pourroit être ce Seigneur d'Huêtre en Beausse proche Orléans, qui dans les années précédentes auroit obtenu de l'Eglise de Gergeau, quelques fragmens du Chef de Saint Verain pour la Chapelle voisine de sa Ferme : cela avoit pu se faire dès l'an 1039, lorsque l'Abbé Tezson songea à obtenir cette Chapelle.

Quoiqu'il en soit de la cause et origine du nom de Saint Vrain donné à ce petit Monastere, il paroissoit dans le rang des Bénéfices du Diocése de Paris avec distinction dès le commencement du XIII siécle, et on voit qu'il y avoit un concours de peuple, et qu'il s'y faisoit des offrandes. Le Prêtre d'Escorcy (c'est ainsi qu'on appelloit le Curé), s'étant apperçu que ses paroissiens y portoient leurs oblations comme les autres, attaqua les Religieux. Le procès fut porté devant l'Evêque de Paris, Pierre de Nemours, qui ordonna, en 1211, que si un Moine du Prieuré de Saint-Vrain recevoit les offrandes de quelques Paroissiens d'Escorcy aux Fêtes Annuelles, il devoit les remettre au Curé : mais qu'à l'égard des autres Pelerins non Paroissiens d'Escorcy, il pouvoit retenir ce qu'ils lui offriroient les jours de Dimanche, Fêtes d'Apôtres et de Martyrs, comme S. Etienne, S. Vincent, S. Laurent, aussi-bien que les jours des Fêtes de la Ste Vierge, de Ste Magdelene, de la Croix et des Anges, et les deux grandes Fêtes de S. Martin et S. Nicolas; que le Prieur ne pourra sonner sa Messe jusqu'à ce que le *Sanctus* de la Messe de Paroisse soit chanté ; qu'il ne pourra jamais faire faire de pain pour le bénir et être distribué publiquement; que dans le cas de nécessité, les femmes ne pouvant pas revenir à l'Eglise d'Escorcy pour leurs Purifications ou Relevailles, le Curé pourra mener dans l'Eglise du Prieuré celles qui demeurent dans ce quartier-là et il y recevra leurs offrandes; enfin, que dans les Fêtes Annuelles, si des Paroissiens d'Escorcy viennent à l'Eglise du Monastere, le Religieux leur dira d'aller à la Paroisse et les y exhortera, mais il ne sera pas tenu de les chasser de son Eglise.

On trouve encore sur ce Prieuré, qu'en l'an 1384 le Prieur payoit également comme les autres Prieurs pour la procuration de l'Evêque la somme de dix livres dix sols : et le Curé dit *de Escorciaco* et non *de S. Verano* étoit taxé à la même somme. [Registres des Procurat. Episc.]

Vers l'an 1450, le revenu du Prieuré de Saint-Verain étoit de 60 livres.

Sur la fin du XV siècle, cette maison paroissoit être abandonnée, puisqu'on voit que le Prieur faisoit sa résidence à Saint-Eloy de Paris, proche le Palais qui étoit la principale dépendance de l'Abbaye de Saint-Maur. On peut juger, en effet, qu'un petit Monastere sans défense au milieu de la campagne, n'avoit pu subsister dans les conjonctures des guerres de ce siècle. Il est clair par un acte de l'an 1483, que ce Prieur faisoit ses semaines et acquittoit les Messes à son tour dans le Prieuré de Saint-Eloy avec le Sacristin de cette Maison, le Prieur de Moutiers au Perche, autre membre de Saint-Maur, et avec un simple Religieux, ce qui composoit alors tout le Monastere de Saint-Eloy. Dans l'accord qu'ils firent entre eux, celui dont il s'agit est ainsi désigné : *Guillelmus Gorre, Prior Sancti Verani de Escorchiaco.*

Les expressions de l'Ordonnance de Pierre de Nemours prouvent que le canton où étoit bâti le Prieuré, étoit une espece d'Hameau dépendant de la Paroisse d'Escorcy, mais séparé et éloigné du Village. Lors donc qu'on trouve dès l'an 1369 la réunion de ces deux mots *Saint Verain d'Escorcy*, ce n'est pas à dire que le Prieuré fût situé dans le Village même d'Escorcy; cela signifie seulement que les biens dont il s'agit étoient assis à Saint-Verain sur la Paroisse d'Escorcy, et cela pour empêcher qu'on ne confonde ce lieu de Saint-Verain avec Saint-Verain, Bourg de Nivernois dans le Diocése d'Auxerre, ou avec Saint-Vrain du Diocése de Châlons-sur-Marne. Je fais cette observation par rapport à un acte du 18 Juillet 1369, par lequel Charles, [Hist. d'Etampes, p. 612.]

Seigneur de Bouville, donna à l'Eglise de Chartres un manoir et ses dépendances, avec Justice haute, moyenne et basse, assis en la Paroisse de Saint-Vrain d'Escorcy et lieux voisins en la Vicomté de Paris, Châtellenie de Montlhery, tenus nuement du Roi pour la fondation d'une Messe tous les Mercredis de l'année. On verra ci-après qu'un des sieurs Carnazet, possesseur de ce Manoir, en fit hommage au Chapitre de Chartres. Cette Seigneurie avoit appartenu dès le commencement du XIV siécle à Thibaud de Pouville, Ecuyer, lequel avec Blanche de Bouvray sa femme, l'avoit vendu en 1314 à Hugues de Bouville, pere de Charles.

La suite des temps et l'événement des guerres amenent presque toujours du changement. C'en est un effet que de voir que l'on se soit imaginé dans ces derniers temps, qu'une Chapelle qu'on appelloit de Saint Blaise, bâtie proche la Maison Seigneuriale de cette Paroisse, ait été le Prieuré du lieu dépendant de l'Archevêché comme membre de l'Abbaye de Saint-Maur. On en étoit si fort persuadé l'an 1692, à cause des Messes dont elle étoit chargée, que Nicolas Levasseur, Marquis de Saint-Vrain, Président en la Cour des Aides, obtint alors qu'en démolissant cette Chapelle, qu'on disoit être en ruines, les revenus lui en fussent adjugés aux conditions suivantes, sçavoir : qu'il payeroit chaque année à l'Archevêché quarante livres, que la Messe de chaque vendredi de la semaine, et la Messe solemnelle avec le Service de Saint Blaise, seroient acquittés par le Curé ou le Vicaire en l'Eglise Paroissiale à un Autel où seroit portée l'image du Saint, et que lui Seigneur payeroit les décimes : qu'il seroit mis une croix à la place où étoit la Chapelle, et une plaque de cuivre dans l'Eglise en mémoire du fait.

Reg. Arch. Par. 20 Dec.

Dès le douziéme siécle, Saint-Verain étoit un nom de lieu qui s'étoit communiqué à une famille. Ermengarde de Saint-Verain est renommée dans le Cartulaire de Longpont pour avoir donné à cette Maison une dixme au petit Luisant proche Montlhery. En 1189 Maurice de Sully, Evêque de Paris, certifia que Philippe de Saint-Verain avoit donné à l'Eglise d'Hieres quarante sols de ses cens et rentes. Dans le Cartulaire de Philippe-Auguste sur les Fiefs de Montlhery, Baudoin de Saint-Verain est déclaré devoir au Roi le service de l'armée, chevauchée et station pour ce qu'il tient de lui. Dans le même manuscrit Philippe de Moressar est dit homme lige du Roi pour ce que Loncedis de Saint-Verain tient de lui à Escorcy, pour ce que Robert de Varennes tient également de lui au même lieu, et pareillement Ansel de Guibeville. Enfin Hugues de Saint-Verain se trouve nommé parmi les Chevaliers de la Châtellenie de Montlhery qui tenoient des terres du Roi ; et

Chart. Longip. fol. 54.

Chart. Hederac.

Cod. Pulean. 635.

cela sous le regne de Philippe-Auguste. On apprend par-là qu'au treizième siècle la Terre de Saint-Verain étoit différente de celle d'Escorcy, et qu'il y avoit plusieurs Fiefs dans l'étendue d'Escorcy de Saint-Vrain. Je crois pouvoir ajouter à ces anciens Chevaliers ou Seigneurs de Saint-Verain, Pierre de Richerville, qui est mort à la fin du même siècle. J'en parlerois plus affirmativement, si la tombe qui couvre sa sépulture dans l'Eglise Paroissiale n'étoit pas usée.

Les Seigneurs connus de Saint-Vrain depuis trois cents ans ou environ, sont René de Carnazet, fils d'Yvon et de Marguerite Bureau, né en 1450. Ce fut lui qui fonda l'Hôtel-Dieu Saint-Antoine, à Saint-Vrain d'Escorcy. Il épousa Marie de Mornay. Il ne passa point l'an 1522. Généal. des Carnazet

Antoine de Carnazet, son second fils, eut après lui la Seigneurie, et mourut en 1552. V. ci-dessus son Epitaphe.

François de Carnazet, premier fils d'Antoine et de Marguerite de Brilhac, succéda à son pere. Il épousa Jacqueline de Prunelay, et décéda l'an 1568. Son successeur dans la jouissance de la Terre de Saint-Vrain fut son frere puîné Adam de Carnazet, qui fut marié à Françoise de Moutiers, dont il eut Antoine qui devint célèbre, et qui, après lui, posséda la terre de Saint-Vrain. Adam mourut en 1584, et Antoine en 1625. Il avoit rendu hommage pour son Fief l'an 1609 au Chapitre de Chartres. L'Historien de Corbeil qui paroît l'avoir connu parfaitement, dit de lui « qu'il a relevé « l'honneur de la Maison, ayant ajouté au los de ses armes la gloire « d'une science rare, et qu'il a produit les fruits de son bel esprit « à l'instruction de ses enfans par les Discours sérieux de ses « Morales qui le rehaussent d'un degré d'honneur, ayant eu le « courage de publier cette vérité : *Que tout ainsi que la science est* « *au-dessus des vertus morales, elle est aussi plus à priser que la* « *noblesse, la richesse, la force et la valeur.* » Voyez ci-dessus.
Voyez son Epit. ci-dessus.
Généal. des Carnazet.
De la Barre, Hist. de Corbeil, p. 207.

François, né de lui et de Marie de Carvoisin en 1602, jouit après lui de la Terre de Saint-Vrain. Il en fit aussi hommage au Chapitre de Chartres le 24 Juillet 1629. Il est le premier après son pere qui se trouve qualifié de Baron de Saint-Vrain. En 1625 le 11 Août, il fut permis à Marie de Carvoisin, veuve d'Antoine de Carnazet, Seigneur et Baron de Saint-Verain, de faire célébrer en la Chapelle hors les grandes Fêtes. Il mourut en 1657. Ce fut lui sans doute qui vendit cette Terre à Jean Levasseur, Secrétaire du Roi, lequel mourut en 1655, et la possédoit, comme il est évident par l'inscription rapportée ci-dessus. Après Jean Levasseur, la terre de Saint-Verain passa à Nicolas, Conseiller au Parlement, qui dès l'an 1658 la fit ériger en Marquisat, et y fit établir deux foires par an et un marché par chaque semaine. Il mourut Reg. Episc.

en 1692 Le Mercure Galant du mois de Juin 1673, fait mention du mariage de sa fille avec M. d'Argouges, Marquis de Gratot, qui fut célébré à Saint-Vrain. En 1697 M. Levasseur, Président en la Cour des Aydes, possédoit cette Seigneurie.

Aujourd'hui la Terre de Saint-Vrain est possédée par M. Le Riche, l'un des Fermiers Généraux.

En 1751, Louis Duval Delepinoi, Secrétaire du Roi, étoit qualifié Seigneur de ce Marquisat.

Les Ecarts de la Paroisse de Saint-Vrain sont au nombre de trois.

BRATEAU, dont il a été parlé ci-dessus, paroît être le plus connu dans l'antiquité. Outre ce qui en a été dit d'après les titres de l'Abbaye de Saint-Maur-des-Fossés, on voit par celui du Prieuré de Longpont, que vers le commencement du XII siécle, les Chevaliers du nom de Trousseau ou Trosols, firent part de ce qu'ils y avoient à ce Monastere, sçavoir, Fromond *de Trosolio* et Holdric, son frere. Fromond ayant fait la donation, fit poser les bornes aux endroits convenus en présence du Prieur Henri qui gouvernoit encore vers l'an 1130. Holdric approuva la disposition que son frere avoit faite de leur Terre de Brateau, suivant la position des bornes; et pour marque de son consentement il prit la coupe de Saint Macaire que l'on conservoit au Trésor de l'Eglise et la porta sur l'autel. Ses deux fils Albert et Fréderic ratifierent la concession. Dans d'autres actes de consentement, ce bien est appellé *allodio de Braetello,* et ces actes sont quelquefois passés *apud Trosolium* qui est Trousseau en la Paroisse de Rys. Il est spécifié dans l'un des derniers que celui qui ratifie, pour plus grande marque qu'il se dépouille de ses droits pour en investir les Moines de Longpont, leur a envoyé par formalité le bout d'un bâton, *misit donum per unum truncum baculi.* Il dépendoit du consentant de marquer son approbation par quelle matiere il vouloit. Il y avoit des vignes à Brateau sous le regne de Saint Louis. Le Curé de Saint-Michel en donna à l'Abbaye de Saint-Maur une qui y étoit située sur la censive du Couvent.

Cartul. Fossat. p. 481.

LA VALLÉE est un autre Hameau.

LA BOISSIERE est une Ferme à trois quarts de lieue du Village. Il paroît que c'est la même chose qu'une Seigneurie *de Bosseria,* dont il est parlé dans un titre de l'Abbaye de Sainte-Geneviéve de l'an 1224, où est nommé Etienne, l'un des Archidiacres de Paris avec *Gazo Peluz Miles de Bosseria.*

Chart. S. Gen. p. 135.

Il y a sur la Paroisse de Saint-Verain le Fief de Courte-Bray.

Affiche 1753.

Il y avoit à Paris l'an 1237, dans la grande rue de Sainte-Geneviéve, une Maison qu'on appelloit *Domus Puerorum de Sancto Verano.* Cette remarque est tirée du même Cartulaire de l'Abbaye de Sainte-Geneviéve, qui se contente de dire qu'elle touchoit à celle

Chart. S. Gen. p. 251.

de Thomas le Noir sans autre explication ; seulement une main un peu plus nouvelle a écrit en marge en latin que c'est la Maison de Maître Pierre de Belleperche, lequel nous sçavons d'ailleurs avoir été Clerc du Roi Philippe-le-Bel vers l'an 1300, Doyen de Paris en 1305, et Evêque d'Auxerre en 1306. Cette Maison des enfans de Saint-Verain auroit-elle été un petit Collége pour des enfans d'Escorcy et de Saint-Verain du Diocése de Paris, ou pour les enfans du Bourg de Saint-Vrain au Diocése d'Auxerre qui étoit alors une très-riche et très-puissante Baronnie à une lieue et demie de la Loire ? C'est ce qu'il sera difficile d'éclaircir.

M. de Valois, traitant l'article de la Sologne, produit un titre de l'an 1294, dans lequel est nommé *Johan de Saint Varin, Arcediacre de Sauloigne en l'Eglise d'Orliens*. Je ne mets point ce Personnage parmi les Illustres de Saint-Vrain d'Escorcy, parce que je suis persuadé que c'étoit un des parens d'Hugues, alors Baron de Saint-Verain d'Auxerre, Seigneurie fort peu éloignée de la Sologne.

Notit. Gall. p. 509, col. 1

VER-LE-GRAND

AUTREMENT DIT VALGRAND

Le nombre de lieux qui portent le nom de Ver dans le Royaume, fait soupçonner avec raison que ce nom vient de la langue Celtique ou Gauloise, dans laquelle Fortunat de Poitiers et même César, longtemps avant lui, attestent que ce mot étoit d'usage. Plusieurs d'entre les anciens écrivains de Chartes latines, ont mieux aimé laisser ce nom ainsi qu'on le prononçoit dans le langage vulgaire, *Ver* ou *Var*, que de le latiniser, quoiqu'ils eussent des exemples dès le VIII siècle où ils pouvoient trouver le terme latin *Vernum* employé pour désigner des lieux appellés Ver.

Pour en venir à celui du Diocése de Paris situé dans l'Archidiaconné de Josais, anciennement du Doyenné de Linais, et maintenant de celui de Montlhery, son territoire, que je crois avoir appartenu autrefois à la terre de Leude-Ville, est encore si étendu, quoiqu'il soit détaché de ce chef-lieu, qu'il s'y est trouvé de quoi former deux Paroisses, dont l'une est appellée Ver-le-grand, et l'autre Ver-le-petit. Il y a plus de six cents ans que les titres employent les expressions de *magnum Ver*, ou *Ver magnum*, et relativement à cela, *Parvum Ver*, ou bien *Ver Parvum*. Dans le françois on a été fortement exact à écrire Ver-le-grand, Ver-le-petit. Les Rolles de l'Archevêché de Paris pour les départemens, ceux mêmes des Décimes comme ceux des Tailles continuent d'écrire comme les anciens prononçoient et conformément à l'étymologie. Dans les derniers temps, quelques personnes ont fait naître l'usage de prononcer Valgrand, Valpetit, et même de l'écrire ainsi, mettant en deux syllabes ce qui devoit en former trois, et en trois ce qui devroit être en quatre, et insinuant par là que Valgrand est une grande Vallée, et Valpetit une petite Vallée, idées contraires à la nature de ces lieux. Ce changement peut venir de ce que la lettre R ne plaisant pas à quelques-uns, et leurs oreilles peinant lorsqu'ils entendoient un homme de campagne prononcer Var-le-grand ou Var-le-petit, la délicatesse, à l'abord, a obligé la lettre R à disparoître, sans cependant continuer d'écrire *Va-le-grand* en trois syllabes, et *Va-le-petit* en quatre comme cela se pratiquoit avant qu'on eût substitué la lettre L à la place de l'R. Cette petite discussion étymologique m'a paru convenable au commencement de cet article.

C'est donc depuis l'onziéme siécle qu'il est fait mention de Ver dans les titres. Les premiers où on le trouve nommé sont ceux des Archives du Prieuré de Long-Pont sous Montlhery. Ceux-là ne font aucune distinction des deux Ver. La diversité des Seigneurs et des Eglises qui y ont eu des biens obligea peu de temps après à distinguer un grand Ver et un petit Ver. Ils sont situés au midi de Paris : Ver-le-grand à huit lieues de cette Ville, et l'autre une demi-lieue plus loin. Le premier est au bout de la plaine qui commence à Bretigny, et le second sur le penchant d'un côteau au midi duquel est la prairie marécageuse à travers de laquelle passe la riviere qui vient d'Etampes. Je laisse ce second Ver pour revenir au premier qui est le plus considérable ; c'est un pays de labourages avec quelques vignes pour les gens du lieu. Monsieur Lancelot, Académicien, qui avoit dressé un petit Mémoire sur ce Village, dit que ce pays est dans une plaine assez étendue et bien diversifiée. Il y avoit remarqué des fontaines dans plusieurs maisons au fond des jardins, et n'avoit point oublié les deux grands arbres terminés en pommes à côté du clocher qu'ils surpassent presque, et que l'on apperçoit de près de deux lieues. Le dénombrement de l'Election imprimé en 1709, y comptoit 127 feux ; celui du sieur Doisy, publié en 1745, n'y en met que 91 ; le Dictionnaire Universel de la France qui parut en 1726, marque qu'il y avoit alors 412 habitans.

Le Cartulaire des Religieux de Long-Pont nous instruit amplement sur la famille qui possédoit à la fin de l'onziéme siécle une portion notable de cette Terre. Il y a lieu de croire que Gui de Montlhery et sa femme Hodierne en avoient une partie. On y voit Milesende la jeune, l'une de leurs filles, surnommée chere

Voisine [1], leur donner la Terre de Ver, du consentement de son fils *Chart. Longip.*
Evêque de Troyes ; Guy Troussel, neveu de la même Milesende, *fol. 33.*
et fils de Miles Ier de Montlhery, donner aux mêmes Moines *Ter-*
ram et Villam de Ver per carretum et fossatum; le même, ajoûter *Ibid.*
à cela par un autre acte, fait du consentement de Mabille sa
femme, la donation de ce qu'on appelloit *Consuetudinarium car-*
retum et fossatum de Ver, dont son pere Miles et lui-même avoient
joui. Garnier, fils de Ponce de Trainel, paroît ainsi influer dans le *Ibid.*
même don par un autre acte : je ne vois pas de quel côté il tenoit à
la maison de Montlhery ; mais il fut singulier dans la maniere
dont il en donna l'investiture aux Moines. Par allusion au mot *Ibid.*
Ver, il rompit le bout d'une broche de cuisine, *fregit veru*, et
après avoir bien essuyé ce bout de fer, il le mit entre les mains
du Prieur Henri, afin qu'il le déposât de sa part sur le grand
Autel. Ce Prieur étoit en place dès l'an 1086. Le Roi Philippe I
étant venu à Montlhery dans l'année que Philippe, son fils naturel, épousa Elisabeth fille de Guy Troussel, le même Prieur
obtint de lui une confirmation des biens du Monastere entr'autres
Villam de Ver ab omni exactione liberam. Milon, fils de Milesende, loin d'approuver les libéralités de ses ancêtres, s'étoit *Ibid., fol. 34.*
emparé de la Terre de Ver, mais lorsqu'il fut en voyage à la Terre
Sainte, il en fit la restitution à l'Eglise de Longpont. Dame Emeline de Ver, avec ses fils Odon et Albert, donna ensuite quatre
arpens *ad Magnum Ver* situés auprès de la terre des mêmes *Ibid., fol. 25.*
Moines. En un mot, dès l'an 1151, les Religieux le firent confirmer par le Pape Eugene III, *Villam que vocatur Ver et sextam*
partem decimarum. L'antiquité du Village de Ver est suffisamment prouvée par ces actes qui sont de six à sept cents ans.

L'Eglise Paroissiale étant sous l'invocation de Saint Germain
Evêque de Paris, il y a tout lieu de croire que Leude-ville qui
n'est qu'à une petite demi-lieue de Ver-le-grand, et seulement un
peu plus éloigné de Ver-le-petit, comprenoit originairement le
territoire de ces deux Ver, en sorte qu'il y avoit deux Eglises,
l'une de Saint-Martin et l'autre de Saint-Germain. Celle de Saint-
Germain de Leude-Ville étoit sur le territoire qu'une Comtesse
du nom d'Eve avoit donné à l'Abbaye de Saint-Germain-des-Prez *Voyez l'Art. de*
au .... siécle. L'Abbaye l'avoit apparemment fait bâtir. Les guerres *Leudeville.*
ayant amené du changement avec le temps, les Seigneurs du
canton qu'on appelle aujourd'hui Ver-le-petit, lequel avoit été de
la Paroisse de Saint-Martin de Leude-Ville, y firent ériger une
Paroisse qui en qualité de démembrement, prit le titre du même

---

1. *Cara Vicina nomine*. — Le Cartulaire du prieuré de Longpont a été publié
pour la première fois en 1880. (Note de l'éditeur.)

Saint de l'Eglise duquel elle étoit détachée. La seconde Eglise de Leude-Ville titrée de Saint Germain ayant eu besoin d'être rebâtie, le fut dans le lieu qu'on appelloit Ver, qui étoit un peu plus éloignée de Saint-Martin de Leude-Ville, et cela pour la commodité des habitans de ce Village. Une Charte de Maurice de Sully, Evêque de Paris, suppose que dès son temps, Ver-le-grand étoit une Cure. Il reste en effet dans le Chœur de l'Eglise de Saint-Germain quelques chapiteaux de piliers qui ressentent la structure du XIII siècle ou de la fin du XII, et avec cela il y a des piliers ronds fort délicats qui paroissent bâtis vers le temps de Saint Louis ou de son fils. Ainsi, c'est un édifice bâti à diverses reprises. Il a deux collatéraux, le tout voûté en pierre, mais il finit simplement en pignon du côté du levant et il n'est point orné de galeries. Dans le Chœur est une tombe sur laquelle il reste en caracteres gothiques : *Ici gist... Jehan de Ver, Chevalier fuis de...*

Une autre inscription qu'on voit dans cette Eglise, commence ainsi : *le dix Février 1501, Antoine de Karnazet, Seigneur de Braseux, Valgrand, etc. a délivré au Curé, etc.*

Sur une Epitaphe on lit : *Maître Lorent Pasquier, Seigneur de Vallegrand et de la Honville... trepassa le XXVI jour de Février l'an de grace M D XXVII*, dont les armes sont un chevron accompagné de trois roses ; mais comme on a vu aussi à Paris dans l'Eglise de Saint-Germain l'Auxerrois proche l'Oeuvre une Epitaphe de ce Florent Pasquier et de sa femme Catherine Ancel, il en résulte que l'une des deux n'est qu'un mémorial.

Dans le collatéral méridional vers le fond est l'Epitaphe gothique de Noble Homme Antoine, le même apparemment qui est nommé ci-dessus, d'autant que les armes sont de la maison de Karnazet, sçavoir burelé d'argent et de gueules à une givre ou couleuvre de sinople brochante sur le tout, et celle de la femme paroissent être chargées d'un lion grimpant surmonté d'une fleur de lys. En effet, la généalogie de Karnazet marque qu'Antoine de Karnazet, Seigneur de Brafeux de Montaubert, décédé en 1502, et Antoinette de Mornay sa femme, décédée l'année suivante, furent inhumés dans l'Eglise de Valgrand [1]. Du même côté l'on voit sur une tombe la figure d'un portail gothique, et sous ce portail une grande croix sur le milieu de laquelle est un écusson chargé d'armes vairées.

Généalog. en Placard.

Dans un autre endroit est gravée la fondation de Rolland Cruyn, Seigneur du Bouchet, Val-le-grand, Val-le-petit, et de la Celle-Saint-Cyr proche Joigny, Secrétaire du Roi en 1660.

La Cure est restée comme dans son origine, à la pleine et entiere

---

1. Le Pere Daniel remarque qu'en 1585, Genebrard, Archevêque d'Aix, eut pour successeur *N. de Valgrand.*

collation Episcopale. Le Pouillé Parisien du XIII siècle la met dans ce rang sous le nom *de Vere magno*. Ceux de 1626 et 1648, s'accordent encore là-dessus : mais celui de 1626 a eu la simplicité de traduire *Cura de Vere magno* par ces mots *Cure de Ver magne*.

La menue dixme de cette Paroisse et de celle de Leude-Ville étoit devenue dès le XII siècle l'objet de la convoitise d'un nommé Gui d'Aunay ou de Launay. Comme il en avoit joui long-temps, il avoit été déclaré excommunié : mais il les restitua à Thibaud, Evêque de Paris, après l'an 1150, et il fut absous. Cependant il obtint encore du même Prélat que Hugues, son fils, pût les posséder. Il en jouit en effet durant plusieurs années ; après quoi il se fit Chanoine Régulier à Sainte-Geneviève. Maurice de Sully, devenu par-là maître de ces dixmes, en fit présent à cette Abbaye par dévotion pour la Sainte. L'acte est sans date d'année : mais il paroît que ce fut au commencement de son Episcopat, parce qu'on trouve que le Pape Alexandre III confirma à Hugues, Abbé de cette maison, les mêmes dixmes ainsi que l'Evêque les avoit données. Cent ans après, le Censier de la maison marquoit parmi les redevances de Ver-le-grand la moitié de la menue dixme, sçavoir d'agneaux et de veaux. Vers le même temps, c'est-à-dire au milieu du treizième siècle, Roger, Abbé de Notre-Dame de Rosche au Diocèse de Paris, fit un traité qui nous apprend que son Abbaye qui étoit pareillement de Chanoines Réguliers, avoit eu une dixme à lever sur cent soixante arpens de terre à Ver-le-grand ; elle les avoit cédés aux Freres de l'Hôtel-Dieu de Paris, pour une rente de deux muids d'avoine : mais l'Abbé Roger les reprit, et en fit l'an 1253 une échange avec l'Abbaye de Livry, pour ce que cette maison avoit à Rosche. J'ai marqué ci-dessus par occasion, que le Prieuré de Long-Pont avoit au XII siècle un sixième dans la dixme de Ver. En 1370, il y eut un accord entre l'Evêque de Soissons et M. Regnaut, Jean de Vassy et Jean Gaite, Curé de Ver-le-grand.

Les Seigneurs de Ver étoient puissants au XI siècle. L'Eglise d'Orengy leur appartenoit. On peut voir à l'article de cette Paroisse, le différend qu'Odon de Ver eut avec Emeline, sa mere, au sujet de la disposition de cette Eglise. Au XII siècle, Geoffroi de Ver fut en dispute avec les Moines de Long-Pont, touchant un droit de Bled. Mais d'autres Chevaliers ou Ecuyers que ceux du nom de Ver, avoient aussi du revenu ou des droits en ce lieu. Ainsi Guy d'Aunay ou de Launay fut déclaré homme lige du Roi, pour le bien qu'il avoit *apud Ver magnum* : et même un Guerin de Ver fut reconnu être aussi homme lige du Roi pour ce qu'il tenoit au même lieu de Ver autrement que des mains de Gui d'Aunay. Pareillement Hugues de Bassons fut homme lige du

Chart. S. Gen. p. 62.

Lib. Cens. S. Genov. p. 35.

Chart. Livriac. fol. 25.

Reg. Conc. Par.

Chart. Longip. fol. 8.

Chart. Ph. Aug.

Ibid.

Prince, pour une censive à Ver-le-grand et pour un fief; et semblablement Guillaume de la Ferté.

Depuis le douzième siècle, nous ne trouvons rien jusqu'au quinzième qui regarde les Seigneurs de Ver-le-grand, ni même qui nous en indique les noms. L'Historien de Corbeil met cette Terre alors dans la maison de Mornay. Il dit que Ivon de Karnazet, Seigneur de Montaubert, eut de Marguerite Bureau, son épouse, un fils qui fut marié à Magdeleine de Mornay, Dame de Brazeux et de Valgrand : que de leur mariage procéda Jean de Karnazet, lequel fut père de Guillaume, et que ce Guillaume fut aussi Seigneur de Valgrand, où il est inhumé dans l'Eglise avec Magdeleine de Suze, sa femme. Mais la généalogie de Karnazet imprimée ne reconnoît point ce Jean, fils d'Ivon ; elle donne pour fils d'Ivon René, époux de Marie de Mornay, ce père de Guillaume, lequel elle ajoute n'avoir point vécu jusqu'à l'an 1523. Cette Terre ne resta point long-tems dans la maison de Karnazet. Les Registres du Parlement font foi que la criée en fut faite l'an 1568, et qu'elle fut adjugée par décret au Chancelier Michel de l'Hôpital. On sçait ensuite par le Procès-verbal de la Coutume de Paris dressé en 1580, qu'alors Marie Morin, veuve de ce Chancelier, la possédoit, et que Magdeleine, sa fille, veuve de Robert Hurault, Chevalier, Seigneur de Belebat, jouissoit de la Seigneurie de Ver, assise au même lieu de Valgrand. Sous le regne de Louis XIII, Florent Pasquier étoit Seigneur de Ver-le-grand. Il mourut en 1637. Après lui, ce fut Rolland Gruyn, Secrétaire du Roi. En 1658 fut obtenue confirmation de l'érection de cette Terre en Baronie, à la réserve du fief de la Saussaye, qui fut déclaré devoir rester séparé et tenu de cette Baronie. Je trouve le nom d'Ertus de Guenegaud parmi ceux des Seigneurs de Ver-le-grand. Les lettres susdites accordent aussi la translation du principal manoir de la même Baronie en la maison du Bouchet, située à Ver-le-petit, et que cette maison fut nommée désormais *le Château de Valgrand*. Comme, depuis ce tems, Ver-le-grand et Ver-le-petit n'eurent qu'un seul et même Seigneur, dont le Château étoit le Bouchet, je remets à continuer à parler de ces Seigneurs à l'article de Ver-le-petit.

Les autres Seigneuries situées dans la Paroisse de Ver-le-grand, sont Montaubert, Brazeux, le fief Saint-Remy, la Saussaye.

MONTAUBERT avoit donné son nom à une branche de Chevaliers dès le onzième siècle. Nous trouvons dans le Cartulaire de Long-Pont Hugues *de Monte Oberti*, Chevalier, témoin dans un acte d'environ l'an 1090. Geoffroy de Ver y avoit un manoir dans le siècle suivant. Il y fit un concordat avec les Moines de Long-Pont, sous Landry, leur Prieur, qui vivoit en 1140. Ces Religieux, en effet, y avoient un labourage dont Gualeran, fils de Vivien, les *Chart. Longip.* avoit gratifiés. Sur la fin du quinzième siècle, cette Seigneurie se *fol. 82.* trouva dans la maison des Karnazet. Antoine de Karnazet, Capitaine des Francs-Archers à Paris, la possédoit ; il mourut en 1502, Généalogie et fut inhumé dans l'Eglise de Ver-le-grand ; et son épouse, Antoi- des Karnazet en nette de Mornay, l'année suivante. Après eux, Guillaume de Kar- Placard. nazet et leur neveu en jouit, et mourut vers l'an 1520 ou 1522, puis Louis, neveu de Guillaume. Ce dernier vivoit en 1568, et mourut en 1588. Cette Terre passa alors à Anne, sa sœur, mariée à François Gouffier, Maréchal de France, dès l'an 1544, et de là à leur fils, Timoléon Gouffier, Chevalier de l'Ordre du Roi, qui épousa Anne de Launoy en 1578. Quoique l'arbre généalogique de la maison de Karnazet ne nomme point François de Karnazet comme Seigneur de Montaubert, je l'ai trouvé en cette qualité dans le cahier de la contribution au ban, pour la Châtellenie de Corbeil l'an 1597, dans lequel son fief, sa Terre et sa Seigneurie sont estimés valoir par an quatre-vingt-dix livres. Depuis lontems la Seigneurie de ce lieu ne fait qu'une avec celle de Valgrand. Il y a à Montaubert une ancienne Chapelle que le Pouillé de M. de Noailles et le Registre des présentations de l'Archidiacre appellent de Saint Blanchard, et en latin *Sancti Blancardi ;* les nouveaux Rolles des dixmes lui donnent le nom de Montaumer pour celui de Montaubert. Le Pouillé de 1626 l'a dit être à la *Pouillé 1626,* présentation *Dominorum de Bosco ;* celui de 1648 a regardé *p. 50.* comme une faute d'avoir mis le mot *Dominorum* en place de *Do-* *Pouillé 1648, minarum,* et a cru la rectifier en marquant que c'est l'Abbesse de *p. 70.* Malnoue qui y présente, parce que cette Abbaye s'appelloit autre fois *Domina de Bosco* ou *de Nemore Footel ;* mais en comptant par le grand nombre de nominations que j'en ai vu du XVI siécle, surtout d'Antoine de Karnazet, Seigneur de Brazeux en 1535, 1545, 1552, 1599, le *de Bosco* des Pouillés est par erreur pour *de* *Reg. Ep. Paris.* *Braseux.* Dans ces anciennes nominations, elle est quelquefois appellée *Sancta Maria et Sancti Blanchardi,* et quelquefois *Sancti Candidi.* Elle existoit sous le nom de Saint Blanchard, au moins dès l'an 1598. Quoiqu'elle soit située sur le fief de Montaubert, la desserte s'en fait dans l'Eglise de la Paroisse depuis qu'elle a été profanée. Il y a apparence que c'est Saint Pancrace dont on a donné le nom à cette Chapelle. Messieurs Chastelain et Baillet sont d'avis que le nom de ce Martyr a été altéré en beaucoup de manieres, entr'autres en celle-là ; et de fait, on appelle encore à Chartres *Saint Blanchard* une Chapelle de la Ville dont il est sûr que Saint Pancrace est le Saint Titulaire.

Il y a aussi à Montaubert une ferme appellée Linou. La garenne de Montaubert est réputée pour son gibier.

BRAZEUX, que l'Historien de Corbeil (page 17) qualifie de Maison Seigneuriale, située sur la montagne de Montaubert, appartenoit au XV siècle à Antoine de Carnazet, Chevalier en même temps que Montaubert. Charles son frere lui succéda en 1506, puis Antoine de Carnazet, neveu de Charles. Il étoit Maître d'Hôtel du Roi en 1544, et il mourut le 29 Décembre 1552. Ensuite François son fils eut la Seigneurie. Il fut Capitaine de cent hommes d'armes de la Compagnie du Vidame de Chartres en 1561, et il décéda en 1568. Son frere Louis, Chevalier de l'Ordre du Roi et Maître d'Hôtel du Duc d'Anjou, posséda Brazeux après lui, et mourut en 1588. Anne, sa sœur, qui lui succéda, fut mariée à François Gouffier, Maréchal de France, auquel elle porta cette Terre : elle décéda en 1595. Neuf ans après Brazeux appartenoit à Pompée de Carnazet, neveu d'Anne, et en même temps à Timoléon Gouffier, Chevalier des Ordres du Roi. Puis elle vint à Charles-Antoine Gouffier. Elle lui appartenoit lorsque de la Barre écrivoit l'Histoire de Corbeil vers l'an 1630. Le dernier Gouffier mourut en 1654. Le Château de Brazeux étoit occupé en 1697 par une Dame, veuve du sieur Desnots, Ecuyer ordinaire du Roi.

Généalogie de Carnazet en Placard.

Perm. de chap. dom. 23 Avril.

LE FIEF SAINT-REMI ne m'est connu que par un endroit des Comptes de la Prévôté de Paris devant l'an 1465, imprimés dans les Antiquités de cette Ville en ces termes : « Jehan le Roy, « Ecuyer pour le Fief Saint-Remi, sis à Ver le grand, qui n'a « gueres fut à feu François Talbot, fils de feu Jean Talbot, et « depuis à Isabeau sa tante, à lui venu à cause de Damoiselle « Isabelle sa femme, fille de feu Copin Talbot. » Le même article est presque répété à l'an 1478, et il y est dit que Jean le Roy a fait hommage de son fief à la Chambre des Comptes, et en a donné dénombrement.

Sauval, T. III, p. 390.

Ibid., p. 436.

LA SAUSSAIE est un fief qui fut déclaré en 1658, comme il a été dit ci-dessus, devoir rester séparé et tenu de la Baronie du Bouchet Valgrand. Isaac Cheron, Maître des Comptes, le possédoit en 1661. Il appartient à présent aux Demoiselles le Clerc, aussi bien que la grande Maison qui est devant l'Eglise. Je ne sçais si cette grande maison de Ver ne seroit pas ce qui est appellé ci-dessus *Carretum et fossatum de Ver* que les Religieux de Longpont auroient aliéné : ce qui est certain, est que Pierre le Clerc, Trésorier Général des Armées du Roi, et Louise du Hamel, son épouse, possédoient dès l'an 1648 une maison à Ver-le-grand.

Reg. Ep. Paris.

Reg. Arch. Par.

Il y avoit aussi sur cette Paroisse, en 1610, un lieu dit les Noües, où Charles Hervé, Ecuyer, obtint de faire célébrer.

Reg. 5 Jun.

Il ne s'est présenté dans mes recherches aucun événement plus digne de remarque concernant Ver-le-grand, que la résidence que le Roi Philippe de Valois y fit en 1331. Ce fait est connu par une

Tables de Blanchard.

Déclaration qu'il y donna le 21 Février, portant confirmation de l'exemption de payer aucunes décimes, accordée aux Officiers de la Chambre des Comptes pour les bénéfices qu'ils possèdent.

Ce lieu a donné le 28 Février 1599, la naissance à François de Saint-Pé, fils d'un Officier du Roi, lequel a été Prêtre de l'Oratoire, et est Auteur de quelques Ouvrages de piété. Sa vie a été imprimée in-12 en 1696, chez Pralard.

On peut lui joindre Florent Pasquier, Seigneur, dont j'ai déjà parlé ci-dessus. Il fut connu pour être versé singulièrement dans les Langues et les Arts.

VER-LE-PETIT
AUTREMENT VAL-PETIT

La conformité du nom aussi-bien que la réunion actuelle des Seigneuries et le voisinage des lieux m'ont engagé à ne point séparer Ver-le-petit de Ver-le-grand. J'ai déjà insinué ci-dessus que je croyois de Ver-le-petit, qu'il étoit un démembrement de la Paroisse de Leudeville, laquelle me paroît avoir été importante et d'une grande étendue, ensorte même qu'elle auroit eu deux Eglises. J'en rapporte la preuve en parlant de ce lieu.

Pour ce qui est de l'antiquité de Ver-le-petit, le premier titre que je connois où il en soit fait mention nommément, est dans le Cartulaire de Longpont. Il y est dit qu'Adam, fils de Tevin de Forges, donna à ce Monastere ce qu'il avoit *apud Ver parvum, scilicet medietatem Ecclesiæ, atrium, decimam atque XI Hospites* [1]. Ce titre est d'après le milieu du XII siècle. Il fait voir qu'il y avoit dès lors une Eglise à Ver-le-petit, puisque ce Laïque qui en jouissoit, en donna la moitié aux Religieux, avec une dixme et onze hôtes [2]. Cette Eglise n'est pourtant pas la même qui subsiste aujourd'hui. La dixme que le Prieuré de Longpont [y possédoit] souffrit en 1316 de la difficulté pour un certain canton, avec l'Hôtel-Dieu de Paris, qui gagna à la Prévôté, et perdit en Parlement. Le Registre appelle en cette occasion la Paroisse *Varium parvum*.

Chart. Longip. fol. 35.

Regist. Parl. 4 Jun.

---

1. Faut-il entendre par ces *XI Hospites*, les Laboureurs qui cultivoient alors cent arpens de terre désignés dans les Registres du Parlement, 31 Mai 1572, comme appartenant en fond à l'Eglise de Longpont?

2. Milon, frere d'Adam de Forges, avoit d'abord contesté la donation : il en accorda ensuite une partie, sçavoir, un arpent de terre, la moitié des chandeles, la moitié des sépultures, le tiers de la moitié des Tourteaux, *Turtellorum*, de celle des offrandes et de toute la dixme, excepté celle de chanvre, de lin et de laine. *(Reg. Ep, Paris, f° 35.)*

L'Eglise Paroissiale titrée de Saint Martin, est assez belle. C'est un bâtiment d'environ la fin du XIII siècle, dont cependant la Dédicace n'a été faite qu'en 1538, par Jean Limel, Evêque de Sebaste, suivant la permission de l'Evêque de Paris. Il est entièrement voûté de pierre, même les deux collatéraux. L'Architecte ne l'ayant pu embellir de galeries comme certaines autres Eglises, a fait supporter les voûtes du milieu par de petites colonnades réunies. Une tour terminée en pavillon d'ardoise soutient cet édifice du côté du midi. La Chapelle du fond du côté septentrional contient les armoiries des Sieurs Gruyn comme elles sont décrites à l'article de l'Eglise de Ver-le-Grand. Dans la Chapelle qui est du côté opposé, se voit une tombe sur laquelle on lit : *Cy gist Edme Jacquelot, en son vivant Seigneur de Nainvilliers et de Valpetit en partie, Marechal des Logis de la Compagnie de M. de Paloiseau, lequel trespassa l'an 1590.*

La collation de la Cure a toujours appartenu de plein droit à l'Evêque de Paris, ainsi que le témoigne le Pouillé du XIII siécle et ceux du dernier, tant de 1626 que de 1648.

Le Dénombrement de l'Election de Paris imprimé en 1709, y marque 62 feux. Celui que le Sieur Doisy a publié en 1745, y en met 68. Le Dictionnaire Universel des Paroisses du Royaume qui parut en 1726, évalue les feux à 310 habitans. Les Registres du Parlement de la Magdelene de l'an 1277, font mention des habitans de cette Paroisse, et nous apprennent qu'ils avoient de ce temps-là des titres de Communauté. Il s'étoit élevé un doute touchant la Ville ou le Bourg où ils devoient envoyer leur contribution au subside pour l'armée de Navare. Il fut jugé après qu'on eut vu leurs Chartes, tant anciennes que nouvelles, que c'étoit avec les habitans de Montlhery qu'on devoit les joindre [1]. La situation de ce Village est à un peu plus de huit lieues de Paris. Le terrain y est en labourage et en vignes. La riviere qui vient d'Etampes arrose le bas de la côte, et se joint en ce lieu à la Juine qui vient de la Ferté-Alais.

On a dû voir ci-dessus par une épitaphe de Ver-le-petit, qu'autrefois il y a eu plusieurs Seigneurs en même temps. Sous Philippe-Auguste un nommé Philippe de Moressart y tenoit du Roi quelques biens qu'il avoit transmis à Radulfe Bostials; et pour cette raison il étoit son homme lige. Durant le cours du XVI siècle Pierre de Longueil, Conseiller au Parlement de Paris, devint Seigneur de Ver-le-petit par Denise Lalloyau, sa femme. Il fut employé par Charles IX à l'Intendance du Lyonnois. Les Huguenots l'ayant empoisonné, il mourut le 28 Octobre 1581, et son

---

1. *Visis Chartis vetere et nova hominum de Vere parvo, dictum fuit, etc.*

épouse l'ayant appris le premier Novembre suivant, mourut subitement. Ils furent inhumés tous les deux aux Cordeliers de Paris. Mais apparemment qu'ils n'avoient pas possédé entièrement la Terre de Ver-le-petit, puisqu'on a vu par l'épitaphe rapportée plus haut que le Sieur Edme Jacquelot en possédoit une partie dans le même temps. Nous connoissons mieux depuis un siècle les Seigneurs de Ver-le-petit. En 1637, le Président Tambonneau possédoit la Seigneurie du Bouchet et une partie de celle de Ver-le-petit. Le 23 Mai de cette année furent registrées au Parlement les lettres de confirmation qui lui avoient été accordées pour la Justice du Bouchet. Ce Président vendit quelques années après ces terres et autres à Pierre Boucher, Sieur d'Essonville, Contrôleur de l'Artillerie, et comme elles relevoient du Comté de Montlhery, il obtint du Duc d'Orléans, Seigneur de cette Ville, le droit qu'il lui restoit à avoir des Justices de ces Terres, aussi-bien que celui de Tabellionage et Voiries ; ce qui fut confirmé par le Roi et registré avec modifications le 15 Juin 1642. La Seigneurie de Ver-le-grand qui avoit été érigée en Baronie, fut unie environ quinze ans après à celle de Ver-le-petit, et le principal manoir transféré en la Maison du Bouchet, au bas de ce dernier Village, laquelle fut appelée le Château Valgrand. Depuis ce changement les Seigneurs que l'on connoît et auxquels a appartenu le Château du Bouchet, sont Dame Anne Martinozzi, sœur du Cardinal Mazarin, Princesse de Conti, dont l'épitaphe qui se voit à Saint-André-des Arcs porte que, détrompée du monde dès l'âge de 19 ans, elle vendit ses pierreries pour nourrir pendant la famine de l'an 1662 les pauvres du Berry, de la Champagne et de la Picardie, pratiqua toutes les austérités que sa santé put lui permettre, demeura veuve à l'âge de 29 ans, et mourut sept ans après, le 4 Février 1668. Cette vertueuse Princesse avoit donné sa maison du Bouchet en échange avec le vieil Hôtel de Conti, à Henri de Guénegaud, Secrétaire d'Etat, pour avoir la Maison de ce Secrétaire, qui est aujourd'hui l'Hôtel de Conti à Paris. M. de Guénegaud étant un des plus riches et des plus magnifiques hommes de son temps, n'épargna rien pour embellir la Maison du Bouchet. On trouve dans les Registres du Parlement l'époque de l'achat que le Sieur Abraham du Quesne fit de la Terre et Baronnie du Bouchet-Valgrand. On y registra le 21 Novembre 1681 les lettres de confirmation du don fait au même du Quesne de la somme de deux cent mille livres pour cette acquisition, lesquelles lettres lui faisoient en même temps défense et à ses enfants et ayant cause d'y exercer la Religion prétendue Reformée. Ce Duquesne était Général des armées navales du Roi et l'un des plus grands hommes de mer que la France eut jamais

Reg. du Conseil.

cus. Il obtint encore du Roi peu de temps après, que cette Baronnie avec tous ses Fiefs et Terres qui y étoient réunies, fût érigée en titre de Marquisat sous le nom de Marquisat de Duquêne. Les Lettres en furent registrées, Grande Chambre et Tournelle assemblées, le 4 Septembre 1682. Comme on n'avoit pu le résoudre à embrasser la Religion Catholique, il fut ignominieusement enterré au Bouchet sur le bord d'un fossé. Plusieurs de ces circonstances sont tirées d'un mémoire de feu M. Lancelot, qui se trouve imprimé avec les fautes qui y étoient, dans le huitième Tome du Sieur Piganiol. Par exemple, c'en est une d'avoir dit que le Bouchet est à six lieues de Paris, que la Ferme de Montaubert qui en dépend est sur le chemin de Paris à Fontainebleau; que Valgrand tout seul contient environ 600 feux. Il est visible à ceux qui connoissent le pays, que celui qui a fourni le Mémoire a voulu dire 90. Le même Auteur du Mémoire avoit aussi donné à M. Lancelot une plaisante origine du nom de Bouchet. Il a pris, disoit-il, ce nom de ce qu'au bout du Parterre du Château est la riviere d'Etampes qui a fait qu'au *bout* on y *chet*. M. Piganiol a eu grande raison de ne pas admettre cette ridicule étymologie. Il n'en donne aucune, mais je croirois que le nom de Bouchet auroit été donné à ce lieu par la même raison qu'à plusieurs autres cantons que je connois placés sur d'autres rivieres. Ce qu'on appelle maintenant un pertuis sur une riviere qui est l'endroit où l'eau est resserrée et retenue comme une espece d'écluse pour faciliter la navigation, s'appelloit autrefois un Bouchet ou un Bouchel, parce qu'il servoit à boucher le passage de l'eau pour ne la distribuer que dans le besoin. Il y avoit eu auparavant un de ces Bouchets sur la riviere d'Etampes vis-à-vis le Château de Ver-le-petit, et c'est ce qui plus probablement lui a donné le nom. Car on observe qu'il y a eu des temps où cette riviere étoit navigable, et ce Pertuis ou Bouchel étoit alors d'autant plus nécessaire pour faire gonfler la riviere, qu'alors il y avoit un Port à Palluau qui est vis-à-vis [1]. Le Mémoire fourni à M. Lancelot et employé en 1742, circonstancie très en détail l'avenue et les entrées de ce Château, parle des peintures et sculptures des salles, d'une galerie ornée de vingt bustes de marbre, d'un groupe de pierre bien travaillé, placé dans une niche, et représentant Apollon et plusieurs Muses, sans oublier plusieurs pieces d'eau qui sont tant dans le Jardin qu'aux environs du Château.

La Terre du Bouchet-Valgrand a appartenu depuis la mort d'Abraham Duquesne à M. Bosq, Maître des Requêtes, et ensuite

Descr. de Paris et environs, T. VIII, p. 181.

---

1. Le Port de Palluau est spécifié dans le Cartulaire de Longpont. Ce Monastere en possédoit une partie que lui avoit donnée Landry, Prévôt. *Chartul. Longip., fol. 35.*

à M. Claude le Bas de Montargis, Commandeur, Secrétaire et Greffier des Ordres du Roi. En 1714, par Lettres-Patentes régistrées le 8 Mars, le Fief, Terre et Seigneurie de Gile-Voisin proche Lardy, furent distraits de la mouvance du Bouchet-Valgrand, pour ledit Fief relever immédiatement du Roi à cause de la Tour de Montlhery, et cela en faveur de François Voisin, Secrétaire d'Etat. M. de Montargis, aujourd'hui Marquis du Bouchet-Valgrand, obtint en 1720 des Lettres-Patentes de confirmation de l'établissement du titre de Marquisat érigé en faveur du Sieur Duquesne, aussi-bien que de tous les droits dont les Seigneurs de cette Terre ont joui, lesquelles furent enrégistrées en Parlement séant à Pontoise le 5 Septembre 1720. *Régist. du Parl. 8 Mars 1714.*

MISERY, Hameau de cette Paroisse situé sur le bord de la riviere d'Etampes, est un lieu très-ancien, puisque dès l'an 829 l'Abbaye de Saint-Denis fit échange des biens qu'elle y avoit et à Fontenay qui en est voisin. On appelloit alors ce lieu en latin *Miseriacum*, et il est dit être *agri Parisiensis*. Le Chapitre de Saint-Marcel de Paris y avoit du bien au douzième siécle, puisque la Bulle du Pape Adrien IV qui lui confirme toutes ses possessions marque positivement : *quicquid habetis in Villa de Miseri*. C'est apparemment sur le fondement du premier article que je viens de citer que ce lieu a passé pour être une Terre de Moines, ainsi qu'un ancien Curé du voisinage me l'assura, ajoutant toutefois que M. de Villeroy y a une dixme. Il y a plus de cent ans que M. Lormier, Conseiller en la Cour des Aides, y avoit sa Maison de Campagne, et quelques-unes de ses descendantes y demeuroient encore sur la fin du dernier siécle. *Diplomatica, p. 526, col. 2. Hist. de Paris, T. III, p. 13. Perm. de Chap. dom. 27 Oct. 1619, 21 May 1697.*

LEUDEVILLE

On a un peu varié dans ces derniers temps sur la maniere d'écrire et de prononcer le nom de cette Paroisse, les uns disant Leddeville, d'autres Leteville, et d'autres enfin Litteville : mais le véritable nom est Leudeville, soit qu'elle ait appartenu anciennement aux Leudes du Royaume sous la premiere race, ou bien à l'un de ces Leudes en particulier, c'est-à-dire l'un des Ministres de l'Etat de ces temps-là, soit enfin que la syllabe *Leud* ou *Lud* signifie dans ce mot quelque chose dont nous avons perdu la connoissance.

Il est parvenu jusqu'à nous deux preuves que ce Village est très ancien, et qu'il existoit dès la premiere race de nos Rois. Bouteroue et le Blanc ont connu une Monnoie battue en ce temps-là

LUDEDIS VICO : ç'étoit alors la coutume qu'un Monétaire sui- *[marg: Monnoye de le Blanc, p. 67.]* voit la Cour. Il s'ensuit de-là que l'un de nos Rois est venu, et a séjourné en ce *Ludedis vico* avant le huitiéme siécle. M. de Valois *[marg: Notit. Gall. p. 422.]* décide que ce doit être Leudeville, qui auroit été une des Terres du Fisc ou de ces *Villa publica*, comme étant située entre plusieurs petites rivieres, sçavoir l'Orge d'un côté, et la Juine de l'autre. Je crois son sentiment très recevable, et j'y souscris. La seconde preuve de l'ancienneté de Leudeville, est un acte qui se trouve avec les plus anciens titres de l'Abbaye de Saint-Germain-des-Prez, c'est-à-dire dans le Code de l'Abbé Irminon qui vivoit sous Charlemagne. Dans cet acte dont on ne sçait pas bien la date, *[marg: Hist. de S. Germ. des Prés, Preuve XX.]* mais qui paroît avoir été transcrit en ce lieu au X ou XI siécle, et qui est intitulé *Donatio Evæ Comitissæ*, la Dame Eve donne pour le reméde de l'âme de Vautier son mari, qu'elle appelle *Senior meus*, un bien de franc-aleu nommé *Fulloni campus*, et le Meix de Rotbert dans le Village *Ludolmis in pago Castrinsi*, le tout à Saint-Germain, pour entretenir un luminaire au sépulcre du Saint. La désignation de ce *Ludolmis* dans le Pays de Châtres, détermine sûrement Leudeville qui est compris dans l'ancien *pagus Castrensis*, et qui n'est distant de Châtres que de deux lieues. La curiosité exigeroit que je marquasse d'où cette Dame Eve étoit Comtesse, si c'étoit de Paris ou d'Etampes ou de Char- tres; mais il est difficile de le dire. J'ajouterai ci-après le témoi- gnage des titres du XII et XIII siécle, qui fait voir que la premiere syllabe du nom de ce Village a toujours été *Ludo* ou *Leude* ou *Lod*, en quoi il est démontré que le Secrétaire de Maurice, Evêque de Sully, fabriqua un nouveau nom latin pour désigner cette Paroisse, lorsque dans un acte d'environ l'an 1165 ou 1170, il l'appella *Parochia Odonis Villæ*, comme si en ce temps-là on eût dit en françois La Eudeville, et par syncope L'Eudeville. C'est donc une pure imagination de cet Actuaire qui lui a fait croire que Leudeville étoit comme qui diroit Ville d'Eudes, ou Ville d'Odon. J'aurai soin en continuant cet article de spécifier com- ment tous les anciens titres latins ont nommé Leudeville.

Cette Paroisse est à huit lieues de Paris vers le midi. Sa situa- tion est dans une plaine où l'on n'a pas laissé que de planter des vignes, quoique ce ne soit pas le principal bien du Pays. En 1709, on y comptoit 100 feux suivant le dénombrement d'alors. Celui que le Sieur Doisy vient d'imprimer, n'en marque que 20. Peut- être est-ce une faute. Le Dictionnaire Universel publié en 1726 assure qu'il y avoit alors 254 habitans. On m'a dit sur le lieu qu'il y a 60 feux ou environ, ce qui forme 300 Communians.

L'Eglise titrée de Saint Martin est passablement belle, et du genre de celles que l'on bâtissoit au XIII siécle : au moins le

Chœur est de ce temps-là aussi-bien que les deux Collatéraux. La voûte en est fort élevée et soutenue de petites colonnes d'une seule piéce, mais sans galeries ni vitrages dans les côtés, ne tirant sa lumiere que des aîles et du fond du Sanctuaire terminé en pignon avec de hauts vitrages. Une haute tour de grays supporte ce bâtiment du côté du Nord. Dans le côté gauche de la nef se lit sur un pilier, gravé en lettres Romaines Capitales, que le 23 Juin 1513, on présenta requête à Etienne Poncher, Evêque de Paris, pour la dédicace de cette Eglise, qu'il y envoya l'Evêque de (le nom est resté en blanc)..... qui la fit le 26 et qui ordonna que l'Anniversaire seroit célébré le 25. On voit dans le chœur le reste de la Tombe d'un Prêtre du XIII siécle. Il y a apparence que c'est celle de Jordan, Curé de ce lieu, mort vers l'an 1220, duquel je dois parler ci-après. Dans le même chœur à main droite, est la Tombe de Jean de Baucy, Ecuyer, Seigneur de Leudeville décédé en 1640. On y lit qu'elle a été mise par les soins de Barbe de Bragelogne son épouse, de Gaspard, Martin et Jérôme, ses fils. Dans l'aile méridionale à la naissance d'une voûte, est un écu chargé d'un écureuil d'un côté et de l'autre d'une grille ou herse. S. Loup ou Leu, Evêque de Sens, est regardé comme second Patron de cette Eglise. Il y avoit autrefois un Autel de son nom avec un petit ossement.

Cette circonstance de Saint Loup de Sens, second Patron de Leudeville, porte à croire que les Religieux de Saint-Germain-des-Prez, qui avoient un ou deux domaines en ce Village, y avoient fait autrefois présent de quelques reliques de ce Saint obtenues à Sens ; de même que leurs anciens en avoient employé pour la Dédicace de l'Eglise de Thiais et de celle d'Epinay-sur-Orge, où ils avoient pareillement du bien. Je dis plus : leur domaine de Leudeville s'étendant du côté de Ver-le-grand, fut cause que lors de l'érection de cette Paroisse et de la construction d'une Eglise dans le lieu, on les sollicita utilement pour des reliques de S. Germain leur Patron, ou même qu'on obtint d'eux que celles qu'ils pouvoient avoir dans l'Oratoire de leur Domaine ou Manoir, y fussent déposées et laissées. Et c'est de-là que Saint Germain de Paris sera devenu le Saint Titulaire de Ver-le-grand.

Jordan, Curé de Leudeville, dont on voit une partie de la Tombe dans le chœur de l'Eglise, est renommé dans la grande Histoire de Paris pour avoir ordonné à sa mort la fondation d'une prébende dans l'Eglise de Saint-Etienne-des-Grés à Paris. Nicolas, Chanoine de Notre-Dame, qu'il en avoit chargé, y employa quatre-vingts livres parisis sur la dixme d'Eaubonne et d'autres biens, l'an 1222.

Hist. de Paris, T. III, p. 43.

Le Chapitre de Paris est gros décimateur dans cette Paroisse; le Curé y a un gros, et dixme à Bressonvilliers.

La menue dixme de Leudeville fut le sujet d'une contestation fort sérieuse au XII siécle. Guy d'Aunay ou de Launay, Séculier, s'en étoit emparé : ne l'ayant point remise à l'Evêque Thibaud, non plus que celle de Ver-le-grand dont il jouissoit pareillement, il fut excommunié. Lassé de cette situation, il rendit cette dixme à Maurice de Sully, l'un des successeurs de Thibaud, puis il obtint de ce Prélat que Hugues, son fils, en pût jouir. Hugues en jouit quelque temps : mais s'étant fait Religieux à Sainte-Geneviéve, Maurice redevenu maître de cette dixme en fit présent à l'Eglise de cette même Sainte, à cause de la dévotion qu'il lui portoit. Tout cela se passa avant l'an 1180. C'est dans l'acte de cette donation que le scribe de l'Evêque voulant faire parade d'érudition, appelle Leudeville *Odonis villa*. Mais celui de l'Official H. devant lequel Marie, femme du Maire de ce lieu, se déporta l'an 1225, en faveur de la même Abbaye de Sainte-Geneviéve, de tout le droit qu'elle pouvoit avoir dans la dixme de la Paroisse, s'exprime plus exactement, et met : *Maria Majorissa de Leudevilla*. Il reste encore plusieurs autres témoignages sur ce Village avant la fin du XII siécle. Isembard, Abbé de Saint-Maur, et Guillaume, Prieur de Long-Pont, avoient chacun des hôtes en ce lieu pour l'utilité de leurs Monasteres (*Hospites de Lodovilla*). Comme on leur avoit apparemment donné sans les divisions, ils en firent le partage entr'eux l'an 1198. Le terme *Lodovilla* est celui qui est employé. Lorsque Renaud de Launay (*De Alneto*), fut reçu Religieux à Long-Pont durant le cours de ce même siécle, Milon et Pierre ses freres firent présent au Prieuré de deux septiers de bled *apud Lodevillam unum de mistolio, alterum de ordeo* par chaque année. Vers le même temps, Ansgarde, fille d'Hervé Basset, donna à cette maison une ouche de terre (*Oscham terræ*) *apud Ledevillam*. Oidelard de Ver et deux Dames y léguerent des terres labourables sises au même lieu, toujours pareillement exprimé par *Ledevilla*.

Le treizième siécle nous fournit quelques Chevaliers et Dames de Leudeville. Le Registre ou Cartulaire de Philippe-Auguste, rédigé au commencement de ce siécle, sur les devoirs de la terre de Montlhery, marque un Henri de Leudeville (*De Leudevilla*) parmi les hommes du Roi, et tenu à la garde durant deux mois, pour ce que Gautier Corcons tenoit de lui au Breuil. Il y eut vers le même temps une Eremburge de Leudeville *de Leudevilla*, veuve de Regnaud de Coigneres, Chevalier, selon un acte du Grand Pastoral de Paris de l'an 1221 (fol. 45); elle et sa fille Pétronille engagerent à Hugues le Chien (*Hugoni Cani*), Chanoine de Saint-Jean le Rond à Paris, un muid de bled qu'elle avoit pour sa part dans la dixme de Guiberville, et cela pour la somme de quinze livres. Sa caution fut Hercelin, qualifié *Domicellus de Leudevilla*. Il fut besoin du consentement de Jean de Beaubourg, Chevalier, du fief duquel cette dixme étoit mouvante. Cet Hescelin, Seigneur de Leudeville, est encore connu d'ailleurs. L'Historien d'Etampes écrit qu'il épousa la niéce de Guillaume Meinier, lequel lui donna une terre située à Boiville, Paroisse de Challo-Saint-Mard, de laquelle terre Hescelin étoit Seigneur féodal. Cette terre avoit été acquise par Guillaume en 1217. Hist. d'Etampes, p. 526.

Guillaume de Carnazet, Chevalier, étoit Seigneur de Leudeville vers l'an 1520 : il mourut avant l'an 1523. Environ cinquante ans après, Jacques de Baugy, Maître des Comptes, possédoit cette Terre : sur ce qu'il obtint du Roi la Haute Justice, le Parlement ordonna en 1578 qu'il seroit informé et communiqué aux Officiers du Roi à Montlhery et au Sieur d'Entragues, apparemment comme Seigneur de Châtres; et le 6 Mai 1579, les Lettres-Patentes furent enregistrées avec modifications pour la Haute Justice, tant en la Seigneurie de Leudeville qu'en la ferme de Bischecorne. L'Epitaphe rapportée ci-dessus prouve que les mêmes de Baugy étoient encore Seigneurs de Leudeville en 1640. Cette Terre a été possédée par M. Petit d'Etigny, Président en la Cour des Aides, fils d'une Dame d'Etigny; présentement elle appartient à M. Petit, Conseiller en la même Cour. Le Château est situé proche l'Eglise du Village, la Terre reléve de Marcoucis. Reg. Consil. 4 Sept. 1578.
Ibid.

BRESSONVILLIER est le seul écart de cette Paroisse, et un Fief différent de Leudeville quoiqu'il y soit joint. La Seigneurie reléve du Roi.

L'Abbaye de Villiers, proche la Ferté-Alais, a un Fief à Leudeville.

La chasse de Leudeville s'étend d'un côté jusqu'à Saint-Vrain, et de l'autre jusqu'à la ferme de la Justice.

MAROLLES

Quelques-uns distinguent ce Marolles-ci d'avec les autres Villages du même nom, en l'appellant Marolles-en-Hurepoix, persuadés qu'ils sont qu'une partie de l'Archidiaconné de Josas doit être appellée du nom de Hurepoix, quoiqu'on ne trouve ce nom que sous celui de Heripois, et cela dans un seul titre latin. Les Cartes des environs de Paris ne lui donnent point de sur- Rolles et Dénombremens de l'Election. Rolle des Décimes.

nom, parce que la position suffit pour le distinguer. On ne le connoît que depuis le XII siécle, auquel temps les Moines du Prieuré de Longpont y avoient une Terre de Franc-aleu. Le titre qui en fait mention l'appelle en latin *Merrolæ;* d'autres du siécle suivant écrivent *Merroliæ* et *Maroliæ*. Les étymologistes pensent que ce nom peut venir de ce que dans les lieux qui le portent, ou tout auprès, il y a eu de petites piéces d'eau de la nature de celles qu'on appelle des mares : ce qui peut convenir à ce Marolles-ci, d'autant plus qu'il est dans un pays de plaines où l'on est souvent obligé d'avoir recours à ces sortes de réservoirs d'eaux pluviales.

Cette Paroisse est à huit lieues ou environ de Paris, directement au midi, à une bonne lieue d'Arpajon ou Châtres, sur la gauche du grand chemin qui conduit à Etampes et à Orléans. Quoique le principal bien du pays consiste en labourages, il y a néanmoins aussi des vignes. Le dénombrement des feux de l'Election qu'on imprima en 1709, marquoit qu'il y en avoit en ce lieu 66. Un second dénombrement imprimé en 1745, en fixe le nombre à 51. Le Dictionnaire Universel de la France publié en 1726, y comptoit alors 235 habitans. Il n'y a, dit-on, que la ferme de Lalun et le Château de Beaulieu.

L'Eglise de ce Village est sous le titre de S. Georges, suivant le livre des visites Archidiaconales. D'autres monumens y joignent aussi la Sainte Vierge, et l'on dit dans le pays qu'elle est la premiere Patrone. L'édifice de cette Eglise est un Vaisseau de deux à trois cents ans, plus étendu en tous sens que plusieurs autres Eglises de la Campagne; il est accompagné de deux ailes, le chœur est voûté, mais sans autres ornemens d'architecture, et même sans vitrage sous les voûtes. Aux clefs de ces voûtes se voyent les armes de Messieurs de Même, dont il va être parlé : cette Eglise est supportée du côté du midi par une Tour de pierres de gray fort élevée. L'Anniversaire de la Dédicace se célébre le 15 Septembre. On lit dans le côté droit du chœur l'Epitaphe de Nicolas Même, Ecuyer, Sieur de Marolles, en partie de Baiollet, décédé en 1571, et de Jeanne Mathieu, sa femme, qui mourut en 1573. Les armes du mari sont un chevron brisé accompagné de trois canettes de sable, et celles de la femme une croix pattée. Dans la Chapelle de l'aile Septentrionale, est élevé le mausolée de François de Même, Comte de Chavasse, Gouverneur du Marquisat de Saluces. On y lit que la France lui a donné la naissance, Paris l'éducation, et le Piémont la fortune. Il mourut en 1662. Auprès de la clôture de la même Chapelle est attachée l'Epitaphe de Thomas de Même, Seigneur de Marolles, mort en 1629, et de Marie Deschamps, décédée à Paris en 1645. Il y est ajouté que Jacques Mêmè, frere de Thomas et Commandeur de Senlis, l'a fait faire. La Cure de Marolles est marquée dans le Pouillé du XIII siécle comme étant de la pleine collation de l'Evêque de Paris ; elle y est appellée *Ecclesia de Merrolis*. Celui qui fut écrit au XV ou XVI siécle met *Cura de Maroliis*, aussi bien que l'imprimé de 1626; tous conviennent sur l'article de la nomination et collation. Celui de 1648 y est conforme. Le Pelletier n'a sçu qu'en dire dans le sien de l'an 1692 ; il n'en acheve pas même le nom, se contentant de dire Maroles sur......

Les Religieux du Prieuré de Longpont sont gros décimateurs de Marolles. Ils y avoient un franc-alleu dès le douzième siécle, ou au moins une Terre qu'on pouvoit qualifier d'alleu. Les Seigneurs de Bruyeres levoient la dixme dans cet alleu ; mais Pierre, fils d'Agnès de Bruyeres, leur fit cession de cette dixme. Dans le siécle suivant se font connoître quelques Seigneurs de Marolles. Hugues *de Merroliis*, Chevalier, est mentionné dans l'achat que le Chapitre de Paris fit de lui en 1203 de la dixme de Viry. Sous la fin du regne de Philippe-Auguste, le possesseur de la Terre de Marolles s'appelloit *Paganus Malus-Filiaster*, que l'on disoit en langue vulgaire Payen Maufilatre. Il fut déclaré homme du Roi, à raison de cette Terre aussi bien que pour la dixme d'Egly dont il jouissoit, et comme tel, tenu à la garde du Château de Montlhery pendant deux mois. *Chart. Longip. fol. 39.*
Collect. mss. Dubois, T. I.
Rotul. Feudor. Mont. Leher.

Marolles fut vendu, le 6 Mai 1394, par N. Catherine de Conte, veuve de Guillaume de Matherin, Ecuyer, à Robin Fouquet, Bourgeois de Paris. Elle avoit alors moyenne et basse Justice, et relevoit de Thomas de Bretigny, Chevalier. *Mém. fourni sur les lieux.*

Cette Terre fut ensuite possédée par Georges de Champrobert et successivement par Pierre Benaize. En 1481, le 8 Février, Claude Foiny, Ecuyer, et Guillette de Beaumont, son épouse, vendirent la Terre de Marolles à M. Jean Même, Notaire-Secrétaire du Roi. Messieurs de Même l'ont possédée jusqu'au 24 Avril 1680. En cette année Joseph de Même, Chevalier, la vendit à M. Pierre-Antoine de Castagneres, Marquis de Châteauneuf, Conseiller d'Etat. Ses hoirs en passerent contrat à Don Jean-Baptiste Herisan, Colonel de Cavalerie dans les troupes de Sa Majesté Catholique.

Aujourd'hui cette Terre est possédée par M. Thiroux de Chaumeville, Seigneur de Bretigny.

Je trouve ailleurs que, sur la fin du XV siécle, cette Terre étoit entre les mains de Jacques de Saint-Benoît, Chambellan de Louis XI et Gouverneur d'Arras, aussi-bien que les Terres de Bretigny et de Saint-Michel-sur-Orge. Le Roi étant en 1480, dans le mois de Novembre, aux Forges près Chinon, lui accorda Haute, *Tables de Blanchard.*

Moyenne et Basse Justice dans ces trois Villages. Les Jugemens ressortissent par appel au Bailliage de Bretigny. Le Château de Marolles est bien exposé et bien bâti.

Les Epitaphes de l'Eglise Paroissiale donnent aussi quelques Seigneurs des XVI et XVII siècles, à commencer par Nicolas Mesme, Ecuyer, qui l'étoit sous Henri II et sous Charles IX. Thomas Mesme, qui pouvoit être son fils, lui succéda et vécut sous Henri IV et sous Louis XIII. Il faut peut-être mettre après lui François de Mesme, Comte de Chavasse, nommé ci-dessus, quoique son épitaphe posée dans l'Eglise après l'an 1662, n'en dise rien.

Cette Terre releve de Bretigny proche Montlhery.

Les Cartes Géographiques marquent deux lieux détachés du gros de la Paroisse, sçavoir la Ferme de Lalun qui appartient au Seigneur de Maroles, et Beaulieu.

BEAULIEU est une Seigneurie dont le Château est éloigné d'une lieue de Chartres, et autant de Ver-le-grand, et à un quart de lieue seulement du Village de Marolles. Le Fief releve immédiatement du Roi ; il y a Haute, Moyenne et Basse Justice. Ce lieu s'appelloit autrefois Biscorne ou Bichecorne. Il est nommé Biscorne dans la Permission que l'Evêque de Paris donna le *Reg. Ep. Paris.* 11 Mars 1520 à noble Maître....... Morelet, Secrétaire du Roi, qui en étoit Seigneur, d'y faire célébrer la Messe dans sa Chapelle. Dans le Procès-verbal de la Coûtume de Paris de l'an 1580, cette Terre est appellée Bichecorne ; Jacques de Baugy y comparut comme Seigneur de Leudeville, Bichecorne et Bondis. Je ne sçais pourquoi dans les Registres du Parlement de l'an 1579 que je cite à la fin de l'article de Leudeville, Bichecorne n'est qualifié que de Ferme, puisque soixante ans auparavant, sous M. Morelet, c'étoit quelque chose de plus. On dit dans le pays que le Roi Henri IV en ayant demandé le nom, et l'ayant appris, dit que l'on devoit plutôt l'appeller Beaulieu. Sans oser garantir ce fait, je trouve qu'effectivement dès la fin du regne de ce Prince, le nom étoit changé. Je lis que le 29 Décembre 1608, il fut permis à noble *Ibid.* homme..... Olier faire célébrer en sa Maison de Beaulieu, Paroisse de Marolles, attendu la distance dont elle est de l'Eglise.

Ce lieu est effectivement beau, et par la situation et par la disposition qu'on y a donnée. Le Château est bâti au plus haut d'une grande plaine. On traverse trois grandes cours pour y arriver. Il y a dans la derniere, à droite en entrant, une très-belle galerie ouverte qui est ornée de bustes de Princes, d'Empereurs et de Philosophes. Le parc contient quatre-vingts arpens, et est parfaitement bien distribué. Le parterre est orné de quelques Statues. Le seul défaut de cette Maison est qu'elle est sans cave. On croit cependant qu'il y en a une sous le Château, mais que les anciens Seigneurs qui étoient de la Religion prétendue réformée, y enterroient leurs morts. Cette tradition est cause qu'on n'en a pas cherché l'entrée.

En 1687, après la révocation de l'Edit de Nantes, le Roi y envoya une Compagnie de Dragons pour empêcher l'exercice de la Religion prétendue réformée que professoient encore les Seigneurs. Ils en firent depuis abjuration, et ont même fait depuis construire une Chapelle dans leur Château où l'on dit ordinairement la Messe.

M. Hardy de Vic est actuellement Seigneur de Beaulieu.

GUIBEVILLE

On pourroit croire que le nom de ce lieu n'est qu'un abrégé de Guiberville et qu'il auroit appartenu originairement à un nommé Guibert, ensorte qu'en latin ce seroit *Guiberti Villa;* mais puisqu'on ne trouve qu'un seul titre où il soit appellé *Guibervilla*, on peut en chercher l'origine dans un autre nom. Comme dès le commencement du temps des surnoms il y eut sur le territoire de Chetainville une famille dont le surnom étoit *Gibbosus*, ainsi qu'on a vu à l'article de Chetainville, et que Guibeville faisoit partie de ce territoire, ne peut-il pas se faire que cette famille de Gibbe ou Guibbe donna son nom au canton où elle avoit davantage de bien en propre, où elle faisoit sa résidence, et qu'ainsi Guibeville seroit comme qui diroit *Gibbosi villa?* Aussi ce lieu est-il nommé deux fois Gibbeville dans un acte de l'an 1623.

Nous avons sur ce lieu deux titres du temps de Philippe-Auguste; dans le premier il n'est pas nommé autrement en latin que *Guibevilla*. C'est le rolle des Fiefs dépendans de Montlhery qui marque qu'Ansel *de Guibervilla* tient de Philippes de Moressart du bien à Escorcy. Dans le second qui est de l'an 1221, est contenu un engagement que fait Eremburge de Leudeville, veuve *Magn. Pastor.* de Regnaud de Coignieres, Chevalier, à Hugues le Chien, Cha- *Eccl.Par.f.45.* noine de Saint-Jean-le-Rond, pour quinze livres d'un muid de bled qu'elle a *in decimatione de Guibervilla*. Je puis ajouter à ces deux actes celui des provisions de la Chapelle, donnée en 1485, *Reg. Ep. Paris.* à Antoine Dumas, présenté par l'Abbesse du Lis proche Melun. Au reste, il y a une induction assez naturelle à tirer de cette nomination; c'est que vraisemblablement l'Abbesse du Lis a été autrefois Dame de ce lieu en tout ou en partie, et qu'elle s'étoit retenu le droit de présenter à cette Chapelle, lorsqu'elle a été obligée de l'aliéner ou de l'échanger. Mais il est sûr que dès l'an 1520, c'étoit une annexe de la Cure de Chetainville suivant un endroit des Régistres au 5 Février.

On est ensuite long-temps sans trouver aucune mention de ce lieu. Il en est parlé dans les Registres du Parlement de l'an 1621. M. Lavocat, Conseiller d'Etat, qui y avoit une maison, avoit laissé entreprendre par mégarde une perche et demie de terre sur le chemin public passant dans ce Hameau le long de la muraille de la rue qui séparoit sa maison et son jardin. Le Roi ensuite lui en avoit fait don. La Cour ordonna qu'il y auroit information *de commodo*, et vu cette information le don du Roi fut enregistré le 26 Janvier 1622.

Perm. de faire célébrer.
Reg. Arch. Par. 22 Déc. 1623.

L'année suivante on voit que cette Terre appartenoit à Marguerite de Beaulieu, veuve de Pierre Duhamel, Maître des Comptes, qui en avoit été Seigneur.

En 1634, Claude Genoud, Secrétaire du Roi, jouissoit de la Seigneurie de Guibeville. Il exposa le 8 Juillet à M. l'Archevêque, qu'au-devant du Pont-levis de son Château, étoit une Chapelle avec Fonts baptismaux, où il étoit tenu faire célébrer les Dimanches et Fêtes une Messe basse ; que désirant la faire rebâtir à cause qu'elle tomboit, il étoit à propos de l'éloigner du pont-levis, à cause que les voleurs pourroient se cacher derrière pour s'emparer de ce pont, ainsi qu'il étoit déja arrivé. L'Archevêque lui permit de la bâtir cent pas plus bas du côté du Village, après la visite des lieux.

Ibid. 18 Jun.

Vers le milieu du même siècle, M. Philippe Genoud, Conseiller au Parlement, qui étoit devenu Seigneur de Guibeville comme de Chetainville, tira cette terre de l'obscurité où elle étoit. Comme c'étoit en ce lieu qu'étoit le plus beau Château de ses Seigneuries, il entreprit de faire une Paroisse de la Chapelle de Saint Vincent qui étoit dans le Parc, laquelle dépendoit de Chetainville. Il assigna pour cela vingt-trois arpens de terre au Curé nouveau, nommé Pascal Bourg, et autant pour la Fabrique, sans autre charge que quatre Messes basses aux Mercredis des quatre-temps ; il donna aussi une maison au Curé ; de plus il chargea sa Seigneurie de lui payer trois cents livres de pension congrue jusqu'à ce que les dixmes lui fussent abandonnées, auquel cas il étoit chargé de payer aux Religieux de Saint-Germain-des-Prés huit septiers de grains à cause de leur Terre d'Avrainville. Ainsi fut érigée avec le consentement de l'Archevêque de Paris, la Cure de Saint-Vincent de Guideville, laquelle ne se trouve dans aucun des Pouillés de Paris, sinon dans celui que publia le sieur Le Pelletier en 1692, où la nomination est dite appartenir au Seigneur du lieu.

Reg. Ep. Par. 24 Nov. 1664.

Le même sieur Genoud obtint des Lettres-Patentes qui le maintenoient dans la possession de Haute, Moyenne et Basse Justice en la Terre de Guibeville, nonobstant la discontinuation, dont il fut relevé, avec permission d'y établir des Officiers et d'y ériger des fourches patibulaires. Les Officiers de Montlhery en ayant eu communication et donné leur consentement, le Parlement les enregistra le 30 Janvier 1665.

La Famille de M. Genoud vendit, après sa mort, la Terre de Guibeville à M. d'Hariague, Trésorier de Son Altesse M. le Duc d'Orléans. Ce dernier Possesseur fit rebâtir l'Eglise au lieu où elle est hors l'enceinte du Parc attenant le Château. Elle est en forme de Chapelle très-propre, couverte d'ardoise, avec une seule cloche. Elle n'est point tournée vers le Levant comme toutes les anciennes Paroisses, mais vers le Midi. Le dessein de M. d'Hariaque étoit qu'elle fût sous l'invocation de Saint Pierre ; elle n'est pas encore consacrée. Le Curé d'à présent est le quatriéme, il s'appelle Gervais-Nicolas Delavault, Chapelain de l'Eglise d'Amiens, son Diocése. M. Fizeaux de Clemon, Ecuyer, posséde cette Seigneurie.

Le dénombrement de l'Election de Paris imprimé en 1709, marque quatorze feux à Guibeville, et le Dictionnaire Universel de la France, publié en 1726, réduit le nombre des habitans à cinquante-cinq. Un second dénombrement du Royaume qui a paru en 1745 sous le nom du sieur Doisy, compte 12 feux dans le Village dont il s'agit.

EPITAPHES DE L'EGLISE DE GUIBEVILLE

Cy gist Messire Philippe Genoud, Chevalier, Seigneur de Guibeville, la Maison-Rouge et autres lieux, Conseiller du Roy en tous ses Conseils et en la Grande Chambre de son Parlement ; Patron, Restaurateur et Fondateur de la Cure et Paroisse de ce lieu, décédé en sa Maison de Paris le XXX Nov. M. DC. LXXXIV, âgé de LXXI ans XXIV jours ; qui jusques au jour de son décès a exercé avec honneur, probité et toutes les autres qualités qui rendent un Magistrat recommandable, la Charge de Conseiller au Parlement pendant XLIII ans.

Cy gist encore Dame Genevieve Lebrun, veuve dudit Messire Philippe Genoud, décédée le 26 Décembre 1687.

Requiescant in Pace.

LANORVILLE ou LA NORVILLE

On n'est aucunement assuré des origines de ce Village voisin de Châtres, et on ne peut même rien dire de certain sur son étymologie, puisque dès le douzième siècle qui est celui où il en est premierement parlé, les uns disoient en latin *Norvilla* et les autres *Lanorvilla*. Seroit-il probable que si *Norvilla* eût été le vrai nom, on se fût avisé d'y joindre l'article *la* du françois, et qu'on l'eût attaché à ce mot pour n'en faire qu'un seul nom ? Tout ce qu'on peut dire est que si Lanorville n'est qu'un seul mot, il peut venir de *Leonorii-villa* ou *Leonardi-villa* : mais si la syllabe *la* est en cet endroit un article ou pronom, ce mot aura été fabriqué du nom propre du Fondateur ou Possesseur qui se sera appellé *Honorius*, ou d'une Dame dont le nom aura été *Aanor*, telle qu'il y en a eu une au XII siécle, en sorte que Norville seroit l'abrégé d'Onorville ou d'Anorville. Il y a proche Piviers [ou Pithiviers] en Beausse, un Village dit Onorville... mais aussi on trouve en Normandie, proche Caudebec, un autre Village appellé Norville. On ne peut pas imaginer que Norville proche Châtres, soit ainsi appellé Nord-ville, pour dire Village du Septentrion ; puisqu'il n'est au Septentrion d'aucun lieu considérable. M. de Valois n'a voulu rien hazarder sur ce Village, sinon qu'il l'appelle *Norvilla* contre le témoignage du Pouillé même qu'il cite, dans lequel on lit *Lanorvilla*.

Biblioth. nova, mss. Labb. T. I, p. 479.

Notit. Gall. p. 425, col. 2.

Cette Paroisse est située à huit lieues ou environ de Paris vers le Midi, à un quart de lieue de distance du grand chemin d'Orléans, et environ autant de Châtres dit Arpajon. Sa position est sur une côte dont l'aspect est vers le Septentrion sur la vallée de Saint-Germain. La pente de la colline est garnie de vignes et autres héritages. Mais le principal bien du pays sont les terres. Le dénombrement de l'Election de Paris imprimé en 1709, assure qu'il y avoit alors 77 feux, et le Dictionnaire Universel du Royaume qui parut en 1726, évalua ce nombre de feux à 330 habitans. Je n'ai point trouvé ce Village dans le grand dénombrement de tout le Royaume que le sieur Doisy a publié en 1745.

Il y a plusieurs Paroisses dans le Diocése de Paris qui sont plus anciennes qu'on ne le pense aujourd'hui. Celle-ci est du nombre de celles qu'on croit seulement érigées dans le dernier siécle ou sur la fin de l'avant-dernier, parce que l'on confond le rétablissement avec la premiere institution. Qui peut en effet douter qu'il n'y ait eu une Cure établie à Lanorville dès le treiziéme siécle, lorsqu'on la voit au Pouillé Parisien de ce temps-là parmi les Cures du Doyenné de Linais, dont la nomination est de plein droit à l'Evêque? On y lit: *Chetenvilla, Lanorvilla, S. Germanus de Castris, Merrolis, Ludovilla, etc.* Et que peut-on répondre lorsqu'on voit dans un acte de l'an 1230 qui se trouve au Grand Pastoral de l'Eglise de Paris, Bernard, Curé de Lanorville, donnant son consentement à une chose dans laquelle il étoit intéressé, et dont je parlerai ci-après? C'est un point qui n'a pas besoin d'une plus ample discussion. Lanorville avoit été dans sa premiere origine une dépendance de la très-ancienne Paroisse de Saint-Germain de Châtres. On l'en démembra au XII siécle ou au plus tard au commencement du XIII, pour y créer une Cure : mais par la suite des temps, et probablement sous le regne du Roi Jean que tous ces pays-là furent ravagés et brûlés, la pauvreté des habitans les obligea de retourner à leur ancienne Eglise de Saint-Germain, où ils continuerent d'aller sous les regnes de Charles V, Charles VI, Charles VII et Louis XI, tant que les guerres durerent. Enfin, lorsque l'on se trouva avoir les facultés de rebâtir l'Eglise Paroissiale, les choses furent rétablies dans leur premier état. Elle ne paroît pas avoir deux cents ans. On dit même dans le pays qu'il n'y a qu'environ cent cinquante ans qu'elle est construite. Des anciens racontoient il y a trente ans comment les Fermiers du canton avoient travaillé à cet établissement. La Dédicace en fut faite le sixiéme jour de Juin sous le titre de Saint Denis, ainsi qu'on a lu sur un pilier où l'on a oublié de conserver le nom de l'année. Cet Edifice n'a que le seul collatéral du Septentrion. Il est solidement bâti, bien voûté, et appuyé d'une bonne tour. Au fond du collatéral est une Chapelle proche laquelle est érigé un Mausolée en forme de pyramide à la mémoire de Jean-Baptiste, Chevalier, Marquis de Pery, Noble Génois, Lieutenant-Général des Armées du Roi, qui aida à remettre Haguenau sous l'obéissance du Roj, et mourut à Lanorville en 1721 le 4 Mars, âgé de 74 ans.

Depuis la réédification de l'Eglise de Saint-Denis de Lanorville et le rétablissement de la Cure, on ne compte jusqu'à nos jours que dix Curés : le premier s'appelloit Hersent. La pleine collation est toujours restée à l'Evêque Diocésain, suivant que l'attestent les Pouillés manuscrits du XVI siécle, et les imprimés de 1626 et 1648.

Le Pouillé manuscrit du XV siécle après avoir fait mention de la Cure qu'il appelle *Norvilla*, ajoute *Capellanus ibidem*, et celui du siécle suivant dit de même. En effet, il y a dans l'Eglise Paroissiale une Chapelle du titre de la Sainte Vierge, qu'on appelle Notre-Dame des Minots. Des provisions du 3 Mars 1528 l'appellent ainsi. C'est aussi le nom qu'elle porte dans un Catalogue des

Bénéfices du Diocése de Paris écrit sous M. de Noailles où elle est dite avoir 65 livres de revenu ; et le Rolle des Décimes la comprend sous le même nom. On assure que le Chapelain-Bénéficier en retire six septiers de bled que le Chapitre de Notre-Dame de Paris lui paye sur les dixmes, et qu'il n'est plus tenu qu'à douze Messes par an, lesquelles sont acquittées le premier Lundi de chaque mois par le Curé, moyennant un septier de bled que le Chapelain lui abandonne. Il n'est pas facile d'en dire le fondateur. Ceux du pays supposant toujours que la Cure n'existe que depuis cent cinquante ans, la croyent d'une institution plus ancienne que cette Cure. Il n'y a pas d'inconvénient à croire (vu qu'elle a son revenu sur la dixme de la Paroisse) qu'elle fut fondée au XIII siécle, environ dans le temps que le Chapitre de Paris fit l'acquisition de cette dixme de Gui de Lanorville, Chanoine d'Orléans. On lit dans le Grand Pastoral, que ce Chanoine vendit pour le prix de cinq cents livres toute la dixme de bled et autre qu'il avoit à Lanorville, *apud Lanorvillam*, du consentement des Seigneurs du Fief, sçavoir, Guillaume de Gravelles, Ecuyer (*scutifer*) et Henri de Lanorville, ses neveux. Cette vente fut faite en 1230. Le Vendeur permit aussi que dès-lors l'Eglise de Paris pût avoir un arpent de terre pour y bâtir une grange, sans payer les droits de Coutume ; à toutes lesquelles choses il est marqué que Bernard, Curé de Lanorville, donna son consentement. Et, comme cette dixme étoit mouvante par moitié d'Agnès, fille de Guillaume de Gravelles, Chevalier, la famille des Gravelles (qui étoit une ancienne Maison près d'Etampes) approuva le tout en 1245. On peut croire que la Chapelle Notre-Dame des Minots avoit été fondée par ces anciens Lanorville ou Gravelles. A l'égard des Curés, ils reçoivent des Chanoines de Paris, gros Décimateurs, dix-huit septiers de bled, et ils ont toute la dixme du vin.

<small>Collect. mss. Gerar. Dubois, T. V, p. 134, ex Pastor. Maj. fol. 45 et 46.</small>

Les autres Ecclésiastiques qui ont du bien assis à Lanorville, sont : 1º le Curé de Saint-Germain de Châtres qui y posséde vingt-deux arpens de terre exempts de dixme qui lui ont été apparemment cédés lors du premier démembrement ; et sur quoi d'autres assurent qu'il est chargé de faire dire la Messe les Dimanches et Fêtes à la Chapelle de la Bretonnerie qui est sur la Paroisse. 2º Les Dames de l'Abbaye de Villiers proche la Ferté-Alais, Ordre de Citeaux, Diocése de Sens, possedent sur le territoire de Lanorville cent arpens de terre qu'on croit leur avoir été donnés par un ancien Seigneur lorsque l'une de ses filles y prit l'habit. 3º Les Dames Religieuses de Saint-Eutrope proche Châtres, y en louent à un particulier pour cent trente livres par an. 4º La Fabrique de la Paroisse de Montlhery y possede aussi quelques arpens de terre.

La Norville avoit au XII siécle pour Seigneur une Dame dont le nom étoit *Domina Comitissa de Norvilla*. Elle avoit un procès avec le Prieur de Saint-Clément de Châtres sur les droits de la Boucherie de Châtres même. L'accommodement fut fait par-devant Maurice de Sully, Evêque de Paris, avant l'an 1195, et elle quitta deux sols huit deniers de cens qu'elle avoit, et en outre six deniers qu'elle recevoit pour la garde des vignes appartenantes au Prieur de Longvillier. Thomas de Lanorville parut en 1189 comme garant dans une donation que Philippe de Saint-Verain fit à l'Abbaye d'Hiere. Gui de Lanorville est mentionné aux Archives de Longpont, et il est nommé dans le rolle de Philippe-Auguste parmi les Chevaliers de la Châtellenie de Montlhery qui tenoient des Terres du Roi. Thomas dit *Caro macra* étoit aussi un des hommes liges du Roi Philippe-Auguste pour les biens qu'il avoit *apud Norvillam*. On a vu ci-dessus un Gui de Lanorville, Chanoine d'Orléans, jouir des dixmes de Lanorville par droit de patrimoine : ses neveux Henri de Lanorville et Thomas avoient le surplus de la Terre en 1231, et vendirent cette même année au Chapitre de Paris une maison qui y étoit située. Il faut leur joindre Jean *de Norvilla* qualifié *Armiger*, lequel avec Petronille, sa femme, vendit à Renaud de Corbeil, Evêque de Paris en 1257, du revenu assis à Saint-Cloud. Guillaume de la Norville possédoit vers l'an 1300, la Seigneurie de ce nom. Il obtint du Roi Philippe-le-Bel des Lettres datées du Vivier en Juillet 1309, par lesquelles ce Prince amortissoit trente livres de terre faisant partie de soixante livres qu'il tenoit en la Ville et territoire de la Norville près Châtres, le droit de pressurage sur 52 arpens de vigne estimé 10 livres, sept droitures, chacune d'un septier d'avoine, un minot de froment, deux chapons, le Champart sur 24 arpens de terre, un arpent et demi de vigne prisé 25 sols, et quelques petites sommes pécuniaires.

Après un vuide de deux siécles, nous retrouvons un Seigneur de Lanorville. C'est Pierre le Prince, Contrôleur de la Chambre aux deniers, lequel acquit cette Seigneurie avec celle de la Bretonnerie et du Couldray-Lisiard, tous Fiefs mouvans de Montlhery, vers l'an 1475.

Sur la fin de l'avant-dernier siécle cette Terre fut possédée par des Seigneurs de la Religion Protestante qui continuerent d'en jouir dans le siécle suivant. On ne se souvient plus que d'un M. le Mercier, qui étoit en même temps Seigneur de Grigny, du Plessis, etc., et d'un autre de même nom qui lui succéda. Ils tenoient Prêche ouvertement dans le Château; mais dans la suite ils firent abjuration.

En 1685, Jean-Baptiste Chauderlot de la Clos, qui étoit Seigneur du Fief de Lanorville, obtint des Lettres Patentes portant création de cette Seigneurie en titre de Châtellenie, et pouvoir à lui de se qualifier Seigneur Châtelain de Lanorville. On lui donne dans ces Lettres le titre d'Ecuyer-Valet-de-chambre ordinaire du Roi. Il le porte aussi dans la permission qu'il obtint le 2 Novembre 1681, de prendre quelques pieds de terre du Cimetiere pour l'embellissement de sa Maison, en payant deux cents livres à l'Eglise.

<small>Registr. du Parl. enregistr. e 17 Avril 1685.</small>

<small>Reg. Ep. Paris.</small>

Jean-Baptiste de Pery, noble Génois, dont j'ai désigné la sépulture en parlant de l'Eglise de Lanorville, épousa une fille de M. de la Clos, et lui succéda dans la Seigneurie. On peut voir dans les Gazettes du mois d'Octobre 1705, comment ce Marquis qui n'étoit encore que Maréchal de Camp, défendit vigoureusement Haguenau, et qu'il y tua ou blessa quinze cents des ennemis. De plus, pour empêcher que la Garnison ne fût faite prisonniere de guerre par le Prince de Bade, il s'avisa d'un stratagême. Il sortit avec elle pendant la nuit du côté le moins gardé des ennemis, emmena deux pieces de canon à bras, et ayant marché toute la nuit dans le pays ennemi, se jetta dans les bois où ils passerent la journée, ce qu'ils repeterent à plusieurs reprises, marchant durant la nuit, et faisant même contribuer le pays ennemi, et se reposant le jour, en sorte qu'après avoir fait un certain circuit, il revint gagner la France et rejoindre par derriere M. le Maréchal de Villars, n'ayant pas perdu dix hommes. Haguenau s'étant rendu le lendemain de la sortie de M. le Marquis de Pery, le Général Allemand fut fort surpris de ne point trouver la garnison. Comme de part et d'autre on ignoroit ce qu'elle étoit devenue, le bruit se répandit dans les deux armées que le Diable l'avoit emportée. La vérité du fait étant parvenue aux oreilles de Louis XIV, ce Prince fit M. de Pery Lieutenant-Général de ses Armées, et lui donna les deux piéces de canon qu'il avoit tirées d'Haguenau, lesquelles resterent dans le Château de Lanorville tant qu'il vécut. Depuis son décès arrivé en 1721, Madame la Marquise sa veuve s'en est défaite.

Vers l'année 1736, la Terre de Lanorville fut acquise par François-Jules Du Vaucel, Fermier-Général, qui y bâtit une maison, laquelle n'étoit pas encore achevée en 1739 lors de sa mort. Il décéda à Paris sur la Paroisse de Saint-Eustache, âgé d'environ 70 ans, le 12 Novembre. (Le Parc a été planté par le Nôtre.)

Il n'y a aucuns écarts à Lanorville. On y connoît un Fief nommé Mondonville qui consiste dans une rue du Village.

FONTENAY-LE-VICOMTE

Entre les cinq Paroisses du nom de Fontenay comprises [dans] le Diocése de Paris, celle dont le nom paroit le second dans les titres est ce Fontenay-ci. On le trouve en effet dans un acte d'échange que l'Abbaye de Saint-Denis fit dès l'an 829. Il est vrai qu'il n'y est pas désigné avec le surnom de Vicomte, mais on ne peut douter qu'il ne s'agisse de ce Fontenay-ci dans cet échange, parce qu'il est dit précisément que ce que l'Abbaye donna pour avoir d'autres biens, étoient des terres situées à Misery et à Fontenay, Villages du territoire de Paris. Ces deux lieux sont nommés comme contigus, et renfermant par cette raison les labourages dont l'Abbaye se défit à cause, peut-être, qu'ils étoient trop éloignés. Or il n'y a pas d'autre Fontenay dans le Diocése de Paris, dont les terres puissent former un labourage commun avec celles de Misery, que Fontenay-le-Vicomte qui n'est qu'à un quart de lieue de ce Misery. Dom Mabillon qui n'a fait mention de ce Diplome que pour faire connoitre davantage un Durand, Vice-chancelier sous Louis-le-Débonnaire, se contente de dire que son nom est au bas d'une Charte qui traite *de Commutatione prædiorum sitorum apud Miseriacum et Fontanedum Villas agri Parisiensis.* *Diplom. p. 526.*

Comme avec la suite des temps les autres Fontenay du Diocése de Paris, sçavoir, celui qui est proche Louvres, et celui qui est proche Vincennes, se firent connoître, sans compter Fontenet sous Bris qui est le plus ancien de tous, et qui n'est qu'à six lieues de-là, il fut besoin d'ajoûter un terme distinctif pour celui-ci. L'occasion de ce surnom se présenta vers le temps du Roi Hugues Capet; car en même temps que le Comte de Corbeil devint Seigneur et Propriétaire de la Ville et Château de Corbeil, et Maître des Droits Seigneuriaux qui en dépendoient, la Vicomté fut transportée en un Fief patrimonial relevant du Comte de Corbeil par le moyen du nouvel établissement et de l'union qui se fit avec la Seigneurie de Fontenay sis sur la riviere d'Etampes, qui pour cela fut surnommé Fontenay-le-Vicomte [1]. A l'égard du nom générique de Fontenay, personne n'ignore que ce nom vient des fontaines qu'on voit dans les lieux. *Hist. de Corbeil. p. 61.*

Ce Fontenay n'est éloigné de Paris que de huit lieues, et de Corbeil de deux. C'est un pays de labourages avec quelques vignes. La situation commune des Fontenay qui est dans des

---

1. M. de Valois (*Not. Gall. page 418, col. 1*) assure que quelques-uns l'appellent Fontenay-le-Comte : mais ceux-là confondent ce lieu avec Fontenay-le-Comte en Poitou.

vallons ou sur des coteaux aquatiques, ainsi que je viens de le dire, se retrouve dans celui-ci. Dans l'énumération des feux de l'Election imprimée en 1709, cette Paroisse est dite en avoir 53. Le sieur Doisy, publiant son Dénombrement en 1745, en met 51. Le Dictionnaire Universel qui parut en 1726 y compte 230 habitans ; mais il n'y a pas 200 communians.

C'est Saint Remy, Archevêque de Reims, qui est Patron de l'Eglise Paroissiale. Le bâtiment est entierement voûté : on y voit quelque chose du XIII siècle. La tour très élevée qui le supporte du côté du Midi, paroît aussi être d'environ ce temps-là. La nef est fort large. Dans l'aile méridionale qui est unique, a été inhumé Jean de Saint-Pé, Chef de la Panneterie du Roi, décédé le 11 Août 1611. C'est le pere du célebre Prêtre de l'Oratoire, duquel la vie a été imprimée. On y voit aussi les épitaphes de Messieurs du Noyer et des Touches. Dans le chœur, entre l'aigle et sanctuaire, est une tombe du XIII siècle, sur laquelle est figurée une Dame avec un bandeau au front, et qui, contre l'ordinaire, n'a pas les mains jointes, mais est représentée comme gesticulant de la droite. On ne peut y lire que ces mots en lettres capitales gothiques : *Hic jacet Aalis de Aovilla uxor quondam....... Bernardi Militis......... ante Inventionem B. Dionysii.* Jean le Grand a fondé dans cette Eglise avant le XV siécle une Chapelle dont le Chapelain avoit droit de recevoir quatre Hommages, Jurisdiction et Seigneurie à Fontenay, rouages, fouages et vinages ; le tout tenu en Fief du Roi. La Cure de ce lieu est marquée à la pleine collation Episcopale dans le Pouillé Parisien du XIII siècle (page 62). Le Pouillé imprimé en 1626 y est conforme : mais dans celui de 1648, on lit qu'elle est à la présentation du Chapitre de Saint-Marcel de Paris. Le Pelletier qui fit imprimer le sien en 1692, met cette Cure sous le nom de Fontenay-le-Comte, et la dit pareillement à la nomination des Chanoines de Saint-Marcel, sans s'appercevoir qu'il décrédite tout ce qu'il avance, lorsqu'il ajoûte qu'elle est dans le Doyenné de Lagny, au lieu de dire de Montlhery. Le Pouillé écrit vers l'an 1270, se contente d'appeller cette Eglise *Ecclesia de Fontaneto,* et de la placer sous le Doyenné de Linas qui étoit alors le titre décanal avant que Montlhery le fût devenu. Le nom distinctif de *Vicecomitis* n'y est pas employé, parce qu'il n'y a pas deux Fontenay en ce Doyenné. Mais il ne s'ensuit pas de-là que le surnom fût encore inusité dans les titres latins : car Thibaud de Marly, Seigneur de Mondeville en 1286, rédigeant son Testament, met au nombre des Eglises à chacune desquelles il léguoit cinquante sols, *Ecclesiam de Fontaneto Vicecomitis.*

Il y avoit, en effet, alors près de trois cents ans que cette Terre avoit commencé d'appartenir au Vicomte de Corbeil. Mais les surnoms des Terres ne s'employoient pas toujours dans ce temps-là ; lorsqu'on croyoit se faire entendre assez sans cela, on les omettoit. Les Chanoines de Saint-Spire de Corbeil, par exemple, exposant au Pape Célestin III, l'an 1196, les revenus qu'ils avoient dans ce Fontenay, se contentent de dire *Hospites de Fontaneto cum terris cultis et incultis*. Il paroît que les Seigneurs de Marly-le-Château avoient été Vicomtes de Corbeil, ou qu'indépendamment de cette dignité, ils avoient un Fief ou des héritages à Fontenay-le-Vicomte. Outre que l'article du Testament de Thibaud de Marly le laisse à penser, on lit qu'environ trente ans auparavant Agnès de Beaumont, femme de Bouchard II de Marly, disposa d'un demi-muid de bled en ce lieu en faveur de l'Abbaye de Port-Royal pour le repos de l'âme d'Alfonse, son aîné, mort l'an 1255. Factum sur l'Abbé de S. Spire de Corbeil.

Necr. Par. Reg. 5 Maii.

Par succession de temps, la Seigneurie de Fontenay fut distraite de la Vicomté de Corbeil ; les biens passèrent en plusieurs mains, et furent donnés à titre de Fief à divers Particuliers : ce qui forma différentes petites Seigneuries. Dès le temps de Gilles Malet qui étoit Seigneur de Villepesque et qui se qualifioit Vicomte de Corbeil l'an 1385, on voit qu'il n'étoit resté alors au Vicomte de cette Ville, de tous les biens de Fontenay, qu'un Fief comprenant une maison qui y étoit assise avec le jardin, trente-cinq arpens de terre et vignes ; vingt-six sols de menus cens, portant lotz, ventes, saisine et amende le cas échéant ; le cours de l'eau et une maison nommée la Roque, avec le marais situé au même lieu de Fontenay ; et enfin, une droiture et demie à Noël. De toutes lesquelles choses, le Vicomte ci-dessus nommé rendit foi et hommage au Roi, le 15 Janvier de la même année. Il faut remarquer que voilà dans le même lieu un marais et des vignes. Hist. de Corbeil, p. 61.

Avant que la Seigneurie de Fontenay fût unie au Marquisat de Villeroy, elle avoit été, selon de la Barre, jointe à celle de Tigery. Le Procès-verbal de la Coûtume de Paris, rédigé en 1580, fait foi qu'alors le Seigneur de Fontenay-le-Vicomte étoit Nicolas le Gendre, Chevalier des Ordres du Roi. Une partie avoit appartenu dès le milieu du même siècle à Claude Gillet, Secrétaire du Roi. Au moins il avoit eu le Fief de Mailly ou Marly. Cette portion vint ensuite à François des Touches, Avocat au Parlement, qui, en 1597, fut déchargé de la contribution au ban comme étant Bourgeois de Paris. Lors de la même convocation du ban et arrière-ban, le Fief de Saucel Bernard (d'autres écrivent Sancel ou Sauciel), assis à Fontenay-le-Vicomte, appartenoit à Pierre de Veres-Châtel, Ecuyer, et il fut déclaré valoir 11 livres 15 sols. Cet article du rolle supplée à ce qui est usé sur la tombe de Dame Ibid.

Aalis de l'Aonville, et nous découvre qu'elle étoit femme d'un Seigneur du Fief Sauciel-Bernard ; et comme elle est inhumée à la place la plus honorable de l'Eglise, cela peut insinuer que cette Eglise avoit été bâtie sur le Fief Sauciel-Bernard. Un titre des Religieux de Longpont, plus ancien d'un siécle que cette tombe, fait mention d'un lieu dit Sauciel où un nommé Ybert leur assigna du bien. Outre le Fief de Marly et ce dernier, le rolle de la convocation du Ban en 1597 nomme encore le Fief de la Tour Pancarte, assis à Fontenay-le-Vicomte. Il faut apparemment lire *la Tour Pancrace ;* car les anciens avoient grande dévotion de mettre les hautes tours sous la protection de ce saint Martyr, soit relativement à son nom, soit pour quelqu'autre raison, comme celle des sermens qu'on y faisoit. Un autre Fief qui se trouve au rolle de 1597 y est qualifié de Fief ancien, et appellé l'Hôtel aux Payens, assis à Fontenay-le-Vicomte, auquel est joint le Fief Laisne situé au même lieu. Il étoit possédé alors par Frédéric Versoris, Avocat en Parlement, et étoit presque depuis cent ans dans sa famille.

Ce même Fief étoit appellé autrement la Salle Maudegarde. On ne l'appelloit plus que le Fief de la Salle en 1697, lorsque M. Poulletier, Receveur Général des Finances de Normandie, en étoit Seigneur. Un de ses descendans, Intendant de Lyon, a eu encore de nos jours une Maison à Fontenay. Le Château de la Salle fut *Reg. Ep. Paris.* de nouveau vendu en 1752. Quant au nom de l'Hôtel des Payens, il étoit venu sans doute à ce Fief d'une famille ainsi appellée. Le nom de *Paganus* a été long-temps affecté aux enfans de certaines familles de Chevaliers. Enfin, il y avoit alors en ce lieu le Fief de la Gode, lequel avec un autre appartenoit à Jean du Hamel, et étoit tenu du sieur de Villeroy, et valoit 80 livres.

Tab. Ep. Paris. J'ai lu que la Chapelle du titre de Notre-Dame, fondée à Saint-*in Spir.* Gervais de Paris, avoit son bien situé à Fontenay-le-Vicomte, et qu'en 1395, Jacques Cocatrix, Ecuyer, en avoit la jouissance.

ESCHARCON

Le nom singulier de ce Village ne peut aider à en découvrir l'antiquité ni l'origine ; ce qu'on peut seulement produire par rapport à cela est que dans les actes du douziéme siécle qui sont les premiers où on le trouve, il est appellé *Eschercum.* Et comme ces actes sont latins, et qu'on y lit, par exemple, *apud Eschercum, ad Eschercum,* il sembleroit que ce mot viendroit d'*Eschercus* et seroit en partie composé du latin *Quercus*; mais la difficulté seroit de sçavoir d'où viendroit la syllabe *Es*, placée au commencement du mot : c'est ce que j'aime mieux laisser à décider que d'en juger. M. de l'Isle, géographe fort célèbre, avoit une pensée absolument neuve sur l'étymologie de ce lieu : il croyoit qu'Escharcon pouvoit venir de *Sarmatiacum*; en sorte que ce Village auroit été un quartier des Sarmates, Troupes qu'on sçait avoir été à la solde des Romains dans les Gaules vers l'an 400. Mais il y a trop d'éloignement du latin au nom vulgaire pour que cela puisse être.

Petite Carte manuscrite de l'Isle.

Cette Paroisse est située à huit lieues de Paris, à deux ou environ de Corbeil, au Soleil couchant d'Hiver de cette derniere Ville, sur un coteau qui est au rivage gauche de la riviere d'Etampes. La vue de cette pente est fort variée en bocages et en vignes. Les terres sont dans la plaine au-dessus. Le Dénombrement de l'Election de Paris imprimé en 1709, y comptoit 57 feux, et le Dictionnaire Universel des Paroisses du Royaume qui parut en 1726, y marquoit 194 habitans ou communians. Mais le Dénombrement que le sieur Doisy vient de publier en 1745, y marque seulement 43 feux.

L'Eglise Paroissiale est sous le titre de Saint Martin. Elle est d'une assez juste longueur. Le chœur est accompagné d'une aîle vers le Septentrion et d'une tour terminée par un pavillon couvert d'ardoise, au bas de laquelle tour, par le dedans de l'Eglise, sont des restes de sculpture du treizième siècle. Proche de là est la Chapelle Seigneuriale où est enterré M. Bouguier, Conseiller au Parlement, ancien Seigneur, avec une épitaphe qui finit par trois distiques.

La Cure est marquée dans tous les Pouillés de Paris à la pleine collation de l'Evêque. Celui qui fut écrit au XIII siècle ne latinise aucunement son nom, et met simplement Escharcon de même qu'on l'écrit encore aujourd'hui. Plusieurs des Pouillés subséquens ont un peu défiguré ce nom. Celui de 1648 l'écrit exactement comme ci-dessus.

Cette Terre est l'une de celles qui composent le Duché de Villeroy; elle est même avec Menecy la plus voisine du Château, ce Village n'en étant pas éloigné de demi-lieue.

Les Religieux du Prieuré de Longpont sous Montlhery sont ceux qui nous ont transmis la premiere mention d'Escharcon. Ils ont écrit dans leur Cartulaire, qu'avant l'an 1200 Hugues, fils d'un Seigneur d'Orcé nommé Galeran et surnommé Payen, prenant l'habit monastique parmi eux, donna la moitié de tout ce qu'il avoit en hôtes et en champarts *apud Villam quæ vocatur Eschercum;* et qu'un autre leur ayant pour la même raison cédé

Chart. Longip.

<small>Chart. Longip. fol. 39.</small>
des hôtes *apud Eschercum*, Adam, Chantre de Corbeil, mit sur l'autel de leur Eglise l'acte de la donation. De plus, le Cartulaire <small>Chart. Fossat. Gaignier.</small> de Saint-Maur-des-Fossés contient à l'an 1216 un traité avec Thibaud, Clerc de Lices, dans lequel les Moines, pour marquer une partie des terres dont il s'agissoit entr'eux, en désignent ainsi la situation, *via quæ ducit à Liciis ad Escherc. m.*

Cette première maniere d'écrire le nom de ce Village fut aussi usitée en parlant des anciens Seigneurs. On en voit un dans le Cartulaire déjà cité de Longpont. Son nom est ainsi exprimé : *Liziardus de Eschercum*. Ce qui montre que ce nom ne se déclinoit point en latin. Ce Lisiard d'Escharcon est vraisemblablement le même Lisiard qui a communiqué son nom à un lieu dit *Coudray*, relevant de Montlhery, et qui en 1475 s'appelloit le Couldray-Lisiard. Un peu plus tard que le temps où vivoit ce <small>Sauval, T. III, p. 422.</small> Lisiard, Seigneur d'Escharcon, c'est-à-dire sous le regne de Philippe-Auguste, le Fief d'Escharcon, *Feodum Eschercum*, étoit possédé par Thomas *Bibens*, lequel aussi pour Guepereux et <small>Rotul. feudor Montlher. ad calc. Chart. Phil. Aug.</small> Bois-luisant, voisin de Montlhery, étoit homme lige de ce Prince et devoit la garde à Montlhery.

<small>Hist. de Corbeil, p. 206.</small> Sous le Roi Charles VII, Ivon de Karnazet, premier Ecuyer de la Maison de ce Prince, acquit les Terres d'Escharcon, Bondoufle et Montaubert. Depuis lui Guillaume de Karnazet, fils de René, <small>Genéalogie de Karnazet, impr. en placard.</small> Seigneur de Saint-Verain, posséda cette Terre. Il étoit décédé dès l'an 1523. Mais apparemment qu'il avoit revendu Escharcon avant sa mort.

<small>Hist. des Présid. p. 171.</small> Jean Bouguier, Conseiller au Parlement de Paris, fils de Christophe, aussi Conseiller, en étoit Seigneur vers l'an 1500. Un peu après, l'an 1530, Antoine du Bois, Evêque de Beziers, à qui le Roi François Ier avoit donné le Comté de Corbeil en échange <small>Hist. de Corbeil. p. 224.</small> d'autres Terres, fit des poursuites pour faire révoquer l'aliénation de la Justice d'Escharcon, dont jouissoit le sieur Bouguier. Ces Messieurs Bouguier possédoient encore Escharcon il y a cent ans, lorsque de la Barre acheva sa Description de la Châtellenie de Corbeil. Car il en parle ainsi à la page 17 : « Escharcon, Paroisse « et Village où M. Bouguier, Conseiller au Parlement, a son Châ- « teau avec tout droit de Justice acquise du Roi au ressort de « Corbeil. » Et plus bas il ajoute : « Montblin, Maison Seigneu- « riale qui appartient à M. Bouguier. Elle est en la Paroisse « d'Escharcon. » Il est fait mention de *Monte-belino* dans un <small>Tab. Fossat. in S. Joan. Corb.</small> titre de l'an 1189, par lequel Thibaud, Abbé de Saint-Maur, cède à Simon, Prieur de Saint-Jean de Corbeil, les dixmes de vin et de bled qu'il y a.

<small>Reg. Ep. Paris.</small> Gilles Thiboust, Secrétaire du Roi, n'avoit à Escharcon l'an 1637 qu'une Maison Bourgeoise.

Le Rolle de la Contribution au ban et arriere-ban de la Châtellenie de Corbeil de l'an 1597, fournit la connoissance de plusieurs Fiefs différens qu'il y avoit alors à Escharcon.

1° Le Fief de Gravelle qui y est dit appartenir au Chapitre de Saint-Etienne-des-Grez à Paris et valoir quinze livres.

2° Il y en avoit un autre qu'on nommoit ou le Fief Saint-Port, lequel autrefois avoit été déclaré par Guillaume du Bois, Ecuyer, ne valoir que 45 sols, ou bien le Fief Saint-Port et Villiers que Messire Jean de Gresle, comme tuteur des enfans de Jacques le Gresle, avoit précédemment déclaré valoir cinquante livres. Mais alors, c'est-à-dire en 1597 et 1598, c'étoit M. Molé, Conseiller au Parlement, qui les possédoit, et qui comme Bourgeois de Paris fut déclaré le 28 Juin 1597, exempt de contribuer au ban. Il y a même un article de ce Rolle qui porte que la Terre et Seigneurie d'Escharcon avoit été ci-devant à Damoiselle Claude Fraguier, avant que d'appartenir au Président Molé. Mais peut-être faut-il lire Bouguier au lieu de Fraguier. Ce dernier Fief étoit estimé produire 202 livres.

Il subsiste encore actuellement à Escharcon un Fief dit Belette du nom du possesseur, d'un revenu considérable, possédé par M. Minier, Procureur en la Chambre des Comptes.

Après la mort de M. Bouguier, M. le ..... de Villeroy acquit la Seigneurie d'Escharcon, puis, s'en retenant les droits honorifiques comme de Justice, etc., il la vendit à M. Dodun ....
.... Ensuite son fils, Controleur-Général, la vendit vers 1719 au Sieur Minier, Procureur en la Chambre des Comptes.

Elle est maintenant possédée par M. du Vivier, aussi Procureur en la Chambre des Comptes.

Il a couru autrefois parmi le peuple une fable sur un Curé d'Escharcon, assez semblable à celle que quelques fabuleux Légendaires rapportent de Saint Antide, Evêque de Besançon, touchant le voyage qu'on lui fait faire à Rome dans l'espace d'une nuit. Je ne vois point sur quoi cela a pu être fondé, sinon sur les discours qu'aura pu tenir un Curé de ce lieu que la faim qu'il avoit soufferte durant le siége de Paris par Henri IV, avoit rendu fou, et qui en devint même frénétique. Il se nommoit Jean Villain, et il vivoit encore en 1603, ayant toujours eu besoin d'un Desservant depuis le funeste effet qu'avoit causé dans son cerveau le défaut de nourriture. *Reg. Ep. Paris.*

MENECY et VILLEROY

Il est assez ordinaire que les Villages tirent leur nom de ceux à qui ils ont appartenu autrefois, ou de ceux qui les premiers y ont formé des habitations et y ont mis des Laboureurs ou des Vignerons suivant la nature du territoire. Menecy qui approche assez aujourd'hui d'un bourg et qui est devenu le chef-lieu du Marquisat de Villeroy, a commencé ainsi. Son territoire appartenoit à quelque Chevalier du nom de Manasse, nom qui n'a pas été rare en France parmi les Nobles, surtout depuis les Croisades : et ce Seigneur y ayant fait construire un Village, lui a donné son nom, ensorte que de *Manasse* on fit *Manassiacum*, c'est-à-dire Terre de Manasse : c'est ainsi que cette Paroisse est désignée dans le Pouillé de Paris écrit un peu après le milieu du treizième siècle. M. de Valois est aussi du sentiment que c'est un nommé Manassé qui a donné le nom à Menecy. Je l'écris comme on le prononce aujourd'hui ; car originairement, en françois, on écrivoit Manassi, puis on en a fait Manessi et ensuite Maineci qu'on écrit Ménecy. Des provisions de la Cure données en 1479, l'appellent *Maneciacum*. Mais de décider quel étoit ce Manassé, Fondateur et primitif Seigneur de ce lieu, la chose n'est pas aisée : cependant comme il a existé en 1140 un Manassé de Tournan, de la famille de ces Seigneurs de Tournan en Brie qui avoient fondé dans leur Château un Prieuré du titre de Saint Denis, et que l'Eglise de Menecy est pareillement titrée en second du même Saint Denis auquel les Chevaliers de ces temps-là avoient une grande dévotion, je conjecture que ç'a pu être lui qui auroit donné origine et naissance à ce Village, sur lequel en effet on ne trouve rien avant le XIII siècle. Cela est d'autant plus vraisemblable que dans la maison de Garlande qui possédoit Tournan, le nom de Manasses fut aussi usité au douzième siècle : témoin Manasses de Garlande qui fut élevé sur le Siége Episcopal d'Orléans en l'an 1146, lequel peut fort bien lui-même avoir eu dans ses Fiefs le territoire appellé Maineci, comme il avoit celui de Ville-Oison qui y est contigu.

Menecy est bâti sur un côteau qui regarde le Couchant, au rivage droit de la riviere de Juine dite d'Essone ou d'Etampes. Il y a des vignes également comme des labourages. Sa distance de Paris est de huit lieues, et de Corbeil une lieue ou un peu plus. Cette Paroisse n'est point comme d'autres qui se dépeuplent : car le Dénombrement de l'Election fait en 1709, y marquoit 119 feux, et celui que le Sieur Doisy a donné au Public en 1745 y en marque 133. Le Dictionnaire Universel de la France imprimé en 1726, faisoit monter le nombre des habitans à 602 : c'est en y comprenant les communians.

L'Eglise de ce lieu est d'une structure assez délicate, et est accompagnée d'une haute tour à double étage. Le bâtiment est presque carré ; au milieu sont plusieurs colonnes d'un bout à l'autre qui soutiennent la voûte également élevée de tous côtés : elle paroît avoir été construite sur le modele de celle de Saint-Jacques de Corbeil, et dans le goût dont on bâtissoit il y a quatre cents ans les réfectoires des grandes Abbayes. Saint Pierre est le premier patron de cette Eglise et Saint Denis le second. Saint Pierre est seul nommé dans les provisions tant anciennes que nouvelles. On n'y voit de sépulture remarquable que celle de Gabrielle de Neuville.

Suivant les Pouillés du XIII siécle, du XV et du XVI, la nomination à la Cure appartenoit au Chapitre de Notre-Dame de Corbeil. Le Pouillé imprimé en 1626 dit la même chose : mais celui de 1648 et celui que le Pelletier publia en 1692, assurent que cette nomination appartient au Seigneur du lieu, c'est-à-dire à celui qui possede la Terre de Villeroy. En effet, j'ai vu des provisions de la même année 1692, 4 Janvier, où il y a *Ecclesia S. Petri de Menecy cum ejus annexa Capella B. Mariæ in castro de Villeroy cujus nominatio ad Ducem de Villeroy*. Il est à présumer que les biens que Messieurs de Villeroy ont faits à cette Cure leur ont fait accorder le droit de présentation. On apprend par quelques actes de l'an 1607 que Nicolas de Neuville avoit fondé dans l'Eglise de Menessy une Chapelle du même titre de Notre-Dame, de soixante livres de rente et un muid de meteil mesure de Villeroy, etc., laquelle seroit à la nomination des Seigneurs de Villeroy, et dont le Chapelain célébreroit au Château lorsqu'il seroit mandé. Il est certain qu'il y eut aussi un Traité passé le 28 Octobre 1512 entre lui et l'Abbesse d'Hiere au sujet de la présentation à la Cure de Villeroy dont elle se trouvoit privée par l'extinction de cette Cure et la réunion de ses habitans à celle de Menessy. Au XV siécle le revenu de la Cure de Menessy étoit du double du revenu commun des autres Cures. Il y avoit aussi alors dans l'Eglise de ce lieu une Chapelle de Saint Michel dont j'ai vu des provisions de l'an 1478. *Reg. Ep. Par. 16 Apr. 1613.*

Pouillé, XV siécle.

Aucun des Modernes qui ont écrit sur le voisinage de Paris, n'a oublié la Foire qui se tient à Menecy le jour de la Saint-Denis, 9 Octobre. On lit qu'elle fut établie à la priere de Nicolas de Neuville, Secrétaire des Finances, Seigneur de Villeroy, et que le Roi Henri II en accorda les lettres au mois d'Avril 1550, étant à Saint-Germain-en-Laye. Cette Foire consiste principalement en bestiaux. Elle se tient dans un fond de prairie d'un fort bel aspect. *Piganiol. Dictionn. Univ. au mot Menecy. Conc. des Brev. p. 212.*

Bann. du Chât. vol. V, f. 118.

Les danses et autres réjouissances y sont comme autrefois à Besons. Il y a, outre cela, à Mennecy tous les mardis de l'année un marché privilégié pour le bled.

VILLEROY

L'Auteur du Supplément de Du Breul imprimé en 1639, fait un très-long article sur ce lieu et le commence ainsi : « A deux lieues « de Corbeil du côté du Gâtinois est le lieu appelé Villeroy, petit « Village où sont peu de maisons, mais estimé pour celle qui « appartenoit cy-devant à M. Nicolas de Neuville. » Il paroît qu'il veut dire que Villeroy étoit alors un petit Hameau composé de quelques maisons, à moins que par son *petit Village* il n'entende parler de Mennecy même qui effectivement n'étoit pas peuplé il y a cent ans comme il l'est devenu depuis. Il n'y a aucun lieu de douter que la raison pour laquelle ce Hameau de la Paroisse de Mennecy a eu le nom de Villeroy, ne soit parce que ce fut une Terre que l'on conserva au Domaine au commencement de la troisième race, lorsque Fontenay qui y est contigu fut dévolu au Vicomte de Corbeil dans le temps que le Vicomte de Corbeil devint Seigneur et Propriétaire de la Ville. Aussi crois-je pouvoir conjecturer de là, que ce lieu a été le *Goddinga Villa* où les Moines de Saint-Denis vinrent trouver Charlemagne au mois d'Octobre.... pour obtenir un diplôme en faveur de leur Monastere : car il est certain qu'un des Fiefs relevant de Villeroy, et situé vers Fontenet, s'appelloit encore le Fief de la Gode il y a deux cents ans. Il est assez naturel que dans le langage françois qui tend toujours à abréger les mots latins ou latinisés, de *Goddinga* on ait fait Gode. Mais depuis il fut appellé *Villa-Regis*, Villeroy [1], par opposition à *Villa-Abbatis*, Villabé, qui y étoit contigu, et dans la Paroisse duquel il étoit compris.

<small>Déclaration pour la Contrib. au Ban de la Chatell. de Corbeil au XVI siècle.</small>

Comme il ne fut rien distrait de cette Terre pour être donné aux Monasteres ou Chapitres, c'est pour cela qu'il n'en est fait aucune mention dans leurs archives. Le premier vestige qu'on en trouve à la Chambre des Comptes est de l'an 1364. On y lit que le Roi donna à Raimond de Mareuil le Château de Villeroy, et que ce Raimond de Mareuil le transporta, le 19 Avril 1364, au Roi ou Prince de Galles, fils du Roi d'Angleterre. Les brouilleries arrivées

---

[1]. Dans le Rolle de la Contribution au Ban de la Châtellenie de Corbeil, rédigée en 1597 sur la Censive, se lit un Fief dit situé entre Mennecy et Fontenay-le-Vicomte, contenant vingt arpens de terre lieu dit *Aux Rès*, déclaré par Jacques Fercault et Consorts, valoir 83 livres 11 sols. Cette situation paroît avoir été bien voisine de Villeroy.

depuis entre la France et l'Angleterre ne permirent pas que cette Seigneurie fût longtemps en leur pouvoir : mais on ignore le sort qu'elle eut jusques vers la fin du XV siécle, auquel temps un Pierre le Gendre, Chevalier, Trésorier de France, étoit Seigneur de Villeroy[1] et d'Alincourt. Ce fut dans le quatorziéme siécle et avant le milieu du quinziéme, qu'il y eut une Cure érigée à Villeroy sous le titre de Notre-Dame. La nomination en ayant appartenu à l'Abbesse d'Hiere, c'est ce qui fait croire que ce Hameau étoit un démembrement de la Cure de Villabé à laquelle cette Abbesse présentoit depuis la fondation de l'Abbaye. Le plus ancien Pouillé où la Cure de Villeroy se trouve, fut rédigé vers l'an 1450 : depuis lequel temps j'ai trouvé des nominations faites par l'Abbesse le 24 Février 1475, le 3 Septembre 1505 ; un autre en 1508, une le 30 Août 1509, le 10 Mai 1522, le 7 Mai 1579. On trouve aussi que dans le milieu du siécle suivant, en conséquence de la jouissance qu'avoit eue le Prince de Galles de cette Seigneurie, un Fief assis à Villeroy en avoit eu le nom de Courtil-aux-Gallois, et que ce Fief avoit été donné à bail pour dix-huit sols de rente par Damoiselle Claire le Gendre.

Rolle de la Contrib. au Ban de la Châtellenie de Corbeil vers 1550. Ex Rot. an. 1597.

Nicolas de Neuville, fils de Nicolas, Secrétaire du Roi et Seigneur de Chantelou-lez-Châtres, ayant eu en 1539 la charge de Secrétaire des Finances du Roi par résignation de son pere, prit après sa mort, arrivée vers 1553, le nom et les armes de le Gendre pour satisfaire au Testament de Pierre le Gendre, ci-dessus nommé, son grand oncle maternel, dont il eut la Terre de Villeroy qu'il posséda jusqu'à sa mort, arrivée en 1594 ou 1598. C'est pour cette raison que dans quelques actes on le trouve nommé Nicolas le Gendre, et que dans le Procès-verbal de la Coûtume de Paris de l'an 1580, on trouve tantôt ce même nom de le Gendre, et tantôt celui de Nicolas de Neuville. Il est qualifié de Chevalier des Ordres du Roi, premier Secrétaire d'Etat, et outre la Terre de Villeroy, il est dit Seigneur de Malvoisine, Noisement, Crevecœur, Vaux-lez-Essonne, les Montis, les Moncelets et Fontenet-le-Vicomte. Mais il faut reconnoître que celui qu'on y nomme Nicolas de Neuville est son fils, lequel étoit marié dès l'an 1559 et possédoit sans doute quelques-unes des Terres ci-dessus mentionnées ; le Procès-verbal les distingue clairement en les nommant l'un après l'autre et les qualifiant tous deux Seigneurs de Villeroy. C'est le fils qui y est qualifié premier Secrétaire d'Etat :

Polnitz, Lettres, p. 371.

P. Anselme, T. VII, art. Villeroi.

Cout. de Paris, édit. 1678, in-12, p. 629.

---

1. Ce Pierre le Gendre étoit apparemment fils de Jean le Gendre, qualifié Trésorier de France dans une épitaphe en cuivre au Cimetiere des Innocents à Paris, dans la Chapelle du côté occidental la plus voisine de la rue de la Ferronerie, où sa mort est marquée au 25 Décembre 1522, et où il est dit avoir établi une Messe quotidienne en cette Chapelle.

il n'est pas besoin de rapporter ici les éloges que lui donnent les Historiens pour les services importans qu'il a rendus au Royaume sous Charles IX, Henri III, Henri IV et Louis XIII. Je me renferme dans ce qui regarde sa Terre. On lit dans un Volume du Châtelet que vers l'an 1580 il fut passé un contrat par-devant Notaires par lequel Nicolas Moreau, Seigneur d'Auteuil, député et commis par le Roi, cédoit à Nicolas de Neuville, premier Secrétaire d'Etat, les trois hautes Justices des trois Villages Villeroy, Fontenay et Menecy avec le droit de Tabellionage, Etallonage et Voirie qui avoient coutume d'être exercées à Corbeil, pour être les trois Justices unies et exercées en la Terre et Seigneurie de Villeroy : et en échange le sieur de Neuville donna soixante et une livres cinq sols de rente sur le Domaine du Roi par lui acquis des Religieux de Sainte-Catherine du Val (autrement Sainte-Catherine de la Couture), à la charge du Ressort par-devant le Prévôt de Paris, tant en Civil que Criminel : de laquelle rente cependant devoient jouir la Demoiselle de la Borde qui avoit en engagement le Domaine de Corbeil et le Greffe du même lieu jusqu'à ce qu'ils fussent remboursés. Henri III ratifia ce Traité à Saint-Maur l'an 1580. Ses Lettres furent régistrées en Parlement à la fin du mois de Juin. En conséquence, il y eut un Arrêt de la Cour le 13 Juillet 1581, qui ordonna aux Sergens de la Prévôté de Corbeil d'exploiter en la Justice de Villeroy. Vers ce temps-là cette Terre et ses appartenances consistoient, après le Fief de Villeroy, en ceux qui suivent : le Fief de Moncelets, le Fief, Terre et Seigneurie de Villefeu, le Fief, Terre et Seigneurie de Villarceau, le Fief de Chantelou, le Fief, Terre et Seigneurie de Soucy, le Fief, Terre et Seigneurie de Villeconu, le Fief du Fresne, le Fief, Terre et Seigneurie de Vaux. On lit dans le Rolle de la Contribution au Ban de la Châtellenie de Corbeil de l'an 1597, que le tout appartenoit à Nicolas de Neuville, Secrétaire du Roi, et produisoit par an 755 livres. Peut-être étoit-ce la répétition d'une Déclaration faite plus anciennement. Ce fut du temps de ce Seigneur que Villeroy cessa d'être Paroisse, et que le peu de maisons qui resta après les aggrandissemens faits au Château, fut attribué à la Paroisse de Menecy. Ce Seigneur passa le 28 Octobre 1612 un Acte à l'Abbesse d'Hiere pour la dédommager de la nomination à la Cure.

Le célébre Nicolas de Neuville dont je viens de parler est celui sous le nom duquel il a paru des Mémoires imprimés. Il avoit eu pour fils en 1566 Charles de Neuville qui fut Chevalier des Ordres du Roi, Gouverneur de la Ville de Lyon et du pays Lyonnois et qui lui succéda dans tous ses biens. Deux ans avant sa mort et lorsque Charles n'avoit encore que 49 ans, c'est-à-dire en 1615, Villeroy qui n'étoit que Châtellenie fut érigé en Marquisat. Les Lettres n'en furent vérifiées en Parlement que long-temps après. De la Barre qui écrivoit vers le temps de cet enrégistrement (en 1634) son Histoire de Corbeil, y marqua cette érection et le nombre des Fiefs et Villages qui en dépendoient, dont plusieurs sont situés dans le Diocèse de Sens ; en voici les noms sans distinction : Beauvais, Menecy, Fontenay, Noisement, Malevoisine, Crevecœur, la Padole, Quincte, Messis, Chancueil, Mouceles, Moutils, Boulon, Chupin, la Couldraye, Villefeu, Montigny, Bataille, Ormoy, etc., tous lesquels unis ensemble, dit-il, portent leur foi et hommage au Château du Louvre, et relevent les appellations de la Justice au Chatelet de Paris. Charles de Neuville mourut l'an 1642 en sa 76ᵉ année, étant alors Grand Maréchal des Logis de la Maison du Roi. L'Auteur du Supplément de Du Breul qui fut imprimé en 1639, a observé qu'en 1627 le Roi Louis XIII s'étant rendu à Villeroy, allant à Fontainebleau, y resta malade d'une fièvre dont il avoit été atteint à Sainte-Geneviéve-des-Bois, et qu'il y resta alité tout le mois de Juillet et la plus grande partie de celui d'Août. Le même Ecrivain dit que tous les Etrangers qui venoient alors à Paris, ne s'en retournoient gueres sans voir la Maison de Villeroy, dont il fait une très-ample description, marquant qu'il y avoit Chambres et Cabinets du Roi et de la Reine, et entrant dans un grand détail des dorures alors fort usitées, sans oublier les Tableaux de plusieurs Princes. Il parle, en finissant, des deux Jardins de ce Château, des Statues de marbre et Bassins qu'on y voyoit.

Hist. de Corbeil imprimée en 1647, p. 16.

Suppl. de Du Breul, p. 97.

Du temps que Nicolas de Neuville, fils de Charles, posséda la Terre de Villeroy, cette Seigneurie fut augmentée de plusieurs terres et revenus. On trouve dès l'an 1645 des Lettres-Patentes du 6 Mai accordées au Marquis de Villeroy pour faire des écluses afin de faciliter le passage des bateaux de la riviere de Juine (ou d'Etampes) en la Seine, avec permission de lever un droit sur ces bateaux. Le Parlement, après en avoir donné communication au Prévôt des Marchands de Paris et aux Echevins de Corbeil, les enrégistra le 31 Mai de la même année avec modification. En 1656 il y eut des Lettres de réunion en faveur du Duc de Villeroy, des Fiefs de Ballancourt, Villabé, Coupeaux et Villoison, avec les Justices aux Fiefs, Terres et Seigneuries de Villeroy pour être comprises sous une même nomination et les Justices exercées par un même Juge. En 1663 le 15 Décembre furent régistrées, le Roi séant en son Parlement, les Lettres d'érection du Marquisat de Villeroy en Duché-Pairie en faveur du même Nicolas de Neuville, et après sa mort pour ses successeurs mâles, sans qu'au défaut d'hoirs mâles l'on pût prétendre que ce Duché dût être réuni à la Couronne, le tout aux charges contenues : et ce Duc fut reçu au

Reg. du Parl. 10 Avril, et Août, 1657.

Ibid., 1663.

Reg. du Parlem. 14 Janv. 1668.

serment de Duc et Pair. Les Lettres-Patentes étoient du mois de Septembre 1651. En 1668 il y eut d'autres Lettres qui concernoient l'union du Fief de la Motte et Maitrise de l'eau en la riviere de Seine, au Duché de Villeroy. Enfin l'an 1680, le 23 Décembre, furent enrégistrées de nouvelles Lettres-Patentes en faveur du même Duc, qui portoient permission de faire un Terrier des Fiefs de Boissy, Loutreville et Dame-Blanche par lui nouvellement acquis et unis au Duché de Villeroy.

Nicolas de Neuville étant décédé en 1685, François, son fils, Pair et Maréchal de France, lui succéda dans le Duché de Villeroy, ensuite Louis-Nicolas de Neuville, Pair de France dès l'an 1696 par la démission de Nicolas, et enfin Louis-François-Anne de Neuville, fils de Louis-Nicolas, par une semblable démission de son pere faite en 1716.

Brice et Piganiol disent du Château de Villeroy que c'est une grande Maison qui n'a rien d'extraordinaire pour l'Architecture, mais dont les dedans sont beaux et magnifiquement meublés; qu'elle est accompagnée d'un beau Jardin et d'un grand Parc, et des autres embellissemens qui sont ordinaires aux Maisons des Grands; que Louis XIV et la Cour s'y arrêtoient en allant à Fontainebleau, ou lorsqu'ils en revenoient. Ce Château est figuré dans la Topographie de France de Zeiller de l'an 1655. Il y a dans les dépendances de cette Maison une Manufacture de fayence.

Zeiller, Topogr. T. I, an. 1655.

Le Dictionnaire Universel de la France de l'an 1726 dit que la Terre de Villeroy est composée de douze Paroisses et de plusieurs Fiefs; en sorte qu'il y a quarante-trois Terres Nobles de sa mouvance. Le sieur de Chalibert d'Angosse, de qui est empruntée cette observation, nomme les douze Paroisses qui sont Menecy, Fontenay-le-Vicomte, Escharcon, Ormoy, Villabé et Monceaux, toutes les six de l'Election de Paris et du Diocése. Les six autres du Diocése de Sens et Election de Melun sont Balencourt, Chevannes, Champcueil, Beauvais, Portes et Auverneaux. Il ajoute que la Vicomté de Corbeil est jointe par engagement du Roi au Duché.

Description de la Général. de Paris 1710, p. 89.

Herbor. 6.

M. de Tournefort faisant ses herborisations aux environs de Paris, remarqua à Villeroy un *Chicus pratillensis* particulier.

MONCEAUX

Pendant plusieurs siècles Essone avoit été la derniere Paroisse de l'Archidiaconné de Josaiz sur la route de Montargis (ou de Fontainebleau comme on a dit depuis), au rivage gauche de la Seine. Mais comme elle étoit d'une étendue très-considérable, le premier retranchement qu'on y fit fut Monceaux, Hameau qui en étoit éloigné d'une lieue. Le nom latin de ce Hameau, selon le Pouillé du XIII siècle, est *Moncelli* qui paroît être l'abrégé de *Monticelli*. Ce terme n'a pas besoin d'explication ; l'endroit du Village où l'Eglise est restée, est une espece de petite élévation. Nous n'avons rien de plus ancien en faveur de l'existence de ce Village que ce Pouillé ; car quoique M. de Valois et Dom Mabillon ayent cru que ce Monceaux est le *Moncelli* ou *Monticelli* dont il est parlé dans un partage des biens de l'Abbaye de Saint-Denis fait en 862, je ne puis être de leur avis, parce qu'il y a eu un autre *Monticelli* ou *Moncelli* dans le Diocèse de Paris vers la route de Pontoise, dont l'Eglise fut donnée par Girbert, Evêque de Paris en 1122, à l'Abbaye de Saint-Martin de Pontoise, et que ce *Monticelli*, vignoble, étoit plus à portée de fournir le vin au Monastere de Saint-Denis, que non pas Monceaux, alors Hameau d'Essone, dont le terrain ne paroît pas avoir été propre à la vigne. *Notit. Gall. p. 423. Diplom. p. 535. Hist. Eccl. Par. T. II, p. 21. Hist. de Montm. Preuv. p. 37.*

Ce dernier Monceaux dont il s'agit ici est mal écrit Mouceaux dans les Livres de l'Election, quoique le changement de la lettre *n* en *u* ne change pas l'étymologie. L'un de ces mêmes Livres, sçavoir le Dénombrement imprimé en 1709, y marque 30 feux, et celui qui est de l'an 1745, publié par le sieur Doisy, n'y en compte que 25. Dans le Dictionnaire Universel de l'an 1726, on lit qu'il y a 115 habitans. On peut évaluer le tout à 80 communians. Presque tout le territoire est en labourages, et il n'y a aucunes vignes. *Lett. M. col. 745.*

Quoique l'Eglise de ce lieu paroisse ancienne d'environ six cents ans, il ne s'ensuit point de-là qu'elle soit du temps du premier établissement des Paroisses. Comme Saint Etienne, premier Martyr, en est patron, aussi-bien qu'il l'est à Essonne, c'est un indice presque certain, ainsi que je l'ai déja insinué, que ce lieu a été détaché de la Paroisse d'Essonne, qui est un Bourg connu dès le VI siécle. Ce détachement est au moins du XII. L'Eglise de Monceaux porte cet âge dans sa structure ; la tour qu'on y voyoit encore en 1739, marquoit parfaitement ce temps-là ; mais on l'a abbattue depuis. Il faut que l'érection de la Paroisse de Monceaux ait été faite dans le temps que les Evêques de Paris ôterent l'Eglise d'Essone aux Moines de Saint-Denis, ce qui a dû précéder d'environ un demi-siécle le temps de Suger, qui se plaint amérement du tort que leur fit cet enlevement ; puis donc qu'ils laisserent cette Eglise entre les mains des Garlandes, Seigneurs considérables dans la Brie, et qu'ils la firent passer ensuite aux Moines de Gournay, ils crurent apparemment devoir profiter de ces circonstances pour ériger une Cure dans le Hameau de Monceaux qui leur fut sans doute demandée, et dont ils se réserverent la nomination, ainsi que font foi tous les Pouillés. La tour dont j'ai parlé et que j'ai vue, étoit semblable à celle de Vitry-sur-Seine ou de Maison-sur-Seine, toute de pierre en forme de pyramide, et construite sur l'aîle de cette Eglise située au Septentrion, qui peut-être étoit primitivement le corps de l'Eglise.

Antiq. de Corb. p. 14.

De la Barre faisant la Description de la Jurisdiction de Corbeil il y a plus de cent ans, remarque que dès son temps il étoit resté peu de maisons aux environs de l'Eglise. En effet, il n'y en a qu'une ou deux aujourd'hui. Ses habitans se sont transplantés sur le grand chemin de Lyon et de l'Auvergne dans un lieu qu'on appelle le Plessis-Chesnay du nom d'un petit Bois de chesnes qui étoit à côté ; c'est là le plus fort de la Paroisse de Monceaux qui borde le côté droit du chemin en venant d'Essonne, l'autre côté étant du Coudray, autre Paroisse du même Diocèse. De la Barre ajoute que Monceaux et ses Hameaux relevent de la Prévôté de Corbeil pour le ressort.

Reg. Ep. Par. 15 Jun. 1619.

En 1619, Salomon Rousseau étoit Seigneur de Monceaux. Il avoit un Oratoire à Villabé où il avoit la permission de faire célébrer.

De la Barre parlant de Tournanfys, autre Hameau de Monceaux, s'est contenté en 1646 de dire que ce sont seulement deux Fermes entourées de bocages possédées par le sieur Chopin qui est aussi Seigneur de Monceaux et en partie du Plessis-Chesnay. Les Cartes des environs de Paris mettent ordinairement ce Hameau sous le nom de Tournency ou Tournensis. Cependant le véritable nom paroit être Tournanfy. J'ai vu les Déclarations des Fiefs de la Châtellenie de Corbeil de l'an 1551, dans laquelle se trouve le Fief de Tournanfils près Corbeil, appartenant au sieur de Beauvais, Controlleur de la Ville de Paris, valant un muid de grain estimé douze livres. Dans celle de l'an 1597, pour le Ban et Arriere-Ban, Tournanfie, Fief et Seigneurie, est déclaré par Pierre Bertrand, comme Procureur de l'Hôtel-Dieu de Corbeil, être de la valeur de vingt-cinq livres. Je croirois même, puisque selon la tradition c'étoit à Tournanfy qu'étoit anciennement le Manoir Seigneurial, qu'il seroit le même qui est appellé Tournanfuye dans des Lettres du mois de Novembre 1308, confirmées par

le Roi Philippe-le-Bel, le même mois et an. On y voit que dans *Reg. du Trésor*
le partage des enfans de Hue de Bouville et Marie de Chambly, *des Chart. 40,*
Marguerite de Bomez, femme de feu Jean de Bouville, eut pour *pièce 165.*
son douaire et pour ses filles Blanche et Jeanne, la Châtellenie de
Milly, et entre plusieurs autres choses les bois que Hue avoit
acquis à Tournanfuye. Une autre preuve bien plus récente est
que nous lisons dans Du Breul que Galeas de Balsac, Gentil- *Antiq. de Paris*
homme Ordinaire de la Chambre du Roi et qui fut tué devant *p. 960,*
la Rochelle, étoit Seigneur de Tournanfy. *édit. de 1639.*

C'étoit à Tournanfuye que l'Hôtel-Dieu de Corbeil avoit une
Ferme au moins dès le XIV siècle, puisqu'elle est dans le dénombrement des biens de cet Hôpital donné au Visiteur l'an 1351.
Elle fut réparée en 1569; mais en 1713, le Cardinal de Noailles, *Reg. Archiep.*
sur l'exposé qu'on lui fit du mauvais état où elle se trou- *11 Dec.*
voit, permit de la vendre, et d'employer la somme en un autre
fonds.

SAINTE-RADEGONDE est le nom que le peuple donne au
Prieuré situé sur la Paroisse de Monceaux vers les limites des
Diocèses de Paris et de Sens. Ce nom est passé en usage dans les
Registres et dans les Rolles depuis plus de cent ans, et même
depuis ce temps-là on a ignoré si c'étoit un Prieuré ou seulement
une Chapelle, les provisions marquant souvent l'alternative *Prioratum seu Capellam*. Mais en remontant jusqu'à ce qu'on peut en
trouver de plus ancien dans les vieux Catalogues, l'on trouve dans
les Procurations dues à l'Evêque de Paris et levées en 1384 sous
l'article du Doyenné de Montlhery, *Prior de Tironello XXXV sol.*
Dans le Pouillé de Paris écrit vers l'an 1450, est sur la fin du
Volume un état du revenu des Prieurés, et sous le même article
de Montlhery se lit : *Prior de Tironel juxta Corbolium. I. Libras.*
Ce qui se trouve traduit ainsi en françois dans le Pouillé de 1648,
page 78 : *Prieuré de Sainte Radegonde*. Patron : *l'Abbé de Thyron.*
Outre tous ces indices que c'étoit un membre de l'Abbaye de Ty-
ron, et la preuve qui se tire du nom, j'ai vu des provisions accordées le 7 Mars 1608 où ce Bénéfice est déclaré *Prioratus S. Rade-
gundis Ordinis S. Benedicti à Tironio dependentis*. On ne connoit
point le temps de sa fondation. Comme il n'est point dans le
nombre des Prieurés dont le Pape Eugene III donna la confirmation à l'Abbé de Tiron en 1147, il est à croire qu'il n'étoit
point encore fondé. Mais il l'avoit été avant l'an 1254 sous le nom
de *Boil.ognellum*, parce qu'il est ainsi désigné dans un accord de
l'Evêque de Paris sur les droits de procurations dues par les *Chart. Maj. Ep.*
Prieurés. Ainsi son nom primitif vulgaire aura été Boilognel ou *Par. fol. 168.*
Boillogneau. Une reconnoissance de 1254 que j'ai vue des 50 sols *Arch. Ep. 5, 6.*
de procuration dus à l'Evêque, l'appelle Boillonnet. On ignore

qui en furent les Fondateurs. Il n'y a plus qu'une Chapelle en ce lieu avec une Ferme, et cette Chapelle n'est point ancienne.

En venant de Paris immédiatement avant que l'on entre dans le Plessis-Chesnay, hameau de Monceaux, on laisse à main droite à côté du grand chemin deux grandes pièces de terres labourées. Ce canton de terre s'appelle *Le Camp* tout simplement ; un petit chemin en ligne droite le traverse de l'Orient au Couchant. A l'endroit où ce chemin aboutit au grand, est une petite place triangulaire verte où il reste plusieurs pierres et une entre autres qui paroît avoir supporté une croix. Ce tas est mêlé de fragmens de tuiles telles qu'elles étoient employées sur les maisons il y a douze cents ans au moins. Ce qui me fait croire qu'il y a eu en ce lieu une habitation ou au moins une Chapelle très-ancienne. Le simple nom de *Camp* qu'il porte ne pourroit-il pas avoir quelque rapport avec *Les Lices* qui étoient à une lieue de-là, la rivière de Juine entre deux ?

VILLABÉ

Il a paru bizarre jusqu'ici qu'un lieu où l'Abbesse d'Hiere a plusieurs sortes de droits ait été appellé Villabé, tandis qu'il seroit beaucoup mieux nommé Villabesse. M. de Valois s'en explique en ces termes : *Qui vicus Villa-Abbatissæ potius appellandus videri posset, cum ad Abbatissam Monasterii Ecclesiensis pertineat*, et il ne voit point d'autre moyen d'accorder cette dénomination avec la propriété du Village qu'il donne à cette Abbesse, qu'en disant que le génitif *Abbatis* est peut-être là au féminin. Mais il y a, selon moi, une autre manière d'entendre ce terme *Abbatis*. Il étoit très-certainement d'usage pour désigner le lieu en question, avant que ce lieu appartînt à l'Abbaye d'Hiere, puisqu'Etienne, Evêque de Paris, sous lequel la fondation fut faite par Dame Eustache de Corbeil, assure en 1138, qu'une partie des biens qu'elle assigna pour cela, étoit *medietas decimæ apud Villam-Abbatis cum patronatu Ecclesiæ*. C'étoit donc un Village et une Paroisse en forme avec une Eglise du nom de Villabé dont la Dame Eustache abandonna la disposition en faveur du Monastere d'Hiere. J'en apporterai encore ci-après une autre preuve. Mais à quel Abbé pouvoit donc avoir appartenu plus anciennement cette Eglise et le Village, pour en avoir retenu le nom de Villabé, *Villa-Abbatis ?* Ce qui paroît le plus probable, est que c'étoit à l'Abbé de Saint-Marcel-lez-Paris. Cette Eglise du Faux-

Notit. Gall. p. 435.

Annal. Bened. T. VI, p. 676.

bourg, de quelque espece qu'ayent été ceux qui la desservoient, *Gall. Chr. nova,* étoit qualifiée d'Abbaye sous la seconde race de nos rois; d'ailleurs *T. VII, col. 302,* il est constant qu'elle possédoit au IX siécle une Terre contiguë à *ex Bulla anni 982.* celle d'Essonne et située sur la riviere du même nom, ce qui convient à Villabé; de plus, cette Terre est désignée dans un titre de l'an 847 en ces termes: *Terra Sancti Marcelli,* et ce qui peut *Diplom. p. 529.* aider à la reconnoître dans Villabé, est que Saint Marcel, Evêque de Paris, est encore à présent patron de l'Eglise. Il peut se faire que les Chanoines de Saint-Marcel ayant du revenu en plusieurs lieux autour de Corbeil, eussent pris la coutume de désigner par le nom de l'Abbé, celui qui étoit attaché plus spécialement à sa dignité.

Cette Paroisse est située à huit lieues ou environ de Paris, à une petite lieue de Corbeil, au couchant d'hiver de cette Ville. Il y a vignoble sur les côteaux de la riviere d'Essonne ou d'Etampes, et prairies dans le fond. Le vin des côtes va de pair avec celui de Mons en la Paroisse d'Athies. Il y a quelques années qu'on y comptoit 80 feux, compris le hameau de Villoison. Les dénombremens de l'Election de Paris ne font point d'article particulier de Villabé, mais ils joignent ce lieu à Ormoy qui en est à une petite demi-lieue. Ces deux Paroisses ensemble formoient en 1706 cent quinze feux, suivant le Dénombrement imprimé alors. Mais dans celui de 1745, publié par le Sieur Doisy, il n'y en a que 101. Et dans le Dictionnaire Universel du Royaume de 1726, Ormoy et Villabé réunis sont réputés contenir 456 habitans.

L'Eglise titrée de Saint Marcel, Evêque de Paris, est rebâtie assez nouvellement et dans une grande simplicité de toute maniere. On assure que Saint Blaise en est le second Patron. On voit dans cette Eglise la Sépulture de M. Potre, Curé, qui avoit été Prieur titulaire de Notre-Dame de Senart; il prit cette Cure en 1716.

On a vu plus haut que la Dame Eustache de Corbeil à qui la présentation de la Cure appartenoit, la céda à l'Abbaye d'Hiere en la fondant. Etienne de Senlis, Evêque de Paris, fit aussi le même don : ce qui fut cause que dans l'énoncé des biens de cette Maison que la Bulle d'Eugene III confirma en 1147, on lit : *Ex dono* *Annal. Bened.* *Stephani Parisiensis Episcopi Ecclesiam de Villa-Abbatis.* Depuis *T. VI, p. 676.* ces temps-là tous les Pouillés Parisiens, à commencer par celui du XIII siécle, et les Régistres, ont mis que la nomination de cette Cure appartient à l'Abbesse d'Hieres.

Eustache de Corbeil, quoique très-riche, ne jouissoit pas, apparemment, de toute la dixme de Villabé qui étoit tombée entre les mains laïques, aussi bien que l'Eglise, sur la fin de la seconde race de nos Rois ou au commencement de la troisiéme. Un Séculier nommé Adam Lisiard, partant pour la Croisade vers l'an 114...

<small>Chart. Long. fol. 1 et fol. 35.</small> donna la portion qu'il y avoit aux Moines du Prieuré de Longpont pour en jouir après sa mort, et il en revêtit le Prieur. La Bulle d'Eugene III de l'an 1151 en faveur des biens de cette Maison, marque que c'étoit le quart de la dixme.

On pourroit croire que ce seroit de ce Village de Villabé qu'il faudroit entendre ce qu'on lit touchant les Serfs que l'Abbaye de Saint-Magloire y avoit. Mais je suis certain par des titres du XV siécle que ce Villabé de Saint-Magloire étoit au Diocèse de Sens proche Valence, entre Melun et Montereau.

Le Cartulaire de Longpont qui est un excellent Répertoire des Chevaliers surnommés du nom des Villages voisins de Montlhéry et de Corbeil dans l'onzième et le douzième siècle, n'en produit à la vérité aucun qui se soit fait connoître par le surnom de Villabé; mais dans un acte solemnel de l'an 1093 ou environ, après la désignation de plusieurs Seigneurs de cette espece, on lit : *Isti omnes milites : Dehinc clientes, Rodulfus de Reüs, Vulgrinus de Viriaco, Augrinus de Vallibus, Christoforus de Villa-Abbatis*. On voit par le Glossaire de Du Cange que *Cliens* signifioit alors la même chose qu'*Armiger* que nous rendons par le mot françois Ecuyer. Quoique le fait soit de peu d'importance, il m'a paru nécessaire d'insister ici sur ce Christophe de Villabé, Ecuyer, puisqu'il vivoit sous le Roi Philippe Ier, long-temps avant qu'on songeât à fonder une Abbaye de Filles à Hieres. C'est ce qui doit achever de faire évanouïr la conjecture de M. de Valois et du sieur de l'Isle après lui, que le génitif *Abbatis* doive être pris au feminin, et que par *Villa-Abbatis* il faut entendre *Villa-Abbatissæ* comme étant une dénomination qui lui vient de l'Abbesse d'Hieres.

<small>Antiq. de Corb. p. 224.</small> De la Barre écrivit que sous François Ier le sieur de Valenciennes étoit Seigneur Justicier de Villabé et d'Ormoy; mais que le Seigneur de Corbeil fit des poursuites pour faire revenir à Corbeil ces Justices. Le Procès-verbal de la Coûtume de Paris dressé en 1580, marque qu'Anne de Valentiennes y comparut par Louis Budé son fils, Ecuyer, comme Dame de Coppeau et Villabé. Le cahier de la contribution de la Châtellenie de Corbeil pour le ban et arriere-ban de 1597, assure que l'Hôtel de Couppeaux et un Fief assis à Villabé avoient été autrefois déclarés par Jean de Valentiennes, et qu'ils appartenoient alors à Annibal Budé, Ecuyer, qui en retiroit 152 livres 6 sols : que le 18 Juin 1577 cet Ecuyer se présenta pour ces deux Fiefs et offrit le service exigé, et que depuis ce même Budé fut déchargé de la contribution, attendu le service qu'il rendoit. L'Historien de Corbeil faisant la description de la <small>Ibid., p. 16.</small> Châtellenie de cette Ville vers l'an 1610 ou 1620, y comprend Villabé, « qui, dit-il, avec la Seigneurie de Copeaux appartient aux « hoirs de Hector Budé avec droit de Justice moyenne et basse

« patrimoniale. » Il ajoute que dans l'achat que les anciens Seigneurs avoient fait du Roi de la haute Justice, il est énoncé qu'elle releveroit au Châtelet de Paris.

Quant à Ville-oison qui est un Hameau de la Paroisse de Villabé, on n'en trouve rien que dans les Archives des Religieuses d'Hieres. La Charte par laquelle Manassès de Garlande, Evêque d'Orléans, approuve le don que Baudoin de Corbeil leur a fait de la dixme de ce lieu qu'il tenoit de lui en Fief, l'appelle *Osonis-Villa.* Le même Prélat certifie que Frédéric et Jean, neveu de Baudoin, avoit assisté à cette donation avec Frédéric de *Dominio ;* d'autres titres latins l'appellent *Osum villa, Ossumvilla* et *Oysum villa.* Etienne de Senlis, Evêque de Paris, témoigne dans une de ses chartes que Baudoin, gendre de Dame Eustache de Corbeil, a donné à ce Monastere la Terre *de Osumvilla,* et en conséquence ce même Baudoin est marqué au Nécrologe de l'Abbaye au premier Janvier, jour de sa mort, en ces termes : *Obiit Bauduinus qui dedit nobis decimam de Oysumvilla ad pellicias sororum singulis annis.* On voit par là qu'il avoit eu intention que le produit de la dixme de ce lieu fût employé aux habits des Religieuses et surtout pour leur avoir des pelices. Depuis ce legs, une Dame nommée Aveline qui avoit un revenu en grain dans le même Hameau, le donna à ce Monastere ; *Quinto Nonas Maii,* dit le même Nécrologe, *obiit Avelina quæ dedit nobis IIII modios annonæ apud Ossumvilla.* Le laps de plusieurs siècles a pu amener beaucoup de changemens, ensorte que de la Barre a écrit que de son temps Ville-Oison étoit possédé par les héritiers du Trésorier Chahu, lesquels prétendoient que toute la Justice du lieu devoit leur appartenir au moyen de l'achat qu'ils en avoient fait du Roi.

Villeroy étoit avant le XIV siécle une dépendance ou Hameau de la Paroisse de Villabé ; c'est pourquoi, lorsqu'on y érigea une Cure dans ce siécle ou dans le suivant, la nomination du Curé appartint à l'Abbesse d'Hieres ; le revenu du bénéfice étoit fort modique.

Quoiqu'on lise dans l'Histoire de Corbeil que le lieu dit Moulin-galant est sur la Paroisse d'Essonne, cela n'a pas empêché qu'en 1713 le moulin que les Religieuses de la Congrégation de Corbeil véndirent à l'Hôpital-Général de Paris, dit anciennement le Moulin à diamant, et qui est déclaré situé au lieu appellé le Moulin galand, n'ait été désigné dans l'acte comme bâti sur la Paroisse de Villabé.

ORMOY

La proximité de ce petit Village avec celui de Villabé, a fait qu'on les a joints ensemble dans la division ou dénombrement de l'Election de Paris et dans les Livres écrits en conséquence. Cependant ils n'ont aucun rapport entr'eux, sinon celui d'avoir appartenu long-temps aux mêmes Seigneurs dans les derniers siécles. Il y a eu un Curé à Ormoy au moins depuis la fin du XIII siécle. Peut-être qu'auparavant ce lieu étoit desservi par le Curé de Menecy, Village qui n'en est qu'à un quart de lieue.

Ormoy est situé sur le rivage droit de la riviere d'Essonne ou de Juine, à huit lieues de Paris et dans une exposition un peu moins favorable à la vigne que celle de Villabé. On ne peut être aucunement embarrassé sur l'origine de son nom. Il est certain que tous les lieux qui ont le nom d'Ormoy ou Ormoye, ne l'ont que parce qu'il y a eu dans ces lieux beaucoup d'ormes. De là vient que celui-ci est appellé dans les titres latins du XIII siécle *Ulmeium* ou *Ulmetum*, pendant qu'Ormoye qui est contigu à Lieusaint à l'orient de Corbeil, a été appellé *Ulmeia* par la même raison. Comme ce lieu est confondu quant aux feux avec Villabé dans les dénombremens de l'Election, on ne peut en apprendre ce qu'il y a de feux à Ormoy. Le dénombrement imprimé en 1745, porte qu'Ormoy et Villabé ensemble renferment 101 feux. Ormoy est nommé le premier dans tous les Livres de l'Election, quoiqu'il soit le moins considérable, car j'ai appris dans le pays qu'il n'y avoit gueres que 30 à 36 feux. Il a autrefois été fermé de murs; on voit encore les restes des portes au midi et au septentrion.

Le chœur de l'Eglise de ce lieu m'a paru être d'une structure du XI siécle, étant voûté en forme d'anse de panier. Le reste de l'édifice paroît avoir quatre cents ans ou environ. Il est voûté et n'en est pas moins caduc. Il n'y a qu'un collatéral, sçavoir du côté du midi. Saint Jacques le Majeur est le patron de cette Eglise, et l'étoit dès le treiziéme siécle. Cette Eglise, quoique déjà très-vieille, n'a été dédiée qu'en 1554, auquel temps l'Evêque de Paris permit à l'Evêque de Philadephie de le faire, d'y bénir cinq Autels, et de fixer l'anniversaire de la Dédicace au 16 de Septembre.

Reg. Ep. Par. 13 Sept. 1554.

Au chœur dans le côté droit se voit une tombe sur laquelle est représentée une Dame, revêtue d'une robe doublée et fourrée de peau, et ayant un bandeau sur le front. Autour on lit l'épitaphe suivante en lettres capitales gothiques:

Hic jacet Domina Agnes uxor quondam defuncti Johannis de

Ulmeio .... *filios Dominum Adam Canonicum S. Mauritii et S. Martini Turonensis, et Ecclesiæ Autisiodorensis ; et Dominum Johannem Canonicum S. Petri Tronodorensis et S. Mauritii Andegavensis : cujus anima requiescat in pace.* Il faut sans doute sous-entendre dans l'endroit usé et vétusté ces mots *de quo habuit* ou autres équivalens.

Au côté droit de cette Dame, sur la même tombe, est représenté dans une niche un Diacre revêtu avec ces mots : *Hic est Dominus Adam, Diaconus,* et au côté gauche un Soudiacre avec ceux-ci : *Hic est Dominus Johannes Subdiaconus.* On peut juger que cette Dame Agnès vivoit du temps de Saint Louis, parce qu'Adam, son fils ci-dessus nommé, est mentionné comme vivant dans un testament rédigé l'an 1286, duquel je vais parler.

Dans le côté gauche du même chœur est représentée sur une autre tombe une Dame voilée avec cette inscription en mêmes caracteres gothiques : *Ici gist Madame Margueritte Dueille Estage qui fut fame Monseigneur Guillaume de Prenelle. Priez Dieu pour l'âme de li.* Cette tombe doit être du même temps que la précédente ou à peu près.

Quoique l'Eglise d'Ormoy ne soit point dans le rang des Cures du Pouillé de Paris dressé vers l'an 1260 ou 1270, il y avoit un Curé établi avant la fin du XIII siécle. Thibaud de Marly, Seigneur de Mondeville, marqua dans son testament de l'an 1286 qu'il laissoit à l'Eglise de Saint-Jacques d'Ormoy *(de Ulmeio)* vingt sols, et autant au Curé, plus au Chapelain du même lieu cinq sols. *Pauperibus menagiis dictæ Villæ de Ulmeio X Libras. Ecclesæ de Vaclois XX sol. Rectori XX sol. Capellano beati Nicolai de Ulmeio prope pontem XX sol. ad reparationem ejusdem.*

Thes. anecd. T. I, col. 1221.

Dans un autre article il y a : *Magistro Adæ de Ulmeio cantori Ecclesiæ beati Martin. Turon. XX Paris. annui redditus.*

Au reste, la Cure d'Ormoy *(de Ulmaio)* est marquée dans le Pouillé Parisien du XV siécle comme étant à la nomination du Chapitre de Notre-Dame de Corbeil, ce qui est suivi par celui du XVI siécle, et par les Imprimés des années 1626 et 1648.

Outre l'antiquité de la Cure d'Ormoy que le testament de Thibaud de Marly sert à prouver, il nous apprend qu'il y avoit aussi un Chapelain dans le même lieu, qu'outre ce Chapelain il y en avoit encore un autre dont la Chapelle sous le titre de Saint Nicolas étoit située proche le pont d'Ormoy, et que ce Chapelain étoit apparemment tenu à l'entretien de ce pont. Thibaud de Marly affectionnoit particulierement le Village d'Ormoy, puisqu'il légua 20 livres pour le soulagement des pauvres ménages, somme qui reviendroit aujourd'hui à plus de 300 livres. Pour ce qui est de la

Paroisse de Vaclois qui se trouve insérée dans ce testament parmi les articles d'Ormoy, je n'ai pu apprendre ce que c'étoit. Il faut faire attention à Adam d'Ormoy, qui y est pour 20 livres de rente, d'autant que c'est le même qui est nommé deux fois sur la tombe de Madame Agnès, femme de Jean, Seigneur d'Ormoy.

Ce même Jean d'Ormoy n'est pas le plus ancien des Seigneurs de ce lieu que l'on trouve dans les monumens. Le Cartulaire de l'Abbaye d'Hieres fournit à l'an 1218 un Guillaume Paniers *de Ulmeio* qui approuve que Guillaume Patez, Chevalier, ait donné à ce Monastere une dixme dans son Fief *apud Meugniacum*. Il y a dans Duchêne un catalogue des Chevaliers de la Banlieue au Bailliage de Paris au commencement du regne de Philippe-le-Hardi, c'est-à-dire de l'an 1271. On y lit que Jean d'Ormoy devoit le service pendant quatre jours. C'est le même dont il a été parlé ci-dessus. Son successeur fut plus connu dans l'Histoire, mais par un endroit qui ne lui étoit point honorable. Ce Seigneur n'étoit point son fils, puisqu'on voit qu'il n'avoit eu pour enfans que deux Ecclésiastiques, tous les deux Chanoines : de quelque famille qu'il ait été, il avoit épousé Alienor de Trie, fille de Matthieu de Trie, maison alors considérable et d'une Noblesse très-ancienne. C'étoit une Dame estimée de toute la Cour, et qui à cause des belles qualités de l'esprit et du corps dont elle étoit douée, avoit été admirée de tous les Princes et Seigneurs à Boulogne sur mer dans le temps qu'on y célebra les noces du Mariage d'Edouard V [ou II des Plantagenets], Roi d'Angleterre, avec Isabelle fille du Roi Philippe-le-Bel. Ce Seigneur avoit une concubine, laquelle ne pouvant souffrir qu'une Dame si considérée fût sa rivale, la fit mourir de poison, comme il parut à l'ouverture de son corps faite en présence des Médecins. Aussi-tôt cette empoisonneuse fut conduite à Paris avec d'autres. Le crime ayant été avoué, les unes furent enfouies en terre toutes vives, selon l'usage de ces temps-là, et les autres condamnées au feu. Pour ce qui est du Seigneur d'Ormoy, dans l'incertitude s'il étoit complice de la mort de sa femme ou non, il fut arrêté et mis en prison avec plusieurs autres. C'est ce que raconte Jean de Saint-Victor, Auteur contemporain, dans ses Annales non encore imprimées, à l'an 1308. Cette vertueuse Dame fut inhumée à l'Abbaye de Porroy ou Port-Royal au Diocèse de Paris. On lisoit ci-devant sur sa tombe qu'elle étoit décédée le 22 Février 1307 et son mari y étoit qualifié *Monseigneur d'Ourmoy*. Jean de Saint-Victor n'a point marqué comment il s'étoit tiré de l'affaire du poison donné à son épouse. Mais on voit dans les Régistres du Parlement une Ordonnance du Roi contre Jean d'Ormoy, Chevalier, gendre de défunt Matthieu de Trie, par laquelle on apprend qu'il fut mis en prison puis banni du Royaume. Elle est datée de Saint-Ouen près Paris du mois d'Août 1311.

Depuis cet événement on est deux cents ans sans trouver de Seigneurs d'Ormoy. On lisoit autrefois à Paris dans l'Eglise de Saint-Thomas du Louvre l'épitaphe d'un Germain de Valenciennes, Général Essayeur du Roi en sa Chambre des Monnoyes, décédé en 1520. Il y étoit qualifié de Seigneur d'Ormoy, Coupeaux et Villabé. C'est ce même Germain de Valenciennes qui avoit acheté du Roi la Justice de ces lieux, laquelle le Seigneur Engagiste de Corbeil voulut récupérer sous le regne de François I. Les Régistres qui servirent en 1597 à l'assiette de la contribution du ban et arriere-ban de la Châtellenie de Corbeil, portoient que ces mêmes Seigneuries avoient été précédemment déclarées par Jean, Pierre et Germain de Valenciennes freres, et que celle d'Ormoy qui avoit appartenu à Germain en particulier, étoit alors possédée par Damoiselle Claude de Valenciennes et ne valoit que 79 livres : néantmoins le 2 Juillet de la même année elle offrit de contribuer. Au reste il faut dire que cette Terre étoit partagée alors entre plusieurs Seigneurs, puisque dans le Procès-verbal de la Coûtume de Paris de l'année 1580 on trouve Pierre de Martine, Ecuyer, Seigneur d'Ormoy.

Recueil d'Epitaphes à la Bibl. du Roi.

Antiq. de Corb. p. 224.

Cout. de Paris, édit. 1678, p. 631.

Un peu après le commencement du siécle suivant la Terre d'Ormoy fut unie à la Seigneurie de Villeroy en vertu de Lettres-patentes régistrées le 13 Avril 1612.

Reg. du Parl.

Il est parlé en deux endroits du Nécrologe de Notre-Dame de Paris, d'un lieu dit *Ulmeium*. Hugues-Clément qui fut Doyen de cette Eglise depuis 1195 jusqu'en 1215, y possédoit des vignes qu'il y avoit acquises avec un pressoir ; mais je doute que cet Ormoy soit le même dont il s'agit ici. En tout cas ces indications du Nécrologe n'en feroient pas remonter l'antiquité beaucoup plus haut que ce que j'ai rapporté ci-dessus. Mais les titres de l'Abbaye des Vaux-de-Cernay sont un monument plus assuré en faveur d'Ormoy voisin d'Essonne. On apprend par un acte de l'an 1232 que Richard, Abbé de cette Maison, traita cette année-là avec le Seigneur et les habitans d'Ormoy en présence de Baudoin, Vicomte de Corbeil, sur le droit de certains paturages. Ce même Village s'est trouvé toujours en relation avec le Monastere durant les siécles suivans : ce qui fait voir qu'il y a possédé des biens depuis long-temps. On trouve par exemple qu'en 1458 Jean de Rully, Abbé, fit un traité avec l'Eglise de Saint-Jacques d'Ormoy, et que Michel Buffeteau, aussi Abbé, traita pareillement en 1502 avec le Curé du même lieu. Ce bien consiste en une Ferme et ses dépendances. Elle est dans le vallon, et accompagnée d'une Chapelle. On appelle ce lieu du nom de Roissy. Il est marqué

Necr. Par. 2 Januar. et 10 Maii.

Gall. Chr. nova, T. VII, col. 888.

Ibid., col. 894.

Ibid., col. 895.

dans presque toutes les Cartes du Diocèse. Seroit-ce là le Roissy-le-Platry nommé dans l'article du Coudray, Paroisse voisine, en parlant des Seigneurs à l'an 1629?

ESSONE

Les Lecteurs qui ne seroient pas informés que beaucoup de lieux très-anciens et autrefois très célèbres, ont perdu de leur première splendeur à l'occasion d'un établissement fait dans le voisinage, en trouveront un exemple dans Essone. Il faut se représenter que le rivage gauche de la Seine n'étoit qu'une prairie à l'endroit où est le nouveau Corbeil, et qu'il n'y avoit que quelques maisons de Bateliers à peu près comme cela est aujourd'hui vis-à-vis le Village de Ris ; ces maisons étoient de la Paroisse d'Essone qui est un quart de lieue plus loin dans les terres, et cet Essone étoit alors florissant. C'étoit une Terre du Fisc. Nos Rois de la première race y avoient une Maison où l'on battoit monnoye, ainsi qu'il est attesté par des tiers de sols d'or qui sont de ce temps-là et qui y ont été battus suivant que le dicte le mot *Exona* ou *Axsona* qu'on lit dessus ; ce n'étoit cependant qu'un *vicus* selon Fortunat de Poitiers, qui, dans sa Vie de Saint Germain de Paris, ne le qualifie que de ce nom. Mais ce *Vicus Exona* recommandable par son antiquité, a perdu son lustre depuis que celle de ses dépendances dont je viens de parler, l'a surpassé par la multitude de ses habitans, et qu'il s'y est formé une Ville. Essone tire son nom de la rivière qui y passe. Dans la Charte de fondation de Saint-Victor, il est parlé de Puiseux en Gatinois assis sur la rivière d'Essone, *super aquâ Essona*. Suger dans quelques titres nomme la rivière *Issona* et le Bourg *Axona*.

Hist. Eccl. Par. T. I, p. 796.

Ce Bourg est à sept lieues de Paris sur la grande route de Lyon et de l'Auvergne, à un quart de lieue de la Ville de Corbeil qui est celle dont je viens de parler, formée d'abord des démembremens de ce Bourg. Essone est regardé comme moitié chemin de Fontainebleau. On voit dans son territoire des prairies, des vignes et des terres labourables. Sa situation est dans un vallon au milieu duquel coule une petite rivière qui a pris le même nom à cause de la célébrité du lieu. Corbeil nouveau, contenu dans la Paroisse de Notre-Dame, est au levant de ce Bourg, à l'embouchure de la petite rivière dans la Seine. Par le dénombrement imprimé en 1709, il paroît que l'on comptoit alors à Essone 120 feux. Le nouveau dénombrement que le sieur Doisy a publié en 1745, y en marque 134. Le Dictionnaire Universel Géographique de la France qui vit le jour en 1726, a marqué en ce lieu 604 habitans. Le principal revenu de la Paroisse est en vignes.

Ce que j'ai dit en commençant l'Histoire d'Essone touchant son Seigneur primitif qui étoit le Roi, est fondé non-seulement sur les anciennes monnoies qui y ont été battues dès le VI siècle, mais encore sur d'autres témoignages. Le Fisc y avoit des domestiques ou serviteurs. Saint Germain, Evêque de Paris, en guérit un nommé Gildomer d'une infirmité qui lui étoit arrivée pour avoir voulu travailler un jour de Dimanche. Il est dit avoir été *ex fiscalibus famulis*. On est persuadé à l'Abbaye de Saint-Denis que nos Rois ne conserverent point cette Terre jusqu'à la fin du VII siécle; que Clotaire III qui régna depuis 656 jusqu'en 670, en fit la donation à ce Monastere, et que cette donation fut confirmée par Clovis III, vers l'an 695. On avoit, peu de temps après, enlevé cette Terre à la même Abbaye[1] : mais le Roi Pépin étant à Orléans l'an 766 au mois de Juillet, en ordonna la restitution après l'exhibition des deux chartes de ses prédécesseurs qui lui fut faite par l'Abbé Fulrad. Cette Terre fut depuis l'une de celles que l'Abbé Hilduin accorda aux Moines pour leurs habits et chaussures lors du partage de l'an 832. *Villam quoque Exonam cum censu et integritate sua*. Dans la confirmation de ce partage faite en 862 et mentionnée au Concile de Soissons, il y a *Villam Exonam cum integritate*. Il étoit arrivé entre ces deux années 832 et 862 quelques changemens à Essone en ce que l'Abbé Louis, faisant en 847 des échanges avec deux Francs nommés Ercanfred et Gabilon, leur avoit assigné un canton de terre labourable sur le territoire de ce Village, lieu dit le Courtil et l'Isle (*Curtilis et Insula*) sur le bord de la petite riviere et du grand chemin (*Via publica*). Peut-être que cette aliénation fut cause que par la suite on eut sujet de se repentir dans cette Abbaye d'avoir fait part de cette Merre[2] à des séculiers en cette Terre. Au moins l'Abbé Suger qui écrivoit trois cents ans après,

Hist. S. Denis, p. 54.
Vita S. Germ. per Fortunat. sæc. Bened. I, p. 236.

Doublet, p. 698.

Confirm. Lud. Felibien, Hist. S. Den.

Diplom. p. 536.

Diplom. p. 529.

---

1. On disoit du temps de de la Barre, Historien de Corbeil, que c'étoient les Comtes de Paris qui l'avoient ôtée et que le Comte la rendit par ordre de Pépin. Cet Auteur a raison de ne pas ajouter foi à l'Histoire qu'on répandoit que Clotaire avoit remporté en ce lieu une Victoire sur les Allemans. On a pris un fait pour un autre sur Clotaire III, qui en effet donna cette Terre à l'Abbaye, et on l'a confondu avec un autre Clotaire qui ayant perdu, l'an 600, la Bataille de Dormel, prit la fuite jusqu'au delà de Paris, ensorte que Thierry, Roi de Bourgogne, ravagea tout le pays dans le voisinage de Moret où est ce Dormel, jusqu'à Essone, que les Historiens appellent en cette occasion *Sciona* ou *Iscima* ou *Iscuina*. (Histoire de Corbeil, p. 179. — *Gesta Franc. Script. Franc.* Bouquet. T. II.)

2. Ce mot qui ne se trouve dans aucun dictionnaire de l'ancien langage françois nous semble d'une interprétation difficile. Du Cange traduit le mot *marra* par *palus lacus, stagnum*. Peut-être l'abbé Lebeuf a-t-il francisé ce mot qui n'existe pas d'ailleurs dans le diplôme qu'il cite. (Note de l'éditeur.)

marque-t-il que quoique le Bourg d'Essone eût appartenu à son Monastere par un effet de la libéralité des Rois, la méchanceté d'un tyran avoit transporté ce même Bourg au Château de Corbeil : *Axonem burgum S. Dionisii super fluvium Issonam antiquâ Regum liberalitate collatum... atrocitas cujusdam tyranni in castrum Corboïlum transtulit.* Il est assez sensible par l'acte de 847 que le terrain cédé aux deux Seigneurs Francs sous le regne de Charles-le-Chauve étoit situé entre le Bourg d'Essone et la Seine. L'Abbé Suger fait entendre qu'il y avoit plus de deux cents ans que l'Eglise d'Essone restoit seule au milieu des champs comme une statue, lorsque l'Evêque de Paris l'ôta aux Moines de Saint-Denis, pour la donner à l'Ordre de Cluny. Or ce transport se fit vers l'an 1120, ainsi qu'on verra ci-après. La Terre d'Essone étoit possédée par l'Abbaye, mais il n'y avoit plus de Bourg ; tous les habitans s'étoient transplantés au bout du Pont qui pouvoit être sur la Seine vers l'embouchure de la Juine dans la même riviere, et y avoient formé un autre Bourg, et même les Seigneurs de Corbeil avoient commencé à regarder le fond d'Essone comme à eux appartenant. Alors l'Abbé de Saint-Denis se voyant privé de l'Eglise Paroissiale d'Essone, fit rétablir une ancienne Chapelle qui étoit en ruine sur le côteau vers le midi, et ce fut ce qui donna naissance au Prieuré d'Essone dont je parlerai après avoir dit un mot sur l'Eglise de la Paroisse.

Suger. Lib. de admin. sua. Duchêne, T. IV, p. 339.

Cette Eglise est sous le titre de Saint Etienne, premier Martyr. Ansel de Garlande la possédoit sous le regne de Louis-le-Gros, dont il étoit Sénéchal ; d'où il semble que l'on puisse inférer qu'il étoit un de ceux qui tenoient alors quelque chose du temporel de l'Abbaye de Saint-Denis. Il fit présent de cette Eglise au Monastere de Gournay-sur-Marne fondé depuis peu et soumis à celui de Saint-Martin-des-Champs de l'Ordre de Cluny. Les Lettres de Gilbert, Evêque de Paris, de l'an 1122, et celles du Roi Louis-le-Gros qui sont de l'an 1124, énoncent cette donation en ces termes : *Ecclesiam Essoniæ cum atrio et decima Ansellus eidem Monasterio contulit : hospites vero in eodem atrio commanentes Stephanus Frater ejusdem Anselli eidem Monasterio concessit.* On voit par là qu'il n'est pas exactement vrai qu'il y eut plus de deux cents ans que l'Eglise d'Essone étoit seule et sans maisons, quoique l'Abbé Suger l'assurât, puisqu'il y avoit des habitans devant le portail de l'Eglise. La possession de cette Eglise fut confirmée aux Moines de l'Ordre de Cluny par une Bulle d'Eugène III de l'an 1147, *Ecclesiam S. Stephani cum atrio et decima.* Les mêmes termes sont dans les Lettres de Thibaud, Evêque de Paris, de quelques années après. Le nom de S. Etienne n'étoit pas au reste nouveau, puisqu'on trouve dans un titre de l'an 1029 au sujet de quelques

Hist. Eccl. Par. T. II, p. 79. Opera Abaëlardi.

Hist. S. Mart. à Camp.

Ibid.

Hist. Eccl. Par. T. I, p. 658.

biens situés aux environs d'Essone, que parmi les voisins de ces *Ex Vita Burc.*
biens étoit une Terre dite la Terre de S. Etienne, **Terra S. Stephani.** *comitis Corb.*
Vers la fin du XIII siécle le Curé de ce lieu étoit appellé *Duchêne,*
Decanus Christianitatis de Essona, et l'on voit même encore dans *Chart. S. Mauri*
le Pouillé de ce siécle que le Doyenné de Linais y est dit aussi *Fossat,*
Decanatus de Essona. Ce fut vers ce temps-là que fut bâti le *ad an. 1299.*
chœur de l'Eglise qu'on voit aujourd'hui à Essone. Elle est assez
longue en y comprenant la nef qui est postérieure et bâtie moins
proprement. Ce vaisseau a deux aîles, mais sans contour qui
conduise de l'une à l'autre. La tour bâtie du côté septentrional
paroît être du XIV siécle; elle penche de vétusté. L'Auteur de
l'Histoire de Corbeil parle d'une Chapelle bâtie en l'Eglise d'Essone l'an 1277 par le Roi Philippe-le-Hardi, mais ce qu'il ajoute
du Prieur d'Essone, fait douter qu'il s'agisse là de l'Eglise Parois- *Antiq. de Corb.*
siale. Ce qu'il rapporte d'après un des Historiens de Charles VI est *p. 178.*
plus positif, sçavoir qu'en 1417 le tonnerre tomba dans l'Eglise de *Ibid., p. 202.*
Saint-Etienne d'Essone où il rompit le bras du Crucifix, renversa *Ex Juven. des*
toutes les images qui représentoient quelque Mystere de la Passion, *Ursins.*
et les rendit noires comme du charbon, et en sortant laissa dans
cette Eglise une telle puanteur que personne n'y pouvoit rester.

Dans le côté gauche de la même Eglise est gravé sur la pierre
un contrat en lettres gothiques avec une représentation de quelques Chanoines à genoux. Il commence ainsi : *Nous Chantre,
Chapitre, Communauté de l'Eglise de Notre-Dame de Corbueil,
confessons pour et au nom de notre Communauté, avoir reçu
d'honorable et sage homme Gourgon de la Croix ; et Marion sa
femme, Marchands, Bourgeois, demeurans audit Corbueil, la
somme de, etc.* Par ce contrat, les Chanoines s'obligeoient d'aller
deux fois par an en Procession en l'Eglise Saint-Etienne d'Essone
et d'y distribuer manuellement au Curé ou Vicaire huit deniers
parisis, et d'entrer en revenant en l'Eglise de Saint-Nicolas. A la
seconde Procession devoit assister celle de Saint-Nicolas, et rester
à la Grande Messe d'Essone. De même à la Fête de la Dédicace
au mois de Mai. Ce contrat est daté de l'an 1499.

On y lit sur une autre pierre pareillement en caracteres gothiques, la fondation d'un Salut qui sera dit entre six et sept après
souper le jour de Pâques, *jour auquel Notre Seigneur a fait
grace à tous les Fideles Chrestiens de donner son saint Corps.*
Les fondateurs sont Nicole Bossart ou Bollart, Avocat en Parlement, Seigneur de Champcueil, et Jehanne Ferron, sa femme.
(Leurs armes sont trois têtes de Maures et trois bandes.) L'Abbé
Chastelain, Chanoine de Notre-Dame de Paris, a observé dans
ses Voyages manuscrits que ce Salut étoit marqué devoir être dit
à sept heures et demie après souper, en mémoire de ce qu'environ

cette heure en ce jour Notre Seigneur donna son corps à deux de ses Disciples; ce que je n'y ai point lu et que je crois n'y point être. Cet acte n'a point de date; mais sur une autre pierre est la fondation d'*O filii* faite en 1601, par la fille des fondateurs ci-dessus nommés, veuve de Claude Guibert, Avocat. Cette dernière inscription est dite mise par les soins de Philbert Guibert, Docteur en Médecine, Anne Guibert Fusée, Ecuyer, Sieur d'Assy, Champdeul et la Fournaise, Gentilhomme-Servant de feue Madame, sœur unique du Roi.

Le Pouillé Parisien du XIII siécle marque, conformément à la donation ci-dessus rapportée, que c'est au Prieur de Gournay qu'il appartient de nommer à la Cure d'Essone, et cela a été suivi dans tous les Pouillés subséquens. Comme l'Eglise de Notre-Dame de Corbeil en est une dépendance, c'est pour cela que dans le Rolle des Départemens des Vicaires Généraux du Diocèse de Paris, et dans celui des Décimes, on trouve toujours sous un même et seul article Essone et Notre-Dame de Corbeil, mais je remets à parler de cette Eglise de Notre-Dame, lorsque je traiterai de Corbeil. De la Barre qualifie pareillement du titre de Curé d'Essone et de Corbeil, un Renault de Breban, Maître ès Arts de l'Université de Paris, décédé en 1437, dont il avertit que l'on voit l'épitaphe à Saint-Benoît de Paris à côté gauche du grand autel, laquelle commence ainsi :

<small>Antiq. de Corb. p. 210.</small>

> *Quisquis ades qui morte cades, sta, respice : plora :*
> *Sum quod eris, parum cineris : pro me, precor, ora.*

<small>Etat des Prieurés de Paris 1572. Suger de administ. sua. Duchêne, T. I, p. 340.</small>

Nous ne trouvons point l'origine de la Paroisse d'Essone : mais celle du Prieuré paroît être certaine, quoiqu'on ne voye pas pourquoi il a été appellé en 1572 Notre-Dame de la Victoire. L'Abbé Suger fournit les commencemens de l'Histoire de ce Prieuré : il y restoit, dit-il, de son temps dans le lieu, dit les Champs, une Chapelle qu'on appelloit de Notre-Dame, la plus petite qu'il eût jamais vue à moitié en ruines, sur l'autel de laquelle les brebis et les chevres paissoient. Plusieurs personnes assurant y avoir vu paroître les Samedis des cierges allumés, les malades y accoururent demandant leur guérison, et l'obtinrent. Ce lieu étant devenu l'objet d'un pélerinage, Adam, Abbé de Saint-Denis vers l'an 1110, y envoya Hervé, son Prieur, et Odon de Torcy, l'un de ses Religieux, pour y rétablir la Chapelle. Pendant le temps qu'ils y demeurerent, Eudes, Comte de Corbeil, qui n'aimoit pas voir des Moines si proche de sa Terre, entra chez eux et y força le coffre où il y avoit quelque argent; il fut cité puis excommunié, mais étant tombé malade, il se fit absoudre en rendant ce qu'il avoit pris, et abandonnant aux Religieux les droits qu'il prétendoit sur

le foin et la chair de porc, dont il donna un écrit daté de l'an 1111. Doublet, p. 845.
Mais comme le nombre des miracles alla toujours en augmentant,
il fallut penser à y établir une Communauté. Suger étant devenu
Abbé de Saint-Denis depuis 1121, y fit bâtir un cloître, un réfectoire, un dortoir, et y envoya douze Religieux pour y demeurer
avec le Prieur. Il enrichit l'Eglise d'ornemens sacerdotaux, de ri-
deaux de soye et de chapes de même matiere. Il y fit présent de
deux Textes, sçavoir, de l'ancien Livre ou Texte quotidien de
l'Abbaye de Saint-Denis et du Graduel de l'Empereur Charles, et
outre cela d'une Bible [1] en trois volumes. Pour la nourriture des
Religieux, il assigna un labourage de deux charrues situé dans le
voisinage, et il acquit pour leur boisson beaucoup de vignes outre
le clos qu'il fit planter pour eux. Il fit de plus construire dans le
lieu sur le terrain de Saint-Denis quatre pressoirs qui pouvoient
produire par an environ quatre-vingts muids de vin sans aucuns
frais ; de telle sorte, ajoute-t-il, qu'ils étoient sûrs de retirer par
chaque année deux cent cinquante muids de vin, et même quelquefois trois cents [2]. Il leur destina aussi une certaine quantité de
prés sur le fond de l'Abbaye et leur fit faire des Jardins potagers.
Suger parle ensuite d'une autre terre appartenante à Saint-Denis
qui étoit depuis long-temps réduite en solitude et sans un seul
habitant, de sorte que c'étoient ceux des Villages voisins qui reti-
roient le produit dont il ne revenoit à l'Abbaye qu'un muid de
grain par an ou même moins, ou bien deux ou trois septiers de
noix. Cet Abbé y fit bâtir une ferme et une grange à trois charrues
et cela pour l'utilité de ce nouveau Monastere. Comme ce pays
avoit de bons pacages, il y mit aussi des bestiaux pour l'engraisse-
ment des terres. Il sembleroit que ce bien auquel Suger ne donne
point de nom, auroit pu être dans le voisinage en remontant la
riviere d'Essone [3]. Il ajouta à tous ces dons celui d'une Terre
située proche Brunoy, et qui rendoit aux Religieux de ce même
Prieuré du grain, du vin et du foin. Ayant recouvré en partie un
moulin perdu depuis soixante ans, il le leur abandonna, ne les
chargeant que de payer par an vingt sols au réfectoire de Saint-
Denis le 10 Octobre. Enfin il leur attribua dix-sept livres de cens
à Corbeil outre d'autres revenus provenant des Foires, avec un
moulin, un four, huit muids d'avoine, des poulles et une prébende
entiere dans la Collégiale de Saint-Spire. On peut dire que cet
Abbé dota richement ce Prieuré. Je ne sçais pourquoi il a omis le
droit de pêche dans la riviere d'Essone, que le Roi Louis-le-Jeune

1. *Bibliotheca* signifioit alors fort souvent une Bible.
2. Je traduis *modios* par muid.
3. Il pouvoit être entre Monceaux et Fontenay-le-Vicomte où l'Abbaye de
Saint-Denis avoit du bien dont elle fit échange en partie au IX siécle.

accorda en sa faveur à ce même Monastere, à commencer au pont du Bourg d'Essone jusqu'aux moulins bannaux du Roi. De la Barre assure que les Lettres en furent expédiées par le Chancelier Algrin l'an 1139. Philippe de France, frere du Roi Louis VII, fit en l'an 1145 à ce Prieuré un don d'une autre espece. Etant Abbé de Saint-Spire de Corbeil, il attacha une prébende de cette Eglise à ce Monastere. On peut voir ce que j'en dis en parlant de Corbeil.

Antiq. de Corb. p. 132.
Doublet, p. 869.

Ce que nous trouvons depuis sur ce Prieuré, est que l'an 1233, Odon Clément, Abbé de Saint-Denis, transigea avec les Chanoines de Saint-Spire au sujet des droits de cette Maison; que celui qui étoit Prieur en 1260 fut obligé de plaider contre les Gens du Roi et le Prévôt de Corbeil, qui réclamerent un faux monnoyeur arrêté sur sa Terre, et que le Prieur gagna; qu'en 1277 il y eut encore un grand procès au sujet de la Justice d'Essone sur lequel il intervint Arrêt du Parlement qui déclara que le Prieur avoit tout droit de Justice dans le Bourg, et qu'il pouvoit élever des fourchés patibulaires sur son territoire; que quant aux maisons, terres et héritages du Prieuré sis hors du Bourg, le Prieur auroit droit de basse Justice seulement; au surplus qu'au Roi et à la Reine Douairiere appartenoit la Justice sur les grands chemins et la Voirie du Territoire. Les Officiers de la Reine Clémence de Hongrie, veuve de Louis Hutin, à laquelle Corbeil appartenoit, ayant voulu empêcher les Sergens du Prieur de porter dagues et épées à Corbeil ès lieux où il a Justice, et à Essone même jusqu'à les leur avoir ôtées, il y eut un Arrêt du Parlement du 10 Mars 1323, par lequel il fut ordonné que leurs armes leur seroient rendues.

Gall. Chr. nova, T. VII, col. 388.
Reg. Parlam. Candelosa 1260.
Antiq. de Corb. p. 178.
Doublet, p. 951. Lib. assign. Parlam.

Un des Prieurs de ce lieu dont la mémoire s'est conservée, est Gilles Rigaud qui soutint vigoureusement le Procès que les Officiers de la Reine lui intenterent, et qui obtinrent contre eux l'Arrêt dont je viens de parler et un autre du 10 Avril 1323. De son temps il s'éleva quelques différends entre la Reine Clémence et les Moines de Saint-Denis; les Parties s'en rapporterent à Saint Jean de Dieu de la Charité, Archidiacre de Soissons, et à Pierre Saurel, Trésorier de Nevers. Il fut fait vingt ans après Abbé de Saint-Denis. Un autre qui a été Prieur Commendataire au XVI siécle est Jean de Serres; ce qui me fait croire que c'est celui qui se fit Calviniste, est que je vois que Jacques de Thou jetta un dévolu sur son Bénéfice. Les Lettres de Rome en date du mois de Janvier 1569, sont adressées *Nobili viro Jacobo de Thou, Clerico Parisiensi... per incapacitatem seu inhabilitatem aut irregularitatem Magistri Johannis de Serre.* Le visa de Paris est du 8 Mars suivant. Jacques de Thou résigna ce Prieuré à Jean Touchard, en 1584.

Chron. S. Dion. Gall. Chr. nova, T. VII, c. 399.
Reg. assign. dict. Parlam. 1319.
Reg. Ep. Paris.

Enfin ce même Prieuré dont la nomination étoit revenue au Roi depuis l'union du titre Abbatial de Saint-Denis à la Maison de

Saint-Cyr, a été cédé par le même Prince à l'Abbaye de Coulomb, Diocèse de Chartres, pour y être uni en échange des Prieurés de Saint-Germain-en-Laye et de Marly-le-Bourg qui dépendoient de cette Abbaye et qui ont été unis aux Cures de ces deux lieux. Pouillé Royal d'Antoine.

Il ne reste plus rien de ce Prieuré que l'Eglise qui est située sur le bord du grand chemin au sortir d'Essone à gauche en allant à Fontainebleau, laquelle n'a plus que l'air d'une grande Chapelle toute nue et peu solidement construite. Il y avoit aussi autrefois dans la même Eglise une Chapelle du titre de la Magdeleine. Il en est fait mention dans les Registres de l'Archevêché au 29 Octobre 1473.

Il est vrai, par tout ce qui a été dit jusqu'ici, que le Prieuré d'Essone est celle des Communautés qui possedent le plus de bien sur le territoire de la Paroisse. Mais cela n'exclut point plusieurs autres Corps Ecclésiastiques établis sur l'ancien territoire de la même Paroisse à l'endroit où a été formé le nouveau Corbeil et dans l'Isle où est la Maison des Chevaliers de Saint-Jean de Jérusalem. Outre ce que peuvent y posséder les Collégiales de Saint-Spire, de Notre-Dame et le Prieuré de Saint-Guenault, on voit dans le Nécrologe de l'Abbaye d'Hieres, qu'un nommé Hugues Guirre donna à ces Religieuses *apud Essonam dimidium molendini*, laquelle donation doit avoir été faite vers le temps de la fondation, puisqu'elle fut confirmée par la Bulle d'Eugene III, qui est de l'an 1147. Necr. Heder. ex Cal. Déc.
Annal. Bened. T. VI, p. 676

De nos jours on a établi à Essone une Manufacture de fer laminé dont on fait des lits et divers meubles. Cet établissement est la matiere d'une brochure imprimée chez Durand en 1753.

CORBEIL occidental doit donc être regardé comme la portion qui est aujourd'hui la plus remarquable et la plus peuplée de tout le territoire d'Essone : aussi le Curé y fait-il sa résidence à l'Eglise de Notre-Dame, son annexe ou succursale qui a succédé à celle de Saint-Nicolas, pendant que son Vicaire réside à Essone, Eglise Matrice. Cette annexe étant devenue Ville, mérite un article particulier.

VAUX-SUR-ESSONE portoit ce nom dès l'an 1398, que Jean de Dicy, dit Bureau, Capitaine de Corbeil, Ecuyer d'honneur du Roi, en étoit Seigneur. De la Barre écrit que c'est une petite Isle de la riviere qui passe à Essone, et où il reste des masures de l'Hermitage de Saint Guillaume. Dès son temps cette Seigneurie étoit jointe à Villeroy. Il dit ailleurs que la Maison du Donjon, sise à Corbeil, est de la censive de ce Vaux. Hist. des Gr. Off T. VIII, p. 471.
Antiq. de Corb p. 19.
Ibid., p. 156.

MOULIN-GALAN est un Hameau au midi d'Essone dont plusieurs maisons sont sur la petite riviere proche Villabé. De la Barre marqua, il y a cent ans, dans son Livre, qu'il y avoit en Ibid.

ce lieu des moulins, non-seulement à bled, mais encore à papier et pour tailler des diamans, dans un beau pavillon bâti par le sieur Chahu. Ce pourroit être un de ces moulins dont il est fait mention dans l'extrait des Comptes de la Prévôté de Paris rendu vers l'an 1430 en ces termes : *Moulin à papier et héritages scis à Essone qui furent à Jehan le Maistre dit le bossu.* En 1480 il y avoit un autre moulin à papier nouvellement bâti par Hugues Denison en une petite Isle à Essone, et on l'appelloit le moulin du Pré.

<small>Sauval, T. III, p. 586.</small>

<small>Lib. Cens. Pr. S. Johan. paroi.</small>

PRESSOIR ou Pressoir-prompt sont trois ou quatre maisons sur le chemin d'Essone au Plessis-Chesnay à gauche proche les vignes. Elles portent ce nom sans doute en mémoire des pressoirs que l'Abbé Suger avoit fait construire dans ce même lieu.

<small>Ci-dessus p. 265.</small>

Les Cartes Géographiques marquent NASSELLE comme un lieu tout proche le Bourg d'Essone, et NAGY comme tout voisin de Corbeil. Je n'ai rien trouvé sur ces deux lieux. En voici deux autres dont je parlerai dans les termes mêmes du sieur de la Barre.

« CHANTEMESLE, belle Maison située entre Essone et Saint-
« Jean-en-l'Isle. Elle appartient, dit de la Barre, au sieur Hesselin,
« Conseiller du Roi en ses Conseils, Maître d'Hôtel ordinaire de
« sa Maison et de sa Chambre aux Deniers, lequel se servant de la
« commodité de l'eau de la rivière d'Etampes (c'est celle d'Essone)
« qui passe au travers de ses jardins, en élève des fontaines et cas-
« cades faites par artifice non commune. » Ces sortes d'inventions étoient encore rares il y a six vingt ans. Sauval n'en dit qu'un mot : *Je laisse*, dit-il, *Essone ou Chantemesle si célèbre par tant de machines dont l'inventif Hesselin s'étoit servi.*

<small>Antiq. de Corb. p. 18.</small>

<small>Antiq. de Paris, T. III, p. 51.</small>

« LES BORDES sont quelques moulins et maisons qui bordent
« la rivière d'Etampes entre Corbeil et Essone dont une partie est
« de la Justice et censive de Saint-Jean-en-l'Isle ; l'autre partie est
« de la censive du Prieuré Saint-Guenault, et de la Justice du Pré-
« vôt de Corbeil. »

C'est dans l'un des lieux ci-dessus marqués que l'on fit sous le règne de Louis XIII une entreprise pour l'utilité du public. Patin en parle dans son Traité des tourbes combustibles publié en 1663.
« Il n'y a pas trente ou quarante ans, dit-il, qu'un homme qui
« avoit beaucoup d'esprit et qui étoit fort entreprenant, fit tirer
« vers Essone plus de deux cent mille tourbes pour servir d'Echan-
« tillon à l'usage qu'il en vouloit rendre public : mais sa mort
« empêcha la réussite de ce grand projet, ne s'étant trouvé per-
« sonne qui eût le courage, les moyens et l'intelligence nécessaire
« pour le poursuivre. Des Bergers ayant froid en hyver, firent du
« feu avec du chaume et des buchetes contre ce monceau qu'ils ne
« jugeoient être que de la terre ordinaire. Mais ils furent bien sur-

<small>Traité des Tourbes, in-4°, p. 8.</small>

« pris de voir brûler ce grand amas que l'Entrepreneur avoit mis
« là pour sécher, qu'on ne put jamais éteindre avant son entiere
« consommation. Les anciens du pays disent que ce feu dura trois
« jours et trois nuits. » Patin ajoute que le sieur de Chambre,
Trésorier-Payeur des Gendarmes, eut un Brevet du Roi en 1658
pour ses tourbes, et n'en dit pas l'issue.

Il y a eu au XIII siécle un Pierre d'Essone renommé parmi
ceux qui donnerent alors des Livres à la Sorbonne encore nais-
sante, entr'autres un Livre d'un Théologien, appellé Jean, qui étoit *Cod. Sorb. 921*
S. Bonaventure: sa donation fut faite en 1278. Il est appellé *Petrus
de Essoniis.*

Un Jean d'Essone fut aussi un des *Socius* de Sorbonne dans le *Ibid.*
même temps, et Prédicateur. Il mourut vers l'an 1280.

Sur la fin du dernier siécle le Bourg d'Essone a été honoré de
la résidence de Messire Paul-Philippe de Chaumont qui quitta en
1684 l'Evêché d'Acqs qu'il gouvernoit depuis environ douze ans
et mourut en 1697. Il étoit de l'Académie Françoise, et l'on a de
ses Ouvrages en faveur de la Religion. Ce fut au moins dans les *Perm. de Chap.*
dernieres années de sa vie qu'il demeura à Essone dans la maison *dom.*
qu'il y avoit. *25 Mars 1696.*

LE NOUVEAU CORBEIL

SUR L'ANCIEN TERRITOIRE D'ESSONE

Cette Ville, quoique devenue assez célèbre dans l'Histoire soit
Ecclésiastique soit Civile, ne doit pas passer pour avoir eu des
commencemens bien reculés, ni si éloignés de nos jours que se
l'est imaginé son Historien moderne, le sieur de la Barre. Cet
Ecrivain se repaissant de vaines idées, ne s'est pas contenté de
donner au vieux Corbeil une antiquité qu'il n'a pas, en le supposant bâti par les habitans de la Ville Gauloise de Corbilo-sur- *Hist. de Corbeil*
Loire dont parle Strabon, et ajoutant que c'est le *Metiosedum* *de 1645,*
nommé ainsi dans les Commentaires de César, parce que c'étoit, *p. 2, 3, 4, 5 et 8.*
dit-il, une Ville assise au milieu des deux Villes de Lutece et de
Melun, quasi *Medio sedium;* il tâche encore d'insinuer que la
Ville de Corbeil aujourd'hui extante à l'autre bord de la Seine
n'est pas plus nouvelle que le vieux Corbeil que d'un siécle et
demi ou environ, et qu'elle a été fondée par Gnæus Domitius
Corbulo, Lieutenant-Général pour l'Empereur Néron des armées
placées sur le Rhin. Mais en ne s'attachant qu'à ce qui est certain,
on est obligé de rapprocher beaucoup plus près de notre temps

l'origine de la Ville de Corbeil. De la Barre a bien senti le foible de sa cause, lorsqu'il avoue qu'il falloit qu'il n'y eût point encore d'habitans ou de peuple à l'endroit où est Corbeil sur l'embou-chure de la Juine dans la Seine, lorsqu'on établit des Paroisses, puisqu'alors il n'y en eut point d'érigée en ce lieu, et que le terrain ou emplacement occupé depuis par cette Ville, fut attribué alors à la Paroisse d'Essone que l'on connoit avoir été un *Vicus* dès le temps de la premiere race de nos Rois au sixiéme siécle.

<small>Hist. de Corbeil, p. 8.</small>

Le territoire où Corbeil a été bâti peu à peu tel qu'il est étant originairement de la Paroisse de Saint-Etienne d'Essone, de la Barre se renferme à dire qu'il n'y avoit alors en ce lieu du confluent de la Juine et de la Seine qu'une Tour en forme de Château; mais il veut toujours que ce soit la Tour de Corbulo-le-Romain : et c'est ce qu'il ne prouve pas. Corbeil dont il s'agit n'est connu que par ses Comtes, et cela depuis le dixiéme siécle seulement. L'on a des monumens sur ce lieu depuis ce temps-là, et cependant aucun des anciens titres ne parle de cette Tour de Corbulo. C'est un nom fait à plaisir, de même que l'on a donné en ces derniers siécles au coche d'eau qui descend de Corbeil à Paris le nom de Batteau-Corbillard. Le même Historien de Corbeil reconnoît qu'encore dans l'année 841 l'angle de la jonction des deux rivieres ci-dessus nommées n'avoit point de nom. Il se sert pour le prouver du texte de Nithard, Ecrivain alors vivant, qui marque, selon lui, que Charles-le-Chauve venant de Paris en Bourgogne, rejoignit les troupes du Capitaine Warin dans un lieu *ubi Juna Sequanæ confluit,* ce qu'il traduit à la jonction de la Juine à la Seine. Ce qu'il dit sur le confluent des deux rivieres, sçavoir, qu'il n'avoit pas encore de nom en 841, est très-véritable ; mais ce qu'il produit pour le prouver n'est pas à sa place ; car dans les bonnes éditions de Nithard, on ne lit point *ubi Juna Sequanæ confluit,* mais *ubi Luva Sequanæ confluit,* ce qui signifie au confluent de la riviere de Loing et de la Seine, c'est-à-dire aux environs du lieu où est la Ville de Moret. En effet, la traitte du chemin à laquelle Charles-le-Chauve employa une nuit entiere de la fin de l'hiver demande bien qu'au lieu de sept lieues on en mette seize.

<small>Thes. Anecd. T. III.</small>

Si le sieur de la Barre avoit connu une Histoire de la Translation des Reliques de Saint Quirin, Martyr du Diocése de Rouen, faite sous le regne du même Charles-le-Chauve ou d'un autre Roi du nom de Charles au neuviéme siécle, d'un lieu du Diocése de Paris appellé *Condatum,* en l'Abbaye de Malmedy au Diocése de Cologne, il s'en seroit peut-être aussi servi pour prouver l'antiquité de sa Tour de Corbulo, vu que *Condatum* signifie un confluent de deux rivieres, ou un angle de terre formé par leur jonction ; et il auroit aussi fait apporter du Diocése de Rouen en ce lieu plutôt qu'il ne fait les Reliques de ce S. Quirin, parce qu'il auroit dit qu'elles ne pouvoient pas avoir été enlevées de ce *Condatum* sous les Rois Charles-le-Chauve, ou Charles-le-Gras, ou Charles-le-Simple, qu'elles n'y eussent été réfugiées auparavant. Ce trait historique de l'apport des saints Martyrs du Diocése de Rouen au neuvième siécle à *Condatum* du Diocése de Paris, a été inséré dans la légende de S. Nigaise du dernier Bréviaire de Paris au 11 Octobre. La conservation actuelle d'une grande partie de celui de Saint Quirin ou de Sainte Pience, Compagnon du Martyre de Saint Nigaise dans l'ancien Prieuré de Saint-Jean de l'Hermitage de Corbeil, paroissoit devoir déterminer à entendre Corbeil par ce *Condatum* qualifié Parisien dans l'Ecrit du Moine de Malmedi. Mais il s'y est trouvé un obstacle insurmontable : c'est que l'Histoire du transport de ces corps Saints écrite par les Moines de Saint-Ouen de Rouen, qui en furent les porteurs, aussi-bien que de celui de Saint-Oüen, assure que ce *Condatum* étoit une Terre appartenante à leur Eglise, et ne dit en aucun endroit qu'elle fût située au Diocése de Paris. Or il se trouve par des recherches exactes, que le *Condatum*, Village du Domaine de l'Abbaye de Saint-Ouen, est situé au Diocése de Soissons à la jonction des rivieres d'Aine et de Véle, à une très-légere distance de Sancy, patrimoine du Saint Evêque de Rouen, et que cette Terre de *Condatum* est ainsi désignée dans des Chartes du IX siécle. D'où il faut conclure que c'est le Moine de Malmedi qui s'est trompé, prenant un Diocése pour un autre ; peut-être parce qu'il a écrit son Histoire trop long-temps après les événemens ; ainsi de tout cela il ne résulte encore rien pour Corbeil.

Il y eut en 853 un Cartulaire dressé à *Silvacum* proche Laon, par lequel Charles-le-Chauve ordonnoit quels seroient les Envoyés ou Commissaires de sa part dans les petites Provinces de ses Etats. Si le nouveau Corbeil n'existoit pas encore comme il y a lieu de le croire, son territoire ne pouvoit être compris sous ce nom-là dans ces Départemens. Mais comme le pays de Châtres étoit une de ces petites Provinces sous le nom de *Castrisum*, contigu au pays Etampois *Stampisum*, et qu'il n'y a que trois lieues d'Essone à Châtres, il est plus vraisemblable qu'alors la Paroisse d'Essone et son territoire dont l'emplacement du futur Corbeil faisoit partie, étoit comprise dans le *Castrisum* dont Châtres étoit le chef-lieu. Mais ce ne fut pas beaucoup de temps après, qu'on vit se former à la jonction de la Juine et de la Seine, une espece de Hameau. Il étoit naturel que quelques Bateliers s'y fussent établis, soit pour conduire à Paris des marchandises, soit pour faciliter le passage dans la Brie, car il n'y a aucune preuve

<small>Duchêne, T. II, p. 418 et suiv.</small>

qu'il y eut dès-lors en cet endroit un pont sur la Seine pour aller d'Essone au Village de Corbeil. Les maisons qui y furent bâties prirent le nom de Corbeil dont elles n'étoient séparées que par la riviere. Sous le regne de Charles-le-Gras, vers l'an 884, les Normands se disposant à remonter la Seine au-dessus de Paris, et l'ayant effectivement remontée en 886 jusqu'à entrer dans la riviere d'Yonne, il fut besoin de prendre au-dessus de Paris les mêmes précautions dont on avoit usé au-dessous du temps de Charles-le-Chauve, c'est-à-dire d'élever quelques défenses sur les bords de la Seine, et de dresser des obstacles à leur navigation. Le lieu de l'embouchure de la riviere de Juine dans la Seine dut être l'un de ceux où l'on travailla à cela. On y bâtit un Château à la maniere du temps, et le Roi y commit un Comte pour veiller avec des troupes à la sureté des rivages et des Villages adjacens. Telle a été, selon moi, l'origine du Comté de Corbeil, qu'on ne sçauroit placer plus tard qu'environ l'an 900, puisqu'on trouve un de ces Comtes en 940 ou à peu près.

Ce Comte s'appelloit Haymon comme nous l'apprenons d'un Ecrivain presque contemporain, Moine de l'Abbaye de Saint-Pierre-des-Fossés. Cet Historien nommé Odon ou Eudes, se contente de dire que Haymon, Comte du Château de Corbeil, *Comes Corboïli Castri*, étant décédé dans le voyage de Rome, que sa piété lui avoit fait entreprendre, on engagea un jeune Seigneur de la Cour appellé Burchard, d'épouser sa veuve nommée Elisabeth, qui étoit comme lui d'une noble famille. Cet Auteur pouvoit avoir connu dans sa jeunesse cette Dame alors fort âgée. L'Historien moderne de Corbeil qui paroît avoir fait de grandes recherches sur le Comte Haymon, a trouvé qu'il étoit Normand d'origine et fils d'Osmon le Danois, tuteur du Duc de Normandie, Richard I; et qu'Elisabeth étoit parente d'Avoye, femme de Hugues-le-Grand, Prince des François, sœur de l'Empereur Othon. On lit dans Odon des Fossés qu'ils eurent un fils appellé Thibaud, lequel après avoir été Abbé de Cormery en Touraine, le fut de l'Abbaye des Fossés, proche Paris. On sçait d'ailleurs que plusieurs Reliques de Saints, soit de la Province de Rouen comme de Bayeux, soit de la Basse-Bretagne [1], qui avoient été réfugiées à Paris ou aux environs dans l'appréhension qu'elles ne fussent profanées par les troupes barbares que Richard, Duc de Normandie, avoit appellées à son secours contre Thibaud, Comte de Chartres, furent transportées à Corbeil du temps de ce Comte Haymon, après avoir été durant quelque temps les unes à Pal-

---

1. Le Martyrologe de Paris écrit vers le milieu du XIII siécle, dit de S. Exupere au 2 Août : *cujus corpus persecutione Danorum à Redonis civitate fugatum.* Il y a surement *Redonis*.

luau, proche la jonction des rivieres d'Etampes et de celle de Juine, à deux ou trois lieues du Bourg d'Essone, les autres à Courcouronne, à une petite lieue du même Bourg. La maniere dont ces précieuses dépouilles furent tirées de Paluau n'est pas racontée uniformément, mais de quelque façon qu'elles en ayent été enlevées, ce furent ces Reliques qui occasionnerent la construction d'une Eglise Collégiale du titre de Saint Exupere, premier Evêque de Bayeux, vulgairement dit Saint Spire, et celle d'une autre Collégiale du nom de Saint Guenaul, Abbé en Bretagne. Le Comte Haymon les fit bâtir toutes les deux. C'est ce qui commença à donner du relief au nouveau Corbeil, et par le besoin que les Chanoines eurent d'Officiers, les habitans se multiplierent.

Le second Comte de Corbeil que l'on connoisse est Burchard, élevé dans la Cour de Hugues Capet, que ce Roi engagea d'épouser Elisabeth, veuve d'Haymon, et à qui il confia le Château de Melun et celui de Corbeil avec le Comté de Paris. Les biens spirituels et temporels que ce Comte procura à l'Abbaye de Saint-Pierre-des-Fossés, dans laquelle il fut inhumé, nous ont procuré sa vie de la composition d'Odon, Moine de ce lieu, l'an 1058, environ quarante à cinquante ans après son décès. On peut y voir ses exploits militaires contre Eudes, Comte de Chartres, qui avoit voulu lui ravir la Ville de Melun, et contre Rainard, Comte de Sens, qui persécutoit le Clergé de sa Ville. Il fut toujours très-considéré par le Roi Robert. Sur la fin de ses jours il prit l'habit de Religieux à Saint-Pierre-des-Fossés, et y faisoit quelquefois les fonctions d'Acolyte. Elisabeth, sa veuve, y reçut aussi la sépulture par la suite. On ne leur connoît d'enfant que Raynaud, Evêque de Paris, et Adele qui épousa Foulques Nerra, Comte d'Anjou, dont les descendans par leur fille Adele devinrent Comtes de Vendôme. Une Charte de ce Comte donnée en faveur de l'Abbaye des Fossés, finit ainsi : *Actum publici in Curia nostra Corboïli anno Incarnationis Dominicæ M. VI*, ce qui fait voir que les Comtes de Corbeil y avoient dès-lors un Palais.

Le troisiéme Comte de Corbeil s'appelloit Mauger. On dit que Germaine de Corbeil, sa femme, étoit fille d'Albert, fils du Comte Haymon ; et que pour lui, il étoit fils de Richard I, Duc de Normandie et de Gonor. Ce fut ainsi que fut renouvellée l'alliance qui avoit déjà été subsisté du temps du Comte Haymon entre les possesseurs de la Normandie et ceux du Comté de Corbeil. Mauger passe pour avoir rendu de grands services au Roi Henri I contre la reine Constance qui s'opposoit à ce qu'il régnât. Le décès de ce Comte est marqué au 3 de Juin dans le Nécrologe du Prieuré de Saint-Eloy de Paris, rédigé sur celui de Saint Maur-des-Fossés en ces termes : *Obiit Malgerius Comes*. Le peuple de

Corbeil l'appelle Maugis. On a un Diplôme du Roi Robert de l'an 1029, auquel temps Mauger vivoit encore, dans lequel il est insinué qu'il y avoit dès lors deux Châteaux dans le nouveau Corbeil, l'un qui étoit le Château du Comte du côté de Saint-Guenaul que je crois être le même qu'en 1163, étoit appellé *Castrum forte*, et l'autre appellé *Castellum Sancti Exuperii* dans ce Diplôme de 1029. Une petite Chronique écrite au XI siécle marque, à l'an 1019, l'incendie du Château de Corbeil sans autre explication.

<small>Chron. Breve Antiss. Labb.Bibl.MSS. T. I, p. 292.</small>

Le quatriéme Comte de Corbeil fut Guillaume, fils de Mauger. Il est surnommé *Vorlangus* dans le testament de Guillaume-le-Conquérant. Le premier acte qui fait mention de lui est de l'an 1040. Il y confirme la donation faite par Nantier (*Nanterus*) son Vicomte, de l'Eglise de Saint-Jean bâtie nouvellement *juxta murum Corboïli* au Monastere de Saint-Pierre-des-Fossés. On le trouve à Paris à la Cour du Roi Henri au milieu du mois de Mai de l'an 1043, apposant son seing aussi bien que Nantier, son Vicomte, à un acte de satisfaction faite à la même Abbaye. En 1050, il obtint du Roi Henri l'Avouerie du Monastere de Saint-Pierre-des-Fossés. Ce Prince le qualifie dans ce Diplôme simplement *Guillelmus Miles noster Castri Corboïli*. On croit qu'il se fit Moine dans la même Abbaye, et qu'il y mourut au commencement du regne de Philippe Ier, vers l'an 1060. La tradition de Corbeil sur l'Eglise du Prieuré de Saint-Jean, est qu'il a été surnommé de *l'Hermitage* à cause que Mauger, Archevêque de Rouen, s'y retira lorsqu'il vint trouver son cousin Guillaume, Comte de Corbeil, dans le commencement de ses brouilleries avec le Duc de Normandie, Guillaume-le-Conquérant. Il faut se souvenir que ci-dessus il est dit situé proche les murs de Corbeil : ce qui marque que, dès l'an 1040, le nouveau Corbeil avoit déjà l'air d'une Ville. On voit par ce qui a été dit jusqu'ici qu'il y avoit déjà trois Eglises.

<small>Chart. papyr. Foss. fol. 121.</small>

<small>Hist. Eccl. Par. T. I, p. 659.</small>

<small>Hist. de Corbeil, p. 88.</small>

<small>Ibid., p. 87.</small>

Le cinquiéme Comte de Corbeil se nommoit Rainaud [1]. Il paroît à la suite de la Cour du Roi Philippe Ier, dans l'acte de la Dédicace de l'Eglise de Saint-Martin-des-Champs, fait l'an 1067. Il y est ainsi désigné *Rainaldus Comes Curbuliensis*, avec un autre nommé *Fredericus de Curbuilo*. De la Barre a mal conjecturé qu'il fut inhumé chez les Religieux de Grammont du Bois de Vincennes : ils n'existoient pas encore.

<small>Hist. S. Mart. Camp. p. 15.</small>

<small>Hist. de Corbeil, p. 91.</small>

Le sixiéme Comte de Corbeil fut Bouchard, deuxiéme du nom, bien différent de Bouchard premier pour le caractere. On ne sçait s'il étoit fils de Rainaud. Il avoit épousé Alix de Crecy-en-Brie. L'acte par lequel il est le plus connu, et par un côté favorable, est celui par lequel, à la priere des Seigneurs de sa Cour, qui lui

---

1. Les auteurs de *l'Art de vérifier les dates* ont omis ce comte sans en donner le motif. (Note de l'éditeur.)

représenterent le triste état où l'Eglise de Saint-Spire étoit à cause des entreprises que certains Tyrans avoient faites sur son territoire et sur les Chanoines, il lui assigna autant de terrain que ces Seigneurs en proposerent, afin que les Chanoines et tout ce qui seroit renfermé dans les limites de ce Cloître jouît d'une exemption entiere, excepté celle de la Jurisdiction de l'Evêque. Cette charte qui est de l'an 1070, fut confirmée par le Roi Philippe Ier. Au reste, Suger, Abbé de Saint-Denis, qui écrivoit soixante ans après, représente ce Comte de Corbeil comme un homme très-superbe, un chef de factieux, et qui ambitionnoit de devenir Roi. Un jour, dit-il, ce Comte refusa de prendre son épée de la main de son Ecuyer, et il voulut la recevoir de la main de sa femme, lui disant : « Noble Comtesse, donnez joyeusement cette épée à « votre Noble Baron : il la recevra de votre main en qualité de « Comte, pour vous la rapporter aujourd'hui comme Roi de « France. » Mais il lui arriva tout le contraire de ce qu'il espéroit, car le même jour, il fut tué d'un coup de lance par Etienne, Comte de Chartres.

Le septiéme Comte de Corbeil fut Eudes, fils du précédent, lequel épousa une fille d'André de Baudiment, l'un des premiers Officiers de Thibaud, Comte de Champagne. On voit qu'en 1093, Eudes confirma la donation de l'Eglise de Saint-Denis de Bondoufle et de la dixme faite par Payen d'Etampes au Prieuré de Longpont comme étant de son Fief, et qu'il en mit en possession le Prieur Henri en lui donnant un morceau de pierre à feu. Il paroît qu'il ne se révolta point contre le Roi ainsi que son pere avoit fait, puisque le malheur ayant permis que Hugues de Crecy fût venu à bout de l'enfermer dans son propre Château de la Ferté-Baudoin, dit depuis la Ferté-Alais, à trois ou quatre lieues de Corbeil, le Roi Louis-le-Gros se mit en campagne avec des troupes pour le délivrer, et le délivra en effet. L'Abbé Suger, en sa Vie de Louis-le-Gros, dit que ce Comte de Corbeil n'étoit pas un homme, mais un animal, *hominem non hominem, quia non rationalem sed pecoralem*. L'Historien de Corbeil a cru que si cet Abbé en parloit si mal, c'étoit à cause qu'il s'étoit opposé à l'établissement des douze Moines qu'il avoit envoyés au Prieuré d'Essone lorsqu'il étoit Abbé ; mais cela ne peut être, parce que, selon lui, Eudes mourut en 1116, et Suger ne fut fait Abbé de Saint-Denis qu'après l'an 1120. Ce qu'il y a de certain en tout cela, est que ce Comte Eudes tourmenta effectivement les deux Religieux qui furent envoyés d'abord à la Chapelle de Notre-Dame des Champs, au-dessus d'Essone, du temps de l'Abbé Adam, prédécesseur de Suger ; mais il ne tarda pas à s'en repentir ; et même en faisant satisfaction à l'Abbaye, il lui remit une redevance de foin

Suger. de vita Lud. gros.
Chart. Longip. fol. 30.

Duchêne, T. IV, p. 302.
De la Barre, p. 106.

Doublet, p. 845.

et de chair de porc, par un acte de l'an 1111. Ce Comte mourut sans laisser aucuns enfans. Ce qu'il faut encore observer dans les chartes de son temps, est que celle de l'an 1093 touchant l'Eglise et la dixme de Bondoufle, est la premiere d'où l'on apprend qu'il existoit dans le nouveau Corbeil une Eglise du titre de Notre-Dame, puisque parmi ceux qui y souscrivirent à Corbeil comme témoins, est nommé *Rainardus Cantor S. Mariæ*. D'où il faut conclure que cette Eglise avoit été bâtie au plus tard sous ce Comte Eudes, et que le nouveau Corbeil renfermoit dès-lors quatre grandes Eglises, sçavoir : Saint-Spire, Saint-Guenaul, Saint-Jean et Notre-Dame ; et que, par conséquent, il y avoit beaucoup de maisons pour ce vuide entre ces Eglises.

Le nouveau Corbeil que l'on appelloit alors simplement Corbeil, étoit devenu un lieu assez peuplé lorsqu'il cessa d'avoir un Comte particulier. Eudes dont on vient de parler n'ayant point eu d'enfans, la Terre ne pouvoit passer qu'à des Collatéraux. Hugues, Seigneur du Puiset en Beauce, qui étoit fils de sa sœur, y eut prétention, mais malheureusement pour lui, il étoit alors retenu en prison par le Roi Louis-le-Gros. Pendant ce temps-là André de Baudiment, frere de la veuve d'Eudes, gardoit et défendoit cette Ville, de crainte que ce Prince ne s'en emparât. D'un autre côté, Thibaud, Comte de Champagne, essayoit d'en devenir maître, afin d'avoir un passage pour aller de la Brie dans la Beauce et en revenir de même. Dans ces entrefaites Louis-le-Gros voulant prévenir l'Empêchement du commerce sur la Seine qui s'en seroit suivi si le Comte de Champagne eût joui de cette Terre, ménagea par le moyen de Suger une Conférence à Moissy, Seigneurie de l'Evêque de Paris à une grande lieue de Corbeil, du côté de la Brie. Il fut convenu en ce lieu que Hugues du Puiset seroit mis en liberté en cédant au Roi son droit sur Corbeil et ses dépendances.

Suger de vita Lud. Gros. Duchéne, T. IV, p. 302.

Ce fut ainsi que Corbeil devint une Terre du Domaine Royal, environ l'an 1120, après avoir eu sept Comtes durant l'espace de deux siécles ou à peu près. J'en reprendrai l'Histoire Civile après que j'aurai fait celle des Eglises que ces Comtes ou leurs Vicomtes y avoient bâties pendant ces deux cents ans.

Il ne fut point question alors d'ériger une Paroisse dans le nouveau Corbeil ; son territoire étoit toujours censé faire partie d'Essone pour le spirituel ainsi qu'il avoit été d'origine. Les Seigneurs se contenterent d'y fonder des Chanoines pour chanter les louanges de Dieu et des Saints dont ils y rassemblerent les Reliques.

EGLISE DE SAINT-SPIRE. C'est ainsi que le peuple de Corbeil et des environs a racourci le nom de S. Exupere, *Exuperius,* premier Evêque de Bayeux, dont les Reliques sont conservées en ce lieu ; ce qui étant inconnu à celui qui dressa l'an 1384 certaines lettres d'amortissement pour cette Eglise accordées par Charles VI, a été cause qu'il l'a prise pour une Eglise titrée du Saint-Esprit, *Sancti Spiritûs*. Elle est la premiere qui fut construite lors de la formation du nouveau Corbeil, et où le Fondateur mit des Chanoines. Jean de Saint-Victor écrivoit en 1315 que l'on disoit de son temps que le corps de Saint Exupere avoit été apporté de Bayeux dans le lieu dit Palluau au-dessus d'Essone l'an 863 et par la suite à Corbeil. Il pouvoit avoir mal lu la date de l'année dans quelques Livres qui auroient marqué 963. C'est le temps auquel on est sûr qu'un grand nombre de Corps saints qu'on avoit réfugiés de Bretagne et de Normandie à Paris à cause des Barbares que Richard, Duc de Normandie, avoit fait venir contre Thibaud, Comte de Chartres, furent dispersés en divers lieux dont Corbeil fut du nombre. Ainsi, comme ce ne fut pas seulement le corps de S. Exupere qui s'est trouvé transporté aux environs de Corbeil, mais encore ceux de Saint Loup et de Saint Regnobert, Evêque de Bayeux, aussi-bien que celui de Saint Guenaul, Abbé en Bretagne, comme en font foi les châsses de leur nom qui y subsistent et qui contiennent leurs corps en tout ou en partie, il y a plus d'apparence qu'il faut lire l'an 963 après que Richard et Thibaud eurent fait leur paix, que non pas 863. Avec cela la maniere dont les Corps saints furent tirés de Palluau pour être mis dans le nouveau Corbeil, est racontée diversement. On peut voir ces différences dans les Livres imprimés des Sieurs de la Barre et Beaupied, l'un de l'an 1647, l'autre de l'an 1735.

Quoiqu'il en soit, l'Eglise que le Comte Haymon fit bâtir au X siécle sous le titre des douze Apôtres et des Saints Exupere et Loup, Evêques, dont les corps y furent placés, n'est pas la même que l'on voit aujourd'hui. Elle fut brûlée vers l'an 1140, c'est-à-dire entre les années 1137 et 1144. Et quoique la réparation ne tarda pas beaucoup sous le regne de Louis VII, la Dédicace n'en fut faite que le 10 Octobre 1437 par Jean l'Eguisé, Evêque de Troyes, délégué par Jacques du Chastelier, Evêque de Paris. L'édifice qui subsiste de nos jours porte des marques de différens siécles, et il n'a rien que d'assez simple ; on le trouve un peu écrasé selon la mode du temps. On y voit une tombe dont le style de l'inscription marque assez la nouveauté. C'est une espece de Cénotaphe à la mémoire du Fondateur : *Cy gist le corps de haut et noble homme le Comte Hemon jadis Comte de Corbeil. Dieu ait son ame.* On n'a pas craint d'y mettre un écu chargé d'armoiries, comme si on en eût porté dès le X siécle. Il est fermé de coquilles d'argent, chargé d'un lion dragonné de gueules.

Il y a dans la nef une autre tombe sur laquelle est figurée une femme ayant sur la tête une coeffure faite en forme de boëte quarrée oblongue et sans chien à ses pieds, avec cette inscription en lettres capitales gothiques : *Anno Domini M. CC. LXI. in Octavis S. Martini Hiemalis obiit Alesia condam mater Rev. Patris Reginaldi Dei gratia Parisiensis Episcopi : cujus anima requiescat in pace. Amen.* Le Pere Dubois la rapporte dans son Histoire de l'Eglise de Paris, mais non si exactement que la voilà ci-dessus. Il semble qu'on peut inférer de la figure et de l'inscription, que cette Alise n'étoit qu'une Bourgeoise de Corbeil, et que l'Evêque Renaud avoit pris le surnom de Corbeil, parce qu'il en étoit natif, et non qu'il fût issu des anciens Chevaliers et Comtes de ce lieu. Aussi dans l'ancien Calendrier ou Nécrologe de l'Eglise de Corbeil est-il simplement appellé *Reginaldus Mignon Episcopus Parisiensis.* Et sa mere est simplement dite *Alisia* dans un acte du mois de Juin 1260, auquel temps elle étoit logée au Cloître chez Ansel, Chantre de Saint-Spire.

Les Reliques sont ce qu'il y a de plus mémorable dans cette Eglise. Les corps de Saint Spire et de Saint Loup, Evêques de Bayeux, n'étoient encore en 1317 que dans une châsse assez simple et enfermés séparément, couverts d'étoffe de soie et d'une peau de cerf. En cette année 1317, le 14 Mai, celui de Saint Spire en fut tiré par Gérard de Courtonne, Evêque de Soissons, l'Evêque de Sagonne et l'Abbé de Saint-Magloire de Paris, délégués par l'Evêque Diocésain et transférés dans une châsse précieuse faite en partie aux dépens de Geoffroy du Plessis qui dans sa jeunesse avoit été Secrétaire de la Comtesse de Toulouse. Cette châsse est ornée de plusieurs statues : il y a celle de Clémence de Hongrie, veuve du Roi Louis-le-Hutin, avec les armes mi-parties de France et de Hongrie. Ce qui fait juger que cette Reine avoit aussi contribué à la confection. Le corps de Saint Loup fut enchâssé séparément, et le tout fut porté processionnellement hors la Ville au delà du Pont dans le lieu dit le Tremblay, où l'Evêque de Soissons fit l'éloge des Saints. La mémoire de cette translation se renouvelle tous les ans le Dimanche d'avant les Rogations par une Procession solemnelle, où, selon de la Barre, ce sont les habitans de Balancourt qui, en faveur de la pause que les Saintes Reliques firent autrefois à Pallluau sur le territoire de leur Paroisse [1], ont le droit de lever la châsse de Saint Spire du milieu de la nef et de la porter jusques sous le portail du Cloître où elle est reçue des Confreres de Saint Spire qui, revêtus d'aubes, couronnés de fleurs

---

1. Voyez la Vie manuscrite de Saint Exupere (Bibl. Roy. ancien fond) par le sieur de la Fremondiere en 1630.

et nuds pieds, la portent jusqu'au Tremblay et la rapportent dans l'Eglise où les châsses demeurent en bas pendant dix jours entiers que dure le concours. Beaupied, Vie de S. Spire p. 46.

Comme la châsse de Saint Spire avoit été endommagée dans le temps des guerres, il fut besoin d'y travailler en 1454; après quoi Guillaume Chartier, Evêque de Paris, y remit les Reliques du Saint le Dimanche des Rogations, le 26 Mai, assisté de Bernard, Evêque d'Albi [1]. On fait encore mention d'une autre Translation ou renouvellement de châsse; ce changement fut fait par Paul Hurault, Archevêque d'Aix, député par le Cardinal de Gondi, Evêque de Paris en 1619. On observe que tous les os de la tête s'y trouverent. La châsse de Saint Loup fut aussi visitée, et son corps trouvé dans des linges anciens; il fut montré pareillement au peuple, puis remis dans des linges blancs et renfermé dans sa châsse. C'est sans doute cette dernière châsse que l'Abbé Chastelain, Chanoine de Paris, vit il y a soixante et dix ans à Corbeil. « Elle est, dit-il, de vermeil à la gothique, grande et magnifique; « on y monte, ajoute-il, par derriere le retable en menuiserie à « grandes colomnes par un escalier de bois. Elle est placée dans « le milieu. Au côté septentrional, à même hauteur, est celle de « Saint Loup de Bayeux, de vermeil à la moderne. Dans celle du « côté du midi sont des Reliques de Saint Renobert, aussi Evêque « de Bayeux, et de quelques autres Saints. » Hist. de Corbeil, p. 209.
Gall. Chr. T. VII, col. 150.

Hist. de Corbeil, p. 37.

Voyages manuscrits.

On montre dans le trésor le chef de Saint Pierre Alexandrin et des Reliques de Saint Spiridion. Il y a aussi de chaque côté du Sanctuaire une armoire grillée avec d'autres reliques; dans celle du côté méridional, est un buste qu'on dit être de Saint Yon. Dans l'autre sont plusieurs bras d'argent et de petites capsules en forme de tombeaux et especes de philacteres, que je croirois avoir été portées par chaque Chanoine aux Processions des Rogations ou autres lorsque c'étoit l'usage. On peut lire dans Guibert de Nogent les tentatives qu'on fit sur le Sacristin de Saint-Spire de Corbeil pour retirer de cette Eglise le corps de ce même Saint Spire. M. de Sainte-Beuve s'est appuyé sur la tromperie dont usa le Sacristin pour faire révoquer en doute d'autres Reliques du même Saint. De pignor. SS. cap. III, B. 3.

Cas de Consc.

Il y a eu plusieurs Chapelles en titre de bénéfice fondées en cette Eglise. On en trouve une de Saint Clément permutée en 1499; une de Saint Pierre Alexandrin, dite à la nomination du Chapitre en 1503; une autre sous l'invocation de Saint Germain, Evêque d'Auxerre, conférée en 1506 et 1560; une à l'Autel de Saint Louis, Evêque de Marseille, conférée en 1525. Reg. Ep. Paris. 8 Sept.
Ibid., 3 Nov.
Ibid. 29 Mart. et 29 Maii.
Ibid., 9 Mart.

---

[1]. M. Beaupied (Vie de Saint Spire, page 47) place cette visite des Evêques de Paris et d'Albi à l'an 1437. Dusaussay, en son Martyrologe, marque la réception des Reliques de Saint Spire au 28 Avril.

Celle du titre de S. Martin située dans la même Eglise servoit de Paroisse, et est qualifiée Cure ou Eglise Paroissiale en 1482 et dite être à la présentation du Chapitre ; de même en 1503. L'Evêque de Paris y nomma le 23 Octobre 1517 au refus du Chapitre. On en trouve une autre nomination le 4 Septembre 1537. Cette Cure dans l'Eglise de Saint-Spire est mentionnée au Pouillé Parisien du XV siécle sans spécifier de quel Saint elle est tirée. Le Curé y est aussi désigné comme ayant douze livres de revenu dans la mense du Chapitre.

<small>Reg. Ep. Paris. 9 Nov.</small>
<small>Ibid.</small>
<small>Voyez ci-après.</small>

L'Historien de Corbeil parle d'une Chapelle différente de toutes les précédentes et qu'il dit être située au Cloître de Saint-Spire et renfermer les Fonts baptismaux. Il la dit titrée de Saint Loup, Evêque de Bayeux. C'est apparemment la grande Chapelle que l'on voit détachée de Saint-Spire du côté du Septentrion et qu'on appelle maintenant de Saint Gilles. Sa construction m'a paru être du XIII siécle.

<small>De la Barre, p. 45.</small>

Dès l'an 1029 on qualifioit du nom de *Castellum S. Exuperii* le lieu où la Collégiale de Saint-Spire étoit bâtie suivant une charte du Roi Robert déjà citée ci-dessus. Mais le Pere Dubois prenant mal cette expression, a cru qu'il s'agissoit d'une Terre du pays de Corbeil, tandis que c'est une partie de Corbeil même. Cent quarante ans après, la situation où est cette Eglise étoit désignée un peu autrement, sçavoir : *Sanctus Exuperius de sub Castro forti*.

<small>Hist. Eccl. Par. T. I, p. 65.</small>
<small>Ibid. T. II, p. 82.</small>
<small>Bulla Alex. III, anni 1163, pro S. Genov. Paris.</small>

On a vu plus haut en parlant de Bouchard, deuxième du nom, sixiéme Comte de Corbeil, l'extrait de la charte qu'il donna en 1070 pour l'exemption de la nouvelle enceinte dont il permit de former le Cloître des Chanoines de Saint-Spire. Cette charte est souscrite entre autres par Jean, Abbé de Corbeil [1] ; ce qui ne peut être entendu que de cette Collégiale dont la premiere dignité portoit le titre d'Abbé, sans que pour cela il y eût jamais eu des Moines en cette Eglise. Il est vrai que Jean voulut prendre un grand empire sur les Chanoines et sur les biens de l'Eglise ; mais il en fut blâmé par ses Successeurs. Cette Abbaye étoit du nombre de celles qu'on appelloit les Abbayes ou Eglises Royales dont les deux freres du Roi Louis-le-Jeune, appellés Henri et Philippe, furent Abbés successivement. Le fait est certain à l'égard de l'Eglise de Saint-Spire. Outre l'Abbé il y avoit un Chantre. On trouve au Cartulaire du Prieuré de Longpont dans un titre d'en-

<small>Gall. Chr. T. VII, Instr.</small>
<small>Hist. Eccl. Par. T. II, p. 3.</small>
<small>Ibid. p. 22 et 25.</small>
<small>Chart. Longip. fol. 33.</small>

---

1. On trouve dans le nouveau *Gallia Christiana* le Catalogue des Abbés de cette Collégiale (T. VII, col. 972). Mais on ne le donne pas comme complet. Je ne voudrois pas assurer que Jean Mortis qui y est marqué au milieu du XV siécle l'eût été, ou du moins l'eût été long-temps, puisqu'on lit dans la Préface de Du Breul, des preuves qu'il étoit vers 1455, Chantre de la Sainte-Chapelle de Paris. Le même Historien parle de ce Mortis comme auteur en cet endroit et aux pages 100 et 442 de l'édition de 1639.

viron l'an 1140 : *Adam Cantor de Sancto Exuperio.* Cette dignité étant d'un petit revenu, on lui unit en 1394 une prébende. Dès le XII siécle le Prieuré d'Essone jouissoit d'une Prébende dans cette Eglise, selon que le témoigne Suger. Le Prieur fut confirmé dans ce droit du 20 Juillet 1544, aussi-bien que dans celui de tenir la premiere place après l'Abbé lorsqu'il y sera en personne. L'Abbaye de Saint-Victor fut aussi gratifiée au XII siécle d'un Canonicat dans la même Eglise par le Prince Henri qui en étoit Abbé, du consentement des Chanoines : et cette Prébende lui fut confirmée par une Bulle d'Eugene III et depuis par Arrêt du 27 Avril 1560. Sur la fin du même siécle les Chanoines de Saint-Spire furent en difficulté avec Maurice de Sully, leur Evêque, touchant le droit de procuration. Le Pape Clément III avoit déjà nommé les Abbés de Pontigny et de Preuilly pour les régler. Mais les parties s'accorderent à Melun en présence de la Reine Adele et des Evêques d'Auxerre et de Nevers l'an 1190, et il fut arrêté que si l'Evêque de Paris venoit à Corbeil avec l'Archidiacre du canton ou sans lui le jour de Saint Spire, 1ᵉʳ Août, et qu'il y officiât, alors le Chapitre lui payeroit cinquante sols pour sa procuration, et non à l'Archidiacre s'il y venoit sans l'Evêque, ni à l'Evêque même s'il venoit un autre jour. En 1203 Eudes de Sully, successeur de Maurice, régla la résidence des Chanoines dont l'Abbé étoit alors un nommé Hugues. Il y eut encore quelques autres réglemens faits en 1208, 1260 et 1446, qui sont rappelés dans l'Arrêt de la Réformation de ce Chapitre du 6 Septembre 1532 qui comprend un grand nombre d'articles : un autre par le Parlement en 1544 au sujet des Chanoines perpétuels : et enfin le cérémonial de l'Abbé fut réglé en 1690.

Reg. Parlam.
Sug.
de admin. sua.
Duchêne,
T. IV, p. 340.
Hist. de Corbeil,
p. 242.

Cod. MS.
S. Vict. n. 795.
Hist. de Corbeil,
p. 242.

Mon. disc. Eccl.
ad calcem
Theodori Cant.
p. 681.

Hist. Eccl. Par.
T. II, p. 223.

Hist. de Corbeil,
p. 228.
Reg. Parl.
5 Junii 1544.
Reg. Arch. Par.
20 Martii.

Le Pouillé Parisien du XV siécle fait ainsi l'énumération des revenus de cette Eglise Collégiale, en nommant le nombre des portions :

Fabrica, XXX libras.
Prebendæ sex, quælibet, XXX lib.
Abbatia pro una prebenda XXX lib.
Quatuor aliæ Prebendæ, qualibet XXX lib.
Prebenda Regis, XXX lib.
Cantor ejusdem Ecclesiæ, XXVIII lib.
Capicerius, XXIV lib.
Prebenda perpetua S. Victoris, XXX lib.
Communitas Matutinarum, XXX lib.
Communitas panis, XX lib.
Communitas Anniversarii XL lib.
Beneficiali duo XX lib. tres XV l. duo XII lib.
Curatus, XII lib.

Il y est marqué que les Canonicats sont à la nomination du Roi.

Ce Chapitre fut augmenté au commencement du dernier siècle par la réunion qui y fut faite de celui de Notre-Dame de la même Ville, et le Cloître de Saint-Spire servit à loger ces derniers. Mais le nombre des Prébendes qui auroit approché de trente, fut alors réduit au nombre de seize, afin, dit de la Barre, que les Chanoines eussent meilleur moyen de desservir en personne leurs Bénéfices ; ainsi il y eut deux Prébendes assignées pour l'Abbé, une pour le Chantre, neuf Canonicats, et le revenu des quatre portions restantes fut employé à la Fabrique de l'Eglise, aux Enfans de chœur (auxquels le Roi Louis XII avoit consenti cent ans auparavant que l'on réunit une Prébende) ; au payement des Prébendes de l'Abbaye de Saint-Victor et du Prieuré de Notre-Dame-des-Champs : en même temps les Chapelains furent réunis au nombre de six. L'exécution de ces changemens se fit le 15 Septembre 1601.

Hist. de Corbeil, p. 275.

Ibid., p. 220.

L'Abbaye ou premiere Dignité de cette Collégiale Royale est à la présentation de M. le Maréchal de Villeroy comme Seigneur Engagiste de Corbeil, et les Canonicats de même.

Etat des Abb. de France 1743, Paris, Boudet, p. 199.

EGLISE SAINT-GUENAUL. Ce qui oblige de placer l'Eglise de ce Saint immédiatement après celle de Saint Spire, est que l'apport des Reliques de ce saint Abbé Breton à Corbeil ou aux environs, a pour époque le temps auquel Hugues Capet n'étoit encore que Comte de Paris, et que la tradition de Corbeil marquée dans quelques écrits de l'Abbaye de Saint-Victor, porte que ce fut le même Comte Haymon qui, ayant fait bâtir l'Eglise de Saint-Spire proche son Château à l'occasion du transport du corps de ce saint, fit pareillement construire celle de Saint-Guenaul dans ce Château même, proche l'embouchure de la Juine dans la Seine. La date de ces faits se rapporte à quinze ou vingt ans après le milieu du dixiéme siécle, c'est-à-dire qu'ils sont arrivés sous le Roi Lothaire. On ajoute que le Comte Haymon y fonda quatre Prêtres pour célébrer le Service divin. Depuis ce temps-là, l'Eglise fut rebâtie plus grande qu'elle n'étoit, et le Clergé y fut augmenté.

En l'an 1125 Louis-le-Gros dotant l'Abbaye de Saint-Victor de Paris, lui donna le droit d'Annuel dans plusieurs Eglises Abbatiales et Canoniales fondées par ses prédécesseurs ou acquises par eux, entre autres dans deux de Corbeil dont la Seigneurie venoit de lui être cédée par Hugues du Puiset, sçavoir, l'Eglise de Notre-Dame et celle de Saint-Guenaul qui est appellée *Sancti Guenaldi*. Ce Diplôme fait voir que cette Eglise de Saint-Guenaul étoit une Collégiale séculiere ; mais elle ne tarda gueres à devenir réguliere, car ce même Prince la donna depuis à la même Abbaye.

Hist. Eccl. Par. T.II, p.80,81.

La première Eglise bâtie sous le Comte Haymon, ayant subsisté trois cents ans ou environ, fut rebâtie au XIII siècle en architecture gothique ainsi que ce qui en reste le démontre. Peut-être fût-ce du temps de Saint Louis qu'on sçait s'être assez plu à Corbeil, et sous l'Episcopat de Renaud de Corbeil. Au moins on lit que cet Evêque y déposa le 28 Décembre 1255 une épine de la sainte Couronne de Notre-Seigneur, donnant des Indulgences à ceux qui viendroient la vénérer. Ce Prélat l'avoit eue de la Reine Blanche à qui le Roi, son fils, l'avoit donnée lorsqu'il fit mettre cette couronne à la Sainte-Chapelle. Ce saint Roi augmenta en 1258 du nombre de trois les Chanoines du Prieuré de Saint-Guenaul, assignant pour cela la somme de quarante livres à prendre sur le Domaine de Corbeil. Ce Prieuré fut conservé par Arrêt en 1267 dans la possession de la Justice *infra barras Corbolii* contre les Officiers de la Reine qui disoient qu'elle lui appartenoit à raison de son douaire. On lit qu'outre cela ce Prieuré avoit en 1332 deux muids de bled à lever sur le minage de la même Ville, lesquels étoient prisés dix livres. Vers l'an 1300 cette Eglise en tant que Communauté étoit comprise sous le Doyenné de Longjumeau : et en 1384 elle payoit à l'Evêque pour le droit de procuration dix livres dix sols.

Hist. de Corbeil, p. 169.
Gall. Chr. T. VII, col. 679. Hist. de Corb. p. 169.
Invent. de la Chambre des Comptes, Cod. Reg. 6765. Parlam. Pentec. 1267 et 1271.
Hist. de Corbeil, p. 193. Addit. ad Polyptic. Paris. XIII sæculi.

Je n'ai point trouvé en quel temps le devant de cette Eglise est tombé ou qu'on en a détruit environ la moitié : mais il paroit qu'il existoit encore en 1612 une nef assez ample, puisque le Lieutenant Civil accompagné d'un nombre de Conseillers y tint les Assises de la Prévôté Royale de Corbeil. La châsse de Saint Guenaul est élevée au-dessus de l'autel. L'aîle droite ou méridionale sert de Sacristie. L'Abbaye Chastelain marque dans le récit de ses voyages « que cette Eglise est la Paroisse du Château ; et « que Madame de Blemur qui a écrit des ouvrages de piété en a eu « soin, et y a demeuré. »

Hist. de Corbeil p. 279.

Il n'y réside plus qu'un seul Chanoine de Saint-Victor.

Ce qui vient d'être dit d'après l'Abbé Chastelain sur la Paroisse de ce lieu donne l'intelligence de ce qu'on lit au Pouillé Parisien du XV siécle, sçavoir, qu'alors la nomination du Chapelain de Saint-Guenaul de Corbeil appartenoit à Saint-Victor, et que le Bénéfice avoit treize livres de revenu.

EGLISE DE SAINT-JEAN. Je donne le troisième rang pour l'antiquité entre les Eglises de Corbeil, à celle de Saint-Jean-Baptiste renfermée dans la Ville, parce qu'il est certain qu'elle a été fondée avant le milieu du onziéme siécle et seulement quatre-vingt ou soixante et quinze ans après celles de Saint-Spire et de Saint-Guenaul.

Elle a eu pour fondateur Nanterus ou Nantier, Vicomte de Corbeil sur la fin du temps que Mauger en étoit Comte, ou dans les premieres années que Guillaume son fils possédoit ce Comté sous le Roi Henri. Ce Vicomte la donna à Guntier ou Gontaire, Abbé de Saint-Pierre-des-Fossés, afin qu'il y mit de ses Réligieux. Cette donation fut confirmée à Paris l'an 1040 en présence de ce même Roi et l'acte fut souscrit par Imbert, Evêque de Paris, Mainard, Archevêque de Sens et Frolland, Evêque de Senlis. Cette Eglise y est dite située *juxta murum Corboïli ;* la nouvelle Ville de Corbeil conservoit déja dans son enceinte les Reliques de plusieurs Saints Evêques de Bayeux, que la relation d'Haymon, son premier Comte, avec le pays de Normandie pouvoit lui avoir procurées. La même relation continuant sous le Comte Mauger et Guillaume son fils lui procura celles de Saint Quirin, ancien Martyr du Diocèse de Rouen. L'Archevêque Mauger se voyant brouillé avec Guillaume, Duc de Normandie, se retira à Corbeil proche le Comte Guillaume, son parent, et pour enrichir la nouvelle Ville suivant l'usage de ces temps-là il y apporta ce qui avoit été remis à Rouen du corps de ce Saint Quirin, et quelque chose de celui de Sainte Pience, après qu'ils eurent été rapportés de Condé en Soissonnois où ils avoient été refugiés durant les courses des Danois. Ces Reliques ayant été déposées dans l'Eglise du Prieuré de Saint-Jean, y resterent depuis même que ce Prélat retourna à Rouen ; et comme ce lieu de sa demeure avoit été pour lui une espece d'Hermitage, le nom de Saint-Jean de l'Hermitage lui en resta pareillement selon quelques-uns.

Dans la Bulle d'Innocent II de l'an 1136 qui porte confirmation de tous les biens et dépendances de l'Abbaye de Saint-Pierre ou Saint-Maur-des-Fossés, il y a cet article : *In Castro Corboïlo Prioratum S. Johannis-Baptistæ.* L'Addition au Pouillé du treiziéme siécle faite vers 1300, place cette Maison Priorale au Doyenné de Longjumeau sous le nom de Prieuré de Saint-Jean de Corbeil. Et de même dans un Registre des Procurations Episcopales de l'an 1384, où il est taxé à dix livres. Le Pouillé du quinzieme siécle se sert du même langage.

Ce n'est qu'en l'an 1500 que je le trouve appellé *Prioratus Sancti Johannis de Eremo,* à l'occasion d'une Chapelle de Sainte-Croix qui y étoit fondée. Il porte le même nom en 1524 dans l'acte de permutation qu'en fit alors devant l'Evêque de Paris en sa qualité d'Abbé de Saint-Maur, Frere Pierre de Fontenay, Professeur en Théologie, avec Guillaume Paris, Curé de Saint-Pierre de Thou en Puisaye, Diotése d'Auxerre. En 1536 Mathurin Charpentier en étoit Prieur Commendataire. Il est nommé plusieurs fois dans le Procès-verbal qui précéda la fulmination de la Bulle de sécularisation de l'Abbaye de Saint-Maur.

Cette Eglise fut aussi appellée quelquefois dans les derniers siècles *Le Petit Saint Jean,* par opposition à la grande Eglise de Saint-Jean en l'Isle, bâtie depuis et occupée par l'Ordre de Malthe : on disoit aussi indifféremment *Le Petit Saint-Jean de l'Hermitage.* Au XII siècle les maisons qui l'environnoient formoient un Bourg dit *Le Bourg Saint-Jean.* *Charta an. 1189 de Montebelino*

Le Prieur de ce lieu jouissoit autrefois d'un droit fort singulier. Le Curé de Saint-Port au Diocèse de Sens lui devoit le jour de Saint Jean-Baptiste trois chapeaux de roses vermeilles et trois paires de gants rouges pour une Terre assise à Saint-Port nommée *la Terre des Chapeaux,* et il devoit les apporter en dinant sur peine de cinq sols d'amende. Quant à la relation entre ces deux lieux, elle est ancienne. Il se trouve que dès l'an 1189 Simon, Prieur de Saint-Jean, avoit fait un Bail du bien de Saint-Port aux Moines du lieu. Depuis, sçavoir en 1325, un Ecuyer nommé Guillaume de Saint-Port avoit fait don de la Mairie de Saint-Port à Guillaume de Crecy, Prieur du même Saint-Jean de Corbeil. *Lib. Cens. S. Joan. Corb anni 1480.*

S'il étoit besoin de donner une liste des Prieurs du petit Saint-Jean de Corbeil, on produiroit Guillaume qui l'étoit au XII siècle. Simon lui succéda et l'étoit en 1189.

Depuis, on compte Guillaume de Crécy en 1325.

Philippe de Plally en 1342.

Adam Hiron en 1362.

Jean de la Villeneuve en 1371.

Pierre de Cocherel en 1381 et 1387.

Jean Nerboneau en 1439.

Jean Champagne en 1421.

Jean Larcher en 1462 et 1464.

Jean Turpin en 1477 et 1486.

Denis Bouchard en 1500.

Mathurin Charpentier en 1530.

L'Abbé Chastelain assure, dans son Martyrologe, que les Freres de la Charité de Notre-Dame, espece d'Hospitaliers, ont occupé cette maison. Mais s'il est vrai que ces Religieux y ont demeuré, ils n'y étoient plus en 1610 [1]. Ce fut alors qu'on obtint de M. l'Evêque de Paris qu'elle servit à loger les Prêtres de la Paroisse de Notre-Dame, et les Prédicateurs, comme aussi à tenir les Ecoles, ce qui ne dura que trente ans ou environ. Les Marguilliers offrirent aux Religieuses de la Congrégation de Joigny qui cher- *Martyr. Univ. Bimest. Janvier, p. 30, 33.*
Hist. de Corbeil, p. 278.

---

[1]. Je doute fort de la vérité de ce qu'a dit là-dessus ce Chanoine de Paris. Peut-être que ces Religieux étoient logés à un hermitage du voisinage.

choient à s'établir à Corbeil, de les accommoder de cette Maison, de l'agrément de l'Archevêque de Paris, et le contrat d'achat du 20 Mars 1644 fut homologué par ce Prélat le 27 Mai suivant. Les Reliques de Saint Quirin y étoient toujours, et même les habitans avoient fait la dépense d'une nouvelle châsse. Il fut arrêté dans le contrat que cette châsse et les Reliques y resteroient, à condition que les Religieuses ne pourroient jamais l'en ôter, et que quand il se feroit des Processions, elles seroient tenues de la donner avec le brancart, et qu'après les Processions les Confreres la rapporteroient en la même Eglise du petit Saint-Jean de l'Hermitage. Il faut sçavoir que la châsse de Saint Quirin, Compagnon de Saint Nicaise, Martyr du Vexin, avoit été cachée en 1567 lors des troubles des Huguenots par le Receveur de l'Evêque de Paris dans la cave de sa maison, et qu'elle y étoit restée jusqu'en 1569 que Philippe Briant, Archidiacre de Josas, la remit en sa place. Ce n'étoit qu'en 1618 le 6 Septembre qu'André Courtin, Chanoine de Paris, délégué de l'Evêque, avoit tiré les Reliques de ce Saint de cette vieille châsse pour les mettre dans la neuve fournie par les habitans, qui est grande. Il y déposa en même temps quelques Reliques de Saint Benoît qu'on avoit eues d'un Bénédictin de Fleury, ou Saint-Benoît sur Loire, qui certifia par écrit en 1562 les avoir ramassées sur le pavé après les dégâts commis par les Calvinistes dans cette Abbaye. Le vieux parchemin qui fut trouvé dans l'ancienne châsse de Saint Quirin et renfermé dans la nouvelle, contenoit ces mots en lettres gothiques : *Hic requiescit corpus S. Quirini Archipresbyteri et Martyris, Discipuli S. Nicasii, Archiepiscopi Rotomagensis : et Sanctæ Pientiæ quæ eos sepelivit.*

Hist. de Corbeil, p. 247.

Ibid., p. 244.

Ibid., p. 48.

EGLISE DE NOTRE-DAME. Cette Eglise paroît à ceux qui ne se connoissent que médiocrement en bâtisse, être la plus ancienne de celles de Corbeil, à cause des figures qui sont à son Portail. Cependant on ne trouve aucune preuve de son existence avant le milieu du regne de Philippe Ier. Au moins le premier acte que j'ai vu où il en soit fait mention, n'est que de l'an 1093. Mais comme c'est un titre au bas duquel est le nom de Rainard qui en est dit Chantre, *Rainardus Cantor Sanctæ Mariæ*, ce qui doit s'entendre indubitablement de Notre-Dame de Corbeil, l'acte étant passé dans cette Ville, cela suppose qu'il y avoit déjà une Collégiale sur pied. Avec tout cela on ignore par qui et en quel temps elle a été fondée. La tournure des cintres d'un pilier à l'autre indique le commencement du gothique et par conséquent les environs de l'an 1100. Ainsi l'établissement de cette Collégiale est au plus tôt du temps des Comtes Bouchard II ou

Charta donat. Eccl. Bundulf. Chart. Long. fol. 30.

d'Eudes, son fils, et sous le regne de Philippe I*er*, qui commença en 1060.

Quel qu'en ait été le Fondateur, on voit qu'il voulut imiter le Comte Haymon dans le nombre des Chanoines qu'il avoit fondés en l'Eglise de Saint-Spire. Le Roi Louis-le-Gros donnant en 1125 à l'Abbaye de Saint-Victor le droit de recueillir la premiere année du revenu des Prébendes vacantes dans cette Eglise et dans celle de Saint-Guenaul, ajoute : *sunt autem in Ecclesia S. Mariæ duodecim Præbendarum anniversaria designata.* Ces douze Chanoines avoient aussi à leur tête un Abbé, de même que ceux de Saint-Spire. En cette année 1125, *Bernerut* ou Bernier, jouissoit de cette dignité [1], et mit son seing à la fin du Diplôme. Au reste ces Prébendes n'étoient pas pour cela Monastiques, les Titulaires vivoient répandus dans la Ville. Il est vrai que leur Abbé Albert, sous le regne de Louis VII, entreprit de tenir ces Chanoines de court et de la même maniere qu'il auroit fait des Moines, mais il ne put y réussir ; il se désista en 1170, et il se regla par la suite sur le modèle du Chapitre de Saint-Spire. Cinquante ans après ces Chanoines n'avoient plus d'Abbé tiré de leur Corps. Dans une Sentence arbitrale de l'an 1224, le Roi Louis VIII s'en dit être Abbé, d'où l'Historien de Corbeil infere avec raison que cette Dignité pouvoit avoir été supprimée pour éviter les débats. Le petit Cartulaire de l'Evêque de Paris rédigé vers ce temps, rapporte les Statuts de ce Chapitre où j'ai trouvé celui-ci de singulier qui est que les Chanoines gagnent leurs fruits le jour de la Pentecôte au lever du soleil *in ortu solis*. Ce fut en 1227, que le droit de procuration que Barthelemy, Evêque de Paris, exigeoit d'eux, fut réglé à cinquante-huit sols parisis, par Philippe, Evêque d'Orléans, Juge délégué du Pape. On lit aussi qu'en 1292 et 1297 Simon Matifas, Evêque de Paris, confirma les Statuts de Notre-Dame de Corbeil.

En ces temps-là le Curé d'Essone, sur le territoire duquel Corbeil est bâti, étoit quelquefois qualifié Curé de Notre-Dame de Corbeil, ou bien il avoit consenti que le Desservant de la Succursale qui y étoit, fût appellé Curé. En voici la preuve : Jean, Archevêque de Mitylene, spécifiant dans un acte les Ecclésiastiques qu'il avoit ordonnés l'an 1226, le Samedi *post Annunciationem Dominicam*, à la priere de Barthelemy, Evêque de Paris, nomme entre autres *Stephanum Curatum Ecclesiæ B. Mariæ Corboliensis.* Le Pouillé Parisien rédigé vers le même temps, ne laisse presque

Hist. Eccl. Par. T. II, p. 80, 81.

Ibid.
Hist. de Corbeil, p. 96.
Ibid., p. 135.

Ibid., p. 155.

Cod. MS. Biblioth. Reg.

Hist. de Corbeil, p. 167.
Gall. Chr. T. VII, p. 120.

Doublet, Hist. S. Denis, p. 557.

---

1. Je ne sçais pourquoi on l'a cru Abbé de Saint-Spire au rang desquels il est dans le nouveau *Gallia Christiana* (T. VII, col. 963), quoiqu'on y cite un titre de l'an 1127, dans lequel un Chanoine de Notre-Dame le qualifie son Abbé.

aucun lieu de douter que ce Curé ne fût différent de celui d'Essone; on y voit à l'article du Doyenné de Linais dit depuis de Montlhéry, *de donatione S. Mariæ Corboliensis, Ecclesia de Manassiaco ; Major Capella S. Mariæ Corbol. cui annexa est Cura.*

Au Pouillé du quinziéme siécle, le Desservant de cette Paroisse est appellé simplement *Capellanus B. Mariæ Corboliensis*, dit être à la nomination du Chapitre et avoir treize livres de revenu.

Reg. Ep. Par.
12 Mart. 1482
et
14 Apr. 1483.
Item
9 Sept. 1531,
20 Febr. 1533.

Des Lettres de provision de ce Bénéfice à Jean le Roi, présenté l'an 1482, par le Chantre et Chapitre de Notre-Dame de Corbeil, et dans lesquelles il est qualifié *Cura seu Parochialis Ecclesia*, nous apprennent que la desserte s'en faisoit dans l'ancienne Chapelle de cette Eglise appellée vulgairement la Chapelle de Saint Yon, bâtie apparemment à l'occasion des Reliques de ce Saint conservées dans cette Eglise.

Breviar. Paris.
1736,
ad 5 Augusti.

Les nouveaux Bréviaires de Paris font mention de cette conservation de relique de Saint Yon à Corbeil, mais sans entrer dans aucun détail. De la Barre ne parle aussi que d'une maniere fort générale d'une translation faite sous le regne de Louis XI. Comme j'en ai découvert une bien plus ancienne, je vais en donner le précis. Foulques de Chanac, Evêque de Paris, faisant la visite de son Diocése, avoit appris que l'on montroit dans l'Eglise du Village de Saint-Yon, une châsse où l'on prétendoit conserver le corps de ce Saint Martyr, et que l'on avoit les mêmes prétentions à Corbeil, dans l'Eglise de Notre-Dame. Pour s'assurer de la vérité, il se transporta à Saint-Yon le Mercredi des Rogations 1343, et y ayant ouvert la châsse, il n'y trouva qu'une partie des Reliques de Saint Yon avec d'autres de plusieurs Saints et Saintes. Le Vendredi suivant étant venu à Corbeil, il fit descendre de dessus le grand autel de Notre-Dame, une châsse très-grande et très-ancienne couverte de plaques de cuivre, où d'un côté étoit figuré Saint Yon avec le Bourreau qui lui coupoit la tête, et cette inscription *Beati Yonii Martyris*. Ayant ouvert une petite porte qui y étoit, il en tira une très-grande quantité d'ossemens entiers, et d'autres en morceaux d'un seul et même corps, même de ceux de la tête ; outre cela il y trouva un crâne entier qui ne paroissoit pas si ancien que les autres ossemens, parmi lesquels parut une cédule en lettres très-anciennes portant ces mots : *Hic requiescunt ossa de beatorum Martyrum Yonius et Cancius.* Les Chanoines lui produisirent plusieurs Martyrologes anciens dans lesquels au 5 Août on lit *Corboïlo S. Yonii Martyris ;* le Livre des Proses de l'Eglise où dans celle de Saint Yon il y a ces lignes : *Ipsius ob Martyrium Lætare plebs Castrensis. Quod tanti Sanctuarium Servas, gaude Corbolium,* et d'autres semblables monumens, sur la foi desquels après avoir pris l'avis d'habiles Canonistes, il décida que c'étoit en cette Eglise que l'on conservoit la plus grande partie du corps de Saint Yon, et enferma séparément dans un chef d'argent les morceaux de la tête de ce Saint, le fit porter processionellement jusqu'à la place du marché où il y eut Sermon sur la vie du Saint ; et il fixa l'anniversaire de cette cérémonie au Dimanche dans l'Octave de l'Ascension. L'acte qu'il fit enfermer dans la vieille châsse portoit ces mots : *Ego Fulco Dei gratia Parisiensis Ecclesiæ minister .licet indignus has sacras reliquias beatorum Yonii et Cancii, Martyrum apertâ capsâ visitavi XXII die Maii anno Domini M. CCC. XLIII et contrasigillum meum apposui et hæc propriâ manu Scripsi.*

En 1479 les Chanoines ayant fait faire une nouvelle châsse, il fallut procéder à la translation. Le Procès-verbal rappellant la visite de Foulques, dit qu'elle avoit été faite pour terminer les prétentions, non seulement du peuple de Saint-Yon, mais encore de celui de Châtres qui croyoit aussi posséder la plus grande partie du corps de ce Saint. Louis de Beaumont, Evêque de Paris, étant à Corbeil le Dimanche d'après l'Ascension, 24 Mai 1479, et y faisant la visite de cette Collégiale, fut prié par les Chanoines de les transférer dans une châsse ornée de feuilles d'argent et d'images fabriquées à leurs dépens. Pour cela on alla processionellement à la place du marché où le Prélat bénit la nouvelle châsse, entendit la prédication de Milon Bourré, Professeur en Théologie, et fit ensuite au même lieu la translation des Reliques des deux saints Martyrs en présence de Denis le Herpeur, Chancelier de Paris, aussi Professeur, Matthias de Brée, Conseiller et Chanoine de Paris. Au retour de la Procession il célébra la Grande-Messe ; après quoi il conféra la tonsure. Il est probable que ces Reliques de Saint Yon avoient été obtenues autrefois du Prieuré de son nom où tout son corps étoit conservé dans le temps que la Forteresse du Château y étoit en bon état. A l'égard de celles de Saint Cance, Martyr d'Aquilée, il faut croire qu'elles avoient été tirées de l'Eglise de Notre-Dame d'Etampes où le Roi Robert avoit fait déposer le corps de ce Saint et de ses Compagnons apportés d'Italie. Il étoit convenable que, les trois autres anciennes Eglises de Corbeil étant munies de Reliques, celle-ci n'en fût point dépourvue. On croit à Corbeil que ce fut Simon Capitaut, Chanoine de cette Eglise et Conseiller au Parlement, qui fournit la plus grande partie de la dépense de la châsse d'argent et du reste de la cérémonie, sur ce que la figure d'un Chanoine à genoux devant l'image de la Sainte Vierge au frontispice de cette châsse passe pour être de lui. Cette Châsse est aujourd'hui au haut du retable du grand autel de la même Eglise.

Reg. Ep. Paris.

Hist. de Corbeil, p. 33.

Cette Eglise est d'une structure fort massive et avec une aîle de chaque côté et des galeries, le tout bâti dans le temps que le gothique commençoit à se démontrer par les arcades en pointe. La Tour est plus délicatement travaillée quant aux parties extérieures et élevées. Au portail se voyent de chaque côté trois statues longues et étroites, dont celle du milieu représente une Reine. Ce travail peut être de la fin du XI siécle.

<small>Hist. de Corbeil, p. 157.</small> Ce fut vers l'an 1180 que les Sieurs du Donjon, Chevaliers, descendus des anciens Comtes de Corbeil, firent abbattre trois maisons pour rendre l'entrée de cette Eglise plus aisée et moins resserrée.

Dans le Sanctuaire du côté septentrional est la tombe de Jehan...... Curé de Saint-Germain *du Vieux Corbuel*, qui est dit Chanoine de cette Eglise et de celle de Saint-Spire. L'orfroy de sa chasuble, son étole et son manipule sont garnis de figures de cette espece. Je la crois du XV siécle.

<small>Ibid., p. 213.</small> Simon Capitaut, Professeur en Droit Canon à Paris, Chanoine de cette Eglise et Conseiller en Parlement, repose dans la nef : au moins son éloge s'y voyoit devant la chaire lorsque de la Barre écrivoit.

<small>Ibid., p. 217, 218.</small> Dans le chœur se voit la tombe de Jehan de Kerkelevant, Gentilhomme Breton. Charles, Duc de Bourgogne, l'avoit attiré à son service et lui avoit fait épouser l'Héritiere de la Maison de Liques ; ensuite il passa au service du Roi. Il avoit la garde de la Ville d'Arras, qu'il laissa prendre par l'Archiduc et les Bourguignons en 1489. Affligé de ce malheur, il se retira à Corbeil dont la Capitainerie lui avoit été cédée par Olivier le Daim, et il y mourut de regret. Sa femme y décéda le 21 Septembre 1501 et fut inhumée près de lui.

<small>Ibid., p. 269.</small> Un Archevêque de Melphes au Royaume de Naples, repose aussi en cette Eglise. Il étoit l'un de ces Italiens qui se trouverent à Paris lorsqu'Henri IV y fit son entrée. A cet événement il fut saisi d'une telle frayeur, qu'il prit vitement le chemin de l'Italie. La maladie l'obligea de s'arrêter à Corbeil, et il y mourut. On lisoit il y a cent ans sur son tombeau cette courte inscription : *Carolo Montilio Casiliensi Archiepiscopo Amalphitano Viterbiensis Episcopo, Antonius à jure nepos M. P. Anno Domini 1594.* On voit dans la même Eglise une longue inscription qui concerne Jacques Bourgoin, natif de Corbeil, fondateur du Collége de cette Ville, avec un détail des emplois honorables qu'il a eus sous Louis XIII et Louis XIV. Il vivoit encore en 1653. Son épitaphe est sans date. Je parlerai ci-après de la sépulture de Joseph Adine, Curé.

Outre la Chapelle de Saint Yon, Martyr, dont j'ai parlé

ci-dessus, et qui servoit de Paroisse au XV siécle, il y avoit encore à Notre-Dame une Chapelle sous le titre de Saint Etienne-le-Jeune, fondée pour les Enfans de chœur. Le Registre met *S. Stephani secundi*, ce que je crois ne pouvoir signifier que le saint Martyr du culte des Images mort en 766 le 28 Novembre. On y voyoit aussi dans l'avant-dernier siécle une Chapelle en titre de Bénéfice, appellée tantôt *SS. Christophori et Amatoris*, et tantôt *SS. Amatoris et Christophori*, et quelquefois simplement *S. Amatoris*. Plus une autre Chapelle sous le nom de Sainte Geneviéve aussi en titre de Bénéfice. Un Mémoire du XV siécle met à la tête de toutes ces Chapelles celle de Saint Louis, à laquelle Jean de Magny, Chantre de cette Eglise, avoit fait un bien considérable en 1343.

<small>Coll. 27 Aug. 1522 Reg. Ep. Par.

Ibid. 14 Déc. 1528, 10 Jul. 1353, 26 Apr. 1558.

Reg. ibid. 20 Jan. 1581.

Tab. S. Joan. Corbol.</small>

L'Eglise de Saint-Nicolas, Paroissiale de Corbeil et Succursale d'Essone au XVI siécle ayant été abbattue à cause qu'elle nuisoit à la défense de la Ville du temps des guerres de la Ligue, les habitans obtinrent en 1601 que l'Eglise de Notre-Dame où ils n'avoient eu qu'un Autel, leur serviroit de Paroisse, les Chanoines réunis préalablement à ceux de Saint-Spire, et Tristan Canu, Curé de Corbeil, fut mis en possession de cette Eglise quelque temps après; l'Official de Paris adjugea par Sentence la Ferme de Ville-Louvette sise au-dessus de Saint-Germain du Vieux Corbeil, à l'Œuvre et Fabrique de Notre-Dame pour le support des charges, ce qui fut confirmé par Lettres-patentes du 6 Mai 1607.

<small>Hist. de Corbeil, p. 275 et suiv.</small>

Un des plus illustres Curés qu'ait eus cette Eglise depuis cet événement a été Joseph Adine dont l'épitaphe y est sur un marbre blanc proche le Jubé en entrant au chœur. En voici la teneur :

> Hic requiescit
> Deo, proximo, non sibi natus,
> Josephus Adine, Autissiodorensis,
> Hujusce urbis Corbolii dignissimus pastor ;
> Quem ad aras Omnipotentis
> Incessu gravi, Angelico vultu,
> Omnium in se oculos habentem
> Vidimus.
> Quem in sublimi leges docentem divinas ;
> Justorum virtutes inflammantem,
> Pœnitentium animos erigentem,
> Peccantium corda profligantem
> Audivimus.
> Quem in screto verum animarum medicum
> Verbo lacrymis, exemplo
> Vidimus, audivimus, habuimus.
> In quibus omnibus immorantem
> Corbolium videbat, mors rapuit, cœlum voluit.
> Verum
> Æternum pietatis suæ monumentum

Gregi reliquit suo
Solemnia S. Joseph omni celebranda ævos
Oret pro grege in cœlis
Quem in terris paterno fovebat affectu.
Ei que requiem quâjam fruitur obtineat æternam.
Obiit Die decima octava Aprilis
Anno Domini 1684 ætatis suæ 52.

SAINT-JEAN-EN-L'ISLE. Cette Eglise est ainsi désignée à cause de sa situation dans une isle formée par la riviere de Juine avant qu'elle se jette dans la Seine, comme aussi pour la distinguer de Saint-Jean-de-l'Hermitage, Prieuré situé dans Corbeil et qu'on a vu ci-dessus, être beaucoup plus ancien. Elle doit sa fondation à la Reine Isburge ou Isemburge, épouse de Philippe-Auguste, qui jouit du Comté de Corbeil à titre de Douaire, et qui s'y retira après le décès de ce Roi, arrivé l'an 1223. Cette Princesse y établit douze Prêtres qui feroient profession de la Regle de Saint Augustin selon l'Ordre des Chevaliers de Saint Jean de Jérusalem, et assigna pour leur nourriture cinquante muids de grain à prendre sur le minage des grains qui se vendoient au marché de Corbeil. Louis VIII confirma cette fondation en 1224, et Guerin de Montaigu, Grand-Maître de l'Ordre alors dit de Rhodes, et à présent de Malthe, l'acceptant, leur conféra le petit Hôpital de Tigery, voisin de Corbeil, avec ses dépendances ; outre cela, à la priere de la Reine, il permit aux Religieux d'élire dans leur Ordre un Prieur et Commandeur. Je tire cette fondation de l'Histoire de Corbeil, dont l'Auteur a pu se tromper sur la quantité de grain qui y fut destinée, puisqu'ailleurs il rapporte un titre de l'an 1332 qui n'en marque que quarante muids prisés ensemble deux cent cinquante livres, et que dans les Mémoriaux de la Chambre des Comptes de Paris, à l'an 1354, l'acte de confirmation de ce droit en faveur de cet Hôpital ne fait mention que de quarante muids moitié froment, moitié d'avoine, pour les treize Prêtres qui y célébrent. Néanmoins dans l'état du revenu de cette Maison, donné par Sauval, il y a cinquante muids. Je rapporterai à la fin de cet article le reste des biens dont il a fait imprimer le détail.

Cet Ecrivain assure que cette Commanderie de Saint-Jean-en-l'Isle, est autrement dite la Grande Trésorerie ; qu'il y a six Ecclésiastiques dont trois sont Religieux et trois Séculiers, et un Clerc entretenu par le Commandeur, et que le Service s'y fait régulicrement. Il ajoute que le Prieur est crossé et mitré, ce qui paroît avoir besoin d'explication.

L'Eglise de ce Prieuré est un grand édifice gothique en forme de croix, et tel que la Reine Isemburge le fit construire. Il est sans aîles, mais avec des galeries et une nef fort longue. On y voit des sépultures presque de tous les côtés. La plus considérable est celle d'Isemburge qui étoit dans le chœur élevée d'un pied ou un peu plus, et qui en a été ôtée dans le siècle présent, pour être placée au fond de la croisée du côté du midi. Cette tombe de cuivre la représente avec la couronne et le sceptre, avec cette inscription autour en lettres gothiques capitales. De la Barre l'ayant donnée très-mal dans son Histoire de Corbeil, et Duchêne y ayant aussi laissé quelques fautes, on trouvera bon que je la redonne en entier et sans rien omettre :

Duchêne, T. V, p. 262.

> *Hic jacet Isburgis Regum generosa propago;*
> *Regia quod Regis fuit uxor signat imago.*
> *Flore nitens morum vixit, patre Rege Dacorum*
> *Inclita Francorum Regis adeptathorum.*
> *Nobilis hujus erat, quod in orbis sanguine claro*
> *Invenies raro, mens pia, casta caro.*
> *Annus millenus aderat deciesque vicenus,*
> *Ter duo terque decem, cum subit ipsa necem*
> *Felicis duce vitæ subducta caducæ.*

Ce dernier vers qui est dans la bordure de la niche au-dessus de sa tête n'a point été apperçu par ceux qui ont copié cette épitaphe et l'ont donnée sans la date du jour. Ce vers semble nous apprendre que cette Reine mourut le 14 Janvier, jour de Saint Félix. On y lit tout de suite :

> *Hugo de Plagliaco me fecit*[1].

Dans le même croison méridional se voit sur une autre tombe en capitales gothiques : *Cy gist Antoine de Mourche, qui fu Escuier Madame la Reine Margu...... en l'an M. CC. IIII^{xx} et VIII.* Il est figuré avec un long camail abbattu, et à ses côtés deux écussons, dont l'un porte un sautoir.

Autre : *Cy gist Madame Agnes la fille Monseigneur Pierre...... Madame Marguerite .... Prieur de l'Hospitalaer qui trespassa l'an M. CCC. au mois de.....*

Au chœur à main gauche ou vers le septentrion : *Cy gist Frere Gile de Besencor qui fu Prieur de ceans et qui trespassa en l'an de Incarn.....* L'écriture est du XIII siècle (en gothique capital).

Au même endroit sur une autre tombe semée de fleurs de lys est représenté un Prêtre tenant un calice, et autour de la niche qui couvre sa tête se lit *Anno M. CC. LXII. obiit Girardus Prior de Corbolio ...... Aprilis.* Il y a des vers peu lisibles sur la même tombe qui est étroite aux pieds.

---

1. On montre dans l'une des galeries de cette Eglise une vieille chaise de bois qu'on croit avoir servi à cette Reine pour entendre la Messe.

Devant le Sanctuaire est gravé en petit gothique sur une tombe : *Cy gist Thomas Mouton de Faremonstier, Prieur de Corebuelle et Commendeur de Provins qui trespassa l'an M. CCC. LXI. le VIII jour de May. Priez pour l'ame de ly.* Il est en chasuble sans calice.

Vers la lampe se voit une belle tombe de Jehan le Roy, Prieur de ce lieu, et Commendeur de Lagny-le-sec, décédé en 1482, et celle d'Etienne Bernard, aussi Prieur de Saint-Jehan de Corbeil, Receveur pour le Trésor de Rhodes, mort en 1515.

Dans le côté septentrional de la croisée vers le coin est écrit en gothique capital : *Cy gist Frere Jehan de Chevru iadis Prieur de France...... M. CC. LXXXVII.* Il a pour armes deux haches adossées.

En mêmes caracteres sur une autre tombe : *Cy gist Frere Berengier iadis Prieur en Allemaigne et Grand Commendeur de Hongrie qui trespassa l'an M. CCC. et II le jour..... Priez pour ly.*

Devant l'autel placé en cette croisée est encore une très-belle tombe, sur laquelle est gravé en petit gothique : *Hic jacet Frater Eustachius de Attrio quondam Prior Hujus domus, qui victualia pro cena Conventus et pro necessariis stipendia presentia quatuor Officiariis ampliavit. Dedit etiam dicto Conventui quamdam domum per ipsum acquisitam apud Corbolium situatam........ diebus lunæ per ipsum Conventum pro ea pecunia solemniter celebrandum. Qui obiit anno Domini millesimo quadringentesimo nono, XXVII mensis Novembris.* Ses armes sont une bande chargée de quatre tourteaux.

Dans la nef, sur une tombe du XIII siécle qui a été transposée, reste *Nobilis Stephanus prudens piet......*

Sur une autre est en gothique capital : *Cy gist Marie de la Fontaine, Donnée de l'Ospital, mere iadis de Frere Guy de Bauchissy Prieur de Corbuel, qui trespassa le XVI jour de Fevrier l'an Mil CCC. et. XXXVI. Priez pour l'ame de ly.* Elle est en beguin et voile bas.

Autre étroite aux pieds, et par conséquent des premiers temps de la Fondation ; elle represente une femme qui a sa bourse à sa ceinture, le champ est parsemé de fleurs de lys ; on y lit : *Nudos vestire.*

Autre transposée, qui est de *Pierre le Cochetier Bourgeois, de Corbueil,* mort *l'an M. CCC. et III.*

Autre aussi transposée d'un autre Bourgeois *de Corbuel* de M. CCC. XXVIII, en habit long avec un chien sous ses pieds.

Autre, en petites capitales gothiques : *Cy gist noble homme et religieuse personne Frere Jehan du Cresson, Commandeur du Saussoy et de Gandelus, qui trepassa en l'an de J.-C. M. CCCC.*

Sur le mur en petit gothique sont gravés ces vers :

> *Cy-devant gist Frere Pierre d'Arthois,*
> *Hospitalier, Religieux courtois,*
> *Qui de Cambronne prit naissance :*
> *Il se rendit dès son adolescence*
> *Ou saint hostel de l'Ospital St Jehan*
> *Empres Corbeil : la Procureur maint an*
> *Fut du Couvent de l'Ospital predit.*
> . . . .

A l'entrée de l'Eglise est la tombe d'une Chevalier, mort l'an M. CC. LX et XV, laquelle est transposée. Ses armoiries sont à deux faces accompagnées de neuf pommes ou autre fruit.

Sous le regne de Philippe-le-Hardi, Jean de Villiers, Grand Maître des Chevaliers de Saint Jean de Jérusalem, trouva que la Maison de Saint-Jean en l'Isle étoit très-propre à y tenir les assemblées de ses Chevaliers. C'est pourquoi il fit bâtir cette grande Salle qu'on appelle le Palais, joignant le Cloître et Dortoir des Religieux. C'est probablement où ce Roi logea quelquefois, car il reste des chartes de lui datées de l'Hopital de Corbeil. On en voit une de l'an 1279 qui regarde l'Eglise de Toulouse. Saint Louis y avoit logé avant lui l'an 1248. Hist. de Corbeil, p. 180.
Ibid., p. 168.

L'Historien de Corbeil parle aussi d'un Prieur de ce lieu qui l'orna et augmenta considérablement sous le regne de Charles VII. Il se nommoit Jacques de Harlay, Chevalier de Malthe des Harlays de Franche-Comté. Son Prédécesseur Jean Forbaut vivoit en 1430. Ainsi on peut ranger chronologiquement de cette sorte les Prieurs de Saint Jean nommés jusqu'ici : Ibid., p. 208.
Reg. Parl. 29 Julii.

- Girard, mort en 1262 ;
- Gile de Besencourt ;
- Gui de Bauchisy, mort vers 1350 ;
- Thomas Mouton, mort en 1361 ;
- Eustache de L'aitre, mort en 1409 ;
- Jean Forbaut, vivant en 1430 ;
- Jacques de Harlay, sous le reste du regne de Charles VII ;
- Jean le Roi, mort en 1482 ;
- Nicolas L'esbahy lui succéda la même année..... Hist. de Corbeil, p. 213.
- Jean Follon, 1494 ;
- Etienne Bernard, mort en 1515 ;
- Guillaume Guignon, 16 Déc. 1538. Reg. Parl.

Outre les cinquante muids de bled que Sauval reconnoit que ce Prieuré a droit de prendre sur le minage de Corbeil, il marque pour ses autres biens plusieurs terres labourables au territoire d'Essone, des terres, des vignes et plusieurs cens et rentes, un droit d'annate ou d'une année du revenu de tous les Canonicats Antiq. de Paris, T. I, p. 613.

de Noyon, Saint-Quentin, Péronne et Roye en Picardie ; plusieurs maisons dans Corbeil, la ferme du Pressoir Saint-Jacques au Fauxbourg de Saint-Jacques ; des dixmes à Villebert, Mormant, Maincy et à l'Hôpital de Tigery ; la ferme d'Ozoir-le-Boulgis ; un parti dans la forêt de Rougeau et dans celle de Senart ; plusieurs cens et rentes dans la Ville de Melun, et des prés dans le voisinage ; la Ferme de Savigny-le-Temple entre Corbeil et Melun, où il y a une Chapelle avec droit de toute Justice, etc.

J'ai lu dans des Extraits de Registres du Parlement, qu'en 1535 le Chapitre de Saint-Quentin ayant obtenu une Bulle de suppression de deux Prébendes, le Prieur de Saint-Jean-en-l'Isle appela comme d'abus, et que la cause ayant été plaidée le 4 Janvier, il fut ordonné de surseoir à la Bulle.

Ce fut dans ce Prieuré que descendit le Roi Henri IV lorsqu'il voulut s'assurer la Ville de Corbeil, et là les habitans vinrent lui en présenter les clefs.

<small>Hist. de Corbeil, p. 257.</small>

EGLISE SAINT-NICOLAS. Quoique cette Eglise ne subsiste plus depuis long-temps, il est cependant bon de faire connoître ce qu'elle a été. On a vu ci-dessus qu'il y a eu pendant quelques siécles dans les Eglises Collégiales de Saint-Spire et de Notre-Dame un autel destiné aux fonctions Paroissiales, mais il est à croire que ces deux Cures n'étoient que pour les Familiers et Officiers ou Domestiques des Chanoines. La Ville de Corbeil étant devenue fort peuplée, on y bâtit l'Eglise Succursale d'Essone sous le titre de Saint Nicolas, et cela au plus tard dans le XV siécle. L'existence de cette Eglise est présupposée dans un contrat gravé sur la pierre dans l'Eglise d'Essone l'an 1499. Les Chanoines de Notre-Dame de Corbeil s'obligent en vertu de la fondation de Gorgon de la Croix, Marchand, d'aller deux fois par an en procession à Saint-Etienne d'Essone, et à la premiere fois d'entrer en revenant en l'Eglise de Saint-Nicolas. A la seconde Procession devoit assister celle de Saint-Nicolas et rester à la Grande Messe d'Essone. On conserve à la Bibliotheque du Roi un Obituaire de l'Eglise de Saint-Nicolas-lez-Corbeil, écrit vers l'an 1520. Il y a dans ce livre au jour de Pâques la fondation d'une Messe basse pour y donner la Communion aux Valets et Servantes. Les Valets étoient tenus de dire *Pater* et *Ave* pour Audive la Sentenye, fondatrice. En 1535, Sébastien Tartaret est qualifié Curé de Saint-Etienne d'Essone *cum ejus succursu S. Nicolai de Corbolio*. Il y en a une collation dans les mêmes termes au 21 Janvier 1550.

<small>Reg. Ep. Paris. 3 Febr. 1535.</small>

Comme on appréhenda au commencement des guerres civiles de la Religion vers le regne de Charles IX, que les ennemis ne se servissent avantageusement de cette Eglise pour battre de là la Ville de Corbeil, sur les murs de laquelle elle commandoit, on eut la précaution de l'abbattre, et il n'en resta de vestige que dans le nom de la Porte qui y conduisoit, que l'on continua d'appeller *la Porte Saint-Nicolas*. Elle étoit au midi de la Ville. Ce qui prouve que ce fut en 1554 au plus tard, est un fragment d'Ordonnance de l'Evêque de Paris du mois de Mars ou d'Avril de la même année, qui porte que les Chanoines de Notre-Dame seront tenus de fournir un autel en leur Eglise aux habitans de cette Paroisse de Saint-Nicolas pour y faire l'office, et qui regle les droits. Ce fut la destruction de Saint-Nicolas qui ayant mis les habitans de Corbeil dans leur ancienne situation, c'est-à-dire sans Eglise particuliere, donna occasion à tirer les Chanoines de l'Eglise de Notre-Dame où ils étoient, afin que leur Eglise servît au même usage qu'avoit fait celle de Saint-Nicolas. De là vint la coûtume qui subsistoit encore en 1644 de dire *l'Eglise et Fabrique de Notre-Dame et Saint-Nicolas de Corbeil*.

_{Contrat d'Etablissement des Religieux de la Congrégation.}

LA CHAPELLE ROYALE. Quoique cette Chapelle ne subsiste plus depuis longtemps, je ne dois pas omettre d'en parler. Après le décès de la Reine Blanche de Castille, Saint Louis, son fils, continuant l'affection qu'elle avoit eue pour Corbeil, fit rebâtir la Maison Royale entre la Tour de l'angle septentrional, dite la Tour de Corbulo, et la maison du Prieuré de Saint-Guenaul. Au bout de la salle de sa maison, il fit bâtir en 1258 une Chapelle à deux étages. La Chapelle de dessous étoit en l'honneur de Saint Jean-Baptiste; celle de dessus en l'honneur de la Sainte Vierge, avec un autel de Saint François à droite, et un de Saint Pierre, Martyr, à gauche; et pour y célébrer l'Office Divin, il y fonda trois Chanoines Réguliers du consentement de l'Abbé de Saint-Victor, et les joignit aux quatre autres fondés à Saint-Guenaul par le Comte Haymon, ordonnant que l'un des trois célébreroit chaque jour dans la Chapelle basse, et les deux autres dans celle de dessus. Par Lettres du 23 Novembre 1258, le Roi accorda que pour dédommagement de ce qu'il avoit fait construire un escalier sur l'écurie du Prieuré, et de ce qu'il avoit fait bâtir une chambre sur le pressoir de la maison, une place qui étoit entre le Prieuré et la Maison du Roi, serviroit au Couvent pour décharger les voitures; il ajouta qu'en son absence et celle de la Reine, le Prieur auroit la Clef de cette Chapelle et l'usage du préau qui étoit en bas sur le bord de la Seine. Le Pape Urbain IV accorda des Indulgences à ceux qui la visiteroient, ce qui marque qu'elle étoit publique. Tous ces lieux ont changé de face il y a plusieurs siècles, et il n'y paroît plus qu'il y ait eu de Chapelle ni de pré. Joinville

_{Hist. de Corbeil p. 169 et suiv.}

_{Trés. des Chart. Reg. 31, f. 49.}

en son Histoire de Saint Louis rapporte ce qui se passa dans ce pré et à la porte de cette Chapelle entre le saint Roi, Maître Robert, Sorbon et lui.

HOSTEL-DIEU de Corbeil. On le croit ancien et si ancien que la Reine Adéle de Champagne, veuve de Louis VII, n'en fut que la restauratrice et bienfaitrice. Ce qui fut cause qu'on en connoit peu de particularités, est que Thevet, l'Historien, qui en étoit Administrateur, porta les titres de cette Maison à Paris, où ils furent perdus du temps de la Ligue. Cet Hôtel-Dieu recevoit en 1332 des droits du Roi la somme de 105 sols. Il avoit en 1351 une Ferme à Tournanfuye, et une au lieu dit Champagne, et sept cent trente-deux charges d'âne à prendre dans la forêt de Rougeau. Le 23 Février 1482 l'Evêque de Paris commit Etienne Petau, Doyen de Chrétienté du vieux Corbeil, pour y faire la visite. Une partie du revenu fut partagée en 1614 avec l'Eglise de la même Ville. Ce sont des Chanoinesses Réguliéres qui gouvernent aujourd'hui cette Maison.

Hist. de Corbeil, p. 193 et 195. Reg. visit. Dom. Dec. 1351, fol. 108.

Jacques Bourgoin ayant laissé tous ses biens aux pauvres de Corbeil, et le Prévôt et Substitut du Procureur du Roi du lieu, désignés Exécuteur Testamentaire, il fut ordonné en Parlement qu'ils rendroient compte par devant un Conseiller en la Cour.

Reg. Parl. 15 Jul. 1672.

LEPROSERIE de Corbeil du titre de S. Lazare. On la dit établie par Eudes de Sully, Evêque de Paris, en 1201, pour les femmes, tant du voisinage de Corbeil que du voisinage de Melun. Le Prieur de Notre-Dame-des-Champs disputoit en 1257 à cette Maison le droit du forage du vin le jour de la Foire de Saint Michel, mais le Parlement l'adjugea à la Léproserie. La même Maison avoit aussi le droit d'envoyer prendre chaque jour dans le Bois des Templiers appellé *Rogellas*, une charretée de bois à un cheval : ce qui fut aussi confirmé par le Parlement en 1260. En 1332 elle avoit à prendre sur le revenu du Roi à Corbeil la somme de soixante livres. En 1346 il y avoit procès au Parlement touchant celui à qui il appartenoit de conférer cette Léproserie. Il paroit que ce droit fut attribué au Roi. Au moins on trouve que lorsque Louis d'Albiac cessa d'en jouir, elle fut conférée à Jacques d'Albiac par Lettres de Louis XII données à Corbie le 3 Novembre 1513. Il eut pour Successeur Philippe Chesneau, le 8 Septembre 1516. On y voyoit encore des Lépreux en 1548 suivant un Arrêt du Parlement qui ordonne d'y en enfermer un. Mais en 1631 cette Maison étoit devenue un Hermitage. Comme elle venoit d'être réparée, l'Archevêque de Paris y établit quelques Hermites. On ne lui donnoit plus le nom de Maladerie de Saint-

Gall. Chr. T. VII, col. 81.

Parlam. Candel. 1257.

Ibid.
Hist. de Corbeil, p. 194.

Sauval, T. III, p. 562.
Ibid., p. 296.

Reg. Parl. 5 Jul.

Lazare de Corbeil; on l'appelloit le Mont-Saint-Michel. Cette Maladerie est encore actuellement au rolle des Décimes. *Reg. Arch. Par 12 Sept. 1631.*

LES RECOLLETS. Cette Maison Religieuse est au Faux-bourg septentrional de Corbeil. Ce que j'en ai appris est que l'an 1637 les Officiers de cette Ville présenterent Requête à l'Archevêque de Paris pour leur permettre de recevoir ces Religieux, et que cela leur fut permis le 10 Mai. *Ibid. 1637.*

HISTOIRE DU TEMPOREL de Corbeil. Ce qui a été rapporté ci-dessus touchant les Comtes que Corbeil a eus successivement au nombre de sept depuis le temps qu'il n'étoit qu'un simple Château jusqu'au temps qu'il eut l'air d'une Ville, fait voir que nous sommes assez bien informés sur ce qui regarde l'Histoire Ecclésiastique de ce lieu : il seroit à souhaiter qu'on le fût également sur l'Histoire Civile ancienne.

On sçait seulement que depuis que cette Ville fut réunie au Domaine sous le regne de Louis-le-Gros, elle ne dut point diminuer, et qu'au contraire ses dépendances durent augmenter, ensorte qu'il s'y forma une Châtellenie assez étendue et qui le contesta à Montlhery, de maniere que cette Terre continua d'avoir des Vicomtes, qu'elle fut souvent donnée en Douaire aux Reines de France, que nos Rois y vinrent quelquefois et autres personnes qualifiées, qu'elle soutint des Siéges, et qu'elle a produit des Hommes Illustres.

Le titre de Châtellenie étoit attribué à Corbeil dès le regne de Louis VII ; on le trouve dans des Lettres de ce Prince de l'an 1159 où le Village de Ris est dit situé *in Castellania Corboïli* : ensuite dans une charte d'Eudes de Sully, Evêque de Paris, de l'an 1201. Je ne doute pas que pour la formation de cette Châtellenie, il n'ait été besoin de traiter quelquefois avec l'Evêque de Paris, et que de-là ne soit venue la redevance du cierge de vingt sols dont le Château de Corbeil étoit tenu envers cet Evêque. Le Roi Philippe-Auguste reconnut ce droit l'an 1222, comme aussi celui du *portage* du même Evêque à sa nouvelle réception. De maniere qu'on lit dans le petit Cartulaire de l'Evêché conservé à la Bibliotheque du Roi l'article suivant: *Isti sunt qui portaverunt Dominum Episcopum Villelmum : Dominus Palduinus de Corbolio, et Dominus Macer Milites destinati, et Domino Rege pro Corbolio, et pro Monte Letherici.* On croit qu'il s'agit là de Guillaume d'Auvergne qui prit possession en 1228. Peut-être que ces droits n'avoient commencé que sous l'Evêque Renaud du temps du Roi Robert. Ce Prélat étoit fils de Burchard le Pieux, Comte de Corbeil, qui aimoit fort les Ecclésiastiques. Quoiqu'il en soit, l'Eglise

Chart. S. Magl.

Notit. Gall. p. 403, col. 2.

Chart. Ep. Par. Bibl. Reg. c. init.

Du Breul, Livre I, Art. Lumin. N. D.

Notit. Gall. p. 403, col. 2.

<small>Gall. Chr.
T.VII, col. 195.</small>
de Notre-Dame de Paris avoit des Serfs à Corbeil au commencement du douzième siècle. Le Doyen Bernier et le Chapitre leur accorderent en 1109 de pouvoir hériter de leurs parens. Cela marque un droit de Seigneurie auquel les Evêques avoient dû s'intéresser, et peut-être que l'abandon de ces Serfs fut fait vers ce temps-là au Comte de Corbeil auquel Louis-le-Gros succéda.

Nous sommes suffisamment instruits de l'étendue de la Châtellenie de Corbeil cent ans après, c'est-à-dire du temps de Philippe-Auguste. Ceux qu'on appelloit en 1202 les Vavasseurs de Corbeil payoient chaque année en eux tous à ce Prince une redevance qui formoit la somme de quarante-huit livres. Voici l'énumération des Chevaliers de cette Châtellenie rédigée sous le même regne. Je la donne comme je l'ai trouvée dans un ancien manuscrit :

<small>Comput. Reg.
Brussel
Trait. des Fiefs,
p. CLV.</small>

<small>Cod. Putean.
635.</small>
Isti sunt milites de Castellania Corbolii tenentes de Rege, et habentes LX Libratas redditus.

Balduinus de Corbol.
Robertus de Messis.
Hugo Beliart.
Petrus de Damonio.
Joannes Beliart.
Federicus de Malignon.
Andreas Polin.
Federicus de Bronay.

Guido de Donjon.
Thomas de Braia.
Vicecomes Corbolii.
Villelmus de Vallegrinosa.
Guillelmus Pasté.
Petrus Panier.
Petrus de Courbaart.

Isti sunt milites, tenentes de aliis Dominis in eadem Castellania, et qui habent LX libratas terræ.

Ansellus de Bronaio.
Radulfus frater ejus.
Adam de Nanzeiaco.
Robertus de Milliaco.
Adam de Loco sancto.
Regnaudus de Ties.
Girardus Chalam.
Ansellus de Cocini.
Ansellus de Tigeri.
Joannes Montier.
Ansellus de Plesseto.
Simon de Manueris.
Evrardus de Chevri.

Ansellus de Granchia.
Ansellus de Malonido.
Guillelmus de Glosera.
Thomas Pasté.
Andreas Pan......
Gilebertus de Plesseto.
Petrus de Egrenuello.
Federicus Beliart.
Petrus de Tigeri.
Petrus de Buinelle.
Thibaudus Buinelle.
Petrus de Pung.....

L'un des plus considérables de ces Seigneurs est Gui de Donjon, nommé ci-dessus parmi ceux qui tenoient leur Fief du Roi. Ces Seigneurs du Donjon étoient sortis des anciens Comtes de Corbeil dont ils prenoient quelquefois le nom, mais plus souvent celui de la Forteresse que leurs Prédécesseurs y avoient bâtie, et dont la figure se voit empreinte dans les sceaux des Descendans. De la Barre remarque que ce Donjon y est surmonté d'une espece de pomme ou de pêche, et fait observer qu'il restoit de son temps à Corbeil entre la Porte de Saint-Nicolas et le Port Saint-Laurent, une maison appellée le Donjon, derriere laquelle restoit le bas d'une Tour quarrée battue par les Espagnols en 1580. Aymon *de Donione* vivoit vers l'an 1090 ou 1100, et fit beaucoup de bien au Prieuré de Longpont en s'y rendant Moine. *Nanterius de Donionio* vivoit dans le même temps. Baudoin *de Dungunno* est mentionné vers l'an 1136 comme ayant des mouvances; Frédéric du Donjon vivoit en 1138 suivant M. Lancelot, qui croit qu'il fut pere de Gui. Or, ce même Gui a vécu en 1180 suivant un titre de cette année-là vu par l'Historien de Corbeil, et où sont rappellés les noms de Baudoin et de Jean du Donjon. Les mêmes noms avoient déjà été portés par d'autres qui se surnommoient de Corbeil; tel est un *Balduinus Corboliensis* dont le seing est au bas du Privilége pour Saint-Spire de l'an 1070; un *Johannes de Corbullio* nommé dans le Cartulaire du Prieuré de Longpont vers l'an 1136; un *Balduinus de Corboïlo* que Suger, Abbé de Saint-Denis, met au nombre de ses amis; un Jean de Corbeil, Seigneur de Plessis-le-Comte et Grigny sous Philippe-Auguste, et un Renaud de Corbeil sous le même Roi; un *Simon de Corbolio miles* et un *Balduinus de Corbolio miles* mentionnés dans un titre de l'Abbaye de Saint-Denis de l'an 1251.

Hist. de Corbeil, p. 156 et 157.

Chart. Longip. fol. 21 et 41.

Ibid., fol. 8.

Scheda MS. Lancelot, du Bouchet. Histoire de Courtenay, p. 11. Hist. de Corbeil, p. 157.

Chart. Longip. fol. 8.

Duchêne, T. IV, p. 335. Chart. Ph. Aug.

Chart. S. Dion Reg. p. 180.

Je ne sçai si l'on peut ajouter à ces anciens Chevaliers descendus des Comtes de Corbeil un nommé *Archerus de Corbolio* qui passa en l'an 1248 un compromis cité par le Pere Dubois, et dans lequel il est fait mention de la maison située dans Corbeil, habitée par Alix, mere de Regnaud, Evêque de Paris. Ce nom *Archerus* est resté à trois Fiefs relevans de Sintry, sçavoir, le Fief Archer à Corbeil; l'Archer à Boucournu, lieu appellé Bocornu dans les titres de Saint-Maur-des-Fossés de l'an 1222, et l'Archer à Evry-sur-Seine au-dessous de Corbeil.

Collect. MS. T. II.

Chart. Fossat. fol. 462.

Il peut se faire aussi que ce fut du côté des filles issues des anciens Comtes de Corbeil que fût venue à un puissant Chevalier de la Brie nommé Guillaume des Barres, la suzeraineté qu'il avoit sur des censives dans la Ville de Corbeil au XIII siécle. Ce fait est connu par les amortissemens qu'il en reçut en 1248. Ce qu'il y a de sûr est que les Seigneurs de Grez proche Tournan en Brie dans ce même siécle, étoient de la Maison de Corbeil.

Hist. de Corbeil, p. 137.

Le Vicomte étoit une fonction temporelle à Corbeil que les Comtes créerent lorsque la dignité de Comte fut devenue héréditaire vers le regne de Hugues Capet. Comme il devoit représenter le Comte, lequel souvent étoit occupé à la guerre, la Terre de Fontenay à trois ou quatre lieues de Corbeil vers le couchant, lui fut assignée, et de-là vint qu'on la surnomma de son nom *Fontenay-le-Vicomte*. Par succession de temps cette Seigneurie fut désunie de la Vicomté, et la Vicomté possédée par divers Seigneurs de Fiefs assis en la Châtellenie de Corbeil, jusqu'à ce que cette dignité a été attachée à la Seigneurie de Tigery qui n'est éloignée de Corbeil que d'une lieue.

Le premier Vicomte qui nous soit connu, s'appelloit Robert. Il vivoit sous le Roi qui a porté le même nom. Nanterus, son fils, lui succéda. On le trouve dans un titre de l'an 1040. Gui mit son seing comme Vicomte l'an 1070 au bas du Privilége accordé au Cloître de Saint-Spire. Gilber, Vicomte de Corbeil, vendit vers l'an 1148 au Chapitre de Notre-Dame de Paris une dixme qu'il avoit à Boneuil-sur-Croud. Gilles Malet étoit Vicomte de Corbeil au commencement du regne de Charles VI. Dès-lors le Vicomte n'avoit plus à Fontenay qu'une maison, quelques terres et vignes, des censives et le cours de l'eau; mais il y avoit beaucoup de Fiefs à Tigery et dans le reste de la Brie, qui étoient mouvans de sa Vicomté, et dont il fit hommage au Roi à cause de son Comté de Corbeil l'an 1385. La suite de ces Vicomtes est la même que celle des Seigneurs de Tigery. François de Saint-André donnant au XVI siécle l'état du revenu de cette Vicomté, ne le fit monter qu'à soixante livres. Je parlerai ci-après des Prévôts et des Capitaines de Corbeil.

Hist. Eccl. Par. T. II, p. 4.
Ibid., p. 114.
Hist. de Corbeil, p. 61.

On a écrit dans un mémoire à moi communiqué que la Vicomté de Corbeil est un Fief indépendant du Comté, quoiqu'il en releve; que la Maison de Villeroy l'a eu en 1710 par retrait de M. Roland Pierre Gruyn, Maître de la Chambre aux deniers, qui l'avoit eu de Jean-Baptiste de Flexelles, Comte de Bregy en 1709.

Cette Ville avec son Comté fut donnée en douaire à plusieurs Reines.

La premiere fut Adele de Champagne, épouse de Louis VII. Elle y résida quelquefois depuis la mort de ce Prince. On a des Lettres d'elles datées de ce lieu en 1203 sur les biens de l'Abbaye de Saint-Maur situés proche Melun. De la Barre a suffisamment réfuté ceux qui se sont imaginé qu'elle étoit lépreuse, et qu'elle se lavoit dans une fontaine proche Saint-Germain du vieux Corbeil.

Chart. Fossat. papyr. fol. 57.
Hist. de Corbeil, p. 25 et 139.

La seconde fut Isburge ou Isemburge, ou enfin Ingelburge, épouse de Philippe-Auguste. On a vu ci-dessus qu'elle y fit bâtir l'Eglise de Saint-Jean-en-l'Isle où elle est inhumée. Elle s'étoit retirée à Corbeil après la mort du Roi arrivée en 1223.

La troisiéme fut Blanche de Castille qui resta veuve de Louis VIII dès l'an 1226 et vécut jusqu'en 1250. Plusieurs actes passés dans cet intervalle, prouvent sa résidence à Corbeil. Elle y étoit en 1248 lorsque Saint Louis avant que de partir pour la Terre-

Ibid. p. 164, 167, 168.

Sainte la même année, l'établit Régente du Royaume par Lettres datées de l'Hôpital-lez-Corbeil, c'est-à-dire Saint-Jean-en-l'Isle. Une Sentence de l'Official d'Eudes, Archidiacre de Paris, de l'an 1242, parle d'un procès pendant alors à Corbeil, *coram Baillivo Dominæ Reginæ Corboliensi.* *Chart. S. Gen. Paris. p. 157.*

La quatriéme fut Marguerite de Provence, veuve de S. Louis, dont je n'ai rien trouvé de particulier. En 1278 les assises qui furent tenues à Corbeil furent assemblées par Jean le Saulnier, Baillif de la Reine, présents le Prieur d'Essone, Me Guillaume, Seigneur d'Yerre, M^{gneur} Thomas de Chevry. Pierre Soilard, Guillaume de Chaus, Gui Bequard, Etienne Diaubonne, Guillaume de Combiau, tous Chevaliers, l'Abbé de Chaume, Me Etienne de Peuille, Frere Jean du Chastelet, Prieur de Corbeil, Me Henry, Doyen du Vieux Corbeil; Jean Segues, Prieur de Corbeil. Chartul. de S. Maur des Fossés en françois, p. 258.

La cinquiéme fut Clémence de Hongrie, veuve de Louis-le-Hutin depuis l'an 1316. De son temps il fut dressé un Procès-verbal des Fiefs du Comté de Corbeil avec les droits de Justice dont ils jouissoient. Il reste aussi quelques Sentences rendues par ses Officiers aux Grands Jours qu'ils tinrent à Corbeil le 6 Mai 1325. Hist. de Corbeil, p. 188.
Ibid., p. 189.

Pour continuer ce qui regarde la Famille Royale relativement à Corbeil, je commencerai par le Roi Louis VII que nous sçavons y avoir résidé en 1143 lorsque Saint Bernard vint lui parler de l'incendie de Vitry en Champagne, dont il étoit la cause. De plus, en 1142 il y confirma un don fait aux Moines de Saint-Maur. Il faut se souvenir de ce qui a été dit ci-dessus de la Chapelle que Saint Louis y fit bâtir proche Saint-Guenaul, de la conversation qu'il y eut avec Joinville et Robert Sorbon en 1258. Il étoit venu à Corbeil dès l'an 1235 et avoit logé à l'Hôpital des Chevaliers de Saint-Jean aussi-bien qu'en 1244, suivant des Lettres datées du mois d'Avril: il y séjourna encore en 1248 (la preuve en est ci-dessus), et en 1259 au mois de Juillet. Vers l'an 1262 ce même Prince y étant, Jacques, premier du nom, Roi d'Aragon, vint l'y trouver pour régler leurs différends; et le mariage de sa fille avec Philippe le Hardi y fut conclu. Bern. Ep. 225.

Ampliss. Coll. T. I.

Reg. des Chart.

Sous le regne de Philippe le Bel en 1290, Charles de France, son frere, Comte de Valois, fut marié à Corbeil le 16 Août à Marguerite de Sicile, fille de Charles II, Roi de Sicile. Les Flamans assurent que ce fut au Château de Corbeil que Gui de Dampierre, Comte de Flandre, fut tenu quelque temps en arrêt par ordre de Philippe le Bel qui séjournoit alors en cette Ville, et d'où s'étant tiré, il suscita à ce Prince la longue guerre dont parlent nos Histoires. Il est certain que ce même Roi étoit à Corbeil en 1303 le Dimanche après la Saint-Luc. Il y fit ce jour-là Hist. de Corbeil, p. 183.

un Réglement au sujet des indemnités accordées aux Nobles qui avoient vendu leurs revenus pour subvenir à cette guerre. Je marque à l'article du Vieux Corbeil les ans et jours auxquels il y séjourna.

<small>Trés. des Chart.
Reg. 35, 36, 37.</small>

Philippe le Long, second fils de Philippe le Bel, qui avoit eu en appanage les Comtés de Poitiers et de Corbeil, fit sa résidence la plus ordinaire à Corbeil, afin d'être plus près du Roi son pere. Il y fut marié au mois de Janvier 1306 avec Jeanne, fille d'Othon quatriéme du nom, Comte de Bourgogne. Cette Princesse y accoucha d'abord d'un fils nommé Louis, qui mourut âgé de sept mois ou environ. En faveur de sa naissance Philippe avoit quitté aux habitans de Corbeil la moitié du droit de mesurage de leurs grains. La Comtesse Jeanne y accoucha encore d'une fille qui fut appellée Jeanne, depuis mariée à Eudes, Duc de Bourgogne : comme elle fut baptizée à Saint-Jacques, Succursale de Saint-Germain du Vieux Corbeil, on pourroit croire qu'elle étoit née sur cette Paroisse.

<small>Hist. de Corbeil,
p. 186,
et autres mon.</small>

Le Roi Charles le Bel étoit à Corbeil au mois d'Avril 1329, et y signa une alliance avec Robert, Roi d'Ecosse.

<small>Cod. MSS.
B. Mariæ Par.
H. 7 in-fol.
fol. xii.</small>

Louis IX s'y retira après la Bataille de Montlhery donnée en Juillet 1465, et il y resta deux jours. Vers son regne le Seigneur de Montaigu fut pourvu de la Châtellenie de Corbeil.

<small>Mem. de la Chambre des Comptes.</small>

Louis XII y venoit aussi assez souvent. Ce fut en cette Ville que le Recteur de l'Université de Paris et ses Suppôts se rendirent auprès de lui pour rentrer dans ses bonnes grâces. Ce même Prince vendit Corbeil le 17 Mai 1513 à Louis, Sieur de Graville, avec deux autres Villes, sçavoir, Melun et Dourdan, pour la somme de quatre-vingt mille livres, à la charge qu'après sa mort elles retourneroient au Roi en constituant à ses héritiers quatre mille livres de rente ; ce Seigneur les rendit depuis par son codicille.

<small>Hist. de Corbeil,
p. 220.
Reg. du Parl.
28 Juillet 1513.</small>

Durant le même siécle, la Seigneurie de Corbeil fut engagée par les Rois successivement à plusieurs particuliers. François Ier la céda en 1530 à Antoine du Bois, Evêque de Béziers, en échange d'autres Terres que ce Prélat lui donna pour le rachat de sa personne. Corbeil fut vendu à Louis de Graville, Amiral, pour le Roi, le 8 Juin 1513. Permis aux habitans de Corbeil de lever les *octrois* accordés par les Rois pour la réparation de leurs murs le 26 Septembre 1526. Henri II donna en 1550 à François de Kernevenoy la Châtellenie de Corbeil rachetable de vingt-cinq mille livres. D'autres assurent qu'en 1552 elle fut engagée à Gui l'Arbaleste, Vicomte de Melun, Seigneur de la Borde, Président en la Chambre des Comptes. On trouve ensuite qu'en l'an 1580 la Demoiselle de la Borde jouissoit par engagement du Domaine de Corbeil ; c'étoit apparemment la veuve de Gui l'Arbaleste, ou la veuve de son fils.

<small>Reg. Parl.

Mém. de la
Ch. des Compt.

La Barre,
Hist. de Corbeil,
p. 258.

Bann. du Chât.
Vol. VIII, f. 18.</small>

Mais quelques années après cette Seigneurie passa à Nicolas de Neufville, Seigneur de Villeroy, d'Alincour, etc., sur le même pied d'engagement, ensorte que l'an 1599 il y eut une Déclaration du Roi qui permettoit à ce Secrétaire d'Etat de réunir au Domaine de Corbeil tant qu'il en seroit Seigneur, tous Fiefs, Justices et autres choses faisant partie de ce Domaine qui en auroient été aliénés. Ce Seigneur mourut en 1614. La Seigneurie a toujours resté depuis dans sa famille, et même en 1709, François de Neuville, Duc de Villeroy, Pair et Maréchal de France, son arriere-petit-fils, obtint du Roi des Lettres-Patentes qui portoient que lui et ses hoirs tant qu'ils seroient propriétaires du Domaine de Corbeil, jouiront du droit de prélation et retrait féodal en remboursant les acquéreurs suivant la Coûtume de Paris. *Reg. du Parlem. 13 Mai 1599. — Ibid. 10 Déc. 1709.*

Les événemens les plus dignes de remarque arrivés à Corbeil, après ceux qui regardent la personne des Rois, des Reines ou de leurs enfans, sont les différentes Assemblées qui ont été tenues dans cette Ville, ou les divers siéges qu'elle a soutenus, et pillages qu'elle a soufferts. Je ne répéte point ce que j'ai dit plus haut de son incendie arrivé l'an 1019.

À peine Saint Louis étoit-il monté sur le trône, que plusieurs Barons et Seigneurs du Royaume conçurent le projet d'engager le Comte de Bretagne à s'élever contre lui, et ce fut à Corbeil qu'ils tinrent leur Assemblée pour cela. Philippe, Comte de Boulogne, qui prétendoit avoir le Gouvernement de l'Etat durant la jeunesse de ce Prince, vint loger à Corbeil le même jour que Saint Louis devoit coucher à Montlhery, dans le dessein d'aller le lendemain l'enlever. Les habitans de Corbeil en ayant donné avis à Paris, il en partit douze mille hommes qui ramenerent le Roi dans la Capitale. *Joinville, Hist. de S. Louis.*

Corbeil fut pillé l'an 1357 par un Capitaine appellé le Begue de Villaines, et cela dans le dessein d'affamer la Ville de Paris, à cause que les Parisiens dont il étoit ennemi vouloient empêcher Charles V, Dauphin, de gouverner l'Etat pendant la prison de son pere. Il s'y fit quelque traité de paix la même année. Cette Ville fut encore pillée en 1358 par les Anglois et Navarrois qui couroient la France. *Hist. de Corbeil, p. 196. — Ibid., p. 167.*

En 1363 les Gens d'armes qui accoururent pour reprendre le Château des Murs, voisin de Corbeil, dont quelques brigands s'étoient emparés par ruse, s'y rendirent aussi formidables par leurs extorsions que s'ils avoient été réellement des ennemis. *Contin. Chron. Nangii, T. III, Spicil. in-fol. p. 131.*

Sous le regne de Charles V, le Captal de Buc qui conduisoit les Anglois pour ravager la France, ayant été pris, fut enfermé dans la Tour de Corbeil et y mourut. Robert Kanole, célébre Capitaine Anglois, vint en 1369 fondre sur les Fauxbourgs de *Christ. de Pisan, Hist. de Ch. V, c. xxvi. — Hist. de Corbeil, p. 198.*

Corbeil, et y mit le feu. En 1380 il y eut une revue de troupes à Corbeil.

<small>Généalogie de la Maison de Belloi, p. 98.</small>

Sous le regne de Charles VI, après la perte de la bataille d'Azincourt par les François l'an 1415, le Duc de Bourgogne eut des vues sur Corbeil pour empêcher qu'on ne portât des vivres à Paris, et engager par là les Parisiens à le recevoir à la place de ceux qui les gouvernoient. Le Seigneur de la Tour-Bourbon et Barbasan prévenant ses desseins, entrerent dans cette Ville et la garnirent de Soldats et de munitions. Ce Duc fut environ un mois à l'attaquer sans la pouvoir prendre ; il y perdit beaucoup de monde, et ses grosses bombardes y demeurerent. En 1418, lors de la surprise de Paris par le Capitaine l'Isle-Adam, Tannegui du Châtel amena le Dauphin à Corbeil, et de-là à Montargis. Des Ursins, Chancelier du même Dauphin, se réfugia à pied dans Corbeil la nuit de cette surprise. Le Prévôt Regnaud de la Porte lui fournit un cheval pour aller trouver son Prince ; et une heure après les gens du Duc de Bourgogne étant survenus à Corbeil, se saisirent de ce Prévôt et lui couperent la tête. Durant le siége de Melun, fait par Henri V, Roi d'Angleterre en 1420, ce Roi envoya Catherine, fille de Charles VI, à Corbeil, où l'on fit aussi venir le Roi son pere. Monstrelet raconte les fêtes que les Anglois y firent, et ajoute que les Reines Catherine, et Isabeau de Baviere, sa mere, y étoient souvent visitées par les Anglois et les Bourguignons. La ville de Melun étant rendue, le Roi Henri passa à Corbeil, y prit le Roi Charles VI et la Reine, et les ramena en triomphe à Paris. Peu de temps après, il fut attaqué de maladie, et il alla mourir à Vincennes, le 29 Août 1422. Charles VI ne lui survécut que de deux mois.

<small>Juven. des Ursins.</small>

Quelques années après que Charles VII eut été sacré, le Cardinal de Sainte-Croix, Légat du Pape en France, fit tenir quelques Assemblées pour procurer la paix. La Ville de Corbeil fut choisie pour cela. On lit dans les Registres du Parlement que le 26 Mars 1431 plusieurs Présidens et Conseillers partirent de Paris pour s'y rendre. Ailleurs on voit que l'Evêque de Paris s'y transporta avec Gilles de Clamecy, Chevalier, et autres.

<small>Sauval, Compte de Par. T. III, p. 590, an. 1434.</small>

En 1487 la grosse tour de Corbeil servit à renfermer un prisonnier d'importance ; c'étoit Georges d'Amboise. Il n'étoit alors qu'Evêque de Montauban. On trouve dans les Registres du Parlement que pendant qu'il y étoit détenu par ordre du Roi Charles VIII, il fut, suivant sa Requête au Parlement, transféré en l'une des chambres du même Château pour y être pansé et médicamenté, et gardé par le Capitaine, suivant l'ordre du Roi.

<small>Reg. Parl. 24 Jul. 1487.</small>

La Ville de Corbeil manqua d'être prise en 1562 par le Prince de Condé ; mais comme elle se défendit vigoureusement, les Hu-

<small>Hist. de Corb. p. 244, 246, 247.</small>

guenots leverent le siége le 21 Novembre. Ce fut dans ces troubles que les moulins à papier qui y étoient sur la riviere de Juine furent détruits. Les habitans resterent toujours très-attachés à la Catholicité, et très-fideles aux Rois Charles IX et Henri III. Ils furent aussi des premiers à reconnoitre Henri IV. Après lui avoir présenté les clefs de la Ville dans le Prieuré de Saint-Jean-en-l'Isle, ils le reçurent processionnellement dans leur enceinte. L'armée espagnole tâcha de reprendre Corbeil. Le Château situé au bout du pont vers le Fauxbourg, eut fort à souffrir. Ceux qui le défendoient pour le Roi y ayant mis le feu, les Espagnols l'éteignirent et s'accommoderent de ce qui resta. Ensuite ils vinrent à bout de s'emparer de la Ville, la ravagerent, et y commirent plusieurs meurtres le 16 Octobre 1591. Mais l'armée du Roi conduite par le sieur de Givry, ne tarda gueres à la reprendre; depuis lequel temps elle resta à Henri IV. Hist. de Corbeil p. 257, 259, 263, 264, 265.

L'Historien de cette Ville a observé que la journée de Saint Barthelemy en 1572, ne s'étoit point fait sentir à Corbeil; que le peu de Calvinistes qu'il y avoit, trouverent un azile au Château de Villeroy, et que depuis ils revinrent au sein de l'Eglise et moururent Catholiques, entre autres Claude de Berger, Prévôt, qui décéda en 1607. Ibid. p. 249, 276.

L'Office de Prévôt est constamment le plus ancien de ceux qui ont été établis dans Corbeil après la Dignité de Vicomte. Il est parlé dans la Vie de Burchard premier du nom, Comte de cette Ville, d'un *Bado* ou *Balduinus*, Prévôt de son temps, c'est-à-dire sous le Roi Robert, lequel Prévôt donna une partie de ses biens à l'Abbaye des Fossés. Le Prévôt de Corbeil qui présenta en 1174 sa fille à Saint Pierre de Tarentaise pour la guérir, n'est pas désigné par son nom. Il n'est pas moins certain qu'il a existé. Duchêne, T. IV, p. 121. Du Bois, T. I, p. 657. Vita S. Petri Tarentas.

Jean de Corbeil étoit Prévôt en 1297.
Jean le Moutardier en 1332. Hist. de Corbeil, p. 183, 292.

Valentin de la Roque, Huissier d'armes du Roi, le devint en 1464 par Lettres du Roi, datées de Tours le 21 Avril. Louis XI donnoit cet Office par récompense. Sauval, T. III, p. 387.

Antoine de Rubempré, Chevalier, lui succéda.
Jean de Neufchâtel, aussi Chevalier, en 1480. Hist. de Corbeil, p. 211, 212.

Noël de la Lande, Prévôt, nommé dans la Coûtume de Paris de l'an 1510. Ibid., p. 221.

Pierre de Maumont le fut après lui.
Betenger Boucher l'étoit en 1530.
Claude Cordeau en 1567. Ibid., p. 247.

Les Capitaines de Corbeil ne sont pas connus depuis un si long temps.
Jean de Dicq, dit Moreau, l'étoit en 1388. Tab. S. Joan.

En 1429 l'étoit Jean Fastol, Anglois; il est dit de lui qu'étant à la bataille de Patay en Beausse, il prit la fuite, et se rendit à Corbeil où il resta encore six ans. Enfin étant passé en Angleterre, il laissa à Corbeil le Capitaine Ferriere, Nivernois, qui livra Corbeil au sieur Jacques de Chabannes, Capitaine sous le Duc de Bourbon, dont le Roi le récompensa.

Hist. de Corbeil, p. 205, 206 et 214.

Je trouve que vers le même temps Miles de Saux, Ecuyer, étoit commis à la garde et conservation de Corbeil après la rébellion de la Ville de Melun. Et dans le même endroit où ce fait est marqué, Giraud de Toulonjon est qualifié Capitaine de Corbeil.

Compte de l'Ord. de Paris. Sauval, T. III, p. 590.

En 1454, le Roi Charles VII donna par Lettres du 6 Mars à Madame de la Roche-Guyon, premiere Dame d'honneur de la Reine, la garde de la place de Corbeil avec certains gages marqués dans les comptes de ces temps-là. Quelquefois elle y est désignée sous le nom de Perrette de la Riviere. Il paroît que c'étoit l'Office de la Capitainerie dont elle étoit revêtue, puisqu'à l'an 1461, dans les mêmes comptes, il est fait mention de Jacques Raoul, créé Capitaine de Corbeil au lieu de Madame de la Roche-Guyon, par Lettres du 9 Septembre.

Compte de l'Ord. de Paris 1457. Sauval, Ibid., p. 359.

Ibid., p. 366.

Jean Luillier cessa d'avoir cette Capitainerie en 1467 et Antoine de Rubempré, Chevalier, lui succéda en vertu de Lettres de Louis XI, données à Amboise, le 16 Avril. Il est qualifié en 1476 Capitaine, Gouverneur et Prévôt de Corbeil.

Ibid., p. 393.
Tab. S. Joan. Erem.

Jean de Neufchatel jouit ensuite de cet Office jusqu'en 1583 que le Roi le donna à François Brezille par Lettres datées de Blois, le 5 Février.

Sauval, Ibid., p. 447.

Antoine de Chabannes, Comte de Dammartin, est dit Capitaine de Corbeil en 1487. Il fut aussi Gouverneur de Paris, et mourut l'an 1488. Gilbert de Chabannes étoit en 1489 nouveau Capitaine de ce lieu en place de François le Begue [Brezille].

Ibid., p. 479.

Ibid. T. III, p. 490.

La suite est interrompue jusqu'à Jean Auger, que je trouve qualifié Capitaine de Corbeil et Gruyer de la forêt de Senart, dans des Lettres par lesquelles le Roi lui fit vers l'an 1550 le don de trois arpens de bois taillis en cette forêt pendant neuf années.

Memor. Cam. Comput.

Quoique la Ville de Corbeil ne soit pas directement sur la grande route par terre, et n'y ait jamais été, mais seulement sur celle des voitures d'eau, on trouve que de grands Personnages y ont passé. Le Pape Calixte II retournant de Paris à Rome en 1120, y séjourna; c'étoit environ dans le temps que cette Terre fut réunie à la Couronne. Ce fait nous a été transmis par la Chronique de Morigny, dans laquelle on lit que les Chanoines d'Etampes vinrent trouver Sa Sainteté à Corbeil pour lui parler de leur différend avec les Moines de l'Abbaye de Morigny. Je ne

Chron. Maurin. Duchêne, T. IV, p. 369.

dis rien de S. Bernard, Abbé de Clervaux, parce que ce fut la résidence du Roi Louis-le-Jeune à Corbeil qui l'y attira. *Bern. Ep.* 225.

Nous sçavons que le Cardinal Vivien, Légat en France du Pape Alexandre III, vint à Corbeil entre les années 1160 et 1170, et que Saint Thomas, Archevêque de Cantorbery, y conféra avec lui sur les affaires qu'il avoit avec le Roi d'Angleterre. Cela se trouve marqué dans une Lettre de Saint Pierre, Archevêque de Tarentaise, à ce même Saint Thomas. *Hist. de Corbeil*, p. 142.

Saint Pierre de Tarentaise eut aussi occasion de passer par Corbeil lorsque le Pape ci-dessus nommé lui donna la commission d'aller trouver dans le Vexin les Rois de France et d'Angleterre pour rétablir la bonne intelligence entre eux. Le Prévôt avoit eu ordre de Louis VII d'aller au-devant de lui sur la route de Melun d'où il venoit, et de le loger à Corbeil, dans la Maison du Roi, *in Regia domo*. C'étoit dans l'hiver de l'année 1174. Le Saint Prélat fut reçu dans cette Ville avec beaucoup de magnificence, et pendant le séjour qu'il y fit, il rendit miraculeusement la santé à une fille du Prévôt, âgée de cinq ans, qui ne pouvoit se tenir sur ses jambes. *Vita S. Petri Tarent. apud Bolland.* 8 *Maii.*

Corbeil fut aussi l'un des lieux où le fameux Abailard eut une Ecole sous le regne de Louis-le-Gros, avant qu'il vint enseigner à Paris; la célébrité du Maître fait croire qu'il s'y assembla d'illustres Ecoliers, surtout si son dessein étoit de contrecarrer les Ecoles que Guillaume de Champeaux avoit établies à Melun. Peut-être fut-ce en conséquence de l'établissement fait par Abailard dans Corbeil, et en vertu d'un Décret du Pape Eugene III environ le même temps, que la famille noble des Trousseau qu'on croit descendue de Gui Troussel de la Maison de Montlhery, fournit à la subsistance d'un Maître pour les Grandes Ecoles de Corbeil. Ces Ecoles subsistoient du temps de Saint Louis, et c'étoit l'un des descendans du fondateur qui y nommoit. Ce droit fut confirmé à Jean Trousseau, Chanoine de Notre-Dame de Paris et de Saint-Spire de Corbeil, par une Sentence de l'Official de Paris rendue l'an 1248. Mais il y fut dit aussi qu'après sa mort ce seroit au Chapitre de Corbeil à y pourvoir; apparemment que la branche des Trousseau devoit finir en sa personne. *Abailard. Hist. Calamitat suar.*

Entre ceux qui ont porté le nom de Corbeil et qui ont été illustres, je commencerai par ceux qui se sont distingués par leur science.

Sur la fin du XII siécle, Michel de Corbeil, célébre Professeur de Théologie de Paris, après avoir été Doyen de Meaux, de Laon et de Paris, fut fait Archevêque de Sens, et mourut l'an 1199.

Gilles de Corbeil vivoit dans le même temps; il écrivit un ouvrage de six mille vers latins sur la vertu et le mérite des médicamens. On dit qu'ensuite il se tourna du côté de la Théologie. Il devint Chanoine de Notre-Dame de Paris, et fut Médecin du Roi Philippe-Auguste.

Hist. Univ. Par. T. II, p. 718.

PIERRE DE CORBEIL, Professeur de Théologie à Paris où il eut pour Disciple le Pape Innocent III, vécut aussi sous Philippe-Auguste; il fut successivement Evêque de Cambray, puis Archevêque de Sens. Tritesme et d'autres lui attribuent un Commentaire sur Saint Paul et des Sermons, et encore d'autres Opuscules. Il mourut en 1222.

Taveau Vita Archiep. Senon, p. 94.

On conserve à la Bibliotheque du Roi un Manuscrit intitulé: *Petri de Corbelhio Satyra adversus eos qui uxores ducunt*. Je ne crois pas que ce soit le même Auteur.

Bibl. Reg. Cod. 2962, numero novo.

GUILLAUME DE CORBEIL, Prieur et Chanoine de Sainte-Osithe, fut élu Archevêque de Cantorbery en 1112, suivant Orderic Vital.

Annal. Bened. T. VI, p. 91... Hist. de Corb. p. 89.

JEAN du Donjon surnommé DE CORBEIL fut fait Evêque de Carcassonne vers l'an 1196. Il manque dans les Catalogues.

Schedæ D. Lancelot. De la Barre, Hist. de Corbeil, p. 85 et 89.

Quelques-uns prétendent que Saint Guillaume, Chanoine Régulier de l'Abbaye de Sainte-Geneviéve de Paris, puis Abbé en Danemarck, mort en 1203, étoit de Corbeil, et que c'est de lui qu'un vallon voisin a été appellé Saint-Guillaume-des-Vaux.

REGNAUD DE CORBEIL, dont le nom de famille étoit Mignon, fut sûrement natif de Corbeil, *Oriundus de Corbolio* suivant le Nécrologe de l'Eglise de Paris, où il se trouve parce qu'il en a été Evêque du temps de Saint Louis. Il mourut en 1268.

Hist. Eccl. Par. T. II, p. 458.

THIERRIC DE CORBEIL étoit Chambellan ou Chambrier de la Reine Blanche, épouse de Louis VIII, en 1222, selon un titre de l'Abbaye du Jard.

Hist. de Melun, p. 371.

MILON DE CORBEIL étoit Chanoine de l'Eglise de Paris vers le milieu du treiziéme siécle et qualifié du titre de *Magister* qui ne se donnoit pas à tous. Il choisit pour l'un de ses exécuteurs testamentaires le fameux Robert *de Serbona*. Il eut pour freres Ferric de Corbeil et Maître Adam, qui doit être le même qu'ADAM DE CORBEIL, Chantre de l'Eglise de Chartres, mentionné au Nécrologe de Notre-Dame de Melun au mois de Septembre 1296.

Necr. Eccl. Par. 15 Junii.

Ibid.

Hist. de Melun, p. 371.

THIBAUD DE CORBEIL fut Sous-chantre de l'Eglise de Paris il y a plusieurs siécles, avec le titre de *Magister*.

Necr. S. Victor. Paris. 7 Cal. Junii.

JEAN DE CORBEIL étoit Maréchal de France en 1318.

GILBERT DE CORBEIL, dit de son nom de famille Gilbert Ponchet, Religieux de Saint-Jean-en-l'Isle, à Corbeil, et natif du lieu, fut Docteur en Droit Canon. Il avoit fait bâtir à Paris, au Clos Bruneau, une maison qui fut appellée *le Petit Corbeil*, et où l'on a enseigné autrefois le Droit.

Hist. de Corbeil, p. 212.

Voyez sur Perrenelle de Corbeil, femme de Pierre de la Neuville, Chevalier et Conseiller du Roi, avec lequel elle gist à Paris, à Saint-Etienne des Grès, l'Historien de la Barre, page 173. Elle étoit sœur de Baudoin de Corbeil.

A l'article Provisions de l'Hôtel-Dieu de Corbeil en 1591, données au successeur d'André Thevet, il est dit vaquer par sa mort. Je suppose qu'il s'agit de l'Historiographe.

Le Commerce de Corbeil consiste principalement en peaux, suivant le Dictionnaire Universel de la France; c'est la riviere de Juine partagée en plusieurs branches qui rend ce lieu commode pour les Tanneries. Il ajoute qu'on y tient deux Foires par an; l'une le jour de Saint Spire premier Août, l'autre le jour de Saint Michel; et deux Marchés par semaine qui sont les Mercredis et Vendredis. Dans un autre ouvrage plus nouveau il n'est parlé que du Marché du Vendredi, qu'on dit être de bled, de Fromages de Brie et de toutes sortes de denrées. Nous apprenons par une Sentence arbitrale de l'an 1224 que les Rois avoient accordé autrefois aux habitans de Corbeil une foire la veille de la mi-Août, le jour et le lendemain, et en avoient donné les profits à la Collégiale de Notre-Dame avec droit de Justice ces trois jours. Cette Sentence fut prononcée pour faire raison aux Religieuses de Saint-Antoine de Paris de quelques droits dont les Chanoines de cette Eglise s'étoient emparés. _{Hist. de Corbeil, p. 156.}

Un manuscrit de l'Abbaye de Saint-Germain-des-Prés où plusieurs Villes sont désignées par ce qu'elles avoient de singulier à la fin du XIII siécle, porte ces deux mots : *Oignons de Corbueil*. Le recueil de ces proverbes pouvoit avoir été fait dans le XII siécle. Le sieur de la Barre tâche néanmoins d'insinuer que c'étoient les pêches de Corbeil qui étoient renommées : il dit qu'elles y sont très-bonnes, et il prétend que c'est une pêche et non une pomme ou autre fruit qui est représentée au-dessus d'une Tour dans les armoiries des sieurs du Donjon autrement dits de Corbeil. _{Cod. MS. Seguier 1830, fol. 71, verso col. 2.} _{Hist. de Corbeil, p. 157.}

Quelques Eglises étrangeres ont eu du bien à Corbeil, outre les Abbayes de Saint-Maur et de Saint-Antoine dont j'ai déja dit quelque chose ci-dessus.

L'Abbaye de Pontigny, Diocése d'Auxerre, y en avoit eu dès son origine, comme il paroît par l'acte de remise que Gislebert, Vicomte de Ligny, lui fit en 1147 de toutes les coûtumes qu'il avoit droit d'y prendre tant par eau que par terre, à cause de la garde de ce Monastere dont il étoit chargé; ce que Thibaud, Evêque de Paris, confirma l'an 4 de son Episcopat en présence de Vital, Doyen de Moissy, d'Adam, Chapelain de Corbeil, et de Baudoin, Chevalier. _{Archiv. Pontiniac.}

L'Abbaye de Sainte-Geneviéve de Paris avoit au douziéme siécle le droit de lever quatre sols de rente sur l'Eglise de Saint-Spire, ce qui lui fut confirmé par une Bulle d'Alexandre III de l'an 1163 en ces termes : *apud Corbolium quatuor solidos de Ecclesia S. Exuperii de sub Castroforti.*

<small>Gall. Chr.
T. VII, Instrum.</small>

L'Evêque de Paris avoit à Corbeil dans le même temps un moulin dit Chanteraine en commun avec Gui de Moissy et Pierre de Chantelou, Chevalier. Maurice de Sully, alors Evêque, acheta la portion de ces deux Séculiers, du consentement des Prieurs de Saint-Jean et de Saint Guenaul, dans la censive desquels il étoit.

<small>Chart. Ep. Par.
Bibl. Reg. f. 27.</small>

L'Abbaye de Saint-Maur-des-Fossés avoit aussi il y a quatre à cinq cents ans une Haute Justice à Corbeil dans la rue de la Déguste.

<small>Chart. Fossat.
fol. 447.</small>

L'Abbaye de Barbeau, Diocèse de Sens, avoit dans la même Ville une maison située assez près de la riviere de Seine. Les Marchands de la Marchandise d'eau de Paris comme on disoit alors, l'ayant détruite en partie, furent condamnés en Parlement l'an 1291 à la rebâtir plus loin de cette riviere, et à dédommager les Moines du terrain qu'ils leur avoient pris pour élargir le chemin sur son bord.

<small>Parlam. Omn.
Sanctorum.</small>

Vers l'an 1315 le Roi assigna à l'Abbaye de Saint-Antoine de Paris treize livres dix sols parisis de rente sur le péage du travers de Corbeil et d'Essone : et par une Déclaration de l'an 1332 il paroît que le même Monastere avoit à Corbeil trente-deux sols parisis sur le revenu du Roi.

<small>Lib. rub.
Camer. Comput.
fol. 332.</small>

<small>Hist. de Corbeil,
p. 293.</small>

Il y avoit à Corbeil en 1488 un Hôtel appellé l'Hôtel de Beaumont, appartenant à Baudes de Vauvillars. Le Roi Charles VIII le donna cette année-là à Guillaume Charrier, Receveur Général des Finances, et à Guillaume Ripault, Clerc des Comptes.

<small>Mém. de la
Ch. des Compt.
1488.</small>

Il est parlé du Fief de la Motte sis à Corbeil au Fauxbourg vers la Brie, dans les Tables Chronologiques de 1668, comme uni au Duché de Villeroy.

LA GRUERIE de Corbeil est considérable. Il y eut en 1694 des Lettres-Patentes de Louis XIV en forme de Déclaration qui regle l'étendue de la Capitainerie des chasses depuis cette Ville jusqu'à Charenton, Morbras, Sucy, Boissy, Villecrêne, Combs-la-Ville, Bois-l'Evêque, Moissy, Cramayel, Plessis-Picard, Pouilli-le-fort et le grand chemin de Paris à Melun. Elles furent enregistrées en Parlement le premier Juillet de la même année.

Il y eut vers le milieu du dernier siécle un moulin à poudre établi proche Corbeil sur la riviere de Juine, et plus près d'Essone. Il est fort connu par les trois malheurs qui y sont arrivés dans le siécle où nous sommes, surtout en 1745 le 5 Juillet, et à pareil jour, l'année suivante.

La Ville de Corbeil est figurée au premier Tome de la Topographie de France de Zeiller, publiée en 1655 à Francfort.

Le principal commerce de cette Ville consiste en une Manufacture de peaux de buffles établie vers le milieu du siécle dernier

Le maniement d'une infinité de titres, touchant Corbeil m'a fait appercevoir d'anciens noms de lieu du voisinage. *Tolvia*, par exemple, nommé dans un titre du Roi Robert de l'an 1029 concernant Saint-Pierre-des-Fossés, est dit Tourvoye en 1545. C'étoit alors un moulin appartenant à l'Evêque de Paris. Il y avoit en 1260 proche Corbeil un lieu dit Damiette. C'étoit un canton de jardinage sis dans un quartier appellé Bordes. Nagy est nommé dans un titre de 1486 concernant la Chapelle de la Trinité de Saint-Spire qui y avoit un arpent de terre tenant au chemin de la Fontaine aux Asnes; Cosson étoit un Arriere-fief en 1415, Marcilly un Fief en 1597.

Tab. Fossat.

Chart. min. Ep. fol. 275.

Cens. S. Joan. Prior.

Canc. Comp. Contrib. au ban.

Il y a près Corbeil un canton appellé RUBANPRÉ. En 1407 le Domaine aliéna le revenu qu'il y avoit, excepté celui de la Prevôté. Aux Bordes-lez-Corbeil est un Fief appellé Jérusalem, relevant de Saint-Jean-en-l'Isle.

LICES

De toutes les Cartes que j'ai vues des environs de Paris ou du Diocése de la même Ville, il n'y a que celle du sieur de Fer gravée en 1728 où l'on trouve le nom de cette Paroisse écrit exactement, c'est-à-dire comme ci-dessus.

Les Auteurs des autres se sont réglés sur la maniere de l'écrire usitée dans les Dénombremens ou Rolles de l'Election, qui l'orthographient Lisses, mais c'est mal-à-propos, puisque tous les plus anciens titres latins qui en parlent et qui remontent au dixiéme siécle l'expriment par le mot *Liciæ*, ce qui a été suivi par le Pouillé du XIII siécle et par celui de 1648. En effet, pour peu qu'on ait lu les Auteurs de la basse latinité, on y trouve ce substantif pluriel *Liciæ* employé pour signifier un lieu fermé de pals, de pieux et de clayes en forme de cordages, ensorte que ce terme est presque équivalent à celui de *Plexitium*, Plessis. Il faut donc croire qu'il y a eu autrefois un camp dans la plaine où est construit ce Village, ou au moins une grande place destinée pour les duels ou combats singuliers, et que ce lieu a retenu le nom de ce qui en faisoit la clôture. Chacun sçait qu'on dit encore *entrer en lice*, expression qui vient de ces champs clos des anciens [1] : et on

---

[1] Il y a eu autrefois de ces sortes de Lices à Paris proche la Porte Baudoyer près Saint-Gervais, lorsque la Ville de Paris finissoit à cette Porte. L'ancien Cartulaire du Prieuré de Saint-Eloy les désigne sous ce nom depuis

verra ci-après que dans l'onziéme siécle on croyoit qu'une partie des premiers Bourguignons avoit été campée dans un canton de cette Paroisse.

Ce Village est situé à sept lieues de Paris, à une petite lieue de Corbeil vers le couchant, ou, selon l'expression d'Odon de Saint-Maur en sa Vie du Comte Burchard, à un mille et demi. Il est bâti dans la vaste plaine qui comprend plusieurs autres Villages jusqu'à la riviere d'Orge, laquelle est éloignée de celui-ci de deux lieues ou environ. Le principal bien sont les terres labourables. Il y a quelques vignes sur le côteau vers la riviere de Juine.

Comme cette Paroisse n'est pas fort nombreuse en feux, les Dénombremens de l'Election de Paris sont dans l'usage d'y joindre Courcouronne qui n'en est éloigné que d'une demi-lieue et qui est une Paroisse encore moins peuplée; en sorte que dans ces Livres on trouve toujours *Lisses et Courcouronne* ensemble. Celui de l'année 1709 admettoit 67 feux dans ces deux Paroisses conjointement. Celui qu'a fait imprimer en 1745 le sieur Doisy, n'y en compte que 59. Le Dictionnaire Universel de la France de l'an 1726 qui auroit dû faire deux articles séparés de ces Paroisses, marque que toutes les deux ensemble contenoient 267 habitans. J'ai appris sur les lieux que Lices seul ne comprend que 40 feux où environ.

L'Eglise de Lices a pour Patrons Saint Germain, Evêque de Paris, et Saint Vincent, Martyr, ce qui pourroit faire croire qu'elle auroit appartenu à l'Abbaye de Saint-Germain-des-Prés sous la premiere race de nos Rois, car pour ce qui est de la seconde, si cela étoit, elle auroit été nommée dans le Code censier de l'Abbé Irminon rédigé sous Charlemagne. Or elle ne s'y trouve pas, à moins qu'elle ne fût dans les feuillets qui manquent au commencement de ce volume. Au reste, si le lieu étoit destiné pour les exercices militaires dont le but est de remporter la victoire, Saint Vincent étoit choisi fort à propos, relativement à son nom. Le bâtiment de l'Eglise de aujourd'hui ne paroît avoir gueres que deux cents ans, à l'exception du portail. Cet édifice est bas et manque d'une aîle du côté méridional, ce qui est suppléé par une haute tour de grais élevée à côté du milieu de la nef vers cette partie-là. Le saint ciboire est suspendu à une crosse au-dessus du grand autel comme dans les Cathédrales. Dans la partie de l'aîle qui est à côté du chœur vers le septentrion, se

---

qu'on les fit servir de marché au poisson : *Liciæ ubi venduntur pisces,* autrement *Liciæ S. Gervasii ubi venduntur pisces, et anseres decoquuntur.*

Il y a en France deux autres Villages appellés Lices outre celui du Diocése de Paris, l'un situé au Diocése de Bordeaux, l'autre au Diocése de Condom. (*Dictionnaire Universel.*)

lit cette épitaphe où il est fait mention des guerres civiles sous Henri IV :

A l'heureuse mémoire de Messire Martin Langlois, Chevalier, Sieur de Beaurepaire, Lisses, Montbelain, les Carneaux et Malcornet, Conseiller du Roi en ses Conseils d'Etat et Privé, et Maistre des Requestes de son hostel, Chef du Conseil de Monseigneur le Prince de Condé, premier Prince et premier Pair de France.

> Tout ce que Lucifer avoit en sa puissance
> De malheurs assemblés pour perdre l'Univers,
> Se virent en nos jours inonder sur la France,
> Pour mettre sa Couronne et son Sceptre à l'envers.
>
> Et Paris qui devoit s'opposer à l'orage,
> Aimant de voir son Roi et son Etat périr,
> En attize la flamme et fait croistre la rage,
> Désirant de le perdre et non le secourir.
>
> Quand l'Ange, Protecteur de cet Empire auguste,
> Fit que Martin Langlois, gisant sous ce tombeau,
> Banda tout son esprit, et d'un effort robuste,
> Eschangea cet orage en un calme nouveau.
>
> Si bien que son esprit, par ses travaux utiles,
> Fit que le grand Paris rend hommage à son Roy
> Et la France imitant la Reine de ses Villes,
> Lui prête obéissance, et revient toute à soi.
>
> Vis doncques en repos, au regne délectable !
> Pour la tranquilité que ton soin nous acquit,
> Lorsque par ton moyen Henry le Redoutable,
> Avecques son Paris son Royaume il conquit.
>
> *Terras in terris Anglæus pace beavit*
> *Cœlesti in cœlo pace beatus erit.*

Il décéda le 17 Septembre 1612 âgé de 63 ans 5 mois 25 jours.

Sur la tombe se lisent ces mots :
Marguerite Bollard son épouse mourut en 1584 le 2 Juillet.
Les armes du mari sont un chevron brisé et trois étoiles.
Celles de la femme deux aigles adossés.

Le plus ancien titre qui fait mention de cette Eglise, porte qu'elle avoit été comprise dans les dons que Burchard, Comte de Corbeil, et Renaud, son fils, Evêque de Paris, avoient fait l'an 998 au Monastere de Saint-Maur-des-Fossés. C'est ainsi que s'exprime la charte du Roi Robert qui les confirme : *Item in eodem pago (Parisiensi) Ecclesiam quæ vocatur Licias, Mansum Algardis cum vineis terris cultis et incultis.* Cependant Odon, Moine de Saint-Maur qui avoit vu cette charte et qui en donne l'extrait en la Vie

Hist. Eccl. Par T. I, p. 622.

Duchêne, T. IV, p. 118.

du Comte Burchard, garde un profond silence sur l'Eglise de Lices.

Mais si l'édition de ce Diplôme par le Pere Dubois est exacte, il faut croire que quelqu'un des Evêques de Paris rentra depuis dans la possession de cette Eglise, l'un de ceux apparemment qui dans l'onziéme ou le douzième siécle accorderent à l'Abbaye de Saint-Maur d'autres Eglises. Car dès le XIII siécle l'Eglise de Lices est comprise au nombre de celles dont la Cure est à la pleine collation Episcopale, *Ecclesia de Liciis* suivant le Pouillé de ce temps-là : ce qui a toujours été suivi depuis, comme le font voir les Pouillés manuscrits du XV et du XVI siécle et ceux qui ont été imprimés en 1626 et 1648.

Ermenfred, Chevalier, et Ermensende, son épouse, avoient succédé à un nommé Gelon dans la jouissance de la Terre de Lices; comme ils la tenoient des bienfaits de Burchard, Comte de Corbeil, ils se munirent de son consentement pour la donner à Teuton, Abbé de Saint-Maur, et à son Monastere. Ils la donnerent en effet à charge de prieres et firent ensuite confirmer cette donation par le Roi Robert, dont la charte datée de Paris le 7 des Calendes de Novembre l'an 1000, est encore conservée à l'Abbaye. L'Historien Odon ajoute à la fin de la Vie du Comte Burchard qu'il écrivit en 1058, qu'au jour de leur Anniversaire où Gelon étoit aussi compris, c'étoit le Proviseur de Lices et d'Evry qui étoit chargé de la dépense.

Duchêne, T. IV. p. 119.

Ibid., p. 124.

L'Abbaye de Saint-Maur n'eut pas pour cela toute la Terre de Lices. Dans les biens que le Comte Burchard avoit donnés à Badon, son Prévôt, étoit compris un petit Hameau dépendant de Lices que l'Historien ci-dessus nommé appelle en latin *Burgunnaria*, par la raison, dit-il, que les Bourguignons y ont fait leur demeure, *eo quod ibi Burgundiones habitaverunt;* cette petite Terre revint au Monastere par la donation qu'Alran, fils de Badon, lui en fit l'an 1028, et qui fut confirmée par le Roi Robert, à Chelles, l'an 1029. Elle contenoit un bois et des terres labourables. Il paroît qu'en françois on a dû l'appeler la Bourgonniere ou la Bourgonnerie ; je croirois même qu'encore après ces trois donations, tant du *Mansum Algardis* que du gros Village de Lices, et celle de la Bourgonnerie, il restoit encore quelque territoire à Lices possédé par un Chevalier ; car je trouve dans le Cartulaire du Prieuré de Longpont à l'article de la concession de Bondoufle passée à Corbeil, environ l'an 1093, un *Teunfus de Liciis Miles* parmi les témoins.

Ibid., p. 121.
Hist. Eccl. Par. T. I, p. 657.

Mais les Religieux de Saint-Maur étoient ceux qui possédoient à Lices un plus grand nombre d'hôtes ou vassaux. La coutume étoit de tirer un tribut annuel de ces habitans,

Ibid. T. II, p. 166.

Cependant l'Abbé Isembard s'en déporta en l'an 1190 pour les favoriser.

Le traité que les Moines passerent en 1205 avec le Curé de Lices au sujet des dixmes, en nous apprenant la quantité de terres qui lui furent cédées, fait connoître quelques lieux voisins. Ces terres étoient toutes situées dans la censive de l'Abbaye. Il y en avoit quelques-unes *versus Corquelonem ;* deux arpens *versus Boscum Guidonis,* et un arpent *versus Plesseium Chalam.*

Ces Religieux soutenoient plus fermement leurs Droits Seigneuriaux à Lices contre les Gens d'Eglise que contre leurs Hôtes. La contestation qu'ils eurent avec Thibaud, Clerc de cette Paroisse, au sujet d'une succession vers la fin du regne de Philippe-Auguste, fut portée devant le Pape Innocent III, qui délégua en 1216, pour la terminer ou pour confirmer l'accord qui seroit passé entre les Parties, Guillaume de Seignelay, Evêque d'Auxerre, Guillaume, Doyen, et Maître Bertran, Chanoine de la même Eglise. En effet, la transaction passée entre le Clerc de Lices et Raoul, Abbé de Saint-Maur, fut confirmée par eux à Auxerre au mois d'Août de la même année. *Chart. S. Mauri.*

En 1222, les Moines de Saint-Maur accommoderent Isembard, Grand Maître des Templiers, de quelques biens qu'ils tenoient des Religieux du Prieuré de la Charité-sur-Loire. Ces biens étoient situés en partie sur la Paroisse de Lices au lieu dit Bocornu, en tirant vers Corbeil. En 1253 Pierre d'Aunay, Chevalier, quitta au même Couvent de Saint-Maur tout le droit qu'il pouvoit avoir à Lices sur quinze arpens dans le Fief de Saint-Pierre. *Ibid.*

Enfin, l'Auteur du Cartulaire de Saint-Maur-des-Fossés qui écrivoit en 1284, faisant l'énumération de ce que l'Abbaye avoit alors à Lices, se contente de dire qu'elle y possédoit un manoir *hebergagium,* autour duquel elle avoit seize arpens de bois et cent soixante arpens de terres labourables. Le même Ecrivain, marquant en même temps les charges de la Terre, dit que le Curé avoit un droit dans la dixme que Saint-Maur levoit au pressoir de Boucornu *et unum coterotum vini albi.* M. du Cange avoit vu ce mot dans ce manuscrit et l'a inséré dans son Glossaire sur ce seul passage ; mais il n'y donne d'autre explication, sinon que *coterotum* est peut-être là pour *quarteratum.*

Le relâchement qui s'introduisit dans les anciens Monasteres aux XIV et XV siécles, fut la cause qu'on négligea de continuer les Cartulaires, et c'est pour cela que les Archives de Saint-Maur ne fournissent plus que très-peu sur Lices. En 1483, un nommé Jean Present se disoit Seigneur de Lices en partie et de Montbelin ; les Moines de Saint-Maur obtinrent Sentence contre lui à la Prévôté de Paris. Les biens de l'Abbé ayant été réunis à l'Evêché de *Tab. Fossat. in Lices.*

Paris lors de la sécularisation de cette Abbaye sous François Ier, les Evêques de Paris jouirent de la Terre et Seigneurie de Lices jusqu'en 1598 que l'Evêque Pierre de Gondi la vendit à Martin Langlois, lequel la joignit à sa maison de Beaurepaire qui est aussi de la même Paroisse. Ce Beaurepaire a appartenu en 1697 et 1699 à M. Leclerc Grand Maison, et à M. de la Ravoye, Trésorier Général de la Marine. Environ 70 ans après cette aliénation, l'Archevêque qui occupoit le Siége de Paris voulut revenir contre cette aliénation ; ses prétentions furent la matiere d'un procès considérable qui fut terminé par un accommodement. De la Barre ajoute que le Seigneur de Lices a moyenne et basse Justice qui releve à Corbeil. Il parle au même endroit d'un Château sis en la Paroisse de Lices appellé Place, lequel, dit-il, demeure honoré de la naissance de M. de Verdun qui a été Premier Président au Parlement de Paris et de Toulouse. M. de Fremonville, de la Chambre des Comptes, y a une belle Maison. Plus bas, par un article particulier, il ajoute que Plessis-Chalant sis en la même Paroisse de Lices, est une Maison de Campagne qui appartient aux héritiers du Trésorier Aligret avec basse Justice au ressort de Corbeil ; il faut faire grande attention à cette remarque, parce qu'un peu après le même Auteur fait un autre article de Plessis-le-Comte qu'il distingue par là fort clairement de ce Plessis-Chalant. Quelques-uns les confondent aujourd'hui, et croyent que Plessis-Chalant et Plessis-le-Comte sont deux noms d'une seule et même Terre. Nicolas Samson les a induits en erreur dans sa Carte de l'Evêché de Paris gravée en 1620, lorsqu'il a écrit le *Plaissis Chalant* entre Orangis et Lices, et qu'il y a ajouté une croix, croyant que c'étoit une Paroisse. La situation qu'il donne à ce Plessis-Chalant est conforme à la vérité ; mais la croix est de trop. De Fer imaginant que Plessis-Chalant étoit une Paroisse, et désapprouvant la position que Samson lui avoit donnée, a cru bien faire de placer ce Plessis-Chalant à l'endroit où est le Plessis-le-Comte entre Sainte-Geneviéve-des-Bois et Orangis, et d'écrire en cet endroit ces mots : *le Plessis Chalant* ou *le Comte*. Mais il s'est trompé encore plus visiblement. Aucuns titres anciens n'ont donné le nom de Plessis-Chalant à un terrain situé entre Orangis et Sainte-Geneviéve ; mais bien à un canton placé entre Corbeil et Lices, et qui est sur la Paroisse de Lices, comme le met avec raison le sieur de la Barre. Chalant étoit le nom de quelques Chevaliers au XII siécle. Un de leurs descendans vivoit encore sous Philippe-Auguste en ces cantons-là. Il s'appelloit Girard Chalam. Il est nommé parmi les Chevaliers de la Châtellenie de Corbeil qui tenoient leur Fief d'autres que du Roi. Il est aussi mentionné dans une charte de l'Abbaye de Saint-Maur-des-Fossés de l'an 1216. Enfin on parloit dès l'an 1205 du *Plesseium Chalam* comme d'un lieu tout voisin de l'Eglise de Lices et confinant à la censive qu'avoit la même Abbaye dans cette Paroisse. Car parmi les arpens de terre de cette censive que les Moines céderent au Curé de Lices, il y en a un qui est dit situé *versus Plesseium Chalam*.   *Chart. Fossat. Gaignier, p. 462.*

Ce Plessis appartenoit en 1479 à Hugues Aligret qui est qua- lifié Greffier Criminel du Parlement dans la levée de la saisie qui en avoit été faite en 1482, faute d'avoir rendu foi et hommage au Château de Corbeil. Il avoit cette Terre par succession de Jeanne Bernuis, sa mere. Il avoit épousé Isabeau de Vienne. Jean Aligret, Lieutenant Civil de Paris, la possédoit encore en 1583, année de sa mort, suivant son épitaphe aux Grands Augustins de Paris. Je ne sçais pourquoi Richard de Petremol, l'un des François dé- livrés de la main des Turcs par le gain de la Bataille de Lépante, est dit avoir possédé ce Fief sous le regne d'Henri IV dont il étoit Officier. Il est certain qu'en 1598, le 11 Mars, il eut main- levée de la saisie qui en avoit été faite dans le Rolle de la contri- bution au Ban de la Châtellenie de Corbeil de l'an 1597. Ce Fief du Plessis-Chalant est déclaré situé sur la Paroisse de Lices. Ainsi il est hors de doute que ce Plessis doit être ce qu'on appelle aujourd'hui Bois-Chalan.   *Tab. Fossat.*   *Hist. de Corbeil, p. 248.*

MONT AUGER situé sur la riviere d'Essone est dit dans des actes de 1680 et 1697 être de la Paroisse des Lices. Le titre de 1222 ci-dessus cité l'appelle *Mons Ogeri*.   *Reg. Ep. Chap. dernier.*

On trouve dans le Dénombrement du Ban et Arriere-ban de la Châtellenie de Corbeil pour l'an 1597, deux autres Fiefs désignés comme étant sur la Paroisse de Lices. Le Fief, Terre et Seigneu- rie de Montbelin qui avoit été déclaré autrefois appartenir par moitié à Gilles Mesmes et Germain de Valenciennes, et valoir 113 livres. Le 28 Juin 1597, Edouard Molé, Conseiller au Par- lement, qui le possédoit, fut déchargé de la contribution au Ban comme Bourgeois de Paris. De la Barre dit que la Maison Sei- gneuriale de Montbellin est en la Paroisse d'Escharcon, et que de son temps elle appartenoit à M. Bouguier. Dans le même cahier de l'an 1597, le Fief de Lices où étoient compris les bois de Sangins, est dit avoir appartenu à la veuve de Pierre Bouguier, Bourgeois de Paris, et valoir 24 livres. Le Fief des Carneaux assis au terri- toire de Lices avoit été précédemment déclaré par Jean Laisné comme valant 12 livres. Nicole Violaines, veuve de Gilles Cha- pelain, Secrétaire du Roi, le possédoit en 1597; elle eut main- levée le 16 Février 1598, de la saisie qui en avoit été faite pour la contribution au Ban. Ce Fief a une mouvance considérable à Bretigny, sçavoir le Fief des Haliers et la censive de Rosieres. On   *Ibid.*

a vu ci-dessus dans l'épitaphe de M. Martin Langlois, qu'il possédoit la plupart de ces Fiefs. Quant à Malcornet dont il est dit aussi avoir été Seigneur, ce pourroit bien être le même Fief qu'on appelloit Bocornu au XIII siècle, duquel pareillement j'ai parlé plus haut. M. de Montaran, ci-devant Trésorier de Haute et Basse Bretagne, est aujourd'hui Seigneur de Lices, Beaurepaire, Brazeux : son Château est à Beaurepaire.

Il ne se trouve de notables personnages nés à Lices qu'un Docteur de la maison de Sorbonne qui vivoit en 1308 ; il en étoit aussi Procureur.

<small>Ex MS. Sorb.</small>

COURCOURONNE

Si l'on peut faire fond sur toutes les particularités que M. Baillet cite de l'Histoire de la seconde Translation du corps de Saint Guenaul, on pourra assurer que dès le dixiéme siécle de Jésus Christ ou sur la fin de la seconde race de nos Rois il existoit proche Corbeil une Paroisse dite Courcouronne. Ce Sçavant dit d'après un Historien du X siécle que du nombre des corps saints de Bretagne qui furent réfugiés à Paris en l'an 966, celui de Saint Guenaul, Abbé de Landevenec, y fut déposé comme les autres dans l'Eglise de Saint-Barthelemy, et que lorsque les frayeurs qu'on avoit eues des Danois que le Duc de Normandie avoit appellés à son secours contre le Comte de Chartres furent passées, les Gardiens de ces Reliques en porterent une partie en divers lieux, et entre autres à Corbeil au-dessus de Paris. Cette Histoire appliquée à Saint Guenaul en particulier a été écrite depuis, d'une maniere plus circonstanciée, mais avec quelque différence. Les uns disent que ce fut Theudon ou Thiou, Prévôt de Paris, qui demanda le corps de Saint Guenaul pendant qu'il étoit encore à Saint-Barthelemy, à Hugues Capet, Duc des François, Comte de Paris, et depuis Roi, et que l'ayant obtenu, il le fit porter en sa Maison de Campagne qui étoit sur la Paroisse de Courcouronne, où les Moines qui l'avoient apporté de Bretagne bâtirent une Chapelle sous son invocation ; mais comme il n'étoit pas en sûreté dans ce Village, Haymon, Comte de Corbeil, le fit transporter dans la Ville. Du Breul, au contraire, semble dire que le corps de Saint Guenaul fut porté dans la maison ou ferme de Theudon, située à Courcouronne, à l'insçu de ce Prévôt ; que les Porteurs avoient eu intention d'abord de se retirer à Corbeil, mais que dans la route ayant été surpris de la nuit et n'ayant pu gagner

<small>Duchêne, T. III, p. 344.</small>

<small>Antiq. de Paris. p. 1001.</small>

la Ville, ils logerent à Courcouronne dans la maison du Prévôt de Paris qui les reçut avec tant de joie qu'il donna entierement cette maison ou ferme aux Ecclésiastiques qui desserviroient l'Eglise dédiée à sa mémoire.

De quelque façon que la chose soit arrivée, Courcouronne existoit dès le X siécle sans qu'on puisse dire avec sûreté que ce fût dès lors une Paroisse, ni d'où lui étoit venu un nom si singulier qu'il est unique dans le Royaume. Cependant, s'il est permis de conjecturer quelque chose sur son étymologie, je dirai que, quoique depuis le XIII siécle on l'ait écrit en latin en un seul mot *Corcorona*, cependant il est très-probable par une infinité d'autres exemples qu'on a dû l'écrire originairement en deux et dire *Curtis coronæ*. Or, cela posé avec l'assurance où l'on est que le nom de Lices porté par le lieu le plus voisin, vient de ce qu'il avoit là un champ destiné pour les combats singuliers, il paroît très-naturel d'en conclure que le nom de Courcouronne est relatif à cet exercice, et que c'étoit le lieu où se retiroit le victorieux après le combat. Il faut toujours se souvenir ici de ce que j'ai dit sur Lices que dans l'onziéme siécle on assuroit encore par tradition qu'il y avoit eu en ce lieu un camp de Bourguignons.

Le Village de Courcouronne est situé sur une petite éminence dans la plaine qui s'étend entre Corbeil et la riviere d'Orge à une lieue de cette Ville vers le couchant d'été, et à six et demie de Paris. Ce Pays est sans vignes. Le nombre des feux monte à environ une vingtaine. Je ne citerai point pour le fixer les dénombremens de l'Election de Paris; les deux que l'on a depuis 1709, s'accordent aussi bien que le Dictionnaire Géographique de tout le Royaume imprimé en 1726, à ne faire qu'un seul et même article de Lices et Courcouronne, en sorte que quoique ce soient deux Paroisses différentes, elles ne font qu'un article au Rolle des Tailles.

L'Eglise qui est bâtie sur un lieu un peu plus élevé que le reste, est dédiée, dit-on, sous l'invocation de la Sainte Vierge. C'est une espece de Chapelle longue dont il n'y a de voûté que le petit sanctuaire en forme de demie coupole, qui peut être de trois ou quatre cents ans. Il y a dans la nef un caveau qui a servi pour la sépulture de MM. Bailleul, anciens Seigneurs. On y voit sur le mur l'épitaphe de Nicolas Bailleul, Grand Louvetier du Roi, et de Catherine Bertrand, sa femme, décédée en 1685.

La Cure étoit sûrement érigée sous le regne de S. Louis. Il est fait mention dans le Cartulaire de Sainte-Geneviéve de Paris à l'an 1232 de Guillaume *Presbiter de Corcorona* à l'occasion d'un legs qu'il avoit fait à l'Eglise de Saint-Remi de Vanves. Un Evêque de Paris avoit accordé la nomination de cette Cure à l'Abbé

Chart. S. Gen. p. 138.

de Saint-Victor, et il y pourvoyoit dans le temps que le Pouillé fut récrit, c'est-à-dire vers l'an 1230. Les Pouillés imprimés depuis s'y sont conformés invariablement. Les Rolles modernes des Décimes marquent aussi qu'il y a à Courcouronne une Chapelle : elle y est imposée sans indication du nom du Saint qu'elle porte, mais elle est sans doute sous celui de S. Guenaul dont la mémoire est conservée dans celui d'une ferme de la Paroisse qui est marquée dans plusieurs Cartes des environs de Paris. Car le Prieuré de Corbeil qui porte le nom du même Saint, reconnoît dans son calendrier que les revenus qu'il a à Courcouronne lui viennent du don que Theudon, Prévôt de Paris, en fit à l'Eglise de ce Saint, à raison de quoi son anniversaire y est marqué au 21 de Mai. Néanmoins je trouve que la Chapelle ci-dessus est du titre de la Sainte Vierge, et que le Titulaire est tenu de faire l'école et aider le Curé. En 1724 elle étoit à la présentation du Marquis de Saint-Chamand. Ce titre de la Sainte Vierge me fait douter que l'Eglise Paroissiale soit sous le même titre, d'autant plus que dans des anciennes provisions de la Cure du 31 Mars 1476 et du 15 Décembre 1496, je la trouve appellée *Ecclesia Parochialis S. Guinaïli de Corcorona* ou bien *S. Guinealdi*.

<small>Du Breul, p. 1001.</small>

C'est, selon de la Barre, la moitié de la Paroisse de Courcouronne dont le Prieur de Saint-Guenaul est Seigneur, et il ajoute qu'en cette qualité il a droit de moyenne Justice au ressort de Corbeil; l'autre moitié appartenoit de son temps au sieur du Perray proche Villemoisson à cause de sa Seigneurie du Plessis-Briard. Ce Plessis-Briard, qui plus communément est appellé Bois-Briard dans les Cartes, ou par corruption Baubriard, porte le nom de ceux qui le possédoient au XII siécle. Le Cartulaire de Longpont fait mention de *Domnus Briardus* et d'Odon, son fils, dans un titre de ce temps-là, et dans un autre est nommé *Hugo Briardus*. Le Registre de Philippe-Auguste met parmi les Feudataires de Montlhery un *Johannes Briardus*. Nous ne connoissons point d'autre Seigneur de ce lieu plus illustre qu'Antoine de Chabannes, Grand Pannetier, puis Grand Maître de France. Il eut de grands différends avec le Prieur de Saint-Guenaul pour le fait de la Justice; enfin, par une transaction de l'an 1481, il fut arrêté que la partie du Village qui est du côté de l'Eglise appartiendroit au Prieur à cause du Fief qu'il a que l'on nomme La Grange au Prieur, et que l'autre côté seroit à la Seigneurie du Plessis-Briard.

<small>Antiq. de Corb. p. 17.</small>

<small>Chart. Longip. fol. 32.</small>

<small>Antiq. de Corb. p. 214.</small>

Dans le seiziéme siécle René Ragueneau déclara qu'il étoit le possesseur de ce Fief, Terre et Seigneurie qu'il évalua à 88 livres. Avant lui il étoit à Louis de Villetain, décédé en 1540 et inhumé à Gif dont il étoit aussi Seigneur.

Sur la fin du même siècle il appartint à Etienne l'Allemant, lequel au Procès-verbal de la Coutume de Paris dressé en 1580 est qualifié Maître des Requêtes et Seigneur de Courcouronne. Le 20 Août 1597 Anne du Tillet, sa veuve, se présenta à Corbeil pour ce Fief, et fut déchargée comme Bourgeoise de Paris, de la contribution au Ban de la Châtellenie. Mais je lis qu'en 1606 Nicolas de Bailleul jouissoit de la Maison de Bois-Briant, et obtint le 21 Juillet permission d'y faire célébrer. Reg. Ep. Paris.

Sous le regne de Louis XIII, c'étoit Charles de Bailleul, Grand Louvetier de France, qui jouissoit de ce Fief. Nicolas de Bailleul revêtu du même Office, sous Louis XIV, lui succéda, et mourut en 1683. C'est le même dont j'ai rapporté ci-dessus l'épitaphe en abrégé, et qui est inhumé dans l'Eglise de Courcouronne; d'où il suit qu'il faut rectifier l'endroit du Livre du P. Anselme, où il est écrit qu'il fut enterré au Plessis-Briart, quoiqu'il n'y ait point d'Eglise de ce nom. De la Barre, dont l'Ouvrage a paru en 1647, observe que depuis peu de jours le Prieur de Saint-Guenaul avoit cédé ses droits de Justice au sieur de Bailleul. Cela paroît devoir s'entendre du premier des deux ci-dessus nommés. Hist. des Gr. Off.
T. VIII,
p. 811, 812.

C'est aujourd'hui M. de Montaran qui est Seigneur de Courcouronne, aussi-bien que de Lices.

EVRY-SUR-SEINE
ANCIENNEMENT AIVRY

Au-dessous de Corbeil à la distance d'une demi-lieue sur la rive gauche de la Seine, est placé le Village d'Evry. Il est surnommé du nom de la riviere pour le distinguer d'Evry en Brie qui est aussi du Diocése de Paris. On prononce en effet le nom de ces deux Villages de la même maniere, quoique dans le latin leurs noms soient différens. Les premiers titres qui parlent de celui-ci sont du commencement de l'onzième siécle et l'appellent *Ayvreum*. L'Historien de la vie de Burchard, Comte de Corbeil au même siécle, a écrit avec une légere indifférence *Aivreum*, et Imbert, Evêque de Paris vers le milieu du même siécle, a mis dans ses Lettres *Avriacum*. C'est ce qui peut servir à autoriser l'usage des Livres de l'Election de Paris où en françois ce Village est écrit Esvry, afin de faire longue la premiere syllabe, auquel cas elle forme le même son que s'il y avoit Aivry. Au reste on n'en peut rien inférer en faveur de l'étymologie, sinon que probablement ce

Village a été bâti par un ancien Seigneur nommé Aper, nom qui a été usité par les Romains, et qui par exemple, a été porté au IV siécle de Jésus-Christ par un Saint Evêque de Toul dont le nom a été rendu en françois par *Aivre* ou *Evre*.

Cette Paroisse est située sur un côteau qui regarde l'orient. Le paysage en est très agréable et fort diversifié, quoiqu'il n'y ait pas tant de vignes qu'en d'autres Villages dont le sol est plus chaud. C'est en ce lieu éloigné de six lieues ou un peu plus de Paris, que ceux qui vont à cette Ville par les voitures d'eau, commencent à voir les Châteaux et Belles Maisons de Campagne en plus grand nombre.

Le Dénombrement de l'Election de Paris imprimé en 1709 y marque 52 feux; celui que le Sieur Doisy a publié en 1745 en met 54. Le Dictionnaire Universel du Royaume qui a paru en 1726, a évalué le nombre des habitans à 252.

L'Eglise d'Evry est sous l'invocation de Saint Pierre. Elle ne contient rien de remarquable dans sa bâtisse ni dans son antiquité. On y voit au sanctuaire, du côté du septentrion, la sépulture d'un Curé du Diocése de Sens qui voulut se distinguer par ses Poësies tant françoises que latines qui ont été imprimées à Paris en 1651 chez Denis Thierry. C'est un gros *in-quarto* intitulé *Noctes Mormantinæ*, à l'exemple d'Henri Estienne qui avoit intitulé un de ses Ouvrages *Noctes Parisinæ*. Il est dédié à M. Claude le Bouthillier, et célébré par les vers de 29 Poëtes, que l'Auteur a fait imprimer avec leurs noms après l'Epître Dédicatoire. Cet Auteur s'appelloit Jean Bachot. Il étoit né à Sens en 1589, et il fut Curé de Mormant en Brie. Comme il s'étoit exercé à faire son épitaphe en dix distiques, on l'a écrite en lettres d'or auprès de sa sépulture. En voici les deux premiers tirés de son Livre :

Noctes Morm. p. 521.

> *Procubuit capulo Janus Bachotius isto*
> *Jam vermis, nuper nomine dictus homo.*
> *Ac veluti multis in eo dormivit ab annis*
> *Condidit hæc pariter sanus, et ante diem.*

Il décéda le.....

Il y a dans la même Eglise une Chapelle du titre de Saint-André qui a du revenu, et qui est imposée au rolle. C'est celle où se plaçoit M. le Duc d'Antin. Elle a été fondée l'an 1626 par André Courtin, Chanoine de Paris, Seigneur du lieu, qu'on a cru devoir appeller en latin *de parvo burgo*, à condition que le Chapelain feroit les Ecoles, et seroit à la présentation des Seigneurs de Petitbourg. Le premier Chapelain fut nommé le 3 Mars de la même année. Proche cette Eglise étoit autrefois une espece de petit Séminaire où l'on élevoit des jeunes Ecclésiastiques pour les dis-

Reg. Arch. Par.

poser aux Missions étrangères. Le Curé de ce lieu nommé Romain *Reg. Arch. Par.*
Jobard, s'étoit démis dès le 14 Mai 1694, afin que sa Cure fût
unie au Séminaire de ces mêmes Missions, et M. le Cardinal de
Noailles l'y unit en effet, et l'y incorpora le 26 Avril 1698.

Cette Eglise étoit tombée anciennement dans la main des Séculiers : ce ne fut que sous le Roi Robert qu'elle en sortit. Ermenfred, Chevalier attaché au Sieur Burchard, Comte de Corbeil, et *Vita*
animé par son exemple, voulut faire du bien à l'Abbaye de Saint- *Burch. Com.*
Maur-des-Fossés. Il vint en ce Monastere avec Ermensende son *T. IV, p. 119.*
épouse, et en y faisant cession de sa Terre d'Aivry avec ses droits
de Voyerie ou Vicairie pour avoir part aux Prieres du Couvent et
y être inhumé, il déclara qu'il donnoit aussi l'Eglise du lieu. Ce *Tabul. Fossat.*
Chevalier obtint ensuite du Roi Robert des Lettres de confirmation du don qu'il venoit de faire à l'Abbé Teuton et à ses Moines.
Elles sont de l'an 1000 de JÉSUS-CHRIST, et l'Eglise y est pareillement comprise. Mais, comme apparemment celui qui possédoit
une Eglise n'en possédoit pas pour cela l'Autel, ce ne fut que
quarante ans après ou environ que l'Autel d'Aivry fut accordé au *Chartul.*
Monastere de Saint-Maur à la priere de Teszon qui en étoit alors *minus S. Mauri*
Abbé, par Imbert, Evêque de Paris. Les trois Archidiacres de *fol. 138.*
l'Eglise de Paris, Lisierne, Ulric et Albert, mirent leur sceau à
cette donation. Cet Abbé Teszon est différent de Teuton qui avoit
reçu la donation de l'Eglise des mains du Chevalier Ermenfred.
En l'an 1136 Innocent II confirma les possessions du Monastere
de Saint-Maur. Sa Bulle met parmi les articles du Diocése de
Paris *Ecclesiam de Evriaco*. De sorte qu'il y a tout lieu d'être
étonné que cette Eglise dont on ne peut nier l'antiquité, ne se
trouve pas dans le Pouillé rédigé au XIII siécle, et qu'elle n'y soit
ni parmi les Cures ni parmi les Prieurés. Le Pouillé écrit vers
l'an 1450 met cette Cure à la nomination de l'Abbé de Saint-
Maur ; ce qui est suivi par les Pouillés postérieurs. Celui de 1648
l'appelle *Cure de Desvry-sur-Seine*, et en attribue la pleine collation à l'Archevêque de Paris, comme cela est en effet depuis la
réunion de la mense Abbatiale de Saint-Maur à l'Archevêché.
Mais voici une preuve décisive que sur la fin du XIII siécle Evry-
sur-Seine étoit une Paroisse. On lit dans le Cartulaire de l'Abbaye
de Saint-Maur rédigé en l'an 1284 à l'article de ce qui étoit dû à
ce Monastere dans Evry, que l'Abbaye y avoit la moitié des pains
qu'on appelloit *le Tourteau de Saint Etienne (Tortellus S. Stephani)*, parce qu'ils étoient dus le lendemain de Noël, et pareillement
la moitié des cierges de la Purification. Il y avoit semblablement
un droit de Tourteaux à la Toussaint, et de plus à l'Annonciation
trois boisseaux d'avoine *In (Annunt. Dominic. tres modii avenæ)*.
Mais aussi, en compensation de tout cela, le Monastere de Saint-

Maur devoit fournir aux Paroissiens le jour de Pâques après la Communion pain et vin en forme d'agapes : *Et dat Ecclesia Fossatensis Parochianis in die Paschæ post Communionem, panem et vinum.*

<small>Chart. Foss. Ep. fol. 259.</small>

En 1295 Bernard, *Recteur* ou Curé d'Evry, donna à son Eglise un arpent de terre situé au-dessous du lieu dit *Petit bou.*

Si l'Abbaye de Saint-Maur n'eut pas de la libéralité du Chevalier Ermenfred toute la Terre d'Evry, il est sûr au moins qu'elle en eut une partie très-considérable. Il est vrai que le Moine Odon se contente dans la vie du Comte Burchard écrite en l'an 1058, d'appeller du nom de *prædium* ce qui fut donné par lui ; *prædium suæ possessionis quod Aivreum dicitur ;* mais il y a ensuite : *et Vicariam et Advocationem cum omnibus ad eum pertinentibus.* Bien plus, dans la charte de confirmation du Roi Robert, lui et son épouse exposent en ces termes la nature de leur don : *Scilicet alodum nomine Ayvreum ab oppido Corbolii distantem milliariis duobus, cum Ecclesia et Vicaria et Advocatione, cum silvis, vineis, pratis, aquis, terris cultis et incultis.* Ces expressions paroissent désigner un Domaine Seigneurial assez étendu, puisqu'outre les terres, il y avoit bois, vignes et prés ; mais il y a plusieurs siécles que le Monastere de Saint-Maur a aliéné cette Seigneurie.

Dès le XIII siécle un Ecuyer nommé Adam de Champ-rosé en possédoit une partie, et il en fit hommage à l'Abbé l'an 1273. De sorte que le Cartulaire de l'Abbaye d'où ce fait est tiré, se restreint à marquer qu'elle avoit en 1284 à Evry des vignes, un manoir, la dixme du pressurage et du mar *(Hebergagium, decimam pressoragii et de mardella).* Il faut bien croire d'ailleurs que nos Rois s'étoient réservé une redevance sur les hommes de cette Paroisse appartenant à l'Abbaye de Saint-Maur, puisque Philippe-le-Bel

<small>Trés. des Chart. Registre 37, Piece 53, datée de Paris en Février.</small>

voulant en 1304 récompenser Geoffroy Coquatrix de ses services, lui donna et à ses hoirs deux muids de froment de rente, à la mesure de Corbeil sur les hommes d'Evry-sur-Seine par la main de celui qui en étoit Maire pour l'Abbé de Saint-Maur.

Au reste il faut avouer que dans ces temps-là d'autres Eglises avoient aussi du bien ou des droits à Evry : car une Bulle de confirmation de biens accordée par le Pape Célestin III l'an 1196,

<small>Factum sur l'Abbé de S. Spire, p. 30.</small>

aux Chanoines de Saint-Spire de Corbeil, contient ces mots : *omne quod habetis apud Evryacum,* et d'ailleurs il est marqué dans le Cartulaire de Saint-Maur, que le Monastere étoit chargé de payer quelque chose sur la Terre d'Evry à l'Abbaye de Saint-Magloire qui avoit du revenu à Ris, Village contigu.

En 1319 il survint quelque différend entre la Reine et le Couvent de Saint-Maur sur la Jurisdiction d'Evry. Le Roi Philippe-le-Long nomma le sieur Ronchin, Conseiller, pour terminer cette affaire. Il s'agissoit aussi des dixmes de Lices et de Ferroles.

Je ne dois pas aller plus loin sans faire observer la faute que de la Barre a commise dans ses Antiquités de Corbeil, en assurant (page 18) que la Terre d'Evry sur Seine étoit de l'ancien Domaine de l'Abbaye de Saint-Maur par la donation du Comte Bouchard, et que c'est pour cela que la Justice ressortit à Corbeil. Le Diplôme du Roi Robert, et l'Historien même de ce Comte s'accordent à dire que le Monastere des Fossés tenoient ce bien du Chevalier Ermenfred. Le seul point dans lequel ces deux monumens sont différens, est que la charte du Prince compte deux mille pas de Corbeil à Evry, au lieu que l'Historien n'y en marque qu'un mille et demi. M. de Valois a aussi commis une faute lorsqu'il a assuré que ce lieu d'Evry mentionné par cet Historien, étoit situé dans le Doyenné de Moissy. Il a confondu Evry-le-Château qui y est placé, avec celui-ci qui est au Doyenné de Montlhery qu'on appelloit autrefois le Doyenné de Linais. *Notit. Gall. p. 417.*

En 1482 il y avoit à Evry un lieu appellé la Petite Montagne et le Bois Labbé. En cette année l'Abbé de Saint-Maur en fit bail à Hugues Alligret. *Greff. Crim. du Parl.*

Du temps de la rédaction de la Coutume de Paris en 1580, Pierre de Longueil, Conseiller au Parlement, étoit Seigneur en partie de cette Paroisse, et outre cela de Gaschoin, de Bou-le-grand et Bou-le-petit. La Terre ayant été aliénée à André Courtin, l'Archevêque de Paris y rentra après sa mort, puis la changea contre une maison rue Bourg-l'abbé appartenante au sieur Gallant, Secrétaire du Conseil d'Etat, par acte du 29 Août 1639. La veuve du sieur Gallant appellée Angélique le Camus vendit cette Terre à Louis de la Riviere, Abbé de Saint-Benoît, qui en fit foi et hommage à l'Archevêque le 31 Janvier 1646.

En ces derniers temps cette Seigneurie appartenoit à M. le Duc d'Antin et à Madame Pecoil, mere de la Duchesse de Brissac, qui y a fait bâtir un Château. La Terre d'Evry est chargée de 100 livres de redevance aux Chapelains du Roi, et de 49 livres aux Marguilliers de la Paroisse.

Il me reste à parler de ces lieux qui sont sur le territoire de la Paroisse d'Evry, et que l'usage moderne fait appeller Grand-Bourg et Petit-Bourg. Ils sont situés tous les deux entre Evry et Ris. Voici ce qu'en dit de la Barre qui écrivoit il y a plus de cent ans: « Bout, *Antiq. de Corb. p. 18.*
« Hameau de la Paroisse d'Evry, est divisé en deux Seigneuries.
« Bout le grand appartient à Madame de Longueil avec moyenne
« Justice. Le petit Bout a appartenu cy-devant à M⁰ André Courtin
« qui y avoit bâti une belle maison, laquelle a été parachevée par
« le sieur Galand, Greffier du Conseil, qui a employé tous les

« artifices possibles pour l'enrichir de quantité de statues, de jar-
« dins, fontaines, cascades et autres ornemens pour la rendre signa-
« lée entre celles de son Village. »

Le même de la Barre remarque dans l'errata qu'il a mal fait d'écrire *Bout*, et que partout il faut mettre *Bou*. On m'a aussi averti que quelques personnes écrivent Grand-Bou. Je le trouve écrit de même dans une Sentence des Elus de Paris du 7 Janvier 1496 qui adjugea ce Hameau à Evry pour les tailles, contre la prétention des Marguilliers et du Curé de Ris. Si ces témoignages ne fournissent pas clairement l'origine de ces lieux, au moins excluent-ils la maniere d'écrire Bourg qui a prévalu dans Petit-Bourg. Et ceux qui écrivent Grand-Bou se trompent peut-être également dans la derniere syllabe comme dans la premiere ; car il y a cent cinquante ans et même deux cents ans qu'on disoit *Gaulbout*. Le Registre de la convocation du ban et arriere-ban de la Châtellenie de Corbeil en 1597, transcrivant celui d'une Déclaration précédente, s'exprime ainsi : *Deux Fiefs assis à Gaulbout, Paroisse d'Evry sur Seine, et le Fief Grachoin appartenans à M. Pierre de Longueil, Conseiller au Parlement, valans 81 l. 12 s.* A côté duquel article une main plus nouvelle a écrit en marge *Deux Fiefs au Grand Bout*. Il paroît par là que Grand Bout est une altération du mot *Gaulbout* composé de deux mots des Celtes ou des Germains, lesquels auroient signifié *Bois profond* ou *Bois élevé* : et qu'ainsi la lettre *t* doit y être conservée comme étant un nom formé de *Gaul* et de *bot*.

Ce lieu, au reste, de quelque maniere qu'on l'écrive ou qu'on l'appelle, est aujourd'hui un Fief considérable qui appartient pour les deux tiers à M. Petit de la Villoniere, Conseiller à la seconde Chambre des Enquêtes, et pour l'autre tiers à M. Blanchebarbe, Grand-Maître des Eaux et Forêts du Berry, qui a eu ce Fief du chef de sa femme Mme Rolland, et qu'on appelle Monsieur de Grand-Bout, parce qu'il a le principal manoir. De ce Fief relevent plusieurs Maisons de Campagne des environs, comme la Briqueterie sur le bord de la riviere, et autres.

A l'égard de Petit-Bourg, on dit qu'il se nommoit autrefois le Château de Senemont. Il portoit apparemment celui de *Bout*, si l'on ajoute foi à ce que de la Barre écrit ci-dessus, et on lui auroit donné le nom de *Petit-Bout* pour le distinguer de l'autre que l'usage avoit fait appeller Grand-Bout au lieu de Gaulbout. Quoiqu'il en soit, on prononçoit déja Petit-Bourg en 1636 lorsqu'il fut permis à Jean Galland, Secrétaire du Roi, et à Angélique le Camus, sa femme, d'y faire célébrer dans une Chapelle, et à plus forte raison en 1646 lorsque la même permission fut accordée à Louis de la Riviere, Commandeur et Chancelier de l'Ordre du Roi, pour son Château. Ce Château appartint depuis à l'Abbé de la Riviere, mort Evêque de Langres en 1670. Il passa dans la suite à Madame de Montespan, et par succession à Louis-Antoine de Pardaillan de Gondrin, Duc d'Antin, son fils, qui le fit rebâtir. Le Roi Louis XIV y logeoit en allant à Fontainebleau et en revenant. Ayant été augmenté encore et embelli depuis, le Roi Louis XV et la Reine y ont encore logé dans les voyages qu'ils ont faits à Fontainebleau. Le Duc d'Antin étant mort, ce Château a passé au Duc son petit-fils : mais comme le Roi ne s'y arrête plus, et qu'il est trop spacieux et trop magnifique pour tout autre que pour Sa Majesté, il a été démoli en 1750 et 1751. On donnera la description de cette superbe maison à la fin de ce Volume.

L'Abbé Chastellain voyageant dans le Diocèse de Paris vers l'an 1680, vit à Evry-sur-Seine un lieu appellé MOUCEAU qu'il a qualifié de maison irréguliere. C'est sans doute le même que de la Barre écrit le Mouseau, qu'il dit aussi être situé sur la Paroisse d'Evry et avoir appartenu à Jean Laisné, Avocat, établi Prévôt de Corbeil au commencement du regne de Charles VIII, et mort en 1492. *Antiq. de Corb. p. 215.*

Il paroît par ce qui va être dit, que cette Maison est sur l'ancienne Seigneurie de l'Abbaye de Saint-Maur. Pierre Maupeou, Secrétaire de la Chambre du Roi, s'adressa le 12 Septembre 1582 à l'Evêque de Paris comme Seigneur à cause de Saint-Maur, pour obtenir de lui qu'il détruisît l'ancien chemin tortu et scabreux qui touchoit à sa Maison du Mouceau et l'enfermât chez lui ; ce qui lui fut permis à condition qu'il en feroit faire un autre et qu'il laisseroit passer les eaux dans son clos. Cette Maison lui étoit advenue du côté de sa femme Marguerite Laisné. Il lui fut encore besoin en 1590 d'une seconde permission de l'Evêque de Paris de pouvoir entreprendre sur ce chemin. Elle lui fut accordée sur l'exposé qu'il fit que les guerres de la Ligue ayant duré en 1594 et 1595, et que la Ville de Soissons s'étant rendue tard à l'obéissance du Roi, il n'avoit pu venir à Evry pour faire travailler à sa Maison du Mouceau qui avoit été brûlée et ruinée, et que sa femme n'avoit pu en faire réparer qu'une partie fort mal à cause qu'elle n'avoit osé toucher au chemin public. La même Maison du Monceaux est encore mentionnée dans les Registres de l'Archevêché de l'an 1635 comme appartenante alors à Marie Feydeau, veuve de Pierre Maupeou, Président en la Chambre des Comptes. On m'a assuré dans le Pays que la Maison telle qu'elle est aujourd'hui, appartient à Madame la Duchesse de Brissac. Il y avoit en ce lieu-là au XV siécle un canton de terre appellé Gallande. *Reg. Ep. Paris.* *Ibid. 23 Fev. 1596.* *Ibid. 6 Fevr. 1635.* *Tabul. Fossat.*

NEUBOURG est une Maison placée entre Petitbou et Mouceau. Elle est marquée sous ce nom dans la Carte du Diocèse de Paris de l'an 1620, dans le même lieu où la Carte moderne de De Fer et d'autres mettent la Grande Maison. L'Abbé Châtelain y remarqua vers l'an 1680 un dôme quarré pratiqué au milieu du bâtiment, duquel dôme, dit-il, la charpente est un chef-d'œuvre de Philbert de l'Orme, célébre Achitecte qui vivoit sous les Rois Henri II et Charles IX. Il ajoute que pendant quelque temps ce lieu a été appellé Beauregard. Ce que j'ai pu apprendre de plus sur cette Maison, est qu'elle a appartenu autrefois à la Comtesse de Marolles, ensuite au célèbre Imprimeur Frédéric Léonard, puis à M. Herbin, Maître des Comptes, qui avoit épousé sa fille ; ensuite elle a été possédée par M. Tissier, Secrétaire du Roi, lequel l'avoit acquise en 1742 de M. Roussel, aussi Secrétaire du Roi, et enfin M. le Prêtre, pareillement Secrétaire du Roi, Trésorier Général des Troupes de sa Maison, l'a achetée en 1747 de M. Tissier.

Plus loin en tirant du côté de Corbeil, est une autre Maison que la derniere Carte du Diocèse de Paris appelle *Chelouis;* celle de Duvivier employe la même expression tronquée. Dans celle de l'Académie des Sciences de l'an 1674, et dans celle de Jouvin il y a *La Grange Chelouis.* Le Sieur Auvray qui a donné en 1735 la plus nouvelle Carte des environs de Paris, est celui qui a le moins défiguré ce nom, mettant la *Grange Felouis.* Car son véritable nom est la GRANGE-FEU-LOUIS. C'est ainsi qu'il fut marqué dans l'exposé que fit en 1646 Anne de Moussigot, veuve de Claude Belin, Secrétaire du Roi, qui en étoit Seigneur, pour avoir la faculté d'y pouvoir faire célébrer. Ce lieu appartient à présent à M. de Romieu, Secrétaire du Roi, ancien Avocat aux Conseils, et Secrétaire Général de la Marine, qui l'a acquis en 1746 des héritiers du Sieur Nau.

Reg. Ep. Paris.
8 Juin.

La Carte de Samson et celle de Duval du Diocèse de Paris marquent, entre Corbeil et Evry, un lieu dit *Saint-Just,* qui est maintenant inconnu. Je n'ai pu en rien découvrir.

Il y a encore sur la Paroisse d'Evry un hameau appellé le POT-DE-FER, et une Maison de plaisance nommée LAGRANGE. En 1745, cette derniere Maison appartenoit à M. de Romieu. Cette note est tirée d'une consultation de cette année où l'on examine si le Seigneur de Mouceau peut aggrandir son parc en supprimant un chemin public. Peut-être est-ce la Grange-feu-Louis de ci-dessus.

La Ferme de ROUILLON dépend de la Paroisse d'Evry.

Le Mémoire d'un habile homme sur Evry porte qu'il y a un lieu dit BRAS-DE-FER; seroit-ce le même que Pot-de-fer? Plus, un autre appellé LARCHET, Fief dont releve celui de Mouceaux.

Je laisse à la postérité à éclaircir la vérité sur tous ces Fiefs; car il y a aussi à Corbeil un Fief de ce nom de Larchet, de la Seigneurie de Sintry, duquel relevent plusieurs maisons sises à Corbeil.

BONDOUFLE

Ce sont souvent les Eglises qui nous instruisent sur l'antiquité des Villages; nous ne sçaurions rien sur Bondoufle avant le XII siécle, sans l'acte par lequel un Seigneur se dessaisit de l'Eglise de ce lieu dans le siécle précédent en faveur d'un Monastere.

Le Village de Bondoufle existoit donc au moins dès l'onziéme siécle, puisque dès-lors il étoit Paroisse. Voilà, pour ce qui regarde son ancienneté. Quant à son étymologie, elle est de celle qu'on peut dire introuvables. La singularité de ce nom ne fournit aucune idée de sa liaison avec l'ancien langage des Barbares venus en France; cependant on ne peut recourir que là, vu qu'il est constant qu'il ne peut venir de la langue des Romains. Encore si les titres latins les plus anciens mettoient *Bundulfum*, ou auroit pu conjecturer que ce seroit le nom de quelque ancien Franc appellé *Bundulfus* qui seroit resté à ce Village, parce qu'il lui auroit appartenu. Mais les chartes du XI siécle portent *Bunduflum*, et depuis ce temps-là on a presque toujours dit ou écrit *Bunduflum* ou *Bundufla* au féminin. Au reste, en admettant la possibilité de la transposition des deux lettres, il restera assez vraisemblable que ce lieu a conservé le nom d'un Seigneur *Bundulfus*, de même que dans ces cantons-là il y a Trousseau et Baudoin qui sont de purs noms de Seigneurs.

Cette Paroisse est éloignée de six à sept lieues de Paris du côté du midi, et placée entre Montlhery et Corbeil, presque à égale distance et dans la plaine. On n'y voit que des labourages sans vignes. Le Dénombrement de l'Election de Paris y met 33 feux, ce qui se trouve de même dans celui de 1745. Le Dictionnaire Universel y a compté 148 habitans.

L'Eglise a un chœur qui est voûté et qui ne paroit bâti que depuis trois ou quatre cents ans: à la clef de cette voûte est un écu chargé de trois clayes ou herses; au côté droit de la même voûte est un autre écu chargé d'une croix anchrée, et au côté gauche un autre chargé de trois lozanges. A côté du chœur vers la partie septentrionale, est une tour de grais un peu écrasée dont le bas paroit être du XII siécle, aussi-bien que la porte qui est du même côté. Saint Fiacre, Solitaire du Diocèse de Meaux, est honoré dans cette Eglise comme Patron ; mais ce n'est que depuis les derniers temps : car il est évident par les titres qui vont être cités, que c'est Saint Denis, premier Evêque de Paris, qui est le véritable et ancien Patron : mais comme sa Fête est commune à tout le Diocèse, et de rit solemnel, le peuple de Bondoufle qui a voulu avoir une fête particuliere, aura obtenu permission de solemniser pareillement celle de Saint Fiacre ; et probablement cela commença vers 1570 lorsque Fiacre de Saint-Berthevin, Seigneur de Fleury, engagea ses Vassaux à revenir à Bondoufle où ils avoient été autrefois, incommodé peut-être d'avoir une Paroisse dans l'enceinte de son Château ; de sorte que parmi le vulgaire Saint Fiacre est regardé comme premier Patron, et Saint Denis comme second.

Les Archives du Prieuré de Longpont qui est voisin de ce lieu, fournissent un assez grand nombre de titres sur Bondoufle. Le plus ancien est celui par lequel Frédéric, fils de Gaudric, et Isembard, surnommé Payen, fils d'Anselme d'Etampes, donnent à ce Monastere l'Eglise de Saint-Denis de Bondoufle, avec ce qu'on appelloit *atrium et Sepulturam,* ensemble toute la dixme, comprise celle de Fleury (*De Fluriaco*) et de tous les lieux où l'Eglise de Bondoufle avoit ce droit de dixme, excepté les Fiefs que certains Chevaliers tenoient d'eux, dont ils ne pouvoient disposer, mais dont ils consentoient que ces Chevaliers disposassent pareillement envers le même Monastere. Si jamais solemnité fut employée dans un acte, ce fut dans celui de cette donation qui étoit une espece de restitution faite à l'Eglise des biens Ecclésiastiques. Il fut passé à Corbeil sous le sceau des Chevaliers Gautier Tyrel, Hugues de Soisy, Vivien, fils de Richer de Tigery, Teunfe de Lices, Hugues Brito, Hugues de Mont-Obert (*Monte Oberti*), et des Clients qui suivent, c'est-à-dire Ecuyers : Rodulfe de Ris ; Wulgrin de Viry ; Augrain de Vaux ; Christophe de Villabé ; Jean de Bundoufle ; Hugues de Dravel (*De Dravello*), et en présence de Rainard, qualifié *Cantor S. Mariæ*. Ce n'est pas tout ; Frédéric vint ensuite à Longpont et posa l'acte de ce don sur l'Autel avec deux philacteres de la Sainte Vierge. Les Religieux déclarerent qu'ils l'associoient aux prieres de la Communauté en lui faisant toucher un Livre des Evangiles, et lui promirent de l'inhumer chez eux. Après quoi il donna le baiser de paix à chaque Religieux. La ratification de ce don fut ensuite faite par Alix, sa sœur, femme d'Isembard, par le moyen d'un petit morceau de bois qu'elle mit entre les mains du Prieur Henri, dont furent témoins Hugues d'Ingenville et Hugues de Valentun. Il fut aussi besoin de la confirmation de ce don de la part d'Eudes, Comte de Cor-

Chart. Longip. fol. 30.

beil, du Fief duquel les choses relevoient. Pour marquer qu'il y consentoit il prit un morceau de pierre à feu qu'il présenta au même Prieur. Ce détail m'a paru assez curieux pour mériter d'être rapporté ici; il nous fait voir plusieurs usages du regne de Philippe Ier. Car on est assuré que le Prieur Henri gouvernoit le Monastere de Longpont en 1086 et années suivantes. Il fut apparemment encore besoin qu'une Dame nommée Eustache, sœur de Burdin Lisiard, cédât le droit qu'elle pouvoit avoir dans la dixme, dans les sépultures et offrandes du territoire qu'elle possédoit à Bondoufle. C'est ce qu'elle fit étant au lit de la mort à Montlhery, en envoyant pour preuve de cela au même Prieur Henri, un petit morceau de bois : et le jour qu'elle fut inhumée, Radulfe, son mari, en exécution de ses ordres, plaça solemnellement le même morceau de bois sur l'Autel de Longpont en présence de quatre témoins [1]. L'autel de ce lieu et ses dépendances étoient un bien pour la possession duquel l'agrément de l'Evêque Diocésain étoit absolument requis. Geoffroy, Evêque de Paris, et Joscelin, Archidiacre de ce canton-là, déclarerent qu'ils donnoient aux Cluniciens de Longpont, l'autel situé à Bondoufle et conservé en l'honneur de Saint Denis avec ce qui en dépend, se réservant néanmoins les droits de synode et de visite, la charge d'ames commise par eux au Curé et la réconciliation de l'Eglise. Cet acte fut passé dans le Chapitre de la Cathédrale en 1093 sous le sceau, non-seulement de l'Evêque et de l'Archidiacre particulier, mais encore sous celui de Foulques, Doyen; Galeran, Préchantre; Dreux et Rainard, Archidiacres; Vautier, Evêque de Meaux; plusieurs Chanoines dont les trois derniers ne sont qualifiés qu'Enfans. L'Editeur du Pénitenciel de Théodore de Cantorbéry a publié cet acte à la fin parmi les monumens qui peuvent servir à la conservation de la Discipline Ecclésiastique. On n'usoit point en ce temps-là du terme de *Curatus*. Celui qui en faisoit la fonction y étoit nommé *Parochianus Presbyter*. En sorte même que dans l'approbation que Baudoin *de Dunguno* donna vers 1136 d'un traité sur un bien de son Fief, il est marqué qu'il l'accorda *apud Bunduflum in domo Andreæ Presbyteri, ipso Andrea presente, Landrico Priore, Aurardo Milite de Plesseiz, Baldoino de Orengi*. Depuis les actes rapportés ci-dessus, le Pape Eugene III confirma aux Religieux de Longpont en 1151 l'Eglise de Bondoufle *cum decima et atrio*, de maniere qu'elle se trouve dans le Pouillé de Paris écrit au XIII siécle, au nombre de celles dont la présentation appartient au Prieur de ce Monastere; elle y est

Chart. Longip, fol. 11.

Jacobus Petit. Præd. Eccl. Disc. monum. p. 623.

Gall. chr. nova T. VII, c. 1159

---

1. *Testes Philippus de Moressart, Amicus de Salcio, Guido de Puteo, Georgius de Atrio.*

appellée *de Bondofla*. Dans celui du XV siécle on lit *Curæ de Bondoufla et de Floriaco unitæ per D. Gerardum Episcopum, de Presb. Prioris Longipontis*. Du Breul a mis dans le catalogue qu'il a imprimé, *Bondufla et Succursus de Fleuriaco*. Tous les Pouillés subséquens, sçavoir de 1626 et celui de 1692, témoignent pareillement que c'est le Prieur de Longpont qui nomme à la Cure de Bondoufle. Je parlerai encore de Bondoufle en touchant l'article de Fleury, parce que Fleury y a été quelquefois uni, puis désuni, et ensuite uni encore une fois. Comme la premiere fois cette union avoit été faite sous le regne de Charles VI par l'Evêque Gérard de Montaigu, de-là vient que dans les provisions du 24 Août 1483, il y a *Cura S. Dionisii de Bondoufla et ejus annexa*; et dans un acte du 14 Juin 1488 *Curatus Ecclesiarum de Bondoufla et Floriaco unitarum*. Sans doute aussi que c'est en conséquence de cette union qu'à Bondoufle il y avoit outre le Curé un Chapelain mentionné au Registre Episcopal le 25 Mai 1474.

M'étant déjà beaucoup étendu sur Bondoufle relativement au Prieuré de Longpont, j'ajouterai seulement en deux mots d'autres concessions moins remarquables, toujours tirées du Cartulaire et faites dans le XII siécle. Frédéric, fils de Payen d'Etampes, lequel devint Comte, donna trois hôtes à Bondoufle et un muid de grain d'hyver, à prendre dans la grange commune du lieu. Galeran, fils de Vivien, fit don de toute la terre qu'il avoit à Bondoufle et à Mont-Obert, dans le voisinage, et cela de l'aveu de Messire Briard *(Dominus Briardus)*. On voit aussi dans l'Histoire de la Maison de Chastillon un Frédéric *de Castellonio* qui, allant à la Terre-Sainte, donne tous les cens ou rentes qu'il a à Bondoufle, *et boscum mortuum*; ce qui est ratifié par Eustache, sa fille, femme de Baudoin de Beauvais.

Gall. Chr. nova, T. VII, c. 1159.

Hist. de Chastill. Preuves, p. 1.

Ce que j'ai dit jusqu'ici fait voir qu'un grand nombre de personnes possédoient des Fiefs sur le territoire de Bondoufle. Aussi de la Barre dit-il dans sa Description du Comté de Corbeil, que c'est cette multiplicité de Fiefs relevant de divers Seigneurs des Châtellenies de Corbeil et de Montlhery, qui a produit un certain mélange à Bondoufle, et qu'à raison des contestations, les habitans portent une partie de leurs appellations au Châtelet de Paris.

Les Célestins de Paris ont aussi hérité dans les siécles postérieurs de quelques biens situés à Bondoufle. Du Breul dit que cela leur est venu de Simon le Grand, Docteur en Droit, et de Jeanne Coquatrix[1], sa femme, morts en 1343. On lit cependant au Nécrologe de ces Religieux que cela leur a été donné par

Du Breul, p. 675.

Necrol. MS. XV s. ad XI Cal. Nov.

---

1. C'est sans doute d'elle qu'a pris son nom un Fief sis à Bondoufle appellé le Fief de la Cocatrix.

François de Montaigu, Prêtre, Secrétaire du Roi. Il est aussi parlé d'eux dans les Dénombremens de la Paroisse de Fleury-Meraugis séparée de Bondoufle. Au reste, si les vieux vestiges de la fondation de ce grand bâtiment que l'on trouve à Bondoufle dans une vaste piece de Terre labourable appartenant au Seigneur, indiquent une Maison de Religieux, ce pourroit être eux qui auroient eu là une Ferme.

Je n'ai point trouvé que les uns ou les autres de ces Donateurs ayent possédé la Seigneurie de Bondoufle. La liste que j'ai pu en former ne remonte point si haut. Le premier qui s'est présenté est Ivon de Carnazet, natif de Bretagne, qui acheta cette Terre et celle d'Echarcon sous le regne de Charles VII. Depuis elle passa à Adam Pompon, Ecuyer, qui avoit épousé Marie de Mauregard. Il est ainsi qualifié dans les comptes de l'Ordinaire de Paris de l'an 1519, au sujet d'une rente qu'il avoit sur le Domaine, laquelle venoit d'André de Mauregard, Trésorier du Dauphiné. Antoine de Pompon, Ecuyer, est dénommé comme Seigneur de Bondoufle dans le Procès-verbal de la Coûtume de Paris de l'an 1580 (page 663, édition 1678); il y fit même des protestations, et dit que quoiqu'il se fût présenté étant appelé au nombre des Notables de la Prévôté de Corbeil, sa présentation comme Seigneur de Bondoufle ne pourroit lui préjudicier pour la Justice, d'autant qu'il ne reconnoissoit pas le Prévôt de Corbeil pour Supérieur ou pour Juge d'appel de la Justice. Mais il faut convenir que durant le cours du même siécle il y avoit eu plusieurs autres Seigneurs à Bondoufle, puisqu'on lit que dans le temps de la contribution pour le ban et arriere-ban de la Châtellenie de Corbeil en 1597, plusieurs portions du Fief et de la Seigneurie de ce Village étoient depuis peu réunies en la personne de Jean de la Fosse, Trésorier des Guerres, sçavoir: la moitié par indivis de la Terre et Seigneurie qui avoit appartenu à Cosme Clausse, la portion qui avoit été tenue par Claude Eschard, et la portion de Fief qui avoit appartenu à la veuve Pierre Montigné, Bourgeois de Paris. On voit de plus au même Registre une autre portion encore de la Seigneurie de Bondoufle valant 75 livres, qui avoit appartenu à Marguerite de Villiers, et qui appartenoit en 1597 à Pierre de Challou, Ecuyer, lequel fit offre le 23 Juin de monter à cheval pour l'armée.

Dans le siécle dernier, M. Geoffroy de Laigue, Conseiller d'Etat, a été Seigneur de Bondoufle. Depuis lui M. d'Argouges, Seigneur du Plessis-Pâté, a possédé cette Terre. Ensuite M. le Comte de Sebbeville, Lieutenant Général des Armées du Roi, Seigneur du Plessis-Pâté, décédé en 1729; puis elle a appartenu à son fils le Marquis de Sebbeville, Cornette des Mousque-

Antiq. de Corb. p. 206.

Sauval, T. III, p. 600

taires, mort en 1730, et actuellement elle est à sa veuve et à ses enfans.

Cette Terre a une Justice particuliere, distincte et séparée de celle du Plessis-Pâté.

Le surnom de Bondoufle ne se trouve porté par aucune personne remarquable dans l'antiquité Ecclésiastique ou Civile, si ce n'est peut-être par un Suppôt de l'Université de Paris qui fut Procureur de la Maison de Sorbonne, et qui est appellé par du Boulay à l'an 1284 *Magister Guillelmus de Bondofle*. En effet, le Cartulaire de cette Maison marque à cette année-là *Guillelmus de Bondouffla, Clericus, Procurator Domus de Sorbona*. Il l'étoit conjointement avec Thibaud *de Sorbona* aussi Clerc.

M. de Valois n'a pas dit un seul mot de ce Village dans sa Notice du Diocèse de Paris.

Hist. Univ. Par. T. III, p. 236.
Chart. Sorbon. fol. 36.

BRETIGNY

DANS LEQUEL SONT COMPRIS SAINT-PIERRE-DE-BRETIGNY ET SAINT-FILBERT-DE-BRETIGNY

Nous connoissons par le Dictionnaire Géographique Universel de la France imprimé en 1726, qu'il y a dans le Royaume environ dix ou douze endroits tant Bourgs que Villages ou Hameaux qui portent le nom de Bretigny ou Bertigny, sans compter cinq ou six autres connus par d'autres Livres. L'origine de cette dénomination doit être la même et commune à tous : et l'on est assez bien fondé à croire que ce nom a été donné aux lieux qui appartenoient à des familles dont le surnom ou sobriquet étoit en latin *Brito*. Ce surnom n'étoit pas rare au XII siécle, et probablement il fut en usage dès le siécle précédent, soit qu'on le donnât aux gens que l'on connoissoit être venus de la Bretagne, soit qu'ils l'eussent pris eux-mêmes, parce qu'ils en étoient sortis ou que leurs ancêtres y avoient demeuré.

Bretigny du Diocèse de Paris n'a pas été le moins considérable de ceux du Royaume. A la vérité il n'est connu que depuis le commencement du XII siécle, mais dès le siécle suivant il se trouvoit si peuplé qu'il fut besoin ou convenable d'y ériger une seconde Paroisse. C'est du Cartulaire du Prieuré de Longpont que se puisent les premieres connoissances que l'on a de Bretigny. Elles remontent jusqu'au temps d'Henry qui en fut Prieur depuis l'an 1086 jusqu'environ l'an 1125. Ce ne sont au reste que des actes de donations qui en font mention, comme le don de quelques dixmes, de quelques hôtes, de quelque fief ou autre bien de patrimoine de la part de quelques Chevaliers. Celui qui paroît le plus digne d'attention est celui que fit un Chevalier nommé Guillaume Cuchauth ou Cochus, parce qu'on y lit qu'il fut besoin du consentement de Thibaud, Evêque de Paris, à cause qu'il s'agissoit d'une sixiéme partie de dixme qui étoit du fief de cet Evêque, qui est le fief de son nom de Bretigny. La ratification Episcopale est de l'an 1146 [1]. Je parlerai plus bas des autres donations. En tout ces titres Bretigny est appellé *Britiniacum*. Si dès-lors il n'y avoit pas de Paroisse érigée en ce lieu, je ne vois pas quelle peut être l'ancienne Eglise d'où les peuples de ce canton dépendoient, sinon celle de Linas ou celle de Bondoufle. Le crédit des Seigneurs qui y firent ériger une Paroisse au XII siécle, fut assez grand pour y en faire ériger une seconde.

Ces deux Eglises telles qu'on les voit aujourd'hui sont hors du Village et ont toujours été ainsi; cependant ce Village paroît avoir été anciennement fermé de murailles : au moins on en voit des vestiges du côté du nouveau Château, où à l'entrée du Village il y a deux piliers d'une porte ronde dont le cintre n'est tombé que depuis environ quinze ans, et quelques ruines de tours rondes qui défendoient cette porte. Tout cela pouvoit avoir été bâti dans le temps des guerres de la Religion entre 1560 et 1594.

A prendre ce lieu dans son origine, comme il est situé sur la riviere d'Orge, et bâti dans une espece de fond arrosé de plusieurs ruisseaux et fontaines, il n'y a aucune difficulté d'assurer, quoiqu'on n'y voye plus d'étang, qu'il y en avoit un autrefois, lequel auroit été assez grand, et dont le lit est maintenant changé en pré. On en voit encore la chaussée derriere le petit Hameau de Saint-Antoine ; la fontaine de ce Hameau alloit se rendre dans cet étang, et le Pré a été nommé pour cette raison le Pré de l'Etang.

Ce lieu n'est éloigné de Paris que de six lieues et demie, un peu par-delà Montlhery à gauche du grand chemin d'Orléans, la prairie de la riviere d'Orge entre deux. Les Dénombremens faits depuis trente à quarante ans y ont marqué 90 feux ou environ, et le Dictionnaire Universel de la France a évalué le tout à 420 habitans. Le pays consiste principalement en labourages, avec quelques vignes cependant, dont on parlera ci-après.

L'Eglise Paroissiale de Saint-Pierre est à trois ou quatre cents pas du Village, sur le haut d'une butte. Le chœur est d'une structure du XIII siécle. La nef et l'un des bas côtés depuis le clocher

---

1. La citation de ce titre au *Gallia Christiana* (Tome VII, col. 356) le désigne sous le nom de *Guill. Cugnus* : c'est une faute de la Copie.

ont été ajoutés au XV siécle par le Sieur Blosset, Seigneur du Plessis-Pâté dont les armes sont à la clef de la voûte. Le bas côté gauche est encore d'une autre construction. La Dédicace ne fut faite que dans le XVI siécle ; car ce ne fut qu'en 1556 qu'il fut permis aux Marguilliers d'employer pour cela le ministere de Charles, Evêque de Mégare, qui devoit y bénir aussi cinq autels et le cimetiere.

<small>Reg. Ep. 3 Aug.</small>

On y voit dans le sanctuaire sur une tombe ces mots écrits en caracteres gothiques capitales du XIII siécle : *Mons. Nicolas de Freisne, jadis Chevalier, qui trespassa.....* C'est une de ces tombes que la disette de pierre avoit fait servir de table d'autel, et sur lesquelles se voyent encore les croix de consécration. Le chœur ne contient que des tombes de Curés. Il y en a une entre autres d'un Curé de Villejust, qui est dit natif de ce lieu de Bretigny, et mort vers l'an 1550. La sépulture de Dame Anne de Saint-Berthevin en cette Paroisse a eu tant de suites, que je ne puis m'étendre ici sur cela. Je renvoie ce qu'il y a à en dire à la fin de ce Mémoire. Comme cette Eglise est titrée de Saint Pierre, et qu'elle est dans une situation qu'on préféroit anciennement, je la crois la plus ancienne des deux Paroisses, et j'en infere que c'est d'elle qu'étoit Curé le nommé *Christianus Presbyter de Britiniaco* mentionné dans un acte du Cartulaire de Longpont antérieur à l'an 1200. Outre cela il y en a une preuve plus positive dans le même manuscrit ; c'est que dans la concession que fait Gui de Linais aux Moines de Longpont gouvernés par le Prieur Henry, entre 1086 et 1125, il y est spécifié que ce sont deux parties de la dixme *de Ecclesia S. Petri de Britiniaco.* Cette portion de dixmes se trouve énoncée dans la Bulle d'Eugene III qui concerne les biens de ce Prieuré, et qui est de l'an 1151, en ces termes : *Decimas de Britiniaco et Plesseiz.* Un acte d'hommage rendu en 1268 à l'Evêque de Paris, faisant mention de cette Eglise, l'appelle *le Moustier Saint Pere de Breteigny,* selon l'usage où l'on étoit alors d'appeller du nom de Moutier, même les Paroisses. Le Pouillé du Diocése de Paris qui fut écrit vers ce même temps, marque que la Collation des Eglises Saint-Pierre et Saint-Filbert appartient purement à l'Evêque de Paris.

<small>Chart. Longip. fol. 26.</small>

<small>Ibid., fol. eod.</small>

<small>Ibid., fol. 1.</small>

<small>Chart. Ep. Par. fol. 118.</small>

La Paroisse de Saint-Pierre a quelques Ecarts ou Hameaux. Celui sur lequel il y a le plus à dire est FRESNE [1], dont l'ancien nom étoit *Marchais tué.* Le Cartulaire de Longpont contient la notice de la donation que Hersende, sœur du Prieur Henry et de Milon Breton, fit de cette Terre au Prieuré avant l'an 1125. Ce

<small>Chart. Longip. fol. 28.</small>

---

1. Le Propriétaire d'aujourd'hui a orné le dehors et le dedans de sa maison de matériaux et ornemens venant de la Maison de Crequi-Lesdiguieres qu'on a abbattue vers l'Arsenal en 1740.

nom n'y est point autrement écrit que *Marches tue* que l'on prononce comme ci-dessus, ce qui désigne qu'il y avoit eu en ce lieu une piece d'eau qui avoit été tarie et desséchée. On vient de voir dans l'Eglise de Saint-Pierre le fragment d'épitaphe de Nicolas de Freisne, Chevalier. Ce Hameau étoit autrefois composé de 30 ou 35 feux qui ont été détruits par les guerres civiles ; il ne reste plus que deux maisons : sçavoir, la maison et ferme de M. Bonnefin et la ferme de M. Mallet de Chantelou, Président de la Chambre des Comptes, relevante du Plessis-Paté. Il y a outre ces deux Maisons une Chapelle du titre de S. Côme et S. Damien. Cette Chapelle qui étoit isolée, formoit un titre de Bénéfice et étoit autrefois publique, il y avoit cloche pendante, et l'on y disoit la Messe les Dimanches et Fêtes. A cette Chapelle étoient attachées des Terres sises proche Fresnes, et mouvantes en censive de l'Abbaye de Villiers-le-Châtel à cause du Fief de Leddeville. Il y avoit encore en 1520 un Chapelain qui donna au Roi une déclaration du revenu de cette Chapelle. Les titres ayant été égarés pendant les guerres civiles, la Chapelle a cessé d'être desservie jusqu'en 1700, qu'il fut permis à Catherine-Angélique d'Apremont, veuve de M. Gourdon, Trésorier de l'extraordinaire des guerres, d'y faire célébrer. Depuis 1710, cette permission a été accordée deux fois en différens temps, sçavoir du temps de la Dame Soin qui étoit propriétaire de la maison bourgeoise sise à Fresnes, et du temps de M. Bonnefin qui lui a succédé. En 1734, la Chapelle étant réparée, fut bénite de nouveau par le Curé de Saint-Pierre à ce commis, lequel y dit la Messe ce jour-là. Depuis ce temps, la permission d'y célébrer a été refusée, et depuis elle a été redonnée, sçavoir le 25 Mai 1740.

LES COCHETS consistent en une maison seigneuriale relevant du Fief du Plessis-Pâté. Ce lieu est ancien, on le connoissoit au XII siécle. Ermengarde de Cochet présentant son fils pour être élevé à Longpont selon la Regle de Saint Benoît, donna au Monastere la quatriéme partie de la dixme de Cochet. (Mais peut-être faut-il entendre là Cochet, Hameau de la Paroisse de Lardy.) *Chart. Longip. fol. 6.*

COSSIGNY est un petit Hameau qui étoit pareillement connu dès le commencement du XII siécle. Hersende, sœur d'Henry, Prieur de Longpont, en fit donation au même Couvent avec d'autres biens, le jour que Milon Breton, leur frere, fut inhumé. *Ibid., fol. 28.*

Les autres Hameaux de Saint-Pierre sont ROSIERES, ESSONVILLE et LA GARDE ou Fontaine-la-Garde. Le premier des trois est en partie de la Paroisse de Saint-Filbert. Il y avoit des vignes en ce lieu de Rosieres dès le XII siécle. Tebold, Moine, en assigna un demi-arpent aux Religieux de Longpont : *In Rose-* *Ibid, fol. 23.*

riis. Essonville me paroit ne devoir être autre chose que le canton de Bretigny, qu'on nommoit dans le XII siécle *Summum Villæ*, où Hervé *de Donione* avoit quatre hôtes qu'il donna en mourant à l'Eglise du même Prieuré : *Quatuor hospites apud Britiniacum, loco qui dicitur ad Summum Villæ*. Il y a eu Chapelle domestique à Essonville en 1643, lorsque ce lieu étoit à Jacques Ferrand, Maître des Requêtes.

<small>Chart. Longip. fol. 29.</small>

LA GARDE est une Maison Bourgeoise tenue en censive du Seigneur du Plessis-Pâté, à cause d'un Fief appellé le Fief de Fontaine, différent de celui de la Fontaine sis sur la Paroisse de Saint-Filbert. Anciennement on l'appelloit Fontaine la Garde à cause d'une fontaine voisine, et elle fut surnommée de la Garde à cause de Hugues de la Garde qui en étoit possesseur au seiziéme siécle. Un de ses descendans de même nom, qualifié Secrétaire Ordinaire de la Chambre du Roi, possédoit cette maison en 1608.

<small>Reg. Ep. Perm.Cap.Dom. 11 Déc.</small>

Il faut aussi ranger sous cette Paroisse de Saint-Pierre, un canton de Bretigny qui au XII siécle étoit appellé en latin *Vicinum* ou *Ad vicinum*. Gautier de la Bretonniere y avoit la moitié de son patrimoine qu'il donna à l'Eglise de Longpont au commencement de ce siécle. Un autre acte nous apprend qu'il étoit *Dapifer* du Roi, et que ce fut en prenant l'habit de Religion qu'il fit ce don. Ce *Vicinum* est le Fief voisin relevant de Vaugrigneuse. Il comprend une partie du Château de Bretigny, la Ferme de ce Château et quelques arpens de terre.

<small>Hist. S. Mart. à Camp. p. 152. Churt. Longip. fol. 27 et 28.</small>

Il est inutile de dire ici que le Plessis-Pâté étoit primitivement de la Paroisse de Saint-Pierre de Bretigny ; il en a été détaché aussi-bien que LES BORDES HACHETS, autrement Piedefer, en 1657, lors de l'érection du Plessis en Paroisse. Ces Bordes Hachets avoient été érigées en Fief en faveur de Robert Piedefer, dont elles prirent le nom. Ce Fief appartient au Seigneur du même Plessis ; mais il releve du Fief du Clos Margot enclavé aujourd'hui dans le Parc de Bretigny.

La seconde Paroisse de Bretigny est bâtie au-dessous de la butte sur laquelle est construite l'Eglise de Saint-Pierre, en tirant vers le septentrion. Elle est sous l'invocation de SAINT FILBERT, Abbé de Jumieges, qui vivoit au septiéme siécle. C'est ainsi que ce nom doit être écrit suivant les actes du siécle de ce Saint, et même dans le Cartulaire de l'Evêque de Paris rédigé au XIII siécle, il est écrit en françois *Saint Filebert*, ainsi qu'on verra ci-après. On conserve actuellement dans cette Eglise une portion des reliques de Saint Filbert, qui a été accordée par les Curés et Marguilliers de Saint-Jean-en-Grève, à M. de Chammeville, Seigneur de Bretigny ; on fit à Saint-Filbert la cérémonie de la Translation le Dimanche d'avant celui de la Passion de l'année 1756. Cette Eglise paroît avoir été construite au même XIII siécle, c'est-à-dire vers le regne de S. Louis. Le genre de structure y répond. Le bâtiment est en forme oblongue accompagné d'une aîle vers le midi à côté du chœur. La nef démontre aussi par ses colonnades réunies, le goût de bâtisse d'environ l'an 1300. Le nom du Saint Abbé qu'elle porte, lui vient suivant les apparences d'un des Coseigneurs de Bretigny qui s'appelloit Filbert, lequel, par dévotion pour son Saint Patron, en obtint des Reliques qui y furent déposées lors de la consécration. Ce Seigneur vivoit au XIII siécle, à en juger par les lettres capitales gothiques qui forment l'inscription de sa tombe. On la voit aujourd'hui dans l'aîle de l'Eglise où elle est placée de travers, et non d'occident en orient comme elle devroit être si elle n'avoit pas été ôtée du chœur. Voici ce qu'on y lit : *Ici gist Monseigneur Philebert de Bretigny, Chevalier, qui trespassa*..... Il est représenté en homme de guerre.

Il reste deux autres tombes dans le chœur également en lettres gothiques capitales.

Autour de celle qui est du côté droit on lit : *Cy gist Monseigneur Guillaume Bouchard, Chevalier de Bretigni, qui trespassa l'an de grace Mil CCC. la veille de Saint Pierre Engoule Ahout*[1]. *Priez pour l'âme de li.*

A celle qui est du côté gauche, on n'apperçoit que ce qui suit : *Ici gist...... le..... après la S. Lucas l'an M. CCC.....*

Cette Eglise n'a été dédiée qu'en 1558 par Charles, Evêque de Mégare, qui en fixa l'anniversaire au premier Août et y bénit quatre Autels. Reg. Ep. 10 Jun.

La nomination de la Cure a appartenu dès les commencemens à l'Evêque de Paris, de plein droit, ainsi qu'en fait foi le Pouillé du XIII siécle.

En 1246 Pierre Chevalier, Seigneur de Bretigny, par acte passé devant Guillaume, Evêque de Paris, quitta au Prêtre de Saint-Philbert les dixmes de Bretigny que Guillaume son pere avoit données le 20 Mars 1220 à cette Eglise, et que Simon son frere tenoit précédemment, à la charge que ce Prêtre ou Curé auroit un Chapelain. Le Seigneur de Vaugrigneuse agréa le tout, chargeant ce Chapelain de prier Dieu pour lui. Il est parlé à cette occasion de l'Eglise de Saint-Pierre et de la Chapelle du Plessis-Pâté où le Prêtre de Saint-Filbert alloit célébrer. Ex autogr. viso per D. d'Argis.

Il arriva quelquefois au XIV siécle que les deux Cures de Saint-

---

1. C'est-à-dire *Saint Pierre des Calendes d'Août*, ou *Saint Pierre commençant Août*. L'Abbé Chastelain disoit que c'étoit *S. Petrus in gula Augusti*.

Filbert et de Saint-Pierre furent possédées par un même Prêtre. Michel Blanquermont se dit Curé des deux Eglises le 20 Novembre 1473 dans l'accord qu'il fit sur les dixmes de Bretigny avec Guillaume de Condat, Prieur de Longpont. Michel s'étant démis de Saint-Filbert, la Cure fut conférée en 1478 à Louis Blosset, Protonotaire Apostolique, qui deux ans après fit réunir à cette Cure celle de Saint-Pierre qu'il y avoit.

Reg. Ep. Paris.
Ibid.
Ibid.

Le Fief de la Fontaine est composé de deux Maisons Seigneuriales séparées par le chemin, relevantes toutes les deux de Vaugrigneuse avec celles de leur dépendance qui sont en Fief. Ces deux maisons contiguës ne formoient originairement qu'un même Fief qui fut partagé avant 1475 entre Jean Rouillé, Ecuyer, à cause d'Agnès d'Arly, sa femme, et Jean de Guillerville, Ecuyer, à cause de sa femme, sœur de ladite Agnès. La maison située vers l'orient fut le partage de l'aînée, et appartient aujourd'hui à M. Boucher d'Argis, Avocat en Parlement, l'autre de vers l'occident, et dans laquelle est la Fontaine qui donne le nom à tout le Fief, advint à la cadette, et on y a construit depuis un manoir Seigneurial.

Le 26 Août 1502 Gaubin de Guillerville et Bonne de Guillerville, sa sœur, demeurant à Bretigny, témoin Robert de Guillerville, *Seigneur de la Fontaine,* leur cousin germain, comme héritiers de Jean de Guillerville et de Catherine de Gravelle, leurs pere et mere, donnerent à titre d'échange à Guyon de Saint-Benoît, Seigneur de Bretigny, les deux cinquièmes par indivis en la moitié du Fief, Terre et Seigneurie de Saint-Pere de Bretigny et dépendance.

Le 10 Novembre 1502, Nicolas de Guillerville, Seigneur de Saint-Pere de Bretigny, fils aîné et héritier en partie de Jean de Guillerville son pere, vendit audit Guyon de Saint-Benoît l'Hôtel, Fief et Seigneurie de Saint-Pere, à lui appartenant comme dit est.

En 1644 M. Etienne Rosereau étant Seigneur du Fief de la Fontaine qui est à l'orient, la Chapelle de Saint Sébastien et Saint Roch, située dans l'Eglise de Saint-Filbert, lui fut concédée en considération de ses bienfaits, ce qui a été confirmé en 1733 à M. Tartel, Controlleur des rentes, aussi Seigneur de la Fontaine.

VALORGE à gauche de la riviere d'Orge, a été Maison Seigneuriale, et n'est plus qu'une ferme avec un parc. Il appartient à MM. de Leuville, et est de leur Marquisat.

Quand le Château dit des Halliers subsistoit, il étoit compris pareillement dans la Paroisse de Saint-Filbert. Il en reste une vieille tour et des fossés. La maison voisine porte le nom de Pavillon, parce qu'il étoit l'un de ceux de ce manoir. L'emplacement du bâtiment détruit et quelques lieux adjacens sont tenus à rente des Seigneurs de Bretigny. Le tout est dans un fond derriere la chaussée du vieux étang. Près de-là est un petit Hameau, dit depuis quelque temps de SAINT ANTOINE.

Ce qui compose le peuple de la Paroisse de Saint-Filbert, est en plus grande partie dans Bretigny même : il y a ensuite quelques Hameaux, qui sont Rosieres en partie dont j'ai parlé sur Saint-Pierre ; outre le Fief de la Fontaine et Valorge, il y a le Hameau du Carouge et le Mesnil. Le Hameau de CAROUGE voisin de la riviere d'Orge, existoit au XII siécle. Dans un acte de ce temps-là est nommé pour témoin Ranulfe de Carouge, *Ranulfus de Carrugio*. En 1658 il appartenoit à Noble Pierre de Cron et Marie le Tellier sa femme, qui y avoient une Chapelle. Il y a un moulin appellé du Carrouge assis près de là, sur la riviere d'Orge. Celui de MESNIL existoit pareillement alors : Hugues Baffet est dit avoir fait présent aux Moines de Longpont de la Terre de Mesnil *apud Britinniacum*. Guichard de Châtres voulut s'y opposer à cause d'Odeline, sa femme, dont elle provenoit, mais il ne continua point. Chart. Longip. fol. 23.
Reg. Ep. 21 Sept.

Chart. Longip. fol. 26.

Tous les lieux principaux et Hameaux des deux Paroisses de Bretigny, aident à former plusieurs Fiefs, dont trois d'abord relevent du Roi à cause de son Château de Montlhery, sçavoir, 1º le Fief de Bretigny qui consiste dans la plus grande partie du Château et de la Cour, la Chapelle, la plus grande partie du parc, et partie du potager, droits de Châtellenie, haute, moyenne et basse Justice dans les deux Paroisses et dans celles de Saint-Michel et de Marolles droit de garenne, grucrie, voirie, chasse, et pêche dans une partie de la riviere d'Orge. 2º Le Fief de la Maison neuve consistant en 120 arpens de terre labourable et quinze arpens de bois taillis. 3º Quatre arpens de prés.

Plus, deux autres Fiefs relevant de Vaugrigneuse, qui sont 1º le Fief de Voisins, dont on a parlé ci-devant. 2º Le Fief de Saint-Filbert sur lequel est l'Eglise, et la Ferme dite aujourd'hui de Bretigny, et où étoit le manoir Seigneurial de Saint-Filbert. Sous Philippe-Auguste Bochard de Vaugrigneuse tenoit de Gui, son frere, un Fief à Bretigny, et pour cette raison Gui étoit homme lige du Roi. Reg. Phil. Aug. de Monthenio.

Plus le Fief Saint-Pere relevant de l'Archevêque de Paris, consistant dans l'emplacement de l'ancien manoir, la garenne et quelques terres. C'est à ce Fief qu'il faut appliquer tout ce que l'on trouve dans les Cartulaires et autres monumens de l'Archevêché.

Plus, le Fief des Halliers et la cense de Rosieres relevant du Fief des Carneaux, Paroisse de Lices.

Il y a aussi un Arriere-fief relevant de Bretigny, appellé le Fief de Copeaux sis à Paris, grande rue du Fauxbourg Saint-Victor, vis-à-vis la rue Censier, possédé par le sieur Loyauté, Bourgeois de Paris, lequel Fief consiste en un corps de logis couvert de tuile et d'ardoise, cour, deux écuries; plus, en trois arpens de Marais clos de murs en partie et de la riviere des Gobelins. Ce Fief fut vendu par échange le 1er Décembre 1468 par Jacques de Saint-Benoît, Seigneur de Bretigny, au sieur Dumesnil de Maupas qui s'en est réservé la mouvance.

Comme plusieurs de ces Fiefs ont été possédés en même temps par un même Seigneur, et qu'il seroit difficile de démêler le temps de la réunion de plusieurs ensemble dans la personne d'un même possesseur, je rapporterai indifféremment, et sans observer l'ordre ni la distinction des mouvances, ce que j'ai trouvé en général sur les Seigneurs de Fiefs dans Bretigny et sur leurs hommages.

Si l'on pouvoit donner le nom de Seigneur à tous ceux que l'on trouve avoir porté le surnom de Bretigny dans le Cartulaire de Longpont, nous aurions dès le commencement du XII siécle un *Ebrardus de Britiniaco,* témoin dans un acte, et un *Fulchardus de Britiniaco,* frere d'Arnoul, lequel avoit des masures dans un lieu dit Villeneuve. Mais il est plus sûr de s'en tenir à ceux que fournissent le Cartulaire ou Registre de Philippe-Auguste et d'autres monumens du XIII siécle. Je trouve d'abord dans ce Registre parmi les Chevaliers sur le serment desquels furent rédigées les redevances féodales de Montlhery, *Johannes de Bretigny.* Ce Jean de Bretigny vivoit donc sous le regne de Philippe-Auguste qui finit l'an 1225 [1223]. Aussi lit-on dans le Cartulaire de l'Evêque de Paris que du temps de Pierre de Nemours qui siégea depuis 1208 jusqu'en 1218, Jean de Bretigny tenoit de lui en fief une terre située à Bretigny même, et que sa veuve fit hommage de ces mêmes biens à Guillaume, Evêque de Paris, au nom de son fils dont elle avoit la tutelle. C'est vers ce temps-là qu'a dû vivre Philbert de Bretigny, dont l'épitaphe a été rapportée ci-dessus. Il y a eu un peu plus tard un Guillaume de Bretigny mentionné dans le rang des Chevaliers de la Châtellenie de Montlhery qui tenoient leur Fief du Roi du temps de S. Louis. Outre un manuscrit authentique dans lequel je le trouve, il paroît aussi dans l'ancien livre censier de l'Abbaye de Sainte-Geneviéve, comme l'un de ceux qui devoient quelques petits cens. On y lit: *Dominus Guillelmus de Breteigny, Miles XI d. et p. Et de uno arpento vineæ, decimam.* Ce livre fut rédigé vers l'an 1250. Ce n'est pas seulement dans les titres des Guillemites de Montrouge que j'ai rencontré à l'an 1258 un Jean Baudoin, Seigneur de Bretigny, comme amortissant des biens situés dans ce lieu de Montrouge; je l'ai trouvé dans le Cartulaire de l'Evêque de Paris à l'an 1268, déclarant qu'il étoit tenu de porter l'Evêque de Paris à son avénement à l'Episcopat. Cette reconnoissance est accompagnée d'un petit acte françois au sujet de l'hommage que le même Jean fit alors « de son hébergement qui est atouchant au « Monstier S. Pere de Breteigni et les jardins qui sont entre, et « totes les roches et les terres qui sont entre S. Pere et S. File- « bert, et entour sa meson. » On lit dans l'Histoire des Grands Officiers que Gedoin de Beauvilliers, Seigneur de Bretigny, fit hommage à l'Evêque de Paris, et reconnut qu'il devoit porter le nouvel élu, et l'accompagner en l'ost quand l'Evêque y alloit à ses deniers. L'auteur paroît rapporter ce fait à l'an 1250 ou environ, et dit l'avoir aussi tiré du petit Cartulaire de l'Evêque de Paris : mais il y a lieu de craindre qu'il ne se soit trompé dans le nom du Seigneur, et que ce soit le même que Jean désigné ci-dessus.

Chart. Ep. Paris. Bibl. Reg. fol. 118.

Hist. des Gr. Off. T. IV, p. 705.

Sur la fin de ce même siècle vécut Guillaume Bouchard, chevalier de Bretigny; il décéda l'an 1300, comme le marque son épitaphe rapportée ci-dessus.

Comme il y a dans le Royaume plusieurs Bretigny, je n'ose assurer que ce soit de celui-ci qu'il faille entendre une charte de légitimation accordée en 1381 par le Roi Charles VI qui est ainsi intitulée : *Legitimatio Mariæ, filiæ Milonis de Bretigny, Militis et Johannæ Duchy.* Un véritable Seigneur de Bretigny près Montlhery est Thomas de Bretigny, Chevalier, nommé dans un compte imprimé dans Sauval, à l'occasion du moulin Basset au-dessous de Montlhery qui lui appartenoit vers l'an 1434. Vers le milieu du même siècle la Seigneurie de Bretigny étoit possédée par Jean de Saint-Benoît, Ecuyer, suivant un titre de l'an 1449, puis par Robert de Martigny, lequel avec Jacqueline Morine, sa femme, la vendit à Robert Thiboust, Avocat au Parlement, et à Odette Baillet, son épouse. Ces derniers en payerent au Roi vers l'an 1478 les droits de quint et requint, et en firent hommage à la Chambre des Comptes. Cependant deux ans après on trouve un autre Seigneur à Bretigny : c'est Jacques de Saint-Benoît, Chambellan du Roi et Capitaine de la Cité d'Arras. Louis XI par Lettres expédiées aux Forges près Chinon, au mois de Novembre 1480, lui fit vente, cession et transport de la haute, moyenne et basse Justice dudit Bretigny, Marolles et Saint-Michel sous le ressort immédiat du Châtelet de Paris, pour récompense des recommandables services qu'il lui avoit rendus. Ces Lettres furent vérifiées en Parlement et en la Chambre des Comptes ; ensuite d'icelles ledit sieur Jacques de Saint-Benoît en a joui, et après lui Guyon de

Trés. des Chart. Reg. 1381, Charte 423.

Antiq. de Paris, T. III, p. 566.

Tab. S. Maglor.

Ibid., p. 432.

Tables de Blanchard, T. I, p. 345. Bann. du Chât. vol. I, fol. 248.

Saint-Benoist, son fils, a obtenu d'autres lettres le 18 Avril 1502 pour y être maintenu.

Il y eut d'autres Lettres octroyant ensuite des premieres à Messire François Martel, les 22 Juin 1610 et 25 Novembre 1611, à la vérification desquelles les Officiers de la Justice Royale de Montlhery s'étant opposés, ainsi que le sieur d'Entragues, lors Seigneur par engagement dudit Montlhery, et autres Seigneurs voisins, ledit Sieur Martel obtint le 19 Juillet 1615 Arrêt contradictoire avec eux portant que sans avoir égard à l'opposition des Officiers de Montlhéry et Consorts, de laquelle ils auroient été déboutés lesdites Lettres seroient registrées au Greffe de la Cour pour jouir par ledit Sieur Martel, conformément à icelles, de la haute, moyenne et basse Justice des Terres et Seigneuries de Bretigny, Marolles et Saint-Michel.

Jacques de Saint-Benoit étoit Seigneur de Bretigny dès 1468.

En 1480 il acquit la teneur féodale de Marolles, du sieur Olivier, Procureur au Parlement, Seigneur de Leuville.

Il vendit en 1468 le Fief de Copeaux et s'en réserva la mouvance.

Sauval, Antiq. de Paris, T. III, p. 478.

En 1487 Charles du Buz, Ecuyer, est qualifié Seigneur de Lardy et de Bretigny dans un Compte de l'Ordinaire de Paris. On ne peut croire qu'en si peu de temps il y ait tant de Seigneurs à Bretigny, qu'en disant qu'il s'agit des différens Fiefs renfermés dans l'étendue des deux Paroisses. Il est constant qu'une même personne en tenoit plusieurs, par exemple, Jean de Guillerville que nous avons vu plus haut avoir joui d'une partie du Fief de la Fontaine relevant de Vaugrigneuse et situé sur la Paroisse de Saint-Filbert, rendit hommage le 18 Janvier 1476, à l'Evêque de Paris pour un autre Fief qu'il avoit sur celle de Saint-Pierre.

Reg. Ep. Paris.

La famille des Luilliers possédoit vers 1500 le Fief de Saint-Pierre de Bretigny. Une Dame de ce nom le porta en mariage à Guillaume de Gouppil, Seigneur d'Anfreville en Normandie, qui en fit hommage à l'Evêque de Paris, le 2 Avril 1521, pour en avoir main-levée.

Ibid.

Cent ans après François Martel, Gentilhomme de Normandie, étoit Seigneur de Bretigny suivant une permission qui lui fut accordée le 12 Septembre 1613. Dans le renouvellement de cet acte fait le 3 Juillet 1637, il est qualifié Seigneur de Fontaine-Belle-Encontre; ces terres sont en Normandie. On lit aussi qu'en l'an 1695 la Chapelle du Château de M. le Comte de Fontaine-Martel, sis en la Paroisse de Saint-Pierre de Bretigny, avoit été bénite de l'autorité de M. de Harlay, Archevêque.

Reg. Ep. Perm.Cap.Dom.

Aujourd'hui le Seigneur de Bretigny est M. Thiroux de Chammeville, Fermier-Général des Postes et Messageries de France.

La Seigneurie de Bretigny a haute, moyenne et basse Justice

avec titre de Châtellenie. Cette Justice ressortissoit autrefois à la Prévôté Royale de Montlhery suivant le Procès-verbal de la Coûtume de Paris en 1580 ; mais depuis, le Prévôt de Corbeil ayant prétendu que cette Justice étoit dans son Ressort, il a été ordonné que par provision, elle ressortiroit au Châtelet de Paris : ce qui est encore actuellement en cet état, la contestation entre les deux Prévôts n'ayant point été jugée.

Le Prieuré de Longpont a joui pendant longtemps du Fief de Fontaine sis à Bretigny, qui est fort différent de celui dit *de la Fontaine*, et qu'il est impossible d'attribuer à l'une des deux Paroisses de Bretigny plutôt qu'à l'autre. On le nommoit autrefois Fontaine-lès-Bretigny ; ces Religieux l'avoient eu en partie par donation, et en partie par achat. On lit que Hersende, sœur d'Henry, Prieur de ce Monastere, donna le jour de l'enterrement de Milon, leur frere, surnommé Breton, toute la terre de Fontaines dans l'état que Gautier, *Dapifer* du Roi, la tenoit en gage. *Chart. Longip. fol. 27 et 28.* Gui le Bossu de Chetenville leur vendit une dixme qu'il avoit au même lieu de Fontaines, témoin Guillaume, Maire du lieu. De plus, pour la réception d'un Religieux, il leur donna du bled qu'il y avoit. Enfin Guillaume Cocheri les gratifia d'une portion de dixme qu'il y possédoit pareillement. Mais ces Religieux céderent tout le Fief de Fontaines par échange à Jean Blosset, Seigneur du Plessis-Pâté, par acte du 16 Novembre 1580. On prétend qu'il avoit pris son nom d'une fontaine sise proche Bretigny, près de laquelle étoit un Hameau appellé pour cette raison *Fontaines*. Ce Hameau ne subsiste plus, et l'on ne connoît point de manoir Seigneurial ni de chef-lieu de ce Fief. Il y a seulement à Cossigny quelques maisons et terres qui en relevent en censives. La Maison de Fontaine-la-Garde, et une partie de celle de M. Bonnefin à Fresnes, sont pareillement tenues en censives des Seigneurs du Plessis-Pâté à cause de ce Fief de Fontaines. *Ibid., fol. 7.* *Ibid., fol. 37*

On a dû reconnoître par ce qui a été dit ci-dessus à l'occasion de l'Eglise de Saint-Pierre et de ses Hameaux, et par ce qui vient d'être dit du Fief de Fontaines, que les Religieux de Longpont sont parmi les gens d'Eglise ceux qui ont eu le plus de biens à Bretigny, soit en dixmes, soit autrement. Il ne reste qu'à observer que quand Burchard de Vaugrigneuse leur donna dans le XII siécle la partie de dixme qu'il avoit sur cette Paroisse, il fut spécifié que le surplus de cette dixme leur appartenoit déjà auparavant. Ce fut aussi en leur faveur que Dame Eustache, sœur de Burdin-Lisiard, se dessaisit du Fief de Hugues Basset qu'elle avoit dans Bretigny, et un nommé Aymon, de cinq hôtes qu'il avoit au même Village. L'Abbaye de Sainte-Geneviéve de Paris a eu aussi des redevances à Bretigny. On a vu ci-dessus que Guillaume de Bretigny, Che- *Ibid., fol. 35. Ibid., fol. 11. Hist. Eccl. Par. T. I, p. 691.*

valier, lui payoit par an onze deniers et une pite, aussi bien que la dixme d'un arpent de vigne : et cela vers le milieu du regne de S. Louis. Un autre article de son livre censier écrit alors, marque qu'elle y avoit aussi la moitié de la dixme dans huit arpens.

Lib. Cens. S. Gen. fol. 53.

Quoique le territoire de Bretigny soit reconnu pour être peu propre à la vigne, il est certain, par les témoignages rapportés ci-dessus, qu'il y avoit des vignes en ce lieu dès le XII et le XIII siécle. Mais il n'est pas également certain que ce soit le vin de ce lieu qui ait donné occasion de parler d'un Bretigny comme d'un pays de mauvais vin. Cela est cependant passé en proverbe; et même jusqu'à un Poëte latin qui en 1712 fit entrer le nom de Bretigny dans une Ode sur la biere :

> *Nec si quid alvum vellicat acrius*
> *Tentat ve renes frangere pertinax*
> *Zonas reluctantes acetum*
> *Vappa Bretigniacum verentur.*

Dict. Univ. de la France.

Il peut se faire que le mépris du vin de Bretigny ait passé de Bourgogne à Paris. Il y a en effet un Village de ce nom proche Dijon, et comme il est dans la plaine, son vin est naturellement moins bon que celui des côtes voisines de Dijon. Mais comme le proverbe ajoute que le vin de Bretigny *fait danser les chevres*, et qu'on assure qu'il y a eu réellement à Bretigny près Montlhery un habitant nommé *Chevre*, dont la folie quand il avoit bu étoit de faire danser sa femme et ses filles, il semble qu'on doit s'accommoder avec cette historiette, et donner à ce Bretigny ce trait de plaisanterie.

Merc. de France, Janvier 1737, p. 50.

On ne peut au moins refuser de le reconnoître dans l'ancien Noël qui commence par ces mots : *Les Bourgeoises de Chastres*, dans lequel sont nommés plusieurs lieux voisins de Châtres et de Montlhéry et non d'autres Contrées. L'auteur de ce Cantique représentant les habitans de ces Villages à l'étable de Bethléem où ils font leurs offrandes, s'exprime ainsi :

> Vous eussiez vu venir tous ceux de Saint Yon,
> Et ceux de Bretigny apportant du poisson :
> Les barbeaux et gardons, anguilles et carpettes
>   Etoient à bon marché,
>   Croyez,
>   A cette journée-là,
>   La, la ;
> Et aussi les perchettes.

Si ce Noël n'a que deux cents ans d'ancienneté, c'est une preuve que les gens de Bretigny étoient alors communément des Pêcheurs, et cela laisse à penser que l'étang subsistoit encore alors.

L'unique homme illustre que j'aie trouvé avec le nom de Bretigny dans mes recherches, est Maître Philippe de Bretigny qui vivoit sous le regne de Philippe-le-Hardi, fils de Saint Louis. Il fut Chanoine de Notre-Dame de Paris. Thibaud, Seigneur de Marly, le choisit pour Exécuteur de son Testament l'an 1286. Il laissa au Chapitre de Paris beaucoup de biens situés à Balainvilliers, et mérita d'être qualifié *Magister* dans le Nécrologe, titre qui ne se donnoit pas alors à tous les Chanoines indifféremment, mais seulement à ceux qui avoient des degrés ou qui s'étoient fait connoître par leur science. *Thes. anecd. T. I, col. 1221. Necr. Eccl. Par. 13 Jan.*

Une Dame devenue beaucoup plus célèbre dans Bretigny et aux environs, est Anne de Berthevin, inhumée dans l'Eglise de Saint-Pierre de ce lieu, dont le corps a été trouvé entier et sans corruption cent vingt-trois ans après sa mort. Le Pere Anselme nomme cette Dame Anne de Saint-Berthevin. Dans le Pays l'usage est de l'appeller *Madame Anne de Berthevin*. Elle vivoit dans le courant du seiziéme siécle; ses parens ne sont pas connus [1]. On peut seulement conjecturer que le surnom de *Saint-Berthevin* qu'elle portoit étoit celui de quelque terre qui lui appartenoit ou à sa famille, parce qu'il y a deux Villages de ce nom au Diocése du Mans, l'un dans le Doyenné de Laval sur la riviere de Vicoin, l'autre dans le Doyenné d'Ernée. C'est dans le premier que Saint Berthevin, Diacre, fut autrefois martyrisé, d'où ses Reliques ont été transportées à Lisieux, où elles sont conservées dans la Cathédrale. *Hist. des Gr. Off.*

Anne de Saint-Berthevin épousa Jean Blosset, Seigneur, Baron de Torcy-le-Grand et Torcy-le-Petit, du Plessis-Pâté, etc., Conseiller d'Etat, Capitaine de cent hommes d'armes des Ordonnances du Roi. Ce Jean Blosset fut aussi Lieutenant Général au Gouvernement de Paris et de l'Isle de France, suivant des Lettres du 16 Août 1577, et il fut fait Chevalier des Ordres du Roi le 31 Décembre 1578, par Henri III, lors de la premiere promotion qu'il fit des Chevaliers du Saint-Esprit dont il venoit d'instituer l'Ordre. Il étoit fils de Jean Blosset, Baron de Torcy, et d'Anne de Cugnac ; il épousa en premieres noces Anne de Berthevin, avec laquelle il venoit de temps en temps à la Terre du Plessis-Pâté. *Mémoire de M. Bouche d'Argis, Avocat en Parl. impr. dans le Merc. de France, Janv. 1737, p. 53 et suiv.*

La tradition du lieu porte que cette Dame étoit fort pieuse, qu'elle pansoit elle-même les malades, et faisoit beaucoup de bien aux pauvres ; elle fut marraine d'une des cloches de l'Eglise de Saint-Pierre de Bretigny, sa Paroisse, où elle et son mari jouis-

---

1. Elle pouvoit être sœur ou fille de Fiacre de Saint-Berthevin, Seigneur de Ponthus, qui eut aussi la Seigneurie de Fleury Meraugis par son mariage avec Anne de Fleury, fille de Jacques de Fleury, dont il fit offre d'hommage le 24 Mars 1557. (Voyez Fleury-Meraugis.)

soient de tous ces droits honorifiques, parce que c'étoit avant l'Arrêt de 1603, rapporté par Maréchal, qui a jugé que les honneurs de cette Eglise appartiennent au Seigneur de Bretigny. Sa date de la bénédiction, du nom du parrain et celui de la marraine sont gravés sur cette cloche qui subsiste encore et que l'on nomme Anne, du nom de la marraine, ce qui constate d'une maniere authentique le temps auquel vivoit cette Dame. Elle mourut sans enfans l'an 1587; son corps fut mis dans un cercueil de plomb et placé dans un caveau construit dans le chœur de Saint-Pierre de Bretigny du côté de l'Evangile, près le banc du Seigneur.

Son mari se remaria quelque temps après avec Marie de Riants, fille de Denis de Riants, Seigneur de Villeray au Perche, Président à mortier au Parlement de Paris, et de Gabrielle Sapin; elle étoit alors veuve des Seigneurs du Plessis-Marolles, et de Vou de Bures; il n'eut pas non plus d'enfans de cette seconde femme et mourut le 26 Novembre 1592. Son corps fut enterré à Bretigny auprès de la premiere dans un cercueil de plomb, et son cœur fut mis dans la Chapelle de Riants aux Grands Cordeliers de Paris où il y a deux épitaphes, l'une pour lui, l'autre pour Madame de Riants et sa famille, dans lesquels il est nommé Jean du Blosset; il eut pour héritieres deux sœurs, Claude Blosset, Dame de Torcy, femme de Louis de Montberon, Seigneur de Fontaine-Challendreux, et Françoise Blosset, mere de François d'Orléans, Bâtard de Longueville, marquis de Rothelin, et femme de Jean de Briqueville, Seigneur de Colombieres. La mémoire de la Dame de Berthevin étoit toujours en grande vénération quoiqu'il n'y eût plus personne de sa famille ni de celle de son mari dans le pays; on n'avoit pas oublié qu'elle avoit été inhumée à Saint-Pierre de Bretigny, mais on ne se souvenoit plus en quel endroit de l'Eglise c'étoit. On retrouva par hazard ce lieu de sa sépulture plus d'un siécle après, et voici comment: Charles Martel, Comte de Fontaine-Martel, Seigneur de Bretigny, Chevalier des Ordres du Roi et Lieutenant-Général de ses armées, étant décédé au mois d'Avril 1706, le sieur Ducarouge qui étoit alors Curé de Saint-Pierre de Bretigny, fit fouiller dans le chœur de l'Eglise à côté du banc du Seigneur pour y faire construire un caveau et y mettre le cercueil du Comte de Fontaine-Martel. A peine ces ouvriers eurent-ils commencé à travailler, qu'ils trouverent une voûte et l'entrée d'un caveau qu'on ne connoissoit point; ils l'ouvrirent et y trouverent deux cercueils de plomb, qui étoient ceux du sieur Blosset et de la Dame de Berthevin, son épouse: leurs noms et qualités étoient gravés sur ces cercueils; et sur celui de sa femme il y avoit: Cy gît Anne de Saint-Berthevin, Dame vertueuse de ce lieu, décédée l'an 1587, etc. Plusieurs personnes vinrent voir ce caveau et les deux cercueils qu'on venoit de découvrir. En soulevant ces cercueils pour les ranger, on fut étonné d'en trouver un bien plus pesant que l'autre, c'étoit celui de la Dame de Berthevin. La curiosité porta les assistans à les ouvrir pour voir d'où pouvoit venir une différence si considérable entre leur pesanteur : ils le firent sur-le-champ, même sans en avertir le sieur Ducarouge, Curé. Un d'eux alla prendre chez lui un grand couteau de cuisine, avec lequel il dessouda les deux cercueils ; ils ne trouverent dans celui du sieur Blosset qu'un peu de cendres humides. Dans celui de la Dame de Berthevin ils trouverent son corps sain et entier sans aucune corruption ; sa chair étoit fraîche et vermeille comme si elle eût été vivante ; on tira un de ses bras qui étoit flexible, en un mot elle ne paroissoit que comme endormie ; le ruban qui lioit ses cheveux avoit encore conservé sa couleur, et n'étoit point gâté ; son linceul étoit un peu roux, mais du reste il étoit propre et entier. On remarqua seulement que la défunte avoit le bout du nez un peu noir comme s'il eût été meurtri, ce que l'on attribua à quelques coups que l'on avoit peut-être donnés à son cercueil en voulant l'ouvrir.

On peut aisément juger quelle fut la surprise des assistans de trouver ainsi ce corps sain et entier tant de temps après qu'il avoit été inhumé : le bruit s'étant répandu, il accourut aussi une grande foule de peuple, tant du lieu que des environs, qui fut témoin de ce fait extraordinaire ; le peuple avoit même tiré ce cercueil hors du caveau, et avoit exposé dans l'Eglise le corps de la Dame de Berthevin à visage découvert, ce qui resta dans cet état durant trois jours, mais dès le second jour on s'étoit apperçu que la peau étoit plus bise que le jour précédent. Le sieur Ducarouge, Curé, qui s'étoit opposé à tout cela inutilement, prit le sage parti d'en donner avis au Cardinal de Noailles, son Supérieur. Ce Prélat ordonna aussitôt de remettre le corps de la Dame de Berthevin dans son cercueil et de le renfermer dans le caveau où on l'avoit trouvé, ce qui fut exécuté sur-le-champ, et le cercueil du Comte de Fontaine-Martel fut placé entre celui de la Dame de Berthevin et celui de son mari.

En 1732 la Comtesse de Fontaine-Martel étant décédée à Paris, et son corps ayant été apporté à Saint-Pierre de Bretigny dans un cercueil de plomb, on fit faire pour elle un caveau à côté de celui de la Dame de Berthevin ; de maniere que le mur de l'ancien caveau est mitoyen avec le nouveau. Le jour qu'on devoit inhumer la Dame de Fontaine-Martel il accourut beaucoup de peuple tant du lieu que des environs dans l'espérance qu'on ouvriroit le caveau de la Dame de Berthevin, mais on n'y toucha point, ensorte que depuis 1706 jusqu'à présent on n'a point ouvert le caveau de la Dame de Berthevin. On avoit fait poser au-dessus de ce caveau une pierre quarrée sur laquelle est gravée cette inscription : *Cy gist Anne de Berthevin, Dame vertueuse de ce lieu, décédée l'an 1587, et trouvée entiere et sans corruption le 30 Avril 1706*; mais M. de Vintimille, Archevêque, l'a fait ôter.

[Il y a eu au treiziéme siécle un autre Bretigny du Diocèse de Paris. Il est souvent mentionné dans les Listes du Chapitre de Saint-Maur de ce temps-là, sous le nom latin *Britigniacum*, et quelquefois *Brictiniacum*, et sous le nom françois *Breteigny*. On voit qu'il devoit être situé vers la Varenne-Saint-Maur en tirant vers Sucy, que l'Abbaye y avoit des moulins (sans doute sur la Marne). Comme elle y avoit aussi un pressoir, il s'ensuit qu'il y avoit des vignes. Ce devoit être de fort pauvre vin s'il croissoit dans les sables de la Varenne. Ainsi il pouvoit avoir donné occasion au proverbe ci-dessus. Quoiqu'il en soit, ce Bretigny est le premier Fisc ou terre Fiscale que le Roi Clovis II donna à l'Eglise de Saint-Pierre-des-Fossés, *Fiscum Regium nomine Brictonicum in præripio Maternæ situm.*]

<small>Vita S. Babol. Duchêne, T. I, p. 661.</small>

LE PLESSIS-PASTÉ ou PLESSIS-D'ARGOUGE

Comme ce lieu n'a été démembré de Saint-Pierre-de-Bretigny que dans le siécle dernier, et que la Paroisse est nouvellement érigée, je dois commencer cet article par l'Histoire de ce qui le regarde du côté du temporel, lorsqu'il n'étoit que simple Hameau de Bretigny.

Il n'est pas besoin de s'étendre à marquer d'où vient le nom de Plessis qui est commun à tant de lieux, à cause que ces lieux dans leur origine étoient des clos cultivés fermés de branches d'arbres pliées en forme de clayes, de crainte que les bêtes fauves n'y causassent du dégât; on y a bâti des maisons par la suite; et ces lieux ont porté le nom des Maîtres du territoire. Celui-ci passe pour avoir porté primitivement le nom des sieurs Pasté, famille ancienne, mais qu'on ne trouve point avant le treiziéme siécle.

Les Chevaliers de ce nom sont marqués dans le rang de ceux qui étoient de la Châtellenie de Corbeil vers la fin du regne de Philippe-Auguste. Parmi ceux qui relevoient du Roi et qui avoient soixante livrées de terre, est nommé *Guillelmus Pasté;* et parmi ceux qui relevoient d'autres que du Roi, se lit *Thomas Pasté*. Ce rolle de Chevaliers ne peut néanmoins désigner positivement les lieux de la Châtellenie où étoient situées leurs terres. Un endroit

<small>Cod. Putean. MS. num. 635.</small>

du Cartulaire de l'Abbaye d'Hieres laisse à penser que c'étoit dans la partie orientale de cette Châtellenie, c'est-à-dire la Brie. Il est spécifié que Guillaume Pâtez, Chevalier, avoit donné à ce Monastere une dixme *apud Meugniacum*, dans le Fief de Guillaume Panier d'Ormoye *(de Ormeio)*, et que ce Seigneur suzerain avoit approuvé la donation l'an 1218. Quarante ans après vivoit Gilles Pasté. On lit, dans les Arrêts du Parlement de l'Octave de la Chandeleur 1268, que la haute Justice lui fût adjugée en sa Terre joignant Charenton, contre le Roi. Il tint depuis le siége Episcopal d'Orléans, sçavoir l'an 1280 jusqu'en 1288. C'est lui dont MM. de Sainte-Marthe ont défiguré le nom en l'écrivant Pastai contre le témoignage des anciens titres. Jusqu'ici nous ne trouvons aucuns indices que la Terre du Plessis proche Montlhery fût possédée par un Seigneur de Pasté, quoique, outre Guillaume, Thomas et Gilles, il eût existé dans le XIII siécle un Ferric Pasté, que le Pere Anselme qualifie de Maréchal de France; car pour toute terre il ne lui donne que la Seigneurie de Chaleranges. Mais au commencement du siécle suivant vécut Jean Pasté, homme célebre élevé dans le Clergé de Chartres dont il devint Doyen en 1320, étant déja Archidiacre de Thierache au Diocése de Laon, puis fut élevé sur le siége Episcopal d'Arras en 1326, et transféré deux ans sur celui de Chartres où il mourut en 1331. Nous avons des preuves certaines que ce Jean Pasté posséda la Terre du Plessis en question. Ainsi il y a grande apparence que ce fut de lui qu'elle prit le surnom de Plessis-Pasté. On ne montre aucun titre du XIII siécle qui parle du Plessis-Pâté, et on est très-assuré d'ailleurs que dans le douziéme, lorsqu'on vouloit désigner ce Hameau de Bretigny ou cette Terre, on disoit simplement le Plessis, au moins à en juger par les titres du Prieuré de Longpont, ou peut-être à cause du voisinage on ne croyoit pas devoir s'expliquer d'une maniere plus déterminée. Il est certain que ce Monastere a du bien au Plessis-Pâté, ou qu'il y en a eu. La Bulle d'Eugène III de l'an 1151 où sont énoncés les biens que cette Maison possédoit dès lors, marque *Decimas de Britiniaco et Plesseiz*. C'étoit un Chevalier appellé Guillaume Cocheri ou Cuchuth, et Geoffroi Baud, qui avoient donné aux Religieux ce qu'ils avoient de dixme au Plessis dans ce qui étoit appellé *Cultura*, la Couture particuliere des Moines, laquelle Couture avec un bois leur venoit de Simon de la Broce, et fut cause que dès lors ils y eurent une grange et des hôtes. Foulques de Liers augmenta les terres de cette Couture vers l'an 1136 du temps du Prieur Landry, lequel par reconnoissance lui fit présent d'un Dextrier[1]. Il faut ajouter

Chartul. Heder. in Bibl. Reg.

Reg. Parl. Olim.

Petit Livre bleu du Châtelet, fol. 168.

Chart. Longip. fol. 6, 26, 27, 29, 37.

---

1. *Dextrarius*, c'est-à-dire un grand cheval de guerre.

que ce même Foulques, en faisant Moine son fils Burchard, leur donna aussi sept sols de rente au Plessis. Vers la même année 1136 *Arraudus Miles de Plesseiz* parut comme témoin dans un acte pour Longpont. Sous Thibaud, Prieur vers 1154, Evrard qualifié *Miles de Plesseiaco* mourut après s'être engagé pour le legs de sa mere, et il fut inhumé à Longpont. Aubert, son frere, vint offrir sur l'autel un certain Dimanche, après l'Evangile de la Messe, l'acte de la donation. Parmi tant de titres, aucun ne donne de nom distinctif au Plessis. Le Registre de Philippe-Auguste sur Montlhery met aussi tout simplement le Plessis, en parlant de celui dont le Seigneur étoit tenu à la garde du Château, quoique pour d'autres terres que celle de ce Plessis : *Arraudus de Plesseïo est homo ligius Regis, et debet custodiam duorum mensium ad Montem Lehericum ; et propter illam custodiam tenet Viller qui est ad calceiam de Feritate* [1]. En 1249, un nommé Henri Pasté avoit une censive à Charenton.

Chart.S.Mauri, fol. 27.

Revenons donc à Jean Pasté comme à celui d'où ce lieu a tiré son nom distinctif. Du Tillet dit de lui qu'il fut présent avec plusieurs Evêques et autres Grands du Royaume à l'Arrêt rendu pour les exécuteurs du testament d'Agnès, Comtesse de Bigorre, contre Charles de France, Comte de la Marche, Frere du Roi Louis Hutin, donné au Parlement de Toussaint l'an 1315. Voici ce qui le regarde comme Seigneur du Plessis : au mois d'Octobre 1317 il obtint du Roi Philippe-le-Long des Lettres datées de Paris, portant concession de la haute Justice sur le Village de Plessis-Pâté et les Hameaux de Liers, de Charcoix et de Bressonvilliers, qui sont aux environs et qui relevent du Roi, en considération de l'attachement et de la fidélité qu'ils avoient eus envers Louis X et Philippe V, son frere, et pour unir cette haute Justice en un même Fief et aux mêmes charges qu'il tenoit son Fief de la Motte de Montlhéry. Ce fait est relatif à l'ordre que Guillaume de la Magdelaine avoit reçu de Philippe-le-Long la même année, de s'informer de ce que la haute Justice des Villages et territoire du Plessis-Pâté, Charcoix et Liers, pouvoient produire par an. On voit par ce qui vient d'être dit, que la Terre du Plessis-Pâté consiste principalement, après le chef-lieu, dans la Seigneurie de Charcoix, et qu'elle comprend aussi le Fief de la Motte de Montlhéry [2]. Il faut ajouter celui de la Butte de Mont-Pipeau relevant du Roi comme le précédent, et situé au bout du parc de Sainte-

Recueil des Grands de France.

Inv. des titres de M. Godefroy, 1685.

---

1. Il y a Villiers à côté de la Ferté-Alais.
2. C'est apparemment à cause de ce Fief enclavé dans Montlhéry, que dans le Nouveau *Gallia Christiana* Jean Pâté est dit Seigneur du Plessis-Pâté et de Montléry (Tome VIII, col. 1172). Ce Fief n'a pour chef-lieu qu'une butte ou cavalier de terre qui étoit au-devant de la barriere du Château de Montlhery hors la Ville.

Geneviéve-des-Bois, comme aussi plusieurs autres; l'un desquels nommé le Fief de Charmes enclavé dans le parc de Bretigny, doit au Seigneur du Plessis, dont il est mouvant à cause du Fief de Fontaines, à chaque mutation, pour tous droits, deux éperons d'argent du poids d'un marc; il fut érigé en 1656 par M. de Laigue, Seigneur du Plessis-Pâté, en faveur de M. Ferrand. Il y en a aussi un autre nommé le Fief d'Essonville ou de Son-Ville de la Paroisse de Saint-Pierre-de-Bretigny, qui doit à chaque mutation une épée à garde d'or évaluée deux cents livres.

Après la mort de Jean Pâté, Evêque de Chartres, nous trouvons une Jeanne, qualifiée Dame du Plessis-Pâté, laquelle donna aux Religieuses d'Hierc 30 sols de rente à lever à Bray et à Cercy, apparemment Sucy. Marie la Pâtée qu'on dit avoir été la nièce de Jean, prenoit pareillement le titre de Dame du Plessis-Pâté en 1399 et 1405. *Necr. Heder. addit. XIV sæc.*

La Seigneurie du Plessis appartint ensuite à Jean Blosset, Chambellan du Roi. Il est qualifié Seigneur du Plessis-Pâté, dans la commission dont Charles VI le chargea en 1414 de conduire le ban et arriere-ban de la Prévôté de Paris et du Comté de Montfort. *Livre noir neuf du Châtelet, fol. 80, 81.* Celui qui succéda fut Rogerin Blosset, Ecuyer, Seigneur de Saint-Maurice-Tiroaille au Diocèse de Sens. Il prenoit en 1446 la qualité de Seigneur du Plessis, et vivoit encore en 1462. Charles Blosset, son fils, fondé de sa procuration, fit faire en cette année la chevauchée de la Justice en présence du Procureur du Roi de Montlhéry et autres personnes au nombre de 59. On reconnut par des Lettres datées du mois d'Octobre 1317 que la Terre du Plessis a haute Justice.

Jean Blosset étoit Seigneur du Plessis sous Louis XI. Un autre Jean Blosset l'étoit pareillement sous Charles IX et Henri III. Celui-ci fut fait Chevalier de l'Ordre du Saint-Esprit le 31 Décembre 1578. *Archiv. du lieu.*

Claude Blosset, sa sœur, porta après lui cette Terre à Louis de Montberon, qu'elle épousa. En 1619 Jean de Montberon, son petit-fils, possédoit cette Terre. Elle passa ensuite à Geoffroy de Laigue, Conseiller d'Etat. C'est depuis celui-ci que la Terre du Plessis-Pâté a le titre de Baronnie. Il fit détruire en partie l'ancien Château pour élever en sa place celui que l'on voit aujourd'hui. C'est aussi de son temps que le bois du Labyrinthe fut planté sur le dessein du célèbre M. le Nôtre. Il fit ériger en Paroisse l'Eglise de Notre-Dame qui est dans le Village du Plessis, le 26 Juillet 1657. Le Plessis jusques-là avoit été de la Paroisse de Saint-Pierre-de-Bretigny. Il fut cependant spécifié que cette érection seroit sans préjudice aux droits et revenus de la Cure de Bretigny, et que tous les ans le Curé et les habitants du Plessis-Pâté iroient en procession le jour de Saint Pierre, 29 Juin, et assisteroient à la Grande Messe célébrée par le Curé de Bretigny ou par son Vicaire. La nouvelle Paroisse fut encore chargée de 20 livres tournois envers le Curé de Bretigny, et sa Fabrique de 12 livres envers celle de Bretigny.

C'est en conséquence de cet accord que les Seigneurs de Bretigny sont patrons de la Paroisse du Plessis, et nomment à la Cure.

L'Eglise du Plessis a la forme d'une Chapelle sans collatéraux. Le clocher, bâti en forme de tour, est d'assez belle apparence. On y lit la date de 1661.

Après Geoffroy de Laigue, M. François d'Argouges, Conseiller d'Etat et Chancelier de la Reine, acquit la Baronnie du Plessis-Pâté avec ses dépendances. Il avoit été ci-devant Premier Président du Parlement de Bretagne. Ses héritiers le vendirent après lui, le 24 Mai 1709, à Charles-Louis Kadot, Comte de Sebbeville. C'est ce Seigneur qui a fait placer sur les deux piliers de l'avant-cour du Château, deux Centaures de la façon d'Antoine Coysevox.

On voit dans l'Eglise du Plessis-Pâté le Mausolée en marbre de la Dame Benoîte Bourdis, épouse du Comte de Sebbeville, morte en Septembre 1706. M. de Sebbeville, son mari, décéda le 23 Août 1728. Il est inhumé auprès d'elle. Ils ont eu de leur mariage Charles-Louis-Frédéric Kadot, Cornette de la seconde Compagnie des Mousquetaires, et Mestre de Camp de Cavalerie. Il mourut en Octobre 1730, laissant un fils et deux filles.

La Seigneurie du Plessis-Pâté relève de Sucy en Brie, qui est, dit-on, proche Guine-la-Putain ou Rabutin.

On dit qu'il y avoit dans l'ancien Château une Chapelle considérable avec une sonnerie semblable à celle des Paroisses : ce qui venoit apparemment des dons de Jean Pâté, Prélat pieux et riche. On ajoute qu'un Seigneur à qui cette quantité de cloches déplut, en fit transporter quelques-unes à Saint-Pierre, la Paroisse de [ce] lieu, et enfouir les plus grosses dans le parc en un lieu que l'on ne connoît plus. Quoique ces derniers faits ne soient fondés que sur une tradition populaire, il a pu se faire que l'un des Blosset qui vivoit du temps des guerres civiles de la Religion, ait fait ôter les cloches de sa Chapelle pour des raisons inconnues. Cette Seigneurie doit un muid de bled par an à Sainte-Catherine de la Couture de Paris.

La nouvelle Eglise du Plessis-Pâté dans sa petitesse contient aisément le peuple de la Paroisse. Selon le Dénombrement de l'Election publié en 1709, il y avoit alors cinquante feux en tout. Le sieur Doisy n'en marque dans le sien imprimé en 1745, que 39. Le Dictionnaire Universel du Royaume publié en 1726, marque sous l'article du Plessis-Pâté et Charcoix 176 habitans. Les Livres de l'Election de Paris sont dans l'usage de nommer ensemble ces deux lieux.

Il y a sur la Paroisse de Valgrand un lieu appellé Butte et Pierre de *Baumon;* Balm en celtique signifioit Rocher. Cette portion de terrain est de la Justice du Plessis-Pâté.

CHARCOIS qui est situé entre le Plessis et Bondoufle, n'est qu'un Hameau de huit ou dix maisons : pays de labourages en plaines aussi-bien que le Plessis. Ce lieu étoit habité et cultivé dès le XII siécle. Les titres latins du Prieuré de Longpont qui sont de ce temps-là l'appellent *Carcoicum* et *Charcosium,* termes qui paroissent fabriqués sur le françois. Radulfe surnommé *Baudus* donna à cette maison une portion de dixme qu'il y avoit, et eut de cela un cheval. Et Foulques de Bevres lui donna en mourant sept arpens de terre situés en ce lieu, dont furent témoins Frotger, Doyen, et Ermenald, Prêtre. Si j'étois sûr que *Tertiacum* fut le mot latin qui a produit celui de Charcois, et qui est employé pour désigner un territoire de labourages voisin de Bretigny, je ferois remonter l'antiquité de Charcois jusqu'au X siécle. *Chart. Longip. fol. 25. Ibid. Ibid. fol. 27 et 28.*

Il y a sur la Paroisse de Plessis-Pâté une Ferme que Claude le Fevre, Avocat en Parlement, legua par son testament du 18 Février 1649 au Collége de Montaigu à Paris où il avoit été élevé, pour y fonder la pension de deux pauvres enfans du Bourg d'Ornoy, Diocése d'Amiens, dont il étoit natif. On la nomme la Ferme DES CANETTES. *Necr.Cart.Par. 2 Febr.*

Il y a sur ce territoire un lieu appellé les BORDES-PIÉ-DE-FER, où il fut permis en 1698 de faire célébrer, preuve qu'il y avoit en ce lieu une Chapelle. *Reg. Ep. Par. 25 Jun. 1698.*

SAINT-MICHEL-SUR-ORGE

C'est l'ordinaire que les Villages qui sont connus sous le nom d'un Saint, portoient primitivement un autre nom; ainsi Saint-Prix proche Montmorency s'appelloit autrefois Tour, Saint-Verain s'appelloit Escorcy, la Ville de Saint-Denis s'appelloit *Catulliacum,* et Saint-Cloud *Novigentum.* On est embarrassé de trouver quel lieu étoit le *Villa Romanaria* mentionné dans le Cartulaire du Prieuré de Longpont en des actes du XII siécle. Ce lieu devoit être voisin de Montlhery : comme donc on trouve l'ancien nom de tout ce qui est placé autour de Montlhery, excepté celui du Village de Saint-Michel, il semble qu'on peut en conclure que ce Village a été appellé en latin *Romanaria* et en françois *Romenar*, dont ce Cartulaire parle en trois endroits. J'ai prouvé, en parlant du Village de Lices, qu'autrefois des troupes de Soldats y furent campées, et en particulier des Bourguignons, et que c'étoit de-là qu'étoit venu à un Hameau le nom de *Burgunnaria*. Pourquoi le nom de *Romanaria* n'aura-t-il pas également été donné par les troupes des Romains Francisés qui étoient campés à deux lieues de-là au canton qu'elles occupoient? Il est difficile de ne pas croire la même chose de quelques lieux qui portent le nom de *Britonaria*, la Bretonniere, et que c'étoit un camp de troupes Bretonnes qui étoient à la solde des Romains avant l'établissement des Francs, ou à celles des Francs sous la premiere race.

Pour ce qui est de *Romanaria*, on lui substitua probablement dans la suite peu à peu le nom de Saint-Michel, qui aura été celui sous la protection duquel ce quartier de troupes Romaines s'étoit mis, et sous le titre duquel étoit l'Oratoire du camp. Ce qui est certain est qu'il y avoit en ce lieu une Eglise en forme du nom de Saint-Michel dès le commencement du XII siécle; que cette Eglise avoit des dixmes dont jouissoient des Seigneurs ou Dames de Linais. Nous sçavons que Hersende de Linais, sœur de Guy de Linais et épouse d'un Chevalier nommé Vulgrin, voulant décharger sa conscience au sujet des deux parts qu'elle avoit en *Chart. Longip.* cette dixme, les céda au Prieuré de Longpont, sçavoir, la dixme *fol. 21.* du bled, de vin, de lin, de chanvre, de brebis, de porcs et de veaux; et que lorsqu'elle fut morte, Vulgrin, son mari, et Guy de Linais, son frere, vinrent à Longpont avant qu'on la mit au tombeau, et en investirent le Couvent par la coupe de Saint Macaire qu'ils prirent au Trésor de la Sacristie, et qu'ils déposerent sur le grand autel. Ceci se passa avant l'an 1130.

L'antiquité du Village de Saint-Michel ainsi prouvée, tant du côté du civil que de l'ecclésiastique, il reste à donner une courte notice de sa position. Il est situé à six lieues et demie de Paris, c'est-à-dire à une demi-lieue de Montlhery sur le rivage droit de la riviere d'Orge, un peu sur le côteau qui regarde le couchant. Le bien principal de ce Village sont les vignes, parce que son territoire est borné du côté de la plaine d'en haut où sont les terres. Le dénombrement de l'Election de Paris imprimé en 1709 y marquoit 81 feux. Le sieur Doisy dans le sien qui a vu le jour en 1745, y en met 92. Le Dictionnaire Géographique Universel publié en 1726, fait monter le nombre des habitans à 418.

Quoique l'Eglise du lieu soit bâtie principalement de grais, il reste au chœur assez de pilastres d'une autre pierre, dont l'ouvrage montre que cette Eglise a été bâtie ou sur la fin du

XII siécle ou au commencement du suivant. Ce chœur est voûté. Il y a une aile du côté méridional, mais elle est nouvelle. La tour est basse et écrasée. M. de l'Hopital, Brigadier des armées du Roi, a fait dresser en cette Eglise l'an 1710 une épitaphe en marbre noir à Gabriel de l'Hopital, son pere, décédé le 12 Décembre 1709. Il y avoit une Cure érigée en ce lieu dès le regne de S. Louis. Le Cartulaire de l'Abbaye de Saint-Maur-des-Fossés porte que Nicolas, Prêtre de Saint-Michel proche Longpont, donna à ce Monastere l'an 1259 une vigne située à Brateau (Braietel), dans la censive du Couvent. Cette Cure est nommée au Pouillé de Paris du XIII siécle parmi celles que l'Evêque confere purement et de plein droit au Doyenné de Linais ; elle y est simplement appellée *De Sancto Michaële* sans autre désignation. Les deux Pouillés imprimés au XVII siécle marquent aussi que la nomination de cette Cure appartient entierement à l'Archevêque de Paris. Le Curé de ce lieu a obtenu dans le siécle présent un Arrêt de Réglement sur la dixme du vin, contre un homme de la Ville-du-Bois qui avoit emmené chez lui la récolte du vin crû sur la Paroisse de Saint-Michel, et qui a été condamné à payer la dixme sur le lieu.

Chart. Fossat. fol. 481.

Arrêt du 18 Août 1723.
Code des Curés. T. I, p. 385.

LAUNAY est la maison Seigneuriale de la Terre de Saint-Michel, et située sur le Territoire de la Paroisse à la distance d'un quart de lieue vers le septentrion. Les Seigneurs de ce lieu sont assez souvent nommés dans le Cartulaire du Prieuré de Longpont dont ils étoient très-proches voisins. Guy de Launay étoit homme lige du Roi Philippe-Auguste pour ce qu'il possédoit à Ver-le-grand, et pour quatre Fiefs que des Chevaliers tenoient de lui à Dourdan. Il est le même Guy de Launay qui s'étoit emparé d'une dixme de Ver-le-grand et de Leudeville, et dont le fils Hugues se fit Religieux à Sainte-Geneviéve de Paris, sur la fin de l'Épiscopat de Maurice de Sully, en conséquence de la liaison que le voisinage lui avoit fait contracter avec ceux de cette Abbaye qui venoient à Sainte-Geneviéve-des-Bois. Milon de Launay et Pierre de Launay, freres, donnerent à la Maison de Longpont du grain à percevoir à Leudeville vers le même temps. Milon fut déclaré homme lige du Roi Philippe-Auguste pour le Moulin de Buison, et pour ce que son frere tenoit de lui à Fontenelles, Paroisse de Marcoucis. On trouve encore qu'un nommé Thomas Matthuc devoit la chevauchée au même Prince pour trois arpens de prés situés à Launay. Ce même Launay sert encore de chef-lieu à M. l'Abbé Pajot de Dampierre, Conseiller de Grand'Chambre, actuellement Seigneur de Saint-Michel.

Chart. S. Gen.

Chart. Longip. fol. 7.
Chart. Ph. Aug.

Ibid.

En 1480, le Roi Louis XI voulant récompenser Jacques de Saint-Benoist, Seigneur de Bretigny, qui étoit son Chambellan et Gouverneur d'Arras, au sujet de 800 écus d'or que lui avoit coûté la rançon de quatre prisonniers de guerre, lui accorda la haute Justice de Bretigny, Marolles et Saint-Michel par lettres expédiées aux Forges, près Chinon. Cent ans après la Terre de Saint-Michel étoit possédée avec celle de Launay par Hierôme d'Escamin, dont les Lettres de confirmation de toute Justice dans ces deux Seigneuries, accordées par Henri IV, furent enregistrées au Parlement le 15 Juillet 1599. Cependant on trouve des Lettres du 22 Juin 1610 qui confirment au Seigneur de Bretigny le droit de Justice sur Saint-Michel. Enfin, par une transaction du 7 Février 1615, entre le Comte de Fontaine-Martel, Seigneur de Bretigny, et le Sieur d'Escamin, Auditeur des Comptes, Seigneur de Saint-Michel, il fut arrêté que ce dernier jouiroit sans partage de la moyenne et basse Justice dans toute l'étendue de son Fief; qu'à l'égard de la haute Justice, elle appartiendroit au Seigneur de Bretigny dans la Paroisse de Saint-Michel, à la réserve de la personne du Sieur d'Escamin, ses hoirs et ayant-cause, son fermier, serviteurs et domestiques, qui ne pourroient être traduits qu'au Châtelet. Cette même transaction porte que les Seigneurs de Bretigny pourroient chasser et faire chasser, pêcher et faire pêcher dans toute l'étendue de la Terre de Saint-Michel. En 1618, je trouve pour Seigneur de cette même Terre Louis d'Escamin, qui étoit apparemment fils de Jerôme.

Le Sieur Bardon de Moranges qui possédoit ci-devant le Fief de Launay-Saint-Michel, en augmenta les droits honorifiques par occasion qui se présenta. Le Seigneur de Sainte-Geneviéve-des-Bois avoit enfermé dans sa garenne quelques terres qui lui appartenoient. Etant requis de les céder, il ne voulut le faire qu'à deux conditions. L'une que le Seigneur de Sainte-Geneviéve seroit tenu à perpétuité d'envoyer à l'offrande de la Grand'Messe qui se célébre en l'Eglise Paroissiale de Saint-Michel, le 29 Septembre, jour de la Fête Patronale, un cierge de cire blanche d'un certain poids, et un lapin blanc. L'autre condition, que le lendemain de S. Michel, le même Seigneur seroit aussi tenu à perpétuité de faire dire en l'Eglise de Saint-Michel une Grand'Messe et Service des morts pour le repos de l'âme de Hugues Capet, tige de la troisiéme race de nos Rois. Ces deux conditions sont réduites à une Messe qui se dit pour Hugues Capet le jour même de S. Michel, et l'on ne porte plus de lapin blanc à l'offrande, mais au Château de Launay.

LA NOUE-ROUSSEAU est une Ferme à l'extrémité de la Paroisse de Saint-Michel, qui appartient au Seigneur d'aujourd'hui.

MONTPIPEAU est un Fief situé entre Saint-Michel et Sainte-Geneviéve. Il releve du Roi, et appartient au Seigneur du Plessis-Pâté.

FLEURY-MERAUGIS

Comme l'on trouve dans le Royaume vingt endroits, tant Bourgs que Villages ou Paroisses, qui portent le nom de Fleury, il a été nécessaire de leur donner des sur-noms pour les distinguer. Celui-ci est écrit et appelé Fleury-Merogis dans les Livres de l'Election de Paris. C'est un nom qu'il n'a commencé à avoir que dans le XIII siécle, et il l'a tiré d'un des possesseurs de cette Terre, lequel s'appelloit Guillaume Meraugis. Avant ce temps-là on disoit Flory ou Flury, ou bien Fleury tout simplement ; car ce lieu de Fleury est connu sous le nom de *Fluriacum* dès la fin du onziéme siécle. Il en est parlé dans le Cartulaire de Longpont environ l'an 1093. M. de Valois croit que ce nom de *Floriacum* vient de quelque possesseur primitif ou même du fondateur du lieu, lequel auroit eu le nom Romain de *Florus*.

Le territoire de cette Paroisse est presque tout entier en plaine, de même que ceux qui leur sont contigus, sçavoir : celui de Sainte-Geneviéve-des-Bois, et celui de Bondoufle : il n'y a qu'une seule petite éminence ou butte, sur la pente de laquelle est bâtie aujourd'hui l'Eglise Paroissiale et le Village, laquelle butte on appelloit le Tertre, il y a trois cents ans, et sur laquelle du côté le plus favorable il y avoit quelques vignes. Ce Village est à cinq lieues et demie ou environ de Paris, vers le midi ou approchant, entre Corbeil et Montlhéry à peu près à distance égale. On lit dans le Dénombrement des feux de l'Election de Paris de l'an 1709, qu'il y en avoit alors 18 à Fleury-Meraugis. Celui qui a été imprimé en 1745 par les soins du sieur Doisy, y en marque 16. Le Dictionnaire Universel Géographique de France, publié en 1726, où l'on compte par nombre d'habitans, assure qu'il y en a 73 dans ce lieu de Fleury.

Cette Paroisse n'est point si nouvelle que quelques-uns l'ont cru : ce qui est arrivé de nos jours en ce lieu, n'est qu'un rétablissement des choses telles qu'elles avoient été autrefois.

M. Joly, Procureur Général, a rebâti de nouveau l'Eglise, et y a fait rétablir un Curé dont le titre étoit tombé dans l'oubli, soit à raison des guerres du XVI siécle, soit par la négligence des Seigneurs du même temps, et peut-être aussi à cause de la pauvreté et du petit nombre des habitans qui n'avoient pu lui fournir ou entretenir de maison Curiale.

L'ancienne Eglise Paroissiale n'étoit proprement qu'une Chapelle du titre de la Vierge, qui se trouvoit dans l'avant-cour du Château. Un Dénombrement de la Terre donné en 1399, faisoit ainsi la description de ce Château : le Fief Fleury-Merogis, Maistre Hotel assis audit Fleury, qui aboutit au chemin du Roi devant le Moustier de Fleury. *Item,* une autre court et le colombier tenant au chemin du Roi d'une part, et au Curé de Fleury d'autre.

Il y avoit dans cette petite Eglise une tombe longue de près de sept pieds et large de deux pieds quatre pouces, sur laquelle étoit gravée la figure d'un homme revêtu d'une espece de tunicelle sans bras, orné de quatre rangs de fleurs de lys mises les unes sur les autres, tenant de la gauche son bouclier droit, garni de six fleurs de lys, et une arme dont on ne voit que le bout inférieur, laquelle ne ressemble point à une épée ni à un glaive. Ce même homme est tête nue et les cheveux très-courts. Deux anges encensent sa tête; ses pieds sont posés sur une levrette. La tombe est aussi parsemée de fleurs de lys, ce qui étoit assez commun vers l'an 1300 ou même devant[1], et autour est gravé en lettres gothiques capitales:

Ici git Munseignor Guill : Meraugis : le Seignor : de Flori : Priet por lame : que : Deix en : net peitei.

J'en parle d'après le dessein qui en est conservé pour le souvenir du fait. Car cette ancienne Eglise dans laquelle on avoit rétabli la Cure, menaçant ruine, on fut obligé de l'abbattre vers l'an 1722. Cela donna occasion à Madame Louise Berault, veuve de M. Joseph-Omer de Fleury, Avocat Général, de la rebâtir ailleurs et plus loin du Château. Le bâtiment fut fini en 1725, et l'on commença à y faire l'Office en 1726. C'est un édifice très-régulier et bien exhaussé, dédié sous le vocable du Sauveur, et d'une grandeur proportionnée au nombre des habitans. Au reste, l'ancienne Eglise n'avoit que trente-neuf pieds de long et dix-sept de large.

<small>Perm. de l'abattre du 2 Nov. 1719.</small>

On ne sçait pas positivement l'année en laquelle fut érigée une Paroisse à Fleury pour la premiere fois. On voit seulement qu'en 1093 elle ne l'étoit pas encore, et que Fleury étoit un lieu de la dépendance de l'Eglise de Bondoufle ; parce que Fréderic, fils de Gaudry, et Isembard Payen, fils d'Ansel d'Etampes, donnant au Prieuré de Longpont l'Eglise de Saint-Denis de Bondoufle vers cette année-là avec *l'atrium,* les sépultures et toute la dixme, ajoutent pour explication *totam decimam scilicet et de Fluriaco et de omnibus locis sicut pertinet ad Ecclesiam ipsam Bundufli, excepto fisco suorum Militum, etc.* Mais il est certain que cent cinquante ans après ou environ, c'est-à-dire au XIII siécle, il y avoit une Cure à Fleury. Dans le Catalogue des Eglises Paroissiales à la nomination du Prieur de Longpont, tel qu'il fut écrit

<small>Chart. Longip. fol. 30.</small>

---

1. Ces Fleurs de lys ne signifient pas qu'il étoit de sang royal, non-plus que les trois fleurs de lys et un oiseau au milieu, qui sont celles d'Eustachia, Abbesse d'Hierres.

alors dans le Pouillé de Paris, il se lit après les Eglises de Montlhery : *Ecclesia de Bondofla, Ecclesia de Floriaco, Ecclesia de Orengiaco* [1]. Si dans cette liste on la voit à la présentation du Prieur de Longpont, c'est que cette Cure étoit un démembrement de celle de Bondoufle, laquelle, comme on vient de le dire, avoit été donnée au Monastere de Longpont par des Laïques qui l'avoient possédée. Les Auteurs des Pouillés de Paris continuerent depuis, de copiër l'ancien, et marquerent également cette nomination comme appartenante au Prieur de Longpont, sans s'informer s'il y avoit toujours un Curé, si cette Cure n'étoit pas revenue de nouveau à Bondoufle par une suite de la calamité des temps. C'est ce qui paroit dans le Pouillé manuscrit du XVI siécle, et par ceux qui furent imprimés en 1626 et 1648 qui tous mettent *Ecclesia de Floriaco, Prioris Longipontis*. L'antiquité de l'existence d'un Curé à Fleury se découvre encore dans des dénombremens donnés par les Seigneurs en 1399 et 1454, dans lesquels il est fait mention d'héritages tenant d'une part au Curé de Fleury. Il y a une copie du premier de ces aveux à la Bibliotheque du Roi. Mais aussi la réunion de la Cure de Fleury à celle de Bondoufle est marquée dans le Pouillé de Paris du XV siécle, comme étant faite par l'Evêque Gérard de Montaigu qui siégea depuis 1409 jusqu'en 1420. M. François de Fleury, Conseiller du Parlement, avoit représenté à l'Archevêque de Paris une partie de ces choses en 1675, ajoutant qu'en 1657 le Curé de Bondoufle, sans avoir égard qu'il y avoit eu de tout temps à Fleury un Tabernacle, des Fonts baptismaux et des Marguilliers, s'étoit cru en droit d'ôter le Vicaire qui y desservoit ; cause pour laquelle il y eut un Arrêt du Parlement qui y pourvut ; mais comme ce Vicaire desservoit cette Eglise moins bien qu'auroit fait un Titulaire, M. de Fleury cidessus nommé procura un fond pour la Cure qui fut alors érigée de nouveau : le Presbytere fut rebâti, et M. l'Archevêque permit qu'on prît pour cela une partie du Cimetiere. La présentation à la Cure fut aussi alors attribuée au Seigneur du lieu. On a vu cidessus que l'Eglise a été rebâti quarante ans après.

Cod. Brienne ou Bethune 9692.

Reg. Arch. Par. 11 Sept. 1675 et 20 Mart. 1677.

Le plus ancien Seigneur de Fleury qui soit connu par les titres, est mentionné trois fois comme témoin dans des actes du XII siécle qui concernent le Prieuré de Longpont sous Montlhery. Il y est nommé *Robertus de Fluriaco* ou *de Floriaco*. L'un de ces actes est d'environ l'an 1140.

Chart. Longip. fol. 15, 26 et 41.

---

1. Claude Robert avoit commis une faute considérable dans son *Gallia Christiana* à l'article de Henri Sanglier, Archevêque de Sens, disant de lui : *Investivit Gilduinum, Abbatem S. Victoris Parisiensis de Ecclesia B. Mariæ Floriaci Diocesis Parisiensis* : car il s'agit là de Fleury en Biere proche Fontainebleau, qui est du Diocèse de Sens et non de celui-ci.

Sur la fin du XIII siécle ou au commencement du suivant, mourut Guillaume Meraugis, qualifié Seigneur *de Flori* sur sa tombe qui restoit dans l'ancienne Eglise Paroissiale. Il est hors de doute que c'est de lui que le Village fut surnommé Meraugis, que l'usage fait écrire sans diphtongue Merogis. Il s'ensuit aussi de là que c'est une altération dans les anciennes cartes de Sanson d'avoir mis *Fleury et Merongis* comme si c'étoient deux lieux contigus ou réunis ; et que De Fer, Jaillot et de l'Isle se trompent aussi dans la leur lorsqu'ils écrivent Fleury-Merongy. Je ne dis rien de la Carte des environs de Paris par l'Académie des Sciences, parce que ce Village y a été oublié.

C'est par les aveux et dénombremens des Seigneurs venus depuis, que nous apprenons que cette Terre relevoit du Château d'Hiere en Brie.

Jean de Saint-Port, Ecuyer, sous le regne de Charles VI, l'avoit eue du côté de sa femme. Il rendit foi et hommage en sa qualité de Seigneur de Fleury-Merogis en 1399 à Jean de la Riviere dit Buriau, Seigneur de la Riviere d'Armeel et de Rochefort, et premier Chambellan du Roi à cause de son Chastel d'Yere. Outre ce que j'ai rapporté ci-dessus de ce dénombrement, j'ai remarqué qu'il y avoit des Bois et des Molieres autour de l'Hôtel Bas, que les cens étoient payables à la Fête de Saint Remi et à celle de Saint Guenault qui est le 3 Novembre ; que le champart étoit de onze gerbes l'une, que les tenanciers devoient mener en la grange du Seigneur, avant qu'ils pussent rien ôter de leurs terres. Les noms des différens cantons de cette Terre étoient le Preau Maistre, La Haye au Prestre, les Murgiers, la Terre de Grés, Poillebrebis, les Hayes d'Illiers ou de Liers qui séparoient les Châtellenies de Montlhery et de Corbeil, Lannoy, la Viezville, Longuion ou Noguion au-dessous du Tertre ; le Buisson Chevrier, les viels vignes sous le Tertre, la Haye Charlo, Boyvin, la garenne au dessus de Fleury au lieu dit le Tertre. Ce même dénombrement marque aussi quelques Fiefs dépendans de la même Seigneurie de Fleury, l'un situé à Savigny sur Orge, et d'autres à Mardilly, Paroisse d'Evry en Brie, dont je parle en traitant de ces Paroisses.

Vers le milieu du siécle suivant, la Terre de Fleury-Merogis étoit entrée dans une famille nommée de Fleury. En 1454, le 10 Juin, François de Fleury, Ecuyer, fit foi et hommage à Dreux Budé, Garde des Chartes du Trésor du Roi, Audiencier en sa Chancellerie, Seigneur d'Hieres-le-Châtel.

Pierre de Fleury posséda ensuite cette Terre. Son fils aîné et principal héritier nommé François, en jouit après sa mort, et en rendit hommage le premier Février 1512 à Dreux Budé, Seigneur d'Yerre. Dans son dénombrement se trouve un canton appellé *le*

Chêne de l'Assemblée. C'est lui que la Coûtume de Paris de l'an 1510 appelle dans l'imprimé François de Flevay, Sieur de Merangis. De là cette Terre passa en partie à Jacques de Fleury.

Après lui, Fiacre de Saint-Berthevin, Seigneur de Ponthas ou Ponthus, jouit de la Terre de Fleury, comme ayant épousé Anne de Fleury, fille de feu Jacques. Il se transporta le 24 Mars 1557 en l'Hôtel de Jacqueline de Bailly, veuve de Jean Budé, Seigneur d'Hiere, Trésorier et Garde des Chartes du Roi, situé rue des Barres à Paris, pour y faire hommage et donner dénombrement, ce que la Dame d'Hiere renvoya à un autre temps; et apparemment qu'elle continua ses difficultés, puisque le sieur de Saint-Berthevin fut obligé de consigner le 28 Juin 1561 la somme de 125 livres entre les mains de Jean du Tillet, Greffier du Parlement. Il y a quelque lieu de soupçonner que ce fut lui qui contribua à attirer les habitans de Fleury à l'Eglise Paroissiale de Bondoufle, en y établissant une Fête extraordinaire de Saint Fiacre dont il portoit le nom, Fête qui a été élevée à un tel point, que ce Saint Solitaire y est regardé comme Patron, quoiqu'elle ait été titrée primitivement de Saint Denis. Ce Fiacre de Saint-Berthevin mourut avant l'an 1571. Il étoit probablement pere ou frere d'Anne de Saint-Berthevin, femme de Jean Blosset deuxiéme du nom, Seigneur du Plessis-Pasté, de laquelle on trouva le corps sans corruption à Saint-Pierre de Bretigny plus de cent ans après sa mort.

Anne de Fleury, sa veuve, épousa en secondes noces Georges de Villecardel, Chevalier, Seigneur de Saudreville, Maître d'Hôtel du Roi, lequel l'autorisa de sa procuration passée à Fleury-Meraugis le 19 Juin 1571, pour faire foi et hommage à Dreux Budé, Seigneur d'Hiere, Notaire et Secrétaire du Roi, comme de fait elle le rendit le 27 Juin suivant, et alors elle eut main-levée de la saisie de la Terre, qu'avoit faite le sieur Budé ; et la somme ci-dessus consignée par Fiacre de Saint-Berthevin, lui fut rendue.

Anne de Fleury étant devenue veuve une seconde fois, épousa en troisiémes noces François de Riviere, Ecuyer, Sieur de Mongrenon, et Gentilhomme Servant de la Maison du Roi. Après la mort de ce dernier mari, elle rendit de nouveau hommage le 1er Mars 1584 à Dreux Budé, Secrétaire du Roi, l'un des quatre Notaires et Secrétaires du Roi en sa Cour du Parlement, Seigneur d'Hiere, et à Pierre Budé, son frere, Ecuyer, Seigneur en partie du même lieu et de Villiers-sur-Marne.

La Terre de Fleury fut acquise le 25 Août 1602 par François Joly, Maître des Requêtes de Navarre depuis l'an 1500. Il étoit second fils de Barthelemy Joly deuxiéme du nom, Greffier en chef du Parlement de Dijon, et qui en cette qualité fut présent au Lit de Justice de Charles IX tenu à Dijon en 1564, lequel Barthelemy fut aussi Greffier des Etats de Bourgogne. Le même François Joly, Seigneur de Fleury, exerça à Paris la profession d'Avocat, et Chef du Conseil du Cardinal de Richelieu, et après avoir acquis en 1612, la Terre de la Mousse au Maine, il décéda à Paris le 22 Octobre 1635. Il avoit épousé Charlotte Boudon, fille d'Etienne Boudon et de Charlotte le Lievre.

Antiq. de Corb. p. 17.

Jean Joly, son fils aîné, Conseiller au Grand Conseil, et non Avocat au Grand Conseil, ainsi que le marque de la Barre en son Histoire de Corbeil, posséda ensuite la Seigneurie de Fleury en conséquence de partage fait en 1646; et il en rendit foi et hommage le 5 Février 1648 dans l'Hôtel d'Angoulême, à Charles de Valois, Duc d'Angoulême, comme Seigneur Chastelain d'Hiere et Procureur Général de Louis de Valois, Comte d'Alais, son fils. Il avoit épousé Charlotte Bourlon, dont il eut une fille dite Charlotte, mariée à Denis Boutillier, pere du célebre Abbé de la Trappe; et un fils nommé Jean-François, qui épousa Magdeleine Talon, lequel Jean-François Joly fut pere de M. Guillaume-François Joly, Procureur-Général, dont le fils, M. Louis-Guillaume-François, possede actuellement la charge (en 1747). C'est ce dernier qui a fait faire tous les plans et avenues d'ormes et de noyers qui sont au-dessous de Fleury du côté de la Greffiere, et plusieurs autres embellissemens dans le parc.

LE PLESSIS-LE-COMTE

Quoiqu'on trouve dans le Diocése de Paris huit Villages au moins nommés le Plessis, on n'en doit compter que six érigés en Paroisse, qui sont : le Plessis-Bouchard, le Plessis-Gassot, le Plessis-sous-Lusarches, le Plessis-Raoul ou Piquet, le Plessis-Pâté ou d'Argouges et le Plessis-le-Comte. Presque tous portent le nom de quelque Seigneur ancien ou moderne, afin de distinguer le terme générique de Plessis commun à tant de lieux, et surtout à ceux qui étoient construits proche les bois dans une enceinte de clayes ou de branches d'arbres pliées.

Notit. Gall. p. 427.

Le Plessis-le-Comte est de tous les Plessis du Diocése de Paris le seul dont M. de Valois a jugé à propos de parler. Il donne à cette occasion l'étymologie du nom général qui est celle que je viens de rapporter, et dans laquelle je le suivrai, mais non dans le reste. Car il juge que c'est de quelque Comte de Corbeil que ce Village a tiré son nom. Il se trompe en cela, faute d'avoir fait attention que sous Philippe-Auguste on l'appelloit *Plesseium Comitis Radulphi,* et qu'il n'y a jamais eu de Comte de Corbeil nommé Radulphe ou Raoul. L'autorité du Cartulaire ou Registre de ce Roi est hors de toute atteinte de soupçon. On y lit à l'article des mouvances de Montlhéry ces lignes: *Plesseium Comitis Radulphi et Grigniacum sunt de Castellania Montis Leherici: sed extracta sunt ab eadam Castellania, et adjudicant sibi Præpositi Corbolii; et factum fuit istud tempore Johannis de Corbolio.* A l'article du devoir des Feudataires, ce Jean de Corbeil est nommé le premier, et il y est déclaré tenu de garder durant deux mois le Château de Montlhéry à raison des deux mêmes terres: *Johannes de Corbolio est homo ligius Regis et debet custodiam duorum mensium ad Montem Lehericum de Plesseio Comitis Radulphi et de Grigni.* Il faut observer que ces deux Terres du Plessis-le-Comte et de Grigny se touchent, et que dans les plaintes que firent les Chevaliers de la Châtellenie de Montlhéry après que l'on eut rédigé le Rolle de leurs services, il fut dit que cette Châtellenie avoit perdu depuis peu de ses dépendances de trois côtés, sçavoir: quatre ou cinq terres du côté d'Etampes; Grigny et le Plessis-le-Comte-Raoul du côté de Corbeil; Palaiseau et Champlant du côté de Paris. J'ai été obligé de m'étendre à faire cette espece de démonstration au sujet du Plessis-le-Comte, afin de prévenir ceux qui pourroient croire que le *Plesseium Comitis Radulphi* n'est autre chose que le Plessis-Piquet, lequel sous Charles VI et Charles VII s'appelloit le Plessis-Raoul. Il est donc certain qu'au XII et XIII siécle en parlant du Plessis-le-Comte, on ajoutoit quelquefois le nom de ce Comte qui étoit Raoul, en sorte que l'on disoit tout de suite *le Plessis-le-Comte-Raoul.* Il n'est pas moins certain qu'au XV siécle, quand on disoit *le Plessis-Raoul,* ce n'étoit pas le même Plessis qu'on entendoit, mais celui qu'on a appellé depuis le Plessis-Piquet, qui n'est qu'à deux lieues de Paris à côté de Bourg-la-Reine, et à la distance de quatre lieues ou environ du Plessis-le-Comte.

Il s'agit de déclarer maintenant quel a été le Comte Raoul dont le Plessis en question a pris le nom. Je ne vois que Raoul, Comte de Vermandois, à qui cela puisse convenir. Comme il étoit Sénéchal de France, en latin *Dapifer,* il résidoit à la Cour. (Il signe comme *Dapifer* en 1133.) Outre cela le Roi Louis VII l'établit Régent du Royaume avec l'Abbé Suger en 1147 lorsqu'il partit *Hist. Eccl. Par* pour la guerre sainte; il est à présumer qu'en cette occasion il lui *T. II, p. 76.* donna quelque forêt dans le voisinage de Paris où sa présence devint de plus en plus nécessaire, et qu'ayant eu la forêt de Sequigny qui étoit alors beaucoup plus grande qu'elle n'est aujourd'hui, il s'y seroit fait construire une maison de Campagne sous le nom de Plessis, s'il n'y en avoit déjà une de ce nom. On voit dans un titre du Prieuré de Longpont d'environ l'an 1140, Arnoul, Moine du Comte-Raoul, attester avec Etienne, Evêque de Paris, et autres Seigneurs et Moines, que le Roi a consenti à un don fait à ce Prieuré.

L'usage de dire *le Plessis-le-Comte-Raoul* cessa peu à peu comme étant trop incommode ; et l'on se contenta de dire *le Plessis-le-Comte* : ce qui se continue jusqu'à nos jours, et qui est le véritable nom usité dans tous les Pouillés de Paris, même ceux du dernier siècle, dans les Registres de l'Archevêché, dans le Rolle des Décimes et dans celui des Départements des Vicaires-Généraux. Appeller cette Paroisse *le Plessis-Chalant* est une erreur que quelques Géographes ont introduite dans la Carte du Diocèse, et que je réfuterai ci-après. Ils n'ont aucun catalogue de Paroisse, aucune liste, aucun rolle qui les autorise pour confondre le Plessis-Chalant avec le Plessis-le-Comte, qui sont deux lieux différens. Pour ce qui est des Livres de l'Election de Paris, le Plessis n'y est compris ni sous l'un ni sous l'autre de ces deux noms. On le joint à Orengy dont il n'est éloigné que d'un quart de lieue, et partout on ne fait qu'un article en ces termes : Orengy et le Plessis. Le nombre des feux montant à 17 suivant le dénombrement de 1745, et celui des habitans qui va à 79, suivant le Dictionnaire Universel, regarde les deux petites Paroisses jointes ensemble.

A l'égard du Plessis-le-Comte pris séparément, on y compte environ dix feux, dont la Greffiere et Baudoin sont du nombre, étant deux Fermes de la Paroisse. Le pays de labourage n'est qu'une plaine sans vignes. Le nom de Plessis marque assez que ce fut dans les bois que ce lieu étoit situé. M. le Curé, âgé de 84 ans, m'assura en 1739 qu'on l'avoit aussi appellé *le Plessis aux Biches* ; mais la dénomination de Plessis-Chalant lui étoit inconnue.

L'Eglise, qui est dédiée sous le titre de Saint Barthelemy, est très-petite. Elle ne consiste que dans un chœur et un sanctuaire voûtés qui paroissent bâtis il y a trois à quatre cents ans. Comme ce morceau d'édifice regarde presque le Nord, ce peut être le reste de la croisée d'un plus grand bâtiment qui auroit été construit d'abord sous le Comte Raoul, puis raccommodé par la suite. Je ne vois pas que la Cure soit bien ancienne. Le premier Pouillé où on la trouve est celui du quinziéme siècle, et une preuve que le revenu en étoit fort modique, est qu'elle fut longtemps vacante sous les Rois Louis XI et Charles VIII. La Chapelle de Saint-Barthélemy pouvoit avoir été jusqu'alors Succursale de Viry, comme l'avoit été l'Eglise de Grigny. La preuve que le territoire

Reg. Ep. Paris.

du Plessis-le-Comte n'a pas été démembré de celui de la Paroisse de Courcouronne ni de Bondoufle, ni de celles de Sainte-Geneviéve ou de Ris, est qu'elle est restée à la collation Episcopale *pleno jure,* au lieu que si cette Paroisse avoit été détachée de l'une des quatre Paroisses ci-dessus nommées, l'Abbé de Saint-Victor ou celui de Saint-Magloire, ou bien le Prieur de Longpont, en eussent conservé la présentation. Dans les Pouillés du XV et XVI siécle, de 1626 et 1648, elle est attribuée en plein droit à l'Evêque. Cette Eglise est une de celles du Diocèse qui n'ont point de Fabrique, vu le petit nombre des habitans.

Je n'ai pu avoir connoissance des Seigneurs du Plessis-le-Comte avant le milieu du XVI siécle. Depuis ce temps-là on trouve cette Seigneurie conjointement avec celle de Grigny possédée par Geneviéve Boulanger de l'Estoc, qui la porta à François de Luyne, Président au Parlement de Paris, dont fut issue Antoinette de Luyne, laquelle épousa Lubin d'Allier, Docteur en Droit, d'où la fille, Marie, les porta en mariage à Jean Mercier, Sçavant dans la Langue Hébraïque : de Jean fut issu Josias Mercier qui possédoit ces Terres lorsque de la Barre écrivoit son Histoire de Corbeil. Hist. de Corbeil, p. 239. Ibid., p. 18.

Elles sortirent de la famille des Merciers durant le cours du dernier siécle. M. de Chevilly, Lieutenant-Général des Armées du Roi, les possédoit en 1720, et les vendit vers ce temps-là à M. Joly de Fleury, Procureur Général. Au reste Grigny, Plessis-le-Comte et Baudoin, n'ont qu'une seule et même Justice. Cette Seigneurie a droit d'Assises le jour de Saint Barthelemi. Je remarque aussi un Fief du nom de CRONE au territoire de Plessis-le-Comte, dans un Mémoire qui m'a été communiqué.

Il ne paroît rien sur Plessis-le-Comte dans le rolle de la contribution au Ban de Corbeil de l'an 1597, sinon que Jeanne de Salligaut y avoit huit arpens de bois taillis de la valeur de 30 livres avec le Fief de Crone. On m'a aussi assuré que les Religieuses de Saint-Eutrope de Chantelou, Paroisse de Saint-Germain de Châtres, y avoit ci-devant du bien qu'elles ont vendu.

Etant persuadé que c'est une erreur de croire que le Plessis-le-Comte ait été aussi appellé le Plessis-Chalant, j'en ai fait une note expresse à l'article du Village de Lices, où je prouve que c'est sur le territoire de cette Paroisse qu'étoit le Fief dit le Plessis-Chalan, et que jamais ce Fief n'a été Paroisse ni Cure, comme l'est le Plessis-le-Comte.

ORENGY

C'est l'une des plus petites Paroisses du Diocèse, et cependant sur laquelle on trouve à s'étendre. Je ne tenterai point d'en donner l'étymologie, parce que je crois qu'on ne peut en faire la recherche qu'en vain. Ce qui est certain est que ce Village est connu, avant le milieu du XII siècle, sous le nom latin *Orengiacum*. Aura-t-il appartenu à quelque ancien Romain du nom d'*Orientius* ou *Orontius*, d'où l'on auroit fait *Orientiacum*, qui a depuis été altéré? c'est ce que je n'ose affirmer. M. de Valois a omis ce Village dans sa petite Notice du Diocèse de Paris.

Il est situé à cinq lieues et demie de Paris, sur la route de Fontainebleau qui en passe à un quart de lieue, le laissant sur la droite. La Ville la plus proche est Corbeil, qui n'en est qu'à une bonne lieue. C'est un pays de plaine, cultivé entièrement en bled, et sans aucunes vignes. Le nombre des habitans est si petit, que dans les rolles de l'Election de Paris on ne fait de temps immémorial qu'un seul article d'Orengy et du Plessis, c'est-à-dire le Plessis-le-Comte, qui n'en est qu'à une petite demi-lieue. Le Dictionnaire Universel des Paroisses de France imprimé en 1726, ne marque à Orengy et au Plessis joints ensemble que 79 habitans. Ce livre se conforme aux dénombremens des Tailles. Le livre intitulé *Royaume de France*, qui a paru en 1745, marque que les deux Paroisses conjointement ne font que 17 feux. Lorsque j'y passai il y a quelques années, on m'assura qu'Orengy seul ne contenoit que 5 feux, et qu'il y avoit quatre Seigneurs.

L'Eglise est fort petite, sans aîles; il n'y a de voûté que le chœur et le sanctuaire. A un autel de la nef se voit le Tableau de Saint Germain, Evêque d'Auxerre, qui est Patron de l'Eglise, représenté avec Sainte Geneviève. Dans le chœur est gravée sur le marbre l'épitaphe de Louis Brochant, Seigneur en partie de cette Paroisse, Capitaine de chasses de la Forêt de Sequigny, décédé en 1693. Au cimetière du côté du septentrion est l'épitaphe latine de François Avoine, Curé de Saint-Ouen du Château de Bayeux, ensuite pendant dix ans Curé d'Orengy, où il s'appliqua particulierement à l'instruction de la jeunesse. Il mourut le 1er Octobre 1731.

Cette Eglise, suivant l'abus qui regnoit au X et XI siècle, étoit entre les mains des Laïques. C'étoient les Seigneurs de Ver qui la possédoient au commencement du XII siècle. Touchés de scrupule et se rendant aux prieres des Religieux qui la leur demanderent, ils en firent donation à deux différentes Maisons de Bénédictins. Odon de Ver, fils d'Emeline, porté pour les Religieux de Juvisy qui dépendoient de Notre-Dame-des-Champs-lez-Paris, et par conséquent de l'Abbaye de Marmoutier, la leur donna. Emeline de son côté en gratifia les Religieux de Longpont-sous-Montlhéry, Ordre de Cluny, lesquels en étoient plus voisins. Les deux Communautés porterent leur difficulté à une espece de Concile qui fut tenu à Paris vers l'an 1110 ou 1115. Les Moines de Longpont qui alléguoient qu'Emeline s'opposoit à la donation qu'avoit faite son fils sans son consentement, gagnerent leur procès et eurent de cette maniere l'Eglise d'Orengy. Cette décision a paru si importante à l'Editeur du Pœnitentiel de Théodore de Cantorbéry, qu'il l'a rapportée en entier dans l'appendix de son ouvrage concernant le Droit Canon. Depuis le Jugement de la cause, Odon de Ver et Emeline, sa mere, confirmerent ensemble la donation de l'Eglise, celle de l'*atrium,* de la dixme, de la moitié d'un Bois, et de la moitié d'un four, n'accordant au Monastere de Longpont l'autre moitié du bois et du four qu'après leur décès. Albert de Ver fit pareillement cession de tout ce qu'il auroit pu prétendre dans ce que sa mere et son frere donnoient, et Simon, fils d'Odon, mit sa ratification sur l'autel, ne prétendant rien à aucun de ces biens après le décès de son pere. Ce fut ainsi que les Moines de Longpont s'assurerent l'Eglise d'Orengy. Mais pour plus grande solemnité ils obtinrent encore en l'an 1151 une Bulle du Pape Eugene III, dans laquelle l'article d'Orengy portoit ces mots : *Ecclesiam de Orengiaco cum decima et atrio.* Ces dixmes d'Orengy les obligerent d'avoir une grange sur le lieu. Cette grange devoit par chaque année huit deniers de rente à Herbert d'Orengy, mais il leur en fit la remise sans exiger autre chose d'eux, sinon que quand sa mere viendroit seule à l'Eglise Paroissiale, elle pût passer à travers l'enclos de la Cure, *in clausura Curiæ.* Geoffroy de Ver avoit aussi un revenu de grains que les mêmes Religieux lui faisoient à Orengy vers l'an 1136. Odon de Ver enfin leur délaissa le labourage d'une charrue à Orengy pour tenir lieu d'une portion de la Terre *de Naceio* qu'ils avoient de lui pour la sûreté d'un prest de soixante sols. Depuis la Bulle d'Eugene III, le Pouillé Parisien du XIII siècle marque parmi les Eglises qui sont à la nomination du Prieur de Longpont, *Ecclesia de Orengiaco.* Ce qui a été suivi par tous les autres plus nouveaux, tant manuscrits qu'imprimés. Mais celui du Sieur le Pelletier de l'an 1692 en a défiguré étrangement le nom, mettant *Orlinque* au lieu d'Orengy. François Denis, Curé d'Orengy, étoit à la tête des Curés qui plaidoient en 1684, au sujet du droit de dépouille après le décès contre Charles Coquart de la Motte, Archidiacre de Josas, et qui perdirent.

Jacob. Petit, T. II, p. 548.

Chart. Longip. fol. 8.

Ibid., fol. 32.

Gall. Chr. T. VII, c. 1176.

Chart. Longip. fol. 7.

Ibid., fol. 8.

Ibid., fol. 48.

Code des Curés, T. II, p. 281.

Les plus anciens Seigneurs d'Orengy sont incontestablement ceux que fournit le Cartulaire de Longpont. On y trouve outre Herbert d'Orengy qui vient d'être nommé, Gilbert d'Orengy, si cependant ce n'est pas le même. Du Fief de Gilbert étoit mou-

Chart. Longip. fol. 4.

vante une dixme à Savigny, que Jean Palée, son neveu, donna à ce Prieuré vers l'an 1136, sous le Prieur Landry. Baudoin d'Orengy,

Ibid., fol. 8.

Chevalier, vivoit dans le même temps. Peut-être est-ce de lui que le Fief de Baudoin, situé à demi-lieue d'Orengy, a eu son nom. On y voit aussi Thibaud d'Orengy, qui fait au même Monastere concession d'une masure située *juxta Monasterium de Orengi*, c'est-à-dire proche l'Eglise du Village. Le Nécrologe de l'Abbaye

Necrol. MS. S. Victor.

de Saint-Victor de Paris fait mention au 10 des Calendes de Juin, de Jean *de Orangiaco*, Chevalier, lequel avoit épousé Jeanne la Vigaire, et de Jean leur fils, comme ayant donné à cette Maison du revenu à Viry. Ce dernier Seigneur peut avoir vécu au XIII siécle

Chart. maj. Ep. fol. 257.
Déclaration pour le Ban de la Châtell. de Corbeil.

ou à la fin du XII. En 1311, Jean d'Arsis, Chevalier, prend la qualité de Sire d'Orengy dans l'acte de la fondation qu'il fait d'une Chapelle à Grigny.

On apprend par une Déclaration de l'an 1597, qu'il y a à Orengy un Fief et Hameau appellé TORIGNY. Ainsi il n'y a point à se tromper en attribuant à ce Torigny certains articles qui ne peuvent convenir à la Paroisse de Torigny, proche Lagny. Ce Torigny d'Orengy est mentionné dès le XII siécle dans le Cartulaire de

Chart. Longip. fol. 6.

Longpont, auquel temps, c'est-à-dire sous le Prieur Landry vers 1136, Guillaume, fils de Varin de Macy, fit présent à ce Monastere d'un certain revenu assis *super unum Hospitem apud Torinni*. Il est souvent arrivé qu'un même Seigneur se disoit Seigneur d'Orengy et de ce Torigny. Tels furent sous Charles VII

Ordin. de la Prévôté de Paris, Sauval, T. III, p. 484.

et Louis XI Eustache de Gaucourt, Chevalier, puis Jean de Gaucourt, son frere et héritier, Archidiacre de Joinville dans l'Eglise de Châlons-sur-Marne; ensuite Jean d'Avesnes, époux de Colaye de Gaucourt. Après lui un Jean Foucault, Ecuyer, époux de Marguerite d'Avesnes. Puis Richard de Saint-Marcy, Ecuyer, époux de Jeanne Foucault. Ces Terres furent assez peu de temps entre les mains de ces différens Seigneurs. Richard de Saint-Marcy les vendit avec celle de Viry au mois de Janvier 1587 à Etienne de Vest, Chambellan du Roi, Bailly de Meaux, déja Seigneur de Savigny-sur-Orge, lequel en fit hommage à la personne de M. le Chancelier, le 9 Avril 1488.

Quatre-vingts ans après, le Possesseur des Terres de Torigny et Orengy dans la Châtellenie de Corbeil étoit Claude de Faucon, Président aux Enquêtes. Mais il n'avoit qu'une partie de la Sei-

Cout. de Paris 1580, édit. 1678, in-12, p. 636.

gneurie d'Orengy, puisque le Procès-verbal de la Coutume de Paris de 1580 qui lui donne ces titres, qualifie également de Seigneur d'Orengy Louis d'Argoust, Chevalier des Ordres du Roi, et Louis du Clos, Ecuyer. Le Rolle de la contribution au Ban de la Châtellenie de Corbeil de l'an 1597, marque quatre Fiefs sur le territoire d'Orengy sans leur donner de nom, sinon à celui de Torigny. On y lit que la moitié de ce Fief, Terre et Seigneurie, appartenoit alors à Cosme Clausle, Secrétaire du Roi, et qu'il valoit cinquante livres. Quant aux trois autres Fiefs situés à Orengy, l'un est dit mouvant de la Seigneurie de Vaux-sur-Essone, l'autre mouvant de la Seigneurie de Grigny, et le troisième Fief est dit mouvant de Ver-le-Grand.

L'Historien de Corbeil se contente de dire dans son Livre imprimé en 1647, qu'Orangis est un Village qui appartient à Madame de Marchaumont, sans autre explication. Sauval qui rédigeoit ses Mémoires touchant Paris un peu après ces temps-là, met parmi les biens du Grand Prieur de l'Ordre de Malte, la Ferme d'Orengis consistante en une Maison et Domaine affermé 500 livres. Un Mémoire assez récent marque trois Seigneurs à Orengy : 1° M. Goujon de Gasville, Seigneur de Ris, avec toute Justice et titre de Bailly. 2° Le Marquis du Luc, à cause de Savigny. 3° Le Successeur du sieur de la Croix Martel, Maître des Comptes, qui l'avoit acquis, en 1744, de M. de Bethemont, Seigneur de Forges. C'est le Fief de Torigny qui appartient à M. de Gasville.

^{De la Barre, Hist. de Corbeil p. 17.}

^{Sauval, T. I, p. 612.}

Il arriva un peu après le milieu du dernier siècle, que le Fermier de cette ferme fut déclaré par Sentence exempt de payer la dixme, cause pour laquelle le Curé ne voulut plus le regarder comme son Paroissien. Mais lui ne voulant pas rester sans Pasteur, offrit au Curé de lui payer vingt livres par an afin qu'il le mît au nombre de ses Paroissiens. Les offres acceptées furent approuvées par le Vicaire-Général le 29 Juin 1660.

Les restes du *Château-Sauvage* que l'on voit marqués dans la Carte de De Fer, sont sur cette Paroisse, sçavoir, entre le Village et le grand chemin. Il y a encore un reste de fossés comprenant environ trois ou quatre arpens. Les Terres qui en dépendoient ont été achetées par M. de Vintimille ci-devant Seigneur de Savigny, et par M. de Gaville, Maître des Comptes, l'un des Seigneurs d'Orengy, dont la maison est proche l'Eglise. L'inscription de la tombe d'une Dame de ce Château au XV siécle, qui se voit dans le chœur de l'Eglise de Ris, prouve qu'alors on disoit simplement *le Sauvage* en parlant de cette Seigneurie.

Les quatre Seigneurs de ce lieu en 1738 étoient M. de Bombelle, M. de Gaville, M. le Comte du Luc, et un Bourgeois.

Quoique la plaine d'Orengy soit sur une Montagne, on ne laisse pas d'y trouver un ruisseau très-bien coulant entre ce Village et le grand chemin.

RIS

Depuis que le grand chemin de Paris à Fontainebleau ne passe plus dans Juvisy ainsi que je l'ái dit à l'article de ce Village, le second lieu considérable que les voitures traversent au sortir de Paris, est le Village de Ris situé à cinq lieues de Paris vers le sud-est. Il est bâti dans le bout de la plaine qui commence à Juvisy. Il a d'un côté vers l'orient, à la distance d'un demi-quart de lieue, la riviere de Seine, sur le bord de laquelle est le Hameau de la Borde qui est le port où l'on charge et décharge les batteaux, et de l'autre côté qui est celui du couchant, se termine le côteau de vignes qui commence entre Savigny et Viry, et sur lequel Viry et Grigny sont bâtis.

<small>Lettre 188, 6 Mai.</small> Guy Patin parle de Ris dans une de ses Lettres de l'an 1663, et le qualifie de gros Village. Cependant, lorsqu'on en fit le dénombrement vers l'an 1709, on n'y trouva que vingt feux. Mais le Dictionnaire Universel de la France imprimé en 1726, y compte 208 habitans, et le Dénombrement tel que le sieur Doisy l'a publié en 1746, y marque 46 feux. Les Auteurs de ces ouvrages joignent néanmoins la Borde avec Ris sous un même article. Il paroît par-là que la fortune de ce Village a fort varié. Il n'y a que sept ou huit maisons au Port de la Borde : les autres lieux écartés du gros de la Paroisse sont quelques Châteaux ou Fiefs dont je parlerai ci-après.

Je ne déciderai rien sur l'origine du nom de Ris ; je me contenterai de dire que M. l'Abbé Chastelain avoit cru que ce nom venoit du latin *Rivi*. Mais il ne sçavoit pas apparemment qu'il ne passe aucun ruisseau dans ce Village, et il ignoroit que les anciens titres, à commencer à l'onziéme siécle, l'appellent en latin *Regia* ou *Regiæ* au pluriel, ou *Regis,* et quelquefois *Reyzæ* ou *Reziæ*.

<small>Hist. Eccl. Par. T. I. p. 549.</small> A la vérité l'Eglise de ce lieu est mentionnée dans un Diplôme des Rois Lothaire et Louis, d'environ l'an 985, comme ayant appartenu au Monastere de Saint-Magloire dès les commencemens de sa fondation ; mais le nom du Village n'y est pas, il y a seulement : *In Episcopio Parisiaco et Comitatu Ecclesia S. Mariæ nomine sanctificata.* Dans l'original d'un Diplôme du Roi Henri Ier, sans date, on lit ces mots: *illius Villæ quam recentes incolæ Regis appellant.* Il y a un titre du XII siécle qui met *Ecclesiam de Reiis*, et un du XIII qui met simplement Ries, qui est la maniere dont on l'écrivoit alors en françois.

Cette Paroisse est donc connue depuis huit cents ans. Le Diplôme du Roi Henri ci-dessus cité, rappelle les anciens dons faits à l'Abbaye de Saint-Magloire par le Roi Robert : il faut seulement observer que ce Prince y fit expressément insérer l'Eglise de Ris avec des dixmes [1]. Par la suite du temps les Officiers Royaux y avoient fait lever un droit de Coûtume qu'on appelloit *Taille* dès le XII siécle : mais aux prieres de l'Abbé Robert, Louis-le-Gros en fit la remise à tous les habitans, et voulut par ses Lettres de l'an 1133 qu'ils fussent quittes et exempts de toute exaction dite *Tallea*, ajoutant que c'étoit de l'exprès consentement de son fils Louis déja élu à la Royauté. Ce dernier Prince qui fut Louis VII, autrement dit Louis-le-Jeune, permit en 1142 au même Abbé et à sa Communauté de faire construire des moulins sur la Seine avec un gord pour la pêche au-dessous de ce Village, *sub villa eorum quæ dicitur Reyas*. Une Bulle du Pape Adrien leur confirma la jouissance de l'Eglise du lieu titrée de Notre-Dame : et Pierre Lombard, Evêque de Paris, en assura quelques dixmes à l'Abbaye de Saint-Victor en 1159. Enfin, pour plus grande assurance, Louis VII comprit ce lieu dans les Lettres de confirmation des biens de Saint-Magloire, données la même année en ces termes : *In Castellania Corbolii pars Villæ quæ dicitur Reys cum Ecclesia ejusdem villæ et decima*. Il y avoit eu quelques droits retenus pour le Prévôt de Corbeil ; car je trouve qu'au XIV siécle ce Prévôt prenoit un *fardel* à Ris, apparemment une charge de bois.

Hist. Eccl. Par. T. II, p. 75.

Ibid., p. 76.

Gall. Chr. nova, T. VII, col. 312. Ex Chartul. S. Maglor. Chart. S. Magl. fol. 17.

Gall. Chr. nova, T. VII, col. 68.

Ibid., col. 69.

Invent. de S. Magloire, an. 1328.

L'Eglise de Ris est sous le titre de la Sainte Vierge, de même qu'elle l'étoit au XII siécle, ainsi qu'on vient de voir : mais depuis, Saint Blaise est devenu second Patron, et il y a Confrérie de son nom. Il n'y a rien d'extraordinaire dans sa construction : le chœur est un gothique du XII ou XIII siécle et très-petit. Le bas de la tour est du même temps ; elle supporte le collatéral septentrional et unique de cette Eglise. M. l'Abbé Chastelain observe qu'il y a à l'autel un marbre de l'an 1411, et qu'on voit dans cette Eglise la magnifique chaire de Prédicateur qui étoit chez les Religieuses Chanoinesses de Charonne avant leur suppression. L'Histoire de la Sainte Vierge y est représentée, et deux Anges y supportent une couronne sur la tête du Prédicateur. Ceux qui la font remarquer aux passans, se trompent lorsqu'ils disent qu'elle vient de l'Eglise de Port-Royal-des-Champs. On ne croit pas que l'Eglise de Ris ait jamais été dédiée.

Voyages mss.

Voyez Charonne.

1. La charte où ce fait se trouve a été publiée par le Pere Dubois ; mais les virgules ayant été mal placées, l'ont rendu presqu'inintelligible : il semble qu'il ait voulu que le Village dont l'Eglise fut donnée, s'appelloit *Novale*, et que c'étoient les hommes du Roi qui l'appelloient ainsi. Mais *Regis* est le nom du Village, et n'est point là le génitif de *Rex*. Voici comment il faut lire à cet endroit : *De Cetero jussimus inferere Ecclesiam illius Villæ quam incolæ Regis appellant, Novale cum decimis, etc.*

A l'entrée du chœur est une petite tombe sur laquelle est gravée en gothique minuscule :

Cy gist noble Damoiselle Ysabeau Soire, en son vivant Dame de Silni sur Seine, de Trousseau et du Sauvage, laquelle trépassa le pénultiéme jour de Décembre l'an de grace M. CCCC. quatrevingt et ung. Dieu ait l'ame d'elle.

Elle a la tête couverte d'un voile.

Au bas du sanctuaire est une inscription concernant le cœur de Claude Faucon, Seigneur, Premier Président du Parlement de Bretagne, et dans le même sanctuaire au côté septentrional se lit gravé :

Claudio Falconio in sacro Consistorio Consiliario et supremi senatus Armoricæ primi Præsidis Riʒi, Messi, Frainvillæ Domino, cujus cor hic, corpus in æde Divi Joannis post altare Majus Lutetiæ quiescit, Stephana Haultia vidua, Alexander Magni Consilii Præses, Carolus Senator Regius Franciscus Eques Melitensis, Catharina, Clara, Francisca Falcones parenti carissimo repentinâ morte sublato Lib. M. P. Diem obiit 11 Kal. Oct. anno M. DC. I.
Vixit an. LXVI. mens. I. dies VII.

Autre inscription :

D. O. M.

Piis Falconum Manibus Claudii patris et Alexandri fratris, alter Armoricæ quondam, alter Neustriæ Senatus Principis et Ysaci Loeʒel Curiæ Parlamenti Britanniæ Præsidis conjugis charissimi, annuale servitum completum et eleemosinam panis publicam hujus Parochiæ pauperibus die X Octobris, Catharina Falconia filia Charissima, soror optima, et uxor fidelissima in perpetuum fundavit, etc. 1639.

On vient de voir que dès l'onziéme siécle l'Eglise de Ris appartenoit à l'Abbaye de Saint-Magloire ; cette donation Royale fut sans doute faite de concert avec l'Evêque de Paris de ce temps-là, et en conséquence ce fut à l'Abbé à présenter à la Cure. Cette présentation est marquée dans le Pouillé du XIII siécle et dans celui qui fut imprimé en 1626, où la Cure est ridiculement nommée en latin *Cura de Risu*. Le Pouillé imprimé en 1648 marque cette Cure à la pure collation de l'Archevêque de Paris, parce que depuis la réunion de l'Abbaye de Saint-Magloire à l'Archevêché, les présentations de l'Abbé sont cessées. Le Pelletier qui rencontre souvent assez mal dans le Pouillé qu'il publia en 1692, veut que cette Cure soit à la nomination du Prieur de Gournay-sur-Marne, ce qui est une faute évidente. On trouve dans un manuscrit de Sainte-Geneviéve de Paris un Nicole de Gonesse, Curé de Rui en 1291 : mais je ne sçai si on prononçoit alors Rui.

Statuts sur les métiers de la Montagne, etc. fol. 16.

Outre le Curé, il y a un Chapelain fondé à Ris et qui y demeure.

La Seigneurie de Ris fut cédée à vie par l'Abbaye de Saint-Magloire au XVI siècle. En 1545 et 1548, Gilles Rouvier et Marie des Roux, sa femme, en étoient Seigneurs viagers. Ils promirent alors de dédommager l'Abbé des dépenses que lui causeroit un procès contre quelques Curés au sujet de la moitié des dixmes en certaines terres. _{Tab. S. Maglor}

Cette même Seigneurie et celle de la Borde étoient possédées en 1580 par Claude Faucon, alors Président aux Enquêtes. On a vu par son épitaphe ci-dessus qu'il devint Premier Président du Parlement de Bretagne. Il avoit servi fidelement les Rois Charles IX, Henri III et Henri IV. Ses descendans, dont il y en a deux Premiers Présidens au Parlement de Rouen, ont joui de cette Terre. Après lui Jean-Louis Faucon, Maître des Requêtes, la possédoit en 1639. Charles Faucon transigea en 1665 avec M. de Péréfixe, Archevêque de Paris, qui vouloit rentrer dans cette Terre aliénée. Le Marquis de Ris, aîné de cette famille, n'eut qu'une fille nommée Anne. Elle a épousé M. Guyon de Gaville, ci-devant Intendant de Rouen, qui est devenu par là Seigneur de Ris. _{Procès-verbal de la Cout. de Paris. Morin, Hist. du Gâtin. p. 453. Reg. Arch. Parl. Tab. S. Maglor.}

Il y a un marché ordonné pour ce lieu depuis quelques années, mais qui a peine à s'établir. _{Concord. des Brev. p. 215.}

Le Département de 1746 marque qu'il y avoit alors à Ris et la Borde environ 30 arpens de vignes.

FROMOND est un Fief considérable de cette Paroisse, qui a un beau Château avec un grand parc entouré de murs, et des mouvances qui s'étendent dans les Paroisses des environs. Ce Fief a tiré sa dénomination des Descendans de Gui Trousseau, Seigneur de Montlhéry, lequel est connu dans le Cartulaire de Longpont sous le nom de *Fromundus de Trosolio*. Il vivoit en 1150. Il a ensuite appartenu aux Templiers, et pour cette raison le possesseur est encore tenu à une redevance au Temple. Cette circonstance peut servir à entendre ce qu'on lit dans Sauval d'après un compte de la Prévôté de Paris des années 1511 et 1512, en ces termes : « Un Sergent envoyé au Village de Riz à six lieues de « Paris pour informer de certaine quantité d'or qu'on dit avoir « été trouvée par un nommé Jean Demisalmon en l'Hostel de Fre-« mond, Paroisse de Riz, où il est demeurant : duquel Demisal-« mon tous les biens furent saisis et mis en la main du Roi. » Il paroît fort probable que cet or venoit des Templiers qui l'avoient caché en ce lieu deux cents ans auparavant lorsqu'on parla de les détruire. Le Roi Philippe de Valois s'arrêta en ce lieu lorsqu'il n'y avoit plus de Templiers l'an 1328 au mois de Janvier; il y fit expédier des Lettres pour la fondation de deux Chapelains de la Chancellerie du Palais qui finissent par *Actum apud Fortem* _{Sauval, Antiq. de Paris, T. III, p. 559. Hist. de la Chancell. p. 15.}

montem supra sequanam, le Secrétaire croyant qu'on disoit Fromond pour Formont. Mais cette étymologie se détruit d'elle-même, n'y ayant en ce lieu qu'un léger monticule. En 1343 l'Abbaye de Saint-Magloire fut maintenue par Sentence du Prévôt de Paris dans le droit de la demi-dixme féodale sur les terres de la maison de Fromont qui fut jadis du Temple. Et en 1346, le 18 Mai, Philippe de Valois délivra des Lettres d'Etat en l'Hôpital de Fromont.

<small>Tab. S. Maglor. in Rys.</small>

<small>Reg. Gall. Parl.</small>

L'ancien Château est figuré dans la Topographie de France que Zeiller fit graver vers l'an 1655. Mais cet Allemand s'est trompé en marquant qu'il n'est qu'à quatre lieues de Paris. Il est à plus de cinq. Il en est aussi fait mention dans la description de l'Hermitage de la forêt de Senard, à l'occasion du séjour que Madame la Duchesse de Ventadour fit en ce Château aux mois d'Août et Septembre 1701. Ce Fief relève en partie de Villeroy à cause du Comté de Corbeil uni à ce Duché par engagement, et en partie de Ris. Il a été possédé par MM. de Thou, et ensuite par M. Nouveau, Maître de la Chambre du Roi, en 1619. En 1695, par le Chevalier de Lorraine qui l'a fait rebâtir et planter les jardins par Le Nôtre; par le Marquis de Clerembault et Veriou; par MM. d'Antin et de Luxembourg, ses petits-fils. Depuis il a été possédé par Nicolas Juliot, Directeur de la Monnoie d'Amiens, 1719. Un mémoire imprimé en 1730 fait mention du procès qui étoit alors entre lui et Charles Compagnon, Curé de Ris, au sujet d'une piece de terre appellée le Chenil. Le Seigneur de Fromond est maintenant M. Juliot, Secrétaire du Roi. La Reine, M. le Dauphin et Mesdames de France ont souvent honoré ce lieu de leur présence, allant à Fontainebleau.

<small>Zeiller, T. I, Francfort.</small>

<small>Descript. impr. in-4°, p. 2.</small>

<small>Antiq. de Corb. p. 68.</small>

TROUSSEAU est un autre Fief fort étendu de la Paroisse de Ris, appartenant à M. Petit de la Villoniere, Conseiller au Parlement de Paris. Il relève du Domaine de Vaux-le-Villars. Il est un peu plus loin de Ris que n'en est Fromond. De la Barre dit en son Histoire de Corbeil, qu'il vient d'une noble et ancienne Famille de cette Ville; que Jean Trousseau, Chanoine de Notre-Dame de Corbeil et de Notre-Dame de Paris au XIII siécle, étoit de cette famille. En effet, ce Jean *de Troussolio* est mentionné au Nécrologe de Notre-Dame de Paris du XIII siécle au 3 Août. De la Barre ajoute qu'une Sentence de l'Official de Paris de l'an 1248, porte que Jean Trousseau, Chanoine de Corbeil, auroit droit pendant sa vie de nommer les Maîtres des Grandes Ecoles de Corbeil, et qu'après sa mort le Chapitre y pourvoiroit. Il auroit bien pu remonter plus haut, et dire s'il avoit vu sur le Cartulaire de Longpont que ces Trousseaux descendoient de Gui Trousseau, Chevalier, Seigneur de Montlhéry à la fin du XI siécle, dont la fille Elisabeth fut mariée au commencement du XII siécle à

<small>Ibid, p. 137.</small>

<small>Chart. Longip. fol. 33.</small>

Philippe, premier fils naturel du Roi Philippe Ier et de Bertrade. Une partie de ces Trousseaux y demeuroit au XIII siècle. Voyez l'article de Saint-Vrain sur Brateau.

Dans le Procès-verbal de la Coûtume de Paris de l'an 1580, Louis d'Agoust, Comte de Sault, est dit Seigneur de Trouceau. Jean Bionneau, Trésorier de France en Normandie, le fut ensuite, et l'étoit le 22 Janvier 1609. Antoine le Camus, Maître des Requêtes, et Elisabeth Feideau, son épouse, y résidoient en 1636. Sur la fin du siècle, sçavoir en 1699, ce lieu appartenoit à M. Favier. J'ai vu une liste qui mettoit Trousseau comme de la Paroisse d'Evry. *Cout. de Paris 1580, p. 629. Reg. Archiep. Perm. de Chap. domest.*

LA BRIQUETERIE est une Maison Bourgeoise de Ris appartenant à M. Du Moncel, Lieutenant de Robe-Courte.

BOUCHARD est un Fief réuni à Ris.

SAINTE-GENEVIEVE-DES-BOIS

Ce n'est que par une simple Chapelle que cette Paroisse a commencé. Cette Chapelle existoit au moins dès le X siècle. Elle se trouvoit dans un Mesnil ou Hameau qui étoit nommé dès-lors d'un nom corrompu, *Sicnii Villare* pour *Seguini Villare*. Toutes ces particularités se tirent d'une charte du Roi Robert, touchant les biens que Hugues Capet, son pere, avoit donnés à l'Abbaye de Saint-Magloire. Il y est ajouté que ce *Sicnii Villare* étoit voisin d'un autre Mesnil appellé *Murcinctus*, abondant en prairies, sur la riviere d'Orge. Ce que nous avons donc de plus ancien touchant l'origine de Sainte-Geneviéve-des-Bois, est que Hugues Capet donnant aux Moines de Saint-Magloire le Hameau de Seguin ou Sicuin [1], qu'on a depuis appellé Seguigny ou Sequigny, y ajouta la Chapelle qui y étoit construite en l'honneur de Ste Geneviéve. Mais quel rapport peut-il y avoir entre le culte de Sainte Geneviéve et cette Terre du nommé Seguin ? Il n'a fallu pour cela que la donation de quelque relique faite au Seigneur qui possédoit Morcent ou Sequigny pendant le temps que le corps de cette Sainte fut réfugié à Dravel à cause des Normands en 845 et 850, car il n'y a qu'une lieue de l'une à l'autre Terre, et peut-être que toutes ces trois Terres appartenoient à un même Seigneur. Ne peut-il pas se faire aussi que pour ôter la connoissance du lieu où *Thes anecd. T. I, p. 108.*

---

1. Il y a eu à la Cour de Charlemagne un Comte Seguin qui fut envoyé pour veiller à la sûreté de la Ville de Bordeaux (Duchêne, Tome II, page 288).

étoient cachés les ossemens de Sainte Geneviéve, on les eût transportés de Dravel à l'autre côté de la Seine dans le lieu fortifié, que le titre du dixiéme siécle ci-dessus cité appelle *Murcinctus*, abrégé de *Murocinctus* ? Si l'origine de la Chapelle de Sainte Geneviéve dans la forêt de Sequigny ne vient point de-là, je ne vois plus d'où l'on puisse la tirer, sinon d'un bien que l'Abbaye de Sainte-Geneviéve de Paris avoit proche cette forêt sur les bords de la riviere d'Orge, lieu dit Perreil, et ensuite le Perrey. Car ce bien du Perray pouvoit alors s'étendre plus loin en remontant la riviere d'Orge, et avoir depuis été cédé aux Rois de la seconde race par quelque échange [1], d'où par la suite il arriva que Hugues Capet en disposa en faveur de l'Abbaye de Saint-Magloire, lorsque Villemoisson, dont ce Perreil est tout proche, étoit encore la mere-Eglise de ce canton.

Il est clair par ce qui vient d'être dit, que Sainte-Geneviéve-des-Bois n'est pas une des plus anciennes Paroisses de ces quartiers-là. Mais elle paroît avoir été érigée vers l'an 1200 au plus tard, comme le prouveront les titres et autres monumens que je citerai. La situation du Village est dans une plaine campagne sur la hauteur, au bas de laquelle la riviere d'Orge coule du midi à l'orient d'été; il a aussi à son levant d'été la forêt dite de Sequigny, qui est probablement le nom primitif de tout le canton ; quelques-uns croyent que les bois de Longpont et les bois des Roches ont pu influer à faire mettre le nom au pluriel, et faire dire *Sainte-Geneviéve-des-Bois* plutôt que *Sainte-Geneviéve-du-Bois*. Ce Village est à six lieues de Paris vers le midi, à une lieue de Montlhéry, et à deux de Corbeil. Il n'y a sur cette Paroisse que des labourages avec les bois, peu de vignes, quelques prairies. Beaucoup de terres sont sablonneuses, et comme terres de garennes.

L'Eglise est certainement d'une bâtisse du XIII siécle, excepté la nef qui est moderne. Elle a un chœur assez élevé, mais sans vitrage ni galeries ; des deux aîles il n'y reste que celle du côté septentrional, et une Chapelle seulement du fond de celle du côté méridional ; on y voit encore, au fond du sanctuaire, un reste de vitrage rouge du XIII siécle, qui représente quelque chose de la vie de Saint Vincent, et dans l'aile, des vitrages blancs du même siécle. Ce bâtiment est supporté du côté du midi par une tour de grais surmontée d'un pyramide de pierre qui ressent assez le regne de Philippe Auguste. Il est étonnant que cette Eglise n'ait été dédiée que le Dimanche 30 Juillet 1679. Ce fut M. Louis-Antoine de Noailles qui en fit la Dédicace la premiere et unique année qu'il fut Evêque de Cahors. Il étoit fils du Seigneur de la Terre.

Inscription sur le marbre.

---

1. Ce bien passoit au XIII siécle pour être déja ancien.

Dame Louise Boyer, sa mere, femme très-vertueuse, y a eu sa sépulture.

La Cure ayant été érigée vers l'an 1200, à peu près dans le temps que l'on finit l'Eglise, la nomination du Curé appartint à l'Abbé de Saint-Magloire, lequel, sans doute, avoit fait construire le chœur. Cette présentation lui étoit assurée par le Pouillé écrit au XIII siécle, et par quelques-uns des suivans ; mais l'Abbaye ayant été réunie à l'Archevêché de Paris, les choses sont revenues en leur état primitif. Ce qui acheve de décider que l'origine de cette Cure est au moins de l'an 1200, sont des Lettres de quelques années après. Il y avoit en 1209 une contestation entre Louis, Abbé de Saint-Magloire, et le Curé d'une part, *Presbyterum S. Genovefæ de Nemore ex una parte,* et Thomas, Seigneur de Brieres, de l'autre part, au sujet de la dixme de Sequigny ; Thomas en abandonna la moitié dès son vivant, et ne se réserva l'autre que pour sa vie durant et celle de sa fille ; dont Pierre de Nemours, Evêque de Paris, donna acte. Il s'étoit formé en 1211 une autre difficulté pareillement entre l'Abbé et le Curé d'une part, et d'autre part avec Henri de Mex, et S. de Villemoisson, Chevaliers, avec Hermengarde, sa femme, touchant les dixmes des novales du même lieu de Sequigny ; les arbitres les adjugerent à l'Abbé et au Curé. Enfin, l'on trouve à l'an 1309 mention d'un nommé *Reginaldus*[1] qualifié *Rector S. Genovefæ* dans un titre qui regarde Morcent. *Chart. S. Magl.*

Ibid., fol. 97.

On remarque dans l'Eglise de Sainte-Geneviéve un reste de l'ancienne piété des Fideles d'offrir aux Saints et Saintes de grosses souches de cire. Les habitans des Paroisses voisines ont cette dévotion à Sainte Geneviéve en cette Eglise. On assure aussi qu'il y en a eu de présentées à Sainte Marie-Magdeleine, dans la croyance qu'elle est ancienne Patronne de l'Eglise, mais cette croyance n'est nullement fondée. La Confrérie érigée dans cette Eglise en l'honneur de Sainte Geneviéve, fit approuver ses Statuts par M. de Harlay, l'Archevêque, le 6 Juillet 1671. *Reg. Arch. Par.*

Je profiterai pour ce qui est à dire du Château de Sainte-Geneviéve, des Seigneurs et de la Seigneurie, d'un sçavant Mémoire de M. Boucher d'Argis le fils, Avocat, qui se trouve imprimé, en y insérant et ajoûtant ce qui est de ma connoissance particuliere. *Mercure, Décembre 1737, II Vol. p. 2823.*

La Seigneurie de Sainte-Geneviéve-des-Bois s'étend sur la Paroisse de Villemoisson, une partie du Fief du Perray, le Hameau

---

1. Je crois qu'au lieu de 1309, il faut 1209. Je trouve dans un titre de Sainte-Geneviéve de Paris qu'en 1255 l'Evêque Pierre confirma la vente faite à l'Abbé de Saint-Magloire par le Prêtre Renaud d'un arpent de terre de son revenu Curial, situé proche le cimetiere, moyennant 15 sols parisis de rente qu'on lui payeroit à Morcent.

de Liers, le Parc-Pierre, la Cossonnerie, et elle a de très-belles mouvances ; elle a aussi haute, moyenne et basse Justice, dont la première concession doit être ancienne, puisque par des Lettres-Patentes du mois de Décembre 1611, le Roi déclare qu'il rétablit ce droit dans cette Terre.

Ordonn. de Louis XIII, Vol. III. Blanchard, T. II, p. 1430.

La grosse tour ronde qui est à l'une des encoignures de l'avant-cour du Château, et dont le haut sert de colombier, est un édifice ancien et curieux. Cette Tour, qui est environnée d'un fossé plein d'eau, étoit autrefois le Château, et les Seigneurs le trouvoient alors assez vaste pour eux. Au-dessus du rez-de-chaussée étoit une petite Chapelle qui est détruite depuis que l'on en a bâti une autre dans le nouveau Château. Dans les trois étages au-dessus sont des logemens que le Seigneur habitoit avec sa famille et ses domestiques. Il y a une cheminée construite de manière qu'elle sert à quatre chambres. Le nouveau Château a été bâti par Antoine Boyer, Conseiller au Parlement de Paris, dont le buste est placé au-dessus de la porte du vestibule. On voit au bout du parterre un portique, sur les piliers duquel sont représentées en demi-bosse des Nymphes qui versent de l'eau dans leurs urnes. On assure qu'elles sont du célèbre Jean Gougeon, qui a fait celles de la Fontaine des Saints-Innocens à Paris. Il y a dans la cour de ce Château une Chapelle qu'on a cru bâtie par le même M. Boyer qu'on dit y avoir fondé un Chapelain ; ce que j'en sçai est que l'Archevêque de Paris avoit accordé, le 5 Mai 1628, à M. Boyer, Conseiller d'Etat, Intendant des affaires de la Reine, et à D^e...... de Vignencourt, son épouse, le pouvoir de faire célébrer dans l'ancienne Chapelle, et que le 26 Octobre 1660 Anne, Comte de Noailles, Capitaine des Gardes du Corps du Roi, Gouverneur de Perpignan, l'ayant réédifiée, obtint la même permission.

Reg. Arch. Par.

On trouve un ancien Seigneur de Sainte-Geneviève, nommé Jean de Belmont, parmi ceux qui sont nommés dans des Lettres de Philippe-le-Bel du mois d'Avril 1304 sur le fait de la guerre.

Trés. des Chart. Reg. 35, 36, 37.

Le premier Seigneur qui se rencontre depuis ce temps-là, est Jean de la Fosse, Trésorier de France, connu avec Louise Rochon, son épouse, par leur épitaphe qui est aux Minimes de la Place Royale. Il décéda vers le commencement du dernier siècle.

Cette Terre a appartenu depuis successivement à Antoine Boyer nommé ci-dessus, dont la fille épousa le Marquis de Noailles ; au Maréchal de Noailles, Père ; à Jean-Emmanuel, Marquis de Noailles, son fils ; puis à M. le Maréchal Duc de Noailles. De manière que les ventes faites aux Sieurs Moncrot, Trésorier des Parties Casuelles, et Barthet de Bonneval, Caissier de la caisse des emprunts, n'ont point eu de suites. Elle appartenoit en 1737 à Madame Marguerite-Pélagie Danican, veuve du Président Amelot de Gournay, laquelle y décéda le 12 Août 1742 ; et aujourd'hui elle est à M. Durey d'Arnoncourt, Fermier Général, qui l'a acquise des enfans de Madame la Présidente Amelot. Mercure, Août 1742, p. 1900.

Il y a dans le Château une grande chambre que l'on nomme la chambre du Roi parce que deux de nos Rois y ont logé. En effet, on lit qu'en 1627 Louis XIII vint dans ce Château où il fut attaqué de la fièvre ; ce qui ne l'empêcha pas d'y revenir en 1635. Deux ans après un vacher de ce Village, nommé Pierre Roger, vint déclarer à la Reine Anne d'Autriche qu'il avoit eu révélation de la part de Dieu qu'elle étoit grosse ; et même il assura qu'elle accoucheroit le quatrième de Septembre ; et de fait, dit l'Historien, elle commença ce jour-là à sentir les douleurs, et accoucha le lendemain de Louis XIV. Ce dernier Prince, dans le temps de ses voyages de Fontainebleau, coucha plusieurs fois dans le Château de Sainte-Geneviève en allant ou en revenant ; et l'on tient que ce fut pour son passage que l'on fit le chemin pavé qui traverse la forêt de Sequigny en droite ligne, durant l'espace d'une grande demi-lieue. Supplém. de Du Breul, p. 97
Mémoires de Pontis, T. II, p. 86.
Dupleix, Hist. de France, T. VI, p. 155.

Il fut fait un traité assez singulier entre le sieur Monnerot qui avoit acheté cette Terre à vie de M. le Maréchal de Noailles. Comme il fit faire de son temps la garenne forcée qui est au bout du parc, il se trouva dans le terrain qu'il fit enfermer, quelques terres appartenantes au sieur Bardon de Moranges, Seigneur du Fief de Launoy-Saint-Michel, qui est près de là ; le sieur de Moranges ne céda ces terres qu'à deux conditions onéreuses au Seigneur de Sainte-Geneviève, l'une qu'il enverroit offrir en l'Eglise Paroissiale de Saint-Michel, chaque année, un cierge de cire blanche et un lapin blanc ; l'autre qu'il seroit tenu à perpétuité de faire célébrer en la même Eglise une Grand-Messe des Morts pour le repos de l'ame de Hugues Capet, le même Roi que nous avons vu plus haut avoir eu en son Domaine Royal le Village de Sequigny, dit depuis Sainte-Geneviève, et la Chapelle qui occasionna l'érection de la Paroisse. [Voy. ci-dessus p. 360.]

Quant au nombre des feux de toute la Paroisse de Sainte-Geneviève, on a pu en compter, il y a trente ans ou environ, cent, mais en faisant de Morcent un article séparé, ainsi que l'usage est dans les rolles de l'Election de Paris, ce nombre se trouve beaucoup diminué. Les dénombremens ont varié. En 1709, Sainte-Geneviève seule formoit 25 feux, que le Dictionnaire Universel imprimé en 1726, évalua à cent habitans. Le dernier dénombrement imprimé en 1745 dans le Livre du sieur Doisy, intitulé Royaume de France, y marque 22 feux. Il paroit que tous ces feux se répartissent dans les Hameaux de Liers, de Perray, et la Ferme de la Cossonnerie ; car le Village de Sainte-Geneviève est de lui-même fort peu considérable. Je dirai quelque chose des principaux de ces Ecarts, et même de la forêt de Sequigny, après avoir parlé de Morcent.

MORCENT-SUR-ORGE, que le nouvel usage fait écrire par quelques-uns *Morsan*, et par d'autres encore plus mal *Morsang*, n'étoit point dit autrement en latin dans sa premiere origine que *Murcinctus*, que l'on prononçoit au dixiéme siécle *Mourcinctus*, et qui venoit de *Murocinctus*. C'étoit sans doute une forteresse ou un enclos sur les bords de la riviere d'Orge ; et ce n'étoit simplement que cela. Par la suite on est venu habiter auprès du fort qui y étoit, et c'est ce qui a formé le gros Hameau qu'on y voit. Il étoit composé en 1709 de 68 feux, que le Dictionnaire Universel Géographique de France de l'an 1726, marqua former 230 habitans ; et actuellement il y a encore 51 feux, si le dénombrement que le sieur Doisy a publié en 1745 est exact. Ce Hameau est à un peu plus de cinq lieues de Paris, c'est-à-dire que par rapport à cette Ville, il est à une grande demi-lieue en deçà de Sainte-Geneviéve, et que la Forêt de Sequigny se trouve entre les deux. Sa situation est presque au bas de la côte, sur le rivage droit de la riviere d'Orge. Aussi le Roi Robert confirmant à l'Abbaye de Saint-Magloire le don de la moitié de ce Hameau ou Mênil, fait par Hugues Capet, son pere, use-t-il de ces expressions : *dimidium Maisnilium quod dicitur Murcinctus cum pratorum copia*. On apperçoit aussi quelques vignes en ce lieu.

Thes. anecd. T. I, col. 109.

Sous le regne de Louis VII, c'est-à-dire cent cinquante ans après le Roi Robert, cette Terre étoit devenue presqu'entierement propre à la même Abbaye, ensorte que le Roi n'en retiroit plus que vingt sols par an à la Saint-Remy, tous les autres droits, redevances et coutumes ayant été remis à cette Abbaye, même avec la voirie, *viaria*. Dans cette derniere charte ce lieu est dit situé *in potestate Montis Letherici*, c'est-à-dire dans la Châtellenie de Montlhery. Elle est de l'an 1159. Cette Terre n'a été vendue par l'Abbé de Saint-Magloire qu'au XVI siécle. Jean Fournisson fut l'acquéreur à la charge de foi et hommage, hors la réserve que se fit l'Abbé. Cette acquisition fut confirmée par un Arrêt des Commissaires du 5 Juin 1577 en faveur de Françoise Jourdain, sa veuve, cité par Bacquet.

Gall. Chr. T. VII, Instrum. col. 69.

Freminville, Prat. des Droits Seigneuriaux, T. II, p. 659.

Il y a dans ce Hameau une Chapelle qui est formée de deux Chapelles bâties l'une à côté de l'autre. La principale qui est du titre de Saint Jean, paroît n'avoir que deux cents ans de construction. Cependant, dès l'an 1309, il existoit en ce lieu une Chapelle de ce nom, qui fut reconnue annexe de Sainte-Geneviéve, et soumise à Regnaud, Curé : et ceux qui en étoient les Marguilliers donnerent alors une reconnoissance de ce qu'elle tenoit de l'Ab-

Chart. S.Magl.

baye de Saint-Magloire. Dès l'an 1405 elle avoit un cimetiere. *Chart. S. Magl.*
Cette Chapelle de Saint-Jean qui sert de succursale, est celle qui occupe le côté du septentrion. On y fait régulierement l'Office Paroissial, parce que le Curé l'a choisie pour le lieu de sa résidence, l'air y étant plus tempéré qu'à Sainte-Geneviéve, où le Vicaire reste en sa place. L'autre Chapelle qui est du côté du midi, est sous l'invocation de Saint Charles. C'est un Bénéfice auquel il y a quelques revenus attachés, ce qui fait qu'on le trouve dans le rolle des Décimes : il est à la collation de l'Archevêque de Paris. Dans cette derniere Chapelle reposent Jacques de Vassan, Conseiller au Parlement, qui étoit Seigneur de Morsan vers l'an 1630, et Catherine Langault, sa femme, lesquels sont dits avoir fondé un Prêtre-Chapelain pour la Messe et pour l'instruction de la jeunesse. Cette fondation fut approuvée par un Vicaire Général le *Reg. Arch. Par* 2 Mai 1658; le Prêtre y est dit être à la nomination des descendans de la Fondatrice. Charles [de] Vassan, Président en la Chambre *Ibid.* des Comptes, présenta aussi Requête en 1686 pour l'établissement d'un Chapelain destituable en titre sacerdotal de Saint-Charles, avec droit de présentation aux fondateurs et à leurs successeurs : ce qui lui fut accordé le 29 Août.

Après l'Abbaye de Saint-Magloire, les Eglises qui avoient du revenu à Morcent étoient le Prieuré de Longpont, et les Moines de celui de Juvisy. Ceux de Longpont y possédoient au XII siécle *Chart. Longip.* une terre de franc-aleu donnée par Odon *de Ouriaco*. Ils y avoient *fol. 27.* aussi des Hôtes qui étoient chargés de six sextiers d'avoine par an *Ibid., fol. 18.* envers Guy de Linais, lequel leur en fit remise au Couvent à l'article de la mort. Ce Fief sans nom appartenoit encore à Longpont en 1480. Pour ce qui est de Robert, Prieur de la Léproserie de Juvisy, lui et son Couvent vendirent en 1182 la dixme qu'ils avoient à Morcent, à l'Abbé de Saint-Magloire, du consentement *Chart. S. Magl.* de Maurice de Sully, Evêque de Paris. Gui de Vaux, du Fief *p. 189 et 96.* duquel étoit cette dixme, y donna aussi son consentement moyennant quarante sols que la Léproserie lui paya.

Ce *Guido de Vallibus* qui avoit ce Fief de la dixme, fut déclaré Rolle homme lige du Roi sous le regne de Philippe-Auguste pour ce latin des Fiefs de qu'il avòit à Morcent. On connoît par le Cartulaire de Longpont Montlhéry. (fol. 14) un autre Seigneur à Morcent un peu auparavant, lequel s'appelloit Frédéric de Murcenc. Le Prévôt de Montlhéry prétendit, sous Philippe-le-Bel, que le droit de fourches ou de Haut Justicier lui appartenoit à Morcent : mais par une information faite en 1295, il fut reconnu appartenir à l'Abbaye de Saint-Ma- *Chart. S. Magl.* gloire. Dans aucun de tous ces actes Morcent n'est écrit par un *s*, mais toujours avec un *c*. Un autre titre de l'an 1268, sous le regne *Ibid.* de Saint Louis, est intitulé : *De duobus noëriis sitis inter*

Meurcentum et villam Moisson. Il y a eu en 1534 un accord entre les Chartreux de Paris et Saint-Magloire, sur des censives en la même Terre de Morcent. Mais en 1564 Guillaume Viole, Evêque de Paris, aliéna cette Terre en qualité d'Abbé de Saint-Magloire, à Jean de Fourmicon, Ecuyer, sieur de la Ragueniere en Touraine, à la charge de la tenir à foi et hommage de lui. En ces derniers temps Morcent et Sainte-Geneviéve ont eu un même Seigneur.

Tab. S. Maglor.

LIERS est connu par ses anciens Seigneurs dès le XII siècle : mais on disoit alors Lers, comme il paroît par l'acte par lequel Ebrard de Lers donna au Prieuré de Longpont la dixme d'un lieu appellé *Campus Garnodi;* par d'autres chartes où l'on voit Foulque de Lers donner au même Monastere une terre contiguë à celle que ce Couvent avoit au Plessis, et recevoir du Prieur Landry vers l'an 1136 un dextrier. Dans le rolle des Feudataires de Montlhery sous le regne de Philippe-Auguste, Foulque de Leirs est déclaré homme du Roi, et devoir fournir des troupes et la chevauchée au sujet des Juifs, et à cause des moulins de Chastres, et de plus est tenu à deux mois de garde à Montlhery. On m'a assuré que les Seigneurs de Sainte-Geneviéve et du Plessis-Pâté contestent depuis un siècle touchant le droit de Justice de ce lieu.

Chart. Longip. fol. 27.
Ibid., fol. 6.

LE PERREY est nommé en latin *Perreolum* dans les titres de Sainte-Geneviéve qui sont d'environ l'an 1250, et en françois Perrel. De tous les biens que cette Abbaye avoit pu avoir autrefois dans ce canton, et à l'occasion duquel avoit été construite la Chapelle du nom de cette Sainte, il ne lui restoit plus alors de redevance annuelle qu'un sextier d'avoine à percevoir *apud Perreolum* à la mesure de Montlhery et deux chapons *et pro potu caponum ij den.* Dans le Procès-verbal de la Coutume de Paris de l'an 1580, Louis de Martine, Ecuyer, est dit Seigneur de Perry-sur-Orge : et Nicolas Hennequin, Premier Président au Grand Conseil, décédé le 21 Octobre 1634, est qualifié Seigneur de Perray et Savigny dans son épitaphe à Saint-Merry de Paris. Ce Fief de Perray releve du Plessis-Pâté. Il est maintenant partagé entre plusieurs Seigneurs. M. de Chamousset, Maître des Comptes, en possede une partie.

Lib. Cens. S.Gen.C. 1250, p. 39.
Item, Charta Hugon. Abbat.
Cout. edit. 1678, p. 636.
Recueil d'Epitaphes en la Bibl. du Roi.

FORÊT DE SEQUIGNY. Le sieur Chalibert Dangosse, auteur d'une courte description de la Généralité de Paris imprimée en 1710, dit que la Gruerie de Sequigny est établie en la Ville de Montlhéry ; qu'elle s'étend sur 1397 arpens de bois, dont le Roi ne possede et n'a possédé aucune partie, et n'a que les routes seulement : que tous ces bois appartiennent à différentes Communautés, Ecclésiastiques et Séculiers, et à divers Particuliers sur lesquels le Roi n'a que le droit de Gruerie. Nous trouvons en

Génér. de Paris, p. 302.

effet dès le XII siècle, que Aymon de Donjon se faisant Moine à Longpont, donna à ce Monastere tout le domaine qu'il avoit dans le bois de Sequigny, *in silva quæ Siquiniacus dicitur*. Nous trouvons encore que sous le regne de Philippe-Auguste, Simon le Roux, Danois, y avoit son droit de chauffage, à cause de quoi il étoit tenu par an à deux mois de garde à Montlhéry. Gui de Vaugrigneuse étoit aussi alors homme lige du Roi à cause de ce qu'il avoit dans cette forêt, aussi-bien que Guillaume Pastil ou Pasté, qui pour cette raison devoit la garde de deux mois à Montlhéry. Ce qui se rencontre dans les Registres du Parlement à l'an 1319, est très-circonstancié. Les habitans des Villages voisins de cette petite forêt représenterent que ci-devant ces bois appellés *Dumus de Seguini* avoient été mis en garenne de lievres et lapins depuis neuf ans; qu'auparavant ils étoient en possession d'y chasser aux mêmes bêtes et au renard, et qu'outre cela il dépendoit d'eux d'aller et de revenir à travers les mêmes bois en portant des bâtons ferrés et des épées, et d'y mener des chiens : que de plus ils étoient en possession d'avoir leur usage dans ces bois pour la cueillette des avelines ou noisettes, et autres fruits, depuis la veille de l'Assomption. Mais que les Gardes ou Forestiers les avoient empêchés de jouir de ces avantages. Les Procureurs des Nobles et des Paysans de Viry, Mourçant, Villemoison, Longpont, Saint-Michel, se plaignirent que leurs Villages étoient appauvris pour avoir été privés de ces droits. Le Roi ordonna une Enquête. On écouta Huon de Bouville, Chevalier, de qui il tenoit la saisine de ces garennes. Le Parlement maintint les habitans avec la restriction, que pour prendre le gibier ils ne tendroient point de filets ni autres engins, ils ne pourroient point user de fleches ni porter arc ou baliste, non plus qu'avoir des levriers.

<small>Chart. Longip. fol. 11.</small>

<small>Rolle des Fiefs et Droits de Montlhéry sous Philippe-Aug.</small>

<small>Reg. Parl. 28 Aug. 1319.</small>

Vers l'an 1480 Louis XI donna à Jacques de Saint-Benoît, Capitaine de la Ville et Cité de Franchise, c'est-à-dire d'Arras, l'Office de Gruyer et Garde des forêts et buissons de Sequigny.

<small>Memor. Camer. Comput.</small>

On voit qu'en 1526 les habitans défendoient encore leurs droits dans cette forêt.

<small>Tab. S. Maglor. in Morcent.</small>

Dans ces derniers temps il y a eu des Lettres-Patentes portant la désunion des Capitaineries de Chasse de Montlhéry et de Sequigny.

<small>Reg. Parlam. 26 Jan.</small>

SAVIGNY-SUR-ORGE

Comme le nom de Savigny est très-commun en France, et qu'on en compte bien trente Paroisses de ce nom outre les Monasteres et les Hameaux qui le portent pareillement, il a été nécessaire de distinguer celui-ci par quelque endroit; et l'usage a fait prendre pour distinction sa situation sur la riviere d'Orge. C'est le premier Village où cette petite riviere passe après avoir reçu la riviere d'Ivette qui vient de Longjumeau, Palaiseau, Chevreuse, etc., ce qui la grossit de moitié ou environ. Sa distance de Paris est de quatre à cinq lieues, à demi-lieue ou environ de la grande route de Fontainebleau. Sa situation est dans un vallon qui n'est point resserré. Il y a des prés, des labourages et quelques vignes.

L'étymologie de Savigny est la même que celle de Savignac, Savigné et Savigneu. Tous ces lieux sont dits en latin *Savigniacum* ou *Sabiniacum,* comme étant fondés ou ayant appartenu à quelque ancien Romain du nom de *Sabinus* ou *Savinus.*

Notit. Gall. p. 430.
Hist. Littér. de Lyon, T. II.

Au moins cette étymologie fournie par M. de Valois est plus certaine que celle que le Pere de Colonia a donnée de l'Abbaye de Savigny du Diocése de Lyon, dont il croit le nom dérivé des sapins, ensorte que Savigny seroit comme qui diroit Sapiniere.

Dans les Livres ou Registres de l'Election de Paris, on ne se sert point de l'expression de *Savigny-sur-Orge* : mais pour le distinguer des autres Savigny du Royaume, on met *Savigny et Vaux,* y ajoutant le nom d'un Hameau de la même Paroisse. C'est ce qui paroit par le Dénombrement imprimé en 1709, qui compte 117 feux en toute la Paroisse, et par celui qu'a publié le sieur Doisy en 1745, qui y en met 121. Le rolle des Tailles use aussi de la même expression, *Savigny et Vaux*[1]. Le Dictionnaire Universel de la France publié en 1726 s'est conformé à ce langage selon sa coutume, et ajoute qu'il y a en ces deux lieux 545 habitans : mais dans la colomne suivante il fait un article séparé de *Savigny-sur-Orge,* et n'en dit presque que des choses qui conviennent uniquement à Savigny-sur-Beaune en Bourgogne.

L'Eglise de Savigny est sous l'invocation de Saint Martin[2]. Elle

1. Quelqu'un m'a assuré qu'on l'appelloit aussi quelquefois Savigny en l'air, ou l'er, mais on verra ci-dessous qu'il s'agit du pont de Savigny et non du lieu.
2. On m'a dit dans le lieu que Saint Hildevert, Evêque de Meaux, étoit l'ancien Patron : mais je n'en ai voulu rien croire sans preuve. Ce Saint mourut vers la fin du VII siécle. Il est vrai qu'au XII siécle ceux qui déroberent ses reliques à Meaux, les porterent en differens lieux du Diocése de Paris

avoit été rebâtie au XIV siècle, et on y voit des restes de structure de ce temps-là du côté méridional. Mais M. le Comte du Luc en étant Seigneur, et M. l'Archevêque après lui, cette Eglise a été presque entierement renouvellée par les soins du Curé qui en prit possession en 1728 et par les libéralités du Prélat. L'autel a été avancé au milieu de l'Eglise, et le chœur a été transporté dans la partie orientale : et sous ce chœur M. le Comte du Luc a fait pratiquer un caveau où il est inhumé.

On voit dans cette Eglise l'épitaphe suivante sur marbre noir :

Invictissimis Manibus Francisci De la Baume Montrevel, *Equitis Melitensis natalium splendore clari, gestorum gloriâ illustris, mortis insolentiâ lugendi. Quem post mille apud Belgas infra quintum et vigesimum annum passim exemptas lauros probè se et fortiter Parisiis gerentem impia sicariorum manus stantem et adversum non ausa aggredi, prostratum improbè et aversum nefario ictu percussit. Obiit die prima Maii 1657, omnibus sui desiderium relinquens, exemplum multis, imitationem nemini.*

Dans le côté méridional est l'épitaphe de Nicolas Joly, Curé, mort le 22 Mai 1728, qui a fondé l'Ecole gratuite des garçons, et a voulu être inhumé à l'entrée du Cimetiere.

Dans le même Cimetiere repose aussi M. de Montal, Secrétaire de M. l'Escalopier, Intendant de Champagne, lequel par amour pour le public et pour les sciences, avoit commencé à disposer les Journaux des Sçavans par ordre des matieres. Il décéda en ce lieu vers les Fêtes de Pâques 1738 ou 39.

Gazon de Champagne, Evêque de Laon, a fondé dans l'Eglise de Savigny une Chapelle moyennant plusieurs arpens de vigne sis au même lieu, et appellées les plantes de Vaux près le pont de Bribel, à la charge de trois Messes; la collation de laquelle devoit appartenir après son décès à l'Evêque de Paris; et cela par acte daté d'Anisy, le Samedi après la Chaire Saint Pierre, 1307. Il y marque en propres termes : *Savigniaco Parisiensis Diœcesis cujus Parochia nobis natale præbuit.* Je désignerai ci-après le Hameau où il étoit né.

Chart. min. Ep. Par. fol. 62.

Il est certain que dès le XII siècle Savigny étoit une Paroisse : et ce que nous avons de plus ancien sur ce lieu ne regarde point tant la Seigneurie ou le Château, que l'Eglise du lieu. On lit dans le Cartulaire de Longpont vers l'an 1136 le nom d'un Curé de Savigny, et la concession d'une partie de cette Eglise à ce Prieuré. Le Curé nommé Terric, y est mentionné pour avoir donné à cette

avant que de s'arrêter à Gournay-sur-Epte au Diocése de Rouen. Elles ont pu rester quelque temps à Savigny, mais ce qu'ils y en auroient laissé n'auroit pu établir qu'un concours de dévotion, et non une fête patronale.

Maison en présence de Landry, Prieur, la dixme de deux arpens de terre situés *juxta Rogum.* Je ne déciderai point ce qu'il faut entendre ici par *Rogus.* Y auroit-il eu en ces quartiers-là une butte de l'espece de celles qu'on appelle en Picardie Tombe ou Tombel, sous laquelle auroient été déposées les cendres de quelque Romain notable, de même qu'on en a trouvé proche le Château de Dognon en Limosin? Vers le même temps Rosceline, femme de Thibaud de Savigny, étant au lit de la mort, accorda du consentement de son mari et de ses deux freres Vulgrin et Rainaud, aux mêmes Religieux de Longpont la moitié de l'Eglise de Savigny avec la moitié de la dixme et la moitié de l'*atrium* pour en jouir après son décès. Mais dans la Bulle du Pape Eugéne III de l'an 1151, donnée pour confirmer à cette Maison les biens dont elle avoit fourni le dénombrement, il n'est aucunement fait mention de l'Eglise de Savigny; on y lit seulement que le Prieuré de Longpont possédoit *mediatatem decimarum de Saviniaco,* et cinq mots après, *Villam que vocatur Saviniacus.* Aussi fut-il marqué dans le Pouillé Parisien du XIII siécle que l'Eglise *de Saviniaco* étoit à la nomination pure et simple de l'Evêque, ce qui a été suivi comme vrai par les Pouillés subséquens. A l'égard des dixmes, on sçait que dans ces temps-là les Séculiers qui étoient assez puissans y avoient ordinairement quelque part, et que le scrupule les prenant, ils s'en déportoient en faveur de quelque Monastere. C'est ainsi que Jean Palée donna à celui de Longpont, sous le Prieur Landry, vers 1136, une quatriéme partie de dixme qu'il avoit à Savigny, et même pour l'authenticité du don il obtint le consentement de Gilbert d'Orengy son oncle, dont cette dixme étoit mouvante, aussi bien que celui de ses filles; ce que Josbert le Queux, dont Gilbert tenoit son Fief, accorda pareillement.

Selon le Pouillé d'environ l'an 1450, et quelques-uns des suivans, il y a dans l'Eglise de Savigny une Chapellenie du titre de Sainte Marguerite, laquelle est à la nomination de l'Archevêque. Elle est comprise au rolle des Décimes. J'en ai vu d'anciennes collations du 14 Février 1485, et du 20 Octobre 1499.

Quelques-uns ont confondu cette Chapelle de Savigny-sur-Orge avec une Chapelle de Notre-Dame qui est au milieu des champs à Savigny, Hameau entre Aunay et Villepinte, au Doyenné de Chelles. Dans l'Histoire Ecclésiastique de Meaux, à la page 137, il est aussi parlé d'une Chapelle de Saint-Martin dans la Paroisse de Savigny au Diocése de Paris, et on cite Marrier en son Histoire de Saint-Martin des Champs. Il y a de l'erreur de part ou d'autre.

Il y a eu des temps où Savigny a eu une annexe ou succursale, qui étoit Villemoisson, ainsi que le témoignent les Registres de 1521, 1534 et 1544. La misere des guerres et l'incommodité de la riviere avoient été la cause de l'union. Cela a duré jusqu'en 1678.

Reg. Ep. Par. 29 Jun. 1544.

Quoique le Château de Savigny ait été célèbre, on n'en trouve pas beaucoup d'anciens Seigneurs. Le Cartulaire de Longpont nous a conservé les noms de quelques-uns de ceux qui avoient des Seigneuries ou Fiefs sur la Paroisse. Outre ceux du XII siécle que j'ai nommés ci-dessus à l'occasion de l'Eglise et de la dixme, il se présente un Bouchard de Savigny qui donna à cette Maison vers le même temps un hôte dans Savigny, lequel devoit produire cinq sols aux Religieux. Etienne est dit aussi environ ce temps-là : *Miles de Savignaco*: cette qualité de Chevalier désigne assez le Seigneur du lieu. Au reste, nous ne le connoîtrions pas sans le présent qu'il fit au même Monastere d'une vigne et de tout son clos avec la treille (*cum triella*). Le Cartulaire de Philippe-Auguste nomme aussi Renaud de Savigny, comme Possesseur de la Terre de Dreux de Savigny, et en cette qualité il devoit pourvoir à la garde du Château de Montlhéry durant deux mois.

Chart. Longip. fol. 5.

Ibid, fol. 27.

Du douziéme et treiziéme siécle, je me vois obligé de passer au quinziéme, où je trouve Jean des Piles, Seigneur, qui, en 1454, possédoit le moulin Jopelin ou Jobelin, relevant de Fleury-Merogis, et situé sur la Paroisse de Savigny. Ensuite Jean Haberge, Evêque d'Evreux, fut possesseur de la Terre de Savigny. Louis XI, par Lettres datées de Paris au mois de Mars 1474, lui accorda droit de haute Justice pour ressortir au Châtelet, quoique la moyenne Justice qu'il avoit déjà, ressortît auparavant de Montlhéry. Ces Lettres ne furent registrées en Parlement que le 18 Avril 1486. A cet Evêque succéda Etienne de Vest, Conseiller, Chambellan du Roi, qualifié en 1487 de Maître des eaux et forêts des pays de France, Champagne et Brie, et en 1488, de Capitaine et Bailly de Meaux. On lit dans les Mémoriaux de la Chambre des Comptes qu'il obtint permission du Roi de fortifier et réparer sa maison de Savigny. J'ai marqué sur Viry et Orengy qu'il en fit aussi l'acquisition. En 1510, comparut à l'ancienne Coutume de Paris Charles de Vest, en qualité de Seigneur de Savigny-sur-Orge et Viry. Apparemment qu'il étoit fils d'Etienne. En 1512, Jean de Vest, Ecuyer, se dit Seigneur de Savigny dans l'hommage qu'il rend au Seigneur de Fleury-Merogis pour le Moulin Jobelin. En 1540, une Demoiselle d'Albiac possédoit cette Seigneurie.

Bann. du Chât. Vol. I, f. 195.

Sauval, T. III, p. 472, 478 et 484.

Mem. desinens ad 1491.

Titres de Fleury. Tabul. Fossat.

Dans le Procès-Verbal de la derniere Coutume qui est de 1580, le Seigneur de Savigny est appellé Louis d'Agoust, Chevalier de l'Ordre du Roi, et dans un autre endroit de la même Coutume il est dit Comte de Sault, Chevalier de l'Ordre de Malte. De la Barre, dont l'Histoire de Corbeil fut imprimée en 1647, après

Antiq. de Corb. p. 17 et 18.

avoir parlé d'Orengis, de Viry qu'il appelle Vizy, de Chastillon et Chages, ajoute : « La plus grande partie des Fiefs et Seigneuries « de ces lieux appartiennent au Comte de Saux, Seigneur de « Savigny sur Orge, lequel, prenant sujet de la contestation des « Officiers des Chastellenies de Corbeil et Montlhéry, porte d'au- « torité privée ses appellations devant le Prevôt de Paris. » Mais

<small>Reg. du Parlem. 4 Sept. 1641.</small> en 1647, il y avoit déja plusieurs années que la Terre de Savigny étoit entre les mains de Ferdinand de la Baulme, Comte de Mont-Revel, qui y fit augmenter le nombre des Foires en 1641, et qui fit inhumer dans l'Eglise du lieu François de la Baume......

<small>Livre de la Génér. de Paris, 1708, in-12, p. 88. Dictionn. Univ. Geogr. Niceron, Tome XXVI. Concord. des Breviaires 1740, p. 216. Merc. Juill. 1740.</small> En 1708, cette Terre étoit possédée par M. le Marquis de Vins : il en jouissoit encore en 1726. Le Pere Niceron a observé que l'Abbé le Grand qui a tant travaillé sur l'Histoire de Louis XI, et qui est mort en 1733, demeuroit en ce Château avec M. et Madame la Marquise de Vins. M. le Comte du Luc, Charles-François de Vintimille, Chevalier des Ordres du Roi, a depuis eu cette Terre de la succession de cette Marquise. Il la possédoit en 1735, et en a fait augmenter les bâtimens, et y est décédé le 19 Juillet 1740.

S'il est arrivé quelque événement intéressant à Savigny, ce ne peut guére être que dans le Château ou relativement au Château. Sa situation est avantageuse en ce qu'il est entouré de la riviere d'Orge. Le genre de sa structure se trouvant assez semblable à celle des Châteaux de Dammartin en Goële à sept lieues de Paris, et de Saint-Fargeau en Puisaye, qu'on est sûr avoir été bâtis au XV siécle, on peut, ce semble, en conclure qu'il est aussi du même temps. Il est partie de brique et partie de pierre, principalement dans le bas, avec certaines distributions d'ouvrages qui marquent qu'on a voulu en faire un Fort. Ce Château est représenté tel qu'il étoit au commencement du dernier siécle dans la Topographie de Claude de Chastillon, gravée en 1610, folio 41. Il est certain que quelques-uns de nos Rois y ont logé. Les armes de France sont même encore sur la porte. Que ç'ait été dans ce Château que Charles VII tenoit la belle Agnès extrêmement resserrée dans une petite tour à laquelle il montoit à l'aide d'une échelle, cela ne paroît fondé que sur des traditions populaires; on dit que cette tour n'a été abattue qu'en 1734 ou 1735, lorsque M. le Comte du Luc, Seigneur, fit augmenter les bâtimens de ce Château. Si c'est Charles VII qui avoit fait construire ce même Château, et s'il est vrai de dire qu'il y ait résidé quelquefois, on peut ajouter avec plus de certitude que Louis XI, son fils, ne le garda pas long-temps, et qu'il en accommoda l'Evêque d'Evreux dont j'ai parlé ci-dessus, ou qu'il le lui donna. Quoiqu'il en soit, cet Evêque jouissoit de la Terre de Savigny lorsque ce Prince y vint loger un peu après le milieu du mois d'Octobre 1475, allant de Saint-Denis à Malesherbes en Gâtinois. Il paroît même qu'il y vint alors plus d'une fois ou qu'il y fit un assez long séjour, puisqu'on trouve des Lettres qu'il y fit expédier le 12 Novembre de la même année[1]. Mais le fait le plus circonstancié touchant le Château de Savigny, est la prise qui en fut faite en 1592 par les Royalistes sur les Ligueurs. Voici de quelle maniere de la Barre, Auteur contemporain, la raconte :

<small>Contin. de la Chronique de S. Denis, par Jean Castel.</small>

« Au Village de Savigny il y a un Château bâti à la moderne
« de pierre de taille et de brique, couvert d'ardoise ; aux quatre
« coins du bâtiment, il y a quatre pavillons qui flanquent le logis
« qui est entouré de larges et profonds fossés. Ce Château appar-
« tenoit à Messire Ferrand de la Baume, Comte de Maurevert.
« En cette saison Monsieur de Belin, Gouverneur de Paris, s'étoit
« saisi de la Place afin de s'en prévaloir pour le passage des vivres
« qui descendent du Gâtinois à Paris ; il y avoit mis une douzaine
« de Cavaliers pour réprimer les courses des Soldats de la Gar-
« nison de Corbeil qui ne laissoient pas que de passer la nuit sur
« la chaussée du Château ; en ce faisant, ils reconnurent que ceux
« du Château ne mettoient point de sentinelle au pavillon qui
« regarde sur le Verger, se confiant à la largeur du fossé plein
« d'eau vive de la riviere d'Orge. Saint-Denis, l'un des Capitaines
« de la Garnison de Corbeil, par la permission du Seigneur de
« Treigny, entreprit d'emporter la Place par escalade. La contre-
« escarpe du fossé faisoit la premiere difficulté pour descendre des
« nacelles qu'il avoit fait apporter pour s'en aider à passer le fossé.
« Le Capitaine Saint-Denis et quatre de ses soldats se dépouil-
« lerent en chemise, leurs épées pendues à leurs cols, descendirent
« dedans le fossé avec une échelle, puis reçurent les nacelles qui
« leur furent dévalées, et sçachant que la célérité les favorisoit
« plus que le reste, ces cinq personnes nues entrerent en l'une des
« nacelles garnies de leur échelle, pousserent le bateau à l'enco-
« gnure d'un pavillon où l'on avoit laissé une fenêtre ouverte pour
« découvrir le long du bâtiment. Saint-Denis et ses compagnons
« entrerent par cette fenêtre, et sans s'amuser à attendre plus grand
« renfort, s'en vont droit au corps de garde où ils trouverent sept
« ou huit, Maîtres que Valets, qui dormoient auprès du feu : ils se
« laisserent saisir et désarmer sans faire aucune résistance, et se
« laisserent enfermer dans une chambre proche. Saint-Denis laissa
« deux des siens dans le corps de garde, et lui avec les deux
« autres va droit à la Chambre du Capitaine qui s'étoit éveillé

<small>Antiq. de Corb. p. 267.</small>

---

1. Ceux qui ont transmis ces Lettres de Louis XI à la postérité, ont fort défiguré le nom du lieu où elles furent données, en mettant *à Gay sur Orge* ou *à Seingui sur Ege*. Il est très-bien prouvé dans le Mercure de France qu'il faut lire Savigny-sur-Orge.

« au bruit et commençoit à mettre ses chausses ; étonné de se voir
« surpris, se laissa lier et garrotter. Nos Conquérans saisis des
« clefs du château, firent ouverture des portes au reste de leur
« troupe, et depuis garderent la place avec plus de vigilance, re-
« connoissant qu'ils s'étoient acquis une grande commodité pour
« détrousser les marchands qui s'aventuroient de mener leurs mar-
« chandises à Paris, d'autant que ce Château est situé entre les
« grands chemins de Lyon et d'Orléans où ils alloient poser deux
« corps de garde sur les advenues de Paris, l'un à la Saussoye,
« l'autre au pont d'Anthony. »

Le sieur de Pontis rapporte dans ses Mémoires une espece de siége que soutint vers l'an 1605 ou 1606 le Château de Savigny. M. de Créquy, Mestre de Camp, et sa sœur qui étoit mariée à M. de Mornes, prétendoient tous les deux à la propriété de ce Château. Ils en jouirent en effet l'un après l'autre, et y mirent tour à tour un Concierge ou des Gardes. Pontis lui-même fut celui qui entreprit d'expulser ceux que Monsieur de Mornes y avoit mis, et il en vint à bout aidé de quelques gens de guerre, et s'y tint. Mais au bout de quelques jours on lui fit un commandement de la part du Parlement de remettre ce Château, faute de quoi il seroit décrété contre lui. Bien plus, il fallut qu'un Conseiller commis par le même Parlement s'y transportât. Pontis y faisoit toujours la sourde oreille. Les Archers ayant fait venir un batteau de Juvisy, songerent à escalader les murailles, mais ils ne purent y réussir. La Dame de Mornes fit venir un Prévôt avec tous les Paysans de quatre ou cinq Villages, qui entourerent le Château ; elle manda du canon à Paris, croyant qu'il y avoit une grande compagnie. M. de Créquy averti de cela, y envoya deux cents hommes des Gardes, mais un peu trop tard, la Dame arriva assez tôt pour leur barrer avec son carrosse le passage du pont, et les discours qu'elle leur tint parurent les désarmer. Pontis et ses compagnons voyant toutes les machines s'apprêter pour l'assaut qu'on se disposoit de donner, usa de ruse pour se sauver la nuit suivante par un pont qu'il se pratiqua en faisant descendre une échelle et ensuite une planche qu'il coucha sur les échellons. Ainsi lui et ses gens coururent à Juvisy où ils passerent promptement la riviere dans un batteau. Il faut lire ce siège extraordinaire dans Pontis même où il est raconté fort agréablement.

Mém. de Pontis, T. I, p. 51.

M. de Valois traitant l'article de Savigny dit: *hodie dictus* Savigny sur Orge *cujus Ponticulus in proverbium vertit*: Le Pont de Savigny en l'air. Il ne donne point de raison de ce proverbe, mais je croirois qu'il seroit venu de ce pont descendu du haut d'une muraille par le moyen d'une corde, lequel servit à Pontis pour se sauver.

Notit. Gall. p. 430.

Les Seigneurs des lieux ont souvent sollicité l'établissement des foires et marchés dans leur Terre pour y apporter l'abondance et le commerce. Ferdinand de la Baulme, Chevalier, Comte de Mont-Revel, obtint au siècle dernier des Lettres-Patentes qui établissent à Savigny un marché par semaine et trois foires par an outre celle qui subsistoit déjà. L'observation qui fut faite en les vérifiant fut que ce seroit sans qu'on pût prétendre exemption des droits du Roi. Mais si ces trois foires ont eu lieu, elles ne subsistent plus ; il n'y a que celle du jour Saint Martin, 11 Novembre, qui se soutient et qui est assez fréquentée. Reg. du Parl. 4 Sept. 1641 et 1643. Concord. des Brev. 1640, p. 216.

Il faut qu'il y ait eu autrefois à Savigny des cantons de terre fort fertiles, à en juger par la redevance ou le produit. Une Dame du XII siècle nommée Ermengarde et surnommée *Papasela*, faisant une échange avec les Moines de Longpont, leur assigna à Savigny un arpent et demi qui lui rendoit trois mines d'avoine, *tres minas*, des pains, des chapons et douze écus, *XII nummos* de rente. Une autre Dame, nommée Heldeberge, avoit aussi donné à Longpont une partie de terre qui lui fut confirmée par Milon d'Attilly. Chart. Longip. fol. 26. Ibid., fol. 45.

Le legs qu'un nommé Bertrand avoit fait à l'Abbaye de Saint-Germain-des-Prés d'une vigne aussi située à Savigny, est plus ancien ; [il] mérite qu'on en fasse mention, vu les expressions avec lesquelles le Bienfaiteur fut couché dans le Nécrologe du Monastere au huit des calendes de Juin. Il m'a paru que l'Ecrivain avoit voulu rimer suivant l'usage du X et XI siècle : Necrol. S. Germ. ad calcem. Hist. S. Germ. Prat.

> *Bertranni commemoratio*
> *Ob vineas quas almo*
> *Porrexit Germano*
> *In Villa Saviniaco*
>   *Arpentorum trium.*
>   *Cum censo*
>   *Solidorum trium.*

Le Nécrologe de l'Abbaye de Sainte-Geneviéve contient le nom d'un Bienfaiteur dont je ne parle ici qu'à cause qu'il paroît avoir été natif de Savigny. C'étoit un de ces Sçavans qu'on qualifioit de Maître au XII siècle : *Obiit Magister Matthæus de Saviniaco..... Dedit Bibliam vàlde pulcram..... unum annulum aureum, etc.* Necr. S. Genov. ad 6 Januar.

Mais je ne dois pas omettre un personnage bien plus remarquable qui naquit dans le XIII siècle sur le territoire de Savigny. On voit entre Savigny et Louans, dit Morangis, une ferme considérable appellée CHAMPAGNE, qui est de 500 arpens de terre (l'Affiche de Paris en Mars 1742, l'a dite située en la Paroisse de Savigny), quelques bois et des prés en la prairie de Rossay. Dans un compte de la Prévôté de Paris il est fait mention de ce lieu comme d'une Seigneurie mouvante de Chailly, et il y est dit que Guillaume le Tinquetier l'ayant eu de Perrette Roolet, sa femme, en avoit fait hommage en 1481 à la Chambre des Comptes, aussi bien que de celle de Balisy. Environ deux siècles auparavant étoit venu au monde en ce lieu dit Champagne, un nommé Gazon de Champagne, qui fut fait Evêque de Laon en 1297, et mourut en 1317, le jour de Saint Ambroise. Je rapporterai ici son épitaphe telle qu'elle est sur sa tombe dans le sanctuaire de la Cathédrale de Laon à gauche de l'autel, persuadé que ce que je viens de dire suffit pour entendre quelle est la Champagne Parisienne dont il y est parlé, et que les grandes qualités de ce Prélat font honneur au lieu de sa naissance.

> *Dux Laudunensis et Præsul Gazo vocatus*
> *Laudibus immensis dignus jacet hic tumulatus :*
> *Parisiensis ei Campania villa dat ortum*
> *Cui lucis portum tribuat Deus et requiei.*
> *Hic Decretorum doctor fuit et generosus,*
> *Castus, formosus, promotor eratque bonorum*
> *Largus, morosus, humilis fuit atque quietus,*
> *Facundus, lætus, sapiens, inhonesta perosus.*

Le reste regarde le jour et l'année de sa mort. On peut voir ailleurs la liaison qu'il eut avec Simon de Bucy, Evêque de Paris, décédé en 1304. On peut aussi remarquer à l'article de Viry qui touche à Savigny, qu'il y avoit en ces temps des Seigneurs de Viry du nom de Gazon, et à l'article de Juvisy qu'il y eut dès le XII siècle une Dame de ce lieu de Champagne dont le nom étoit *Regina*. L'Hôtel-Dieu de Corbeil avoit au XIV siècle une ferme appellée *Campania*. Il est incertain si c'étoit dans le lieu duquel je viens de parler.

VAUX, qui forme aujourd'hui une partie assez considérable de la Paroisse de Savigny, ne porte peut-être ce nom que par opposition à celui de Champagne. Un Chevalier, nommé Gui de Vaux, étoit en 1182 Seigneur suzerain d'une dixme située à Morcent. Tout ce que j'en ai lu se trouve dans Sauval, qui a publié entierement un Livre des Comptes de la Prévôté de Paris. On y apprend que vers l'an 1462, Catherine de Gauve, veuve de Simon Morhier, acquit de Catherine Bernier, veuve d'Antoine de Brise, Chevalier, et des deniers de Guillaume Morhier, Ecuyer, un Fief situé à Vaux-sur-Orge mouvant de Montlhéry, lequel avoit appartenu à Guillaume Bernier, Chevalier. Dès les années 1463 et 1464, ce Fief étoit possédé par Jean Bernier, Chevalier, mais les fruits arrêtés entre les mains du Roi, ce qui continuoit encore en 1474. Ce Vaux situé au rivage gauche de la riviere d'Ivette, est celui qui, dans les cartes, est marqué sous le nom de Grand-Vaux, et qui est appellé tel par opposition au Petit-Vaux qui est à l'autre bord.

En 1628, Anne Simon de Marquemont, veuve de Noble Jean de Gauville, y faisoit sa demeure, et l'année suivante elle y résidoit avec Isaac le Lievre, Auditeur des Comptes, son second mari. En 1698, le Maréchal de Choiseul s'y retiroit. Ce Grand-Vaux appartient à M. le Comte du Luc, aussi bien que Savigny et Viry. Perm. de Chap. dom. 19 Fev. et 21 Août *ex Reg. Ep.*

Ibid., 28 Sept.

VILLE-MOISSON

Le nom que porte ce Village en a imposé aux étymologistes. Les uns en ont inféré que c'étoit un pays de bleds et que le territoire étoit une vaste campagne très-fertile en froment. C'étoit le sentiment de M. de Valois qui n'y avoit jamais été. D'autres qui ont vu le lieu, et qui y font leur demeure, faisant attention au peu de grain que fournit le terrain de cette Paroisse, pensent au contraire que ce nom vient du latin *Vilis Messis* ou *Vilis Messio*, selon lequel sentiment il faudroit écrire Vile-Moisson par une seule *l*. Mais je ne crois pas qu'on puisse tirer l'étymologie de ce lieu en aucune façon du latin *messis* ou *messio;* ce n'est qu'au XIII siécle que quelques-uns commencerent à écrire en latin *Villa Messium*. Dans le siécle précédent on n'osoit pas encore latiniser le mot *moisson*, et on l'ajoutoit en françois au bout du mot *villa*, quoique personne n'ignorât alors que moisson se disoit en latin *messis*, et l'action de moissonner *messio*. C'est ainsi qu'on le trouve dans les titres du Prieuré de Longpont écrit tantôt *Villa moissun*, tantôt *Villa moissum* ou *Villa muissun*, ou enfin *Villa moisson*. J'inclinerois donc bien plutôt à croire qu'on aura dit primitivement *Villemossus* avec l'intention de signifier *Villa Stagnosa*, *Villa uligimosa*, pays humide, ressentant le marais et la fraîcheur des eaux, et que *moss* a été une expression empruntée des habitans du nord.

En effet cette petite Paroisse, composée d'une seule rue en long regardant le nord, est presque située sur le bord de la riviere d'Orge, dont les débordemens doivent rendre le lieu assez aquatique. Sa distance de Paris est de cinq lieues ou environ vers le midi. Les prés, les vignes qu'on trouve en s'éloignant de la riviere, quelques labourages et le voisinage de la Forêt de Sequigny, font tout l'avantage de cette petite Paroisse. On y comptoit 34 feux en 1709, suivant le Dénombrement imprimé alors, et 168 habitans selon le Dictionnaire Géographique de la France qui parut en 1726. Un autre Dénombrement publié en 1745, y marque 37 feux.

L'Eglise est une espece de grande Chapelle sans ailes, et dénuée de tous ornemens de sculpture par lesquels on auroit pu juger depuis quand elle est bâtie. La grosse tour, par sa situation directement sur le devant de cette Eglise, marque quelque antiquité, et paroît avoir été replâtrée bien des fois ; elle ne reçoit d'agrément que par le pavillon couvert d'ardoise qui la termine. Saint Martin de Tours en est l'ancien Patron, ce qui forme encore une autre preuve de sa vétusté. Mais les peuples qui ont voulu avoir aussi une Fête particulière et moins commune avec les autres Villages, y ont fait joindre Saint Laurent. La Cure est marquée à la pleine collation Episcopale dans le Pouillé de Paris du XIII siécle, qui est le premier monument où le Village se trouve appellé *Villa messium* ; les Pouillés subséquens sont conformes quant à la nomination de la Cure. Dans celui du XV siécle, elle est appellée *Ville Messionis*. Celui de l'an 1626 l'appelle Ville Messon, *Villa Messonis*, ce qui n'est peut-être pas si mal. Comme on est certain que la Chapelle de Sainte-Geneviéve des Bois n'a été érigée en Paroisse que vers l'an 1200, il y a assez d'apparence que Saint-Martin de Ville-Moisson étoit l'Eglise que tous ces cantons-là jusqu'à Bondoufle et Fleury exclusivement, reconnaissoient pour leur Paroisse. Cependant le malheur des temps avoit permis qu'en 1521, 1534, 1544 et 1577 elle ne passoit que pour Succursale de Savigny où le Curé résidoit, et l'identité du saint Patron feroit volontiers croire que l'une auroit été détachée de l'autre, mais dans des temps bien éloignés. Au reste, lorsqu'on la désunit de Savigny en 1678, le 6 Août, cela fut regardé comme une nouvelle érection de la Cure.

Compot.Sig.Ep.

Reg. Arch. Par.

On ne connoît d'anciens Seigneurs de Ville-Moisson qu'à l'aide des titres de Longpont qui commencent sur la fin du XI siécle, où ils sont mentionnés comme Bienfaiteurs ou comme témoins des bienfaits d'autrui [1].

Chart. Longip. f. 15, 18, 19.

Thierry, dit *de Villa-Moïssum*, ou *de Villa-Muissun* ou *Moissun*, donna un cens qu'il avoit dans Longpont même. Après lui, on connoît Guy *de Villa-Moisson* ou *Moissun*, qui vivoit vers 1110, et Renaud, son fils. Puis Odon *de Villa-Moissum*, duquel avec Josbert-le-Queux, relevoit en premier une dixme de Savigny-sur-Orge, que Jean Palée donna à l'Eglise de Longpont vers

Ibid., fol. 4.

---

1. Je ne dis rien ici des Lettres de Maurice, Evêque de Paris, qui attestent qu'Asceline, Vicomtesse de Corbeil, avoit donné à l'Eglise d'Hiere un muid de froment à prendre en sa grange *apud Messum*, du consentement d'André d'Ormoy, du Fief duquel cela relevoit, parce qu'il ne me paroît pas qu'il s'agisse là de Ville-Moisson. (*Chartul. Heder.*)

l'an 1136. Rainald Misebelle *de Villa-Moissun* y est aussi connu pour avoir donné la moitié de la dixme *de Fulchodiis* à l'occasion de la prise d'habit de son fils. Sous Philippe-Auguste vivoit S. *de Villa-Moisson*, Chevalier, qui, avec Hermengarde sa femme, prétendoit faussement devoir jouir d'une dixme de Novales à Sequigny. Ce Prince avoit pour homme lige à Ville-Moisson Gui de Vaux, lequel avoit cédé une partie de ses revenus en arriere-fief au même lieu à Jean Pasté. *Chart. Longip. fol. 24. Chart. S. Magl. fol. 97. Rot. Phil. Aug.*

Albert *de Messio* avoit des terres sur la même Paroisse de *Villa-Moisson*, et pour cela il devoit la garde à Montlhéry durant deux mois. Il y a apparence qu'il est le même que le Grand Pastoral de Paris appelle Aubert de *Villa-Moisson* en 1248, lequel fut caution envers l'Eglise de Bray-Comte-Robert pour Henry d'Attily, Ecuyer. *Ibid. Magn. Past. fol. 45.*

Un Seigneur bien postérieur à ceux-là est Christophe Fourquaux qui possédoit Ville-Moisson et Ville-Granche sous Louis XI. Il mourut le 6 Novembre 1487. C'étoit un Procureur au Parlement. Perrette Hesselin, sa femme, jouit après lui de Ville-Moisson et décéda le 13 Février 1501. Ils sont inhumés aux Innocens à Paris. *Recueil d'Epitaph. en la Bibl. du Roi.*

En 1670, Lucien Boizard, Ecuyer, étoit Seigneur de ce lieu suivant la permission que lui et Marguerite Gelé, sa femme, obtinrent le 17 Novembre d'avoir une Chapelle domestique. *Reg. Arch. Par.*

Quelques-uns des Seigneurs de Sainte-Geneviéve-des-Bois ont possédé aussi la Terre de Ville-Moisson, comme la Présidente Amelot et MM. de Noailles.

Les habitans de Ville-Moisson furent en 1319 du nombre de ceux auxquels un Arrêt du Parlement permit de prendre du gibier dans la Forêt de Sequigny, pourvu que ce soit sans filets ni aucunes armes. Voyez ce qui en est dit sur Sequigny à l'article de Sainte-Geneviéve-des-Bois.

VIRY

Un peu au-delà de Juvisy sur la main droite en allant vers Essone, on apperçoit le Village de Viry situé en partie sur le côteau qui regarde le levant et le nord. C'est un pays à peu près comme Athies et Juvisy de vignes et labourages ; mais les vignes paroissent en occuper la plus grande partie. Le territoire cependant comprend aussi Chastillon qui est dans la plaine. Ce lieu éloigné de Paris de 4 lieues et demie, tire son nom d'un nommé *Verus* à qui il aura appartenu, comme l'a conjecturé très-bien M. de Valois. Ce nom étoit commun parmi les Romains. Ainsi de *Verus* on a fait *Veriacum,* et par corruption *Viriacum;* car on a beaucoup d'exemples du changement de la lettre *e* en *i* dans les inscriptions et autres monumens du V siécle et suivans. On a même écrit quelquefois *virus* pour *verus*. Mais il y a si long-temps que de *Veriacum* on a fait *Viriacum,* qu'on ne peut produire de titres où ce nom de lieu soit écrit de la premiere maniere. On va voir ci-après qu'on ne sçait rien sur Viry avant l'onziéme siécle.

Notit. Gall. p. 438.

L'Eglise de cette Paroisse, placée sur une éminence, paroît avoir été bâtie au XIII siécle, ainsi que l'indiquent les petites colomnes réunies qu'on y voit en dedans, et les restes qu'on y apperçoit de fenêtres rondes en forme d'œil-de-bœuf. Saint Denis, premier Evêque de Paris, en est le Patron; on y a joint depuis Sainte Luce que l'on honore comme seconde Patrone. Il n'y a de sépulture remarquable que celle de Jean Pied-de-fer, Chevalier de Saint-Jean de Jérusalem, Commandeur de Fieffes ou Siestes, décédé en 1506 ou environ. Il y est représenté sur la tombe avec sa croix de Chevalier. Cette tombe est au chœur sous la lampe.

Cette Cure est une de celles dont les Evêques de Paris se sont réservé la nomination pure et simple. Elle est sur ce pied dans le Pouillé du XIII siécle, et dans tous les autres. Ces Evêques avoient un Fief en cette Paroisse : car on lit qu'en 1169 Maurice de Sully, moyennant la somme de 27 livres, acheta de Thibaud Cocherel tout ce qu'il y possédoit et qui se trouvoit situé dans son Fief Episcopal. Les dixmes se trouvoient aussi alors inféodées à divers particuliers, et les Moines de Longpont en avoient une moitié suivant la Bulle d'Eugene III qui la leur confirme en 1151. Mais le Chapitre de Paris employa les sommes données par Guillaume d'Auneau, Diacre, par Pierre Chancelier, Erchambaud de Chailly, Souchantre, et Guillaume, neveu de l'Evêque Maurice, à l'achat de cette dixme. De tous les Laïques qui en avoient des portions, nous ne connoissons que Hugues de Merolles, Chevalier. Il est nommé dans l'échange que le Chapitre fit de la part de dixme qu'il avoit achetée de lui avec les Religieux du Prieuré de Longpont, lesquels céderent à Hugues, Doyen, et aux Chanoines d'autres biens qu'ils avoient au même lieu de Viry l'an 1203. Les acquisitions du Chapitre avoient été jusqu'aux novales; au moins un Chanoine-Diacre nommé Pierre l'Hermite fut recommandé à la postérité pour avoir travaillé à cette acquisition. Le manuscrit duquel j'ai puisé ces faits, marque aussi qu'un Doyen de Senlis nommé Etienne, Chanoine de l'Eglise de Paris, voulant y entretenir l'Office de Saint Nicolas, donna à cette Eglise *tertiam partem avenæ de aveio quæ est apud Viry;* je n'ai point traduit ceci en

Gall. Chr. nova, T. VII, col. 72.
Chart. Longip. fol. 1.
Necr. Eccl. Par. 15 et 25 Jan. 9 et 22 April.

Chart. aut Tab. Long. in T. I, Dubois, p. 96. Collect. mss.

Necr. Eccl. Par. 25 April.

Ibid., 7 Dec.

françois parce que je ne vois pas ce que peut signifier là le mot *aveium*, à moins qu'il ne soit mis pour *averium*, qui, dans la basse latinité, est synonyme de *facultas, possessio*. On y lit de plus que deux Doyens de Paris ont eu du bien à Viry, sçavoir, Hervé de Montmorency qui légua vers l'an 1191 les [prés qu'il possédoit à Viry] pour fonder un repas de quatre plats le jour de son anniversaire, et Jean Chanteprime, mort le 23 Février 1413. Ce fut dès le XII siécle qu'Etienne de Garlande, Archidiacre de Paris, dotant les deux Chanoines de Saint-Agnan dans l'Eglise de Notre-Dame, leur donna un clos de vignes à Vizy [*apud Viɀi*].

<small>Necr. Eccl. Par. 25 April. Gall. Chr. nova. T. VII, col. 198. Necr. Eccl. Par. 23 Feb. Hist. Eccl. Par. T. II, p. 15, ex parvo Past.</small>

Dans le Dénombrement de l'Election de Paris, Viry est toujours dénommé avec Chastillon, Hameau qui en dépend qui est situé sur le bord de la Seine, et qui est composé de douze ou quinze ménages. Dans celui qui fut imprimé en 1709, Viry et Chastillon sont déclarés contenir 64 feux : ce qui se trouve d'égal nombre dans celui du sieur Doisy. Le Dictionnaire Universel de la France évalua en 1726 cette quantité de feux à 290 habitants. Il nomme aussi Chastillon conjointement avec Viry : par où l'on voit que de la Barre en son dénombrement de la Châtellenie de Corbeil publié en 1647, s'est trompé en écrivant que Chastillon est un Hameau de Juvisy.

<small>Antiq. de Corb. p. 17.</small>

Un nommé Vulgrain de Viry est le premier Seigneur connu de ce lieu. Il vivoit en 1093.

<small>Chart. Longip. fol. 30.</small>

Après Alpaïde ou Aupes de Viry, laquelle pour cette Terre devoit au Château de Montlhéry la garde durant deux mois, les plus anciens Seigneurs sont :

<small>Chart. Ph. Aug.</small>

Bochard de Viry, Chevalier : puis Regnaud, son fils. On sçait de ce dernier qu'il vendit pour une somme de cent sols à l'Eglise de Paris quarante hostises (*Hostisias*), c'est-à-dire, ou quarante cabanes de paysans, ou la rente annuelle sur ces quarante logemens. Cet acte a cinq à six cents ans. Je crois pouvoir conjecturer que Jean de Beaumont, Maître d'Hôtel du Roi Philippe de Valois, étoit Seigneur de Viry en 1333, en ce que cette année ce Prince lui fit don d'une rente que le Domaine prenoit en ce lieu. En 1414 et en 1415 cette Terre étoit possédée par Eustache de Gaucourt, Grand Fauconnier de France, qui avoit pour épouse Jeanne de Montmorency.

<small>Magn. Pastor. fol. 39. Hist. des Gr. Off. T. VIII, p. 311. Ibid. T. III, p. 750.</small>

En 1437 c'étoit Jean de Gaucourt, Archidiacre de Joinville en l'Eglise de Chaalons, qui en étoit Seigneur. Il est aussi qualifié Doyen de Paris ; mais c'est apparemment une faute du manuscrit, d'autant qu'alors le Doyen de Paris étoit sûrement Jean Tudert. Ce Jean de Gaucourt avoit eu la Terre de Viry par succession d'Eustache, son frere. Après sa mort, elle passa à ses héritiers du nombre desquels fut Colaye de Gaucourt, sa niece, épouse de Jean

<small>Sauval, T. III, p. 280, extrait d'un Compte de la Prévôté de Par. Ibid., p. 484.</small>

d'Avesnes : puis à Marguerite d'Avesnes, leur fille, qui épousa Jean Foucault. Duquel mariage fut issue Jeanne Foucault, qui porta cette Terre à Richard de Saint-Marcy. Après quoi, Richard de Saint-Marcy en 1488 au mois de Janvier, [la vendit] à Etienne de Vest, Capitaine et Bailly de Meaux, qui possédoit déjà celle de Savigny qui y est contiguë. Etienne de Vest en rendit hommage à M. le Chancelier le 9 Avril suivant, comme mouvante de Montlhéry ou de Corbeil. Après sa mort la Terre de Viry advint à Charles de Vest qui étoit apparemment son fils; il est qualifié Seigneur de Viry au Procès-verbal de la Coutume de Paris de l'an 1510.

Louis d'Agoust, Chevalier des Ordres du Roi, est aussi dit Seigneur de Viry dans la Coûtume de Paris de 1580.

Il y a à Viry un Fief de Piedefer qui tire son nom de M. Piedefer ci-dessus nommé. Il a appartenu à M. Poncet, Evêque d'Usès, qui en a aggrandi et embelli les jardins, qui sont très vastes, et rempli de pieces d'eau à la faveur de la colline, avec des rochers.

La Maison de ce Prélat appartient aujourd'hui à M. Lebeuf, Secrétaire du Roi. Il y a dans cette maison une grande et belle Chapelle.

Dans la maison de M. Gigault, ci-devant possédée par Messieurs . . . ., sont trois Fiefs renfermés, sçavoir : Prometot, la Marche et la Celle.

Au XII siécle Gautier Tyrel avoit été l'un des possesseurs de la dixme de Viry, qui se fit scrupule de la garder. Les titres du Prieuré de Longpont marquent, qu'en partant de Jérusalem [*quando Hierosolimam perrexit*], il donna à ce Monastere la portion de dixme qu'il avoit engagée à Thierry de Paris, et que cette concession fut confirmée en présence de Thomas, Abbé de Morigny, et de Jean, Prieur de Longpont, vers l'an 1140. La même Maison fut aussi gratifiée vers ces temps-là d'un homme, dont Girold Gastinel lui fit donation ; ce qu'il fut besoin qu'Anserede, son fils, surnommé *Sultanus*, confirmât aussi bien qu'Aveline, femme de Girold, lesquels ne pouvant se transporter à Longpont, suivant l'usage, à cause de leur infirmité, donnerent leur approbation par acte passé à Viry. Peut-être que ces deux Bienfaiteurs de Longpont jouissoient d'une partie de la Seigneurie de Viry. Le surnom de *Sultanus* paroissoit emprunté de quelques Nobles revenus d'Orient.

Chart. Longip. fol. 29.
Gall. Chr. T.VII, col. 555.
Chart. Longip. fol. 23 et 24.

Au même siécle, l'Abbaye de Saint-Victor de Paris fut enrichie de ce que Gautier de la Chapelle, Chambrier du Roi, lui donna sur la Paroisse de Viry pour l'ame d'Etienne, son frere, Archevêque de Bourges, mort en 1174. Le Nécrologe de cette Maison spécifie la moitié de la terre et de la grange ou ferme de Chastillon, aussi-bien que la moitié de l'eau et la moitié généralement

Gall. Chr. noia, T. II, col. 55.

de tout ce qu'il y possédoit. On lit aussi au même Nécrologe que *Necr. S Vict.* Jean d'Orangy, Chevalier, et Jeanne la Vigaire sa femme, don- *ad X Cal. Jun.* nèrent à cette Abbaye une partie de la dixme de Viry.

Au XIV siècle le Roi Charles V donna à l'Abbaye de Saint- Trés. des Chart. Maur-des-Fossés pour d'autres biens un Fief à Viry et la Justice Reg. haute, moyenne et basse. En 1369 il y eut en Parlement un accord Piece 123 etc. entre les sœurs du Couvent [de] Saint-Marcel de Paris et les habitants de Viry.

On peut mettre parmi les hommes illustres qui ont porté le nom de Viry parce qu'ils en étoient natifs, ou parce qu'ils étoient fils d'un des Seigneurs, Gazon de Viry qui fut Chantre et Chanoine de l'Eglise de Paris au XII siècle, avant le célèbre Pierre le Chantre. Il est inhumé dans le chœur de Saint-Denis-du-Pas, Joly, du côté droit. Il mourut le 28 Août, jour auquel on lit dans Traité des Ecol. un Obituaire : *Obiit bonæ memoriæ Gazo de Viriaco quondam* p. 572. *Canonicus et Cantor Parisiensis.* De plus, Jean de Viry qui Gall. Chr. nova, étoit Abbé de Sainte-Geneviéve en 1349. Le Nécrologe de cette T. VII, Maison dit qu'il était grand Théologien : *in sacra Theologia* col. 754 et 755. *eximius doctor.* Il mourut vers l'an 1358.

Il y a dans le Vermandois un autre Village appellé également Viry, et où le Chapitre de Notre-Dame de Paris a du bien. J'ai tâché de distinguer ce qui regardoit précisément celui du Diocèse de Paris, et de ne rien confondre.

CHASTILLON, que j'ai dit ci-dessus être un Hameau de douze ou quinze maisons situées sur le bord de la Seine, n'a rien de recommandable si ce n'est qu'il est au moins du XII siècle, ayant donné son nom à des Chevaliers de ce temps-là qui sont connus dans le Cartulaire de Longpont sous le nom de *Fredericus de Castellonio, Joscelinus de Castellonio.* Ces Seigneurs avoient eu apparemment un petit Château en cet endroit dont le nom leur étoit resté.

GRIGNY

Nous n'avons rien sur ce Village avant le regne de Philippe-Auguste dont le Cartulaire en fait mention : aussi ne paroit-il pas fort ancien, au moins en qualité de Paroisse. Il est situé à cinq lieues ou environ de Paris, à une petite demi-lieue de Viry et dans la même exposition, également à la droite du grand Chemin de Paris à Fontainebleau. Les coteaux et le sol l'ont fait trouver propre à la vigne. La moitié des maisons sont dans la plaine tout au haut de la montagne, où se trouve aussi le Château qui jouit d'une très-belle vue.

Le Dénombrement de l'Election de Paris imprimé en 1709 y marquoit 60 feux. Celui qui vient d'être donné en 1745 par le sieur Doisy, n'en compte que 56. Le Dictionnaire Universel de la France qui a été publié entre l'édition de ces deux ouvrages, réduit le nombre des habitans à 253.

M. de Valois n'a fait aucune mention de ce Village dans sa Notice du Parisis, parce qu'il ne le trouvoit pas spécifié dans l'ancien Pouillé du XIII. siécle, où sont nommées toutes les Paroisses et Cures qui existoient alors dans le Diocése, avec ceux qui en avoient la nomination. C'est pour cela aussi que je ne crois Grigny érigé en Cure que depuis ce temps-là, persuadé que c'étoit auparavant une Succursale de Viry. Il est vrai que par droit de voisinage elle auroit pu être également Succursale de Ris : mais ce qui empêche de croire qu'elle ait dépendu de Ris pour le spirituel, est que c'est l'Evêque qui y a toujours nommé *pleno jure* comme il a fait à Viry : au lieu que c'étoit l'Abbé de Saint-Magloire qui présentoit à la Cure de Ris, et qui par conséquent auroit présenté à Grigny si c'étoit de Ris qu'il eût été démembré. Au reste cette Cure de Grigny ne se trouve point non plus dans le Pouillé de Paris imprimé en 1648 ; mais c'est par omission, car elle est dans celui qui fut publié en 1626.

L'Eglise est petite et n'a rien de beau ni de remarquable ; il y reste quelque chose de vieux du côté du midi : mais on n'en peut dire précisément le temps. On y célébre la fête patronale le 17 Janvier, et on y honore S. Antoine et S. Sulpice, Evêque de Bourges, desquels la mort est arrivée le même jour. Dans les anciennes provisions il y a quelquefois *Ecclesia SS. Sulpitii et Antonii*, et d'autres fois *SS. Antonii et Sulpitii*. Dans la permission donnée le 30 Juillet 1539 à l'Evêque de Sebaste de bénir le cimetiere, il y a *S. Antonio de Grigniaco*. En 1311 Jean d'Arsis, Chevalier, Sire d'Orengy, fonda en l'Eglise de Grigny à l'Autel de Notre-Dame, une Chapellenie chargée de cinq Messes par an, sçavoir, aux cinq Fêtes de la Vierge, donnant pour cela douze journées de terre amorties sur toute la terre qu'il avoit à Grigny. On y voit dans le chœur l'épitaphe de M. Hatte qui en étoit Seigneur, comme aussi du Plessis-le-Comte. J'ai lu que Charlotte-Marthe Hatte, veuve de René Guillemin, Sieur de la Mourliere, a fondé un Chapelain à Grigny par son testament du 28 Mars 1698 ; au sujet de quoi il y a eu depuis un Réglement avec M. Joly de Fleury.

Les deux terres de Grigny et du Plessis étoient primitivement de la Châtellenie de Montlhéry, mais le Cartulaire de Philippe-

Reg. Ep. Paris.

Chart. maj. Ep. fol. 257.

Auguste nous apprend que du temps qu'un nommé Jean de Corbeil les possédoit toutes les deux, elles furent ôtées à cette Châtellenie et attribuées à celle de Corbeil. C'est là le premier titre latin où l'on trouve le nom de *Grigniacum*, nom dont l'étymologie restera long-temps à deviner. Les autres Grigny qui sont en France, en Artois, en Lyonnois et Messin ont été dits en latin *Grinniacum*: mais cela n'en découvre pas plus clairement l'origine.

<small>Ann. Ord. S. Bened. T. I. p. 10, 30, 106, 386.</small>

Après un Frédéric de Grigny mentionné au Cartulaire de Longpont dans un acte du XII siècle, Jean de Corbeil est le premier Seigneur connu de Grigny. Il devoit fournir la garde durant deux mois au Château de Montlhéry : et cela à raison de ses deux Terres, dont Grigny est toujours nommée la premiere.

<small>Chart. Longip. fol. 5.

Chart. Ph. Aug.</small>

Sous le regne de Charles VII paroît dans l'Histoire Etienne Chevalier, Seigneur de Grigny et de Plessis-le-Comte. Il y est qualifié Secrétaire de ce Prince. Il fut aussi son Ambassadeur en Angleterre. Le Roi Louis XI l'envoya en 1470 à Rome sous la même qualité. Quelques années après la Terre de Grigny fut possédée par Raoul du Refuge, Maistre des Comptes, auquel succéda vers l'an 1476 Philippe Brunel, Ecuyer, qui voulut troubler les Religieux de Saint-Magloire dans leur jouissance de la Terre de Ris. Il jouissoit encore de Grigny en 1506. L'épitaphe de Marie Chevalier, décédée en 1521 le 25 Septembre, et inhumée à Saint-André-des-Arcs, la qualifie Dame de Grigny. Elle a aussi cette qualité dès 1511, et celle de veuve de Jean le Boulanger, Premier Président au Parlement. C'étoit apparemment la fille d'Etienne Chevalier, dont je viens de parler. De la Barre, Historien de Corbeil, écrit que Geneviève Boulanger de l'Estoc porta en mariage la Seigneurie de Grigny et du Plessis-le-Comte, à François de Luyne, Président au Parlement de Paris. Ce Président ayant marié sa fille Antoinette à Lubin d'Allier, savant Docteur en Droit, Bailly de Saint-Germain-des-Prés, lui donna cette Terre. De leur mariage fut issue Marie d'Allier, femme de Jean le Mercier, cadet de Languedoc, très-versé dans les langues grecque et hébraïque, Auteur de plusieurs traductions et Commentaires, qui, après la mort de Vatable, fut choisi pour être Professeur de cette derniere à Paris. De plusieurs enfans que ce Sçavant eut de Marie d'Allier, il ne restoit que Josias le Mercier dans le temps que de la Barre écrivoit ; il le qualifie en deux endroits Seigneur de Grigny. C'est de lui qu'on a Nonnius Marcellus corrigé, des Notes sur Aristenete, sur Tacite, etc., l'Eloge de Pierre Pithou, et des Lettres qui sont dans le recueil de Goldast, dont quelques-unes sont datées de Grigny (*e Griniaco nostro*). Il mourut le 5 Décembre 1626. Saumaise qui étoit son gendre, eût publié sa vie s'il n'étoit mort trop tôt. Un Arrêt du

<small>Geoffroy, Vie de Ch. VII, Notes, p. 881.

Comptes de la Prevôté de Paris, Sauval, T. III, p. 425, 431, 438, 445, 482, 500, 539.

Tab. S. Magl.
Collect. d'Epit. de Paris.
Mém. sur les droits de lods en la Chât. de Corbeil.
Antiq. de Corb. p. 239.

Ibid. p. 18 et 239.</small>

26 Juillet 1612 lui donne le titre d'Ecuyer, Seigneur des Bordes et de Grigny.

Mais ce qui mérite le plus d'attention est qu'il [De la Barre] observe que c'étoit à Grigny que vivoit encore, en 1623, Camille de Morel, célebre Muse grecque et latine, fille de Jean de Morel, Maître des Requêtes, avec lequel Antoinette de Luyne s'étoit mariée en secondes noces, et tante par conséquent du côté maternel de Josias le Mercier, Seigneur de la Terre. Il ajoute que cette Camille de Morel, qui étoit âgée de quatre-vingts ans lorsqu'il écrivoit, avoit commencé, dès l'âge de 12 ans, à faire paroître la gentillesse de son esprit par les vers grecs et latins qu'elle composa sur la mort du Roi Henri II. Je présume que cette sçavante fille qui resta dans le célibat, résidant à l'âge de 80 ans dans Grigny, y finit ses jours, et y reçut sa sépulture. C'est ce qui pourroit être éclairci par le moyen des Registres mortuaires.

<small>Antiq. de Corb. p. 239.</small>

Le cahier de la convocation du ban et arriere-ban de la Châtellenie de Corbeil faite en 1557, peut servir à développer ici quelque chose. Il y est dit qu'il y avoit plusieurs Seigneurs à Grigny en ce même temps, et plusieurs Fiefs ; que Josias Mercier, Ecuyer, en étoit alors Seigneur, mais du tiers seulement, qui étoit estimé valoir 146 livres 18 sols. Il se présenta le 30 juin 1597, déclarant qu'il étoit prêt à partir pour l'armée. On y lit que ce tiers de Seigneurie avoit appartenu auparavant à Jean Morel. Les deux autres tiers étoient le Fief Jean Viel devenu le Fief de la Motte, qui fut déclaré par Jean Crespin, valoir 25 livres, et le Fief de la Porte-Jaune appartenant à Claude le Camus, Ecuyer, dont le revenu étoit de huit vingt huit livres, trois sols, huit deniers. Le 22 Août 1597, Jacques de Brunsay, Sieur de la Courrouge, se présenta pour ces deux tiers, requérant être déchargé de la contribution au ban et arriere-ban, suivant le mandement par lui obtenu. Ce qui confirme encore qu'il y avoit plusieurs Seigneurs en même temps à Grigny, est qu'en l'an 1580, pendant que les d'Allier y étoient Seigneurs, Françoise de Romain en étoit Dame suivant le Procès-verbal de la Coutume dressé alors.

Les autres Fiefs sis à Grigny, mentionnés au même cahier, sont le Fief Brohier, qui fut déclaré par Damoiselle Claude de Longuejoüe, produire ou valoir trente livres. Le Fief de la Clochette, déclaré par Jacques Gloteray. La moitié de ce Fief avoit été saisie sur Philippe le Bel, Docteur en Théologie, et sur Nicolas Silvestre, Notaire, tant en son nom que comme tuteur des enfants mineurs de feu François Couretier et Catherine Herault, sa femme ; mais ils en obtinrent la main-levée le 14 Avril 1598.

L'ARBALESTE étoit une Maison de Grigny du côté de Ris, dans laquelle avoit été le Prêche des Calvinistes lorsqu'il leur fut défendu d'en avoir à quatre lieues de Paris. Ce fut en expiation de cette entreprise que fut fondée au Château de Grigny une Chapelle du revenu de 400 livres. Le nom de l'Arbaleste pouvoit lui avoir été donné par des descendans des Vicomtes de Melun qui s'appelloient ainsi. Madame Chanlay y a aujourd'hui une jolie maison.

Immédiatement avant M. Joly de Fleury, Procureur Général, et dès l'an 1698, le Seigneur de Grigny étoit M. de Chevilly, Lieutenant Général des Armées du Roi, duquel M. de Fleury acheta cette Terre. Après son acquisition, M. le Procureur Général vendit à vie le Château et le Parc à Madame la Marquise de Nonant qui en a joui plusieurs années. Cette Terre a haute, moyenne et basse Justice. Elle est en partie sur la Prévôté de Montlhéry, et en plus grande partie sur celle de Corbeil où les Seigneurs prennent tout le droit dans les mutations.

Je n'ai point donné rang parmi les Seigneurs de Grigny au Vicomte de Tremblay, qui fut attaché au Roi Charles VII au temps des troubles dans le commencement de son regne. Le monument qui en parle dit seulement qu'étant absent vers l'an 1423, les héritages qu'il avoit à Grigny furent donnés par le Roi d'Angleterre à Jacques Pesnel pour sa vie. *Compte de la Prévôté de Paris, v. 1425. Sauval, T. III, p. 328 et 586.*

C'est aussi à Grigny qu'étoient situés ceux qu'un Chanoine de Paris, nommé Jean le Moine, assigna pour doter dans l'Eglise de Notre-Dame une Chapellenie à l'autel de Saint-Siméon, dit l'autel des paresseux. *Dubois, Collect. mss. T. V, ad calcem.*

On m'a assuré dans le pays que les Moines de Longpont ont autrefois eu une dixme à Grigny. MM. de la Congrégation de la Mission y ont une maison et une ferme.

Les Archives du Chapitre de Paris font mention, à l'an 1589, d'une Sentence de forclusion contre Louis Grignon, Curé de Grigny, pour les dixmes de ce lieu, du 21 Octobre de la même année. *Collect. Reg. Cap Par. in Bibl. Reg.*

JUVISY

Au bout de la plaine de Longboyau qui s'étend depuis Villejuy jusqu'à la vallée au fond de laquelle passe la riviere d'Orge, se trouve une descente assez roide qui conduit au Village de Juvisy. Cette descente étoit celle des voitures publiques qui traversoient ce Village; mais depuis environ vingt ans on a pratiqué le grand chemin à main droite; il ne passe plus dans Juvisy, mais il le laisse à certaine distance.

Ce Village est situé à quatre ou cinq lieues de Paris sur la rive gauche de l'Orge, et à trois de Corbeil, proche du lieu où elle se partage en plusieurs branches avant que d'entrer dans la Seine.

<small>Greg. Tur. Lib. VI, cap. XIX, ad an. 582.</small> Grégoire de Tours parle d'un des ponts qui étoit placé sur cette riviere de maniere à faire croire qu'elle séparoit en 582 le Royaume de Chilpéric dans lequel Paris étoit compris, d'avec celui de Gontran ; c'étoit à ce pont que Chilpéric avoit mis des gardes, lesquels ayant été tués par Asclepius et ses gens, tout le pays voisin fut ravagé. Mais, comme Grégoire ne nomme aucun Village en particulier, on ne peut pas dire si ce pont public étoit plutôt dans le canton connu depuis sous le nom de Juvisy, que dans celui de Châtres où étoit le grand passage pour venir d'Orléans à Paris. Aucun Historien ni titre de ma connoissance ne fait mention de Juvisy avant le commencement du XII siécle. Alors, dans les titres purement latins, on le distinguoit sous le nom vulgaire Gevisi ou Givisi ou bien Gevesi, ou si quelquefois on latinisoit ce nom, on mettoit *Gevisiacum*, expression qui ne peut pas nous rendre plus sçavans sur l'étymologie de ce nom de lieu, mais dont seulement nous pouvons conclure qu'on a usé de ce nom dans notre langue comme on a fait de *Gemeticum*, Jumieges, et que l'usage a fait changer la lettre G en J consonne.

Ces titres passés dans le cours du douzième siécle, nous apprennent qu'il y avoit alors à Juvisy une Maison de Moines de Marmoutier, que ces Religieux avoient des hôtes, que l'Eglise étoit du titre de Saint Nicolas, qu'il y avoit aussi un Couvent de Religieux qui desservoient une Léproserie, si ce n'étoit pas la même Communauté que celle qui dépendoit de Marmoutier d'où elle étoit venue comme le Couvent de Notre-Dame-des-Champs proche Paris. J'ai cru devoir rapporter ci-après le Sommaire de ces titres, sans lesquels nous ne sçaurions presque rien sur Juvisy.

L'Eglise Paroissiale a pour Patron le même Saint que le Prieuré, c'est-à-dire Saint Nicolas. Des provisions de l'an 1473 donnent à la Cure le nom de ce Saint. On voit dans le chœur de cette Eglise des restes d'édifices du XIII siécle, au moins quant à la structure des principaux piliers qui sont à l'entrée. Mais comme apparemment l'ancienne Eglise étoit restée sans Dédicace, ou à cause que le bâtiment d'aujourd'hui a été réputé totalement nouveau, la Dédicace en fut faite en 1624 : et en mémoire de cela on lit sur un pilier l'inscription suivante gravée sur le marbre :

L'an de grâce 1624 le 29 jour de Juin, de l'autorité et permission de Messire Jehan François de Gondy, Archevêque de Paris, et à la poursuite, dépense et diligence de Messire François de Saccardy, Protonotaire du Saint-Siége, Prieur Commendataire du Prieuré de Notre-Dame des

Champs, Seigneur de ce lieu de Juvisy, Messire Henry Clausse, Evesque et Comte de Chaalons, Pair de France, consacra et dédia l'Eglise paroissiale de ce lieu de Juvisy, sous le nom et l'invocation de son glorieux Patron S. Nicolas, bénit aussi le cimetiere qui est au-devant de ladite Eglise : et a concédé à tous ceux qui la visiteront le jour solemnel de la Dédicace, quarante jours d'Indulgences.

Dans tous les Pouillés de Paris, à commencer par celui du XIII siècle, la Cure de Juvisy est à la présentation Monastique. Dans le premier, elle est dite à la nomination de l'Abbé de Marmoutier ; mais dans ceux de 1626 et 1648 il est marqué que c'est au Prieur de Notre-Dame-des-Champs, Membre de Marmoutier, à y présenter. Le Pelletier, dans le sien, qui est de 1692, dit que cela appartient au Prieur de Saint-Martin-des-Champs : mais c'est une des fautes innombrables qu'il a faites.

Pouillé de Le Pelletier, p. 68.

Il y a aussi à Juvisy une Maladerie qui se trouve dans le Pouillé de 1648, page 143. Elle y est dite être de fondation commune. On la retrouve dans le Catalogue des Bénéfices du diocèse de Paris, imprimé sous M. de Noailles, et elle est au rolle des Décimes. La Carte de de Fer marque entre ce Village et celui de Savigny, le Cimetiere Saint-Martin. Peut-être est-ce la place où étoit cette Maladerie dite autrement Léproserie. Elle étoit une des riches Léproseries en 1351, lorsque l'Evêque de Paris la fit visiter, mais aussi étoit-on obligé d'y recevoir les malades de dix Paroisses, ainsi désignées dans l'acte de visite : *Givisiacum, Viriacum, Grigniacum, S. Genovefa et Morsan, Villas Moissonis, Savigniacum et Vaux, Orliacum, Plesseium Comitis, Orengis, Spinolium et Vaux*. Foulques de Chanac, Evêque de Paris, en avoit pourvu Frere Jean de la Courk. Elle avoit du bien *apud Loserram prope Palatiolum*.

Reg. visit. 1351, fol. 19.

En 1709 on comptoit 110 feux à Juvisy suivant le Dénombrement alors imprimé, et le Dictionnaire Universel de la France publié dix-sept ans après, y comptoit 302 habitans. Mais dans le Dénombrement que le sieur Doisy a donné au Public en 1745, il n'y est marqué que 67 feux. Cette diminution, si elle est véritable, a été sans doute occasionnée par le transport fait du grand chemin hors le Village, l'an 1728, pour la commodité des voitures qui vont à Fontainebleau et plus loin. En descendant donc la montagne on laisse à main gauche le Village entier de Juvisy, et au lieu de cabarets on trouve à chaque côté du chemin presque tout en bas deux fontaines en maniere de réservoir quarré de pierre : chacune de ces fontaines est construite sur les deux bouts d'une haute arcade qui forme le pont, et l'eau de la riviere d'Orge qui passe par dessous, y est conduite par une pompe. A ces deux fontaines est incrusté un marbre blanc, mais il n'y a d'inscription que sur celle qui est à gauche en descendant : en voici la teneur :

Ludovicus XV Rex Christianissimus viam hanc ante difficilem, arduam, ac pene inviam, scissis disjectisque rupibus, explanato colle ponte et aggeribus constructis, planam rotabilem et amœnam fieri curavit anno MDCCXXVIII.

L'élévation de cette arcade a obligé de construire au-dessous sept ou huit autres arcs de pierre qui contrebandent les terres de la montagne [1]. En conséquence de ces ouvrages publics, il parut en 1745 une Ordonnance du Bureau des Finances qui défendoit de les endommager ni d'y conduire les bestiaux.

<small>Cod. Rural, p. 316.</small>

Les Registres du Châtelet de Paris marquent à l'an 1563 que le Roi Charles IX étant à Fontainebleau au mois de Février, accorda à la prière des habitans de Juvisy qu'il y auroit en ce lieu deux Foires par an, sçavoir aux deux Fêtes de Saint Nicolas, en Mai et en Décembre, et un marché le Vendredi de chaque semaine. Je parlerai ci-après des Seigneurs temporels de ce Village qui sont venus à ma connoissance.

<small>Bannieres, Vol. VII, fol. 3.</small>

On a vu ci-dessus qu'un Prieur commendataire de Notre-Dame-des-Champs, dont la Maison de Juvisy étoit une dépendance, se disoit en 1624 Seigneur de Juvisy. C'est en effet du Cartulaire de ce Prieuré de Paris que je tirerai la plupart des traits historiques qui forment ce qu'on a de plus ancien sur Juvisy. Il en faut excepter celui-ci que l'on trouve dans le Cartulaire du Prieuré de Longpont. Il a paru si curieux à l'Editeur du Pénitenciel de Théodore de Cantorbéry, qu'il l'a mis à la tête des Sentences Episcopales prononcées synodalement contre les violateurs des Canons. On y voit le style de la plaidoirie sous Louis le Gros, à peu près de la maniere dont les Avocats du Roi résument les plaidoyers ; ensuite le jugement des Archevêques et Evêques assemblés à Paris. Les Moines de Juvisy et ceux de Longpont disputoient entre eux à qui auroit l'Eglise de Saint-Germain-d'Orengy ; ceux de Juvisy disoient la tenir d'Odon de Ver, fils d'Ameline, à laquelle elle appartenoit par droit héréditaire. Ceux de Longpont alléguoient que le fils n'avoit pu la donner sans l'agrément de sa mere, et que comme elle n'approuvoit point ce don, et qu'au contraire c'étoit à eux qu'elle avoit donné cette Eglise et qu'elle persévéroit dans sa volonté, elle devoit leur

<small>Jacob. Petit, in Pœnit. Theod. cant. T. II, p. 548.</small>

---

[1] Quelques Voyageurs instruits du nom de la petite riviere qui fournit ces deux fontaines, ont plaisanté sur ce rafraichissement que la Providence leur offroit gratis, et l'ont appellé l'*Orgeat de Juvisy*. On lit que ce qui a été cause que le grand chemin a été porté hors du Village, fut le refus que le Seigneur fit de donner un certain espace de son parc pour l'élargir.

appartenir. Les Moines de Juvisy furent déboutés de leurs prétentions par l'Assemblée des huit Prélats tenue à Paris vers l'an 1110 ou 1115, et n'y sont jamais revenus depuis.

La subordination de ces Moines à l'Abbaye de Marmoutier qui est sous le titre de Saint Martin, est assez clairement marquée dans une Charte de la remise que Louis le Gros leur fit à Paris en 1136, l'an vingt-neuviéme de son regne. Ce Prince y dit qu'il abandonne à Dieu, à Saint Martin et aux Religieux les tailles et les coutumes qu'il leve sur leurs hôtes de Gevisy, à la charge de la redevance d'un sextier d'avoine par chaque hôte. Outre cela le Roi veut que si un aubain (*albanus*), c'est-à-dire un étranger, venoit à mourir à Juvisy, le reste des biens qu'il n'aura pas donnés pour le repos de son ame, lui appartiendra. Je ne sçai si les donations que ce Diplôme marque pouvoir être faites à Juvisy par les étrangers mourans, n'insinue pas que les Moines de ce lieu tenoient une espece d'Hôpital. Voici une autre concession qui leur fut faite au même siécle. La Charte est sans date. Maurice de Sully certifia que Reine de Champagne et ses héritiers Geoffroy de Froitmartel et Bouchard de Paleiscel avoient remis entre ses mains toutes les dixmes qu'ils avoient à Champagne, *in Campania*, et les ont données en aumône à l'Eglise de Saint-Nicolas de Givesi, en présence de Mathieu, Hugues et Hermund de Champagne et d'Etienne de Balisy. Les gens de Juvisy ou des environs n'ont pas besoin qu'on explique ici ce que c'est que ce Champagne, territoire de leur voisinage. Je ne dis ceci que par rapport aux étrangers qui pourroient s'imaginer que par ces termes du titre *Reginam Campaniæ*, il faudroit entendre une Comtesse de Champagne, Reine de Navarre. Il reste une autre charte du même Evêque donnée l'an 1182, par laquelle il déclare que c'est de son consentement que Robert, Prieur de Givisi, et le Couvent des Lépreux ont vendu à l'Abbaye de Saint-Magloire pour le prix de 18 livres, la dixme qu'ils avoient à Morcent-sur-Orge; et que Gui de Vaux, *de Vallibus*, du Fief duquel elle étoit, a approuvé cette vente moyennant quarante sols que les Lépreux lui ont payés. Voici encore une preuve du pouvoir de l'Abbé de Marmoutier sur le Prieuré de Juvisy: en 1226, cet Abbé appellé Hugues, échangea une vigne dite de Ligart qui en dépendoit, contre un arpent de vigne situé à Bachuncel, que lui donna Hugues d'Athies, Chevalier, Grand Panetier de France. Le Prieuré de Notre-Dame-des-Champs, proche Paris, étoit un objet sur lequel l'Abbé de Marmoutier avoit plus d'attention. Haimeric, Archidiacre de Josaye, ayant voulu avoir son droit de procuration dans ce Prieuré, les Religieux se disant exempts le lui refuserent, mais depuis, par accord, il fut dit que lorsque cet Archidiacre visiteroit

Chart. B. M. à Camp., fol. 44.

Ibid., fol. 31.

Chart. S. Magl. fol. 96.

Chart. B. M. à Camp. f. 42.

Ibid., fol. 6.

le Prieuré de Juvisy, le Prieur du même lieu lui payeroit quinze sols parisis, et cela fut confirmé en 1231, au mois de Mars, par l'Evêque Guillaume, par Luc, Doyen, et le Chapitre de Paris [1]. Dans les siècles suivans, c'est toujours le Prieur de Notre-Dame-des-Champs qui est considéré comme Maître à Juvisy. En 1304, le 1er Septembre, Pierre le Jumiaus, Garde de la Prévôté de Paris, le maintint en la possession et saisine de Juvisy, la connoissance et la justice des mesures à vin, des chambriers-habitans de ce Village, et de la prise du petit pain. Ceci s'accorde avec un Arrêt de la Chambre des Comptes d'environ l'an 1549, qui porte le délai d'un an à Simon Nanquier, Prieur de Notre-Dame-des-Champs, pour donner la déclaration de son temporel, et que pendant ce temps-là, il jouira du revenu de la Terre de Gevisy.

Chart. B. M. a Camp. f. 56.

Mem. Com. Comp. à 1540, ad 1543.

Entre les Eglises étrangeres auxquelles il a été donné du bien situé à Juvisy, on n'en peut gueres trouver de plus ancienne que celle de Longpont sous Montlhery, puisque c'est un bienfait du temps qu'on se disposoit à y bâtir l'Eglise. Herbert d'*Ablum* et Hodearde, sa femme, voulant accélérer cet édifice, se transporterent à Longpont même, et y déposerent sur l'autel de l'Oratoire un acte par lequel ils donnoient à ce dessein chaque année un *quosterech* de vin à prendre dans leur vigne de la Tournelle, *de Turnella*, située, disent-ils, *in terra S. Nicolai de Givisiaco*. L'Eglise de Longpont paroît être du XII siécle. C'est aussi à Juvisy que devoient se lever les quatre muids d'avoine qu'Odon de Sens, Chanoine de Notre-Dame de Paris au XIV siécle, ordonna pour la fondation de la seconde Chapellenie dans cette Eglise à l'autel de Saint Pierre et de Saint Etienne.

Chart. Longip. fol. 9.

Dubois, Collect. MS. T. V, ad calcem.

Ce ne fut pas seulement aux Hôtes du Prieuré de Juvisy que le Roi Louis le Gros remit les tailles et coûtumes dont j'ai parlé ci-dessus pour une redevance d'avoine : cette grace fut étendue sur les autres habitans. Mais, depuis, Philippe le Bel gratifia vers l'an 1300 de cette redevance annuelle *quatuor modiorum* un nommé Jean de Champagne ; et il fut jugé en Parlement que ce seroit à la mesure du Prieur de Juvisy qu'ils seroient payés, de même que l'étoient les quatre autres que le Roi avoit données à ce Prieur.

Reg. Parl. m. Jul. 1301.

Il ne s'est présenté à mes recherches d'autres Seigneurs séculiers de Juvisy que Jean Dupuis, Ecuyer, qui en étoit Seigneur en partie vers 1430. Ensuite Robert Hurault, Conseiller au Grand Conseil en 1554, fils de Nicolas, Seigneur de ce lieu, Conseiller au Parlement. Il fut marié à Magdeleine de l'Hôpital. C'est peut-être

Sauval, T. III, p. 586. Hist. des Maîtres des Req.

---

1. On trouve à la même année 1231 le bail de trois quartiers de vignes *apud sabulos* fait par G. Prieur de Notre-Dame-des-Champs, moyennant 6 deniers de cens et 2 sols parisis par an. (*Chart. B. M. a Camp., fol. 31.*) Or, par un autre acte, on sçait que le canton *sabuli* étoit à Juvisy.

à cette occasion que le Chancelier de l'Hôpital, dans une de ses
Lettres, a fait mention de Juvisy qu'il appelle en latin *Gevisum*.
En 1674 cette Terre appartenoit à Antoine Rossignol, Maître des Régist. du Parl.
fol. 118.
Comptes, qui obtint alors du Roi des Lettres de concession de la
haute Justice dans le territoire du Bourg et de la Paroisse. Il y a
quinze ou vingt ans que M. le Marquis de Brancas en jouissoit.
Elle a été vendue par lui à M. Poupart. Le Château est dans le
bas à côté de l'Eglise.

C'étoit en ce Village que le Dauphin Charles étoit allant à
Melun où la Reine l'envoyoit, lorsque le Duc de Bourgogne
l'atteignit et le ramena à Paris dont il y eut grand bruit, et le
Duc d'Orléans pareillement.

Il est parlé encore de ce Village dans les cahiers de la Prévôté Sauval,
T. III, p. 328
et 585.
de Paris à l'an 1423 à l'occasion du Vicomte de Tremblay que
son attachement au Roi Charles VII fit absenter, et dont les biens
situés à Juvisy furent donnés par le Roi d'Angleterre à Jacques
Pesnel, et ceux de Jean de la Cloche aussi absent pour le même
sujet, à Mademoiselle de Gaillon.

Pierre le Venier, Pénitencier d'Auxerre dont on a une « route de
Paris à Auxerre » en vers hexamètres imprimée dans une édition
des Colloques d'Erasme de Nicolas Mercier, appelle Juvisy en
latin *Givisum*, et cite en note les lettres du Chancelier de l'Hôpital.

Michel le Masle, célèbre Chantre de l'Eglise de Paris, avoit sa *Reg. Arch.*
Perm.cap.Dom
maison de campagne à Juvisy en 1643.

ATHIS ou ATHIES

Il n'est pas extraordinaire que quelques-uns des noms qui servent dans le latin à désigner les habitations de pauvres gens,
comme *casa, attegia, capanna*, soient restés à des Villages entiers,
puisqu'un grand nombre de Villages n'a commencé que par des
loges, de petites cases, des cabanes, des huttes ou chaumières.
Aties ou Atties, qu'on écrit maintenant *Athies*, est un de ces lieux
de la France dont le nom est dérivé d'*Attegia*. Juvénal se sert de
ce mot pour exprimer les cabanes des Maures. Il a depuis passé
dans les Gaules et a été employé en diverses Provinces pour désigner des Villages ou Bourgs dont l'origine avoit commencé par
des cabanes de Bergers ou loges de Vignerons ou huttes de Buche-
rons. On connoît dès le VI siècle l'Athies du Pays Vermandois :
il y en a un autre en Champagne sur la rivière de Marne. Celui-ci

qui est sur la Seine est devenu fameux par le voisinage de Paris [1]. Il est appelé *Athegia* dans l'Histoire latine des translations du corps de Sainte Geneviève faites au IX siècle dans le temps des guerres des Normands. La crainte que l'on eut de ces barbares fit qu'on réfugia plusieurs corps Saints à la campagne. Egbert ou Herbert, Abbé de Saint-Pierre et Saint-Paul de Paris, autrement de Sainte Geneviève, fit transporter celui de cette Sainte à Athies qui appartenoit alors à son Eglise, et de là à Dravern. Cette circonstance de l'Histoire est le plus ancien monument que nous ayons où il soit parlé d'Athies. Ainsi ce Village est connu au moins depuis neuf cents ans.

<small>Gallia Christ. T. VII., col. 704.</small>

Il est situé à quatre lieues ou environ de Paris, entre le midi et l'orient d'hiver au rivage gauche de la Seine, sur un coteau assez roide et élevé, dont l'aspect est vers le levant. La vue en est charmante, surtout du côté de la riviere que l'on voit venir de Corbeil et ensuite faire un petit pli comme pour laisser couler durant quelque espace la petite riviere d'Orge à son côté. De là vient que l'on ne dit point Athies-sur-Seine, mais Athies-sur-Orge, quoiqu'il n'y ait pas une demi-lieue du clocher d'Athies au bord de la Seine. Les terres labourées sont dans la plaine au-dessus de la côte, et s'étendent du côté du grand chemin de Fontainebleau. Les unes sont du Village même d'Athies, les autres sur la Seigneurie de Mons. Car cette Paroisse a deux Hameaux considérables, sçavoir : Mons qui est dans le haut ainsi que le nom le marque, et Ablon qui est dans le bas, tout à fait sur le bord de la Seine. Ces trois lieux, Athies, Mons et Ablon, ont aussi des vignes, dont les vins, surtout ceux des côtes, ont leur mérite parmi ceux du voisinage de Paris. Je parlerai de Mons et d'Ablon en particulier, aussi-bien ils font chacun un article séparé dans les rolles de l'Election.

Selon la supputation du dénombrement imprimé l'an 1709, il y avoit alors à Athies 54 feux. Dans le Dénombrement publié en 1745 par le Sieur Doisy, il y en a 56. Le Dictionnaire Universel de la France a évalué le tout en 1726 à 248 habitans, non compris Mons et Ablon.

L'Eglise d'Athies est sous le titre de Saint Denis, premier Evêque de Paris. La Dédicace est marquée au premier Mai d'une main du XV siècle à la marge d'un Martyrologe manuscrit de l'Abbaye de Saint-Victor cotté 1085. L'édifice est oblong et sans aîles : le Sanctuaire est du XIII siècle, le reste est plus nouveau,

---

1. Je n'ai pas cru devoir suivre le sentiment de M. de Valois qui pense que le nom d'Athies vient d'un *Atteius*, ancien Maître de ce territoire ou Fondateur du Village : car si cela étoit, on auroit dit en latin *Atteiacum*, et en langage vulgaire Athy.

excepté la tour qui est placée derriere le sanctuaire, et comme pour le soutenir de ce côté-là contre les dangers de la pente du côteau vers le vallon. Cette tour qui finit en pyramide, est au plus tard du XIII siécle, si même elle n'est pas du XII. On est obligé de passer derriere l'autel pour entrer sous les cloches où l'on se trouve comme dans une Chapelle voûtée fort éclairée. On voyoit dans cette Eglise du temps de Charles VIII des reliques en assez grande quantité pour avoir occasionné l'établissement d'une Fête que l'Evêque de Paris, Louis de Beaumont, permit qu'on y célébrât en leur honneur le Dimanche d'après l'Octave de Saint Denis avec 40 jours d'Indulgences ; l'acte est du 31 Août 1489. Il y a dans la nef une tombe de la forme de celles du XIII siécle avec la figure d'un Diacre tenant un livre fermé sur sa poitrine et autour est gravé en lettres capitales gothiques : *Reg. Ep. Paris*

Hic jacet Magister Johes de Atheiis Magister in artibus, quondam Ecclesiæ de Vaupt...... esis Laud...... qui obiit anno...... Thomæ Martyris.

Ce Jean d'Athies paroit avoir été Bénéficier dans le Diocèse de Laon. On n'y retrouve plus l'inscription que Pierre de Gondi, Evêque de Paris, avoit ordonné, le 28 Mai 1597, d'y mettre en mémoire des cinq quartiers du cimetiere qui furent accordés alors au Seigneur du lieu Pierre Viole, Président en la Cour des Aides, pour cinq quartiers de prés assis au territoire d'Athis, à condition de la translation des corps. Mais dans le chœur se voit attaché à la muraille une autre inscription sur le marbre qui est plus digne d'attention. En voici la teneur : *Ibid.*

Hîc in choro prope aram jacent reliquiæ inclyti ac potentis Domini Theobaldi De la Brousse Equitis, Pagi de Atis Castellani, centum Helvetiorum qui custodiæ Regiæ incumbunt Propræfecti qui prosapia illustri clarus, humilitate Christiana clarior, dignitatibus pollens opes pariter et honores contemsit, Regem fidelitate, aulam modestiâ, suos necessitudine, omnes morum suavitate sibi devinxit, vitam tandem virtutibus ornatam pietate sincerâ, oratione frequenti, eximioque Dei cultu communivit. Sic plenus dierum obiit anno ætatis LXXVIII, XVII cal. Octob. et reparatæ salutis 1703.

Hoc amoris et doloris monimentum posuit Catharina Tuffet, dulcissima et amantissima conjux.

Ce Seigneur donna en mourant pour les seuls pauvres d'Athis 2000 livres faisant 100 livres de rente.

A peine l'Abbaye de Saint-Victor étoit-elle fondée, que cette Eglise lui appartint. Bernard, Archidiacre de Paris, engagea Etienne de Senlis, son Evêque, à la donner à ces nouveaux Chanoines Réguliers. L'Evêque Odon de Sully qui siégeoit en 1200, mit la Cure au rang de celles dont Absalon, alors Abbé de Saint- *Ex Charta Barthol. Dec. pro S. Vict. Necr. Vict. ad 4 Non. Nov.*

Chart. Ep. Par. Par. fol. 39. Victor, pouvoit destituer les Curés sans lui en parler. Un des plus remarquables parmi les Victorins qui fut établi Curé d'Athies au XIII siécle, fut Guillaume d'Auxerre, que le nouvel Evêque de
Gall. Chr. nova, T. VII, p. 745. Paris, Etienne Tempier, étant à Saint-Victor au mois de Février dans la salle Episcopale, approuva pour en être Curé. On ne croit pas qu'il y fit une longue résidence, parce qu'on le trouve souvent comme témoin à divers actes solemnels passés à l'Abbaye. Au moins il cessa d'être Curé-Prieur d'Athie en 1281, que le Pape Martin IV le nomma pour Abbé de Sainte-Geneviéve. J'ai vu un titre portant confirmation à l'Eglise d'Athis d'un droit de dixme inféodée, plus ancien que la donation de l'Eglise faite par Etienne, Evêque de Paris. Le Pouillé du Diocèse de Paris ayant été rédigé
Chart. Ep. Par. vers ce temps-là, l'Eglise d'Athies y fut comprise dans le nombre de celles qui dépendent de Saint-Victor. Dans les Mémoires du Clergé (Tome III, page 1322, et Tome XII, page 1322), on cite un Arrêt du Parlement concernant le rang que les Religieux de Saint-Victor doivent avoir dans l'Eglise d'Athis. Il y a eu deux éditions du Pouillé de Paris en françois au siécle dernier, sçavoir en 1626 et 1648, et ce Bénéfice n'y est point mentionné à l'article des Curés du Doyenné de Montlhéry. Le Pelletier ne l'a point omis dans le
Le Pelletier, Pouillé, p. 85. sien de l'an 1692 : mais on ne voit pas ce qu'il veut dire quand il marque à Athis une Chapelle à la nomination de l'Abbé de Lagny ; c'étoit assez l'ordinaire que dans les Cures considérables de Chanoines Réguliers, il y eût plusieurs Religieux. Pour cette raison il y avoit à Athies un Cloître, du temps que Guillaume d'Auxerre en étoit Prieur-Curé. On lit que l'Evêque de Paris ci-dessus nommé, y reçut l'hommage que lui rendit en 1273 la veuve de
Chart. Ep. Par. fol. 138. Guillaume de Balisy *in Prioratu de Atis in Claustro Monachorum :* ce sont les termes de l'Ecrivain. Thomas des Vaux-de-Cernay
Gall. Chr. nova, T. VII, col. 891. passant reconnoissance en 1280 au sujet du grain annuel que sa grange d'Athies devoit au Prieur d'Athies, met *Priori de Athiis et*
Rotul. Joan. de la Crotiere. *sociis ejus.* Dans le rolle des procurations payées en 1384 à l'Evêque de Paris, le Prieuré d'Athies y étoit compris pour dix livres dix sols, un peu moins que les Abbayes. Outre Guillaume d'Auxerre tiré de ce Prieuré pour être Abbé de Sainte-Geneviéve, Jean Bordier qui en étoit Prieur en 1514 fut fait Abbé de Saint-Victor. Celui qui possédoit ce Prieuré en 1549 y entretenoit tellement la régularité qu'il fut l'un de ceux que le Parlement nomma pour réformer le Prieuré de Saint-Maurice de Senlis de l'Ordre des Chanoines Réguliers. En 1669 Jean Thoulouze, Prieur de ce lieu, mourut. On a de lui des Annales de l'Abbaye de Saint-Victor.

Aucun monument n'explique plus au long ce qui regarde les dixmes d'Athies, que le Cartulaire du Prieuré de Longpont. On y trouve que Guillaume de Châtres, fils de Gautier, *Dapifer* ou

Sénéchal, et Chanoine de Saint-Victor, possédant [à] lui seul le tiers de toute la dixme de ce lieu, avoit donné d'abord à Saint-Victor la troisiéme partie de son tiers, et qu'à l'égard de ce qui lui restoit, il en fit trois portions. Il donna la premiere au Monastere de Longpont, la seconde à l'Eglise de Châtres, apparemment au Prieuré, et la troisiéme à l'Abbaye de Revillon [*de Tivillone*], c'est ainsi qu'on appelloit quelquefois l'Abbaye d'Hieres du nom d'un petit ruisseau qui y passe [1]. Et quant à la même [menue] dixme, il en donna deux parts au Monastere de Longpont et une à l'Abbaye de Saint-Victor, *videlicet, de agnis* [*et*] *vitulis, ovis et aliis rebus minutis*. Cette distribution fut faite de la sorte vers le milieu du XII siécle; car on lit que ce fut Pierre Lombard, Evêque de Paris, qui en la premiere année de son Episcopat, c'est-à-dire en 1159, mit les Religieuses d'Hieres en possession de la portion de dixme d'Athies que Guillaume de Châtres venoit de leur donner, dont elles se défirent sept ans après. Cette distribution des dixmes d'Athies a dû même être faite avant l'an 1155, puisqu'on a des Lettres de Gilduin, premier Abbé de Saint-Victor, qui suppose la chose consommée dès le temps de Thibaud, Evêque de Paris, et que Gilduin ne passa pas l'année 1155. Il dit dans ces Lettres que l'Eglise Collégiale de Saint-Pierre de Montlhéry ayant été donnée aux Moines de Longpont, et étant passée ainsi de l'état Séculier à l'état Monastique, comme l'Eglise de Saint-Victor y avoit une Prébende et jouissoit de la premiere année du revenu de chaque Prébende qui venoit de vaquer, les Moines de Longpont voulant les dédommager, leur avoient cédé plusieurs autres droits; en premier lieu à Athies, *apud Athegias*, des terres, des vignes, une dixme, et généralement tout ce qu'ils y possédoient : plus, deux sols de cens que la même Eglise de Saint-Pierre de Montlhéry avoit pareillement à Athies. Pour ce qui est des vignes du Prieuré de Longpont situées à Athies, le Cartulaire de Longpont en marque qui avoient été données à cette Maison dès le XII siécle, par un nommé Goderic et Eremburge, sa femme. A l'égard des Religieuses d'Hieres, elles firent en 1166 échange de ce qu'elles avoient à Athies en grain et en vin, avec les Chanoines de Saint-Victor pour la grange de Senart que Saint-Victor avoit aussi eue par échange faite avec Henry, Abbé de Barbeau.

Entre les autres Corps ou Communautés qui ont eu par donation des biens situés à Athies, celle dont on sçait le temps fixe est l'Abbaye de Saint-Maur, qui y eut un très modique revenu provenant de ceux que Burchard, Comte de Corbeil, n'avoit donnés à

Chart. Longip. fol. 40.

Gall. Chr. nova, T. VII, col. 68.

Duchêne, T. IV, p. 761.

Chart. Longip. fol. 38.

Lit. Maurit. Ep. Par.

Duchêne, T. IV, p. 121.

---

1 Cette même Abbaye d'Hieres a eu aussi, des nommés Etienne et Odeline, un muid de vin à prendre à Athies, suivant son ancien Nécrologe au 8 des Calendes de Février.

un de ses Officiers que pour sa vie durant, et qui durent revenir à cette Abbaye vers l'an 1028. Ce que l'Eglise de Saint-Clément de Châtres eut dans la dixme d'Athies, par concession de Guillaume de Châtres, faite avant l'an 1150, peut être joint à ce que le Monastere de Saint-Maur y avoit, parce que ce Prieuré est une dépendance de cette Abbaye. J'ai fait observer au commencement de l'article d'Athies, que l'Abbaye de Sainte-Geneviéve avoit un terrain Seigneurial dès le IX siécle, si elle ne possédoit pas même toute la Terre. Elle ne s'étoit pas encore dessaisie de tous ses anciens droits au XII siécle, puisque dans la Bulle de l'an 1163, par laquelle Alexandre III lui confirme ses biens, on lit cette ligne : *Apud Atheias, decimas et de unaquaque domo obolum ;* ce droit d'une obole sur chaque maison me paroît devoir être très-ancien, et antérieur à tous les autres. A l'égard des vignes que Bertrand d'Athies donna à la même Maison, cela est plus nouveau : mais comme le Nécrologe marque que c'étoient de bonnes vignes, cela fait voir l'estime que l'on faisoit alors du vin d'Athies, au moins dans les Communautés. Au reste, en parlant d'Athies sur ce ton, il faut y comprendre le climat de Mons qui est sur la Paroisse, et où l'on assure que croît le meilleur vin. Car le Roi Robert dans son Diplôme sur les biens que lui et Hugues Capet, son pere, avoient donnés à l'Abbaye de Saint-Magloire, insinue au moins que les vignes de Mons étoient fertiles : *In Comitatu Parisiensi in Villa que dicitur Montium, mansus unus arabilis terræ, cum vinearum ubertate.* Louis VII renouvellant la donation de ses Ancêtres à ce Monastere, met *In Villa quæ dicitur Mons, terras, hospites et vinum.* Je réserve pour le paragraphe de Mons à parler de ce que l'Eglise de Notre-Dame de Paris y posséde. On a dû remarquer ci-dessus que l'Abbaye des Vaux-de-Cernay avoit une grange ou ferme dans Athies au XIII siécle. Enfin, Sauval faisant l'énumération des revenus de la Commanderie de Saint-Jean de Latran à Paris, y spécifie des terres situées à Athies.

Les guerres des IX, X et XI siécles ayant causé beaucoup de changemens dans les Provinces, plusieurs terres du voisinage de Paris changerent aussi de Maîtres. Alors ceux qui les possédérent ou qui y eurent quelque Domaine, en prirent le nom. De là vient que nous trouvons un Landry *de Attiis* dans le Cartulaire de Longpont au XIII siécle, un Regnauld d'Athies parmi les Bienfaiteurs de l'Abbaye de Saint-Victor ; un Philippe d'Athies témoin dans des Lettres de l'Evêque Maurice de Sully de l'an 1171. Le même Philippe, ou son fils de même nom que lui, est nommé parmi les Seigneurs qui devoient deux mois de garde dans la forteresse de Montlhery sous Philippe-Auguste ; un Hugues d'Athies au commencement du regne de Saint Louis. Ce Chevalier fut fort illustre. Il devint Grand Pannetier de France, et est nommé avec cette qualité en des titres des années 1226, 1231. Le Nécrologe de Sainte-Geneviève marque l'emploi que l'on fit de ses legs. Ils servirent à faire la châsse de la Sainte et les stalles du chœur. Marguerite, sa veuve, est nommée parmi les Bienfaiteurs de l'Abbaye de Livry pour avoir donné au Prieuré de Clichy en l'Aunois un Fief situé sur la Paroisse de Macy, lequel Fief étoit tenu de Philippe d'Athies, Chevalier. Le quatorziéme siécle ne m'a fourni aucuns Seigneurs d'Athies que Guillaume de Marcilly, auquel le Roi Philippe-le-Bel accorda le droit de haute Justice par Lettres données à Amiens le 9 Octobre 1306. Sur la fin du regne de Charles VI un Chevalier surnommé de Montenay possédoit à Athies-sur-Orge une Seigneurie ; mais comme son attachement au Roi Charles VII le fit absenter, les Princes Anglois la lui ôterent vers 1423 et la donnerent à Guillaume de Folletemps, l'un de ceux qui avoient fait entrer dans Paris les gens du Duc de Bourgogne. Ce que Jean Dupuis y possédoit en Fief fut aussi donné alors à Jacques Pesnel, attaché au parti Anglois. La Seigneurie d'Athies mouvante de Montlhery fut possédée vers la fin du regne de Charles VII par Pierre Viole, Conseiller au Parlement, ensuite par Pierre Poignant qui fut aussi reçu depuis Conseiller au Parlement et Maître des Requêtes. Il avoit pour épouse Radegonde de Haqueville, fille de François de H. et de Marie Viole. Il en étoit Seigneur vers 1466. Catherine sa fille la porta par son Mariage à Nicolas Viole, Correcteur des Comptes, qui en paya le droit de relief vers l'an 1511. Vers le même temps Hervé de Milly possédoit une partie de la Seigneurie, au moins durant l'année 1522. Vingt-deux ans après Pierre Viole, Conseiller au Parlement et Prévôt des Marchands, est qualifié Seigneur d'Athies. Il vivoit encore à Athis en 1530 ou 1540. Un autre Pierre Viole, Président au Parlement, possédoit cette Terre vers 1610. Il fit vers ce temps-là une échange avec l'Hôpital de Sainte-Catherine de quelques pieces de Terre à Athies, lieu dit *la Pierre percée*, pour d'autres situées à Mons. L'année précédente il avoit reçu le 6 Juillet l'hommage de Guillaume Boucherat, Auditeur des Comptes, pour le Fief de Piédefer. Ce Pierre Viole a écrit une réponse sur la harangue du Cardinal du Perron en 1615. C'est lui que Morin appelle simplement le Président d'Athis, et dont il dit que la maison étoit attenant le Village, environnée de parcs et jardins de grande étendue ; il ajoute que proche de là étoit un hermitage bâti par l'un de ses enfans, lequel s'y étoit retiré et y menoit la vie des Peres de la Mort qui étoient institués depuis peu pour purger les maisons infectées de peste. L'habillement de ces Religieux étoit noir, et sur leur col étoit figurée une tête de mort. Pendant que M. Viole étoit

Chartul. B. M. à Campis. Liber Princip. Camp. fol. 438. Necr. S. Genov. 29 Januar. Chart. Livriac. fol. 88.

Trésor des Ch. Reg. 38.

Ordin. de la Prev. de Paris. Sauval, T. III, p. 327 et 586.

Hist. des Maîtres des Req. p. 216.

Sauval, T. III, p. 390.
Ibid, p. 556.
Reg. Ep. Paris. 14 Nov.
Cérémonial François, T. II, p. 869.
Felibien, Hist. de Paris, T. II, p. 990 à l'an 1533.
Hist. de Montm. p. 634.
Hist. des Gr. Off. T. VI, p. 585.

Bibl. S. Germ. à pratis.

Hist. du Gâtin p. 460.

Reg. Parl. — Seigneur d'Athies, il fut décidé en Parlement, le 23 Août 1614, que le Seigneur d'Athis a droit de litre et ceinture autour de l'Eglise sise en sa Justice dedans et dehors, et le Patron droit de litre autour en dedans seulement.

Quelques-uns de nos Rois ont séjourné à Athis sans qu'il y reste aucun vestige de Maison Royale Saint Louis y étoit au mois de Mars 1230. La résidence du Roi Philippe-le-Bel est très-marquée par le Mandement qu'il adressa de ce lieu le 12 Juin 1305 au Prévôt de Paris touchant le cours des gros tournois battus sous le regne de Saint Louis.

Ampl. coll. T. I.
Ord. des Rois.

Reg. Ep. Paris. — En 1699, il fut permis à M. de la Brousse, Seigneur d'Athis, de faire célébrer en sa maison d'Athis.

Du Breul, Antiq. de Paris, Livre IV. — Du Breul, parlant du Prieuré d'Athis dans ses Antiquités de Paris, a cru devoir faire connoître à la postérité un Prieur qui vivoit de son temps sur la fin de l'avant-dernier siècle, qu'il dit avoir été *un homme bien versé ès Langues, et docte Prédicateur*. Il s'appeloit Mattias Touzet, et il étoit natif de Pontoise. Je ne doute pas qu'il n'y en ait eu d'autres encore plus habiles; mais ils ne sont pas venus à ma connoissance.

Au reste on peut dire qu'Athis a été pendant quelque temps le séjour de quelques personnes distinguées par leur science et par leur goût, et que c'est par une suite de leur résidence en ce lieu qu'on y a vu des choses antiques ou singulieres. Je mets parmi les singularités l'épitaphe d'une chienne qui fut gravée sur un monument dressé à sa mémoire dans la maison du Duc de Roquelaure dans un des nouveaux bosquets.

> Cy gist la célebre Badine
> Qui n'eut ni beauté ni bonté,
> Mais dont l'esprit a démonté
> Le système de la machine.

Cette Maison appartient présentement à Madame la Maréchale de Villars.

La maison qu'a eue à Athis M. Foucault, Intendant de Caen, devint beaucoup plus célèbre par les antiquités Romaines dont il l'orna, principalement de celles qui furent trouvées à Vieux, Village situé proche Caen, sur la fin du dernier siécle, lorsqu'il y fit fouiller; il y avoit des marbres avec quelques inscriptions. On y admiroit surtout un Mercure de pierre d'un pied et demi d'hauteur parfaitement beau et très-bien conservé, qui avoit été trouvé dans le puits du Village. Outre cela un tombeau très ancien. On y voyoit aussi l'ichnographie qu'il avoit fait tirer de tous les lieux qui avoient été découverts dans le temps de la fouille, tels que la place d'un gymnase des anciens Romains et de leurs bains.

Mais ces curiosités n'y resterent que jusqu'à sa mort, arrivée en 1721, qu'elles furent transportées dans sa maison à Paris. On assure qu'une bonne partie passa alors dans le Cabinet de M. de Boze.

Dans la même maison a été conservé par respect pour la mémoire de Madame de Scudéri, un arbre sous lequel elle étudioit, quoique cet arbre nuise. Cette Maison est celle qui a le plus d'apparence à ceux qui viennent de Corbeil. Elle a appartenu depuis à M. du Tillet, Conseiller au Parlement, et présentement elle appartient à M. le Marquis d'Avaugour.

Il est parlé d'Athies dans les miracles de Saint Louis opérés au XIII siécle après sa mort. Les Bollandistes qui les ont publiés, ou au moins le Pere Stiltinck, voyant qu'un Monastere du nom de Longpont n'en étoit pas éloigné, a cru qu'il s'agissoit d'un Athies voisin de Longpont en Soissonnois, tandis que c'est de celui-ci qui n'est qu'à deux lieues du Prieuré de Longpont sous Montlhery. *Boll. T. V, Augusti. p.671*

Il y a trois Ecarts sur la Paroisse d'Athies, qui sont : MONS, ABLON et CHAIGE.

MONS par où je commence est nommé dans des titres plus anciens que ceux qui parlent d'Ablon et de Chaige. En effet, il en est fait mention dans une Charte du Roi Robert en faveur de l'Abbaye de Saint-Magloire, ainsi qu'on a vu ci-dessus; et cela a été suivi par celles que Louis VI et Louis VII ont données pour confirmer les labourages et les vignes que cette Communauté y avoit. L'Abbaye de Sainte-Geneviéve avoit des serfs à Mons en 1124 : car il faut lire *Montii* dans la Charte de Louis VI sur le droit de *Befeht*, et non pas *Moncii* comme a mis le Pere Dubois. Outre cela cette Abbaye et celle de Saint-Victor y avoient en 1202 une dixme qu'elles partageoient entr'elles. Richard, Abbé des Vaux-de-Cernay, reconnut en 1231 que sa maison y possédoit un arpent de vigne légué par Marguerite, Dame de Mons, et situé sur la censive de Saint-Magloire. On lui en continua la jouissance moyennant le payement annuel qu'il feroit à Saint-Magloire de 6 sols 3 deniers et une obole. On voit par ce dernier titre que Mons avoit un Seigneur particulier. Un Pierre *de Montibus* est nommé le premier des Chévaliers de la Châtellenie de Paris tenant leur Fief du Roi, dans un Catalogue écrit sous Philippe-Auguste. Le Seigneur de Mons n'est qualifié que de Damoiseau dans l'acte de 1230, par lequel Thomas *de Vignolio*, Chevalier, donne à l'Abbaye d'Hiere un arpent de vigne au même territoire de Mons, *in censura Domicelli de Montibus*. Ce Damoiseau ne peut être un autre que Philippe *Dominus de Montibus* qui donna en 1230 au même Monastere *unum modium bladi in molendino apud Atyas* : sur des *Chart. S. Magl. Hist. Eccl. Par. T. II, p. 58. Chart. S. Gen. p. 226. Gall. Chr. nova, T. VII, p. 888. Cod. Putean. 635. Chart. Hederac. Ibid.*

Lettres de Charles VI de l'an 1400, le Moulin, sur lequel étoit cette redevance, étoit situé sur la riviere d'Orge, et s'appelloit le Moulin le Roi.

<small>Très. des Chart. Reg. 155, Pièce 118.</small>

Plus de cent ans après le temps de Philippe de Mons, sçavoir, en 1348, c'étoit Alix, femme d'Enguerrand de Marigny et Raoul, son fils, qui prenoient la qualité de Seigneur de Mons, comme il paroît par leur transaction avec Jacques de Pacy. Un Chantre de Notre-Dame de Paris nommé Jean, qu'on croit avoir vécu au XIV siècle, est qualifié au Nécrologe de cette Eglise *Dominus de Montibus*. Le Seigneur de ce lieu avoit quelques redevances dans Ablon, sur lesquelles Pierre de Pacy, Doyen de Paris, avoit des droits de réserve : mais le Chapitre de Paris en eut depuis la Seigneurie qui est énoncée dans le legs de Robert Dangeul, Evêque de Nevers, décédé en 1430. L'Auteur des Additions au Nécrologe s'exprime ainsi : *Dedit tres caudas vini super terras nostras de Montibus et Ablone super Secanam*. L'amortissement de ces deux Terres en faveur du même Chapitre, aussi-bien que des moulins qu'il avoit sur la riviere d'Orge, est plus ancien de plusieurs années. En effet, il en avoit fait l'acquisition dès l'an 1417 de Guillaume d'Etouteville et Jeanne de Dondauville, femme d'un autre Guillaume d'Etouteville. Avant eux et notamment en 1400 cette Seigneurie appartenoit à Jehan d'Etouteville, Maître des Comptes, et consistoit en un Hôtel à tour quarrée, assis audit lieu de Mons[1].

<small>Factum de N. D. de Paris 1686, p. 19.</small>

<small>Necr. Cart. Par. 24 Jun.</small>

<small>Chart. Carol. VI 1399.</small>

<small>Necr. Eccl. Par. 26 Jul.</small>

<small>Mém. de la Chambre des Comptes.</small>

<small>Tiré du Factum de N. D. 1686.</small>

La fécondité du territoire de Mons a fait aussi assigner sur ce lieu les revenus que Pierre Barré, Chanoine de Paris, Secrétaire du Roi, destina pour fonder une Chapellenie dans Notre-Dame, à l'autel de Saint Etienne. Le Mémoire du Pere Dubois les fait consister en deux muids de bled à Mons sur le moulin le Roi, et vingt-huit arpens de terre entre Mons et Villeneuve, proche les terres de la Seigneurie de Mons. Il y a à Athis le fief de Bretigni-sur-Mons, qui a appartenu au Président le Jay, et où il y avoit une Chapelle. Il appartient présentement au sieur Perrot.

<small>Dubois, Collect. manusc. T. V, ad calcem.</small>

<small>Reg. Ep. 25 Febr. 1637.</small>

Il y a eu autrefois à Mons une Chapelle, mais elle a été profanée. Les habitans de ce lieu font une communauté séparée. Dans la coutume de 1580, ils députerent en particulier. Ils font aussi un rôle particulier pour la levée des tailles. Le dénombrement de l'Election fait en 1709 y mettoit quarante-huit feux. Celui du sieur Doisy imprimé en 1745 n'y en compte que vingt-neuf. Le Dictionnaire Universel de la France ne confond point non plus Mons avec Athies ; dans l'article particulier qu'il en fait, il y marque cent trente-deux habitans.

<small>Procès-verbal de la Cout. de Paris.</small>

---

1. De la Barre en son Histoire de Corbeil (page 216), écrit que cette Seigneurie de Mons avoit été léguée au Chapitre, mais il étoit mal informé.

Le Dimanche 22 Septembre 1370 Robert Canolle et les Anglois revenans de faire une course en Bourgogne, logerent vers Mons et Ablon, et le mardi suivant ils se rangerent en bataille entre Villejuy et Paris. *Chr. de S. Denis*

Le 29 Décembre 1668 le Parlement enregistra des Lettres-Patentes en faveur de Jacques Perrin, portant permission de faire construire et rétablir de pierre le pont de Mons sur la riviere d'Orge ; au moyen de quoi il lui étoit accordé de percevoir pendant neuf ans dix sols par chacune courbe de chevaux passant sur ce pont, tirans coche et batteaux sur la Seine, auxquels droits étoient subrogés Jean Daubourg et Joseph Batide, à raison des ouvrages par eux faits par Ordonnance des Trésoriers de France. *Reg. Parl. Chr. de S. Denis.*

Le 3 Juin 1747 le Conseil d'Etat donna un Arrêt, qui fait défense au Chapitre de Paris de percevoir aucuns droits de péage sur la Seine et par terre aux lieux et Seigneuries de Mons et Ablon. *Mercure, Oct. 1747, p.158.*

ABLON. Ce lieu, situé tout-à-fait sur le bord de Seine et dans la vallée, forme aussi une petite communauté séparée de celle d'Athies, quoiqu'il soit de la Paroisse. Il y avoit dès le treizième siécle une Chapelle et un Chapelain, dont je parlerai ci-après. En 1709, lors du dénombrement imprimé pour les Elections, on y comptoit trente feux. Le sieur Doisy, dans celui qu'il a publié en 1745, n'y en reconnoît que dix-huit. Le Dictionnaire Universel qui fait aussi d'Ablon un article séparé, et qui le qualifie de Bourg, n'y marque que quatre-vingt-dix-sept habitans en 1726 ; ce qui ne forme gueres que 30 à 40 Communians. Le territoire consiste en vignes et en terres. Il y a une assez grande Chapelle du titre de Notre-Dame, construite fort simplement, et dont la présentation appartient au Seigneur du Château. Il y fait sa résidence en qualité de l'un des Vicaires du Curé d'Athies. *Factum du Chap. de Paris, 1686.*

Les plus anciens titres latins qui parlent d'Ablon, l'appellent *Ablunum*, et l'écrivent *Ablun*. Si c'étoit *Abluvium*, on diroit que cela viendroit de sa situation sur le bord de la riviere. Dans le Dictionnaire Universel on trouve *Ablonium*. Un Chevalier, appellé Pierre de Petitpont, avoit donné en aumône à l'Eglise de Sainte-Geneviéve au XII siécle deux muids de vin, à prendre dans ses vignes d'Ablun. Comme après sa mort les mêmes appartinrent à son neveu Philippe, aussi Chevalier, et à sa niéce Aveline, épouse de Hugues de Beaumont, à l'Eglise de Saint-Victor et aux Moines des Vaux-de-Cernay, tous promirent en 1191 devant l'Evêque de Paris, Maurice de Sully, de contribuer pour leur part à l'acquit de ce legs. Ce titre ne dit point que Pierre de Petitpont fût Seigneur d'Ablon ; il y a seulement lieu de le présumer, ou qu'il l'étoit d'une partie. Car on apprend par un Mé- *Chart. S. Gen. p. 101.*

moire de Messieurs du Chapitre de Paris contre les Sieur et Dame de Morogues, qui se qualifioient Seigneur et Dame d'Ablon et Mons en partie, qu'il faut distinguer entre la Seigneurie d'Ablon même et la Seigneurie du fief du Chatel d'Ablon, lequel fief du Chatel avoit été déclaré mouvant de la Seigneurie de Mons et Ablon, par le contrat d'acquisition que le Chapitre avoit fait de cette Seigneurie le 13 Septembre 1417.

C'est de ce même Mémoire que nous apprenons qu'en l'an 1258 une femme, nommée Agnès, se disoit Dame d'Ablon ; qu'en 1348 un Jacques de Pacy avoit un Château à Ablon, et auprès de ce Château une motte de terre [1], au sujet de laquelle il transigea avec Alix, femme d'Enguerrand de Marigny, et Raoul, son fils, Seigneurs de Mons. C'est sans doute ce qui désignoit le fief du Châtel d'Ablon. Les autres possesseurs de ce fief castral qui y sont marqués, ou que j'ai découverts ailleurs sont : Pierre de Pacy, Doyen de Paris, en 1389 ; Denis de Paci en 1403. Jean de Dicy, dit Bureau, Capitaine de Corbeil, Ecuyer d'honneur du Roi en 1398, l'étoit en 1416 ; Hue de Dicy en 1427 ; Simon Algrin vers 1433. Il étoit le second fils de Simon, Sieur du Coudray, et Guillaume, son fils, lui succéda. Mathurin de Douzonville avoit ce fief en 1446. Jean de Douzonville, Seigneur d'Ablon, fonda vers ce temps plusieurs Chapelles à Saint-Gervais de Paris. Le Roi Louis XI logea à Ablon au mois de Novembre 1474, selon les Chroniques de Saint-Denis, mais il y a apparence que ce fut dans l'Hôtel de Marc Sename, Elu de Paris, où les mêmes Chroniques assurent qu'il resta deux jours en 1477, lorsqu'il revint de Tours. Cet Elu, que d'autres écrivent Cenesme ou Cenasme, n'étoit point alors Seigneur du Château d'Ablon ; il ne fit l'acquisition de ce fief mouvant du Châtelet, que vers l'an 1514. Sa veuve s'appelloit Daufine de Coudart ou Dancondare. A eux succédèrent Jean et Louis de Cenasme, qui jouissoient en 1527 ; ensuite Pierre Grassin en 1540 ou 1543. Ce Conseiller au Parlement employa, l'an 1569, la somme de trente mille livres pour fonder un Collége à Paris en faveur des pauvres Senonois. On l'appelle depuis longtemps, du nom du Fondateur, le Collége des Grassins. Quelques-uns assurent qu'il avoit été appellé quelque temps le Collége d'Ablon. Thierry Grassin et Laurent Grassin furent depuis Seigneurs du Château d'Ablon. Thierry est mentionné dans la Coûtume de Paris de 1580 ; ensuite François de Loberan en 1603 ; puis Maurice de Loberan, son fils, après quoi Susanne de Lobe-

---

1. Ces mottes Seigneuriales subsistent encore en quelques Provinces. Les Tours du Château peuvent être de ce temps-là ; et s'il est vrai qu'une des Reines de France, du nom de Blanche, y ait fait sa demeure, ce ne peut guères être que Blanche de Navarre, seconde femme de Philippe de Valois.

ran porta cette Seigneurie à François de Morogues, son mari. Enfin, ce fief Seigneurial fut vendu le 18 Mai 1688 à M. le Président le Peletier; après lequel elle est advenue à M. de Ségur, avec la Terre de Villeneuve-le-Roy. Outre le droit de patronage à la Chapelle d'Ablon, de ce fief dépendent une place de moulin sur la Seine près le lieu nommé Courcelles, avec trois Isles et Javeaux, une ferme sise à Noisy-sur-Seine, avec 127 arpens; plus deux maisons au même lieu de Courcelles. Ces deux lieux, Courcelles et Noisy, sont à la rive droite de la Seine. Factum du Chapitre.

La Seigneurie vendue au Chapitre de Paris en 1417 dix mille écus d'or à la couronne, sous le nom de Mons et Ablon, avoit alors à Ablon deux corps de maisons et pressoir, un moulin assis sur l'Orge, le profit du port de Courcelles traversant la Seine, avec le profit de la pêche en la riviere d'Orge depuis le pont jusqu'au moulin de Mons, et à Ozoir-la-Ferriere cinquante-quatre arpens de bois. Le Mémoire imprimé marque les fief et arriere-fiefs qui en dépendoient alors, sçavoir : la Terre de Choisy qui appartenoit aux héritiers de Gilles Mallet, qui étoit de deux cent cinquante livres parisis de revenus. On a voulu dire Soisy-sous-Ethioles, dont en effet Jeanne de Soissons, sa veuve, porta hommage au Chapitre de Paris, depuis qu'il fut devenu Seigneur de Mons; plus une maison et un fief à Ethioles même; des biens à Chailly-en-Biere à l'entrée de la forêt de Fontainebleau, et enfin le fief appartenant aux héritiers de Denis de Pacy; le tout tenu en fief du Roi, à cause de sa Vicomté de Paris. Je crois qu'il ne faut pas entendre d'une autre Seigneurie que de celle-là, le territoire Seigneurial ou censive d'Ablon, dont il est parlé dans un titre de l'an 1233. C'étoit un nommé Adam, Concierge du Roi, qui tenoit alors cette Seigneurie d'Ablon. Les trois arpens de vignes que Sedille, femme de Renaud de Montargis, et Jean, son fils, Chanoine de Reims, donnerent pour la fondation d'une Prébende à Saint-Etienne-des-Grez, étoient situés dans sa censive. De la Barre, en son Histoire de Corbeil (page 20), dit que le joli Château d'Ablon fut bâti par la belle Agnès, lorsqu'elle étoit dans les bonnes graces du Roi. En 1513 Jacques Raguier, Chanoine de Paris, Evêque de Troyes, jouissoit à bail viager de quelques droits de la Seigneurie du Chapitre, dite Mons et Ablon. On remarque qu'à la vérité les Religieuses d'Hierre ont dans cette Seigneurie une maison de leur censive, mais on ajoute qu'elle est de la Justice du Chapitre. De la Barre Hist. de Corbeil, p. 216.

Hist. de Paris, T. III, p. 45.

Factum du Chapitre.
Ibid.

La distance dont Ablon est de l'Eglise d'Athies, et la difficulté des chemins du bas durant l'hiver, y firent établir un Chapelain, il y a plusieurs siécles. André, Chapelain d'Ablon, est mentionné dans le Cartulaire de Notre-Dame-des-Champs en 1238, à l'occa- Chart. B. M. à Campis, fol. 46.

sion d'une vigne. Il paroît qu'une partie de sa fondation étoit assise sur dix-huit sextiers de froment, que l'Abbaye des Vaux-de-Cernay étoit tenue de laisser prendre par le Prieur et Religieux d'Athies dans la grange que cette Abbaye avoit à Athies. Au moins l'Abbé Thomas, dans sa reconnoissance de l'an 1280, déclare-t-il que c'est pour la Chapelle d'Ablon, *pro Capella de Ablon*.

<small>Gall. Chr. nova, T. VII, c. 891.</small>

Le 1er Juillet 1683, la Chapelle d'Ablon fut unie au Prieuré-Cure d'Athis.

Ce qui rendit le lieu d'Ablon fameux à la fin de l'avant-dernier siècle, fut la désignation qui en fut faite aux Calvinistes par le Roi Henri IV, le 14 Décembre 1599, pour l'exercice de leur Religion. Le prêche y fut établi sur le fief qui a appartenu à MM. de Morogues, dont le Roi se déclara être Haut-Justicier dans ses Lettres. Les Protestans s'assemblerent en ce lieu jusqu'au temps qu'ils eurent un Temple à Charenton.

Aujourd'hui Ablon est remarquable par l'entrepôt de vin qu'y font plusieurs Cabaretiers de Paris.

CHAIGE est un autre fief sur la Paroisse d'Athies. Ce lieu est situé entre la riviere d'Orge et la Seine ; il consiste en un Château tout neuf, avec une Chapelle domestique et un jardin, le tout comprenant dix-huit arpens. Cette maison qui appartient à Madame des Ecaux, est entourée presque de tous les côtés des terres de la Maladerie de Juvisy, de celles de Saint-Lazare, ou de celles du Prieuré Notre-Dame-des-Champs, uni au Séminaire d'Orléans. Le nom de Chaige est connu à Meaux et à Soissons, où les titres latins le rendent par *cavea*. Y auroit-il eu en ce lieu des Arenes ? Tout proche ce lieu de Chaige est un canton appellé *Fosse de la Mardelle*. De la Barre la met dans le nombre des lieux qui sont de la Châtellenie de Corbeil, ou qui en ont été.

<small>Antiq. de Corb. p. 17.</small>

Il ne la qualifie que de Maison champêtre, et l'appelle Chages. Il ajoute qu'elle releve du Roi. En effet, on lit dans les Registres du Parlement de l'an 1550, que Pierre Grassin, Conseiller au Parlement, ayant acquis nouvellement le fief de Chages et Frumental, se disposoit à en faire hommage ; mais comme il devoit aller à Florence pour l'exécution d'un Arrêt important, on lui donna acte de nécessité de voyage pour autoriser son délai. J'ai cependant trouvé que Michel Tamponet rendit hommage le 31 Mars 1575, pour le fief de Chage, Paroisse d'Athis, à Guillaume Boucherat, Seigneur du fief de Piédefer, relevant d'Athis.

<small>Hist. des Gr. Off. T. VI, p. 585.</small>

Un autre Gabriel Boucherat, qui étoit Conseiller du Parlement en 1658, avoit sa Maison de campagne à Mons. Dix ans auparavant, le Seigneur de Chaiges étoit Nicolas Amelin, Conseiller en la Cour des Monnoies. Ce lieu appartient de nos jours à la Dame Bellot, veuve d'un Secrétaire du Roi.

<small>Perm. de Cli. dom. 7 Septemb. Idem in Reg. Arch. Paris. 16 Aug. 1648.</small>

VILLENEUVE-LE-ROY

L'un de nos Rois qui passe pour avoir bâti un plus grand nombre de nouvelles Villes, est Louis VII, autrement dit le Jeune. Il est fondateur entre autres de Villeneuve-le-Roy au Diocèse de Sens sur la riviere d'Yonne, qui est devenu une Ville véritable dans le sens reçu aujourd'hui, et non dans celui que le latin *Villa* présente communément. Plus anciennement, d'autres lieux ont été qualifiés de *Villa publica,* ou *Curtis dominica,* parce que c'étoient des Terres Royales. Quelques-uns de nos Rois s'y étant plu, ou en ayant trouvé le territoire fertile, y ont fait venir des colonies de laboureurs ou de vignerons, et c'est ce qui a formé les villages appellés Villeneuve-le-Roy, pour les distinguer de quantité d'autres nouveaux villages surnommés de leur situation, ou de leur fondateur, ou bien de leur premier Seigneur. On ne connoît en France que deux ou trois Villeneuve-le-Roy simples villages ; sçavoir celui-ci du Diocèse de Paris, un autre situé dans le Vexin, et qui est du Diocèse de Rouen, Election de Pontoise, et un troisiéme lieu proche Montdidier en Picardie. La plus ancienne connoissance que nous ayons de celui du Diocèse de Paris, ne remonte qu'au commencement du XII siécle. Car je ne m'arrêterai point à ce que M. de Valois a avancé que comme c'étoit une Terre Royale, et qu'on ne battoit de la monnoie que dans ces sortes de terres, Villeneuve-le-Roy dont il s'agit doit être le même que *Novus vicus,* dont le nom se lit sur une monnoie dans Bouteroue, en ces termes : *Novo vico.* M. le Blanc est mieux fondé à traduire *Novo vico* par Neufvic que par Villeneuve, car comme on connoît en France plus de vingt endroits du nom de Neuvy, ce doit être à l'un de ces lieux qu'il faut attribuer cette monnoie.

Dict. Univ. de la France.

Notit. Gall. p. 437.

La situation de ce Village est à trois lieues de Paris en remontant la Seine, sur la pente d'un côteau qui regarde l'orient, et qui est embelli de quelques fontaines. Le pays est de vignoble et de terres labourées. Guillaume Godefroy, Ecuyer, lorsqu'il vendit aux Chartreux de Paris quelques terres en Brie, se réserva une redevance de vin ; l'acte porte qu'il sera du cru de Villeneuve-le-Roy. Le nombre des feux étoit de 105 en 1709, lorsqu'on imprima le dénombrement des Elections. Le sieur Doisy le dit encore de 102 dans son Livre publié en 1745. Le Dictionnaire Universel de la France, imprimé en 1726, y comptoit 460 habitans. M. de Ségur, Président au Parlement de Bordeaux, en est aujourd'hui le Seigneur. Je parlerai ci-après de ceux qui l'ont précédé.

Sauval, T. III, p. 492.

L'Eglise est sous le titre de Saint Pierre. C'est un bâtiment renouvellé, bien boisé par tout le dedans et reblanchi. M. l'Abbé Chastelain remarqua, il y a soixante ans ou environ, que les fonts baptismaux y sont de marbre rouge et blanc. Derriere la tour qui soutient l'Eglise vers le côté méridional, se voit un reste de structure du XII ou XIII siécle. Peut-être étoit-ce le fond ou l'abside de la premiere Eglise qui fut bâtie en ce lieu. A l'entrée du chœur, derriere le banc des Chantres, est représenté sur une tombe un homme en robe longue, le capuchon abattu et les mains jointes ; et autour est gravé en lettres gothiques capitales, qui peuvent être de vers l'an 1320 :

CI GIST JACQUES DE SANLIS... DE ERANI, LEQUEL TRESPASSA....

Aux deux côtés de sa tête se voyent ses armes.

Il y a dans cette Eglise un autel de la Sainte Vierge, qui est apparemment un Bénéfice, étant mis dans le rôle des Décimes sous ce titre : *Chapelle Notre-Dame de Villeneuve-le-Roy*. J'en ai vu une collation du 4 Février 1474.

Reg. Ep. Paris.

La Cure est dans le Pouillé du XIII siécle parmi celles de la pleine collation Episcopale, sous le nom de *Villa nova Regis*, et elle est restée dans le même état.

Le premier monument où ce Village soit nommé, est de l'an 1112, et concerne l'Abbaye de Saint-Magloire de Paris. Il est tiré du Cartulaire de ce Monastere, où il est fait mention de terres situées *apud montes, Villam novam et apud Ablun*. Quoique le terme distinctif *Regis* ne soit point joint à *Villam novam*, il est sûr qu'il ne s'agit pas là de Villeneuve-Saint-Georges, parce qu'il faut que cela s'entende d'un Villeneuve qui soit contigu à Mons et à Ablon, tel qu'est Villeneuve-le-Roy. On a une charte de Louis-le-Gros de l'an 1122, où ce Prince parle de *Villa nova* comme d'une Terre dont il étoit Seigneur particulier, et où il avoit des hommes serfs. Il y confirme une coutume appellée *Befeht*, par laquelle dans le mariage des serfs de sa Terre, et de ceux de la Terre de l'Abbaye de Sainte-Geneviéve, la femme appartenoit à celui dont le mari étoit serf, et même les enfans des deux sexes. Louis VII, son fils, assignant en 1160 du revenu pour le Chapelain de Saint-Nicolas du Palais, marqua deux muids de froment à prendre sur sa Terre de Villeneuve [1]. Philippe-Auguste retiroit de sa Terre de Villeneuve proche Paris, chaque année en argent 60 livres. Les vignes qu'il y avoit coûterent en 1202 à vendanger, la somme de neuf livres dix-huit sols. Nos Rois avoient en effet dans ce lieu plusieurs clos. Il est fait mention du grand clos du Roi à Villeneuve-le-Roy dans le Cartulaire de Notre-Dame-des-Champs, à l'an 1238,

Chart. S. Magl. Portef. Gaignieres, f° 9.

Hist. Eccl. Par. T. II. p. 58. Gloss.-Cangii voce Befeht.

Hist. Eccl. Par. T. II, p. 354.

Comp. an. 1202. Brussel, Traité des Fiefs, ad calc. p. CXLIX et CLV.

---

[1]. Dans le Cartulaire du Prieuré de Longpont sont nommées deux femmes, qui donnoient, pour avoir part aux prieres, des rentes assises *in Villa nova Regia*. Ces legs sont du commencement du XIII siécle au plus tard (fol. 24 et 45).

à l'occasion d'une vigne léguée à ce Prieuré, laquelle est dite con- *Chart. B. M.* tiguë à ce clos, *juxta magnum clausum Domini Regis apud Villam* *à Camp. fol. 46.* novam Regis.

Un Inventaire du Trésor des Chartes, rédigé en 1482, rappelle quelques articles des années 1335 et 1337, où l'on remarque les *Cod. Reg. Bibl.* Chartreux, tant ceux de Paris que ceux de la grande Chartreuse, *6765, f. 96.* comme possesseurs de certains biens situés à Villeneuve-le-Roy. En 1335 est citée une acquisition faite par le Roi Philippe de Valois, sur Agnès d'Ays, veuve de Jean de Mornay, Chevalier, d'un fief et d'un labourage, que cette Dame s'étoit réservé lorsqu'elle fit une autre vente aux Chartreux de Paris. A l'an 1337 est marquée une cession faite au même Roi par des Religieux de la grande Chartreuse de dix sols parisis de rente, assis sur des fonds situés à Villeneuve-le-Roy dans la Prévôté et Vicomté de Paris, moyennant quoi ces mêmes Chartreux furent déclarés exempts de fournir la nourriture aux chiens du Roi, ainsi qu'ils y avoient été tenus auparavant. Ce dernier article semble prouver que la grande Chartreuse avoit eu de quelqu'un des Rois prédécesseurs de Philippe-le-Bel une bonne partie de la Terre de Villeneuve, et apparemment à la charge de nourrir les chiens du Roi, ou que ce qu'ils en avoient acheté d'Agnès d'Ays étoit auparavant tenu à la même charge. Quoiqu'il en soit, les Chartreux de Paris qui y possédoient avant l'an 1335 ce qu'ils avoient acheté de la veuve de Jean de Mornay, Chevalier, vraisemblablement des 400 livres parisis d'Etienne Æsis Chartrain, mentionné dans leur Nécrologe, *Necr. Cart. Par.* acquirent en 1390 de leurs Confreres de la grande Maison, une *24 Octob.* partie de la moitié de cette Terre, des trois mille francs d'or qu'ils avoient eus de Jean, Duc de Berry : et six ou huit ans après, les quatre mille francs d'or que Pierre de Navarre, fils de Charles, leur avoit donnés pour fonder quatre Chartreux, furent employés par eux à l'achat du reste de cette moitié. Du Breul ne raconte qu'une partie de ces faits, lorsqu'il parle des Chartreux de Paris. *Antiq. de Paris,* Ces Religieux confierent, peu de temps après, la régie de cette *Edit. 1639,* Terre à un ancien Curé étranger (Guillaume Cauchois, Curé de *p. 361.* Bertouville, mort vers 1430), dont ils se sont toujours souvenus pour y avoir gouverné leurs biens gratuitement durant trente ans. Les Chartreux de Paris, devenus peu après Seigneurs de *Necr. Cart. Par.* Villeneuve-le-Roi, eurent attention d'y faire cultiver les vignes *27 Sept.* et bien façonner le vin. Selon un Mémoire imprimé depuis quel- *Merc. de France,* ques années, le Roi Charles VIII étant venu dîner chez eux le *Déc. 1712,* 18 Juillet 1484, y trouva le vin du cru de cette Terre si bon et si *vol. II p. 2824.* à son goût, que son premier Maître d'Hôtel eut ordre d'en prendre un muid de blanc et un de clairet, qu'il paya neuf livres douze sols parisis. Guillaume Godefroy, Ecuyer, leur cédant en 1487 sa

Terre de Maillard en Brie proche le Plessis-Ausould, et autres du même pays, exigea pareillement d'eux, entr'autres conditions, qu'ils lui envoyassent chacun an, sa vie durant, en sa maison sise rue Saint-Germain-l'Auxerrois, trois muids de vin de leur crû de Villeneuve-le-Roi, sçavoir deux de vin vermeil et un de vin blanc. Cette acquisition de la Terre de Villeneuve-le-Roy étoit beaucoup augmentée entre les mains des Chartreux de Paris, et leur produisoit des revenus considérables en grains : mais ils furent obligés de la vendre en 1596 à Matthieu Marcel, Conseiller d'Etat, déja Seigneur de l'autre moitié, apparemment après Nicolas Chevalier, qui est dit dans la Coutume de Paris de l'an 1580, Seigneur en partie de Villeneuve-le-Roy, pour se tirer des affaires dans lesquelles ils s'étoient indiscretement engagés, sous prétexte de la Religion, pendant les troubles de la Ligue. Il y a à Paris dans l'Eglise de Saint-Jacques de la Boucherie l'épitaphe de Claude Marcel, qualifié Contrôleur Général des Finances et Seigneur de Villeneuve-le-Roy. Il y est dit mort le premier Octobre 1590. C'étoit apparemment le pere de celui qui acheta, six ans après, le reste de la Seigneurie, tenu par les Chartreux.

Après la mort de Matthieu Marcel, la Terre fut vendue par sa veuve et ses héritiers à Guillaume du Vair, Garde des Sceaux, et Evêque de Lisieux, qui en prêta foi et hommage au Roi le 5 Juillet 1617. Le testament de ce Prélat est daté de ce lieu le 10 Juin 1620. Etant mort en 1621, la Terre passa d'abord à sa sœur Antoinette, qui en jouissoit en 1630, étant veuve de M. Aleaume, Conseiller au Parlement, des fils duquel M. Claude le Pelletier, Contrôleur Général et Ministre d'Etat, l'acquit. Il ne se contenta pas du Château bâti par Guillaume du Vair, il en changea toute la disposition, et outre cela il en rebâtit un autre beaucoup plus magnifique. C'est à cette Terre qu'il se retira lorsqu'il eut quitté la Cour en 1697. Après la description latine de ce Château et du Village, qu'il adressa de ce lieu en 1695 à M. Rollin, Recteur de l'Université de Paris, personne, que je sçache, ne s'est plus étendu à en donner une idée juste, que le sieur Piganiol. Il remarque que de la terrasse on voit une vaste plaine et plus de quinze gros villages, que le bâtiment du Château frappe les connoisseurs par la régularité et la noblesse de son architecture. L'Abbé Chastelain, Chanoine de Notre-Dame de Paris, excellent connoisseur, y admiroit l'exactitude de la symétrie ; et l'on assure que Louis XIV en avoit approuvé la simplicité, l'avoit trouvé de bon goût et d'un homme prudent et modeste. Il y avoit alors une galerie bien remplie de bons livres, et ornée des portraits d'un grand nombre de Sçavans. Le Parc est de six-vingt arpens. M. le Peletier aimoit tant les inscriptions, qu'il en mettoit jusques sur les bancs où l'on s'asseyoit, et jusques sur l'écorce des arbres. Ce n'est point ici le lieu de détailler la vie de ce Ministre. Je ne dois ici le représenter que comme Seigneur de Villeneuve-le-Roy. Ce fut par ses soins que l'Eglise Paroissiale fut réparée et embellie, et que les pauvres y reçurent du soulagement. Pour entretenir la paix dans les familles, il y faisoit venir de Paris un Jurisconsulte, qui détournoit de plaider ceux qui y étoient portés, ou qui accommodoient ceux qui étoient en procès. On peut voir dans sa vie qui a été imprimée, et qui est de la composition de M. Boivin le cadet, de l'Académie des Belles Lettres, le régime que ce Seigneur observoit en sa Terre, son exactitude à y réciter l'Office Divin, son application à l'étude, qui a procuré au public tant de bons ouvrages. Tous les soirs il alloit réciter Complies dans l'Eglise et assistoit aux Saluts qu'il avoit établis pour le Roi. Etant décédé le 10 Août 1715, son cœur fut porté à Villeneuve-le-Roy. Avant sa mort il avoit donné cette Terre à son fils, premier Président du Parlement de Paris, en prenant toutes les précautions pour ôter aux Chartreux les moyens d'y rentrer. Depuis, elle a appartenu à Louis le Pelletier, son petit-fils, aussi premier Président au Parlement de Paris, qui l'a vendue à M. de Ségur, Président à mortier du Parlement de Bordeaux.

Avant que les Chartreux de Paris ou de la Grande Chartreuse eussent augmenté leur territoire à Villeneuve-le-Roy, d'autres Eglises y avoient des droits ou redevances. Il est marqué dans le Nécrologe de la Cathédrale de Paris, qu'une somme provenant de Guillaume, neveu de l'Evêque Maurice de Sully, fut employée *pro impigneratione decimæ de Villa nova* : ce qui paroît devoir s'entendre de ce Villeneuve-ci, parce qu'il est contigu à Orli, qui de tout temps a appartenu à l'Eglise de Paris. Outre la preuve ci-dessus alléguée dans la charte de Louis VI, au sujet des serfs de Sainte-Geneviève et de ceux du Roi, quant au sort de ceux qui se marioient à Villeneuve-le-Roi, il reste dans un ancien Censier de Sainte-Geneviève, à l'an 1248, des indices que cette Abbaye y avoit affranchi nouvellement quelques-uns de ses hommes. Il est aussi constant par le Cartulaire de Saint-Eloy de Paris, que ce Prieuré avoit à Villeneuve-le-Roy un droit d'Oblayes ou d'Oublies, *jus Obliarum*, c'est-à-dire une redevance de froment, d'avoine et de chapons par arpent. Il n'est pas moins certain que parmi les biens que le Pape Eugene III confirme à l'Abbaye d'Hierre en 1147, il n'est pas parlé simplement de Villeneuve qui avoit un port, et qui est Villeneuve-Saint-Georges, mais aussi qu'il y est fait mention en ces termes d'un autre Villeneuve : *apud aliam Villam novam decimam de Coutet*. Enfin, un Factum imprimé pour le Chapitre de Notre-Dame sur la Terre d'Ablon, marque qu'en 1369 il y avoit un cens, dit du Fief, au Breton de Villeneuve.

Necr. Eccl. Par. 22 April.

Lib. Cens. S. Gen. fol. 96.

Chart. S. Elig.

Annal. Bened. T. VI, Instrum.

Factum sur Ablon, p. 27.

Tabul. S. Elig.   Enfin, on lit aussi que les Chapelains du Roi avoient en 1317 à Villeneuve-le-Roy une vigne située en la ruelle de Saint Eloy. Les titres qui indiquent cette particularité, font mention d'un lieu dit la Croue de Dame Alix, qui étoit connu encore en 1519.

Plusieurs lieux du Diocèse de Paris sont renommés par les hommes illustres qui y ont demeuré, ou qui y ont inhumés. La longue résidence que M. Claude le Pelletier a faite à Villeneuve-le-Roy, ne sera jamais oubliée par la postérité. A l'égard de personnages célebres qui y ayent reçu la sépulture, il n'en est point resté de marques [1], mais on sçait qu'un Evêque *in partibus*, qui fut regardé par quelques Evêques de Paris comme une espéce de Suffragant ou Coadjuteur à la fin du XV siécle et au commencement de l'avant-dernier, étoit natif de ce lieu. Voici son Epitaphe, qui se lisoit anciennement sur une tombe au chœur de Sainte-Catherine de la Couture, et qui est maintenant dans la Chapelle Notre-Dame :

> *Ici repose au rang des morts*
> *De Jehan Nervet le religieux corps*
> *Natif du Bourg Villeneufve-le-Roy*
> *Près de Paris ; lequel en noble arroy*
> *Au bon Loys unzieme de ce nom*
> *Fut Chapellain, où acquit grand renom :*
> *Qui fut Evesque après de Margarence,*
> *Et de Jully Abbé par reverence,*
> *Pareillement Prieur de ce saint lieu,*
> *Par cinquante ans un mois servant à Dieu.*
> *Où mort le prist dixieme de Novembre*
> *Mil cinq cent vingt et cinq que remembre*
> *Chacun priera Dieu pour sa pauvre ame*
> *Soit en son divin Royame.* Amen.

DESCRIPTIO VILLÆ NOVÆ.

Claudius LE PELLETIER, *Carolo* ROLLIN, *Rectori amplissimo S. P. D.*

Aliquid de rusticatione nostra ad te scribere, charissime Rolline, gestit animus, deambulatione, et ipso silentio ruris excitatus, quæ magna sunt incitamenta cogitationum quas postquam Reipublicæ laboriosius impendi, ad rerum rusticarum voluptates sapientiæ proximas revocare conor. Sed cum fas non sit Rectorem doctissimæ Academiæ adire, nisi sermone latino, quem pœnè inter aulæ et negotiorum curas dedidici, non sine comite rustico hanc tibi dictarem Epistolam. Liceat commendare Villam novam apud te, qui scis amores meos esse, et verè amores meos. Ipsam enim cupidè emi, satis eleganter ornavi, et dili-

---

[1]. Le Supplément de Moreri dit que Philippe Dormey, mort dans un âge très avancé au siecle dernier, fut inhumé dans la sépulture de MM. Le Pelletier. Il avoit élevé Claude et deux autres. C'étoit un homme, dit-on, de beaucoup d'esprit et d'une rare probité.

genter colui. Indulge ergo amori nostro, dotesque Villæ accipe, quæ et tibi auditu et mihi relatu gratissimæ erunt.

Laudanda primùm vicinitas Urbis, ita ut peractis quæ agenda fuerint, salvo jam et composito die possis illuc pervenire : opportunitas viæ, quæ plano tramite Sequanæ littus obambulat, deinde cursu amœno per latissima prata et fertilissimos campos diffunditur et patescit. Tam gratum iter desinit in longos arborum ordines, per quos fallente clivo, facilis patet ascensus ad villam nostram, quæ pœnè in colle imo posita vicinæ regioni supereminet. Mira ibi temperies aëris, et cœli clementia.

Areæ longæ latæque bipartito gramine viridantes in ipso statim aditu occurunt.: multum illæ ruris vident, patentes campos, longinquosque colles prospiciunt, et singulari jucunditate præcedunt simplicem et tamen venustam dispositionem ædificiorum. Horum medium patescit, et advenientibus offert atrium pictis venationibus ornatum. Ædes usibus capaces et elegantes, non sumptuosæ. Quæ pars ædium Deo sacra est, auro sola resplendet. Cubicula tam feliciter disposita, ut quæ plurimo sole perfunduntur, sint in frigore tepidissima : quæ verò umbrâ utuntur, sint in æstu frigidiora, et favonios accipiant, transmittantque, dum sine injuria ventorum patent fenestræ, ex quibus multarum quasi regionum diversas facies oculus distinguit et miscet. Nec deest Bibliotheca, quæ lectitandos libros exhibet, et imagines virorum probitate et doctrinâ illustrant [illustrium] : agregia [egregia] simul et præcepta, et exempla virtutis. Aliud atrium superius, nec non porticus longa et lucida picturis pluribus illustrantur. Hinc diætæ hospitibus gratæ sibi invicem patentibus ostiis pervios aspectus præbent, ita ut quocumque inciderint oculi, reficiantur dulci spectaculo camporum, quasi tabulis ad eximiam pulchritudinem pictis. In superiori parte ædium cellæ plures, dormitoriæ satis mundæ, ut excipere amicos possint. His omnibus adjacent ædificia usibus domesticis destinata, non tamen omnino contigua, ne voces et lusus servorum obstrepant, aut odores mali offendant.

Exeuntem tectis excipit hortus concisus in varias figuras liliis, buxo, rosis, violisque descriptas. In medio fons altior et largior myrtis, taxis tonsilibus, florentibus lauris, et viridi quâdam scenâ includitur. A latere tectorum et horti ambulatio satis longa, unde latissimum diversi prospectûs spatium. Imaginare amphitheatrum quoddam immensum, quale sola rerum natura potuit effingere quod ornatissimis collibus cingitur, in quibus nunc continua, nunc intermissa tecta villarum, et aliquando silvæ et vites gratissimam varietatem objiciunt. His diffusa agrorum planities subjicitur, quam fluminis cursus secat et irrigat. Hinc descensus lapide polito satis splendidus ad inferiorem horti partem. Undique suavitates odorum exhalant è floribus, quos interjacent arbusculæ semper virentes, et variis omninò formis distinctæ. Surgit ibi fons alter, cujus salientes latices implent amplissimum aquarum orbem gramineo margine inclusum. Videas quoque sedularum apum cereas domos inclusas, regna potiùs dixerim : exempla scilicet diligentiæ, laboris, providentiæ, regalis obsequii, et bene institutæ Reipublicæ. Succedunt et pingues horti, qui non possunt esse amœniores aspectu, nec fructibus lætiores, quorum non tam cultura, quàm ipsa pulchrior natura delectat.

Feracissimum ubique et molle solum, ita ut saxum non facile, si quæratur, occurrat : ibi olera, ibi fruges, ibi viridia, ibi arbusta, et pomaria obviis et paratis irrigationibus nutriuntur.

Nemora verò ordinibus solerter dimensa offerunt gratum abditumque secretum. Hinc umbrosa labyrinthus errores varios includit : hinc fons largior tectus nativo fornice circumjectarum arborum effundit frigus amabile, egeritque aquam in altum, quæ in se cadens recipitur non superbo marmore, sed puro cespite, in quo retinetur nec redundat : mox sibi ipsi reddita quasi liberior exultat. Rivulus inde nascitur, qui ingenuo topho inclusus, discurrensque per anfractus sylvæ, non sine dulce susurro natantes aviculas suaviter aspergit; tandemque velut longo errore fessus, sub terras furtivo lapsu fugit, quo se dum præcipitat paulò rapidius, leni vorticantis undæ murmure leves invitat somnos, nec procul inde rursùm è medio herbescentis viridatis emicat. Ad musicam quoque circumsonant chori alitum, Philomelæ cantus, dulces querelæ et turturum gemitus. Locis in plucis [paucis] disposita sedilia ambulatione fessos juvant, licet ita leniter, et sensim hortus totus assurgat, ut cum ascendere te non putes, sentias ascendisse.

Subest nemoribus altera deambulatio magis longa et spatiosa, quadruplici ulmorum serie obumbrata, quam viridis tapes discriminat, et murus humiliter assurgens claudit buxo vestitus, unde tam patens et liber prospectus, quàm è summo. Si spatiantibus non sufficiant horti, licet proluxuriantis sæculi mensurâ ampliores, egredientes excipit longissimus tractus arborum, quæ inter planissimos agros deducunt ad ripam vicini fluminis. Ibi prata florida, et gemmea, herbæque molles et semper novæ, alunt numerosa pecorum armenta et longos ovium greges, divitias ruris. Pecoribus verò et pecorum magistris salices ordine dispositæ hospitalem umbram præbent. Undique venatio commoda, copiosa et libera. Nec prætermissum esse velim rus modicum, priores meas delicias ; quod quidem majori subjacet, nec invidet tamen. Nihil quippe illi deest, quod sapientis domini usus possit exigere ; ac meo sanè judicio quædam Philosophia in ejus mediocritate inesse videtur, quæ aliarum villarum objurgat insaniam. Inter hæc oblectamenta plus multò in rure nostro aratur, quàm verritur. Ea nempe cultura maximè placet, quæ magis operâ quàm impensâ constat, provisumque est, ne villæ tutela oneri esse possit, aut tale dispendium trahat, quod exprobrare domino imprudentiam videatur. Vicus in proximo satis validus, in quo aquæ saluberrimæ, operariorum, et proborum colonorum copia, denique vicini nusquam importuni.

Justisne causis, mi Rolline, cum tibi videor lubens incolere, inhabitare et diligere secessum. Ubi corpore et animo maximè valeo ; ubi datur honesta remissio curarum ; ubi inter innocentissimas ruris amœnitates mihi soli et bonæ menti vacare permittitur? Nonne ibi senescere licitum esse debet viro, qui totum se Reipublicæ obtulit, quamdiù licuit ? Prima enim et media vitæ tempora patriæ, extrema nobis impertire debemus, ut ipsæ leges monent quæ majorem annis sexaginta otio reddunt. Quod utinam Deus sapienter nobis occupatum efficiat. Vale.

Datum apud Villam-novam, 4 Kal. Sept. anno 1695.

ORLY

On est en état de prouver l'antiquité de cette Terre par les Chartes de l'Eglise de Paris, qui parlent de la destination des biens de cette Eglise au IX siécle. Elle y est nommée la seconde sous le nom latin *Aureliacum*. Ce nom n'est qu'un allongement du nom propre *Aurelius*, qui étoit fort usité parmi les Romains, et c'est ce qui fait voir qu'on peut remonter encore plus haut, et dire qu'Orly étoit la maison de campagne d'un des Romains qui demeuroient à Paris, nommé *Aurelius*, de même que Savigny l'étoit d'un autre Romain appellé *Sabinus*, et Torigny celle d'un nommé *Taurinus*. Les Francs ayant succédé aux Romains, et s'étant trouvés mêlés avec eux, firent disparoitre peu à peu leurs noms dans l'usage, et abrégerent dans leur langage les termes d'*Aurelianum, Sabiniacum*. Ainsi *Aureliacum* se vit réduit à deux syllabes, ce qui forma Orly, comme *Aurelianis* a formé Orléans. Ce ne fut que vers le XII siécle que l'on commença à latiniser le nom de ce Village sur la prononciation vulgaire. Rien n'est plus commun dans les titres écrits au XIII siécle que le mot latin *Orliacum*. On écrivoit aussi quelquefois *Olliacum*. *Necrol. Paris. passim. 26 Jun. et 26 Dec.*

Ce Village est situé à trois lieues et demie de Paris entre le midi et l'orient, dans un terrain fertile en grain et en vin, quoique les coteaux n'y soient pas si roides qu'aux villages de Mons et Athies. L'Eglise est dans le bas, et dominée vers l'occident par la montagne. Quoiqu'elle ait un chœur fort élevé, on ne la découvre point si aisément que les autres, à cause qu'elle n'a qu'une tour écrasée. Ce chœur est un bâtiment moderne fort élevé et couvert d'ardoise ; il est d'ordre Dorique, et les Chapelles qui environnent les aîles, sont toutes d'ordre Ionique, ce qui est un renversement d'architecture. La nef n'a rien qui mérite d'y être comparé. Saint Germain, Evêque de Paris, est le Patron de cette Eglise. Mais quoique la tour dont je viens de parler soit peu digne d'attention, je ne dois pas taire qu'elle est célèbre dans l'Histoire de France. Le Continuateur de la Chronique de Nangis dit qu'en 1360 elle servit de défense contre les courses des Anglois, que deux cents hommes du pays s'y tinrent avec des balistes et autres machines de ce temps-là, ayant rempli l'Eglise de provisions pour soutenir le siége, mais qu'enfin les Anglois en devinrent les maîtres le jour du Vendredi-Saint, et y tuerent environ une centaine d'hommes, y firent plusieurs prisonniers, et mirent le reste en fuite, désolerent le village, en enleverent toutes les provisions, puis se retirerent à leur camp vers Châtres et Montlhéry. Il ne faut point *Spicileg. in-fol T. III, p. 126.*

douter que ce ne soit depuis cet assaut que cette tour, qui devoit être en maniere de forteresse, est restée si basse et hideuse. Au reste la sonnerie en est belle. La Cure est marquée à la nomination du Chapitre de Paris dans le Pouillé du XIII siécle, parce que, selon qu'il paroît par l'exposé de l'Evêque Lisiard aux Rois Lothaire et Louis, vers l'an 985, l'Eglise d'Orly et l'autel appartenoient dès lors au même Chapitre. C'est le Chanoine de la trente-sixiéme partition qui y présente. Aucun des Pouillés n'a varié là-dessus. Cette Paroisse n'a d'écart qu'une seule maison, qui est celle de la poste, établie sur le grand chemin entre Villejuy et Juvisy. Le Dictionnaire de Trévoux, au mot *chemin,* dit que le lieu où elle est bâtie s'appelle Longboyau, et que c'est ce qui a donné le nom à toute la plaine. Le reste forme 94 feux, si la supputation du sieur Doisy, imprimée en 1745, est exacte. En 1709, le dénombrement de l'Election y en comptoit 30, c'est une faute. Le Dictionnaire Universel évaluoit le tout à 428 habitans en 1726; mais le nombre des communians ne se monte gueres qu'à 350.

Il étoit arrivé en ce lieu, de même qu'en plusieurs autres terres d'Eglise, que quelques Chevaliers s'en étoient rendus les protecteurs ou défenseurs, soit qu'on les en eût priés, soit qu'ils se fussent offerts eux-mêmes. Ainsi les vassaux du Chapitre leur payoient leur droit de protection, et ce droit s'appelloit en latin *Tensamentum.* Mais dès le XII siécle les Chanoines de Paris racheterent ce tribut. L'argent que Guillaume, Chanoine, neveu de l'Abbé Suger, donna pour le repos de l'ame de son oncle décédé en 1100, et celui qui provint du legs de l'Archidiacre Hermenric, fut employé à exempter les habitans d'Orly de ce tribut étranger. Hugues d'Anet étoit un de ceux qui en jouissoient; il ne vendit sa part en ce droit au Chapitre qu'en l'an 1207. Le Prieur de Saint-Eloy avoit encore au XIV siécle un droit d'Oublies qui lui étoit dû à Orly et à Grignon. Les grandes Chroniques de Saint-Denis et quelques autres latines du XIII siécle faisant mention des difficultés qu'eut la Reine Blanche avec le même Chapitre, par rapport aux habitans de quelques-unes de ses Terres, ne spécifient que ceux de Chatenay : mais dans l'exemplaire le plus authentique (il est conservé à Sainte-Geneviéve), qui est celui qui fut présenté à Philippe-le-Hardi, on lit que les gens d'Orly, lors de ces contestations, furent aussi mis aux prisons du Chapitre. Dom Félibien fait remarquer l'un des sujets de ces bruits. Les Chanoines prétendoient être en possession d'imposer la Taille sur les habitans d'Orly pour les affaires de l'Eglise de Paris, autres même que celles qui pouvoient avoir rapport à l'ost du Roi, c'est-à-dire à la guerre. La Reine et les habitans soutenoient le contraire ; l'affaire portée devant des arbitres, Renaud, Evêque de Paris, Guillaume, Evêque d'Orléans, et Gui de Mello, Evêque d'Auxerre, décidèrent, l'an 1252, en faveur du Chapitre. Depuis ce temps-là, les habitans de plusieurs terres de l'Eglise de Paris ayant été successivement affranchis par le même Chapitre, ceux d'Orly le furent à leur tour l'an 1268. Sauval dit que ce fut moyennant la somme de quatre mille livres qu'ils donnèrent en plusieurs payemens. Outre les droits Seigneuriaux, le Chapitre de Paris eut en divers temps plusieurs concessions à Orly de la part des Evêques, et quantité de legs de la part des Chanoines. On lit de l'Evêque Geoffroy mort en 1095, qu'il remit à son Chapitre un droit qu'il avoit accoutumé de prendre à Orly sur ce qu'on appelloit les moizons, *consuetudines de moisinis*[1]. Le Père Dubois observe qu'en l'an 1100, Guillaume son successeur donna une charte touchant le même lieu d'Orly, et qu'Etienne de Senlis, qui siégeoit à Paris l'an 1124, accorda au même Chapitre sur l'Eglise d'Orly par chaque année deux mesures (*duos modios*) de froment. Pour ce qui est des Chanoines, plusieurs de ceux qui vivoient au XII et au XIII siécle léguerent à leur Eglise en mourant, s'ils n'avoient déja donné de leur vivant, des terres ou des vignes, ou bien des prés, ou de toutes ces choses ensemble, le tout situé sur le territoire d'Orly. Les plus remarquables par leur dignité et par leurs dons, furent Girard, Archidiacre, Gautier qualifié Préchantre, qui vivoit en 1178. Godefroy de Pontchevron, Doyen, élu Archevêque de Bourges en 1273. Ensuite sont le Diacre Ponce, Luc de Gif, un *Magister Galterus*, Gibard, Soudiacre, Odon de Champeaux, aussi Soudiacre. Je nomme ces cinq derniers suivant l'ordre des mois. Le Chapitre de son côté eut aussi occasion de faire des acquisitions de rentes assises sur des héritages de cette Paroisse. Ceci est digne d'attention, non pas tant à cause de Maître Guillaume de Cherlieu, Chanoine, qui fut l'un des vendeurs, aussi bien que Gautier de Poissy, mais par rapport à un nommé Geoffroy, qui est qualifié Doyen d'Orly, et Thezia, sa femme. On voit dans cet article du Nécrologe, que par le titre de Doyen d'une Paroisse, il ne faut pas toujours entendre un Doyen rural Curé du lieu. Le Doyen d'Orly au XIII siécle étoit apparemment celui d'entre les habitans qui faisoit les affaires de la Communauté.

Dans le petit Cartulaire de Saint-Victor, la premiere Charte concerne le village d'Orly. Maurice de Sully, Evêque de Paris, y déclare qu'il transporte sur Orly le droit qu'avoit cette Abbaye, de prendre à Mitry, au Diocèse de Meaux, l'année de revenu pour le repos de l'ame de Raoul de Beauvais, Chanoine de Paris,

Antiq. de Paris, T. II, p. 454.

Gall. Chr. nova, T. VII, col. 52, ex Necrol.
Hist. Eccl. Par. T. I, p. 749. T. II, p. 53.

Necrol. Paris. 30 Maii, 20 Martii, 27 Decemb. Ibid., 3 Jan. 14 Jan. 9 Feb. 9 Mart. 30 Maii.

Ibid., 27 Mart. et 27 Junii.

---

1. C'est une faute dans le Pere Dubois d'avoir mis *noissinis*.

lequel, s'il étoit encore en vie, eût pris les fruits de sa Prébende sur la même terre de Mitry.

Dès le commencement du XIII siécle, le Prieur de Saint-Eloy de Paris avoit divers droits d'Oublies entre Orly et Thiais. On en trouve mention en 1203. Or, une Oublie en 1330 valoit quelquefois un septier d'avoine, un minot de froment et des chapons. Il y prétendoit aussi des censives en 1485 sur des places où il y avoit eu des maisons. Il y est parlé de la fontaine Saint-Martin et de la fontaine Herouard, qui étoit un nom alors commun en ces quartiers.

<small>Tab. S. Eleg.</small>

Ce fut sur des biens situés à Orly, qu'un nommé André Giffart, Bourgeois de Paris, fonda autrefois une Chapellenie dans l'Eglise de Notre-Dame de Paris, qui est la seconde à l'autel de Sainte Geneviéve.

<small>Dubois, collect. manusc. T. V ad calc.</small>

Il y a eu au XIV siécle deux Illustres d'Orly. Hélie d'Orly fut commis en 1305 par Philippe le Bel, pour informer sur le transport d'or, d'argent et billets hors le Royaume. De plus, un Guillaume d'Orly, Secrétaire du Roi, vivoit en 1344.

<small>Trés. des Chart. Reg. 35 et 36, 251. Hist. des Maîtres des Req. p. 16.</small>

On imprima en 1728 à Paris un Mémoire pour Messieurs de Notre-Dame, au sujet de la dixme d'un enclos de vignes à Orly qu'un particulier faisoit refus de payer. Ils y sont qualifiés Seigneurs d'Orly, hauts, moyens et bas Justiciers, Curés primitifs et Décimateurs.

<small>Mem. in-f°. 1728.</small>

Suivant un acte de l'an 1628, il y a sur la Paroisse d'Orly un lieu dit Launay. Il appartenoit alors aux sieurs Bonneau et Aubert, Secrétaires du Roi.

<small>Perm. de Chap. dom. 3 Mai.</small>

Quelques Mémoires marquent aussi qu'une partie de Grignon est sur la Paroisse d'Orly, spécialement la maison du Théologal de Paris.

<small>Reg. Arch. Par. 9 Feb. 1697.</small>

La belle maison qu'y avoit M. Ogier, Receveur du Clergé, a été vendue à M. le Maréchal de Coigny, dont le fils est Gouverneur de Choisy-le-Roi.

THIAIS

Dès le temps de Charlemagne, ce lieu étoit un village en forme. Il est représenté ainsi dans le Livre des Cens de l'Abbaye de Saint-Germain, rédigé sous l'Abbé Irminon, contemporain de ce Prince. Il y est écrit *Theodaxium;* et c'est par un effet du génie de la langue françoise que ces cinq syllabes sont réduites à une ou deux dans le mot Thiais. M. de Valois a grande raison de mettre ce mot parmi ceux qui viennent de la langue Gauloise ou Franque,

<small>Notit. Gall. p. 432.</small>

et par le même principe il est bien fondé à blâmer ceux qui l'écrivent par *Th*, comme s'il venoit du Grec, et qui par une altération encore plus grande, en ont fait *Theodosium*, comme on le lit dans Du Breul. Il est vrai que nous écrivons *Theobaldus* et *Theodoricus* avec l'aspiration, mais au moins la fin de ces mots est Teutonique ou Germanique. Le plus sûr, afin qu'on ne s'y trompât pas, eût été d'écrire *Theodaxium*. Aimoin, dans son Livre des Miracles de Saint Germain, met *Teodasium Sancti Germani villam*, de même que dans celui de la Translation de Saint Georges, Martyr d'Espagne : *Ex pago Parisiaco Villa nuncupante Teodasio*. L'Auteur du Pouillé du XIII siécle, qui ignoroit cette origine, s'est contenté de marquer *Tiès*, qui étoit dès lors le nom de ce lieu, tel que le vulgaire le prononçoit. Au reste, il seroit difficile de ne pas reconnoître dans le commencement de ce nom Teoda quelque chose qui fait allusion à la Divinité, s'il n'étoit pas plus sûr de s'en tenir simplement à dire que *Theodaxium* ou *Teodaxium* a pris ce nom d'un ancien possesseur de ce territoire, ou du premier qui y a bâti, lequel se seroit appellé *Theodas* ou *Theudas*. Il y a eu en France des Juifs et des Syriens au VI siécle, et rien n'empêche qu'un d'entr'eux qui portoit ce nom, n'eût joui alors de quelque bien dans ce canton.

Annal. Ord. S. Bened. Sæc. III. part. II p. 110.

La situation de ce village est à deux lieues de Paris, au bas des côtes formées par la pente de la longue montagne qui s'étend de Villejuy à Juvisy. Ces côtes ainsi disposées, et ayant leur aspect à l'orient, ont inspiré d'y planter de la vigne, qui s'y est bien trouvée. Le surplus du territoire est en labourages. Ce qui constitue la Paroisse de Choisy en étoit autrefois, et vraisemblablement une grande partie de la plaine voisine de la Seine étoit en prairies. Aujourd'hui, et depuis le démembrement, il n'y a plus que GRIGNON qui soit un écart de la Paroisse de Thiais. Selon la supputation la plus nouvelle des feux, qui est celle de 1745, il y a 122 feux en cette Paroisse ; ce qui peut former 350 communians ou environ. Le dénombrement des Elections y marquoit 140 feux, et le Dictionnaire Universel y comptoit 553 habitans. La diminution du nombre des habitans de Grignon, occasionnée par l'éloignement de l'Eglise et par les mauvais chemins, est cause que celui des feux de cette Paroisse n'est plus si considérable.

Le Livre de l'Abbé Irminon ne se contente pas de dire que le Monastere de Saint-Germain avoit dès le VIII siécle à Thiais, *in Theodaxio*, une Eglise garnie, *Ecclesiam cum omni apparatu* : il ajoute que l'Abbaye y possédoit huit arpens et demi de vigne nouvelle, outre cent trente-cinq arpens de vieille vigne. Il y avoit en tout soixante et dix-huit maisons, dont soixante-six étoient ce qu'on appelloit alors *mansi ingenuiles*, c'est-à-dire des maison

Cod. Irmin. fol. 73.

dont les habitans n'étoient pas tenus à toutes les soumissions des serfs ordinaires. L'Abbé tenoit en ces temps-là ses assises en ce lieu deux fois par an. La fécondité de cette terre détermina Hilduin, Abbé de Saint-Germain, à l'assigner pour la nourriture de ses Religieux, l'an 829, et à statuer que ce seroit de là et de Villeneuve que seroit pris tout le vin de leur boisson ordinaire. Ce réglement fut autorisé par Charles-le-Chauve en 872, avec la clause qui portoit que ce seroit aussi sur le revenu de cette Terre, que le Doyen prendroit pour donner un repas au jour de la Saint-Denis. L'écoulement de quelques siécles fit que les Religieux aliénerent quelques-uns de leurs droits : au moins l'on voit que dans le douziéme un Noble du voisinage avoit des droits de corvée à Thiais ; il se nommoit Gazon de Montreuil, et sa femme, Richilde. Ils se déporterent enfin de ce droit l'an 1173, moyennant un muid de grain que l'Abbaye leur donna à prendre à Villeneuve-Saint-Georges. En 1248, la même Abbaye accorda l'affranchissement à tous les serfs qu'elle avoit à Thiais, à Grignon et à Paray, moyennant la somme de douze cents livres. Les habitans de Thiais devoient une taxe pour les charrois du Roi lorsqu'il alloit à la guerre. Ils formerent contestation durant le cours du même siecle, mais l'Abbé Raymond les y fit condamner en 1284. Il se trouve dans les Registres du Parlement un autre Réglement, que l'Abbé et le Couvent de Saint-Germain obtinrent en 1558. Il fut ordonné qu'il y auroit un intervalle entre la moisson et le temps auquel on enverroit les bestiaux dans les terres ; qu'on ne pourroit emporter de grains des champs avant que les gerbes fussent liées, ni envoyer les bêtes que vingt-quatre heures après. Ce réglement fut publié dans le lieu.

Un lieu de cette importance ne pouvoit pas manquer d'avoir une vaste Eglise. On a vu ci-dessus ce que l'Abbé Irminon en dit : « Le corps de Saint Germain reposa dans cette ancienne Eglise « au IX siécle lorsqu'on le rapporta de Combs-la-Ville, où on « l'avoit porté à cause des Normands. » Celle d'aujourd'hui est assez considérable, et se montre de loin avec une tour d'apparence terminée en pavillon couvert d'ardoise. Mais il est arrivé à cette Eglise la même chose qu'à deux des anciennes de Paris, où l'on a transporté le grand autel à l'endroit où étoit la porte, et l'on a mis la porte au lieu où étoit l'autel ; ce qui fait que, contre l'usage immémorial des Cathédrales, Collégiales, Abbayes et Paroisses anciennes, le peuple n'y prie plus tourné vers l'orient, mais vers l'occident. Les anciennes tombes n'ont point été retournées pour cela. Dans ce qui forme aujourd'hui le chœur, et qui étoit autrefois la nef, il en reste une sur laquelle on lit : *Cy gist Hervé Chartain Escuyer, Seigneur du Bacle à Thiers, qui décéda* le..... MV^c XI. Comme l'Eglise est sur la pente douce du côteau, il a été besoin en mettant l'entrée du côté le plus bas, d'y construire un perron. La tour qui est d'une structure du XIII au XIV siècle, et qui se trouvoit auparavant au côté méridional de l'autel, est maintenant à la gauche de ceux qui entrent dans cette Eglise. S. Loup, Archevêque de Sens, en est le patron ; et selon la coutume on y joint S. Gilles, quoique ces deux Saints n'aient aucun rapport entr'eux, que celui d'être morts le 1er Septembre, à plusieurs années de différence. Ce bâtiment peut avoir trois cents ans ou environ. La Dédicace en fut faite l'an 1484, par Louis de Beaumont de la Forest, Evêque de Paris. Les Reliques qu'on y conserve de Saint Loup ou Saint Leu ne sont point de ce temps-là. Elles ne furent données aux Religieux de Saint-Germain-des-Prez pour cette Eglise par les Religieux de Sainte-Colombe de Sens, qu'en l'an 1620. Elles consistent en deux morceaux de la machoire pris aux deux bouts. Les habitans appréhendant le pillage l'an 1652, à cause des guerres civiles, transporterent ce reliquaire à l'Abbaye de Saint-Germain[1].

Gall. Chr. nova, T. VII, col. 153.

Ex Mss. S. Col. Senon.

Bouillard, Hist. S. Germ. p. 247.

Tous les Pouillés de Paris généralement, à commencer par celui du XIII siècle, déclarent que la présentation de la Cure de Thiais appartient à l'Abbé de Saint-Germain. Ils ne sont différens que sur la maniere d'écrire son nom en françois. Le Supplément de Du Breul l'appelle *Tudaise ;* le Pouillé imprimé en 1626 lui donne le nom de *Theodose ;* dans celui de 1648 elle est écrite *Thiars :* le Pelletier dans le sien de 1692 écrit Thyais.

On lit dans les titres de Meudon, qu'en 1284 Elinand, Prêtre, c'est-à-dire Curé de Thiais, avoit acheté à Meudon la moitié d'un moulin.

Jacques le Vasseur, qui en étoit Curé sous le regne de Charles IX, crut devoir présenter requête au Parlement, exposant qu'il n'avoit jouissance d'aucunes dixmes, mais qu'elles étoient perçues par les Religieux de Saint-Germain-des-Prez, et par les sieurs Nicolas Bigot et Jérome Dupuy, et que cependant il étoit obligé d'avoir quatre Chapelains pour l'aider : la Cour le renvoya devant le Juge d'Eglise, auquel il fut enjoint de lui adjuger portion congrue sur ces dixmes.

Reg. du Parl. 29 Décemb. 1561.

Quoique l'exposé ci-dessus ne désigne point l'endroit où les Sieurs Bigot et Dupuy avoient une dixme sur la Paroisse de Thiais, il paroît que c'étoit à Grignon, ou de ce côté-là, parce que je vois que trente ans après c'étoit un Dupuy qui y avoit une Sei-

---

1. Ils disent aujourd'hui dans ce village que leurs ancêtres se contenterent de porter à l'Abbaye une châsse de bois, dans laquelle avoit été le reliquaire d'argent qui renfermoit les reliques; qu'à l'égard de ce reliquaire, dans la crainte de ne le plus revoir, ils l'avoient caché dans un mur de l'Eglise.

gneurie. En effet, parmi les Seigneurs énoncés dans le procès-verbal de la Coutume de Paris de l'an 1580, paroît Antoine Dupuy, Commissaire des guerres, comme Seigneur de Thiers et Grignon en partie. Ce lieu de Grignon qui est à moitié Chemin de Thiais à Orly, est le seul écart habité de la Paroisse, et est abondant en vignes. Je ne sçai pourquoi on l'appelle Grignon. Si l'Auteur du Nécrologe de Paris, rédigé au XIII siécle, ne s'est pas trompé, on auroit dû dire Grigny, parce qu'en parlant des neuf arpens de vignes situés en ce lieu, qu'Henri de France, Archevêque de Reims, frere du Roi Louis le Jeune, donna à l'Eglise de Paris pour y entretenir toutes les nuits douze lampes allumées, il le désigne non pas par ces mots: *apud Grisnionem*, mais par ceux-ci: *apud Grisniacum juxta Orliacum*. La Maison Canoniale de M. le Théologal de la même Eglise a une dépendance à Grignon, mais elle est située sur le territoire d'Orly. Les Religieux de Sainte-Croix de la Bretonnerie se sont dits Seigneurs en partie de Grignon dans le Procès-verbal de la Coutume de Paris de l'an 1580. J'ai aussi appris que ce lieu de Grignon avoit été choisi par M. Renaudot, pere du Sçavant de ce nom, pour sa maison de campagne en 1672.

<small>Necr. Eccl. Par. ad 15 Nov.</small>

Outre Grignon, il y a pu avoir encore d'autres cantons de Thiais, que les Rois de la premiere race, fondateurs de l'Abbaye de Saint-Germain, se retinrent, et dont ils firent depuis des libéralités à d'autres Eglises, ou à des Seigneurs de leur suite. On lit, par exemple, que Guy de Rochefort donna aux Religieux du Prieuré de Notre-Dame des Champs, en présence du Roi Louis (c'étoit Louis VI ou Louis VII) un muid de bled tous les ans *apud Theesium*. De plus, le Chapitre de Saint-Marcel possédoit un territoire à Thiais au XIII siécle, puisqu'il accorda en 1238 la manumission ou affranchissement aux serfs qu'il y avoit.

<small>Chart. B M. à Camp. fol. 15.</small>

<small>Hist. de Paris, T. III, p. 14.</small>

Ce fut aussi sur le territoire de Thiais que se trouverent assis les fonds destinés pour la fondation d'une Chapelle du titre de Saint Thomas Martyr, dans l'Eglise de Saint-Germain-des-Prez, laquelle étoit à la collation de l'Abbé. Je rapporte ceci, afin qu'on voye l'attention des habitans de Thiais pour le service de leur Eglise. En 1394, les Marguilliers de cette Eglise voulurent soutenir la validité d'une saisie qu'ils avoient faite des revenus de cette Chapelle, prétendant qu'à cause qu'ils sont situés sur leur Paroisse, les charges devoient être acquittées dans leur Eglise Paroissiale. Mais l'Official de Paris les obligea par Sentence de céder ces revenus au Chapelain titulaire, et lui en donna main-levée.

<small>Livre rouge anc. du Châtelet de Paris, f. 189.</small>

L'Historien de l'Abbaye de Saint-Germain nous parle assez amplement d'une autre ancienne Chapelle qui étoit située à Thiais même, proche l'Eglise et la fontaine publique.

Il dit qu'en fouillant dans ses ruines on trouva une inscription gravée sur une pierre en forme de pyramide, ainsi conçue : Bouillard, Hist. S. Germ. p. 70.

> *In nomine Domini. Waldo Monachus peccator*
> *Hoc Oratorium fieri jussit in onore*
> *Salvatoris et Sanctorum omnium.*

Il ajoute que l'on croit que ce Waldo n'est pas différent de Gualon qui fut Abbé de Saint-Germain, et qui mourut en 990. Selon cette opinion, il auroit eu l'administration de la Terre de Thiais avant que d'être Abbé.

BACLE est un fief situé sur cette Paroisse, spécifié dans l'Epitaphe ci-dessus, page 440. Il tient apparemment son nom de la même famille à laquelle a appartenu le territoire de Villiers-le-Bacle proche Châteaufort.

CHOISY-SUR-SEINE

A present CHOISY-LE-ROY

Si c'étoit un principe certain que tous les noms qui s'écrivent en françois de la même maniere doivent toujours avoir la même étymologie, et avoir été exprimés en latin par le même mot, il n'y auroit aucun sujet de douter que *Cauciacum* soit l'ancien nom de Choisy dont il s'agit ici. Mais ce principe, sur lequel j'ai vu quelques Sçavans fonder quelquefois leurs raisonnemens, n'est point vrai lorsqu'on en fait une regle générale. On connoît sept ou huit Choisy en France. Celui qui est proche Compiegne sur la riviere Aisne, un peu avant qu'elle se jette dans l'Oise, est le premier nommé dans les Historiens latins. Il est appellé *Cauciacum* ou *Causiacum*, dans des Auteurs du VIII et du IX siécle. C'est à la vérité une espece de moule sur lequel on pourroit donner un nom latin aux autres Choisy. Cependant quelques-uns de ces Choisy ont été appellés *Sosiacum* dans les premiers titres qui en font mention, et d'autres depuis 500 qu'on les connoît, n'ont point été appellés autrement en latin que *Choisiacum* ou *Chosiacum*, qui est un latin visiblement fait sur le langage vulgaire. Tel est Choisy-sur-Seine, qui n'est connu que depuis le commencement du XIII siécle.

Ce n'étoit alors qu'un hameau de la Paroisse de Thiais qui en est à un quart de lieue. En 1207 Jean, Abbé de Saint-Germain-des-Prez, et en cette qualité Seigneur de Thiais, donna aux habitans de ce hameau un fond sur le bord de la Seine, pour y cons- Histoire de l'Abbaye de S. Germ. p. 116.

truire une Chapelle où ils pussent entendre la Messe. Eudes de Sully, Evêque de Paris, y consentit pourvu que les droits du Curé de Thiais fussent conservés, et que les habitans fournissent tous les ans au Desservant un minot de froment, jusqu'à ce qu'il y eût un fond suffisant pour son entretien, et qu'il n'y eût point en cette Chapelle de fonts baptismaux, ni de cimetiere qui en dépendit. La nomination en fut réservée à l'Abbé de Saint-Germain. Il est assez vraisemblable que ce hameau contenant beaucoup de bateliers ou voituriers par eau, ce fut ce qui détermina à choisir Saint Nicolas pour Patron de la Chapelle.

Hist. de l'Abb. de S. Germain, p. 117.

Seize ans après, on parla d'ériger cette Chapelle en titre de Cure. Eudes, Abbé de Saint-Germain, y consentit pareillement, à condition que le droit de patronage lui appartiendroit, de même qu'il avoit celui de la Cure de Thiais, et que l'Abbaye auroit la moitié des Offrandes à la Toussaint, à la Saint-Nicolas, fête patronale, à Noël et à la Purification. Barthelemi, Evêque de Paris, confirma le tout en 1224, et Elimand, Curé de Thiais, y souscrivit.

Ex schedis Lancelot.

Il paroît par une Requête en forme de Factum d'Etienne d'Auberive, Curé de Choisy, et des Marguilliers, d'environ l'an 1696, que dix ans auparavant l'Eglise avoit été rebâtie aux dépens de S. A. R. Mademoiselle d'Orléans. Son Architecte en avoit fait les devis, et le sieur de Rolinde, son Intendant, en avoit eu la conduite. Et il y avoit eu entre lui et les Religieux de Saint-Germain, gros Décimateurs, une convention pour ce qu'ils fourniroient. Mais à l'inspection de l'édifice, il semble qu'il n'y ait que le chœur qui ait été alors refait à neuf, et la nef paroît n'avoir été que réparée. On y voit une Inscription de l'an 1536, qui concerne une fondation faite par Pierre Culdoue, Seigneur du Fief Pasquier, Paroisse de Vitry. Outre cela, les deux colonnes qui sont au portail sont d'un travail du XIII siécle. Cette Eglise est en forme de longue Chapelle et sans collatéraux. Lorsque la Seine est bien haute, elle baigne les fondemens du sanctuaire. En l'an 1665, la Veuve de Jean Mesnard, Chirurgien du Roi, fonda dans cette

Reg. Arch. Par.

Eglise un Prêtre qui étoit chargé de quelques Messes, et d'enseigner aux enfans à lire et à chanter. Cette fondation fut confirmée le 29 Janvier 1711.

La Cure est marquée au Pouillé latin du XIII siécle, sous le nom vulgaire *Choisi*, comme étant à la nomination de l'Abbé de Saint-Germain-des-Prez. Celui du XV siécle y est conforme, et met *Curatus de Choisiaco XVI libras*. Elle se trouve dans les Pouillés suivans sous le même patronage. Le Pelletier a oublié cette Cure dans son Pouillé imprimé en 1692.

Ibid., 1748.

La premiere pierre de la nouvelle Eglise fut posée le Jeudi 4 Juillet 1748, par M. l'Archevêque de Paris.

M. le Comte de Caylus (Antiq. Tome I., page 195), parle de quelques tombeaux trouvés à Choisy en 1748 et en 1751.

Choisy est éloigné de Paris d'environ trois lieues vers le sud-est, et situé au rivage gauche de la Seine, dans une des belles plaines qui bordent cette riviere. Le territoire ne contient presque que des labourages, les vignes étant plantées sur les côteaux qui ne sont pas de la Paroisse. Ce qui est au rivage droit de la Seine vis-à-vis le bourg est aussi de Choisy, jusqu'à une certaine distance du bord. Les Hôtes que l'Abbaye de Saint-Maur-des-Fossés avoit à Choisy sous le regne de Philippe-Auguste, habitoient apparemment de ce côté-là, qui confine avec la Terre de Mesly qui lui appartenoit pareillement. Ce Monastere fut en difficulté avec l'Abbaye de Saint-Germain-des-Prez au sujet de ces Hôtes. H....., Abbé de Sainte-Geneviéve, choisi pour arbitre, décida en 1208 qu'ils étoient communs aux deux Églises. Le revenu que les Moines de Saint-Maur avoient à Choisy, *apud Choisiacum*, consistoit en bled, en avoine, en chapons et en argent. Pierre de Chevry, Abbé de ce lieu, instituant en 1256 l'Office de Chambrier dans sa Communauté, lui réserva tous les revenus avec plusieurs autres. *Chart.S.Mauri. fol. 431.*

Gall. Chr. T. VII, Instrum. col. 109.

La maison isolée qui est vis-à-vis Choisy, la riviere entre deux, et qui appartient aujourd'hui au Commandeur de Saint-Simon, est nommée *Choisy-Thiais* dans des titres du Collége de Beauvais à Paris, à l'occasion de quelques labourages que ce Collége y a, et qui lui viennent du Cardinal de Dormans. Les Cartes donnent à cet endroit le nom de *la Folie*. Lorsqu'on l'a appellé *Choisy-Thiais*, c'est que tout le village de Choisy étoit alors désigné ainsi du nom de Thiais dont il a fait partie, et cela pour le distinguer de Choisy près Compiegne, Choisy en Gatinois, Choisy au val de Galie, Choisy-aux-Bœufs, etc.

Lorsqu'on imprima pour la premiere fois le dénombrement de l'Election de Paris en 1709, on comptoit à Choisy-sur-Seine 46 feux. Le nombre étoit augmenté dès l'année 1726, puisque le Dictionnaire Universel Géographique de la France qui parut alors, assure qu'il y avoit 286 habitants. Le dénombrement du Royaume, publié en 1745 par le sieur Doisy, y marque 64 feux.

Je n'ai pu découvrir de Seigneurs de ce lieu, que depuis le regne de Louis XI. Une sentence de Jacques d'Estouteville, Prévôt de Paris, du 16 Septembre 1482, permet à Laurent le Blanc, Procureur au Châtelet, de faire redresser les fourches patibulaires de la Justice de Choisy-sur-Seine, dont il est Seigneur. Hugues le Blanc, qui étoit apparemment son fils, lui succéda, et avoit aussi quelque fief à Thiais : il est qualifié Seigneur de Choisy-sur-Seine et de Thiais dans une inscription de l'Eglise de Saint-Germain-l'Auxerrois, où il est nommé avec Charlotte Mariette, sa femme, *Livre blanc du Châtelet, f. 316.*

Recueil des Epitaphes de Paris à la Bibl. du Roi, p. 1603.

au sujet d'une fondation de l'an 1528. Sur la fin du même siécle,
Antoine du Puis, Commissaire des Guerres, paroît au Procès-verbal de la Coutume de Paris, comme Seigneur de Choisy-sur-Seine.

<small>Cout. de Paris de l'an 1580.</small>

On a marqué dans le Mercure de Juillet 1686, que Mademoiselle d'Orléans reçut le 14 de ce mois, dans la maison qu'elle avoit fait bâtir à Choisy, Monseigneur le Dauphin, Monsieur, Madame, et Madame la Princesse de Conti. L'Auteur y observe qu'il est assez surprenant qu'un aussi grand bâtiment, avec une fort belle orangerie, eût été commencé et fini sans qu'on en eût interrompu le travail. Une partie avoit été bâtie par Mansart. M. le Dauphin, fils de Louis XIV et ayeul de Louis XV, l'ayant eu après la mort de cette Princesse, en fit depuis l'échange avec Madame de de Louvois, pour le Château et Seigneurie de Meudon. Cette Dame eut des Lettres-Patentes qui portoient exemption du passage des bateliers dans la Terre de Choisy, avec concession d'autres droits, conformément à ce qui lui avoit été promis par M. le Dauphin. L'enregistrement en fut fait le 12 Août 1695. La permission qu'elle obtint de l'Archevêque de Paris d'y faire célébrer, n'est que du 5 Février 1697. Depuis, ce Château a appartenu à Madame la Princesse de Conti, fille légitimée du Roi Louis XIV. Après sa mort, il a été acheté par le Roi vers la fin de l'an 1739. Ce Monarque l'a mis au nombre de ses maisons Royales, et y a fait beaucoup travailler : de sorte qu'on a cessé de l'appeller *Choisy-Mademoiselle*, et on ne le connoît plus que sous le nom de Choisy-le-Roi. Les jardins sont ornés de statues copiées d'après les plus belles antiques de Rome par Anguierre. Elles avoient été faites pour M. Fouquet, Surintendant des Finances.

<small>Merc. Gal. Juill. p. 154.</small>

<small>Reg. du Parl.</small>

Les Bénédictins de Saint-Germain ont eu à Choisy une maison dite Saint-Placide, suivant la permission à eux donnée d'y faire célébrer.

<small>Reg. Ep. 11 Apr. 1698.</small>

VITRY-SUR-SEINE

On pourroit faire remonter l'antiquité de ce lieu jusqu'au VII siécle, s'il étoit certain que le *Victuriacum* dont il est parlé à la fin de la vie de Saint Eloi par Saint Ouen, fût le Vitry où l'Abbaye de Filles bâtie par ce Saint dans la Cité de Paris a eu du bien : car ce Monastere, depuis réduit en Prieuré de Bénédictins, posséde encore des revenus à Vitry-sur-Seine. Mais comme il y a plus d'apparence que S. Ouen a voulu parler d'une Terre voisine de Noyon, dite Vitry, et appartenante au Monastere de Filles qu'il avoit bâti à Noyon même, je me contenterai de dire qu'on ne peut pas pousser les connoissances sur le Vitry du Diocése de Paris plus haut que le IX siécle. C'est le temps auquel Saimon ou Simon, Abbé de Moutier au Perche, y envoya quatre Religieux de Saint-Lomer de Blois. Cet Abbé vivoit en l'an 873. Ses Religieux y apporterent, dit-on, le bâton de Saint Laurent, qui fut conservé comme une Relique, et qui depuis a été perdu. La tradition de l'Abbaye étoit encore au XIV siécle, que le bien qu'elle avoit à Vitry avoit été donné pour les habits et chaussures des Religieux par un Roi de France et quelques-uns de ses vassaux, sans que l'Abbé en pût faire d'autre emploi. Ce lieu s'appelloit Douci-lez-Vitry. Et comme cette Terre avoit été Royale, elle fut mise au rang de celles qui devoient gîte au Roi, suivant un rouleau de la Chambre des Comptes, où on lit : *Apud Vitriacum in terra S. Launomari* 1. Peut-être Vitry est-il l'*Unciacus pagi Parisiensis* qualifié *villula*.

Voyages mss. de Chastelain.

Gloss. Cangii voce Gist.

Bouquet, T. VIII, p. 584.

Il est constant que les anciens titres latins varient sur le nom de lieu. Plusieurs l'appellent *Victoricium* au XII et XIII siécle; mais le grand nombre au treiziéme et depuis est pour *Vitriacum*, qui paroît dérivé de *Victoriacum*, non qu'il y ait eu une victoire remportée en ce lieu, mais de ce que le premier possesseur, ou plutôt le premier qui a bâti considérablement sur cette Terre, s'appelloit *Victorius*.

Quoique ce Village ne soit pas fermé, quelques-uns le qualifient de Bourg, peut-être à cause qu'il est composé de deux Paroisses. Le territoire s'étend assez avant du côté de Villejuy et d'Ivry, et est presque tout rempli de vignes ou de pépinieres. On compte environ deux lieues de Paris à Vitry. La position de cette Paroisse est sur la pente de la montagne de Villejuy, ce qui fait que les fontaines n'y sont pas rares. Au sortir d'Ivry pour aller à Vitry, on trouve plusieurs carrieres à fleur de terre ; et dans les endroits où la terre est écroulée, on voit les veines de terres couchées de biais, comme si un tremblement avoit causé des secousses en ces quartiers. Le dénombrement de l'Election de Paris de l'an 1709 marque à Vitry 270 feux. Celui du sieur Doisy, publié en 1745, n'y en marque que 246. Le Dictionnaire Universel de la France a évalué en 1726 le nombre des habitants à 1115. Il n'y a qu'un seul rôle qui comprend les deux Paroisses. On assuroit, il y a quelques années, qu'il y avoit en la grosse Paroisse mille communians et cent dans l'autre.

La plus considérable est celle qui a pour Patron Saint Germain, Evêque de Paris. C'est un édifice du XIII siécle, sans galeries, mais avec un contour ou demi-cercle ouvert derriere l'autel. Le chœur est plus élevé que la nef. Le portail est accompagné d'une tour qui finit en pyramide sans ornemens. On voit encore dans quelques Chapelles des restes de vitrages du XIII siécle. Saint Germain est représenté en cette Eglise avec une clef à la main, par rapport à cette clef qu'un ancien Auteur écrit lui avoir été apportée miraculeusement pour délivrer des prisonniers. François de Poncher, Evêque de Paris, vint en cette Eglise le 24 Avril 1526, pour y bénir cinq autels qui y étoient nouvellement construits. Pierre de Gondi, autre Evêque de Paris, permit le 29 Août 1582, d'exposer dans la même Eglise des Reliques qui provenoient d'une châsse de l'Abbaye de Saint-Denis, et qui étoient accompagnées d'une inscription en caracteres très anciens, portant ces mots : *De ossibus et pulvere plurimorum Sanctorum*. Il marqua qu'on pouvoit les honorer, *ut Sanctorum reliquias, quorum tamen nomen et meritum est ignotum*. En 1672, l'Archevêque approuva la fondation d'un Prêtre faite pour cette Paroisse par Nicole Ducroq, fille de Nicolas Ducroq, Seigneur des Tours blanches, y demeurant. Avant que l'on en fût venu à inhumer les simples bourgeois ou habitans dans les Eglises, c'étoit par une distinction particuliere que quelques-uns l'étoient sous le portique. Ainsi voit-on à celui de Saint-Germain l'Epitaphe d'un nommé Gilles Chambellin, laboureur, de l'an 1493. Dans l'aile gauche du chœur se voit celle d'Antoine de la Lacre, Seigneur de Malay en Poitou, et de la Bertesche en Brie, et de Louise le Camusa, son épouse, tous les deux morts au milieu du mois d'Octobre 1631, à deux jours l'un près de l'autre. Cette Cure est restée à la collation pure et simple de l'Archevêque de Paris, suivant tous les Pouillés, à commencer par celui du XIII siécle. Il falloit que le revenu en fût considérable au siécle suivant, puisqu'elle est du nombre des trois ou quatre fortes Cures du Doyenné de Linas, et qu'elle payoit procuration à l'Evêque Diocésain sur le pied des Prieurés et des Chapitres. Le rôle des Décimes met dans cette Eglise une Chapelle de Saint-Nicolas qui a du revenu. Les Pouillés des XV et XVI siécles, celui de 1626, et celui de le Pelletier, la marquent pareillement ; c'est apparemment la même Chapelle qui est dite de Saint Jacques, et située dans la même Eglise par le Registre de 1474 au 2 Février. La Carte de De Fer a fait une faute considérable en marquant Saint-Germain, non dans Vitry, mais auprès, comme une Chapelle champêtre.

Derriere cette Eglise, après qu'on a traversé une rue à la distance de trente ou quarante pas, on trouve celle des Saints Gervais et Protais qui est aussi Paroissiale, et n'a que quarante feux. Elle a également été construite au XIII siécle. C'est un bâtiment presque quarré, c'est-à-dire qu'elle est peu longue et qu'elle a une aile de chaque côté. Elle est terminée par une grande rose sur le grand autel, où l'on voit encore des panneaux de verre du temps de la bâtisse. La tour est séparée de l'Eglise, et est aussi ancienne que le reste. Cette Eglise fut brûlée du temps des guerres au XIV siécle ; les habitans ayant été soulagés par le Roi Charles V, en rétablirent la couverture. Elle appartenoit dès le XII siécle au Chapitre de Saint-Marcel, par la concession d'un Evêque de Paris ; car le Pape Adrien IV, confirmant les biens de cette Collégiale en 1158, met dans ce nombre *Ecclesiam Sanctorum Gervasii et Protasii de Vitry cum cimeterio et decimis ad ipsam pertinentibus*. Aussi la nomination à la Cure appartient-elle depuis ce temps-là à ce Chapitre. Le Pouillé du XIII siécle le marque ainsi, et tous les suivans s'y sont conformés. Le célébre Géographe Delisle a voulu raisonner sur ces deux Paroisses de Vitry dans des notes marginales sur le *Notitia Galliarum*. Il écrit qu'il y a eu deux Vitry : l'un dit *Vitry-Saint-Germain* du Diocése de Paris ; l'autre *Vitry-Saint-Gervais*, d'un autre Diocése voisin. Il n'ajoute pas duquel, mais il se trompe, car aucun Diocése n'a rien d'enclavé dans celui de Paris. Lettres de 1376.
Hist. de Paris,
T. III, p. 13.

Il paroît qu'il y avoit eu à Vitry dans des temps fort reculés une Chapelle de Saint Aubin. En 1368, un endroit de ce Village en avoit pris le nom de ce Saint, qu'elle communiqua ensuite à une grande rue. Tab. S. Elig.

Le rôle des Décimes marque à Vitry, outre la Chapelle de Saint Nicolas, une Chapelle ou prestimonie fondée en ce lieu par le feu sieur Jouvenet, sans dire en quelle Eglise. Cela conviendroit-il à une petite Chapelle de Notre-Dame qui est au bout du chemin de Paris en abordant à Vitry par le haut ? Je trouve aussi en quelques Mémoires qu'il y a eu en ce Village une Chapelle dans la maison du sieur Gravet, Prêtre de Saint-Germain l'Auxerrois, laquelle avoit été bénite de l'agrément de M. de Harlay, Archevêque, par le sieur Boileau, Curé du lieu, qui y dit la premiere Messe ; mais que son frere lui ayant succédé dans la Cure, ne souffrit point qu'on y célébrât. Ce qui engagea une famille sans enfans de présenter requête à M. le Cardinal de Noailles, pour approuver la fondation qu'on y vouloit faire d'une Messe basse les jours ouvriers, moyennant 500 livres de rente, dont cent livres seroient pour la Charité du lieu, et cent pour la Fabrique. Manuscr. de la main de M. Lancelot.

Le Pere le Brun a fait une dissertation sur les Jumeaux de Vitry, elle est imprimée dans le Journal des Sçavans. Il en est parlé au Tome I du Supplément de Moreri, p. 199, col. 1. Le 16 Mars 1524, quelques partis firent dans Vitry des dégâts affreux.

On ne sçait pas positivement depuis quel temps les Evêques de Paris ont eu des droits ou des biens à Vitry ; mais pour dire quelque chose du plus loin dont on ait connoissance, je trouve que Maurice de Sully, qui commença à siéger en 1160, y fit différentes acquisitions, entr'autres de sept hôtes et d'une rente ou cens de vingt-six sols, que lui vendit Hugues Malvie et Gondrée, sa femme, pour la somme de 60 livres. Guillaume de Macy et Aveline, sa femme, lui vendirent pareillement vingt arpens de terre qu'ils y avoient. Vitry est appelé *Victoricium* dans ces deux actes. Le même Evêque y acheta en 1180 de Philippe de Levies et de son épouse Elisabeth un revenu de cent sols qu'ils tenoient en fief de Galeran de Galardon : *Actum Victoriaci publicè*. Il paroît par un titre de l'an 1209, que l'Evêque Pierre de Nemours y jouissoit de quelques droits de Justice. Ce titre fait mention de la prison qu'il avoit *apud Victoricium*. Il y venoit aussi un Receveur. Ansel de Savigny, Chantre de la Collégiale de Meun-sur-Loire, qui possédoit à Vitry, par droit de succession, une portion de la dixme, l'ayant remise au même Evêque à l'article de la mort, l'Evêque l'employa en 1217 à la fondation d'une Prébende sacerdotale dans l'Eglise de Saint-Etienne-des-Grez à Paris.

<small>Chart. Ep. Par. fol. 28.
Ibid., fol. 27.
Gall. Chr. nova, col. 72, ad an. 1170.
Chart. min. Ep. 142.
Chart. Ep. Par. fol. 70.
Gr. Pastor. et Hist. de Paris, T. III, p. 41.</small>

Le Chapitre de la Cathédrale a eu dès le XI siécle des héritages à Vitry. Son Nécrologe marque au 24 Février le don que lui fit le Doyen Milon de plusieurs arpens de vigne. Ce Doyen fut fait en 1074 Archevêque de Benevent. Il faut joindre à cela les terres que le Chapitre y possédoit selon le même Nécrologe sur la censive de Saint-Laumer et de Saint-Marcel, et les droits dont la vente lui fut faite vers l'an 1200, et confirmée par Robert, Comte de Dreux, Seigneur de Chailly. Je croirois que ce seroit en vertu de l'échange qui a pu être fait de la station ou repas que le Doyen Milon avoit institué, que la troisiéme Antienne des O de Noel, sçavoir, *O radix Jesse*, l'une des trois où il y avoit distribution des choses manducables, auroit été appellée *l'Antienne de Vitry*, de même qu'il y avoit l'Antienne d'Andresy.

<small>Necrol. Paris. 13 Jun.
Gr. Past. fol. 24.</small>

De tous les autres Corps ou Communautés qui ont eu quelque fief ou domaine à Vitry, la plus ancienne est sans doute l'Abbaye de Saint-Laumer de Blois, ou de Moutier-au-Perche, dite autrement Curbion. On en a vu plus haut la raison. Je trouve cependant que vers l'an 1170, l'Abbaye de Saint-Maur céde au Prieuré de Saint-Eloy un droit de Dixme qu'elle avoit à Vitry. Il y a au Cartulaire de l'Evêque de Paris une Charte de Robert, Abbé de Saint-Laumer, de l'an 1200, touchant des habitans de Vitry qui étoient serfs. Comme ce domaine est fort éloigné de Blois, les Abbés y envoyerent des Moines pour le faire valoir, ce qui fit qu'on le prit pour un Prieuré sous le regne de Charles VI, et que le premier de ces Religieux étant appellé Prieur, quelqu'un obtint ce prétendu Bénéfice en Cour de Rome pour en avoir le revenu. Le Couvent de Saint-Laumer supplia le Roi d'observer que ce n'en étoit pas un, et de mettre ce bien sous sa protection, de crainte que

<small>Tab. Ep. Paris. p. 1.
Trés. des Chart. Reg. 160. Piece 330.</small>

le Service Divin n'en souffrît; et ce Prince donna ordre au Prévôt de Paris et au Bailli de Cepoz d'en faire jouir cette Abbaye, et d'y faire entrer le Procureur des Moines.

Les biens que cette Abbaye avoit à Vitry ayant été saisis vers l'an 1423 par le Roi d'Angleterre, furent donnés à gouverner à l'Archidiacre de Thierasche dans l'Eglise de Laon, et à Maître Pierre d'Orgemont. Trois ans après, ce même Prince qui se qualifioit Roi de France et d'Angleterre, chargea une autre personne de ce gouvernement, sçavoir, Jean Rouger, Religieux de Sainte-Berthe de Blangis en Ternois. *(Sauval, T. III, p. 327. Liv. noir du Châtelet, f. 239)*

Nous ne sçavons point d'où a pu venir au Prieuré de Saint-Eloy de Paris le bien qu'il a eu à Vitry. Il peut être venu du fondateur même, qui fut Saint Eloy. Ce qui m'en a paru de plus ancien, est l'accord qui fut fait l'an 1116 sur les dixmes de ce lieu, entre l'Abbaye de Saint-Victor et ce Prieuré. En 1234, les habitans reconnurent qu'ils étoient tenus de faire cuire leur pain au four bannal de Saint-Eloy. En 1255 il y eut une Sentence entre eux et le Prieur, sur l'entretien de la fontaine de Vitry, sur les prés de la Tournelle et sur les mesures de bled et de vin. La même année, leurs Députés étant venus faire hommage aux Chapitres de Notre-Dame et de Saint-Marcel, se rendirent aussi à Saint-Eloy pour la même cause. En 1268, se voyant affranchis par l'Abbé de Saint-Maur, Supérieur du Prieuré, ils s'obligerent de donner à ce Prieur l'onziéme gerbe de tous leurs fruits. Je ne dis rien des vignes que le Prieuré eut dans ce lieu en quantité. Les branches qui tomboient des ormes furent un sujet de contestation entre le Prieur et le Concierge du Palais à Paris. Le Prieur fut maintenu en 1341 dans le droit d'avoir celles qui tomboient sur le chemin de Vitry dans sa Seigneurie et Justice. Autre dispute étant survenue entre les mêmes parties sur les branches d'ormes qui tomboient dans les vignes, elles convinrent par transaction du 28 Novembre 1388, qu'elles appartiendroient aux propriétaires des vignes.

En 1204, ce que les Templiers avoient à Vitry fut donné au Prieuré de Saint-Eloy par André de Coloors, leur Grand-Maître; et de plus, on lit dans un acte de l'an 1256, parmi les biens donnés en échange d'une redevance pécuniaire par un Chanoine de Saint-Etienne-des-Grez, plusieurs arpens de terres labourables situés proche le grand Orme de Vitry, *in censiva S. Eligii Parisiensis* [1]. *(Hist. de Paris, T. III, p. 47.)*

Nous ne connoissons l'antiquité de la Seigneurie du Chapitre de Saint-Marcel à Vitry, que par l'endroit du Nécrologe de Notre-

---

1. Le Chefcier de cette Collégiale de Saint-Etienne est dit dans une charte de 1269 avoir cinq arpens de vigne à Vitry, *juxta pressorium hoquembroch*. (Hist. de Paris, Tom. III, p. 48.)

Dame cité ci-dessus, et par l'acte d'affranchissement que les Cha- noines de cette Collégiale donnerent en 1238 aux serfs qu'ils y avoient. Ils vendirent tous les droits, excepté celui de la présentation, à la Cure de Saint-Gervais, en 1643, pour la somme de sept mille livres, à Daniel, Secrétaire du Roi, ce que l'Archevêque approuva le 12 Septembre. Une Bulle de Calixte II de l'an 1119, et une d'Innocent II de l'an 1142, spécifient parmi les biens du Prieuré de Saint-Martin-des-Champs, une maison à Vitry, un pressoir, des vignes et un cens, *et censum*. (Cette Maison y a encore du bien.) Ansel de Vitry donna aux Moines de Longpont vers le XII siécle des terres et un hôte. L'Abbaye de Sainte-Geneviéve de Paris avoit au XIII siécle une censive et un domaine à Vitry ; et le canton de terres appellé Champagne en faisoit partie en l'an 1249. Le Prieur de Notre-Dame-des-Champs, proche Paris, y avoit des cens au XIII siécle. Celui de la Saussaye y a possédé des vignes qui lui venoient de Christophe Malcio, Chambellan du Roi, lequel les légua en 1205 à cette Léproserie. Enfin, je trouve qu'une Confrérie, établie à Paris au XIII siécle sous le titre de la Sainte-Trinité, avoit une censive à Vitry. Les vignes que Pierre de Chelles, Vicaire de Saint-Victor, donna à Notre-Dame, étoient situées sur cette censive ; les Confreres accorderent au Chapitre d'en jouir en main-morte, moyennant le cens capital de trois deniers. Il y avoit aussi alors une Dame, nommée Pétronille de Vitry, qui jouissoit d'une censive particuliere sur le territoire de cette Paroisse. C'est le même acte qui en fournit la connoissance. Dans le Procès-verbal de la Coûtume de Paris de l'an 1580, les Religieux de Saint-Victor et les Religieux de Sainte-Croix de la Bretonnerie sont dits Seigneurs en partie de Vitry.

Avant que de parler des autres fiefs en main laïque situés à Vitry, je dois faire observer que le Roi tiroit en 1202, tant de Vitry que d'Ivry, une redevance de soixante livres. Durant le XI, le XII et le XIII siécle, comparurent en certains actes des Chevaliers, dits de Vitry. Etienne de Vitry, Chevalier, donna aux Moines de Longpont, près Montlhéry, la moitié de l'Eglise de Saint-Julien, située à Paris proche le petit Pont. *Manassetus, Miles de Vitriaco*, est mentionné dans le Cartulaire de Notre-Dame-des-Champs, pour avoir pris à bail de Garin, Abbé de Saint-Victor, qui siégeoit en 1180, une piéce de prés *juxta casellas*, dans la terre que Constance, fille de Louis-le-Gros, avoit achetée de Harcher de la Queue, Chevalier, et qu'elle avoit donnée à l'Abbaye de Saint-Victor. Ansebert, *Miles de Victoricio*, est nommé au Cartulaire de l'Evêque de Paris au XIII siécle, à l'occasion des biens qu'il avoit à Frênes. On sçait que Jean, Evêque de Wincester, en Angleterre, avoit des vignes à Vitry ; mais on ignore si le territoire étoit un fief qui lui appartînt. Ce qui est sûr, est qu'en 1294 elles furent confisquées par Philippe le Bel, qui les donna à Hugues de Bouillé, Seigneur de Milly, son Chambellan, par Lettres expédiées à Crevecœur. Godefroy. Histoire de Charles VI, p. 619.

Le XIV siécle ne m'a fourni aucuns Seigneurs de Vitry, sinon que j'ai trouvé qu'en 1383 Etienne de la Clergerie y avoit une censive. Regnaut Balbet, Prévôt de Paris, voulant soumettre à la Taille ceux de Vitry, il fut décidé qu'ils avoient été exemptés par Saint Louis de cette subordination; qu'ils devoient la payer à Saint-Maur *pro exercitu Regis*, et non au Châtelet ni au Temple. On lit que Jean d'Aunay, dit le Galois, Echanson du Roi en 1426, fit hommage de Vitry en 1453. En 1452, le 27 Août, Pierre de Thuillieres, Conseiller au Parlement, donna un aveu de la portion de la Seigneurie de Vitry qu'il possédoit. Le fief de Blenne ou Blemie qui est situé à Vitry, et mouvant du Châtelet de Paris, fut acquis de Jacques de Bezon, Ecuyer, demeurant à Bourges, par Jean Henri, Conseiller au Parlement, Président aux Enquêtes, vers l'an 1470. Le même fief, quarante ans après, fut acheté par Louis Burgensis, Médecin ordinaire du Roi. Et celui de la Tour ou de Dommiers mouvant de Blemie y ayant été réuni, fut acquis dans le même temps de Jean Henri, Chanoine d'Evreux, la somme de trois mille livres. L'acte de fondation du Collége de Sainte-Barbe à Paris par Robert du Gast en 1556, nous instruit sur le nom de deux Seigneurs de Vitry qui vivoient alors. Le premier est Jean de Brenou, ou de Bremeu, dans la censive duquel étoit une maison que le Fondateur donna, située à Vitry, rue Saint-Aubin, chargée de deux deniers Parisis et de deux pintes de vin de cens. Il donna aussi deux piéces de vignes situées au même lieu, l'une au champ Ragoule, l'autre à Hardouyne. Le second Seigneur étoit Cosme Clausse, dans la censive duquel étoient d'autres vignes destinées pour la même fondation, et situées au même village, lieu dit Dame Gille. Un autre Seigneur de Vitry-sur-Seine qui a dû vivre dans le même temps, est Nicolas Molé, Intendant Général des Finances, décédé en 1586. Les sieurs Aubry étoient en 1610 Seigneurs de Vitry avec l'Evêque de Paris, et plaidoient sur la Justice haute, moyenne et basse; l'affaire fut appointée le 15 Décembre. Je trouve dans le siécle suivant plusieurs Pinon, Seigneur l'un après l'autre : le premier étoit Conseiller au Parlement en 1612; le second fut Jacques Pinon, Baron de Coursy, Seigneur Chastelain de Vitry et du Martray, aussi conseiller au Parlement en 1661. Un peu auparavant, l'Archevêque de Paris étant informé que la multiplicité de Seigneurs dans Vitry causoit des contestations sur la distribution du pain béni, avoit ordonné qu'il ne s'en feroit

Tab. S. Elig.

Hist. des Gr.Off. T. VIII, p. 883.

D'Hozier, p. 68. Regist. art. *Braque*.

Compte d'achats, reliefs. Sauval, T. III, p. 396.

Compte de la Prev. de Paris en 1511. Sauval, T. III, p. 552.

Ibid. T. III, p. 142 et 147.

Généalogie des Molé.

Tab. S. Elig.

Perm. de Chap. domest.

Reg. Archiep.

Ibid. 17 Aug. 1658.

plus dans l'Eglise, et que les habitans prendroient leur morceau à la fin de la Messe. Vers ce même temps-là, Philippe Jacques, Secrétaire du Roi, Greffier en chef civil, et Protonotaire du Parlement de Paris, étoit aussi Seigneur de Vitry-sur-Seine. Il mourut le 5 Novembre 1688.

<small>Mercure de Déc. 1739, p. 2944.</small>

Dans ces derniers temps, le Seigneur de Vitry dont il a été le plus parlé, a été François Paparel, Trésorier de l'extraordinaire des guerres, décédé en 1725. C'est lui qui y fit bâtir la maison la plus belle de tout le village et la plus riante, dans laquelle il n'y a à redire que la situation qui est dans un fond et sans vue. Les Registres du Parlement, au 5 Avril 1718, font mention de la saisie de la Terre de Vitry sur Claude François Paparel, et de l'opposition qui fut faite au décret par Charles Alexandre le Noir, Président en la Cour des Aides.

<small>Hist. des Gr. Off. T. I, p. 139.</small>

<small>Piganiol, T. VIII, p. 175.</small>

M. Robin de la Peschellerie, Secrétaire du Roi, jouit aujourd'hui de cette Terre. MM. de Choiseul possédoient quelque chose à Vitry en 1669. (V. le Tome Ier du Supplément de Moreri, page 267, col. 2.)

Outre les fiefs nommés ci-dessus, avec plusieurs lieux ou cantons des Paroisses de Vitry, j'en trouve un autre, nommé Bonvarlet, en 1518. Il fut vendu vers ce temps-là par Louis du Harlay, à Gilles Bouvier, Apothicaire, la somme de 336 livres. Je ne dis rien des Isles de la Seine, que les titres désignent comme placées vis-à-vis de Vitry, parce que je ne suis point assuré si elles sont de la Paroisse de Vitry, plutôt que de celle de Maisons. On les appelloit en 1474 et 1484, les Isles Jacques-Saillambien.

<small>Compte de l'Ordon. de Paris 1518. Sauval, T. III, p. 599. Compte de Preuv. de Paris. Sauval, T. III, p. 339 et 446.</small>

Plusieurs Ecrivains ont confondu Vitry-sur-Seine avec d'autres Vitry situés en France. L'exemplaire des Chroniques de Saint-Denis mises en françois, que l'on conserve à Saint-Germain-des-Prés, a marqué que ce fut à Vitry proche Paris, que le Roi Sigebert, fils de Clotaire, fut tué, faute de sçavoir qu'il y a un autre Vitry entre Arras et Douay où ce meurtre se fit. D'autres Ecrivains plus récens et beaucoup plus habiles ont cru que c'étoit aussi à Vitry proche Paris que le Roi Henri Ier étoit mort l'an 1060; mais on convient communément que ce fut à Vitry-aux-Loges, dans la forêt d'Orléans, ou plutôt à un Vitry qui subsistoit alors dans la forêt de Biere, qui n'est autre que celle de Fontainebleau. Le Confesseur de la Reine Marguerite, femme de Saint Louis, dont nous avons une vie de ce saint Roi écrite en françois, assure qu'un jour ce Prince s'arrêta à Vitry, et qu'étant au cimetiere de l'Eglise Paroissiale, il y écouta le sermon de Frère Lambert de l'Ordre des Freres-Prêcheurs, assis aux pieds du Prédicateur : et que, comme on faisoit du bruit dans une taverne voisine, il le fit cesser, et qu'il s'informa à qui appartenoit la Justice du lieu, ne

<small>Bouquet, Hist. de France, T. III, p. 213.</small>

<small>Mezeray. de Montfaucon.</small>

<small>Clarius in Chronic.</small>

voulant rien ordonner contre les auteurs de ce bruit qu'avec les formalités ordinaires. Ce trait prouve en passant que cette Terre n'étoit point une Terre Royale. On lit dans les Chroniques de Saint-Denis, qu'en l'an 1358 l'armée du Régent Charles (depuis dit Charles V), étant campée vers Charenton, Conflans et Carrieres, dressa un pont de bateaux sur la Seine, qui fut achevé le 22 Juillet, et que les Soldats ayant passé la riviere vis-à-vis l'Hôtel des Carrieres, vinrent mettre le feu à Vitry et à d'autres villages qu'ils pillerent. Aussi trouve-t-on que douze ans après, les habitans exposant à ce Prince, devenu Roi, leurs malheurs passés, articulerent que l'Eglise de Saint-Gervais avoit été brûlée et fort endommagée pendant les guerres, aussi-bien que plusieurs maisons; et que les réparations de leur Eglise et l'entretien des fontaines pour l'utilité du Roi et de leurs bestiaux les avoient fort grevés. Ce fut pour ces raisons qu'ils obtinrent des Lettres qui les exemptoient de fournir à la Cour des chevaux, des grains, du vin, du fourrage, etc. Elles sont datées de Vincennes au mois de Septembre 1371. Les Registres du Parlement rapportent au 14 Mars 1525 un autre événement : sur l'exposé qu'il y avoit environ 1900 Cavaliers et quelques gens de pied qui gâtoient tout à Vitry et dans le voisinage, et qui pilloient le pays, M. de Montmorency envoya contre eux le Baron de Monjay, qui à son retour rapporta qu'étant allé à Vitry, il n'avoit pu les atteindre, parce qu'ils avoient tiré par Villeneuve-Saint-Georges; c'étoit la Compagnie du Comte de Guise. Les anciens se souvenoient encore au commencement de ce siécle du combat qui fut donné à Vitry en 1652 dans le temps des guerres civiles. Il est parlé dans les Mémoires de l'Académie des Sciences, d'une espéce de monstre dont y accoucha, le 19 Septembre 1701, Catherine Feuillet, femme de Michel Alibert, jardinier de ce village. C'étoient deux enfants mâles joints ensemble.

Ordon. p. 80.

Hist. de Paris, Preuv. T. IV, p. 655.

Hist. des Gr. Off. T. VI, p. 529.

Mem. de l'Acad. des Scienc. 1706, p. 418.

Mais en quoi ce village est plus mémorable, c'est d'avoir donné la naissance à deux Cardinaux. Le premier est très-célebre et fort connu sous le nom de Jacques de Vitry. Il fut d'abord Curé d'Argenteuil, puis élevé au Cardinalat en 1230. Il a laissé une Histoire qui est fort connue. L'autre s'appelloit Etienne, et prit le nom de Paris. Après avoir été Doyen de Notre-Dame, et Maître des Requêtes en 1359, il fut fait Evêque de Paris en 1363, puis Cardinal en 1368 par Urbain V. Il mourut à Avignon le 1er Novembre 1373.

Hist. des Maîtres des Req. Chr. de S. Denis.

L'Auteur du Songe du Vergier qui a écrit vers le même temps, faisant parler un Chevalier contre les voluptueux, s'exprime ainsi : *Delicieusement mangent ces gros morceaux, et si n'oublirez pas à verser à ses hanaps riches et beaux de ces bons vins délicieux qui ne sont pas de Vitry ni de Bagneux.*

Songe du Vergier, Par. I, Chap. xxvi.

Loisel a eu sa maison de campagne proche Vitry, où Guy Loisel, son fils, l'accompagnoit les samedis à pied.

IVRY

La proximité dont ce Village est de Paris, fait qu'il n'est presque inconnu à personne, pas même aux étrangers qui abondent à Paris en descendant la Seine, puisque c'est la derniere Paroisse qu'ils voient à leur main gauche avant que d'arriver. Cette Paroisse est partie dans le bas d'un côteau et partie à demi-côté; les vignes sont sur les côteaux et sur le chemin de Villejuy, et les terres labourables sont dans la plaine vers la riviere et en allant à Vitry ou à Choisy. On ne compte qu'une bonne demi-lieue des dernieres maisons du Fauxbourg Saint-Marceau à Ivry.

Il est difficile d'en dire l'étymologie, vu que tous les titres qui en font mention l'écrivent en latin *Ivriacum* ou *Yvriacum*, à commencer dès l'an 936, temps auquel nous avons une Charte de Louis d'Outremer qui en parle. Quelques autres lieux du Royaume sont également nommés Ivry en françois, et dans le latin c'est aussi *Ivriacum* ou *Ybriacum*, ou bien *Ivreïum*, *Ibreium*, ce qui ne fournit pas plus de lumiere.

M. l'Abbé Chastelain qui a admis un grand nombre de noms de lieu du Diocése de Paris dans la Table géographique à la fin de son Martyrologe, et qui les a donnés en latin, n'a osé rien dire sur Ivry : il s'est contenté de nommer Moncivry qui est un peu plus haut, entre Bicêtre et Villejuy, et de l'appeller en latin *Mons Iberiacus*. J'ai découvert le nom de la montagne qui commence à Ivry et finit à Saint-Marcel; elle est appellée dans un Diplôme du Roi Henri de l'an 1033, *Mons Glandiolus*. Le souvenir de ce nom n'étoit pas encore perdu en 1507, puisqu'alors un Acte fait mention de trois arpens de vigne, sis au sentier de Glandeul, Censive Saint-Marcel.

<small>Tab. S. Maglor. Ivry.</small>

Ce lieu comprenoit 164 feux en l'année 1709, selon le dénombrement imprimé alors. Le sieur Doisy qui en a publié un nouveau l'an 1745, y en reconnoît 178. Le Dictionnaire universel de la France qui parut en 1726, y comptoit 803 habitans : mais le nombre des communians n'est gueres que de cinq à six cents.

L'Eglise est sous le titre de Saint Pierre : comme elle est bâtie à mi-côte, on y monte par plusieurs degrés du côté du septentrion. On y voit dans l'édifice du chœur quelques piliers du XIII au XIV siécle; mais la nef est plus nouvelle, et on y apperçoit à l'un des piliers le chiffre 1575. Elle a été dédiée en 1535, par Guy de

Montmirail, Evêque de Mégare, de la permission de l'Evêque
de Paris. Cet Evêque *in partibus* y fit aussi alors la bénédiction   Reg. Ep. Paris.
de six Autels. Cette Eglise n'a qu'une seule aîle qui est vers le
septentrion. On y lit gravé sur le marbre, qu'elle a été réparée par
M. Claude Bosc, Seigneur d'Ivry, Prévôt des Marchands. Ce
même Seigneur y a fondé un Chapelain qui fait les petites Ecoles.
Dès avant l'an 1482, le Cimetiere étoit rapproché de l'Eglise, puisqu'on trouve alors un canton de territoire, dit le vieux Cimetiere,
et situé sur la Censive de Saint-Magloire.

La Cure est au moins depuis le XIII siécle à la nomination du
Chapitre de Saint-Marcel, aussi-bien qu'une Chapellenie située
dans le même lieu. Cela est ainsi marqué dans le Pouillé rédigé
dans le même siécle : et cela a été suivi dans les deux points par
ceux de 1626 et de 1648, mais le Pelletier marque dans le sien
imprimé en 1692, que la Chapelle est à la nomination du Seigneur. Cependant, comme il la désigne sous le titre de Notre-
Dame, il y a apparence qu'il veut parler d'une Chapelle différente
de celle dont les autres Ecrivains antérieurs ont parlé.

Il existe une Transaction imprimée à la requête du sieur Jean
Jollain, Docteur de Sorbonne, Curé d'Ivry, pour le régler avec
Philippe de Loynes, Seigneur du lieu, Président au Parlement de
Metz, et avec les habitans. Ces articles forment 54 pages in-4°,
et roulent sur les charges et emplois de revenu, sur les Offices
Divins et Fondations. On y apprend que le Curé a un tiers des
Dixmes de grain et un quart de celles de vin, que MM. de Saint-
Marcel, Saint-Merry, Saint-Remi, Notre-Dame-des-Champs et le
Seigneur possedent la plus grande partie. Quant aux Usages lo-
caux, le Curé y demande la suppression de la coutume où l'on
étoit d'aller en procession le Dimanche de Quasimodo à la Chapelle de Notre-Dame des Méches proche Creteil, à cause des indé-
cences qui se commettoient au passage de la riviere de Seine,
et de celle de s'arrêter, comme on faisoit, à un cabaret du village
de Maisons, où l'on arboroit la Banniere et la Croix en attendant
que les Chantres eussent bu. Ces Mémoires ont été rédigés vers
l'an 1672, Pierre Boyer étant Bailly d'Ivry et Jean Barré son
Lieutenant.

Au bout du Village, en tirant vers Vitry, est une Chapelle isolée
du titre de Saint Frambold ou Frambald, que l'usage fait appeler
Saint Frambourg. Elle a été rebâtie à neuf l'an 1665, après la
permission de l'Archevêque, datée du 28 Août. Proche l'Autel,
sous un marbre noir, est enterré le cœur de M. Bosc, déjà nommé
ci-dessus, et celui de son pere. On y reconnoît pour Patron Saint
Frambourd, mort dans une solitude du pays du Maine au VI siécle.
On croit même que c'étoit d'abord en ce lieu (avant qu'il y eût un

Village), qu'il s'étoit retiré au sortir de la Cour du Roi Childebert : mais les habitans ajoutent à cette occasion des faits que M. Baillet n'a pas admis dans son Recueil de Vies des Saints ; entr'autres que son pere arrivé d'Auvergne, étant venu à la Citerne, proche laquelle il étoit caché, l'eau s'éleva au-dessus de la Caverne, de maniere qu'il ne pût s'imaginer que son fils fût dans un tel endroit. La vie de ce Saint imprimée en françois assure ce fait constant, sans dire nommément de quels manuscrits il est tiré [1], car la Vie latine, donnée par le Pere Labbe et depuis par ses Confrères les Bollandistes n'en dit rien : elle ne dit pas même qu'il soit venu demeurer à Ivry. L'Auteur de cette Vie françoise ajoute que les habitans de cette Paroisse choisirent ce Saint pour un de leurs Patrons dès le temps même de sa mort, et bâtirent la Chapelle de son nom, qu'il suppose avoir subsisté onze cents ans, en sorte que celle d'aujourd'hui ne seroit, selon lui, que la seconde. Sans vouloir soutenir une chose si douteuse, ce que je puis assurer pour certain, est qu'il y avoit à Ivry au milieu du XII siécle un quartier qui s'appelloit en latin, *Sanctus Franboudus ;* et que ce territoire ne peut avoir été ainsi nommé qu'à cause d'une Chapelle sous l'invocation de ce Saint. Le peu de lumiere qu'on a eu sur sa Vie, par la suite des temps, a pu porter le Clergé d'Ivry à recourir à la Légende de Saint Frambour de Senlis, de même que depuis l'adoption de cette Légende, on a eu recours à sa Châsse pour en avoir des Reliques. Un Magistrat de distinction en obtint en 1675 de M. l'Evêque de Senlis, et les donna à la Chapelle nouvellement bâtie, où elles furent reçues avec solemnité le premier Mai de l'année suivante. C'est encore le jour où se fait le plus grand concours en ce lieu. On y voit dans une ouverture quarrée derriere l'Autel, les pierres sur lesquelles on croit que le Saint se reposoit dans sa Grotte. Les Fidéles y passent leur tête et appuyent les mains sur une statue du Saint : ensuite ils vont boire ou quérir de l'eau de la Citerne, que l'on a souvent remarqué avoir la vertu de soulager les maux. Il s'y est aussi établi une Confrérie que M. de Perefixe, Archevêque de Paris, approuva en 1670. La fête de Saint Frambour se solemnise en sa chapelle le Dimanche d'après l'Assomption, car ce Saint mourut le 15 Août. Je dis néanmoins ceci, en supposant que le saint solitaire mort dans le Maine, est celui qui a donné son nom à ce canton d'Ivry. Il est sûr que ce Vénérable Fratbold, Abbé de Sainte-Geneviéve dans

Vie de S. Framb. 1676, chez Fran. Coustelier p. 9, et Paris 1699, chez Muguet, p. 10.

Chart. B. M. à Campis, f. 38.

Reg. Archiep.

---

[1] Dans la premiere édition, cette Vie est dite être de M. Jollain, Curé du Lieu : et les autorités sont citées à la fin et suivies d'une Antienne de plus d'une page, et de l'Oraison du Saint. A la tête de la seconde édition est une Dédicace adressée à un pieux et célèbre Magistrat, que l'Auteur qui signe *Estor* ne nomme pas ; elle est suivie de l'indication des autorités sans Antienne ni Oraison à la fin.

le VII ou VIII siécle, a passé en ce lieu portant des Reliques de Saint Hilaire à Dravern. La même Abbaye avoit aussi eu dès son origine des biens à Ivry et à Villejuy. Les saints Abbés ne dédaignoient point alors les travaux de la campagne, et quelquefois de Cénobites, ils se faisoient simples Anachorètes. Voyez l'article de Draveil.

Une autre Chapelle bâtie sur la Paroisse d'Ivry, est celle qui se voit à l'ancien Château, au coin de l'enclos de la belle Maison de M. de la Rue dans le bas du Village. Elle est sous le titre de la Sainte Vierge, et on l'appelle Notre-Dame-des-Anges ; c'est un Bénéfice auquel il y a du revenu attaché : j'en ai vu des Provisions du 30 Juin 1538. Cette Chapelle est solidement bâtie toute de pierre de taille : le portail paroît être du XIII siécle. Le Seigneur de la Paroisse et les habitans en entretiennent le dehors, et M. de la Rue les dedans, qui paroissent assez nouvellement refaits. Le Clergé du lieu y vient en procession aux Rogations comme à celle de Saint Frambour, et y célèbre la Messe. Elle est à la nomination du Seigneur d'Ivry.

Le sieur Jollain, ancien Curé, a avancé dans son Mémoire, dont j'ai rapporté ci-dessus deux fragmens, que la plus grande partie des Dixmes d'Ivry est possédée par le chapitre de Saint-Marcel, par celui de Saint-Merry, par l'Eglise de Saint-Remi qu'il ne spécifie point autrement, et par le Prieuré de Notre-Dame-des-Champs outre le Seigneur. En effet, les Chanoines de Saint-Marcel jouissoient de l'Eglise d'Ivry dès le XII siécle, qu'ils furent confirmés dans cette possession par une Bulle d'Adrien IV, de 1158, *Ecclesiam S. Petri de Ivry cum Cimeterio*, dit cette Bulle. Ils y avoient outre cela des serfs qu'ils affranchirent en 1238 des revenus et cens, et surtout des vignes. L'Eglise de Saint-Merry prouve par un Diplôme de l'an 936, donné par Louis d'Outremer, qu'elle y avoit dès lors des mans ou meix, *mansos*. Je n'ai rien trouvé pour ce qui peut regarder l'Eglise de Saint-Remi : mais pour ce qui est du Prieuré de Notre-Dame-des-Champs dépendant de Marmoutier, et où sont aujourd'hui les Carmélites de Paris, on lit que Garnier, qui en étoit Abbé en 1140, constatant les biens de la sacristie de ce Prieuré, y compris quelques sols de rente assis à Saint-Framboud proche Vitry. Hist. de Paris, T. III, p. 13.
Ibid., p. 14.
Ibid., p. 42, 47.
Chart. B. M. à Camp. fol. 38.

Les autres Eglises qui ont eu ou ont encore du bien à Ivry, n'intéressoient pas apparemment l'objet du sieur Jollain, Curé. En traitant la chose historiquement, comme je fais, il auroit pu en citer encore trois ou quatre. Premierement l'Abbaye de Sainte-Geneviève, que la Bulle d'Alexandre III, de l'an 1163, déclare avoir à Vitry et à Ivry, *terras, vineas, census et capitalia*. Aussi, dans les provisions de la Mairie du canton qu'elle y avoit en 1243, il est fait mention d'un pressoir. Bien plus, cette Abbaye y avoit Gall. Chr. nova, T. VII, Instr. col. 243.
Chart. S. Gen.

des serfs auxquels l'Abbé Thibaud accorda la liberté en 1247 : ce
que Saint Louis confirma, à condition que ces gens d'Ivry ainsi
affranchis défendroient les droits de l'Eglise lorsqu'ils seroient
appellés pour cela. Secondement, l'Abbaye de Saint-Victor avoit
eu de Girbert, Evêque de Paris, qui mourut en 1124, plusieurs
arpens de vigne, tant à Ivry¹ qu'à Bagneux; et d'un nommé Ferric
qui s'y fit Religieux, un cens ou une rente que l'Evêque Maurice
de Sully lui adjugea en 1171, contre les prétentions de Ferric
de Gentilly. Troisièmement, l'Abbaye de Saint-Magloire y avoit
une grange vers l'an 1300; ce qui suppose une certaine quantité
de terres. Mais l'Eglise qui fournit le plus d'articles concernant le
territoire d'Ivry, est la Cathédrale de Paris. Elle y posséda dès le
XII siècle un grand clos de vignes dont avoit joui l'Evêque Girbert : Louis-le-Gros le lui donna en 1123. Les Evêques de Paris
avoient un Fief à Ivry appellé le Fief Episcopal, dont relevoient
plusieurs terres et vignes. Maurice de Sully qui entra sur le siége
en 1160, ayant acheté ces biens dépendans de son Fief (le vendeur
s'appelloit *Theobaldus Cocherellus*), les donna aux Chanoines, afin
que le revenu servît à leur donner un repas commun le jour qu'il
avoit été élu Evêque, qui étoit le surlendemain de la Saint-Denis.
Un Chanoine de la même Eglise, nommé Jean, neveu du même
Evêque, laissa aussi en mourant une certaine portion de terre, que
le Nécrologe appelle *quinque hostisias*, à Ivry, dans un canton
appellé *Mons mirabilis*. Adam Préchantre, décédé en 1146, l'avoit
prévenu par un legs semblable, et il fut suivi par d'autres qui
avoient pareillement des vignes, ou des terres, ou des hôtes à Ivry.
Le Chapitre de Paris y avoit aussi une censive mentionnée au
grand Pastoral, dans l'acte d'achat que Guillaume de Chailly, Sergent de Saint Louis, y fit d'une masure l'an 1258. J'omets le legs
de Pierre d'Aubigny, Prêtre-Chanoine de Saint-Jean-le-Rond, dont
les biens étoient en partie contigus à la grange de Saint-Magloire,
et en partie situés au quartier des Noües avec une saussaye assise
au Pré Juré : tous lesquels héritages furent donnés à bail vers
l'an 1300 à Thomas Langlois.

Au reste, ce long détail sur les Communautés de Paris ne doit
point m'empêcher de marquer ici ce que je trouve dans des Lettres
Patentes de 1693, qui confirment l'établissement des Filles de
Sainte-Geneviéve, dites de Miramion. La Fondatrice y représente
que les Filles de son Institut devant par leur état être exposées à
de fréquentes maladies, elles ont besoin d'une maison hors de
Paris, où elles puissent aller prendre l'air; qu'elle leur a donné

---

1 L'imprimé du Pere Dubois met *apud Turiacum*, au lieu d'*apud Ivriacum*;
c'est une faute de copiste.

pour cet effet, et par forme d'augmentation de clôture, une petite maison, jardin et enclos sis à Ivry dans la banlieue de Paris, par elle acquise la somme de dix mille livres, et payée des deniers de la Dame Présidente de Nesmond : sur quoi le Roi accorda ses Lettres d'amortissement, sans payer aucune finance.

Ivry a été autrefois l'un des villages qui devoient au Roi certains droits, et qui pour cela sont nommés dans les Comptes de l'an 1202, que M. Brussel a rendus publics. Car on doit y lire, non pas *Victriacum et Unciacum* comme dans l'imprimé, mais *Victriacum et Yvriacum*. La redevance commune de ces deux villages contigus étoit de LX livres. Cela fut dans la suite changé en certains services qu'ils devoient rendre à la Cour, de même que plusieurs autres lieux voisins de Paris, ce qui s'appelloit du nom de *Prises*. Mais sur ce qu'ils exposerent en 1374, que l'année précédente il étoit arrivé sur leur territoire une telle inondation que vingt-huit maisons avoient été détruites, et leurs bleds emportés par la ravine, ils furent exemptés de ces prises ou fournitures, moyennant qu'ils fourniroient dans la suite à l'Hôtel du Roi un certain nombre de charretées de feurre par chaque année. On trouve aussi qu'en 1562 le Roi leur confirma tous les droits d'usages, marais, pâturages, franchises et autres droits accordés par ses prédécesseurs.

Traité des Fiefs, p. 149.

Ordonn. T. VI, p. 78.

Regist. Cons. Parl. p. 2, Ap. 1562.

Je n'ai rien trouvé de bien ancien sur les Seigneurs laïcs d'Ivry. Ce qui se présente à en dire, se trouve lié avec ce qui regarde les habitans, et m'a été fourni par les Registres du Parlement. On y voit au 26 Juin 1555 des défenses faites par la Cour aux nommés Chartrain, qui se disoient Seigneurs en partie d'Ivry, de faire faire de leur part aucun cri ou proclamation en ce village au jour de Saint Pierre, ni autres jours suivans, comme Messieurs de Notre-Dame de Paris, Seigneurs en partie, convenoient de n'en point faire de leur côté. La même défense leur fut réitérée le 28 du même mois.

Le 27 Juin 1562, le Parlement donna un Arrêt pour le Chapitre de Paris contre les mêmes Chartrain, touchant les assemblées de la Fête du village d'Ivry, et le cri qui doit être fait pour cela, lequel la Cour ordonna être fait par main souveraine, sans préjudice des droits des parties. Ces nommés Chartrain étoient en effet si peu fondés, qu'on vit en 1568 celui de ce nom qui s'étoit prétendu Seigneur d'Ivry, renoncer dans le mois de Mars à tous droits Seigneuriaux. Le 27 Juin 1574 l'affaire du cri de la Fête d'Ivry n'étoit pas encore terminée : le Parlement défendit ce jour-là au sieur de la Briere, Seigneur en partie d'Ivry, de faire cette proclamation, et ordonna qu'en attendant elle seroit faite par un Huissier de la Cour.

Sauval, T. III, p. 423.

Le 15 Novembre 1622, le Parlement enregistra les Lettres du Roi en faveur de Pierre Sanguin, Seigneur de Santenay et d'Ivry en partie, qui contenoient un don de toute Justice, Voirie et Censive dans ces lieux en ce qui appartenoit au Roi, et sur les fiefs où il n'y a exercice d'aucune Justice, même la haute Justice et Voirie ès fiefs des particuliers qui n'ont aucun droit de cette espece. Le 17 Juin 1650 il y eut un enregistrement de la vente de la Justice d'Ivry, faite au sieur Languet.

Depuis ce temps-là, la Terre d'Ivry fut possédée par M. Claude Bosc du Bois, Conseiller d'Etat, ancien Prévôt des Marchands, et Procureur Général de la Cour des Aydes, décédé le 15 Mai 1715. Il y fit bâtir un nouveau Château, dont les vues donnent du côté de Paris et du côté de la riviere, et font une très-belle perspective. Sur la terrasse, dont le coup d'œil est charmant, se voit une statue de Louis XIV, sortie de la main du sieur Coiseux, fameux Sculpteur, qui y fut placée le 7 Août 1697. Elle est semblable à celle qui avoit été érigée en 1689 dans la galerie de l'Hôtel-de-Ville de Paris. On lit au bas deux inscriptions, dont voici la premiere :

Mercure d'Août 1697, p. 179.

Hostem, aras, populum, victorque, ultorque, paterque
Sterno, tego, cumulo, vi, pietate, bonis.

La Terre d'Ivry a appartenu en dernier lieu au Maréchal d'Uxelles, et après sa mort au Marquis de Beringhen, son légataire universel.

Au bas d'une croix de pierre élevée sur le chemin de Paris à Vitry, est une inscription, dans laquelle M. Bosc qui l'a fait faire est qualifié Seigneur d'Ivry et de Saint-Frambourd.

MILLEPAS. Outre le lieu de Saint-Frambourd, qui fait partie de la Paroisse d'Ivry, quelques cartes géographiques marquent proche ce village en tirant au nord-ouest, un lieu dit Millepas. Ce lieu est ancien, s'il est le même qui est mentionné dans des titres du Roi Henri I et de Louis VI qui concernent l'Abbaye de Saint-Magloire. Au reste, il est certain que ce Monastere avoit encore, il y a 400 ans, une ferme dans la plaine d'Ivry. Elle est appellée *Mille passus* dans les Lettres du Roi Henri ; et ce qui est surprenant, est que la même charte en donne la raison, et une raison qui, à parler exactement, ne peut être vraie : *Secundus gurges piscalis respicit terram ejusdem loci quæ milliario ab urbe distans vocatur Mille passus.* Apparemment qu'alors on prenoit *milliarium et leuca* pour deux termes synonymes ; cela est ci-après. Pour ce qui est de la charte de Louis le Gros, datée de l'an 1117, c'est une confirmation de l'établissement de deux Moines dans la Chapelle de Saint-Georges et de Saint-Magloire à Paris, et celle des

Chart. S. Magl.

Thes. Anecdot. T. I.

biens qu'Henri le Lorrain avoit donnés pour cela, entr'autres deux arpens de terre *apud Mille passus*. Pour reconnoître la vérité dans cette expression, il faudroit convenir auparavant que dans le XI siécle les termes de milliaire ou de mille pas étoient synonymes avec celui de lieue.

Le PORT-A-L'ANGLOIS est encore un autre lieu de la Paroisse d'Ivry, situé sur le bord de la Seine. A la simple dénomination, on pourroit s'imaginer que quelque Capitaine Anglois auroit débarqué là avec ses gens dans le temps de leurs courses au XIV ou XV siécle. Je crois que c'étoit simplement l'endroit où quelque riche habitant d'Ivry, du nom de Langlois, faisoit sa demeure et avoit un Port. On a vu ci-dessus que vers l'an 1300, Thomas Langlois d'Ivry avoit à bail une partie des biens du Chapitre de Paris situés en ce canton, consistans en ce qu'on appelloit une *Ancing* (*Ancingiam*), où il y avoit de la saussaye ou du saulcis, des noues, des prés, outre la terre et la vigne. Le nom de Langlois continuoit de subsister à Ivry sous Louis XI et Charles VIII. Pierre Grognet, Poëte François sous Louis XII et François Ier, assure qu'un certain Jean Langlois, qui fit une triste fin en 1493, étoit natif d'Ivry. Les Chartreux de Paris font mention dans leurs Annales des troupes de Louis XI, qui se tinrent pendant quelque temps au Port-à-l'Anglois l'an 1465, et qui de là vinrent le 30 Septembre dans leur Couvent, où elles causerent beaucoup de dommages. On lit au contraire dans Sauval (Tome III, page 387), que l'ost étoit à l'opposite d'Ivry sur la Seine le 2 Septembre de la même année. Au Procès-verbal de la Coûtume de Paris de l'an 1580, les Chanoines de Saint-Victor sont dits Seigneurs de ce lieu.

<small>Lesdits Moraux par Grognet, f. 139, éd. de 1533. Merc. de France, Déc. 1752, II Vol. p. 2823.</small>

En l'an 1500, le champ voisin de l'Orme d'Ivry, s'appelloit le Champ de Montauban.

<small>Sauval, T. III, p. 70.</small>

Il est fait mention du vin d'Ivry (en ces termes) dans le Décret poétique donné en l'Isle de Co, sur le procès au sujet du vin de Bourgogne et de celui de Champagne.

> *Nunc ergo cœnis exultabo ab omnibus*
> *Molli vetator delicatum vellere*
> *Guttur saliva, niteat illa liquidior*
> *Neustriacus ille limus, illa suavius*
> *Titillet haustus dolio Yvriaco latex.*

DOYENNÉ

DE

LAGNY

DOYENNÉ DE LAGNY[1]

CHAMPIGNY-SUR-MARNE

A s'en rapporter à M. de Valois, il faudroit croire que ce Village existoit dès le IX siécle, et que c'est de lui qu'il est fait mention dans un Diplôme de l'an 862, donné par Charles-le-Chauve, et dans les actes du Concile de Soissons de la même année. Mais lorsque l'on consulte ce Diplôme, on voit qu'il s'agit là d'un Champigny tout différent, et qui étoit situé sur une riviere appellée Loch, assez forte pour y avoir du gord et une vanne ou pêcherie. Ainsi, quoiqu'il soit vrai que l'Abbaye de Saint-Denis a des dixmes en ce lieu-ci, nous sommes obligés de reconnoître qu'il n'y a point de titre où soit nommé Champigny-sur-Marne, plus ancien que le commencement du regne du Roi Philippe, c'est-à-dire qu'environ l'an 1060. Alors on le nommoit en latin *Campenninum*, quoique quelques années après il se trouve appellé *Campiniacum*. M. de Valois est d'avis que ce terme *Campiniacum* n'est pas dérivé du mot *Campus*, mais que Champigny a dû être dit primitivement en latin *Campaniacum*, et que le [mot] *Campanus* en seroit la racine, nom qui se trouve avoir été porté par des Romains, et qui paroît dans quelques inscriptions.

<small>Notit. Gall. p. 412, col. 1.</small>
<small>Diplom. p. 438.</small>
<small>Histor. S. Mart. à Camp. p. 487, 488.</small>
<small>Not. Gall. p. 412, col. 1</small>
<small>Gruter, 574 et 1121.</small>

Ce village est à trois petites lieues de Paris vers le levant, sur le rivage gauche de la Marne. On y trouve comme dans plusieurs autres, outre les labourages, des vignes et des prairies : la Chronique scandaleuse fait mention du vin de Champigny que l'on vendoit alors fort cher. On convient communément que les promenades de la prairie de ce lieu sont les plus agréables qu'il y ait aux

<small>Chron. Scand. p. 412.</small>

---

1. En plaçant le Doyenné de Lagny immédiatement après celui de Montlhéry, nous nous sommes conformés aux indications données par M. l'abbé Lebeuf dans son Avertissement (T. I, p. 488). — *(Note de l'éditeur.)*

environs de Paris. La situation de Champigny est dans la plaine sur l'un des grands chemins qui conduisent en Champagne et en Lorraine. On voit par le dénombrement de l'Election de Paris imprimé en 1709, qu'il y avoit alors en ce lieu 175 feux. C'est pourquoi il ne faut point douter que le Dictionnaire Universel de la France imprimé en 1726, ne soit en faute, lorsqu'il n'y marque que 192 habitans ou communians. Il a voulu apparemment en marquer 492. Le Sieur Doisy en son nouveau dénombrement du Royaume qui paroît depuis 1745, marque 154 feux à Champigny.

Cette Paroisse est d'une assez grande étendue : l'Eglise est dans le gros du village et porte le nom de Saint Saturnin, premier Evêque de Toulouse et Martyr, auquel quelques anciens Evêques de Paris paroissent avoir été fort dévots, puisqu'autour de Paris on voit trois Eglises sous l'invocation de ce Saint; qui sont avec celle-ci, Nogent-sur-Marne et Gentilly. Ou bien Nogent-sur-Marne étant si voisin de Champigny, il ne seroit peut-être pas hors de vraisemblance de dire qu'avant que l'on eût multiplié les Paroisses, Champigny dont la distance n'est que de trois quarts de lieue étoit une dépendance de celle de Nogent (car Nogent existoit dès le VI siécle) : et que dans le temps de la distraction occasionnée par la difficulté de passer la Marne lors des débordemens, on sera convenu que la nouvelle Paroisse de Champigny, pour la satisfaction des habitans et en mémoire de leur ancienne Eglise, continueroit d'avoir ·S. Saturnin pour Patron, comme il est arrivé à Romainville par rapport à l'Eglise de Pentin, à Orcé par rapport à Palaiseau, et à d'autres en pareil cas.

L'édifice de l'Eglise de Saint-Saturnin de Champigny est du XIII siécle. C'est ce qui se reconnoît dès la porte, et outre cela par le travail des galleries de la nef; quoique le chœur soit plus bas que cette nef et sans galleries, il est néanmoins aussi du même siécle. On distingue fort bien dans ces galleries l'ouvrage de deux sortes d'ouvriers dont le travail est plus délicat et moins serré, à mesure qu'il approche de la porte. La tour adjacente n'a rien de remarquable.

Dans le chœur de cette Eglise est inhumé M. de Pontis que son expédition de Carthagene a fait regarder comme un nouveau Jason. L'épitaphe qu'on lit sur sa tombe nous apprend qu'il s'appelloit Bernard de Saint-Jean, et qu'il étoit Baron de Pontis, Chevalier de Saint-Louis, Chef d'Escadre des Armées navales du Roi, Lieutenant-Général des Armées de Philippe de France, Duc d'Anjou, Roi d'Espagne, et qu'il mourut au Château de Champigny le 24 Avril de l'an 1707. Il avoit acheté ce Château à vie de......

L'Abbé Chastelain, Chanoine de Notre-Dame de Paris, passant à Champigny en 1685, y avoit remarqué une autre sépulture dans le cimetiere : c'est celle d'un nommé Samuel Berthaud, sur la tombe duquel les paysans venoient prier, depuis qu'on y avoit trouvé son corps conservé dans son intégrité. Mais ce concours ne fut pas de durée.

On conserve dans l'Eglise de ce lieu une relique de S. Saturnin, qu'ils ont sans authentique.

L'Histoire de Saint-Martin-des-Champs contient quelques titres sur la foi desquels on sçait comment l'autel de cette Eglise est échu à ce Monastere. Joscelin, second Archidiacre du Diocése de Paris, qui en jouissoit par donation de l'Evêque, en avoit fait présent dès l'an 1067, autant qu'il dépendoit de lui, au Prieuré de Saint-Martin ; mais le consentement solemnel de l'Evêque Geoffroy et du Chapitre ne survint q'en 1085, aussi-bien que celui de Rainaud dans l'Archidiaconé duquel il étoit situé. L'Historien n'a pas voulu qu'on ignorât que cette donation avoit été fort traversée. Il est écrit que le frere de l'Archidiacre, dont leur venoit ce bienfait, enleva cet autel à S. Martin, et qu'il en jouit pendant quelque temps tout excommunié qu'il étoit : et qu'ensuite, se repentant de sa faute, il en fit la restitution. Il se nommoit Udon. Il avoit marié sa fille Aveline à Nantier de Montjay qui de nouveau s'empara de ce même autel sans aucunes formalités. Mais Ursion, Prieur de Saint-Martin, l'ayant poursuivi en justice, il reconnut le tort qu'il avoit et il rendit cet autel du consentement de sa femme. Le Prieur et sa Communauté lui firent présent d'un cheval, et à sa femme de soixante sols de monnoie de Provins, outre deux onces d'or ; ensorte qu'ils se désisterent sur l'autel de Saint Martin de toutes leurs prétentions. Depuis ce temps-là il fut fait mention de l'Eglise de Champigny dans toutes les Bulles des Papes qui confirmoient les biens de ce Prieuré. On lit dans celle de Calixte II, de l'an 1119 : *Altare, atrium et decimam de Campiniaco.* Dans celle d'Innocent II, de l'an 1142 : *Altare et Ecclesiam, atrium et decimam de Campiniaco.* Dans celle d'Eugene III, de l'an 1147 : *Ecclesiam de Campiniaco cum atrio et tertia parte decimæ.* Thibaud, Evêque de Paris, donna aussi, vers l'an 1150, ses Lettres confirmatives dans lesquelles il est parlé de Champigny en deux endroits ; d'abord il y a simplement : *Ecclesiam de Champiniaco cum tertia parte decimæ.* Ensuite plus bas : *Ecclesiam de Champiniaco cum tertia parte decimæ et atrio, et tortellorum medietate et in festo S. Saturnini et in Nat. . . . . Domini medietatem offerendæ.* En conséquence de ces titres le Pouillé Parisien récrit au XIII siécle marque la Cure de Champigny à la nomination du Prieur de Saint-Martin ; ce qui se trouve de même dans tous ceux qu'on a rédigés depuis. En même temps ce Prieur est l'un des gros Décimateurs de cette Paroisse. L'Abbaye de Saint-Denis a aussi sa portion dans la grosse dixme de Champigny. Et selon son Historien moderne, le Pape Honorius III lui avoit accordé en 1217 les Novales, à laquelle concession le Curé de ce temps-là forma opposition. Dans la suite du même siécle les Religieux de Saint-Denis eurent encore à Champigny quelque bien par échange avec Pierre, Abbé de Saint-Maur.

<small>Felibien, Hist. S. Denis, p. 220.</small>

<small>Gall. Chr. T. VII, col. 298.</small>

On voit par les actes d'érection des deux Chapelles dans l'Eglise de Champigny l'attention qu'avoient alors les Evêques d'empêcher que ces établissemens ne fussent nuisibles aux Curés, mais au contraire qu'ils fussent utiles aux Paroisses. En 1200 Terric, Chanoine de Bourges et ses deux freres, Pierre, Curé de Saint-Jean en Grêve, et Jean, simplement Prêtre, obtinrent le consentement du Curé de Champigny pour la fondation d'un Chapelain à l'autel de Saint Jacques dans l'Eglise de Saint-Saturnin qui seroit nommé par le Prieur de Saint-Martin, seroit tenu de promettre par serment de résider dans le lieu, d'être fidele envers le Curé pour ce qui regarde les droits Curiaux, de ne recevoir aucuns legs ni offrandes sans son agrément, mais seulement les fonds que l'on voudroit lui donner pour augmenter ses revenus. Lequel Chapelain en outre ne pourroit célébrer la messe qu'après la Messe Paroissiale, à moins que le Curé ne le lui permît, et devoit tous les jours assister à l'office de l'Eglise et dire la messe pour les ancêtres des fondateurs et ensuite pour eux après leur mort. Ces trois freres assignerent pour cette fondation quatre arpens de terre labourable situez vers la fontaine de Luat, et un demi-arpent de vigne en deux piéces à Champigny, avec huit arpens de prez en plusieurs piéces. Guillaume, Prieur de Saint-Martin-des-Champs, accorda à la même Chapelle le droit de prendre chaque année *tres modios vini* dans sa dixme de Champigny, après que le Curé auroit prélevé les deux siens. Renaud qui en fut institué le premier Chapelain, y ajouta une terre qu'il avoit auprès de Luat, contiguë aux quatre arpens ci-dessus indiquez et un demi-arpent de prés *apud Pratellum*, de plus une fosse (apparemment à poisson) qu'il avoit proche le village de Champigny et une maison qui y étoit située dans l'*atrium*. Je suis entré dans ce détail après l'acte de la fondation, afin qu'on fût en état de juger que s'il ne falloit alors pour la nourriture et entretien d'un Chapelain par an que douze ou quinze livres, ainsi que l'on voit par d'autres actes, combien peu étoient évaluées les denrées qui provenoient des terres, des vignes et des prez. Odon de Sully, Evêque de Paris, fit attacher son sceau à l'acte de cette fondation, l'an 1202. La Chapelle subsiste toujours sous le titre de S. Jean et S. Jacques. Elle est mal à propos nommée de Saint Jean et de Saint Paul dans le Pouillé de 1648. Au rolle des Décimes on ne la connoit que sous le nom de Saint Jacques.

<small>Hist. S. Mart. p. 490.</small>

<small>Pouillé 1648, p. 127.</small>

Quelques années après, les deux mêmes freres, dont Pierre étoit devenu Souchantre de Paris, et Jean, Curé de Bougival, fonderent dans la même Eglise une Chapellenie à l'autel de la Sainte Vierge avec les clauses et conditions à peu près les mêmes, sinon qu'on voit que le Chapelain devoit servir de vicaire en l'absence du Curé; que si on lui faisoit un legs dans la Paroisse, la moitié appartenoit au Curé; qu'il ne pourroit jamais se rendre fermier de l'Eglise ni de l'autel de Saint Jean et Saint Jacques. Les deux fondateurs lui assignerent une maison avec son pourpris dans l'*atrium* de Champigny, quatre arpens de prez *in valle Root*, deux arpens de vignes, quatre de terre labourable et vingt livres une fois payez pour acheter encore des revenus. Le tout fut autorisé par une Charte de Pierre de Nemours, Evêque de Paris, vers l'an 1210. Cette Chapellenie subsiste toujours.

Hist. S. Mart. p. 492.

Les plus anciens Seigneurs de Champigny dont nous ayons connoissance sont ceux qui se trouvent dans le Cartulaire du Prieuré de Longpont sous Montlhery, lequel ne contient gueres que des titres du XI et XII siécle. Hugues de Champigny y est mentionné pour avoir donné à cette Maison quatre arpens de terre situez à Longpont même: et dans un autre endroit se trouve le nom d'Hilduin de Champigny, comme présent à un acte.

Chart. Longip. fol. 22 et 23.

Au XIII siécle nous trouvons Isabelle de Champigny, veuve d'Hellouin de Meulent, Chambrier du Roi: elle est nommée en 1229 comme ayant fait un don de quelques biens sis à Ruel ou à Champigny aux héritiers de son *Harmarius*. On apprend d'ailleurs que la Terre de la Queuë contiguë à Champigny étoit vers ces temps-là dans la maison de Meulan. Aussi lit-on qu'en 1281 le Seigneur de la Queue, qui étoit à leurs droits, prétendoient avoir la Haute-Justice de Champigny, disant qu'autrefois, avant la construction du Pont-Olin sur la Marne, il avoit un batteau qui servoit à traverser la riviere, et dont il tiroit un droit. Il est dit à cette occasion dans les titres de Saint-Maur, que ce Pont-Olin, *Pons-Olini*, avoit été appellé plus anciennement le Pont-aux-Fossez.

Chart. S. Dion. Reg. p. 492.

Chart. S. Mauri.

L'Abbé de Saint-Maur gagna en cette même année le procès que lui avoit intenté ce Seigneur, par Sentence de Guy du Mez donnée au Châtelet.

Tristan de Champigny, Chevalier, est nommé sur la fin du siécle comme un voisin qui vivoit en meilleure intelligence avec les Moines de Saint-Maur; car il demanda leur consentement en 1294 pour faire dresser à Champignelle-sur-Marne, dans l'eau qui leur appartenoit, un *baneton* à poisson, c'est le nom que l'on donnoit alors à ce qu'on a depuis appellé une boutique.

Ibid. Gaign. fol. 49.

En 1331, le 13 Octobre, les Chartreux de Paris firent acquisition de la Terre et Fief de Champigny pour emploi de la somme de mille florins, que Maître Florent, Archidiacre de Mastrict, leur avoit donné de son vivant : mais ils ne garderent point cette Terre ; ils en firent apparemment un échange.

<small>Necr. Cart. ad 24 Mart. quo die obiit. 1337.</small>

Le Duc d'Orléans, frere de Charles VI, songea en 1405 à acheter cette Terre de Charles de la Riviere pour en faire échange avec la Noble Maison de Saint-Ouen que la Reine lui avoit donnée ; et le Roi l'avoit permis par ses Lettres du 25 Mai 1405 : mais ce projet ne fut pas effectué.

<small>Trés. des Chart. Reg. 159, Piece 333.</small>

Elle appartenoit encore en 1423 à ce Charles de la Riviere, Chevalier. Le Roi d'Angleterre qui étoit Maître de Paris, la donna avec tous les autres héritages de ce Chevalier au sieur de Salisbury, qui la posséda durant toute sa vie. L'attachement du sieur de la Riviere au Roi Charles VII étoit cause qu'il étoit alors absent. Charles de Melun, Chambellan du Roi, Bailli de Sens et d'Evreux, est dit ensuite Seigneur de Champigny vers l'an 1460. En 1465 le Roi Louis XI lui fit couper la tête. En 1497 Thomas Thioust étoit Seigneur.

<small>Hist. des Gr.Off. T. V, p. 244.</small>

<small>Moreri, voce Huault.</small>

Jean Simon, Evêque de Paris, fut Seigneur de la même Terre à la fin de ce siécle et au commencement du suivant. Il reste différentes collations de bénéfices datées de ce lieu en 1501 et 1502. Il avoit possédé cette Terre dès l'an 1490, lorsqu'il étoit Chanoine de Notre-Dame, et il fit dès lors travailler au Château.

<small>Collect. des Epitaph. de Par.</small>

[Trente ans après, je trouve Jean Thiboust, Avocat en Parlement, qualifié Seigneur de Champigny en Brie. Il décéda le 5 Janvier 1561.]

<small>Tab. Ep. Paris.</small>

Peu de temps après, et dès l'an 1573, Jean Bochart, Maître des Requêtes, fut Seigneur de Champigny. Cette Terre est restée dans sa famille. Il en est sorti un Capucin duquel la vie a été imprimée, ce qui a perpétué dans tout l'Ordre et ailleurs le nom d'Honoré de Champigny, sous lequel il s'étoit fait connoître.

Jean Bochart, Maître des Requêtes, Intendant successivement de plusieurs Généralités, en a joui jusqu'à sa mort, arrivée le 19 Août 1691.

<small>Voyages mss.</small>

L'Abbé Chastelain qui écrivoit en stile fort naïf ce qui le frappoit dans ses voyages, a marqué que le Château de Champigny est aussi laid que le Petit-Chastelet. Quand cela seroit, il faut sçavoir que le Petit-Chastelet passoit pour beau il y a trois cents ans. Le Roi Charles VI l'assignant au Prévôt de Paris pour sa demeure, dit qu'il le lui donne comme *une honorable mansion*.

<small>Trés. des Chart. Vol. CLVI.</small>

Quant aux habitans de Champigny, il paroît qu'au XIII siécle l'Abbaye de Saint-Maur y avoit des hôtes, c'est-à-dire des hommes logés en quelque lieu de leur domaine. Je parlerai séparément de ceux de Cueilly. Ceux du lieu même de Champigny devoient des corvées à cette Abbaye. L'Auteur du Cartulaire, qui écrivoit vers la fin de ce siécle, fait sur eux cette note expresse : *Debent hospites scobas sive balaïa et saccos ad ferendum bladum dictæ Abbatiæ de Ponte-Olini.* On lit que l'Abbé Pierre avoit eu Procès avec eux en 1276. *Gall. Chr.* T. VII, col. 298.

Six vingt ans après ils furent obligés de se mettre en fuite, ou de se laisser brûler. On lit dans le Journal du regne de Charles VI que le Vendredi-Saint, 5 Avril 1419, les Armignacs mirent le feu au Fort de Champigny-sur-Marne, et brûlerent femmes, enfans, bestiaux, grains, et perçoient de lances les hommes qui se sauvoient du feu. On a vu ci-dessus que Charles de la Riviere, leur Seigneur, quatre ans après, étoit attaché au Roi Charles VII, et par conséquent ennemi du Duc de Bourgogne et des Anglois. Journ. de Charl. VI, p. 61.

Les guerres du XV siécle les firent penser dans le siécle suivant à se clorre de murailles. Le Roi François Iᵉʳ leur en accorda la permission par Lettres données à Villers-Coterez au mois de Décembre 1545, et à cette fin de faire sur eux une imposition. Par les mêmes Lettres il leur fut aussi permis d'établir à Champigny un Marché le Jeudi de chaque semaine, et pour cela de construire des halles. Ce Marché du Jeudi fut confirmé par d'autres Lettres-Patentes de Charles IX, données au mois de Juin 1563; et en même temps ce Prince leur accorda deux Foires par an, sçavoir, la derniere Férie de la Pentecôte, et la seconde Férie de la Toussaint. Tout cela a cessé, ou n'a pas réussi. Bann. du Chât. Vol. VI, f. 160.

Ibid., fol. 164.

CUEILLY est un hameau de Champigny situé dans le haut des vignes du côté de Villiers. Il y a sept ou huit maisons et un Château appartenant à .....

L'Abbaye de Saint-Maur y a eu des bois avec une Justice, et aussi une petite cense. Une partie de ces bois s'appelloit au treiziéme siécle *Nemus Ogeri.* Le Monastere avoit acheté en 1267 de Jean de Champigny et autres neveux de Manassé, Curé d'Amboile, les bois contigus, et ensuite l'an 1273 la piéce dite véritablement *Nemus Ogeri.* Ces titres appellent Cueilly en latin *Cuilliacum :* mais ce mot latin paroit forgé sur la prononciation vulgaire. Il y a très-grande apparence que ce lieu ayant appartenu à un descendant des Romains appellé *Civilis,* on en aura fait d'abord *Civiliacum,* puis *Civilliacum,* d'où par contraction on a formé les deux syllabes de Cueilly. *Chart. S. Mauri.*

Il est aussi fait mention de Cueilly dans le Cartulaire de Sorbonne. On y lit à l'an 1240 un acte d'acquisition de vignes situées *inter Cuilliacum et Champigniacum,* et de quelques bois, dont l'un étoit *in censivis Roberti de Cuilliaco.* *Chart. Sorb.* p. 143.

En 1695 Madame de Boisleve, veuve de M. de Bussy, étoit Dame de Cueilly. *Reg. Ep.*

Une Charte d'Odon de Sully, Evêque de Paris, de l'an 1200,

<small>Hist. S. Mart.
à Camp.
p. 490 et 491.</small>
citée ci-dessus, fait mention d'un lieu dit LUAT, voisin de Champigny, et distingué par une fontaine. La Carte de l'Abbé de la Grive l'appelle *la Fontaine du Buat*, et la place à l'orient d'été de Champigny. Le mot *Luat* répété deux fois dans la même Charte, me fait croire que *Buat* est une faute du Graveur. Mais je n'ose pousser la conjecture jusqu'à dire que ç'ait été en ce lieu qu'a été situé le *Luabum* des titres du Prieuré de Gournay, ni <small>Le Blanc, Traité desMonn. p. 67.</small> le *Luavium* des Monnoies de nos Rois de la premiere race, qui peuvent être deux lieux différens. Au reste, ce ne seroit pas le premier exemple qu'on pourroit alléguer du changement de place de quelques villages, et il pourroit se faire que les habitans du *Luavium* se soient rapprochés de la riviere de Marne pour leur commodité.

<small>Tab. Foss.</small> Un acte de l'an 1480 fait aussi mention du ruisseau de Bonivaux et du vivier de ce ruisseau sur le territoire de Champigny.

CHENEVIERES-SUR-MARNE

Il n'y a aucune difficulté à former contre le sentiment de M. de Valois, qui assure que les deux villages du nom de Chenevieres qui sont dans le Diocése de Paris, tirent leur nom de la grande quantité de chanvre qui y croissoit : *à multa cannabe nomen habent*. Mais si l'étymologie de ce lieu est certaine, on n'est pas également assuré qu'il ait une haute antiquité. Le premier titre <small>Bulla Alex. III, an. 1163.</small> où il en est fait mention n'est que du XII siécle. Ce sont les Archives de Sainte-Geneviéve de Paris qui nous apprennent <small>Gall. Chr. T. VII, Instrum. col. 243.</small> qu'avant l'an 1163 cette Abbaye y possédoit du bien : *Apud Canaverias, terras, vineas, et Capitalia*. Il y avoit déja long-temps que l'on ne cultivoit pas davantage le chanvre en ce lieu que dans <small>Ex tit. ann. 1258, 1276.</small> les autres ; c'étoit dès lors un pays planté en vignes en grande partie, et le reste en labourages, ainsi qu'il est aujourd'hui. Au XIII siécle en langage vulgaire on prononçoit Chanevieres.

On ne compte que trois lieues de Paris à ce village : il est placé à l'orient d'hiver de cette ville. Sa situation est sur le rivage gauche de la Marne, à l'extérieur de la péninsule de Saint-Maur, sur le haut d'une côte assez roide qui borde cette riviere, et qui est garnie de vignes. Le nombre des feux étoit de 93 en 1709, selon le dénombrement imprimé alors. Le sieur Doisy qui l'a réimprimé en 1745, marque qu'il est réduit à 78. Le Dictionnaire Universel de la France, où l'on compte par nombre d'habi-

tans ou communians, y en marquoit 349 lorsqu'il parut, c'est-
à-dire en 1726.

On voit dans l'édifice de cette Eglise, que ceux qui l'ont en-
trepris avoient eu dessein de former un beau vaisseau gothique,
mais il n'y a que la nef qui est élevée, et qui est ornée de galeries
soutenues par de petites colonnes fort délicates, et même jusqu'au-
dessus de la grande porte : ce qui a été préféré à la confection
d'une rose. Le chœur qui est bâti au XIII siécle, de même que la
nef, n'est pas d'une structure si élevée, et n'a que des galeries
basses et gâtées par les réparations qu'on y a faites. Le fond des
deux ailes de cette Eglise se termine en angle, ce qui est assez
rare dans le Diocése. Avec des voûtes de pierre et des vitrages aux
galeries, cette Eglise eût été encore plus digne de remarque. Hélie *Reg. Arch. Par.*
Poirier, qui étoit Prieur-Curé de ce lieu en 1634, ayant obtenu
un morceau triangulaire de la tête d'un Martyr de la Légion Thé-
baine, du Diocése de Cambray, et reconnue par l'Archevêque de
Cambray, celui de Paris lui permit le 17 Juin d'en faire l'exposition. Il reste au chœur quelques tombes du XV ou XVI siécle peu
lisibles. Elles sont sans doute de quelques-uns des Seigneurs que
je nommerai ci-après : mais il faut en excepter une qui se voit à
l'entrée de ce chœur, sur laquelle est gravé en gothique minuscule
l'inscription et la figure suivante :

*Fuit sine unguibus Leo Qui nunc jacet
Altum sepultus Impotem p̄nas cave*

Ici est figuré un lion couché.

*Nil mihi vel ætas oberunt vel sæcula ; quippe
Qui latui obscurus non secus ac lateo
Obiit die 27 Augusti
anno Domini 1552.*

Il n'y a point de nom dans cette épitaphe : mais on sçait qu'elle
est d'un Mre Pierre de Lion qui possédoit beaucoup d'héritages
à Chenevieres. Il existe des titres de ce temps-là conservés dans
le lieu, dans lesquelles il ne prend aucune qualité. Il y a grande
apparence qu'il descendoit des collatéraux d'un Pierre du Lion,
Prieur de Chenevieres, qu'on trouve dans le Catalogue des Sei- *Reg. du Trésor*
gneurs François qui allerent à la guerre au secours du Roi Phi- *des Chartes.*
lippe le Bel. Il y a encore aujourd'hui des habitans de la Queue,
village voisin, qui portent le même nom.

Cette Eglise est sous le titre de S. Pierre. La Dédicace en a été
faite le 20 de Novembre. Elle fut donnée au XIII siécle à l'Abbaye
de Mont-étif nouvellement fondée. Et comme Maurice de Sully,
Evêque de Paris, s'est dit Fondateur de cette Abbaye, suivant
qu'il se lit dans une Bulle de Clément III de l'an 1108, il ne faut

pas attribuer cette donation à d’autres qu’à lui. Cette Abbaye de Mont-étif est située à deux lieues de Chenevieres, ayant changé son nom en celui d’Hiverneau, parce qu’elle y fut transférée entre l’an 1207 et l’an 1218. On marqua depuis que c’étoit à l’Abbé d’Hiverneau à nommer à la Cure de Chenevieres, quoique le Pouillé Parisien, rédigé sous Philippe-Auguste, continue de mettre : *De donatione Abbatis de Monte astivo, Ecclesia de Cheneveriis*. Ce Prieuré-Cure a été oublié dans le Pouillé du seiziéme siécle. Il est dans celui de l’an 1626, mais mal, y étant dit à la nomination de l’Archevêque. On l’a aussi oublié dans le Pouillé de l’an 1648. Le Pelletier le met, conformément à la vérité, comme étant de la nomination de l’Abbé d’Hiverneau. Foulques, Prêtre de Chenevieres, est nommé comme présent, sous l’Episcopat de Maurice de Sully, à la donation que fit Raoul de Combeaux d’une rente de grain sur la dixme de Chenevieres à l’Abbaye de Mont-étif. Mais depuis ces temps-là, le Prieur est devenu gros Décimateur. L’un des Prieurs de Chenevieres du XV siécle s’est rendu recommandable : c’est Thomas Peluchet qui fut fait en 1490 Abbé d’Hiverneau où il avoit pris l’habit de Religion. Un autre Curé de ce lieu fut privé de son Bénéfice en 1568, comme taché de simonie et d’hérésie : son vrai nom étoit Gervais le Poulletier, mais on le connoissoit davantage sous celui d’Aristote de la Rue. Claude Dossier, Chanoine Régulier et Curé, obtint le 2 Juin 1683 un Arrêt du Parlement contre le Seigneur et les habitans, qui lui adjugeoit la dixme de vin à l’anche du pressoir, et dans les caves ou celliers à l’égard de ceux qui ne porteroient pas au pressoir.

Il paroit assez clairement que l’Abbaye de Sainte-Geneviéve de Paris a eu une Seigneurie et censive à Chenevieres-sur-Marne, quoiqu’elle n’y reconnoissoit avoir en 1163 que des terres, des vignes, et ce qu’on appelloit *Capitalia*; c’est ce qui se voit par les difficultés que formerent dans le XIII siécle les Seigneurs d’Hemery aux Communautés qui avoient du bien sur cette même Paroisse de Chenevieres, que c’étoit elle qui en avoit le principal domaine. Ansel de Hemery avoit formé difficulté aux Moines de Saint-Maur en 1220, prétendant qu’ils donnoient une trop grande étendue au port de Chenevieres, en marquant sa largeur depuis le ruisseau jusqu’à une isle qu’ils spécifioient. L’affaire mise en compromis, Evrard de Chevry, Jean de Volengy, et Michel, Doyen de Saint-Marcel de Paris, déciderent en faveur des Moines ; cela se borna là. Mais l’Abbaye de Sainte-Geneviéve fut mentionnée dans plusieurs titres. Robert d’Hemery, Chevalier, jouissoit surement, en 1240, du droit de percevoir chaque année sur le territoire de Chenevieres, en chaque arpent de vigne situé sur la censive de Sainte-Geneviéve, un panier de raisins dans le temps de vendanges. Il avoit, outre cela, le droit au Port de Chenevieres dans la même censive de Sainte-Geneviéve de prendre une obole de chaque batteau. Ensuite il fit une vente du tout à cette même Abbaye, de l'agrément de Simon de Beaubourg, premier Seigneur du Fief, et de Jean de Courtery, second Seigneur. De sorte que vers le milieu du XIII siécle, elle comptoit parmi ses revenus assis à Chenevieres des cens, des terres, des champarts, des capitations (*Capitalia*) d'hommes et de femmes, des coutumes d'avoine, de chapons et de pain. De plus, elle avoit dans l'isle de la Marne, nommée alors *Insula Barbariæ* [1], neuf arpens de terre sujets à champart : *ad calidos moncellos,* canton qui a pu former le nom de Chaumonceaux [2], vingt-deux arpens non sujets à la dixme; sur la vigne dite du Port, quatre sextiers et demi de vin, et des terres sur le chemin de la Queue. Il est souvent parlé dans ces sortes de Mémoriaux d'un canton de Chenevieres appellé en latin *ad Querellos.* L'Abbaye de Sainte-Geneviéve avoit encore en 1317 une Seigneurie à Chenevieres, qui fut reconnue par Noël de Champigny, Prévôt de la Queue.

Lib. Cens. S. Genov. circa 1250, f. 50.

Lib. Justit. S. Gen. f. 101.

Pour ce qui est de l'Abbaye de Saint-Maur, qui n'est éloignée de Chenevieres que de trois quarts de lieue, elle y avoit quelques cens au XII siécle. Thibaud, Abbé de Saint-Maur, céda au Prieur de Saint-Eloy *Medietatem Piscosi gurgitis,* situé à Chenevieres, moyennant douze écus de redevance. Elle y possédoit aussi des serfs auxquels l'Abbé Jean accorda l'affranchissement en 1250; ce qui fut confirmé par la Reine Blanche, mere de Saint Louis, en 1251.

Tab. Ep. Paris.

Chart. S. Mauri, Gaign. fol. 29.

Ce même Monastere de Saint-Maur hérita en 1269, à la mort de Raoul de Chevry, Evêque d'Evreux, d'une vigne située à Chenevieres, que ce Prélat lui avoit léguée par son testament.

Gall. Chr. T. VII, col. 298.

Il ne s'est présenté à mes recherches de Seigneurs très anciens fieffés à Chenevieres, que Jean de Plaisance qui, en 1271, y tenoit de Philippe de Brunoy un Fief mouvant de l'Evêque de Paris. Mais on trouve beaucoup de Seigneurs de Chenevieres depuis la fin du XIV siécle. Robert Cordelier, Chevalier, Ambassadeur pour le roi Charles V, en Espagne, Navarre et Aragon, posséda cette Terre et Seigneurie. Il fonda au Petit-Saint-Antoine, à Paris, une Chapelle dans laquelle ses descendans ont été inhumés. On assure qu'il fut aussi Maître des Requêtes. Son fils qui lui succéda fut Capitaine des Châteaux de Beauté et du Bois de Vincennes. Il avoit épousé Alix de Challerat.

Chart. min. Ep. fol. 152.

Recueil des Epitaph. de Par.

Histoire des Maitres des Req.

---

1. C'est l'isle Barbiere entre Saint-Hilaire et Bonneuil.
2. Apparemment Chaumoncel vers Sucy.

Dans un titre du 8 Février 1445, et dans un autre du 5 Avril 1491, il est fait mention de Benoît Cordelier, Seigneur de Chenevieres. Ce Seigneur fit hommage de sa Terre le 2 Juin 1474 à Louis de Beaumont, Evêque de Paris.

Coffre de Cheneviere.
Reg. Ep.

Gentien Cordelier, Ecuyer, est dit Seigneur après lui dans un titre de 1506, dans le Procès-verbal de la Coûtume de Paris de l'an 1510, et dans un titre de 1515. Il rendit son hommage à deux Evêques de Paris, sçavoir le 21 Décembre 1498 et le 9 Juillet 1516.

Ibid.

La même famille de Cordelier posséda durant le reste du siécle la principale partie de cette Seigneurie. Jacques Cordelier, Ecuyer, en est qualifié Seigneur dans un titre du 15 Juin 1529. Il avoit fait hommage à l'Evêque de Paris dès le 26 Juin 1524, tant en son nom qu'en celui d'Isabeau, Françoise et Jeanne, ses sœurs. Michel Cordelier, son fils, lui succéda et jouit d'une partie de la Terre jusqu'à son décès, arrivé le premier Janvier 1590. Il repose au Petit-Saint-Antoine.

Ibid.
Recueil des Epitaph. de Par.

Voici les noms de ceux qui possédoient une autre partie de la Seigneurie de Chenevieres, aux XIV, XV et XVI siécles :

Jean de Lamer, selon un titre du 5 Novembre 1474.

Martin Gaudette, suivant des titres des 16 Février 1528, 16 Février 1530 et 26 Février 1539.

Michel Perignon, nommé dans des Actes du 8 Avril 1533 et du 20 Octobre de la même année.

Pierre d'Apestigny, Seigneur de Chenevieres-sur-Marne, Général des Finances, et Damoiselle Claude de Bidaut, sa femme, vendirent en 1533 une maison qu'ils avoient à Paris, rue de la Voirerie. D'autres actes des 20 Janvier 1534, 6 Mars 1535 et 2 Décembre 1546, le qualifient Notaire-Secrétaire du Roi, Général de ses Finances au Duché de Bourgogne, Seigneur de Chenevieres en partie, de Saint-Piat, etc. Un titre de 1539 dit qu'il étoit aussi Seigneur de Romaine.

Ord. de Paris. Sauval, T. III, p. 615.
Tab. Ep. Paris.

Pierre de Masparault est dit Seigneur de Cheneviere, sans restriction, du Grandval, du Buy et de la Queue en partie dans des titres de 1533, 14 Février 1555 et 7 Novembre 1558. Il avoit épousé Jacqueline de Rebours, qui se trouve nommée veuve de lui, le 16 Avril 1673. Elle paroît aussi dans la Coûtume de Paris de l'an 1580, et se fait fort avec Martin de Masparault, Maître des Comptes, pour Gabriel de Masparault, Maître de l'Hôtel ordinaire de la Reine de Navarre, Sieur du même lieu de Cheneviere.

Cout. de Paris. p. 641, Ed. 1678.
Ibid., p. 630.

Pierre de Masparault, Maître des Requêtes, étoit Seigneur de Chenevieres dès 1580, suivant le Procès-verbal de la Coûtume, et en 1584, selon un titre du 10 Janvier.

Henri de Masparault, Maître d'Hôtel chez la Reine-mere, lui avoit succédé, selon un acte du 10 Décembre 1628 qui fait mention d'Anne d'Argouges, sa veuve, et dans lequel il est dit avoir été Seigneur de Cheneviere, Malassise, Duigny et de Buy en partie.

Etienne de Masparault, après avoir été Seigneur de Chenevieres, en laquelle qualité il fit hommage à l'Evêque de Paris le 6 Juillet 1666, mourut à Rome au mois de Juin 1668. Il avoit épousé en premieres nôces Octavie Cardoli Colonna, Romaine. *Merc. Janv. 1743, p. 177.*

Florent de Masparault, Chevalier, avec Marie-Anne et Thérese de Masparault, sont dits Seigneurs et Dames de Chenevieres, Buy, etc., dans un titre du 30 Novembre 1682. Et dans l'Arrêt du Parlement de l'an 1583 cité ci-dessus, en parlant de la Cure, les enfans d'Etienne de Masparault sont dits mineurs; en sorte que ce fut François de Pradel, Lieutenant Général des Armées du Roi, Gouverneur de Saint-Quentin, leur tuteur, qui fut condamné avec les habitans.

La Terre de Chenevieres a été possédée par M. de Ricard, Président en la Cour des Aides, jusqu'en ....., et sa veuve continue de la posséder.

Les habitans de Chenevieres-sur-Marne avoient été exemptés comme plusieurs autres, par le Roi Charles VI, du droit de prise. Leurs Lettres sont du mois de Septembre 1496, et ne les obligeoient qu'à fournir au Roi à Paris, ou à deux lieues aux environs, par chaque année, huit charretées de seigle. *Reg. du Trésor des Chartes.*

Il n'y a point d'écart sur la Paroisse de Chenevieres, si ce n'est le PLESSIS-SAINT-ANTOINE, situé à une grande demi-lieue du village. Ce Château et cette Terre que possédoit en 1697 une Dame Feydeau, appartiennent à Madame la Marquise de Torigny. Ce lieu est surnommé de Saint-Antoine, à cause d'une Chapelle du nom de ce Saint qui y est, dans laquelle on va chanter la Messe le jour de sa Fête et le Mardi de la Pentecôte. *Reg. Arch. 6 Ap.*

La Terre de Chenevieres comprend les fiefs de Longperrier, autrement dit Gaudette, de la Guidonnaye et de la Bourdiniere. J'ai parlé assez au long ci-dessus du fief de Sainte-Geneviéve. Il y a aussi une Isle appelée l'Isle de Conches. *Tab. Arch. Par.*

Un Guillaume de Chenevieres-sur-Marne s'est fait connoître en 1276 sous les titres de Chanoine de Notre-Dame de Provins et de Notre-Dame de Chaalons, dans son testament qu'il dressa à Viterbe en Italie, le 6 Juillet de cette année. *Tab. Ep. Paris.*

AMBOELLE ou AMBOILE

L'obscurité qui est répandue sur la plupart des noms Celtiques ou Gaulois, fait que l'on ne peut gueres expliquer ce que signifie dans son origine le mot d'Amboëlle. Ce village est le seul de son nom dans le Royaume; mais il y a un grand nombre de lieux dont le nom commence par *Amb*. Il y avoit même des peuples dont le nom commençoit ainsi, tels que sont les *Ambarri*, les *Ambiani*. Pour ce qui est des Villes ou autres lieux qui ont un nom commençant par *Amb*, il reste Amboise, Amblereuse, Ambournay; on peut voir dans le Dictionnaire Universel de la France plus de soixante autres lieux dont la racine du nom est la même syllabe *Amb*.

A l'égard d'Amboile, le nom de ce lieu n'est connu que depuis le commencement du XII siécle, mais la maniere de l'écrire n'étoit pas la même : la plus ancienne, usitée dans les titres latins, est *Ambaella*, d'où en françois l'on fit au XII siécle *Ambeele*. J'en rapporterai les exemples en parlant des Seigneurs ou Chevaliers de ce nom; ce qui n'empêcha pas qu'alors et depuis on ne latinisât ce nom par *Amboalla* et *Amboella*.

On compte quatre lieues de Paris à Amboile, mais elles sont petites. Ce village est à l'orient d'hiver de cette ville par-delà le Pont de Saint-Maur, Champigny et Chenevieres. Sa situation est sur un côteau qui regarde le midi, au bas duquel passe le ruisseau qui vient de Roissy, Ponteau et la Queue. La Paroisse de Noiseau est sur le côteau opposé. Le cours du ruisseau forme une prairie à Amboile. Le reste est en terres labourées avec quelques vignes. Suivant le dénombrement de l'Election de Paris publié en 1709, il y avoit alors à Amboile 44 feux. Le Dictionnaire Universel qui a fait deux fois mention de cette Paroisse dans une même colonne sous le nom d'Ambloille et sous celui d'Amboille, y comptoit 270 habitans en 1726, en y comprenant apparemment les enfans. Mais le nouveau dénombrement du Royaume, imprimé en 1745 par les soins du sieur Doisy, n'y marque que 38 feux, ce qui revient assez au nombre de communians qu'on dit être de cent.

La Sainte Vierge est Patrone de l'Eglise Paroissiale, qui est un édifice assez nouveau et assez simple, dont le chœur est d'une forme oblique, en conséquence peut-être du retranchement qui fut fait au cimetiere en 1640 pour rectifier l'entrée du Château. La Chapelle Seigneuriale est dans l'aîle du septentrion qui se trouve seule, n'y ayant rien vers le midi du côté qui est la pente de la montagne. Dans la nef se voit sur le mur l'épitaphe suivante, gravée en petites lettres gothiques :

Cy devant gist Noble homme Lambert Hutin Escuyer Seigneur du petit Hostel Seigneurial de ceste ville d'Ambouelle et du Moulin Champecins ; lequel décéda le Jeudi XX jour d'Octobre l'an M CCCC LVI. Dieu ait l'ame de lui. Amen.

Ses armoiries sont couchées au pied d'un arbre figuré. Ce sont deux haches.

J'ai parlé à l'article de la Queue du territoire de Champecins, *de Campis clinis*. J'ai appris qu'une partie de la prairie d'Amboile en porte le nom, quoique défiguré en celui de Champlin. Il est très-vraisemblable que ce nom de Champecin n'est autre que celui de Clin-champ renversé, que deux Paroisses de Normandie portent actuellement. Affiche du mois de Mai 1745.
Dict. Univ. de la France.

La Cure d'Amboile est sous le nom latin *Ambaella* dans le Pouillé Parisien du XIII siècle, au rang de celles que l'Évêque confere de plein droit; celui du XV siècle qui la met au même rang, l'appelle *Amboella*, et lui marque quarante livres de revenu.

Le lieu est nommé pareillement *Amboella* dans un acte de 1351, et dans des provisions de 1479. Le Curé est gros Décimateur. Visite de la Lepr. de Champelins

Un Mémoire qui m'a été communiqué ajoute, comme ayant part à la dixme, les Minimes de Vincennes. Un titre de l'Abbaye de Saint-Maur de l'an 1273, parlant d'un bois de ce Monastere, dit *Nemus Ogeri*, et situé à Cueilly, ajoute qu'il étoit contigu à celui de *Manasserus*, Prêtre *de Ambeelle*. Chart.S.Mauri.

J'ai dit plus haut que la premiere fois qu'Amboele se trouve nommé, c'est vers le commencement du XII siècle. En effet, ce sont les Seigneurs qui ont plus fait connoître ce village que non pas les Gens d'Eglise.

Jean *de Ambaella* est marqué dans le Cartulaire de l'Abbaye d'Hierre, comme ayant loué et approuvé les donations que fit à cette maison Eremburge, fille de Hugues de Valenton, lorsqu'elle y prit l'habit sous Hildearde, premiere Abbesse, et cela parce que ces biens étoient situés dans son fief.

Garin d'Amboelle, *de Amboella Miles*, est ainsi nommé dans la donation faite par Raoul de Combeaux à l'Abbaye de Montéti vers l'an 1180 ou 1190. Tabul. Hiber.

Anseau d'Amboelle qui vivoit sous le regne de Philippe-Auguste, est beaucoup plus connu. Il fit en 1205 un échange avec les Moines du Prieuré de Marolles en Brie, dont l'acte est imprimé, mais avec une faute, en ce qu'on a mis *Ansello Dambede* au lieu d'*Ansello d'Ambeele;* sa femme y est appellée *Comitissa*, parce que son propre nom étoit Contesse. Son oncle Gui y est Hist. S. Mart. à Camp. p. 199.

aussi mentionné, mais sans nom de terre. Le même *Ansellus de Ambeele Miles et Contessia uxor ejus* sont nommés dans un acte du Prieuré de Saint-Nicolas d'Acy-lez-Senlis de l'an 1218. On le trouve encore vivant en 1225. Ce fut alors qu'Amaury de Meulent, faisant un accord avec le Chapitre de Paris, le constitua pour un de ses garants : *Ansellus de Ambaella, Miles*. Comme cet Anseau avoit du bien dans la Chatellenie de Montlhery, on le voit inscrit au rôle de ceux qui ne tenoient pas du Roi ce qu'ils y possédoient. Ce rôle est du temps de Philippe-Auguste.

<small>*Pastorale Par. in vet. Gall. Chr. T. VII. Instr. col. 98.*
Cod. Putean. 635.</small>

En 1347 Robert de Dreux le Jeune, étoit Seigneur d'Amboile.

Il y a quelque indice qu'en 1508 le Lieutenant Civil et de la Prévôté de Paris étoit Seigneur d'Amboile, ou y avoit une maison.

<small>*Lib. Assis. Balliar an. 1347.* Livre gris du Châtelet, f. 128.</small>

Le Cardinal du Prat, Archevêque de Sens, est dit Seigneur d'Amboile vers 1530 dans un titre de l'Isle de Chenevieres.

Il est certain qu'en 1574 cette Seigneurie étoit possédée par Macé Picot.

<small>*Tab. S. Jac. Alti passu in Pontau.*</small>

Après cette lacune paroît au XVII siécle Nicolas le Prevost, Seigneur d'Amboile et d'Estrelle, Maître des Comptes, qui mourut le 9 Octobre 1630, âgé de 73 ans.

<small>Epitaphe à S. Nicol. des Champs.</small>

Nicolas, son fils, lui succéda, puis André le Fevre posséda la Seigneurie, étant fils d'Anne le Prevost, épouse d'André le Fevre, Seigneur d'Ormesson, Conseiller d'Etat. André, le fils, est dit être décédé en 1636.

<small>Ibid.</small>

<small>Ibid.</small>

Olivier le Fevre d'Ormesson, Maître des Requêtes, fit beaucoup travailler au Château d'Amboile dont il étoit Seigneur en 1650. L'avenue est de son temps ; il obtint permission de prendre pour cela du terrain sur le cimetiere en dédommageant l'Eglise.

<small>*Reg. Ep. 1 Nov.*</small>

Actuellement le Seigneur d'Amboile est M. Henri-François-de-Paule le Fevre d'Ormesson, Conseiller d'Etat et Intendant des Finances, auquel appartiennent aussi les Terres voisines, qui sont Noiseau et la Queue.

On dit que c'est Henri IV qui a bâti le Château d'Amboile pour Mademoiselle de Santeny dont il étoit amoureux, et dont le portrait y est encore. Voici ce qu'en écrivit l'Abbé Chastelain en 1679, après y avoir passé : « Amboile, Château d'un seul pavil- « lon cantonné de quatre petits. L'avenue en est remarquable : « elle est sur une montagne, et termine en descendant au Château « comme dans un abyme. On la voit tout à plein du bout de l'Isle « du Palais à Paris proche le Terrain, quoiqu'il y ait quatre « lieues de là. »

Ce Chanoine de Notre-Dame auroit pu ajouter sur le Château, qui est de pierre et de brique, qu'il est tout entouré d'eau, laquelle monte dans l'office, et retombe dans les fossés ; que les deux pavillons du côté du septentrion sont échancrés par le bas, étant dans l'eau ; que l'avenue de haute-futaye forme comme une espèce de voûte gothique, etc.

M. de Valois n'a fait aucune mention du village d'Amboile dans sa petite Notice du Diocèse de Paris.

LA QUEUE

C'est ici un village fameux du Diocèse de Paris, et qui cependant n'est pas des plus anciens. La singularité de son nom frappe tous ceux qui en entendent parler pour la premiere fois. Mais peu de personnes penseront, même après avoir vu le lieu, comme M. de Valois, qui dit que ce nom lui vient de ce que ce village est long et étroit comme la queue d'un chien. Car combien n'y a-t-il pas de bourgs ou villages ou hameaux qui soient ainsi longs et étroits, et cependant après le village dont il s'agit ici on ne connoit en France qu'un seul autre lieu qui soit appellé la Queue ; c'est un hameau de la Paroisse de Gallouis, proche Montfort l'Amaury, au Diocèse de Chartres, sur la route de Houdan et de Dreux. D'ailleurs il n'est pas exactement vrai que le village de la Queue en Brie soit si étroit dans sa longueur que le dit M. de Valois. Ceux qui n'y ont pas été peuvent remarquer dans le plan qu'en a tiré M. l'Abbé de la Grive, que la figure de ce lieu est plutôt quarrée que longue. M. de Valois ne pourroit soutenir son étymologie qu'en prouvant qu'originairement le lieu étoit long et étroit ; encore ne persuaderoit-il personne. Je serois donc plus volontiers pour joindre ce nom avec ceux d'autres villages qui s'appellent Queux, Queudes, Codes, et pour croire que ces noms ont une origine Celtique ou Barbare qui nous est inconnue, quoique depuis le XII siécle, où l'on trouve la premiere époque de la connoissance de ce lieu, il ait toujours été appellé *Cauda* en latin. Il faut observer que la Queue a commencé par un Château qui consistoit en une Tour ou Forteresse, et que ce ne fut qu'après sa construction qu'il se forma un village. Ainsi ce fut la tour qui donna le nom à l'assemblage de maisons qui furent construites auprès. Or il n'est pas impossible que le nom de Queue ait été donné à un Fort, soit par rapport à l'arrangement des pierres, ou relativement à celui de la charpente. On sçait que le mot de Queue a un très-grand nombre de significations, et qu'il y en a de relatives à la construction des édifices. Au reste, cette Forteresse est aujourd'hui tellement détruite qu'on ne peut plus en juger, et ce qui en subsiste à présent pourroit bien ne pas venir

Notit. Gall.

Pouillé de Chartr. de 1738 p. 39.

Dict. Univ. de la France.

V. Daviler.

du premier Fort qui fut nommé Queue ou la Queue. Il est à peu près dans le même état que ce qui subsiste de la Tour de Gallardon vers Chartres ou de celle de Montepiloir proche Senlis, ou bien celle de Montlhery qui est si connue. Quelques-uns la mettent dans le nombre des Tours dites de *Ganes*.

Le Bourg de la Queue est environ à quatre lieues de Paris, vers l'orient d'hiver ou approchant. Sa situation est sur le bord du grand chemin de Tournan, Fontenay en Brie, etc., à main gauche dans un fort petit vallon où passe un ruisseau venant de Roissy ; et son exposition est sur une pente qui regarde le midi. J'y ai vu en 1738, des restes de trois Portes : l'une s'appelloit la Porte de Paris ; celle d'après la Porte de Lagny, et l'autre la Porte de Brie. Cela marque assez que ce lieu n'a pas été d'une figure oblongue, mais plutôt triangulaire. Les environs ne sont que des terres labourées et des prés. Lors du dénombrement de l'Election de Paris imprimé en 1709, on comptoit à la Queue 50 feux, et en 1726, les auteurs du Dictionnaire Universel supputerent que les habitans ou communians montoient à 245. Ils ont aussi confondu ce la Queue avec celui d'auprès de Montfort-l'Amaury. Le dernier calcul fait par le Sieur Doisy dans son livre intitulé *Royaume de France* qui a paru en 1745, met le nombre des feux à 54.

La Paroisse reconnoit Saint Nicolas pour son Patron et l'Eglise est sous son invocation, ce qui indique assez que ce n'est gueres que vers l'an 1100 que le village fut formé et qu'on y érigea une Cure, le culte de ce Saint dans la campagne n'ayant gueres commencé qu'après le temps de sa translation faite en 1087. Il y a néanmoins assez d'apparence qu'il y avoit eu auparavant une Chapelle dans le Château et que c'est elle qui fut donnée ou confirmée en 1145 aux Moines de Gournay. Dans l'édifice de l'Eglise Paroissiale il n'y a d'ancien que le chœur qui est du XIII siécle. Il est voûté, mais il finit en quarré ou en pignon dans le fond, et il n'est point orné de galleries. La Tour n'a rien de remarquable. A la Chapelle qui est au côté septentrional restent encore des panneaux de vitrages rouges du XIII siécle. Dans le chœur proche la place du Vicaire est une tombe marquée d'une croix très-ancienne. Sous le banc des Chantres est une autre tombe du XIV siécle sur laquelle est figuré un Militaire ; mais ce qui étoit gravé sur son bouclier est effacé. On lit encore au tour de cette pierre en lettres capitales gothiques : *Cy gist Richars de Tosqui....., Escuyer qui trespassa l'an de Grace mil CCC, et......*

Dans le même chœur se lit au tour d'une autre tombe en gothique minuscule :

Cy gist Noble homme Jehan Gentian en son vivant Escuyer Seigneur de l'Hermitage qui trespassa le 16 de Septembre 1508.

Les armes de ce Seigneur sont sans barre et d'or et d'argent à un vitrage du XIII siécle.

Il y a aussi la tombe d'un homme armé dont le nom n'est plus lisible ; mais on y voit encore gravé en petit gothique le nom d'*Honorable femme Marie Chanteprime sa femme*.

Au pilier du côté méridional est marquée une fondation de Loys Blanchet, Escuyer, Seigneur en partie de la Queue, et cela en petit gothique du XVI siécle. Ses armes : un chevron brisé à trois oiseaux et celle de sa femme aussi un chevron à trois trefles.

Au côté septentrional fondation d'Etienne de Tournes, Bailly et Eslu de Vezelay et Jehanne Chesnaud, sa femme, 1536.

On conserve dans cette Eglise un peu de reliques de Saint Loup, Evêque de Sens, que l'on assure très avérées. Elles peuvent venir de l'ancienne Chapelle du Château qui auroit été sous le titre de ce Saint, ou de la Chapelle d'une Léproserie qui étoit voisine.

La Dédicace de cette Eglise est le second Dimanche d'Août.

Il y a eu dans son enceinte une Chapelle de Notre-Dame qui étoit un bénéfice. Il y en a eu des provisions données le 20 Août 1524. *Reg. Ep. Paris.*

La collation de la Cure a toujours appartenu *pleno jure* aux Evêques de Paris, ainsi qu'en font foy les Pouillés du Diocèse écrits au XIII et au XV siécle, et les Registres de tous les temps où elle est toujours dite de Saint Nicolas. Ainsi ce n'est point cette Eglise dont Valeran, Comte de Meulent, confirma en 1451 la donation aux Moines de Gournay pour en jouir après la mort d'Adelise, femme de Guy le Sanglier (*Aper*), et qui est appellée *Monasterium de Cauda*, mais apparemment la Chapelle qui étoit dans l'enceinte du Château, d'autant plus que dans la Bulle de confirmation donnée en 1147, par le Pape Eugene III, il y a *Capellam de Castro quod dicitur Cauda* et de même dans les Lettres de Thibaud, Evêque de Paris, d'environ l'an 1150. Le Curé de la Queue est gros décimateur avec le Chapitre de Notre-Dame. On verra ci-après quelques redevances qui lui étoient dues sur certains biens du pays desquels Henri, Roi d'Angleterre, s'empara, se portant pour Roi de France. Au XV siécle le revenu de cette Cure étoit sur le pied de vingt livres. *Hist. de Montmorency Preuv. p. 46.* *Hist. S. Mart. à Campis.* *Pouillé du XV siécle.*

Il a existé sur le territoire de la Queue une léproserie où les malades de ce lieu et de neuf Paroisses voisines avoient droit d'être admis au XIV siécle [1]. L'Evêque de Paris y nommoit le Maître, comme il paroît par Lettres du Vicaire d'Audoin, Albert Evêque, du 4 Avril 1350. Il reste l'acte de visite qu'en fit le

---

1. C'étoient *Cauda, Pontaus, Combiaus, Bergeriæ Noisillum super Amboellam, Amboella, Succiacum, Canaberiæ, Bonolium, Champigniacum.*

Arch. Ep. Par. 28 Août 1351, Jean de Villescoublain, Prêtre Doyen de Saint-Thomas du Louvre. On l'appelloit la léproserie de Champs-clins, *de Campis clinis.* Il y avoit alors une Chapelle auprès dont les biens étoient régis par un nommé Maistre de Vital *de Serbonna* qui déclara qu'elle avoit du revenu sur une Abbaye de Religieuses dite de Annemont, et qu'elle étoit à la pleine collation Episcopale. Pour ce qui est de la léproserie les Evêques en commettoient quelquefois l'administration à des séculiers. Les MM. Gentien, Seigneurs *Reg. Ep. Paris.* de l'Hermitage, en jouirent long-temps au XVI siécle par concession des Evêques. Antoine Gentien en 1530. Jacques Gentien, clerc, en 1535. Jacques Gentien, son neveu, après sa démission, en 1539. Il est qualifié Escuyer (*Scutifer*) dans la démission qu'il en fit en 1575, auquel temps elle fut conférée à Marc Miron, clerc Parisien. Il ne reste plus de souvenir du nom de Champ-clin que dans un moulin situé à la Queue sur le ruisseau qu'on appelle *le moulin de Chanclin.* L'auteur du Pouillé de Paris imprimé en
Pouillé in-4°, 1648, donnant un catalogue des Maladeries du Diocése, a défiguré
p. 145. le nom de celle-ci en celui de Cham-Braux près la Queue en Brie ; il la dit de fondation Royale et de la collation du grand Aumônier, et lui donne trente-trois livres de revenu. Mais tout cela est faux, comme il paroît par ce qui a été dit auparavant.

La Seigneurie de la Queue est une de celles qui doivent foi et hommage à l'Evêque de Paris, suivant le petit Cartulaire de l'Evêché cité par M. de Valois. On en verra ci-après un ou deux exemples. La connoissance que l'on a des Seigneurs de ce lieu commence au douziéme siécle. Un chevalier nommé *Har-*
Chart. B. M. *cherus de Cauda* vendit cette Terre à Constance, fille de Louis
à Campis, f. 40. le Gros.

Dans un titre de l'an 1168, concernant un don fait alors à l'Ab-
Tab. Caroli loci. baye de Chaalis et reconnu par Maurice, Evêque de Paris, est mentionné comme témoin *Reinal de Cauda* et de même dans un autre de Robert deuxiéme du nom Comte de Dreux, daté de Chailly,
Tab. B. M. Par. l'an 1200, et concernant Notre-Dame de Paris est nommé comme
Tabul. présent *Savericus de Cauda;* sous l'Episcopat du même Maurice
Abb. Hibernal. de Sully parurent à une donation faite à la nouvelle Abbaye de Monteti *Henricus magnus miles de Cauda, Johannes filius ejus et Odinus miles de Cauda.* Mais tous ceux qui se surnommoient *de Cauda* parmi les Chevaliers n'étoient pas pour cela Seigneurs de la Queue ou Seigneurs principaux. Almaric de Meulent étoit sûrement
Chart. Livriac. Seigneur de la Queue en 1231. Il prend cette qualité en approuvant
fol. 96. avec A..... sa femme, la donation faite au Prieuré du Cormier par
Tab. B. M. de Jean de Beaumont et Isabeau Bouteiller, son épouse, des biens
Valle Bibl. Reg. situés à Gournay, Ferrieres, et Croissy. Néanmoins on trouve
p. 369. deux ans après un *Odo de Cauda,* Chevalier, Seigneur de Mont-

ceaut [1]. Le même Almaric que je viens de nommer paroît avec son titre de Seigneur de la Queue dans un acte où il est dit qu'il y a deux parts dans la Forêt de Roissi. Il fut arrêté par cet acte que les Hôtes de Torcy auroient une certaine quantité de bois qui seroient mesurés à la perche de la Queue (*Ad percicam de Cauda*), et cela en place de leurs usages. Le fils d'Almaric de Meulent, aussi nommé Almaric, se fait appeler simplement *Almaricus de Cauda Armiger*, dans l'acte d'hommage qu'il rend au mois de Juin 1258, à Evrard, Prieur de Saint-Martin-des-Champs, au sujet de la vente d'un bois situé à Noisy-le-Grand. Mais en 1669, lorsqu'il fut plus âgé, il étoit appellé Almaric de Meulan, Seigneur de la Queue. Le titre qui le prouve regarde une dixme de Boneuil et Sucy qu'il disoit mouvoir de lui en premier.

Duchêne, Généal. de la Maison de Bar. Preuv. p. 23.

Hist. S. Mart. p. 208.

Chart. Ep. Par. Bibl. Reg. fol. 121.

La Seigneurie de la Queue passa la même année à Alix de Bretagne, puisqu'on trouve qu'alors le Comte de Blois (qui étoit Jean de Chastillon) fit hommage à l'Evêque de Paris *de Castro et Castellania de Cauda* à raison de sa femme, fille du Comte de Bretagne. Cependant, en 1274 et 1275, on retrouve un Amaury de Meulent Seigneur de la Queue. Mais peut-être y a-t-il faute dans la date et qu'il faut 1265. Quoiqu'il en soit, c'étoit un ecclésiastique qui, en 1273, étoit Garde et Bailly de la Terre de la Queue pour le Seigneur. Ce clerc voulut empêcher l'Archidiacre Garnier d'exercer la jurisdiction Ecclésiastique dans les Terres et Fief de ce Seigneur : mais il se départit de son opposition.

Ibid., fol. 121.

Chart. S. Mauri, fol. 327. Art. Torcy, n. 20.

Tab. Ep. in Spir.

La fille de Jean de Châtillon, Comte de Blois, ayant porté en mariage la Seigneurie de la Queue à Pierre, Comte d'Alençon, frere du Roi Philippe le Hardi, ce prince en fit hommage à Etienne Tempier, Evêque de Paris en 1277. Pendant qu'il étoit Seigneur de la Queue, il prétendit avoir la Haute Justice de Champigny, disant qu'autrefois, avant la construction du Pont, il y avoit un batteau ou bac où il recevoit un droit : mais l'Abbé de Saint-Maur gagna le procès en 1281. Il résulte de ce que la Terre de la Queue étoit alors dans la Maison de Meulant, que Rainaud *de Cauda* qui est nommé Officier du Roi en 1285, et Thomassin *de Cauda* qui est qualifié *Constabularius* sous le regne de Philippe le Bel, étoient seulement des descendans des anciens Seigneurs de la Queue. Le nom d'Amaury de Meulent reparoît en 1300, pour la troisiéme fois parmi les Seigneurs de la Queue. Seroit-ce à cause que Pierre de France et Jeanne de Chastillon ne laisserent point de postérité ? Je ne parle point ici de Simon de la Queue, Chevalier, auquel le Roi Philippe le Bel accorda pour ses services cent livres

Chart. Ep. Par. Bibl. Reg. f. 145.

Chart. S. Mauri. Tab. cereæ apud Carmel. discal. Paris. et alia rab. circa apud Flor. asservatæ. Hist. des Gr. Off. T. III, p. 304.

---

1. C'était apparemment une branche des anciens Seigneurs de la Queue. Un *Odo de Cauda Dominus de Moncehot* reparoît en 1275 au même Cartulaire de N. D. du Val.

Trés. des Chart. Reg. 38, n. 206.	à prendre chaque année à l'Ascension sur le Trésor du Temple, par Lettres données à Verneuil en Février 1306. Il pouvoit être
Hist. de la M. de Montmor. p. 543.	de ces anciens Sires de la Queue transplantez vers Moussoult, et de la Branche duquel une Montmorency épousa, vers 1367, un Chevalier aussi nommé Simon.
Petit Cahier rouge du Châtel.	En 1330, Guillaume de Sainte-Même ou de Sainte-Maur étoit Seigneur de la moitié de la Queue en Brie ; l'autre moitié étant apparemment encore dans la Maison de Meulent, puisqu'on qua-
Hist. des Gr. Off. T. II, p. 410.	lifie encore du titre de Seigneurs de la Queue sous les regnes de Philippe de Valois et du Roi Jean, Valeran et Amaury de Meulent.
Reg. Rol. Parl. art. Prev.	Simon de la Queue, Ecuyer, plaidoit en 1352, au Parlement. Mais en 1362, Pierre Blanchet, secrétaire du Roi, se disoit Seigneur de la Queue, et plaidoit à cette occasion contre le Seigneur de Cha- renton, et comme il fut inquiété dans sa possession par Olivier
Sched. Parl.	Painel, Chevalier, il transigea avec lui en 1365 sur la Queue et Ponteau.
Compte de la Prev. de Paris dans Sauval, T. III, p. 325 et 584.	Vers la fin du regne de Charles VI et au commencement de celui de Charles VII, Guillaume des Essarts, Chevalier, possédoit en ce lieu outre le péage vingt-deux arpens de bois chargés envers le Curé de quinze septiers de bled et trois septiers d'orge, et de la part de Jeanne la Gentienne de six septiers de bled. Le Roi d'Angleterre s'empara du tout entre 1423 et 1427.
	Il ne se rencontre plus de Seigneurs de la Queue pendant le reste du siécle. Les guerres des Anglois et autres contribuerent sans doute à la perte de plusieurs monumens qui en avoient fait mention. Voici seulement ce que portent les Registres du Parle- ment au sujet du Château et du Bourg :
Reg. Cons. Parl.	*Le neuf Octobre 1430, ce jour après le recouvrement et démo- lition de la Ville et Forteresse de la Queue en Brie retourna et entra à Paris le Comte de Suffolc à grande compagnie de gens d'armes de la Nation d'Angleterre.*
	Ainsi, il est évident que ce furent les Anglois qui les premiers démolirent la Tour dont on voit les restes, à cause que les Sei- gneurs de ce lieu étoient attachés au Roi Charles VII.
Tiré de la tombe ci-dessus. Procès-verbal de la Cout. de Paris, 1510.	Vers la fin du siécle et le commencement du XVI, Loys Blan- chet, Escuyer, fut Seigneur en partie de la Queue, et Jean de Reilhac l'étoit de l'autre partie. Sa fille, Marie de Reilhac, fut faite Abbesse de Chelles en 1508.
Gall. Chr. T. VII, col. 568. Titre de l'Eglise de Chenevieres. Hist. des Gr. Off. T. VIII, p. 139.	En 1519, le 14 Mars, Noble Demoiselle Isabelle Mallenfant étoit Dame de la Queue sans restriction. Puis Antoine Bureau, Réfé- rendaire en la Chancellerie l'an 1550. En 1554, Anne Claussé, Dame de Lesigny et Macé Picot, Seigneur d'Amboille, se disoient Seigneurs en partie de la Queue. Et en 1578, le 16 Décembre, le Cardinal Biragues, Chancelier de France, n'en étoit Seigneur

qu'en partie. En 1580, selon le Procès-verbal de la Coûtume de Paris, Corneille de Reilhac étoit Dame pour moitié de cette Baronnie et Chatellenie. Mais Jean-Baptiste Bureau qui ne mourut qu'en 1593, en est dit Seigneur. *Tab. Ev. in Alto-passu Pontelli.*

L'auteur du livre de la Généralité de Paris, imprimé en 1710, marque (p. 85) pour Seigneur de la Queue M. le Duc de Charost. *Hist. des Gr.Off. T. VIII, p.139. Cout. Ed. 1678, p. 639.*

En 1750, ce lieu appartenoit à M. le Prince de Dombes. *Reg Ep.*

Maintenant cette Terre a deux Seigneurs Hauts-Justiciers, qui sont M. le Comte d'Armaillé, Seigneur de Lesigny, etc., et M. d'Ormesson.

Il n'y a pas beaucoup d'Eglises qui ayent eu du revenu dans le territoire de la Queue.

L'Eglise de Notre-Dame de Paris y avoit au moins dès le treiziéme siécle un revenu considérable, que le Chapitre accorda par forme de Précaire à Galon, Souchantre et Chanoine. Il est loué dans le Nécrologe de cette Eglise, pour avoir réussi à délivrer les biens de Notre-Dame du mauvais droit de Coûtume qu'on appelloit la Grurie. On lit aussi qu'en l'an 1343, Jeanne, Reine de France, céda au Chapitre de Paris dix livres sur le péage de la Queue. *Necr. Eccl. Par 15 Apr.* *Liv. rouge du Châtelet, vers la fin.*

Le Monastere de Saint-Maur-des-Fossez jouissoit pareillement à la Queue durant le XIII siécle d'un revenu de vingt-deux sols. Pierre de Chevry, Abbé de ce lieu, établissant un Chambrier l'an 1256, lui donna entr'autres rentes celle-là à prendre en cette Terre. Ce qui peut encore se rapporter à l'article de la Queue, est qu'en 1281, un nommé Grivel fit hommage à l'Abbé de Saint-Maur des terres qu'il possédoit auprès de Noiseau et de la Queue. *Gall. Chr. T. VII, Instrum.* *Chart. S. Mauri, fol. 589.*

L'HERMITAGE étoit dès le commencement de l'avant-dernier siécle une Seigneurie de la Paroisse de la Queue, possédée par les sieurs Gentien. Jean Gentien, Ecuyer, en est qualifié Seigneur sur sa tombe où son décès est marqué à l'an 1508. Cette Seigneurie touche immédiatement au Bourg en tirant vers la chaussée d'Ozoir. Le nom de Gentien étoit connu à la Queue dès la fin du regne de Charles VI, et continua de l'être au XVI siécle, tant que la Seigneurie de l'Hermitage fut dans cette famille, aussi-bien que la régie de la Maladerie de Champs-clins. On ne voit point d'où le nom d'Hermitage avoit été donné à un lieu si voisin d'un Bourg considérable, à moins qu'il n'y eût des Hermites avant la construction du Château et avant la formation du Bourg, lorsque la Forêt venoit jusques-là. *V. ci-dessus p. 486.* *Ibid.*

LES BORDES sont un écart de la Paroisse de la Queue, qui dans le Procès-verbal de la Coûtume de Paris de l'an 1580, est appellé les *Bordes Maulavées*. Cette Seigneurie appartenoit alors à Dame Corneille de Reilhac avec la moitié de la Terre de la Queue. *Cout. Edit 1678, p. 639.*

On dit dans le pays que c'ét ient autrefois les écuries du Château d'Amboelle lorsque Henri IV y venoit. Ce lieu appartient aujourd'hui à M. d'Ormesson. On est assez instruit par le Glossaire de du Cange que les Bordes ne signifioient dans leur origine que de petites maisonnettes bâties à la légere et couvertes de jonc.

LES MARMOUZETS sont un petit lieu assez éloigné de la Queue, et fort voisin de Lesigny. Néanmoins on assure qu'il est de la Paroisse de la Queue.

Reg. Ep. art. Romaine.

VILON étoit un canton de la Queue habité en 1534.

Quelques personnes remarquables du XIV siécle se sont fait surnommer de la Queue, soit qu'elles en fussent natives ou originaires, ou bien qu'elles descendissent des anciens Seigneurs.

D. Potet. Catal. ms. Decan. S. Quir.

Un *Johannes de Cauda* étoit en 1321 Doyen de l'Eglise Royale de Saint-Quiriace de Provins. Il est à croire qu'il est le même Jean de la Queue qui, en 1341, fut Garde du Trésor des Chartes du Roi. Mais il a dû être différent de Jean de la Queue, Religieux de Saint-Magloire, Prieur de Sainte-Croix de Bris, présent en 1315 à la translation de Saint-Magloire.

Sauval, T. II, p. 433. Chastelain, Martyrol. Univ. p. 813.

Agnès de la Queue étoit Abbesse de Chelles vers l'an 1363.

Gallia Christ. T. VII. col. 566. Tabul. Vallis.

Raoul de la Queue, *Armiger*, tenoit de Renaud de Goussenville, *Armigero*, un bois qu'il vendit aux Religieux du Val.

Echard, Script. Dominic. T. I, p. 663.

Hervé de la Queue fut un Dominicain assez fameux à Paris en 1369. Il y étoit alors Professeur en Théologie, et expliquoit le Maistre des Sentences. Il s'occupa aussi à rédiger des tables des ouvrages de Saint Thomas, et il fit une traduction françoise de l'Histoire latine des Seigneurs d'Amboise qui se trouve dans le Spicilége. On ne voit point quel sujet de prédilection il avoit pour cette ville. Le Pere Echard dit que quelques-uns ont altéré son nom *de Cauda* en celui *de Lauda*, mais qu'il étoit natif de la Queue *ad Fluviolum* Morbres, et c'est précisément la Queue en Brie.

Reg. 3, p. 7 et 8.

M. d'Hozier (Généalogie de Braque) parle d'un Simon de Maintenon dit de la Queue et sire de Macy.

Il paroit que les continuateurs de Bollandus ont été embarrassés sur ce lieu de la Queue, qualifié de Ville dans la vie de Saint Louis écrite en françois par Guillaume, Cordelier, sur la fin du XIII siécle. Voici ce que dit ce Religieux après avoir rapporté un des Miracles de Saint Louis opéré sur un homme aveugle du village de Villevaudé près la Tour de Montjay, que l'on avoit conduit au tombeau du Saint Roi : *Après diné ils vinrent de Saint Denis à Paris et y demoururent celle nuit, et le lendemain ils allerent à une ville qui est dite la Queue et y demeurerent celle nuit ; et au jour ensuivant ils vinrent à Voday.* Les Jésuites d'Anvers, ou au moins le Pere Stiltinck traduisant cette vie de françois en latin, a obmis tout ceci : *et le lendemain ils allerent à une Ville qui est dite la Queue et y demeurerent celle nuit.* Je veux croire que c'est la duplication des mots *celle nuit* qui a pu faire que le copiste a passé par-dessus deux lignes. En tout cas il m'a paru que je ne devois pas obmettre cet ancien témoignage de l'existence de la Queue, quoique je sois persuadé que le Cordelier n'entendoit par le mot de *Ville* autre chose que ce que nous entendons en latin par *Villa* ou *Vicus*.

COMBEAUX

Nous n'avons point de monumens sur parchemin où il soit parlé de Combeaux sous le nom latin *Combelli*, plus anciens que le XII siécle, c'est-à-dire que le regne de Louis VII. Mais il en est parvenu jusqu'à nous de frappés en or du temps de la premiere race de nos Rois, sur lesquels on lit ces mots : *Combellis fit.* C'est un tiers de sols d'or qui y a été battu par un Monétaire qui suivoit la Cour. Combeaux étoit donc un lieu où ces Princes avoient alors une maison de Campagne, avec d'autant plus de raison qu'étant souvent à la chasse qui faisoit l'un de leurs plaisirs, ils avoient immédiatement au sortir de cette maison la Forêt *Lauconia* dont le nom s'est conservé dans celui de Lognes, laquelle étoit sans doute plus vaste qu'elle n'est maintenant ; le nom de *Combelli* suppose même que c'étoit un lieu où primitivement il y avoit un bois qui par la suite fut abattu. Car il faut se souvenir que dans l'auteur du *Gesta Francorum* faire un abatis de forêt se disoit en latin *facere combros*, et que le diminutif de *Combri* étoit *Combelli*, d'où ont été formés les noms de Combeaux et des Combelles portés par quelques villages en France. Au reste notre Combeaux a toujours été dit en latin *Combelli* ; au XIII siécle on disoit vulgairement Combiaux.

Bouteroue et le Blanc.

Item Not. Gall. p. 415, col. 1.

Gesta Fr. c. xxv. *Notit. Gall. Ibid.*

Ubi vita. Cod. Reg. S. Mauri

Ce village est éloigné de quatre lieues de Paris, en tirant vers l'orient d'hiver. Le lieu considérable le plus voisin est la Queue qui n'en est qu'à demi-lieue sur le chemin de Tournan et de la Champagne. Sa situation est dans une plaine que l'on trouve après les petites sinuosités du Bourg de la Queue. C'est un pays de terres labourables et sans aucunes vignes. La Paroisse n'est plus si étendue qu'elle a pu être autrefois ; aussi ne lui donne-t-on, dans le Dictionnaire Universel de la France de l'an 1726, que 90 habitans ou communians. Et le sieur Doisy, dans son dénombrement du Royaume imprimé en 1745, y marque seulement vingt feux ; on assure depuis qu'il n'y a que quatorze ou quinze ménages.

L'Eglise de ce lieu est proportionnée au peu d'habitans. C'est une espece de Chapelle terminée en demi-cercle, qui peut être ancienne, mais sans qu'on puisse le reconnoître, parce qu'elle a été réparée et reblanchie nouvellement tant en dehors qu'en dedans. Il ne fut pas impossible à nos Rois dont c'étoit peut-être la Chapelle, de l'enrichir de reliques des Saints Cosme et Damien qui en sont patrons. Il est sûr qu'il y en avoit en France dès le VI siécle.

<small>Gr. Tur. Hist. Lib. X, c. xxxi, n. 19.
Gesta Ep. Aut.
Labb. Bibl. mss. T. I, p. 415.</small>

Saint Grégoire de Tours en mit dans une Eglise, et même dès le V siécle, Saint Germain, Evêque d'Auxerre, en avoit eu pour consacrer une Eglise sous leur invocation. Au reste, l'on n'en montre plus à Combeaux. Il n'y a même aucun souvenir de Dédicace. La Cure a toujours été conférée *pleno jure* par les Evêques de Paris. Le Pouillé du XIII siécle, qui la nomme *de Combellis*, a été suivi par les autres.

On trouve des Seigneurs de Combeaux dès le XII siécle. Mais il n'y a pas pour en faire une suite jusqu'à nos jours.

<small>Hist. de Montm. Preuv. p. 46.</small>

Robert de Combeaux parut en 1145 chez Robert, Comte de Meulent, à l'acte par lequel il fut reconnu que Galeran, Comte de Meulent, avoit fait un don aux Moines de Gournay.

<small>Duchêne, T. IV, p. 585.</small>

On voit aussi qu'en 1157, le Roi Louis-le-Jeune, traitant avec le Comte de Meulent, Radulfe *de Combellis* fut l'un de ceux qui engagerent leur serment pour ce Comte. C'est le même Radulfe

<small>Tab. Hibern.</small>

qui fit part à la nouvelle Abbaye de Mont-éti de quelques redevances de grains qu'il avoit à Chenevieres, dont Ansel de Com-

<small>Ex ms. autogr.</small>

beaux, son frere, fut caution. En 1161, Radulfus de Cumbelle et Gaucher, son frere, sont nommés au contrat de mariage de Simon de Mardilly.

<small>Chart. S. Gen. p. 177.</small>

En 1170, Gaucher *de Combellis* fut aussi l'un des Seigneurs présens lorsqu'Agnès, Comtesse de Meulent, approuva le traité que les Chanoines de Sainte-Geneviéve de Paris avoient fait avec Lucie du Port, touchant le brenage [1] de Jossigny.

En 1207, vivoit Philippe de Combeaux, *de Combellis*, Cheva-

<small>Magn. Pastor. fol. 3.</small>

lier. Il approuva avec Pierre de Bercheres, aussi Chevalier, la vente que Hugues d'Anet fit au Chapitre de Paris, d'un droit dans le Tensement d'Otly. Vers le milieu de ce siécle, la Terre de Combeaux appartenoit au moins en partie à quelques-uns de la Maison de Chevry. On lit que Jean d'Haubervilliers, *de Hauberto Villari*, Chevalier, avec Julienne, sa femme, ayant vendu une partie des

<small>Chart. Livriac. fol. 98.</small>

dixmes de Combeaux au Prieuré du Cormier, Paroisse de Roissy et dépendant de Livry, il fallut le consentement de Guillaume de Chevry, Homme d'armes, premier Seigneur, et celui de Raoul de Chevry, clerc, Chanoine de Clermont, second Seigneur.

1. On voit un *Ansellus de Combellis* au Cartulaire de Gournay. Voir sur Ponteaux.

Après le milieu du XV siècle, le Seigneur de Combeaux étoit Jean Simon, Avocat du Roi au Parlement de Paris, qui posséda aussi la Seigneurie de Champigny qui en est peu éloignée. Son fils, Jean Simon, qui fut fait Evêque de Paris en 1493, jouit de ces deux Terres. Dès l'an 1490, il fit réparer le Château de Combeaux. Le 8 Mai 1500, Guillaume Panchon, Curé de Combeaux, reconnut que s'il avoit perçu jusqu'alors la dixme de grains, c'étoit par tolérance de la part de ce Prélat à qui elle appartenoit, étant inféodée à raison de sa Seigneurie. Ce même Evêque, vu le grand âge de ce Curé et le peu de revenu de sa Cure, le laissa jouir de ces dixmes sa vie durant. Après la mort de ce Prélat qui arriva en 1502, ce fut une Magdelene Simon qui eut cette Seigneurie de Combeaux. Elle avoit épousé Robert Piedefer, Seigneur de Guyencourt, et elle mourut le 5 Février 1523, suivant son épitaphe qui est à Paris aux Innocens et qui marque une partie de ces faits. *Reg. Ep. Paris. 8 et 9 Mai 1500.*
Recueil d'Epitaphes à la Bibl. du Roi.

En 1597, le Seigneur de Combeaux étoit Antoine le Moyne, dont la qualité n'est pas marquée. Il ne déclara la valeur de cette Terre que sur le pied de 120 livres. *Rôle de la Convoc. du ban de Corb. fol. 2.*

Avant 1664, cette Terre étoit possédée par M. Baudouyn, Correcteur des Comptes. Il la vendit cette année-là à M. Douffdermont, Capitaine au Régiment des Gardes Suisses, et Lieutenant Commandant la compagnie Générale des Suisses sous M. le Comte de Soissons. Ensuite, sa veuve ayant épousé un M. Garnier, ce dernier vendit cette Terre à M. Guillaume Doé, Secrétaire du Roi. Après quoi elle a passé à Guillaume-Antoine Doé, son fils, Conseiller au Grand Conseil. Et enfin, depuis 1743, elle est entre les mains de Guillaume-Jean-Baptiste Doé, aussi Conseiller au Grand Conseil. Au Mercure, Juin 1753 (IIe Vol. page 190), est fait mention de Guillaume-Antoine Doé, Seigneur, ci-devant Conseiller au Grand Conseil.

Le Seigneur Haut-Justicier est M. de Gèvres comme Seigneur de Montjay.

Cette Paroisse n'a aucuns écarts. La Léproserie de Champelins, proche la Queue, détruite il y a longtemps, y avoit un peu de bien.

Je dis à l'article d'Hemery que je le crois démembré de Combeaux. Ce qui peut se trouver vrai aussi à l'égard de la Queue.

BERCHERES

L'usage auquel ont été employés différens lieux de la Campagne, leur a fait souvent porter le nom qu'ils portent. La petite Paroisse de la Brie que nous appellons Bercheres, a eu le sien de ce que le territoire où elle a été établie contenoit des Bergeries. On sçait d'ailleurs que l'origine du nom de Bergeries vient de *Vervex*, mouton, ensorte que de *Vervecaria* on a fait *Bercaria* par contraction, qui a formé en françois celui de Bercheres sur lequel dans les bas siécles on a fabriqué le mauvais latin *Bercheria*. Il y a plusieurs villages de ce nom au Diocése de Chartres. Celui du Diocése de Paris est connu depuis le regne de Louis le Gros, vers le commencement du XII siécle.

Cette Paroisse est à cinq lieues ou environ de Paris vers l'orient, entre Combeaux et Roissy, dans une plaine à gauche du grand chemin de Champigny à Tournan. Son territoire n'est composé que d'environ cent arpens bordez par celui des Paroisses de Combeaux, Ponteau et Roissy, et il n'y a que trois feux ou ménages qui forment sept ou huit communians.

Aussi, dans les Rolles de l'Election de Paris, cette Paroisse est-elle jointe sous un même article avec celle de Ponteau.

L'Eglise n'est qu'une petite Chapelle du titre de Saint Pierre-ès-liens, qui a été rebâtie vers 1737, et dans laquelle il n'y a rien à remarquer. Celle qui existoit au XII siécle avoit été donnée aux Moines de Gournay par l'Evêque de Paris, peu de temps après qu'ils eurent cette petite dixme sur son territoire. Ce fut après que ces biens furent survenus à ce Prieuré, que dans la Bulle d'Eugene III de l'an 1147, qui confirme toutes les possessions du Prieuré de Saint-Martin-des-Champs dont Gournay dépend, on plaça cet article sur Bercheres : *Ecclesiam Bercheriarum cum atrio et decima*, ce qui se trouve pareillement dans les Lettres de Thibaud, Evêque de Paris, d'environ l'an 1150. Deux portions de la dixme leur avoient été données vers 1120, par Ansel de Garlande, Sénéchal du Roi, et l'autre tiers avec l'*atrium* par Baudoin de Claicy du consentement du même Ansel. Le Prieur de Gournay a toujours le droit de présenter à cette Cure conformément à ce qui est marqué dans les deux anciens Pouillés Parisiens du XIII et du XV siécle ; mais il a abandonné la dixme au Curé. On voit que l'Abbaye de Malnoue avoit eu sur la fin du regne de S. Louis, quelque démêlé avec le Prêtre des Bercheres ; mais l'Abbesse nommée *Leprosa* s'accorda avec lui devant l'Official de Paris, l'an 1270.

Il paroît que l'Abbaye de Saint-Maur avoit au même siécle de petits revenus à Bercheres; car l'Abbé Pierre établissant l'an 1256, *Gall. Chr.* l'office de Chambrier de son Monastere, lui donna douze deniers *T. VII, Instrum.* à lever dans ce village. *ad an. 1256.*

On connoît quelques anciens Seigneurs de Bercheres. Philippe *de Bergeriis* est parmi les Seigneurs témoins dans un acte qui *Chart. S. Gen.* concerne le village de Jossigny, l'an 1170. Pierre *de Bercheriis*, Chevalier, et Philippe de Combeaux, son voisin, approuverent en *Tab. Eccl. Par.* 1207 la vente faite du Tensement d'Orly au Chapitre de Paris. Le même Pierre de Bercheres vendit aux Moines de Saint-Denis, *Chart. S. Dion.* en 1211, ce qu'il avoit au Pré Saint-Gervais, Paroisse de Pentin. *Reg. p. 335.* Guillaume de Bercheres, Chevalier, se trouve nommé en 1126, dans le Cartulaire de Saint-Maur. Il possédoit à Nanterre un Fief, *Chart. Reg.* que l'Abbaye de Saint-Denis tenoit de lui en 1234. *S. Dion. p. 488.*

Une Mathilde de Bercheres étoit Abbesse de Chelles en 1208. *Gall. Chr.*
Cette Terre est dans la Maison d'Armaillé qui possede aussi *T. VII, col. 563.* celle de Lesigny.

En 1731, il fut permis d'abbattre l'Eglise pour la rebâtir. *Reg. Ep.*

PONTEAUX

On ne peut s'empêcher de reconnoître qu'il existoit au commencement du XII siécle, au Diocése de Paris, une Paroisse qu'on *Hist. S. Mart.* appelloit en latin *Pontolium*. La donation qui avoit été faite de *Camp. p. 180 et* l'Eglise de ce lieu au Prieuré de Gournay, fondé dans ces temps- *188.* là, en suppose l'existence. Dans le même temps le nom de cette Paroisse étoit écrit Pontelz en langue vulgaire dans quelques *Ibid., p. 282.* titres latins, et comme quelquefois on prononçoit *Ponteauz* ce qui étoit écrit *Pontelz*, de-là vient qu'on trouve ce nom écrit des deux manieres au XII et au XIII siécle. Mais jamais, que je sache, il n'a été écrit Ponthault dans ces siécles reculés. C'est pourquoi il n'y a aucun fondement à vouloir qu'anciennement on ait dit en latin *Pons altus*. Ce nom a pu être donné à une Paroisse et à une Abbaye du Diocése d'Aire en Gascogne, où apparemment il y avoit une riviere profonde. Mais il ne l'a jamais été au village du Diocése de Paris, où il ne passe qu'un très-petit ruisseau. Je ne connois que le Dictionnaire Universel de la France de l'an 1726, où l'on a hazardé de lui donner ce nom.

Sa distance de Paris est de quatre lieues et demie ou même de cinq, vers l'orient d'hiver, à la gauche du grand chemin d'Ozoir-la-Ferriere, Tournan, etc., proche d'un très-petit vallon, où néanmoins se trouve une petite butte regardant le couchant sur laquelle il est construit. Le pays abonde assez en menus grains et en foin. Le Dictionnaire Universel de la France, qui semble avoir scrupuleusement calculé le nombre des habitans ou communians, y en met 199. Dans les dénombremens de l'Election de Paris, Ponteaux ne fait point lui seul un article : on lui joint Bercheres qui est une autre Paroisse voisine, mais très-petite. On marquoit donc en 1709, que Ponteauz y comprenant Pontilleau avec Bercheres formoit 60 feux. Et le Sieur Doisy, qui a publié en 1745 un second dénombrement, ne compte plus en ces trois lieux réunis que 44 feux. M. de Valois n'a fait aucune mention de la Paroisse de Ponteaux dans sa Notice, quoiqu'il ait dû l'appercevoir sous le nom de Ponteuz, dans le Pouillé Parisien du XIII siécle qu'il cite fort souvent.

L'Eglise est sous le titre de S. Denis, premier Evêque de Paris. Le chœur est d'une structure du XIII ou XIV siécle, terminé dans le fond en demi-cercle, avec des vitrages rouges antiques, mais sans galeries. La Tour est grossierement construite de mauvaises pierres spongieuses comme plusieurs autres. La Dédicace de cette Eglise est marquée dans une épitaphe dont voici la teneur, et qui se trouve dans le chœur :

« Cy devant gist vénérable et discrete personne Messire Jacques
« Bourdin Prestre en son vivant de l'Eglise de ceans, laquelle il
« fit dédier à ses dépens le second jour de May 1517, par Révé-
« rend Pere en Dieu Mons. l'Evesque de Magarence de par la
« permission de Révérend Pere en Dieu M. l'Evesque de Paris. »

Au vitrage du sanctuaire du côté du septentrion, est représenté à genoux un homme vêtu de noir. Ses armes sont d'or à deux hures de sanglier écartelées d'argent, à deux lions de sable et de gueule, et deux aigles déployés. Au-dessus est écrit *Tristan de Rheilhac l'an M. V. [V^c] et dix.*

Voici une épitaphe que tous les curieux qui entrent dans cette Eglise ne manquent point de lire pour sa singularité, et plusieurs même ont voulu la copier :

Icy devant en cest endroit	C'est une delicate viande
Temple fondé de Saint Denis	Qui quarente ans comme miel
Le corps de Mathurin Collet	A nourry tout le peuple ensemble
A esté mis par ses amis.	Des enfans issus d'Israël ;
Il a voulu par bon devis	C'est le Sacrement de l'Ostel
Avant que de passer le pas	Fondé perpetuellement
Tant pour lui que pour ses amis	Tous les jeudys sans y falloir,
En ce monde faire un grand repas	Ledit Collet ainsi l'entent.
Qui sera un très-grand soulas	De ses biens assez largement
A ceulx qui le voudront bien prendre	Il a donné à ceste Eglise,
En y prenant un grand soulas	Pour subvenir doresnavant
Ainsi il le convient entendre :	A faire selon sa devise

Lettres passées selon sa guise	Bien assignée en verité
Du don qui par lui a esté fait	Sur son bien comme il l'entent
Sous les Sceaux de la Queue en Brie	Il est declaré amplement
Signés par Guillaume Trehet ;	Le tout dans les Lettres du don
Cinq quartiers terre en un endroit	Les tenans et aboutissans
Et puis deux arpens en deux pieces	En les lieux en font mention.
Et trois demis en trois endroits	Dictes à son intention
A donné d'un amour entiere.	Sy vous plaist bien devotement
Puis il y a en la vallée	Chacun de vous une Oraison
Ung quartier et demi de pré	En priant Dieu parfaitement
Qui sera dit par renommée	Qu'il lui plaise soudainement
Icy est le pré du Curé.	Le colloquer en Paradis
Six francs six blancs il a donné	En ce lieu qui est si plaisant
Rente perpetuellement	Le mettre, et tous ses bons amis.

Cette épitaphe est en petit gothique, sans date, et doit être d'environ l'an 1550.

Anseau de Garlande concourant à la fondation du Prieuré de Gournay vers l'an 1120, lui donna entr'autres choses toute la dixme de Ponteauz, *Totam decimam de Pontelz*, ainsi que le marquent les Lettres de Girbert, Evêque de Paris, de l'an 1122. Ce fut apparemment ce même Evêque ou son Successeur qui donna pareillement à ce Monastere l'Eglise de Ponteaux. Les Religieux de Saint-Martin-des-Champs ne commencerent à la compter au rang de leurs biens, que dans l'exposé qu'ils firent au Pape Eugene III pour obtenir la Bulle qui les leur confirme. Elle est de l'an 1147. On y lit *Ecclesiam Pontolii cum atrio et decima*. Thibaud, Evêque de Paris, répéte les mêmes termes dans ses Lettres de confirmation d'environ l'an 1150.

Hist. S. Mart. à Camp. p. 282.

Ibid., p. 180.
Ibid., p. 188.

C'est sur le fondement de ces anciens actes que le Prieur de Gournay présente à la Cure de Ponteaux et est gros décimateur. Le Pouillé Parisien du XIII siécle marque aussi cette Cure dans le rang de celles auxquelles ce Prieur nomme, et lui donne le nom françois *Ponteux*. Le Pouillé du XV siécle y est conforme et l'appelle Pontauz, lui marquant vingt livres de revenu. Ceux de 1526 et 1692 mettent également le Prieur de Gournay pour Nominateur : ensorte qu'il faut convenir que c'est une faute dans celui de l'an 1648, d'en avoir assigné la collation *pleno jure* à l'Archevêque.

Le plus ancien Seigneur de Ponteau que m'ayent fourni mes recherches, est Pierre Blanchet, Secrétaire du Roi, qui s'accorda sur cette Terre et sur celle de la Queue avec Olivier Painel, Chevalier, l'an 1365.

Sched. Concord. in Arch. Parl.

La Seigneurie de Ponteaux paroit avoir été au moins un siécle dans la maison de Reilhac. Le Tristan de Reilhac représenté dans un vitrage du sanctuaire de l'Eglise en 1510, ne peut avoir été qu'un Seigneur, et Du Breul le dit en parlant de Malnoue.

Un autre Tristan de Reilhac comparut au Procès-verbal de la Coûtume de Paris en 1580, comme Seigneur de Ponthault et Membray. Il est qualifié de Gentilhomme de la Chambre du Roi.

On m'a assuré en 1739, que M. de Gordan possédoit cette Seigneurie sans château, et depuis on m'a dit que le Comte de Polignac s'en disoit Seigneur; mais on ne le reconnoît pas au prône.

PONTILLEAU est un écart de la Paroisse de Ponteaux, vers l'orient, en tirant à Roissy. Son nom paroit être un diminutif de Ponteaux, qui est lui-même un diminutif de Pont. Ce lieu est appellé *Pontellulum* dans un titre du Prieuré de Gournay, par lequel Anseau de Combeaux lui fait présent d'une dixme qu'il a achetée dans ce territoire, de Jean, son gendre. L'année m'a échappé. Mais l'acte doit être au plus tard du XIII siècle. Un Jean Brinon, Seigneur de Pontillau, fut ensaisiné l'an 1504, par Thomas Peluchet, Abbé d'Hiverneau, de huit arpens de prés. On lit aussi que vers le milieu du XVI siècle, Jean Brinon, Maître des Comptes, étoit Seigneur de Pontilleau, et eut pour épouse Jeanne Luillier.

<small>Chart. Gornac. Portef. Gaign. CLXXX, p. 615.
Tab. Hibern.</small>

En 1539, cette Seigneurie étoit possédée par Antoinette Camus, laquelle Alexandre le Neveu, Abbé d'Hiverneau, ensaisina le 8 Juillet de quelques prés par elle acquis en la censive de cette Abbaye. Cette Dame étoit morte apparemment l'année suivante ou dépossédée de ce bien. Car je trouve dans les Registres du Parlement un Jean Briant, Seigneur de Pontillau en 1540.

<small>Ibid.</small>

La Commanderie de Saint-Jacques du Haut-Pas avoit à Ponteau une ferme assez considérable qu'on appelloit la Maison du Haut-Pas. Dans le temps de l'extinction de cette Commanderie, sous Charles IX, cette ferme qui relevoit de la Queue, fut unie à l'Evêché de Paris. Et comme elle fut ruinée dans les temps des guerres de la Religion, Henri de Gondi la donna à rente en 1599. On lit que dès l'an 1559, le Cardinal de Lorraine avoit donné à Eustache du Bellay, pour le dédommager des fruits de la mouvance de Chevreuse, une autre ferme sise au même village de Ponteau, appellée La Bercosse.

<small>Tab. Alti pass.
Tab. Ep. Paris.</small>

ROISSY-EN-BRIE

C'est ici le moins connu des deux Roissy qui sont au Diocése de Paris, parce qu'il n'est pas tout à fait sur une route aussi battue que Roissy-en-France, qui est placé sur le grand chemin de Soissons et d'une partie de la Champagne. Si tous les lieux de France nommés Roissy tirent leur dénomination du Myrte sauvage, dit en latin *ruscus* ou *ruscum*, ainsi que l'a cru M. de Valois, cette origine peut s'appliquer à Roissy-en-Brie d'autant plus vraisemblablement qu'il paroît avoir été plus longtemps que l'autre Roissy un lieu sauvage, un canton de bois et de forêts. Néanmoins, il n'est pas non plus hors d'apparence que ce lieu ait pu être dit *Rosciacum*, pour avoir primitivement appartenu à quelque Romain du nom de Roscius qui étoit assez commun : mais peut-être paroîtra-t-il par ce que je vais en dire, que Roissy vient de *Roscidus locus*, lieu humide.

Cette Paroisse est éloignée de Paris de cinq à six lieues du côté du levant. Le grand chemin de Tournan, Fontenay en Brie, etc. passe à demi-lieue du clocher que l'on laisse à gauche. Sa situation est dans une plaine qui est assez aquatique et remplie de bocages, et par conséquent froide. Aussi n'y a-t-il point de vignobles, mais labourages, prairies et bois. Le dénombrement de l'Election de Paris y marquoit, en 1709, 75 feux. On y comptoit encore environ 60, il y a dix ans. Ce qui quadre assez avec le nombre de 222 habitans que le Dictionnaire Universel de la France assuroit y être en 1726. Mais le sieur Doisy marque dans son dénombrement du Royaume publié en 1745, qu'il n'y a à Roissy-en-Brie que 40 feux.

Il n'y a rien de fort remarquable dans l'Eglise, qui de tous temps a été titrée de Saint Germain, Evêque d'Auxerre. L'édifice d'aujourd'hui n'a qu'un peu plus de deux cents ans. Il consiste en deux corps de bâtimens voûtés; celui qui est vers le septentrion est le corps principal, et l'autre sert d'aîle. La nef n'est supportée que par de gros piliers de bois. En général, cette Eglise est très-humide et très-froide, et l'on trouve l'eau en faisant des fossez au cimetiere. La Dédicace en fut faite le Dimanche 19 Juillet 1523, par M. François de Poncher, Evêque de Paris, qui y bénit aussi quatre autels, et accorda quarante jours d'indulgences à ceux qui y viendroient faire leur priere chaque année à pareil jour. On la célèbre encore à présent le Dimanche le plus proche de la Magdelene. *Reg. Secr. Par. 1523.*

Girbert, Evêque de Paris, reconnoît dans la Charte de l'an 1122, en faveur du Prieuré de Gournay, que ce Monastere possede *apud Russiacum, Ecclesiam cum atrio*. Une Bulle d'Eugene III de l'an 1147, touchant les biens de Saint-Martin des Champs et ses dépendances, marque entre autres *Russiacum cum Ecclesia atrio et decima;* ce qui se trouve répété dans les Lettres confirmatives de Thibaud, Evêque de Paris, données vers l'an 1150. En conséquence, la Cure de Roissy est dite à la nomination du Prieur de Gournay, dans les Pouillés de Paris du XIII siécle et les suivans. *Hist. S. Mart. p. 281.*
Ibid., p. 182.
Ibid. p. 187.

A l'égard de la grosse dixme, elle appartient aussi au même

Prieur, qui est Seigneur du lieu, comme on va voir. La Bulle d'Eugene III qui vient d'être citée, insinue que le Prieuré de Saint-Martin a un muid de froment dans cette même dixme; et les Lettres de l'Evêque Thibaud ajoutent que cette redevance étoit dans la portion de Rudolf, fils de Fulco.

<small>Hist. S. Mart. p. 180.</small>

La Seigneurie et Terre entiere de Roissy est venue par parties au Prieuré de Gournay. Guy le Rouge de la Maison de Montlhery et sa femme Adelaïde fondant ce Prieuré vers l'an 1100, ajouterent au don qu'ils lui firent de l'Eglise celui du tiers du village. Quelques années après Anseau de Garlande, Sénéchal, ou Dapifer de Louis-le-Gros, donna les deux autres tiers : c'est ce qui est constant par les Lettres de confirmation de ce Prince de l'an 1122 ; à quoi celles de Girbert, Evêque de Paris, ajoutent que les Moines et leurs hôtes eurent aussi dans la forêt leur bois pour brûler et bâtir et en faire leurs grains. Il faut inférer de la jouissance entiere de cette Terre par le Prieur de Gournay, que les Généalogistes de la Maison des Ursins se sont trompés, lorsqu'ils ont écrit que Eustache des Ursins, Chanoine de Rheims, et Raoul des Ursins, chanoine de Paris, ont été Seigneurs de Roissy-en-Brie, vers 1470 et 1480. Ils auroient dû dire Roissy-en-France.

<small>Ibid. p. 279 et 282. Item Bulla Calixt. II et Innoc. II, p. 157 et 170.</small>

Ce qui fait plus souvent mention de Roissy dans l'antiquité sont les actes où il est parlé de la forêt de ce nom. Il est probable qu'elle s'étendoit plus qu'elle ne fait aujourd'hui, et que l'Amirauté et d'autres lieux y étoient compris. Le lieu le plus notable et néanmoins aujourd'hui le plus désert qui étoit renfermé dans cette Forêt, est le Prieuré du Cormier dont je ferai ci-après un article particulier.

On trouve d'abord à l'an 1236, une Charte d'Henri, Comte de Bar, Seigneur de Torcy, dans laquelle il dit que les hôtes qu'il a à Torcy du côté de Philippe, son épouse, ayant leur usage pour brûler et bâtir et pour la paisson des bestiaux dans la Forêt de Roissy dont la moitié appartient à Amaury de Meulent, Seigneur de la Queue et de Gournay et à ses freres, d'accord avec eux tous il retient 500 arpens de ces bois pour lui et ses Hôtes et pour les Hôtes de l'Abbaye de Saint-Maur, en compensation de cet usage, lesquels cinq cents arpens se sont mesurés suivant la perche de la Queue, le long du bois de Dragon.

<small>Duchêne, Preuv. de l'Hist. de Bar. p. 23.</small>

En 1275, Adam, Prieur de Gournay, donna un acte solemnel pour certifier que les gens de Roissy ont toujours eu usage dans les endroits de la Forêt de Roissy qui sont à Amaury de Meulent, Seigneur de la Queue, à Gobert d'Argies, Seigneur de Quittebeuf, à Guillaume des Essarts, sire d'Ambleville, et à Aubert de Longueval, sire de Croissy. L'année suivante Jean de Chastillon, Comte de Blois, Seigneur de Brie-Comte-Robert, approuva les

<small>Chart. S. Mauri, Gaign.</small>

partages qu'Amaury de Meulent et Aubert de Longueval et les autres, avoient fait de cette forêt de Roissy, sçavoir au Couvent des Fossez (c'est-à-dire Saint-Maur) et à leurs Hôtes de Torcy sept-vingt et deux arpens ; au Couvent de Gournay 300 arpens, et à leurs Hôtes de Boissy sept-vingt et dix ; au Comte de Bar et à ses Hôtes de Torcy 650 arpens ; à Jean de la Queue, personne de Saint-Bon (je crois que cela signifie le Bénéficier Titulaire de Saint-Bon dans Paris) soixante arpens. *Histoire de la* M. de Chatillon p. 111, Pièces, p. 165.

En 1277, Jean de Crone, Chevalier et sa femme Agnès, quittèrent à l'Abbaye de Saint-Maur l'usage qu'ils avoient dans les bois de Roissy aussi-bien que Simon Boulie, homme d'armes en 1280. *Chart. S. Mauri*, Gaign. p. 330.

En 1278, il y avoit entre Roissy et Ozoir un territoire appellé la Gruerie ; l'Abbaye de Saint-Maur y acheta quelques cens et rentes. *Tab. Ep. Paris.*

Ce que l'on trouve de plus dans les titres de Saint Maur concernant la Forêt de Roissy, est qu'elle renfermoit alors un lieu dit Pissecoc.

PRIEURÉ DU CORMIER

C'est dans ce lieu de la Paroisse de Roissy-en-Brie, que l'on voit des restes d'un des plus anciens bâtimens du Diocèse de Paris. A une petite demi-lieue de l'Eglise Paroissiale du côté de l'orient, et à un quart de lieue dans la forêt à l'endroit où un grand chemin tourne à gauche, si, laissant cette gauche, on entre dans la forêt même, on trouve les restes d'une Tour qui est dans une enceinte de vieux fossez pleins d'eau, où il y a un petit pont d'une arcade seulement. On y voit dans le dedans des restes de murs d'un bâtiment où l'on ne peut rien reconnoître. Mais pour ce qui est de la Tour qui en est éloignée de dix ou douze toises, et qui est plus voisine du chemin à charriere, ce qui en subsistoit encore en 1738, m'a fait juger que ce bâtiment étoit du IX ou X siécle. Cette tour est quarrée et bâtie de moellon, elle avoit deux ou trois étages voûtés. La voûte de l'étage d'en bas subsiste encore, soutenue par quatre chapiteaux ou corbeaux de pierre de taille, semblables à ceux de dessous la grosse tour du portail Saint-Germain-des-Prez. L'entrée est au levant ; du côté du midi et du septentrion, est une arcade absolument ronde, en forme de fenêtre. Au second étage il reste une fenêtre du côté du couchant, construite comme les autres avec son cintre ; la voûte étant crevée au milieu, on reconnoît qu'elle n'est que de moellon. Il n'y paroît aucune marque qu'il ait pu y avoir là d'autel ni en bas ni en haut, et rien ne prouve non plus que ç'ait été une Tour à mettre des cloches. Je suis bien trompé si ce ne sont pas là des restes d'une petite maison de campagne que le Roi Charles le Chauve auroit eue dans la forêt de Roissy. La bâtisse convient à son temps. Il reste un diplôme qu'il a donné le 9 Octobre 845 *in villa Rausiaco* concernant l'Abbaye de Saint-Maur-des-Fossez; on sçait d'ailleurs qu'en 851, ce Prince tint les plaits *in Rauziaco*. L'Eglise Paroissiale du lieu est sous l'invocation du Saint, auquel il étoit très dévot. J'incline donc très fort à croire que c'est de ce lieu qu'il faut entendre ces deux faits du IX siécle, et non de Roucy en Champagne, qui paroît n'avoir commencé à être connu qu'en 948, et que la maison de plaisance que nos Rois de la premiere race avoient eue à Combeaux, étant négligée depuis qu'on avoit essarté les forêts qui avançoient jusques-là, ce fut ce Prince qui en fit construire une nouvelle à Roissy; que c'est là que furent battues les monnoies de la seconde race, sur lesquelles on lit *Rauciaco*, de même qu'on entend de Combeaux celles de la premiere race, où il y a *Combellis fit*; je pense enfin que les deux étages de la tour qui subsiste en partie, étoient une espece de fortification à la maniere de ces temps-là, et un lieu propre à cacher des trésors. Il s'étoit formé à Roissy une tradition qu'il y en avoit. On les y a cherchés, mais sans rien trouver.

Baluz. T. II. Capit.

Duchêne, Chron. Fontan. T. II.

Chr. Frodoardi.

Or, comme les maisons des Rois sont sujettes à la vicissitude des temps ainsi que le reste, celle de Roissy est devenue abandonnée de même que d'autres. Il a pu s'écouler deux ou trois siécles, jusqu'à ce que quelques Hermites profiterent des ruines de cette solitude pour s'y retirer, et y bâtir un petit oratoire du titre de la Sainte Vierge; et comme par le laps du temps il y étoit crû quelque cormier, arbre dont le fruit convient assez à des solitaires, ce canton particulier de la forêt de Roissy fut nommé le Cormier, et par la suite Notre-Dame du Cormier.

Chart. Livriac. fol. 98.

Le premier titre qui en fait mention l'appelle simplement *Domus de Cormer*. Il est de l'an 1195. C'est la ratification que Maurice de Sully, Evêque de Paris, fait de la donation d'une vigne située à Livry, et de quelques prés situés entre Chelles et Gournay, que Pierre Mauvoisin avoit faite à cette maison. Voilà les premiers fonds que l'on connoît avoir été donnés à ces Solitaires du Cormier, qui vers ce temps-là embrasserent la regle austere que l'on suivoit à l'Abbaye de Livry, qui s'établissoit alors, et à laquelle peu d'années après ils furent unis. Les Seigneurs de Grez leur accordant en 1210, un septier de grain dans la dixme de Grez, qualifient encore ce lieu *Ecclesia Eremitarum de Cormerio*. Vers l'an 1220, Isabelle, femme de Matthieu de Buisson, donna à la même maison qu'elle appelle *pauper domus de Cormier*, un septier de bled, moitié d'hivernage et moitié d'avoine, à prendre chaque année dans la dixme de Lognes; ce qui fut agréé en 1223, par

Ibid., fol. 99.

Henri, Comte de Bar-le-Duc, du fief duquel cette dixme relevoit. *Gall. Chr.*
Dès l'an 1221, cette petite maison passoit pour un Prieuré dépen- *T. VII, Instrum.*
dant de l'Abbaye de Livry ; elle est sous cette dénomination dans *col. 92.*
la Bulle de Confirmation des biens de Livry donnée en 1221, par
Honorius III. En 1226, Eudes de Gonesse, Chevalier et Robert, *Chart. Livriac.*
son frere, Homme d'armes, donnerent à la maison du Cormier *fol. 95.*
toute la dixme qu'ils avoient à Quincy au Diocése de Meaux, en
sept arpens de vignes.

En 1227, Jean de Beaumont et Isabelle la Bouteillere établirent
une Chapellenie à l'autel du Cormier, en marquant que si la Chapelle devenoit impraticable, la fondation seroit portée à l'Abbaye
de Livry. Les biens qu'ils destinerent pour cela consistoient en
cent sols parisis de rente : un muid de bled ybernage dans leur *Ibid., fol. 96.*
champart de Ferrieres, et si cela ne suffisoit pas, dans leur grange
de Croissy ; de plus un doublier de vin à prendre dans les vendanges de Croissy, ce qui fut confirmé en 1231, par Almaric de
Meulent et A..., son épouse. Isabelle ajouta en 1219, qu'elle vou- *Ibid.*
loit que le doublier de vin fût pris en mere goutte *in mera gutta*
in cuva mea à Priore de Cormerio et consociis. Erard de Montmorency et Jeanne de Longueval, sa femme, Seigneurs de Croissy, *Ibid., fol. 99.*
furent même si scrupuleux touchant cette aumône en 1293, que
pour dédommager le Prieur du tort qu'on lui avoit fait, ils lui
donnerent du bois à prendre à Croissy.

Eudes de Berrun, Chevalier, eut même la dévotion d'y faire *Ibid., fol. 96.*
construire encore un autel dans la pauvre Chapelle de ce lieu,
(ce sont ses termes) *Pauperi Capella B. M. de Cormerio,* et il destina pour cet effet sa dixme de Quincy proche Meaux en 1227, ce
que Pierre de Cornillon, Chevalier, Seigneur de Quincy, accorda,
comme étant de son fief. Ce même Pierre de Cornillon voulut que *Ibid., fol. 97.*
les Religieux du Cormier se ressentissent de ses libéralités, et il
leur donna en 1239 sa vigne de Quincy, dont Morard, Souchantre
de Meaux, jouissoit pour sa vie.

Robert, Prêtre de Ferrieres, leur fit présent en 1288 d'un arpent *Ibid., fol. 99.*
de vigne à Croissy : ce qui fut alloué par Jean Briart, Chevalier :
et même dans ce temps-là, un habitant de Tournan qui avoit une
piece de prè aussi située à Croissy, en fit aumône *eremo de Cor-*
mers, expression qui marque bien une vraie solitude.

Radulfe, Abbé de Saint-Victor, touché de la vie édifiante de ces *Ibid., fol. 97.*
Religieux, leur donna en 1236, pour la fondation d'une Chapellenie, une maison située à Paris, proche Sainte-Croix de la Cité.

Vers ce temps-là, cette Communauté se trouva en état d'acheter *Ibid., fol. 98.*
une dixme à Combeaux. Jean d'Haubertvilliers, Chevalier, et Julienne, son épouse, en firent la vente, donnant pour cautions Thomas de Chevry, et Simon de Beaubourg, Chevaliers. Guillaume

de Chevry, Homme d'armes, approuva le contrat comme premier Seigneur, et Raoul de Chevry, alors simple clerc, Chanoine de Clermont, comme second Seigneur : c'est lui qui fut depuis Evêque d'Evreux.

On ne trouve plus rien sur cette maison du Cormier depuis ces temps-là. Elle n'est pas même dans le Catalogue des Prieurés dressé du temps de Saint Louis. Mais au XV siécle, il y avoit encore un titre de Prieur sous le Doyenné de Lagny, et son revenu étoit estimé monter à trente livres. En 1549, l'Abbaye de Livry dont il est membre traita de quelques-uns de ses biens avec Maitre Jean de Cerisay, cause pour laquelle il y eut information *de commodo*. Ce Bénéfice est aujourd'hui possédé par un Chanoine Régulier de la Congrégation de France, et il a son article au rolle des Décimes : mais il n'y a plus de service dans le lieu, n'y restant que les ruines que j'ai marquées ci-dessus, et qui sont presque toutes couvertes d'arbres de la forêt. De Fer les a marquées dans sa Carte un peu trop vers le septentrion, et trop loin de l'Eglise de Roissy. Il s'est encore trompé en les qualifiant de *Ruines de l'Abbaye de Cormieres*. Jamais il n'y a eu d'Abbé en ce lieu : et son vrai nom a toujours été le Cormier au singulier, et *Cormerium* en latin.

Reg. Ep. Paris. 24 Maii.

Dans l'avant-dernier siécle, ce Prieuré fut possédé successivement par plusieurs Commendataires. Le plus célébre fut Frere Gilbert Genebrard qui en fut pourvu l'an 1574, en vertu d'une résignation en Cour de Rome. Cet illustre Bénédictin étoit alors Professeur Royal de langue Hébraïque.

Reg. Ep. Paris. 9 Dec. 1574.

Il est aux environs de Roissy un lieu appellé la FRETTE-SAINT-PERE, ou la Ferme du haut Pas de Pontau. Il y a des prez dans cette dépendance.

Cens. du Sr de Gournay, 1621.

PONTCARRÉ

En parlant de ce village, on se trouve embarrassé dès le commencement, parce qu'il est incertain comment il faut écrire son nom et le prononcer. On ne montre point de titres latins où il en soit fait mention, plus anciens que le commencement du XVI siécle ; le premier que j'aie vu l'appelle *Potus quadratus*, ce qui marque que vers l'an 1500, quelques-uns disoient *Pot carré*. Il a été facile de faire *Pont* du mot *Pot* : mais malgré cette facilité le nom de Pont me paroit devoir l'emporter, et avoir été l'expression véritable ; d'autant que l'on trouve dès l'an 1520, *Pons quadratus*. Au reste, quoiqu'il y ait un pont en ce lieu, comme il n'est que pour des eaux conduites artificiellement, je ne crois pas non plus que le nom que porte ce village lui soit venu de ce que le premier pont de ce lieu ait été carré, quoique ce soit le sentiment de M. de Valois, mais de ce que celui qui l'a fait faire, ou même celui qui l'a construit, s'appelloit Carré. Ce qui m'induit à le penser, est que l'on voit à une lieue delà un peu plus, tirant vers Tournan et sur la Paroisse de Favieres, un lieu dit Puis carré, et par corruption Pi carré. Or s'il s'agit d'un puits, il est inouï qu'il s'en trouve de quarré : il est plus naturel de croire que celui qui le fit creuser s'appelloit Carré. J'en dis de même de Pont carré. *Notit. Gall. p. 428, col. 1*

Ce lieu de Pont carré n'étoit d'abord qu'un hameau de la Paroisse de Favieres. Louis Picot, Conseiller au Parlement, pensa à y établir une Vicairie perpétuelle vers l'an 1500, et après avoir pris les mesures nécessaires avec Jean de Saulsay, Abbé d'Hermieres, et avec Jean de Costes, Prieur, Curé de Ferrieres, l'établissement se fit par un Décret d'Etienne Poncher, Evêque de Paris, de l'an 1506, 17 Juillet, et le 19 du même mois, ce Prélat conféra cette Vicairie à Frere Jean le Maistre, Prêtre, Religieux d'Hermieres.

La situation du lieu est dans une plaine, voisine des bois qui conduisent à Hermieres, Favieres et Tournan ; le Château au moins est dans cette position, entouré d'eau et de bosquets. Le gros du village qui est voisin de l'Eglise se trouve au midi de Ferrieres à la distance de demi-lieue, ce qui fait qu'on n'y compte que 10 lieues de Paris, du côté de l'orient. Les maisons qui composent cette Paroisse sont éparses dans la campagne. Elles forment 47 feux, suivant le dénombrement de l'Election de Paris publié en 1709 ; ce que l'Auteur du Dictionnaire Universel de la France de l'an 1726, a cru pouvoir fournir 256 habitans. Le dernier état des feux du royaume que le sieur Doisy a fait imprimer en 1745, en marque encore 47 à Pont carré ; le plus juste étoit de le fixer à quarante ou environ. Le territoire un peu froid à cause du voisinage des bois et du petit vallon, ne l'a point rendu propre à la vigne, mais seulement aux labourages et paturages.

On tient par tradition, que ce qui est cause que Saint Roch est patron de l'Eglise de ce lieu, est que longtemps avant l'érection du Vicariat ou Cure, il y avoit une Chapelle sous l'invocation de ce Saint qu'un homme de guerre attaqué de la peste y avoit construite en conséquence d'un vœu. On ne peut gueres placer ce fait au plus tôt que dans le XV siécle. Si la tombe d'une femme qu'on y voit devant le sanctuaire, n'a pas été apportée de Ferrieres toute gravée après avoir servi à une autre sépulture, il faut dire qu'on inhumoit en ce lieu dès le XIV. Quoiqu'il en soit, l'Eglise que l'on voit aujourd'hui à Pont carré est très petite et peu solidement bâtie, mais supportée par une tour qui paroît nouvelle. Il n'y a point de collatéral d'aucun côté. J'avois conjecturé que cet édifice, quoique caduque, pouvoit n'avoir gueres que 100 ans. J'ai trouvé depuis un acte dans lequel on exposoit en 1668, à l'Archevêque de Paris, que le Chœur tomboit et que cette Eglise étoit devenue trop petite pour contenir l'affluence des peuples, pour lesquelles raisons le Prélat permit de faire des quêtes afin de la rebâtir plus grande. On y lit dans la nef une inscription qui nous apprend qu'en l'an 1661 le Pape Alexandre VII avoit accordé des Indulgences à la Confrérie de Saint Roch érigée dans cette Eglise: que l'an 1668, le Pere Claude Fournet, Vicaire Général de la Sainte Trinité, l'a enrichie d'une Relique du même Saint Roch, laquelle M. Hardouin de Péréfixe, Archevêque de Paris, vint luimême recevoir et exposer à la vénération des Fideles, permettant qu'on célébrât désormais le Dimanche d'après la Saint Jean-Baptiste, la mémoire de cette susception ; ce que M. de Harlay son successeur a confirmé.

*Reg. Archiep.
20 Oct. 1668.*

De tous les Pouillés de Paris qui ont été imprimés, il n'y a que celui de l'an 1626 qui fasse mention de Pont carré, encore ce bénéfice n'y est-il que sous le nom de Vicairie perpétuelle. Cependant elle est qualifiée *Ecclesia Parochialis* dans toutes les provisions expédiées depuis l'érection du Titre, et c'étoit le Seigneur du lieu qui nommoit le sujet, lequel étoit ensuite présenté par l'Abbé d'Hermieres lorsque c'étoit un Religieux Prémontré, et représenté, c'est-à-dire approuvé une seconde fois selon la coûtume par l'Archidiacre. J'ai vu une commission donnée par l'Evêque de Paris le 31 Décembre 1560, pour informer s'il y avoit à Hermieres un Religieux qui pût être fait Curé *de Poto quadrato* à la place de frere Pierre Herrissé, décédé. Le temps des guerres de la Religion sur la fin de ce siécle abrégea ces cérémonies, et le Seigneur présenta un Prêtre séculier. Il y avoit eu dès l'an 1529, une contestation entre le Curé de la Brosse, et Frere Jean le Maistre, Curé de Pont carré, au sujet des limites de leur territoire, mais après que les Commissaires eurent donné une interprétation au Décret, les parties transigerent le 17 Août par devant P. le Roy, et J. Contesse, Notaires au Châtelet.

Reg. Epis.

Je trouve qu'en 1573, Thomas Mauny résigna à Julien Morin, Prémontré, la Cure de Saint-Roch de Pont-carré, le 9 Août.

Je n'ai trouvé les Seigneurs de Pont-carré que depuis l'érection de la Paroisse.

En 1506, jusqu'environ 1530, cette Terre appartint à Louis Picot, Conseiller au Parlement.

En 1535, c'étoit un autre Louis Picot, apparemment fils du précédent. Il est qualifié *Miles Baro de Damnapetra, Vicecomes de*

Rosnay Dominus de Pomeuse et Pontis quadrati dans l'acte de la nomination qu'il fit cette année.

La Seigneurie passa ensuite à un M. de Vignols dont la fille Antoinette, qualifiée Dame d'Argini et de Pont-carré, épousa Jean Camus, Baron de Bagnols en Lyonnois, etc.

Geoffroy Camus, quatriéme fils de Jean Camus, Seigneur de Pont-carré, succéda à son pere en cette terre, et eut la Seigneurie de Torcy. Il fut reçu Maitre des Requêtes en 1573. Il épousa Jeanne Sanguin, fille de Jacques, Seigneur de Livry, et de Barbe de Thou. Ce fut lui qui obtint de Charles IX des Lettres datées de Paris au mois d'Octobre, qui permettoient l'établissement d'une Foire à Pont-carré, le 16 Août, jour de Saint Roch. Il est qualifié Conseiller d'Etat dans l'acte de la présentation qu'il fit au mois d'Avril 1596, de Maistre Pierre le Pic pour la Cure de Pont-carré. Hist. des Présid. p. 354.
Bann. du Chât. vol. VII, f. 296.

L'inscription de l'an 1618, qui se lit au bas de la Tour de l'Eglise de Torcy, le suppose encore en vie alors.

Depuis ce temps-là cette Seigneurie a passé dans cette famille de pere en fils.

Nicolas Camus, mort Sous-doyen du Parlement en 1645. Dict. Historique

Nicolas Camus, reçu Conseiller au Parlement en 1636, décédé en 1660.

Nicolas Camus, reçu Conseiller au Parlement en 1661, puis Conseiller d'honneur en tous les Parlemens du Royaume, mort en 1705.

Nicolas Pierre Camus, reçu Conseiller au Parlement en 1688, Maistre des Requêtes en 1691, nommé premier Président du Parlement de Rouen en 1703.

Geoffroy Macé, né du premier mariage de Nicolas-Pierre Camus avec Marie-Anne-Claude-Auguste le Boulanger, reçu Conseiller au Parlement en 1718, et Maistre des Requêtes en 1722.

EMERY ou HEMERY
AUTREMENT
EMERAINVILLE

Il est assez difficile de rien dire de certain sur l'origine du nom de ce lieu. On le trouve écrit des deux façons ci-dessus marquées, et encore d'une troisiéme maniere qui est Hermeri. Mais les actes où cela paroit ne passent pas le XIII siécle. Il y auroit encore eu une quatriéme maniere de l'écrire, supposé que ce nom de lieu fût dérivé d'un nom propre d'homme : c'est Aymeri ou Aimeri, car le nom *Aymericus* a été porté dans l'antiquité par plusieurs personnes, et nous sçavons à n'en point douter, que certains lieux ont porté le nom du propriétaire tout simplement et sans aucune terminaison, par exemple Trousseau et Fromond, proche Corbeil, qui viennent de deux Seigneurs l'un appellé *Trossillus*, l'autre *Fromundus*, qui vivoient au XII siècle. Mais personne en parlant du village de Brie dont il s'agit n'a écrit son nom par Aymery ou Aimeri.

<small>Chart. Prior. Longip.,fol. 48</small> Il pourroit seulement se faire que ce lieu eût été appellé *Terra Hermeri* dans des siècles reculés, de même qu'en l'an 1100, il y avoit une Terre de ce nom aux environs de Pequeuse, proche Limours. Quoiqu'il en soit, ce qui se rencontre de plus ancien avec le nom d'Hemery, village en question, est un acte de l'an 1220. Hemery étoit donc dès lors une Terre qui avoit ses Seigneurs, mais sans être pour cela Paroisse.

Ce village est à quatre lieues ou un peu plus de Paris vers l'orient entre Combeaux et Beaubourg, petites Paroisses, ou si l'on veut des lieux plus considérables, entre la Queue et Torcy. C'est un pays plat couvert de bois ou bocages. On ne connoit cette Paroisse dans le dénombrement de l'Election de Paris que sous le nom d'Emerenville. Elle est dite avoir 69 feux dans celui qui fut imprimé en 1709 ; dans le Dictionnaire Universel de la France de l'an 1726, elle est marquée de 250 habitans, et dans le Catalogue des lieux du Royaume donné en 1745 par le sieur Doisy, elle est en effet composée d'environ 25 feux, dont six ou sept sont proche l'Eglise et le reste à Malenoue.

L'Eglise n'est qu'une petite Chapelle quarrée d'une construction récente. Elle est sous l'invocation de Saint Eloy. On y lit sur le mur du côté gauche ou septentrional, que Marie le Camus, épouse de Michel Particelli, Controlleur Général du Roi en ses Finances, Seigneur d'Emery, Courcerain, et de la moitié de Malnoue, a établie la Confrérie de la Charité en 1686, et des sœurs pour le soin des malades. De plus, qu'en 1640, le 28 Novembre, elle avoit donné à la même Eglise d'Emery une Relique de Saint Saturnin, Martyr, extraite de la Châsse de Saint Saturnin qui est dans la Chapelle desdits sieurs le Camus aux Minimes de la Place Royale. La fondation ci-dessus n'a pas eu lieu, à ce que l'on m'a assuré. Si la Relique est de l'un des deux Saturnin qui sont au Martyrologe le 29 Novembre, elle est très-avérée. Sous le lutrin est une tombe de marbre noir sur laquelle on lit gravé : *Icy repose Messire Denis le Camus Chevalier Seigneur d'Hemery, Courcerain et Malnoue, Conseiller du Roy en ses Conseils et Président en sa Cour des Aides.* Ce qui est suivi du détail d'une fondation faite vers l'an 1690.

Il n'y a pas apparence qu'il y eût une Cure érigée à Emery au XIII siècle. Le Pouillé de ce temps-là n'en fait aucune mention. Ce peut avoir été d'abord une annexe ou succursale de Combeaux, laquelle aura été érigée en Paroisse dans le XIV siècle, et comme Malnoue en dépendoit, on l'attribua aussi à la nouvelle Paroisse d'Hemery. On la trouve dans le Pouillé écrit au XV siècle en ces termes : *Curatus S. Eligii de Hemery ..... De mala noa.* Ces derniers mots qui sont en une seconde colomne, signifient que la Cure étoit à la nomination de l'Abbesse de Malenoue comme elle a continué d'y être, suivant le témoignage des Pouillés écrits et imprimés depuis. J'ai vu des actes de présentation de 1472 et 1486, 19 Juin et 25 Mai. Il faut croire que l'Evêque de Paris qui érigea ce lieu en Cure, en accorda la nomination à l'Abbaye de Malenoue, pour lui procurer quelque avantage dans le temps que ses biens étoient diminués. Au reste, c'est aujourd'hui le Curé qui est gros Décimateur. On demanda en 1644, d'ériger en cette Eglise une Confrérie de Notre-Dame du Mont Carmel, et cela fut accordé. La fondation de Messes par le Président le Camus a eu plus de durée. *Reg. Ep. Paris. 27 Aug.*

Ansel d'Hemery qui est le premier Seigneur de ce lieu que l'on connoisse, avoit aussi quelques droits à Chenevieres. Il étoit, l'an 1220, en contestation avec l'Abbaye de Saint-Maur, touchant l'étendue du port de ce lieu qu'il prétendoit devoir être moins large, et il perdit par sentence d'arbitres. Ces mêmes droits sur Chenevieres reparoissent en 1240, et c'étoit alors Robert d'Hemery, Chevalier, qui en jouissoit. La derniere année du même siècle, la terre d'Hemery étoit possédée par un Escuyer (ou homme d'Armes) nommé Simon. On lit qu'en 1299 Gaucher, sire de Chastillon, Connétable de Champagne, écrivit à Charles, Comte de Valois, pour le prier de dispenser ce Simon d'Hemery, Escuyer, de la garde qu'il lui devoit à Tournan un mois par chaque année. En 1361, le Comte de Dommartin fit un accord avec un nommé Matthieu *de Esmeriaco milite.* Dans les tables de cire qui contiennent les noms des Officiers de la Cour du Roi Philippe le Bel et qui ont été imprimées en 1746, à Florence où on les conserve, est marqué *Symon de Hemeriaco* parmi les Chevaliers. *Chart.S.Mauri, fol. 27. Tab. S. Genov. Paris. Cod. Sorb. ms. 1319, fol. 119. Reg. conc. Par.*

Après un vuide de plus de 200 ans, on trouve la Terre d'Hemery dans la famille de MM. de Thou. Christophe de Thou, premier Président au Parlement de Paris, est nommé Seigneur d'Hemery dans le Procès-verbal de la Coûtume de Paris de l'an 1580. Il décéda deux ans après. Son troisième fils, Jacques-Auguste de Thou, Président à mortier, si illustre par ses fameux ouvrages, posséda cette Terre après lui et mourut en 1617. *Hist. des Présid. p. 356.*

En 1633, Michel Particelle, Intendant des Finances, étoit Sei-

gneur d'Hemery, comme il paroît par la permission qu'il obtint
Reg. Arch. Par. le 31 Octobre de faire célébrer la messe en l'oratoire de son Château. Il étoit marié à Marie le Camus, au moins dès le mois de
Février 1640. Il continua d'être à la tête des Finances sous le
Cardinal Mazarin.

Il a donné sa terre d'Hemery à Madame de Conserans, femme
de M. de Launac, Maître des Requêtes.

Reg. Ep. Par's. N. Dailly étoit Seigneur d'Hemery en 1664, le 21 Mai.

En 1680, Denis le Camus, Président en la Cour des Aydes, est
Visit. Archid. qualifié de Seigneur d'Hemery, selon son épitaphe en la Paroisse.
Moreri,
Camus, p. 474. En 1700, cette terre appartenoit à Madame de Meruvillette.

M. de Valois n'a rien dit de ce village en sa Notice du Diocèse de
Paris. La Carte des environs de Paris dressée en 1714 sur les mémoires du sieur Jouvin de Rochefort, a aussi oublié cette Paroisse.

Dict. Univ. Il y a en Picardie au Diocèse de Noyon, une Paroisse dite
Esmery-Hallon. C'est le seul lieu connu qui porte le même nom
que notre Hemery, au moins pour la prononciation.

BEAUBOURG

La terminaison en *Bourg* qui est si commune du côté de l'Allemagne, ne se trouve donnée dans le Diocèse de Paris qu'au seul
lieu dont il s'agit ici. Il y a deux sentimens parmi les sçavans sur
l'origine du mot Bourg, qu'on exprime en latin par *Burgus*, les
uns voulant que cela signifie un amas de maisons, d'autres prétendant que cela veut dire une Tour ou Fortification. Il est difficile
de se déterminer par rapport à Beaubourg; cependant j'aimerois
mieux prendre ici le mot Bourg dans le sens qu'il auroit signifié
une Tour, ensorte que son origine viendroit d'une belle forteresse
qu'il y auroit eu en ce lieu, et qui aura été détruite dans la suite
des temps. C'est au moins dès le commencement du XIII siècle
qu'il y avoit là un village, une Paroisse et un Seigneur sous le
nom latin *de Belloburgo*, ainsi que le feront voir les monumens
qui seront produits ci-après.

Cette Paroisse est éloignée de Paris de cinq lieues du côté du
levant. Les lieux les plus considérables qui en sont voisins, sont
Torcy du côté du nord-est; et la Queue vers le sud-est, tous deux
à la distance d'une lieue plus ou moins. Croissy qui est plus directement au levant n'en est éloignée que d'un quart de lieue. Après
avoir passé sur le bord d'une grande piéce d'eau, on monte et l'on
est dans l'avenue du Château de Beaubourg tout entouré de fossés

pleins d'eau. La situation du territoire forme une plaine de labourages. Il y a peu d'habitans, encore sont-ils répandus dans la campagne. Selon le dénombrement de l'Election de Paris imprimé en 1709, il y avoit alors 13 feux. Le Dictionnaire Universel de la France évalua le tout en 1726, à 65 habitans. Le dernier dénombrement qui a été publié en 1745 par le sieur Doisy, y marque 14 feux, lesquels peuvent former 40 à 50 communians.

L'Eglise Paroissiale du titre de Sainte Marie-Magdelene est fort petite et ressemble à une Chapelle. Elle a sa grande porte dans la Cour du Château.

Il fut permis en 1666 d'y exposer des reliques que le Cardinal Ginnetti avoit données au mois de Novembre de l'année précédente à Luc de Clotaumont. *Reg. Archiep.*

La cure est à la nomination de l'Abbesse de Malnoue. Le Pouillé du XIII siécle le déclare en ces termes: *Abbatissæ de Footello Ecclesia de Belloburgo.* Les Pouillés du XV siécle met *Abbatissa de Malanoa,* ce qui revient au même et qui est suivi par les Pouillés rédigés depuis, excepté par celui qui fut imprimé en 1626, où on lit *Capellania de Belloburgo,* Chapelle de Beaubourg, *Prior S. Martini à campis,* ce qui est fautif en tout. Les Religieuses de Malnoue avoient autrefois toute la dixme sur le territoire de Beaubourg en payant un gros au Curé. Mais par transaction du 30 Juillet 1528, elles abandonnerent la dixme au Curé en place de son gros, à condition que toutes les terres qui composent leur ferme de Segray assise sur le territoire de Beaubourg, seroient exemptes de cette dixme, mais chargées pour leur part et portion des réparations du chœur et cancel de l'Eglise Paroissiale; ce qu'elles ont exécuté en conséquence de plusieurs Jugemens rendus contre elles en la Justice de Beaubourg. Cette même cure de Beaubourg (car ce village est l'unique de son nom en France) est célèbre dans les Traités sur les Résignations, et cela à l'occasion de Jérôme Veralli, Légat du Pape Jules III, au milieu de l'avant-dernier siécle, dont le Dataire avoit admis la résignation par petite date avec la clause ordinaire de dérogation à la regle des vingt jours, et quoique le résignant fût décédé dans les vingt jours, le Dataire avoit expédié la signature au profit d'un valet du Légat, son oncle, comme si la Cure eût vaqué par mort; ce qui fut cause d'un ajournement personnel du Parlement contre ce Dataire. *Vie de Dumoulin, p.72.*

Les Seigneurs de Beaubourg commencent dès le XIII siécle. Le grand Pastoral de l'Eglise de Paris fournit en 1221 le nom de Jean de Beaubourg (*de Belleburgo*), Chevalier, du fief duquel étoit mouvante la dixme de Guiberville, et qui en approuva l'aliénation.

Simon de Beaubourg, Chevalier, approuva pareillement en 1240, que Robert de Hemery, Chevalier, eût vendu à l'Abbaye de Sainte-Geneviéve de Paris des droits qu'il avoit à Cheneviere-sur-Marne, dans la censive de Sainte-Geneviéve ; et cela comme premier Seigneur du fief. Le même Simon *de Belloburgo* parut comme plege ou caution avec Thomas de Chevry, Chevalier, dans un acte passé vers le même temps sur la dixme de Combeaux.

<small>*Chart. S. Gen.*</small>

<small>*Chart. Livriac. fol. 98.*</small>

Simon des Essarts paroit avoir été Seigneur de Beaubourg en 1326, en ce que dans une vente faite alors de la Terre de Clotaumont par Nicolas Collimer de Tournay, sire de Loges à Agnès de Chailly, Damoiselle de la Reine de France, il est dit de ce Simon toujours qualifié de *Monseigneur*, que plusieurs arpens situés en différens endroits de Clotaumont relevent de lui.

<small>Titre de M. Brulart.</small>

Nicolas Bracque, Chevalier, qui surement, en 1355, étoit Seigneur de Clotaumont, doit avoir possédé par la suite la Terre de Beaubourg, ou quelqu'un de ses freres, puisqu'avant la fin du siécle on la voit entre les mains d'une Marie Bracque, qui la porta en mariage à Pierre de Villebeon.

<small>Ibid.</small>

Pierre de Villebeon, Seigneur de Beaubourg, à cause de Marie Braque, sa femme, rendit en 1393 adveu et dénombrement de cette Terre et de celle de Clotaumont, à Pierre de Clery, Ecuyer, à cause de son Hôtel de Clery sis à Courtery-lez-Monjay.

<small>Ibid.</small>

Raoul de Longueval ayant épousé Marie Bracque, veuve de Pierre de Villebeon, rendit hommage au Seigneur de Montjay pour la haute justice de Beaubourg et Clotaumont; la moyenne et basse relevant du fief de Clery ci-dessus nommé appartenoit, en 1404, à Alix de Soisy, veuve de Pierre de Darcy, Escuyer.

La Seigneurie revint aux enfans de Pierre de Villebeon et de Marie Bracque, et par le partage fait le 11 Mars 1414, entre Marguerite de Villebeon, Jean, sire de Villebeon, et Nicole de Villebeon, femme de Robert de Versailles, Beaubourg et Clotaumont, échurent à Marguerite, épouse de Guillaume du Drac, Vicomte d'Ay. Mais on réserva à Jean pour domaine quarante sols tournois de cens et en outre le Gué ou Fosse à poisson de Clotaumont, dans laquelle tombe l'eau de la fontaine du lieu, et il fut convenu que Guillaume du Drac et sa femme avoueroient qu'ils tiennent en fief dudit sire Jean la Haute-Justice de Clotaumont et Beaubourg.

Guillaume du Drac fut donc Seigneur de Beaubourg jusques bien avant dans le XV siécle.

Girard du Drac, Vicomte d'Ay, lui succéda et jouissoit en 1468.

Jean du Drac, frere de Girard, fut Seigneur en 1475, et l'étoit encore vers 1480. Il eut pour fille Anne du Drac, laquelle porta la Terre de Beaubourg, etc., dans la maison de Marle.

<small>Hist. des Présid. p. 129.</small>

Jean de Marle, Seigneur de Versigny, devint Seigneur de Beaubourg par son mariage avec Anne, fille de Jean du Drac et l'étoit en 1501.

Christophe de Marles, fils aîné de Jean, fut Seigneur de Beaubourg et Clotaumont, Conseiller au Parlement et Chanoine d'Avranches. Il mourut en 1555, âgé de 70 ans, après avoir institué son héritier universel Christophe Hector, son neveu.

Christophe Hector, troisième fils de René Hector, Seigneur de Pereuse et de Nicole de Marles, sœur de Christophe de Marles, fut institué héritier universel par le même Christophe, son oncle et parrain, à la charge de porter les noms et armes de Marles. Il fut Maître des Requêtes, Seigneur de Beaubourg et Clotaumont. Quelques mémoires portent qu'avant lui Nicolas Hector, son frere aîné, qui fut Conseiller au Parlement, puis Maître des Requêtes et Prévôt des Marchands, jouit de la Terre de Beaubourg en 1580, et qu'il rendit hommage en 1594 à Robert de Gaumont, Bourgeois de Paris, Seigneur pour moitié du fief de Clery sis à Courtery, et que Christophe Hector, qui prit le nom de Marles, le rendit en 1596 à la Chatellenie de Mont-jay, pour la Haute-Justice de Beaubourg et Clotaumont.

Jacques Hector de Marles, second fils de Christophe Hector et de Magdelene Barthelemi, sa seconde femme, étoit Seigneur de Beaubourg et Clotaumont dès l'an 1615, Maître des Requêtes et Président au Grand Conseil. Il mourut le 10 Octobre 1651. Il avoit eu de sa femme Claude Hector, laquelle fut mariée à Bernard Hector de Marles, son cousin.

Bernard Hector de Marles devint Seigneur de Beaubourg et Clotaumont par son mariage avec sa cousine, fille unique de Jacques Hector. Il jouissoit des deux Seigneuries en 1653. Mais douze ans après il les vendit à Marie Vivien.

Marie Vivien, veuve de Simon Bachelier, Receveur Général des Finances d'Orléans, acheta cette Terre en 1665.

Simon Bachelier, fils de Simon et de Marie, et pareillement Receveur Général des Finances d'Orléans, succéda en 1668 à sa mere. Il épousa Magdelene de Broé.

Ces deux Seigneuries furent ensuite possédées par leurs descendans, sçavoir, en 1697, par Jean-Baptiste-Joseph Bachelier, leur fils, et en 1711, par Louis-Jean-Baptiste Bachelier, fils de Jean-Baptiste-Joseph, et enfin, en 1717, par Simon-Louis de Brulart à cause de Marie-Bonne Bachelier, sa mere, fille de Simon second du nom, seul héritier de Louis-Jean-Baptiste, son cousin.

Présentement Beaubourg et Clotaumont relevent en plein fief de la Tour de Mont-jay, parce que les Seigneurs de Mont-jay ont acheté la Terre de Courtery où est situé le fief de Clercy ou Clery.

Il n'est pas indifférent d'observer que toutes les maisons et les terres des paysans de Beaubourg appartiennent en propre à M. le Marquis de Brulart actuellement Seigneur.

CLOTAUMONT dont il a été parlé jusqu'ici est situé sur la Paroisse de Beaubourg, vers le midi. Dans quelques Dictionnaires il est écrit Clotomont, et dans les cartes des environs de Paris Clostomau, Clos Tommeau, Lostomaux. Mais il faut sans doute s'en tenir aux plus anciens titres qui mettent Clotaumont, par exemple celui de l'an 1355, dans lequel Nicolas Braque, Chevalier, reçoit de Jean de Challon, Comte d'Auxerre, sire de Mont-jay, la Haute-Justice à Clotaumont jusqu'à 60 sols en échange de 40 arpens de bois qu'il consent relever du Seigneur de Mont-jay, lesquels Bois nommés les Bois de Clarcy proche Meaux, le même Braque prétendoit être en franc-alleu.

SEGRAL que les Cartes des environs de Paris ont défiguré en l'écrivant *les Grez* ou *les Gray*, ou bien *Grez*, est un autre Ecart de la Paroisse de Beaubourg du côté du Septentrion, lequel consiste dans une Ferme qui appartient à l'Abbaye de Malenoue. Le véritable nom latin est *Fons secretus* [1], et c'est sous ce nom que Jeanne la Pichonne, Abbesse de ce Monastere, rentra vers l'an 1480, dans ce bien qui avoit été aliéné : peut-être avoit-on dit primitivement *Fons sacratus*, et que ç'auroit été une des fontaines où les payens faisoient des vœux.

Necr. Malanoda
Gall. Chr.
T. VII, col. 588.

Les mouvances de Beaubourg et de Clotaumont sont : la Terre d'Hemery qui en releve en plein fief, ainsi qu'un arriere-fief sis au même village d'Hemery, tenu du Seigneur de Clotaumont, et qui fut aux héritiers d'Etienne Bollard en 1489 de 24 sols de menus cens, portant vente et amende, et pouvoit valoir 60 sols tournois.

La Terre de Charentoneau avec le moulin et plusieurs isles sur la Marne.

La moitié du Fief des Bordes, l'autre moitié relevant du Seigneur de Croissy.

Plus la Ferme de Segray, dont toutes les terres sont situées aux lieux où le Seigneur de Beaubourg perçoit sa censive, et dont la déclaration a été donnée le 30 Juillet 1600 à M. Christophe Hector de Marle, comme étant situé au territoire et finage de Beaubourg.

Le nom de *Bellus Burgus* se trouve dans le Cartulaire de Saint-Maur à un endroit fort difficile à entendre. On y lit qu'en 1224 Pierre de Montreuil donna à ce Monastere son fief *apud Fossatum in Belloburgo*.

Chart. S. Mauri, fol. 27.

On voit ailleurs qu'en 1642 les Religieuses de Montmartre ont eu auprès de Beaubourg un bois-taillis, dit le Buisson de la Minere, contenant 215 arpens 23 perches.

Reg. du Parl.

---

1. Il y a auprès de Pluviers [ou Pithiviers] en Beausse une fontaine minérale de même nom assez célébre.

Selon Sauval, c'est d'un Jean de Beaubourg, natif de Beaubourg en Brie, qu'a tiré son nom la rue qu'on appelle à Paris la rue Beaubourg : et c'étoit de ce Jean de Beaubourg que descendoit le Président Beaubourg, Conseiller d'Etat, que Louis XIII employa souvent.

<small>Antiq. de Paris, T. I, p. 115.</small>

M. de Valois n'a pas dit un mot du village de Beaubourg dans sa Notice des environs de Paris.

CROISSY-EN-BRIE

Des cinq ou six Paroisses connues en France sous le nom de Croissy, il y en a deux situées dans le Diocèse de Paris. L'une est sur le bord de la Seine, proche Chatou, vers Saint-Germain-en-Laye, et dans l'Archidiaconé de Paris ; l'autre est celui de Brie, Doyenné de Lagny, c'est celle dont il s'agit ici. L'origine de son nom paroît devoir être la même que celle de l'autre Croicy, que M. de Valois dérive du safran qui y seroit venu en abondance, ou d'un particulier Gaulois appellé *Chrocus*, à qui ce lieu auroit appartenu, car, dit-il, c'étoit un nom propre d'homme aussi-bien chez les Gaulois que chez les Allemans. Ce Sçavant a omis de parler de Croissy-en-Brie, quoiqu'il n'ait pas pu ignorer son existence, puisqu'il a eu sous les yeux l'ancien Pouillé du XIII siècle qu'il cite souvent, et dans lequel l'Eglise de ce lieu est nommée *Ecclesia de Crossiaco*. Il nous auroit peut-être fait observer que ce lieu n'est jamais écrit dans les titres *Crociacum*, de même que l'autre Croissy ou Croicy, et que cela peut faire une différence. La petite Histoire manuscrite de l'Abbaye de Lagny qu'on m'a communiquée, fait mention d'un des plus anciens monumens où se trouve le nom de Croissy, en disant qu'après que ce Monastere eut été rétabli sous le Roi Robert, Henri, *Croissiaci Dominus*, lui donna, du consentement de Sophie, sa femme, un village appellé *Croissiacum*, pour fournir au luminaire et aux ornemens ; mais d'un autre côté, l'Ecrivain de la vie de Burchard, Comte de Corbeil, qui fut un Moine de l'Abbaye de Saint-Maur vivant en 1058, appelle *Cruciacum* ce même village, lorsqu'il remarque que son Monastere y avoit du revenu dont le produit devoit servir à la solemnité de l'Anniversaire d'Elisabeth, femme de ce Comte [1]. Dans le fond *Cruciacum* ou *Crociacum* paroît plus dans la regle

<small>Duchêne, T. IV, p. 124.</small>

---

1. Il pourroit cependant se faire que dans l'endroit où il y a *Cruciaci* il faille lire *Torciaci* ; car on ne voit pas que l'Abbaye de Saint-Maur eût aucun bien à Croissy, au lieu qu'elle en possédoit beaucoup à Torcy.

des anciens noms que *Croissiacum*. Mais cette derniere fut la seule qu'on employa dans les actes latins du XIII siécle ; quelquefois même dans ces actes on avoit scrupule de dire *apud Croissiacum*, et on aimoit mieux dire *apud Croissy*.

Ce village est à cinq lieues et demie de Paris vers le levant, entre Beaubourg et Collegien qui en sont très-voisins. Torcy qui est plus éloigné en est à une lieue du côté du septentrion. Croissy est dans un petit vallon exposé au couchant, où l'on ne voit point de vignes, quoiqu'il y en ait eu autrefois. Les biens du pays sont des terres labourables, avec quelques prés à la faveur du petit ruisseau qui y passe, et qui se jette dans la Marne une lieue plus bas, proche Noisiel. On y comptoit en 1709 quarante feux suivant le dénombrement de l'Election imprimé alors ; ce qui a été évalué dans le Dictionnaire Universel de la France, publié en 1726, à 161 habitans. Le Sieur Doisy n'y a marqué que 36 feux dans son Dénombrement imprimé en 1745 ; ce qui peut fournir 100 communians.

L'Eglise Paroissiale a pour patron Saint Marcel, Martyr de Challon-sur-Saone. Elle étoit autrefois au bout du village du côté du midi ; on l'a rebâtie plus avant dans le lieu au commencement de ce siécle. Elle n'a que la forme d'une Chapelle surmontée d'un petit clocher, mais elle est très-propre. Je ne sçais si le nombre d'Eglises du titre de Saint Marcel de Challon qui sont au Diocése de Paris, ne viendroit point de quelques Oratoires que le pieux Roi Gontran, très-dévot envers ce Saint Martyr, auroit fait construire dans le temps qu'il résida dans le voisinage de Paris, ou qu'il le fréquenta. Les Paroissiens obtinrent le 11 Août 1474, *Reg. Ep. Paris.* de l'Evêque de Paris, de faire publier dans les lieux circonvoisins des Indulgences qu'ils avoient obtenues de Guillaume, Cardinal d'Ostie.

La Cure a toujours été conférée par l'Ordinaire, *pleno jure*, comme l'attestent les Pouillés des XIII et XV siécles, et les suivans. Le Pelletier ne la connoissant pas, ne l'a pas mise dans le sien imprimé en 1692.

L'Auteur du Pouillé du XV siécle transcrivant l'ancienne estimation du revenu, l'a mise à seize livres de revenu. Il falloit qu'il ne fût pas considérable sous le regne de Louis XI, puisqu'on lui joignoit la Cure de la Brosse par les mêmes Lettres de Provision ; et qu'en 1479, Raoul de Chiefdeville en fut ainsi pourvu, aussi-*Gall. Chr.* bien qu'Olivier Caron, son successeur. Plus anciennement, sous *T. VII, col. 588,* Charles VI, le Curé étoit si peu occupé, qu'il étoit chargé de la *ad an. 1398.* conduite du temporel de l'Abbaye de Malnoue.

Pouillé du XV siécle et de 1648. Il y a eu aussi une Chapellenie dans l'ancienne Eglise Paroissiale ; mais on en ignore le titre : elle étoit à la pleine collation

Episcopale. De plus il y en avoit une autre sous l'invocation de la Sainte Vierge dans le Château Seigneurial, aussi de la même collation. L'addition qui a été faite par une main postérieure au Pouillé du XV siécle, porte que cette Chapelle est autrement dite *de Montaumer*, et qu'elle est fondée dans l'Eglise de Saint-Gervais de Paris. Pendant qu'elle étoit encore dans le Château de Croissy l'an 1477, Jean Baillet, Conseiller au Parlement, en devint titulaire par permutation de son Canonicat et de sa Prévôté d'Auvers en l'Eglise de Chartres. Reg. Ep. Paris 26 Jan.

L'Ecole pour les Filles est fondée en cette Paroisse : ce sont des Sœurs tirées d'un établissement formé à Nevers. Elles ont aussi le soin des malades.

Doublet rapporte que Charles, Comte de Dammartin, Seigneur de la Riviere, fonda à Saint Denis une Messe quotidienne, pour laquelle il assigna une rente sur les terres de Croissy et Champigny en Brie. Doublet, p. 1077

Pour remonter le Catalogue des Seigneurs de Croissy au plus haut point dont l'on ait des monumens, il faut répéter ici le nom d'Henri qui se désaisit d'une partie en faveur de l'Abbaye de Lagny, laquelle venoit d'être rebâtie sous le Roi Robert, et qui, de l'agrément de Sophie son épouse, en destina le revenu pour l'entretien du luminaire et pour les ornemens. On voit par la suite que cette Abbaye inféoda cette Terre. Il semble que l'inféodation fut faite dès le XII siécle, puisqu'en 1193 Guillaume de Garlande y avoit une maison qu'il donna à Alix de Chatillon, sa femme, en attendant qu'elle jouit de celle de Livry. Hist. Latin. ms. Hist. de la Mais. de Chatill. Preuv. p. 30.

Anne de Meulent est qualifiée Dame de Croissy et femme d'Aubert de Longueval sous Philippe le Hardi, vers l'an 1283. Il paroît que c'étoit du chef des Longueval qu'elle fut ainsi titrée ; car on trouve immédiatement après (c'est-à-dire au bout de dix ans), qu'Erard de Montmorency, qualifié Sire de Conflans et de Croissy, avoit pour épouse Jeanne de Longueval. Quoiqu'il en soit, Aubert de Longueval, tenant en fief la terre de Croissy, excepté le Château, en payoit douze livres de rente et quarante-quatre sextiers d'avoine à l'Abbaye de Lagny : et Erard de Montmorency se reconnut obligé aux mêmes payemens pour le fief de Croissy. Il y a apparence qu'Erard et Jeanne sa femme, ou leurs prédécesseurs Seigneurs, avoient distrait du revenu de leur terre, pour en enrichir les Chanoines Réguliers du Prieuré du Cormier, leurs voisins. Au moins on lit que le Prieur voulut les poursuivre au sujet des deux doubliers de mere-goutte que ces Religieux avoient droit de prendre à Croissy, et qu'ils furent obligés de dédommager cette Communauté, en lui donnant du bois à prendre à Croissy l'an 1293. Le même Erard de Montmorency promit Hist. des Gr. Off. T. II, p. 40. Chart. Livriac. fol. 99. Hist. Latin. ms. Ibid. Chart. Livriac. fol. 99.

en 1307 de donner le Château de Croissy et ses appartenances à Jeanne sa fille, en faveur de son mariage avec Hervé de Leon, Seigneur de Noyon-sur-Andele, et depuis que ce Chevalier en jouit, il en rendit hommage à l'Abbaye de Lagny l'an 1344.

Nicolas Braque, Chevalier, prenoit en 1355 la qualité de Seigneur de Croissy, dans un échange qu'il fit alors avec Jean de Challon, Seigneur de Montjay. On lit que Nicolas l'avoit acheté pour le Régent Charles, dans la vue de parvenir au réachat du Roi Jean, et qu'il l'avoit eu de Pierre de Palas, moyennant 4000 livres de monnoie d'or.

Bureau de la Riviere, Chevalier et Officier du Roi Charles V, possédoit cette Terre en 1372, et en fit hommage à l'Abbaye de Lagny, mais il ne la conserva pas long-temps.

Jean Juvenal des Ursins, Baron de Treignel et de Marigny, Vicomte de Troyes, la possédoit, et en prêta foi et hommage à la même Abbaye en 1376 et 1379. Il y avoit à Croissy sous le regne de Charles VI un fort Château ; mais le Samedi-Saint de l'an 1479 les Armignacs y mirent le feu, brûlerent femmes, enfans, bestiaux, grains, et percerent de lances les hommes qui voulurent se sauver.

Après les guerres des Anglois, au XV siécle, cette Terre appartint à Perrete de la Riviere, Dame de la Roche-Guyon. Elle fit alors une déclaration de ce qui en dépendoit, entr'autres un fief à Montfermail; le fief Maledismé (qu'on a altéré en Maudine) ; le fief de Champs qu'avoit tenu Philippe d'Orgemont : tout cela étoit tenu du Roi. Quelques terres et prés étoient tenus de l'Abbé de Lagny ; et des bois l'étoient du Seigneur de la Queue.

Sous Louis XI, la Seigneurie de Croissy étoit possédée par Jacques d'Etouteville, Chevalier, Seigneur de Beyne, et Baron d'Ivry. Il en rendit hommage à l'Abbaye de Lagny l'an 1481.

On voit ensuite un Jean de Garentieres, qualifié en 1488 jadis Seigneur de Croissy; ce qui porte à croire qu'il avoit succédé à Jacques d'Etouteville, s'il ne l'avoit pas précédé.

En 1510, Etienne Petit, Chevalier, est qualifié Seigneur de Croissy dans le Procès-verbal de la Coûtume de Paris de cette année. Il avoit eu dès 1484, du don du Roi, celle de Torcy.

Michel de Champrond, Bailli et Capitaine de Chartres, étoit en 1553 Seigneur de Croissy et de la Bourdiniere. Il avoit épousé Jeanne Parent. Dans quelques titres il prend la qualifié de Baron de Croissy.

Dans le dernier siécle, Joachim Berault, Grand Audiencier de France, étoit Seigneur de Croissy. Mais comme il posséda aussi la Terre de Torcy, il y fit transférer le Marché et les deux Foires qui étoient établies à Croissy, et cela par Lettres-Patentes registrées le 23 Mars 1675.

Charles Colbert, frere du premier Ministre, et qui fut revêtu de plusieurs dignités, eut la Seigneurie de Croissy par son mariage avec Françoise Beraud, fille de Joachim ci-dessus nommé, vers l'an 1664. Ce Ministre et Secrétaire d'Etat fit ériger cette Chatellenie en titre de Marquisat par Lettres-patentes qui furent régistrées en Parlement le 7 Juin 1685. C'est lui qui fit tous les changemens qu'on voit pour l'embellissement de cette Terre. Il obtint même une partie du cimetiere, consistant en vingt-deux toises, pour enfermer dans les desseins de ses travaux le 17 Octobre 1687. Il mourut en 1696. En 1700 la Terre étoit encore possédée par François Beraud.

Jean-Baptiste Colbert, fils du précédent, Ministre et Secrétaire d'Etat, Chancelier des Ordres du Roi, a été plus connu sous le nom de Marquis de Torcy depuis la réunion des deux Seigneuries. Il est qualifié Marquis de Torcy et Croissy dans les Lettres Patentes qu'il obtint en 1726, pour le rétablissement des fourches patibulaires en ses Seigneuries. Il est décédé en......174...

Jean-Baptiste-Joachim Colbert, né en 1703 de Jean-Baptiste, Marquis de Torcy et de Catherine-Félicité Arnaud, nommé Colonel du Régiment Royal le 1er Février 1719, a porté dès lors le titre de Marquis de Croissy.

Le nom de Croissy se trouve dans les titres qui regardent le Prieuré du Cormier plus que partout ailleurs. Cette petite maison de Chanoines Réguliers n'en étoit qu'à une lieue, cependant sur le territoire de la Paroisse de Roissy, et dans la Forêt même où elle pouvoit manquer des commodités de la vie. Alix, femme de Guillaume de Garlande, conjointement avec son mari, donna vers l'an 1213 à ce Couvent un muid de bled à prendre dans sa grange de Croissy.

Jean de Beaumont et Isabeau la Bouteillere y fondant une Chapelle, destinerent en 1227 pour la doter un doublier de vin, qui seroit levé à Croissy pendant les vendanges ; et depuis, en 1249, elle déclara qu'elle vouloit que le Prieur et ses Confreres le prissent dans sa cuve même de Croissy et de la mere-goutte. Ce Chevalier avoit aussi une ferme ou Grange au même lieu de Croissy. Enfin, il est marqué dans un autre titre, qu'en 1228 Robert, Prêtre de Ferrieres, fit présent au même Prieuré du Cormier d'un arpent de vigne situé à Croissy dans le lieu appellé Tirebarbe, et que Jean Briart, Chevalier, approuva le legs. *Chart. Livriac. fol. 96.* *Ibid., fol. 99.*

Le territoire de Croissy renfermoit au XII siécle plus de bois qu'on n'y en a vu depuis. Il y en eut de grandes places défrichées sous le Roi Philippe-Auguste. La même Alix, nommée ci-dessus, et Guillaume de Garlande, son mari, cédérent à l'Abbaye de Livry, nouvellement fondée, la dixme de trois cents arpens de ces No- *Chart. Livriac. fol. 2.*

vales, et en firent à cet effet la remise à Eudes de Sully, Evêque de Paris, qui siégea depuis 1196 jusqu'en 1208 : ce qu'ils confirmerent en 1213. Après quoi une Bulle d'Honorius III confirma en 1221 toutes ces donations assises à Croissy, faites tant à l'Abbaye de Livry qu'au Prieuré du Cormier qui en dépendoit. J'ai cru devoir ne pas oublier ce grand défrichement de forêt sur le territoire de Croissy : il confirme ce que je dis à l'article de Lognes, que la grande Forêt *Lauconia* étoit en ces quartiers-là.

<small>Gall. Chr. T. VII, Instrum.</small>

On voit dans des Lettres de Guillaume de Garlande, Seigneur de Livry, et d'Alix, sa femme, en 1208, une assignation de revenu à sa Chapelle de Croissy, pour l'ame d'Alix de Champagne, mere de Philippe-Auguste, sçavoir : du froment de ses moulins de Charenton et de son meilleur vin de Montrouis.

<small>Reg. Phil. Aug.</small>

Godefroy, dans ses Notes sur l'Histoire du Roi Charles VI, fait mention d'une petite Seigneurie dont je crois que c'est ici le lieu de parler. Il dit avoir vu des Lettres du don fait par ce Prince au Dauphin, le 22 Janvier 1411, de la Terre et Seigneurie de Maudisne-lez-Croissy, pour y tenir et loger ses faucons et autres oiseaux, appartenantes à un suivant du Duc d'Orléans, déclaré criminel de leze-Majesté.

VILLENEUVE-SAINT-DENIS

Rien n'est plus simple que l'origine de cette Paroisse. Quelqu'un de nos Rois ou des anciens Comtes de Champagne et de Brie avoit fait présent à l'Abbaye de Saint-Denis, proche Paris, d'un terrain considérable sur les limites du Diocèse de la même Ville et vers les confins de celui de Meaux, et ce terrain étoit en bois dans sa plus grande partie. Comme en ces temps-là les forêts étoient plus vastes qu'elles ne sont aujourd'hui, le désir de recueillir du grain en fit abattre des portions considérables dans les lieux où le sol paroissoit propre à être labouré et à porter du bled. On s'apperçoit que ces diminutions de forêts se firent dans les côtés qui approchoient le plus des grandes routes ; dans le canton dont il s'agit, Sarris, comme l'indique son nom, fut des premiers à être cultivé en bled, eu égard au territoire que le Monastere de Saint-Denis y avoit : il étoit en effet plus voisin de Lagny. On continua ensuite à défricher plus avant dans les bois de Sarris : puis, à l'occasion de la cession que fit Gaucher de Chatillon, Sénéchal de Bourgogne, à Hugues Foucaud, Abbé de Saint-Denis, de la Gruerie et autres droits qu'il avoit dans ces mêmes bois en faveur du nouveau Village qu'on avoit conçu le dessein d'y bâtir, joint à cela les acqui-

<small>Hist. de S. Denis, p. 210 et 212.</small>

sitions que cet Abbé y fit et la cessation qu'il obtint des exactions de la part des Seigneurs de Crécy et de Tournan, le Monastere y fit construire réellement ce Village qui fut nommé tout naturellement *Villa nova*, parce qu'il étoit nouveau, et surnommé *Sancti Dionysii*, parce qu'il appartenoit à l'Abbaye de Saint-Denis. Cela arriva en 1192 ou 1193.

Lorsque les maisons furent achevées et habitées, l'Abbé représenta à Maurice de Sully, Evêque de Paris, qu'il étoit à propos qu'il permit de bâtir dans ce lieu une Eglise baptismale; le Prélat en accorda la permission, à condition que ceux qui la desserviroient payeroient les droits ordinaires de Visite et de Synode à l'Evêque et à l'Archidiacre. Cet Abbé obtint aussi de lui le droit d'y présenter, à cause qu'elle étoit construite sur son terrain et qu'il en étoit le fondateur. Ces circonstances ne sont venues à notre connoissance que par une Charte de ce même Abbé datée de l'an 1194. Ce qu'elle a de remarquable quant à la Topographie, est que la situation de ce Village est dite être auprès des Novales de Tournan, *propè Novalia de Tornan*. Apparemment que les Seigneurs de Tournan avoient fait précédemment couper beaucoup de bois de ce côté-là, et cultiver des terres qui auront été depuis remises en bois; car aujourd'hui on ne peut aller de Tournan à Villeneuve-Saint-Denis sans passer pendant une lieue par des bois qui ne finissent que tout proche ce Village. *Hist. Eccl. Par. T. II, p. 166, ex Chartul. Ep. fol. 29.*

La distance où cette Paroisse est de Paris n'est que de sept lieues ou un peu plus; sa position est vers l'orient. Elle est éloignée de Lagny de deux lieues, et autant de Tournan. Sa situation est dans une plaine de labourages sans aucunes vignes. Jossigny et Sarris sont les Paroisses les plus voisines avec Villeneuve-le-Comte qui est du Diocese de Meaux. La forêt de Crécy la borne du côté du midi. On ne trouve point cette Paroisse dans les Rôles de l'Election de Paris qu'en cherchant par l'article *La Villeneuve-Saint-Denis*. Dans les Dénombremens relatifs à ces Rôles, le nombre des feux est dit avoir été de vingt-neuf l'an 1709 (ce que le Dictionnaire Universel de l'an 1726 a rendu par 149 habitans): et dans le dernier Dénombrement imprimé en 1745, il est spécifié qu'il y a 33 feux. Les anciens Moines de Saint-Denis avoient fait leur possible dès le treiziéme siécle pour peupler ce lieu de plus en plus. Dès l'an 1248 l'Abbé Guillaume avoit accordé des lettres de manumission à tous les serfs et serves qu'ils y avoient. *Doisy. Royaume de France.* *Hist. de S. Denis, p. 240.*

L'Eglise de ce lieu n'est bâtie qu'en forme de Chapelle. Celle que Hugues Foucauld, Abbé de Saint-Denis, avoit fait construire, ne subsiste plus. Celle d'aujourd'hui n'a gueres que deux cents ans de bâtisse. Il ne faut point douter que Saint Denis, Apôtre de Paris, n'ait été Patron de l'ancienne. C'étoit l'ordinaire des Religieux de l'Abbaye, de donner aux Paroisses de leurs Terres le nom de leur Eglise, et il n'en faut point d'autres preuves à l'égard de celle-ci que le nom du Village. A Villeneuve-Saint-Georges, c'est Saint Georges qui est le Patron de l'Eglise. Pourquoi n'en eût-il pas été de même ? Mais il a pu se faire que quand on a béni l'Eglise d'aujourd'hui, les habitans qui voyoient que la Saint-Denis étoit fêtée dans tout le Diocèse, aient souhaité avoir un second Patron pour le fêter en particulier, et que les Religieux de Saint-Denis leur ayant donné des reliques de Sainte Christine, dont ils disoient avoir le corps en leur Prieuré d'Argenteuil, cela les ait déterminés à la prendre pour Patronne en second. Il n'y a dans cette Eglise aucune sépulture remarquable que celle d'un des derniers Seigneurs de Laguette, fief assis sur la Paroisse.

On ne manqua pas, en rédigeant le Pouillé de Paris au treiziéme siécle, un peu après l'érection de cette Paroisse, de la mettre au rang de celles de la nomination de l'Abbé de Saint-Denis, sous le titre de *Villa nova*; et tous les Pouillés subséquens s'y sont conformés. L'Abbé ou le Couvent jouit non-seulement de la Seigneurie et du Patronage, mais encore des grosses dixmes. Il y avoit eu dès l'an 1218 une Enquête sur les Novales de cette Paroisse, faite par Guillaume, Archidiacre de Paris, et par Hélie, Aumônier de Saint-Denis. Il est marqué qu'ils renfermerent dans l'étendue de leur territoire des terres situées sur le rû pierreux (*In rivo petroso*) jusques aux Essarts de Sarris, et depuis le bois de Sarris jusqu'au bois du Roi.

Chart. Ep. Reg. fol. 67.

Le seul Ecart remarquable de cette Paroisse s'appelle LA GUETTE qui peut être le nom d'un ancien possesseur de ce fief. On trouve un Dreux La Guette, Valet de Chambre du Roi Philippe le Bel en 1307, auquel ce Prince donna les biens de Jean le Grand, Portier du Roi, à lui échus, parce qu'on disoit que ce le Grand étoit bâtard. Mais sans remonter si haut, il y avoit au seiziéme siécle un Jean de La Guette, lequel pour demeurer quitte envers le Roi de six mille trois cent cinq livres, étant condamné en 1554, céda au Roi la terre de La Guette (distraction faite préalablement pour Marie Saligot, sa femme) avec les fiefs de Jossigny, etc. On trouve aussi que Jean Davy du Perron, frere du Cardinal, fut Seigneur de La Guette. En 1626 cette Terre étoit possédée par Bonit François Broc, Président aux Requêtes.

Reg. du Trésor des Chartes 38, Piece 237.

Mém. de la Chambre des Comptes.
Hist. des Gr. Off. T. VIII, p. 288.
Perm. d'Or. domest. du 26 Juin.

En 1723 Pierre Martin est qualifié Seigneur de La Guette dans un Factum que j'ai vu.

Le village de Villeneuve-Saint-Denis a été oublié dans la Carte des environs de Paris donnée au Public l'an 1674 par MM.. de l'Académie Royale des Sciences. Et M. de Valois dans sa Notice l'a confondu avec l'autre Villeneuve contigu, lorsqu'il a écrit que

Notit. Gall. p. 43. 6 col. 2.

Villa nova du Doyenné de Lagny, dont la Cure est à la nomination de l'Abbé de Saint-Denis, s'appelle autrement *Villa nova Comitis*, Villeneuve-le-Comte. Peut-être a-t-il été induit en erreur par la Carte de l'Académie, où il n'y a que ce dernier Villeneuve.

———

JOSSIGNY

Il est arrivé à quantité de lieux en France dont la premiere syllabe contenoit la diphtongue *au*, que cette diphtongue a été changée dans l'écriture en un simple *o*. Par exemple *Aureliani* en Orléans, *Aureliacum* en Orillac et Orly, *Pauliniacum* en Poligny, comme *Saint Paul* en Saint-Pol. Jossigny est de ce nombre : ce n'est que depuis les derniers siécles qu'on l'écrit ainsi ; auparavant et à prendre la chose dès le XII siécle, dont sont les premiers titres qui en parlent, on écrivoit Jaussigny ou Joussigny [1], et en latin on disoit *Jausigniacum, Jaussiniacum, Jauseniacum*, et quelquefois au XIII siécle *Jauxigniacum, Jauxiniacum*. Mais ces variétés ne nous rendent pas plus instruits sur l'origine du nom de ce Village. A-t-il appartenu primitivement à quelque Romain ou Gaulois appellé *Jausenius* ou *Jausinius* ? C'est ce qui est vraisemblable : mais je n'ose rien décider, vu la singularité de ce nom. On verra ci-après sur quoi je me fonde pour assurer que ce Village étoit connu au moins dès le dixiéme siécle.

Cette Paroisse est éloignée de Paris d'environ sept lieues du côté de l'orient, et à la distance d'une lieue et demie de Lagny. Les Villages qui l'environnent sont Chanteloup, Serris, Villeneuve-Saint-Denis, Ferrieres, les deux Bucy, et Conches. C'est un pays de plaine en plus grande partie cultivé en grains ; on y voit quelques bosquets, mais point de vignes. Dans le dénombrement de l'Election de Paris de l'an 1709, il est marqué qu'il y a 88 feux : ce que le Dictionnaire Universel de la France de l'an 1726 a évalué à 375 habitans. Le dernier Dénombrement imprimé en 1745 réduit le nombre des feux à 83. Il est certain qu'il y a dix ou douze ans le nombre des communians étoit de 340.

<small>Doisy, Royaume de France. Visite de M. du Bourg.</small>

L'Eglise du lieu est sous l'invocation de Sainte Geneviéve. L'édifice ne paroît construit qu'il y a deux cents ans. Il n'a d'aîle que du côté du midi où se trouve aussi placée la tour. Au fond de

---

1. Samson dans une Carte du Diocése donnée vers l'an 1621, l'a encore écrit Jaussigny. Le Copiste du Pouillé au seiziéme siécle a mis *Rossigniacum*. Il est parlé d'une Marguerite de *Jauxigni* dans l'Histoire de Paris. (Tome I, p. cviii, à l'an 1292.)

cette aile est la Chapelle de Notre-Dame dans laquelle on lit l'épitaphe de Magdeleine l'Advocat, fille de Louis l'Advocat, Conseiller du Roi en ses Conseils, femme de Jérôme de Bragelogne, Doyen de la Cour des Aydes, décédée en 1549 en sa maison à Jossigny. Le cœur de son mari est aussi dans la même Eglise. La nomination de la Cure appartient à l'Abbaye de Sainte-Geneviéve de Paris de temps immémorial ; on en a une preuve plus ancienne que tous les Pouillés et même que celui du treiziéme siécle. La Bulle par laquelle le Pape Alexandre III confirme les biens de cette Abbaye l'an 1163 porte ces mots : *Jausiniacum cum omnibus justitiis, et Ecclesiam ejusdem villæ.* Aussi se trouve-t-elle dans les Lettres par lesquelles Eudes de Sully, Evêque de Paris, exempta de procuration l'an 1202 quelques Eglises dépendantes. Je crois ne devoir pas aller plus loin sans faire remarquer qu'il y a toute apparence que le prétendu *Grusciniacum* donné à Sainte Geneviéve par Clovis, suivant la seconde copie du Testament de Saint Remi de Reims insérée par Flodoard dans son Histoire, n'est autre que notre Jossigny, et que Flodoard ou son copiste se sera trompé dans les deux premieres lettres du nom, mettant *Crusciniacum* en place de *Iausciniacum*, d'autant plus que l'on ne voit point qu'il existe ni même qu'il ait existé de Village du nom de Crocigny ou Crossigny, ni même Croussigny ou autre nom formé de *Crusciniacum* en toute la France (il n'y en a point dans le Dictionnaire Universel), sinon Creutznak qui est sur le Rhin proche Bingen, où il n'est pas vraisemblable (vu l'éloignement) que Clovis ait donné du bien à Sainte Geneviéve. Outre cela, comme c'est une addition faite au Testament de Saint Remi, il est plus probable que ce n'est pas à la personne de la Sainte que la terre de Jossigny a été donnée par Clovis I*er*, mais à son Eglise de Paris par Clovis II ou Clovis III, et peut-être même par Louis-le-Débonnaire, ou Louis-le-Begue. Ce qui m'engage à reculer cette donation au temps de ce dernier dont le nom *Hludovicus* étoit quelquefois confondu avec celui de Clovis, est qu'il me paroît plus naturel de croire que lorsque le corps de Sainte Geneviéve fut transporté à Marisy près la Ferté-Milon, dans le temps de la troisiéme irruption des Normans, ou qu'il en fut rapporté, ce saint corps passant par la Brie opéra quelques miracles, et que les peuples ayant élevé des oratoires dans les lieux où ces miracles avoient été opérés, les Chanoines de Sainte-Geneviéve obtinrent du Roi et des Seigneurs quelques-unes des Terres où ces merveilles étoient arrivées ; et que c'est pour cela que les terres de Jossigny et de Magny qui sont contiguës appartinrent à cette Abbaye, en même temps que les Eglises de ces lieux porterent le nom de la Sainte, ainsi qu'elles le portent encore. Je sçais que sainte Geneviéve est venue à Meaux

Gall. Chr. T. VII, Instrum. col. 241.
Hist. Eccl. Par. T. II, p. 154.

pendant sa vie et qu'elle a pu passer sur le terrain dont il s'agit : mais il y a trop de faits à suppléer, pour trouver de la liaison entre son passage par ces lieux et la donation des Terres par le Prince ou par un Seigneur. Ce n'est pas assez qu'il y ait une fontaine du nom de cette Sainte située en tirant vers Bucy, de laquelle on boit par dévotion, il faudroit encore autre chose.

De quelque façon que la terre de Jossigny fut advenue à l'Eglise Saint-Pierre et Saint-Paul de Paris dite depuis Sainte-Geneviéve, elle la possédoit sûrement au XIII siécle avec une partie du territoire de Magny-le-Hongre qui y est presque contigu. Dès avant l'an 1170 les Chanoines de Sainte-Geneviéve s'étoient accordés avec les détenteurs du fief de Brenage de Jossigny ; ce fief consistoit dans le droit d'exiger des gros Décimateurs une quantité de grosse farine pour nourrir les chiens de chasse des Chevaliers. Luce du Port et Gautier de Marle tenoient en fief ce droit de Robert, Comte de Dreux, frere du Roi Louis le Jeune, et convinrent qu'au lieu de payer ce brenage en especes, les Chanoines de Sainte-Geneviéve paieroient seulement à chacun des deux possesseurs du fief la quantité de dix sextiers d'avoine par an. Ces accords faits par différens actes furent approuvés en 1170 par Agnès, Comtesse de Meulent, en présence de toute sa Cour composée des Chevaliers du voisinage ; sçavoir Dreux de Clacy, Garin de Villefluis, Gaucher de Combeaux, Raoul de Bucy, Guy de Pissecoc, Philippe de Bercheres, et Jean de Favieres. Etienne, Abbé de Sainte-Geneviéve, avoua le traité en 1182 pardevant Maurice de Sully, Evêque de Paris ; et deux ans après, Robert, Comte de Dreux, frere de Louis VII, sa femme Agnès, Comtesse de Braine, avec leurs trois enfans, Robert, Seigneur de Dreux, Guillaume et Jean, ratifierent ce traité fait entre l'Abbé et les Chanoines d'une part et leurs deux Vassaux d'autre.

Bulle de 1163 citée ci-dessus.

Chart. S. Gen. fol. 177.

Ibid.

Ibid.

Quelques Gentilshommes de la Brie avoient tâché de s'arroger quelques droits dans la terre de Jossigny ; par exemple, Guy de Garlande, Seigneur de Tournan : mais en 1136 il reconnut que ni lui ni ses prédécesseurs n'avoient eu ni dû y avoir aucune prérogative, ni à raison de droit de garde ou de protection, ni en aucune autre maniere.

Ibid., fol. 179.

En 1196 Gaucher de Châtillon et Elisabeth son épouse, quitterent à l'Abbaye tout le bois qui étoit coupé et essarté à Jossigny, et semblablement ce qu'ils pouvoient y prétendre dans la Voierie ou autrement.

Ibid.

En 1225 Hugues de Châtillon, de l'aveu de Guy son frere, quitta pareillement à la Maison de Sainte-Geneviéve ce qu'il avoit dans la Voierie des Usages de Jossigny et la Grucrie des mêmes Usages, ensemble tout le droit et domaine qu'il avoit dans ces Usages, de

Ibid., p. 186.

maniere que les Religieux pussent les mettre en culture en tout ou en partie.

Ils y firent effectivement mettre la charrue, et aussitôt ils furent troublés par Guillaume de Bucy et autres qui prétendoient avoir droit de chemin à travers ces essarts jusqu'à un lieu dit Fourbevoie; la contestation fut rapportée à des arbitres, qui étoient Hubert, Abbé de Lagny, et Pierre Caradeu, Prêtre de Montevren en 1232; et la même année les Gentilshommes se désistant, se contenterent d'avoir un autre chemin qui prendroit à celui de la Cloiere proche le fossé du bois, et iroit jusqu'au chemin de Lailier.

Chart. S. Gen. p. 238.

Guy du Port, Chevalier, s'étoit prêté un peu auparavant pour une échange avec l'Abbé de Sainte-Geneviéve. Il donna en 1227 à son Couvent et à toute la Communauté du village de Jossigny un arpent de marniere situé dans son propre fond sur le grand chemin qui alloit de Jossigny à Fontenelles avec toute Justice et autres droits; au lieu de quoi l'Abbaye lui céda une vieille marniere située vers Fontenelle, pareillement avec tout droit de Justice.

Ibid., p. 139.

L'ancien Nécrologe de Sainte-Geneviéve fait honorable mention de Jacqueline, veuve de Lancelot de Pessaigne, Chevalier, parce que pour le soulagement de l'ame de son mari et de celle de Thomas de Pessaigne, son beau-pere, elle remit à l'Abbaye le droit qu'elle avoit de prendre chaque année dix sextiers de grain sur le revenu du Prieuré de Jossigny. Arnoul de Chanteloup qui s'étoit rendu Chanoine *ad succurrendum*, y est aussi mentionné pour avoir légué douze arpens de terre situés à Jossigny; et Simon de Lisy pour en avoir donné vingt-trois *apud Jauxigniacum*; et enfin un Jean de Bailly pour avoir pareillement fait don de la cinquiéme partie de sa terre au même lieu.

Necr. S. Genov. 27 Febr.
Ibid., 19 Mart.
Ibid., 23 Nov.

Je n'ai point trouvé l'affranchissement des gens de Jossigny en particulier. Je ne doute pas qu'ils ne l'aient été comme la plupart des hommes de corps des autres Eglises vers le milieu du treiziéme siécle, moyennant certaines redevances. Il est certain qu'ils étoient encore serfs en 1257. L'Abbaye les taxoit outre cela comme ses autres vassaux lorsque le Roi faisoit lever une Taille. Elle imposa à vingt livres toute la Communauté ensemble aux années 1242 et 1272, toujours sous le nom de *Jauxigniacum*. Au reste il se trouva encore quelques femmes à Jossigny qui n'étoient point en liberté l'an 1325. Jean de Saint-Leu, Abbé de Sainte-Geneviéve, affranchit cette année-là deux de ces *femmes de corps*.

Chart. S. Gen. p. 328.
Lib. Cens. S. Gen.
Gall. Chr. T. VII, col. 751.

Comme l'on est assez curieux de sçavoir ce que pouvoit produire du temps de Saint Louis une Terre telle que celle de Jossigny, j'ajouterai en finissant qu'en l'année 1256, par exemple, la recette des cens et rentes de ce lieu montoit à deux cents livres tournois.

Ibid.

Les Ecarts de cette Paroisse ne consistent qu'en quelques Maisons de plaisance et quelques Fermes.

Le lieu qui paroît le premier connu est BELLEASSISE où il y a un Château sur une éminence, supposé qu'il soit le même que Bienassise, ce qui est à croire, puisqu'on le prononce aussi Bienassise. Ce qui dénote l'antiquité de Bienassise, est qu'une Dame de ce lieu fonda en 1326 une Chapelle de Sainte Marguerite à Brie-Comte-Robert, donnant pour cela des biens situés aux environs, à Centeny, etc. On trouve après cela qu'en l'an 1371 mourut Artus, Chevalier. Sire de Pomeure et de Belleassise, lequel fut inhumé dans l'Abbaye de Gercy. Après lequel temps le nom de Belleassise ne reparoît que dans le Procès-verbal de la Coûtume de Paris de l'an 1580, où Claude Garrault en est dit Seigneur haut-Justicier. Je ne sçai si c'est le même Claude Garrault dont le nom se trouve au 20 Juin 1612, dans les Registres de l'Archevêché, où il est qualifié Conseiller au Parlement. On trouve aussi vers l'an 1600 Jean le Masson, Conseiller au Parlement, dit Seigneur de Bienassise. De nos jours ce lieu appartient à M. Jacquier de Vieumaison, Conseiller au Parlement. Sa situation est au midi du village de Jossigny.

Magn. Chart. Par. T. II. Collect. mss. Dubois.
Gall. Chr. T. VII, col. 625.

Perm. d'Orat. domest.
Généal. des Hennequin.

MAUNY est un lieu où il y a une Chapelle de Saint Léonard et une ferme avec un fief. Aucune des Cartes des environs de Paris n'a marqué ce lieu, si ce n'est celle qui fut dressée en 1614 sur les Mémoires de Jouvin de Rochefort, Trésorier de France, qui le place sous le nom de *Saint Liénard* entre Belleassise et Ferrieres, au couchant d'hiver de Jossigny. Ce n'est que la Chapelle qui fait parler du lieu, et sur-tout à cause qu'elle est sous le titre d'un Saint célebre dans le Royaume. Elle existoit dès le quinziéme siécle, puisque j'en ai trouvé des Provisions du 27 Juin 1407 adressées au Doyen rural de Lagny, l'Archidiaconné étant vacant. D'ailleurs le Chapelain est mentionné dans le Pouillé Parisien de ce siécle-là, comme étant à la nomination du Seigneur du lieu. J'en ai trouvé quelques exemples. Nicolas Poart, Licencié ès-Loix, Conseiller du Roi et Seigneur de Mauny, y présenta en 1489 Jacques-François. Après la mort duquel, Jean Poart fut nommé l'an 1522 par Marie de Longuejoue, sa mere, ayant la garde-noble des enfans de Jean Poart, Conseiller au Châtelet, y fut nommé par Guillaume et Jean Poart, Ecuyer, Seigneur du lieu. Jean Poart, Ecuyer, y présenta aussi en 1605 ; et en 1623 Claude Poart, Clerc Parisien[1]. Il fut reconnu en 1700 que cette présentation appartenoit

Tab. Ep. in Spir.

Reg. Ep. Par. 17 Juil. 1489. 31 Oct. 1522.

10 Juin 1623.

---

1. M. Michelin (Essais historiques sur le département de Seine-et-Marne) (T. II, p. 894), rectifie ainsi cette phrase inintelligible : « Nicolas Poart...... y présenta en 1489 Jacques-François. Jean Poart, écuyer, y présenta aussi en 1605 ; et en 1623 Claude Poart, Clerc Parisien. » — (Note de l'éditeur.)

à M. de Bernage à cause du Fief de Mauny. Il y a du revenu, et le Chapelain est au Rôle des Décimes. Le bâtiment de la Chapelle qui subsiste aujourd'hui est assez récent. Saint Léonard y est représenté délivrant des captifs. On assure qu'il s'y est fait des guérisons de nos jours. Le Clergé et le peuple de Jossigny y vient processionnellement l'une des Fêtes de Pâques. C'est par erreur que dans le Pouillé de 1626 on l'appelle à une tombe du chœur *Capellanis de Malodino* et en françois de Malodine, et qu'on en donne la nomination à l'Abbé de Lagny. On a rectifié l'article de la nomination dans celui de 1648, et au lieu de Malodine on a mis Mallenoüe, ce qui est une nouvelle faute.

<small>Pouillé, p. 55.</small>

<small>Pouillé 1648, p. 75.</small>

Il y a un autre Mauny au Diocése de Paris sur la Paroisse de Limoges, Doyenné du vieux Corbeil, avec une Chapelle pareillement; et peut-être encore un troisiéme Mauny aussi avec Chapelle, car le Pouillé du quinziéme siécle, outre celui de Saint Léonard, marque encore plus bas sous le Doyenné de Lagny : *Capellan s de Malonido Maupertuis, Domini Episcopi.*

LA MOTTE a été de tout temps de la Paroisse de Jossigny. Ce Château situé dans la plaine s'appelloit au commencement de l'avant-dernier siécle *La Motte Courmerier* du nom apparemment de quelque ancien possesseur. Il a depuis été appelé *La Motte Goulas* du nom d'un autre propriétaire. Jean Goulas, Trésorier des Guerres, en étoit Seigneur en 1606 qu'il obtint à cause de l'éloignement dont il étoit de Jossigny, d'avoir un Oratoire particulier en ce lieu où il demeuroit le plus souvent. M. Charles Malo, Conseiller au Parlement, ayant acquis la terre de Serris, requit M. l'Archevêque de Paris en 1668 que le Château et la basse-cour de La Motte fussent distraits de la Paroisse de Jossigny, et qu'étant situés entre Jossigny et Serris, ils fussent unis à cette derniere, et que le banc qu'il avoit dans l'Eglise de Jossigny fût aussi porté en celle de Serris, ce qui lui fut accordé en payant une somme pour indemniser le Curé de Jossigny et la Fabrique.

<small>Reg. Ep. Paris.</small>

<small>Reg. Archiep.</small>

FONTENELLE est une Maison bourgeoise en allant de Jossigny à Chanteloup. Ce lieu étoit habité et portoit ce nom dès l'an 1227, ainsi qu'il paroît par le contrat d'échange de deux marnieres cité ci-dessus. Cette Maison est entourée d'eau. En 1500 Nicolas de Neuviel, *Scutifer*, est qualifié Seigneur de Dueil et de Fontenelles proche Lagny. Jeanne de Surgy étoit son épouse. Il n'y a pas fort long-temps que ce lieu appartenoit à M. de Vanense, Conseiller au Parlement. Son fils, Auditeur des Comptes, l'a vendue vers 1740 à M. Renaud, Envoyé à Mayence.

<small>Reg. Ep. Paris. 15 Jul.</small>

<small>Perm. de chap. dom. 13 Avr. 1697.</small>

Dans le Réglement de l'an 1698, au sujet du temporel de la Sainte-Chapelle de Vincennes, il est marqué parmi les nouveaux biens de ce Chapitre une rente de cent livres assise à Jossigny,

<small>Reglement imprimé, p. 32.</small>

laquelle vient apparemment du Chapitre du Vivier qui lui a été réuni.

Jossigny est aussi mémorable pour quelques illustres qui en sont sortis : un Jean de Jaussigny fut fait Abbé de Morigny, Ordre de Saint-Benoît, proche la ville d'Etampes en 1350, et mourut en 1373. Hist. d'Etampes, p. 540.

Un nommé Pierre Caillou qui avoit été fait Prieur-Curé de Jossigny en 1414, devint Abbé de Sainte-Geneviéve de Paris. Il mourut en 1466. A son article l'Imprimeur du *Gallia Christiana* a mis *Sossigniaci*, au lieu de *Jossigniaci*. Gall. Chr. T. VII, col. 760.

Ce Village a été fort célébré par Jacques Le Vasseur. Avant que d'être Chanoine de Noyon, s'étant retiré à Jossigny dans la Maison de M. de Bragelongne, Maître des Comptes, à cause de la peste qui affligeoit Paris, il y composa le *Bocage de Jossigny*, recueil de pieces où est compris le Verger des Vierges avec plusieurs autres pieces saintes tant en vers qu'en prose imprimées à Paris in-8º en 1608. Il devint Doyen de Noyon en 1613. Il dit du Village dont il s'agit : *Jossigny m'a sauvé la vie en son séjour.... Et le gai Jossigny est l'honneur de la Brie.... A mon cher Jossigny que j'aime plus que l'or.* Bibl. Françoise, T. XV, p. 306. Suppl. de Moreri 1749, au mot *Vasseur*.

M. de Valois a gardé le silence sur cette Paroisse dans sa Notice des environs de Paris. La Carte dressée sur les Mémoires de Jouvin de Rochefort l'a appellée mal-à-propos *Jauchilli*.

Je ne sçais pour quelle raison un Nicolas, Chevalier, est qualifié Seigneur de Jossigny et de la Lande dans la permission qu'il obtint le 3 Mai 1640 de faire célébrer dans l'Oratoire particulier de sa Maison de la Lande, sur la Paroisse de Villiers-sur-Marne. On ne connoît en France que la Paroisse du nom de Jossigny, suivant le Dictionnaire Universel du Royaume : mais il y a vraisemblablement quelque hameau du fief de ce nom au Diocése de Meaux dans les environs de Montion et de Chambry. (Voyez le Mercure de France, Avril 1741, page 826.)

SARRIS

Nous n'aurions aucune connoissance du nom de ce lieu avant le treiziéme siécle, sans les Archives de l'Abbaye de Saint-Denis qui en font mention sur la fin du douziéme. Il y est parlé de la forêt de Sarris où Gaucher de Châtillon, Sénéchal de Bourgogne, avoit des droits de Gruerie et autres qu'il quitta à ce monastere avant l'an 1194, et des acquisitions que Hugues Foucauld, alors Abbé, y fit au profit de l'Abbaye, faisant affranchir ces bois de

Sarris des exactions des Seigneurs de Crécy et de Tournan. Le nom de ce lieu est écrit dans ces titres comme je viens de le marquer. Le Pouillé Parisien du treizième siècle l'écrit en françois Sarries, l'Auteur n'ayant sçu comment latiniser ce mot. Mais d'autres Ecrivains l'exprimerent en latin dès le commencement de ce même siécle par *Sariæ*, et les autres titres de ce siécle et des suivans l'écrivent toujours Sarris ou Sarrys, et non Serris comme le font communément les Cartes des environs de Paris, malgré tous les Rôles et Dictionnaires qui sont uniformes pour écrire Sarris. M. de Valois s'est contenté de dire qu'on lit Sarries dans le vieux Pouillé, et que vulgairement on prononce Serris ou Serry, mais il s'est abstenu d'en chercher l'étymologie. Elle me paroît facile à trouver. Car dès lors que l'on est instruit que les bois venoient jusqu'au territoire où est ce Village, qu'il y a eu une portion de la forêt appellée *Nemus de Sarriis, Essarta de Sariis*, et que le village même de Villeneuve-Saint-Denis qui est contigu se trouve dans l'ancienne forêt *de Soriis* ou de Sarris, il est assez évident que ce nom a été formé de ce que, dans plusieurs cantons de la Forêt, on avoit fait autrefois des réserves fermées de branchages. On apprend par le Glossaire de Du Cange où est cité un titre de l'an 1147, qu'un certain terrain fut formé alors *de Sarreis et palitio*, et les Continuateurs ont expliqué *Sarrea* par *sepimentum ex virgultis*. Ce mot *Sarreæ* ou *Sarrie* pouvoit être synonyme à celui de *Plexitium*. Il y a d'autres lieux en France appellés Sarrie, Sarré, Sary, Series qui peuvent avoir eu la même origine ; et sans sortir du Diocése de Paris, il y avoit sous le regne de Philippe-Auguste, aux environs de Bonnes, par-delà Montlhery, un bois appellé *Nemus de Sarii*, dans lequel Robert de Varennes étoit homme lige du Roi.

<small>Rôle de la Châtell. de Montlhery sous Philippe-Aug.</small>

Le village de Sarris est à sept lieues et demie de Paris vers l'orient, et à une lieue et demie de Lagny ; sa situation est dans une plaine qui ne contient que des terres labourables et des prés, le tout à l'extrémité du Diocése de Paris, ensorte que le hameau de Bellême qui est derriere l'Eglise, est du Diocése de Meaux, parce qu'il est de la Paroisse de Bailly. Cette Paroisse se maintient dans un nombre d'habitans à peu près égal. Le dénombrement de l'Election de Paris en 1709 y comptoit 38 feux, celui du Sieur Doisy de l'an 1747 y en met 37 et le Dictionnaire Universel de la France de l'an 1726 avoit évalué ces feux au nombre de 130 habitans. Champy en la Coûtume de Meaux dit que ce lieu est du Bailliage de Meaux.

Saint Michel Archange est Patron de l'Eglise, qui est un nouvel édifice où il n'y a d'aîle que du côté méridional. Les armoiries sur la porte de cette Eglise sont un sautoir.

Dans la Chapelle du fond de l'aile, titrée de la Sainte Vierge, est une fondation de Nicolas Goulas, Seigneur de la Motte-Goulas, faite vers l'an 1683, à condition que l'entrée de sa Chapelle ne sera pas fermée, et servira à faire la Procession, sinon les vingt-cinq livres qu'il affectoit à cette fondation seroient transportées à Ferrieres ou à Favieres. Ces deux Paroisses du voisinage sont desservies par des Curés Prémontrés.

Un Mémoire de l'an 1700 porte aussi que Dame Justine le Pileur avoit fondé dans l'Eglise de Sarris une Messe par semaine.

L'antiquité du titre Curial de Sarris n'est pas bien connue; cependant il paroît que cette Cure a dû être érigée avant celle de Villeneuve-Saint-Denis qui aura été créée par un démembrement de celle-ci. Elle est marquée la première du Doyenné de Lagny entre celles que l'Evêque confere de plein droit dans le Pouillé du treizième siècle. Les Pouillés suivans y sont conformes; mais elle a été totalement omise dans celui de l'an 1648. Les Bénédictins de l'Abbaye de Saint-Denis sont gros Décimateurs sur cette Paroisse. Les Célestins de Paris y ont une Ferme.

Un Seigneur de ce lieu bien ancien est celui qui se trouva en 1196 à l'acte de cession que fit Gaucher de Châtillon à l'Abbaye de Ste-Geneviéve de la Gruerie de Rôny, de Magny près Jossigny, etc. Il a été désigné comme témoin sous le nom de Guibelez de Sarries.

Pour venir aux nouveaux Seigneurs, Sarris a appartenu en 1580 à Thomas le Pileur, Secrétaire du Roi. Ce fut lui qui fit déclarer en son nom à la rédaction de la Coûtume de Paris en cette année, que la Châtellenie de Serris est responsable par appel à Meaux, quoique régie par la Coûtume de Paris. *Cout. de Paris 1580, édit. 1678, p. 634 et 663.*

Charles Malo, Conseiller au Parlement de Paris, fit acquisition de cette Terre environ l'an 1668, et étant alors possesseur du château de la Motte, il obtint de l'Archevêque de Paris que ce Château fût distrait de la Paroisse de Jossigny, et uni à celle de Sarris où il fit transporter son banc. En 1700 le Seigneur de Sarris étoit M. Malo, Conseiller au Grand-Conseil. *Reg. Archiep. 8° Mart. 1668.*

Maintenant, c'est M. Morissot ou Mauriceau.

Le village de Sarris est de la Coûtume et du Bailliage de Meaux.

Je n'ai trouvé qu'une seule personne qualifiée dans l'antiquité portant le nom de Sarris, sçavoir, Isabelle de Sarris qui fut Abbesse du Pont-aux-Dames depuis l'an 1342 jusqu'en 1355. Très-vraisemblablement, c'étoit une fille du Seigneur de cette Paroisse, l'Abbaye du Pont-aux-Dames n'étant qu'à une lieue et demie de là, dans le Diocèse de Meaux. *Gall. Christ. T. VIII. col. 1725.*

Le Cordelier qui écrivit après la mort de Saint Louis la vie et les miracles de ce Saint Roi, rapporte un miracle qui fut opéré à son tombeau dans l'Eglise de Saint-Denis, sur une femme nommée Jeanne de Sarris, au Diocèse de Paris, et qui fut produit dans l'Enquête faite en 1282.

<small>Mirac. S. Lud. per Guill. Ord. Min. cap. XVI.</small>

On lit dans le Mercure du mois d'Avril 1695 un fait d'une espece bien différente qui a du rapport à Sarris. C'est l'Histoire de l'apparition du Marchand, tué en 1692 par le Militien de ce Village, et jetté dans une mare sur le chemin de Villeneuve-Saint-Denis, apparition qui fit découvrir le meurtrier, et fut cause qu'on s'en saisit et qu'il fut rompu à Meaux avec son complice.

<small>Merc. Gal. Av. 1595, p. 279.</small>

CHANTELOU ou CHANTELOUP

Quoiqu'il y ait sept ou huit Paroisses de ce nom en France, outre les Hameaux, Châteaux ou Fermes qui peuvent le porter, il se trouve que partout les lieux ainsi appellés en françois sont dits en latin *Cantus lupi*, c'est-à-dire canton du loup, et non pas *chant du loup*. Il est inutile d'expliquer la raison de ce nom. Il faut que la retraite des loups soit quelque part. M. de Valois auroit mieux aimé qu'on eût dit en latin *Campus lupi*, Champ de loup : mais *cantus* dans le sens qu'il signifie canton veut dire la même chose, comme dans *Caticantus*, *Gliricantus* ou *Liricantus*. Il y a dans le seul Diocèse de Paris deux autres Chanteloup : l'un qui est très-ancien est situé sur la Paroisse de Moissy près Corbeil ; les titres de l'Abbaye d'Hieres du XII siécle en font mention ; l'autre est Chanteloup de la Paroisse de Saint-Germain de Châtres près Montlhery ; ce que je dis ici pour empêcher qu'on ne croie que nos Rois aient jamais habité à Chantelou près Lagny, ainsi qu'il est marqué dans le nouveau Glossaire de Du Cange au mot *Palatium*, pendant que c'est à Chanteloup-lez-Châtres qu'ils ont été.

<small>Notit. Gall. p. 412. col. 1.</small>

On ne trouve rien qui parle de ce Chanteloup voisin de Lagny que depuis l'an 1200 ou environ, qu'il est dans le Pouillé de Paris, et qu'il y a eu quelques Chevaliers qui en ont pris leur dénomination.

Ce lieu est situé vers l'orient de Paris, à six ou sept lieues de distance, environ une lieue par de-là Lagny en approchant de Jossigny dont il n'est aussi éloigné que d'une lieue : sa position est sur une espece de monticule environné de bocages où il ne paroît pas qu'il y ait de vignoble. Le Dénombrement de l'Election de Paris de 1709 y a marqué 15 feux, que le Dictionnaire Universel du Royaume imprimé en 1726 croyoit former 92 habitans. Un autre Dénombrement de feux du Royaume publié en 1745 en compte 18 à Chanteloup.

<small>Doisy, Royaume de France.</small>

Les habitans en petit nombre n'ont pour Eglise qu'une Chapelle du titre de Saint-Sauveur, ancienne d'environ quatre cents ans, que j'ai vue tombante de vieillesse. Le Sanctuaire finissant en calotte et demi-cercle peut être encore plus ancien. Une tour basse sert de support à cette Eglise. On y fête la Transfiguration de Notre-Seigneur, et Saint Eutrope, Evêque de Saintes, second Patron, y est honoré le 1er Mai. Mais ce second Patron me paroit avoir été introduit par l'effet de quelque méprise, et qu'on auroit confondu ce Chantelou avec l'ancienne Chapelle de Saint-Eutrope de Chantelou, Paroisse de Saint-Germain de Châtres. Il est même qualifié seul Patron dans des Provisions de 1691.

Le Pouillé du treiziéme siécle met : *de donatione Abbatis Latiniac. Ecclesiæ de Cantu lupi.* En 1400 cette Cure fut unie à celle de Saint-Thibaud des Vignes du consentement de l'Abbé de Lagny, qui en fut reconnu présentateur : mais cette union ne dura pas, parce qu'elle n'avoit été faite qu'à cause des ravages causés par les guerres. Le Pouillé du quinziéme siécle y connoit le même droit de présentation, et observe que le Curé avoit treize livres de revenu. Le Pouillé imprimé en 1626 est conforme pour la nomination aussi-bien que les suivans ; mais il ajoute qu'il y a une Chapelle qui est aussi de la nomination de l'Abbé de Lagny. Cet Abbé, au reste, est non-seulement présentateur de la Cure, mais aussi Seigneur du lieu et gros Décimateur. *Tab. Ep. Parisi in Spir.*

En 1304 il existoit en ce lieu une Chapelle de Saint-Jacques et Saint-Christophe possédée par un Ecolier. *Reg. Official. 24 Mart. 1304.*

Du temps de l'Abbé Jean qui siégea à la fin du douziéme siécle et au commencement du suivant, vécut un Chevalier, nommé Aubert de Chantelou. Il parut dans un acte qui concernoit l'Abbaye de Chaalis. *Tab. Caroli loci*

Un Jean de Chanteloup, *de Cantalupo*, Chevalier, parut aussi comme témoin en 1213 dans un titre sur l'Abbaye de Lagny. *Tab. Latiniac.*

Le Cartulaire de l'Abbaye de Sainte-Geneviéve fait mention de Chanteloup à l'an 1257 au mois d'Octobre, comme étant contigu à Jossigny, terre de cette Communauté. Emeline, fille de Petronille la Baronne, habitante de Chanteloup, reconnut cette année-là qu'elle étoit serve, autrement femme de corps de l'Abbaye de Sainte-Geneviéve, et il fut ajouté dans l'acte de sa reconnoissance, que s'il arrivoit que les hommes de Chanteloup et de Jossigny demandoient leur manumission, elle pourroit y être comprise. On y lit : *Homines de Cantulupi et de Jaussigniaco.* Faut-il conclure de-là que l'Abbaye de Sainte-Geneviéve possédoit alors un terrain habité sur la Paroisse de Chanteloup ? C'est ce que je laisse à décider. *Chart. S. Gen. p. 228.*

CHESSY

Nous avons dans le Royaume trois Villages qu'on écrit Chessy, trois qui s'écrivent Chezy, trois autres appellés Chassy ou Chacy, sept ou huit qui sont nommés Chassey. Il y a apparence que tous ces lieux n'ont qu'un nom latin commun qui est *Casiacum* ou *Cassiacum*, c'est-à-dire que le mot d'où ils seroient dérivés seroit *Casa*, ou bien *Cassius ; de Casa* on auroit fait *Cassiatum*, à cause des maisons de paysans rassemblées en ces lieux, ou bien ces différens lieux auroient eu, du temps que les noms Romains étoient usités dans les Gaules, un Seigneur appellé *Cassius*, car il est aussi naturel que *Cassius* forme *Cassiacum*, qu'*Antonius Antoniacum*.

A l'égard de l'antiquité de Chessy situé sur la Marne, une lieue plus haut que Lagny, et du même côté, il y auroit quelques raisons de lui attribuer ce que dans la Diplomatique et dans M. de Valois on attribue à Chezy qui est aussi sur Marne et du même côté, mais une lieue et demie ou deux au-dessous de Château-Thierry. D'où il résulteroit qu'il y auroit eu une Maison Royale à ce lieu de Chessy, et que ce seroit dans la péninsule de la Marne qui y commence, que les Normans auroient resté durant un hiver, selon leur coutume de s'arrêter auprès des grandes péninsules formées par les rivieres. Car quoiqu'Asser l'Historien ait écrit qu'ils furent long-temps à parvenir à cet endroit éloigné de Paris, on peut, ce semble, l'entendre dans le même sens qu'il dit immédiatement auparavant que l'embouchure de la Marne dans la Seine est loin de Paris, et que les Normans ayant passé le pont de cette Ville, furent long-temps pour y atteindre.

Mais que Chessy ait été une Terre Royale ou non, on ne peut pas prouver d'un autre côté qu'elle eût été donnée au Monastere de Lagny dès le temps de sa fondation au septiéme siécle. On ignore depuis quand il en fut mis en possession : on voit seulement qu'entre les années 1124 et 1148 Raoul, Abbé de ce lieu, y bâtit des moulins, ce qui présuppose un domaine dans le lieu.

Bulla Adriani IV.
Hist. de Paris, T. III, p. 13.
Hist. de S. Denis, p. 29.

Mais on trouve aussi qu'en 1158 le Chapitre de Saint-Marcel de Paris y avoit du bien. Dans le premier acte le lieu est appellé *Chessiacum*, et dans le second, quoique latin, il y a *in territorio de Chesy*. Dom Felibien a eu une pensée particuliere sur ce lieu. Il a cru que Chessy étoit le *Siliacus* marqué comme voisin de *Latiniacum* dans une Charte du Roi Thierry de l'an 690, et il trouvoit que le nom y avoit quelque rapport, et que ce pouvoit être une dépendance de Saint-Denis du Port lez-Lagny-sur-Marne. Mais à examiner ce Diplôme de près, on trouve qu'il s'agit là du

Lagny-le-sec situé dans le pays Mulcien, et d'un autre Village nommé Silly qui en est voisin. Chessy n'a donc rien à prétendre sur l'antiquité de *Siliacus*.

Diplomat. Lib. VI, p. 471.

Ce Village est à sept lieues de Paris du côté de l'orient, une lieue plus loin que Lagny. Sa position est sur une montagne au rivage gauche de la Marne. Le côteau regardant le septentrion est garni de vignes et d'arbres fruitiers et autres : dans le bas est la prairie, et sur le haut sont les terres labourées avec quelques autres vignes. En 1709 le Dénombrement de l'Election de Paris y marqua 80 feux, et en 1726 le Dictionnaire Universel de la France compta qu'il pouvoit y avoir 300 habitans. Le Dénombrement le plus nouvellement imprimé et qui est de 1745, assure qu'il y a maintenant 67 feux et environ 180 communians. Cette Paroisse est à l'extrémité du Diocése de Paris et touche à celui de Meaux. C'est le chemin des voitures pour aller à Meaux par la vallée de Montery, Couilly, etc. Quelques-unes des nouvelles Cartes l'ont placée dans le Diocése de Meaux, mais mal.

Doisy, Royaume de France.

On a vu subsister en ce lieu une ancienne Eglise Paroissiale avec la nouvelle. Cette ancienne Eglise étoit sous l'invocation de Saint Eloi, Evêque de Noyon. La premiere n'avoit pu guere être bâtie qu'au huitième siécle. Par la suite on vint à bâtir à Chessy une autre Eglise plus grande et on lui donna le titre de S. Nicolas, ce qui n'étoit probablement que l'effet d'un vœu de quelques bateliers ou commerçans de la Marne délivrés de quelque péril par l'intercession de ce Saint. Et comme elle se trouve plus propre à contenir le peuple de la Paroisse, on s'accoutuma à regarder Saint Nicolas comme Patron. Ce changement a pu se faire vers l'an 1400, ou un peu auparavant. Du moins le chœur de cette Eglise de Saint-Nicolas que j'ai vu sur pied en 1738 avant qu'on l'abattit, ne paroissoit guere avoir que trois à quatre cents ans, et si la voûte menaçoit ruine, c'étoit pour avoir été trop plâtrée et non de vétusté : mais le dessous de l'ancien clocher paroissoit être un peu plus ancien. J'y vis à l'autel l'image de Saint Nicolas d'un côté et celle de Saint Eloi de l'autre, sçavoir le nouveau Patron et l'ancien. Au même chœur à droite étoit gravée sur un marbre noir une courte épitaphe de Dom Paul Pezron, Abbé de la Charmoye, au Diocése de Chaalons, de l'étroite Observance de Cîteaux célebre par ses ouvrages. On y ajoutoit qu'il étoit décédé au château de Chessy le 10 Octobre 1706 [1707], âgé de 67 [66] ans. Jacques Nouel, son successeur, l'avoit fait poser. Ce chœur, après avoir été interdit durant plusieurs années, a été rebâti à neuf aussi-bien que le reste de l'Eglise et la tour du clocher, et on a recommencé à y célébrer l'Office divin au mois de Novembre 1744.

[De Guilhermy Inscriptions de la France, T.IV, p.503]

Pour ce qui est de l'Eglise de Saint-Eloi, comme elle étoit

absorbée dans celle de Saint-Nicolas et qu'il n'étoit resté de la vraie ancienne Eglise de ce Saint que le bas de la tour du clocher, la dévotion des habitans envers ce grand Evêque de la France, leur ancien Patron, les engagea (peut-être avec les secours de personnes pieuses) de bâtir une Chapelle en son honneur, autour de laquelle le cimetiere se trouva rapproché, si dès-lors il n'étoit pas là. Ceux qui ont vu cette Chapelle subsister, disent qu'elle avoit tous les indices d'une Eglise Paroissiale, une forme de chœur distingué de la nef avec des bancs et un lutrin, le tout en plâtre; des images des Saints qui sont communément invoqués par les peuples, comme S. Sébastien, S. Roch, S. Vincent, Saint Christophe. Elle n'étoit plus au reste regardée que comme une Chapelle de dévotion, sans charges ni revenus. Les Paroissiens y alloient seulement un des jours des Rogations chanter la Messe :

<small>Procès-verbal d'Archid. 1714, 14 Juin.</small> mais comme elle étoit assez mal entretenue et qu'elle menaçoit ruine, à raison des ouvertures à travers lesquelles passoient même les lapins, et qu'enfin elle pouvoit servir de retraite aux voleurs, <small>Reg. Arch. Par. 9 Jul. 1715.</small> M. le Cardinal de Noailles, Archevêque de Paris, permit en 1715 de la détruire et d'en employer les démolitions au profit de l'Eglise. Ainsi depuis ce temps-là elle n'a pas dû être marquée dans la Carte du Diocèse de Paris du Sieur De Fer.

La Cure de Chessy est une de celles que le Pouillé du treiziéme siécle marque être de la nomination de l'Abbé de Lagny par concession de quelque Evêque de Paris. Elle y est appellée *Chessiacum* et écrite la premiere. Au Pouillé du quinziéme siécle elle est dite *Chessiacum vel Choisiacum*, et son revenu sur l'ancienne estimation y est dit de vingt livres. Aucun des Pouillés subséquens ne varie sur la nomination. L'Abbé de Lagny est pareillement gros Décimateur.

Il y a à Chessy un Prieuré que le Pouillé manuscrit de l'Abbaye de Lagny met au rang des Bénéfices de sa dépendance, sous le titre de Notre-Dame. La perte des titres de cette Abbaye est cause que l'on n'en connoît point les fondateurs. Il est néanmoins constant qu'il existoit à la fin du treiziéme siécle, parce qu'il est compris au nombre des Prieurés du Doyenné de Lagny sous le nom de *Prioratus de Chessiaco*, dans l'addition qui fut faite alors au Pouillé Parisien conservé à la Bibliotheque du Roi. On voit, ainsi que j'ai déja dit, par une Bulle d'Adrien IV de l'an 1158, que le Chapitre de Saint-Marcel de Paris avoit alors du bien à Chesy : *Terra quam habetis in territorio de Chesi*. Elle étoit du nombre de celles qui furent confirmées à ces Chanoines. Mais peut-être en firent-ils une échange avant l'an 1300 avec l'Abbaye de Lagny, qui y auroit alors construit une Chapelle et en auroit fait un petit Prieuré. Dans le Pouillé de Paris écrit vers l'an 1450 il est désigné sous le nom de *Prioratus de Chesiaco* et estimé valoir 45 livres. L'Auteur du Pouillé imprimé en 1648 a eu l'inattention d'insérer parmi les Prieurés du Diocése de Paris, celui d'Anet qui est du Diocése de Meaux, à une lieue et demie de là ; et après avoir marqué qu'il est à la nomination de l'Abbé de Cluny, il place, immédiatement après, le Prieuré de Checy qu'il dit être de la même nomination ; ce que le Pelletier a suivi dans son Pouillé de l'an 1692, et qui est très-faux. Ce Prieuré de Chessy est mentionné dans les Registres du Parlement à l'an 1521. On y lit que sur les informations faites à la requête des Religieux de Lagny touchant la cessation de l'Office divin au Prieuré de Chezy, le Parlement ordonna d'en saisir les revenus. M. l'Abbé de Fourcy possédoit ce Prieuré en 1700 : il étoit chargé alors d'une Messe par semaine, qui étoit acquittée par les Mathurins de Couvray, au Diocése de Meaux. Le Mémoire où cela se lit, dit que ce Prieuré est titré de Sainte Marie-Magdeleine, ce que je croirois être une faute, si ce n'étoit que dans un Etat des Bénéfices du Diocése de Paris dressé en 1572, je le trouve sous le même vocable. Il étoit alors tenu en Commende par Jean Baffou.

Regist. du Parl. 5 Nov.

Visit. d'Archid. de l'an 1700.

Les titres de l'Abbaye de Lagny ayant été mis au pillage durant les guerres, c'est ce qui fait qu'on n'est pas fort instruit de ce qui a pu arriver à Chessy, outre ce que j'ai observé ci-dessus que l'Abbé Raoul ou Radulfe qui siégeoit en 1130 et 1140 y fit construire des moulins sur la riviere de Marne. Ce que l'on sçait, est que Geoffroy de Bregy, autre Abbé postérieur de cent ans, assigna des biens situés en ce Village pour subvenir à la nourriture de ses Religieux. On ignore par quel Abbé et en quel temps les habitans serfs de cette Terre et autre de l'Abbaye furent affranchis et mis en liberté : au reste c'étoit fort l'usage sous le regne de Saint Louis. Ce fut dans le même temps, c'est-à-dire en 1259, qu'un nommé Jean Forès qui avoit à Checy un fief libre, ayant fait refus de payer la levée ordonnée par le Roi *pro pace Angliæ*, parce qu'il demeuroit dans ce fief et qu'il n'avoit rien payé des autres tailles, fut maintenu par le Parlement dans sa franchise, même à raison des Hôtises qui mouvoient de lui.

Gall. Chr. T. VII, col. 495.

Ibid., col. 500.

Reg. Parl. Omn. SS.

Enfin René Rouillé, Conseiller au Parlement, qui étoit Abbé de Lagny en 1576, vendit cette Terre et d'autres de son Monastere pour fournir aux subventions et faire les réparations nécessaires après le désastre des guerres de la Religion.

Ibid., p. 507.

MM. de Fourcy ont possédé cette Terre dans le dernier siécle. Jean de Fourcy, Surintendant des Bâtimens de France, en étoit Seigneur en 1600. Il obtint permission de faire célébrer en sa maison le 28 Juin 1611 ou 1650. On créa plusieurs Foires en ce lieu, dont l'une devoit se tenir en Novembre.

Moreri au mot Coiffier.

Reg. Ep. Paris.

En 1697 et 1710 ce lieu appartenoit à M. N. de Fourcy, Conseiller d'Etat. Cette Terre est passée à M. N. de Puységur par le mariage de Jeanne-Henriette de Fourcy de Chessy, avec M. le Marquis de Puységur, Maréchal de France.

<small>Dict. Univ. de la France au mot *Chessy*.</small>
Le Château est environné de longues avenues d'arbres très élevés que l'on apperçoit de fort loin. Le bâtiment en est très-beau. Il est orné de peintures et sculptures et accompagné de beaux jardins.

MONTEVRIN

Il est certain qu'il a existé dans l'onziéme siécle aux environs de Lagny un Prêtre appellé en latin *Evrinus*, lequel après avoir mené une sainte vie fut inhumé dans l'Eglise de l'Abbaye l'an 1077. On conclut de ce que cette Abbaye posséda la terre de Montevrin, qu'elle la tient de lui, d'autant que le nom de cette Terre ne peut guere être rendu en latin que par *Mons Evrini*, et parce qu'il est vraisemblable que ce saint homme voyant que les Religieux en <small>Hist. Eccl. Par [Gall. Christ. T. VII, col. 48.]</small> possédoient déja l'autel qui leur avoit été donné par Imbert, Evêque de Paris, l'an 1036, voulut y ajouter aussi la Seigneurie qu'il tenoit de ses ancêtres. Il ne paroît en tout cela rien qui ne puisse être véritable ; et même je crois pouvoir joindre aux libéralités du Prêtre Evrin, les sommes qu'il consacra pour bâtir l'Eglise du lieu. Ce n'est pas que tout l'édifice que l'on voit aujourd'hui soit de son temps ; mais ce qui en reste fait assez voir qu'il y a eu une Eglise bâtie en ce lieu vers le milieu de l'onziéme siécle, de laquelle on s'est contenté de réparer différentes parties en différens temps. Au reste, quoiqu'il soit plus naturel que le nom de Montevrin soit dérivé de *Mons Evrini*, ainsi qu'il est nommé par l'Evêque Imbert, à cause que le terrain de cette montagne auroit appartenu à une famille noble du nom d'Evrin, dont le Prêtre ci-dessus étoit descendu, on ne laisse pas de trouver ce lieu nommé au treiziéme siécle *Mons Abrein*, ou *Mons Abreni* et aussi *Mons Ebronius*. Cette derniere maniere approche très-fort du nom d'Ebroïn qui <small>Tab. Caroli loci.</small> n'étoit pas absolument rare dans l'antiquité. Mais dans un titre de l'an 1180 cette Paroisse est appellée *Mons Evran*. C'est par erreur que dans un Pouillé imprimé dans Du Breul, cette Paroisse a été désignée par *Mons Veranus*, et elle ne seroit pas mieux appellée <small>Notit. Gall. p. 423, col. 2.</small> quand on auroit mis, comme le souhaitoit M. de Valois, *Mons Verani*. Au quinziéme siécle le Pouillé l'appelle *Mons Evranus*.

Ce Village n'étant qu'à une bonne demi-lieue de Lagny, se trouve être à six lieues et demie de Paris vers l'orient. Sa situation est sur la pente d'un côteau élevé au rivage gauche de la Marne du même côté que Lagny, lequel côteau est garni de vignes ou de broussailles ; la plaine qu'on voit au-dessus est presque toute en labourages, selon le Dénombrement. Suivant celui qui a été publié en 1745 par le Sieur Doisy, il doit y avoir 65 feux. L'Auteur du Dictionnaire Universel de la France avoit supputé en 1726, lors de sa publication, que l'on pouvoit compter à Montevrin 295 habitans.

L'Eglise, ainsi que je l'ai déja fait entendre, est une des plus anciennes du Diocése de Paris, non à la prendre en entier, mais par parties. Deux arcades du chœur, deux ou trois de la nef avec leurs piliers, aussi-bien que la tour, tout cela est du onziéme siécle et bâti vers le commencement du regne de Philippe Ier. Mais ôté les deux arcades du chœur, le reste est du treiziéme siécle avec une forme de galeries fermées, et une voûte de pierre. Ce qui reste dans la nef n'a pas été si bien entretenu n'étant que lambrissé et sans goût d'architecture, mais en général tout y ressent l'antiquité ; on s'apperçoit même que les cintres en ont été peints comme c'étoit l'usage dans les siécles éloignés. Cette Eglise est aussi accompagnée de deux ailes, mais non voûtées.

Malgré l'antiquité de ce bâtiment on n'y voit point de tombes qui datent d'avant le seiziéme siécle. Voici celle qui est au chœur en lettres gothiques minuscules :

Cy gist noble Dame Anne de Crouy, en son vivant femme de noble homme Messire Loys Vion, Seigneur Chastelain de Vaux, laquelle trespassa le... Février M. Vc XXI. (Armes : Aigle éployée.)

Sur une autre tombe de même gothique on apperçoit seulement le mot Demoiselle... C'est la femme d'un *Ecuyer, Seigneur de Douy en Mulcian, fille de Guillaume de...*

Sur une troisiéme tombe fort effacée on lit seulement qu'elle est de Jeanne Docheres... orpheline.

L'autel de Montevrin ayant été donné en l'an 1036 à l'Abbaye de Lagny, sous le nom d'Autel de Saint Remi, en présence du Roi Henri, ce Monastere a toujours conservé depuis le droit de présenter à la Cure, et la Paroisse a toujours continué de regarder comme son Patron Saint Remi, Evêque de Reims, dont elle célébre la Fête le 13 Janvier, jour de son décès. Elle est dans le rang de celles auxquelles l'Abbé de Lagny présente dans le Pouillé du treiziéme siécle sous le nom d'*Ecclesia de Monte Abrein*, et depuis dans les autres tant manuscrits qu'imprimés. Dans celui du XV siécle son revenu sur l'ancien pied étoit de trente livres. C'est l'Abbé de Lagny, Seigneur de la Paroisse, qui est gros Décimateur.

Les Eglises ou Monasteres qui ont eu du bien à Montevrin, sont l'Abbaye de Sainte-Geneviève de Paris et celle de Chaalis, au Diocése de Senlis. Je commence par celle-ci parce que son titre est plus ancien. On lit dans les Archives de ces Religieux de l'Ordre de Citeaux, que vers l'an 1180 faisant un échange, ils donnerent la maison et les vignes qu'ils possédoient *apud Montem Evran*. A l'égard de Ste-Geneviéve, ce fut en 1234 que Pierre et Adam *de Monte Ebroino*, freres, firent présent à cette Maison d'un arpent de vigne situé *apud Montem Ebroinum* dans la censive de Saint-Pierre de Lagny. Tout cela prouve clairement l'antiquité du vignoble de Montevrin.

Tab. Caroli loci.

Chart. S. Gen. p. 238.

LA CHARITÉ sur cette Paroisse est un lieu qui se nommoit *les Corbins*, lorsque les Freres de la Charité de Paris en ont fait l'achat, et auquel ils ont fait bien des augmentations par de nouvelles acquisitions. La Ferme étoit de deux cents arpens lorsque j'y passai en 1739. Les Cartes du Diocése ou environs de Paris marquent encore la Charité avec les Corbins, ou au moins le petit Corbin. Un autre, au lieu du nom de la Charité, l'appelle l'Aumône.

Peu de personnes sçavent dans le pays qu'il y a eu autrefois un petit Hôpital ou Maison-Dieu sur le territoire de Montevrin. Noble homme Jean d'Argny, Ecuyer, et Damoiselle Maurice de Sasseville, sa femme, y ayant fait bâtir une Maison et une Chapelle, obtinrent de l'Evêque de Paris en 1477 qu'elle portât le titre de Maison-Dieu, *Domus Dei*. Mais la fondation n'étant que de quarante sols parisis, ne pouvoit pas se soutenir long-temps.

Reg. Ep. Paris. 3 Aug. 1477.

Evrin, Seigneur de ce lieu, fut inhumé dans l'Eglise de Lagny, et apparemment dans la nef, n'étant pas convenable qu'il eût une sépulture plus honorable que le Comte Herbert. Dom Michel Germain qui écrivoit l'Histoire de Lagny l'an 1687, y marque que l'année précédente le corps de ce Seigneur Evrin fut placé proche celui d'Herbert qui venoit d'être mis dans le Sanctuaire. Il ajoute que l'épitaphe qui accompagnoit le tombeau étoit conçue en ces termes [1]. Elle nous apprend qu'Evrin s'étoit fait Prêtre, et mourut le 21 Juin après une sainte vie :

> *Qui pertransitis, si rem pensare velitis,*
> *Hic faciendo moras, non incusabitis horas :*
> *Prudens, pacificus, qui presbyter undè pudicus,*
> *Qui nudo vestis, qui consolatio mœstis,*
> *Qui risus flenti, fuit et cibus esurienti ;*
> *Hic situs Evrinus ; meruit mundo peregrinus*
> *Nunc inter cives cœlorum vivere dives.*
> *Terminus est istī, Ds, actor quē posuisti*
> *Quē si nitatur, non est qui transgrediatur.*
> *Hunc Julii flendas quinto sextoque Kalendas*
> *Anno ab Incarn. Domini M C XXVIII* [2].

1. Nous avons cru devoir donner cette épitaphe telle que l'a rapportée M. de Guilhermy (Inscriptions de la France, T. IV, p. 515). Selon cet érudit, les deux dernières lignes n'en avoient dû former qu'une seule se terminant par la date MLXXVII, année de la mort d'Evrin. (Note de l'éditeur.)

2. C'est l'année de l'Epitaphe, car il mourut en 1707.

L'Anniversaire d'un tel bienfaiteur a été solemnisé long-temps avec distinction. J'ai lu quelque part que sous l'Abbé Arnoul qui siégea jusques vers l'an 1107, on y distribuoit trois muids de vin.

Une autre personne illustre tient à Montevrin par la naissance. C'est un ancien Abbé d'Hermieres décédé en 1396. Il fut inhumé dans le Chapitre de cette Abbaye, et on lui dressa cette épitaphe : *Cy gist Jehan Coldoe, Abbé de Hermieres, qui fut né de Montevrin : Mil..... Priez pour s'ame.* L'Obituaire de cette Maison en fait mention au 4 Janvier. <small>Gall. Chr. T. VII, col. 942.</small>

Le Capitaine dit Montevrin qui vivoit dans l'avant-dernier siécle, est célebre par le mal qu'il fit dans le temps des troubles de la Religion. Je me contente de ce qui est dit de lui à l'article de Lagny.

SAINT-DENIS DU PORT

Peut-être eût-il été plus convenable d'intituler cet article simplement Le Port, que de dire Saint-Denis du Port, puisqu'à présent le territoire du Port ne forme plus deux Paroisses qu'il soit nécessaire de distinguer comme autrefois par ces deux expressions Saint-Denis du Port et Saint-Laurent du Port. Mais l'usage ayant prévalu malgré la cessation de la cause, je m'y suis conformé. Toujours est-il important qu'en commençant cet article j'aie marqué l'étendue dont étoit le territoire contigu à la ville de Lagny auquel on a donné le nom de Port. Il commençoit apparemment à l'endroit du rivage de la Marne où les bateaux s'arrêtoient ; c'étoit ce qui lui avoit donné le nom, ensuite il s'avançoit dans les terres sur le côteau et même dans la plaine vers le midi. Quelques-uns prétendent que c'étoit en ce lieu que Dagobert avoit donné un Domaine à l'Abbaye de Saint-Denis, et que ce fut pour cela qu'il y eut une Eglise du nom de ce Saint. Quoi qu'il en soit, ce canton de Seigneurie appartenant au Monastere de Saint-Denis, et peut-être depuis à celui de Lagny en partie, eut par la suite des temps ses Seigneurs particuliers qui en prirent leur surnom dès le douziéme siécle ; car on trouve une Lucie du Port, laquelle vivoit en 1150, et un Guy du Port, Chevalier, vivant en 1227, lesquels profitant du voisinage de Jossigny, Terre de l'Abbaye de Sainte-Geneviéve, s'accommoderent des droits que les Comtes de Meulent y avoient, peut-être pour se dédommager de ce qu'ils ne pouvoient pas avoir proche Lagny sur le territoire du Port. <small>Voyez Jossigny.</small>

Ce que j'ai dit jusqu'ici indique suffisamment l'antiquité et l'origine du nom de Port donné à la partie orientale qui est hors les murs de Lagny, comme aussi à la partie méridionale, qui étoit la Paroisse de Saint-Laurent. Le territoire consiste en vignes et en terres labourables. Le nombre des feux n'étoit que de 18 suivant le Dénombrement de l'Election de Paris imprimé en 1709 : cependant en 1726 celui des habitans étoit de 130, selon la supputation du Dictionnaire Universel de la France. Mais le calcul le plus assuré est celui du Dénombrement que le Sieur Doisy a fait imprimer en 1745 et qui y marque 28 feux.

L'Eglise que l'on voit à Saint-Denis du Port est neuve, n'ayant été bâtie que depuis le milieu du dernier siècle, parce que la précédente tomboit de vétusté. C'est une espece de Chapelle sans collatéraux. Il y a au milieu du chœur une tombe autour de laquelle est écrit en lettres gothiques : *Cy gist noble et discrete personne M. Jehan de Marseille, Seigneur du Fief de Saint-Denis du Port, de Farainvilliers et Sr en partie de Beaumignies en Beauvoisis, lequel trespassa le xxvij Septembre M. Vc. XXIIII.* C'est un Prêtre qui est représenté sur cette tombe. Cette Eglise est bâtie sur l'angle de la cour de l'Hôtel du Fief mentionné dans cette épitaphe, et il y a une porte qui de cet Hôtel rentre dans le chœur. On assure qu'en 1651 avant qu'on démolît la vieille Eglise il fut dressé un Procès-verbal de l'état où elle se trouvoit, et qu'entre autres, en abattant la porte placée au même lieu, on trouva le cintre d'une autre qui avoit été plus grande. C'étoient MM. Huguenat de Marnay, qui étoient alors Seigneurs de l'Hôtel, Fief et Seigneurie de Saint-Denis du Port.

<small>Extrait de Procès-verbal 1651.</small>

La nomination de la Cure appartenoit au moins dès le treiziéme siécle à l'Abbé de Lagny, suivant le témoignage du Pouillé de ce siécle-là, qui l'appelle simplement *Ecclesia de Portu*, sans aucune mention de Saint Denis. Mais dans le Pouillé du quinziéme siécle, il y a tout au long *Curatus S. Dionysii de Portu* à la même nomination, ainsi que dans tous les suivans. L'Abbé de Lagny, Seigneur de tout le Village, est aussi gros Décimateur. Une partie de ces dixmes provient du don que Gilles, Archidiacre de Beauvais en 1239, et Gilles Choisel, Archidiacre de Senlis en 1272, firent à l'Abbaye de la portion qu'ils avoient dans ces dixmes. Le Curé de Saint-Denis étoit logé autrefois dans une maison que l'Abbé lui réservoit. On lit qu'en l'an 1176 l'Abbé et les Chanoines Réguliers de Chaage proche Meaux, traiterent avec Geoffroy, Abbé du Monastere de Lagny, au sujet de la maison de ce Prêtre.

<small>Hist. Abbat. Latiniac. mss.</small>

<small>Gall. Chr. T. VII, col. 498.</small>

Sur le territoire de la Paroisse Saint-Denis du Port est LA GRANGE DU BOIS, maison de plaisance de l'Abbé de Lagny : au moins si elle n'y est pas située, elle y a bien cinq cents arpens de terre.

La Paroisse de Saint-Denis du Port se trouve augmentée dans son territoire par la réunion qui a été faite de celle de SAINT-LAURENT. Cette Paroisse de Saint-Laurent située hors des murs de Lagny, existoit dès le treizième siècle, puisqu'elle est dans le Pouillé Parisien de ce temps-là au rang de celles dont l'Abbé de Lagny nommoit le Curé. Elle est marquée simplement sous le nom *S. Laurentii*. Cette réunion n'est pas nouvelle. On en présenta l'an 1488 le Décret donné par l'Evêque du consentement de l'Abbé et Couvent de Lagny, à Louis de la Forest, Evêque de Paris, pour en avoir la confirmation. Les deux Eglises réunies y sont appellées *S. Laurentius de Portu*, et l'autre *S. Dionysii* tout simplement. Depuis ce temps-là, les Provisions de la Cure de Saint-Denis portoient ces mots: *cum ejus annexa S. Laurentii*, et quelquefois *cum Capellania Sancti Laurentii*. Les choses avoient continué en cet état jusqu'au commencement de ce siécle; alors Toussaint François le Cerf, Curé de Saint-Denis, exposa à M. le Cardinal de Noailles, que quoiqu'on y eût fait autrefois l'Office comme dans une Paroisse, cela n'avoit pu se continuer, parce que les maisons avoient été détruites par les guerres, ensorte que la Chapelle étoit restée seule au milieu des champs: ce qui n'étoit pas sans péril. Il obtint donc qu'elle fût démolie, et que l'on feroit un tableau de Saint Laurent pour une Chapelle dans l'Eglise de Saint-Denis, où l'on célébreroit l'Office le dixiéme jour d'Août, fête de ce Saint.

Reg. Ep. Paris. 8 Jan. 1488.

Ibid. 8 Maii 1507, 7 Sept. 1519. 11 Dec. 1569.

Reg. Arch. Par. 1 Aug. 1703.

Quelques Géographes n'ont pas laissé que de continuer à marquer cette Chapelle au midi de Lagny, dans leur Carte du Diocèse de Paris. Elle est sous le nom de *Lauret* dans celle que Guillaume de l'Isle a donnée de la Prévôté et Vicomté de la même Ville. Elle est aussi imposée au Rôle des Décimes du Diocèse.

Quelques personnes parlant de cette Chapelle, lui donnent le nom de Saint-Laurent de Bulles; je n'ai point encore découvert sur quoi ce nom est fondé.

Ce sont MM. du Séminaire de Saint-Sulpice qui possedent aujourd'hui le principal bien qui est sur ce territoire de Saint-Laurent.

LAGNY

La premiere connoissance que nous avons de Lagny en Brie, est due à la fondation d'un Monastere qui y fut faite vers l'an 645 de Jésus-Christ, par Saint Fursy venu d'Irlande dans la France, à qui Archambaud, autrement dit Erconvald ou Erchinoald, Maire du Palais de Clovis II, avoit fait présent de ce terrain situé au rivage méridional de la Marne, à six lieues de Paris vers l'orient, et à quatre de Meaux. Il ne faut pas le confondre avec un autre Lagny, dit Lagny-le-Sec, situé à six ou sept lieues de là, dans le Diocèse de Meaux, entre Dammartin et Nanteuil-le-Haudoin, lequel a appartenu à l'Abbaye de Saint-Denis dès le VII siécle, par donation Royale, et qui n'est qu'un simple Village, dont le nom est le même en latin, sçavoir, *Latiniacum*. C'est de ce Lagny que doivent s'entendre les Diplômes de l'Abbaye de Saint-Denis du VII et VIII siécle. La plupart des étymologies de ces deux Lagny semblent ne devoir venir d'un autre nom que de celui d'un ancien Seigneur du temps des Romains, lequel se seroit appellé *Latinius*; car ce nom étoit d'usage parmi les Romains, comme l'a observé M. de Valois. L'on ne doit être nullement tenté de trouver du Celtique dans ce nom, parce que si la signification de *Lat* ou *Lad* (qui vouloit dire aquatique) convient à Lagny en Brie, elle formeroit un contraste ridicule dans Lagny-le-Sec. Il y a encore en France deux autres Villages du nom de Lagny, sans compter Lagney qui est au Diocèse de Toul, et qui est dit aussi *Latiniacum*. Il est quelquefois arrivé à des Ecrivains du XII siécle d'abréger le nom latin de Lagny et de l'écrire *Laniacum*. On le trouve ainsi dans Anselme de Gembloux; ce qui a fait croire à ceux qui n'approfondissent pas, que Laigny avoit tiré son nom du commerce de laitues que l'on y faisoit. Un autre a écrit en 1190 *Lenniacum*.

Notit. Gall. p. 420, col. 2.

Dictionn. Univ. de la France.

Ansel. Gemblac. chron. ad an. 1129.

Du Breul, Liv. IV sur Malnoüe.

L'un des anciens Ecrivains de la vie de Saint Fursy a fait une peinture de la situation de Lagny en termes les plus expressifs qu'il a pu trouver, pour marquer que de son temps une épaisse forêt couvroit ce lieu par le haut, et que dans le bas il étoit embelli par des prairies et par la Marne, et enfin par des vignes dans les autres côtés : *Hinc Silvâ peropacá tegitur ; hinc Matronæ aqua honestatur ; hinc multiplex et delectabilis pratorum planities ; hinc fœcundissimarum vinearum floret densitas.* Cette description pouvoit convenir à Lagny du temps de Saint Fursy, à la réserve qu'il y avoit des bois presque dans tous les endroits qui ont été depuis plantés en vignes. On attribue au Saint la source abondante qui arrose ce lieu. Il étoit en effet difficile de n'en pas trouver dans la place où est le Monastere dans le milieu ou environ de la pente du côteau. L'expérience a même fait voir que les écoulemens des eaux par-dessous la terre sont si abondans qu'ils sont devenus nuisibles aux édifices des Eglises.

Entre plusieurs Oratoires bâtis sur cette colline, l'Eglise de Saint-Pierre est celle qui servit au Monastere que Saint Fursy établit en ce lieu, quoiqu'on lui attribue aussi les commencemens de celle de Saint-Sauveur, et de celle qui porte son nom, de laquelle on ignore le premier vocable. Cette Maison continua d'être gouvernée par des Saints Abbés après le départ de Saint Fursy pour les Isles Britanniques, et ce fut une pépinière de Saints, que les Corévêques du Diocése de Paris et de Meaux choisirent pour leur retraite lorsqu'ils alloient exercer leurs fonctions sur les limites des deux Diocéses. Delà vint que non-seulement on y compta parmi les Saints, Emmien ou Emilien qui prit la conduite du Monastere après Saint Fursy, puis Eloque, Mommole, qui au moins y ont été Religieux s'ils n'y ont pas été Abbés, mais encore un S. Déodat, Evêque, un S. Landry, et plusieurs Saints Confesseurs, soit Prêtres séculiers ou Religieux, appellés Madelgaire, Fulbert, Ansilion, Sidoine, etc., décédés dans le Monastere ou aux environs, et dont les corps avoient été élevés de terre avant l'onziéme siécle. C'est tout ce que l'on peut dire en général de l'Histoire des premiers temps de l'Abbaye de Lagny, dont les monumens furent détruits par les Normans lorsqu'ils remonterent la Marne, après le milieu du IX siécle. Car, quoiqu'on ne trouve les noms d'aucuns Abbés qui l'aient gouverné durant le huitiéme siécle, et même jusqu'au regne du Roi Robert, il n'en faut pas conclure que la vie monastique ne s'y fût pas soutenue jusqu'au temps des courses de ces Barbares venus du Nord. On conserve encore à Saint-Maur-des-Fossés la moitié d'un Diplôme par lequel Charles le Chauve confirmoit en 845 l'échange de quelques biens que fit Ingelbert, Abbé de Saint-Pierre-des-Fossés, avec le Monastere de Lagny. Malheureusement le commencement du Diplôme qui contenoit le nom de l'Abbé de Lagny et celui des biens qu'il donnoit à Ingelbert, a été perdu; il ne reste que le nom des terres que l'Abbaye des Fossés transportoit à celle de Lagny, dont les unes étoient situées à Chevreville, au Diocése de Meaux, les autres au Diocése de Paris, entre Luciat et Tercy. Doublet prétend que Lagny avoit été originairement donné à Saint-Denis par le Roi Dagobert; il ajoute que Charles le Simple le fit rendre à l'Abbé Robert, son parent.

Doublet, Hist. de S. Denis, p. 814.

Herbert, Comte de Champagne et de Brie, ayant été touché à la vue des ruines du Monastere de Lagny qui se trouvoient sur sa route lorsqu'il venoit à Paris, obtint du Roi Robert cette place, y rétablit le Monastere, et fit mettre pour Abbé un nommé Herbert, Moine, disciple du fameux Gerbert, qui tâcha aussi-bien que ce Comte de faire revenir à cette Maison ses anciens domaines; et le Comte Etienne obtint du même Roi Robert des Lettres qui confirmoient ce rétablissement, datées de Sens l'an 1018. La nouvelle Eglise avoit été dédiée le 1er Juin précédent par Sevin, Archevêque de Sens, le siége de Paris étant vacant. Outre ce Prélat, le Comte

Notit. linguâ vulg. 400 [300] ann. in Hist. Latin. [Monasticon Benedict. T. XXXIII, fol. 106.]

Etienne y invita l'Archevêque de Reims, les Evêques de Soissons et de Terouenne. Ces deux derniers, à la priere du Comte, porterent les corps des Saints Déodat, Fulbert, Ansilion, Lambert et Mauger, avec quelques-uns des Saints Innocens. Le Roi Robert y assista avec le Duc de Bourgogne, et donna un des clous de la Croix de Notre-Seigneur et une épine de sa couronne qu'il fit porter dans une Procession qu'il suivit pieds nuds. L'Eglise fut dédiée sous le titre de Saint Pierre et Saint Paul et des Saints Innocens. La Sainte Vierge passa néanmoins aussi pour l'une des Patrones. Au moins il est certain qu'en l'an 1128 il y avoit en cette Eglise son image exposée, à laquelle il se fit un grand concours pour la maladie des Ardents.

<small>Hugo Garsitus Ansel. Gemblac. ad an. 1129.</small>

Quoique l'Eglise de Lagny fût enrichie de plusieurs corps saints, selon qu'on vient de voir, Arnoul, qui en fut fait Abbé au onziéme siécle, ne voulut pas revenir d'Italie sans en apporter des reliques de Saint Thibaud, son frere, décédé en 1066 au Diocése de Vicence, et il les déposa à son retour dans l'Abbaye, d'où peu de temps après une partie servit à la construction du Prieuré de Saint-Thibaud des Vignes, un quart de lieue au-dessus de Lagny. L'autre partie étoit restée à l'Abbaye et fut changée de châsse en 1175. Cette Translation des reliques de Saint Thibaud à Lagny est rapportée dans une ancienne Chronique de la Bibliotheque de l'Oratoire de Rome à l'an 1075 en ces termes : *Translatio reliquiarum S. Theobaldi apud Latiniacum ;* ce que Dom Michel Germain, en son Histoire de l'Abbaye de Lagny, a cru désigner quelque pieux Comte de Champagne du nom de Thibaud, et que Dom Martenne a suivi à la lettre quand il parle de cette Abbaye. Le même Abbé Arnoul apporta aussi dans son Monastere en 1094 des reliques de Saint Florentin, Martyr, qu'il avoit eues apparemment à Suin en Charollois.

<small>Chronic. ad Cyclos Paschal.</small>

<small>I. Voyage Littér. Partie II, p. 71.</small>

L'Eglise bâtie par le Comte Herbert et dédiée l'an 1018, étoit un édifice peu considérable et qui d'ailleurs avoit été endommagé dans un incendie de l'an 1184. Il en fut bâti un autre à l'occident de celui-là vers la fin du siécle suivant, dont l'Abbé Jean Britel fit faire la Dédicace par Eudes de Sully, Evêque de Paris, le 27 Août 1206. C'est de cette troisiéme Eglise que l'on voit encore les restes exposés aux injures de l'air devant l'entrée de celle d'aujourd'hui, dont le vestibule est aussi de l'ancien édifice.

Outre les corps saints mentionnés dans l'acte de la Dédicace de 1018, l'Abbaye de Lagny avoit encore un très-grand nombre de reliques dont il reste un ancien Catalogue rapporté par Dom Michel Germain. En voici les plus remarquables : un ossement de Saint Eloi, disciple de Saint Fursy, une côte de Saint Guillaume, Abbé ; la tête de Saint Agapit, Martyr ; des reliques de Sainte Céline, Vierge de Meaux, et de Saint Faron, Evêque de la même Ville; de Sainte Soline, Vierge et Martyre de Chartres, que les Religieux de Saint-Pere en Vallée avoient apparemment apportées de cette Ville lorsqu'ils se retirerent à Lagny, du temps de l'Abbé Herbert, le restaurateur de cette Maison; de Saint Exupere et de Saint Loup, Evêques de Bayeux, venues sans doute de Corbeil. Il faut y ajouter les habits sacerdotaux de Saint Fursy s'il en reste la chasuble, le manipule ayant été donné à une autre Eglise.

Les anciennes sépultures notables après celles des Saints dont les corps étoient relevés dès le commencement du onziéme siécle, sont: 1° celle du Comte Herbert, dont le corps avoit été apparemment mis dans quelque Oratoire ou dans le Chapitre en attendant la Dédicace de l'Eglise qu'il rebâtit. On voit encore dans le Sanctuaire de celle d'aujourd'hui son épitaphe mise en ce lieu après la translation de son corps. Je n'en rapporterai que les six premiers vers, le reste étant endommagé: Voyage Litt. de Dom Martenne. T.I, par.II, p.71.

> *Exemplar morum, Procerum lux, norma bonorum,*
>   *Solamen miseris, exitium sceleris:*
> *Gloria virtutis, laus famæ, forma salutis,*
>   *Quo nil, dum viguit, clarius orbe fuit.*
> *Insignis late Comes Herbertus bonitate*
>   *Hoc jacet in tumulo sub lapidum cumulo.*

La seconde sépulture ancienne est celle du Prêtre Evrin qui décéda en 1077, mais dont l'épitaphe ne fut posée qu'en 1127. Elle est rapportée en entier à l'article du village de Montevrin.

La troisiéme est celle de Thibaud le Grand, ou quatriéme du nom, Comte de Champagne et de Brie, qui avoit comblé de biens ce Monastere, et qu'une Charte d'Henri, son fils, atteste y avoir été inhumé noblement l'an 1152. Cette sépulture fut remuée au quatorziéme siécle. On leva encore la tombe qui la couvre en 1686 et on y trouva une boëte d'argent avec des reliques que l'on a cru être de Saint Thibaud, son Patron.

Au reste, pour ce qui regarde les sépultures de gens de considération, il y a lieu de croire qu'on en trouvera un jour dans l'ancienne nef découverte aussi-bien que dans l'aîle où il y avoit une Chapelle dont je parlerai ci-après.

Depuis la mort de Thibaud le Grand arrivée en 1152, cette Abbaye fut sujette à divers malheurs pendant le reste du siécle. Les guerres des Seigneurs particuliers les uns contre les autres donnerent occasion d'en ravager les biens. Les efforts qu'on fit pour y établir une Commune, et en particulier ceux du Comte Henri pour élever une Tour, troublerent les Religieux jusqu'à l'an 1156 que l'Archevêque de Sens prononça que ce Comte n'avoit pu la faire élever ni tenter l'érection d'une Commune. Deux incendies, l'un en 1157, l'autre en 1184, firent un tort infini au Couvent. Celui de l'an 1184 réduisit en cendres une partie de la Ville. En 1184, dit Clarius, Moine de Sens, *6° Kalendas Augusti, combustum fuit Laniacum et Abbatia tota.* Robert du Mont rapporte à l'an 1163 que l'année précédente l'Abbé de Lagny ayant voulu réprimander un homme pour son forfait, ce malheureux lui décocha une flèche dans l'œil, dont il mourut incontinent.

<small>Spicileg. in-fol. T. II, p. 486. Suppl. ad Sigeb.</small>

Voici une preuve de malheurs. En 1357 les Moines et les habitans de Lagny firent contribuer aux réparations les habitans de Chessy, Montevren, Governe, Conches et Chantelou.

Vers le milieu du quatorzième siècle les Anglois ayant fait irruption dans le Monastere, y commirent des dégâts infinis. Lorsqu'ils s'en furent allés, la garde de cette Maison fut commise à Pierre de la Crique, homme très-cruel, qui n'épargna rien de ce que les Anglois avoient laissé. Cependant sa dureté ne put tenir contre la patience des Religieux. Il en fut touché : et pour réparer le mal qu'il avoit commis, il jetta les fondemens d'une nouvelle Eglise magnifique, et en finit le chevet ou Sanctuaire que les Religieux continuerent jusqu'à ce que les pertes causées par les guerres les obligerent de laisser l'ouvrage imparfait, comme on le voit. Les dispositifs pour les vitrages de la croisée marquent quelles devoient en être l'élévation et la délicatesse. Les pertes du Couvent avoient été si réelles, que le Roi Louis XI lui remit par ses Lettres du 21 Juin 1468 deux cents livres de rente qu'il étoit tenu de payer à la recette du Domaine de Meaux.

<small>Regist. Stat. Parl. sub Reg. Joan. et Carol. V.</small>

Je m'étendrai ci-après un peu plus sur les guerres, en parlant des Bourgeois de ce lieu.

Philippe Carpen, Abbé très-zélé, remédia autant qu'il put aux maux causés par les dernieres courses des Anglois, et sauva de leurs mains ce qui restoit de titres, dont Nicolas Vincelot, Procureur Fiscal sous l'Abbé François de Clermont, Cardinal, Archevêque d'Auch, forma un Cartulaire du temps de François Ier, qui est presque le seul monument qui reste des débris des Calvinistes.

Les guerres du quinziéme siécle ayant occasionné beaucoup de relâchement dans la même Abbaye, cet Abbé, en conséquence d'un Arrêt du Parlement, y introduisit la réforme par les soins d'Etienne Gentils, Prieur de Saint-Martin-des-Champs, de deux Religieux de Chezal-Benoist et de deux de l'Ordre des Célestins, environ l'an 1516. Il fit rebâtir le réfectoire et les autres lieux réguliers, disposé à continuer le bâtiment de l'Eglise s'il eût vécu en des temps plus favorables. Il y faisoit souvent sa résidence et étoit ravi du bon ordre qu'il y vit renaître. Mais après sa mort les procès avec les Abbés Commendataires donnerent quelques atteintes à sa régularité. L'Abbé Jacques du Brouillart y attira les Capitaines de Montgommery, de l'Orge et de Montevrain, qui se saisirent de plus de quarante châsses et jetterent les reliques au feu dans la place publique, aussi-bien que les livres et autres meubles ecclésiastiques, et endommagerent tellement l'Eglise, que les Religieux ayant présenté requête au Parlement pour être pourvu à l'Office divin, les revenus de cet Abbé furent saisis pour y subvenir ; Montevrain fut arrêté de l'ordre du Roi et décapité à Paris, sa tête apportée à Lagny, et exposée fort long-temps à la potence. *Reg. Parl. 2 Janu. 1588.*

Ces maux communs à beaucoup d'Eglises et de Monasteres de la France, ne furent réparés que peu à peu à Lagny à cause de la durée des guerres de la Religion du temps de la Ligue. Lorsque les MM. de Neuville possédérent cette Abbaye, on tâcha de réparer les anciennes pertes. A l'égard de celles des reliques, les Religieux reçurent en 1635 du Prieur-Curé de Notre-Dame de Chauny, Diocése de Noyon, une partie du coronal du chef de S. Momble, qu'on croit avoir été le successeur de Saint Fursy, et obtinrent le 17 Juillet de l'Archevêque de Paris permission de l'exposer. *Reg. Arch. Par.*

La Réforme de la Congrégation de Saint-Maur y ayant été introduite en 1641 par les soins de l'Abbé Camille de Neuville, ces Peres ne cesserent de travailler à remettre cette Maison en bon état et principalement l'Eglise qu'ils trouverent moyen de dessécher, et dans laquelle ils firent tant de changemens qu'elle fut bénite de nouveau par le Général de la Congrégation le jour de Pâques 1687, avec la permission de l'Archevêque. Il n'y avoit que six ans qu'ils étoient introduits dans cette Abbaye, lorsque réunissant leurs prieres à celles des habitans, ils obtinrent du Chapitre de Saint-Fursy de Péronne l'os pierreux de la tête de ce Saint, que le Vicaire Général de l'Archevêque permit d'exposer à la vénération publique, par Lettres du 12 Janvier 1647, signées André du Saussay. Le Couvent de son côté fit présent à la Collégiale de Péronne du manipule du même Saint. Depuis quelques années ces Religieux ont fait travailler considérablement au portail de leur Eglise et en ont embelli toute l'entrée. *Ibid.*

On seroit trop long à rapporter les biens, droits et priviléges de ce Monastere. Ils sont presque tous énoncés dans une Bulle d'Alexandre III de l'an 1178 qui confirme les donations antérieures. Imbert, Evêque de Paris, par exemple, et Galon, l'un de ses successeurs, avoient accordé à cette Abbaye plusieurs autels ou Eglises et plusieurs dixmes, au onziéme et douziéme siécle; Gautier, premier du nom, Evêque de Meaux en 1050, leur avoit donné l'autel de S. Pierre d'Ogne, de son Diocése. L'Abbé jouit du titre de Comte de Lagny. Son Bailly y exerce haute, moyenne et basse Justice. On y leve pour lui tous les droits Seigneuriaux, même sur la riviere. Cependant, en un Factum donné en 1619 pour le Prieur d'Argenteuil, il est dit (page 13), que l'Abbaye de Lagny n'est pas exempte de la Jurisdiction épiscopale. Les Comtes de Champagne et de Brie lui ont accordé autrefois un droit de Foires. Ces Foires étoient si fréquentées et d'une durée si considérable, qu'il en revenoit à l'Abbaye dix ou douze mille livres de rente, suivant des Lettres de Louis XI. En 1321 les Bénédictins se plaignoient du Bailly et du Prévôt de Meaux, de ce que ces deux Officiers retardoient la vente des draps durant les trois jours que les draps se vendoient. Le Roi instruit du fait, donna ordre d'informer à Robert de Saint-Benoît, son Clerc. L'Almanach Royal marque une Foire à Lagny le 30 Novembre. J'en dirai davantage sur ces Foires ci-après.

Arrest Parlam. assign. fol. 118.

Ce ne peut gueres être que par un effet de cette ancienne relation du Monastere de Lagny avec le siége Episcopal de Paris, que les Evêques ont été faciles à lui accorder les autels des Eglises de la campagne qui l'environnoient du côté de la Brie, qu'ils ont été attentifs à faire remplir le siége Abbatial aussitôt que la vacance étoit venue à leur connoissance; d'y faire la visite par eux ou par leur Vicaire-Général, et de se faire prêter serment de fidélité par les Abbés qui reconnoissoient leur siége immédiatement soumis au siége Episcopal de Paris. C'est dont il y a différentes preuves dans les plus anciens Registres qui soient restés à l'Evêché jusqu'à l'introduction de la Congrégation de Saint-Maur. Et ceux qui ont lu les Lettres d'Yves de Chartres ont dû y remarquer que vers l'an 1096 les Religieux de ce Monastere ayant voulu se soustraire de la jurisdiction Episcopale, Guillaume, Evêque de Paris, se transporta à Rome, et qu'Yves, Evêque de Chartres, écrivit au Pape en sa faveur.

Gall. Chr. T. VII, col. 53.

En 1473, le 6 Février, la dignité Abbatiale étant vacante, par la mort de Nicolas Borée, l'Evêque de Paris, Louis de la Forêt, la conféra *jure devoluto* à Oger d'Anglure, Prêtre de l'Ordre de Saint-Benoît.

Le 12 Mars de la même année, il commit Matthieu de Brée, Doyen de Lisieux, pour y faire la visite en son nom.

En 1474, le 15 Janvier, il fit la visite de l'Eglise et y conféra la tonsure.

En 1485, le 6 Novembre, après le décès d'Urbain de Fiesque, qualifié Evêque de Fréjus, et nouveau Abbé Commendataire, les Vicaires-Généraux permirent aux Religieux de procéder à l'élection.

En 1490, le 10 Mars, Auger de Bric, Prêtre Angevin, ayant été pourvu de cette Abbaye en Commende, en prêta serment de fidélité au même Evêque, Louis de Beaumont, *ad causam dicti Monasterii immediate sedi Episcopali subjecti*. Cet Abbé ne commença cependant à jouir qu'en 1497, ayant été pourvu une seconde fois.

Reg. Ep. Paris. 12 Junii.

En 1503, le 14 Novembre, cette Abbaye étant vacante par la mort de cet Abbé, fut conférée par Louis Pinelle, Vicaire-Général d'Etienne Poncher, Evêque, à Richard Le Moine, Prieur de Saint-Martin-des-Champs. Cependant ce fut René de Brie qui l'eut en Commende l'année 1505. *Reg. Ep. Paris. 12 Septemb.*

Il y eut en Parlement, le 15 Janvier 1509, un Arrêt pour sa Réforme, de même que le 29 Juillet 1514. Le Cardinal de Clermont en étoit pour lors Abbé. *Reg. Parl.*

En 1521, le 3 Juillet, l'Evêque de Paris approuva un Bail emphythéotique que François de Clermont, Archevêque d'Auch, Abbé Commendataire de Lagny, avoit fait d'une maison à noble Jean de Rynerii, Auditeur des Comptes. *Reg. Ep. Paris*

En 1524, le 3 Février, l'Evêque de Paris reçut le serment de fidélité de Jérôme de Louviers, autrement du Chastel, Abbé Commendataire de Lagny : mais c'étoit *nomine Romanæ Ecclesiæ*.

Ce Jérôme de Louviers étoit décédé dès le mois de Janvier 1525, puisque les Religieux avoient dès-lors élu pour lui succéder Jacques Aubry, Bénédictin, dont les Vicaires-Généraux, Jacques Merlin et Etienne Liger, furent chargés d'examiner l'élection. De plus, le 4 Mars suivant, cette Abbaye fut conférée par l'Evêque à Pardoul le Lasnier, Prêtre du même Ordre *jure devoluto*, comme vacante par le décès du même Jérôme. Mais Jacques Aubry fut maintenu. Les Mémoriaux de la Chambre des Comptes font mention de son serment de fidélité. *Ibid. 10 Jan. 1525.*

Ibid.

J'ai cru que ces remarques pouvoient servir à perfectionner le Catalogue des Abbés de Lagny, outre ce qu'elles contiennent par rapport à l'ancien droit des Evêques de Paris, dont il y eut encore un acte en 1637, sçavoir, une Sentence de Denis le Blanc, Official de Paris, qui défend aux Religieux d'admettre aucun Visiteur que celui nommé par l'Archevêque qui de tout temps est leur Supérieur, et y a fait ses visites. *Ibid. 4 Dec. 1637.*

Il y a dans Lagny trois Paroisses que je nommerai ici selon la dignité du titre : Saint-Sauveur, Saint-Paul, et Saint-Fursy. Comme l'Auteur qui a avancé que ce fut Saint Fursy, premier Abbé de Lagny, qui, en bâtissant le Monastere sous le titre de Saint Pierre, construisit pareillement des Oratoires ou Eglises du titre de Saint Sauveur et de Saint Paul, comme cet Auteur, dis-je, n'a écrit qu'à la fin du XI siécle et qu'il étoit éloigné de plus de trois siécles du temps dont il parle, on n'est aucunement tenu d'ajouter foi à ce qu'il en dit. Cependant il y a apparence que ce Saint put fort bien élever un autel sous le titre du Sauveur pour la dévotion des paysans qui faisoient valoir les biens du Monastere, si déja il n'y en avoit pas un sous ce titre. C'est aujourd'hui l'Eglise la moins voisine de l'Abbaye, et qui paroit avoir été rebâtie plusieurs fois depuis sa premiere construction. Je n'en ai appris aucune particularité.

SAINT-PAUL seroit une Eglise très ancienne, s'il étoit certain que ce fut cette Eglise de Lagny où il se tint une Assemblée d'Evêques qui fit écrire sur la fin du dixiéme siécle, par le fameux Gerbert aux Chanoines de Saint-Martin de Tours, une lettre qui commence ainsi : *Omnes Episcopi qui ad Concilium venerunt in Ecclesia S. Pauli, omnibus Clericis de Monasterio S. Martini.* Ce qui pourroit faire croire que ce Concile se tint à Saint-Paul de Lagny, est que les Evêques mandent à ces Chanoines de se trouver dans quelque temps à Chelles, où le Roi tiendra ses Plaids, et où ils devoient aussi être présens. Ce n'est au reste qu'une conjecture fondée sur le voisinage, car il y pouvoit avoir ailleurs d'autres Eglises de Saint-Paul. Outre cela il est difficile de croire que le Comte Herbert, quoique vivant alors, eût déjà relevé les ruines du Monastere de Lagny et y eût bâti une seconde Eglise outre celle de Saint-Pierre. Quoique cela ne soit pas impossible, on ne trouve rien de certain sur l'Eglise de Saint-Paul de Lagny avant le douziéme siécle, qu'elle est reconnue existante, sans dire si elle étoit Paroisse ou non. Cela se prouve par un acte de l'an 1132 ou environ, par lequel le Pape Innocent II maintint les Religieux dans la possession d'une maison située entre le Monastere et l'Eglise de Saint-Paul. Mais Clément III qui siégea en 1188 parle de cette Eglise de Saint-Paul comme d'une Paroisse dans une de ses Bulles. On croit que cette Eglise commença par une grande Chapelle qui servit peut-être à la piété des Comtes de Brie et de Champagne, et que ces Comtes donnerent depuis à l'Abbaye, et dont les Religieux se servirent pour certaines cérémonies claustrales, comme pour Processions, instructions de domestiques qui étoient au nombre de vingt-sept dans le douziéme siécle, ou enfin qu'elle fut choisie par les Abbés pour être leur Chapelle particuliere, vu que leur logis Abbatial n'en étoit pas éloigné.

Le bâtiment de cette Eglise telle qu'elle subsiste aujourd'hui, est du genre dont on bâtissoit sous François Iᵉʳ, c'est-à-dire un mélange d'architecture Romaine sans gothique. Aussi dit-on qu'elle fut rebâtie en tout ou en plus grande partie par François de Castelnau Clermont Lodeve, Archevêque d'Auch, Abbé de Lagny, vers l'année 1520. La Dédicace n'en fut faite qu'en 1559 par Philippe, Evêque de Philadelphie, suivant la permission à lui accordée le 9 Août de cette année. La tour de cette Eglise de Lagny est celle de toute la Ville qui figure le mieux.

En 1535 l'Evêque de Paris accorda des Indulgences à tous ceux qui contribueroient au rétablissement de la Chapelle de Sainte Barbe : *Infra metas Parochiæ Sancti Pauli Latigniacensis.*

La Cure de Saint-Paul est marquée la premiere des trois de Lagny qui sont à la nomination de l'Abbé dans le Pouillé du treiziéme siécle; de même dans celui du quinziéme qui lui assigne trente-deux livres de revenu.

SAINT-FURSY. On ne voit pas pour quelle raison l'on a bâti autrefois à Lagny deux Eglises si voisines l'une de l'autre que le sont Saint-Paul et Saint-Fursy, qui ne sont séparées que par une rue. S'il y a de l'inconvénient à cela, il ne faudroit s'en prendre qu'à ceux qui ont bâti la seconde. La difficulté est de sçavoir laquelle de ces deux Eglises existoit avant l'autre : je n'entends pas par là les édifices qui existent aujourd'hui ; il est évident que celui de Saint-Fursy est plus ancien, et qu'il renferme des parties qui sont du douziéme et du treiziéme siécle. Mais il est question du temps auquel la place où est l'Eglise de Saint-Fursy a été primitivement destinée pour une Eglise. Le bâtiment du chœur tel qu'on le voit paroît être du regne de Philippe-Auguste. A l'égard de celui de la nef, il est beaucoup plus récent : pour ce qui est de la tour qui menace ruine du côté de la Place, elle est tellement replâtrée qu'on ne peut juger de son âge. L'opinion la plus certaine est qu'avant cette Eglise construite sous Philippe-Auguste ou environ, il y en avoit existé une autre du nom de Saint Fursy. On sçait par des Lettres d'Imbert, Evêque de Paris, de l'an 1036, que cette Eglise de Saint-Fursy étoit un lieu où les peuples venoient apporter leurs oblations. Cet Evêque en accorda la moitié à l'Abbaye de Lagny. Soixante ans après elle paroît comme Paroisse soumise à la même Abbaye, et pour cette raison Galon, Evêque de Paris, l'exempte du droit de synode et du droit de circade ou de visite. Cette exemption est marquée à l'an 1105. Puis donc que l'Eglise dont il s'agit dans ces Lettres Episcopales eut besoin d'être rebâtie vers l'an 1180 ou 1200, c'est une marque qu'elle devoit avoir au moins deux cents ans, et qu'ainsi la premiere Eglise du titre de Saint Fursy avoit été construite dans le temps que le Comte Herbert réédifia l'Abbaye de Lagny : et on lui fit porter le nom de Saint-Fursy en mémoire du premier Abbé de ce lieu, sous l'invocation duquel il n'y avoit point encore eu d'Eglise dans le pays. Les ornemens sacerdotaux qui passoient pour lui avoir servi, suffirent pour faire changer l'ancien Patron dans le temps de la Dédicace.

Hist. mss. Latiniac.
Gall. Chr. T. VII, col. 493.
Hist. mss. Latin.
Gall. Chr. T. VII, col. 494.

On tient par tradition que c'étoit Saint Blaise qui étoit cet ancien Patron : mais j'ai trop d'exemples par devers moi, que le peuple et même quelquefois les Prêtres ont pris le change, que je ne crois pas devoir regarder cette tradition comme bien épurée. Il ne faut qu'un peu d'attention sur le siécle où l'on est obligé par là de faire remonter le culte de Saint Blaise, Evêque de Sébaste en

Arménie, dans le centre du Royaume. Comme cette époque précede de beaucoup le temps des Croisades, et même celui de la premiere qui se fit en 1095, il est hors de toute vraisemblance qu'on ait pu avoir à Lagny des reliques d'un Saint du fond de l'Orient au dixiéme siécle; et même dans ce sentiment il faudroit qu'on les eût eues dès le neuviéme, puisque l'Eglise que le Comte Herbert rebâtit et à laquelle on donna le nom de Saint Fursy, étoit une ancienne Eglise ou Oratoire que personne n'avoit eu soin de relever depuis les ravages des Normans. Bollandus a fait d'excellentes réflexions sur la métamorphose ou changement du culte de certains Saints, que M. Baillet a placée avec grande raison au jour de Saint Blaise, puisque ce n'est que par les raisonnemens employés par ce sçavant Jésuite que l'on peut se tirer d'affaire au sujet du nombre prodigieux de reliques que l'on produit de ce Saint, et qui l'ont fait regarder comme Patron d'Eglises dont les fondateurs n'avoient point pensé à lui, et qui n'ont jamais conservé de ses vraies reliques. Comme donc l'intercession de Saint Blaise a été fort réclamée depuis les Croisades, ce Saint devenu plus fameux a fait perdre à Lagny les restes du souvenir qu'on pouvoit y avoir d'un autre Saint dont la Fête avoit été autrefois célébrée le 3 Février. Cet autre Saint étoit appellé en latin *Deodatus*. Il est marqué au 3 Février dans deux anciens Martyrologes manuscrits de Saint-Germain-des-Prés avec la qualité d'Evêque, ce qui signifie qu'il étoit Corévêque du Diocése de Paris pour ce quartier-là; et il falloit qu'il fût décédé à Lagny, puisqu'on y possédoit son corps en entier élevé du tombeau et placé dans une châsse il y a sept cents ans. Comme donc la coûtume des Abbayes étoit de distribuer des reliques des Saints aux Eglises de leur dépendance, il est à croire et l'on a droit de penser que celle de Lagny en avoit donné à l'Oratoire qui existoit à la place où est l'Eglise de Saint-Fursy, de même qu'elle en donna à celle de Droiselles, au Diocése de Senlis, laquelle en a pris le nom, et que sans celles de Saint Fursy qui survinrent et firent plus de bruit, la mémoire de Saint Deodat ou Dié n'auroit pas été éclipsée par celle de Saint Blaise révéré par toute la France le même jour. Ce Saint *Deodatus* est un véritable Saint local de Lagny, qu'on auroit tort de confondre avec Saint Dié, Evêque de Nevers, mort le 19 Juin au Diocése de Toul, et dont le corps y étoit en entier, en même temps qu'on montroit à Lagny celui de Saint Deodat, mort le 3 Février. On assure même qu'il y est encore, tandis que celui de S. Deodat de Lagny a été profané ou brûlé par les Huguenots.

La Cure de Saint-Fursy est marquée sans distinction dans le Pouillé de Paris du treiziéme siécle. Elle y tient le second rang, aussi-bien que dans le Pouillé du quinziéme. Mais dans ce dernier

marginalia: Chastelain, Martyrol. Univ. Bimestre 3 Févr. *Note.*

Pouillé on y voit deux Curés marqués : *Curatus Sancti Fursei de Latigniaco* avec un revenu estimé trente-deux livres, puis *Alter Curatus Sancti Fursei*, avec autant de revenu. Dans la suite je trouve ces Curés qualifiés *Curatus dextræ portionis Sancti Fursei, et Curatus alteræ portionis*. L'un des Curés se plaçoit à droite du chœur et l'autre à gauche comme il se pratiquoit dans l'Eglise de Brie-Comte-Robert, et exerçoient apparemment les fonctions Curiales tour à tour, soit par semaine au autrement. Cela fait voir seulement que cette Paroisse étoit la plus peuplée. Les dernieres Provisions que j'ai trouvées d'un second Curé de Saint-Fursy, *Reg. Arch. Par.* sont du 13 Avril 1611. En 1629 le 26 Juillet la Cure fut conférée sans distinction de portion. Il paroît cependant que dès avant ce temps-là quelque Curé avoit joui des deux portions en même *Reg.* temps. Je vois en 1522 une collation *sinistræ portionis*, et en 1578 24 Oct. 1522. le 3 Juillet, René Chevauchée est dit Curé des deux portions ensemble, et il les permute. Depuis environ six vingt ans que les deux portions sont réunies, le Curé de Saint-Fursy est imposé aux Décimes pour les deux portions.

Le Couvent des Bénédictines de Saint-Thomas de Laval est sur cette Paroisse.

Les Curés des trois Paroisses de la ville de Lagny étoient tenus dans le temps de leur réception d'aller prêter serment au Chapitre de l'Abbaye. Un réglement du 14 Février 1727 les en a dispensés. *Reg. Arch. Par.* Ce réglement roule sur les Sermons, les Processions, les Enterremens : et il y est dit qu'ils assisteront aux Vigiles et Messe de l'Anniversaire du Comte Thibaud dans l'Eglise du Monastere. Dès l'an 1651 il y avoit eu un Arrêt du Parlement qui régloit les Arrêt du 10 Mai. Curés de Saint-Paul et de Saint-Fursy avec l'Abbaye. Code des Curés. T. II, p. 132.

On doit juger par ce que j'ai dit jusqu'ici touchant les Eglises de Lagny, que La Martiniere a donné dans une grande méprise, lorsqu'il a marqué dans son Dictionnaire, que la principale Eglise de cette Ville est Saint-Georges. Il n'y en a jamais eu de ce nom à Lagny.

Dans le nombre des Bénéfices qui restent à Lagny, se trouve une Chapelle de Saint Vincent située dans le Cimetiere général de toute la Ville. La premiere connoissance que nous en avons se tire du Pouillé Parisien du treiziéme siécle, dans lequel après les noms des trois Cures on voit *Capella atrii ;* aussi dans le pays est-elle appellée la Chapelle de S. Vincent de Laitre, c'est-à-dire du Cimetiere, car autrefois par *atrium* on a entendu le cimetiere, à cause que les premieres inhumations proche les Eglises ont commencé au portique ou parvis. Ce même Pouillé la met au rang des Bénéfices auxquels l'Abbé de Lagny nomme. Le Pouillé du quinziéme siécle dit aussi que le *Capellanus atrii* est de la nomination Abbatiale, et reconnoit qu'il avoit seize livres de revenu.

Reg. Ep. Paris. Des Provisions de l'Evêque de Paris du 31 Mars 1544 la désignent en ces termes : *Capella de Latre in Cimeterio de Lagny prope muros ejusdem.* Au Rôle des Décimes on ne la connoit que sous le nom de Chapelle Saint Vincent du Cimetiere de Lagny. C'est le grand Saint Vincent, Martyr, qui en est Patron ; ce que j'ajoute pour empêcher qu'on ne croie que *Laitre* soit un lieu d'où un autre Saint Vincent auroit tiré son surnom.

COMMUNAUTÉS. La ville de Lagny a vu établir dans son sein durant le siécle dernier deux ou trois Communautés de Bénédictines, dont les unes n'ont fait qu'y passer, et les autres y ont resté ; les deux premieres Maisons ont été émanées du Prieuré de Saint-Thomas de Laval, situé au Diocése de Sens, aux environs de Donnemarie, vers Montereau.

D'abord Charlotte le Bret, Prieure de ce Monastere de Laval, en étant sortie avec sa sœur Elisabeth le Bret, Sous-Prieure, de la permission de l'Archevêque de Sens, acheta en 1639 une Maison à Lagny pour faire cet établissement. L'Archevêque de Paris la constitua Prieure en 1641, et la même année elle obtint des Lettres-Patentes pour sa Maison, sous le titre de Notre-Dame de la Conception et de Saint Joseph [1]. Dans l'enregistrement du 28 Février 1642, ces Religieuses sont dites destinées à l'instruction des Filles. Les guerres qui survinrent vers 1650 dégoûterent cette Prieure, qui résolut en 1653 de transférer le Couvent ailleurs ; et ce fut à Conflans, proche Charenton, que se fit la translation. Il resta quatre de ces Religieuses à Lagny. Deux d'entre elles, nommées Marie le Roux et Anne Filleul, engagerent quelqu'un à faire une fondation pour l'enseignement des filles, et demanderent à l'Archevêque de posséder le Monastere que les autres avoient *Reg. Archiep.* quitté pour aller à Conflans : ce qui leur fut accordé au mois de Juin 1661. La même année, le 4 Août, il y eut de nouvelles Religieuses Bénédictines installées à Lagny par M. Hodenc, Vicaire Général, et l'on trouve au 17 Octobre 1666 que la Maison des *Ibid.* Bénédictines vacante venoit d'être obtenue par une Dame Petit, pour y placer d'autres Bénédictines qu'elle faisoit venir de Montluçon. Mais ce dernier Couvent ne subsista que jusques vers l'an 1688.

L'autre Communauté de Bénédictines de Lagny, fut celle de Saint-Thomas de Laval, Prieuré du Diocése de Sens, déja mentionné ci-dessus, et soumis à l'Abbaye du Paraclet, Diocése de Troyes. Ce Prieuré qui étoit établi dès le douziéme siécle près

---

1. Comme Charlotte le Bret étoit Professe de Farmoutier, l'Auteur du Pouillé de Meaux imprimé en 1648 s'imagina, page 51, que cette nouvelle Communauté de Lagny dépendoit de cette Abbaye.

Donne-Marie en Brie, ayant été ruiné par les guerres, fut transféré à Donne-Marie même, et peu de temps après à Lagny, en vertu de Lettres-Patentes du mois d'Octobre 1647, du consentement de l'Abbesse du Paraclet, des Archevêques de Sens et de Paris, et de Camille de Neufville, Abbé de Lagny. Le lieu où ces Bénédictines furent logées s'appelloit la Maison rouge et étoit dans le fauxbourg du Vivier. Pierre Thiersault, Seigneur de Conches, et Maître des Requêtes, voyant le désir que sa fille Marguerite avoit de se faire Religieuse, avoit donné ce fond pour avoir sa fille plus près de lui. André du Saussay, Vicaire Général de Jean-François de Gondi, Archevêque de Paris, les mit en possession le 21 Juin 1648, et fit la bénédiction de la premiere pierre.

Cette Communauté étant située sur le territoire de la Paroisse de Saint-Fursy, M. le Cardinal de Noailles donna le 23 Fév. 174... un réglement concernant les inhumations des Pensionnaires, et les confessions Paschales des personnes logées dans les cours extérieures, comme aussi touchant les Fêtes et les droits Curiaux; il y fut marqué que les deux Fêtes de Saint Fursy seroient gardées dans le Couvent, qu'on y feroit l'Office de ce Saint le jour de sa Translation, et de Saint Blaise, que l'on qualifia d'ancien Patron de la Paroisse; que le jour de Pâques le Couvent feroit offrir à la Paroisse par une Tourriere un cierge blanc d'une livre et un écu de trois livres; que les inhumations dans la Chapelle extérieure seroient faites par le Curé; que ce Curé pourroit y venir en Procession; que pour indemnité de la quinzaine de Pâques les Religieuses lui paieroient quinze livres, outre la dixme de leur clos qu'elles payoient à un écu par arpent de vigne.

L'HOTEL-DIEU de Lagny est ancien, suivant qu'il paroit par le portail qui donne sur la rue, lequel est du treiziéme siécle au plus tard. Les deux battans de la porte sont séparés par une grande statue de pierre qui représente le Sauveur, tenant un livre, de même qu'il y en avoit autrefois à l'Hôtel-Dieu de Paris. Cette Maison-Dieu étoit gouvernée en 1351 par un Prêtre, deux Freres et deux Sœurs; l'état des biens qui fut fourni à celui qui la visita par commission de l'Evêque de Paris, marquoit à Lagny vingt-deux arpens de bonne terre, et quatre à Montevrin; à Bucy-Saint-Georges soixante et neuf arpens et des vignes; à Trie-Bardou, un muid de bled sur les revenus du Roi, etc. On lit ailleurs une preuve que les Abbés de Lagny prétendoient, il y a trois cents ans, que l'administration des biens de cette Maison n'appartenoit pas aux Evêques de Paris; car l'Evêque Gérard de Montaigu ayant voulu se l'attribuer, l'Abbé Pierre, deuxiéme du nom, en porta ses plaintes l'an 1411 au Pape Jean XXIII. *Lib. Visit. Domest. Par. et Lepr. fol. 73.*

Gall. Chr. T. VII, col. 503.

Cependant, [1°] par un Arrêt du Parlement du 14 Août 1344, on prouve que la collation et administration appartiennent à l'Evêque de Paris. C'étoit alors Guillaume de Chanac.

2º J'ai vu une visite faite en 1355 par Jean de Villecoublent, qui y trouva Sœur Marie de la Turende, pourvue par l'Evêque en 1335.

3º Comptes de 1443 et 1447, vus par Jean Chuffart, Visiteur commis par l'Evêque Guillaume, 1445 et 1449.

4º Provision de René du Bellay, Vicaire Général du Cardinal du Bellay, donnée à Lancelot le Sueur, 9 Mai 1534, et actes postérieurs, comme annulations de Baux faits sans l'avis de l'Evêque, etc.

Cet Hôpital avoit des biens à Dammard.

Le 5 Janvier 1673, il y eut en Parlement un interlocutoire sur la requête des Syndics et habitans de la ville de Lagny, à l'effet d'enregistrer des Lettres-Patentes portant établissement d'un Hôpital en ladite Ville.

Je remets à parler des Augustins du fauxbourg de Lagny et de la Chapelle de la Magdeleine qui y étoit aussi située, aux articles de Pomponne et de Torigny, parce que c'est sur le territoire de ces deux Paroisses que ces lieux sont situés.

C'est avoir donné un précis de l'Histoire des Seigneurs de Lagny, que d'avoir rapporté en abrégé, comme j'ai fait ci-dessus, celle des Abbés de ce lieu, vu que cette Ville n'a point reconnu d'autres Seigneurs immédiats ; mais on ne peut se dispenser de faire observer que ce sont les Comtes de Brie et de Champagne qui ont aussi beaucoup contribué à l'augmentation de cette Ville, par l'établissement du commerce, soit par terre, soit par eau, à la faveur de la Marne.

Il falloit que le commerce y fût considérable dès le commencement du douziéme siécle, sous le regne de Louis le Gros, puisque l'Abbé Raoul avoit été obligé dès l'an 1130 de réduire à six le nombre des Changeurs, laquelle réduction fut confirmée en 1188 par l'Abbé Jean. Les Foires ou Marchés de Lagny paroissent aussi avoir existé dès le même temps. La Foire ou Marché principal se commençoit sous Louis VII au jour des Innocens, et apparemment que l'on fut déterminé à ce jour par le concours des peuples à la châsse de deux ou trois Saints Innocens que l'on y exposoit. Cette Foire est énoncée dans une [bulle] d'Adrien IV qui confirme les biens de cette Abbaye en 1153. Je nesçais si cet établissement auroit donné occasion de nommer du nom d'Angleterre (*Anglia*) un certain quartier de la Ville, suivant que nous l'apprend un titre de l'an 1188.

Il paroît que les Comtes de Champagne s'étoient retenu quelque tribut aux Foires de Lagny, puisque le Comte Thibaud sixiéme du nom, du temps de Saint Louis, donna aux Chartreux de Paris quinze livres à prendre sur ces Foires pour la fondation d'un Chartreux (ce qui subsistoit alors), et qu'une des Chapelles de Notre-Dame de Paris avoit aussi un droit sur les mêmes Foires. Je trouve que vers 1300 ou 1320 l'ouverture de la grande Foire n'étoit plus attachée au jour des Innocens, mais au 2 Janvier. C'est ce que donne à entendre un manuscrit de ce temps-là, dans lequel j'ai lu ces lignes : *La Foire de Lainny-sur-Marne est livrée le lendemain de l'an reneuf*: et plus bas : *La Foire de Laigny ne doit point d'entrée.* Le commerce de Lagny étoit même relatif avec celui de Paris, s'il en faut juger par la concession que la ville de Paris avoit faite au quinziéme siécle d'une Halle aux Marchands de Lagny comme à ceux de Saint-Denis, de Gonnesse, etc. On lit dans un Compte de l'Ordinaire de Paris de l'an 1484, article du Hallage, ces deux lignes : *Des Habitans et Drapiers de la ville de Lagny-sur-Marne pour leur Halle appellée la Halle de Lagny assise ès Halles de Paris au bout de la Halle Saint-Denis.* Cet endroit fait voir que l'un des commerces de Lagny étoit la Draperie. Par la suite des temps la grande Foire de Lagny, qui étoit l'une des célébres Foires de Champagne, souffrit du changement. Je trouve une Déclaration du Roi Henri II du 1er Février 1553 par laquelle sont établies quatre Foires à Lagny, sçavoir le Lundi de la seconde semaine après Pâques, le jour de Saint Laurent, celui de Saint André et le 3 Mai. Maintenant il n'y en a plus que deux qui se tiennent le 3 Février et le 30 Décembre, avec trois Marchés par semaine, sçavoir les Lundi, Mercredi et Vendredi.

La prospérité de la ville de Lagny dans son commerce avoit été interrompue sous le regne de Louis VII par l'incendie qui la désola l'an 1157, par la chûte d'une grêle grosse comme le poing en 1176, et par un second incendie plus violent que le premier arrivé sous Philippe-Auguste, le 3 Août 1184. Mais les guerres des quatorze, quinziéme et seiziéme siécles, ne lui furent gueres moins préjudiciables, quoique d'un autre côté elles servirent quelquefois à manifester le courage et la valeur de plusieurs de ses habitans. Cette matiere demande à être développée. Il paroît que Lagny n'étoit pas encore fortifié ni peut-être même fermé de murs en 1213. On a des Lettres de Philippe-Auguste de cette année, dans lesquelles il est dit que la Comtesse Blanche et Thibaud, son fils, ne pourront fermer Meaux, Lagny, Provins et Colomiers, sinon de son consentement, jusqu'à ce que Thibaud eût atteint l'âge de vingt et un ans. Ce ne fut donc gueres que sous le regne de Saint Louis que Lagny put être fortifié. On m'a fait remarquer à cette occasion que cette Ville a eu deux clôtures : que la premiere étoit bien plus vaste que celle qui subsiste, qu'on en voit encore les vestiges du côté de l'orient. Mais Lagny eut beau être fortifié, les Anglois et Navarrois logés à la Ferté-sous-Jouarre, vinrent à bout d'y entrer le Mardi d'après l'Epiphanie de l'an 1358 ; ils pillerent la Ville, y tuerent plusieurs Gentilshommes ou les emmenerent avec leurs effets dans le Fort qu'ils avoient en ce lieu de la Ferté, après avoir mis le feu dans Lagny. Cette Ville fournit au Prince d'excellents soldats sous le regne suivant. Les Registres des Chartes nous ont conservé des Lettres du mois de Juillet 1367, par lesquelles Charles V exempte de tous subsides seize Arbalêtriers de Lagny choisis pour son service entre les autres par leur Connétable. Le Roi y loue cette Compagnie de ce qu'elle lui avoit beaucoup servi aux siéges d'Etampes, de Nogent et de Marroles. Cinq ans après, c'est-à-dire en 1372, Pierre Crique, Pannetier du Roi, se trouvoit établi Capitaine de cette Ville et de la Maison forte. Il est sans doute le même que j'ai appellé ci-dessus Pierre de la Crique d'après l'Historien moderne de l'Abbaye, et qui après y avoir fait bien du mal y fit beaucoup de bien.

Contin. Chr. Nangii et Chron. SanctiDionysii.

Hist. des Gr. Off. T. VIII, p. 617.

Jean, Duc de Bourgogne, tâchant d'être admis à l'audience du Roi Charles VI en 1415, choisit la ville de Lagny pour y résider avec les troupes à l'entour en attendant le moment que le Roi le manderoit. Mais il y resta si long-temps que le peuple de Paris lui donna le sobriquet de *Jean le Long* ou de *Jean de Lagny* ; de quoi, irrité, il envoya ses plaintes au Conseil ; mais comme malgré cela la réponse du Roi étoit longue à venir, ses soldats s'impatientant de n'être pas payés et voulant décamper de Lagny, il leur en donna le pillage. Cette même Ville étoit occupée en 1418 par les ennemis du Roi, et sans doute par les gens du Duc de Bourgogne. Ceux du Dauphin qui se tenoient à Meaux, la surprirent par la faute du guet, et y firent beaucoup de maux. Mais la garnison qui s'étoit sauvée dans une Tour ayant envoyé demander du secours au Duc de Bourgogne, il y envoya le Seigneur de l'Isle-Adam, lequel par le moyen de cette Tour entra dans la Ville et passa au fil de l'épée la plus grande partie des Dauphinois, puis y laissa bonne garnison et s'en retourna à Paris.

Histoire de Charles VI par un Moine de Saint-Denis contemporain. Labour. p. 1020.

Jean le Fevre, Histoire de Charl. VI ch. LXXXVIII.

La ville de Lagny resta durant plusieurs années dans la possession des Bourguignons et ensuite des Anglois, malgré son inclination. Enfin, le 29 Août 1429, le Prieur de l'Abbaye et Artus de Saint-Merry vinrent trouver le Roi Charles VII à Saint-Denis pour lui remettre cette Ville. A l'instant le Duc d'Alençon y envoya Ambroise de Loré qui y fut reçu avec grande joie, et fit prêter serment aux habitans. Le 12 Septembre le Roi vint y coucher, et en partit le lendemain, ordonnant à Ambroise de Loré d'y rester avec Jean Foucault, Capitaine Limosin. Ils éloignerent les Anglois et les Bourguignons, qui sçachant que cette Ville étoit mal fermée et peu munie, essayerent dans le même mois de la reprendre, mais inutilement.

Godefr. Histoire de Charl. VII et de la Pucelle p. 529.

Jean, Duc de Bethford, se disant Régent du Royaume, envoya de nouveau la Semaine-Sainte 1430 pour en faire le siége. Il y eut cent douze piéces de canon lancées en un jour, dont il n'y eut qu'un coq de tué. Ces troupes revinrent à Paris le Samedi-Saint, ce qui fit dire par raillerie qu'ils avoient levé le siége pour venir faire leurs Pâques.

En 1431 ce même Duc Anglois vint faire un second siége; il avoit fait construire un pont sur la Marne à la faveur d'une isle, et proche l'Abbaye un parc plus grand que toute la Ville. Il s'y tint cinq à six mois, pendant lesquels Quennede ou Kenedi, Capitaine Ecossois, la défendit vigoureusement. Charles VII envoya par Melun pour la secourir; ses troupes avancerent jusqu'à un quart de lieue de Lagny; il y eut en ce lieu une grande escarmouche. Une partie des François trouva le moyen d'entrer dans la Ville, et l'autre alla du côté de la Ferté-sous-Jouarre; ce qui obligea les Anglois de lever le siége. Il reste des Lettres de Charles VII qui font mention combien les Religieux et les habitans avoient eu à souffrir durant ce long siége, et qui les louent de *leur grande et vertueuse résistance*. L'Abbé étoit alors Guillaume de Conti, qui obtint du Roi qu'en vue des pertes endurées par les habitans, ils fussent exempts de tributs. Ce fut dans cette guerre que les fauxbourgs furent démolis, et c'est aussi l'époque de la diminution de la Ville de plus de moitié. Cette ancienne étendue de Lagny, dont j'ai parlé plus haut, se manifeste encore par les douze arpens d'enclos que les Religieux de l'Abbaye ont actuellement entre les vieux et les nouveaux fossés.
Journal du reg. de Ch. VI et Charles VII, p. 136.

Tabul. Latiniac.

Gall. Chr. T. VII, col. 504.

Les Chroniques font encore mention d'un autre siége de Lagny de l'an 1432, le Dimanche jour de Saint Laurent. Ils [les Anglais] s'y tinrent pendant dix jours, mais le Mercredi 20, ils leverent le siége et y laisserent leurs canons et leurs provisions.
Journal ci-dessus, p. 151.

Le reste du regne de Charles VII, Lagny resta assez tranquille; mais dès les commencemens du regne de Louis XI les Bourguignons s'emparerent de cette Ville; c'étoit au mois de Juin 1465. Ils y brûlerent tous les papiers qu'ils trouverent sur les Aides, et ordonnerent que tout y seroit franc; et que le sel qui étoit au Grenier fût donné à ceux qui en voudroient, en payant simplement le droit du marchand. Lagny enfin revint au Roi comme bien d'autres Villes prises par les troupes du Duc de Bourgogne.
Chron. de Louis XI dite Scandaleuse.

La Chronique Scandaleuse, pages 35 et 62, porte qu'en 1465 les Bourguignons logerent à Lagny et y firent du dégât, et y revinrent à plusieurs reprises.

Le Pere Daniel raconte en son Histoire de quelle maniere cette Ville fut prise par le Duc de Parme, qui étoit dans le parti de la Ligue contre Henri IV. Le 8 Septembre 1590, elle fut prise par
Daniel, éd. de 1755, p. 622.

ce Général qui la fit battre pendant trois heures du côté de la rivière, de dessus un pont de barques qu'il y fit jetter.

Avant 1544, on pouvoit sans offenser MM. les habitans de Lagny leur demander le prix *de l'orge*. Voici quelle est l'origine de ce sobriquet ou plutôt de cette expression proverbiale : *L'orge de Lagny*.

En cette année le Roi envoya quelques ordres en cette Ville, auxquels les habitans refuserent de se rendre ; ils pousserent même la désobéissance jusqu'à la révolte. Cette rébellion arriva en Novembre 1544. Le Maréchal de *Lorge* qui apparemment étoit dans le canton avec un corps de troupes, prit la Ville d'insulte et la mit au sac.

Quoique le Maréchal eût agi en conformité des vues de la Cour, il paroît qu'on voulut l'inquiéter au sujet du pillage de cette Ville. Le Roi, pour le mettre à l'abri de toutes poursuites, donna à ce sujet des Lettres-Patentes, portant défense aux habitans de faire aucunes poursuites. Ces Lettres furent registrées au Parlement le 14 Août 1545. *Mandato iteratis vicibus acto*.

<small>Reg. Parl.</small>

Quelques Ecrivains modernes ont marqué sur Lagny que l'Empereur Louis-le-Débonnaire y avoit tenu ses Plaids dits de son Parlement en l'an 835. Mais ce fut à Attigny. Ils ont été trompés par la ressemblance d'*Attiniacum* avec *Latiniacum*.

On pourroit dire qu'il se seroit tenu à Lagny plus d'une Assemblée d'Evêques, s'il étoit certain que ce fût de l'Eglise de Saint-Paul de cette Ville qu'on dût entendre ce qui est dit d'un Concile tenu sur la fin du X siécle, et dont il y a une Lettre parmi celles de Gerbert. Le Pape Pascal II vint loger en 1107 à l'Abbaye de Lagny, au sortir du Monastere de Saint-Denis, mais il n'y eut point d'Assemblée. Il est plus certain que c'est à Lagny du Diocèse de Paris que le Légat du Pape nommé Ives tint un Concile, l'an 1142, parce que ce fut Thibaud, Comte de Brie et de Champagne, qui attira ce Légat en France, au sujet d'un mariage de Raoul, Comte de Vermandois. A cette occasion il y eut plusieurs autres affaires réglées dans ce Concile. Peut-être fut-ce encore l'Eglise de Saint-Paul qui servit à le tenir.

<small>Gall Chr. T. VII, col. 494. Concil. Labb. T. X, in Suppl.</small>

Nos Rois se sont aussi rendus quelquefois à Lagny. Louis-le-Gros y vint lorsqu'il faisoit la guerre. Ce fut en cette Ville que Philippe-le-Bel prit des mesures après Pâques de l'année 1304, avec la Noblesse de Champagne pour la guerre de Flandres. Le 27 Octobre 1314, le même Roi et Guillaume, Comte du Hainaut, firent un Traité d'union qui fut scellé à Lagny-sur-Marne La fameuse Ordonnance du Roi Louis-le-Hutin qui prescrivoit aux Prélats et Barons la loi, le poids et la marque de leurs monnoies, fut faite pareillement à Lagny-sur-Marne, l'an 1315, environ les Fêtes de Noël. Louis XI logea à Lagny en 1468.

<small>Suger. Vita Lud. Duchêne, T. IV, p. 301. Lettres de Ph. le Bel du 1 Avr. 1303. v. Loris. Reg. des Chart. coté 34 à la fin. Chron. Scand. p. 169. Edit. 1611.</small>

On ne voit point que les Comtes de Champagne aient eu de Palais à Lagny; il n'en reste aucun vestige. Une marque que les derniers Comtes n'en avoient pas, est qu'ils logeoient à l'Abbaye lorsqu'ils venoient en cette Ville. On voit par une Charte du Comte Henri troisième du nom, de l'an 1271, qu'un des Comtes Thibaud, ses prédécesseurs, avoit abonné le droit de gîte, pour faire plaisir aux Religieux, à la somme annuelle de cent livres.

Voici deux événemens arrivés à Lagny que je ne donne pas pour également certains. On cite pour le premier une Chronique de Metz, vue par le R. P. Dom Calmet, Abbé de Senones. Il y est rapporté qu'en l'an 1330, à Lagny-sur-Marne, l'ame d'une Dame défunte revint plusieurs fois et parla en présence d'environ trente personnes, demandant des Messes. Le second, qui est beaucoup plus sûr, n'est pas si ancien. En 1689, le tonnerre tomba à Lagny sur l'autel de la Paroisse de Saint-Sauveur, imprima le canon de la Messe sur l'autel (c'est-à-dire ce carton qui se plie ordinairement en trois) à la réserve des paroles de la consécration qui sont imprimées en rouge. Le Pere François Lamy, Bénédictin, donna dans le temps une explication de ce phénomène qui fut imprimée. *Dissert. sur les Apparitions, p. 119. Niceron, T. III.*

Pasquier, dans ses Recherches, fait mention d'un divertissement semblable aux Jeux floraux qui se pratiquoit de son temps à Lagny aux Fêtes de la Pentecôte. *Rech. de la Fr. L. VIII, c. VII.*

ECRIVAINS ET AUTRES. C'est sans doute l'Abbaye de Lagny qui a fourni les premiers Ecrivains dont cette Ville puisse se vanter. Arnoul, qui en étoit Abbé, écrivit sur la fin de l'onzième lettre [siècle] la vie et les miracles de Saint Fursy, à la priere des habitans de Péronne dont ce Saint est Patron. Peut-être fut-ce aussi lui qui commença l'histoire du transport des Reliques de Saint Thibaud d'Italie à Lagny; mais les miracles furent écrits par un autre Religieux de Lagny à peu près du même temps; et peut-être par Anselme, qui après en avoir gouverné les Ecoles, succéda au fameux Sigebert dans le siége Abbatial de Gembloux en l'an 1112. *Gall. Chr. T. VII, col. 404, ex Gestis Abbat. Gemblac.*

Geoffroy de Leigny fut un Poëte François vers le commencement du XIII siècle. On le dit Continuateur du Roman de la Charette ou de Lancelot, commencé par Chrestien de Troyes. Milon de Laigny fut aussi un Poëte de ce genre et vers le même temps. *Fauchet, Anciens Poëtes. p. 95 et 103.*

Pierre d'Orgemont fut un Bourgeois de Lagny célebre par sa postérité. Il est d'ailleurs mémorable par un article du Testament du Roi Louis-le-Hutin de l'an 1316, où il est ordonné qu'on lui restituera ce qu'on lui avoit pris. *Hist. des Gr. Off. T. VI. p. 337.*

Pierre d'Orgemont, Premier Président du Parlement de Paris et ensuite Chancelier de France, étoit natif de Lagny. Il fleurit sous le regne de Charles V et mourut en 1389.

Les Chartreux de Paris ont mis au rang de leurs bienfaiteurs un Bourgeois de Lagny du même siècle, lequel fournit aux besoins de trente Religieux de la Maison. Il se nommoit Pierre Navet.

<small>Necr. Cart. Par. 2 April.</small>

Robert Gobin, Licencié en Décret, Doyen de Chrétienté de Lagny, et Avocat en Cour d'Eglise, est Auteur d'un Livre intitulé : *Doctrinal Moral,* imprimé à Paris en 1505 en vers et en prose françoise.

<small>Biblioth. Franç. T. X. p. 177.</small>

Pierre Petit, célèbre Mathématicien du dernier siècle, ami de MM. Pascal et Descartes, né à Montluçon, se retira à Lagny sur la fin de ses jours et y mourut le 20 Août 1667. Son corps fut inhumé chez les Bénédictins (chez les Bernardines, suivant Niceron, T. XLII). Ce Couvent ayant été détruit, son sépulcre fut transporté en 1688 en la Paroisse de Saint-Fursy avec le corps de Marie-Elisabeth, sa fille, morte Religieuse au même Couvent, l'an 1671.

Denis Fournier, natif de Lagny, a été un très habile Chirurgien de Paris dans le dernier siècle, inventeur et fabricateur de plusieurs instrumens de sa profession. Il a aussi composé plusieurs traités sur la structure du corps humain, sur les maladies des os, sur les fractures, et a fait imprimer quelque chose sur la pratique des accouchemens. Il est décédé le 25 Novembre 1683.

<small>Index funereus Chirurgor. Par. p. 570.</small>

Quoique Lagny soit de l'Election de Paris, il n'est cependant point compris dans le ressort du Bailliage et Coûtume de Paris, mais dans celui de Meaux.

Cette Ville est figurée dans la Topographie de France de Zeiller gravée à Francfort en 1655, Tome Ier. Elle est pareillement représentée dans une autre Topographie de l'an 1641 par Châtillon, fol. 12. Tassin en parle aussi.

Je finirai l'article de Lagny par quelques particularités que j'ai rencontrées dans mes lectures.

En 1280 Jean de Juig... *Miles,* vendit à l'Abbaye de Chalis huit arpens de prés *in praeriâ* de Lagny. Plus d'un siècle avant 1167, Isabelle de Crepy avoit donné à Chalis un clos de vignes sis à Lagny.

<small>Tabul. Carul. loci.</small>

Sous le regne de Louis XI Jean Ferrebouc, fils de feu Pierre Ferrebouc, Sergent à cheval au Châtelet, paya au Domaine le droit de relief pour un fief assis à Lagny-sur-Marne en la rue du Pont devant l'Eglise de Saint-Paul.

<small>Compte de l'Ordin. de Paris, ann. 1478. Sauval, T. III, p. 396.</small>

L'Hôtel de la Motte étoit connu à Lagny en 1537. Il appartenoit à Pierre Thiersault, Commissaire au Châtelet, et étoit situé sur la Paroisse de Saint-Sauveur.

<small>Perm. d'Or. domest. 16 Déc. 1537.</small>

Roquemont étoit un fief proche Lagny en 1580, et Pierre Viole, Ecuyer, en étoit Seigneur.

<small>Procès-verbal de la Cout. de Paris, 1580.</small>

La Fossette de Pont Gilbert-lez-Lagny, est mentionnée dans un livre fort connu.

<small>Hist des Gr.Off. T.VIII, p. 617.</small>

La Chapelle de la Décollation de Saint Jean-Baptiste dans l'Eglise Notre-Dame de Paris, a été reconnue fondée ou dotée de huit arpens de prés à Lagny, dits les prés des Courtilliers, tenant aux prés *de Bonelio*, et aux terres vers Saint-Thibaud des Vignes.

Dubois, Collect. mss. T.V, *ad calcem*.

Dans Moreri, Supplément 1749, au mot *Spifame*, il est fait mention d'un Raoul Spifame, Gouverneur de Lagny.

Suger dit que les pauvres Eglises mettoient leur argenterie en dépôt ou en gage à Lagny.

Duchêne, T. IV, p. 332.

L'Abbaye de Lagny est une belle Eglise du treiziéme siécle. La nef est du commencement du douzième et de la fin du onzième. On l'a rebâtie en 1750 avec le portail. Il reste à l'extrémité occidentale en sortant, une arcade qui paroit être plus ancienne que l'onzième siécle.

ARREST DU PARLEMENT
QUI CONDAMNE LES MOINES DE LAGNY A TENIR UN TRAITÉ SUR UNE PENSION ALIMENTAIRE

CAROLUS..... *Notum facimus quod Johannes de Belvaco..... proposuit contra Religiosos, Abbatem, et Conventum S. Petri de Latigniaco quod dicti Religiosi eidem Johanni et uxori suæ, dum vivebat, concesserant pro alimentis ipsorum, XIV panes albos, et XXI de pane Armigerorum pro quâlibet septimanâ, et duas caudas vini boni et sufficientis in vindemiis, reddendis anno quolibet hospitio dictorum conjugum : et si forsan esset sterilitas vini et Conventus se à vino restringeret, dicti conjuges essent contenti de unâ caudâ vini, pitentiamque quotidianam tantam et in tali quantitate quantam habet unus de dictis Monachis, unumque porcum bonum et sufficientem ad Natale Domini, unum sexterium pisorum, et unum sexterium fabarum, reddendum in hospitio suo annuatim, quatuor quadrigatas buchiæ seu bosci, talis qualis rependetur in dictâ Ecclesiâ, reddendas in hospitio suo infra festos S. Johannis Baptistæ ; hospitium etiam sufficiens pro dictis conjugibus, quod nullâ redibentiâ esset oneratum, necnon unam robam Armigeri eidem Johanni, quoties dictus Abbas daret tales robas; et tres alnas panni sufficientis quolibet anno ad Natale Domini pro dictâ uxore, vel LX Solid. Paris. quæ omnia capere et habere debebant dicti conjuges, vitâ durante, quantum ad libertates, franchisias, preces, benificia, orationes, Missas... et ad sepulturam in cemeterio suo honestam sicut pro uno de Monachis.*

1 Aug. 1360.

Pro quibus dicti conjuges eisdem Religiosis tradiderant summam decies viginti florennorum auri punderis et cugni de Florentiâ in utilitatem dicti Monasterii conversorum. Ils ajoutent la donation de tous leurs biens à la mort, ne se réservant que pour faire un testament de dix livres chacun.

Les Moines tâchent d'éluder; le Parlement les condamne à peine de saisie de leur temporel. Prononcé 1 Août 1360. (*Ex Registro Judiciorum Parlam. in Parlament. ab anno 1351 ad 1362. fol. 541. in fol. 430.*)

SAINT-THIBAUD DES VIGNES

Avant que de regarder ce lieu comme Paroisse du Diocése de Paris, il faut l'envisager comme Prieuré, parce que c'est le Prieuré qui a fait naître la Paroisse. Il n'y a point d'étymologie à donner de ce lieu : il tire son nom des vignes qui y sont en grand nombre sur une montagne, et qui produisent le meilleur vin de toute la Brie. Ce n'étoit, il y a sept cents ans, qu'une forêt qui couvroit ce canton, et cet endroit avoit pu être regardé par les anciens Payens de ces quartiers comme un de ces hauts lieux convenables à leurs pratiques superstitieuses. Cependant ce n'étoit plus une forêt de chênes dans l'onziéme siécle; c'étoient des hêtres que l'on y voyoit, ensorte que le bois du faîte de cette montagne étoit appellé *Fagus* en latin, et le Fage en langage vulgaire. La montagne commence au sortir de Lagny du côté du couchant, et il n'y a qu'un quart de lieue de chemin pour arriver au lieu où fut construit le Prieuré. Ce furent quelques reliques de Saint Thibaud qui y donnerent occasion.

Ce Saint, descendu des Comtes de Champagne, étant mort proche Vicence en Italie en 1066, Arnoul, son frere, qui avoit été fait Abbé de Lagny huit ans après, entreprit en 1078 le voyage d'Italie d'où il rapporta un bras et quelques autres reliques de ce saint Hermite, et il en enrichit son Abbaye indépendamment de ce qu'il avoit pu en laisser par la route et sur-tout à Sens dans le Monastere de Sainte-Colombe. Quelque temps après, en conséquence de quelques apparitions, il y eut une Eglise bâtie sur la montagne du bois du Fougi, et les reliques de Saint Thibaud y furent transférées. On a une relation des miracles qui y arriverent dès-lors, écrite par un Auteur peu éloigné; ces miracles augmentant, il fut besoin d'ériger une petite Communauté dans le lieu. L'Abbé de Lagny se prêta à cet établissement; et delà l'origine de ce Prieuré.

L'édifice de l'Eglise est certainement au plus tard de l'an 1100, s'il n'est pas de dix ou quinze ans auparavant. Le chœur ou Sanctuaire est voûté en forme de coupe renversée; tous les cintres sont ronds et sans angle ou pointe; les chapiteaux des piliers sont remplis de figures qui contiennent quelques histoires. C'est ainsi que l'on travailloit dans l'onziéme siécle. Cette Eglise avoit été assez vaste; elle étoit revêtue d'un collatéral à droite et à gauche; mais il ne reste plus rien de celui qui étoit à droite ou vers le midi, et l'on ne voit plus que deux ou trois arcades de l'aîle gauche ou septentrionale. Ce bâtiment est supporté du même côté (qui est celui de la pente de la montagne) d'une grosse tour qui s'apperçoit de loin. Au-dessus de l'autel est une châsse de bois doré qui contient quelques ossemens de Saint Thibaud.

Les miracles qui avoient été opérés par l'intercession de ce Saint durant le cours du douzième siècle, y avoient formé un pélerinage qui subsistoit encore avec éclat après la mort de Saint Louis, ainsi que le témoigne la collection des miracles de ce saint Roi rédigée peu après son décès par un Cordelier. Bolland. T. V, Augusti, p.641.

Ce Prieuré est marqué au nombre de ceux du Doyenné de Lagny dans les premieres additions faites vers l'an 1300 au Pouillé du treizième siècle. Le rédacteur du Pouillé du quinzième siècle le nomme le premier des Prieurés du même Doyenné, sous le nom fautif *S. Theobaldi de Vivers* au lieu de mettre *de Vineis*, et il observe qu'il avoit quarante-huit livres de revenu dans ce temps-là, c'est-à-dire il y a trois cent cinquante ans.

Les continuateurs de Bollandus se confiant trop sur les Pouillés imprimés du Diocèse de Paris, ont marqué en parlant du Solitaire Saint Thibaud, que le Prieuré de son nom proche Lagny est situé dans le Doyenné de Châteaufort, parce que le Pouillé imprimé in-4° en 1648 le dit ainsi à la page 76 ou plutôt 78. Cette faute insigne n'a pas besoin de réfutation. Ibid. Junii, p. 607.

Les Prieurs de ce lieu qui se sont présentés à mes recherches, sont :

Jean Basille, Religieux de Lagny, l'étoit en 1506, et en cette qualité Seigneur de Saint-Germain des Noyers. Gall. Chr. T. VII, col. 503.

François Dampmartin en 1579, et auparavant Martin Spifame, Clerc du Diocèse de Paris, par résignation du précédent, 10 Mai 1579. Ce Prieur est marqué présent en 1580 à la rédaction de la Coutume de Paris.

En 1622 un Religieux de l'Abbaye de Saint-Denis en France gouvernoit ce Prieuré. Hist. de S. Denis, p. 585.

En 1700 l'Abbé de Grieu étoit Titulaire.

Actuellement c'est M. Barbier, Secrétaire de M. le Cardinal de Rohan.

Le Prieur de Saint-Thibaud est Seigneur du territoire et il en a les grosses dixmes. Au Rôle des Décimes ce lieu forme deux articles : 1° le Prieuré et Couvent ; 2° la Trésorerie du Prieuré.

ÉTABLISSEMENT DE LA PAROISSE. Le pélerinage aux Reliques de Saint Thibaud conservées dans le Prieuré, joint à la quantité de vignes que la bonté du territoire avoit fait planter en ce lieu, furent cause qu'il s'y établit peu à peu un nombre considérable d'habitans autour du Prieuré. Leurs maisons bâties en divers cantons des environs se trouvoient être sur les limites de différentes Paroisses, telles que Gouverne, Saint-Laurent et autres, dont non-seulement ils étoient éloignés, mais encore on ignore à laquelle ils appartenoient. Le Cardinal Jean du Bellay, Evêque de Paris, averti de cet inconvénient, écrivit au mois de Janvier 1543 à l'Abbé de Lagny et au Prieur de Saint-Thibaud, de faire servir l'Eglise du Prieuré de Paroisse aux habitans circonvoisins, d'autant qu'il y avoit des dixmes, d'y établir les Fonts baptismaux et un Cimetiere, et qu'après le décès du Prieur, l'Abbé de Lagny eût à lui présenter un Prêtre et qu'il lui donneroit des Provisions, en promettant de venir au Synode comme les autres. Tels furent les commencemens de la Cure de Saint-Thibaud, à laquelle il y eut un autel du titre de Saint Jean-Baptiste dessiné [destiné] dans l'aile septentrionale de la nef.

Depuis ce temps-là l'Office Paroissial a été transporté au grand-autel.

La Cure est à la nomination du Prieur de ce lieu, aussi-bien que celle de Saint-Germain des Noyers, suivant le Pouillé de l'an 1648. Le Sieur Le Pelletier l'a oublié dans le sien imprimé en 1692.

Le Dénombrement de l'Election de Paris de l'an 1709 marquoit 39 feux en cette Paroisse : ce qui fut estimé en 1726 par le Dictionnaire Universel de la France contenir 155 habitans, compris apparemment les enfans. Le Sieur Doisy qui vient de réimprimer les Dénombrements de feux du Royaume, en compte 34 à Saint-Thibaud des Vignes, autrement Saint-Thibaud près Lagny.

GOUVERNE ou COUVERNE

L'étymologie de ce lieu n'est pas facile à trouver : on a écrit son nom de plusieurs manieres différentes. En l'an 1036 on disoit en latin *Curvisnæ*; en 1173 *Corvennæ*; en 1174 *Curvennæ*. Au XIII siécle où les termes françois furent introduits plus souvent dans les titres latins, on trouve ce lieu nommé Cortvesnes et Cornes, et en latin *Curvenæ* et *Corvanæ*. La lettre initiale C n'a commencé à être changée en G que dans le XIV siécle. Il n'est pas facile de se déterminer ici. Le commencement du mot *Curv* semble avoir quelque rapport à la sinuosité du vallon dans lequel ce Village est ramassé. D'un autre côté l'on a beaucoup d'exemples que *Cor* et *Cur* sont un diminutif de *Cortis* ou *Curtis*, terme de basse latinité qui signifie un lieu cultivé. Comme donc ce lieu est dans un fond et sur le bord d'un ruisseau, il paroit que l'arbre que les paysans appellent verne devoit s'y plaire, et qu'ainsi son nom a pu être *Cort-verne*. Si cependant il est permis de juger d'un nom par un autre qui lui ressemble, je puis rapprocher ici le nom *Cubrunum* qui est un lieu proche Coblents vers le Rhin, que nous appellons en françois Covern; on ne peut nier qu'il n'y ait beaucoup d'affinité entre ces deux noms. M. de Valois qui connoissoit *Curvenæ* du Diocése de Paris par le Pouillé du XIII siécle, ne s'est pas contenté de dire que c'est un Village de la Brie, il ajoute qu'il est situé proche la riviere d'Hieres et le Monastere du même nom, et qu'on l'appelle vulgairement Couvres ou Couve; par où il est clair qu'il n'a pas connu la Paroisse de Gouverne.

<small>Notit. Gall. p. 416, col. 2.</small>

Cette Paroisse est située comme Lagny (dont elle n'est qu'à demi-lieue) à la distance de six lieues ou environ de Paris, vers l'orient. Sa position est dans un vallon fort verdoyant garni de vignes et bocages, sur un côteau qui regarde le midi et qui est adossé à celui de Saint-Thibaud des Vignes au-dessus de Lagny. Les Cartes donnent le nom de Crochet au petit ruisseau qui y passe, lequel va se décharger dans un étang au-dessous de Torcy. Le Dénombrement de l'Election de Paris imprimé en 1709, y marquoit 70 feux, ce que dans le Dictionnaire Universel de la France publié en 1726 on évalua à 266 habitans. Le plus nouveau Dénombrement qui a paru en 1745, par les soins du Sieur Doisy, assigne à cette Paroisse 59 feux, ce qui revient au nombre de 160 à 180 communians.

L'Eglise de ce lieu est assez complete pour une Eglise de campagne; elle est accompagnée de deux ailes égales, mais qui ne se rejoignent point derriere l'autel. Le chœur et le Sanctuaire sont voûtés. Ces ouvrages ne paroissent avoir guere que deux cents ans. Le Patron de la Paroisse est Saint Germain, Evêque de Paris; on n'y montre point de ses reliques; mais on y en conserve sur le grand-autel dans un reliquaire soutenu par deux Anges de cuivre, que l'on dit être de Saint Sébastien, et que d'autres croient être inconnues. Une grosse et basse tour soutient cet édifice du côté du midi où est la chûte des eaux.

L'autel de ce lieu n'a pas appartenu à l'Abbaye de Lagny dès le temps de sa fondation. Ce fut Imbert, Evêque de Paris, qui le donna avec celui de Montevrin, l'an 1036, à l'Abbé Roger. Depuis ce temps la nomination de la Cure a appartenu à l'Abbé. Elle est au rang de celles auxquelles il présente dans le Pouillé du treiziéme siécle, en ces termes: *Ecclesia de Curvenis*. Dans celui du quinziéme siécle sous le nom de *Curatus de Gouvernis*, avec seize livres de revenu, ancien calcul. La même nomination est marquée dans les Pouillés des temps postérieurs. Celui de 1626 l'appelle *Cura de Guberniis alias de Gouvernet*. C'est ainsi que les noms s'alterent lorsqu'on a perdu de vue les anciens titres. L'Abbé de Lagny est gros Décimateur.

<small>Gall. Chr. T. VII, col. 48 et 493.</small>

Il existoit un Prieuré sur le territoire de cette Paroisse au quatorzième siècle, si l'on peut s'en rapporter à un Ecrivain de ce temps-là, qui le met dans le nombre de ceux qui dépendoient de l'Abbaye de Saint-Magloire de Paris. C'est lorsqu'il rapporte la Translation du corps de Saint Magloire faite d'une châsse de bois en une autre d'argent au mois de Juin 1318, et de laquelle il fut témoin; nommant tous les Prieurs dépendans de Saint-Magloire qui y assisterent, il dit :

> *De Sainte-Croix de Bris Jehan*
> *De laquelle Prieus cel an*
> *Estoit; et Jehan de Moncy*
> *De Versailles Prieus aussi.*
> *Jehan Certain de Galiferne,*
> *Thibaud du Gastel en Gouverne ;*
> *Chaumont lors tenoit en nom Dé ;*
> *Et Jehan Vie Saint Mandé.*

Martyrol. Univ. p. 813.

L'Abbé Chastelain qui a publié la piece de vers où est contenue toute cette Histoire, met en marge que le sixième vers ci-dessus signifie que Dom du Gastel étoit Prieur de Gouverne. Ce Prieuré ne se trouve spécifié dans aucun Catalogue des Prieurés du Diocése de Paris. On ne connoit point non plus d'autre lieu en France appellé Gouverne que ce présent Village.

Il y a eu au douzième et treizième siècle des Chevaliers surnommés de Gouvernes. Barthelemi *de Corvennis* est témoin dans une Charte de Maurice de Sully, Evêque de Paris, de l'an 1173. Thibaud de Curvenne dans une autre de Burchard de Montmorency pour Saint-Victor de Paris de l'an 1174.

Tab. Caroli loci.
Hist. de Montm. Preuv. p. 56.
Ibid., p. 77.

Jean de Cortvenes est présent en 1205 à une Charte de Matthieu de Montmorency. Il avoit été arbitre en 1203 entre le même Matthieu et l'Abbaye de Saint-Denis.

Cod. Reg.

Un nommé *Petrus de Corvernis* étoit redevable de quelques cens au treizième siècle à l'Abbaye de Saint-Maur des Fossés : mais il ne paroît pas avoir été Chevalier.

Lib. Visit. Lepr. Dioc. Par. ann. 1351, fol. 73.

Ce pouvoient être quelques anciens Chevaliers qui avoient donné à la Maison-Dieu de Lagny la redevance de bled qu'elle avoit en 1351 sur un moulin situé à Gouvernes, à moins que ce ne fût l'Abbé même de Lagny.

Je ne connois aujourd'hui d'autre Fief avec maisons sur le territoire de Gouverne, que celui qui est possédé par M. Drouin de Vaudueil, Trésorier de France à Soissons ; il est éloigné de l'Eglise, mais sur le même niveau par rapport au ruisseau. On m'assure que Douay est le vrai nom de ce Fief, et que dans le pays on le prononce *Dueil*.

Il a vécu au XIII siécle ou environ un Maître Thibaud de Gouvernes, dit en latin *de Corvanis*, qui fut Clerc du Roi, ainsi que fait foi l'ancien Nécrologe de Sainte-Geneviève de Paris, à laquelle il donna quarante livres pour son anniversaire. <small>Necr. S. Genov. 26 Jan.</small>

CONCHES

L'auteur de la Notice des Gaules n'ayant rien à nous apprendre sur ce Village, sinon qu'il est dans la Brie, s'est étendu pour marquer qu'il y a eu dans l'Aquitaine un très-ancien Monastere du nom latin *Conchæ* et un autre de même nom au Diocése d'Evreux. La vérité est que ce nom *Conchæ* n'est pas absolument rare dans le Royaume. Il a produit Conches et Conques en françois. Outre la ville de Conches où est l'Abbaye en Normandie, il y a Conches, village de Béarn, et outre Conques, bourg du Rouergue où est la Collégiale substituée à l'Abbaye, il y a un Conques, bourg du haut Languedoc. Et même le nom de Conches a dans le Rouergue son diminutif, qui est Conquettes, comme qui diroit *Conchulæ*. Il paroit au reste de tous ces noms que c'est la situation ou la forme des lieux qui les a fait naître, et l'on y voit ordinairement un vallon où l'eau s'amasseroit comme dans une conque si elle n'étoit conduite plus loin. Les premieres habitations qui avoient pris le nom ont été transportées et refaites plus haut et sur les côteaux sans quitter leur nom. Pour ce qui est du nom de Conches dont il s'agit ici, il ne paroît gueres avant le treizième siécle, où il est dit en latin *Conchæ* ou bien *Conchiæ*. Peut-être est-il de même dans la Bulle d'Alexandre III concernant les biens de l'Abbaye de Lagny. <small>Notit. Gall. p. 415, col. 2.</small>

La situation de ce Conches est à six lieues de Paris, vers le levant, et à une demi-lieue de Lagny, vers le midi. Il est bâti au-dessus du ruisseau, dit Crochet dans les Cartes, qui coule d'orient en occident, ensorte que la pente du côteau regarde le nord. Le territoire des environs de l'Eglise ne consiste qu'en vergers, arbres fruitiers et bocages : les labourages sont plus loin. On a compté en ce lieu 35 feux en 1709 lors de la premiere fois que le Dénombrement des Elections parut. Le Dictionnaire Universel du Royaume qui fut publié en 1726 y marque 80 habitans. Dans le Dénombrement imprimé en 1745 par les soins du Sieur Doisy, il n'y est marqué que 18 feux.

L'Eglise Paroissiale est sur le titre de la Sainte Vierge ; ce n'est qu'une espece de longue Chapelle, mais assez large pour avoir un autel collatéral qui est sous l'invocation de Sainte Anne, pour la célébration d'une Messe quotidienne fondée, suivant quelques-uns, par un nommé Robert le Roy, et selon d'autres par un de MM. Thiersault, anciens Seigneurs. Ce bâtiment paroit assez nouveau à l'extérieur, mais il a pour appui du côté septentrional une tour de plâtre fort caduque. Il se trouve construit à l'angle de ce qu'on appelle à Conches le Fief Cavé, sur lequel est bâti le Château. La Cure existoit au moins dès le treizième siècle, puisqu'elle est marquée au Pouillé Parisien de ce temps-là sous le nom latin *de Conchis* parmi celles dont la nomination appartient à l'Abbé de Lagny. Elle est appellée *de Conchiis* dans celui du quinzième siècle avec l'indication de seize livres d'ancien revenu. On lui réunit celle de Chantelou l'an 1473 qui étoit possédée par François Chanu, et cela en vue de la modicité du revenu et du petit nombre d'habitans; le tout suivant le bon plaisir de l'Evêque, lequel consentit encore à la prorogation de cette union l'an 1497. Mais, depuis, la désunion fut faite. Les Pouillés des siècles suivans se sont conformés aux anciens. L'Abbé de Lagny est aussi gros Décimateur aussi-bien que Seigneur suzerain dans cette Paroisse.

Reg. Ep. Paris. 17 Jun. 1473 et 12 Ap. 1497.

Il y a au sud-ouest de l'Eglise Paroissiale, à quelque distance, un Prieuré du titre de Saint Jean-Baptiste avec une Ferme adjacente par laquelle on entre dans la Chapelle. Il est à la nomination de l'Abbé de Lagny. On ne le trouve point au nombre des Prieurés dans le Catalogue de ceux du Diocèse écrit vers l'an 1300, à la fin du Pouillé de Paris du treizième siècle : mais il est marqué sous le Doyenné de Lagny dans le Pouillé qui fut écrit vers l'an 1460, avec vingt-quatre livres de revenu : maintenant, années communes, il en produit cinq cents. Le premier Religieux de Lagny que j'ai trouvé l'avoir possédé, fut Charles le Roux nommé par l'Abbé avant 1556. Il en jouissoit encore en 1572. Dom André Goujon le tenoit en 1634. Puis Dom Folquin Barré depuis 1638 jusqu'en 1664, auquel temps ce Religieux le permuta avec l'Abbé d'Arbon, frere d'un Intendant de M. Le Tellier, Abbé de Lagny, pour un autre Bénéfice situé en Bourgogne : et celui-là passe pour être le premier Prieur Commendataire connu. En 1704 M. l'Abbé Montauban a obtenu ce Prieuré par permutation et le possède encore. Il y a fait des dépenses considérables pour le rétablissement de la Ferme qui est en bon état. Ce Prieur est Seigneur direct en partie de Conches avec les Abbé et Religieux de Lagny : il a droit de cens et rentes Seigneuriales portant lods et ventes, ventrolles et amendes. Le Bénéfice est chargé de deux Messes par mois qui sont acquittées par le Curé. C'est mal-à-propos que dans le Pouillé de Paris imprimé en 1648 on a mis que ce Prieuré est à la nomination de l'Abbé de Saint-Faron de Meaux.

Etat des Bénéf. Paris 1572.

Reg. Arch. Par. 12 Jun. Tab. Latiniac.

Pouillé in-4°, p. 79.

Les Abbés de Lagny avoient donné en fief quelques-unes de leurs Terres à des Chevaliers ou Gentilshommes, et c'est apparemment pour cette raison que l'on trouve des Chevaliers du nom de Conches au treiziéme siécle : Guillaume de Conches, par exemple, en 1228. Il est nommé au Cartulaire de Sainte-Geneviéve en sa qualité de Chevalier. Garin de Conches, Chevalier, y est aussi nommé avec son épouse Alix de Montfermeil, tous les deux comme approuvant une vente de bien situé à Roissy en France, faite par son frere à l'Abbaye de Sainte-Geneviéve l'an 1236. Enfin l'on voit la terre même de Conches vendue par Jean de Garlande, Seigneur de Tournan, et Agnès sa femme dans le mois de Mai 1293 à Pierre de Chambly, Chevalier, avec celles de Tournan, Marle, Fontenay et Favieres. *Chart. S. Gen. p. 148. Schedæ Lancelot.*

Depuis plus d'un siécle MM. Thiersault de Paris ont joui de cette Terre. Pierre Thiersault, Maître des Requêtes, Seigneur de Conches, vivoit en 1647. M. Thiersault, Conseiller au Grand-Conseil, n'est décédé qu'en 1704. Sa sœur ayant épousé M. du Bois de Guedreville, Président au Grand-Conseil, il y a eu deux filles de ce mariage, dont l'une épousa M. Pelletier de la Houssaye, Contrôleur-Général, qui a possédé la terre de Conches, puis son fils, Intendant des Finances, après lui. *Voyez l'article des Bénédictins de Lagny.*

Outre le fief Cavé, les deux autres Fiefs qui forment le territoire du Château, sont le fief de la Fontaine, et le fief Laurenson.

Au-devant de l'Eglise de Conches au-delà du ruisseau de Crochet, est une Maison dite le Fort du Bois, parce qu'elle est voisine d'un bois de cinq cents arpens appellé le Bois de Chiny, appartenant à l'Abbaye de Lagny. Ce Fort du Bois releve en plus grande partie du Prieur de Conches, puis de l'Abbaye. Ceux qui l'occuperent dans le siécle dernier voulant y avoir une Chapelle domestique, exposerent qu'elle étoit de la Paroisse de Conches. Ainsi fit M. de Marcinval le 5 Septembre 1672, et un autre le 18 Avril 1697. *Reg. Arch. Par.*

M. Deslyons, Doyen de Senlis, en son Eclaircissement sur Pontoise et le Vexin François, croit que le *Vicus Condatensis agri Parisiensis* où le corps de Saint Nicaise Martyr fut transféré en 845 (ou 808 selon du Saussay), peut être Conches près Lagny. Mais il se trompe. Il y a assez de preuves que c'est Corbeil, où la riviere de Juine se jette dans la Seine. Il n'y a point de jonction de rivieres à Conches. *Eclaircissement sur Pontoise 1694, p. 77.*

BUSSY

DIVISÉ EN BUSSY-SAINT-MARTIN, SOUS LEQUEL EST GUERMANTE DIT LE CHEMIN, ET EN BUSSY-SAINT-GEORGES

Il paroît que, pour approcher davantage de l'origine du nom de ce lieu, il auroit fallu écrire Bucy ou Buscy, parce qu'en effet il est toujours écrit *Buciacum* ou *Buccium* dans les titres qui en font mention depuis le milieu du neuvième siècle, avant lequel temps il ne s'en trouve point. Je préférerois Bucy, parce qu'il a été d'usage, même en françois, du temps de Saint Louis, en des titres où il s'agit de ce lieu-ci ; quoique M. de Valois insinue que *Buciacum* vient de *Busciacum* ou *Bosciacum*, et que ce nom a été donné à ce lieu, à cause du voisinage de la forêt qu'on appelloit également du nom générique *Boscus* ou *Buscus*.

_{Notit. Gall. p. 411.}

Bucy étoit autrefois un lieu si considérable sous le regne de Charles-le-Chauve, qu'il étoit le chef-lieu d'une Vicairie temporelle, laquelle s'étendoit jusqu'à la Marne aux environs du lieu appellé Douves, qui étoit alors un hameau dit en latin *Dubrum* [1]. Il est dit dans l'échange que la Reine Hermentrude fit en 855 en sa qualité d'Abbesse de Chelles, avec Ainard, Abbé de Saint-Pierre-des-Fossés, que le Cortil et la Terre échangés et situés *in villa Dubro in pago Parisiaco* étoient également *in Viceria Buciaxinse*. L'étendue du territoire de Bucy ayant donc formé une grande Paroisse, on fut obligé de la partager en deux. Peut-être fut-ce le partage de la Seigneurie dans la même famille, qui occasionna cette division. Ces deux Paroisses sont à peu près à égale distance de Paris, c'est-à-dire à six lieues ou environ vers le soleil levant, et au midi de Lagny ou approchant, dont Bucy-Saint-Martin n'est éloigné que d'une lieue, et Bucy-Saint-Georges environ une demi-lieue plus loin. On ignore quand elles ont commencé à avoir différens Seigneurs ; car quoiqu'elles existassent toutes les deux au treizième siècle, on n'en trouve point d'actes de ce temps-là qui les désignent par les surnoms *de Buciaco S. Martini*, ni *de Buciaco S. Georgii*. Ils sont toujours simplement dits Seigneurs *de Buceïo* ou bien *de Buciaco*.

Baluze, Capitular. T. II, col. 1464.

Comme ces Seigneurs se peuvent rapporter également aux deux Bucy, j'ai cru devoir en faire l'énumération avant que de produire ce que j'ai à dire de chacune de ces deux Paroisses en particulier.

---

1. Il reste un moulin qui en conserve le nom vers le rivage gauche de la Marne.

Radulfe *de Buccio* est le premier connu. Sollicité par Maurice de Sully, Evêque de Paris, il accorda en l'an 1165 aux Moines de Saint-Maur-des-Fossés l'exemption de tout le droit appellé *griachium* ou gruage, dans les biens qu'ils avoient sur sa Seigneurie, comme aussi l'exemption de leurs granges.   *Chart.S.Mauri.*

Lorsque Guillaume, Evêque de Paris, fit son entrée solemnelle en 1228, Adam de Bucy fut l'un de ceux qui le porterent au nom et comme chargé de procuration du Comte de Bar en sa qualité de Seigneur de Torcy, parce que Torcy étoit soumis à ce devoir de *portage*. L'un des autres porteurs fut Pierre de Bucy, en place du Seigneur de Montjay, pareillement tenu à ce devoir. Il paroit que c'étoient les deux freres, dont le premier possédoit Bucy-Saint-Martin, et l'autre Bucy-Saint-Georges : car le Cartulaire de l'Abbaye de Livry rapportant à l'an 1241 le consentement prêté par Pierre *de Buciaco*, Chevalier, Pétronille sa femme, et Radulfe leur fils, à une donation de dixme dans Collegien faite à cette Abbaye, ajoute en un endroit de l'acte que ces Seigneurs étoient *de Busiaco Sancti Georgii*. Néanmoins on trouve en 1232 un Guillaume de Bucy dans un acte qui par sa nature semble désigner un Seigneur du même Bucy-Saint-Georges. Ce Chevalier plaidoit contre l'Abbaye de Sainte-Geneviève avec d'autres, sur un chemin qu'ils prétendoient être dit par le milieu de la Couture des Essarts de Sainte-Geneviève à Jossigny jusqu'au lieu dit Forchevoie. En 1246 le même Pierre ci-dessus nommé se retrouve avec Simon de Bucy, tous deux qualifiés Chevaliers, dans un acte de l'Abbaye de Livry.   *Chart. Ep. Par. in Bibl. Reg.*

En 1268 Philippe de Bucy rendit à Renaud, Comte de Bar, Seigneur de Torcy, le même service qu'avoit fait Adam de Bucy, son prédécesseur, quarante ans auparavant : c'est-à-dire qu'il porta pour lui l'Evêque Etienne Tempier à sa premiere entrée sur le Siège Episcopal de Paris.   *Chart. Ep. Par Nat. Gall. p. 407, col. 2.*

Voilà ce que nous avons de plus ancien sur les Seigneurs de Bucy en général.

Il est difficile de décider lequel des deux Bucy a formé l'autre : c'est-à-dire duquel des deux l'autre a été distrait. Il semble qu'on peut se déterminer pour Bucy-Saint-Georges, et assurer que c'est en ce lieu qu'il y eut primitivement une Eglise, par la raison que cette Eglise a eu besoin la premiere d'être rebâtie, comme elle l'a été en effet, il y a environ cent cinquante ans.

BUCY-SAINT-GEORGES

Je place ici cette Paroisse non seulement par la raison que je viens d'insinuer, mais encore parce que dans le Pouillé Parisien du treiziéme siécle son Eglise est la premiere nommée, et avant celle de Bucy-Saint-Martin. La situation de ce lieu est sur la même butte où se trouve l'autre Bucy, mais elle est un peu plus vers le midi ; le côteau va aussi un peu en tournant de ce même côté : il est garni de beaucoup de bocages avec quelques vignes ; la prairie est arrosée d'un petit ruisseau qui vient de Ferrieres et du Genitoy ; le reste est en labourages. On y a compté 81 feux en 1709, s'il faut s'en rapporter au Dénombrement imprimé alors ; et en 1726 les feux formoient 327 habitans selon le Dictionnaire Universel. En 1745 qu'a paru une seconde édition du Dénombrement des Elections par les soins du sieur Doisy, il n'y avoit plus que 67 feux.

Comme le Saint Patron des Eglises sert souvent à distinguer les Paroisses qui portent le même nom, Saint Georges, célebre Martyr, est celui qui en qualité de Patron de celle-ci, a donné son nom à ce Village. Il faut se ressouvenir ici que dès le septiéme siécle il y eut à Chelles une Eglise de son nom. Cette Abbaye n'est qu'à deux lieues de là. Mais sans prétendre que cette Terre ait appartenu à cette Eglise, on peut croire que le choix est venu de quelque Chevalier notable à qui appartenoit toute la terre de Bucy, lequel Chevalier aura pu imiter la dévotion de ses Confreres envers ce Saint qu'on représentoit à cheval, et aura voulu qu'il fût le Patron de son territoire.

L'édifice de l'Eglise tel qu'il est aujourd'hui a tout au plus deux cents ans d'antiquité. Il est construit en espece de Chapelle longue et large sans aîles d'aucun côté. La tour qui le supporte du côté du midi est encore plus récente. La Dédicace en a été faite le 9 Novembre, et l'on en célebre l'Anniversaire le Dimanche suivant. On assure que la Relique de Saint Georges que l'on y conserve est très-authentique. La Chapelle du titre de Saint Louis est desservie dans cette Eglise depuis que le Château où elle étoit a été détruit, ce qu'on dit être arrivé vers le commencement de ce siécle.

<small>Visites Archidiaconales</small>

La Cure a toujours été à la pleine collation de l'Evêque. Les Pouillés du treiziéme et quinziéme siécle et autres en font foi. Sa valeur au quatorziéme siécle étoit de trente-deux livres. C'est le Seigneur du lieu qui est gros Décimateur.

<small>Moreri, Généal. de Culant.</small>

Vers la fin du quinziéme siécle Jean de la Roque étoit Seigneur de cette Paroisse ; il épousa une fille de Guillaume II de Culant, Seigneur de la Motte d'Attilly.

En 1580 il y avoit deux Seigneurs à Bucy-Saint-Georges, suivant le Procès-verbal de la Coûtume de Paris, sçavoir M. Pompone de Bellievre, Président au Parlement, et Jean de la Roque, apparemment petit-fils du précédent.

Louis Guibert, Conseiller d'Etat, étoit Seigneur de cette Paroisse en 1628. Ce fut lui qui fonda alors une Chapelle de Saint Louis dans le Château, assignant pour cela deux cent cinquante livres de revenu sur des dixmes. Le Chapelain devoit célébrer tous les jours de la semaine excepté un ; enseigner les enfans du Village et surtout six des plus pauvres et les mener le soir à l'Eglise pour faire la priere ; le Seigneur s'en réserva la présentation. Toutes les Messes s'acquittent maintenant à la Paroisse. *Reg. Ep. Par. ad 7 Jul. 1628.*

Le Château étoit de figure quarrée, entourée de fossés pleins d'eau provenant d'une fontaine qui est dans le lieu. Il ne restoit en 1739 de cet ancien édifice qu'une tour ronde bâtie de pierre et de brique.

Paulin Prondre, Grand Audiencier de France, a joint dans ce même siécle les Terres des deux Bucy à celle de Guermante.

Gabriel-Paulin Prondre lui a succédé.

Il y a quelques écarts sur cette Paroisse. Le plus remarquable est un Château qu'on appella dans les Cartes des environs de Paris tantôt GENITOY, tantôt Genitoire, et même le Genitoire. Il est situé à l'orient de la Paroisse, à la distance de demi-lieue du clocher. Ce lieu est mentionné dans des titres aussi anciens que ceux qui parlent de Bucy. Il en est parlé dans ceux de Notre-Dame de Paris, dans ceux de l'Abbaye de Sainte-Geneviéve et de celle de Livry. Le Grand Pastoral dit un mot du Moulin *de Genesteio* à l'an 1178, ajoutant qu'il y a des vignes qui y sont contiguës. Le nom de ce lieu étant écrit *Genesteium* ou *Genestalum* dans des titres latins si anciens, ou bien en françois Genestey, il n'y a nul doute qu'il ne vienne de ce que ce lieu étoit primitivement couvert de genest, qui se dit en latin *genista,* et que son nom ne soit un dérivé de ce mot, de même que *Genisterium* employé dans le Cartulaire de l'Abbaye de Jumieges a été rendu par les continuateurs du Glossaire de Du Cange par *locus genistis obsitus.*

Nous connoissons deux anciens Seigneurs et Chevaliers du nom de Genitoy ou Genetay, sçavoir Aubert *de Genestay Miles* ; il vivoit en 1246 et mourut le 30 Septembre, suivant l'ancien Nécrologe de Sainte-Geneviéve, où on lit *Anniversarium Auberti Militis de Genestey.* Jean de Genestey, son fils, étoit fort jeune en 1246 ; l'Abbaye de Livry ayant acheté alors une portion de bois situé à Grisy, il fut déclaré que cette portion mouvoit du fief de Jean, fils d'Aubert de Genestay, Chevalier, et il fut besoin de l'approbation et consentement de noble femme *Floria de Bernayo* parce qu'elle étoit sa tutrice, *in cujus ballo Johannes de Genestay esse dicitur.* *Chart. Livriac. fol. 15.*

Ce Jean *de Genestaio* ne paroît encore qu'en qualité d'*Armiger* à l'an 1256, lorsqu'il approuve un don fait à ce même Monastere. Mais en 1260 il étoit devenu Chevalier. Il reste un acte dans lequel on voit qu'il prétendoit jouir de la sixiéme partie du gruage de tous les bois que le Chapitre de Paris avoit à Sucy, et que pour éviter toutes les difficultés il vendit alors ses droits à cette Compagnie. Le titre le qualifie *Johannes de Genetayo Miles filius defuncti Auberti de Genetayo*. Au reste il est visible que ce qui avoit été cause que le Chevalier Aubert, son pere, fut mis dans le Nécrologe de Sainte-Geneviéve, étoit le voisinage de son Château avec Jossigny, Seigneurie et Paroisse appartenante à cette Abbaye.

<small>Chart. Livriac. fol. 14.</small>
<small>Magn. Pastor. p. 407.</small>

L'antiquité du nom de Genetay me dispense de réfuter ceux qui s'étoient imaginé que le vrai nom est Genitoire, qui lui seroit venu, selon eux, de l'accouchement d'une Dame d'importance.

Voici quelques autres Seigneurs de Genitoy d'un temps moins reculé.

Noble Philippe Levraville, Escuyer, est dit Seigneur de Genestay en Brie dans un Compte de la Prévôté de Paris de l'an 1518.

<small>Sauval, T. III, p. 598.</small>

Sébastien le Rouillé, Sieur de Genitoy, a été sous François Ier Trésorier ou Garde des Chartes. Christophe de Thou lui succéda.

<small>Ibid. T. II, p. 433.</small>

Dans le siécle où nous sommes, Louis Sanguin, Seigneur de Livry, possédoit cette Terre. Après son décès, son fils Louis en a joui jusqu'en 1741, qu'il est décédé au mois de Juillet. Aujourd'hui M. le Chevalier de Livry en est Seigneur.

<small>Reg. Ep. 19 Oct.</small>

BUCY-SAINT-MARTIN

Je n'aurais nullement balancé à parler de ce Bucy avant Bucy-Saint-Georges, si l'on pouvoit faire fond sur ce qui se lit dans l'Histoire des Evêques de Senlis par Jaulnay. Il avance que les Chanoines de Saint-Rieul de Senlis croyent que le bien qu'ils y ont eu leur avoit été donné l'an 500 de Jésus-Christ par Clovis, lors de la Translation de Saint-Rieul, et dans le temps qu'il fit rebâtir l'Eglise. Mais il est évident que cet Auteur a confondu deux de nos Rois, et qu'il a attribué à Clovis ce qui ne convient qu'au Roi Robert, sous lequel véritablement l'Eglise de Saint-Rieul fut rebâtie. D'ailleurs ce seroit un mauvais raisonnement de conclure, de ce qu'à la fin du XII. siécle le Chapitre de Saint-Rieul de Senlis avoit du bien à Bucy-Saint-Martin, que lorsque ce bien lui a été donné on s'est servi du nom distinctif de Bucy-Saint-Martin, car la situation a pu en être déterminée sous le nom de Bucy en général.

<small>Jaulnay, p 42.</small>

Comme donc je ne prends ce lieu dans son origine, que pour un démembrement de la vaste Paroisse de Bucy, et dite d'abord simplement Bucy, j'ai placé son article à la suite de Bucy-Saint-Georges. On pourra m'objecter que l'Eglise de Bucy-Saint-Martin a quelque chose de plus ancien que l'autre. J'ai déjà prévenu cette objection, en faisant observer que c'est parce que celle de Bucy-Saint-Georges tomboit déjà de vétusté au XVI siècle qu'il a fallu l'abattre et la rebâtir. Outre cela le Château Seigneurial plus ancien a toujours été à Bucy-Saint-Georges.

La Paroisse de Bucy-Saint-Martin n'est pas non plus si considérable que celle de l'autre Bucy ; et sans le hameau de Rentilly qui en dépend, ce seroit assez peu de chose. Elle n'a que 42 feux en tout, sçavoir 14 à Bucy et 28 à Rentilly, ainsi qu'il m'a été dit sur les lieux en 1739. Les différens dénombremens de l'Election s'accordent assez avec cela, puisque celui de 1709 a mis 16 feux à Bucy, et 30 à Rentilly ; et celui de 1745, publié par le sieur Doisy, a compté 18 feux à Bucy, et 27 à Rentilly. Le Dictionnaire Universel de la France qui a paru en 1726, fait aussi deux articles de cette Paroisse, conformément aux deux rôles. Il a compté à Bucy 84 habitans, les enfans apparemment compris, et 122 à Rentilly.

Bucy-Saint-Martin est bâti sur la croupe d'une montagne, où il y a quelques vignes, quelques bosquets, avec des terres. Le ruisseau qui vient de Bucy-Saint-Georges, passe au bas du côté du couchant entre ce Bucy et Rentilly. L'Eglise Paroissiale de Saint-Martin commença peut-être par n'être que succursale de Bucy-Saint-Georges, lorsque toute la terre de Bucy appartenoit à un même pere de famille, lequel auroit choisi Saint Martin pour Patron de cette seconde Eglise de sa Terre, afin d'avoir pour protecteurs deux célèbres Chevaliers, car tout le monde sçait que dans l'antiquité on n'a point représenté Saint Martin autrement qu'à cheval, à peu près comme Saint Georges. Le chœur de cette Eglise est d'une espece de construction du XIII ou XIV siécle, avec quelques formes de galeries. On ignore le temps et le jour de la Dédicace. On voit dans le côté droit une tombe sur laquelle est représentée une femme avec un enfant à gauche, et autour est cette inscription en lettres gothiques :

Cy gist noble Damoiselle Agnès la Boullarde femme de Pierre de Fay, et fille de feu Mahiet Boullart, Dame de Piscequot : laquelle trespassa le Samedi XXIIII jour du mois de Septembre l'an M CCCC et XII. Priez Dieu pour elle. Et Phelippotes de Fay fille dudit Pierre de Fay et d'Agnès sa femme, laquelle trespassa le IX Septembre l'an M CCCC et XII.

Il y reste aussi la tombe d'un Curé du lieu, qui y est dit aussi Chapelain de Saint-Fiacre de la Selle, et décédé en 1492. Cette pierre a été retournée dans le temps de l'inhumation de quelqu'autre Curé des derniers temps. On en a mis la tête du côté de l'orient, contre l'usage ancien.

<small>Reg. Ep. Par. 28 Maii 1491.</small> Ce fut apparemment le successeur de Jean Saulay, ancien Secrétaire des Evêques de Paris, lequel s'en étoit démis en 1491, pour devenir à Paris Archiprêtre de la Magdelene. La Cure de Bucy-Saint-Martin est de celles que les Evêques de Paris ont toujours conférée *pleno jure*, suivant tous les Pouillés, à commencer par celui du XIII siécle. L'évaluation de son revenu, tel qu'il pouvoit être au siécle suivant, est marquée à soixante livres dans le Pouillé du XV. L'annexe de l'Eglise du Chemin y étoit sans doute comprise, car on ne lui voit point de revenu marqué. Je remets à parler ci-après de cette annexe. Je la trouve spécifiée dans plusieurs provisions de Bucy-Saint-Martin du XVI siécle, en ces termes :

<small>Ibid. 19 Aug. 1524, 4 Jul. 1567, 26 Dec. 1573.</small> *Cum ejus annexa SS. Jacobi et Christophori de Chemino,* ou bien *cum succursali, etc.,* et dans les rôles des Décimes, quoique le nom de Chemin ait cessé d'être d'usage, on met encore : *Bussy-Saint-Martin et Guermante son annexe.*

Entre les Seigneurs particuliers de Bucy-Saint-Martin dont j'ai à parler, le premier qui s'est présenté à mes recherches, est :

<small>Compte de la Prévôté de Paris dans Sauval, T. III, p. 327.</small> Jacques l'Empereur. Comme il étoit attaché au Roi Charles VII, son Hôtel de Bucy-Saint-Martin et le reste lui fut ôté vers l'an 1424 par le Roi d'Angleterre, soi-disant Roi de France, et donné à Jean de Pulegny, Chevalier.

<small>Ibid., p. 351.</small> Etienne Genest que je trouve quelques années après, c'est-à-dire en 1454, est qualifié d'Ecuyer, possédant à Bucy-Saint-Martin un Fief dont il paya les droits au Roi.

<small>Ibid., p. 516.</small> Emery de Hugues étoit surement Seigneur de Bucy-Saint-Martin sur la fin du regne de Louis XI et sous celui de Charles VIII. Lui et Marguerite Brulart, sa femme, vendirent en 1496 cette Terre, pour le prix de huit cents écus d'or couronnés, à celui qui suit.

<small>Ibid., p. 517.</small> Jean Petit, Procureur du Roi, sur le fait des Eaux et Forêts de France, Champagne et Brie, devint Seigneur en 1496, par l'acquisition qui vient d'être dite. Le texte auquel je renvoie, spécifie que cette Terre est mouvante de Torcy. Son épitaphe à Sainte-Opportune dit qu'il étoit aussi Procureur au Parlement, et qu'il mourut le 13 Septembre 1500.

<small>Recueil d'Epitaphes à la Bibl. du Roi, p. 749. Sauval, T. III, p. 598-99.</small> Jean l'Enfant, Chauffecire de la Chancellerie de France, qui décéda vers l'an 1509.

<small>Ibid., p. 599.</small> En 1509, ou environ, Jean de Versoris, Avocat au Châtelet, eut par échange une portion du fief de Bucy-Saint-Martin. Une autre portion advint à Jean Maillart, Huissier aux Requêtes du Palais, à cause de sa femme Jeanne l'Enfant, et le reste aux sœurs de Jeanne.

J'ai lu quelque part que vers l'an 1550, Guillaume Versoris, Noble de Normandie, possédoit cette Seigneurie. Il y aura de la difficulté d'allier cela avec ce que Sauval tire des Comptes de l'Ordinaire de Paris, et que je viens de rapporter, où l'acquéreur est nommé Jean de Versoris. Ceux qui ont écrit sur Versoris, possesseur de la Seigneurie de Bucy-Saint-Martin et Avocat au Châtelet, l'appellent Guillaume, lui donnent pour femme Jeanne Fournier, et pour fils, Guillaume Versoris.

Moreri au mot *Versoris*.

En 1710, Bucy-Saint-Martin appartenoit à M. le Marquis de Ronceroles.

Général. de Paris 1710, p. 90.

Pour ce qui est du bien que les Chanoines de Saint-Rieul de Senlis ont eu à Bucy par un don du Roi, suivant leur tradition, et qui au XII siécle se trouvoit situé sur Bucy-Saint-Martin, on n'en sçait que ce qu'en dit une charte de Maurice de Sully, Evêque de Paris ; sçavoir qu'Osanne, femme d'Etienne de Corbertin, et Garnier, son fils, non encore Chevalier, disputant aux Chanoines des droits de vente, les Chanoines, par l'entremise de cet Evêque, cédérent en 1173 leurs droits à Garnier, moyennant vingt-cinq sols de rente de la même monnoye dont on payoit les cens à Saint-Pierre-de-Lagny.

Jaulnay, Hist. des Ev. de Senlis. p. 421.

C'est aussi par rapport à quelque bien que les titres de l'Abbaye de Saint-Maur-des-Fossés du XIII siécle font mention de Bucy-Saint-Martin. Un acte de l'an 1265 parle d'un vivier qui appartenoit à ce Monastere. Il étoit situé dans son domaine, sur cette Paroisse de Bucy, au-dessus du Pont-Gibert.

Chart. S. Mauri, Gaign. fol. 322.

RENTILLY est un Ecart de Bucy-Saint-Martin, qui consiste en un hameau plus considérable que la Paroisse, puisqu'il est d'environ trente feux. Aussi a-t-il son rôle particulier pour les Tailles. Il est au couchant de l'Eglise de Bucy, la vallée et la riviere entre deux ; ce qui forme un bon quart de lieue de distance. Il est appelé en latin *Rentilliacum* dans un titre de Saint-Maur de l'an 1265, par lequel on apprend que cette Abbaye y possédoit quelque chose. On ne voit point de quel nom peut avoir été formé ce *Rentilliacum*. Ce lieu a toujours été considérable. Il est compté en 1351 au rang de ceux dont les malades avoient droit d'être reçus dans la Léproserie de Gournay, dans lequel rang il n'y a que des Paroisses.

Ibid. Gaign. fol. 301.

Reg. Visit. Lepr. 1351.

En 1529 et 1535, Jean Bourdereul, Avocat, étoit Seigneur de Rentilly. Le même lieu appartenoit en 1599 à Jean de Ligny, Secrétaire du Roi, Trésorier des Parties Casuelles, et à Anne Duguet, sa femme.

Tab. Ep. Paris.

Au commencement du dernier siécle, Jean de Ligny en étoit Seigneur : et à la fin la Princesse de Furstemberg, Marie de Ligny, ainsi que le montre la permission qu'elle obtint le 19 Mai 1697

Reg. Ep. Par. 24 Dec. 1608.

d'avoir dans son Château une Chapelle domestique. Ce fut elle qui douze ans après obtint un point bien plus considérable, sur l'exposé de l'éloignement de l'Eglise de Bucy et du voisinage de celle de Saint-Germain-des-Noyers : son parc touchant au Presbytere, il lui fut accordé qu'au lieu qu'il n'y avoit qu'une partie de ce parc qui étoit de cette derniere Paroisse, tout le Château en seroit désormais, en dédommageant le Curé et la Fabrique de Bucy, ainsi qu'elle s'y étoit offerte.

Reg. Arch. Par. 18 Sept. 1709.

LE CHEMIN DEPUIS APPELLÉ GUERMANTE
ANNEXE DE BUCY-SAINT-MARTIN

Avec l'idée que nous présente aujourd'hui le mot *Chemin*, nous avons de la peine à comprendre comment un hameau peut avoir eu un tel nom. Mais ici il faut faire abstraction de l'idée que donne le terme *Chemin*, regardé dans notre langue comme synonyme de voie et route, et il suffit de se persuader qu'il y a eu primitivement en cet endroit quelque célèbre fourneau. Ainsi, il n'est pas plus étonnant de trouver trois Paroisses en France du nom de Chemin (comme effectivement il y en a au Diocèse de Chaalons, dans celui de Langres et dans la Franche-Comté), que d'y en trouver trois ou quatre autres appellées Fourneaux. Le nom latin de cette ancienne annexe de Bucy-Saint-Martin a été *Caminus*, qui a été aussi fidélement rendu par Chemin, que *Caminata* l'est par cheminée. Au reste, ce nom ne paroit que dans des titres ou monumens du XV, du XVI et du XVII siécle, auxquels on ne faisoit point difficulté de l'exprimer en latin par *Cheminum*, après quoi l'on voit revivre et donner le nom Guermante ; je dis revivre, parce qu'il existoit dès le XIV siécle, suivant un manuscrit des Chanoines de l'Abbaye de Sainte-Geneviéve, dans lequel il est fait mention de terres situées *in via de Guermant*, qui appartenoient à cette Maison, et qui devoient être du côté de leur Seigneurie de Jossigny. Mais le nom *Chemin* avoit prévalu depuis le XV siécle, qu'il est employé dans le Pouillé, lorsqu'il s'agit de l'Eglise dépendante de Bucy-Saint-Martin, de laquelle Eglise il fait une Cure sans revenu. J'ai remarqué qu'on n'a cessé de dire communément *le Chemin* pour désigner ce village, que depuis cinquante ans ou environ, et qu'il est marqué encore sous ce nom dans les Cartes des environs de Paris, quoique M. le Président Viole qui en étoit Seigneur, se fût qualifié dans une Requête présentée à l'Archevêché dès l'an 1661, *Seigneur de Guermandes, ci-devant dit le Chemin.*

Ex libro Justit. S. Genov. fol. ult.

Reg. Arch. Par. 5 Jul. 1661.

La position de ce lieu n'est qu'à un quart de lieue de Bucy-

Saint-Martin en tirant vers le nord, et sur la même montagne, en approchant du vallon où le ruisseau qui vient de Gouverne et plus loin, se joint à celui qui vient de Bucy-Saint-Georges. Les dénombremens et rôles de l'Election, qui tous l'appellent Guermande, y ont compté en 1709 quarante-quatre feux, et celui de 1745 trente-sept. Le Dictionnaire Universel de la France de l'an 1726, où le nom de Guyermante est usité, y marque deux cent soixante-sept habitans.

Le sieur Paulin Prondre, Seigneur de ce lieu, ayant fait visiter en 1707 les fondemens de l'Eglise Saint-Jacques et Saint-Christophe, Patrons du pays, on trouva qu'il étoit nécessaire de la rebâtir. Le devis du Frere Romain, Dominicain, fut proposé ; et moyennant la somme de neuf mille six cents livres, elle fut construite de nouveau, avec les conditions marquées par M. le Cardinal de Noailles, sçavoir, sur le même sol, et tournée à l'orient comme l'ancienne, et sans troubler les sépultures. Cette derniere condition a procuré la conservation d'une ancienne tombe qui s'y voit dans le chœur, autour de laquelle on lit en petites lettres gothiques : *Reg. Arch. 26 Maii 1707.*

Cy gist Sire Estienne Boumet, Escuyer, lequel trespassa le Mardi...... Octobre M. CCCC et XIIII. Priez....

A côté de lui est représentée une femme sans inscription. Ils ont tous deux les mains et le visage en marbre blanc. On ne sçait s'il étoit Seigneur du lieu. Nous avons les noms de deux personnes distinguées qui possédoient cette Seigneurie, sçavoir une Marguerite de *Chimine*, femme de Gui surnommé de *Pisseto*. Elle étoit niéce d'Aubert de Lagni, qui donna du bien aux Religieux du Val en 1208. *Tabul. Vallis.*

En 1362, N. *de Chemino* étoit décédé depuis quelque temps. Jacqueline, sa veuve, épousa Pierre Blanchet, Secrétaire du Roi. *Concord. Par.*

Cette Eglise, quoique petite et en maniere de Chapelle, est néanmoins accompagnée, dans un des côtés, d'une tour surmontée d'une flèche. Il n'y a point eu encore de Dédicace. Le gouvernement spirituel de cette Eglise occasionna vers le milieu du dernier siécle des contestations qui furent réglées par des Sentences du premier Septembre 1656 et 21 Mars 1659, et par une Ordonnance des Vicaires Généraux du 5 Juillet 1661.

Le Seigneur est gros Décimateur avec l'Abbaye de Malenoue.

Il y a en ce lieu deux Sœurs de la Charité, fondées par la Présidente Viole. *Morin, Hist. du Gallu. p. 472 et 473.*

Nicolas Viole, décédé en 1518, avoit joui de la Terre du Chemin. Pierre Viole, son dernier fils, la posséda depuis. *Rep. Arch. 19 Jul.*

Claude Viole, Maître des Comptes, étoit en 1626 Seigneur de

Guermante. Marguerite Poussepin, sa veuve, lui donne cette qualité. Et dans la même Requête du 24 Août 1644, tendante à pouvoir faire célébrer dans la Maison du Chemin, Pierre Viole, Président au Parlement, est dit Seigneur de ce lieu du Chemin; et la Maison du Chemin est déclarée commune aux deux. D'où il semble résulter que Guermante et le Chemin étoient deux Seigneuries réunies dans la famille des Viole; en sorte qu'en 1661 ce même Président les possédant toutes deux, se qualifioit Seigneur de Guermante, ci-devant dit le Chemin. Quoiqu'il en soit, il est dit dans les Mémoires du Maréchal du Plessis (chap. CCLVI), que vers 1656 la Terre du Chemin appartenoit au Président Viole, et que Louis XIV et sa mere y couchèrent.

On parle d'un Traité de 1666, qui regarde ce Bénéfice de Guermante; mais quelques personnes ont suspecté cet acte, où le Seigneur donne des choses qui n'étoient pas en sa possession.

Reg. Archiep. En 1697 le 2 Juillet, c'étoit encore à un M. Viole qu'appartenoit le Château de Guermante.

M. Paulin Prondre, Grand-Audiencier de France, a succédé à M. Viole, et ensuite Gabriel-Paulin Prondre, son fils.

COLLEGIEN

Il sembleroit à l'inspection de ce nom, et à voir sa ressemblance avec un terme fort commun dans notre langue comme dans la latine, que ce seroit quelque College ou quelque Communauté qui lui auroit donné naissance. Mais souvent rien n'est plus trompeur que ces sortes de ressemblances. Le peuple est accoutumé à tellement altérer les noms dans l'usage vulgaire, que souvent l'origine n'en seroit pas reconnoissable sans les titres qui nous ont transmis les anciennes manieres d'écrire les noms de lieu, et les anciennes manieres de les prononcer. Déja il faut se défier de la premiere syllabe des noms de village ou hameaux, quand elle commence par *Cou* ou par *Co*. Souvent c'est une abbréviation de la premiere syllabe de *Curtis* latin, et du mot entier *Court* qui en est dérivé. On en a des exemples dans Coubert......

Il en est de même de Collegien. Le plus ancien titre qui en fasse mention l'appelle Corlegen au milieu d'une phrase latine. Quelques actes latins, mais postérieurs, quoique du XIII siécle, l'appellent *Collogenum, Collogen,* Collogien, Collogen, et un Rolle françois du même siécle l'écrit Corlorgien et Corlognen. Enfin un manuscrit du XIV siécle le dit en latin *Collegianum*. Comme l'acte où ce nom est écrit Corlegen est antérieur de près de 100 ans à tous les autres, je ne doute point qu'il n'en approche davantage l'origine, et je me détermine pour *Curtis* ou *Cortis*, terme de la basse latinité, d'autant plus que le Rolle du XIII siècle commence ce nom par *Cor* les deux fois qu'il en parle. Et comme ce lieu se trouvoit dans la Forêt *Lauconia* ou *Laugonia* dont le nom est très-reconnoissable dans Logne, village contigu, ne peut-on pas avancer que Corlognen ou Corlorgien étoit la maniere vulgaire dont on avoit rendu le latin *Cortis Lauconiana* ou *Cortis Laugoniana*? Quelqu'un qui admettra l'étymologie que je propose de *Lognen* ou *Lorgien*, aime peut-être mieux faire venir le commencement du nom de ce village du latin *Collum*, de même que Villiers sur le bord de la forêt de Retz est quelquefois appellé Villiers-col-de-Retz. Mais il n'est pas encore bien décidé que ce *Col de Retz*, ou Coterest ne vienne pas plutôt de Cort de Retz que de Col, *Collum*, bord ou entrée de la forêt. En attendant de plus amples éclaircissemens, on peut toujours assurer que M. de Valois s'est mépris dans la Brie Parisienne, lorsqu'il a traduit le mot *Colle longo* (qu'il a lu dans un Pouillé de Paris de cent cinquante ans) par *Coulon*. Il est certain qu'il n'y a aucune Paroisse ni hameau dit *Coulon* dans toute la Brie du Diocèse de Paris. Ce mot de *Collis longus* dont quelques Pouillés modernes se sont servis pour désigner Collegien, est de pure invention, n'a jamais été usité dans l'antiquité, et ne peut convenir à Collegien qui est situé dans une plaine.

Ce Village est à cinq lieues de Paris vers le levant, et à une lieue et demie ou environ de Lagny qui en est à son nord-est. Du nord au midi il est presque entre Torcy et Croissy, et de l'occident à l'orient entre Logne et les deux Bucy. C'est un pays de labourages de toute sorte, et sans vignes. Il y a environ 20 feux; car le dénombrement de l'Election de Paris imprimé en 1709, y en marquoit vingt, et celui de 1745, publié par le sieur Doisy, y en marque dix-neuf. Dans le Dictionnaire Universel de la France de 1726, le nombre des habitans est dit de 84. Cependant celui des communians ne monte gueres qu'à 70. Je soupçonne que dans cette Paroisse étoit compris originairement le territoire où a été bâti Ferrieres qui est contigu, mais c'est en remontant jusqu'à huit ou neuf cents ans; et que les habitans de Ferrieres en étant détachés, continuerent d'avoir le même Saint pour Patron.

L'Eglise est petite et basse et sans ailes et ne paroît avoir que 150 ans d'antiquité. Saint Remi de Reims en est patron avec Saint Hilaire de Poitiers. J'ai vu d'anciennes provisions de l'an 1490, où on l'a qualifié *Ecclesia S. Hilarii*, et d'autres de l'an 1520, où elle est appellée *Ecclesia SS. Remigii et Hilarii* : ce qui peut venir de ce que ces Saints Évêques sont morts tous deux le 13 Janvier. Mais aujourd'hui on n'y reconnoît que Saint Remi. Il n'y en a point de Reliques, et on n'y célèbre point de Dédicace. La collation de la Cure a toujours été faite par l'Evêque *pleno jure* : les Pouillés sont uniformes là-dessus en reprenant dès celui du treizième siècle, où cette Cure est nommée de Collolongen. Celui du XV siécle l'appelle Collegiens et donne au Curé 16 livres de revenu. Il n'est pas gros décimateur, mais le Seigneur du lieu.

Chart. Livriac. fol. 9.

Vers l'an 1234, Thibault de Courtery qui avoit une dixme en cette Paroisse, avoit donné tant au Prêtre qu'à l'Eglise du lieu deux septiers de bled à prendre dans cette dixme.

Il paroît que sous le regne de Charles VI, il n'y avoit de vignes à Collegien que dans le clos du Seigneur. Il y eut en 1394, un accord passé entre Pierre Masson, Curé, et Mathieu Boulard, Ecuyer, devenu Seigneur par succession d'Etienne Du Port, pere et fils. Ils convinrent à Paris le 24 Mai devant l'Evêque Pierre d'Orgemont, que le Curé auroit de ce clos *duos modios vini,* si le Seigneur n'aimoit mieux lui laisser y lever la dixme.

Invent. Spir. fol. 48.

Je n'ai pas trouvé d'autres anciens Seigneurs de ce lieu, mais bien du fief du Piscoc qui est sur cette Paroisse et que je nommerai ci-après ; à moins qu'on ne veuille regarder comme Seigneurs au XIII siècle, ceux qui disposerent d'un certain canton de la dixme de ce village et d'une redevance de grain, en faveur de l'Abbaye de Livry, gratifiant l'Eglise de Collegien de la portion ci-dessus spécifiée.

Le Monastere des Filles appellé Faremoutier, situé au Diocése de Meaux, avoit dès le XII siécle des biens considérables à Collegien qui lui furent confirmés par une Bulle d'Eugene III de l'an 1145, si même il n'en avoit pas toute la terre ; car le Pape s'exprime ainsi : *In pago Parisiensi Corlegen cum omnibus appenditiis.* On voit par un autre acte de l'an 1210, 10 Novembre, que les gens du même lieu étoient hommes et femmes de corps de cette Abbaye. Le village y est appellé *Cologenum.* Tout cela porte à croire que la Seigneurie appartenoit à ce Monastere, et qu'il ne faut pas espérer d'en trouver d'anciens Seigneurs. C'est apparemment le reste de l'ancien manoir Seigneurial que cette Abbaye y a eu, qui sert de fondement à la tradition du pays par laquelle on débite qu'il y a eu en ce lieu un Monastere situé entre Ferrieres et l'Amyrault et plus près de l'Amyrault, et qu'il a été détruit durant les guerres civiles. Mais cela ne peut être, parce que cette position désigne Piscoc. Or ce Fief de Piscoc avoit ses Seigneurs particuliers, pendant que l'Abbaye de Faremoutier jouissoit de Collegien. Ainsi le Manoir Seigneurial de cette Abbaye devoit être proche l'Eglise.

Gall. Chr. T. VII, Instrum. col. 551.

Voyage mss. de Cl. Chastelain.

Pour ce qui est de l'Abbaye de Livry, une Charte de l'an 1207, donnée par Eudes de Sully, Evêque de Paris, nous apprend que Guillaume de Garlande avoit fait présent à cette maison de Chanoines Réguliers de la dixme de 300 arpens de terre situés à Collegien, *apud Collogien*. Il y a aussi d'autres lettres de l'an 1234, par lesquelles Lambert Fauconnier et *Idonea*, sa femme, reconnoissent que Thibaud de Corteri a donné à Notre-Dame de Livry un muid de bled dans la dixme qu'il a à Collogen.

Chart. Livriac. fol. 4.

Ibid., fol. 9.

La Seigneurie de Collegien est à présent possédée par M. de Torcy.

LAMYRAULT est un écart de la Paroisse de Collegien. Ce fief étoit possédé en 1648 par Nicolas Castille, Conseiller du Roi, Baron de Montieu, et en 1698 par M. Guiet.

Perm. d'Or. domest. Reg. Ep.

PISSECOC est écrit Piscchoc dans un titre de l'an 1170, et Pissecho dans un autre de l'an 1184. Mais un titre de Saint-Maur de l'an 1273, qui le dit situé dans la forêt de Roissy, l'écrit Pissecoc aussi-bien qu'un Rolle du même temps. Et les Comptes de l'ordinaire de Paris du XV siècle mettent Pissecoq. Il y a une Paroisse du même nom au Diocèse de Paris, Doyenné de Montmorency, proche Saint-Brice. Il peut se faire que ces deux lieux ayent appartenu aux mêmes Seigneurs durant quelque temps. On peut recourir à ce que j'ai dit sur l'étymologie de la Paroisse.

A l'égard de celui-ci, Guy de Piscehoc paroît comme témoin en 1170, dans un acte de la Comtesse de Meulent-sur-Jossigny, et dans un autre de l'an 1184. Cette Comtesse Agnès avoit toujours plusieurs Seigneurs ou Chevaliers de la Brie avec elle, soit à Gournay ou ailleurs. En l'an 1400, Noble Damoiselle Agnès la Boullarde étoit Dame de ce lieu, qui est écrit Piscequot sur sa tombe dans le chœur de Bucy-Saint-Martin où son décès est marqué à l'an 1412. En 1450, Jean Paillart, Conseiller au Parlement, Archidiacre d'Auxerre et Chanoine de Paris, étoit Seigneur de Pissecoq en Brie. Ce fief mouvant de Torcy fut quelque temps entre les mains du Roi après sa mort, et ensuite délivré à Marguerite Paillart, sa sœur et héritière, veuve de Jean du Drac en 1458.

Chart. S. Gen. p. 177.

Compte de la Prév. de Paris, 1452. Sauval, T. III, p. 350. Ibid., ann. 1458, p. 358.

SAINT-GERMAIN-DES-NOYERS

Le noyer a été reconnu de tout temps un arbre si utile qu'on en a planté dans une infinité de places défrichées dans les forêts. Delà vient le nom de *Nucetum* donné à plusieurs lieux et qui a formé en langue vulgaire Noisy ; le nom *Nucetullum* ou *Nucellum* qui a formé Noisiel, Noiseau, Noisier ; delà enfin le nom de Noyers qui est porté en France par des villes, des bourgs et des villages. Celui de Saint-Germain est le plus petit que je connoisse de tous ceux qui ont tiré leur surnom de cet arbre. Il n'est composé que de 3 feux ; encore en avoit-il moins avant que le Château de Rentilly eût été attribué à cette Paroisse.

Il paroît par les plus anciens titres qui en font mention, qu'on disoit originairement Saint-Germain sans ajouter *de Nucibus* ni en françois *des Noyers*. Tel est le langage du Pouillé de Paris écrit au XIII siécle et celui de deux actes du temps de Saint Louis. Dans le premier de ces actes qui est de l'an 1236, c'est Martin, Abbé de Lagny, qui a donné à l'Eglise de Notre-Dame-du-Cormier, Prieuré bâti dans la forêt voisine dite de Roissy, une vigne située dans sa censive proche Saint-Germain *juxta Sanctum Germanum*. Dans le second tiré du Cartulaire de Saint-Maur et qui est de l'an 1265, il est simplement fait mention d'un terrain situé *ad atrium S. Germani*, et sûrement c'est auprès de Torcy. La demeure des contractans et le nom des autres lieux dont il étoit parlé dans ces actes, déterminoient suffisamment Saint-Germain situé à un petit quart de lieue de Torcy. Le Pouillé Parisien du XIII siécle ne laisse point non plus d'obscurité sur ce lieu de Saint-Germain, quoiqu'il ne le surnomme point *de Nucibus*. On y lit à l'article du Doyenné de Lagny ces deux lignes : *De donatione Prioris S. Theobaldi Capella S. Germani*. En effet la Cure de ce petit village est à la nomination du Prieur de Saint-Thibaud proche Lagny. Mais il faut observer que l'Eglise n'est qualifiée que de Chapelle, et qu'il est incertain si alors c'étoit une Paroisse ; elle pouvoit fort bien dépendre de Lognes comme la Chapelle de Torcy ou de Bucy-Saint-Martin. On ignore quel est l'Evêque de Paris qui l'a érigée en Cure et qui en a accordé la présentation à ce Prieur. Comme l'Abbaye de Lagny avoit un terrain en ce lieu, il sera arrivé que ce terrain ayant été cédé au Prieur de Saint-Thibaud qui dépendoit de lui, ce Prieur aura demandé l'érection et la nomination à la Cure et l'aura obtenue afin d'y avoir toute autorité comme il l'a encore étant Seigneur du lieu, Patron et Gros Décimateur en partie. Ce qui n'a pu arriver que vers la fin du XI siécle au plus tôt ou dans le commencement du suivant.

Le premier enseignement où je trouve le surnom de cette Paroisse, est l'Etat des Léproseries du Diocèse de Paris constaté par la visite générale faite en 1351. On y voit dans le nombre des villages qui ont droit de placer leurs lépreux dans la Léproserie de Gournay, *Beatus Germanus de Noëriis*. Ensuite dans le Pouillé de Paris du XV siécle, on lit : *Curatus S. Germani de Nucibus*

Chart. Livriac. fol. 99.

Voyez
Saint-Thibaud.

ad presentationem Prioris S. Theobaldi de Vineis. C'est une faute d'impression dans le nouveau *Gallia Christiana* d'avoir mis S. Germani des Noues à l'an 1506. *Gall. Chr. T. VII, col. 505.*

C'est Saint Germain, Evêque de Paris, qui est le Patron ou Titulaire de l'Eglise de ce lieu, ou plutôt de cette Chapelle, laquelle n'a tout au plus que deux cents ans de bâtisse, non plus que la petite tour qui la supporte à droite en entrant.

On n'y a compté qu'un ou deux feux dans les différens dénombremens, c'est-à-dire qu'il n'y avoit qu'une ferme, et peut-être un jardinier qui composoient toute la Paroisse. Mais depuis l'an 1709, il y a eu de l'augmentation. Comme une partie du Parc de Rentilly étoit sur cette Paroisse, et l'autre sur celle de Bucy-Saint-Martin, Madame Marie de Ligny, Princesse de Furstemberg, exposa à M. le Cardinal de Noailles qu'il lui seroit utile d'être entièrement de Saint-Germain dont l'Eglise et le presbytere touchoient à son Parc, et que Bucy en étoit à demi-lieue. Sa demande lui fut accordée à condition que le Curé de Bucy auroit toujours les dixmes, et que le Seigneur de Rentilly payeroit chaque année au Curé de Bucy cinq livres et autant à la Fabrique, suivant les offres de la Princesse. C'est ainsi que le Château de Rentilly a été détaché du hameau et est venu par accroissement à la Paroisse de Saint-Germain. Ce Château appartient présentement à M. Thomé, Conseiller au Parlement de Paris. *Reg. Arch. Par. 18 Sept. 1709.*

Il est un peu étonnant qu'un si petit lieu fasse un article dans le Rolle des Tailles. On peut juger par ce qui vient d'être dit, de la grossiereté de la faute du Dictionnaire Universel de la France qui compte en cette Paroisse 460 habitans.

Le Procès-verbal de la Coûtume de Paris de l'an 1580, met que le Chapitre du Vivier en Brie s'en disoit Seigneur en partie.

J'ai lu qu'en 1522, un Curé de cette Paroisse nommé Alexis de Rentilly, Docteur en Théologie, s'étoit fait Augustin. *Reg. Ep. Paris. 7 Aug.*

TORCY

Ce n'est pas toujours l'antiquité d'un lieu qui est un indice certain de l'antiquité de la Paroisse ou de la Cure qui en porte le nom. On ne peut nier que Torcy en Brie dont il est question ne soit ancien, puisque dès le X siécle le Catalogue des biens de l'Abbaye de Saint-Pierre-des-Fossez, autrement de Saint-Maur, en fait mention, sous le nom de *Torciacum* : c'étoit même dès lors un lieu où ce Monastere avoit trente-deux ménages d'ouvriers à charrue, trois de manouvriers et six hospices, dans lesquels il y avoit soixante et onze hommes. Ces ménages de chartiers devoient une année cinq sols, une autre année une brebis et un agneau, et deux muids de vin. Ils avoient tant à labourer et à ensemencer en bled d'hiver, tant en tremois, ils devoient trois corvées, trois poullets et des œufs ; les ménages de manouvriers étoient soumis aux mêmes redevances sans corvées. Les six hospices payoient en commun trois muids et demi de vin et chacun un poullet avec des œufs. Il y avoit aussi un droit, appellé *Censale,* qui étoit de six sols quatre deniers. Tout cela marque sans doute un lieu assez peuplé, et qu'il y avoit des vignes considérablement outre les labourages. Cependant, on ne trouve point de Paroisse du nom de Torcy au Diocése de Paris dans le Pouillé du XIII siécle. Il n'y avoit encore en ce lieu qu'une Chapelle ; et cette Chapelle étoit à la collation de l'Evêque. Les cinq ou six autres Torcy qui sont en Normandie, en Champagne et en Bourgogne, peuvent avoir été érigés en Paroisse avant celui-ci ; mais même avec cela je douterois qu'ils fussent aussi anciens et aussi célébres. Celui que le Moine d'Angoulême nomme *Torciacum,* enfant [au temps] de Charlemagne, et qui appartenoit au Monastere de Saint-Libar, est le premier connu.

D. Bouquet.
T. V, p. 185.

Ils paroissent avoir eu une origine commune quant à la dénomination. M. de Valois parlant de celui-ci, croit qu'on a pu l'appeller d'abord *Turciacum,* et que ce seroit un appellé *Turcius* qui lui auroit donné son nom : mais sa conjecture tomberoit d'elle-même, si l'on pouvoit vérifier que primitivement il eût toujours été écrit *Tortiacum,* comme l'écrit le volume de l'Abbaye de Saint-Maur, conservé à la Bibliotheque du Roi et dont j'ai tiré l'état du bien qu'elle y possédoit. Il vaut peut-être mieux avouer que l'origine du nom Torcy est inconnue que d'en produire de peu vraisemblable.

Notit. Gall.
p. 407, col. 2.

Ce lieu devenu Bourg du Diocése de Paris, est à cinq lieues de la Capitale vers le levant, et à une lieue de Lagny : sa position est à l'extrémité de la Plaine qui a commencé après Champs, laquelle s'étend du côté de Collegien, presque sur la pente roide qui fait face à la Marne, et dont les côtes sont agréablement variées en vignes, en arbres et en buissons, et au bas desquelles est une vaste prairie. Celui qui rédigea en 1709 le dénombrement de l'Election qu'on imprima alors, y compta 160 feux ; et le Dictionnaire Universel qui parut en 1726, fit monter le nombre des Habitans à 600. Par le dernier dénombrement publié en 1745, par les soins du sieur Doisy, il paroît que le nombre de feux est maintenant de 133, celui des communians pouvant aller aux environs de 400. Il y a en ce lieu une Prévôté Royale qui ressortit à la Prévôté et Vicomté de Paris ; je parlerai ci-après du Prieuré de Bénédictines qui y a été établi.

On demandera quand et de quelle ancienne Paroisse Torcy peut avoir été démembré, lorsqu'il a été érigé en Cure : cela n'a pu se faire au plus tôt que vers la fin du XIII siécle, depuis que le Pouillé parvenu jusqu'à nous eût été écrit : mais on ignore positivement le temps, et l'on ne voit aucune mention du Prêtre ou Curé de ce lieu avant un autre Pouillé de Paris écrit au quinziéme siécle. Il y a plus d'apparence que Torcy avoit été Succursale de Lognes que d'aucune autre Paroisse, parce que Lognes a été un lieu très-ancien, et titré de S. Martin, et de plus à la collation pleine de l'Evêque. Ce qui acheve de rendre la chose sensible, est qu'en l'an 1474, lorsque les revenus des Cures furent diminués, aussi-bien que le nombre des habitans à cause des guerres, et qu'il fut besoin de réunir deux Cures en une, ce fut celle de Torcy qui fut unie à celle de Lognes ; ce qui dura jusqu'au 22 Janvier 1503.

L'Eglise Paroissiale de Torcy a succédé à la Chapelle, dont l'Evêque avoit la nomination au XIII siécle. Elle se trouve porter le nom de S. Barthélemi, dont on ne voit point la raison : on sçait seulement qu'il y a eu beaucoup d'Oratoires sous son invocation depuis qu'il y en eut un à Paris au X ou XI siécle. L'Edifice n'en est pas ancien et peut n'être que de la fin de l'avant-dernier siécle et du dernier. Le 26 Juin 1574, les Marguilliers obtinrent permission de la faire dédier sous le titre du Saint Apôtre, par Henri le Meignen, Evêque de Die, avec trois Autels. Il le fit, en ordonnant que l'anniversaire se feroit le Dimanche après la Nativité de Saint Jean. Cette Dédicace fut faite cette année-là même, le Dimanche 27 Juin. On lit au bas de la Tour, terminée en pavillon, que Geoffroy Camus, Seigneur de Pont-Carré et de Torcy, l'a fait construire en entier l'an 1618. Le bâtiment de l'Eglise est accompagné d'une aîle de chaque côté, l'une à l'orient, l'autre au couchant, car le portail est au Midi, et le fond regarde le septentrion contre l'ordinaire des anciennes Eglises. En dedans, elle est ornée de Tableaux des douze Apôtres. La Cure est à la nomination de l'Archevêque. Son revenu n'étoit que de quatorze livres vers 1300 et 1400. C'est encore le Seigneur qui a les grosses dixmes. *Reg. Ep. Paris.* *Pouillé du XV siécle.*

Le Pouillé du Diocése de Paris, imprimé en 1626, fait connoître une Chapelle de Torcy du titre de Saint Louis. « Elle étoit, dit-il, « au lieu qui fut jadis le Chastel de Torcy, et de présent desservie « en l'Eglise Parochiale dudit Torcy auprès de Lagny ; de soixante « et douze livres parisis sur la recepte de Paris ; et sur certains « héritages appartenant au Trésorier et Chanoines du Vivier en « Brie, audit Torcy, d'environ trente-deux septiers de grain, et « deux queuës ou deux muids de vin ; et leurs furent baillez « lesdits héritages à ladite charge, comme on dit. » Dans le Pouillé de 1648, il est marqué clairement que cette Chapelle de *Pouillé de 1626, p. 87.* *Pouillé de 1648, p. 52.*

Saint Louis de Torcy est de fondation Royale ; aussi n'en trouve-t-on rien dans les Registres de l'Archevêché, mais bien dans les Comptes de l'Ordinaire de Paris. On y voit Pierre Bense, Prêtre nouvellement institué Chapelain par Lettres du premier Mars 1501, au lieu de Giraud du Tillay, et ensuite Robert Laër au premier Avril 1505 ; dans les deux endroits la Chapelle est dite fondée au Châtel de Torcy. La translation en l'Eglise Paroissiale étoit déja faite en 1626. Ce qui marque qu'il y avoit dèslors eu du changement au Château. Il sera parlé ci-après du Fief du Vivier situé à Torcy et sur lequel les Religieuses sont bâties. Il est certain qu'en 1580, le Chapitre Royal du Vivier se disoit Seigneur de Torcy en partie.

<small>Sauval, T. III, p. 532. Compte de 1502 et suiv. p. 537.</small>

<small>Procès-verbal de la Cout. 1580. Edit.1678, p. 622.</small>

Torcy a eu des Seigneurs du premier rang. Ce lieu fut une des Terres qui appartinrent à Robert premier du nom, Comte de Dreux, qui étoit frere du Roi Louis VII dit le Jeune. Après lui, Guillaume, l'un de ses fils du troisiéme mariage, en est dit Seigneur : ensuite Robert, son fils aîné de ce troisiéme lit, qui épousa en l'an 1184 Iolende de Coucy. Il fut en différend avec Jean, Abbé de Lagny, au commencement du XIII siécle, au sujet de dix muids de vin que l'Abbé Joscelin, l'un de ses prédécesseurs, qui siégea depuis l'an 1176 jusqû'environ 1190, s'étoit engagé de lui fournir sur les vignes de Torcy : mais enfin ce Seigneur et sa femme lui en firent la remise. C'est aussi lui qui assigna aux Chanoines de Saint-Thomas du Louvre un revenu sur les dixmes de ce lieu.

<small>Hist. Latin. ms.</small>

<small>Hist. Eccl. Par. T. II, p. 183.</small>

Une de ses filles, nommée Philippe, posséda après lui la Terre de Torcy. Elle épousa en 1219 Henri II du nom, Comte de Bar-le-Duc, qui fut investi de cette Terre la même année par l'Evêque de Paris, car elle devoit hommage à l'Eglise de Paris ; on en va voir des exemples. Ce même Henri, Seigneur de Torcy, soutint en 1236 le droit d'usage qu'avoient ses Hôtes de Torcy dans la forêt de Roissy. Il avoit donné à l'Abbaye de Lagny dès 1226 un pré situé *in custodia Torciaci*.

<small>Sauval, T. II, p. 448.</small>

<small>Voy. sur Roissy, Duchêne, Gen. de Dreux, p. 23.</small>
<small>Hist. Latin. ms.</small>

Le Cartulaire de l'Evêque parle en plusieurs endroits des hommages de Torcy. On lit au commencement que « Le Comte de « Bar-le-Duc est homme de l'Evêque de Paris touchant Torcy et « ses dépendances, et qu'il en a été investi par un anneau d'or : De « plus, que ce même Comte envoya pour porter l'Evêque Guil- « laume à son entrée Episcopale. » Ce qui ne peut convenir qu'à l'année 1219 ou à l'année 1228, auxquelles commença l'Episcopat de deux Evêques de ce nom. Je parlerai des autres hommages à leur rang.

Thibaud, Comte de Bar en 1246, soutint les habitans de Torcy, qu'il appelle *Universitas de Torciaco*, dans le droit qu'ils avoient d'envoyer leurs bestiaux paître en la forêt des Moines de Gournay, dite Bolet, droit qui fut alors racheté par une somme pécuniaire.

<small>Duchêne, Gen. de Dreux, Preuv. de Bar. p. 29.</small>

Renaud, Comte de Bar, rendit hommage à Etienne Tempier, Evêque de Paris, le Mardi d'après la Saint-Martin d'hiver 1268, et se reconnut son homme-lige pour la Terre de Torcy, de laquelle il fut aussi investi par l'anneau d'or. Il avoit commis Philippe de Bucy pour le porter en son nom à son entrée solemnelle. Dès l'an 1263 il s'étoit reconnu vassal de l'Abbaye de Saint-Maur pour le terrain de Torcy où étoient les fourches patibulaires. *Chart. Ep. Par. apud Vales. Notit. Gall. p. 407. Chart. S. Mauri, fol. 322.*

Un des freres de Renaud lui ayant succédé dans la jouissance de cette Terre, en rendit hommage au même Evêque l'an 1271, le 10 Novembre, en présence de Philippe, Evêque d'Evreux : le nom de ce Seigneur n'est pas spécifié. J'observerai en passant qu'on trouve à la même année 1271, parmi les Chevaliers de la Prévôté de Paris, un Robin de Torcy, Ecuyer, qui prétendoit *ne devoir nul service au Roi, fors à ses dépens*. *Chart. Ep. Par. Chart. S. Mauri, fol. 135. De la Roque, Traité de la Noblesse Anc. rôles, p. 60.*

Thibaud, Comte de Bar, étoit Seigneur de Torcy en 1242. En cette année il prit des mesures, du consentement de l'Abbé de Saint-Maur, pour y bâtir une forteresse. Il est fait une pareille mention de lui sous l'an 1274. Il rendit en 1286 hommage pour les bois de Torcy à Jean II du nom, Abbé de Saint-Maur. *Chartul. S. Mauri Torci, n. 6.*

En 1297 la Terre de Torcy fut confisquée par le Roi sur le Comte de Bar. Philippe le Bel, par Lettres datées de Senlis à Pâques de cette même année, donna à Jean de Chevry tout ce que ce Comte y avoit de revenu, à la charge de payer aux Religieux de Saint-Maur et aux Religieuses de Faremoutier ce qui avoit accoûtumé de l'être. *Repertor. tit. Castell. Par. p. 1247.*

Nous voyons depuis ce temps-là la Chambre des Comptes payer des appointemens à divers Officiers de cette Terre. Pour l'an 1327 aux deux Forestiers de Torcy six livres tournois par an : au Chastelain de Torcy quinze livres huit sols quatre deniers tournois par an.

En 1343 Philippe de Valois donna la Chatellenie de Torcy à Jean, Duc de Normandie, son fils. Ce même Prince étant devenu Roi, reconnut en 1350 que Robert de Lorris, son Chambellan, avoit fait hommage en son nom à l'Evêque de Paris pour le Château de Torcy, comme pour celui de Tournan. *Tables de Blanchard Sauval, T. II, p. 418.*

Cette Terre resta, à ce qu'il paroît, durant plus de cent ans attachée au Domaine. Charles V en augmenta le revenu. Etant Dauphin et Duc de Normandie, il acheta en 1362, des Moines de Saint-Maur, les droits Seigneuriaux qu'ils y avoient, et leur donna pour cela six vingt arpens de bois à Ozoir-la-Ferriere, et un Fief à Villiers proche Tournan. Le même Prince transporta aussi-tôt aux Chanoines du Vivier l'acquisition qu'il avoit faite sur le fief de Saint-Maur. *Ibid., p. 266. Trés. des Chart. Reg. 92, n. 123.*

Le Roi d'Angleterre Henri, qui se disoit Roi de France en 1423, fit sentir son autorité à Torcy. Il ôta à Jacques Lempereur, qui étoit attaché au Roi Charles VII, les biens qu'il y possédoit, et les donna à Jean le Clerc, Chevalier, qui avoit été Chancelier de France.

<small>Compt. de Paris, Sauval, T. III, p. 327.</small>

Voici ceux qui ont possédé la Seigneurie de Torcy, par don de nos Rois, ou autrement :

THOMAS DE HOSTON, ou de Hauston, Ecossois, eut cette Terre du don de Louis XI en 1466, par Lettres datées à Montargis le 13 Juin, pour en jouir sa vie durant, en récompense de la Terre de Gournay qu'il lui ôta, pour la donner en échange à Antoine de Chabanes. Cet Ecossois jouit de sa récompense jusqu'à sa mort, pour avoir été le premier qui entra dans la Ville de Meaux lorsque le Roi Charles VII la reprit sur les Anglois. Il mourut en 1472.

<small>Sauval, T. III, p. 389 et Mém. de la Chambre des Comptes.</small>

PIERRE CLERET, Ecuyer, Homme d'armes de l'Ordonnance du Roi, posséda la Terre de Torcy de la même maniere que Thomas de Hauston. Louis XI la lui donna à vie par Lettres datées d'Ardelay en Poitou le 22 Décembre 1472. Etant mort en 1482, la Terre revint au Roi, qui la donna au suivant.

<small>Sauval, T. III, p. 442 et Mém. de la Chambre des Comptes.</small>

ETIENNE PETIT, Notaire et Secrétaire du Roi, jouit de la Seigneurie de Torcy, par don du Roi, et Lettres accordées là-dessus au mois d'Août 1482.

<small>Chamb. des Comptes, 7. Reg. Consil. Parl. 29 Aug. 1482.</small>

Cinq ans après fut faite une copie du terrier de cette Chatellenie, qui fut mise au Greffe du Châtelet en 1487 pour servir au recouvrement des droits du Roi.

<small>Sauval, T. III, p. 453 et 485.</small>

LOUIS PONCHER, Général des Finances et Trésorier de France, acquit du Roi cette Seigneurie le 6 Septembre 1522 avec Moret, Crécy, Brie-Comte-Robert, Tournan et la Ferté-Alais, la somme de quarante mille livres. Quelques années après, on la voit donnée au suivant.

FRANÇOIS DESCARS, Chevalier, Seigneur de la Vauguyon, eut cette Terre avec Tournan et Montlhery, au moyen d'une cession faite par le Roi François Ier au mois d'Avril 1529 avant Pâques, en récompense de celles qu'il avoit cédées à l'Empereur le 5 Août 1529.

<small>Mém. de la Chambre des Comptes du temps.</small>

LE SIEUR DE VILLEGAGNON eut la Terre de Torcy par don du Roi en 1550 le 15 Février, pour l'indemniser des deniers qu'il avoit déboursés à la fortification du château de Pontestures au Marquisat de Montferrat. Elle fut déclarée rachetable de 8350 livres. Cet engagement fut suivi d'un autre.

<small>Sauval, T. III, p. 610.</small>

GEOFFROI LE CAMUS tenoit cette Terre et Chatellenie, par engagement, du Roi en 1576, pour la somme de 17020 livres. On lit que le Roi lui accorda douze pieds d'arbres pour la réparation de l'Auditoire et de la geole ou prison. Le même Seigneur jouissoit encore de cette Terre en 1601, le 14 Mai. Au mois de Juin suivant

<small>Reg. du Parl. 10 Mai 1576.</small>

le Roi érigea en fief une maison et une terre audit lieu pour le sieur Geoffroi le Camus de Pontcarré.

Les Officiers de cette Terre comparurent en 1580, à la rédaction de la Coûtume de Paris, dans le rang des Officiers de Terre Royale, sçavoir Louis Bobey, Prévôt, Juge ordinaire et Garde de la Justice, Prévôté et Châtellenie, accompagné de Claude Turgis, son Substitut.

Jean de la Croix, Maître des Comptes, et Catherine du Tremblay, son épouse, étoient Seigneurs de Torcy en 1674. *Gall. Chr. T. VII, Instrum. col. 184.*

En dernier lieu, la Terre de Torcy est tombée dans la Maison de Colbert, qui en étoit déjà fort voisine par le moyen de celle de Croissy qui y est contiguë. Jean-Baptiste Colbert, fils aîné de Charles Colbert, Marquis de Croissy, et né en 1665, a été le premier Marquis de Torcy. Ce neveu du grand Colbert a été Ministre et Secrétaire d'Etat, Chancelier des Ordres du Roi, et Envoyé en plusieurs Cours. Pour ne m'attacher qu'à ce qui regarde la Terre de Torcy, je me contenterai de dire qu'il obtint en 1726 des Lettres-patentes qui portoient confirmation de l'établissement de deux Foires par an et d'un Marché par semaine à Torcy, avec permission d'y bâtir des halles et bancs, et d'y percevoir des droits, suivant les us et coutumes. Les anciennes Foires de ce lieu avoient été accordées par Lettres de Louis XII étant à Blois au mois de Novembre 1505, et devoient se tenir le jour de la Magdelene et le lendemain, le jour de Saint André et le lendemain. Les nouvelles sont en d'autres jours, et même actuellement au nombre de trois; la premiere se tient le premier Jeudi du mois de Mai, la seconde le 16 Août, et la troisiéme le 9 Décembre. M. Colbert avoit aussi obtenu des Lettres, portant permission de faire rétablir les fourches patibulaires dans l'étendue de ces deux Seigneuries de Torcy et Croissy: lesquelles furent enregistrées au Parlement le 26 Février 1726. *Reg. du Parl. 16 Fevrier 1726* *Livre gris du Châtelet, fol. 54.* *Alman. Roy.*

Entre les mouvances de la Terre de Torcy, je ne connois que celles que j'ai trouvées dans Sauval, sçavoir le fief de Pissecoq qui est dans la Châtellenie et sur la Paroisse de Collegien, lequel a été quelquefois mal-à-propos appelé Pissées. Il en est parlé à l'an 1457 à l'article de Collegien. *Sauval, T. III, p. 356.*

Plus, le Fief de Roquemont releve aussi de Torcy. Jean de Saint-Romain, Procureur Général du Roi, l'acquit en 1466 de Perrette de Douy, veuve de Guillaume Romain. *Ibid, p. 385.*

Il y a encore à Torcy le fief de Pleuvon. Je ne sçai si c'est celui dont veut parler un Compte de l'Ordinaire de Paris de l'an 1483, lequel fief situé en cette Chatellenie et en mouvant, étoit possédé par Nicolas le Vigneron, Grenetier du grenier à sel de Paris. *Ibid., p. 505.*

Le Fief, Terre et Seigneurie de Bucy-Saint-Martin est pareil- *Ibid., p. 516.*

lement dit relever de Torcy dans un compte de la Prévôté de Paris de l'an 1496.

Il y a à Torcy une foire qui se tient le 16 Août.

On dit que M. Caze, Fermier Général, a à Torcy une fort belle maison, avec Fief sans nom.

J'ajoute ici, en faveur des habitans du lieu, les noms que portoient quelques cantons du territoire de Torcy du temps de Saint Louis, selon le Cartulaire de Saint-Maur (fol. 301).

Longus saltus, qui feroit en françois Long-sault.

Pons Gilberti, qui fait naturellement Pont-Gilbert.

Noe rota.

Lesse.

Noa, c'est-à-dire la Noue.

Bellus visus, qui signifie Beauvoir.

Coudra, c'est-à-dire la Coudre.

Pratum Longvest.

Pratelli, Preaux ou Prelles.

Ad rivum de Maubiez, c'est le ruisseau qui se jette dans la Marne vers Noisiel. Le nom de Maubué que les Cartes lui donnent, est altéré; car *biez* signifie en vieux langage un bras d'eau qui fait tourner des moulins, en sorte que Mau-biez sont deux mots.

Praella.

Vineæ de Charues subtus Torciacum.

De toutes les Eglises qui ont eu des fonds à Torcy, celle de Saint-Maur-des-Fossez étoit incontestablement la mieux partagée. Quoiqu'avec le temps les biens se perdent, elle y avoit encore au *Chart. S. Mauri* XIII siécle un hôtel et une ferme de quarante-quatre arpens de *Torci, et f. 28.* terre, vingt-deux de prés, dix de vignes, dont les gens de Neuilly devoient amener le vin à l'Abbaye en quatre corvées. On a vu ci-dessus que Philippe le Bel donnant cette Terre à Jean de Chevry après sa confiscation, le chargea de payer ce que la Seigneurie *Tab.Ep.in Spir.* devoit par an à ce Monastere. En 1566 le Collége de Dorman à Paris avoit droit de prendre dans le clos de Saint-Maur à Torcy dans le temps des vendanges une certaine quantité de vin de meregoutte. Enfin l'an 1700, M. le Marquis de Torcy voyant la difficulté qu'il avoit souvent avec le Chapitre de Saint Maur à cause du mélange des censives, fit proposer d'acheter ce que ce Chapitre y avoit, donnant en échange une rente de 950 livres sur la Ville; ce qui fut accepté : mais la rente est diminuée de moitié. C'est ainsi que le Chapitre de Saint-Maur a aliéné ce qui lui étoit resté à Torcy. Je fais observer sur Croissy, que c'étoit de Torcy (et non de Croissy où cette Abbaye n'avoit pas de bien) que l'auteur écrivant en 1058, a voulu parler, marquant le lieu qui fournissoit la dépense pour l'Anniversaire d'Elisabeth, femme de Burchard, Comte de Corbeil.

Le Monastere de Farmoutier, Abbaye de Filles au Diocése de Meaux, y a eu aussi des redevances que Philippe le Bel voulut en 1297 que l'on continuât de payer. *V. ci-dessus, p. 593.*

L'Abbaye de Lagny y avoit des vignes au XII siécle, et des prés au XIII. Le Chapitre de Saint-Thomas du Louvre y eut une dixme en 1189. *Ibid. p. 592.*

Le Prieuré de Gournay y eut dès le temps de sa fondation la moitié d'une dixme qu'on appelloit de Saint-Martin, donnée par Anseau de Garlande; et même la Léproserie du même lieu de Gournay y avoit en 1350 la dixme de vin en certains lieux. *Hist. S. Mart. Camp. ann. 1122. Lib. Visit. Lepr Paris. an. 1351.*

Tout cela montre que le territoire de Torcy étoit fertile et étendu. La Paroisse s'étend du côté de la riviere jusques et compris le moulin de Douves, qui est sur la Marne du côté de Noisiel; mais vers le midi elle est bornée par celle de Saint-Germain des Noyers qui n'en est qu'à un petit quart de lieue.

Je n'ai pas fait mention ici du bien que le Chapitre Royal du Vivier paroît y avoir eu. Il suffit de relire ce qui est ci-dessus.

Le Collége de Beauvais à Paris avoit en 1566 à Torcy des prés situés du côté de Lagny. *Tab. Ep. Paris. in Spir.*

Je finis par un établissement fait à Torcy dans le dernier siécle. C'est celui des Bénédictines.

Louis Berryer, Abbé Commendataire de Notre-Dame du Trouchet, Ordre de Saint Benoît, possédant trois Prieurés et un Canonicat de Notre-Dame de Paris, reconnoissant en 1674 « que les « biens provenans des fonds Ecclésiastiques après l'acquit des « charges et des fondations et l'entretien modeste des Titulaires, « doivent être employés pour la gloire de Dieu », fit acquisition des maisons, parc, enclos, fief et Seigneurie du Vivier, situés au bourg de Torcy, consistant en soixante-quinze arpens ou environ, le canal, le moulin et l'étang au-dessous du parc, trois arpens et demi de prairie au dehors des murs du même parc au lieu nommé les Prés de Frambourg, dans laquelle prairie est une source d'eau vive qui se conduit dans la maison, cour, parterre et jardin ; plus, le droit de mettre quatre vaches bandonnieres paitre dans la prairie de Torcy, le tout de la succession de MM. de la Croix, dont l'un étoit Nicolas, Sieur du Vivier, et un autre étoit Jean, Seigneur de Torcy ; et après être convenu que son pere et sa mere alors vivans, et après eux l'aîné de la famille et sa femme, jouiroient du privilége des fondateurs qui sont détaillés dans le contrat ; que le Monastere seroit de l'Ordre de Saint Benoît, et soumis à la Jurisdiction de l'Archevêque sous une Prieure ; que la famille y pourroit mettre quatre filles pour y être élevées depuis l'âge de six ans *Contrat de fondation du 28 Avr. 1674. Gall. Chr. T. VII, Instrum. col. 183 et seq.*

jusqu'à seize, dont celles qui seront appellées à la Religion seront reçues gratuitement ; il fit mettre les bâtimens en état, confirmer cette fondation par l'Archevêque de Paris et par des Lettres-Patentes de la même année. Ces Lettres donnent à cette Maison le titre de Prieuré de Notre-Dame et de Saint Louis. L'Abbé Berryer l'enrichit le 22 Décembre 1682 d'un morceau du bras de Saint Benoît, qu'il avoit eu du célebre M. de Rancé, Abbé de la Trappe. Claude Chastelain, Chanoine de l'Eglise de Paris, visitant ce Prieuré en 1690, y apprit que les premieres Bénédictines de ce lieu avoient été tirées au nombre de six de la ville de Saint-Calais par feu M. Berryer à qui cette Terre appartenoit. Il y observe que l'autel étoit au fond d'une triple apside fort extraordinaire, en ce qu'elle est lambrissée de panneaux peints, dont il y en a un de verre qui laisse voir sur l'autel. Il remarqua aussi que ces Dames disoient Complies à huit heures depuis l'Invention de la Sainte-Croix jusqu'à l'Exaltation. Ce Prieuré n'est séparé de l'Eglise Paroissiale que par la rue. On n'y a compté jusqu'à présent que quatre Prieures. La premiere fut Anne Hameau, tante maternelle de l'Abbé Berryer. La seconde, Jacqueline Gerberon, nommée en 1691 par le même fondateur. La troisiéme, Marie-Louise d'Albert de Luynes, qui avoit été à Joarre en grande liaison avec M. Bossuet, Evêque de Meaux, et avec l'Abbé de Rancé de la Trappe, qui lui écrivirent plusieurs Lettres. Le Fondateur la nomma à ce Prieuré l'an 1697. Elle est décédée en 1728, âgée de 82 ans. La quatriéme est Andrée-Elisabeth Berryer de la Ferriere. Les divers morceaux qui servoient d'ornement au Prieuré furent dispersés pendant l'été de 1748. Les Jacobins de Roset en recueillirent une partie.

Le nom de Torcy qui se trouve dans le Recueil des Miracles de Saint Thibaud de Lagny, a été défiguré par les continuateurs de Bollandus (Tome V, *Junii*, page 599). Il y a dans les manuscrits : *Muliercula de Torciaco ;* leur Imprimeur a mis *de Tornaco.*

NOISIEL

La différence est si petite entre le mot Noisiel et celui de Noiseau, que l'on ne peut pas s'empêcher de reconnoître que les noms de ces deux Paroisses du Diocése de Paris ont la même origine, quoique Noisiel soit une Paroisse beaucoup plus ancienne que Noiseau. Comme les lieux appellés Noisy en françois tirent leur nom du latin *Nucetum,* à cause de la quantité de Noyers qui s'y voyoit, aussi ceux de Noisiel et Noiseau tirent-ils leur dénomination de *Nucetulum* ou de *Nucellum*, qui en est le diminutif. Mais ce nom étoit déja changé en celui de *Nusiellum* au commencement du XII siécle, qui st le temps du premier titre qui en fasse mention et qui suppose qu'il existoit dès auparavant une Eglise en ce lieu.

Cette Paroisse est située sur la rive gauche de la Marne, à quatre lieues et demie ou environ de Paris, sur la pente du côteau qui regarde le septentrion et la riviere. Torcy n'en est qu'à demi-lieue et Lagny à une lieue et demie. Le pays est couvert de quelques bocages, entre-mêlé de labourages et de vignes. Il y a aussi un Port pour le bois.

On compte dans Noisiel environ 36 feux et 86 communians ; le Dictionnaire Universel y met 126 habitans ; le Livre de l'Election et le sieur Doisy ne parlent pas de ce Village.

L'Eglise de ce lieu est sous le titre de Saint Médard, Evêque de Noyon. L'ancienne avoit été détruite du temps des guerres de la Ligue ; celle d'aujourd'hui qui est très-petite, a été bâtie par Jean du Tremblay, le premier des Seigneurs Laïques qui ait eu la Terre. Une plaque de cuivre affichée au-dessus de la porte par le dehors, où il est qualifié *Eques*, l'en dit le restaurateur l'an 1602.

Un autre Seigneur, nommé Yves Mallet, en a fait bâtir la Sacristie et les deux Chapelles vers l'an 1670. On assure que la Dédicace de cette Eglise a été faite le 10 Août, jour auquel on en renouvelle la mémoire. On croit aussi y conserver une Relique de Saint Etienne, premier Martyr.

Cette Eglise avoit été donnée par Anseau de Garlande, Sénéchal de France, sous le Roi Louis le Gros, au Prieuré de Gournay dans le temps de la Fondation. La Charte de confirmation accordée par ce Prince et les Lettres de Girbert, Evêque de Paris, toutes les deux de l'an 1122, assurent le fait positivement. *Nusiellum quoque, Ecclesiam scilicet et quicquid ad illam pertinet cum hospitibus, terris, pratis, vineis cum nemore et molendino illi (Monasterio) donavit.* [Gall. Christ. T. VII, Instrum. col. 50.] Avant ce temps-là Calixte II, dans la Bulle de l'an 1119, avoit mis *Nusielluus Villam cum Ecclesia et atrio et omnibus appenditiis*, ce qui fut suivi dans les Bulles et Lettres postérieures. [Hist. S. Mari. p. 157.] C'est pourquoi on mit dans le Pouillé rédigé au siécle suivant, *De donatione Prioris de Gornaïo, Ecclesia de Noisello ;* ce qui a été suivi dans celui du XV siécle, qui l'appelle *Noisiellum*, et par celui de l'an 1628. Le Pouillé de 1648 a totalement oublié cette Cure, et dans celui de 1692, on l'a mise mal-à-propos sous le Doyenné de Chelles, pendant qu'elle est sûrement de celui de Lagny. Le visa de l'an 1477, pour une permutation qui en fut faite avec le Chapelain de Saint-Denis dans les Cryptes de Sainte-Geneviéve de Paris, la désigne sous le nom de *Cura SS. Medardi*

<small>Reg. Ep. Paris. 22 Feb.</small> et *Gildardi de Noysiello supra Maternam ;* ce qui étoit excusable dans un siécle où l'on étoit persuadé que ces Saints étoient les deux freres. Le Seigneur est gros Décimateur.

Les Prieurs de Gournay avoient possédé la terre de Noisiel pendant près de cinq cents ans, lorsque la nécessité obligea celui <small>Bann. du Chât. Vol. VIII, f. 363.</small> qui l'étoit sur la fin de l'avant-dernier siécle, de la vendre à Jean du Tremblay, Secrétaire du Roi, moyennant quatre mille écus ; et ce pour rebâtir une Chapelle au lieu de l'Eglise du Prieuré qui avoit été démolie pendant les troubles pour la fortification du Fort de Gournay. Henri IV confirmant cette vente par Lettres données à Blois, au mois d'Août 1599, commua et érigea en franc-alleu cette Terre qui étoit auparavant tenue en main-morte.

Yves Mallet, Secrétaire du Roi, qui jouissoit vers le milieu du dernier siécle de la Terre et Seigneurie de Noisiel, et que j'ai déja dit ci-dessus avoir fait des augmentations à l'Eglise, étoit en même temps Seigneur du Luzart et du Buisson Saint-Antoine ; comme son fief du Buisson, tenu en moyenne et basse Justice, avoit 270 arpens de terre sur la Paroisse de Noisiel, et des bâtimens avec huit arpens sur la Paroisse de Lognes, il présenta Requête à M. de Harlay, Archevêque de Paris, pour que ces bâtimens, avec les huit arpens, fussent distraits de la Paroisse de <small>Reg. Arch. Par.</small> Lognes ; cela lui fut accordé le 16 Juin 1687, moyennant qu'il payeroit quarante livres de rente annuelle au Curé, et une fois à l'Eglise du même Village de Lognes, la somme de quatre cents livres. Mais cette distraction n'a eu lieu que jusqu'en 1711, que <small>Voyez Lognes.</small> M. de Bourvalais étant devenu Seigneur de Lognes, fit restituer à cette Paroisse le territoire qu'on lui avoit ôté. M. Mallet étoit décédé dès l'an 1704.

Louis Mallet, Conseiller au Parlement, et fils d'Yves et d'Anne Faber, étoit Seigneur de Noisiel dès l'année 1686. Il obtint onze <small>Reg. en Parl. le 8 Fev. 1697.</small> ans après des Lettres-Patentes, portant confirmation du droit et possession d'un moulin à eau en sa Terre de Noisiel, le tout suivant le Procès-verbal et Jugement du Prévôt des Marchands et Echevins de Paris. Il mourut à Noisiel au mois d'Octobre 1738, âgé de 70 ans.

En 1739, on me dit qu'une Dame de Sommerset avoit cette Terre pour cent ans.

Aujourd'hui elle est possédée par M. de Jonville, Gentilhomme Ordinaire du Roi, qui a été envoyé en plusieurs Cours.

LOGNES

On a été fort embarrassé jusqu'ici de découvrir où étoit placée la forêt appellée *Lauconia silva* dans laquelle fut assassiné l'an 673 le Roi Childeric II et son épouse Bilihilde par Bodilon, Seigneur François, qui avoit été maltraité par ses ordres. Le plus grand nombre est convenu que ce devoit être aux environs de Chelles, ce qui a fait que les uns ont rendu [les mots de] *Lauconia silva* par ceux de Forêt de Bondis, d'autres par ceux de Forêt de Livry, ce qui revient au même, c'est-à-dire que la forêt *Lauconia* auroit été à la droite de la Marne, à une lieue ou deux de Chelles, entre Paris et Meaux. Mais toute recherche faite dans les différens cantons de la forêt qui est de ce côté-là pour sçavoir s'il y resteroit un nom qui pût représenter celui de *Lauconia*, il ne s'y en est point trouvé. C'est pourquoi j'ai cru qu'il étoit besoin de chercher cette forêt *Lauconia* de l'autre côté de la Marne ; et je crois l'avoir trouvée dans Lognes qui est vis-à-vis Chelles, à demi-lieue du rivage gauche de cette riviere. Il y reste encore assez de bois dans les environs pour se persuader que dans le VII siécle il y en avoit encore bien davantage, et l'on ne peut se refuser à la ressemblance des noms. Il a été naturel de dire indifféremment *Lauconia silva*, ou *Laugonia silva ;* or il est tout simple que *Laugonia*, écrit quelquefois *Logonia*, forme en françois Logne. Voilà l'antiquité qu'il m'a paru que l'on pouvoit donner à Logne ; c'étoit une forêt qu'on a défrichée en partie, et où l'on a bâti des villages et construit des Eglises. Le titre de Saint Martin que porte celle de Logne, est encore un indice de son antiquité, parce que nos premiers Rois ont été très-dévots envers ce Saint. Lors donc que nous trouvons dans des titres latins du XIII siécle qu'en parlant de ce village ou de son Eglise on l'appelle *Villa de Luugnis, Ecclesia de Leugnis*, il est certain que ce sont des expressions fabriquées sur le françois, de même que de Loigny et Leugny on a forgé *Logniacum* et *Leugniacum*, tandis que le vrai nom original est *Lucaniacum*. Quant à l'expression vulgaire du nom de ce village, au XIII siécle et dans quelques-uns des suivans on disoit *Lougnes*, et de ce Lougnes on fabriqua au XV siécle *Lugniæ*.

La position de ce village dans la Brie étant presque vis-à-vis Chelles, indique suffisamment qu'il est éloigné de Paris de quatre lieues et du côté de l'orient ; sa situation est assez en pays plat. Il y a un grand bois, dit le Bois du Boulay, vers le sud-ouest, quelques vignes vers le nord-est, le reste en terres et paturages. Le ruisseau de Maubué passe au bas du côté du levant, avant que d'aller se jetter dans la Marne à Noisiel. En 1709, lorsqu'on imprima pour la premiere fois le dénombrement des Elections, Lognes dans celle de Paris fut mis pour 23 feux, et en 1726 le Dictionnaire Universel de la France y compta 74 habitans ou communians. Depuis ce temps, le nombre des communians s'est trouvé réduit à 66, et le sieur Doisy, publiant en 1745 un état de tout le Royaume, y a marqué seulement 16 feux. M. de Valois n'avoit pas examiné la position de cette Paroisse, lorsqu'il l'a placée entre Malenoue et Combeaux. Il étoit plus juste de dire qu'elle est entre Champs et Beaubourg, ou bien encore Malenoue et Torcy.

Notit. Gall. p. 421, col. 1.

J'ai déja dit ci-dessus que Saint Martin est patron de l'Eglise. Elle étoit si ancienne et si caduque, qu'il a été besoin de la rebâtir dans le siécle présent : et même ce qui marque assez la nouveauté de cet édifice, est que la couverture est mise à la mansarde; ce qui est singulier pour une Eglise. Elle n'est qu'en forme de Chapelle, mais bien orientée. Il n'y a que deux ou trois maisons bâties auprès; les autres ménages sont vers le midi ou sud-ouest, et le territoire s'étend dans les bois vers Malenoue. Il y a aussi la ferme du Buisson qui en dépend, et qui est située presque au septentrion. Cette Cure est du nombre de celles qui ont toujours été à la collation Episcopale de plein droit. Tous les Pouillés sont uniformes là-dessus (dans celui du XIII siécle elle est dite *de Leugnis*). On lui donnoit quatorze livres de revenu au XV siécle, suivant une estimation plus ancienne. En 1474 Jean Rideau, Curé de Torcy, dont la Cure ne valoit pas mieux, la fit réunir à la sienne, sur l'exposé de ses besoins et des ravages causés par les guerres; et Bernard Chapelain, Curé des deux lieux, fit encore continuer cette union en 1498 : mais la désunion fut faite depuis, sçavoir le 22 Janvier 1503.

Reg. Ep. 31 Dec. Invent. Episc.

Ibid., 22 Dec.

Comme les anciennes tombes n'ont point été conservées, on connoît peu d'anciens Seigneurs de Lognes. Germain Chartelier comparut en cette qualité à la rédaction de la Coûtume de Paris en 1510, et Jean de Villecoq, Avocat, en celle qui fut rédigée l'an 1580.

Paul Poisson de Bourvalais l'eut de ses successeurs, et après lui Madame la Princesse de Conti, à laquelle a succédé M. le Duc de la Valliere.

La ferme du BUISSON-SAINT-ANTOINE, qui est un fief sur cette Paroisse, a eu un sort incertain. Sous l'Episcopat de M. de Harlay, le sieur Mallet, Fermier Général, qui étoit Seigneur de Noisiel et à qui elle appartenoit, prétendit qu'elle étoit plus voisine de l'Eglise de Noisiel que de celle de Lognes, et obtint qu'elle seroit censée de la Paroisse de Noisiel; mais en 1711 M. Bourva-

lais et Suzanne Guihou, son épouse, ayant présenté Requête à
M. le Cardinal de Noailles pour prouver le faux de l'exposé du
sieur Mallet, et ayant produit un titre de l'an 1493, par lequel il *Reg. Arch.*
constoit que cette ferme étoit sur la Paroisse de Lognes, elle lui
fut restituée par Décret du 19 Juin. On voit dans cette ferme une
grange d'une longueur prodigieuse. Sur l'un des côtés de la même
ferme est une Chapelle basse qui a un clocher en flèche de grande
apparence. Buisson n'est pas une Seigneurie nouvelle. Elle étoit
connue dès le commencement du XIII siécle, ainsi qu'on va voir.

Quelques anciens Couvents ont reçu des bienfaits, dont le produit se tiroit à Lognes du Diocése de Paris. Isabelle, femme de
Matthieu de Buisson, donna vers l'an 1220 à la pauvre Maison du
Cormier, de l'Ordre des Chanoines Réguliers, située dans les bois
à une lieue et demie de là, un sextier de bled moitié hivernage et *Chart. Livriac.*
moitié avene, à prendre chaque année dans la dixme de Lognes : *fol. 99.*
ce qui fut agréé en 1223 par Henri, Comte de Bar-le-Duc, du fief
duquel elle étoit mouvante. On apprend aussi par les titres de
l'Abbaye de Lagny, qu'en 1226 le même Henri, Comte de Bar, *Hist. ms. Abb.*
donna à ce Monastere une partie de la dixme du même lieu *Latin.*
de Lognes.

Il y avoit en 1700 un gros Décimateur, nommé Marsolier.

Au reste, le nom de Lognes n'est point unique en France. Il y a
encore deux autres Paroisses de ce nom : l'une en Beausse, au *Dict. Univ. de*
Diocése de Chartres, et l'autre dans le Maine, à un hameau dans *la France.*
le Diocése de Meaux.

Au XIII siécle, *Thomas de Lugniis,* Chanoine-Prêtre de Saint-
Jean-le-Rond, fit des legs à l'Eglise de Notre-Dame. Il tiroit son *Necr. Eccl. Par.*
nom probablement de Lognes du Diocése de Paris. *XI Jan.*

CHAMPS

Si l'on veut faire remonter l'antiquité de ce lieu le plus haut
qu'il est possible sans blesser la vraisemblance, il suffit de rapporter ce qu'on lit dans le Livre des Miracles de Saint Babolein,
premier Abbé de Saint-Pierre-des-Fossez, dit depuis de Saint-
Maur ; sçavoir que ce Saint Abbé et Saint Fursy, premier Abbé *Sæc. II, Bened.*
de Lagny, bâtirent une Eglise dans un lieu situé au Diocése de *p. 597.*
Paris, entre Gournay et Lagny, appellée *Campus;* qu'ils prierent
Audobert, Evêque de Paris, d'en venir faire la Dédicace ; que cet
Evêque y consacra deux autels, l'un en l'honneur de la Sainte
Vierge, l'autre sous le titre de Saint Pierre : qu'après la mort des

deux Saints Abbés ce lieu fut pillé et les habitans dispersés, en sorte que l'Eglise tomba en ruine. Après le décès de ceux qui s'étoient emparés de ce lieu, il y revint des habitans qui releverent les ruines de l'Eglise, et y firent construire un autel sous l'invocation de Saint Fursy, et un autre sous celle de Saint Babolein, lesquels autels subsisterent long-temps. Mais par la suite un incendie réduisit ce lieu en cendres avec l'Eglise, et même l'autel de Saint Fursy; ensorte qu'il n'y eut que celui de Saint Babolein qui fut conservé. L'Auteur n'en dit pas davantage. Il faut observer que dans toute cette narration, qui peut renfermer l'espace de deux ou trois siécles, il n'est fait aucune mention des SS. Marcelin et Pierre, Martyrs, silence dont je ferai usage ci-après.

L'origine du mot *Campus* ou *Campi* ne souffre aucune difficulté. Ce lieu étoit apparemment depuis long-temps une plaine campagne par opposition aux forêts qui le bornoient vers le midi et vers le couchant. Il a toujours continué d'être appellé simplement *Champs*, et quelquefois *Champs sur Marne*, pour le distinguer de plusieurs autres villages du Royaume appellés *Champs*; mais jamais on ne le trouve nommé *Champs-moteux*, quoique M. de Valois avance que quelques-uns l'ont appellé ainsi; car *Champs-moteux* n'est pas un Village, mais une simple ferme de l'Abbaye d'Hierre située dans un autre canton.

Notit. Gall. p. 412, col. 1. Hist. de Corbeil, p. 128.

Champs-sur-Marne est éloigné de Paris de quatre lieues vers le levant. Sa position est sur une petite côte à pente assez douce, à un quart de lieue au plus de la Marne. C'est un pays où il y a plus de labourages que de terres autrement cultivées. Le bas des côtes du côté de l'occident est arrosé par un petit ruisseau que la Carte de de Fer appelle *Grace R.*, peut-être parce qu'il vient d'un petit bois nommé *Bois de Grace*, et que les planches de M. l'Abbé de la Grive appellent *le Ru Merdereau*. Le nombre des feux de Champs étoit marqué de quarante-deux dans le dénombrement de l'Election de Paris de l'an 1709, et le nombre des habitans ou communians fixé à 395 dans le Dictionnaire Universel de l'an 1726. Mais la description du Royaume, imprimée en 1745 par les soins du sieur Doisy, nous apprend qu'il y a maintenant 68 feux en ce lieu.

L'Eglise Paroissiale paroit être un bâtiment assez récent; peut-être est-ce l'ancien dont la Dédicace fut faite en 1535, qui auroit été seulement réparé et renouvellé. Il est au reste bien orienté: l'édifice est comme une espece de grande Chapelle sans ailes, mais fort propre. On y reconnoît les SS. Martyrs Marcellin et Pierre pour Patrons. Cette tradition a au moins deux cents ans;

Permiss. du 24 Nov. 1533. Reg. Ep. Paris. car lorsque Jean du Bellay, Evêque de Paris, permit à Guy, Evêque de Magarence, d'aller faire la Dédicace de l'Eglise de

Champs, il fut spécifié que ce seroit en l'honneur de ces mêmes Saints. Mais il faut dire qu'il s'introduisit une erreur à ce sujet, et voici selon moi d'où elle prit naissance. Il y avoit eu un village dit Malenoue, qui étoit situé entre celui de Champs et l'Abbaye de ce même nom de Malenoue. L'Eglise de ce village possédoit un bras d'un Saint Erasme : et comme on le croyait Evêque dans la Campanie en Italie, en le regardant comme le patron du lieu, on y célébroit sa Fête le second jour de Juin, c'est-à-dire, conformément à quelques Martyrologes, le même jour que toute l'Eglise Romaine honoroit les SS. Marcellin et Pierre, Martyrs, qui sont au Canon de la Messe. L'Eglise de ce Malenoue ayant été détruite dans le temps de certaines guerres [1], aussi-bien que le village, la relique de Saint Erasme, que le peuple appelloit Saint Iraume, fut réfugiée dans l'Abbaye des Dames, et les habitans se retirerent à Champs où la Paroisse fut transférée. Comme on ne connoît Champs sous le titre de Paroisse au plus tôt que par le Pouillé du XIII siècle, dans lequel la Paroisse de Malenoue ne paroît point, cela peut marquer que la transmigration avoit été faite dans le XI ou XII siècle. Champs n'étant donc pas Paroisse auparavant, mais un simple hameau, les habitans de Malenoue s'y établissant, et y bâtissant une Eglise, en célébrerent naturellement la Fête le second jour de Juin, comme ils avoient coutume de faire précédemment lorsqu'ils étoient à Malenoue : mais comme ils n'avoient plus les reliques de leur patron S. Iraume, et que les SS. Marcellin et Pierre étoient plus connus dans tous les Calendriers au second jour de Juin, le changement s'introduisit, et peut-être même par la détermination de quelque Evêque ou de quelque Archidiacre.

Du Breul, Antiq. de Paris, liv. IV, article de Malenoue.

La nomination de la Cure de Champs a appartenu de plein droit dès son origine à l'Evêque de Paris ; le Pouillé du XIII siècle y est formel. Cela est suivi par ceux des XV, XVI et XVII. Vers le regne de Charles VII, le revenu étoit de 32 livres. Sous Charles VII en 1393, Jean Pisseleu, Curé de Champs, fut commis pour administrer le bien des Religieuses de Malenoue, qui étoient réduites à trois ou quatre. En 1546, l'Evêque de Paris confirma le Bail qu'avoit fait Jean Salomon, Curé, de certaines piéces de terre pour une redevance de grain.

Gall. Chr. T. VII, col. 587.
Reg. Ep. Paris. 2 Apr.

Il y a eu sur le territoire de Champs, mais tout proche Gournay, une Léproserie ou Maladrerie, dont on trouve des collations de 1539, 1549, 1550, 1551, 1582. Cette administration étoit confiée

---

1. La nouvelle Légende du Breviaire de Paris dit que ce fut du temps des guerres des Anglois ; par où on entend ordinairement les guerres du XIV siécle, mais il paroît que cela doit être arrivé du temps des guerres de Seigneur à Seigneur, où des Seigneurs contre les Rois.

à des personnes qualifiées, telles que Robert Thiboust, par exemple, qui l'eut en 1539. Mais dès l'an 1648, il n'en étoit plus fait mention; elle ne se trouve point parmi celles du Pouillé d'alors.

Champs-sur-Marne fut l'une des Paroisses où le Roi Charles V assigna du bien pour les Chanoines qu'il fonda à Vincennes. Les Lettres de Charles VI de l'an 1397 en font mention; *Item* les Mémoriaux de la Chambre des Comptes, et la Coûtume de Paris de l'an 1510.

<small>Trés. des Chart. Reg. 153, Piece 288.</small>

Les anciens Seigneurs de Champs ne sont pas beaucoup connus. Un Jean de Champs se trouva en 1145 présent à la donation que Galeran, Comte de Meulent, fit de l'Eglise de la Queue et du four du même lieu au Monastere de Gournay. On voit pareillement dans la liste des Chevaliers qui avoient du bien dans la Chatellenie de Montlhery sous le regne de Philippe-Auguste, et qui le tenoient d'autre que du Roi, un *Renaudus de Campis* et un *Guillelmus rufus de Campis*. Le premier vivoit en 1215, et celui du nom de Guillaume est dit avoir donné en 1209 à l'Abbaye du Val la moitié d'un pressoir sis à Lagny.

<small>Hist. de Montm. Preuv. p. 46.</small>

<small>Cod. Putean. 635.</small>

Vers le commencement du quinzième siécle, sous le regne de Charles VI, la Seigneurie de Champs-sur-Marne étoit dans la maison d'Orgemont originaire de Lagny. Philippe d'Orgemont, Echanson du Roi Charles VII, et fort attaché à ce Prince, l'ayant possédée, elle passa à Charles, son fils aîné, Maître des Comptes et Trésorier de France, qui la donna à Pierre, aussi son fils aîné, Chambellan du Roi Charles VIII, lequel Pierre décéda en 1500 au retour du voyage d'Italie où il avoit accompagné ce Prince, et ne laissa point de postérité. Son pere lui survécut d'onze ans. Guillaume d'Orgemont l'ayant possédée ensuite jusqu'environ l'an 1518, à sa mort elle advint à Louise d'Orgemont, sa sœur, veuve de Roland de Montmorency, laquelle en paya alors les droits de relief. Depuis lequel temps la Terre de Champs passa à Claude de Montmorency, Maître-d'Hôtel ordinaire de François Ier, dont on marque la mort à l'an 1546.

<small>Généalogie d'Orgemont.</small>

<small>Compte de l'Ord. de Paris, Sauval, T. III, p. 598.</small>

<small>Hist. des Gr. Off. T. III, p. 580.</small>

On voit ensuite Jean du Faur, qualifié Seigneur de Champs-sur-Marne l'an 1574, dans le temps que Pierre du Faur, Maître des Requêtes, étant fait Président au Parlement de Toulouse, lui résigne sa Charge. Ces du Faur sont plus connus sous le nom de Saint-Jorry. Il étoient fils de Michel, Seigneur de Saint-Jorry, près Toulouse. Le Seigneur de Champs fut aussi Conseiller d'Etat. Il avoit épousé Magdelene Spifame, mais leur fils ne laissa point de postérité. Il y a quelque apparence qu'il vendit ou échangea avec le Roi, quelques années après, la Terre de Champs.

<small>Histoire des Maîtres des Req. p. 290.</small>

On produit un acte par lequel Henri III dispose de la Haute-Justice, Greffe et Tabellionage de ce lieu en faveur du sieur Jean

<small>Reg. Cons. Parl. 24 Mart. 1583.</small>

Dugué, en contréchange de dix arpens de prés destinés à être unis au Domaine de Gournay.

Bourvalès, fameux Traitant, a joui de la Terre de Champs au commencement du siécle où nous sommes; il en a bâti le Château. Les révolutions arrivées vers 1720 firent tomber la même Terre entre les mains de Madame la Princesse de Conti.

Il existe des Lettres d'union de cette Justice et Baronnie en faveur de Marianne de Bourbon, légitimée de France, veuve du Prince de Conti, avec la Baronnie de Noisy-le-Grand, et Terres et Seigneuries de Lognes et Villiers-sur-Marne, du 7 Sept. 1726. *Reg. Parl.*

Aujourd'hui cette Terre est possédée par M. le Duc de la Valliere, qui en est gros Décimateur. Il est pareillement Seigneur de Lognes.

Il y a sur le territoire de la Paroisse de Champs quelques Seigneuries. L'une d'entr'elles est appellée LUISARD dans la plupart des Cartes, et dans celle de de Fer, le Luizard. Mais ce nom a souffert encore d'autres changemens.

En 1520 ce lieu s'appelloit le Luzat. Il fut permis alors à Anne Auger, veuve de noble Jean Croquesel, Seigneur de Luzat, et Claude Croquesel, son fils, aussi-bien qu'à Louis de Montmorency, mari de ladite Anne Auger, de faire célébrer à voix basse en la Chapelle de leur maison de Luzat. Au bout de six vingt ans, la terminaison du nom se trouvoit changée. Même permission fut donnée le 17 Novembre 1646, à Ives Mallet, Secrétaire du Roi, Seigneur du Luzart. *Reg. Ep. 14 Janv. 1520.*

LA HAUTE-MAISON est dite de la Paroisse de Champs dans la concession faite en 1634, à Charlotte de Prie, veuve de François Allemant, Seigneur de Guepean, Maître des Requêtes et Président au Grand-Conseil, d'y avoir un Oratoire domestique. *Reg. Arch. 21 Maii.*

BAILLY se trouve nommé dans les Registres de l'Archevêché de l'an 1628, à l'occasion de Charles le Roy, Seigneur de la Poterie, et de Bailly, qui eut alors la faculté de faire célébrer *in Oratorio domûs suæ* de Bailly *infra limites Parochiæ de Campis*. Ce lieu n'est marqué dans aucune Carte, pas même dans celle des environs de Paris de l'Abbé de la Grive. *Reg. Arch. 6 Apr.*

GOURNAY-SUR-MARNE

N'y ayant point d'apparence que le nom *Gornacum*, dont on fait en françois Gournay, et qui est commun à sept ou huit lieux en France tant Villes que Bourgs et Villages, soit dérivé du nom de quelque possesseur propriétaire, ou fondateur, on est réduit à dire qu'il vient plus probablement de quelque terme Celtique ou Gaulois qui commençoit par *Gorn*. Mais sans qu'on en sçache pour cela la signification.

Nous ne connoissons rien sur ce lieu du Diocése de Paris avant l'onziéme siécle qu'il en est fait mention à l'occasion du Prieuré qui y fut fondé; après quoi dans le siécle suivant il en est fort parlé au sujet des Seigneurs qui occupoient le Château, et à l'occasion de divers événemens qui seront rapportés ci-après.

Comme cette Terre relevoit des Evêques de Paris, il en faut conclure qu'elle étoit de l'ancien patrimoine de leur Eglise dont on a perdu les actes de donation. Dans l'Histoire du meurtre de Thomas de Saint-Victor dont il va être parlé, il est qualifié *Castrum Sancti Stephani*. Saint-Etienne étoit une des Eglises qui formoient la Cathédrale.

Gall. Chr. T. VII, col. 62.

Elle est située à trois lieues et demie de Paris ou approchant de quatre lieues, vers l'orient, sur le rivage gauche de la Marne. C'est un pays de labourages et de paturages. La Paroisse est peu étendue et n'a pas un grand nombre d'habitans.

En 1709, lors de l'impression du dénombrement de l'Election de Paris, on y comptoit 35 feux. Le sieur Doisy le réimprimant en 1745, dans la Description de tout le royaume n'y en compte que 17. Par où l'on doit reconnoître visiblement l'erreur du Dictionnaire Universel de la France de l'an 1726, qui y reconnoît 1614 habitans et qui qualifie ce lieu du titre de Ville de la Brie, avec un pont sur la Marne, quoique ce pont ait été abbattu long-temps avant l'impression de cet ouvrage. Au reste il n'y avoit en ce lieu il y a quinze ans que 70 communians.

Ce qui me paroît avoir existé à Gournay avant toutes choses est le Château et les habitans qui cultivoient les terres. Mais il est impossible de dire à quelle Paroisse le tout appartenoit; c'étoit probablement à celle de Noisy-le-Grand ou à celle de Champs. Il est certain qu'en 1122, plusieurs années après la fondation du Prieuré, il n'y avoit encore à Gournay qu'une Chapelle, appellée *Capella de Gornayo*, laquelle avoit été donnée à ce même Prieuré ; et qu'il n'étoit point encore fait mention de Paroisse. On ne sçait pas même sous le nom de quel Saint elle étoit titrée. Car pour ce qui est du nom de Saint Arnou que cette Chapelle porta depuis qu'elle fut érigée en Paroisse, il y a tout lieu de croire qu'il ne lui fut donné qu'à cause de quelques Reliques de ce Saint, que les Religieux du Prieuré y déposerent après les avoir obtenues de leurs Confreres du Prieuré de Crépy en Valois où reposoit le corps entier de ce Saint.

Annal. Eccl. Fr. T. IV, p. 379.

Si le Pere le Cointe, de l'Oratoire, et le Pere Alexandre, Dominicain, avoient pu citer quelque titre en faveur de leur sentiment, on croiroit volontiers avec eux, que cette Chapelle de Gournay auroit été dépositaire des Reliques de Saint Hildevert, Evêque de Meaux, et en auroit peut-être porté le nom avant que d'être érigée en Paroisse sous le titre de Saint Arnoul, Martyr de la forêt d'Iveline. Selon le Pere Alexandre, ce seroit même S. Hildevert qui l'auroit fait bâtir à sept lieues de Meaux, et qui y auroit été inhumé. *Nat. Alex. sæc. VII, p. 551*

Quoiqu'il en soit, c'est par les monumens du Prieuré de Gournay, que nous connoissons les plus anciens Seigneurs de ce lieu. Ainsi, dans ces commencemens, on ne peut gueres séparer l'Histoire des Seigneurs d'avec celle du Prieuré. Mais avant toutes choses il faut sçavoir que sous le regne de Louis le Gros on se souvenoit encore que le Château de Gournay avoit appartenu à l'Eglise Cathédrale de Paris, et qu'en mémoire de cela il est ainsi désigné : *Sancti Stephani Castrum quod Gorniacum dicitur.* *De Eccl. S. Steph. Paris. Dubois. T. I, p. 559.*

C'est par un Diplôme de ce même Prince daté de l'an 1122, que nous sommes informés de ce qui regarde les fondateurs et principaux bienfaiteurs de cette Maison. *Hist. S. Mart. à Camp. p. 279.*

On y lit que Guy le Rouge ou le Roux (qui étoit fils de Guy de Montlhery et d'Hodierne, son épouse, fondateurs du Prieuré de Longpont) et Adelaïde, sa femme, bâtirent proche le Château de Gournay une Eglise du titre de la Sainte Vierge et de Saint Jean l'Evangeliste, et que l'ayant dotée, ils la donnerent avec tous ses biens au Monastere de Saint-Martin-des-Champs ; ils ajouterent à ce don la Chapelle de Gournay, la Terre *de Luabum*, un moulin à Gournay, l'Eglise de Roissy (en Brie) avec l'*atrium* et le tiers du village. Cette fondation, dont on ne sçait point précisément le temps, est d'environ l'an 1100. Le Roi fait ensuite dans sa Charte l'énumération de ce que Ansel de Garlande, son Sénéchal ou *Dapifer*, avoit donné à la même Maison, sçavoir les deux tiers de Roissy, Noisiel avec l'Eglise, etc. ; la dixme *de Berchorellis* et deux parties de la dixme de Bercheres ; l'autre tiers fut donné avec l'*atrium* par Baudoin de Clacy, du consentement d'Ansel le Sénéchal, lequel Ansel ajouta à tout cela la dixme de Ponteulz, la moitié de la dixme de Torcy dite de Saint-Martin, l'Eglise d'Essonne [1], avec l'*atrium* et la dixme ; quant aux hôtes qui demeuroient dans cet *atrium*, ce fut Etienne, frere d'Ansel, qui en fit présent. Albert de Bry donna de son côté tout ce qu'il avoit en propre dans le lieu dit *Canoilum*, sçavoir l'Eglise avec la dixme, des prés, une terre et un bois, tout cela du consentement du même Ansel de qui il le

---

1. Suger a écrit que les Evêques de Paris conniverent à cette donation pour contrecarrer l'Abbaye de Saint-Denis. *Sug. de admin. sua;* Duch. T. IV. p. 339. De la Barre, Hist. de Corbeil, p. 102, parle encore autrement de ce don, le faisant venir d'Eudes de Corbeil, qui l'auroit fait à la priere d'Alix de Cressy, femme de Guy le Rouge.

tenoit. Le Roi Louis le Gros reconnoît par le même Diplôme que ce nouveau Monastere de Gournay jouit de 15 arpens de prés situés entre Gournay et Chelles, dont il y en a cinq qui proviennent du don de Sa Majesté, sept autres du don d'Alberic de Mainferme et les trois de reste d'autres aumônes. J'obmets le reste. Girbert, alors Evêque de Paris, donna une semblable charte de confirmation la même année en plein Chapitre. De sorte qu'il ne faut pas être surpris que cette Maison nourrit alors vingt-cinq Religieux. Le grand nombre de Moines qui y étoit fut cause que le Prieuré de Saint-Martin-des-Champs regarde le Monastere de Gournay comme la principale de ses dépendances.

Hist.
S. Mart. àCamp
p. 281.

Il fut aussi regardé alors comme l'une des Maisons où la régularité de l'Ordre de Cluny étoit le mieux observée. Ives de Chartres écrivant à un nommé Gonthier qu'il qualifie *Frater et compresbyter*, l'exhorte de se retirer à Notre-Dame de Gournay pour y jouir du repos qu'il désire.

Ivo
Carnut. Ep. XI.

La disette de titres causée par les guerres ne permet pas que l'on soit informé de beaucoup de faits importans concernant ce Prieuré. On ignore même le nom des cinq ou six premiers Prieurs.

Le premier que l'on connoisse est FOULQUE, *Fulces,* lequel se trouva du vivant de l'Evêque de Paris, Maurice de Sully, à un acte concernant l'Abbaye de Mont-éti.

Tabul. Hiber.

Ensuite PIERRE qui se trouve mentionné dans l'acte par lequel Mathilde de Garlande, femme de Matthieu de Montmorency, fait une fondation dans l'Eglise de Gournay, vers l'an 1200, sur une rente de vingt sols dans Paris.

Hist. de Montm.
Preuv. p. 392.

DROGON paroît en sa qualité de Prieur de Gournay dans un acte de l'an 1225, par lequel il reconnoît avec sa Communauté avoir vendu à l'Abbaye de Sainte-Geneviéve de Paris des cens qu'il avoit à Rôny avec la justice, et cela du consentement de Baudoin, Prieur de Saint-Martin. On trouve aussi ailleurs des Lettres de lui touchant les prés que l'Abbaye de Livry avoit proche la chaussée de Gournay dans la censive du Prieuré et sur une vigne *apud Chennuel* qui doit être le *Canoilum* de ci-dessus. Ce Prieur mourut vers l'an 1239. Il est inhumé à Saint-Martin-des-Champs. On lisoit autrefois à l'entrée de la Chapelle de l'Infirmerie :

Chart. S. Gen.
p. 214.

Chart. Livriac.
fol. 9 et 57.

Hic jacet Drogo Prior de Gornayo.

BARTHELEMI lui succéda. Il étoit fils d'une Dame nommée Havise dont la tombe se voit encore dans le chœur de Saint-Denis de Tournan, et que l'on croit avoir été femme d'un Seigneur de Grez. Il y est représenté dans le rang de ses enfans avec cette inscription : BARTHOLOME POR DE GORN. Il mourut vers l'an 1258, le

15 Août et fut inhumé dans le Chapitre de Saint-Martin-des-Champs. Marrier rapporte qu'il a lu sur sa tombe transportée ailleurs *Hic jacet Bartholomeus Prior de Gornayo*, avec ces vers qui représentent ses bonnes qualités :

Hist. S. Mart. p. 570.

> *Oret quisque Deum quod salvet Bartholomeum.*
> *Qui jacet hic ; morum fulsit virtute bonorum,*
> *Ad bona vir solitus, vir providus atque peritus,*
> *Prudens, pacificus, humilis fuit atque pudicus.*

Puis la date du jour de sa mort.

Ce fut du temps de ce Prieur, c'est-à-dire en 1246, que le Couvent de Gournay traita avec les habitans de Torcy qui prétendoient avoir droit d'envoyer leurs bestiaux dans le Bois des Moines appellé *Boletum*. Thibault de Bar, Seigneur de Torcy, fit une Enquête qui obligea les habitans de se désister.

Histoire de la M. de Bar. Preuv. p. 29.

ADAM étoit Prieur de Gournay en 1271. Il certifia en 1275 que ses gens de Roissy avoient toujours eu droit d'usage en la forêt de Roissy. Il siégeoit encore en 1283.

Chart. S. Mauri. fol. 327.
Ibid., fol. 471.

JACQUE MOULIN fut Prieur de cette Maison sous Charles V et Charles VI ; son épitaphe le qualifie Bachelier en décret, fils d'un Mercier de Limoges. Il mourut le 3 Mai 1386.

Hist. S. Mart. p. 570.

HUGUE DE MALGNAC, Conseiller du Roi, Prieur en 1387.

Tab. Foss.

On ne connoît aucun Prieur du siècle suivant, sinon JEAN TALENCE, qui présenta à la Cure de Ponteau le 22 Juin 1461.

Tab. Ep. Paris. in Spir.

GÉRARD DE MAUNY, Abbé de Noyers, en étoit Prieur Commendataire en 1505 et fit commencer à y mettre la réforme le 4 Février. Il y avoit alors cinq Moines seulement ; on y en ajouta six autres de Saint-Martin-des-Champs qui y furent envoyés par Philippe Bourgoin, Prieur, et par Jean Raulin, Professeur dans l'Ordre de Cluny. Les Registres du Parlement contiennent un Arrêt du 10 Novembre 1508, pour la même réforme. On peut aussi voir la mention qui en est faite au 12 Mars 1533, au 18 Avril 1558, et au 27 Février de la même année.

Ibid., fol. 283.

ANTOINE BOULU, Religieux par la mort duquel le Prieuré fut conféré à GUILLAUME JOSSE, Religieux de Cluny, par l'Evêque.

Reg. Ep. Par 30 Apr. 1530.

PIERRE CLUTIN étoit Prieur sous le regne de François Ier.

Après sa mort arrivée en 1533, l'Evêque de Paris nomma deux fois à ce bénéfice *Jure devoluto*, 1° NICOLAS LE ROI, Religieux de l'Ordre, le 5 Septembre ; 2° PIERRE DU PONT le 14 Décembre.

Reg. Ep Paris.

En 1537, les Religieux plaidoient contre M. HENRI CLUTIN, soi-disant Prieur de Gournay, au sujet de la réforme.

Reg. Parl. 21 Jan. 1537.

JEAN-PAUL DE SELVE, Prieur de Gournay, mourut au mois de Juillet 1569 ; comme c'étoit un mois des Graduez, il y eut plusieurs nominations de Religieux de l'Ordre de Cluny pour lui succéder.

Reg. Ep. et Cap. Paris. 13 Jul. 19 Aug. et 20 Maii 1570.

On trouve au 23 Juillet 1574, mention d'un Arrêt du Parlement au sujet de cette Maison.

Reg. Parl.

Nicolas Fumée, Evêque de Beauvais, est qualifié Prieur de Gournay dans le Procès-verbal de la Coutume de Paris de l'an 1580. Il présenta sous le même titre à la Cure de Bercheres du Diocèse de Paris le 13 Octobre 1582.

Reg. Ep. Paris.

Jacques Fouyn, Prieur de Gournay, présenta le 20 Mai 1597, à la Cure de Saint-Arnou du même lieu. Le 12 Juillet 1599, il fut permis au Prieur de Gournay d'aliéner jusqu'à 600 livres, pour réparer les dégâts faits pendant les troubles.

Ibid.
Reg. Parl.

Charles Faye en étoit Prieur en 1600. Il présenta en cette qualité le 16 Février à la Cure de Bercheres.

Reg. Ep. Paris.

Un Evêque de Saint-Flour l'a été au commencement du siécle, selon les Mémoires Historiques de Mézeray imprimés en 1732, in-12, page 49.

Louis-Henry Faye d'Epesses traita au mois d'Avril 1664, comme Prieur de Gournay, avec l'Administrateur de la Léproserie de Corbeil. Il fut aussi Abbé de Saint-Pierre de Vienne, et Chanoine de Notre-Dame de Paris.

Ibid.
Hist. des Présid. p. 325.

De nos jours M. l'Abbé Alary est Prieur de Gournay où il a beaucoup fait travailler.

L'Eglise du Prieuré de Gournay dans ces derniers temps n'a plus l'air que d'une Chapelle qui a été réparée sur les ruines des anciens édifices. Pour y aller on passe à travers des restes de l'ancien Chapitre qui paroissent d'une structure du XIII siécle, aussi-bien que quelques colomnes du vieux cloître. L'ancienne Eglise avoit été détruite lors des guerres de la Religion pour la fortification du Fort de Gournay. Le Titulaire du Prieuré vendit la Terre de Noisiel pour rebâtir cette Eglise en 1599.

Voyez Noisiel.

La famille des Garlande y a eu au XII siécle sa sépulture, parce que cette Terre leur advint alors et qu'ils en furent les principaux bienfaiteurs, ainsi qu'on a vu ci-dessus par la charte de Louis le Gros de l'an 1122. Anseau de Garlande fait Sénéchal de France vers l'an 1108, qui fut tué en 1117 d'un coup de lance au troisiéme siége de Puisset [du Puiset] en Bausse, y fut enterré : et depuis lui Etienne de Garlande, Doyen d'Orléans, décédé en 1148. On lit que Guillaume de Garlande avoit donné à ce Monastere pour l'ame de son fils Anseau qui y reposoit, la moitié de ce qu'il avoit dans les dixmes de Nogent outre les dixmes de la Mainferme destinées pour le luminaire de l'Eglise, et 20 sols sur le péage de Gournay pour avoir de l'huile, et de plus l'usage dans les bois de Roissy.

Ce même Monastere avant l'écoulement du premier siécle de sa fondation, avoit eu de Galeran, Comte de Meulent, et d'Agnès sa femme, le moutier de la Queue, c'est-à-dire l'Eglise, et le four du même lieu : le don est daté de Meulent, 1145. *Hist. de Montm. Preuv. p. 46.*

Gui de Mont-jay avoit été en difficulté avec ces Religieux pour une dixme en la Paroisse d'Ozoir qui étoit alors aux environs de Villevaudé : mais du consentement de sa femme Adelaïde et de Gaucher son propre frere, il leur accorda cette dixme non-seulement dans les terres essarbées, mais encore dans celles qui le seroient par la suite. Les actes de Gui et de Gaucher de Chatillon sont de l'an 1166. Ce dernier fit plus ; car il donna encore deux ans après à l'Eglise de Gournay la Terre de Ville-Prestre située en son Fief. *Ibid., p. 63.* *Histoire de la Mais. de Chatillon.*

Ce fut en ce Monastere de Gournay que décéda le 4 Décembre 1577, Antoine Vialart qui de Prieur de Saint-Martin et Abbé de Bernay, avoit été fait Archevêque de Bourges, et dont il est dit qu'il ne quitta ni l'habit monastique ni la regle de Saint Benoît dont il avoit fait profession. Mais son corps fut reporté à Bourges. *Hist. S. Mart. p. 268.* *Gall. Chr. nova, T. II, col. 99.*

La donation du Prieuré de Gournay au Monastere de Saint-Martin-des-Champs fut confirmée par la Bulle de Calixte II, de l'an 1119. *Apud Gornacum Castrum Monasterium Sanctæ Mariæ cum omnibus appenditiis suis ;* ce qui est répété en celle d'Innocent II, de l'an 1142. Il faut observer que la préposition *apud* ne signifie pas dans l'intérieur du Château, mais sur le territoire. Aussi la Bulle d'Eugene III, qui est de l'an 1147, marque-t-elle mieux la situation *Ecclesiam Sanctæ Mariæ extra Castrum Gornaii ;* puis *Aliam Ecclesiam infra ipsum Castrum ;* ce qui se trouve de la même maniere dans la charte de Thibaud, Evêque de Paris, d'environ l'an 1150. *Hist. S. Mart. p. 157.* *Ibid., p. 171.* *Ibid., p. 180.* *Ibid., p. 188.*

L'autre Eglise dont Eugene et Thibaud parlent et qui étoit renfermée dans le Château de Gournay, est sans doute celle qui n'est qualifiée que de Chapelle dans les Lettres du Roi de l'an 1122. C'est cette derniere Eglise qui fut érigée en Paroisse durant le cours de ce même siécle ; car elle étoit dès le XIII au rang des Paroisses du Doyenné de Lagny. J'ai déjà fait remarquer qu'elle fut érigée sous le titre de Saint Arnoul, Martyr, dont la Fête est le 18 Juillet. Elle put essuyer dans la suite des siécles les mêmes accidens que le Château même de Gournay. Il est rare que des Eglises si voisines des Châteaux célebres puissent long-temps subsister dans leur premier état.

L'Eglise de Saint-Arnoul de Gournay aujourd'hui subsistante est très-nouvelle et fort petite, avec deux Chapelles cependant. Une marque indubitable de la nouveauté est qu'elle est tournée au Septentrion et non à l'Orient quoique M. de la Grive la figure ainsi dans sa Carte. Il ne reste rien de l'ancien clocher. Mais comme le village est peu nombreux, il seroit devenu assez inutile.

Cette ancienne Eglise n'étoit pas située au même lieu, mais elle étoit plus éloignée de plusieurs maisons, et bâtie au bout méridional du village. La nouvelle a été bâtie en 1720, sur le dessein de Frere Romain, Jacobin, Architecte, aux frais du sieur de Court, Chef d'Escadre des Armées Navales du Roi, sous-Gouverneur de M. le Duc de Chartres, Seigneur en partie de Gournay du consentement des parties intéressées, sçavoir, Madame la Princesse de Conti et le Prieur du lieu.

La nomination de la Cure est marquée appartenir à ce Prieur dans le Pouillé du XIII siécle, et dans celui du XV où le revenu étoit dit être de 20 livres. Les Pouillés postérieurs s'accordent sur la même nomination. Le Curé est gros Décimateur et par accommodement il ne dixme point sur les terres du Prieuré.

Reg. Parl.
1352, April.
Reg. Visit. Lepr.
fol. 79.

La Léproserie ou Maladerie de Gournay est ancienne. Dès l'an 1352, il s'étoit ému une difficulté touchant le Collateur. Il en est parlé dans les Registres du Parlement, et dans celui de la visite qui en fut faite en 1351. Les lieux qui avoient droit d'y prétendre leurs malades après Gournay, étoient : Chelles, Noisy-le-Grand, Villiers-sur-Marne, Champs, Noisiel, Hemery, Bercheres, Rantilly, Beaubourg, Lognes, Croissy, Torcy, Collegien, Saint-Germain-des-Noyers. Le revenu devoit avoir été proportionné à de si grandes charges. Il y en avoit au hameau de Malevoisine, alors subsistant proche Lognes, à Torcy, à Hemery et à Courcerequenes, lieu du voisinage qui est aujourd'hui inconnu, à moins que ce ne soit Courquetaines. L'Evêque de Paris y nom-

Tab. Ep. Paris.
in Spir.
Reg. Ep. Paris.
1450,
1478, 1522.
Sauval.
T. III, p. 416.
Pouillé in-4º,
p. 143.

moit l'Administrateur. Ce fut avec sa permission, obtenue par le Prieur de Saint-Martin, qu'un Religieux de Saint-Martin put y demeurer quelque temps en 1408. Sauval en parle à l'an 1574 [1474]. Le Pouillé de Paris de l'an 1648, la dit être de fondation commune. Elle est encore au rolle des Décimes.

De la Barre,
Antiq. de Corb.
p. 66.

Aucun auteur de ma connoissance n'a remarqué touchant Gournay-sur-Marne, ce qu'en a dit l'Ecrivain de l'Histoire de Corbeil, en parlant de Hémon, Comte de cette Ville, avant le temps de Hugues Capet. Il y assure sans citer de garant, que Gournay étoit possédé par Hugues le Grand, Prince des François, qui fut marié à Avoye, laquelle avoit parmi ses proches parentes Elisabeth qui épousa un Seigneur appellé Hémon, et qu'en faveur de ce mariage Hugues le Grand leur donna le Comté de Corbeil et la Seigneurie de Gournay-sur-Marne, et cela vers l'an 950.

Ordinairement l'on se contente de produire pour premier Seigneur connu de Gournay, Guy le Roux ou le Rouge, second fils de Guy Ier, Seigneur de Montlhery et d'Hodierne qui l'étoient en 1060, lequel Guy le Rouge fonda le Prieuré avec sa femme Adelaïs. Il est vrai qu'on ignore quelle fut la famille de cette Dame,

Mais il pourroit se faire que cette Adelaïs peu connue fût issue des Seigneurs de Corbeil et de Gournay, qui selon de la Barre existoit dès le X siécle.

Ansel de Garlande ayant épousé une des filles de Guy le Rouge, devoit posséder la Terre de Gournay, mais ce fut son beau-pere qui continua d'en jouir. Il fut Grand Sénéchal de France et fort considéré du Roi Louis le Gros. Il fut tué étant à son service l'an 1117.

Ce fut dans le temps que Guy le Rouge avoit commis à la garde du Fort de Gournay Hugues de Pomponne, qu'arriva l'événement qui obligea le Roi Louis le Gros d'y venir mettre le siége. Ce Hugues que l'Abbé Suger qualifie de *Castellanus de Gornaco*, avoit arrêté sur le grand chemin des chevaux, appartenans à des marchands, et les retenoit dans le Château de Gournay. Suger, continuant son récit, dit que le Roi étant surpris et presque hors de lui-même à la vue de ce procédé, rassembla son armée et vint investir ce Château afin qu'il n'y entrât point de vivres. Il fait ensuite la description de l'Isle, sur le bord de laquelle il étoit situé, et il en célebre les pacages. Louis le Gros en approcha à l'aide de bateaux. Il ordonna à quelques-uns de la Cavalerie et à un grand nombre de l'Infanterie de se dépouiller et de se mettre à la légere, ensorte que les uns étant approchés à la nage et d'autres à cheval, étant lui-même de ce dernier nombre, il commanda de forcer l'Isle. Les gens du Château tâcherent de les repousser à l'aide de pierres, de lances et de perches. Les attaquans, ne se rebutant point, lancerent des pierres avec les machines, et les arbalétriers qui avançoient en tirant, commencerent à se voir à portée d'en venir aux mains avec les assiégés; étant armés de bons casques, ils repousserent tous ceux qui s'opposerent à leur entrée dans l'Isle, et les obligerent de se retrancher dans le Château. Le Roi ne les voyant pas disposés à se rendre, augmenta le nombre de ses troupes et se présenta pour franchir les fossés qui étoient fort profonds; il fit dresser tout auprès une machine à trois étages qui empêchoit aux archers ou arquebusiers des premieres tours de travailler avantageusement à leur défense, et d'où les assiégeans tuoient de temps en temps quelques-uns du dedans. A cette machine étoit attaché un pont de bois qu'on laissoit aller sur le fossé, par le moyen de quoi ceux qui descendoient de dessus pouvoient entrer dans la Forteresse. Mais ceux du dedans usant de ruse, avoient dressé en terre des pieux taillés en pointe et les avoient couverts de paille, ensorte que ceux qui étoient assez hardis pour entrer, marchant sur ces pailles sans se défier de rien, se trouvoient empalés. Suger parle aussi en cette occasion des chemins souterrains, *terratæ caveæ*, qui servirent à cette expédition. Gui le

Rouge voyant son Château serré de si près, se mit en campagne et ravagea avec le fer et le feu tout le terrain qu'il put dans les Terres du Roi afin de faire diversion. Comme les vivres étoient près de manquer au Château de Gournay, il engagea le jeune Thibault, Comte de Champagne et de Brie, de venir à son secours. Le Roi alla au devant de lui, et ayant mis son armée en état de se battre, les François attaquèrent ces troupes de Brie peu accoutumées à la guerre, les percerent de leurs lances et de leurs épées et mirent le reste en fuite. Le Comte Thibault laissa ainsi périr une partie de son armée et fut des premiers à reprendre le chemin de son pays. En un mot la victoire fut si complete du côté du Roi Louis le Gros, que Suger, auteur contemporain, a cru la devoir qualifier de *Famosa ubique terrarum celeberrima*. Cette bataille fut donnée selon les apparences aux environs de Champs et de Lognes. Le Roi étant devenu victorieux retourna à son camp ; les assiégés du Château de Gournay s'étant rendus il les en chassa, il s'en mit en possession et ensuite il en confia la garde aux sieurs de Garlande. Guillaume de Nangis qui vivoit plus de 150 ans après Suger, fixe ces événemens à l'année 1114. Il observe que Hugues de Pomponne, qui occasionna ces mouvemens, s'étoit mis sur le pied de piller les bateaux qui passoient sur la Marne et d'en retirer toutes les dépouilles dans le Château de Gournay.

Chron. Guill. Nangiaci. Spicil. T. III, p. 1

La disposition ordonnée par le Roi Louis le Gros ne fit point sortir de la postérité de Guy le Rouge la Terre de Gournay. Car il avoit donné en mariage une de ses filles à Anseau de Garlande celui-là même qui fut Sénéchal de France et qui décéda en 1117.

De leur mariage sortit une fille qui porta cette Seigneurie de Gournay en la Maison de Montfort, dont fut une Agnès de Montfort, Dame de Gournay, mariée à Valeran deuxième du nom, Comte de Meulent. La même Agnès, Comtesse, est dite *Domina Gornaii* dans un acte de l'an 1168, auquel temps elle parut avec le Roi Louis VII dans l'Eglise de Saint-Maur-des-Fossés à la publication de cet acte.

Duchêne, Hist. de Montm. p. 695.

Chart. S. Mauri, art. Ferroles.

Radulfus Miles de Gornaio et *Anselus de Gornaio* se trouvent sous le regne de Philippe-Auguste dans des catalogues de Chevaliers. Le premier est nommé au rang de ceux qui tenoient quelque bien de la Châtellenie de Montlhery parce qu'il possédoit Villiers-sur-Nozay. Le second est dans une autre liste des Chevaliers de la même Châtellenie qui ne tenoient pas du Roi ce qu'ils y avoient. Il est aussi nommé à l'an 1212, au mois de Juin, comme ayant été en différend avec Radulphe, Abbé de Saint-Maur, touchant un past, qui fut réglé par Pierre, Evêque de Paris.

Rôle de Montlhery sous Ph. Aug. Cod. Putean. 635.

Gall. Chr. T. VII, col. 88.

Jean de Chastillon, Comte de Blois, possédoit la Seigneurie de Gournay sur la fin du regne de S. Louis. Il en fit hommage l'an 1269, le mercredi après la Saint-Nicolas d'hiver, à Etienne Tempier, Evêque de Paris. Le Cartulaire ajoute que pour le Château et la Châtellenie, il étoit redevable à l'Evêque d'un cierge de ving. sols. *Chart. Ep. Bibl. Reg. fol. 121.*

PIERRE, COMTE D'ALENÇON, frere du Roi Philippe le Hardi, jouit après lui du Fief de Gournay, et en rendit pareillement hommage au même Evêque dans la salle Episcopale l'an 1277, le lendemain de la Saint-Martin. *Cartul. Ep. fol. 144.*

JEAN DE ROUVRAY et Marguerite de Meuélen, sa femme, possédoient Gournay en 1330. Elle étoit du propre de Marguerite.

JEANNE D'EVREUX, Reine de France et de Navarre, *jadis compagne du Roi Charles*, acquit des deux ci-dessus nommés la Terre et Seigneurie de Gournay avec ses dépendances la même année 1330, le 26 Mars, mardi avant Pâques, moyennant la somme de quatre mille cinq cents livres, Jean de Milon étant Garde de la Prévôté de Paris. Je lis ailleurs qu'elle l'avoit acquise de Jean de Romeray et que ce bien avoit été engagé au sieur le Picnet, Conseiller au Parlement. Ceci doit servir à corriger l'Histoire d'Etampes où on lit que cette Jeanne d'Evreux, troisième femme de Charles le Bel, la lui porta en mariage en 1326. Le Roi Philippe de Valois se retira quelquefois en cette Terre. Ce fut de là qu'il écrivit le 27 Juillet 1337, au Gardien de la Ville de Verdun. *Liv. rouge neuf du Châtel. Répertoire, p. 1365. Reg. du Domaine T. I. Hist. d'Etamp. p. 591. Hist. de Verdun, Preuv. p. 23.*

BLANCHE, fille posthume de Charles le Bel et de Jeanne d'Evreux, porta cette Terre en dot l'an 1345, à Philippe, Duc d'Orléans, fils puîné du Roi Philippe de Valois. En 1351, la Reine devoit vingt sols à l'Evêque pour Gournay. Je trouve au tome I des Registres du Domaine, qu'en 1330 la Reine Jeanne d'Evreux avoit acquis Gournay de Jean de Romain, que ce bien avoit été engagé au sieur Lepicard, Conseiller au Parlement. En 1376, un an après la mort de ce Prince, son mari, elle la céda au Roi Charles V, s'en retenant l'usufruit, marquant dans l'acte qu'elle venoit des acquits de Jeanne, sa mere. *Ibid. Comp. Ep. Par. Mém. de la Chambre des Comptes, fol. 8, 20, 18.*

BUREAU DE LA RIVIERE, premier Chambellan du Roi Charles VI, eut la Terre de Gournay par don de ce Prince avant l'an 1385 : car lorsqu'il donne en cette année-là, le 9 Novembre, à son frere Louis en apanage les Terres tenues par la Duchesse d'Orléans, sa tante, il en excepte Crécy qu'il s'étoit réservé et Gournay-sur-Marne qu'il avoit donné au sire de la Riviere. Ce même Roi étant à Maubuisson le 9 Décembre 1388, lui confirma ce don, et en renouvella la donation par une charte dans laquelle il fait mention des services rendus non-seulement par ce premier Chambellan, mais encore de ceux que sa femme rendoit à la Reine avec laquelle elle étoit continuellement, et aussi en mémoire de ce qu'elle lui avoit donné la premiere nouvelle de la naissance de son fils le *Ibid. au 9 Nov. 1385. Reg. du Trésor des Chartes 135, piece 45.*

Dauphin, comme aussi à cause de ce qu'il avoit levé sur les fonts Charles de la Riviere, leur fils.

Il est probable qu'après la mort des sires de la Riviere cette place revint à la Couronne. Le Régent Anglois la fit assiéger sur la fin du Carême 1430, et elle fut prise, mais depuis elle fut rendue au Roi Charles VII. On lit qu'en 1437, ce Prince assigna sur le revenu de Gournay-sur-Marne 100 livres de rente annuelle à Thomas Hauston; qu'en 1448, il fit à Hugues Vennede, don de la Tour et Châtellenie du même Gournay sa vie durant: et enfin qu'en 1454, il accorda à Thomas Hauston, ci-dessus nommé, pour le temps qu'il vivoit tous les revenus que la Couronne avoit en la Terre de Gournay pour en jouir par les mains du receveur ordinaire de Paris. Cette marque de bienveillance du Roi pour cet Ecossois venoit de ce qu'à l'assaut de la prise de Meaux faite sur les Anglois, il étoit entré le premier dans la Ville, où il avoit été blessé et mutilé en plusieurs endroits de son corps.

Journal de Ch VII, p. 136.
Mém. de la Chambre des Comptes.

Sauval, T. III, p. 389.

Depuis ce temps-là la Terre de Gournay fut quelquefois de celles dont le Roi fit échange pour d'autres. Il transporta cette Châtellenie par Lettres de l'an 1461, au profit de Guillaume de Harcourt de Tancarville, en échange de la Châtellenie de Montrichart. Louis XI la donna le 12 Janvier 1465, à Antoine de Chabannes pour Blanque, fort près Bourdeaux, pour en jouir avec celle de Crécy en Brie et de Gonesse en union au Comté de Dammartin. Nonobstant cet échange on trouve un Arrêt pour main-levée de la Terre de Gournay en faveur du sieur de Tancarville ci-dessus nommé; et delà dans les mémoriaux de la Chambre des Comptes postérieurs à l'an 1483. Il est constant qu'Antoine de Chabannes n'avoit eu cette Terre que pour sa vie, et qu'après sa mort le revenu fut mis en la main du Roi; mais Jean, son fils, finança pour continuer d'en jouir.

Mem. de la Chambre des Comptes.

Ibid. et 146. Tables de Blanchard.

Compte de la Prevôté de Paris 1492. Sauval, T. III, p. 409.

On lit assez au long dans Sauval l'érection d'un Fief à Gournay faite l'an 1494, mais sans aucune mention de celui qui possédoit alors la Seigneurie. Il rapporte d'après un compte de l'an 1495, que ce fut Robert Thiboust, Président en la Cour du Parlement, qui obtint cette érection par Lettres-Patentes données à Lyon, au mois de Mai 1494, pour une maison et jardin, deux gords et environ deux arpens de terre sis au territoire de Gournay-sur-Marne, à la charge de faire foi et hommage au Roi, payer des droits et devoirs à chaque mutation de Seigneur, et aussi à la charge de fournir chacun an à Gournay un chapeau de roses à quatre rangées qui servira à porter le corps de Notre-Seigneur le jour du Saint Sacrement; outre ce, à condition que certaine place assise devant la maison du même M. Thiboust auprès du Pont de Gournay en laquelle est planté le poteau de la Justice du Seigneur,

Compte de l'Ord. de Paris, Sauval, T. III, p. 510.

y resteroit; et cela du consentement du même Thiboust auquel cette place appartenoit, et qu'il tenoit du même Seigneur à douze deniers parisis de cens.

Gournay proche Paris fut du nombre des Terres que le Roi François Ier céda à Antoine du Bois, Evêque de Béziers, au lieu de celles que ce Prélat avoit dans le Hainaut et qu'il avoit données en 1530 au Roi pour les céder à l'Empereur. Cet Evêque ne la garda pas long-temps; il en fit la rétrocession au Roi, le 5 Février 1534 [7 Décembre 1533]. Compte du Dom. de Paris, 1535.

Par la suite, Nicolas le Jay, Maître des Comptes, acquit du Roi la Terre de Gournay. Mais il la revendit le 5 Mai 1556, à Pierre du Griffon, du consentement du même Prince. Sauval, T. III, p. 617. Mém. de la Chambre des Comptes.

Le Roi s'étoit réservé la vieille Tour Seigneuriale, que les Commissaires de Sa Majesté vendirent l'an 1577 à G. le Jars, avec les démolitions, fondations, circuit et pourtour, à certaines conditions. Et en 1583, il augmenta son Domaine de Gournay de quelques arpens de prés que Jean Dugué lui céda pour des Droits Seigneuriaux à Champs. Reg. du Cons. du Parl. 27 Juill. 1577. Ibid., 24 Mars.

Quelques années après la destruction de la Tour, Henri IV fit bâtir à Gournay un Fort qu'on nomma le Fort Pille-badaut. C'étoit en 1592, deux ans avant la Réduction de Paris à son obéissance. L'usage auquel il servit s'entend assez par la signification du nom. Matth. Hist. T. II, p. 111. Second Suppl. des Mem. de l'Etoile, T. I, p. 116.

Il est constant par un acte du 12 Janvier 1596, que dèslors le Roi avoit aliéné son Domaine de Gournay en faveur du Sieur Lallemant de Guespean. Ce Seigneur cédant à Jean Scaron, Conseiller au Parlement, la Haute-Justice dans les Terres de Maudiné et Bois-larchier appartenantes au même Scaron, voulut que les appellations relevassent en la Justice de Gournay, et se retint dix sols de rente sur le Fief de Maudiné et vingt sols sur celui de Bois-larchier. Maudiné est aujourd'hui un Fief de M. de la Valliere, situé proche Champs tirant vers Torcy. D'anciennes Lettres du Roi Charles VI placent ce Maudiné proche Croissy. Je les cite à la fin de l'article de ce village. Bann. du Chât. Vol. VIII, f. 294. Lettr. confirm. du Roi Henri à Folambray, 12 Janv. 1596.

Claude-Elisée de Cour, Vice-Amiral de France, avoit à Gournay une très-belle maison qui subsiste encore. Il décéda en 1752, et fut inhumé en l'Eglise du lieu.

Ce qui reste à dire touchant Gournay regarde les Eglises qui y ont eu du bien ou des droits, les événemens qui y sont arrivés ou dans le voisinage, et le pont de ce lieu auquel a succédé le bac.

L'ancien Nécrologe de Notre-Dame de Paris marquant au 10 Avril l'obit de Guillaume de Garlande, Chevalier, n'oublie point que son fils qui avoit un droit de péage à Gournay, en exempta le Clergé de cette Eglise et les effets qui lui appartenoient. Chart. Livriac. F. 1.

L'Abbaye de Livry, fondée vers l'an 1200, eut dès son commencement trois arpens de prés à Gournay donnés par Thibaud de Garlande. Le Prieuré du Cormier qui en dépend, eut pareillement de Jean de Beaumont et d'Isabeau la Bouteillère, sa femme, en l'an 1227, cent sols parisis, à prendre au jour de la Purification sur le péage du même lieu.

Chart. Livriac, fol. 96.

Nous ignorons si ce péage se levoit sur un pont. Il paroît que dans le temps du siége de cette place par le Roi Louis le Gros en 1114, il n'y avoit point encore là de pont sur la Marne. L'Historien du temps qui entre dans un grand détail, n'en fait aucune mention. Il pût n'avoir été construit que par la suite. Il en est parlé ci-dessus à l'an 1494. Il fut refait à neuf en 1495 et 1496, suivant un compte que j'ai vu ; on l'appelloit quelquefois alors le Pont Saint-Arnou. Il existoit encore, lorsque M. de Valois écrivit sa Notice des Gaules. C'est lui qui rapporte le proverbe qui courait à Paris parmi la populace, en parlant d'une femme de mauvaise vie : *Elle a passé le pont de Gournay ; elle a sa honte bue.* Ce Sçavant ne craint point d'assurer pour certain que ce proverbe venoit de ce qu'autrefois, lorsque la clôture étoit moins observée dans les Couvens de Filles, les Religieuses de Chelles, dont la maison est de l'autre côté de la Marne, presque vis-à-vis le Prieuré de Gournay, passoient le pont et rendoient visite aux Religieux de ce lieu. Dans le siècle dernier ce pont n'étoit que de bois. On assure qu'il n'a cessé d'exister que parce que des gueux y mirent le feu. Il prenoit au rivage gauche à l'endroit où est la maison de M. de Court, et il se terminoit à l'autre bord, à l'endroit où il y a encore un reste d'élévation sur l'eau, et deux ou trois maisons sur le rivage, lesquelles sont encore de la Paroisse de Gournay. Il y a maintenant un bac deux cents pas au-dessus du lieu où étoit ce pont, et les droits en appartiennent à M. le Duc de la Valliere, Seigneur de Champs, et en partie de Gournay.

Notit. Gall. p. 404 et 405.

Après le siége de l'Isle et du Château de Gournay, fait en 1114, par le Roi Louis le Gros, et la victoire qu'il remporta dans le terrain voisin sur le Comte de Champagne et de Brie, l'antiquité ne nous a rien transmis de plus mémorable en genre tragique, que le meurtre qui fut fait le 17 Août 1130, du vénérable Thomas, Prieur de Saint-Victor de Paris, par des assassins qui l'attendirent vis-à-vis Gournay, lorsqu'il retournoit à l'Abbaye de Chelles avec Etienne de Senlis, son Evêque.

Steph. Ep. Par. Ep. ad Gaufr. Episc. Carnot. Hist. Eccl. Par. T. II, p. 33.

Du Breul a cru qu'il s'agissoit de Gournay-sur-Marne dans nos anciens Historiens, lorsqu'ils écrivent qu'en l'an 1173 Henri, Roi d'Angleterre, prit Gournay sur le Roi de France, à l'aide de quelques François, et que Philippe-Auguste eut bien de la peine à le reprendre en 1202. Il suffit d'ouvrir Guillaume le Breton, pour voir qu'il s'agit là de Gournay en Vexin au Diocèse de Rouen.

Antiq. de Paris, Liv. IV, sur Gournay.

NOISY-LE-GRAND

Il a été besoin de distinguer ce lieu d'avec plusieurs autres Noisy voisins de Paris, dont l'un est Noisy-le-sec au Diocèse même de Paris, un autre proche Versailles, sur les bords du Diocèse de Chartres, un troisième proche Beaumont-sur-Oise, presque à l'extrémité du Diocèse de Beauvais, sans compter deux autres Paroisses de ce même nom situées au Diocèse de Sens, ni un autre petit Noisy qui étoit sur le bord de la Seine au territoire de la Paroisse de Vigneuf proche Villeneuve-Saint-Georges. Celui dont il s'agit a été surnommé le Grand, soit à cause de son étendue, soit parce que nos Rois de la premiere race y ont eu une maison de plaisance ou un domaine. A l'égard de l'origine du mot Noisy, on convient que tous les lieux qui portent ce nom, l'ont eu à cause de la quantité des noyers qui y étoient plantés ; de-là vient qu'on les trouve nommés en latin *Nucetum* ou *Nocetum*, et ensuite par altération *Nocidum, Nuccium, Nuscium,* puis *Nusiacum, Noisiacum.*

Sa situation est sur un coteau, dont la pente est vers le septentrion au rivage gauche de la Marne ; ce qui fait que l'eau n'y est pas rare. Ce lieu n'est éloigné de Paris que de trois lieues vers l'orient. Il est placé vis-à-vis Neuilly qui est à l'autre bord de la Marne. Ce pays abonde en vignes, sans cependant manquer de labourages ni de prairies. Le dénombrement de l'Election de Paris, imprimé en 1709, y marquoit 132 feux ; et le Dictionnaire Universel de la France, publié en 1726, y comptoit 572 habitans ou communians. Le nouveau dénombrement, imprimé en 1745 par les soins du sieur Doisy, n'y marque plus que 127 feux. Aussi dit-on encore dans le pays qu'il y en a six vingt, et on y compte cinq cents communians.

La Sainte Vierge est patrone de l'Eglise de ce lieu qui est un bâtiment assez vaste, dont la plus grande partie est du XIII siécle. Il n'y a pas de vitrages dans le corps principal de l'Eglise, ni de galeries ; mais il est accompagné de deux aîles qui sont inégales : la nef n'est que lambrissée, le reste voûté. La tour de pierre terminée en flèche, que les habitans croyoient avoir près de mille ans d'antiquité, n'est que du XII siécle. On y voit à un des piliers de la nef cette inscription gravée en gothique minuscule :

« Bonnes gens plaise vous sçavoir que cette présente Eglise
« de Nostre-Dame et S. Souplice fust dediée le deuxiéme Di-
« manche de May l'an mil quatre cent quatre-vingt et quatre par
« la main de Reverend pere en Dieu Maistre Louys de la Fourés
« Evesque de Paris. Et sera toujours la Feste de la Sainte Dédi-

« cace le second Dimanche de Mai. Et vous plaise y venir gagner
« les grands pardons, et prier Dieu pour Jehan Groignet et Rau-
« line sa feue femme, lesquels de leurs biens ensemble ont fait
« dedier cette presente Eglise. »

On assure qu'il y a des reliques en deux châsses de bois ; mais je n'ose en parler, n'ayant point vu les authentiques.

Devant le grand autel est une tombe du XIV siécle, représentant une personne en habits longs.

Dans l'aîle septentrionale de la nef sont des vitrages d'un blanc foncé du XIII siécle, et d'autres d'un rouge du même temps, où sont peints ceux qui les ont donnés.

Dans un de ces vitrages du XIII siécle est représenté un Noble ou Chevalier à genoux, dont l'écu est mi-partie d'or et d'argent.

Dans un autre sont deux Ecclésiastiques à genoux en robe ou soutane blanche, qui ont pour Saint patron derriere eux un personnage tenant un panier de jonc ou d'osier.

Cette Eglise est bâtie dans le lieu presque le plus bas du village. On dit qu'on avoit commencé à vouloir la rebâtir à l'endroit où a été le premier cimetiere, presqu'à l'entrée du village, en venant du côté de Bry à main droite, dans le pré où se voit une grande croix qui peut avoir deux à trois cents ans : mais qu'il y eut des oppositions.

L'Eglise de Noisy-le-Grand est à la nomination du Prieur de Saint-Martin-des-Champs depuis la fin du XI siécle. Ce fut en l'an 1089 que Geoffroy, Evêque de Paris, donna à ce Monastere l'autel de ce lieu, *altare apud villam Noisiacum*, du consente- *Hist. S Mart.* ment de Hugues, Comte de Dammartin, qui le tenoit des bienfaits *p. 486.* de cet Evêque, et de celui d'un nommé Garin à qui Hugues l'avoit donné pareillement en bénéfice : à quoi consentit Renaud, Archidiacre de Brie.

Quelques Bulles de Papes confirment ce don avec celui de la Terre même. Les Lettres de Thibaud, Evêque de Paris, qui sont d'environ l'an 1150, et depuis ces Bulles, mettent *Ecclesiam de Nusiaco cum decimis majoribus et minoribus*. Aussi la trouve-t-on au rang de celles de la présentation du Prieur dans le Pouillé du XIII siécle, *Noisiaco magno* : dans celui du XV, où il est spécifié que le revenu étoit alors de quatorze livres, dans ceux du XVI et du XVII. En vertu des titres précédens les Religieux de Saint-Martin sont encore Patrons et gros Décimateurs.

L'étendue de la Paroisse alloit autrefois jusqu'à Bry : de sorte que presque toute la rue qui commence vers le midi après l'Eglise de Bry, étoit de Noisy pour le spirituel : mais par Décret de M. le Cardinal de Noailles du 12 Octobre 1706, après les informations *Reg. Archiep.* requises, et du consentement de M. de Lyonne, Prieur de Saint-

Martin, ces maisons en furent distraites et unies à la Paroisse, en chargeant le Curé de payer pour dédommagement dix livres chaque année à celui de Noisy, et la Fabrique cinq livres à celle de Noisy.

Il y a eu à Noisy une fondation de deux Sœurs de la Charité faite par M. Deschamps, Secrétaire du Roi, et Madame de la Roche, mere de M. des Espoisses.

Pour ce qui est du temporel, la Terre de Noisy étoit une de ces Terres Royales que nos Rois de la premiere et seconde race regardoient comme de leur domaine particulier. Dans la troisiéme ils en firent des dispositions. On a la preuve de ma premiere proposition dans Grégoire de Tours. C'est lui qui nous apprend le malheur qui y arriva à l'un des fils du Roi Chilperic Ier. Ce Prince qui se laissoit souvent aller aux volontés de Frédégonde, sa seconde femme, étant venu de la forêt de Villers-Coterets à Chelles, rappella du château de *Brennacum*, où il l'avoit envoyé, son fils Clovis, à la persuasion de cette Reine, afin qu'il y mourût de la même maladie pestilentielle qui les avoit enlevés ; ce qui n'arriva pas : mais ce qui fut fâcheux pour lui, est qu'il se vanta trop tôt étant à Chelles de devenir Roi de toutes les Gaules, et qu'il s'avisa de mal parler de sa belle-mere. Frédégonde en étant informée, et écoutant ceux qui lui insinuerent que c'étoit lui qui avoit procuré leur mort par maléfices, s'en plaignit au Roi, qui le fit arrêter, et ordonna qu'on le désarmât, et qu'on ne lui donnât que de mauvais habits. On l'amena en cet équipage à la Reine, qui commanda que tout lié et garrotté qu'il étoit on lui fît passer la riviere de Marne, et qu'on l'enfermât dans une prison à Noisy : mais il n'y fut pas plutôt, qu'on l'assassina d'un coup de poignard ; et on vint rapporter au Roi que c'étoit lui-même qui s'étoit défait. L'Historien contemporain ajoute ailleurs que ce jeune Prince avoit d'abord été inhumé à Noisy sous la gouttiere d'une Chapelle, mais que Frédégonde ayant appréhendé que si on venoit à découvrir son corps, on ne lui fît des funérailles honorables, donna ordre qu'on le déterrât et qu'on le jettât dans la Marne. Il y fut jetté en effet, mais il fut arrêté dans les filets qu'un pêcheur avoit tendus plus bas pour prendre du poisson. Ce pêcheur ayant reconnu à la longue chevelure de ce corps que c'étoit celui d'un Prince de Sang Royal, le chargea sur les épaules et le porta au bord, où il fit une fosse, et l'enterra, le couvrant de gazon. Après la mort du Roi Chilpéric, le Roi Gontran, oncle de ce Prince assassiné, voulant sçavoir ce qu'étoit devenu son corps, fit beaucoup de perquisitions. A la fin ce pêcheur de la Marne, qui devoit être de Noisy ou de Bry, vint lui déclarer ce qui étoit arrivé ; et comme il lui avoit donné la sépulture, Gontran fit lever le corps

Greg.Tur.Hist. lib. V, cap. XL.

Ibid. lib. VIII, cap. x.

de ce jeune Clovis avec les honneurs qui lui étoient dûs, et il fut conduit par l'Evêque de Paris, le Clergé, la Noblesse et le peuple à la Basilique de Saint-Vincent, dite depuis de Saint-Germain-des-Prés, où il fut inhumé. Voilà le plus ancien témoignage que l'on ait que Noisy étoit ce qu'on appelloit *Villa Regia*. Il est du VI siécle.

Il s'en trouve un second dans le XI siécle : c'est la donation que le Roi Henri I fit en l'an 1060 au Monastere de Saint-Martin-des-Champs, dont il fut fondateur, de ce Noisy, qualifié *Super Maternam fluvium cum omnibus redditibus terræ, silvæ, et redibitionibus vinearum atque pratorum*. Cette Charte spécifie en particulier un bois et des redevances sur les vignes et les prés. La Bulle d'Urbain II de l'an 1097, en faveur de ce monastere, lui confirme entr'autres biens *Nuccium magnum*. Le Diplôme du Roi Louis VI de l'an 1111 se sert des mêmes expressions que la Charte du Roi Henri. Les Bulles de Calixte II de l'an 1119 et d'Innocent II de l'an 1142, mettent *Villam Nuseium cum omnibus appenditiis suis*. Un diplôme du Roi Louis le Jeune de l'an 1137 ajoute deux mots à ceux des Rois précédens, sçavoir : *et aqua maternæ*. J'ai déja rapporté ci-dessus les termes de la Bulle d'Eugene III de l'an 1147, qui portent *Nusiacum Villam cum Ecclesia et decima*.

Je pense que c'est pareillement de Noisy-le-Grand qu'il faut entendre les expressions du Nécrologe de Saint-Martin, qui disent au sujet du Prieur Hugues Ier, lequel siégeoit en 1135, qu'il acheta la Gruerie de Noisy : *Emit Gruagium de Noisiaco*. Sans doute qu'il y avoit alors sur le territoire plus de bois qu'il n'y en a aujourd'hui. Il y en avoit encore du temps de Saint Louis assez considérablement, pour qu'on lui donnât le nom de Forest. Il reste un acte du mois de Juin 1258, comme Amalric de la Queue, Homme d'armes, fils de défunt Amalric de Meulent, Chevalier, ci-devant Seigneur de la Queue, rendit hommage à Evrard de Grez, Prieur de Saint-Martin, pour le quart du prix de la vente de la forêt de Noisy-le-Grand, dans le Parloir devant la Chambre des Baillis, en présence du Quart-Prieur et Quint-Prieur de Saint-Martin et de deux Chevaliers.

Le droit de Justice que le Monastere avoit dans Noisy-le-Grand et sur les hôtes du Prieuré, fut doublement décidé sous le même regne. Le Prévôt de Paris avoit fait arrêter deux hommes de Noisy dans Noisy même, sous prétexte d'un homicide par eux commis dans une terre de Saint-Martin, dite Poirresce, située au Diocése de Chartres. Frere Evrard, Prieur, ci-dessus nommé, comparut en Parlement à la Saint-Matthias 1252 dans la Maison du Roi, et exhiba aux Conseillers une Charte du Roi Louis VII dit le Jeune, dans laquelle il étoit porté, entr'autres choses, que les hommes ou hôtes de Saint-Martin ne pouvoient être faits prisonniers par les gens du Prévôt de Paris, à moins qu'ils ne fussent arrêtés commettans actuellement le délit; et en conséquence il demanda qu'on lui rendît ses deux hôtes. Les Conseillers ayant examiné le privilége, prononcèrent qu'il falloit les lui rendre : ce qui fut fait. L'acte spécifie que ce fut Geoffroy de la Chapelle, Chevalier et Conseiller du Roi, qui prononça l'Arrêt en présence de trois Evêques, cinq Ecclésiastiques de considération, deux Chevaliers, les Baillis d'Orléans et de Caen, et les deux Prévôts de Paris. Cinq ans après, ces deux Prévôts revinrent à la charge, et prétendirent prouver leur droit de Justice à Noisy, *apud Noisiacum grandem*, et le Prieur soutint qu'il y avoit au moins quarante ans de possession, tant lui que ses prédécesseurs. L'enquête faite, il se trouva que le Roi ne prouvoit rien, et le Prieur fut maintenu en 1257 dans la possession de la Justice. Au reste, les droits supérieurs que l'Eglise de Saint-Martin exerçoit sur cette Terre, n'empêcherent point quelques Chevaliers de prendre le surnom de Noisy-le-Grand. On trouve en effet dans le Cartulaire de Saint-Maur à l'an 1228, un *Robertus de Noisiaco magno Miles*. Reg. Parl. Olim. 1257.

Au bout de plus de six cents ans écoulés depuis que le Prieuré de Saint-Martin jouissoit de Noisy, les Religieux ont vendu cette Baronie au sieur Paul Poisson de Bourvalais, avec permission du Roi, l'an 1706, pour le prix de cent mille livres, dont ils ont bâti les maisons voisines de leur Eglise sur la rue. De sorte qu'il ne leur reste plus en ce lieu qu'une belle et grande ferme dans le haut du village. Piganiol. T. III, p. 354.

Cette Terre appartient aujourd'hui à M. le Duc de la Valliere.

Ce n'étoit pas uniquement le Prieuré de Saint-Martin-des-Champs qui avoit des hôtes à Noisy-le-Grand; l'Abbaye de Saint-Maur y en avoit aussi, et elle fut obligée de plaider contre eux en 1276, du temps que Pierre de Chevry la gouvernoit. Gall. Chr. T. VII, col. 298.

Les Templiers y possédoient aussi du bien au XIII siécle : car il est fait mention d'une Charte du Grand-Maître de leurs Maisons en France, nommé André de Coloors, de l'an 1204, au sujet d'un pré que l'Ordre avoit à Noisy. Hist. S. Mart. p. 198.

Les Religieuses de Malnoue y ont des pâtis, que les Religieux de Saint-Martin leur ont donnés, du consentement des habitans, et elles en jouissent, payant seulement le cens. Du Breul, sur Malenoue, p. 1031.

Les habitans de Noisy-le-Grand ont été anciennement fort exacts à maintenir et faire confirmer les priviléges qu'ils avoient obtenus de nos Rois. Dès l'an 1357 le Roi leur avoit accordé des Lettres portant Réglement pour leurs priviléges. Elles sont datées du 15 Décembre à Brie-Comte-Robert. En 1404, les habitans de Bry-sur-Marne s'étant joints à eux, ils obtinrent conjointement l'exemption de prises, c'est-à-dire de fournir des fourrages et Tables de Blanchard bestiaux, et autres choses nécessaires à la Cour, moyennant que selon les offres qu'ils firent, ils faucheroient à leurs dépens les dix arpens et demi de prés que le Roi avoit en la prairie de la Paroisse, et en conduiroient le foin à Vincennes. Les Lettres furent données à Paris le 11 Février. Ils avoient représenté dans leur requête que la dépouille de ces prés coûtoit ordinairement au Roi la somme de dix livres. Le Roi Charles VIII accorda aux mêmes habitans la confirmation de ce Réglement en 1491 ; ensuite François Ier en 1537 : puis Henri II en 1547 et le 24 Janvier 1549. Ces dernieres Lettres furent vérifiées en Parlement le 22 Avril 1550.

<small>Trés. des Chart. Reg. 159, Piece 217. Tables de Blanchard.</small>

<small>Reg. du Parl.</small>

Depuis un siécle, on trouve parmi les Seigneuries subalternes sur la Paroisse de Noisy-le-Grand celle de VILLEFLIX, qui étoit possédée en 1644 par Jacques du Bouchet, qui se disoit Seigneur de Villeflix et des Arches. La petite Carte des environs de Paris du sieur d'Anville n'a point oublié ce lieu, comme ont fait toutes les autres ; elle en met la position au nord de Noisy ; et celle de l'Abbé de la Grive le place à l'orient du village, avec un parc considérable sur le coteau. Ce lieu étoit ci-devant à François Vireau des Epoyses, Maître de la Chambre aux Deniers du Roi. Le tout appartient aujourd'hui à M. de Verderonne.

<small>Reg. Arch. Par. 27 Aug.</small>

<small>Merc. Juin 1737, p. 1462.</small>

Il y a eu au reste dès le XII siécle des Seigneurs de ce nom ; car on voit dans un acte sur Jossigny, donné par Agnès, Comtesse de Meulent, en 1170, un *Garinus de Villafluis* ou *Villafleix*, témoin avec Dreux de Clacy, Gaucher de Combeaux, Raoul de Bucy, Guy de Pisechoc, Philippe de Bercheres et Jean de Favieres, toutes Terres de la Brie ou des environs.

<small>Chart. S. Gen. p. 17 et 181.</small>

Villefluis est citée dans le Cartulaire de Saint-Maur, comme étant dépendance de Noisy-le-Grand.

<small>Chart. S. Mauri, art. Noisiac. ad fin.</small>

En 1661 Joseph Dorat, Conseiller au Parlement, étoit qualifié Seigneur de LA BARRE. La Seigneurie de ce nom avoit son avenue par l'endroit où est le cimetiere de l'Eglise, dont il obtint diminution de quelques pieds pour élargir le chemin qui y conduisoit.

<small>Ibid. 18 Mai 1661.</small>

De quelques fiefs qu'il y a à Noisy, l'un appartient à M. Negre, Lieutenant Criminel au Châtelet de Paris, et un autre à M. Amyot, Payeur des rentes de la Ville.

VILLIERS-SUR-MARNE

Le nom de Villiers est si commun en France, et en particulier dans le Diocése de Paris, qu'il a été besoin de distinguer celui-ci par sa situation. Ce lieu n'est cependant point posé immédiatement sur la Marne. Il en est éloigné d'une demi-lieue. Mais ce voisinage suffit pour assurer sa position. La ressemblance des noms latins *Villa* et *Villare* les ont fait prendre souvent l'un pour l'autre. Tous les deux signifient un lieu de la campagne qui est habité.

Ce village est à 3 lieues ou environ de Paris du côté du Levant. Il n'est placé sur aucune des grandes routes, mais il n'est pas fort éloigné de celle de Torcy qui passe à Noisy-le-Grand, et encore moins de celle de Tournan qui traverse Champigny et qui toutes deux conduisent dans la Brie Champenoise et dans la Champagne. La situation du terrain sur un côteau et son exposition en a fait un pays vignoble accompagné de quelques terres et quelques prés. La pente du village est assez large vers le Couchant. Les différens dénombremens de l'Election font voir qu'il y a maintenant en cette Paroisse environ 100 feux, puisqu'on y en a compté en divers temps 114 ou 98. Le Dictionnaire Universel de la France les a évalués à 432 habitans, ce qui est trop fort, vu qu'il n'y a gueres que 200 communians. Quoique ce lieu puisse être ancien, il ne s'est point présenté à moi de titres qui en fassent mention avant le XIII siécle, auquel le Pouillé de Paris l'appelle *Villarium* au singulier et le Cartulaire de Saint-Maur *Villaria* au pluriel.

Il y a une assez belle Eglise dont l'édifice ne paroit avoir gueres que 200 ans; elle est toute voûtée, reblanchie jusques dans son vitrage, accompagnée à son frontispice d'une grosse tour à pavillon d'ardoise, récente ou recrépie, avec un chœur très-proprement pavé. La Dédicace en a été faite en 1690, par M.* [de Loménie de Brienne] Evêque de Coutances, sous le seul titre de S. Denis qu'elle portoit au moins dès l'an 1549, suivant des Provisions de ce temps-là. S. Christophe ne laisse pas d'y être regardé aussi comme patron. Ces deux Saints sont représentés au grand autel, et quelques livres de visite d'Archidiacre nomment S. Christophe sans parler de S. Denis, et d'autres S. Denis sans faire mention de S. Christophe. L'Anniversaire de la Dédicace s'y célébre le second Dimanche d'après Pâques. Je n'y ai apperçu que l'épitaphe d'un M. Budé, ancien Seigneur. Il est ordinaire d'ôter les anciennes lorsqu'on reblanchit ou que l'on pave de nouveau une Eglise. Il a aussi existé autrefois dans l'Eglise de Villiers-sur-Marne un titre Bénéficial qui étoit une Chapelle de la Sainte Vierge dont j'ai vu des Provisions du 4 Octobre 1514, et du 2 Août 1553; mais il est probable que ce n'étoit qu'une Chapelle transférée du vieux Château, lorsqu'il fut détruit par les guerres du XV siécle.

Un Seigneur de Villiers dont il est beaucoup parlé dans les titres est *Guido de Villaribus*. Ce Chevalier vivoit du temps de S. Louis. Comme l'Abbaye des Fossés, autrement de Saint-Maur, avoit des cens sur cette Paroisse, il est marqué au Cartulaire de ce Monastere, que Guy en faisoit le payement. Il est beaucoup plus connu par une fondation que sa piété lui inspira. Il fit cons-truire dans sa maison Seigneuriale une Chapelle, et y établit un Chapelain qu'il dota afin qu'il résidât dans le lieu et y célébrât pour son ame, pour celle de Gilette, sa femme, et pour leurs parens. L'Evêque de Paris, Etienne Tempier, agréa et confirma la fondation, et comme elle étoit assise sur des biens qui étoient en partie dans le fief de l'Evêché, il voulut que chaque fois qu'il y auroit un nouveau Chapelain, il fût tenu de faire hommage à lui ou à ses successeurs, et lui donner une fois en sa vie deux livres de cire vierge (Ceræ virgin.) ; outre cela il se retint le droit de nommer ce Chapelain. Les actes sont de l'an 1269.

Hist. Eccl. Par. T. II, p. 488.

Il semble que dans le siécle suivant cette Seigneurie appartenoit à quelqu'un de la Maison de Crécy en Brie, ou étoit liée en quelque maniere à cette petite Ville ; sans quoi je ne verrois pas pour quelle raison ç'auroit été au Capitaine commis par le Roi en la Ville et Châtellenie de ce Crécy à faire payer aux habitans de Villiers-sur-Marne leur part et contribution aux Tailles, Aides et Subsides dont cette Châtellenie étoit chargée. Cette disposition, quoiqu'ordonnée, n'eut cependant point lieu, parce que le Roi Philippe de Valois défendit à ce Capitaine de les molester, attendu que ces habitans contribuoient avec ceux de la Ville et Vicomté de Paris.

Avant le milieu du siécle suivant, les Sieurs Budé étoient devenus Seigneurs de Villiers-sur-Marne. DREUX BUDÉ, Trésorier et Garde des Chartes et Audiencier, plaidoit en 1448 au sujet de la Haute-Justice qu'on vouloit lui ôter. Charles VII étant à la Roche-Quentin le 10 Juin de cette année, donna des Lettres par lesquelles il renvoyoit l'affaire au Parlement, vu l'information faite par Jacques Nivart, Conseiller en la même Cour, ajoutant qu'en attendant, le Sieur Budé jouiroit de Haute, Moyenne et Basse-Justice. Ensuite, par d'autres Lettres datées du mois de Mai 1450, à Essay, le même Prince déclara qu'en tant que besoin est, il lui donne la Haute-Justice de Villiers, à la charge de lui en faire hommage.

II Liv. vert vieux du Châtel. fol. 96.

JEAN BUDÉ, Grand-Audiencier en la Chancellerie, étoit Seigneur de ce lieu et d'Hierre en 1467. Il avoit épousé Catherine le Picard, dont il eut Guillaume Budé, qui devint illustre dans la République des Lettres, qui étoit son second fils entre onze enfans.

Sur la fin de ce siécle, il y eut une nouvelle difficulté touchant la Justice de Villiers, quant à ce qui en appartenoit à l'Abbaye de Chelles. Il reste une Sentence rendue par Adam le Pelletier, Lieutenant pour le Bailli de Meaux à Crécy en Brie, du 20 Mai 1498, par laquelle main-levée est donnée aux Religieuses de ce lieu de la Justice de Villiers-sur-Marne, saisie à la requête du Procureur

Grand Liv. jaune du Châtel. fol. 1.

du Roi à Crécy; après quoi il est dit que les appellations de ce village iront au Châtelet de Paris.

Dreux Budé, Conseiller du Roi et Trésorier de ses Chartes, possédoit en 1515 la Seigneurie de Villiers-sur-Marne. *Compt. de Prev. Sauval, T. III, p. 593.*

Ensuite Louis Budé, son fils, lequel mourut en 1551 sans enfans; c'est pourquoi la Terre advint à Nicolas Budé, son frere.

Louis Budé, autre frere de Louis, fut Seigneur en partie; il avoit épousé Anne de Valenciennes, et il fut Commissaire d'Artillerie.

Pierre Budé comparut à la Coûtume de Paris de l'an 1580, en qualité de Seigneur de Villiers-sur-Marne et d'Hierre en partie.

Nicolas Budé, son fils, lui succéda.

Jean Budé étoit Seigneur bien avant dans le dernier siécle, mais il ne l'étoit qu'en partie. En cette qualité plusieurs habitans s'étant joints à lui en 1660, ils présenterent requête à l'Archevêque de Paris, sur ce qu'étant en procès avec Louis Pistre, leur Curé, ils avoient besoin d'un Prêtre pour les desservir, et le 15 Décembre on leur en donna un. *Reg. Arch. Par.*

Les Eglises qui paroissent avoir eu du bien à Villiers-sur-Marne, sont Saint-Pierre des Fossés ou Saint-Maur, qui y possédoit des cens au XIII siécle, comme il a été dit ci-dessus. Elle y avoit aussi des hôtes, contre lesquels l'Abbé Pierre de Chevry fut obligé de plaider en 1276. *Gall. Chr. T. VII, col. 298.*

On a dû aussi s'appercevoir ci-dessus que dans le XV siécle l'Abbaye de Chelles y avoit un droit de Justice.

Dans l'avant-dernier siécle, les Gouverneurs de l'Hôtel-Dieu de Paris contracterent au sujet d'une piéce de pré que cette Maison y possédoit, et le Traité fut homologué en 1574. *Reg. du Parl. 22 Nov. 1574.*

LA LANDE est un Château sur cette Paroisse. Ce qu'on en sçait de plus ancien, est qu'il y avoit une Chapelle en ce lieu, au moins dès l'an 1282, et qu'elle étoit située en tirant vers Champigny. Nicolas, alors Prêtre ou Curé de Villiers, qui en étoit pourvu, exposa à l'Evêque de Paris qu'en sa qualité de Chapelain il avoit sur le territoire de Chenevieres, lieu dit Triben, un arpent de vigne contigu à celle de l'Abbaye d'Yverneau, et sis dans le fief ou arriere-fief de l'Evêché; sur quoi l'Evêque lui accorda des Lettres d'amortissement, moyennant vingt sols de rente annuelle. Je n'ai pu connoître de ce lieu que quelques Seigneurs assez récens. Nicolas Chevalier, Ecuyer, Seigneur de Jossigny, possédoit aussi la Lande en 1640. MM. de Bragelongne en ont joui depuis; ensuite M. de Jassaud qui a vendu cette Terre à M. Bronod, Notaire. *Chart. Maj. Ep. Par. fol. 93.* *Perm. de célébr. dans le Château, 3 Mai.*

LE DESERT est une autre Maison, que la Carte du Sieur d'Anville place au bout oriental du village de Villiers. Ce bien appartenoit en 1621 à Jacques Talon, Avocat Général et à Marguerite Gueffier, sa femme. *Perm. de Chap. Dom. 25 Mai.*

BRY-SUR-MARNE

On pourroit assurer que ce village étoit connu dès le IX siécle, s'il y avoit lieu de se fonder sur un titre de l'Abbaye de Saint-Maur-des-Fossez daté de la vingtiéme année du regne de Charles le Chauve, par lequel ce Prince permet à Begon, Comte, qui tenoit de lui dans ce lieu dit Brit une maison avec un port, des vignes et des terres, de donner le tout à ce Monastere et d'en investir Benoît qui en est dit Abbé. Mais comme la copie de cet acte n'est que du XII siécle, et que le temps de l'Abbé Benoît et du Comte Begon ne peut convenir avec l'an 860 de Jésus-Christ, il n'y a pas apparence de pouvoir employer validement ce titre en faveur de l'antiquité de Bry-sur-Marne.

Il y a dans le Diocése de Paris plusieurs lieux qui portent un nom assez approchant de celui-là, tels que Braye-Comte-Robert, dit depuis Brie ou Bry; il y a de plus Brys ou Briis, Paroisse au couchant de Montlhéry. On croit communément que ces deux derniers lieux tirent leur étymologie de quelque endroit de leur territoire qui est gras et fangeux, Braie ayant été leur vrai nom. Mais pour ce qui est de Bry-sur-Marne, il est plus probable qu'il est dérivé du Celtique *Briv* qui signifie un passage, ou bien un pont selon quelques-uns. En effet, c'est un des passages les plus fréquentés de la Marne, mais à l'aide d'un bac seulement, car on ne voit aucun titre qui fasse mention qu'il y ait eu un pont. M. de Valois a cru sans fondement que le nom de ce lieu venoit de *Braia* ou *Lutum;* et il n'a pas conjecturé plus heureusement quand il a pensé que ce pouvoit être le *Brictanicum* de la Vie de Saint Babolein. Ce *Brictanicum* étoit bien plus près de Saint-Maur, et fut appellé par la suite Bretigny.

Notit. Gall. p. 441. col. 1.

Les premiers titres certains où il est parlé de Bry-sur-Marne à l'occasion de ses Seigneurs, le nomment Bri, quoique ces actes soient latins. Ils ont été écrits au douziéme siécle. Après cela au treiziéme quelques-uns ont écrit Bry également dans des pieces latines; et d'autres latinisant le nom ont mis *Briacum* ou bien *Brayacum;* c'est ainsi qu'il est dans le Pouillé du XV siécle. Ces derniers s'éloignent moins de l'origine de ce nom, que ceux qui de nos jours écrivent Brie-sur-Marne, ce qui est une mauvaise maniere d'orthographier.

Cette Paroisse est éloignée de Paris de deux lieues et demie vers l'orient, à une lieue au delà de Vincennes, et demi-lieue au delà de Nogent-sur-Marne. Sa situation est sur le rivage gauche de cette riviere et en pays plat pour ce qui est des Maisons. Le bas est garni de prairies, et les côtes le sont de vignes et de quelques labourages. Le nombre des habitans a été si petit pendant plusieurs siécles, que le revenu de la Cure étant fort modique, le Curé de Noisy s'en chargea quelquefois. Mais il est certain que dès le commencement du XIII siécle Bry-sur-Marne étoit une Paroisse qui avoit son Curé particulier à qui l'Evêque de Paris conféroit le Bénéfice *pleno jure* sous le nom de *Briacum*. Cette Cure se trouve pareillement dans le Pouillé du XV siécle, sous le nom de *Bri super maternam*, avec 16 livres de revenu. Elle est marquée en conséquence dans les autres Pouillés postérieurs.

Pouillé du XIII siècle.

Saint Gervais et Saint Protais sont les titulaires de l'Eglise de Bry. L'édifice n'en est pas vaste, mais proportionné au peu d'habitans qu'il y a eu anciennement. C'est une espece de longue Chapelle sans collatéraux. On y voit dans la nef du côté gauche deux inscriptions gravées sur la pierre dans le mur. Sur la premiere se lit ce qui suit : « Cette Eglise a été réédifiée et rebâtie l'an 1610, à
« la diligence la plus grande partie des deniers de Mre Jehan, Ton-
« nelier, Maistre ès Arts et Curé de ladite Eglise, natif de Cuor-
« guilleroy, près Montargis en Gastinoys, l'an de son âge 50. »

Sur la seconde est marquée la Dédicace en ces termes :

« L'an 1617, le Dimanche 18 jour de Juin Reverendissime Pere
« en Dieu Messire Gaspart Dinet Evêque de Mascon Conseiller
« et Prédicateur ordinaire du Roy, par la permission de Reveren-
« dissime Pere et Seigneur Messire Henry de Gondi Evesque de
« Paris, et à la Requeste de Mre Jean Tonnelier Curé de ce lieu, a
« béni, consacré et dedié la presente Eglise rebastie et accrue par
« ledit Curé : Ensemble les trois autels qui sont en icelle esquels
« il mit et reposa plusieurs saintes Reliques. Et octroya à tous
« ceux qui à tel jour par chaque année visiteront devotement la-
« dite Eglise quarante jours d'Indulgences et remission de leurs
« pechez en la forme accoutumée de la sainte Eglise. »

Les deux autels collatéraux sont dans la nef, et adossés au mur de chaque côté, parce qu'on étoit fort resserré par le terrain. L'ancienne Eglise qui étoit moins longue, avoit sa porte en face de l'Occident, et regardant Nogent ; pour pouvoir l'augmenter sans nuire aux deux passages qui sont vers le Levant et vers le Couchant, il a fallu prendre la ligne diagonale du quarré, ce qui fait que l'entrée regarde le soleil sur l'heure de deux heures après midi. Le tableau du grand autel est du pinceau de De Troy, excellent peintre qui en a fait présent à cette Eglise, ayant sa maison de campagne dans le même lieu. Il représente S. Gervais et S. Protais, patrons, dans des attitudes les plus nobles et les plus correctes qu'on puisse imaginer. L'un des autels collatéraux est sous l'invocation de Sainte Marie-Magdelene. C'est un titre de Bénéfice qui subsistoit dès le XV siècle au moins, puisqu'on en trouve au Pouillé de ce siècle et qu'il y en a une collation par l'Evêque de Paris du 29 Mai 1477, et ensuite du 23 Décembre 1572; et elle est imposée aux Décimes [1]. Le Pouillé du XV siècle marque aussi un second Chapelain dans la même Eglise. Quelques Mémoires portent que l'on a conservé jusques dans le présent siècle, en cette Eglise, deux petites châsses anciennes de Reliques de Martyrs, qui étoient sans authentique, et qu'elles ont été volées avant l'an 1730.

Reg. Ep. Paris.

Le Curé est gros Décimateur. Ses dixmes avoient été autrefois inféodées, mais un des Seigneurs du XVI siècle, nommé Bernardin, en fit la remise au Curé.

Voici comment le nombre des habitans a été augmenté à Bry. Plusieurs Paroissiens de Noisy-le-Grand avoient leur maison à Bry, sur le territoire de Noisy, quant au spirituel, quoique dans la Seigneurie de Bry; l'éloignement dont ils étoient de leur Eglise, qui est à demi-lieue, fit qu'ils n'y alloient plus, pas même pour le devoir Pascal, et qu'ils se laissoient élire Marguilliers de l'Eglise de Bry; cette petite Paroisse avoit aussi ses Collecteurs de Tailles particuliers, et qui les levoient sur les Paroissiens de Noisy, qui formoient la plus grande partie de la rue de Bry; sur l'exposé de toutes ces choses, comme aussi que le nombre des habitans de ce lieu joints ensemble formoit 60 feux et 200 communians, le consentement pris du Prieur de Saint-Martin-des-Champs, nominateur de la Cure de Noisy, M. le Cardinal de Noailles donna le 12 Octobre 1706, un Décret par lequel il faisoit la distraction de toutes les maisons qui, dans Bry, étoient de la Paroisse de Noisy et les unit à celle de Bry; moyennant que le Curé de Bry payeroit chaque année à celui de Noisy six livres par forme de dédommagement, et la Fabrique cinq livres.

Exposé des habitans à l'Archevêque.

Regist. Archiep.

Depuis ce temps-là, il y a eu un Vicaire établi en ce lieu par fondation de M. Sébastien Queru, Avocat en Parlement, ancien Controlleur Général des Monnoyes, Trésorier de la Chancellerie du Palais. La substance de l'acte qui est de l'an 1719, et qu'on voit gravée sur le marbre dans la nef de l'Eglise, marque qu'il donna pour cela 12000 livres, et que le Prêtre seroit chargé d'enseigner aux enfans à lire et le Catéchisme. Le fondateur décéda la même année le 22 Janvier, âgé de 77 ans. Il pouvoit être natif ou originaire de ce lieu. On m'a assuré que son nom propre y est commun, et qu'il a été inhumé à Paris à l'Ave Maria.

Il ne reste en cette Eglise que trois sépultures remarquables. Dans le côté gauche du chœur se voit une tombe, sur laquelle sont figurés deux hommes vêtus militairement, dont les armoiries

---

1. On la disoit de 100 livres de revenu en 1700.

consistant en une croix de Saint André sont sur les habits et aux quatre coins de la tombe. Il n'y a de lisible autour que ces mots en lettres gothiques minuscules :

V. C et ung. et Bureau Bernardin son fils aîné aussi.........
Michel l'an mil V. C. et XVIII.

Autour d'une autre tombe dont la tête est sous le lutrin se lit cette inscription à moitié effacée :

Cy gist Noble Homme Antoine Bernardin en son vivant..............
S. Mar Mil Vc. XLVIII. Et Noble Damoiselle Marie de Gotellas veuve dudit défunct............

Ces Messieurs Bernardin ont été Seigneurs de Bry, comme on verra ci-après.

A l'entrée de l'Eglise à main gauche proche les Fonts, est gravée sur un marbre l'épitaphe de Nicolas Paillot, Secrétaire du Roi, qui a fait quelques fondations, et qui décéda le 15 Mai 1700, à la 76e année de son âge.

Depuis la distraction faite de la Paroisse de Noisy-le-Grand, le nombre de feux s'est maintenu dans Bry tel à peu près qu'il avoit été marqué dans la Requête présentée à l'Archevêque. Le Dénombrement de l'Election de Paris imprimé en 1709, y marquoit 56 feux. Le Dictionnaire Universel de la France de 1726, 274 habitans, ce qui ne paroît pas exact ; et enfin la Description du Royaume imprimée en 1745, y compte 59 feux.

Les Seigneurs de Bry sont connus depuis le XII siécle. Foulques de Bry est nommé comme présent parmi les Chevaliers témoins du don que Valeran de Meulent fit aux Moines de Gournay de l'Eglise de la Queue en 1145. *Hist. de Montm. Preuv. p. 46.*

Drogon ou Dreux de Bry, fils apparemment du précédent, est pareillement nommé en l'an 1157, entre les Seigneurs qui confirmerent par serment pour le Comte de Meulent le traité qu'il avoit fait avec le Roi Louis le Jeune. *Duchêne, T. IV, p. 585.*

On trouve que quelques années après, le Pape Alexandre III étant à Sens le 3 Mars, écrivit sur les avis de Simon, Chanoine de Sens, au même Roi Louis VII que A. et O. de Bry avoient une cruelle guerre contre Pierre de Glazy, et qu'il le prioit d'être médiateur entre eux. Je fais voir à l'article de Noisy-le-Sec que Clacy ou Glazy étoit une Seigneurie aux environs de la montagne de cette Paroisse. *Ibid., p. 624.*

Sicard de Bry, Chevalier, vivoit en 1214. Il reconnut alors que Richolde, son ayeule maternelle, avoit légué à l'Eglise de Paris trois arpens de prés situés à Bry pour l'Anniversaire ou station de Thomas, son fils. *Magn. Pastor.*

Sur la fin du XIII siècle, la branche masculine des Seigneurs de Bry cessa.

<small>Hist. de la Mais. de Chastillon, p. 670.</small> Pierre de Pacy, Seigneur du Plessier de Pompone, épousa en 1302 la Dame de Bry-sur-Marne. La terre resta pendant tout ce siècle dans la même famille.

Jean de Pacy, Seigneur de Bry, et Jacques de Pacy, Seigneur de Villemiraut, sont connus en 1349 pour avoir acquis des Marguilliers de Saint-Gervais de Paris une place proche leur Eglise pour <small>Acte du 21 Mai, Du Breul, p.603.</small> y bâtir une Chapelle. J'ai lu dans un fragment de Compte de la Ville de Paris que ce Jean de Pacy lui avoit prêté de l'argent sous le Roi Jean.

<small>Hist. des Gr. Off. T.VIII, p.555.</small> On lit que vers l'an 1380, Jeanne de Pacy, fille de Jean, Seigneur de Bry-sur-Marne, épousa Pierre des Essarts. Il s'agit sans doute <small>Recueil des Epitaph. de Par. à la Bibl. du Roi.</small> du précédent Seigneur. Cette Dame mourut en 1392, après un second mariage et fut inhumée dans la Chapelle dont Jean, son pere, étoit l'un des fondateurs.

<small>Ibid., p. 1000.</small> Au reste, en 1388, le Seigneur de Bry s'appelloit Nicolas de Pacy, et étoit fils d'un autre Nicolas. Il mourut cette année-là le 23 Mars, et fut enterré à Saint-Gervais. Tout ceci peut être éclairci par un <small>Tabul. Eccl.</small> acte de l'an 1373, où il est fait mention de Isabeau de Barberi et <small>Hist. des Gr.Off. T.VIII,p.136.</small> de ses enfans mineurs issus du défunt Nicolas de Pacy, Seigneur de Bry-sur-Marne, et fils de Jean.

<small>Compte de l'Ordin. de Paris de l'an 1446. Sauval, T. III, p. 344.</small> Des Pacy, la Terre de Bry passa aux Chastillon, Marie de Pacy, Dame de ce lieu, ayant épousé un Seigneur de ce nom vers l'an 1440. Leur fils, Robert de Chastillon, Chevalier, posséda la Seigneurie après eux.

Le XV siècle n'étoit pas écoulé que cette Seigneurie étoit passée aux sieurs Bernardin, ainsi qu'il se prouve par les fragmens d'épitaphes ci-dessus, où l'on voit un Bernardin, Seigneur, décédé en 1501. Ensuite Bureau Bernardin, son fils aîné, qui vécut jusqu'en 1518. Puis Antoine Bernardin, aussi Seigneur, qui ne mourut qu'en 1548. Après lui Isabeau Bernardin fut Dame de Bry, et ne vécut que jusqu'au 24 Décembre 1549, auquel jour sa mort est marquée sur sa tombe dans l'Eglise de Varenne, proche l'Abbaye de Gercy. <small>Cout. Edit 1678, p. 637.</small> Enfin, le procès-verbal de la Coûtume de Paris de l'an 1580, nous donne François Bernardin comme Seigneur de Bry.

Dans le dernier siècle je n'ai trouvé de Seigneurs de ce lieu, que M. Miron, Président aux Enquêtes. L'acte d'où je l'ai connu est <small>Reg. Arch.</small> intitulé : « Ratification d'un contrat d'adjudication, faite par les
« Commissaires pour la revente du Domaine de la Haute Justice
« dans Bry-sur-Marne, avec établissement d'un Marché par se-
« maine et d'une Foire tous les ans au profit de M. Ours Fran-
« çois Miron, Président aux Enquêtes 12 Août 1659. »

Enfin dans le siècle présent et de nos jours, la Seigneurie de

Bry a été possédée par M. Nicolas de Fremont, Marquis de Rosay, Seigneur d'Auneuil, Doyen de Doyens, Maître des Requêtes. Sa maison Seigneuriale est au bout du village vers le Septentrion. Il est décédé le 30 Septembre 1748.

Au XIII siécle l'Abbaye de Saint-Maur-des-Fossés avoit des Hôtes à Bry, contre lesquels l'Abbé Pierre de Chevry se vit contraint de plaider. *Gall. Chr. T.VII, col. 298*

En général les habitans de Bry s'unirent l'an 1404 à ceux de Noisy, pour faire une proposition au Roi, afin d'être exempts de prises, c'est-à-dire de fournir les besoins de la Cour lorsqu'elle étoit en marche. Ils représenterent que le Roi avoit dix arpens et demi de pré dans la prairie voisine et qu'il coûtoit dix livres tous les ans pour en faire la dépouille et lui faire voiturer à Vincennes pour ses Daims; ils firent offre conjointement de les faucher et d'en conduire le foin chaque année au même Château. Moyennant cela on leur expédia le 9 Février des Lettres d'exemption de prises. Et ces Lettres furent depuis confirmées pour Bry par François Ier, au mois de Juillet 1537. *Reg. du Trés. des Chartes 159, Piéce 227.*
Tabl. de Blanchard.

FERRIERES

A LA SUITE DE CROISSY

Le nom que porte cette Paroisse est un des plus communs en France. On y compte plus de 40 tant Villes que Bourgs, Villages, ou Monasteres, qui sont appellés Ferrieres ou la Ferriere. Celui-ci n'est pas des plus nouveaux. On le connoissoit sous ce nom au moins dès le X siécle, ou vers la fin du précédent. Il falloit qu'il y eût en ces quartiers-là dans les siécles reculés des mines de fer ou de forges à fer. Les mines ont pu être épuisées par la suite. Pour ce qui est des forges, la quantité de bois qui étoit en ces lieux avant qu'on eût éclairci ou diminué la forêt *Lauconia* (que j'appelle en françois la forêt de Lognes), rendoit les forges très pratiquables en ces quartiers-là, j'entends les forges à bras, parce que les ruisseaux qui y sont ne paroissent point avoir été suffisants pour les faire agir. *Dict. Univ. de la France.*

Le territoire de Ferrieres en Brie étoit dans son origine plus étendu qu'il n'est aujourd'hui. Les biens et revenus que l'Abbaye de Saint-Pierre-des-Fossés ou de Saint-Maur possédoit dans le lieu depuis appellé la Broce, n'étoient point connus autrement en ce Monastere au X siécle que sous le nom de Ferrieres. Cette Eglise y avoit 16 mas ou maisons de Charrettiers, et 4 de manouvriers (*Habet in Ferrarias mansos carroperios, XVI*). Il y *Baluze, Capitular. T. II. col. 1388.*

demeuroit 50 hommes, mais il y avoit deux mas ou mans en friche, ou non revêtus, ou [non] garnis [*absos*]. Les mans ou fermes garnies [*vestiti*] payoient au Monastere pour deux bœufs 20 sols ; pour s'exempter de fournir un homme à l'armée, 3 sols, et par an 14 brebis avec des agneaux ; en vin 20 muids (*modios* xx), en froment 20 mesures (*modios* xx). Chaque mans ou ferme labouroit pour y semer du grain d'hiver 4 perches, pour du trémois 2 perches, devoit 3 corvées pour le grain d'hiver, et autant pour le tremois. Chacun d'eux devoit aussi 3 poulets avec des œufs.

Ce détail peut faire plaisir à ceux qui sont curieux de voir l'ancien produit des Terres Seigneuriales, sous la fin de la seconde race de nos Rois.

Par la suite, la Seigneurie que Saint-Pierre-des-Fossés avoit dans le canton des Ferrieres, fut connue sous le nom de la Broce, parce que la plus grande partie des bois voisins ayant été consumée, il ne restoit plus que des broussailles en place, et que *Bruscia* ou *Brucia* ou *Brocia*, étoit un des noms que l'on donnoit alors aux endroits de la Campagne où les bois n'existoient plus, et qui attendoient qu'on les mît en culture. Mais le nom de *Ferreriæ* ne fut pas éteint. Il resta à un canton voisin, où plusieurs paysans s'étant rassemblés, ce fut ce qui forma le village de Ferrieres qui n'est éloigné de la Broce que d'un quart de lieue, et qui avoit ses Seigneurs particuliers dès le XII siécle.

Ce village est à 6 lieues de Paris du côté de l'orient, à deux ou environ de Lagny, qui est au nord, et à deux et demie de Tournan qui est à peu près vers le midi. C'est un pays de labourages et de prairies.

On y comptoit 60 feux en 1709, suivant le dénombrement de l'Election imprimé alors ; et en 1726, 311 habitans selon le Dictionnaire Universel de la France, publié dans cette année-là. Le dernier dénombrement qui a paru en 1745, sous le nom du sieur Doisy, y marque 69 feux. On assuroit, il y a 10 ans, qu'il y avoit 220 communians.

L'Eglise est titrée de Saint Remi, Evêque de Reims ; de même que celle de Collegien, village contigu, dont je crois que Ferrieres fut démembré, il y a peut-être 900 ans lorsque le péage y fut multiplié. C'est un des édifices des plus complets et des mieux entendus de toute la Brie. Son architecture est du XIII siécle. Plusieurs restes de vitrages prouvent la même chose. Cette Eglise tournée à l'orient du solstice d'été, est ornée de galeries fermées et de petites colonnades réunies qui en soutiennent les voûtes. Elle est terminée en demi-cercle aussi-bien que les deux aîles. C'est vers le fond de ces deux derniers hémicycles que se voyent des panneaux de vitre d'environ 500 ans. Au frontispice est un œil-de-bœuf ou rose qui en fait la décoration. On ne croiroit point par le dehors que ce vaisseau seroit si diversifié, parce qu'il ne paroît bâti que de pierres plates brutes, entremêlées de gros quartiers de gray. Le clocher placé du côté septentrional n'a rien de remarquable.

Dans le côté droit du chœur se voit une belle tombe autour de laquelle est gravé en capitales gothiques :

Cy gist Jehan Lempereur Bourgeois de Ferrieres, qui trespassa l'an M CCC XXXIIII landemain de la miaoust. Priez pour l'ame de lui.

Il y est représenté et sa femme à côté de lui, voilée et sans pointe à son voile. Elle n'a pas d'Epitaphe, leurs armes sont.....

Au côté gauche est une inscription en petit gothique de l'avant-dernier siécle, dont suit la teneur :

Cy gist Noble Damoiselle Loyse le Picart, en son vivant veuve de defunt Noble Homme [M^e] Adam Aymery, Escuyer Sr. Chatellain de cette Ville de Ferrieres en Brie et de Chaville au Val de Gallye laquelle trespassa l'an de grace M. Vc. XXXIX au mois de Juing.

Autre inscription dans le même côté en gothique de même espece, avec représentation d'un Religieux habillé comme un Dominicain, et qui doit être un Prémontré en ancien habit d'hiver :

« Pour les Curez de Ceans cy mis
« Prestres, Clercs, aussi Freres d'Hermieres
« Pour leurs parens, pour leurs amis
« Faites à Dieu bonnes prieres,
« Et pour tous ceux de Ferrieres,
« Parochians Seigneurs et Dames
« Et tous aultres mis en bieres ;
« Afin qu'il ait de tous les ames.

Parcat eis Christus, cunctis dans regna polorum.
Amen.
1550.

En la Chapelle de la Vierge, qui est dans l'aile méridionale se voit l'épitaphe de Léonard Goulas, Seigneur Chastelain de Ferrieres, Secrétaire des Commandemens de Monseigneur Gaston de France, Duc d'Orléans, lequel mourut à Paris le 19 Juillet 1661.

Le tableau de cette Chapelle représente la Sainte Vierge debout qui tient le petit Jesus. On le dit fait par M. de Joncoy [du Jonquoy] qui étoit Seigneur de ce lieu en 1737.

On lit aussi au chœur une inscription qui apprend que le 23 Février 1670, décéda Jean Darbon, Ecuyer, Seigneur de Bellon-le-tiers, lieu ci-devant dit la Taffarette situé dans l'étendue de cette Paroisse, Intendant de M. le Chancelier le Tellier.

Cette Eglise fut une de celles sur lesquelles les Calvinistes vomirent leur rage dans le temps des guerres de Charles IX. Ils y mirent le feu, mais il n'y eut que la charpente qui en souffrit. On lit que le Roi accorda dans le printems de l'année 1570, aux habitans la quantité de vingt et un chênes à prendre dans la forêt de Crécy pour réparer cette Eglise brûlée par ceux de la nouvelle opinion.

<small>Reg. du Conseil du Parl. au 2 Juin 1570.</small>

Léonard Goulas ci-dessus nommé dota par son testament du 1er Juin 1661, non-seulement la Chapelle de la Sainte Vierge, dans laquelle il est inhumé, mais encore celle du Château de Ferrieres sous le même titre de Notre-Dame. C'est ce que nous apprenons par une Requête de Baltazar Léonard Goulas le Breton, Chevalier, Seigneur de ce lieu, en conséquence de laquelle l'Archevêque de Paris les érigea en titre sacerdotal le 31 Juillet 1681. Aussi cette Chapelle du Château de Ferrieres est-elle inscrite au rolle des Décimes. Elle est à la nomination du Seigneur.

<small>Reg. Arch. Par.</small>

La collation de la Cure de Ferrieres a appartenu originairement *pleno jure* à l'Evêque de Paris. Elle étoit encore de sa nomination au XIII siécle lors de la transcription du Pouillé. On est assuré qu'en 1228, le Curé étoit un Prêtre séculier. Il est marqué au Cartulaire de Livry que Robert, Prestre de Ferrieres, c'est-à-dire Curé, donna en cette année-là au Prieuré de Notre-Dame-du-Cormier, situé dans les bois sur la Paroisse de Roissy en Brie, un arpent de vigne à Croissy. La tradition est que cette Cure fut donnée à l'Abbaye d'Hermieres par l'Evêque de Paris qui y nommoit, en échange de celle de Dammard dont l'Abbé d'Hermieres avoit la nomination, aussi-bien que celle d'un Prieuré qui y étoit. Ce qu'il y a de certain là-dessus, est qu'en effet dans le Pouillé Parisien du XIII siécle, la Cure de Dammard, *de domno Medardo*, situé sur Marne près de Lagny, est dite être *de donatione Abbatis de Hermeriis*, et que ce n'est que par une addition postérieure de plusieurs années qu'on trouve la même Cure sous l'article de celles du Doyenné de Montreuil qui sont de la nomination Episcopale. L'échange paroît avoir été faite vers l'an 1300. On trouve en conséquence la Cure de Ferrieres marquée à la présentation de l'Abbé d'Hermieres dans les Pouillés écrits ou imprimez depuis, excepté quelques-uns, tel que celui de 1648, [qui] l'ont appellé Favieres, à cause de la ressemblance des noms, sans faire attention que Favieres à la présentation du même Abbé est dans le Doyenné du Vieux Corbeil, et que Ferrierés est dans celui de Lagny ; ce qui constitue deux Bénéfices très-différents. Au reste, il paroît que l'auteur de l'inscription de l'an 1550, rapportée ci-dessus, a voulu que la postérité n'ignorât pas qu'avant que cette Paroisse fût conduite par des Religieux d'Hermieres, elle l'étoit par des Prêtres

<small>Chart. Livriac. fol. 99</small>

du Clergé séculier, puisqu'en demandant des prieres pour tous les Curés du lieu, il commence ainsi, comme on l'a vu ci-dessus :

> *Pour les Curez de ceans cy mis*
> *Prestres, Clercs, aussi Freres d'Hermieres.*

Un des Prieurs, Curé de ce lieu, fut reconnu par la Communauté d'Hermieres avoir tant de mérite, qu'elle l'élut pour son Abbé : c'est Jean du Saussay. Il fut béni le 22 Décembre 1521 : et il présenta à l'Evêque de Paris le même jour pour lui succéder à Ferrieres, Frere Denis Nourry, du même Ordre. *Reg. Ep. Paris.*

Le Seigneur est gros Décimateur.

On ne connoît qu'un seul des anciens Seigneurs de Ferrieres, qu'on trouve nommé dans la Généalogie des Grands Officiers. C'est Raoul ou Radulfe, lequel donna au Prieuré de Gournay une dixme qui lui appartenoit, ce que Guy de Garlande approuva vers l'an 1150. *Hist. des Gr. Off. T. VI, p. 33.*

Après lui on est obligé de venir à la fin du XV siècle où l'on trouve Martin de Bellefaye, Conseiller au Parlement, Seigneur de Ferrieres. Au moins on lui a donné cette qualité sur sa tombe à Saint-Germain-l'Auxerrois où il est dit qu'il décéda en 1502. En 1524, Nicolas Herbelot, Maître des Comptes, est nommé dans quelques actes Seigneur de Ferrieres. *Eloge des Conseill. p. 28. Reg. Parl. 6 Fev. 1524.*

Adam Aymery, Ecuyer, a été incontestablement sous le regne de François Ier, Seigneur de Ferrieres en Brie, comme il se prouve par son épitaphe rapportée ci-dessus, où sa mort est marquée à l'an 1539.

Guillaume de Marillac, Général des Monnoies en 1551, Intendant des Finances en 1569, mort en 1573.

Charles de Marillac, Conseiller au Parlement, et fils de Guillaume, posséda cette terre sous les regnes de Charles IX et d'Henri III. Ce fut lui qui obtint du Roi la permission de faire fermer de murs le lieu de Ferrieres, et pour aider aux frais, d'imposer sur les habitans la somme de 100 écus sol. Cette permission fut enregistrée en Parlement le 13 Septembre 1578. Ce fut apparemment lui qui contribua à faire résigner la Cure de ce même lieu à un Bénédictin de son nom, sçavoir, Gabriel de Marillac, dont il y a eu un visa du 15 Décembre 1566. Charles mourut en 1580, sans enfans. *Reg. du Parl. Reg. Ep. Paris.*

Léonard Goulas, Conseiller du Roi et du Duc d'Orléans, étoit certainement Seigneur de Ferrieres le 10 Juin 1646, et le fut jusqu'en 1661, année de sa mort. Voyez ce qui en est dit ci-dessus. *Concession d'Orat. dom.*

Baltazar Léonard Goulas lui succéda, et exécuta en 1681 la fondation du précédent Seigneur.

Pierre Arnaud de la Briffe, Procureur Général au Parlement de

Paris, étant Seigneur Chastelain de Ferrieres, fit enregistrer en Parlement le 17 Décembre 1692, les Lettres-Patentes qu'il avoit obtenues par lesquelles le Roi érigeoit cette Chatellenie en titre de Marquisat, quoiqu'il n'y eût pas le nombre de fiefs mouvans d'elle requis par l'Ordonnance. Il mourut en 1700.

Pierre Armand de la Briffe, son fils, Maître des Requêtes, Intendant de Caen, puis de Dijon, lui succéda dans ce Marquisat. Mais en 1720, il le revendit à François de Luctin, Baron de Rochefort, ci-devant Colonel de Cuirassiers Bavarois.

François de Luctin revendit cette Terre en 1727, à M. Racine de Jonquoy [du Jonquoy], Trésorier Général des Ponts et Chaussées de France.

Les Eglises qui ont eu du revenu assis à Ferrieres sont au nombre de 4 : Le Prieuré de Gournay, l'Abbaye de Malnoue, le Prieuré du Cormier, et Notre-Dame de Paris.

Ce qu'a eu le Monastere de Gournay consiste en une portion de dixme que lui donna le Seigneur Raoul vers le milieu du XII siécle.

Les Religieuses du Bois, dites depuis de Malnoue, furent gratifiées vers l'an 1180, de 60 sols de rente *super terra et censu de Ferrariis apud Lenniacum*, par Guy de Coucy. On ne voit pas clairement ce que signifient les termes de cette donation, et il seroit peut-être incertain s'il s'agit de Ferrieres en Brie, si ce n'étoit que Lagny paroît être indiqué par *Lenniacum*, et que l'un des témoins fut le Curé de Ferrieres *Petro presbitero de Ferrariis*. On trouve en plusieurs endroits les Lettres de Maurice de Sully, Evêque de Paris, qui attestent ce fait.

<small>Hist. de Montm. Preuv.</small>

<small>Du Breul, l. IV sur Malnoue.</small> Les Chanoines Réguliers du Cormier proche le village de Roissy, chez lesquels Jean de Beaumont et Isabeau la Bouteillere sa femme fonderent une Chapellenie, eurent entr'autres biens pour cela un muid de bled d'hiver ou d'hivernage dans le Champart que ce Chevalier et cette Dame avoient à Ferrieres.

<small>Chart. Livriac. fol. 96.</small>

<small>Cahier du XV siécle, Portef.Gaignier. Bibl. du Roi.</small> Ce que j'ai trouvé concernant l'Eglise de Notre-Dame de Paris, est qu'une Ferme située à Ferrieres lui fut donnée vers le XIV siécle, pour rendre Etienne de Montdidier participant aux prieres des Chanoines.

Avant que la Paroisse de la Broce ou la Brosse eût été réunie à celle de Ferrieres, celle-ci avoit peu d'écarts. Le plus considérable étoit Pont-carré qui a été érigé en Paroisse il y a plus de 200 ans, et dont j'ai fait un article particulier.

<small>Montmor. Preuv. p. 369.</small> On lit dans l'Histoire de la Maison de Montmorency, que Jean de la Riviere et Bureau de la Riviere tenoient en 1366, un Fief assis à Ferrieres en Brie ; et qu'il en fut fait hommage au Seigneur de Montmorency comme ayant le bail de Damoiselle Philippe de Montmorency.

Dans plusieurs Cartes détaillées des environs de Paris, on trouve marqué proche Ferrieres un lieu dit la Casorest ou la Casoret; mais c'est un nom défiguré par les graveurs : il faut lire *La Taffarette*. On tâcha inutilement dans le siécle dernier de changer ce nom en celui de Bellon-le-tiers, comme il paroît par l'épitaphe de l'an 1679, rapportée ci-dessus. Le sieur le Beuf, commis du Marquis de Barbezieux et possesseur de cette Maison en 1697, l'appella du nom de la Taffarette dans une Requête à M. le Cardinal de Noailles.

Cartes de l'Acad.de deFer, de Vivier, d'Auvray.

Reg. Arch. Par.

LA BROSSE, anciennement écrite LA BROCE, demande qu'on s'étende davantage sur ce qui le regarde.

Ce lieu dont le nom est assez synonyme avec celui de *Petit-bois*, formoit un canton de la forêt où étoient ce qu'on appelloit *les Ferrieres*, soit parce qu'on y trouvoit de la mine de fer, soit parce qu'on l'y forgeoit. Et lorsqu'on voit dans l'Etat des biens de l'Abbaye de Saint-Pierre-des-Fossés qu'elle en avoit à un *Ferrarias* au IX ou X siécle, ainsi que j'en ai fait ci-dessus le détail, elle doit s'entendre du canton de la Broce compris dans ce qu'on appelloit en général les Ferrieres.

Capitul. Baluz. T. II. [pag. 1388.]

Si dèslors Ferrieres étoit devenu une Paroisse particuliere qui comprenoit la Broce, il sera vrai de dire que le village de la Broce en fut distrait quelque temps après, pour être érigé en Paroisse. Cette érection, soit qu'elle ait été faite par distraction de Saint-Remi de Collegien ou par détachement de Saint-Remi de Ferrieres, a pour époque l'Episcopat d'Imbert qui siégea à Paris depuis l'an 1030, jusqu'en 1060. Ce prélat ayant béni l'autel de ce lieu sous le titre de la Sainte Vierge et de Saint Christophe, le donna l'an 1050 à l'Abbaye de Saint-Maur à laquelle appartenoit le domaine temporel du village. Cette Eglise de Saint-Christophe fut confirmée à ce Monastere l'an 1136, par une Bulle d'Innocent II où on lit *Ecclesiam de Bruecia*. L'Evêque de Paris, Maurice de Sully, donna aussi ses Lettres de confirmation l'an 1195, en ces termes : *Ecclesia de Brocia, cum atrio, magna decima et duabus partibus in minuta*. Delà vient qu'on lit dans le Pouillé Parisien du XIII siécle, parmi les Eglises dont la nomination n'est pas de plein droit à l'Evêque : *de donatione Abbatis Fossatensis, Brocia;* ce qui a été suivi jusqu'au temps de la réunion de l'Abbaye à la mense Episcopale; depuis lequel temps cette Cure étoit conférée de plein droit par l'Evêque. Elle ne paroît pas du tout dans le Pouillé du XV siécle, peut-être par la raison que quand on l'écrivit elle étoit possédée par le même Curé qui avoit celle de Croicy, comme cela est arrivé quelquefois à cause du peu de revenu et du petit nombre de Paroissiens. Il est certain qu'en 1479, un même Prêtre gouvernoit ces deux Cures;

Chartul. papyr. S. Maur. fol. 147.

Hist. de Paris. T. III, p. 23.

mais cela ne fut pas de durée; car en 1481, le 26 Octobre, celle de la Broce fut conférée sur la présentation de l'Abbé de Saint-Maur à Enguerand Nicolay, Prêtre, et on trouve qu'en 1529, Hugues Basanier qui en étoit pourvu, traita avec le pourvu de la nouvelle Cure de Pont-carré au sujet de la nouvelle Cure de Pont-carré, au sujet de leur territoire.

<small>Reg. Ep. Paris.</small>
<small>Ibid.</small>

Vers le milieu du dernier siècle, cette Eglise ne ressembloit plus qu'à une Chapelle, et étoit sans fonts baptismaux, ensorte qu'on portoit les enfans à Ferrieres pour le baptême, et le Presbytere étoit aussi en mauvais état, et le voisinage de Ferrieres ayant été cause que les habitans s'y étoient retirés peu à peu, il n'en restoit plus qu'un Paroissien qui demeuroit proche le même Bourg de Ferrieres; outre cela le revenu de la Cure n'étoit que de 150 livres. Sur l'exposé de Brice Quillet, Prêtre du Diocése de Seez, Curé en 1669, et sur la demande qu'il fit à M. de Perefixe, Archevêque de Paris, que cette Cure fût réduite en bénéfice simple, la charge des âmes fut unie à la Cure de Ferrieres dont étoit Titulaire Frere le Jumentier et le Titulaire de Saint Christophe déchargé des fonctions curiales, envers le Seigneur et son Fermier, à condition que ce Chapelain payeroit 25 livres par an au Curé de Ferrieres, célébreroit une Messe par semaine dans la Chapelle dont il feroit les réparations et entretiendroit les ornemens; que l'Archidiacre de Brie auroit ses droits ordinaires de visite et d'inthronisation, la collation réservée à l'Archevêque. Le Décret est du 4 Janvier 1669. Le Seigneur de la Brosse s'opposa à ce Décret d'union, et en attendant la fin de cette affaire, il obtint permission de reconnoître pour son pasteur celui de Pont-carré. Cela dura ainsi jusqu'en 1688, que le Curé de Ferrieres demanda l'exécution du Décret et l'obtint le 15 Septembre. Le Chapelain de Saint-Christophe de la Brosse est gros décimateur sur le territoire de l'ancienne Paroisse, et comme tel il est compris au rolle des Décimes. La Chapelle n'est qu'à un quart de lieue de Ferrieres sur le chemin de Collegien. Elle paroit rebâtie assez nouvellement. Sa situation est sur une pente qui regarde le levant dans un bouquet d'arbres. Plus bas est une maison qui étoit de la Paroisse et qui est maintenant de Ferrieres.

Ce que j'ai appris sur le temporel de cette Terre, est que du temps de Saint Louis, l'Abbaye de Saint-Maur y avoit soixante et douze arpens de terre; qu'en l'an 1242, la maison que le Monastere y avoit eue auprès de l'Eglise et son enclos, étoient détruits depuis long-temps et réduits à une simple place, sur laquelle elle levoit la dixme de ce qui croissoit en bled et en vin; qu'en 1256, lorsque l'Abbé Pierre de Chevry établit l'office de Cellerier, il lui abandonna entr'autres choses tout ce que l'Abbaye avoit à la

<small>Chart. S. Mauri.</small>
<small>Gall. Chr. T. VII, Instrum. [col. 109].</small>

Broce. Il faut apparemment y comprendre l'acquisition faite par l'Abbé Isembard, auquel Richard, Prieur et Proviseur de l'Hôpital de Pompone, vendit l'an 1197, le droit de percevoir quarante-six septiers de grain par an sur le moulin *de Brocia*, situé dans la censive de l'Abbaye. Ce même moulin étoit par la suite devenu propre bien de l'Abbaye par la donation que Emeryarde de la Broce lui en avoit faite l'an 1244. Enfin les Religieux de cette même Abbaye aliénerent cette Terre vers l'an 1510, à la charge de dix livres de rente. Le Chapitre ayant succédé aux Moines, plaida pour y rentrer ; ensorte qu'il fut passé en 1561, une transaction avec François Allegrain, Sieur de la Mothe, Procureur Général de la Cour des Aides de Paris, à la charge de 30 livres de rente, et de relever du Chapitre. Il avoit épousé la veuve de Pierre-Alexandre Grenetier de Paris, dont le fils hérita de cette Terre et passa transaction en 1571. La Brosse resta dans la famille des Alexandre jusqu'en 1706, qu'elle fut saisie réellement et adjugée à M. Pierre-Arnault de la Briffe, Marquis de Ferrieres, Maître des Requêtes, Intendant de Caen et ensuite de Dijon, lequel la vendit en 1720, avec le Marquisat de Ferrieres, à François de Luctin, Baron de Rochefort. Depuis ce temps-là elle continua d'être unie à la Terre de Ferrieres à la réserve d'une partie que M. de la Briffe avoit cédée, du consentement du Chapitre de Saint-Maur, à M. le Marquis de Torcy pour l'aggrandissement de sa Terre de Croissy ; laquelle partie forme aujourd'hui un fief différent.

Chart.S.Mauri, fol. 301.
Gall. Chr. T.VII; col. 255.

Chart. Fossat. fol. 301.

TABLE DES MATIÈRES

ARCHIDIACONÉ DE JOSAS
DOYENNÉ DE MONTLHÉRY

	Pages.
Gentilly	3
Bicêtre	11
Mont-Siuri [Mons Ivry]	13
Arcueil	14
Aqueduc d'Arcueil	19
Cachant	20
La Banlieue	22
Villejuy [Villejuif]	25
Chevilly	32
La Saussaye	36
Lay ou Lahy [L'Hay]	40
Fresnes-les-Rungy [-les-Rungis]	44
Fief de Chamos	45
Tourvoye ou Trévoy, — Berny	46
Rungy [Rungis]	47
Viceours [Wissous]	51
Louans, depuis Morangis	58
Coutein	60
Chilly ou Chailly [Chilly-Mazarin]	61
Prieuré de Saint-Eloi ou du Val-Saint-Eloi	70
Longjumeau	72
Balisy	77
Gravigny	78

	Pages.
BALLENVILLIERS [BALLAINVILLIERS].	79
Villebouzin, — Le Plessis-Saint-Pere	82
ÉPINAY-SUR-ORGE	83
Petit-Vaux	85
Breuil, — Villiers-sur-Orge, — Charentru, — Le petit Balisy.	86
LONGPONT.	87
Groteau	88
Menil, — Villiers-sur-Orge, — Villebousain	89
L'Ormoy, — Basset, — Lysiu	90
Prieuré de Longpont	91
MONTLHÉRY	98
Pommereux ou Pommiers	110
Eglises et Chapelles de Montlhéry	110
LINAS OU LINOIS	117
La Roue.	124
Le Fay	127
LEUVILLE	127
CHASTRES, depuis appellé ARPAJON.	131
Léproserie ou Ermitage de Saint-Blaise	141
Volant, — Chanteloup, — La Folie, — La Bretonnière, — La Bosselle, — Falcon, — Les Cochets.	151
Le Coudray-Lisiard.	158
SAINT-ION OU SAINT-YON.	158
La Magdeleine	164
BOISSY-SOUS-SAINT-ION	165
Eglies ou Egly	168
Ville-Louvette ou Ville-Louvet	170
SAINT-SULPICE-DE-FAVIERES.	170
Escury, — Segrée ou Segrets, — Guillerville, — La Briche.	177
MAUCHAMP.	177
BONNES, depuis CHAMARANTE [CHAMARANDE]	179
La Porte de Bonnes	181
LARDY.	183
Janville [Jeanville].	185
Cochet, — Lahonville.	187
TORFOU.	188
AVRINVILLE OU AVRAINVILLE.	191
La Grange au Prieur, — La Motte, — Les Bois-blancs.	193
CHETAINVILLE [CHEPTAINVILLE]	194
SAINT-VRAIN OU SAINT-VEREIN, anciennement ESCORCHY ou ESCORCY	196
Brateau, — La Vallée, — La Boissière, — Courtebray.	206

TABLE DES MATIÈRES

	Pages.
VER-LE-GRAND, autrement dit VALGRAND	207
Montaubert	212
Linou	213
Brazeux, — Le fief Saint-Remi, — La Saussaie	214
VER-LE-PETIT, autrement VAL-PETIT	215
Misery	219
LEUDEVILLE	219
Bressonvilliers	223
MAROLLES	223
Lalun [l'Alum], — Beaulieu	226
GUIBEVILLE	227
LANORVILLE ou LA NORVILLE	230
Mondonville	234
FONTENAY-LE-VICOMTE	235
Sauciel-Bernard, — Marly, — La Tour-Pancarte ou la Tour-Pancrace, — L'hôtel aux Payens ou la Salle-Maudegarde ou la Salle, — La Gode	238
ESCHARCON [ECHARCON]	238
Gravelle, — Saint-Port, — Belette	241
MENECY	242
VILLEROY	244
MONCEAUX [MONTCEAUX]	249
Le Plessis-Chesnet, — Tournanfys ou Tournanfuye	250
Prieuré de Sainte-Radegonde	251
VILLABÉ	252
Ville-Oison, — Moulin-Galant	253
ORMOY	256
Roissy	259
ESSONNE	260
Corbeil occidental, — Vaux-sur-Essonne, — Moulin-Galant	267
Pressoir ou Pressoir-prompt, — Nasselle, — Nagy, — Chantemesle, — Les Bordes	268
LE NOUVEAU-CORBEIL	269
Eglise de Saint-Spire	276
Eglise Saint-Guenaul	282
Eglise de Saint-Jean	283
Eglise de Notre-Dame	286
Prieuré de Saint-Jean-en-l'Isle	292
Eglise de Saint-Nicolas	296
La Chapelle royale	297
Léproserie	298
Les Récollets	299

TABLE DES MATIÈRES

	Pages.
Gruerie de Corbeil.	312
Tourvoie, — Damiette, — Nagy, — Cosson, — Marcilly, — Rubanpré.	313

LICES [LISSES] 313

    Place, — Plessis-Chalant. 318
    Montauger, — Montbelin, — Les Carneaux.. 319

COURCOURONNE. 320
EVRY-SUR-SEINE, anciennement AIVRY. 323

    Petit-Bourg. 328
    Monceau. 329
    Neubourg, — La Grange-feu-Louis, — Pot-de-fer, — Rouillon, Larchet 330

BONDOUFLE 331
BRÉTIGNY 336

    Eglise Saint-Pierre. 337
    Fresne 338
    Les Cochets, — Cossigny, — Rosières, — Essonville 339
    La Garde, — Le Fief Voisin, — Les Bordes-Hachets 340
    Eglise Saint-Filbert. 340
    La Fontaine, — Valorge. 342
    Saint-Antoine, — Carouge, — Mesnil. 343

LE PLESSIS-PASTÉ OU PLESSIS-D'ARGOUGE. 352

    Charcois, — Les Bordes-Pié-de-fer 357

SAINT-MICHEL-SUR-ORGE 357

    Launay 359
    La Noue-Rousseau, — Montpipeau. 360

FLEURY-MERAUGIS [ou MÉROGIS]. 361
LE PLESSIS-LE-COMTE 366

    Crone. 369

ORANGY [ORANGIS] 370
RIS 374

    Fromont. 377
    Trousseau 378
    La Briqueterie, — Bouchard 379

SAINTE-GENEVIÉVE-DES-BOIS. 379

    Château de Sainte-Geneviéve. 381
    Morsent [Morsang]-sur-Orge 384
    Liers, — Le Perrey, — Forêt de Séquigny 386

SAVIGNY-SUR-ORGE 388

    Château de Savigny 392
    Champagne. 395
    Vaux 396

VILLEMOISSON 397
VIRY 399

    Chastillon 403

	Pages.
GRIGNY	403
L'Arbaleste.	406
JUVISY.	407
ATHIS OU ATHIES.	413
Mons	421
Ablon.	423
Chaige	426
VILLENEUVE-LE-ROY	427
ORLY	435
THIAIS	438
Grignon.	439
Bacle	443
CHOISY-SUR-SEINE, à présent CHOISY-LE-ROY	443
VITRY-SUR-SEINE.	446
IVRY	456
Saint-Frambourd, — Millepas.	462
Le Port-à-l'Anglois, — Le Champ de Montauban.	463

ARCHIDIACONÉ DE BRIE

DOYENNÉ DE LAGNY

CHAMPIGNY-SUR-MARNE.	467
Cueilly	473
Luat	474
CHENEVIERES-SUR-MARNE.	474
Le Plessis-Saint-Antoine.	479
AMBOELE OU AMBOILE	480
LA QUEUE [-EN-BRIE]	483
L'Hermitage, — Les Bordes	489
Les Marmouzets, aujourd'hui Maisoncelle, — Vilon	490
COMBEAUX [COMBAULT]	491
BERCHERES.	494
PONTEAUX [PONTAULT]	495
Pontilleau [Pontillant]	498
ROISSY-EN-BRIE	498
Prieuré du Cormier	501
La Frette-Saint-Pere	504
PONTCARRÉ	504

	Pages.
Emery ou Hemery, autrement Emerainville	507
Beaubourg	510
Clotaumont [Clotomont], — Segral	514
Croissy-en-Brie	515
Villeneuve-Saint-Denis	520
La Guette	522
Jossigny	523
Belleassise, — Mauny	527
La Motte, — Fontenelle	528
Sarris [Serris]	529
Chantelou ou Chanteloup	532
Chessy	534
Montévrin	538
La Charité	540
Saint-Denis-du-Port	541
La Grange du Bois	542
Saint-Laurent	543
Lagny	543
Eglise de Saint-Paul	552
Eglise Saint-Fursy	553
Chapelle de Saint-Vincent-de-Laitre	555
Couvent des Bénédictines de Saint-Thomas-de-Laval	556
Hôtel-Dieu de Lagny	557
Saint-Thibaud-des-Vignes	566
Gouvernes ou Couvernes	568
Douay	570
Conches	571
Cavé, — La Fontaine-Laurenson	573
Bussy	574
Bussy-Saint-Georges	576
Genitoy	577
Bussy-Saint-Martin	579
Rentilly	581
Le Chemin depuis appelé Guermante	582
Collégien	584
Lamyrault, — Pissecoc	587
Saint-Germain-des-Noyers	587
Torcy	589
Noisiel	598
Lognes	601
Le Buisson-Saint-Antoine	602

TABLE DES MATIÈRES

Pages.

CHAMPS 603
    Luisard, — La Haute-Maison, — Bailly 607
GOURNAY-SUR-MARNE 607
NOISY-LE-GRAND 621
    Villeflix ou Villefluis, — La Barre 626
VILLIERS-SUR-MARNE 626
    La Lande, — Le Désert 629
BRY-SUR-MARNE 630
FERRIERES [-EN-BRIE] 635
    La Broce ou La Brosse 640

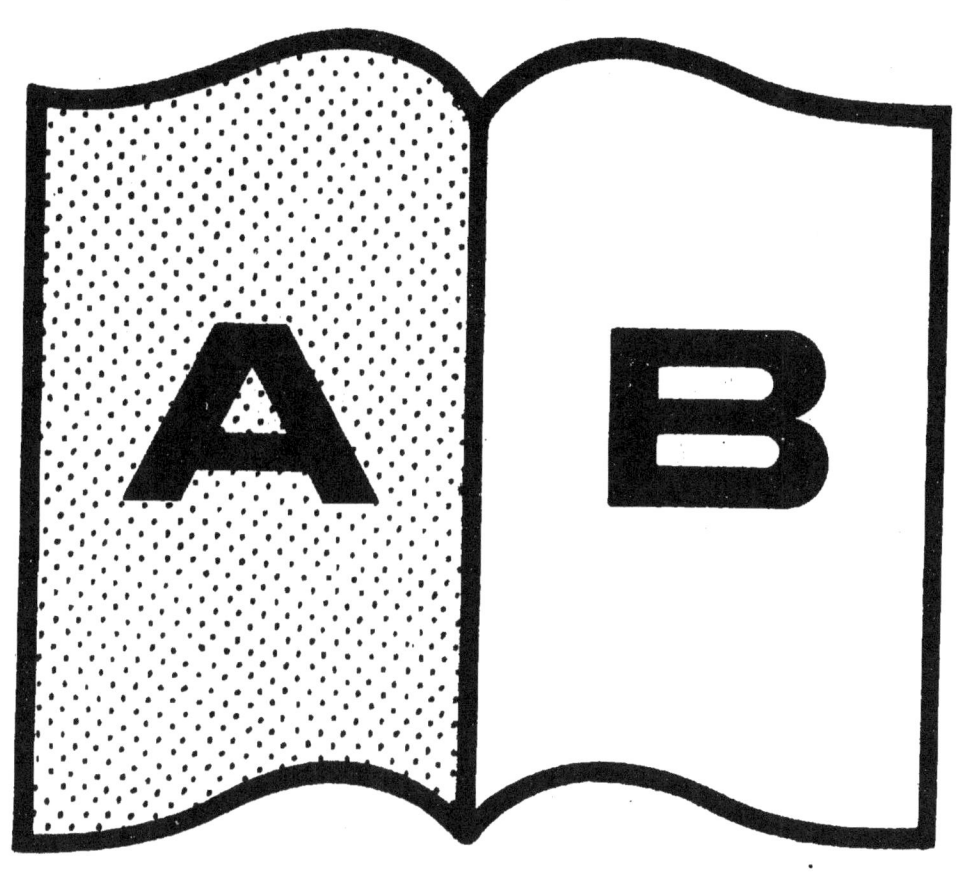

Contraste insuffisant

NF Z 43-120-14

www.ingramcontent.com/pod-product-compliance
Lightning Source LLC
Chambersburg PA
CBHW050127240426
43673CB00043B/1590